谨以本书纪念国立浙江大学文理学院史地学系（1936—1939）和文学院史地学系（1939—1949）、师范学院史地学系（1938—1947）、文科研究所史地学部（1939—1947）和史地研究所（1947—1949）、史地教育研究室（1939—1949），以及浙江大学理学院地理学系（1949—1952）、地理研究所（1949—1952）等地学教学和研究机构的设立！

谨以本书献给百余年来为浙江大学地学发展做出贡献的师生员工！献给一代代的浙大地学人！

跋涉西东 求索时空

浙江大学地球科学学院院史（1897—1952）

（上册）

浙江大学地球科学学院·主持编纂

范今朝·编著

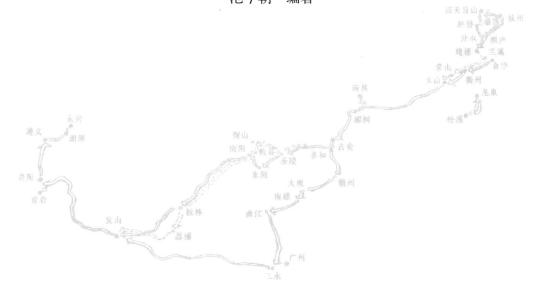

ZHEJIANG UNIVERSITY PRESS

浙江大学出版社

·杭州·

图书在版编目（CIP）数据

跋涉西东，求索时空 : 浙江大学地球科学学院院史 :
1897—1952 / 范今朝编著. -- 杭州 : 浙江大学出版社,
2024.9
　ISBN 978-7-308-24420-6

　Ⅰ. ①跋… Ⅱ. ①范… Ⅲ. ①浙江大学地球科学学院
－校史－1897-1952 Ⅳ. ①G649.285.51

中国国家版本馆CIP数据核字(2023)第229966号

跋涉西东，求索时空
——浙江大学地球科学学院院史（1897—1952）
范今朝　编著

责任编辑	胡　畔
责任校对	赵　静
封面设计	雷建军
出版发行	浙江大学出版社
	（杭州市天目山路148号　　邮政编码：310007）
	（网址：http://www.zjupress.com）
排　　版	浙江大千时代文化传媒有限公司
印　　刷	浙江海虹彩色印务有限公司
开　　本	710mm×1000mm　1/16
印　　张	63.75
彩　　插	27
字　　数	1200千
版 印 次	2024年9月第1版　2024年9月第1次印刷
书　　号	ISBN 978-7-308-24420-6
定　　价	398.00元

《浙江大学地球科学学院院史》
编纂委员会

顾　问（按姓氏音序排列）：

丁仲礼（中国科学院院士，浙江大学地球科学学院1978级校友）

彭平安（中国科学院院士，浙江大学地球科学学院1977级校友）

徐义刚（中国科学院院士，浙江大学地球科学学院1983级校友）

杨树锋（中国科学院院士，浙江大学地球科学学院教授）

杨文采（中国科学院院士，浙江大学地球科学学院教授）

张宏福（中国科学院院士，浙江大学地球科学学院教授）

主　任（按担任时间排列）：

闻继威（2016.05—2017.05）

王　苑（2017.05至今）

副主任（按担任时间排列）：

陈汉林（2016.05—2017.07）

夏群科（2017.08—2022.08）

杜震洪（2022.09至今）

委　员（按姓氏音序排列）：

曹　龙　陈汉林　陈宁华　程晓敢　杜震洪　沈晓华

沈忠悦　王　苑　闻继威　夏群科　张宝华

《浙江大学地球科学学院院史》
编写组

主　　编：王　苑
副 主 编：范今朝
成　　员（按姓氏音序排列）
　　　　　胡乘坚　卢　奂　倪子惠　潘锦瑞　邵丹蕾
　　　　　沈心池　叶露夏　叶　榕　张春阳　祝　琳

本卷执笔：范今朝

说明并致谢：

　　本成果部分得到浙江大学校史研究会2018年度校史研究课题"国立浙江大学时期地学系科的设置、演变、成就和影响研究（1936—1952）"（编号：Xsyj2018-01）支持，谨此深表感谢。

　　编写组在浙江大学档案馆查阅了大量档案材料，并得到档案馆提供的支持和帮助，谨此亦深致谢忱。

　　在收集资料和文稿撰写阶段，方大钧、柳志青、戎秋涛、沈忠悦和马裕祥、王嗣均、顾嗣亮、何绍箕、姚棣荣、孙英、侯慧粦、洪紫萍等学院前辈教师接受编写组访谈并提供若干材料，罗谷风校友提供重要修改意见，杨树锋院士和陈汉林、翟国庆、张淑锵、张卓群等老师也在稿件审阅、文字表述和资料提供方面给予指导和帮助。谨此说明并致谢。

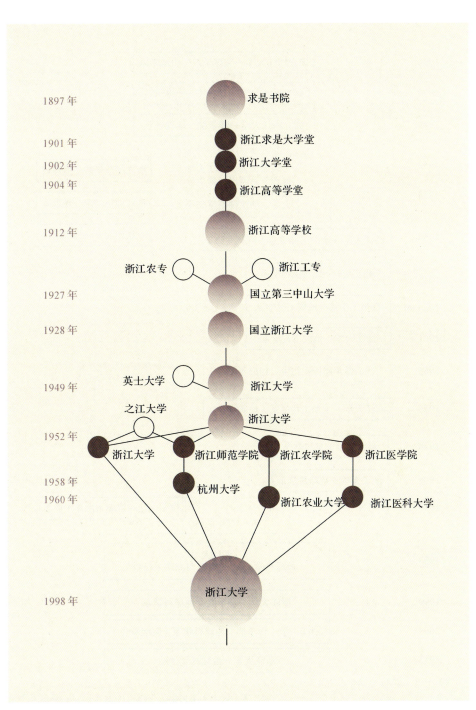

图 0-1　浙江大学沿革图（据原图重绘）
（引自《浙江大学图史》，杭州：浙江大学出版社，2017 年）

竺可桢（1890—1974）　　吴定良（1894—1969）　　叶良辅（1894—1949）　　张其昀（1900—1985）

向　达（1900—1966）　　涂长望（1906—1962）　　谭其骧（1911—1992）　　黄秉维（1913—2000）

任美锷（1913—2008）　　叶笃正（1916—2013）　　谢义炳（1917—1995）　　毛汉礼（1919—1988）

施雅风（1919—2011）　　陈述彭（1920—2008）　　陈吉余（1921—2017）　　周志炎（1933—　）

图 0-4　1936—1952 年的浙江大学史地学系及相关机构师生获选 1949 年前的中央研究院评议员、院士和 1949 年后的中国科学院院士（学部委员）、中国工程院院士名录（按出生年月排列）

图 1-1 1916 年农商部地质研究所教师和毕业生合影（左上图）

说明（彩插部分所收合影照片中，曾为 1936—1952 年史地学系及相关地学机构师生者，均以黑体字标出，以下不再单独说明）：

第一排（坐者）左起：1 翁文灏，2 章鸿钊，3 丁文江；

第二排左起：1 仝步瀛，**2 朱庭祜**，3 周赞衡，4 李学清，5 谭锡畴，6 徐韦曼，7 王竹泉；

第三排左起：1 赵志新，**2 叶良辅**，3 徐渊摩，4 卢祖荫，5 李 捷，6 刘季辰

图 1-2 1922 年 1 月南京高等师范学校史地研究会全体会员合影（右上图）

（引自《史地学报》第 1 卷第 2 期（1922 年），第 43 页）

说明（名单由编者据有关资料推定，个别恐有不准确之处；打问号者存疑）：

第一排左起：7 竺可桢；第二排左起：6 王庸；第三排右起：2 陈训慈（？）；

第四排左起：6 张其昀；第五排左起：2 胡焕庸

图 1-3 1935 年 3 月 26 日，中央研究院气象研究所举办的第三届气象练习班毕业典礼后师生合影（摄于南京北极阁）

说明：前排左起：7 涂长望，8 竺可桢，9 吕炯，10 诸葛麒（其他略）

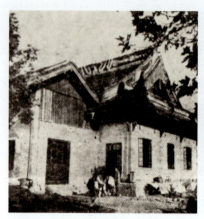

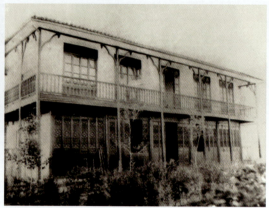

图 2-1　求是书院（原普慈寺大殿）（左上图）

图 2-2　求是书院及浙江高等学堂、浙江高等学校时期的教室（右上图）

外院第二年課程表

課	中文讀本 / 英文讀本	參閱諸書 / 雜課
格致課	化學啟蒙（林樂知本） 天文啟蒙（同上） 地理啟蒙（同上）	化學須知（傅蘭雅本） 天文須知（同上） 地理須知（同上） 化學易知（同上） 天文圖説（柯雅谷本） 天文略解（李安德本） 地勢略解（同上） 地理全志（慕維廉本）
算學課	筆算數學（中卷小數起至下卷末）	數學理（傅蘭雅本） 學算筆談（華蘅芳本） 九數通考（屈曾發本）
英文課	朗誦第三本 語言文法書下半 文法初階 輿地初集	默書 作句 習語 習信

浙江求是書院內外院課程表

內院第四年課程表

課	英文讀本 / 中文讀本	參閱諸書 / 雜課
格致課	格致統編 熱學 光學 身理學（史砥爾本） 地質學上本（辣康本）	光學揭要（赫士本） 光學（金楷理本） 省身指掌（博恆理本） 地學指略（文教治本） 地學淺釋（瑪高溫本）
算學課	代微積拾級（偉烈亞力本） 格物測算（卷三至卷五）	微積溯原（傅蘭雅本） 積較術（華蘅芳本） 曆象考成前編
英文課	富國策（第服本） 英國史記（烏里拍夫本） 英文史	作文 選譯文件 翻閱報章

图 2-3　1899 年前后求是书院内院、外院西学课程表（外院第二年）（左上图）

图 2-4　1899 年前后求是书院内院、外院西学课程表（内院第四年）（右上图）

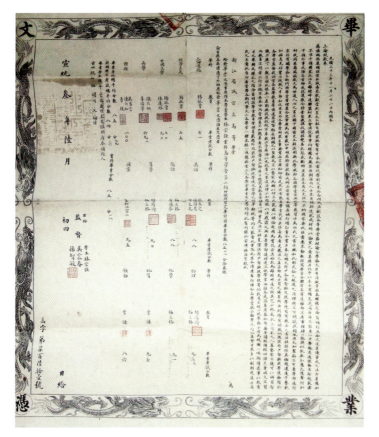

图 2-5 浙江高等学堂毕业文凭（1911年）
（引自《浙江大学馆藏档案 2019》，第 33 页）

图 2-6 国立浙江大学校门（1934年）

图 2-7　国立浙江大学文理学院大门（20 世纪 30 年代）（左上图）

图 2-8　文理学院 1934 年新建大教室（右上图）

（说明：1935 年建成，俗称"绿洋房"，1947 年 8 月 21 日校务会议命名为"阳明馆"）

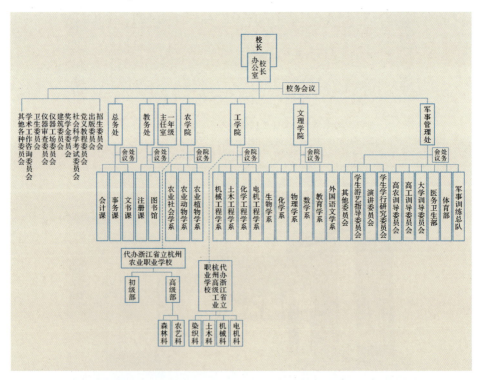

图 2-9　《国立浙江大学校刊》第 226 期（1935 年 11 月 2 日）所载 1935 年 11 月前后的浙江大学组织系统图（据原图重绘）

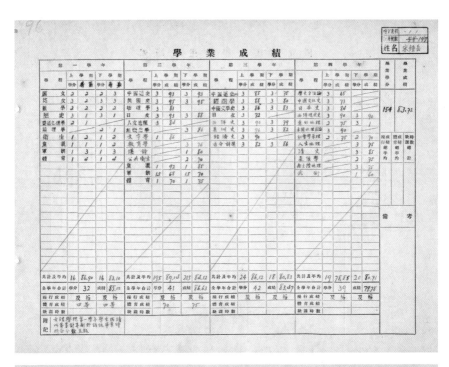

图 2-10　1928—1932 年在文理学院史学与政治学系就读学生宋锺岳的学籍表（正面）和成绩单（背面）

说明：该表中显示宋锺岳为"史学主系，地理副系"，且 1931 年度在中央大学借读。

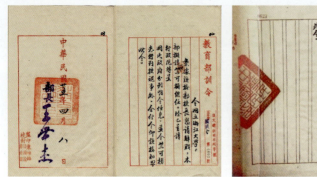
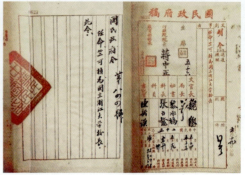

图3-1　竺可桢被任命为浙江大学校长的教育部训令（1936年4月8日签发）

图3-2　国民政府正式任命竺可桢为浙江大学校长的文件（国民政府令第844号，1936年5月19日签发）

图3-3　1936年5月21日竺可桢致张其昀的信（部分）

（引自《浙江大学馆藏档案2011》，第6—7页）

图 3-4 《国立浙江大学校刊》第 252 期（1936 年 6 月 6 日）所载教育部核准设立史地学系的报道

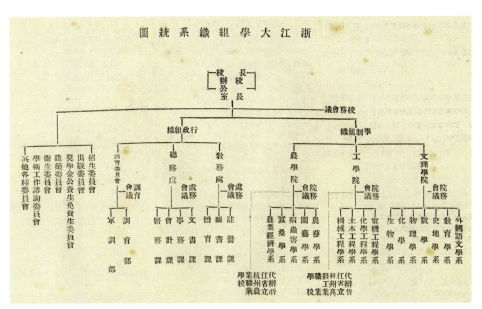

图 3-5 《国立浙江大学日刊》第 146 期（1937 年 3 月 23 日）所载 1937 年 3 月前后的浙江大学组织系统图

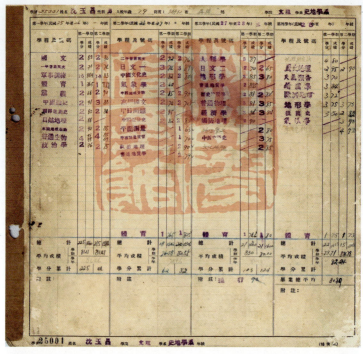

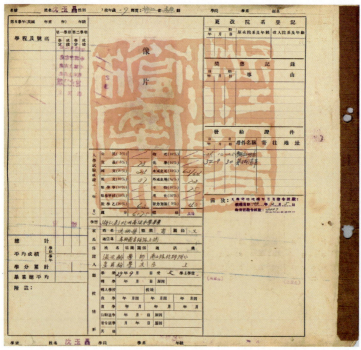

图 3-6　史地学系 1936 级学生沈玉昌【25001】的学生成绩登记表（正面和背面）

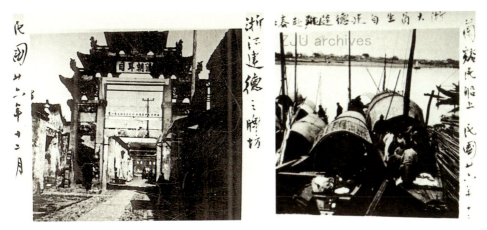

图4-1 1937年12月，竺可桢所摄建德街景和师生离开建德至江西途中在兰溪乘船情景

图4-2 1938年4月3日部分浙大教师与马一浮先生在泰和的浙大图书馆（上田村遐观楼）前合影

说明（照片上所题写的教师姓名系竺可桢校长手迹；打问号者原缺，由编者据有关资料推定，个别恐有不准确之处）：

左起：1章用（字俊之）？，**2沈思玙**（字鲁珍），3（不详），4米协尔（F. Michael，德文教师），5（不详），**6王庸**（字以中）？，7郭斌龢（字洽周），8（不详），9（不详），10梅光迪（字迪生），11马一浮，12章德勇（字诚忘），**13张其昀**（字晓峰），14贺昌群（字藏云），15祝文白（字廉先），16王焕镳（字驾吾），**17陈训慈**（字叔谅）

图4-3 浙江大学宜山标营校舍1939年2月5日被日机轰炸后情景

图4-4 浙江大学龙泉分校部分新建校舍（1941年10月）

图4-5 史地学系1938级部分同学于1939年初在广西宜山合影

（引自《施雅风年谱》，北京：科学出版社，2019年，第16页）

说明：

前排左起：1钱炜，2王蕙，3唐禧，4于震天，5刘操南；

中排左起：1吴华耀，2倪周民，3张效乾，4赵松乔；

后排左起：1施雅风，2蔡锺瑞，3王天心（又名：王知伊）

图4-6　1945年6月，由王焕镳先生撰文、罗韵珊先生书丹，以竺可桢校长名义镌刻的"国立浙江大学黔省校舍记"碑及现新建于遵义可桢大桥旁的碑亭

图 4-7　设在遵义子弹库的校本部大门 (20 世纪 40 年代) (左上图)

图 4-8　设在遵义江公祠的图书馆大门 (20 世纪 40 年代) (右上图)

图 4-9　遵义水硐街三号史地学系办公地旧址 (20 世纪 80 年代) (左下图)
(引自《浙江大学馆藏档案 2014》, 第 42 页)

图 4-10　遵义杨柳街的女生宿舍 (20 世纪 40 年代) (右下图)

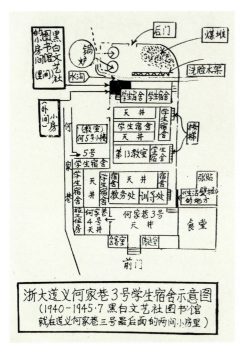

图4-11　何家巷3号、4号、5号的浙大办公用房、教室和男生宿舍平面图

（引自《校史一叶——纪念何友谅烈士暨浙大黑白文艺社文集》，内部印行，1995年，第2页）

图4-12　何家巷3号浙江大学教务处、训导处等办公室（20世纪40年代）

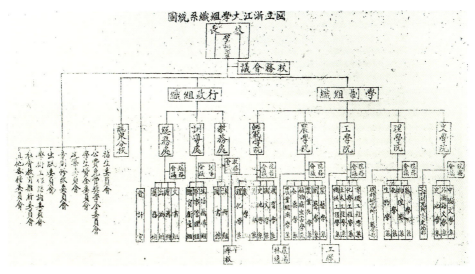

图4-13　《国立浙江大学校刊》复刊第57期（1940年8月31日）所载1940年8月前后的浙江大学组织系统图

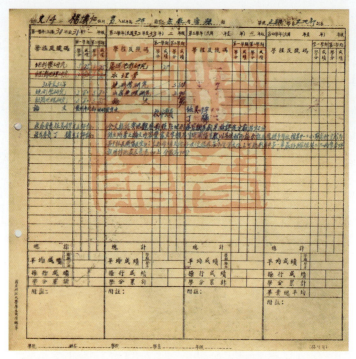

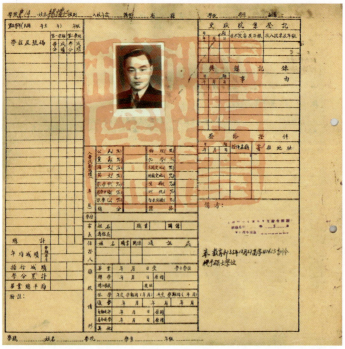

图4-14　文科研究所史地学部研究生杨怀仁【史14】的学生成绩登记表（正面和背面）

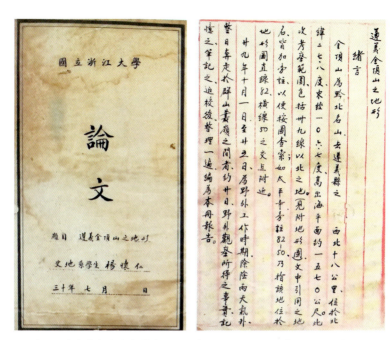

图4-15　1941年7月杨怀仁提交的本科毕业论文《遵义金顶山之地形》（封面、绪言）

（引自《纪念杨怀仁教授》，南京：南京大学出版社，2010年，插页）

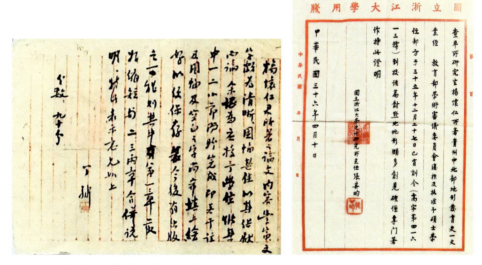

图4-16　1943年，丁骕为杨怀仁硕士学位论文所写的评语和评定的分数

（引自《浙江大学馆藏档案2008》，第27页）

图4-17　1947年4月张其昀以史地研究所主任身份为杨怀仁获得硕士学位所出具的证明书

（引自《纪念杨怀仁教授》，南京：南京大学出版社，2010年，插页）

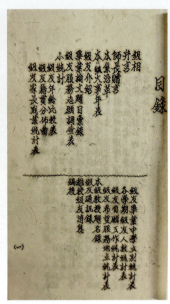

图4-18 《浙大史地学系民三三级毕业纪念刊》封面（左上图）

图4-19 《浙大史地学系民三三级毕业纪念刊》目录（右上图）

图4-20 《浙大史地学系民三三级毕业纪念刊》所载竺可桢、梅光迪题词

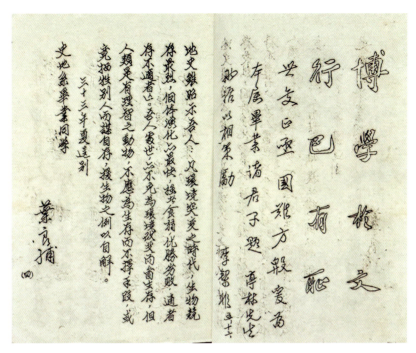

图 4-21　《浙大史地学系民三三级毕业纪念刊》所载李絜非、叶良辅题词

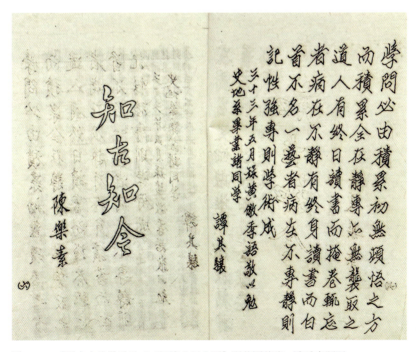

图 4-22　《浙大史地学系民三三级毕业纪念刊》所载谭其骧、陈乐素题词

图 4-23　1940 年 5 月 8 日文学院邀请于斌主教和方豪先生进行学术讲座后合影

说明（以下名单由编者据有关资料推定，个别恐有不准确之处，打问号者存疑。其中，方豪于 1941.08—1943.07 在史地学系任教）：

一排：左起：1 张其昀，2 陈剑脩（即陈剑修），3 于斌，4 梅光迪，5 王琎，6 方豪；

二排：左起：1 费巩，5 王爱云（?），6 王蕙，7 郭斌龢，8 王焕镳；

三排：右 2：任美锷（郭斌龢左后）；

四排：顾毂宜（费巩右后方），陈立（右 1，郭斌龢后隔一排，任美锷右后），谢觉民（右 2，任美锷正后）；

五排：黄翼（右 1，陈立右后），涂长望（右 2，陈立左后）；

六排：刘之远（顾毂宜后隔一排左后方），叶良辅（顾毂宜后隔一排右后方，与刘之远相邻）；

七排：王天心（左 5），于震天（叶良辅左后），赵松乔（叶良辅右后），蔡锺瑞（赵松乔右侧），李絜非（右 3）

图 4-24 1940 年 6 月 23 日浙江大学史地学会欢送第一届毕业同学师生合影（摄于遵义）

（引自《施雅风 90 华诞照片集》，内部印行，2008 年，第 2 页）

说明（以下名单分据《施雅风 90 华诞照片集》，打问号者原缺，由编者据有关资料推定。个别恐有不准确之处）：

第一排左起：1 任美锷，2 顾毂宜，3 郦承铨（？），4 张其昀，5 叶良辅，6 费巩，7 李源澄（？），8 涂长望；

第二排左起：1 沈自敏，2 王蕙，3 王堃云，4 胡玉堂（？），5 王德昌，6 王天心，7 沈玉昌，8 陈述彭（？），9（暂缺），10 赵和钤

第三排左起：1 刘宗郚，2 吴华耀（？），3 黄秉维（？），4 邓永璋，5 施雅风，6 杨怀仁，7 杨利普（？），8（暂缺），9 李絜非（？），10 刘之远（？）；

第四排左起：1 周恩济（？），2 赵松乔（？），3 于震天（？），4 蔡锺瑞（？），5（暂缺），6 张效乾（？），7（暂缺），8 谢觉民（？）；

023

图 4-25 1944年4月文学院和师范学院1940级史地学系学生合影（摄于遵义）

（引自《史地论稿》，杭州：浙江大学出版社，2019年，扉页。按：该书中附图印刷较清晰，故这里照片选自该书；但因印刷装订关系，致使左侧第一排缺失一位人物。名单据书末附）

说明 [以下名单据程光裕《常溪集》，转引自葛剑雄《葛剑雄文集 3·悠悠长水：谭其骧前传》，第115页。按：该书中照片里图中人物全（即第一排左侧确实还有一位），但印刷较不清晰。另：该书在名单后括注时间、地点为 "1994.04，贵州遵义"，时间当误，应为 1944.04。详见所附小图]：

第一排（右起）：1阮文治、2徐圣谟、3赵廷杰、4谢文治、5李昌文、6陈平章、7戴国源、8彭桃龄、9罗昭彰、10姚国水、11姚懿明、12王连瑞（图中缺）；

第二排（右起）：1王省吾、2倪士毅、3陈光崇、4程蕴良、5吴章斌、6周忠玉、7戴贞元、8傅文琳、9锺彦达、10殷汝庄、11沈雅利、12欧阳海

第三排（右起）：1沈能舫、2蒋桂元、3文焕然、4蒋光裕、5刘尚经、6郑士俊、7胡汉生、8张幼勤、9江乃亨、10阚家棠

图 27 浙江大学史地系民国 33 年级学生：第一排右起，阮文华、徐圣谟、赵廷杰、谢文治、李昌文、陈平章、戴国源、彭桃龄、罗昭彰、姚国水、姚懿明、王连瑞；第二排右起，王省吾、倪士毅、陈光崇、程蕴良、吴章斌、周忠玉、戴贞元、傅文琳、锺彦达、殷汝庄、沈雅利、欧阳海；第三排右起，沈能舫、蒋桂元、文焕然、蒋光裕、刘尚经、郑士俊、胡汉生、张幼勤、江乃亨、阚家棠（1994.4.遵义）。采自程光裕《常溪集》。

图 4-26　1945 年 6 月史地学系及文科研究所史地学部 1945 届毕业生与教师合影（摄于遵义）

（引自《国立浙江大学史地系成立二十五周年纪念集》，台北：私立中国文化研究所出版部，1963 年，插页）

说明（以下名单由编者据有关资料推定，个别恐有不准确之处；打问号者存疑）：

前排左起：1 王连瑞（？），2 陈吉余，3 赵松乔，4 孙守仁（也作孙守任），5 施雅风，6 管佩韦，7 谭其骧，8 刘之远，9 严德一，10 李絜非，11 顾毂宜，12 陈乐素，13 王维屏，14 胡玉堂（？），15 徐规，16 袁希文，17 宋晞

图 4-27　1946 年初史地学系和文科研究所史地学部师生员工及家属合影（摄于遵义）

（引自"中国文化大学"官网之"教育家张其昀先生"：https://cxf.pccu.edu.tw/cgi-bin/gs32/gsweb.cgi/ccd=Q1at1O/record?r1=61&h1=0，[2024-05-26]）

说明（以下名单中，第一排教师名单由编者据有关资料推定，打问号者存疑；第二排、第三排学生名单主要据"中国文化大学官网"，打问号者原缺，由编者据有关资料推定。个别恐有不准确之处）：

第一排左起：1 赵松乔，2 严德一女儿（？），3 严德一，4 王维屏，5 谭其骧，6 顾毂宜，7 顾毂宜夫人（？），8 顾毂宜女儿（？），9 谢幼伟夫人（？），10 谢幼伟（？），11 张其昀，12 陈乐素，13 李絜非，14 管佩韦；

第二排左起：1 谢文治（？），2 叶华勋，3 申勉，4 桂柏林，5 蒲德华，6 张韵秋，7 阚纫琼，8 司徒钜勋，9 张则恒，10 贺忠儒，11 徐规（？）；

第三排左起：1 蔡崇廉，2 徐先，3 王鹤年，4 刘德荣，5 胡金鳞，6 马光煌，7 刘应中，8 曹梦贤，9 桂永杰，10 张元明，11 杜学书，12 杨竹亭（？）

图 4-28 《史地杂志》第 1 卷第 3 期封面（1940 年 9 月印行）

图 4-29 《国立浙江大学文科研究所史地学部丛刊》第 2 号封面（1942 年 5 月印行）

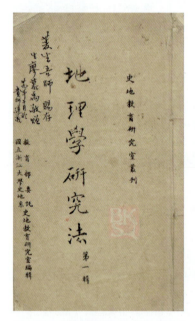

图 4-30 《地理学研究法（第一辑）》（《史地教育研究室丛刊》之一种）封面（1940 年 8 月印行）

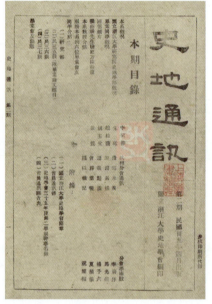

图 4-31 《史地通讯》第 2 期目录（1946 年 5 月印行）

图 4-32　刘之远著《遵义县团溪洞上锰矿地质报告》封面和前言页

图 4-33　1946 年 5 月 7 日起，在遵义的浙大师生分批返杭，图为浙大师生离开遵义时的情景

图 4-34　1946 年 5 月浙江大学从遵义启程复校回杭

图 5-1 1946 年 10 月 30 日，竺可桢校长出国考察离杭前夕，与浙江大学同人合影

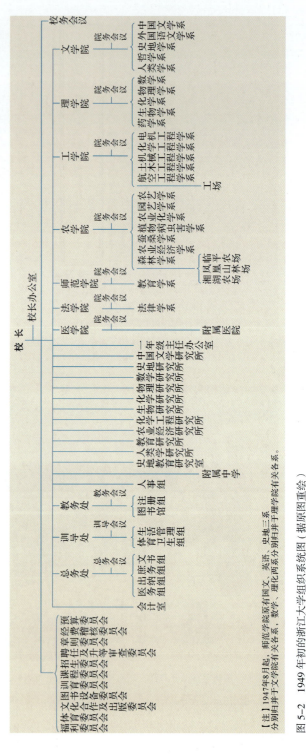

[注]1947 年 8 月起，师范学院原有国文、英语、史地三系，分别并于文学院有关各系，数学、理化两系分别归并于理学院有关各系。

图 5-2 1949 年初的浙江大学组织系统图（据原图重绘）
（引自《浙江大学简史（第一、二卷）》，杭州：浙江大学出版社，1996 年，第 194 页后插页 1）

图 5-3　1947 年 5 月 16 日，浙大学生在原文理学院新大楼（1947
年 8 月后定名为阳明馆）前举行集会

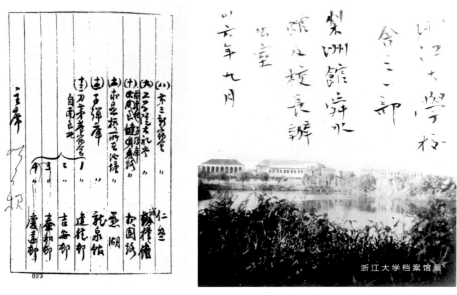

浙江大学档案馆藏

图 5-4　1947 年 8 月 21 日对校园主要建筑和景观予以命名的第 62 次校务会议记录（部分）（左上图）

图 5-5　竺可桢所摄浙大校舍——梨洲馆、舜水馆和校长办公室（1947 年 9 月）（右上图）

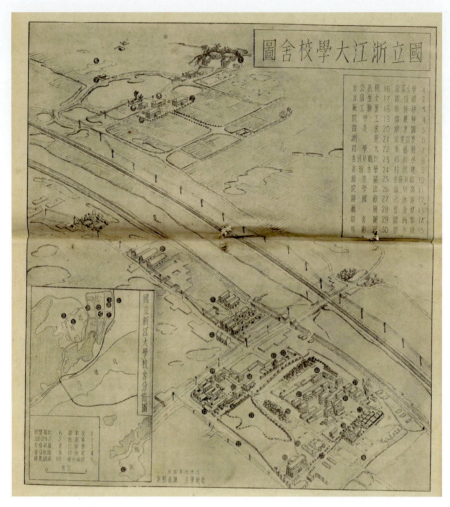

图 5-6 《国立浙江大学校刊》1948 年 4 月 1 日 "廿一周年校庆特刊" 所载陈述彭绘制的《国立浙江大学校舍图》

（引自《国立浙江大学校刊》1948 年 4 月 1 日 "廿一周年校庆特刊"）

图 5-7 1949 年春的浙大校园

（引自《竺可桢全集（第 11 卷）》，上海：上海科技教育出版社，2005 年，插页）

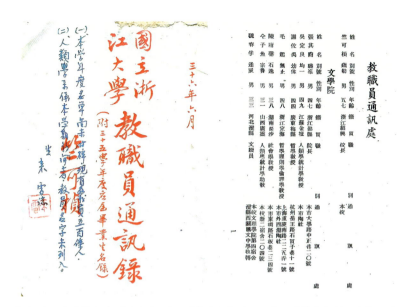

图 5-8 《国立浙江大学教职员通讯录（三十五学年度）》（1947 年 6 月编印）封面和第 1 页

图 5-9 史地学系 1947 届毕业生与教师合影（1947 年 6 月 10 日摄于杭州）

（引自华东师范大学"名师库"网，https://lib.ecnu.edu.cn/msk/5d/ae/c39091a482734/page.htm，[2024−05−26]）
说明（以下名单主要据"中国文化大学官网"，打问号者原缺，由编者据有关资料推定；个别恐有不准确之处）：
第一排左起：1 夏定域，2 陈乐素，3 谢幼伟，4 朱庭祜，5 张其昀，6 谭其骧，7 李春芬，8 王维屏，9 李絜非；
第二排左起：5 胡玉堂，6 么枕生（？），7 孙鼐（？），8 贺忠儒（？），9 袁希文；
第三排左起：3 满时彬，4 杨予六，5 宋晞（？）

图 5-10　1948 年春，1946 级史地学系学生于杭州葛岭地质实习留影（摄于保俶塔下）

（引自《启尔求真——核研试浙大人》，杭州：浙江大学出版社，2022 年，第 191 页）

说明（打问号者由编者推定，存疑）：

后排左三为**丁浩然**，前排左 1 为**吴国纯**（？）

图 5-11　1949 年 3 月 24 日史地学系师生为欢送毕业同学在阳明馆大楼前合影（摄于杭州）

（引自《质朴坚毅——地理学家赵松乔》，北京：商务印书馆，2016 年，第 84 页）

说明［该幅照片拍摄时间据《国立浙江大学日刊》复刊新 124 号（1949 年 3 月 28 日）有关报道确定。以下名单由编者据有关资料推定，个别恐有不准确之处；打问号者存疑］：

第一排左起：**陈述彭**（左 1）、**郑士俊**（左 2，？）、**石延汉**（左 3）、**李絜非**（左 4）、**陈乐素**（左 5）、**李季谷**（左 6）、**张其昀**（左 7）、**严德一**（左 8）、**李春芬**（左 9）、**严钦尚**（左 10）、**胡玉堂**（左 11，？）、**赵松乔**（左 12）、**谢文治**（左 13，？）

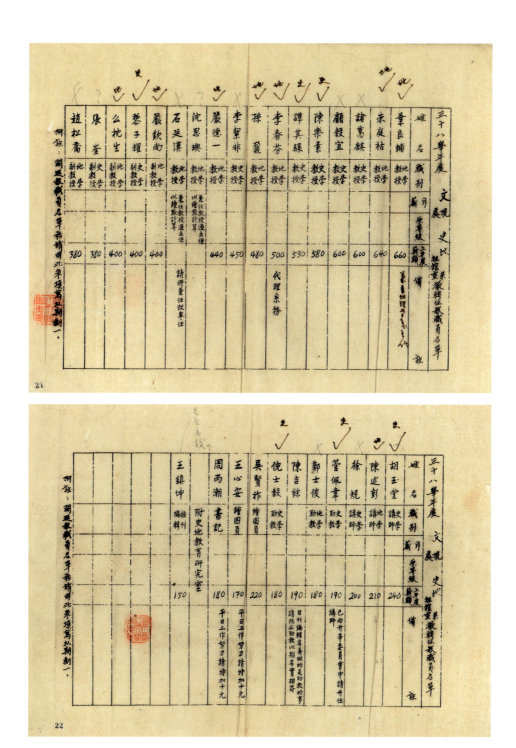

图 5-12 1949 年 6 月前后所填写的 1949 年度史地学系拟聘教职员名单

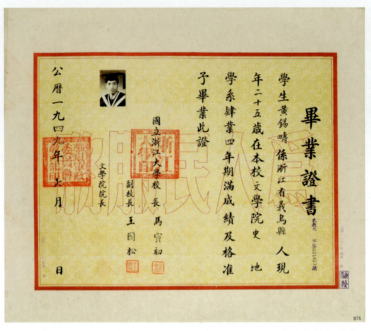

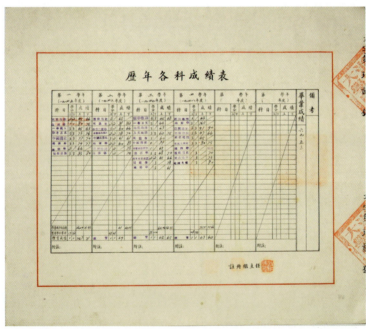

图 5-13　马寅初署名的国立浙江大学史地学系 1949 届毕业生黄锡畴【34077】的毕业证书（正面）及历年各科成绩表（背面）

说明：该证书右侧下角注明"公历 1951 年 4 月验发"，应是 1951 年补发。所盖印章为"浙江大学印"和"华东军政委员会教育部印"。

國立浙江大學畢業學生名册

姓名	家庭成份		個人出身	院	系	畢業證書編號 學校	教育部	備註
黄盛璋	7484	20	安徽省立第六中學畢業	文學院	史地學系	文八九號	001409	師範生 黄盛璋
吴清驰	6901	54	國立黔江中學畢業	仝上	仝上	〃九〇〃	001410	[illegible]
胡福畴	7122	46	浙江省立温州中學畢業	仝上	仝上	〃九〇〃	001411	1957.1.4. 叶息植代领
周克惠	7120	47	杭州私立樹範中學畢業	仝上	仝上	〃九八〃	001412	
黄锡畴	6953	53	同等學力	仝上	仝上	〃九二〃	001413	
孟鈞照	7460	21	浙江省立浙東第二臨時中學畢業	仝上	仝上	〃九三〃	001414	[illegible]
王從康	7349	30	浙江省立臨時聯合高級中學畢業	仝上	仝上	〃九四〃	001415	[illegible]
熊美華	7830	6	國立第十二中學畢業	仝上	仝上	〃九五〃	001416	師範生
周峻璧	7493	19	湖南私立明德中學畢業	仝上	仝上	〃九六〃	001417	[illegible]
許孟英	7017	50	貴州省立貴陽女子師範畢業	仝上	仝上	〃九七〃	001418	師範生
江繼榮	7457	22	鄞縣縣立女子中學師範科畢業	仝上	仝上	〃九八〃	001419	仝 [illegible]代
金欽貴	7173	42	浙江省立金華師範學校畢業	仝上	仝上	〃九九〃	001420	仝上
曹毓麟	7629	10	國立第六中學畢業	仝上	仝上	〃一〇〇〃	001421	仝上
陳龍水	6768	57	杭州私立安定中學畢業	仝上	仝上	〃一〇一〃	001422	陳龍水
洪昌文	7616	11	臨海私立回浦中學畢業	仝上	仝上	〃一〇二〃	001423	仝上

42

1990.4.4

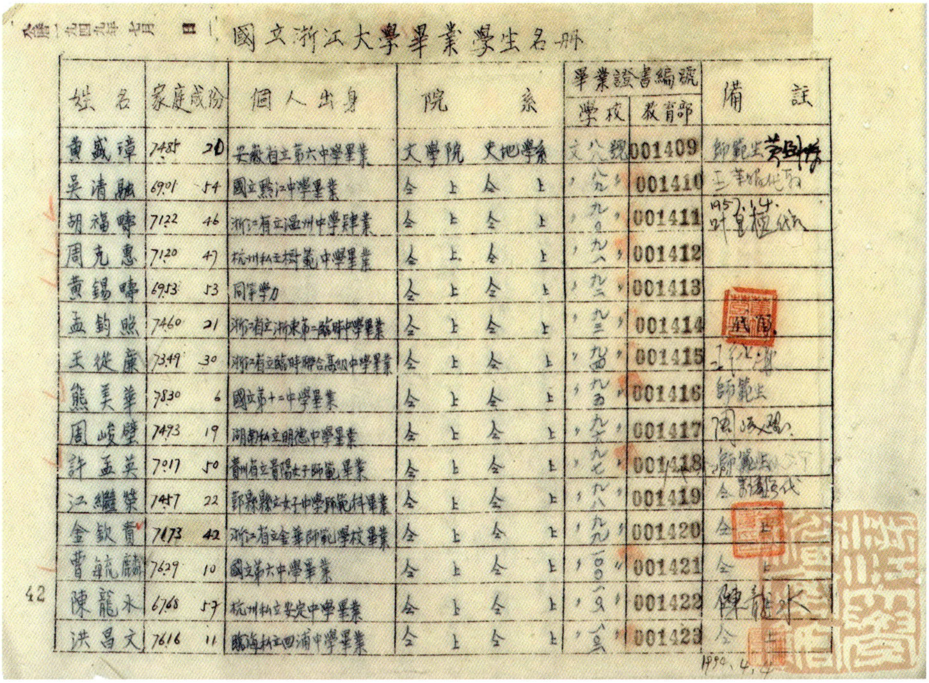

图 5-14　1949 年 7 月所填写的 1949 年浙江大学毕业学生名册（文学院史地学系部分）

螳螂川流域之地文與人生

論文正册

陳述彭著

目錄

第一章 前言

第一節 鳥瞰

第二節 綱要

第二章 氣候

第一節 控制氣候之主要因素

第二節 降水

第三節 氣溫

第四節 風

第三章 地質

第一節 岩層

一、砂頁岩 二、石灰岩 三、玄武岩 四、新沉積 五、造陸運動與地層沉積

第二節 構造

一、滇池盆地區 二、安寧盆地區 三、螳螂川谷 四、富民盆地區 五、造山運動與構造

第四章 地形

第一節 滇池湖濱地形

一、海溝 二、海埂及草海 三、岬角與港灣

第二節 環湖[illegible]

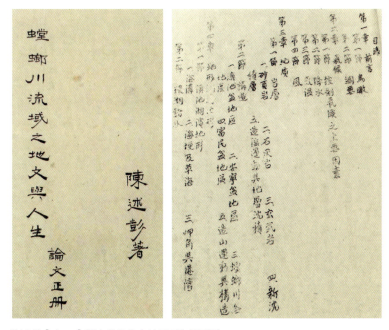

图 5-15　陈述彭【史 31】硕士毕业论文的封面和目录页

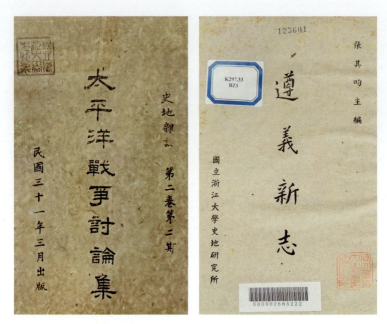

图 5-16　史地学系和相关地学机构藏书的封面及其上的"国立浙江大学史地系"印章（左上图）

图 5-17　史地学系和相关地学机构藏书的封面及其上的"国立浙江大学史地研究所"印章（右上图）

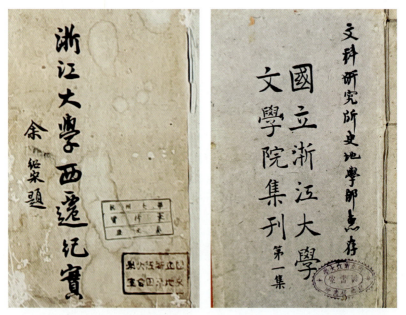

图 5-18　史地学系和相关地学机构藏书的封面及其上的"国立浙江大学史地系图书室"印章（左上图）

图 5-19　史地学系和相关地学机构藏书的封面及其上的"国立浙江大学史地研究所图书室"印章（右上图）

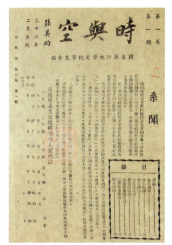

图 5-20　《时与空》第 1 卷第 1 期（1947 年 2 月编印）封面（左上图）

图 5-21　国立浙江大学史地研究所图书室藏书《南海诸岛新旧名称对照表》封面（右上图）
（上有杨怀仁赠张其昀先生的题字）

图 5-22　1947 年 11 月，首届普选产生的学生自治会理事会全体理事合影（左上图）
（引自《黎明前的求是儿女——解放战争时期浙江大学的学生运动和进步社团》，北京：中国青年出版社，2008 年，插页部分，第 5 页）

说明：

后排左起：向惟泼、叶玉琪、张强、陆超人、彭国梁、周尚汾、**陈业荣**、**李景先**；

中排左起：**杨振宇**、李德容、边室雄、蔡为武、**唐超汉**、谷超豪、**王明业**；

前排左起：**吴士濂**、张令答、蒋世澂、刘季会、陈尔玉、陈明瑜

图 5-23 浙江大学学生自治会 1949 年 9 月聘任林晔【34097】为子三图书馆校本部总干事的聘书（右上图）
（引自《浙江大学馆藏档案 2010》，第 90 页）

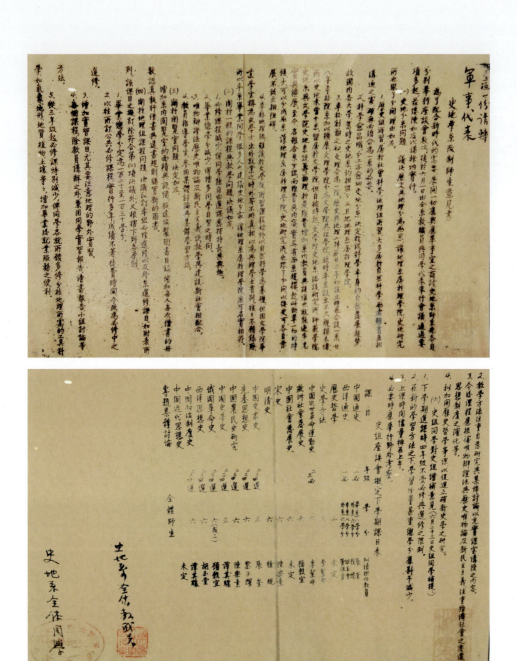

图 6-1　1949 年 6 月史地学系师生提交学校的《史地学系改制师生意见书》（部分）
（引自浙江省档案馆所藏档案）

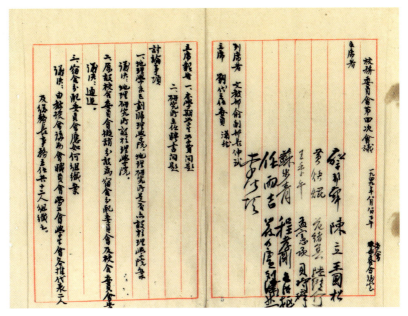

图 6-2 1949 年 8 月 8 日浙江大学"校务委员会第四次会议"讨论决定地理研究所设于理学院的会议记录原件（部分）

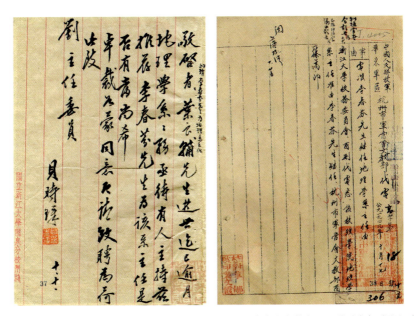

图 6-3 1949 年 10 月 10 日浙江大学理学院院长贝时璋关于聘请李春芬为地理学系主任致浙江大学校务委员会刘潇然副主任委员的请示（左上图）

图 6-4 1949 年 10 月 17 日杭州市军管会文教部关于同意李春芬担任地理学系主任的批复（右上图）

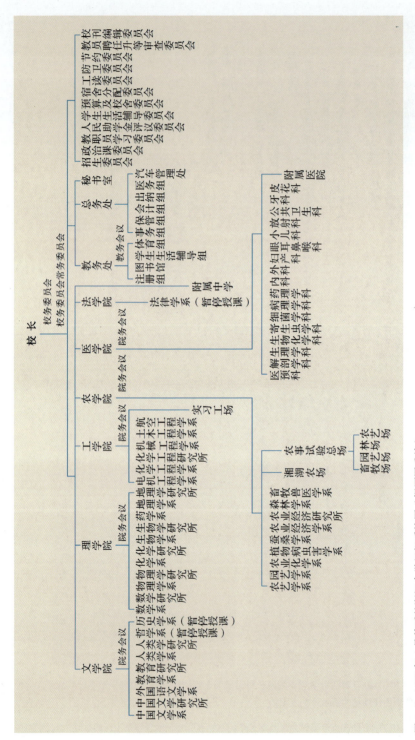

图6-5　1950年4月前后的浙江大学组织系统图（据原图重绘）

（引自《浙江大学简史（第一、二卷）》，杭州：浙江大学出版社，1996年，书末插页3）

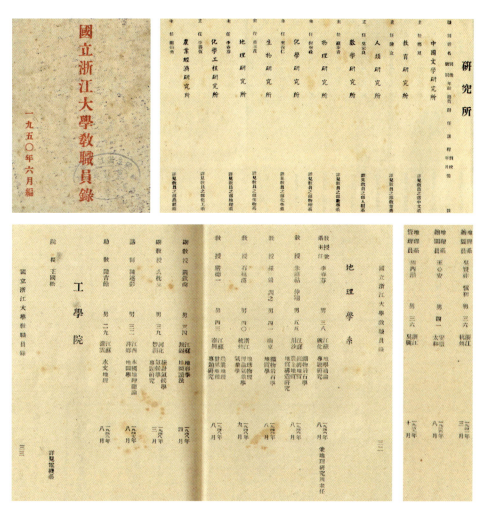

图 6-6 《国立浙江大学教职员录》（1950 年 6 月编印）封面和"地理学系"、"地理研究所"等页

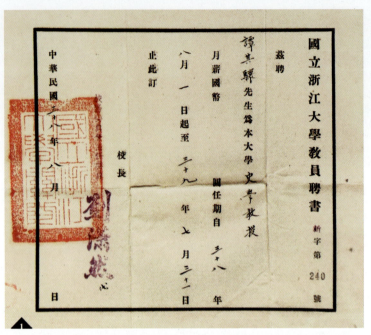

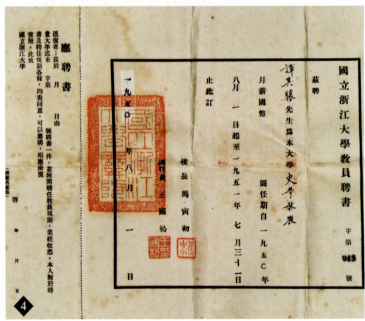

图 6-7 1949 年 8 月和 1950 年 8 月浙江大学致谭其骧的两份聘书

（引自《长水永泽——谭其骧先生百年诞辰纪念册》，内部印行，2011 年，第 16—17 页）

说明：谭其骧 1950 年度没有接受浙大聘任，至复旦大学任教；故 1950 年聘书左侧的"应聘书"仍存，应是
未填写寄回之故。

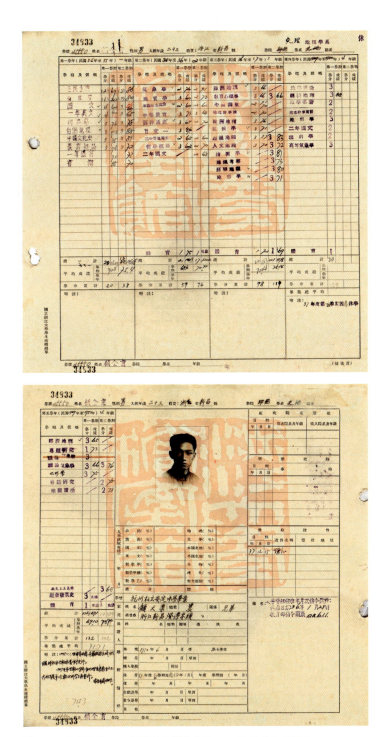

图 6-8　地理学系 1950 届毕业生顾全甫【34833】的学业成绩表

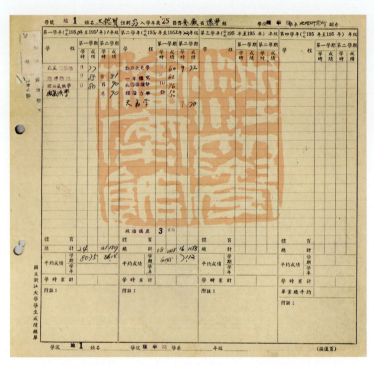

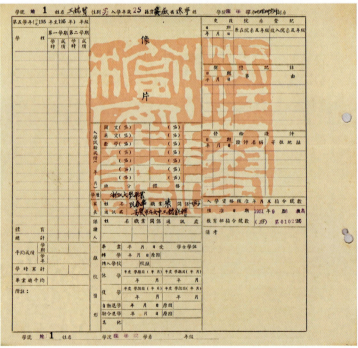

图6-9 地理研究所1950级研究生王懿贤【地1】的学业成绩表

图 6-10　1950 年 7 月浙江大学理学院地理学系 1950 届毕业学生与教师合影（摄于杭州）

说明（以下名单由编者据有关资料推定，个别恐有不准确之处；打问号者存疑）：

前排左起：3 李行健（？），4 郑威，6 顾全甫，7 吴国纯；

中排左起：1 陈述彭，4 林晔，5 丁浩然，6 陈吉余；

后排左起：1 孙骕，2 朱庭祐，3 李春芬，4 石延汉，5 严钦尚，6 周丙潮（？），7 吴贤祚

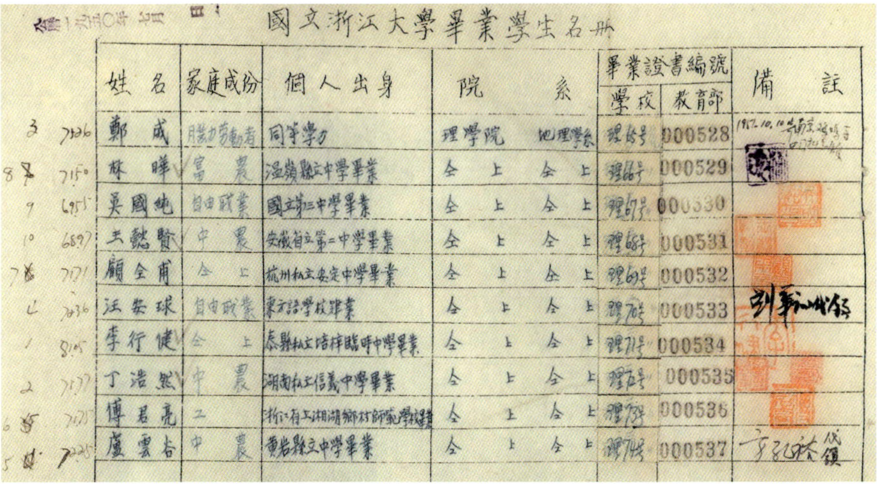

图 6-11　1950 年 7 月所填写的 1950 年浙江大学毕业学生名册（理学院地理学系部分）

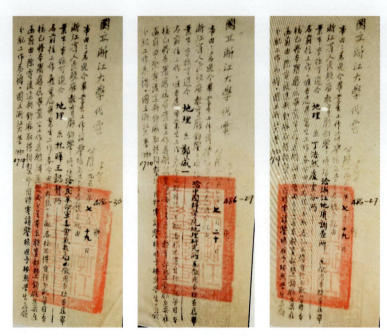

图6-12 1950年7月签发的地理学系毕业生林晔、王懿贤、郑威、丁浩然、卢云谷的毕业分配文件
（引自浙江省档案馆所藏档案）

姓名	家庭成份	個人出身	院系組	畢業證書號碼		備註
				學校	教育部	
何文泗	職員	國立第一中學畢業	理學院 地理系 地學組	207号	001265	
柯保恪	"	東陽縣中學畢業	地理組	205号	001266	
邵維中	商人	"		209号	001267	
劉華訓	農	國立玉山中學畢業		210号	001268	
崇學儒	店員	江山上瓏中學畢業		211号	001269	
鄭家祥	教育工作者	鄞縣縣鶴皐合中學畢業		212号	001270	

图6-13 1951年7月所填写的1951年浙江大学毕业学生名册（理学院地理学系部分）

图6-14 不同时期史地系、史地研究所、史地学会和地理学系的印章

046

图6-15　1951年6月6日浙江省教育厅与浙江大学合办教学研究班地理组全体师生合影（摄于杭州）

（引自华东师范大学"名师库"网，https://lib.ecnu.edu.cn/msk/5d/b5/c39091a482741/page.htm，[2024-05-26]）

说明（以下名单由编者据有关资料推定，个别恐有不准确之处；打问号者存疑）：

前排左起：3严德一；中排左起：2孙鼐，3严钦尚，4朱庭祜，5么枕生；后排左起：3李春芬

图6-16　1952年8月浙江大学地理学系全体教职员工合影（摄于杭州）

（引自华东师范大学"名师库"网，https://lib.ecnu.edu.cn/msk/5d/31/c39091a482609/page.htm，[2024-05-26]）

说明（以下名单由编者据有关资料推定，个别恐有不准确之处；打问号者存疑）：

前排坐者左起：1（暂缺），2吴贤祚，3么枕生，4李春芬，5严德一，6（暂缺），7（暂缺）；

后排站者左起：1严钦尚，2（暂缺），3李治孝，4孙鼐，5李行健（？），6陈吉余，7石延汉，8朱庭祜，9周丙潮（？）

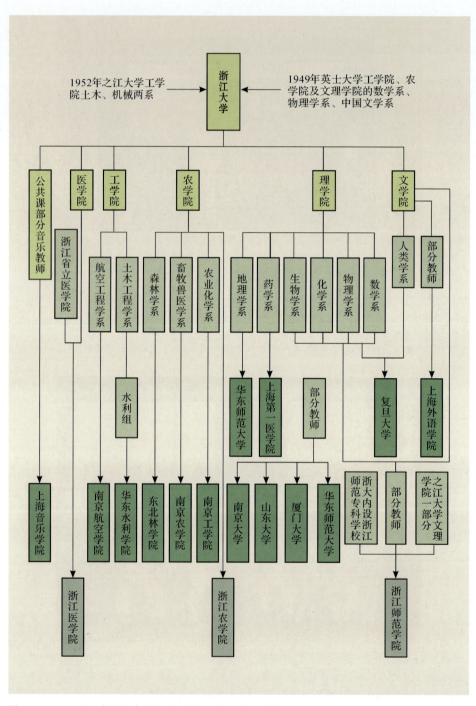

图 7-1 1949—1952 年浙江大学院系调整流向图（据原图重绘）

（引自《浙江大学馆藏档案 2007》，第 29 页）

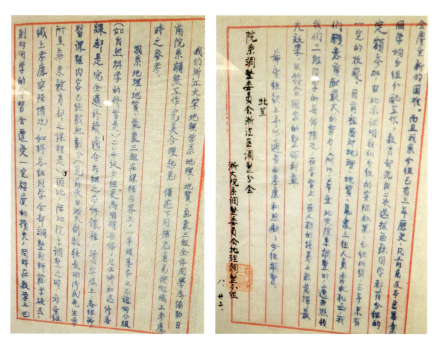

图 7-2　浙大院系调整委员会地理调整小组上报的地理学系学生要求不要调整至师范类院校的报告
（引自浙江省档案馆所藏档案）

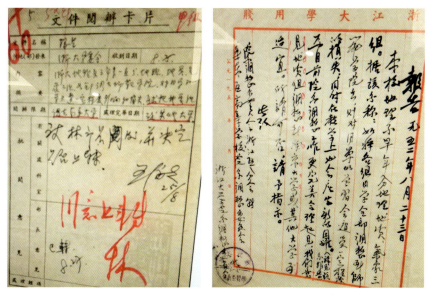

图 7-3　浙江大学院系调整委员会 1949 年 8 月 23 日上转给有关部门的地理学系学生的申请报告及上
级领导批示
（引自浙江省档案馆所藏档案）

调整至浙师
地质标本模型仪器
及教学用具书刊
移交人 地理系
浙大学委会
接受人 浙江师范学院

分配浙師地質標本、模型儀器
及教学用具書刊，按移交清冊
物資全部接收此據
臨時接收人周丙潮
一九五二年十一月十二日

60

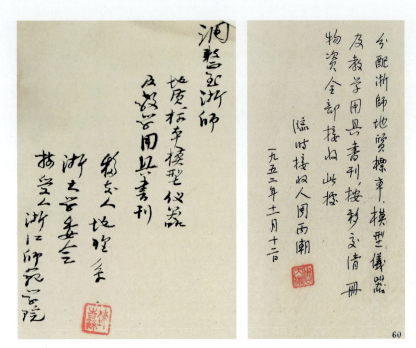

图 7–4　院系调整时期，原地理学系移交图书、标本、设备等记录——原地理学系经办人陈吉余签字单（左上图）

图 7–5　院系调整时期，原地理学系移交图书、标本、设备等记录——接收方浙江师范学院经办人周丙潮签字单（右上图）

浙江大学地理系移交浙师地质标本模型清单

名称	种类	备考
(1) 矿物标本(MB)	102	一套
(2) 岩石标本(RB)	56 47	二套
一、火成岩	36 27	
二、水成岩	14 12	
三、变质岩	6 8	
(3) 岩石标本(RC)	47 56	
一、火成岩	27 36	
二、水成岩	12 14	
三、变质岩	8 6	
(4) 杭州附近地层标本	20	
(5) 浙江矿产标本	20	
(6) 吹管分析标本一盒	80 79	不全
(7) 吹管分析药品	48瓶	
一、矿物粉末	12小瓶	
二、固体药品	3大瓶 12小瓶	
三、液体药品	3大瓶	
四、液体药品	18小瓶	失效

浙江大學地理系移交浙江師範學院
之儀器及教育用具清單

自記溫濕計	一个
氣象雨筒	一个
乾濕球溫度計	一付
最高最低溫度計（最低已坏）	一付
空盒氣壓計	一个
自記氣壓計	一个
地溫表（均破損）	四只
地溫計	三只
自記雨量計	一只
最低草溫計	一只
自記風向計	一个
鉄心氣壓器	一个
福丁氣壓表（連氣壓表箱）	一付
風向計	一个
風速計	一个
日照計	一个
蒸發皿（連鉄絲罩）	一只
自記儀器鐘（坏）	一只

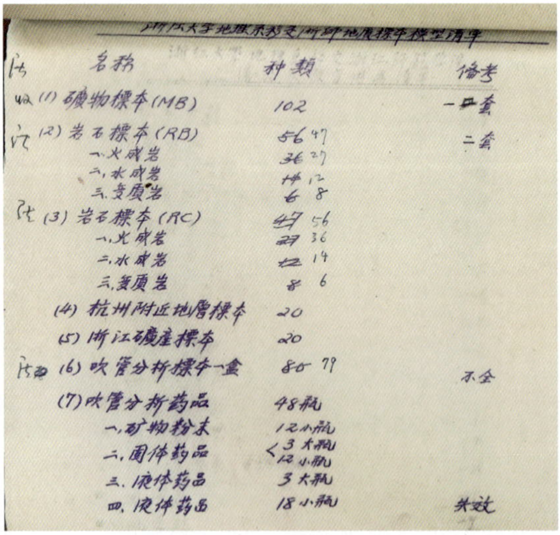

图 7–6　院系调整时期，原地理学系移交图书、标本、设备等记录——地质标本模型清单（部分）（左上图）

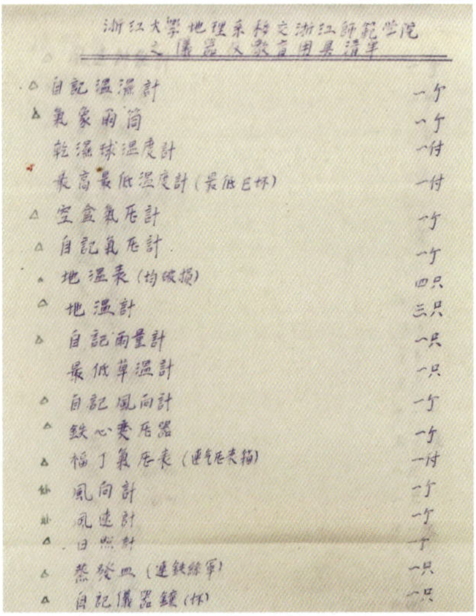

图 7–7　院系调整时期，原地理学系移交图书、标本、设备等记录——仪器及教育用具清单（部分）（右上图）

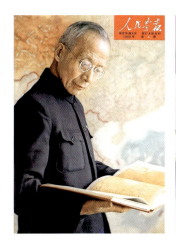

图 8-1　1963 年第 5 期的《人民画报》封面所刊竺可桢照片（左上图）

图 8-2　1990 年 3 月 5 日，浙江大学举办竺可桢诞辰一百周年纪念会，图为纪念会会场（右上图）

图 8-3　1989 年 11 月，浙江大学原史地系、地理系系友和家属为叶良辅先生扫墓后聚于浙江大学

（引自《孙鼐纪念文集》，南京：南京大学出版社，2010 年，图版第 16 页。按：原注明时间为 1992 年，恐不确。浙江大学于 1989 年 11 月 11 日在邵逸夫科学馆举行"叶良辅教授逝世四十周年纪念会"，会议期间，有关人士为叶良辅先生扫墓。此照可能为此期所拍）

说明：

前排左起：1 陈吉余，2 施雅风，3 王蕈，4 孙鼐，5 陈述彭；

后排左起：1（不详），2 叶彦弧（叶良辅长子）；3（姓名不详，叶良辅孙）；4 王启东，5 韩祯祥，6 李治孝，7 兰玉琦

图8-4　1998年9月19日，浙江大学原地理系在南京的系友庆贺孙鼐、么枕生两位先生米寿之合影
（引自《孙鼐纪念文集》，南京：南京大学出版社，2010年，图版第28页）

说明：

第一排（坐者）左起：1孙鼐，2么枕生；

第二排左起：1朱乾根，2施央申，3胡受奚，4赵颂华，5曾尊固，6叶琮；

第三排左起：1周志炎，2叶尚夫，3夏树芳，4罗谷风，5王文斌，6沈修志；

第四排：1陈丙咸，2过鉴懋，3张遴信

图8-5　2006年1月9日，叶笃正在2005年度国家最高科学技术奖颁奖典礼上
（引自《叶茂根深，学笃风正——纪念叶笃正先生诞辰一百周年》，北京：气象出版社，2016年，第136—137页）

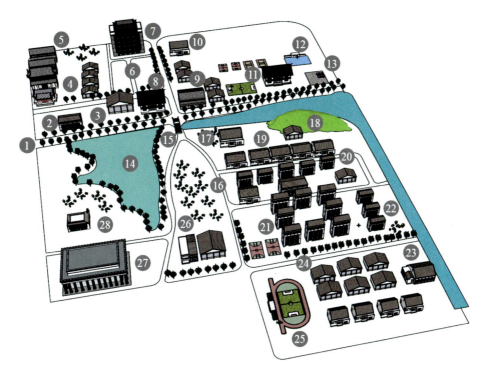

图 8-6　1952 年前后浙江大学大学路校园布局示意图（卢奂绘制）

说明（各地物的位置、名称等主要据陈述彭 1948 年 4 月绘制的《国立浙江大学校舍图》；因其后校园内部建
筑物有所增加以及若干院、系的办公场所略有变化，图中所反映的情况为 1949 年 9 月至 1952 年 8 月的状况。
因掌握资料所限，个别亦恐有不准确之处）：

1 西大门（即大学路主校门）2 行政办公区（原来是书院大殿有教务处，偏殿为校医室）3 校长公舍 4 女生宿
舍 5 职工宿舍 6 子三广场 7 阳明馆（东侧为新开辟的庆春路校门）8 舜水馆 9 梨洲馆 10 总务处 11 健身房 12
游泳池 13 汽车库 14 慈湖 15 求是桥 16 求是路 17 存中馆 18 钟山（也称"土山"，东侧为音乐教室）19 实习
工场 20 工学院（其中工学院大礼堂被命名为"诚朴堂"，电机系大楼取名"廉洁馆"）21 学生宿舍 22 教职
员宿舍 23 龙泉馆（为教职员宿舍，其中"报国厅"曾经作为学生宿舍）24 医学院实验室（1948 年前后为法学院，
1949 年 9 月后为医学院实验室）25 运动场 26 食堂 27 浙江图书馆 28 叔和馆（1949 年 9 月后为文学院的中国
文学系、外国语文学系、历史学系、哲学系和人类学系等办公场所）

图照来源说明及致谢：

　　各图、照有明确作者或出处的，已经在文字说明中注出；未单独注明出处或作者的，照片主要来自浙江
大学档案馆，书影主要来自"上海图书馆晚清民国期刊全文数据库"（https://www.cnbksy.com/），也有个
别材料来自网络。特此说明。

　　谨此对浙江大学档案馆、"上海图书馆晚清民国期刊全文数据库"及有关图、照和原始文献的作者、编
者和收集整理者表示感谢。

前　言

　　浙江大学地球科学学院的前身可追溯至 1936 年国立浙江大学文理学院史地学系的设立，地学教育则早在求是书院时期即已展开，至今已沧桑百年。作为浙江省内最早系统开展地学高等教育和学术研究的机构，浙江大学地球科学学院（及其不同历史时期的系、所等学术组织）在人才培养、学术研究、社会服务和文化传承等方面，取得了多方面的重大成就，在省内、国内，均具有深远的历史影响。因此，对其百余年来的发展历程进行系统的总结，既是对前辈学人筚路蓝缕开创基业的认可和尊重，也可以总结历史经验，推动新时期学院的教学、科研等工作的发展，亦是学院文化建设的重要内容。有鉴于此，开展地球科学学院发展史的研究，启动"院史"编研工程，以保存历史，传承学脉，弘扬"求是创新"精神，是新时代浙大地学人义不容辞的责任。

　　2016 年以来，随着院庆 80 华诞庆典的举办，学院开始了历史时期院史资料的收集、整理和"院史"编纂工作。编委会根据浙大地科发展的客观历史状况，决定院史的编纂和写作也分两个阶段进行，在全面收集整理资料、编写完成贯通性的"简史"编稿的基础上，以 1952 年为界，先集中力量，编纂完成 1952 年之前的《院史》部分。经过 6 年的努力，在编委会的统一组织和指导下，在广大校友、师生的热情支持和帮助下，编写组各位成员，特别是主要执笔者范今朝老师，花费了很大心力，编纂完成了 1952 年之前的院史文稿。我们谨代表学院党委、行政，对编委会和编写组各位成员表示衷心的感谢。

　　在浙江大学地学教育展开百余年来，特别是地球科学学院（及不同时期各相关地学系科）将近 90 年的发展历程中，经历多次重大调整，学校、院系多有分合；浙大地学系科，也在此过程中，逐步从引入、萌生到发展、繁荣，从恢复、重建到成长、复兴。不同时期地学系科的师生，都能够谨守母校"求是精神"和母系"只问耕耘，不计收获"、"只问是非，不计利害"的教诲，实事求是，知行合一，坚持操守，努力向学，恪尽职责，奉献国家，投身于科学探索和文化传承，服务于民族复兴和社会进步，在各个方面都做出了自己的贡献。数十年来，浙大地学系科几经风雨依然生生不息，蓬勃发展且人才辈出，"求是、创新"的校训，"明时空之真谛，识造化之本原"的创系宗旨，充盈其间又一以贯之的"地学之爱"，都历久弥新，深刻影响着浙大地学人。

往事历历可感，来日尤可期待。过去的艰辛、磨难，今日的求索、奋斗，都会成为明天辉煌的注解。学院组织力量编纂院史，付梓印行，将地学系科发展历史和其中重要的节点、事件、人物、成就等细致梳理并完整呈现，既为保存历史，追慕先贤，更为汲取精神，传承学术，使得后辈学人，能从中了解本院各个时期诸多先生、老师和学长们的治学历程，感知他们专注治学、矢志报国的热血与情怀，学习这一位位"地学奠基人，求是大先生"和"浙大地学人，求是践行者"胸怀"国之大者"、勇担国家使命的跋涉、攀登和奋进的执着与奉献精神。

我们衷心希望，在这一伟大的新时代，浙江大学地球科学学院的全体师生，能够不忘初心，踔厉奋发，继往开来，再创辉煌；并以今日之奋斗，今日之成就，在学院发展历史上留下自己的足印，不负前辈，续写华章。

浙江大学地球科学学院　党委书记　王　苑

院长　杜震洪

2024 年 5 月 31 日

编写说明

　　浙江大学地球科学学院的前身是 1936 年设立的国立浙江大学文理学院史地学系，1939 年为文学院史地学系，1949 年改设理学院地理学系；1952 年院系调整后，地理学系调出浙大。其后，地学系科在原浙江大学、原杭州大学（包括原浙江师范学院）各自恢复和发展，复于 1998 年四校合并后重组为新的浙江大学理学院地球科学系，2009 年设浙江大学地球科学系（中层实体，相当于院级单位），2015年设立地球科学学院。以 1952 年为界，前后两阶段差异显著，在学校和系科的建制上以及其他诸多方面，均发生了巨大变化；因此，编委会根据浙大地科发展的客观历史状况，决定院史的编纂和写作也分两个阶段进行。

　　第一阶段，重点编写 1936—1952 年的地科发展史，兼及 1897 年浙江大学的前身——求是书院设立以来地学课程在相关学校内以及大学设立后在相关院系内的开设情况。该阶段资料相对完整，发展过程、历史人物基本有了定评，有关成果也较为丰富，因此，编写中拟更多地采用"史"的形式，以学科自身发展阶段为线索，在将丰富的"史料"予以呈现的同时，揭示学科发展过程及其社会背景和原因，并适当对相关人物和事件予以评述。

　　第二阶段，即 1952 年至今的地科发展史。此阶段既有学校的分合调整，又有地学系科在原浙江大学、原杭州大学的各自发展以及四校合并后的融合与新生，情况较复杂，资料分散且未经系统整理，因此，编写中拟更多地采用"志"的形式，将相关材料汇集收录，客观呈现，梳理出整体的发展脉络。

　　本书是"浙江大学地球科学学院院史"的研究和撰写工作第一阶段的成果，重点撰述 1936—1952 年浙江大学的地学系科发展史，兼及 1897 年求是书院设立以来至 1936 年史地学系成立之前地学高等教育在浙江大学（及其前身和相关各校）不同时期的发展状况。

　　这里，我们对本书的编纂原则与记述内容、总体结构与编写体例等，做一简要说明。

一、编纂原则与记述内容

（一）编纂原则

本书记述核心为国立浙江大学时期地学系科的发展过程。在近现代高等教育体系（包括"大学"）中，因追求"因科设教，专精一门"或"分科设教，学有专门"所划分的学科界定，即为"学科"；相应正式设立的学术组织，即为"系科"，这是"学科"发展的建制化、体制化的保障。

随着近代学科分化，地学的分支学科日渐增多，逐渐形成地质学、地理学和气象学等门类，即"地学学科"。早期，地理学多归属文科（且常与历史学合设"史地学门"、"史地学系"等），地质学、气象学则归属理科（设立"地学门"、"地学系"或"地质学系"等）；随着学科分化的深入和学科分类的完善，地理学也逐渐明确归属"理科"范畴（设立"地理学系"），气象学亦从地学系或地理学系中分化出来，设立"气象学系"；这些地质学系、地理学系或气象学系等，即为"地学系科"。在大学等高等教育机构中，不同时期，"地学系科"在"理科"中的地位、名称等有所不同；如1904年"癸卯学制"的"格致科"中，包括"算学门"、"星学门"、"物理学门"、"化学门"、"动植物学门"、"地质学门"，其中的"地质学门"即为地学系科；1913年"大学规程"的"理科"，包括"数学门"、"星学门"、"理论物理学门"、"实验物理学门"、"化学门"、"动物学门"、"植物学门"、"地质学门"、"矿物学门"，则"地质学门"、"矿物学门"属于地学系科；1929年的"大学组织法"和"大学规程"中规定：大学"理学院"或独立学院"理科"，分为数学、物理学、化学、生物学、生理学、心理学、地理学、地质学等"学系"，则该时期的地学系科即以地理学系、地质学系来称呼。

因此，本书将"地学系科"作为一个"实体"概念，即通过国家确认，经由体制化、建制化而构成的一个"实体"，也就有其孕育、形成、发展、解体、重构等演变的历程。

在厘清前述基本概念的基础上，本书的编纂原则确定如下：

1.以地学系科（即学术机构）的设置演变为主线，确立历史分期和记述范围

浙江大学地学系科的发展历史悠久，不同时期建制或分或合，内容多，涉及面广，因此，全书的记述范围，需要明确。

如前所述，"系科"（包括"地学系科"）是通过国家确认，经由体制化、

建制化而构成的"实体",并有其孕育、形成、发展、解体、重构等演变的历程,因此,以"地学系科"为核心,围绕学科不同时期的构成和相关机构的变迁,以及与之有关的教学、科研等活动来展开论述,就可以比较清晰地确定记述范围(在"地学系科"设立之前的浙江大学不同时期,则以"地学学科"的发展状况记述)。

基于以上考虑,全书以地科机构(如文理学院史地学系、师范学院史地学系、文科研究所史地学部等)建制的确立和变化为核心,以地学的课程设置、系科形成、系所撤调等建制变化为主线。换言之,地学系科有独立建制时,以其相应的系、所、室等为记述范围,并以其主体的系(即文理学院史地学系、文学院史地学系和理学院地理学系)为主线,纵向以该主体系科建制变化确定历史分期,横向则包括同时期各相关地学单位,以此确定记述范围。

2. 以学术组织和教学科研等学术性活动为主要内容,兼及师生课余活动和日常生活

本书以地学系科发展为主线,以记载学术性内容为主,重点记述学术组织、学术活动和学术人物,通过客观、全面的记述,反映浙大地科的形成与发展历程、人才培养状况和学术成就,以及其中所体现出的学人的治学精神和风貌。

在材料的组织过程中,考虑到地学系科在大学中的学术组织、教学科研等学术活动均受国家、地方、大学、学院等更高层面的典章制度的制约,因此,在记述地科发展史时,诸如学术组织的建立、课程体系的设置以及教学活动的组织等,均会涉及国家、地方、大学、学院层面的法律、规章、规定等;为了客观反映当时学校生活的全貌,除记述教学、科研活动外,还适当还原了彼时师生的日常生活场景,使学术组织、学术活动、学术人物(教师、学生)与典章制度(国家、地方、大学、院系等各个层级的规章规定)、教学科研、日常生活等相互结合,以期全面、完整地反映不同时代浙大地科的各个侧面。

3. 就编纂方式而言,采取"史"、"志"结合体例,充分占有第一手资料,述而少论,言必有据

在具体编纂过程中,全书采取"史"、"志"结合体例。"史"即地学的学科、院系的发展史,以时间为序,以若干重大的学校层面体制或人事方面的变化,或地科自身的建制变化等为分期依据。"志"即相关原始资料的汇总,把一些重要的法规制度、原始档案及报刊、书籍的原始记载内容加以整理、汇编,同时也将该时段在相关地学系科任职、任教、求学、工作的师生员工,尽可能完整地加以收集,整理人物名录。

具体撰写中,尽可能使用原始资料、第一手资料和当事人的记述等,真实地

记录当时的教学、科研和日常生活全貌。所用资料尽可能注明出处，并尽量收载当时照片及文献图影，使全书兼具资料性，既可作为今后进一步深入研究浙大地科发展史的基础，也可为有关方面查询史料等提供便利。

（二）记述内容

如前所述，编委会确定以组织化、建制化的浙江大学地学学术机构等的发展为主线，以其学术组织、学术活动和学术人物为记述重点，因此，本书所记述的内容，除了适当记述地学系科成立之前地学在浙江大学不同时期的发展状况外，主要集中于国立浙江大学文理学院史地学系设立之后的情况，分别从学校、学院、学系的体制演变和本系的教学科研、师生活动及日常生活等不同层面和侧面，对此期地科发展情况予以详细记述。

本书包括三大部分，即作为全书主体的正文部分、正文之前的说明部分，以及正文之后的附录部分。

正文部分，主要按照国家、学校、学院不同层面和地科自身在发展中的若干如体制上、人事上等的重大变化所发生的时间节点，确定时间分期，相应确定各部分主题；同时，为说明浙大地学的发展背景及在当时全国所处的地位，以及本期浙大地学的成就和影响，在正文的第一部分有相关背景性的说明，最后一部分则对 1952 年之前浙大地学的成就和影响作了总结性的论述。具体包括 8 章：（1）中国近现代的地学发展历程及地学高等教育概况（1949 年之前）；（2）1936 年史地学系成立之前浙江大学及其前身的地学教育（1897—1936）；（3）浙江大学文理学院史地学系的设立及初期的教学、科研等活动（1936—1937）；（4）浙江大学西迁办学与地学高等教育的全面展开及其成就（1937—1946）；（5）局势动荡、时代变革背景下浙江大学地学高等教育的勉力维持（1946—1949）；（6）新时代的到来与浙江大学地理学系的设立及发展（1949—1952）；（7）院系调整与浙江大学地学系科的调出（1952）；（8）史地学系时期浙江大学地学系科的办学成就与影响。

其中，因 1936 年史地学系设立后仅一年，学校即开始长达 9 年的西迁办学时期（1937.11—1946.05），而该期也是地学系科发展最快、成就最为辉煌的时期，因之第四章需要记述的内容很多，篇幅很大；第五部分复校回杭时期（1946.05—1949.06）虽时间仅 3 年，但因涉及较多事件，篇幅也较长。故本卷正文各章之间篇幅差别较大，但为符合客观历史进程，未做过多调整。

正文之前的说明部分，主要包括"编写说明"、"概述"和"图照汇编"（即彩插部分）。"编写说明"中对全书编纂原则、编纂方式、记述内容及编写体例等予以说明。同时，为完整说明浙大地科从初创到现今（截至 2024 年 5 月底）的发展状况，在本书正文之前，特撰"概述"一篇，以地科自身发展脉络为主线，将浙大地科 80 余年来整体发展状况简略叙述，以明不同历史时期浙江大学地科机构的设置和演变概貌。此外，将若干富有历史意义的人物、建筑照片和档案、文献图影，以及总括性的图示等材料从正文抽出，以彩色印刷集于卷首，以存历史原貌或明总体状况。

正文之后的附录部分，主要包括"大事记"、"沿革表"和"师生名录"，以期从不同侧面完整反映各历史时期浙江大学地学系科发展状况。另外，考虑到本书篇幅较大，且具有一定的资料性质，为便利阅读和查询，还编制了"图表索引"，包括彩插部分的图片目录、正文部分的图片目录和表格目录。

二、本书结构与编写体例

本书正文的章节编排和行文方式，以及图表、注释等，均依照史学类著述的表达习惯展开。因为全书内容较多，其中叙述性、说明性、论述性等正常行文和史料、注释、按语等其他性质的文字相互穿插，文、图、表等合编，所以，为便于阅读，兹将本书结构与编写体例说明如下。

（一）本书结构

1. 本书包括三大部分，即正文前的图照汇编（彩插部分）、编纂说明和概述等总括性、背景性内容，全书主体的正文，以及卷末资料性的附录。

2. 正文之前的总括性、背景性内容，具体包括：（1）图照汇编：将若干重要照片、文件、出版物、示意图等编入；（2）本书的编纂说明：对全书编纂原则、编纂方式、记述内容及编写体例等予以说明；（3）概述：将浙江大学地学发展百余年来的全过程予以概括说明。

3. 正文部分，在写作上，主要按照章节体展开，依次分为"章"、"节"，以下再依序分为各级层次。

（1）正文部分包括 8 "章"，每章标题之下、第一节之前，有该章的"节前小序"。

（2）每"章"分数"节"，同章内各节依次编排，即"第一节"、"第二节"……另章则各节重新编排。

（3）每"节"中，视内容情况确定划分层次与否；内容较少的即不再划分层次，笼统叙述；内容较多时，则采用分述方式，按照行文需要，再分若干层次，各层次内容以小标题形式，依数序排列。大体上，本书每节内，标题层次最多至 4 级，依此为序："一、"，"（一）"，"1."，"（1）"。

4.附录部分，包括：（1）浙江大学地学发展大事记（1897—1952）；（2）浙江大学史地学系、地理学系时期（1936—1952）地学主要机构沿革及负责人一览表；（3）浙江大学史地学系、地理学系时期（1936—1952）师生员工名录。

（二）正文中的引文类型

1.本书叙述与史料并重，所以"引文"较多，且有较长、大段的引用。为便利读者阅读和理解，减少歧义，兹将全书引文分为两类，即摘引的国家及学校等的"法规制度"归为一类，其他如回忆性和报道性等材料归为一类。

2."法规制度"类引文，在全文或部分引用时，标明该法律、规章等的具体名称、制定或颁行的时间，以下录入相关条文（若部分引用，省略部分以省略号表示），在引文末以脚注形式注明出处。

3."其他"类引文，即根据行文需要摘引相关内容（若有省略部分以省略号表示），亦在文末以脚注形式注明出处。

4.引文上下各空一行，字体与正文不同。本书正文部分为宋体，引文部分为仿宋体；涉及引文中包含标题的，视需要，酌以不同字体、字号等标出，以示区别。

（三）引文处理原则与引文中原文讹误或怀疑有误的处理方式

1.引文处理总的原则

本书引用史料较多，情况复杂。因各种文献来源不一，写作时代不同，表述习惯不同，还涉及不同时期的简化字、异体字或其他种类的不规范用字等，也有直接的排版、印刷方面的所谓"植字"的错误，因此，应该区别情况，慎重处理。

总体而言，本书在引用过程中，把握如下原则：第一，尊重原作者表述，第二，可能的情况下，便利今人阅读。具体处理方式如下：文字部分，均以规范的简化字收录，除非明显印刷有误或存在不规范用字的，其他均不做改动（涉及数字的，一些表示较大数量的数字或某部分文字中数字较多时，酌情使用阿拉伯数字）；标点符号的使用上，为便利阅读，则大致依照现有规范和习惯做适当调整；并依文意，适当细分段落。

2.引文中原文讹误或怀疑有误的处理方式

确实因各种原因可能存在错误或多种写法的，针对不同情况，本书大致按照以下方式处理：

（1）因字形相近等原因出现的较明显的排版、印刷错误，即所谓"植字"的错误，尤其是描述性的用词，均直接改正，不另说明。个别情况下，为慎重起见，正文直接修改，后括注"（编者注：原文为某，恐误）"。

（2）一些不同时期的简化字、异体字或其他种类的不规范用字等，在不涉及人名、地名等专有名词的情况下，均按照现行规范的用字直接改正，不另说明。个别情况下，为慎重起见，正文直接修改，后括注"（编者注：原文为某，恐误）"。

（3）涉及人名、地名等专有名词的字词时，则慎重处理。

1）由于不同时期汉字整理与使用规范的差异，若干人名、地名中曾经简化或归并而不再使用的异体字又有恢复使用的情况，本书均按照目前规范使用；如史地学系师生中，顾毂宜，也作"顾谷宜"，本书均作"顾毂宜"；李絜非，也作"李洁非"，本书均作"李絜非"；宋锺岳、蔡锺瑞、程融钜、司徒钜勋等，也作"宋钟岳"、"蔡钟瑞"、"程融巨"、"司徒巨勋"，本书均作"宋锺岳"、"蔡锺瑞"、"程融钜"、"司徒钜勋"。

2）怀疑有误的，或如人名等有多种写法的，引用中一般原文照录，在其后括注"（编者注：又作某某）"，说明可能是什么，或另一说是什么。

3）明显有误的，引文直接改正，在其后括注"（编者注：原文为某，恐误）"，说明原文是什么，但存在错误的可能性较大，故予以修改。

4）极个别非常明显的印刷错误，或短期使用的简化字及不当简化的字等，则直接改正，不另说明。

（四）图、表的编排

1. 图片

（1）本书中图片较多，有人物照片，也有史料原始状态的照片，或出版物数字化后电子版截图等。图片的位置，在可能的情况下，均插入正文文字中直接涉及该图的该段文字之下。在可能碰到该页空间不够而可能跨页或缩小图片后影响阅读及版面效果等情况下，为版面不致出现过多空白或保持版面美观，一般是将该图适当后移，即后面的文字酌情提前。当然，在极个别情况下，也可能出现图片适当前置的情况。

（2）各图片均在图下标注图名。为便于查找，正文的图片，在各章的"节"内按图序编号，例如：图2-1-1，即为第二章第一节内的第一张图片，图3-2-4，即为第三章第二节内的第四张图片。彩插部分所收图片，亦按其所对应的章节为序编排，该章内依次编号，如2-1，即该图属于第二章（概述部分图片以0-1等为序）。

（3）彩插部分和正文部分所收图片，各图出处的文字说明均直接括注于图名后，出处前统一加"引自……"二字（其中，图名中或承接上文可自明者，不再另外加注；若干来自浙江大学档案馆所藏档案的书影或照片等未予单独注明）。

（4）个别未单独注明出处的图片，多数来自浙江大学档案馆，个别来自网络。

2. 表格

（1）本书中表格较多，大致可分为两类：一类为著者据相关材料编制的表格，一类为不同时期史料中所附表格的重新整理。表格的位置，均插入正文或引文的文字中直接涉及该表格的该段文字之下。若跨页，则下页表格标明"续表"。

（2）编者绘制的表格，基本依照现规范编制。

（3）不同时期史料中所附表格的重新整理，因其实际上为史料（即引文）的一部分，故整理中多数依照原表格式。个别情况下，为适应版面需要或今天的阅读习惯，整理中也会适当变通，不强求与原表完全一致，也不强求与现规范一致，以表达清楚、明晰，且准确体现原意为原则。此外，若干表格中的空白处，均为原始文献中所留的空白处（即该项内容未填写，则整理表中即仍保持空白），不另说明。

（4）各表格均表上标注表名。为便于查找，在"节"内按照顺序编号，例如：表2-1-1，即为第二章第一节内的第一个表格，表3-2-4，即为第三章第二节内的第四个表格（个别附于直接引文文字中的表格，若篇幅较小，不再另行编号，即将之视为引文的一部分）。

（5）各表出处统一以脚注形式标注于表名末。顺序上，与该页其他脚注统一编号。脚注中，出处文字前统一加"资料来源"四字，以与其他类型脚注区别。

（6）个别未单独注明出处的表格，或为某引文的一部分（即其出处可由该引文出处一起标明），或者由作者据上文内容直接编制，文中不再单独说明来源。

（五）注释方式

1. 本书论述与史料并重，正文中摘引史料较多，所以说明史料出处的"注释"较多。为便利查检和阅读，本书采用页下脚注形式，每页各脚注依次编排，各页单独编号。卷末附有"参考文献和资料来源"，将主要引文出处和资料来源汇总。各页脚注和全书末的参考文献，均采用文史类的注释和标注方式。

2. 本书注释中，除了一般性的标明引文来源的注释（以"脚注"形式）外，还有较多说明性、解释性、辨析性（即"按语"类）注释，以及如大段引文中的原有注释等。所以，视内容需要，或在正文中随文附上相关说明，或将引文中的原有注释附于其后；或以脚注形式附在该页之下，脚注中，也或仅注明文献来源，或增加说明性、解释性、辨析性文字。

3. 为便于区分以上不同性质的注释，本书大体上采用以下用语予以区别：

（1）"原注"、"原按"与"编者注"、"说明"：

1）"原注"和"原按"：原引文中的各类注解或按语，视文意需要确定保留与否；

若保留，则将其括注于引文正文中，以"（原注：……）"或"（原按：……）"形式，予以说明。这样做的主要理由：一是引文文意更为完整；二是本书体例上可较清晰，即全书的脚注，均为作者表述，按照规范、统一的方式编排，而引文的原注、原按，则可能有各种格式，均直接括注于引文正文里，可免混淆；三是标明"原注：……"、"原按：……"，说明即为引文的一部分，原文如此，其正确与否，不再核对，也不再依现规范调整格式、补充内容（有些也无法补充）等。

2）"编者注"和"说明"：均为本书编者根据需要所加。"编者注：……"为正文中的说明性、解释性、辨析性文字，直接放在正文相应位置后，对有关问题予以说明；"说明：……"则为脚注中的说明性、解释性、辨析性文字，放在脚注中，对有关问题予以说明。

（2）"引自……"与"资料来源：……"

如前所述，对于图片、表格的出处或资料来源等，图片出处直接放在图名后予以说明，表格的出处或资料来源则以脚注形式注明，编号放在表名后，该页所有脚注按先后顺序编号，脚注顺序与编号对应。同时，为表示差别，图的出处，前均加"引自……"二字，表的出处或资料来源，前均加"资料来源：……"。

4.全书主要史料和引文绝大多数来自出版物等纸质文本（包括电子化的纸质文本），脚注和文末的参考文献格式，均按照中文论著通用格式著录。此外，稿中还有极个别引文来自网络，因无法找到对应的纸质本，故标注网络出处。

（六）若干文献的全称与简称的使用

1.关于《国立浙江大学校刊》、《国立浙江大学日刊》的标注

（1）本书中较多摘引《国立浙江大学校刊》、《国立浙江大学日刊》的相关内容，为表述简省，正文中，在某部分文字中第一次出现或特定语境下使用全称外，一般均简称为《校刊》或《日刊》。

但在图名、表名中，为使得各图、各表具有自明性，仍均使用全称。脚注中，也为了各条脚注均完整呈现出处信息，亦使用全称。

（2）脚注中，《国立浙江大学校刊》、《国立浙江大学日刊》因每期篇幅有限，正文中也多会提及或呈现相关引文的具体篇目，因此，某具体引文的篇目名称，全部予以详细标注似无必要。故本书中，多数仅标注期号及出刊时间，具体篇目名称等从略。个别情况下，出于强调或特别说明等原因，亦有较详尽的标注。

2.关于竺可桢"日记"的标注

本书中也较多摘引竺可桢"日记"的相关内容。现竺可桢"日记"（现存1936—1974年）已经全文整理并收录于《竺可桢全集》第6—21卷，本书所引即

摘录于《竺可桢全集》相关各卷。因此，本书中，正文摘引时，以"竺可桢'日记'"的形式表达，并在某部分前后多次引用时，后面的引用简化为"日记"，即日记两字加引号，不使用书名号。注释中则按照《竺可桢全集》的出处标注。

3.其他

其他文中多次出现或引用的文献（一般为浙江大学及相关院、系等在不同年份所编辑印行的系列出版物），正文中一般也在其第一次出现时称引全名，后文在直接承接前文，不致引起歧义的情况下，适当使用"简称"。如不同年份出版的《国立浙江大学一览》、《国立浙江大学要览》和《国立浙江大学文理学院概况》、《国立浙江大学文学院概况》等，在某部分前后多次引用时，一般第一次出现时使用全名（括注印行年份），后则视行文需要，或用全名，或简称为《一览》、《要览》、《概况》等。在图名、表名或脚注中，则仍使用全称并括注印行时间。

（七）数字的使用

1.正文的表述中，若非引文的部分，均按照现行规范处理；即明显为数字序列的，均使用阿拉伯数字；若干按照规定应当使用汉字数字的情况，则使用汉字数字。

2.正文的引文中，本书中较多引用了民国时期的各类文献，因当时多使用汉字数字，为尊重原文表达方式，故除了明显表达数量概念（尤其是较大数量或大量的数字集中出现的情况下）、本书将其转为阿拉伯数字外，其他一般性叙述中涉及时间、数目等的表述，多数仍按照原文使用汉语数字（有些也转写为阿拉伯数字），必要时括注说明（如民国纪年括注公元纪年）。

3.本书中较多引用了民国时期的各类正式、非正式的个人著作、机构印行的各类印刷品等出版物，以及报纸、期刊等连续出版物，其出版、印行时间或卷号、期号等，当时亦多使用汉语数字表示。在需要说明或注明出处的括注、图名、表名或脚注中，本书在一般情况下，均将其转为阿拉伯数字（年份的民国纪年亦直接改为公元纪年）。正文中提及时则视原文情况或前后文意等，两种方式兼有，不强求一律。

（八）若干符号的使用

1.本书在述及史地学系及相关地学机构的学生时，适当括注其学号（即成绩登记表中的编号），以方头括号"【】"表示，如沈玉昌【25001】（此为本科生编号）、郭晓岚【史1】（此为研究生编号）等。

2.引文中，若有省略处，以省略号"……"表示。

3.若干引文中，若因承前省略而可能导致意义不清或含混时，适当补充时间、人物等信息，以中括号"[   ]"表示。

（九）特别说明

需要特别说明的是，编写组在浙江大学档案馆、浙江省档案馆等查阅了大量相关档案材料，特别是得到浙江大学档案馆在材料查询和使用上所提供的支持和帮助，谨此表示衷心的感谢。

此外，本书中近代报刊材料及所附原版图照等，绝大多数引自"上海图书馆晚清民国期刊全文数据库"（https://www.cnbksy.com/）；若干现当代出版物中的材料也引自有关收录该文献的数据库（如"读秀"，https://www.duxiu.com/）等；为篇幅简省，文中仅注明了原始文献出处，不再另行一一说明引自"上海图书馆晚清民国期刊全文数据库"（或其他数据库）等。谨此特予说明并对相关数据库和开发、维护机构深表感谢。

正文中所提及人物，为行文简洁，绝大多数均直呼其名，不加先生、女士或校长、主任等敬语或头衔（引文中用语则按照原文），个别视文意需要，略有变通。特此也作说明如上。

目　录

第一章　探天究地路漫漫
　　——中国近现代的地学发展历程及地学高等教育概况（1949年之前）

第五章　复校杭垣多激荡

　　——局势动荡、时代变革背景下浙江大学地学高等教育的勉力维持（1946—1949）

第六章 "地理"设系续华章

  ——新时代的到来与浙江大学地理学系的设立和发展（1949—1952）

概　述

从 1897 年"求是书院"设立起，浙江大学在一百多年的发展历程中，经历多次重大调整，学校建制、院系组织多有分合，既多元归一，又同根归源。

浙江大学地球科学学院的前身可追溯至 1936 年国立浙江大学文理学院史地学系的设立。1936—1949 年，与地学有关的教学和研究机构在国立浙江大学陆续设立，包括文理学院史地学系（1936 年起；1939 年后为文学院史地学系）、师范学院史地学系（1938—1947 年）、文科研究所史地学部（1939 年起；1947 年后为史地研究所）和史地教育研究室（1939—1949 年）等。至 1949 年 7 月，史、地分别设系，以原史地学系的地理组为基础，设地理学系，史地研究所亦改为地理研究所，均隶属理学院。1952 年全国院系调整，浙江大学成为一所工科院校；地理学系（及地理组教师）调整至华东师范大学，部分教师（主要是地质组、气象组教师）和全体在校学生调整至南京大学，另留个别教师至新设立的浙江师范学院。此后，1952—1998 年，地学相关系科分别在原浙江大学、原杭州大学（及其前身原浙江师范学院）恢复和发展。1958—1965 年，原浙江大学新设地质学相关专业和地质工程学系（1960 年设系，1962 年停止招生，1965 年停办）；1970 年后，再次设立地质学相关专业，并于 1978 年复设地质学系；1988 年，改称地球科学系。同期，1952 年 2 月成立浙江师范学院，初设地理科，1954 年设地理系；1958 年 11 月，浙江师范学院并入新成立的杭州大学，浙师院地理系遂转为杭州大学地理系；1996 年，改称资源与海洋工程系。至 1998 年 9 月原浙江大学、杭州大学、浙江农业大学、浙江医科大学四校合并，原浙江大学地球科学系和原杭州大学资源与海洋工程系（地理专业、气象专业）在新的浙江大学继续发展，并于 1999 年合设浙江大学理学院地球科学系。2009 年 5 月，浙江大学进行学部制改革，设浙江大学地球科学系（中层实体，即院级单位），归属理学部。2015 年 5 月，设立浙江大学地球科学学院。

在浙江大学地球科学学院（及不同时期相关学校的地学系科）近百年来的发展历程中，经历多次重大调整，学校、院系多有分合；浙大地学系科，也在此过程中，逐步从引入、萌生到发展、繁荣，从恢复、重建到成长、复兴。不同时期的地学系科师生，都能够谨守母校"求是精神"和母系"只问耕耘，不计收获"的教诲，涵养"地学之爱"，激扬"家国情怀"，勤学笃行，知行合一，坚持操守，努力向学，恪尽职责，奉献国家，投身于科学探索和文化传承，服务于民族复兴和社会进步，在各个方面都做出了自己的贡献。竺可桢、张其昀、叶良辅、涂长望、任美锷、黄秉维、谭其骧、沙学浚、朱庭祜、孙鼐、么枕生、李春芬和严德一、李治孝、陈桥驿、徐世浙等国内外知名科学家，都曾执教于斯；一代代的地学人才，如国家最高科学技术奖获得者叶笃正，"两院院士"谢义炳、毛汉礼、施雅风、陈述彭、陈吉余、周志炎等，海内外知名学者郭晓岚、丁锡祉、严钦尚、杨怀仁、赵松乔、左大康、谢觉民、姚宜民、张镜湖等，以及一大批卓有成就的大家名师，亦曾受教于此。

一

古代地学，东西方分别起源于我国的春秋战国时代和欧洲的古希腊时代，基本上是以资料收集和对地学现象的描述为主，而且学科分化不明显。由于环境的差异和交通的阻隔，古代地学的体例和内容有显著的地域特色。近代地学是在产业革命的基础上发展起来的，大体上从 19 世纪上半叶开始，随着区域地理考察与地质调查工作的开展以及科学技术的进步，地学逐渐分化为更细致的专业、学科，如地质学、矿物学、地理学、气象学等，近代地质学、地理学、气象学等建立了各自的学科体系，并提出一系列的学说和理论。20 世纪 50 年代以来，进入了现代地学的发展时期，新的地学分支学科不断形成，通过科学考察与实地调查，相邻学科的交叉与融合，实验和研究手段的现代化，各分支学科的综合集成以及理论思维模式的转变等，各个现代地学分支，如地质学、地理学、大气科学、地球物理学、地球化学、海洋科学等，均得到快速的发展，学科体系逐渐完善，并在学术上取得了诸多突破性的成就。

20 世纪初叶以来，在西方近代地学思想和理论的影响下，地学界前辈张相文、章鸿钊、丁文江、翁文灏、李四光、竺可桢等人缔造，为中国近代地学的发展奠定了基础。"中国地学会"（1909—1950）和"中国地质学会"（1922 年至今）、"中国气象学会"（1924 年至今）、"中国地理学会"（1934 年至今）等的成立，各大学地学系科的创设，西方近代地学理论和方法的引进与传播，地学研究领域的开拓与人才的培育，以及地学相关研究机构的建立等，都是中国近代地学形成与发展的重要标志。

参与前述主要地学的教学与研究机构创设、学术团体活动并创建中国近代地学及其相关分支学科的第一代、第二代学者中，如竺可桢（曾任东南大学地学系主任、中央研究院气象研究所所长、中国气象学会会长）、叶良辅（曾任中央研究院地质研究所代理所长、中国地质学会会长）、张其昀（曾任中国地理学会干事，《地理学报》总编）、涂长望（曾任中央研究院气象研究所研究员、《中国气象学会会刊》总编）等，1936 年后陆续来到浙江大学任教，直接促成和推动了浙大地学系科的建立和地学高等教育的发展与兴盛。

二

1840 年鸦片战争以后，浙江省沿海城市宁波、温州、杭州等相继开埠，浙江成为中西文化交会之要冲。随着西方新式教育的引入，1897 年，杭州知府林启等创办了浙江大学的直接前身——"求是书院"。后因学制变更，"求是书院"改为"浙江大学堂"、"浙江高等学堂"等；1912 年中华民国成立，学校改称"浙江高等学校"，随即因学制变化而停止招生，并至 1914 年完全停办。与此同时，其他如教会性质的大学和专科性的实业学堂、专门学校等，也于清末和民国初年在浙江省陆续出现；其中，如"之江大学"（前身"育英书院"于 1897 年分设正科、预科，1911 年更名为"之江学堂"，1914 年中文称"之江大学"，1931 年经国民政府教育部核准立案，定名"之江文理学院"，1940 年学校复称"之江大学"）和浙江中等工业学堂（后升格为"浙江公立工业专门学校"，简称"工专"）、浙江中等农业学堂（后升格为"浙江公立农业专门学校"，简称"农专"）等，后在不同时期陆续汇入浙江大学，亦成为浙江大学历史的组成部分。

在求是书院至浙江高等学校的各个阶段，以及后来并入浙江大学的之江大学和浙江公立工业专门学校、浙江公立农业专门学校等校，均开设有地学门类的课程。如求是书院时期，根据《求是书院章程》中所定课表，"格致课"类中有"天文启蒙"、"地理启蒙"、"地质学"、"天学"等，"英文课"类中有"舆地初集"、"舆地二集"、"地势学"等；浙江大学堂时期，地学类课程包括：舆地（先中国，次外国）、算学（包括"天文"）、格致等；浙江高等学堂时期，在理科（即正科第二类）的课程中，地学类课程主要有"地质"及"矿物"，文科（即正科第一类）则有"地理"等课程。

三

1927年7月，"第三中山大学"成立（8月初正式称为"国立第三中山大学"），随即开始筹建文理学院。1928年4月，"国立第三中山大学"改称"中华民国大学院浙江大学"（简称"浙江大学"），7月，正式定名为"国立浙江大学"（1928.07—1950.09，学校正式名称为"国立浙江大学"；1950年9月后称"浙江大学"。下文将1927年7月大学设立后的学校均统称"浙江大学"）。1936年4月之前，蒋梦麟（任期：1927.07—1930.07）、邵裴子（任期：1930.07—1932.03）、程天放（任期：1932.03—1933.04）、郭任远（任期：1933.04—1936.04）等相继出任校长。

1928年8月，浙江大学文理学院正式成立，邵裴子任院长（1932年之前，邵裴子以副校长、校长身份兼任文理学院院长；1932年后专任文理学院院长）。1934年2月，邵裴子请辞文理学院院长职务，由郭任远校长兼文理学院院长一职。1936年1月底，蔡堡出任文理学院院长。至1936年4月竺可桢长校之前，文理学院设有外国语文（英文组）、教育（含教育组及教育心理组）、数学、物理、化学、生物等6个学系。此期，浙江大学尚没有地学系科的设置。

在1936年7月之前，虽然浙江大学尚未正式设立地学系科，但在相关学系（如工学院的土木工程学系、农学院的农艺学系和文理学院的史学与政治学系等）的课程设置中，已经出现了地质学、气象学和地理学等地学方面的课程。

四

1935年底，由于学校内外矛盾累积，而时任校长郭任远治校方略有误，加之对学潮处置失当，引发学生拒绝其继续长校的第二次"驱郭风潮"，导致校长郭任远于1936年初去职。竺可桢几经犹豫之后，于1936年4月出任浙江大学校长。竺可桢就任校长后，5月初，聘请胡刚复为文理学院院长，10月起聘请梅光迪任文理学院副院长。在各方面的认可、支持和配合下，竺可桢回归大学精神，贯彻民主治校原则，以治学为本，尽可能排除外界的各种干扰，以个人的人格魅力凝聚人心，充分利用自身的地缘、学缘等有利因素，吸引大批学者来校任教。由此浙大办学逐步取得丰硕成果，其后历经"文军长征"、西迁办学的艰难困苦，而逐渐成就了"东方剑桥"的美誉。

由于竺可桢在中国近代地学建立过程中的崇高地位和在地学高等教育机构中的重要影响力，他的到来，为地学系科在浙江大学的建立和发展，带来了千载难逢的机遇。到校伊始，他基于自己实施"通才教育"的理念和自身的学科背景，提出设立如文学、史学和地学等相关系科的设想，并迅速付诸实施。史学和地学方面，主要在他的学生张其昀的鼎力襄助之下，建立了涵盖史学和地学、体现"史地合一"思想的"史地学系"。

1936 年 5 月 9 日，在竺可桢出任校长后的第一次校务会议上，即提出在文理学院内设立"中国文学系"和"史地学系"的"议案"，并获得"校务会议"议决通过；随即上报教育部，并于 5 月 29 日获得教育部批复，"准予该校自二十五年度起，增设史地学系"。1936 年 8 月，文理学院正式设立史地学系，张其昀任系主任；9 月，第一批学生入学（4 年制）。史地学系的办公场所位于浙大本部（大学路校址）于 1935 年正式建成的"大教室"（当时俗称"绿洋房"，1947 年 8 月正式定名为"阳明馆"）楼内。

"史地学系"强调"史学精神与地学精神的综合"，认为"两者相合，方足以明时空之真谛，识造化之本原"，故史、地两科合为一系，涵盖属于文科的历史学和属于理科的地理学，所以进一步划分为"历史组"（简称"史组"）和"地理组"（简称"地组"）；二者可互为"副系"，实际上相当于地理系和历史系。例如地学方面，在参加当时按照文科、理科分别开展的有关活动时（如 20 世纪 40 年代教育部组织的全国大学生"学业竞试"），"地组"学生对外即直接以属于理科的"地理学系"的名义参与。

竺、张二人办学理念相近，合作共事无间，史地学系在他们长校、长系的 13 年时间里（1936—1949），迅速崛起为国内史学、地学的人才培养和科学研究的重镇。具体到地学领域而言，由于当时国内地学领域的高等教育机构为数较少，所以浙大的地学方面，成就更为突出，在地理学、地质学和气象学方面，涌现出一批大师级人物，诸多研究成果具有当时国内领先的意义；更为重要的是，培养了一大批后来在诸多地学领域取得卓越成就的大师名家。

五

竺可桢于 1936 年 4 月正式长校后，学校回归正常的发展轨道；新设立的史地学系也按照既定的设想，正常开展教学、科研和社会服务等活动，并迅速获得良好的社会声誉。但随着 1937 年 7 月抗日战争的全面爆发，学校办学面临极为严峻的局面。浙江大学根据形势变化，按照教育部安排或商请教育部同意，于 11 月起，逐渐内迁，开始了历时九年的"西迁办学"阶段。一迁省内建德，二迁江西的吉安、泰和，三迁广西宜山，四迁贵州的遵义、湄潭，颠沛流离，生死瞬间；但全校师生团结一心，弦歌不辍，坚持办学，谱写了一曲激昂澎湃的"求是"乐章。

在辗转迁移的过程中，竺可桢审时度势，适应国家需要，大力增设院、系和研究所，使得浙江大学办学不断获得国家和社会各界的支持，得到很大发展：一是增设师范学院；二是开办龙泉分校（初称"浙东分校"）；三是文理学院分设为文学院与理学院；四是设立研究所，建立研究生教育体系。随着系、所的不断增设，学校既横向扩展（学科门类更为齐全、多样），又纵向深化（办学层次提升，研究性加强）；且结合中西方教育思想精华，砥砺精神，凝聚共识，确立"求是"校训，确定浙大校歌，涵养浙大精神，并最终在遵义相对安定的一段办学时间中结出累累硕果。至西迁办学后期，浙江大学的教学、科研成就引起了国际上的瞩目，在 1944 年李约瑟访问并向国际社会介绍浙大之后，学校逐渐获得了"东方剑桥"的美誉。

就地学学科而言，其也在这一阶段获得重大发展。在延续已有的文理学院（1939年 8 月后为文学院）之下设立史地学系的基础上，又增设多个地学的教学和研究机构：一是在师范学院设立史地学系（1938 年 8 月起；为 5 年制，最后一年学生离校参加中学教学实习），本科层面的教育增加了师范生的培养内容；二是设立文科研究所史地学部（1939 年 8 月起），开始培养史学、地学方面的硕士研究生（二年制），这既是浙江大学校内最先开展研究生层面教育的学科，其中的地形学组、人文地理组和气象学组，也是国内实质上最早开展自然地理学、人文地理学和气象学等学科硕士研究生培养的机构；三是建立史地教育研究室（1939 年 8 月起），进行学术著作、教学图籍和学术期刊的编辑和出版。张其昀均为上述各机构的负责人（1943.05—1945.11 出国访学期间，由叶良辅等代理或主持）。

这样，教学与科研相得益彰，校内学术活动与校外社会服务并重，人才培养卓有成效，学术成果蔚为大观，使得西迁时期浙大地学在人才培养、科学研究和社会服务等各个方面都取得了堪称辉煌的成就。就对地学学术方面的贡献而言，在当时艰难的条件下，史地学系先贤在大气科学、地质学、地貌学、历史地理学、政治地理学、区域地理学等地学分支学科，取得国内领先的研究成果，诸多学者成为相关领域的奠基者、创始人或重要推动者。尤其是竺可桢、涂长望之于大气科学，叶良辅、朱庭祜之于地质学，叶良辅、任美锷之于地貌学，黄秉维之于综合自然地理学，张其昀、谭其骧之于历史地理学，张其昀、沙学浚之于政治地理学，张其昀、严德一之于区域地理学（包括中国地理、边疆地理）等，其学术成果均具有开创性意义。毕业的研究生和本科生中，也涌现出如郭晓岚、丁锡祉、沈玉昌、严钦尚、叶笃正、谢义炳、杨怀仁、施雅风、赵松乔、毛汉礼、文焕然、陈述彭、陈吉余等一大批在中国地学发展史上取得诸多原创性成果的大师名家。

六

　　抗战胜利后，浙江大学于1946年5月，从黔北山城遵义迁回浙江省城杭州，复员东归。就地学而言，西迁时期的4个主要地学教学和研究机构起初继续维持；后由于国家对师范学院和研究所的体制调整，师范学院中的史地学系于1947学年（1947年8月）起不再设立，改在文学院史地学系另外设立师范生制度；文科研究所史地学部于1947年2月起改称史地研究所，继续招收硕士研究生。本科生、师范生和研究生的培养和相关科研活动既持续展开，史地教育研究室的编辑图书、期刊及绘制地图并组织出版发行等工作亦继续进行。史地学系的办公场所在迁回杭州初期，仍在西迁之前的"绿洋房"（1947年8月正式定名"阳明馆"）内，1947年9月后移至新建的"梨洲馆"内（阳明馆仍有标本室、地图室等）。

　　在此阶段，由于时局的动荡，生活的艰困，学校（也包括史地学系等各相关地学机构）的办学面临更为复杂和困难的局面。由于师生对学科发展的客观趋势及史地学系如何办学等理念不同，看法有异，史、地是保持合系还是分别设立的问题在此期凸显。同时，时局动荡，政治对立加剧，学生运动增多，师生之间、学生之间也因观点、立场差异而产生一定的冲突与矛盾。

　　尽管如此，在这一段激烈动荡、急剧变化的时期，史地学系及地学相关机构师生在可能的条件下，仍然尽力维持相对正常的教学秩序，并开展了一定的科研工作；如将遵义时期的几项重要成果整理、定稿，以《地理学家徐霞客》、《遵义新志》等书名正式出版、印行，受教育部边疆教育司、国立编译馆等委托编纂图书，并与浙赣铁路局、杭州市政府等合作开展铁路沿线调查、杭州城市规划等研究项目。地学领域的教学和科研仍然在全国处于领先水平，持续保持显著的学术影响力。

　　在此动荡不安、扰攘纷杂的大变革时代，包括史地学系在内的浙江大学广大进步师生积极投身当时的爱国民主运动，不惧牺牲，追求光明，迎接新中国的诞生。

七

1949年5月3日，杭州解放；6月6日，杭州市军管会正式接管浙江大学。其后，浙江大学的院、系设置发生了较大变化。6月，师范学院撤销，将教育学系并入文学院；8月，法学院停止招生（1950年7月后正式停办）。1950年9月，教育部通知，各级学校校名概不加"国立"等字样；此后，学校正式名称即为"浙江大学"。1949年8月后，马寅初出任校长（任期：1949.08—1951.05）。至1951年12月，浙江大学设有文学院、理学院、工学院、农学院和医学院等5个学院。

1949年5月初杭州解放后，在学校进入新时期的"改制"讨论中，史地学系师生就史、地分立事宜达成共识，向学校提请史组、地组分别设系。浙江大学遂自1949年7月起，以"史组"为基础设立"历史学系"，仍留文学院（但同时决定1949年度暂停招生，在读学生也安排转学；后至1950年7月正式停办）；以"地组"为基础设立"地理学系"，归属理学院，并于1949学年起正式招生（仍为四年制）。原"史地研究所"也改设为"地理研究所"（仍为二年制），亦设于理学院，并继续进行研究生的招生和培养。在杭的地理学系师生们满怀对新时代的憧憬，满腔热情地投入教学和科研工作。

1949年7月，学校正式任命叶良辅为地理学系系主任；9月中旬叶良辅积劳成疾，不幸逝世，10月由李春芬正式继任系主任。当时的地理系，内分地理组、地质组与气象组，相当于分设3个专业，涵盖了地学主要领域，成为一个较纯粹的地学系科。浙江大学地理学系至此正式出现，直至1952年8月院系调整调出浙大，为期3年。地理学系的办公场所位于浙大本部（大学路校址）的梨洲馆内，阳明馆内则仍有地理教室、地质教室、地图陈列室与地质标本陈列室等。

1951年9月，浙江省文教厅与浙江大学合办浙江师范专科学校设立，内设地理科，学制二年，李春芬兼任师专地理科主任（1951.08—1952.01）。至1952年2月，浙江师专调整至新设立的浙江师范学院，师专地理科遂成为浙江师范学院地理科。

浙江大学地理学系在办学3年的时间里，仍然在教学和科研等诸多方面，取得一定的成就，持续保持着国内地学领域的显著的学术影响力。此期的任教教师（如李春芬、朱庭祜、孙鼐、么枕生、严德一、严钦尚、陈述彭、陈吉余等）和毕业或转学的学生（如左大康、黄盛璋、郑威、张兰生、胡受奚、施央申、周志炎、吴望始、曾尊固等）中，有相当一批后来在国内诸多地学研究机构和大学从事地学专业工作，对各相关机构和有关分支学科的发展起到了重要的作用。

八

1949 年 10 月中华人民共和国成立后，中国的高等教育进入一个新的时代，党和政府对大学开始了一系列的改造和调整，并以 1952 年全国范围内开展的院系调整为标志而达至高潮。这一阶段的改造和调整，对中国现当代高等教育格局产生了深远影响。

1951 年 11 月，教育部根据政务院提出的"以培养工业建设人才和师资为重点，发展专门学院，整顿和加强综合性大学"的方针，设想"将浙江大学改成多科性的工业高等学校"。1952 年 5 月，教育部公布《关于全国高等学校 1952 年的调整设置方案》；同年 7 月，华东军政委员会教育部亦正式下达《华东区高等学校院系调整设置方案》，并开始实施。这样，1952 年 8 月之后，在全国院系调整的背景下，浙江大学被调整为一所"多科性的工业高等学校"，文科、理科、农科、医科相关各系均被调出，并入其他高校或另组新校。

其中，原属浙江大学理学院的地理学系，并未随学院的数学系、物理学系、化学系、生物学系以及原属文学院的人类学系等一并调整至复旦大学，而是调整到华东师范大学，与该校地理系合并，并由李春芬出任重组后的华东师范大学地理系系主任。同时，考虑到原浙江大学地理学系师生的实际情况以及浙江省需要，对在校师生进行了不同的安排：将地理组教师（李春芬、严钦尚、陈吉余等）和图书、设备整体调整至华东师范大学地理系；地质组教师（孙鼐等）和气象组教师（么枕生、石延汉等）则调整至南京大学地质系或气象系；随院系调整而转学的 1950 级、1951 级学生，亦根据其自身意愿，分别转至南京大学的地质学系、地理学系和气象学系就读；此外，另留个别教师（严德一、李治孝等）至新设立的浙江师范学院（1952.02 成立）地理科。1952 年 10 月，原浙江大学地理学系师生依依惜别杭州，分赴上海、南京。

1952 年院系调整之后，虽然浙江大学的地学发展暂时中辍，但浙大调整至其他院校的师生，以及 1936—1952 年曾经于本系任教、就学的师生，分散至全国各地乃至世界各地，继续在地学各相关领域从事科研、教育等工作，亦取得丰硕成果。1949 年后，当选中国科学院院士（学部委员）、中国工程院院士的史地学系、地理学系师生共计 13 位，即竺可桢、涂长望、黄秉维、向达、毛汉礼、叶笃正、任美锷、陈述彭、施雅风、谢义炳、谭其骧、周志炎和陈吉余；叶笃正获得 2005 年度国家最高科学技术奖。同时，浙大史地学系、地理学系师生也对 1949 年后海峡两岸诸多地学研究机构的形成、发展，发挥了重要作用。1977 年后，如姚宜民、谢觉民、赵松乔、张镜湖等史地学系校友，在海峡两岸和海内外学术交流过程中，亦作出重大贡献。

正是基于这种紧密的学缘关系，在 1952 年院系调整之后的岁月中，史地学系师生、系友一直关心、感念母校，积极参与母校的各种活动，并对原浙大、原杭大的地质学、地理学和气象学等学科、专业的发展给予了热情支持和真诚帮助。

九

1951 年，浙江省人民政府决定由浙江省文教厅和浙江大学联合创办"师范专科学校"（正式名称为"浙江省文教厅、浙江大学合办师范专科学校"，一般称为"浙江师范专科学校"，简称"浙江师专"）。该校于 1951 年春筹建，7 月招生，9 月初开学，校址设在华家池（即浙大农学院所在地）。学校设数学、物理、化学、生物、历史、地理等 6 个专修科，学制二年。各科主任全由浙大调配，各科教学也大部分由浙大相关院系的教师兼任。浙江师专地理科主任即由浙江大学地理学系系主任李春芬兼任，相关专业课也多由浙大地理学系教师兼授。

随着 1951 年底至 1952 年上半年全国高等学校院系调整的展开，浙江省的高等教育格局发生巨大变化。1952 年 1 月，浙江省高等学校院系调整委员会决定撤销之江大学，以浙江大学文学院与之江大学文理学院为基础，成立"浙江师范学院"；1951 年秋开办的"浙江师范专科学校"，以及在同期开办的"浙江俄文专科学校"（全称为"中苏友好协会浙江分会俄文专科学校"）并入浙江师范学院，作为专修科。1952 年 2 月，"浙江师范学院"正式成立，院址设在杭州市六和塔西秦望山上的原之江大学校址。

随着浙江师专并入浙江师院，原师专地理专修科即转设为浙江师范学院地理专修科（二年制；1951—1957 学年连续招生，1958 学年起停招），仍由时任浙江大学地理学系系主任李春芬兼任地理专修科主任（1952.02—1952.10）。

1952 年 5 月，教育部公布《关于全国高等学校 1952 年的调整设置方案》，其中，在对"华东区"的调整方案中确定"浙江大学"的性质为"高等工业学校"，"浙江师范学院"的性质为"高等师范学校"。8 月后，浙江大学理学院地理学系等调出；原地理学系几乎全部师生均调离浙大，仅留严德一和李治孝等在杭，至新成立的浙江师范学院地理专修科任教，严德一任科主任（1952.10—1954.07）。

1954 年 8 月，浙江师范学院地理专修科扩建为地理系，严德一任系主任（1954.08—1958.11）。1954 学年起开始招收四年制本科生，至 1958 学年开始前，均为地理师范专业，共招生 4 届，即 1954 级、1955 级、1956 级、1957 级。

1952—1957 年，浙江师范学院地理科、地理系的办公场所均在原之江大学的"材料试验所"楼（现浙江大学之江校区 5 号楼）。1955 年起，浙江师院在杭州市松木场另辟校址建造新校舍，1957 年后，各系、科逐渐迁至松木场新校址。至 1958 年 11 月，因浙江师范学院与新成立的杭州大学合并，原浙师院地理系遂成为杭州大学地理系。

十

1952 年 10 月院系调整之后，浙江大学成为一所工科大学，仅保留了工学院的电机工程学系、机械工程学系、化学工程学系和土木工程学系等 4 个系。1958 年前后，在当时"大跃进"等特殊的时代背景下，浙江大学对系和专业进行了较大调整和增设，也包括重新设立与地学有关的专业。1958 年 9 月，在新设立的"矿冶工程学系"内，设立"地质勘探专业"和"采矿专业"等。1959 年 10 月后，前述地学专业停办；"矿冶工程学系"改称"冶金工程学系"。1960 年初，在土木工程学系内恢复设立地质专业；以此为基础，2 月起，正式设立"地质工程学系"（一般简称"地质系"），由李治孝担任副系主任（主持工作）。

1960 年 2 月底，浙江省决定设立杭州工学院；3—6 月，拟将地质系划属新设立的杭州工学院。7—9 月，浙江省又决定将地质系及其相关专业划归拟设立的建德矿冶学院（1960.07—1960.09 筹设，后撤销；校址定于建德梅城）。9 月后决定不单独设立建德矿冶学院，地质系仍划归杭州工学院（1960 年 3 月成立，1961 年 8 月撤销，校址位于杭州文二街以北的现杭州电子科技大学文一校区，1961 年 8 月后称浙大二分部）。1961 年 8 月杭州工学院撤销后，地质系及其相关专业又划属浙江大学。在此过程中（1960.06—1961.08），地质系办学地点随之多次迁移（浙大玉泉，建德梅城，杭州市文二街），所设专业经历多次调整。

1961 年 9 月后，随着杭州工学院的撤销，地质系重新回到浙江大学（其中，1961.09—1962.08 期间，也称"第十四系"），当时设有"地质勘探与普查"、"水文地质与工程地质"等本科专业和"煤田地质与勘探"等专科专业。1962 年初，本科专业精简为一个（称"金属及非金属矿产地质及勘探专业"），学校并决定于 1962 学年起地质系及相关专业停办，即 1962 学年起地学专业不再招生（1961 年时以杭州工学院名义招生的 1961 级本科学生全部转入其他专业；原有的 1958 级、1959 级、1960 级 3 届本科学生继续培养至毕业；"煤田地质与勘探"专科 1959

级和1960级学生分别于1962年1月和7月毕业）。这样，原有的3届本科学生（1958级、1959级、1960级，均为5年制）继续培养，分别于1963年、1964年和1965年的7月毕业（即1963届、1964届、1965届），教师也在1965年8月之前，先后离校。

十一

1958年前后，在"大跃进"及其后"教育革命"的风潮影响下，原浙江师范学院有意识地适应国家建设的需要，开始考虑增设新的专业和学系。地理系也规划从1958学年起，分期增设自然地理、经济地理等新的专业。

与此同时，浙江省于1958年4月创建综合性的杭州大学，同年暑期开始招生，并于9月正式开学（同期浙江师范学院也正常招生）；校址设在杭州市文三街（原省委党校和省工农速成中学校址，现浙江大学西溪校区北园及附近），正好与已经迁址松木场的浙江师范学院（现浙江大学西溪校区）隔文三街相望，比邻而居。由于新建的杭州大学在师资、设备等方面面临诸多困难，浙江省遂于同年11月底决定将两所学校合并，定名为"杭州大学"。

两校合并后的杭州大学，设中文、历史、政治、新闻、外语、教育、数学、物理、化学、生物、地理等11个系。因新建的杭州大学当时尚无地理系的设置，这样，合并之后，即自1958年12月起，浙江师范学院地理系及其相关专业，就成为杭州大学的地理系和相关专业，师生员工和机构设置等均一仍其旧。地理系主任，仍由严德一担任。1957年浙江师范学院校址从原之江大学陆续迁至松木场新址（即今浙江大学西溪校区）后，地理系办公场所即一直在校内的东二教学楼。

由于当时特殊的政治形势，地理系在1958年后随着杭州大学的建立和浙江省的高校设置调整，而随之发生过较多的变动；既有专业的增设与裁撤（1959年后，先后从1958级分设或在1959学年、1960学年和1961学年新招生时新设经济地理专业、海洋地质地貌专业、水文专业、气象专业等；1962学年起，调整保留地理专业和气象专业），也有归属的几次变化（如1960.07—1961.11杭州大学与浙江省委党校的合并，以及由此而进行的地理系和若干专业的几次不同调整的构想与实施等）。

1960年7—9月，在杭州大学与浙江省委党校合并的同时，原杭大地理系及相关专业，曾经短暂地划出，而分别归属当时拟建的建德矿冶学院［地理系的自然地理（地貌）专业］、浙江农业大学（气象专业）和杭州师范学院（地理专业。按：

当时的杭州师范学院为由设立于 1956 的杭州师范专科学校在 1958 年改设，1963 年又改设为浙江师范学院，即今浙江师范大学）；9 月后又划归杭大（至 1961 年 11 月前也即浙江省委党校）。同期，原浙江大学的地质工程学系亦在此次调整过程中，暂时划属建德矿冶学院（9 月后则划属杭州工学院）；而杭大的自然地理（地貌）专业正式归属地质工程学系。换言之，在 1960 年 7 月至 9 月的两个多月的时间里，杭州大学地理系的自然地理（地貌）专业与浙江大学的地质工程学系，第一次在建德的梅城发生交集，这也算是两家第一次合为一体的尝试。

　　1960 年 9 月后，浙江省决定原拟划出的数学、物理、化学、生物、地理等 5 个系仍留杭州大学；原拟调整至建德矿冶学院的自然地理（地貌）专业、原拟调整至浙江农业大学的气象专业和原拟调整至杭州师范学院的地理专业等均调回杭州大学。至 1963 学年，随着一些专业的停办，杭州大学地理系保留地理专业和气象专业，并继续招生至 1965 学年。

十二

　　至 1966 年 5 月"文革"前夕，浙江大学设数学力学、物理学、化学、机械、电机、化工、无线电、光仪、土木等 9 个系，包括数学、力学、物理学、化学、机械制造工艺及设备等 27 个专业。地学系科因在 1965 年 7 月后完全停办，此期已经不再设立。

　　1966 年 5 月后，"文革"开始，各级各类学校基本停课，正常的大学招生也停止进行。1970 年 6 月 27 日，中共中央批转《北京大学、清华大学关于招生（试点）的请示报告》，决定废除考试制度，"实行群众推荐、领导批准、学校复审相结合的办法"，招收工农兵学员。浙江省于 1970 年 10 月后统一组织了省内的高校招生。浙江大学该年招收工农兵学员 476 名（即浙江大学第一届工农兵大学生，三年制）。此后，该类三年制的工农兵大学生在 1972—1976 年逐年招生，培养至 1980 年年初结束，共计 6 届。

　　1970 年底，浙江大学决定在土木系重建地质专业（当时称"地质专业连队"），专业教师从 1971 年起逐渐调入，并开始了教学、科研工作。1972 年 4 月，地质专业的第一批工农兵大学生入校（三年制），标志着特殊时期的地学高等教育在浙江大学初步恢复。土木系地质专业三年制的工农兵大学生连续招生至 1976 年，共计 5 届，至 1980 年初最后一届工农兵学员毕业离校，这种办学方式结束。

　　虽然由于当时特殊的历史背景，教学、科研等方面还存在一些不正常的地方，但教师、学生仍然发挥出敬业、奉献、拼搏的精神,自1972年至1976年连续招收5届地质专业的工农兵大学生,并组织开展或独立进行了诸如"浙江省珍珠岩矿产资源初步调查及膨胀性能的研究"(后获得"1978年浙江省科技成果奖"三等奖)和"脉状钨锡铍矿床储量预测研究"(后获得1978年全国科学大会奖励)等,在教学和科研方面取得了一定的成绩。尤其重要的是,在这一办学过程中,积聚了人才、师资和设备、资料,为其后地学相关专业的恢复、增设和地质学系的重建,打下了坚实的基础。

1977年恢复大学正常招生,在原有"矿产地质普查及勘探专业"(简称"地质专业")的基础上,1977级新设"地球化学探矿专业",均仍属土木工程学系。1978年5月,中国科学院同意浙江大学设立地质学系(1978.03—1980.11,浙江大学由中国科学院为主领导;1980年11月后改由教育部为主领导),分为三个专门化方向:矿产地质普查、地球化学探矿、遥感地质。由此,浙江大学地学系科开始了新的发展历程。

十三

至1966年5月"文革"前夕,杭州大学设有政治、中文、外语、历史、教育、地理、数学、物理、化学、生物、体育等11个系,包括政教、中文、英语、俄语、历史、教育、地理、气象、数学、物理、化学、生物、体育等13个专业。地理系的地理专业和气象专业招收本科生。

1966年5月后,"文革"开始,学校原有管理体制不断受到冲击,杭州大学各级组织及负责人职务均无形中撤销。"文革"初期,1966—1969年的这三年时间,停止上课,停止招生,正常的教学、科研秩序完全被破坏。1970年后,逐渐恢复各级党组织,并确立革命委员会的领导体制。同时,与工、农相结合性质的教育、科研活动逐渐有所恢复,如开展"教育革命",师生下乡接受"再教育",在基层"开门办学"等;此外,即于1970年下半年开始招收工农兵学员进入大学接受教育。

杭州大学地理系在1966—1976年亦经受很大冲击。地理系虽然一直存在,但原有的系、教研组等组织及负责人,均有很大变动。"文革"初期,原地理系党、政负责人职务亦无形中撤销;1970年后,重新由学校任命了系党支部(1971年后为党总支)和革委会的负责人。

1976年10月,"四人帮"反革命集团覆灭,"文革"结束,学校办学开始逐步恢复正常。1978年11月前,仍为革委会体制;11月后,恢复系主任制度,地理系系主任仍由严德一担任（约1978年11月至1981年9月，其后改任名誉系主任）。

系之下的教学组织为教研组，"文革"开始后亦实质上停止运作。至1973年，在"文革"初期的混乱初步缓解后，中共杭州大学委员会正式发文，确定地理系设立5个教研组，即天气动力气象教研组、大气物理教研组、海洋地质地貌教研组、自然地理教研组、区域地理教研组。

从1970年下半年开始，工农兵学员开始入学；地理系的地理学专业、气象学专业均于该年招收了第一批工农兵大学生；后地理专业断续招生（计：1970级、1973级和1974级共3届工农兵大学生；其中，1970级、1973级按照中学地理教育方向培养，1974级按照城市规划方向培养），气象专业连续招生（计：1970级、1972级、1973级、1974级、1975级、1976级共6届工农兵大学生）；海洋地质地貌专业也从1974年开始，以"海洋地质地貌（港口与航道治理）"的名称，对口交通部，开始招生（计1974级、1975级、1976级共3届工农兵大学生）；均为三年制。1977年，恢复正常高考，地理、气象专业招生；该学年起，工农兵学员停招。至1980年初，最后一届工农兵学员完成学业，离开校园。

1970年代，杭州大学地理系师生在极为困难的条件下，仍然结合教学和生产实践，进行了一定的科研工作，主要围绕农业地理、山地气候和农业气候、浙江地貌和海岸地貌、浙江及绍兴历史地理和"水经注"研究等领域展开；并结合港口开发，承担了北仑深水港址选择、福建马尾港模型试验和航道整治、甬江河口航道整治等科研项目。其中，海洋地质地貌（港口与航道治理）专业承担的"深水港址调查研究"项目（1974年由浙江省科委将"深水港调查"列为全省重点科研项目），在1978年浙江省科学大会上，被评为省科技成果奖二等奖；该项成果直接推动了宁波北仑港的开发建设。

十四

1976年10月，"文革"结束。当时浙江大学的"矿产地质普查及勘探专业"（简称"地质专业"）仍属于土木工程学系。1977年高考恢复后，原有的"矿产地质普查及勘探专业"和新设的"地球化学探矿专业"（后称"地球化学专业"）开始正常招生，学校于1978年5月正式决定设立地质学系。1988年起，地质学系更名为"地球科学系"。历任系主任或主持工作的副主任为：吴敦敖（副主任主持工作，1978—1980）、沈能训（副主任主持工作，1980—1984）、夏元龙（副主任主持工作，1984—1986）、王安德（副主任主持工作，1986—1987）、兰玉琦（1987—1991）、杨树锋（1991—1995）、竺国强（1995—1998）；系总支书记或主持工作的副书记为：史凤才、李托夫、陈复兴、曾华生等。1978年5月设系后，办公场所位于玉泉校区第六教学大楼。

1978年设系之后，至1998年四校合并之前，系以下一直设有区域地质学、岩石矿物学、遥感地质学、地球化学等4个教研室。同时，随着科研工作的开展，先后设有热液矿床成矿预测研究室（1978年设立）、古地磁研究室（1983年设立）、板块构造研究室（1989年设立）；1989年，学校决定设立应用地质研究所。此外，为配合教学和科研的进行，另设有矿物、岩石、构造地质、古生物地史、矿床、实验地球化学、遥感地质等实验室和地质标本陈列室、地质标本厂等。

1977年恢复高考后，在原有"地质专业"（1977级正式名称为"矿产地质普查及勘探专业"，简称"地质专业"；1978年下半年后称"区域地质专业"，简称"区地专业"）一个专业的基础上，于1977年下半年增设"地球化学探矿专业"（简称"化探专业"，1978年下半年后称"地球化学专业"，简称"地化专业"），并与原有的"地质"专业一起纳入1977年招生计划（即恢复高考后第一届大学生"1977级"；该届学生于1978年3月入学，1982年2月毕业）。1978年5月，科学院同意浙江大学设立地质学系，下设三个专门化：矿产地质普查、地球化学探矿、遥感地质。1978年9月，1978级大学生入学（1982年7月毕业）。之后，自1979学年开始，学校在招生中，对外均以地质学、地球科学等专业的名义统一招生（即地质学系"不分专业"）；入校后，基本上在三年级起，按照区域地质、遥感地质和地球化学三个专业方向培养（称为"专门化"或"选课组"），各年连续招生至1998年四校合并（个别年份3个专门化方向不一定均设；1990年代前期调整为遥感地质、岩石、构造地质、地球化学等专门化方向；1990年代后期调整为遥感与信息技术、城市环境、工程地质与数字技术、矿产资源信息与管理等专门化方向）；属于理科，学制均为四年。毕业学生中，丁仲礼（1978级）、彭平安（1977级）和徐义刚（1983级）先后当选中国科学院院士。

1977年恢复正常的四年制本科招生以后，浙江大学于1978年恢复招收研究生。地质学系也在1978年开始了硕士研究生的培养。1980年代初期，当时招收研究生的学科或方向有热液矿床储量预测、遥感信息数字处理、地物光谱研究和矿床水文地质等。1984年1月，遥感地质专业正式获得硕士学位授予权（第二批）；1986年7月，环境化学专业（与化学系联合）获得硕士学位授予权（第三批）；1990年11月，岩石学、构造地质学等专业获得硕士学位授予权（第四批）；1996年9月，获得构造地质学和环境科学（与化学系联合；因专业目录修订，原"环境化学"专业名称调整为"环境科学")等2个专业的博士学位授予权(第六批),同时,由于专业目录修订,"遥感地质"调整为"地球探测与信息技术","岩石学"调整为"矿物学岩石学矿床学","环境化学"调整为"环境科学",均继续招收硕士研究生。

十五

1976年10月"文革"结束后,杭州大学的办学逐步恢复正常,地理系也进入正常发展轨道。随着学科发展并适应社会需求变化,专业续有增设和调整,系的组织也发生过变化。为推动学科发展需要,1989年初,以经济地理(城市规划)专业为基础,从地理系分设"区域规划与城市科学系"(1991年4月更名为"区域与城市科学系");1996年4月,地理系改称资源与海洋工程系。

1978年11月后,恢复系主任制度,地理系系主任仍由严德一担任(约1978年11月至1981年9月)。1981年10月后,严德一由于年事已高,改任名誉系主任,由地理系党总支书记、系副主任孙英主持工作(至1984年)。1984年起,王德瀚(1984—1990)、徐松年(1990—1993)、刘南(1993—1994)、周起舞(1994—1998)先后担任系主任或以副主任身份主持工作。在此期间,先后由徐畹华(1977年前后)、张家铨(1978年前后)、李德余(1979年前后)、孙英(1981—1984年)、顾耀龙(1986—1992)、翟国庆(1992—1998)等担任系的党总支书记或以副书记身份主持工作。

本期,系以下的教学组织为教研室。1978年2月,地理系下设6个教研室(河口教研室、海岸港湾教研室、经济地理教研室、自然地理教研室、大气物理教研室、天气动力教研室)。至1979年5月,随着经济地理(城市规划)本科招生的继续和教学活动的需要,经济地理(城市规划)专业从原地理专业中分出,地理系形成地理、城规、海地和气象4个专业的格局;在此情况下,地理系设立8个教研室(大气物理教研室、天气动力教研室、经济地理教研室、城市规划教研室、海岸港湾教研室、河口教研室、自然地理教研室、区域地理教研室),此外,还在此期设有1个天气预报实习台。该8个教研室的设置基本延续整个20世纪80年代。后陆续调整,至1992年,地理系设有自然地理、区域地理、气象、水资源与环境(或港航)等4个教研室。

1981年1月,杭州大学设立河口与港湾研究室;1985年,设立历史地理研究室(1993年更名为"历史地理研究中心")。1990年,设立杭州大学资源与灾害研究所，下设自然资源与区域开发、灾害性天气、历史地理、河口海岸等4个研究室。1993年，设立航运与海洋工程研究设计所；1994年，设立杭州大学测绘科学研究所（联合区域与城市科学系共建）；1996年，设立杭州大学地质研究所（聘请中国工程院院士汤中立任所长）。

1993年11月，浙江省资源与环境信息系统重点实验室获准设立。1995年5月，浙江省资源与环境信息系统重点实验室通过专家验收。

1977年，恢复高等学校正常招生考试。在1977年底，地理专业和气象专业2个专业招生，即地理专业1977级和气象专业1977级（1978年3月入学）。1978年，地理系正式创办经济地理（城市规划）专业，连同海洋地质地貌（港口与航道治理）专业一起，地理系4个专业均于该年度纳入招生目录；是年9月，地理专业1978级、气象专业1978级、海洋地质地貌（港口与航道治理）专业1978级和经济地理（城市规划）专业1978级入学。至此，地理系4个专业正式形成，该格局一直延续至1989年经济地理（城市规划）专业分出独立设系为止（1998年四校合并后，区域与城市科学系于1999年并入建筑工程学院）。此后，地理、气象、海地3个专业继续招生（其间，地理专业曾经以"地理教育专业"和"资源环境区划与管理专业"分别招生；气象专业曾经以"气象学专业"或"天气动力学专业"等名义招生；海地专业也在不同年份按照"港口与航道治理"或"水资源与环境"等专门化方向招生）。至1998年四校合并后，海地专业于1999年并入环境与资源学院（后又调整至建筑工程学院、海洋学院等）。

继1977年本科恢复正常招生后，1978年起，杭州大学研究生的招生也开始恢复。地理系的研究生培养始于1980年的历史地理专业，后于1981年11月获得历史地理学硕士学位授予权（第一批）。其后，相继于1986年7月获得自然地理学、天气动力学2个硕士学位授予权（第三批），1990年10月获得经济地理学硕士学位授予权（第四批，联合区域与城市科学系共建；1996年因专业目录修订，调整为人文地理学专业）。

十六

1998年8月，经国务院批准，原浙江大学、杭州大学、浙江农业大学、浙江医科大学四校合并为新的"浙江大学"，为教育部直属高校，实行教育部与浙江省共建共管。1998年9月15日新浙江大学成立大会召开之后，学校即着手进行实质性融合的工作；至1999年4月，学校决定组建经济学院等20个学院。其中，在原浙江大学数学系、物理学系、化学系、地球科学系，原杭州大学数学系、物理学系、化学系、资源与海洋工程学系（部分）和心理学系，原浙江农业大学基础课程部，原浙江医科大学基础医学院（部分）的基础上，设立浙江大学理学院。

与理学院设立的同时，1999 年 5 月，理学院所辖系级架构也同时确立；以原浙江大学地球科学系和原杭州大学资源与海洋工程系（地理专业、气象专业）为基础，合设浙江大学理学院地球科学系。同年 8 月，地球科学系党政负责人确定：系主任由担任理学院院长助理的陈汉林兼任，总支书记由担任理学院党委副书记的翟国庆兼任。2002 年 2 月起，陈汉林担任理学院副院长，不再兼任系主任，由副系主任沈晓华主持工作；2003 年 9 月，戴金星院士出任地球科学系系主任，仍由沈晓华主持工作，直至 2009 年。

1998 年 9 月四校合并之前，系之下主要是教研室的组织形式。新浙大成立后，确立以研究所为教师的基本组织单位。1999 年 5 月理学院和地球科学系的系级架构确定之后，开始着手确定研究所的设置，至 1999 学年第二学期开始时基本组建完成。自 2000 年 3 月起，理学院地球科学系下设 6 个研究所，即应用地质研究所（后也称地质研究所，2005 年后改称地质与地球物理研究所）、空间信息技术研究所、环境与生物地球化学研究所、城市与区域发展研究所、地理信息科学研究所、气象信息与灾害预测研究所。各研究所设立后，系以下不再设立教研室。此外，仍设有浙江省资源与环境信息系统重点实验室。

1998 年四校合并之初，本科专业包括原浙大的地质学专业和原杭大的资源环境与城乡规划管理专业（1998 学年起，原"资源环境区划与管理专业"改称"资源环境与城乡规划管理专业"）、地理科学（师范类）专业、气象学专业（1999 年起，"气象学专业"改称"大气科学专业"）。其后续有调整、优化，1999 学年起为地质学、资源环境与城乡规划管理和大气科学 3 个专业；2000 学年起，增设"地理信息系统"专业；2003 学年起，"地质学专业"不再招生，改以"地球信息科学与技术专业"招生。

研究生教育在四校合并后获得长足发展。1998 学年开始时，博士学位授权点包括：地质学类的构造地质学专业和环境科学与工程类的环境科学专业（与化学系共建，1999 年后与环境与资源学院共建）；硕士学位授权点包括：历史学类的历史地理学（与历史系共建，1999 年后与人文学院共建），地理学类的自然地理学、人文地理学（与区域与城市科学系共建，1999 年后属地球科学系），大气科学类的气象学，地质学类的矿物学岩石学矿床学、地球化学（1998 年批准）、构造地质学，地质资源与地质工程类的地球探测与信息技术，以及环境科学与工程类的环境科学（与化学系共建，1999 年后与环境与资源学院共建）。2000 学年起，获得地理学类的"地图学与地理信息系统"硕士学位授予权，也开始招收属于"工程硕士"类别的"地质工程"专业硕士。2003 学年起，"地图学与地理信息系统"、"矿物学岩石学矿床学"和"地球探测与信息技术"3 个专业获得博士学位授予权并开始招生，"海洋地质"获得硕士学位授予权；同年，地科系获准设立地质学博士后流动站。2006 学年起，地质学获得一级学科博士学位、一级学科硕士学位授予权（下设矿物学岩石学矿床学、地球化学、构造地质学 3 个二级学科博士点、硕士点），地质资源与地质工程也获得一级学科硕士学位授予权（下设矿产普查与勘探、地球探测与信息技术、地质工程 3 个二级学科硕士点）。至 2009 年上半年，合计有 6 个博士学位授权点（含 1 个共建）、13 个硕士学位授权点（含 2 个共建），以及 1 个专业学位授权点。

徐世浙教授 2001 年 12 月当选为中国科学院院士。

<h1 style="text-align:center">十七</h1>

2008 年 7 月，浙江大学开始进行"学部制"改革。2009 年 5 月 5 日，学校发文"成立理学部"，其下属机构设置中包括"地球科学系"，且明确"学部下属机构按学校中层机构管理"；即自 2009 年 5 月起，浙江大学地球科学系正式作为学校中层实体，成为院级单位。同时，决定陈汉林任理学部地球科学系系主任（中层正职），闻继威任中共浙江大学理学部地球科学系总支部委员会（2014 年 4 月起，改为"中共浙江大学理学部地球科学系党委"）书记（中层正职）。2015 年 5 月，学校决定地球科学系改为"浙江大学地球科学学院"；陈汉林任地球科学学院院长，闻继威任学院党委书记。2017 年 5 月起，王苑任地球科学学院党委副书记（2017.05—2017.07）、书记（2017.08 至今）；2017 年 8 月起，夏群科任地球科学学院常务副院长（2017.08—2018.06）、院长（2018.06—2022.06）；2022 年 9 月起，杜震洪任地球科学学院常务副院长（2022.09—2024.03）、院长（2024.03 至今）。

2009 年学部制改革后的地球科学系、特别是 2015 年地球科学学院设立以来，学院进一步凝聚共识，凝练方向，不断推进学科调整、组织优化（说明：以下所述内容中关于地球科学学院现状的记述及各类统计数据，均截至 2024 年 5 月 31 日）：

——2016 年 5 月，学院下设地质学系、地理科学系、大气科学系、地球信息科学与技术系 4 个系；2019 年 12 月，调整为地质学系、地理科学系、大气科学系

3个系。

——2015年6月，在原有地质与地球物理研究所、环境与生物地球化学研究所、空间信息技术研究所、地理信息科学研究所、城市与区域发展研究所、气象信息与预测研究所（2019年1月，"气象信息与预测研究所"更名为"天气气候与环境气象研究所"）等6个研究所的基础上，设立海底科学研究所。2019年10月，前述7个研究所调整为地质研究所、地球物理研究所、地理与空间信息研究所、天气气候与环境气象研究所等4个研究所。

——2009年以来，设有教育部含油气盆地构造研究中心（2006年8月教育部批准建设，2008年1月通过验收）、浙江省资源与环境信息系统重点实验室（1993年11月浙江省批准建设，1995年5月通过验收）、浙江省地学大数据与地球深部资源重点实验室（2020年1月浙江省批准建设）。

——2015学年起，学院获得地质资源与地质工程一级学科博士学位授予权和大气科学一级学科硕士学位授予权。2016学年起，研究生学位授权点逐步优化、整合，若干学科点陆续撤销。2020学年起，学院有地质学博士后流动站，地质学一级学科博士、硕士学位授予权（包括矿物学岩石学矿床学、地球化学、构造地质学、第四纪地质学、资源环境与区域规划、资源勘查与地球物理、遥感与地理信息系统、地球气候与环境等8个二级学科博士学位、硕士学位授予权）和资源与环境（地质工程）专业学位的博士、硕士学位授予权。

——2015学年起，地质学本科专业恢复招生；原4个本科专业增加至5个（2013学年起，"资源环境与城乡规划管理专业"改称"人文地理与城乡规划专业"，"地理信息系统专业"改称"地理信息科学专业"）。2019学年起，本科生专业从原有的地质学、地球信息科学与技术、人文地理与城乡规划、地理信息科学、大气科学等5个专业，整合为地质学、地理信息科学、大气科学3个专业。2021年初，地质学、地理信息科学两个本科专业入选国家一流本科建设专业。2022年初，大气科学专业入选国家一流本科建设专业。

经过多次调整，截至2024年5月底，学院设有3个系、4个研究所、1个研究中心和2个浙江省重点实验室等教学和研究机构，包括：地质学系、地理科学系、大气科学系；地质研究所、地球物理研究所、地理与空间信息研究所、天气气候与环境气象研究所；教育部含油气盆地构造研究中心；浙江省资源与环境信息系统重点实验室、浙江省地学大数据与地球深部资源重点实验室。

2010年，陈桥驿教授获得浙江大学"竺可桢奖"，2012年，获得中国地理学会颁发的"中国地理科学成就奖"。2011年，杨树锋教授获得浙江大学"竺可桢奖"，

2015年12月，当选为中国科学院院士。2017年和2021年，中国科学院院士杨文采、张宏福全职加盟浙江大学地球科学学院。

2022年8月起，学院整体搬迁至浙江大学紫金港校区海纳苑1幢。

十八

"东西跋涉，上下求索，探究天地之理；百廿名校，九秩系院，作育地学英才。"

从1936年史地学系设立至今，浙江大学地学系科几经风雨依然生生不息，蓬勃发展且人才辈出。"求是、创新"的校训，"明时空之真谛，识造化之本原"的创系宗旨，而今依旧历久弥新，深刻影响着浙大地学人。今天，通过全院师生的不懈努力和校友们的大力支持，学院在人才引育、科研工作、学生培养等方面取得了可喜的成绩，在第五轮学科评估中取得突破性进展，已具备建设地球系统科学的优势。面向未来，学院将继续依靠师生员工，携手校友之力，通过持续强化"以高水平科学研究带动人才培养和社会服务"的发展理念，布局"大数据与地球系统"前瞻性方向，全面提升学科建设成效，向着实现"打造具有国际影响力的'大数据与地球系统'创新研究高地，构建具有浙大地学特色、红专并进的创新人才培养体系"的战略目标而努力奋斗。

浙大地科将近百年的发展历程，像一条奔腾不息的长河，激流险滩，起伏跌宕，又百折不回，勇往直前。大学路上，黔北乡间，六和塔旁，新安江畔，老和山下，西溪河边，玉泉楼里，紫金港前……一代代的浙大地学人，执着"求索时空"，满怀"地学之爱"，专注治学，矢志报国，激扬青春，挥洒热血，不忘初心，不负韶华，无惧风雨，无悔担当；在艰辛、磨难中前行，在跋涉、攀登中奋进，胸怀"国之大者"，勇担国家使命，踔厉奋发，争创一流，成就了一位位"地学奠基人，求是大先生"，谱写了一曲曲激越昂扬、大气磅礴的"浙大地学人，求是践行者"的华彩乐章。

第一章　探天究地路漫漫

——中国近现代的地学发展历程及地学高等教育概况（1949年之前）[①]

　　古代地学，东西方分别起源于我国的春秋战国时代和欧洲的古希腊时代，基本上是以资料收集和对地学现象的描述为主，而且学科分化不明显。由于环境的差异和交通的阻隔，古代地学的体例和内容有显著的地域特色。近代地学是在产业革命的基础上发展起来的，大体上从19世纪上半叶开始，随着区域地理考察与地质调查工作的开展以及科学技术的进步，地学逐渐分化为更细致的专业、学科，如地质学、矿物学、地理学、气象学等，近代地质学、地理学、气象学等建立了各自的学科体系，并提出一系列的学说和理论。20世纪50年代以来，进入了现代地学的发展时期，新的地学分支学科不断形成。通过科学考察与实地调查，相邻学科的交叉与融合，实验和研究手段的现代化，各分支学科的综合集成以及理论思维模式的转变等，各个现代地学分支，如地质学、地理学、大气科学、地球物理学、地球化学、海洋科学等，均得到快速的发展，学科体系逐渐完善，并在学术上取得了诸多突破性的成就。

　　20世纪初叶以来，在西方近代地学思想和理论的影响下，地学界前辈张相文、章鸿钊、丁文江、翁文灏、李四光、竺可桢等人辛勤缔造，为中国近代地学的发展奠定了基础。"中国地学会"和"中国地质学会"、"中国气象学会"、"中国地理学会"等的成立，各大学地学系科的创设，西方近代地学理论和方法的引进与传播，地学研究领域的开拓与人才的培育，以及地学相关研究机构的建立等，都是中国近代地学形成与发展的里程碑。

[①]　说明：本章部分内容据《中国地学史·近现代卷》相关内容摘编（杨勤业、张九辰、浦庆余、鲁奇著：《中国地学史·近现代卷》，南宁：广西教育出版社，2015年）；除了其他来源的材料单独注明出处外，不再另外注明。特此说明并致谢。具体表述中，编者略有补正。

第一节　近现代地学在中国的建立和初步发展

中国传统地学有着漫长的历史和丰富的内容。1840 年鸦片战争之后，中国社会正值新旧交替之际，社会发展和经济建设都为地学的发展提供了广阔的空间。但是由于缺少近现代科学的思想、方法和研究手段，中国传统地学虽然取得了丰硕的成果，却没能直接完成向近现代地学的转化。中国近现代地学的发展，主要建立在西方近现代地学基础之上。

自鸦片战争之后，大量的西方地学著作被翻译、介绍到中国。进入 20 世纪之后，介绍西方近现代地学思想的译文、译著更加丰富。近现代地学传入中国并为中国学者所理解和接受，主要是通过两个途径：一方面是外国学者在中国的地质、地理考察对中国学者的影响；另一方面是归国留学生直接将近现代地学理论带入中国。

20 世纪 20 年代以后，中国地学进入了一个全新的历史阶段。传统地学研究方法基本上被淘汰，西方先进的地学理论则被全面地介绍到中国，推动了中国地学的进步。大量西方地学代表作在 20 世纪二三十年代被翻译、介绍到中国，如《人生地理学原理》（亨廷顿）、《地理与世界霸权》（弗尔格里夫）、《地理环境之影响》（辛普尔）、《人地学原理》（白吕纳）、《自然地理学专论》（马东）、《世界植物地理》（哈第）等。在当时地学界影响很大的《地学杂志》于 1921 年起就开始"力加改良，刷新内容……增添新目"，加强介绍西方的地学理论及地学名著。

推动近现代地学理论在中国的传播，贡献最大者当属中国第一代近现代地学人才，如张相文（1867.02.03—1933.01.16）、章鸿钊（1877.03.11—1951.09.06）、丁文江（1887.04.13—1936.01.05）、翁文灏（1889.07.26—1971.01.27）、李四光（1889.10.26—1971.04.29）、竺可桢（1890.03.07—1974.02.07）等，其中多数为归国留学生。留学生的学成回国，促进了西方地学理论的全面介绍。

目前所知中国人用中文写成的第一篇关于中国地质学的文章，是 1903 年周树人（即鲁迅，1881.09.25—1936.10.19）用笔名"索子"（Seeker）发表的《中国地质略论》，也是最早将日文所用"地质学"一词引入中国的文献。[①] 章鸿钊在 1911年从日本学成回国后，在《地学杂志》上先后发表了《世界各国之地质调查事业》《中华地质调查私议》《调查地质咨文》等文，这些文章对中国地质学的发展具有重

[①]　刘强主编：《百年地学路，几代开山人——中国地学先驱者之精神及贡献》，北京：科学出版社，2015 年，第 460 页。

要意义。丁文江在 1911 年从英国留学归国后，与章鸿钊等人合作创办了地质调查所。他还积极倡导并参加野外考察，培养出谭锡畴（1892.12.28—1952.06.04）、叶良辅（1894.08.01—1949.09.14）、谢家荣（1898.09.07—1966.08.14）等一批优秀的地质人才。翁文灏于 1912 年从比利时学成回国，早期执教于地质研究所、地质调查所，曾参与中国地质学会、中国地理学会以及北京大学地质系的创办；他也是最早介绍大陆漂移学说的中国学者之一。李四光在日本和英国留学，于 1920 年学成回国，就任北京大学地质系教授，为培养新一代地质人才做出了贡献。还有王宠佑（1879—1958.08.31）、朱家骅（1893.05.30—1963.01.03）、叶良辅、孙云铸（1895.10.01—1979.01.06）、杨锺健（1897.06.01—1979.01.15）、谢家荣等，他们作为中国近现代地质学的奠基人，对地质学思想在中国的传播做出了不可磨灭的贡献。

20 世纪 30—40 年代，近现代地学主要理论均被介绍到中国，如魏格纳的大陆漂移学说、地理环境决定论、马尔萨斯人口论、豪斯浩弗的地缘政治学说、辛普尔与亨廷顿的人地关系论、人文地理学说、柯本的气候学说、戴维斯的地貌侵蚀循环说、韦伯的工业区位论和杜能的农业区位论等，多数都是通过留学生传入中国的。

竺可桢于 1910 年赴美留学；1918 年，以论文《远东台风的新分类》获哈佛大学气象学博士学位，随即回国，任教于武昌高等师范学校和南京高等师范学校（后为东南大学）。从 20 世纪 20 年代开始先后发表《地理教学法之商榷》（《科学》，1922 年）、《何谓地理学》（《史学与地学》，1926 年）、《地学通论》（南京国立中央大学）等论著，介绍西方地理学理论，探讨地理学科的性质、内容和方法。20 世纪 30 年代竺可桢等人编译《新地学》一书，较全面地介绍了西方地理学的理论和研究概况。此外，他还在 20 世纪 20 年代创建东南大学地学系，培养了新一代的地理学人才，如张其昀（1900.09.29—1985.08.26）、胡焕庸（1901.11.20—1998.04.30）等。他又于 20 世纪 30 年代与翁文灏、张其昀、胡焕庸等人共同创建中国地理学会。

20 世纪 20 年代至 30 年代的许多留学生，如黄国璋（1896.08.05—1966.09.06）、王成组（1902.10.25—1987.07）、涂长望（1906.10.28—1962.06.09）、徐近之（1908.02.19—1982）、林超（1909.04.13—1991.06.01）、李旭旦（1911.09.08—1985.07.08）、任美锷（1913.09.08—2008.11.04）等，在传播近现代地理学、气象气候学的思想上都做出了重要的贡献。

西方对于近现代地理学的界定，以詹姆斯的观点最为著名。他把"地理思想史的近代时期，从大学时设置专业教师的日期算起"。1874 年德国开始在大学里设立地理教席，"在历史上首次由专业地理学者们所指导的'新地理学'，一项能建立范式或地理工作的范式的职业出现了"。因此，从 1874 年至第二次世界大战结束，就成为西方近现代地理学的主要发展时期。①

就中国而言，从某种意义上讲，1892 年京师大学堂设置舆地课程，1899—1903 年张相文在上海南洋公学教授地理课程（中小学设置地理课之始），是首次由专业地理学者讲授地理学的肇始。但上述课程的设置并不是为了培养从事近现代地学研究的专门人才，而且从内容上讲，也属于基础性教育。因此，按照西方的标准，中国近现代地学的产生应是在 1904 年前后；1904 年清廷颁行《奏定学堂章程》（1902 年末，清廷颁布《钦定学堂章程》，但未实施），规定在大学预备科、政科中设中外舆地等地学课程，并逐步付诸实行。

地学的体制化在中国主要集中体现在三个时间节点：1909 年"中国地学会"成立、1916 年"地质调查所"正式建立和 1928 年中央研究院"气象研究所"和"地质研究所"成立。尤其是气象研究所的成立，"从此气象科学在我国作为一门独立科学正式明确地不与天文、地理、农学合为一体了"②。

在中国，也有不少学者以地学大师执教高等教育机构作为近现代地学的起点，其中一般认为竺可桢是近现代地理学和气象学的创始人，章鸿钊、丁文江和翁文灏是近现代地质学的创始人。

与西方相比，中国科学研究的体制化在地学近现代化中发挥了更为重要的作用；几乎所有促进地学近现代化的因素，都是由高等地学教育、地学研究机构和学术团体带动起来的。学术体制化建设，是地学领域人才培养、学术共同体形成与发展的基本保证。

第二节　地学在高等教育体系中的体制化进程

一、近代中国高等教育体制的演变

在 19 世纪后半叶的洋务运动中，清政府建立起一批新式学堂，还通过派遣留

---

① ［美］普雷斯顿·詹姆斯、［美］杰弗雷·马丁著，李旭旦译：《地理学思想史（增订本）》，北京：商务印书馆，1989 年，第 3 页。
② 洪世年、陈文言著：《中国气象史》，北京：农业出版社，1983 年，第 110 页。

学生的方式以学习西方先进的科学技术。但是，当时对西方科学的认识，还停留在西方军事及机械技术等器物层次，因此新式学堂以学习西方语言和军事、造船等技术知识为主，并没有真正引进西方的教育模式。

进入 20 世纪以后，清政府废除科举制度并推行新学制，从此开始了中国历史上一次伟大的教育改革。

1902 年，清政府第一次以政府的名义颁布了《钦定学堂章程》（张百熙拟，后称"壬寅学制"），它标志着中国传统教育向近现代教育的转化。章程中规定，在大学预备科、政科设中外舆地课程，商科设商业地理，格致科设地质学，其中大学舆地课程包括地质学、地文学等近现代地学内容。但其后由于种种原因，该章程未能实行。

1904 年，清政府颁布了《奏定学堂章程》（张之洞、张百熙等拟，后称"癸卯学制"），并在全国范围内推行。1905 年，中国实行了 1300 余年的科举制度被彻底废除，一些实用性科学受到了重视。由于地学知识"关系于民智，诚一国兴衰强弱之本"，因此在新式学堂中，"地理一科，不可不视为学堂中重要之科目"。[①] 但是这些地学课程，大多不是为了培养近现代地学研究的专门人才。这种状况直到民国时期才得以根本改变。

1912 年，中华民国成立。随着封建君主专制制度被推翻，清末的教育改良方针也寿终正寝，新式教育体制开始建立。民国政府先后颁布了《大学令》《大学规程令》，制定了新的学制（史称"壬子学制"）。它不仅使学科的内容更为系统，而且也更重视对学生进行研究方法的训练。

1922 年，政府公布了《学校系统改革案》，史称"壬戌学制"或"新学制"。新学制采用美国教育模式，基本统一了全国的教学秩序和教学内容。至此，中国近现代的科学教育体制基本确立。其后，直到 1949 年上半年，该学制一直沿袭，没有大的变化。

1922—1937 年，随着大批留学生相继归国，国内大学的科学教育水平快速提高，缩小了与世界先进水平的差距。公立大学（国立大学、省立大学等）、私立大学和教会大学并存，既相互竞争又互为补充，促进了高等教育的进步。

中华民国成立以后，中国的现代大学制度逐渐完善，西方大学所开设的各种科系在中国也逐渐建立起来。高校地学教育机构的设置上，从最初的历史地理类，

---

① 范祎：《中等地理教本·序》（1907 年），转引自邹振环著：《晚清西方地理学在中国》，上海：上海古籍出版社，2000 年，第 277 页。

到史地系，再到后来的地学系，直至地理学、地质学、气象学逐步分离，独立成系。这个时期从事高校地学教育的教师，也以留学归国人员为主，他们分别在美、日、欧等不同国家和地区进修和留学，直接掌握了西方先进的地学理论和知识体系。他们回国后通过在高校开设专业课程，直接使用西方教材，推动了近现代地学在中国的建立与发展。

1929 年 7 月 26 日，南京国民政府颁布《大学组织法》，正式确定"大学—学院—学系"的高校制度。1929 年 8 月 14 日公布的《大学规程》，明确了大学理科的体制和所包含的学科门类，即第 6 条所规定的："大学理学院或独立学院理科，分数学、物理学、化学、生物学、生理学、心理学、地理学、地质学及其他各学系，并得附设药科。"换言之，1929 年后，中国大学的内部学术组织正式定型为"大学—学院—学系"的架构；理科所包含的学科门类也正式确定，即"数学、物理学、化学、生物学、生理学、心理学、地理学、地质学及其他各学系，并得附设药科"。《大学组织法》及《大学规程》实施后，各地大学得到了稳步发展，并按照该规程整顿、调整了院系，从而建立了较稳定的现代大学学科及院系制度。[1]

1939 年 9 月 4 日，教育部鉴于"各大学及独立学院所设学系，名称既多不同，隶属学院亦有歧异"，又正式发布《教育部颁行大学及独立学院各学系名称令》，将"将各学院所属各学系之名称"重新做了规定，其中，"理学院设数学、物理学、化学、生物学、地质学、地理学、心理学及其他各学系"；在 1929 年所规定的理科学系的基础上进一步整合、规范，理科各主要学科门类完全定型，且沿用至今。

二、地学各学科的高等教育发展状况

詹姆斯在《地理学思想史》中指出："把地理学引进中国的大学应归功于曾在国外留学过的两位中国学者。一位是在苏格兰学过地质学的丁文江，另一位是在哈佛大学学过气象和气候学的竺可桢。"[2] 尽管詹姆斯的概括并不全面，但这句话确实反映了这样的事实：竺可桢创建的东南大学地学系（1921 年）是中国第一个囊括全部地学内容的教育机构，中国近现代地理学界和气象学界的奠基者也多出自该系；而丁文江推动了中国地质学教育，所创办的工商部地质研究所（1913—1916；其中，1913—1914 为"工商部地质研究所"，1914—1916 为"农商部地质

① 左玉河：《移植与转化：中国现代学术机构的建立》，郑州：大象出版社，2008 年，第 101 页。
② ［美］普雷斯顿·詹姆斯、［美］杰弗雷·马丁著，李旭旦译：《地理学思想史（增订本）》，北京：商务印书馆，1989 年，第 321 页。

研究所"）和执教的北京大学地质系（1909 年创办，时称京师大学堂地质学门；1912 年京师大学堂改称国立北京大学；1913 年地质学门暂停招生；1917 年恢复招生；1919 年改称地质学系）等，培养出第一批中国地质学家。

在早期的高等教育机构中，地理学、地质学和气象学通常合为一系，其后，随着现代地学在中国的不断发展和分化，开始逐渐分离。[①]

（一）地理学与气象学的高等教育

在清末学制改革中，清政府即规定在学校中设置舆地课程，"其要义在使知地球表面及人类生计之情状，并知晓中国疆域之大概，养成其爱国奋发之心；更宜发明地文地质之名类功用，大洋五洲五带之区别，人种竞争与国家形势利害之要端"。20 世纪 30 年代，有学者提出了地理学教育的三个重要功能：（1）民智方面："盖青年学子，不知代数之公式，几何之法则尚可，其国家之疆域，行政之区划，身家之地位，则不可不知也！"（2）经济方面："国家之财政，国民之经济，其与大地之关系，亦甚密切。斯故一国财政之措施，国民经济之开发，莫不关及地理环境，需及地理知识"。（3）政治方面："人民无地理之知识，则无以策动政治"。通过教育普及，地理学知识可以提高劳动者的素质，推动人类理性的进步。这成为地理学教育的特色。

地理学高等教育在民国时期发展迅速。1912 年，设北京高等师范学校，其中有"历史地理类"；1913 年，"历史地理类"改称"历史地理部"；1922 年改设"史地系"，1928 年分化成历史系和地理系（后演变为今北京师范大学的地理科学学部）[②]。1913 年，设武昌高等师范学校，其中有"历史地理部"；1922 年后分设为历史社会学系和地学系等。1919 年秋，南京高等师范学校在国文部的基础上建立国文史地部；1920 年后，南高改建为东南大学，于 1921 年在东南大学文理学院设地学系（英文名为"Department of Geology and Geography"，即"地质学与地理学系"）。1930 年后的中央大学，将地学系分设地质学系和地理学系，再于 1943 年从地理学系中另分设气象学系。清华大学于 1928 年成立地理系，1929 年招收学生；1932 年，改称地学系，下设地理、地质、气象三个组；1947 年气象组单独成系；1950 年地质组分出设立地质学系。其中，以南高—东南大学—中央大学以及清华大学的地学系科的建立和分化最为典型。

---

① 张九辰：《竺可桢与东南大学地学系——兼论竺可桢地学思想的形成》，载《中国科技史料》第 24 卷第 2 期（2003 年），第 112—122 页。
② 北京师范大学地理科学学部官网：https://geo.bnu.edu.cn/xbgk/lsyg/lsyg.html，［2024-05-26］。

1919 年秋，南京高等师范学校在国文部的基础上设立国文史地部，开始开设地质学和地理学课程。当时该部主要讲授中国政治地理与沿革地理。竺可桢于 1920 年到南高讲授地学课程。当时各高等院校的地学教育还不分专业，他首先在南高开设了地质学、地文学（即自然地理学）和气象学等课程。他到任的第二年，南高改设为东南大学，并进行了科系调整。科系调整初期，在理科曾设有地理学系，但竺可桢认为地理系范围过于狭窄，乃改为地学系，尝试将相关学科融为一系。1921 年，东南大学文理学院成立地学系；1926 年 3 月，东大实行文理分科，地学系仍设在理科。北伐胜利后，南京成立国民政府，采用法国的大学区制度，组织大学院为全国最高学术和教育行政机关，取消教育厅，全国分为若干大学区。东大与其他八校合并设立国立第四中山大学。地学系设在自然科学院，同时社会科学院内还设有史地系。1928 年 2 月，国立第四中山大学改名为国立江苏大学；同年 5 月又改校名为国立中央大学；同年 8 月自然科学院改称理学院，地学系仍设在理学院，史地系的地理部分也归入地学系。1929 年，地学系的三位地理学教授胡焕庸、黄国璋和张其昀联名倡议地理门独立成系。[①]1930 年 2 月，东南大学地学系遵照第七次校务会议决议改组，将地质门、地理门独立成系，分设地质学系和地理学系。再至 1943 年 8 月，地理系中的气象组亦独立成立气象系。至此，地学中的三大分支学科在中央大学内明确有了各自的人才培养机构，即地质学系、地理学系和气象学系。

随着中央大学地理学系的单独设立，竺可桢的后继者黄国璋、张其昀和胡焕庸又相继开创了几个新的学术中心。起初三人均供职于竺可桢执掌的地学系，其中张其昀和胡焕庸是竺可桢在东南大学地学系培养出的第一批学生。张其昀曾在地学系工作十年，后又随竺可桢到浙江大学创建史地系。胡焕庸是地理系独立后的第一任系主任，并一直主持系务至抗战胜利。他们两人在学术思想上也深受竺可桢的影响。胡焕庸对于中国人口地理的研究、张其昀对于历史地理学的研究都受到竺可桢的影响。黄国璋在美国芝加哥大学获地理学硕士学位，20 世纪 20 年代末至 30 年代初在中央大学地学系讲授人生地理和地图测绘。30 年代以后他北上清华大学和北京师范大学执教。他短期任清华大学地理系主任后，1936 年开始长期执掌国立北平师范大学（今北京师范大学）地理系，并使之成为北方的地理学中心。1940 年黄国璋任中国地理研究所所长，主持所务期间，该所亦取得诸多成就。

---

① 胡焕庸、黄国璋、张其昀：《本校地学系地理门应独立成系建议书》，载《地理杂志》第 2 卷第 5 期（1929 年），第 1—2 页。

　　清华大学于 1928 年成立地理系，著名的地质学家翁文灏担任第一任系主任。地理系于 1929 年招收学生。到 1932 年，在学科上有了扩大，下设地理、地质、气象三个组，分别培养地理、地质、气象方面的人才，改名为地学系。抗日战争开始后，清华、北大、南开三校合并，于 1938 年 4 月在云南昆明改为西南联合大学。原清华地学系与北大地质系合并为地质地理气象学系。抗战胜利后，1946 年 6 月三校回迁，原清华地学系与北大地质系各回本校，清华复设地学系，后地学系的气象组也于 1947 年单独成系设立气象学系。1950 年初，因当时国家急需地质人才，清华地学系中的地质组单独成立地质学系（1952 年，清华大学地质学系调出，与北京大学地质学系等合组为北京地质学院），地学系只留有地理组。[①]1952 年，为适应国家建设，全国高校进行大调整，原清华的地学系（地理组）调整到北京大学，与燕京大学历史系少数教师一起成立地质地理系。[②]

　　此外，1929 年中山大学地理学系成立；1929 年燕京大学地理及地质系成立；1933 年金陵女子大学文理学院设立地理系；1934 年东北大学文法学院设立史地学系；1936 年浙江大学史地系成立，内分"历史组"与"地理组"；1939 年西北大学组建地质地理系，1947 年地质、地理分别成系；1946 年兰州大学设立地理系。地理系在前述综合性大学及各类院校中开始陆续设立。

　　如前所述，大学中的气象学系民国时期数量较少，至 1949 年，主要是中央大学气象学系和清华大学气象学系。中央大学气象学系原为地理学系中的气象学组，于 1943 年 8 月，从地理系中分出，单独设立气象学系。清华大学于 1928 年成立地理学系，分设气象、地质、地理三个组，后于 1932 年改名为地学系；抗日战争爆发后，清华大学地学系与北京大学地质系合并组成西南联合大学地质地理气象学系；抗战胜利以后，清华大学迁回北京，于 1947 年，气象部分亦从地学系分出，单独设立气象学系（1952 年院系调整后并入北京大学）。

　　（二）地质学的高等教育

　　在西方，近现代地质学成为一门独立的学科经过了相当长的人才准备时期。但是在中国，地质学人才的培养和研究机构的建立几乎没有时间差。考察中国近现代地质学事业的开端，需要从地质学高等教育的肇始入手。

---

①　清华大学地球系统科学系官网：https://www.dess.tsinghua.edu.cn/gk/gywm.htm，［2024-05-26］。
②　北京大学城市与环境学院官网：https://www.ues.pku.edu.cn/xygk/xyjj/index.htm#lannm4，［2024-05-26］。

1. 京师大学堂地质学门

现代学者对于中国近现代地质学高等教育的起始时间一直有着不同的观点。他们多以 1904 年京师大学堂颁布实施的第三个章程——《奏定学堂章程》之《大学章程》（以下简称《章程》）中所规定设立的"地质学门"为中国近现代高等地质学教育的肇始。《章程》中与地学关系密切的计划是在"文学科"中设立"中外地理学门"，在"格致科"中设立"地质学门"（"科"相当于后来的学院，"门"相当于学院中的"系"）；两"学门"的课程规定如下：

——"中外地理学门"的课程有：地理学研究法、中国今地理、外国今地理、政治地理、商业地理、交涉地理、历史地理、海陆交通学、殖民学及殖民学史、人种及人类学、地质学、地文学、地图学、气象学、博物学、海洋学等内容。

——"地质学门"的课程有：地质学、地质学实验、矿物学、矿物学实验、岩石学、岩石学实验、古生物学、古生物学实验、晶象学、晶象学实验和矿床学等内容。

因此，多数学者把京师大学堂中"地质学门"的建立，作为中国近现代地质学高等教育的开端。

京师大学堂的地质学门，于 1909 年开办，并从德国购置了一批仪器、标本。此外，1911 年章鸿钊从日本毕业回国后，也曾担任京师大学堂地质学讲师。但他是在大学堂的农科教授地质学，而非格致科的地质学门。他是受过近现代地质学训练的第一位中国地质学教师。从师资水平来看，他们已经具备近现代地质学素养，因此可以认为京师大学堂已经具备中国近现代高等地学教育的条件。但由于各种原因，中国最早的近现代地质学高等教育机构——京师大学堂地质学门，未能真正发挥其应有的作用。

章鸿钊曾说："前清对于地质教育并没有得到可以记录的成绩"，这一评价实不为过。在缺乏起码的地质学人才的前提下，工商部成立"地质调查所"；同时，又成立了以培养地质学人才为目的的"地质研究所"。

2. 地质研究所

培养人才的任务本应由高等院校担任，但是中国第一个地质研究机构成立时，中国高等学校中还缺乏相应的地质教育。如果依靠高等教育培养地质学人才则"缓不济急"，而且"经费巨而收效远"。为了解决人才问题，中国学者选择了研究与教育同时进行的模式。

1913 年，在丁文江的积极倡导下，民国政府的工商部开办了地质研究所。这个名为研究所的机构实际上是地质人才的培训班，"专以造就地质调查员为宗旨"，学制设计为 3 年。因种种原因，地质研究所仅办一届，成为"成立三年而止招生一次者"，"办至该班学生毕业为止"。

积极创建地质研究所的丁文江也认为，训练地质人才应该是各大学的工作，而不是工商部的责任。因此他于地质研究所停办后，商请蔡元培于北京大学建立地质系，以期教育与调查事业，二者能分途并进，各致其功。

在艰难的条件下，地质研究所造就了中国人自己培养的第一批地质学家。"学生毕业之日，即我国地质调查事业发轫之日"。1916 年，地质研究所结业的 22 名学生多数被农商部地质调查所聘用。尽管地质研究所的宗旨是培养地质调查员，但仅在这 3 年中他们已经开始了初步的调查工作，"河北、山东、山西、河南、江苏等省地质图幅，大半是经他们的手编制出来的"。这批学生在中国地质界十分活跃，其中至少有一半人一直是中国地质界的活跃分子。很多人后来通过实际工作和出国留学，成为中国近现代地质事业的中坚力量。李学清（1892.10.20—1977.05.01）曾任中央大学地质系主任，谢家荣曾任北京大学地质系主任、资源委员会矿产测勘处处长，朱庭祜（1985.12.27—1984.05.04）曾任贵州地质调查所所长，叶良辅曾任中山大学地质系主任、中央研究院地质研究所研究员等。因此，有学者把 1913 年开办的以培养地质人才为目的的地质研究所形容为"中国地质学界的雏声竟呱呱地出世了"。这一批学生成为中国近现代地质学事业的骨干力量，这种成就不能不归功于地质研究所创建及其开创者的努力。

中国学术界对地质研究所的教学水平评价很高。在该所的毕业典礼上，农商部顾问、瑞典地质调查局前局长安特生（Johan Gunnar Andersson，1874.07.03—1960.10.29）评价这批学生的学业程度"实与欧美各大学三年毕业生无异"。胡适也曾说："中国地质学界的许多领袖人才，如谢家荣、王竹泉、叶良辅、李捷、谭锡畴、朱庭祜、李学清诸先生，都是地质研究所出来的。"直到 20 世纪 40 年代，中国地质学家还认为地质研究所"实为民国以来短期训练机关成绩之最卓越者"。地质研究所三年的教学，为学生们打下了深厚的学术基础。

1913 年成立的地质研究所，不但是中国最早培养近现代地质人才的专科学校，而且开创了"以中国之人，入中国之校，从中国之师，以研究中国之地质者"的先河。1916 年地质研究所 22 名学生毕业，其中 18 名获得毕业证书的学生全部进入地质调查所工作。这 18 名学生虽然后来大多离开了地质调查所，但是他们基本上一直活跃在中国地质学领域。

3. 高等院校中的地质系

20 世纪 20 年代开始，中国地质学人才的培养逐步走向正轨。到 1949 年，高等院校中的地质系主要在如下一些大学中设立：北京大学、中央大学、清华大学、中山大学、西北大学、重庆大学、贵州大学、台湾大学。

北京大学地质系无疑是开办最早的，其前身即为京师大学堂地质学门。1917年，北京大学地质学门恢复招生，学制为预科2年，本科4年；1919年改称地质系。最初只有留德回国的王烈（1887—1957）和留美回国的何杰（1888—1979）任教授，学生也多从北洋大学矿业科转来。1920年，随着李四光留英回国和美籍古生物学家葛利普（Amadeus William Grabau，1870.01.09—1946.03.20）应聘到北京大学任教，地质系的教师阵容才强大起来。至1937年，北京大学地质系的毕业生占同时期全国各大学地质系毕业生的三分之二以上（1952年院系调整，以北京大学地质学系为基础，设立北京地质学院）。

清华大学于1928年设立了地理学系。因为这个系是在翁文灏等人的倡议下发起成立的，所以该系中地质学教员越来越多，并最终在1932年扩充为地学系，下设地理、地质、气象三组。抗日战争爆发后，高等院校纷纷南迁，清华大学地学系与北京大学地质系合并组成西南联合大学地质地理气象学系。抗战胜利以后，清华大学于1946年6月迁回北京，仍设地学系；1947年，气象部分独立成系；1950年，地学系中的地质学组也单独成立地质学系（1952年院系调整时，地质学系并入北京地质学院；仅留地理组的地学系则调整至北京大学，后设立地质地理系）。

在南方影响最大的是中央大学地质系，该系的前身即东南大学地学系。抗战期间，中央大学迁到重庆。由于重庆的地质学研究机构较多，许多著名地质学家都曾到该系任教，充实了地质系的教师队伍。地利的优势使中央大学后来居上，1949年，全国地质学家有200人左右，中央大学地质系的毕业生约有80人，占全国地质工作人员的40%，紧排在北京大学地质系之后。

中山大学地质系创办于1927年（其前身广东大学曾于1925年创办过地质系，但不久因学生过少而停办）。该系因与两广地质调查所联合聘用教师，联合教学和工作，所以学生野外调查的机会很多。抗战之前，该系积极聘请欧洲学者来系任教，引进了西方先进的地质学理论，成为岭南地质学人才重要的培养基地。抗战爆发后，地质系不得不搬迁，教学设备损失惨重，影响了该系的发展。直到抗战结束后迁回广州，教学与野外考察活动才得以逐步恢复。

重庆大学地质系创设于1936年，第二年即进入全面抗战时期，重庆成为国民党政府的陪都。因此重庆大学地质系虽然建立较晚，但因为没有像其他高校地质系在战争中受到搬迁的影响，而且战争期间有两个地质研究机构（中央地质调查所和四川省地质调查所）给予教师和资料的支撑，使得该系教学稳定，发展很快。

西北大学地质系原为西北临时大学地质地理系，是 1937 年由迁到西安的北平师范大学地理系和北洋大学采矿系合并组成。1938 年又迁往城固，改称西北联合大学地质地理系。1939 年称西北大学地质地理系。1947 学年起，"地质地理系遵照部令分为地质、地理二学系"。

台湾大学的地质系，是抗战胜利以后，在日本人建立的旧有机构的基础上，重新建立并发展起来的。

1952 年院系调整以后，高等院校中的地质系经过重新组合，有了较大变化；同时，又适应国家建设的迫切需要而新建了一批单科性的地质类高等学校，中国地质学科的高等教育得到很大发展。

（三）地学类的研究生教育

1. 研究生及学位制度的建立

随着近代大学的出现，在西方大学制度的影响以及教会大学的示范下，中国的大学中也逐渐明确和建立了本科和研究生的教育层次和制度，即大学中的研究所、研究院的设立以及相应的学位制度的完善。1929 年 7 月，南京国民政府公布的《大学组织法》第八条规定：大学得设研究院。依此规定，当时的一些主要大学，如中央大学、中山大学、燕京大学、辅仁大学等纷纷筹设大学研究院。

1934 年 5 月，为了规范各大学研究院、所之设置，教育部颁布了《大学研究院暂行组织规程》，对大学研究院的性质、组织机构、研究生资格及考试、管理等作了统一规定，即"大学为招收大学本科毕业生研究高深学术，并供给教员研究便利起见，得依《大学组织法》第八条之规定，设研究院"。大学研究院分文、理、法、教育、农、工、商、医各研究所，分别称为文科研究所、理科研究所、法科研究所、教育研究所、农科研究所、工科研究所、商科研究所、医科研究所。凡具备三个研究所以上者，始得称研究院，在未成立三研究所以前，各大学所设各科研究所不冠"研究院"名称。各研究所依其本科所设各系分若干部，称其研究所某部，如理科研究所物理部等。[①] 随后，已于此前设立研究院、所的各大学，据此进行整顿；而此前未设立研究院、所的大学亦据此纷纷创设。

1946 年 12 月，教育部将《大学研究院暂行组织规程》加以修改，更名为《大学研究所暂行组织规程》，废除了研究院与研究学部，一律改为"研究所"，使其与"学系"打成一片，并依学系名称，称为某某研究所。[②] 到 1947 年，公立各

---

① 《大学研究院暂行组织规程》，载《国立浙江大学校刊》第 175 期（1934 年 6 月 2 日）。
② 《大学研究所暂行组织规程》，载《国立浙江大学校刊》复刊第 144 期（1947 年 3 月 10 日）。

大学设立研究所者达 26 校，有 133 个研究所；私立大学亦有 7 校设立了 22 个研究所[1]。

国民政府颁布《大学组织法》、各大学相继创设大学研究院后，便要求建立与之配套的现代学位制度。1929 年，国民政府仿效西方现代学位制度，开始拟订《学位条例草案》。1931 年 4 月，国民政府草拟了《学位授予法》，采用了英美通用的学士、硕士、博士三级学位制，并对获得此三种学位之资格作了规定。

《学位授予法》尽管从 1931 年即开始草拟制定，但当时并未立即颁布实施。1935 年 4 月，经过反复讨论和修订，国民政府立法院正式通过并颁布了《学位授予法》。[2]5 月，教育部发布的《施行学位授予法的训令》规定："（一）学士学位，凡依本法有权授予学士学位之学校，得自民国二十四年七月一日起，依本法开始授予各种学士学位；（二）硕士学位，硕士学位之开始授予时期，应于硕士学位考试细则中另定之；（三）博士学位，博士学位之开始授予时期，应于博士学位考试细则中另定之。"[3]《学位授予法》的通过与颁布实施，标志着中国现代学位制度的正式建立。

1935 年 5 月，教育部依据《学位授予法》第二条之规定，订定并颁布了《学位分级细则》，对大学文、理、法、农、工、商、医、教育诸科所授学位分级及名称予以具体规定，如文科学位分文学士、文学硕士、文学博士三级，理科学位分理学士、理学硕士、理学博士三级等。[4]

1935 年 6 月，教育部依照《学位授予法》第四条第三项之规定，制定并颁布《硕士学位考试细则》，对硕士研究生之资格及考试时间、主试单位、课程内容、计分方法等进行了规定。[5]1936 年 4 月，教育部又订定并颁布《硕士学位考试办法》。[6]

正是根据教育部的这些法规，各国立大学研究院陆续进行了硕士研究生考试，授予考试合格者以硕士学位。据国民政府教育部编《第二次中国教育年鉴》统计，

---

[1]　教育部教育年鉴编纂委员会编：《第二次中国教育年鉴》第五编《高等教育》，上海：商务印书馆，1948 年，第 87—88 页（总第 575—576 页）。

[2]　《学位授予法》，载《立法院公报》第 69 期（1935 年），"法规"部分，第 18—20 页。

[3]　《施行学位授予法的训令》，载中国第二历史档案馆编：《中华民国史档案资料汇编》第五辑第一编《教育（二）》，南京：江苏古籍出版社，1994 年，第 1411 页。

[4]　《教育部订定的学位分级细则》，载中国第二历史档案馆编：《中华民国史档案资料汇编》第五辑第一编《教育（二）》，南京：江苏古籍出版社，1994 年，第 1407 页。

[5]　《硕士学位考试细则》，载中国第二历史档案馆编：《中华民国史档案资料汇编》第五辑第一编《教育（二）》，南京：江苏古籍出版社，1994 年，第 1409—1410 页。

[6]　《硕士学位考试办法》，载中国第二历史档案馆编：《中华民国史档案资料汇编》第五辑第一编《教育（二）》，南京：江苏古籍出版社，1994 年，第 1408 页。

全国各大学抗战爆发前 5 年中通过硕士论文审查并获得硕士学位者共计 232 人。

需要说明的是，《学位授予法》尽管规定了各大学研究院有授予博士学位之权，但教育部在很长时间内并未颁布博士学位评定及考试办法。直到 1940 年秋，教育部学术审议委员会第一届第二次会议方才讨论通过了《博士学位评定组织法》和《博士学位考试细则》两项草案，并以教育部名义提交行政院审核，随后亦进行了多次修订。1943 年 5 月，行政院明确知照教育部："抗战以前，各校因设备之限制，学术研究室碍良多，致使博士学位之授予未实施。近来各校困难加增，培植尤艰。该项博士学位之授予，应缓办。"① 尽管抗战结束后教育部审定并颁行了这两份重要法规，但博士培养与学位授予在 1949 年之前并未真正施行。②

2. 地学学科的研究生教育状况

1934 年的《大学研究院暂行组织规程》颁布后，地学领域的研究生教育也正式出现，主要有如下几家，按照设立时间顺序，依次为：北京大学理科研究所地质学部（1936）、浙江大学文科研究所史地学部（1939）、中央大学理科研究所地理学部（1941）、西南联合大学理科研究所地理学部（1941）和清华大学地学研究所、气象研究所（1947）。

——国立北京大学理科研究所地质学部，设立于 1936 年 8 月；是中国最早的地质学专业的研究生培养机构。其后可能有中断，1938 年 4 月后为西南联合大学理科研究所地质学部。③1947 年 1 月后改设北京大学"地质研究所"。

——国立浙江大学文科研究所史地学部，设立于 1939 年 8 月；内分"地形学组""气象学组"和"人文地理组"等；是中国最早的地理学、气象学专业的研究生培养机构。1947 年 1 月后改设"史地研究所"，1949 年 7 月后改设"地理研究所"。

——国立中央大学理科研究所地理学部，设立于 1941 年 8 月；内分"地理组"与"气象组"；是最早直接冠以"地理学"之名的研究生培养机构。④1947 年 1

① 教育部教育年鉴编纂委员会编：《第二次中国教育年鉴》第六编《学术文化》，上海：商务印书馆，1948 年，第 79 页（总第 873 页）。
② 左玉河著：《移植与转化——中国现代学术机构的建立》，郑州：大象出版社，2008 年，第 162 页。
③ 叶佩华：《我国大学研究院所设施情形之检讨》，载《高等教育季刊》第 2 卷第 4 期（1942年）。转引自张建中、罗玲、吴波主编：《中国战时首都档案文献·战时教育》，重庆：西南师范大学出版社，2017 年，第 562、566 页。
④ 叶佩华：《我国大学研究院所设施情形之检讨》，载《高等教育季刊》第 2 卷第 4 期（1942年）。转引自张建中、罗玲、吴波主编：《中国战时首都档案文献·战时教育》，重庆：西南师范大学出版社，2017 年，第 563—564 页。

月后改设"地理研究所"。

——国立西南联合大学理科研究所地理学部，设立于1941年8月（以原清华大学地学系为基础）；内分"地理组"与"气象组"。1947年1月后，分设清华大学"地学研究所"和"气象学研究所"。其中，清华大学的"气象学研究所"，即为最早直接冠以"气象学"之名的研究生培养机构。

——国立东北大学文科研究所史地学部，设立于1942年8月。1947年1月后分设"史学研究所"和"地理学研究所"，也开展了地学类研究生的培养，但毕业人数较少。

1947年1月，当时的教育部将研究学部一律改称研究所，并不断增设新的研究生培养机构。至1947年6月，与地学相关的研究所包括：北京大学地质研究所，浙江大学史地研究所，中央大学地理学研究所，东北大学地理学研究所，清华大学地学研究所，清华大学气象学研究所。[①]

虽然至1949年之前，研究生的培养单位尚少，规模也小，但所培养的学生对其后中国地学的发展，起到了重要作用，如浙江大学所培养的郭晓岚（1915.02.07—2006.05.06）、叶笃正（1916.02.21—2013.10.16）、丁锡祉（1916.04—2008.02.18）、沈玉昌（1916.12.26—1996.11.24）、谢义炳（1917.04.03—1995.08.24）、杨怀仁（1917.11—2009.10.20）、施雅风（1919.03.21—2011.02.13）、赵松乔（1919.07.07—1995.10.20）、陈述彭（1920.02.28—2008.11.25）、陈吉余（1921.09.17–2017.11.28）等，中央大学所培养的吴传钧（1918.04.02—2009.03.13）、宋家泰（1915—2007.10.31）等。

第三节　专业研究机构与学术团体的作用

一、专业研究机构

1924年，孙中山在北京曾经提出建立中央学术院作为全国最高学术机关。1925年3月，孙中山病逝，此议遂被搁置。1928年6月9日，遵循孙中山的遗训，中央研究院在上海成立，蔡元培（1868.01.11—1940.03.05）任院长。中央研究院是中国历史上第一个作为国家最高科学机关而建立的研究机构，它在实行科学研究、指导联络、奖励学术研究上，发挥了重要作用。

---

① 教育部教育年鉴编纂委员会编：《第二次中国教育年鉴》第五编《高等教育》，上海：商务印书馆，1948年，第87—88页（总第575—576页）。

与地学有关的研究机构，以地质学方面最为完整。在中央研究院成立之前，即有中央地质调查所（1916 年成立，各个时期名称有变化）以及各地的省立地质调查机构。中央研究院成立后，于 1928 年即设立地质研究所；后又有资源委员会矿产测勘处（1940 年）的设立。气象方面虽然没有地质这样完备，但在 1928 年也设立了中央研究院气象研究所，同时，全国气象观测网建设逐步展开，并于 1941 年成立中央气象局。相比而言，地理方面则以教育机构居多，专业性研究机构较少，主要是 1940 年成立的中国地理研究所。

（一）地质学领域

地质学是中国现代科学体制化中发展最快的一个领域。截至 1949 年，地质学领域的全国性综合地质调查和研究机构共有 3 个，省立的地质调查机构有 15 个。

——全国性综合地质调查和研究机构：中央地质调查所（1916 年成立）、中央研究院地质研究所（1928 年成立）和资源委员会矿产测勘处（1940 年成立）。

——省立的地质调查机构：两广地质调查所（1927 年成立），湖南地质调查所（1927 年成立），河南地质调查所（1923 年建立，1928—1930 年曾被裁撤，1931 年恢复），江西地质调查所（1928 年成立，早期称地质矿业调查所，1937 年改称地质调查所），四川地质调查所（1938 年成立），福建建设厅矿产事务所（1935 年成立，1937 年撤销），福建地质土壤调查所（1940 年成立），新疆地质调查所（1944 年成立），贵州地质调查所（1935 年成立，1939—1945 年停办，1946 年恢复，1949 年并入西南地质调查所），台湾地质调查所（1945 年成立），西康地质调查所（1939 年成立），云南地质矿产调查所（1939 年成立，1945 年停办），宁夏地质调查所（1946 年成立，1948 年撤销），浙江省地质调查所（1946 年成立）和察绥地质调查所（1947—1948 年）等。

1. 中央地质调查所

如前所述，1949 年以前全国已经有了十几个地质研究机构，但并没有地质管理部门。因此，最早成立的中央地质调查所（以下简称"地质调查所"）就担负起组织机构建设、创建学术网络的重任。中央地质调查所作为中国最早的近现代科学机构之一，它的影响已经超出了地质学领域，蔡元培称地质调查所为"中国第一个名副其实的科学研究机构"。

1912 年 1 月成立的南京临时政府实业部矿务司地质科，是中国最早出现的以"地质"命名的机构实体，章鸿钊任科长。机构实体的出现为结束自由式的科学研究方式创造了可能，从体制上提供了地质学者从事地质调查和研究的条件。

1912 年 4 月民国政府迁至北京，原实业部分为工商部和农林部。矿务司地质科就隶属于工商部，并改由丁文江任科长。但是这个行政管理机关由于缺乏相应的事业支撑，不得不从头开始。1913年工商部地质科正式改名为"工商部地质调查所"，但所有经费仍在工商部本部的预算之内。改制后地质调查所的职能，由以行政管理为主改变为以实际调查、资料积累和学术研究为主。中国第一个近现代地质研究机构就是在这种背景下诞生的。

1914年工商部与农林部合并为农商部，地质调查所改隶农商部，更名为"农商部地质调查所"。1916年地质研究所的学生毕业，其中的十余位学生进入地质调查所工作，从此中国的第一个近现代地质研究机构才开始了它的正常运转。

1916年1月农商部地质调查所改名为"地质调查局"，由矿政司司长张轶欧兼局长，丁文江与矿政司顾问安特生任副局长。地质调查局设地质股、矿产股、地形股、编译股和地质矿产博物馆，由章鸿钊、翁文灏分任股长并开始独立预算。同年10月地质调查局又改为"农商部地质调查所"，丁文江任所长。1920年地质调查所由农商部矿政司划归农商部直辖，从此以后该所成为部直属机关。

南京国民政府成立后设农矿部，原北京政府农商部地质调查所又改属南京政府农矿部，称为"农矿部地质调查所"。1928年夏季，政府决定将地质调查所隶属于大学院，地质调查所名称前又一度冠以"大学院"字样，后仍改为农矿部直属机关。

地质调查所也曾经与中央研究院有过学术合作的关系，经费由农矿部和中央研究院共同拨给。但事隔不久，1929年冬中央研究院停止拨款。农矿部又与北平研究院协商，从1930年3月开始北平研究院与农矿部地质调查所订立合作协议，北平研究院设立地质学研究所，由北平研究院提供经费，由地质调查所派学者支持，共同进行地质调查研究以减少经费的压力。因此这一时期地质调查所的出版物上常常印有多家机构的名称。

1930年农矿部与工商部合并为实业部，地质调查所又隶属实业部，称为"实业部地质调查所"。1938年实业部与相关机构合并改组为经济部，地质调查所又改属于经济部，定名为"经济部地质调查所"。20世纪40年代，省立地质调查所纷纷建立。为了便于区别，也为了避免名称频繁更替的麻烦，1941年地质调查所更名为"中央地质调查所"。

到1950年全国地质机构调整时改组撤销，地质调查所共存在了30余年。该所从1916年的20余人曾发展到上百人，机构设置也从初期的地质、矿产等几个部门发展到地质调查、土壤调查、矿物岩石研究、地性探矿研究、古生物学研究、新生代研究、地震研究、燃料研究、工程地质研究等多个研究室。

2. 中央研究院地质研究所

中央研究院地质研究所（1928 年成立）在筹备建所过程中即有曾在中央地质调查所工作过的叶良辅、徐渊摩等人参加了其中的工作，叶良辅还曾担任该所代理所长。

中央研究院在成立之初，决定先设立理化实业研究所、社会科学研究所、地质研究所和观象台四个科研机构。应院长蔡元培之邀，李四光离开北京，到上海组织筹建地质研究所。1928 年 1 月，地质研究所正式成立，李四光任所长。建所之初，人员虽然不到 30 人，但很精干：专任研究员 8 人，兼任研究员 1 人，特约研究员 4 人，助理员 11 人，绘图员 2 人，图书管理员兼庶务 1 人，文书 2 人。至1949 年，20 年中人员虽有变动，但人数变化不大。

为了把地质研究所办好，李四光非常重视研究人员的聘用与培养。他不但聘请所外的著名地质学家为研究所的兼任或特约研究员，还吸收了一批学有专长的青年科研人员。根据研究人员的专长和工作性质，研究所分为古生物地层、古植物、矿物岩石、矿床、地质构造及地质力学、地形地文及冰川等 6 个组。遇到综合性的研究课题时，各组人员就共同合作，完成研究任务。

3. 资源委员会矿产测勘处

资源委员会矿产测勘处是 1940 年成立的另一个国家级的地质机构。它是在地质调查所与资源委员会合办的矿产测勘室的基础上扩大而成，谢家荣长期任该处处长。

在全国性地质机构中，矿产测勘处成立最晚，到 1950 年就宣告结束，前后总共也只有十年时间。矿产测勘处初名为叙昆铁路沿线探矿工程处，是根据前叙昆铁路矿业合作合同，由资源委员会与中央地质调查所合办。后来由于国际形势变化，叙昆沿线矿业合作合同暂时无法进行，于是就奉命改组为西南矿产测勘处，并于1940 年 10 月 11 日宣告成立。因为战争的影响，该处的工作范围限于贵州、云南、四川三省。到 1942 年 9 月，该处又改名为矿产测勘处，并于同年 10 月 1 日正式成立。此后，它的测勘范围就不受省区的限制，而成为一个全国性的矿产测勘机构。只是抗战期间，工作仍仅限于西南各省，直到 1945 年秋季日本投降之后，广大失地相继收复，测勘人员的足迹开始遍布大江上下、塞北岭南，才成了一个名副其实的全国性矿产测勘机构。

（二）气象学和地理学领域

1. 中央研究院气象研究所

1928 年春，中央研究院气象研究所建立，由竺可桢任所长。研究所成立后，仅有八九位研究人员，所址也暂时设在竺可桢任职的中央大学内，但很快在南京钦天山北极阁建立气象台。随着研究条件的改善，所内人员逐渐增多，至1949年，人员增加到近30人。研究所建立后，致力于推动中国气象学研究事业，先后编辑出版了《气象季刊》《气象月刊》《气象年报》《气象集刊》等资料和刊物。所中的学者也发表了大量研究性论著。

在1941年中央气象局成立以前，气象研究所还担负着管理全国气象行政事务的责任。气象研究所在全国气象观测网建设方面发挥了重要作用，先后在南京、北平建立了气象台，在上海、武昌、郑州、西安、包头、酒泉、贵阳等地建立了测候所。到1931年，全国测候所、站已超过300处。此外，气象研究所还通过开设培训班培养了大批测候人才。

由于竺可桢1936年至浙大出任校长后仍长期兼任气象研究所所长一职，所以气象研究所的研究人员与浙大史地学系从事气象领域教学和研究的师资经常互相为用，许多学生在培养时也借助气象研究所的力量，毕业后有多人在此工作，如涂长望、吕炯（1902.03.07—1985.08.15）、卢鋈（1911.09—1994）和郭晓岚、叶笃正、谢义炳、毛汉礼（1919.01.25—1988.11.22）等。

2. 中国地理研究所

早在1937年抗日战争爆发以前，中央研究院就准备建立地理研究所，并委托李四光筹办。当时已经开始由地理学家丁骕在江西庐山寻找所址。后因抗日战争的影响而停顿。1939年，李四光辞去筹建地理研究所的任务，丁骕也转到重庆沙坪坝中央大学地理系任教，致使中央研究院未能建立地理学研究机构。

1940年，在中英庚款董事会资助下，先后在遵义设立中国桑蚕研究所，在北碚设立中国地理研究所等。中国地理研究所的成立完全有赖于朱家骅的支持。朱家骅为国民党政府的重要人物，是留学德国的地质学者。他对包括地理学在内的地学一直比较重视，中山大学的地质系和地理系都是在他的支持下建立的。他在中英庚款董事会担任董事长期间，积极推动成立中国地理研究所。地理研究所内的高级研究人员都和他有关系，所长也由他任命。1940年中国地理研究所成立后，黄国璋、李承三（1899.05.22—1967）、林超（1909.04.13—1991.06.01）先后任所长。

1947年，该所改属中华民国政府教育部，迁往南京。中华人民共和国成立后，在其基础上组建中国科学院地理研究所。

中国地理研究所是1949年以前中国唯一的地理研究机构。地理所下设自然地理、人生地理、大地测量、海洋4个组。海洋组的人员常驻厦门，主要依托厦门大学工作。大地测量组最初也在北碚，后来因为一些人员离所，余下的人太少，迁到宜宾和同济大学测量系一道工作。真正在地理研究所本部的只有自然地理和人生地理两个组。自然地理主要从事地貌、土壤、气候、地质和综合自然地理等方面的研究，人生地理主要从事人地关系研究，涉及领域广泛，但两个组专业分工并不明显。

浙江大学史地学系和文科研究所史地学部有多位本科生和研究生在毕业后曾经在此工作，如谢觉民、施雅风等。

二、学术团体

（一）早期的学术团体

中国近现代地学学术团体成立较早、数量众多。早期成立的地学团体主要有：舆地学会（1895 年在武昌成立）、亚新地学社（1898 年在武汉成立）、中国地学会（1909 年在天津成立，1937—1945 年停止活动）。此外，当时还有许多专门从事地图和地学著作出版的机构，如东方舆地学社、世界舆地学社、大陆舆地社、亚光舆地学社等。这些出版机构在中国近现代地学史上的作用也是不容忽视的。

（二）专业性的学术团体

由于地学教育和研究机构不完备，再加上当时在地学领域一直缺乏相应的管理机构，因此专业学会的作用就显得尤其重要。特别是 20 世纪成立的一些全国性的学术团体，像中国地质学会、中国气象学会、中国地理学会等，在制定政策与研究方向、规范考察与测报规程、厘定术语与整理资料、普及近现代地学知识与促进学术交流等方面都发挥了重要的作用。

1. 中国地质学会

中国地质学会于 1922 年 1 月 27 日在北京成立。发起人为当时北京政府农商部地质调查所地质组主任章鸿钊以及翁文灏、王烈、李四光、葛利普（A. W. Grabau，美国）等著名地质学家。参加大会的还有丁文江、王竹泉、王绍文、王宠佑、全步瀛、朱庭祜、朱焕文、李捷、李学清、周赞衡、孙云铸、袁复礼、叶良辅、董常、赵汝钧、卢祖荫、谢家荣、钱声骏、安特生（J. G. Andersson，瑞典）、麦纳尔（L. Miner，女，美国）共 26 名，他们是学会的创立会员，章鸿钊任第一届学会会长。1949 年之前，基本上每年召开年会并推举会长；继第一届章鸿钊任会长后，丁文江、翁文灏、王宠佑、李四光、朱家骅、谢家荣、叶良辅、杨锺健、黄汲清、尹赞勋、孙云铸、李春昱等相继担任过会长。[①]

---

① 《中国地质学会简介》，载《地质论评》第 28 卷第 6 期（1982 年），第 611—614 页。

中国地质学会的宗旨是"促成地质学及其相关科学之进步"。学会不但出版地质刊物，而且基本上每年召开学术会议，交流学术论文。《中国地质学会志》主要刊载会员的调查报告及在会议上宣读的专门论文；《地质论评》涉及范围广泛，包括论文、报告、书评、新闻等与地质学相关的内容。从 1925 年至 1945 年，学会还先后设立葛利普奖章、赵亚曾先生研究补助金、丁文江先生纪念奖金、学生奖学金，以及许德佑先生、陈康先生、马以思女士纪念奖金等，用于鼓励对地质学、古生物学等做出突出贡献的学者。

2. 中国气象学会

1924 年中国气象学会在青岛成立时，虽然国内还没有相应的研究机构，但近代气象事业在中国已经有了长足的进展。从 19 世纪末开始，西方各国在中国的上海、香港、青岛，以及东部沿海和边疆地区设立了许多观象台和测候所，积累了大量的气象观测资料。1913 年，中央观象台成立了气象科，从此开始了中国人自办的气象事业。

中国气象学会的早期会员有 16 人。学会的成立是谋求气象学术的进步与测候事业的发展。抗日战争之前，气象学会每年召开学术会议，并一度设立了气象科学奖金。学会成立的第二年便出版了《中国气象学会会刊》，其后每年一期，到1933 年止共出版了 10 期。1935 年改刊为《气象杂志》，1941 年又改名为《气象学报》，每年一卷，并一直延续至今。1935 年，气象学会还出版了一册《十周年纪念号》。在具体工作过程中，气象学会还提倡收集气象谚语（农谚），协助其他单位筹办测候所，代办并检定观测仪器等，以促进中国气象事业的发展。

3. 中国地理学会

1934 年中国地理学会成立时，国内还没有专门从事地理学研究的科研机构。但是在中央大学、中山大学等高等学府，已经设立了专门的地理系或地学系。更为重要的是，中国地理学会的发起者，大多是接受过现代地学教育的学者，如竺可桢、丁文江、翁文灏、李四光、黄国璋、张其昀、王庸、胡焕庸、谢家荣、叶良辅、向达、洪绂、刘恩兰、曾世英、顾颉刚、谭其骧等，而且地学相关领域的研究机构，如北平地质调查所、中央研究院气象研究所、南京中央大学、广州中山大学的地学系和国防设计委员会都是中国地理学会的机关会员。

在该会会刊《地理学报》创刊号"本会发起旨趣书"中，曾指出中国地理学会成立的 4 个原因：第一，"晚近学术之趋势，崇尚专门，中国从前言地学者，本包有天时、地利、人和三方面，至今天时、地利，各有专精，竞着先鞭，力争上游。测天之学者，已有中国气象学会之组织，括地之学者，已有中国地质学会之组织，则以天时、地利为基础而重视人文之地理学者，亦不可不有完密之团体，俾与气象、地质鼎足而三"。第二，"学会之组织，重在联络各地研究斯学之同志，以及与斯学有关之教育及学术机关，以共同建设一以学科为单位之中心，庶内部贡献有所集中，而对外观听较为齐一"。"中国地理学者有会集一堂相与讨论之必要，合共有之心力，作斯学之前驱。"第三，因为地理学研究"徒以才力无集中之地，成绩少表现之文，人亦爱莫能助。尚有相当之组织，应获多方之赞助"。第四，"建设一网罗全国之地理学会"。

中国地理学会建立后，提出了"收集地理资料，传播地理知识，从考察、讲习、讨论、出版诸方法以达到此目的"的宗旨。在 1940 年中国地理研究所这一地理学领域的专业研究机构出现之前，中国地理学会是地理学界的学术中心。

4. 其他专业性的学会

除了上述影响较大、全国性的专业学会外，在一些地区，尤其是高等院校地学系中，曾经成立了大量地学学会。这些学会或因范围小，或因时间短，或因成立较晚，没有上述全国性专业学会发挥的作用大，但他们在中国地学现代化的过程中仍然发挥了重要的作用。

据不完全统计，20 世纪前半叶成立的地学专业学会还有：地学研究会（1919年在南京高等师范学校成立，1920 年改组为史地研究会）、地质研究会（1920 年在北京大学地质系成立，1931 年停止活动）、中国古生物学会（1929 年成立，但没有开展活动，1947 年恢复成立）、国立清华大学地理学会（1930 年在清华大学地学系成立）、中华地学会（1931 年在上海成立，第二年创刊了《地学季刊》）、人地学会（1932 年在中央大学地理系成立）、禹贡学会（1934 年在北京成立，创刊《禹贡》半月刊）、大夏史地学会（1934 年在上海大夏大学史地社会学研究室成立）、地理教学研究会（1936 年在北京师范大学成立）、边疆研究会（1936 年成立）、中国土壤学会（1945 年在南京地质调查所成立）、中国地球物理学会（1947年成立）、中华地理教育研究会（1947 年在上海成立）和建国地学社，等等。

第二章 "舆地"设课我浙先

——1936 年史地学系成立之前浙江大学及其前身的地学教育（1897—1936）

1840 年鸦片战争以后，浙江省沿海城市宁波、温州、杭州等相继开埠，浙江成为中西文化交会之要冲。随着西方新式教育的引入，1897 年，杭州知府林启创办了浙江大学的直接前身——"求是书院"。后因学制变更，"求是书院"改为"浙江大学堂""浙江高等学堂"等；1912 年中华民国成立，学校改称"浙江高等学校"，随即因学制变化而停止招生，并至 1914 年完全停办。与此同时，其他如教会大学和专科性的实业学堂、专门学校等也于清末和民国初年在浙江省陆续出现，如后在不同时期陆续汇入浙江大学的"之江大学"（前身"育英书院"于 1897 年分设正科、预科，1911 年更名为"之江学堂"，1914 年定名为"之江大学"，1930 年改设"之江文理学院"）和浙江中等工业学堂（后升格为"浙江公立工业专门学校"，简称"工专"）、浙江中等农业学堂（后升格为"浙江公立农业专门学校"，简称"农专"）等。各校均开设有地学门类的课程。

1927 年 7 月，"第三中山大学"成立（8 月初正式称为"国立第三中山大学"，1928 年 7 月正式定名为"国立浙江大学"）；1928 年 8 月，浙江大学文理学院正式成立。至 1936 年 7 月之前，虽然浙江大学尚未正式设立地学系科，但在相关学系（如工学院的土木工程学系、农学院的农艺学系和文理学院的史学与政治学系等）的课程设置中，已经出现了地质学、气象学和地理学等地学方面的课程。

目前在浙江大学校史的表述中，均把 1897 年设立的"求是书院"作为浙江大学的直接源头。不过，作为严格意义上的"大学"，则迟至 1927 年的"第三中山大学"成立，才算正式确立。在 1936 年史地学系（即地学系科）设立之前，以 1927 年为界，不论在之前的多个相关院校之中，还是浙江大学正式成立之后，各个时期，均有地学类课程的设置。这些地学类课程的开设，是浙江省内高等学校中最早的地学类课程，在浙江省内开了地学高等教育的先河。

第一节 浙江大学正式成立之前相关学校的地学课程与教学情况（1897—1927）

清末浙江的新式高等教育首推1897年成立的"求是书院"，该校于1904年《奏定学堂章程》颁布后改名为"浙江高等学堂"，1912年后改称"浙江高等学校"（至1914年停办）。另一所由美国基督教北长老会创办的"育英义塾"（前身是1845年设于宁波的"崇信义塾"），于1897年更名为"育英书院"，设正科和预科，正科相当于专科程度，已具备高等教育的性质（后来演变为"之江大学"）。此外，1911年成立的浙江官立中等工业学堂，设机械、纺织两科，以后即发展成为浙江公立甲种工业学校、浙江公立工业专门学校（简称"工专"）等；1910年成立的官立浙江农业教员养成所（后改称浙江农业教员讲习所），于1912年1月改组为浙江中等农业学堂，后升格为浙江公立农业专门学校（简称"农专"）；"工专"与"农专"均于1927年8月并入新成立的第三中山大学（即浙江大学），即分别为浙江大学工学院和农学院的前身。

一、"求是书院"至"浙江高等学校"各时期的地学类课程与教学情况

甲午战争爆发三年后的1897年，浙江一批具有革新思想的有识之士创办了以"讲求实学"为途径、以"育才、图治"为宗旨的"求是书院"，它传授西学，不以科举功名为目的，是一所以培养新式人才为己任的新式学堂，在近现代中国高等教育史上具有较高的地位和影响。1912年，新成立的中华民国政府制订新学制，取消各省高等学校。当时，求是书院已经更名为"浙江高等学校"，因学制不符，被迫撤销。1914年，随着最后一届学生毕业，浙江高等学校停止办学。但各界公认，"前清光绪二十三年（西元一八九七年），求是书院成立，是为浙江创设高等教育机关之始"[①]；亦为各届浙大师生、校友所公认，求是书院为浙江大学的直接前身。

（一）"求是书院"的创立与演变

1896年（光绪二十二年），来浙江任巡抚的廖寿丰（字榖似，一作榖士，号闇斋），"颇重储才崇实"。同年，林启（字迪臣）也由衢州调任杭州知府。当时杭州尚有诂经、紫阳、崇文等六所书院，但林启认为这些书院只学八股，不习策论，"只空谈义理，溺志词章"，已不能适应革新和建设的需要。他认为国家要策励图强，

[①] 教育部教育年鉴编纂委员会编：《第二次中国教育年鉴》第五编《高等教育》，上海：商务印书馆，1948年，第123页（总第611页）。

应该着力振兴实学，创办新学，开发民智，提高国民的文化素质。林启一面改革时弊，以促进地方经济的发展；一面着手筹办学堂。当时，他受命查办杭州蒲场巷（也称"菖蒲巷""蒲菖巷"，1930年5月后更名为"大学路"）内"普慈寺"（也称"普济寺"）僧人的不法案件，籍没了寺产。于是，他和杭州一些士绅商议，呈报巡抚廖寿丰，极力建议利用寺屋开办新式学堂。在汪康年、陈汉第和在北京的朝廷官员朱智等人的大力促进、协助下，决定就寺兴学，由林启负责筹建，定名为"求是书院"。

1897年农历正月，在浙江巡抚廖寿丰和杭州知府林启的筹划下，办学之议几经周折，奏报清廷获准，求是书院创立；同时制订《求是书院章程》和聘请教师。1897年5月21日（农历四月二十日），求是书院正式开学，林启兼任总办，陆懋勋任监院，贡生陈汉第任文牍斋务。另聘美国人王令赓（E. L. Mattox）任总教习（王令赓时为"育英书院"教师），卢保仁、陆康华任副教习。第一批招收学生共30名。1897年8月，廖寿丰向清廷呈送《奏为浙江省城专设书院兼课中西实学恭折》，陈明办学宗旨及经费筹措情况。这样，浙江在省城率先建立了一所新式高等学堂。[1]

1898年戊戌变法期间，清廷向各地颁给京师大学堂章程，令仿照办理。戊戌变法失败后，慈禧太后掌权，下旨"各省学堂已办者，即行收缩，未办者即行停办"，求是书院遂经历了一段困难时期。1901年，清统治集团迫于外界形势，不得不拟议实施"新政"，并于同年9月下兴学诏，要求"除京师已设大学堂应切实整顿外，着各省所有书院，于省城均改设大学堂，各府、厅、直隶州均设中学堂，各州、县均改设小学堂，并多设蒙养学堂"[2]，并转发《山东大学堂章程》，令仿办。于是在同年11月，"浙江巡抚廖寿丰奏改浙江求是书院为求是大学堂"[3]，学额为100名。1902年2月，浙江巡抚任道镕继续办理，扩充学额至120名，学校名称也改称"浙江大学堂"。当时林启已于1900年逝世，陆懋勋入京，陈汉第也辞职，由劳乃宣（字玉初）总持校务。

1904年初，学部鉴于各省大学堂的学生来源及程度等问题，除京师大学堂外，决定将各省的大学堂改为高等学堂。浙江大学堂遵《奏定学堂章程》，遂改名为"浙江高等学堂"。

辛亥革命后，民国政府教育部于1912年1月19日公布《普通教育暂行办法》

---

① 浙江大学校史编写组编著：《浙江大学简史（第一、二卷）》，杭州：浙江大学出版社，1996年，第4—5页。
② 陈学恂主编：《中国近代教育大事记》，上海：上海教育出版社，1981年，第111页。
③ 陈学恂主编：《中国近代教育大事记》，上海：上海教育出版社，1981年，第113页。

14 条，规定"从前各项学堂均改称为学校"，"监督、堂长应一律通称校长"[①]。
浙江高等学堂也依此办法的规定改称"浙江高等学校"。后因学制改革等，按部
令暂停招生；至 1914 年在最后一班学生毕业后，未续招学生。

（二）"求是书院"至"浙江高等学校"各时期的地学类课程与教学情况

1．"求是书院"时期

求是书院办学初衷是培养兼课中西的实学人才以救国济世，廖寿丰在申请设
立书院的奏折中指出，"居今日而图治，以培养人材为第一义；居今日而育材，
以讲求实学为第一义。而讲求实学，要必先正其志趣以精其术业"[②]，因此，与传
统书院相比，求是书院在招生、管理规制、课程设置、教学方法和考试方式上有
了很大变革。见图 2-1-1。

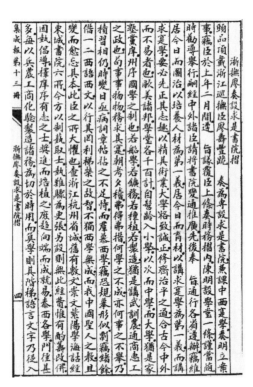

图 2-1-1　1897 年 9 月出刊的《集成报》（第 13 册）所载浙江巡抚廖寿丰
上奏光绪帝的"浙抚廖奏设求是书院折"（部分）。引自《集成报》第 13 册（光
绪二十三年八月初五日），第 4 页。

---

① 陈学恂主编：《中国近代教育大事记》，上海：上海教育出版社，1981 年，第 219 页。
② 廖寿丰：《请专设书院兼课中西实学折》，载陈谷嘉、邓洪波主编：《中国书院史资料（下
册）》，杭州：浙江教育出版社，1998 年，第 2158 页。

求是书院的教学强调中西兼采，以西学为主。关于书院的教学内容，主事者在筹备阶段即有大致设想：“泰西各学，门径甚多，每以兵、农、工、商、化验、制造诸务为切于时用，而算学则其阶梯，语言文字乃从入之门。循序以进，渐有心得，非博通格致，不得谓之学成。”[①] 书院开办后，设置的西学课程主要有英文、物理、化学等，由总教习王令赓负责；各种算学及测绘、舆图、占验、天文等，由副教习卢保仁负责；另有外洋语言文字及翻译书籍报章等，由另一副教习陆康华负责。

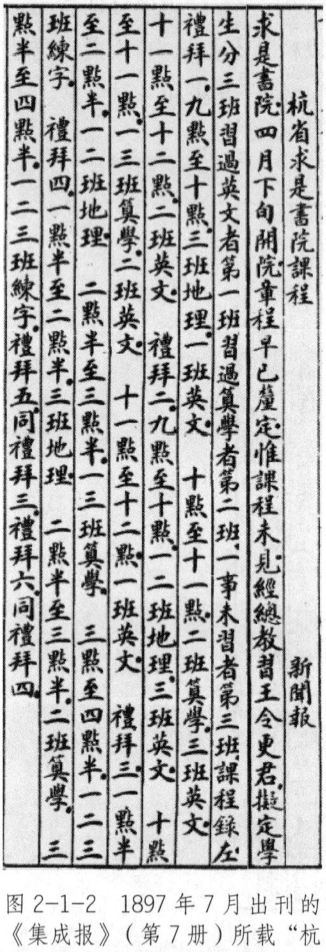
杭省求是書院課程　新聞報
求是書院四月下旬開院章程早已釐定惟課程未見經總教習王令更君擬定學生分三班習過英文者第一班習過算學者第二班一事未習者第三班課程錄左
禮拜一九點至十點三班地理一班英文　十點至十一點二班算學三班英文　十一點至十二點二班英文　禮拜二九點至十點一二班地理三班英文　十點至十一點一三班算學二班英文　十一點至十二點一班英文　禮拜三一點半至二點半一二班地理　二點半至三點半一三班算學　三點至四點半一二三班練字　禮拜四一點半至二點半三班地理　二點半至三點半二班算學　三點半至四點半一二三班練字禮拜五同禮拜三禮拜六同禮拜四

图 2-1-2　1897 年 7 月出刊的《集成报》（第 7 册）所载“杭省求是书院课程”。引自《集成报》第 7 册（光绪丁酉六月初五日），第 11—12 页。

当时没有现成的教科书，物理、化学采用美国中学课本的翻译本，算学选材于《笔算数学》《代数备旨》《形学备旨》《八线备旨》等，英文则取材于《英文初阶》《英文进阶》。中文主要为国文、经史，多聘请博学之士主讲。后书院又开设体操课，并以日文为选修课。见图 2-1-2。

书院的课程变化引起了教学方法上的一系列革新。由于西学分门别类，各须专深，不似以往中国旧学文史哲不分家，求是书院采用了分班教学法，总教习王令赓将学生分为三个班，“习过英文者第一班，习过算学者第二班，一事未习者第三班”，分日分课地交替讲授。

求是书院开办初期（1897.05—1898.07），即开设有“地理”课。如当时的课表中所安排的课程情况所示：

礼拜一：九点至十点，三班地理，一班英文；十点至十一点，二班算学，三班英文；十一点至十二点，二班英文。

礼拜二：九点至十点，一、二班地理，三班英文；十点至十一点，一、三班算学，二班英文；十一点至十二点，一班英文。

礼拜三：一点半至二点半，一、二班地理；二点半至三点半，一、三班算学；三点至四点半，一、

① 杭州市教育委员会编纂：《杭州教育志》，杭州：浙江教育出版社，1994 年，第 629 页。

二、三班练字。

礼拜四：一点半至二点半，三班地理；二点半至三点半，二班算学；三点半至四点半，一、二、三班练字。

礼拜五：同礼拜三。

礼拜六：同礼拜四。①

1898 年求是书院分设内院、外院后（1898.08—1901.11），其课程更加完备。1898 年后求是书院的具体西学、地学方面的课程，可以从《求是书院章程》的规定中看到基本情况。

求是书院设立伊始，即制定了《求是书院章程》，后经多次修订。现能够查到 1899 年前后修订的《求是书院章程》及其附件的完整材料；在该《章程》中，附有详细的内、外院的西学课表。见图 2-1-3。

图 2-1-3　1899 年修订的《求是书院章程》

从该章程中所规定的外院、内院的课表，可见其地学类课程的设置情况。在"外院"阶段，第二年所开设的"格致课"，有"天文启蒙""地理启蒙"等内容，"英

---
① 《求是书院章程》，原载《经世报》第 2 册，转引自陈谷嘉、邓洪波主编：《中国书院史资料（下册）》，杭州：浙江教育出版社，1998 年，第 2260 页。

051

文课"中也有"舆地"的内容；第三年所开设的"格致课"中，也有"气学""水学"等阅读要求。在"内院"阶段，第四年、第五年所开设的"格致课"，有"地质学""天学"等内容。见表2-1-1。

表2-1-1　求是书院内、外院西学按年课程表（1899）[①]

外院第一年课程表

中文读本	参阅诸书
格致课 启悟初津（卜舫济本） 格致启蒙（林乐知本）	体性图说（傅兰雅本） 重学图说（傅兰雅本） 水学图说（傅兰雅本） 声学图说（傅兰雅本） 光学图说（傅兰雅本）
算学课 心算初学 笔算数学（狄考文本，上卷又中卷至命分）	算学须知（傅兰雅本） 数学启蒙（伟烈亚力本）
英文读本	**杂课**
英文课 拍拉吗 朗诵第一本 朗诵第二本 语言文法书上半（散姆拍生本）	写字 拼法 作句 习语

外院第二年课程表

中文读本	参阅诸书
格致课 化学启蒙（林乐知本） 天文启蒙（林乐知本） 地理启蒙（林乐知本）	化学须知（傅兰雅本） 天文须知（傅兰雅本） 地理须知（傅兰雅本） 化学易知（傅兰雅本） 天文图说（柯雅谷本） 天文略解（李安德本） 地势略解（李安德本） 地理全志（慕维廉本）
算学课 笔算数学（中卷小数起至下卷末）	数学理（傅兰雅本） 学算笔谈（华蘅芳本） 九数通考（屈曾发本）

---

① 资料来源：浙江求是书院编：《浙江求是书院章程》（清光绪刊本），载邓洪波主编：《中国书院学规集成》，上海：中西书局，2011年，第331—334页。

续表

英文读本	杂课
英文课 朗诵第三本 语言文法书下半 文法初阶 舆地初集	默书 作句 习语 习信

外院第三年课程表

中文读本	参阅诸书
格致课 格物质学（潘慎文本）	格物入门（丁韪良本） 格致略论（傅兰雅本） 气学须知（傅兰雅本） 光学须知（傅兰雅本） 声学须知（傅兰雅本） 热学须知（傅兰雅本） 电学须知（傅兰雅本） 重学须知（傅兰雅本） 力学须知（傅兰雅本） 水学须知（傅兰雅本）
算学课 代数备旨（狄考文本）	代数术（傅兰雅本） 代数难题（傅兰雅本） 四元玉鉴（朱世杰本）

英文读本	杂课
英文课 朗诵第四本 文法进阶 舆地二集	习信 作论 默书 习语

内院第一年课程表

英文读本	参阅诸书
格致课 格物萃精上半（克里脱本） 化成类化学（史砥尔本）	化学鉴原（傅兰雅本） 化学鉴原补编（傅兰雅本）

中文读本	参阅诸书
算学课 形学备旨（狄考文本）	几何原本前后编 数理精蕴

续表

英文读本	杂课
英文课 朗读第五册 文法纠正（可拉克司本） 万国史记上半（班姆司本）	作论 习写书札 翻阅报章

内院第二年课程表

英文读本	参阅诸书
格致课 格物萃精下半（克里脱本） 生物质化学（尔来姆山本）	化学鉴原补编（傅兰雅本）

中文读本	参阅诸书
算学课 圆锥曲线（求德生本） 八线备旨（潘慎文本）	三角数理（傅兰雅本） 数理精蕴 梅氏丛书

英文读本	杂课
英文课 英文选本 万国史记上半（班姆司本） 地势学（孙应汤本）	作论 选译书札 翻阅报章

内院第三年课程表

英文读本	参阅诸书
格致课 格致统编（干拿氏本，动力合编，摄力学、 水学、气学、声学） 化学考质（扫拍及末尔合本）	声学揭要（赫士本） 化学辨质（聂会东本） 化学考质（傅兰雅本） 声学（傅兰雅本）

中文读本	参阅诸书
算学课 代形合参（潘慎文本） 格物测算（丁韪良本，卷一至卷二）	数理精蕴 梅氏丛书

英文读本	杂课
英文课 英文选本 美国史记（乌里拍夫本） 辨学（地吘本）	作论 选译文件 翻阅报章

续表

内院第四年课程表

英文读本	参阅诸书
格致课 格致统编（干拿氏本，热学、光学） 身理学（史砥尔本） 地质学上本（辣康本）	光学揭要（赫士本） 光学（金楷整理） 省身指掌（博恒理本） 地学指略（文教治本） 地学浅释（玛高温本）

中文读本	参阅诸书
算学课 代微积拾级（伟烈亚力本） 格物测算（丁韪良本，卷三至卷五）	微积渊源（傅兰雅本） 积较术（华蘅芳本） 历象考试前编

英文读本	杂课
英文课 富国策（第服本） 英国史记（乌里拍夫本） 英文史	作论 选译文件 翻阅报章

内院第五年课程表

英文读本	参阅诸书
格致课 格致统编（磁学、干电学、湿电学、气候学） 地质学下半 天学（路克霞本）	谈天（伟烈亚力本） 电学（傅兰雅本） 测候丛谈（金楷理本）

| 算学课
天文揭要（赫士本，全）
格物测算 | 历象考成后编
决疑数学（华蘅芳本） |

英文读本	杂课
英文课 泰西各国律例 泰西新史（末开士本） 英文史	作文 选译文件 翻阅报章

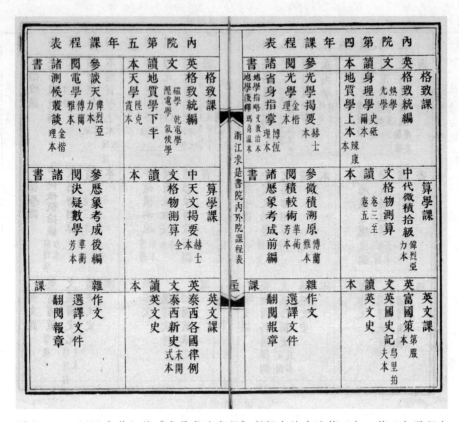

图 2-1-4 1899 年修订的《求是书院章程》所规定的内院第四年、第五年课程表

2. "浙江大学堂"时期

光绪二十七年（1901）九月，清政府下令各省，在省城的书院均改为大学堂；浙江省据此，于光绪二十七年十月，将"求是书院"改称"求是大学堂"（也称"浙省求是大学堂""浙江求是大学堂"）；再至光绪二十八年（1902）正月，定名为"浙江大学堂"。并于此期，正式制定《浙江大学堂章程》。其中所规定的地学类课程，主要有舆地（先中国，次外国）、算学（如"天文"）、格致等。

浙江大学堂试办章程（节选）

第一章　学堂办法（计二十三节）

第一节　本学堂就原设之求是书院改为浙江大学堂，所有章程遵照政务处颁定各省大学堂章程，并参照浙省情形、求是旧章，酌量办理。

第二节　本学堂授四书五经、中外历史、政治及外国文、普通学，以端趋向、崇实学为主义。……

第二章　学堂课程（计十一节）

第一节　本学堂所有课程，应授以中国义理、经济等学，外国方言、普通等学，以备将来认习专门。

第二节　正斋学生定四年卒业，其有学问优长者，学年未满，亦得由教习会同总理，考校准其升入专斋，或资遣出洋游学。其有资质较钝于本班，学业未能合格者，亦由教习会同总理酌量，或留班学习，或即予除名，以示惩劝。

第三节　各项课程科目如左：

经学：讲求群经大义，先各专习一经，一经既毕，再习他经。

史学：先中国，次东洋，次西洋。

政治：中国政治、外国政治。

舆地：先中国，次外国。

算学：数学，代数，几何，微积，天文。

格致

化学

图画

外国文：日文，英文，法文。

体操：先柔软，次器械，次兵式。

第四节　各项课程，分班传习，每班人数俟考选后，由教习会同总理、监督酌定。

第五节　课程表随时由各门教习分别酌定。

第六节　每日课程共九点钟：五点钟上班，四点钟自习。周日加习体操一点钟，其起止时刻，按季节随时酌定。

第七节　每月汉文考课二次，其余各项课程由各教习随时考校。

第八节　学堂考核功课，用积分法。另立专册，每月由各班教习填注，由总理总稽中西学分数，榜示以验勤惰。

第九节　学生每月各项课程分数，以百分为率，八十分以上者给奖，六十分以上者记功，四十分以下者记过或降班。

第十节　每年夏季、冬季，由总理会同教习，甄别两次，年终由抚部院会考一次。

第十一节　学堂设阅报处一所，存储各种学问报、月报、旬报、日报，派人经理。每日学生功课下班时，准其前往披览，以广见闻，惟不得携入私室。又凡议论不甚纯正，记载类多失实之报，概不存储，责成经理人随时留心甄择。[①]

3."浙江高等学堂"时期

1904年初，学部鉴于各省大学堂的学生来源及程度等问题，除京师大学堂外，决定将各省的大学堂改为高等学堂。浙江大学堂遵《奏定学堂章程》，遂改名为"浙江高等学堂"。

在1904年颁布的《奏定高等学堂章程》中，明确规定："设高等学堂，令普通中学堂毕业愿求深造者入焉；以教大学预备科为宗旨，以各学皆有专长为成效。每日功课六点钟，三年毕业。""高等学堂学科分为三类：第一类学科为预备入经学科、政法科、文学科、商科等大学者治之；第二类学科为预备入格致科大学、工科大学、农科大学者治之；第三类学科为预备入医科大学者治之"，"各类学科学习年数，以三年为限"。

这里的第一类，即相当于文科，其课程安排包括：外国语（英文、德文或法文）、历史、地理、法学、理财；通习课为人伦道德、经学大义、中国文学、兵学、体操、心理及辨学；欲入政法科者设拉丁文，为随意科。第二类即相当于理科，其课程安排如下：

> 第二类之学科凡十一科：一、人伦道德，二、经学大义，三、中国文学，四、外国语，五、算学，六、物理，七、化学，八、地质，九、矿物，十、图画，十一、体操。其有志入格致科大学之动物学门、植物学门、地质学门，并农科大学之各学门者，可加课动物及植物；其有志入工科大学之土木工学门、机器工学门、电气工学门、采矿及冶金学门、造船学门、建筑学门，格致科大学之算学门、物理学门、星学门，农科大学之农学门、农艺化学门、林学门者，可加课测量。

> 外国语于英语外，听其选德语或法语习之；惟有志入格致科大学之化学门、工科大学之电气工学门、采矿及冶金学门、农科大学之各学门者，必专选德语习之。又其有志入格致科大学之动物学门、植物学门、地质学门、农科大学之兽医学门者，可加课拉丁语；但此加课之拉丁语为随意科目。

并明确规定了"各学科程度及每星期授业时刻表"。在第二类学科（即理科）

---

① 《浙江大学堂试办章程（节选）》，载《浙江大学馆藏档案2016》，第38—40页。

三年的具体课程安排中,第三年安排有"地质及矿物"课程,内容主要包括"地质学大意、矿物种类形状及化验"等,每周"2钟点"。

浙江高等学堂"先设预科,三年毕业,升入正科"。至1905年,有预科学生140人。高等学堂各科分小班,各班设班长,书籍讲义等均由班长统一领发。另设师范完全科学生60人,学制3年;附设师范传习所(后改称师范简易科),学生140人,招收年龄较大、国文程度较佳而不及研读西文、能造就速成师资的,加以培养,学制一年。此外,还设有高等小学堂一所,学生50人;初等小学堂10所,学生200人。至1910年,预科共毕业3届,其中第一届毕业生9人,第二届毕业生14人。在此之前,于浙江大学堂时已增设师范班,聘有日籍教员,并建有植物园(园址在以后的文理学院大门附近),为博物课的实习场地。

1908年夏,浙江高等学堂开始设"正科"。据1909年修订的《浙江高等学堂现行章程》所载(见图2-1-5):

本堂原为求是书院,创始于光绪二十三年四月,至二十七年十月改称浙江大学堂,二十九年十一月改称浙江高等学堂。时以各府中学无毕业之学生,正科势难遽办,因仿照京师大学堂办法,分设高等预备科及师范完全科,嗣后陆续添招,共有师范生一班,预科生三级六班。至三十四年六月,师范生、预科三年生第一次毕业,遂于七月开办正科。是为本堂正科成立之始。[1]

正科分两类:第一类为文科;第二类为理科。两类课程均照1904年1月所颁的《奏定学堂章程》的规定予以安排。其中:

——外文课有英文、法文、德文3种;后又有日文。英文为两类的第一外国文,法文为文科的第二外国文,德文为理科的

图2-1-5 1909年制订的《浙江高等学堂现行章程》封面。引自《浙江大学馆藏档案2018》,第17页。

---

[1] 《浙江高等学堂现行章程(节选)》,载《浙江大学馆藏档案2018》,第17—19页。

第二外国文。

——文科的课程 12 门，即人伦道德、经学大义、中国文学、外国语、历史、地理、心理、辩学、法学、财学、兵学和体操；

——理科课程也是 12 门，即人伦道德、经学大义、中国文学、外国语、算学、物理、化学、地质、矿物、图画、兵学和体操。理科的算学讲授至微积分。

——心理学、伦理学及论理学为两类学生的通习课程。

高等正科共毕业 4 届（即 1908—1911 届、1909—1912 届、1910—1913 届、1911—1914 届）。此时的浙江高等学堂已初具文理学院的规模。

浙江高等学堂的正科学生，自一年级起，一些课程，如文科的"地理"和理科的"化学"等，即用英文原版课本直接由美籍教员讲课。但日籍教员上课时，仍配备翻译人员在课堂上翻译。

当时文科的美籍教员为亨培克（S. K. Hornbeck），理科的美籍教员为梅立茄（P. D. Merica）；日籍教员中，铃木龟寿（两级师范学堂教员兼课）讲授外国地理，过安弥讲授外国历史，元桥义敦教音乐，富长德藏教体操等。

由于文献记载的缺乏，浙江高等学堂等时期的具体课程安排，目前找不到完整的原始材料，但应该是按照前述《奏定学堂章程》中所规定的课程进行教学活动（当然个别课程会有调整和变通），直至 1914 年学校停办。现能够看到的材料，有一份 1907 年的"光绪三十三年高等预备科二年级甲班课程表"一种，兹录如下（见表 2-1-2）：

表2-1-2　光绪三十三年（1907年）高等预备科二年级甲班课程表[①]

日/时	一时间	二时间	三时间	四时间	五时间	六时间
星期一	英文	算学	历史	经学	英文	博物
星期二	英文	算学	地理	理化	国文	体操
星期三	英文	算学	历史	经学	修身	图画
星期四	英文	算学	地理	理化	国文	体操
星期五	英文	算学	历史	经学	博物	图画
星期六	英文	算学	地理	理化	国文	体操

① 资料来源：《光绪三十三年高等预备科二年级甲班课程表》，载《学部官报》第四十二期。转引自张淑锵、蓝蕾主编：《浙大史料·选编一（1897—1949）》，杭州：浙江大学出版社，2017年，第 60 页。

　　辛亥革命后，国民政府教育部于1912年1月19日公布《普通教育暂行办法》14条，规定"从前各项学堂均改称为学校"，"监督、堂长应一律通称校长"[①]。浙江高等学堂遂改称浙江高等学校。后因学制改革等，按部令暂停招生，故1912年后未续招学生；至1914年最后一班学生毕业后即停办。

　　现可见宣统三年（1911年）六月初四日所颁发的温州籍学生林宗强的浙江高等学堂毕业文凭[②]。该文凭纵长0.71m，横宽0.54m，四面边框装饰八条五爪龙，每边两条龙，头对头排列，边框四角嵌"毕业文凭"四个楷体字。正文分为两部分：左半部分抄录光绪三十三年（1907）所颁圣旨，右半部分则为毕业文凭内容。最有价值的是右半部分的内容。

　　毕业文凭右半部分的内容，依次包括：颁发文凭的学堂名称，毕业生姓名及所学专业，所学科目及各科成绩、任课教师，毕业考试平均分、各学期考试平均分和总平均分（即毕业分数），学生本人的年龄、籍贯以及曾祖、祖父、父亲的姓名，学堂负责人姓名，文凭颁发时间，最后还有全国统一编号。兹将该部分内容转录如下：

浙江省城官立高等学堂

　　为给发毕业文凭事照得：本学堂学生林宗强，业将高等学堂第二类功课肄习完毕，计得毕业分数八十五．一八分。除恭录谕旨应各敬谨遵守外，相应给发毕业文凭。须至文凭者：

学科	教员	毕业考试分数	学科	教员	毕业考试分数
人伦道德	杨敏曾（印）	71	算学	胡浚济（印）梅立格（签名）	90
经学大义	杨敏曾（印）	75	图画	吉加江宗二（印）	95
中国文学	杨敏曾（印）陈庆林（印）	70 90	物理	胡浚济（印）梅立格（签名）	93.5
兵学	陈六如 李炜章（印）吴昌言	69.3	化学	梅立格（签名）	91
体操	陈六如 季复（印）	100	地质	叶谦（印）	97

---

① 陈学恂主编：《中国近代教育大事记》，上海：上海教育出版社，1981年，第219页。
② 《晚清高等学堂毕业文凭》，见《浙江大学馆藏档案2019》，第33页。

		张文定				
	英语	孙显惠	88	矿物	叶谦（印）	86
		邵长光（印）				
	德语	梅立格（签名）	88			
		屠国泰（印）				

毕业考试总平均分数：85.99；历期历年考试总平均分数：84.36；实得毕业分数：85.18。

毕业学生现年二十九岁，系本省温州府泰顺县人；曾祖：鹤山；祖：渭川；父：珣才。

右给学生林宗强。

监督：吴震春

孙智敏（印）

宣统叁年陆月初四日给

高字第柒百陆拾壹号

从该毕业文凭可知，林宗强为 1908 年进入浙江高等学堂正科学习，专业为第二类（即理科）。经过 3 年学习，于 1911 年夏季毕业。他应该为正科第一届毕业生。入学时校长（时称监督）为吴震春，毕业时为孙智敏，故盖有孙智敏印章。所学课程包括公共性的人伦道德、经学大义、中国文学、兵学、体操和英语、德语，也包括专业性的算学、物理、化学和地质、矿物等。同时，还附有各科任课教师的姓名。

此外，还可以从一些人士的回忆录中，了解当时的一些教学细节。如陈布雷曾在 1941 年写作《清末浙江高等学堂之学风——和风篇呈吾师张阆声先生》一文，深情回忆起当时的地理教师张宗祥授课的情形及自己在浙江高等学堂求学时的感受（编者注：陈布雷，即陈训恩，浙江高等学堂学生，1906 年插班入预科二年级，1906—1908 预科，1908—1911 正科）：

> 自逊清季年改学制设学校，而吾国教育界始竞言学风。有一时代一区域之学风焉，有一学校之学风焉。黉舍林起，学风之别乃万殊。吾浙江高等学校，承求是书院之旧址以设学，其学风乃独以和易著。旷乎其大，渊乎其静，窈乎若莫得而名，学于其中者，从容乎，夷犹乎，与规条节文相忘而无或稍有畔越。盖吾师监督吴雷川先生所规制，吾师教务长王伟人先生为之纲纪，而吾师张阆声先生与伟人先生最相友善，实左右翼成之。

吾校设校凡十载,卒学者先后数百人,著籍遍浙东西,成就各有大小,然未有一人焉,以傲岸嚣竞见讥于当世,或辱身以败行者,此殆童时之薰习然也。

余年十七始入吾校,从张先生习本国地理,地理故为艰枯难治之学,张先生以俊爽之文字,自编为讲义,面目乃迥乎不同。其述疆域沿革人物盛衰,则讲历史也;考山川制度郡县因废,则讲政治也;言历朝兵争胜败进退,则讲军事也;究食货盐铁产物分布,则讲经济也;又益之以胜迹名贤著述题咏,俾发思古之幽情,则授文学与音乐也。学者目追神逐于先生之讲论,餍乎其心,有味乎其所学,下课之钟一鸣,乃始收视返听,自悟其为授地理焉,而先生之言则曰:"吾兹乃一知半解焉尔,而犹未得以尽授于诸生也。"学海渊深之度,自非吾侪当时所能窥,然庶几能知为渊深而慕之好之乐之,矜张者自惭其浅,沉潜者相勉以奋,学课之授受,乃影响于德性之修养,则神焉哉先生之教也。课罢谒先生,问业请益,辄见先生危坐群书中,丹铅杂施,一目数行下,劬而不瘁,学焉而有节,充乎内而愉乎其外,怡容霁色,常进诸弟子而询其所业,询其家世,询其好尚,又教之学问,教之德行,乃至教之以游艺小叩大叩,靡不应之以当。

吾校教务处,白屋五楹,不施髹漆,先生与嘉兴丁先生、吴兴沈先生,及吾同邑魏先生,各居其楼之一室,此数室者,吾同学皆视为乐园。而先生之室,尤为诸同学朝觐会同之所必至,恒流连至夜午而先生不以为扰。有时先生方倦读,则见先生就魏先生索酒以饮,就丁先生为围棋,就沈先生纵横谈论,或相与为笑谑,其亲爱和洽若弟昆,酒酣兴至,即跳浪驰逐相往返,而其端常发于先生。当是时,先生不避群弟子,群弟子习见焉,而不以为异;然未尝敢稍萌轻狎之志。此乐此境,不知他学舍亦有之否。而吾诸同学乃日夕沉浸游泳于此雍容和煦之气象中,而以成以长,如鸢之飞,如鱼之跃,当其涵濡呴呴,曾不知江河与天宇之惠为无限也。

先生既罢教浙学,历游南北,主持文教者垂二十年,箪瓢屡空,一无所措意,而唯学术教化之是念,其为文澜阁补抄四库书,及他所为征存文献考订著作,皆有称于时,有传于后世。而吾独深慕乎先生无施不可之教,与风度之和悦闲雅,亘三十年不能忘。

今先生年六十矣,童颜童心,犹不改乎武林从游时。高致轩举,若庄生所谓与之为婴儿,上寿百年,曾何足为先生颂,故援识小之义,追记童年所受薰陶于先生者,以献之先生,亦俾世之为教育史者,觇吾浙江高等学校学风之梗概焉。①

二、"育英书院"至"之江大学"各时期的地学类课程

比"求是书院"设立略早且对"求是书院"初期的办学起到巨大借鉴和直接帮助作用的"育英书院"，后来演变为"之江大学"。之江大学是当时西方教会在中国创办的大学之一，其秉承的西方大学办学经验、新的课程设置、高效率的管理体系，都为以后浙江的高校所模效。②之江大学率先将西方先进的科学知识和课程理念引入近代浙江高等教育，揭开了浙江近代高等学校课程改革的序幕。因此，其对近代浙江人才培养和高等学校课程现代化进程都有一定的推力，为近现代高等教育的发展提供了可资借鉴的宝贵经验和启示。③

1897年（光绪二十三年），"育英义塾"转制办理高等教育，改英文名为"Hangchow Presbyterian College"，中文名为"育英书院"。育英书院改办高等教育之初，书院分为两馆：

——备文馆，即中学部（预科），设中小学课程；

——汇文馆，即书院部（正科），设大学堂课程。

两馆课程设置比较简单，分别为圣道科、国文科、英文科、算学科、格致科五门。其中，"书院部"内设英文、化学两个专科；开设附属中学，设圣经、中国经书、算术、代数、几何、史地、化学、生理、物理、英文、经济、政治等课程。育英书院尤为重视英语教学，课本多用英文教科书。

1910年，育英书院董事会通过了"大学章程"；此时，其学级仍分为预科、正科，学制分别为四年。其间，育英书院的课程内容也随即进行了大调整，课程门类大量增加，分类趋于细致化。到1910年底，预科、正科的课程就已经增加到了14门：圣道、经训、国文、英文、历史、地理、算学、博物、理化、心理名辨、法制理财、图画、音乐、体操等。

1911年2月，育英书院12名中西籍教职员、117名学生迁入新校园。因为"校址俯临钱塘江，江形三折似'之'字，亦称'之江'。校以地重，故易名曰'之江'"。自此，"育英书院"改名为"之江学堂"（英文名称未变，仍为

---

① 陈布雷：《清末浙江高等学堂之学风——和风篇呈吾师张闻声先生》，载《思想与时代》第4期（1941年），第46—47页。
② 胡发群：《近代杭州教会学校研究》，浙江大学硕士学位论文，2008年，第40页。
③ 任杭璐、刘剑虹：《立案前之江大学的课程设置及其特点》，载《宁波大学学报（教育科学版）》第3卷第6期（2011年），第27—31页。

Hangchow Presbyterian College）。

1914年，之江学堂的中学部改为其附属中学，之江学堂俨然成为一所完全的高等教育机构，并易英文校名为"Hangchow Christian College"，中文校名则正式定为"之江大学"。1914年，之江大学学生增加到140人，除增设军操为必修课，实施军国民教育外，其余一概沿承旧制。

1920年11月26日，之江大学在美国哥伦比亚特区立案，正式拥有授予学位的资格和美国政府的合法承认。之江大学在美国立案后，时任校长的司徒华林在校内进行了大刀阔斧的改革：

——推行新学制，在之江大学分设文、理两科，规划拟设天文、生物、化学、中文、英文、教育、地理、历史、数学、现代欧洲语、哲学、生理学、心理学、宗教、社会学15个学系（但有些系科后并未设立）。

——实行学分制，各系学生须修满规定的学分。

——在实行学分制的同时，司徒华林还采用绩点制，规定学生各科成绩凡在70—79分之间者得1个绩点，80—89分之间者得2个绩点，90分以上者得3个绩点。如成绩不合格，不仅拿不到学分，还要倒扣1个绩点。学生在校期间，除应达到或超过规定的学分总数外，还必须达到或超过规定的绩点总数，否则不予毕业。绩点制的实行，使之江大学的教学质量有了质的飞跃，学生认真听课，教师严格教学，学风务实严谨。

1927年4月南京国民政府成立后，新成立的教育部重订私立学校立案条例，敦促各私立学校包括教会学校向政府立案。初期，由于之江大学在如何立案等方面存在分歧，故校董会于1928年7月5日举行会议，决议"本大学暂行停办"。[①]

因此，由于立案的争执，之江大学在1928年前体制并不完备，文科、理科的具体学系还未明确，仅开设了相关的课程。真正确立完整、明晰的系科，是在1929年复校后，尤其是1930年后；当时，学校为申请立案，由原创立人美国南北长老会差会托事部全权移交给中华基督教会差会执行委员会接管办理，并随即改选校董会，校董会议决学校改称"之江文理学院"。后逐渐变更内部组织，分设文、理两科，下设国文、英文、政治、经济、教育、哲学、化学、生物、物理及土木工程十个学系，改定校名为"私立之江文理学院"，于1931年7月得到教育部批准"以文理学院立案"后[②]，完整的系科建制始最终确立。但之江文理学院和以后

---

① 张立程、汪林茂：《之江大学史》，杭州：杭州出版社，2015年，第32—35页。
② 《私立之江文理学院一览》（1937年），第5页。转引自张研、孙燕京主编：《民国史料丛刊》（第1087册），郑州：大象出版社，2009年，第7—8页。

的之江大学，一直没有地学方面的系科设立，仅适应其他专业需要，开设有地理、地质等相关课程。

三、"工专"和"农专"的地学类课程

1914 年 6 月浙江高等学校最后一届学生毕业后未再续招学生。在这之前，浙江省于 1910 年 9 月成立官立浙江农业教员养成所（后改称浙江农业教员讲习所），1912 年 1 月，由农业教员讲习所改组的浙江中等农业学堂成立，后升格为浙江公立农业专门学校（简称"农专"）；1910 年 11 月开始筹建浙江中等工业学堂，1911 年 3 月 27 日，浙江中等工业学堂正式开学，后升格为浙江公立工业专门学校（简称"工专"）。借此，浙江的官办高等教育得以在高等专科教育层面延续；且随着二者于 1927 年改组为新设立的第三中山大学的一部分，而成为浙江大学的又一源头。

（一）浙江公立工业专门学校（"工专"）

浙江的中等工业教育始于 1910 年（清宣统二年）。浙江巡抚增韫于 1910 年 11 月 26 日上奏清廷获准，聘请许炳堃为监督（校长），在原铜元局旧址，筹办浙江中等工业学堂。1911 年 3 月 27 日，浙江中等工业学堂正式开学。设机械、染织二科，修业期限为三年。1911 年 10 月，辛亥革命兴起，浙江受战事影响，学校经费断绝，暂时停办。1912 年 3 月 15 日复课，改称浙江公立中等工业学校。1913 年又更名为浙江省立甲种工业学校，修业期限四年。1918 年增设应用化学科。1919 年又增设电机科。

1920 年秋，经省议会通过，咨请政府照案执行，升格为浙江公立工业专门学校（以下简称"工专"）。[1] 即 1920 年 8 月起，"浙江公立工业专门学校"正式具有大学专科性质，成为专科性的高等教育机构。浙江公立工业专门学校设电气机械科和应用化学科（后改称电机工程科和化学工程科），学制定为四年，其中，预科一年，本科三年。

"工专"实际上经历过晚清和民国初期两个时期，自身也有从中等专科学校到高等专科学校等的演变，由于清末和民初的学制变更，课程的规定也有差别。

此期，由于浙江省的"工专"没有设立"矿业科"等与地学关系密切的学科（"矿业科"之科目为：地质学、矿物学、采矿学、冶金学、试金术、矿山机械学、化学分析、测量及制图、坑内实习等），所以仅在公共课部分，有"地理"等涉

---

[1] 王国松：《浙江公立工业专门学校校史纪要》，载《浙江文史资料选辑（第 10 辑）》，1978 年，第 1—8 页。

及地学方面的课程。

（二）浙江公立农业专门学校（"农专"）

浙江高等农业教育源于 1910 年创建的官立浙江农业教员养成所（后改称浙江农业教员讲习所），1911 年 10 月辛亥革命后，浙江农业教员讲习所改名为"浙江中等农业学堂"（旋改称"浙江中等农业学校"），设农学科，修业年限为三年。1913 年 7 月，添设森林科一班。1913 年冬，浙江中等农业学校改称"浙江省立甲种农业学校"（编者注：民国初年，各类实业学堂改称实业学校，并按教育程度分为甲种实业学校和乙种实业学校两种），学校内部设置照旧。1918 年，浙江省议会决定在省立甲种农业学校增设兽医科。

1924 年秋，浙江省议会决议改组浙江省立甲种农业学校，将其升格为"浙江公立农业专门学校"（简称"农专"），同时将位于建德的省立甲种森林学校并入该校。原甲种农业学校校长许璇担任"农专"第一任校长。即 1924 年 8 月起，"浙江公立农业专门学校"正式具有大学专科性质，成为专科性的高等教育机构。浙江省农业高等教育自此正式开始。当时的校址位于杭州笕桥。

"农专"也与"工专"类似，既经历了晚清和民国初期两个时期，自身也有从中等专科学校到高等专科学校等的演变过程，由于清末和民初的学制变更，课程的规定也有差别：

——在"中等农业学堂"阶段，涉及地学方面的课程有：地理、博物、气候等。

——在"高等农业学堂"阶段，涉及地学方面的课程有：地质学及岩石学、土壤学、测量学、气象学等。

——在"农业学校"阶段，涉及地学方面的课程有：地理、博物、气象学等。

在此值得一提的是，浙江省最早建立的自办测候所，就设在浙江省立甲种农业学校内。民国 8 年（1919），浙江省立甲种农业学校在笕桥设二等测候所（后一直延续至"农专"及大学成立后的农学院阶段），每天分别于 6、9、12、15、18、21 时进行 6 次定时观测。观测所得的气象资料，主要为学校教学服务，1928 年后并同时向国立中央研究院气象研究所报送气象月报表。现在使用的民国 8 年至民国 22 年（1919—1933）杭州市的气象资料，均来自该所。[①]

---

① 黄寿波：《浙江省最早建立的自办测候所》，载《浙江大学报》2010 年 1 月 8 日（第 4 版）。

第二节　浙江大学正式成立之后若干院系的地学课程与教学情况（1927—1936）

在浙江省创办一所完全意义上的、由中国人自己管理的大学，是近代浙江省众多人士的心愿。但由于种种原因，直到 1927 年北伐战争基本胜利、国民革命军控制南方（包括浙江省）时，才在当时试行的大学区制度下，由中央与地方合力促成。

一、浙江大学的创立和初期的系科设置情况

（一）浙江大学的创立

1927 年 4 月 18 日，国民政府定都南京。4 月 20 日，上海各报刊登了中央政治会议通过的浙江省政治分会及省政府委员名单；25 日下午四时，政治会议浙江分会举行成立大会及分会委员就职典礼；27 日午后召开省政委员会成立会及各委员就职典礼。蒋梦麟是政治会议浙江分会委员、省政府委员兼教育委员，从 5 月 6 日开始，他又正式兼任浙江省教育厅厅长。[①]

1927 年 5 月 24 日，蒋梦麟就任浙江省教育厅厅长不久，即与浙籍政治元老张静江、蔡元培以及李石曾、邵元冲、马叙伦等探讨成立浙江大学及浙江大学研究院的事情。5 月 30 日，浙江省务委员会第 15 次会议议决设浙江大学研究院筹备委员会及筹备处，将前浙江高等学校及陆军小学旧址作为研究院院舍。6 月 1 日省务委员会第 16 次会议议决，拨罗苑（今平湖秋月公园一部分）及文澜阁旧址（今孤山南麓浙江博物馆所在地）归浙江大学研究院使用。6 月 18 日上午，浙江大学研究院筹备会正式成立。后因研究院规模较大，所需经费较多，筹备委员会决定研究院暂缓设立，先办大学。浙江大学的创办遂提上日程。

与此同时，国家教育行政体制发生变化，即开始实行"大学区制"。1927 年 6 月 12 日，国民政府训令在浙江、江苏等省试行大学区（当时为纪念孙中山先生，全国设四个中山大学，第一中山大学在广州，第二中山大学在武汉，第三中山大学在杭州，第四中山大学在南京。以第三、四两校分别在浙江、江苏试行大学区制）。设在浙江的第三中山大学，拟以蒋梦麟为校长。

1927 年 7 月 15 日，第三中山大学宣告成立，校址在原浙江高等学校旧址蒲场

---

① 马勇著：《蒋梦麟传》，北京：红旗出版社，2009 年，第 254 页。

巷（1930 年 5 月后改称"大学路"）①。8 月 1 日，浙江省务会议决议，将浙江公立工业专门学校、浙江公立农业专门学校改组为第三中山大学工学院、劳农学院，并决定另行筹建文理学院，以这几个学院作为第三中山大学的基本架构。8 月 3 日，国民政府教育行政委员会令第 22 号，决定第三中山大学冠名"国立"二字，称"国立第三中山大学"。见图 2-2-1。

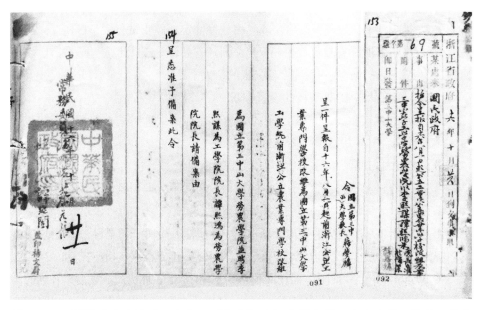

图 2-2-1　国民政府确认"工专"、"农专"改组为国立第三中山大学工学院、劳农学院并任命院长的文件（1927 年 10 月 21 日）。引自金德水、吴朝晖主编：《浙江大学图史》，杭州：浙江大学出版社，2017 年，第 22—23 页。

　　不久之后，因各地纷纷建立中山大学，易引起歧义，国民政府对大学的名称逐渐加以调整和规范。1928 年 2 月 28 日，大学院明确"国立第三中山大学"改称"浙江大学"，不必加"国立"二字（"大学院训令"165 号）。后又按照修订后的"大学区组织条例"（其中规定："全国依原划定省份及特别区，定名若干大学区，以所在省或特别区之名命名"），遂于 1928 年 4 月 1 日正式改称"浙江大学"；当时为划清领导归属系统，曾称"中华民国大学院浙江大学"（简称浙江大学）。[①] 再至 5 月 25 日，又接大学院令，经大学委员会复议决定"大学区大学"得加"国立"两字，遂定名为"国立浙江大学"，并于 1928 年 7 月 1 日起正式改称"国立浙江大学"。[②]

大学院与大学区作为一项新制度，虽然创制宏远，设想完美，但实行不久，即遭到一些党政要员甚至教育界人士的责问与反对。这样，至 1928 年 10 月，国民政府正式决定，大学院改为教育部，所有前大学院一切事宜，均由教育部办理。再至 1929 年 7 月 1 日，国民政府决议"由教育部定期停止试行大学区制"。同年 8 月，浙江大学将浙江省教育行政职权移交浙江省教育厅。自此，"国立浙江大学"回归"大学"本身，成为一所完全意义上的"大学"。

（二）浙江大学初期系科的设置情况

由于浙江大学创立较为仓促，所以，大学主体的文理学院，在大学正式成立后才开始筹备，并于 1928 年 8 月正式开办。

1928 年 4 月定稿的《浙江大学筹设文理学院计划》，将文理学院的办学思想、培养目标、学科构成等，均作了详尽的规划。之后不久即得到大学院批准，即按此逐步实施。[③]

在 1928 年 4 月所提交的该份计划中，"地质学"尚属于"副科"（此处"科"可理解为"系"），即仅开设若干课程；其中又分为"地质""地文"和"矿物"三类（可理解为 3 个专业）。但在文理学院于 1928 年 8 月正式成立后，在当时本科拟开设的 10 个学门［即：中国语文学门、外国语文学门（先设英文部）、哲学门、数学门、物理学门、化学门、心理学门、史学与政治学门、体育学门、军事学门；其中，中国语文学门、外国语文学门（先设英文部）、数学门、物理学门、化学门、史学与政治学门是主科学门］中，未见"地质学"学门的设立。

1929 年 8 月后，各主科学门改称学系（即中国语文学系、外国语文学系、数学系、物理学系、化学系、史学与政治学系），非主科学门仍称学门，以求区别；同年，增设心理学系、经济学系、教育学系，1930 年 4 月筹建生物学系（8 月正式建立，

---

① 说明：1928 年 4 月 5 日的大学院大学委员会第六次会议的会议录载，所讨论的第五项议题："浙江大学呈请加国立二字案。无讨论，因浙江最近已拟取消此议，改称中华民国大学院浙江大学。"载《大学院公报》第 1 卷第 5 期（1928 年），第 61 页。

② 张淑锵、金灿灿、朱之平：《在曲折中发展的浙江大学——浙江大学的探求（1927—1936）》，载《浙江档案》2011 年第 2 期，第 46—49 页。

③ 说明：关于《浙江大学筹设文理学院计划》的详细内容，可参阅范今朝编著：《国庠浙江，理学之光——浙江大学理科发展史（1897—1936）》，杭州：浙江大学出版社，2019 年，第 168—173 页。

开始招生）；加上原有的六个学系，共计十个学系。1930学年起（即1930年8月起），中国语文学系改为学门（即不为主系，相当于撤销）；又因经费关系，是年下学期将心理学系、史学与政治学系、经济学系三学系停办（即至1931年7月结束），各该系学生分送北京大学、中央大学借读。1931年起，医药预备科因报考人数太少停办（即至1932年7月结束）。1932学年起恢复政治学系，1933学年又停办（即仅招收1932年一届，至1936年毕业）。[①]至1936年4月，文理学院设有外国语文、教育、数学、物理、化学、生物六个学系。见图2-2-2。

图2-2-2 国立浙江大学文理学院大门远景

浙江大学及文理学院成立早期，蒋梦麟、邵裴子先后长校，邵裴子并兼任文理学院院长。二人秉持蔡元培"民主办学、教授治校"精神，主张培育德才兼备的"士流"，重视师资质量，精心网罗人才，增添图书设备，学校及文理学院的办学卓有成效；且考虑到当时的社会需要和师资、设备等状况，对理学系科尤其重视。但由于种种原因导致的学校经费短缺日益严重等问题，加之一校之内文理、工、农三学院相对独立的管理体制，以及外界各种因素的干扰和影响，学校发展面临一些困难；邵裴子也于1931年底请辞校长职务（仍任文理学院院长至1934年初）。

1932年3月程天放长校，"鉴于校中行政散漫分歧"，各院"各自为政"，"为统一事权、节省经费、提高办事效率起见，决定本大学行政方面予以改组"，采取了一定的改革措施，正式制定《国立浙江大学组织规程》；学校各方面规章健全，制度划一，取得了一定的成效。1933年3月，郭任远长校，进一步调整学校管理体制，

①《国立浙江大学一览》（1932年），第15—17页。

也为学校的发展做出了一定的贡献。但由于教育理念差异、内外局势演变以及具体举措失当等多种复杂因素,郭氏长校期间,引发教师离校、学生学潮等动荡局面,至 1935 年底终于爆发"驱郭风潮",郭氏也于 1936 年初黯然离职。学校发展面临艰困处境。直至 1936 年 4 月,竺可桢先生出任浙江大学校长,学校结束了之前的混乱局面,进入新的发展时期。

文理学院在邵裴子离任后,由校长郭任远兼任院长至 1936 年初,再由蔡堡(1936.01—05)、胡刚复(1936.05—1939.07)继任。

这一时期,尽管学校发展面临较多困难和问题,但总体而言,大学本科教育已经全面展开,理学主要系科(如数学系、物理学系、化学系、生物学系)也建立起来并得到一定的发展,且主要师资也已经来校并逐渐凝聚为核心力量。但直至 1936 年上半年,地学方面的系科尚未正式建立。

二、浙江大学初期若干院系的地学类课程及教学情况

如前所述,在文理学院筹备阶段,当时设计了较为宏大的计划,即大学本科分"主、副、普通三科",在"副科"学门中,有"地质学"的安排。但在各系科建立的过程中,由于经费、师资等各种原因,地学方面的系科,在 1936 年之前,一直没有建立。

在此阶段,即在浙江大学史地学系 1936 年 8 月正式成立之前,文理学院、工学院和农学院的相关系科的课程安排中,一直存在地学类课程,且已有专职教师开设地学类课程;在文理学院中,甚至一度有"地理"副系的设置(因师资等的欠缺,学生在最后一年安排至"国立中央大学"培养)。

(一)地学类课程的设置情况

由于地质学、气象学等课程是一些工学专业和农学专业的重要基础课,所以在 1936 年 8 月史地学系正式设立之前,主要在工学院和农学院的若干系科中,有相关课程的设置,如工学院有"矿物学"、"工程地质"等,农学院有"地质学"、"气象学"和"土壤学"等。

1932 年度的《国立浙江大学一览》载有详细的各学院的课程安排。根据相关记载,工学院的化学工程系,安排有"矿物"(Mineralogy)课程;土木工程学系,安排有"平面测量"(Plane Surveying)、"工程地质"(Engineering Geology)等课程;且均用英文授课。[1] 见图 2-2-3、2-2-4。

---

① 《国立浙江大学一览》(1932 年),第 135 页,第 151 页。

135　　　　　國立浙江大學一覽

學程綱要

115 Fermentative Industry. 釀造

Manufacture of Wine:—Fermentation, yeast and similar organisms; Theory of fermentation, Physical and Chemical influence of Wine:—Fermentation, yeast, Production of Wine, Maladies of Wine.

Manufacture of Vinegar:—Organism. (Mycoderma Aceti), Orlean's method, Pasteur's method, Quick method.

Manufacture of Sauce:—Organism, Varieties of Beans, Japanese Method, Chinese Method.

Other Fermentations:—Lactic, Butyric, Citric, etc. Two hours credit. Prerequisite: Course Chem. 112B.

Elective.

121 Mineralogy. 礦物

Lectures and laboratory work including the elements of crystallography; physical and chemical properties, occurrence and determination of more common minerals. Text: C. L. Parson and A. J. Moses: Crystallography, Mineralogy and Blowpipe Analysis. Two hours credit. Prerequisite: Courses Chem. 104B.

122 Metallurgy of Iron and Steel. 冶金

General metallurgy; metallurgy of iron and steel; chemical and physical properties of iron; ores; and their preparation. The blast furnace, refining; The Bessemer and open hearth processes; mechanical and heat treatment. Text: Bradley Stoughton: Metallurgy of Iron and Steel. Two hours credit. Prerequisite: Course chem. 110B. Elective

123 Metallurgy of Non-Ferrous Metals. 冶金

This course includes lectures upon more important non-ferrous metals such as Sn, Sb, Pb, Cu, etc. together

121 Mineralogy. 礦物

Lectures and laboratory work including the elements of crystallography; physical and chemical properties, occurrence and determination of more common minerals. Text: C. L. Parson and A. J. Moses: Crystallography, Mineralogy and Blowpipe Analysis. Two hours credit. Prerequisite: Courses Chem. 104B.

图 2-2-3　《国立浙江大学一览》（1932年）所载工学院化学工程系课程 "Mineralogy（矿物）" 及说明。引自《国立浙江大学一览》（1932年），第135页。

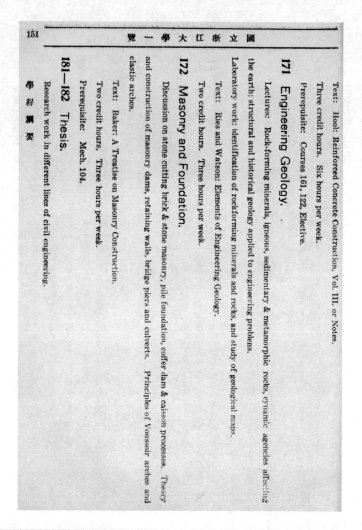

171 Engineering Geology.

Lectures: Rock-forming minerals, igneous, sedimentary & metamorphic rocks, cynamic agencies affecting the earth; structural and historical geology applied to engineering problems.

Laboratory work: identification of rockforming minerals and rocks, and study of geological maps.

Text: Ries and Watson: Elements of Engineering Geology.

Two credit hours. Three hours per week.

图 2-2-4 《国立浙江大学一览》（1932 年）所载工学院土木工程系课程"Engineering Geology（工程地质）"及说明。引自《国立浙江大学一览》（1932 年），第 151 页。

农学院的农艺学系则开设有"地质学""气象学"和"土壤学"等课程，分别由沈养厚、施华鏖等教师开设。[①] 见图2-2-5。

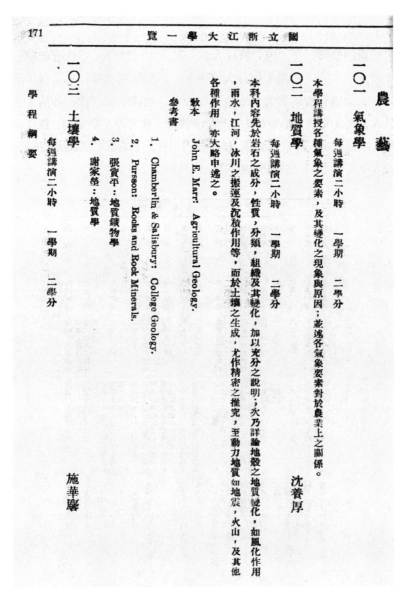

图2-2-5　《国立浙江大学一览》（1932年）所载农学院农艺学系课程"地质学"、"气象学"和"土壤学"及说明。引自《国立浙江大学一览》（1932），第171页。

---

① 　《国立浙江大学一览》（1932年），第171页。

此外，还有属于公共课的"历史学程"，包括："中国通史"（上）（苏毓棻）、"中国通史"（下）（苏毓棻）、"中国近百年史"（苏毓棻）、"中国文化史"（鲁潼平）、"西洋文化史"（鲁潼平）、"西洋近百年史"（鲁潼平）和"英国史"（鲁潼平）等。①

当时任课的教师，在《国立浙江大学一览》（1932年）中也有记载：教师有鲁潼平（湖南宁乡人，美国芝加哥大学毕业），史学副教授；刘崇汉（字卓夫，江西萍乡人，美国科省矿物大学冶金工程师），地质学副教授；孙信（字虹顾，浙江杭县人，国立北京大学毕业），测量学讲师；沈养厚（字紫岩，浙江镇海人，国立北洋大学毕业），数学、地质、材料强弱讲师；苏毓棻（字叔岳，浙江瑞安人，国立东南大学文学士），中国史讲师等。② 见图2-2-6。

323　　覽一學大江浙立國

職教員一覽

姓名	字	籍貫	職稱	學歷	住址
胡仁源	次珊	浙江吳興	機械工程副教授	英國投哈大學畢業	本大學工學院
沈三多		江蘇海門	機械工程副教授	美國普渡大學畢業	本大學工學院
殷文友		江蘇無錫	機代辦高工機械科主任	南洋大學機械科工程師碩士	溧水南門內姚深澄牧轉
葉道潤	胎晢	福建安溪	森林副教授	德國國立林科大學畢業	杭州學士路學士里一號
周楨	邦垣	浙江青田	森林副教授	國立北京農業專門學校畢業	本大學農學院
林熊祥	潤汸	浙江青田	森林副教授兼林場主任	德國塔朗林業大學院研究	本大學農學院或平陽江南
蔣芸生	任農	浙江臨海	園藝副教授	日本千葉高等園藝學校畢業	杭州朋元路七十一號
周士禮	君特	江蘇漣水	園藝副教授	日本國立盛岡高等農林學校研究院研究	崇明廟鎮
黃通		上海	農藝副教授	業德國柏林高等農科大學英國牛	美國哈佛大學畢業
馮惠嶷		浙江平陽	農業社會副教授	美國俄海俄阿大學經濟碩士	杭州大學路八十八號或昌浦扇行十七號
吳士棟		江蘇崇明	哲學副教授	美國芝加哥大學畢業	杭州上板兒巷五十號
魯潼平	潭秋	湖南寧鄉	史學副教授	美國芝加哥大學畢業	杭州錢塘路九芝小築
邵祖平		江西南昌	國文副教授	國文	杭州大學路八十八號或昌浦扇行十七號
陳熙庵		湖南長沙	經濟副教授	美國高等學堂畢業	杭州上板兒巷五十號
劉崇漢	卓夫	江西萍鄉	地質學副教授	美國科省礦務大學冶金工程	杭州井亭橋平遠里七號

图2-2-6　《国立浙江大学一览》（1932年）所载史学类、地质学类等课程的任教教师及简历。引自《国立浙江大学一览》（1932年），第323页。

---

① 《国立浙江大学一览》（1932年），第51页。
② 《国立浙江大学一览》（1932年），第323—325页。

在 1935 年出版的《国立浙江大学要览》中，则列出了相关学院及系科的课表情况，其中，也可见地学类课程的安排；如工学院的土木工程学系有“地质学”“平面及大地测量”等课程，化学工程学系有“矿物学及实习”等课程[①]；农学院的农业植物学系有“地质”“土壤”等课程，三年级分组后，各组（园艺组、森林组、农化组、植病组）则均有“气象”等课程的设置。[②] 见图 2-2-7 至图 2-2-9。

工學院土木工程學系二年級課程表

學程	學分		每週授課或實習時數				備考
			上學期		下學期		
	上學期	下學期	講演	實習	講演	實習	
英文（二）	2	2	3		3		
普通物理學（C）	2		3				
普通物理學(C)實習	1			3			
機械學	1			3			
應用力學	4		5				與機械工程學系合班
工程數學（最小二乘方）	2		2				
平面測量	3		4				
平面測量實習	2			6			
機工大意		2			3		
地質學		2			3		
工程材料		1			2		
材料強弱		4			5		
水力學		2			3		
平面及大地測量(附天文學)		3			4		
平面及大地測量（附天文學）實習		2				6	
體育	1	1		2		2	

49

图 2-2-7 《国立浙江大学要览》（1935 年）所载工学院土木工程学系课程表（二年级有“地质学”、“平面及大地测量”等课程）。引自《国立浙江大学要览》（1935 年），第 49 页。

① 《国立浙江大学要览》（1935 年），第 49、54 页。
② 《国立浙江大学要览》（1935 年），第 73、74、76、78、80、83 页。

農學院農業植物學系各組二年級課程表

學　程	學　分		每週授課或實習時數				備　考
	上學期	下學期	上學期		下學期		
			講賣	實習	講賣	實習	
英文（二）	2	2	3		3		
德文（一）	2	2	3		3		各組選修
初等微積分	3	3	4		4		本年度農業植物系二年級學生改修普通物理學（B）
植物生理	3		2	3			
昆　蟲	3		2	3			
普通有機化學	4		3	6			
土　壤		3			2	3	
地　質		3			2	3	
普通分析及實習		4			2	6	作物，園藝，森林，植病四組必修。
定性分析化學及實習	4		2	6			農化組必修
定量分析化學及實習（一）		3			1	6	農化組必修
植物分類		4			3	3	作物，園藝，森林，植病四組必修。
測　量	3		2	3			森林組必修
作　物	3		2	3			作物植病二組必修
花　卉	3		2	3			園藝組必修
細菌學		6			3	6	農化組必修
體　育　科	1	1		2		2	
選　科							

73

图 2-2-8 《国立浙江大学要览》（1935 年）所载农学院农业植物学系课程表（二年级有"土壤""地质"等课程）。引自《国立浙江大学要览》（1935 年），第 73 页。

農學院農業植物學系園藝組三年級課程表

學　　　程	學　分		每週授課或實習時數				備　　　考
	上學期	下學期	上學期		下學期		
			講演	實習	講演	實習	
果　樹　學	3		2	3			
蔬　菜　學	3		2	3			
苗　圃　學	3		2	3			
遺　傳　學	3		2	3			
氣　　象	2		1	3			
果樹各論		3			2	3	
觀賞植物		3			2	3	
經濟昆蟲		3			2	3	
測　　量		3			2	3	
庭園製圖		1				3	
設計實習		1				3	
體　育	1	1		2		2	

图 2-2-9　《国立浙江大学要览》（1935）所载农学院农业植物学系园艺组课程表（三年级有"气象"等课程）。引自《国立浙江大学要览》（1935 年），第 76 页。

此外，农学院（以及前身“浙江省立甲种农业学校”等各校、院）一直自办测候所（后称“气象室”），坚持进行气象观测，并定期公布“气象报告”（或称“测候周报”），见图 2-2-10。

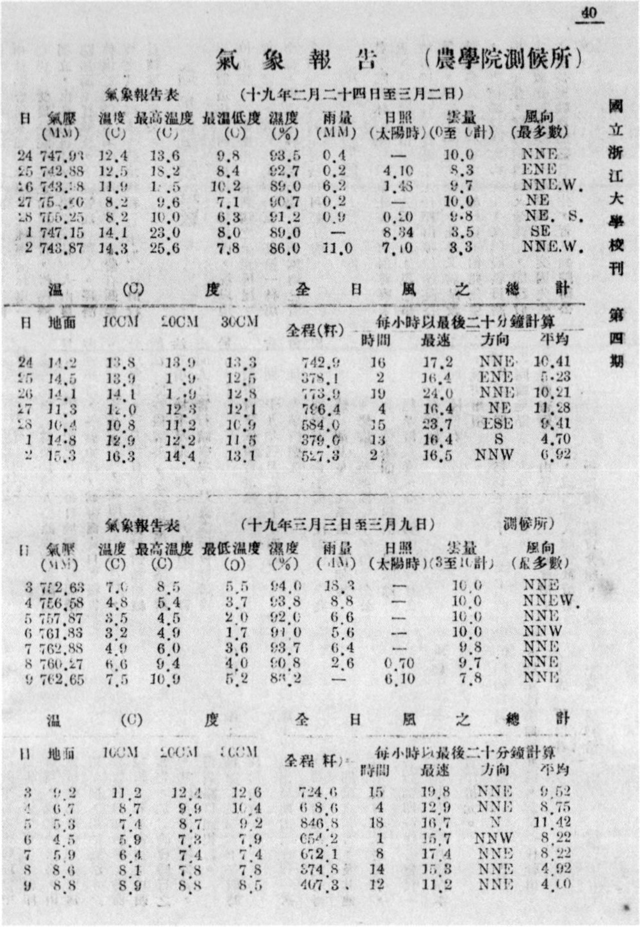

40

氣象報告　（農學院測候所）

國立浙江大學校刊　第四期

氣象報告表　（十九年二月二十四日至三月二日）

日	氣壓 (MM)	溫度 (C)	最高溫度 (C)	最溫低度 (C)	濕度 (%)	雨量 (MM)	日照 (太陽時)	雲量 (0至10計)	風向 (最多數)
24	747.93	12.4	13.6	9.8	93.5	0.4	—	10.0	NNE
25	742.88	12.5	18.2	8.4	92.7	0.2	4.10	8.3	ENE
26	743.[illegible]8	11.9	1[illegible].5	10.2	89.0	6.2	1.48	9.7	NNE.W.
27	75[illegible].[illegible]0	8.2	9.6	7.1	90.7	0.2	—	10.0	NE
28	755.25	8.2	10.0	6.3	91.2	0.9	0.20	9.8	NE. S.
1	747.15	14.1	23.0	8.0	89.0	—	8.34	3.5	SE
2	743.87	14.3	25.6	7.8	86.0	11.0	7.10	3.3	NNE.W.

溫（C）度　全日風之總計

日	地面	10CM	20CM	30CM	全程(粁)	每小時以最後二十分鐘計算 時間	最速	方向	平均
24	14.2	13.8	13.9	13.3	742.9	16	17.2	NNE	10.41
25	14.5	13.9	1[illegible].9	12.5	378.1	2	16.4	ENE	5.23
26	14.1	14.1	1[illegible].9	12.8	773.9	19	24.0	NNE	10.21
27	11.3	12.0	12.3	12.1	796.4	4	16.4	NE	11.28
28	10.4	10.8	11.2	10.9	584.0	15	23.7	ESE	9.41
1	14.8	12.9	12.2	11.5	379.0	13	16.4	S	4.70
2	15.3	16.3	14.4	13.1	527.3	2[illegible]	16.5	NNW	6.92

氣象報告表　（十九年三月三日至三月九日）　測候所）

日	氣壓 (MM)	溫度 (C)	最高溫度 (C)	最低溫度 (C)	濕度 (%)	雨量 (MM)	日照 (太陽時)	雲量 (0至10計)	風向 (最多數)
3	7[illegible]2.63	7.0	8.5	5.5	94.0	18.3	—	10.0	NNE
4	756.58	4.8	5.4	3.7	93.8	8.8	—	10.0	NNEW.
5	757.87	3.5	4.5	2.0	92.0	6.6	—	10.0	NNE
6	761.83	3.2	4.9	1.7	91.0	5.6	—	10.0	NNW
7	762.88	4.9	6.0	3.6	93.7	6.4	—	9.8	NNE
8	760.27	6.6	9.4	4.0	90.8	2.6	0.70	9.7	NNE
9	762.65	7.5	10.9	5.2	8[illegible].2	—	6.10	7.8	NNE

溫（C）度　全日風之總計

日	地面	10CM	20CM	30CM	全程(粁)	每小時以最後二十分鐘計算 時間	最速	方向	平均
3	9.2	11.2	12.4	12.6	724.6	15	19.8	NNE	9.52
4	6.7	8.7	9.9	10.4	6[illegible]8.6	4	12.9	NNE	8.75
5	5.3	7.4	8.7	9.2	846.8	18	16.7	N	11.42
6	4.5	5.9	7.3	7.9	654.2	1	15.7	NNW	8.22
7	5.9	6.4	7.4	7.4	672.1	8	17.4	NNE	8.22
8	8.6	8.1	7.8	7.8	374.8	14	15.3	NNE	4.92
9	8.8	8.9	8.8	8.5	407.3	12	11.2	NNE	4.00

图 2-2-10　《国立浙江大学校刊》1930 年 3 月首次刊载的农学院测候所“气象报告”（1930.02.24—1930.03.02）。引自《国立浙江大学校刊》第 4 期（1930 年 3 月 15 日）。

1927 年大学成立之初，当时还是国立第三中山大学劳农学院时期，即在该院编辑出版的《国立第三中山大学劳农学院周刊》第一卷第二期（1927 年 12 月 19 日）上，刊载“气象报告”，后虽然因学校、学院屡有更名，该刊也随之更名为《国立浙江大学劳农学院周刊》和《国立浙江大学农学院周刊》（约至 1929 年 12 月左右停刊），但几乎每期都有“气象报告”这部分内容。

继之，从《国立浙江大学校刊》第 4 期（1930 年 3 月 15 日）开始，《校刊》每周一次，亦几乎每期都在《校刊》尾页正式登载农学院测候所的"气象报告"，直至第 254 期（1936 年 6 月 20 日）。其后《校刊》改版，于 1936 年 9 月 1 日起改为日刊，才不再刊登"气象报告"的内容。见图 2-2-11。

		6月8日	6月9日	6月10日	6月11日	6月12日	6月13日	6月14日	總平均
溫度	平均氣溫 C°	20.03	19.83	21.38	23.25	25.10	26.31	26.50	23.20
	最高氣溫 C°	21.8	2.30	25.6	27.2	30.3	31.4	29.9	27.03
	最低氣溫 C°	18.9	18.4	16.4	19.0	21.7	21.7	23.0	19.87
	地面溫度 C°	22.25	22.21	24.23	26.05	29.03	28.41	27.55	25.68
地溫下度 C°	10 c.m.	缺	缺	缺	缺	缺	缺	缺	缺
	20 c.m.	22.95	22.27	22.50	23.41	25.11	25.60	25.98	23.97
	30 c.m.	22.50	21.90	21.83	22.53	23.60	24.41	24.93	23.10
氣壓	m.m.	734.03	737.38	739.47	739.51	738.53	738.28	735.17	737.48
風	風向（用16方位）	NW	ESE	ESE	ESE	ESE	SSE	SSE	S79°30′E
	風速 全程 k.m.	192.2	276.6	200.4	201.6	199.6	188.0	177.6	205.14
	M.S. 最速	7.6	4.6	5.6	6.4	4.8	2.8	3.6	4.97
	平均	8.36	11.53	8.71	8.40	9.07	8.17	8.07	8.90
濕度	絕對濕度 m.m.	16.77	16.13	16.26	18.47	20.27	21.63	20.86	18.12
	相對濕度 %	96.00	93.67	86.50	87.67	85.83	85.83	81.67	85.31
雲	最多雲形	NB	Cu	CiCu	CiCu	Ci	Cist	St	
	最多雲量 0—10	10	10	9	10	10	10	10	9.85
雨量	m.m.	6.4	7.3	—	—	—		0.4	
日照時數（太陽時）		—	—	3.90	2.90	7.50	4.00	3.40	
天氣狀況		雨	陰	晴	陰	晴	陰	陰	
備致		本月十一·十二三日有露，十三日有煙霧及露，十四日有霧及露。去年同月自八日起至十四日止，最高溫度爲33.8C，最低溫爲18.0C，一週平均溫度爲25.01C。								

图 2-2-11　《国立浙江大学校刊》1936 年 6 月改版前最后一次刊载的"测候周报"（1936.06.08—1936.06.14）。引自《国立浙江大学校刊》第 254 期（1936 年 6 月 20 日）。

（二）文理学院中"主系"与"副系"的规定以及"地理副系"的情况

文理学院在 1928 年建立伊始，就有对学生修习主科、副科等的规定，即"酌分主、副、普通三科"，"先以尤要者八门，列为主科：曰国文，曰英文，曰数学，曰物理，曰化学，曰历史政治，曰经济，曰教育；师资设备，力求完美。别以七门，列为副科，曰地质，曰生理，曰心理，曰哲学，曰人类学与社会学，曰图画，曰体育；完备亚于主科。学生修习之主要科目，暂限于此所谓主科者八门；而辅助科目，则主副各科，皆可以供选择"。[①] 之后即按此设想实施，以便学生专、通兼具，平衡发展。

---

① 《为筹设文理学院拟具简章呈请鉴核由》（1928 年 4 月 6 日浙江大学校长蒋梦麟呈送大学院），载《大学院公报》第 1 卷第 5 期（1928 年），第 44—46 页。

1. 关于主系、副系的规定

关于主系、副系的详细规定，现能够看到的材料，一个是 1933 年 1 月 11 日文理学院第 12 次院务会议（会议主席：邵裴子），曾经专门讨论了"学生选定副系案"；另一个是在 1934 年 3 月 27 日召开的文理学院学系主任会议上（此时，文理学院院长由校长郭任远兼任，郭主持该会），确定了选定"副系"的原则。

1933 年 1 月 11 日文理学院第 12 次院务会议讨论的"学生选定副系案"，明确"议决"：

> 自下年度起，在第二年级时，必须选定副系，且取得副系主任之许可，选读副系学程，则由主系主任兼核（由教务处将各生历学期所修学程副本，分送院长及各系主任备查）。[1]

1934 年 3 月 27 日召开的文理学院学系主任会议上，确定了选定"副系"的原则：

> 本院各系副系，兹规定如左：
>
> 化学系学生，副系须以物理学、生物学、教育学或数学为原则；
>
> 生物学系学生，副系须以教育学或化学为原则；
>
> 数学系学生，副系须以物理学为原则；
>
> 教育、物理及外国文学等三系学生，其副系由各该系斟酌情形，临时决定之。（决议通过）[2]

文理学院各系学生，均按照相关规定，在读期间，在"主系"之外，选择了自己的"副系"。例如，文理学院第一届毕业生中（1928—1932），史政系的宋锺岳（毕业号：996B）为"史学主系，地理副系"，数学系的孙泽瀛（毕业号：1012B）为"数学主系，物理副系"、周恒益（毕业号：1013B）为"数学主系，教育副系"，等等。[3]1934 年之前，学生选择副系尚没有统一规定，所以数学系的周恒益选择教育学系为自己的副系；同为第一届毕业生的心理学系朱壬葆（毕业号：1010B），起初选择为"心理主系，教育副系"，毕业时，时任校长的郭任远特批允许以"生物"为"第二副系"，其学籍表"备考"一栏中注明："25 年 2 月 18 日，经郭校长核准，此生所修生物学程，已超副系规定应修之学分数，准

---

① 《国立浙江大学校刊》第 121 期（1933 年 2 月 11 日）。

② 《国立浙江大学校刊》第 168 期（1934 年 4 月 14 日）。

③ 说明：查自浙江大学档案馆官网所附的"校友名录查询系统"，http://acv.zju.edu.cn/site/zyyfw_xymlcx.html，[2024-05-26]。本书所提及的相关学生及学号等信息均查自该系统，以下不再另外说明。

以生物为第二副系"。[1]

1934 年毕业的数学系黄祥棩（1930.08—1934.07 在读，也作"黄祥懋"），后来在其回忆文章中，也提及当时主系和副系的有关情况：

> 所学课程，除各系专业的必修、选修科外，一年级有公共必修科目：中文、英语、逻辑、生理卫生、体育等。二年级有第二外语，设有德语、法语和日语。当时德语、日语教师是中国人，法语教师是法国人。第二外语虽称选修，但几乎必须修习一门，以备今后阅读原著、专业杂志等。各人除主系外，还须再选一个副系，副系要修满二十学分，才能毕业。[2]

2. "地理副系"的情况

"地理学"作为"历史学与政治学"主科学门里面的一个分支，曾经设立所谓"副系"，如文理学院曾经设立过的"史学与政治学系"或"政治学系"中，有"地理副系"的设置；但也仅是设立若干相关课程（该系附设史学、地理、法学、经济等学程），即曾经开设有地理学相关的课程。同时，由于该系也是时设时撤，至 1933 年 8 月后就不再招生，所以，史、地两科，在竺可桢来校之时，均没有正式的学系设立。

从现能够看到的材料来看，1934 年之前，因文理学院尚没有对学生选择"副系"有明确规定，所以，一度存在过的"史学与政治学系"学生，有选择"地理"为副系的情况。此期，因浙江大学内地理学方面的课程尚无人开设，所以选择"地理"为"副系"的学生，即送至南京的中央大学借读（其时张其昀即在中央大学地理学系任教）。当时，文理学院首届毕业生中，唯一一位以地理为副系的学生宋锺岳（史学主系，1928.10—1932.07），即在 1931 年度（即 1931.08—1932.07）至中央大学借读。

从宋锺岳学籍表中所附的学业成绩可知，其所修习的地理学类的课程有：人文地理（二上）、东北地理（四上）、本国地理总论（四上）、人生地理（四下）、气候学（四下）、南大陆地理（四下）；除了人文地理于大二上学期在本校就读之外，其他几门地学方面的课程均是四年级在中央大学借读时所修。

1947 年 9 月印行的《国立浙江大学文学院概况》中，所载"历届毕业生名录"，第一个就是当时为"史学与政治学系"毕业生的宋锺岳。[3]见图 2-2-12 至图 2-2-14。

---

[1] 说明：见朱壬葆的《国立浙江大学学生学籍表》（浙江大学档案馆所藏档案）。本书所提及的相关学生的学籍表或学业成绩表等，均查自浙江大学档案馆，以下不再另外说明。

[2] 黄祥棩：《我的浙大》，载《浙大校友》2002 年（上），http://zuaa2011.zju.edu.cn/publication/article?id=81, [2024-05-26]。

[3] 《国立浙江大学文学院概况》（1947 年），第 14 页。

註册號數	5.8 147	學	院	文理學院		
姓　名	宋鍾岳	學 系		史學主系：地理副系		
別　號		年	前科			年度
			補習			年度
性　別	男		一	17		年度
			二	18		年度
籍　貫	浙江杭縣		三	19		年度
		級	四	20		年度
原肄業成	浙江省立一中高	休學 年 月				
肄業學校	中文科畢業	復學 年 月				
入學年齡	20歲	轉學 年 月		年		月
		退學 年 月		年		月
入學年月	17 年 10 月	畢業 年 月		21 年 7		月

图 2-2-12　文理学院首届毕业生宋锺岳的学籍表（部分。注明：史学主系，地理副系）

图 2-2-13　文理学院首届毕业生（1932年）宋锺岳（史学主系，地理副系）的毕业照。引自《国立浙江大学文理学院第一届毕业纪念刊》（1932年），第64页。

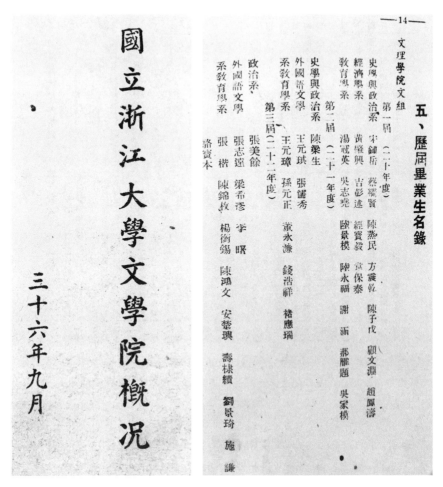

图 2-2-14　《国立浙江大学文学院概况》（1947 年）封面及所载"历届毕业生名录"中第一届"史学与政治系"（二十年度）毕业生名录（有宋锺岳）。引自《国立浙江大学文学院概况》（1947 年），第 14 页。

（三）其他涉及地学的相关活动

此外，相关学术活动中，也有一些涉及地学（如地理学等）方面的安排，如邀请校外教授进行学术讲座等。1934 年 3 月 27 日，张其昀曾应浙江大学教育系之邀，来校进行讲座，题为《浙江省在中国之地位》；该讲座的主要内容，由当时教育系的学生王承绪、赵端瑛记录整理后，登载于《校刊》的"特载"一栏。[1] 见图 2-2-15。

---

[1]　《国立浙江大学校刊》第 168 期（1934 年 4 月 14 日）。

图 2-2-15 《国立浙江大学校刊》第 168 期（1934 年 4 月 14 日）所载张其昀在浙江大学讲座的报道及演讲全文。引自《国立浙江大学校刊》第 168 期（1934 年 4 月 14 日）。

张其昀为浙江宁波人，对家乡始终怀有深厚的感情；在其担任中央大学地理学系教授期间，即多次来到浙江进行学术活动。1934 年 3 月，张其昀先后应浙江省图书馆和浙江大学之邀，来浙讲座；21 日，先在浙江省图书馆（时馆址位于当时杭州市大学路，即浙江大学校址旁）演讲，题为"浙江人文及于日本之影响"[①]，27 日，又应浙江大学教育系之邀，来校进行了"公开演讲"；27 日的这次演讲，是目前能够看到的张其昀与浙江大学发生交集的最早的记载。两年以后，他就应老师竺可桢之邀，放弃个人出国修学的打算，全身心投入浙江大学史地学系的建设，擘画经营，广揽人才，与竺可桢一起，在浙江大学度过了 13 年的光阴；为浙大史地学系的建立，以及包括地学在内的诸多学科的发展和繁荣，殚精竭虑，作出了不可磨灭的贡献；他本人也在浙江大学史地学系的历史上，打下了自己深深的烙印。

---

① 宋晞：《陈训慈与浙江省立图书馆》，载浙江省政协文史资料委员会编：《史海钩沉（浙江文史资料第 64 辑）》，杭州：浙江人民出版社，1999 年，第 42—62 页（本处引文见第 48 页）。

第三章　"史地"成系地科创

——浙江大学文理学院史地学系的设立及初期的教学、科研等活动
（1936—1937）

1935 年底，由于学校内外矛盾累积，而时任校长的郭任远治校方略有误，加之对学潮处置失当，引发学生拒绝其继续长校的第二次"驱郭风潮"，导致校长郭任远去职，竺可桢几经犹豫之后，于 1936 年 4 月出任浙江大学校长。在各方面的认可、支持和配合下，竺可桢回归大学精神，贯彻民主治校原则，以治学为本，尽可能排除外界的各种干扰，以个人的人格魅力凝聚人心，充分利用自身的地缘、学缘等有利因素，吸引大批学者来校任教；由此浙大办学逐步取得丰硕成果，其后历经"文军长征"、西迁办学的艰难困苦，而成就了"东方剑桥"的美誉。

由于竺可桢在中国近代地学建立过程中的崇高地位和在地学高等教育机构中的重要影响力，他的到来，为地学系科在浙江大学的建立和发展，带来了千载难逢的机遇。到校伊始，他基于自己实施"通才教育"的理念和自身的学科背景，提出设立如文学、史学和地学等相关系科的设想。史学和地学方面，主要在他的学生张其昀的鼎力襄助之下，建立了涵盖史学和地学、体现"史地合一"思想的"史地学系"；内部划分为"历史组"（简称"史组"）和"地理组"（简称"地组"），二者可互为副系，实际上相当于地理系和历史系。

包括地学在内的浙江大学"史地学系"在 1936 年的设立，客观而论，与竺可桢有直接关系；换言之，如果不是因缘际会，竺可桢于此时出任浙江大学校长，则可以肯定，在相当长的一段时期内，地学系科不会在浙江大学出现。与同在史地学系的史学门类相比，地学在当时的浙大更缺乏基础（史学门类在 1928 年 8 月文理学院建立之初曾经以"史学与政治学门"之名设立，且为"主科学门"，1929 年 8 月后定名为"史学与政治学系"，至 1930 年 7 月停办，其后一直有专职教师开设史学类公共课程。但地学类课程仅在工学院、农学院有个别开设，并不系统）。因此，如果不是在中国地学界有重要影响的竺可桢来到浙大，是不太可

能迅速聚集起一批国内地学名师来校任教的；自然，直接主持系务的、同样为中国近代地理学（尤其是"人文地理学"）开山大师的张其昀也就无缘来到浙大；而无竺、张二人登高一呼，诸多地学名师也难以会聚浙大，则学科的发展就会举步维艰。所以，浙江大学史地学系的创立和发展，或者具体到地学系科的创立和发展，可以说与竺可桢、张其昀两位先生息息相关。

第一节　竺可桢先生出任浙江大学校长 ①

竺可桢（1890.03.07—1974.02.07），又名绍荣，字藕舫。1890年3月7日生于浙江绍兴的东关镇（今浙江省绍兴市上虞区）。1905年入上海澄衷学校就读。1909年入唐山路矿学堂土木工程系。1910年考取公费赴美留学，在伊利诺伊大学农学院学习。1913年毕业后考入哈佛大学地学系学习气象学。1915年成为中国科学社的首批成员，并开始参与《科学》杂志的编辑工作。1918年以题为《远东台风的新分类》的论文获得博士学位。同年回国后在武昌高等师范学校（后演变为武汉大学）任教。1920年至南京高等师范学校（后演变为东南大学）任教。1921年在东南大学筹建并主持了地学系（包括地质学与地理学），是中国近代地理学的开创者。1925年任商务印书馆编辑，1926年任南开大学教授。1927年任南京中央大学地学系主任。1928年任中央研究院气象研究所所长，是中国现代气象事业的主要奠基人。1935年6月当选为中央研究院评议员。1936年4月起出任浙江大学校长。1948年当选为第一届中央研究院院士。1949年4月30日离开浙江大学，10月16日出任中国科学院副院长，随后兼任中国科学院自然资源综合考察委员会主任、生物学地学部主任。发起筹建中国科学院地理研究所。1955年当选为中国科学院学部委员。曾长期担任中国地理学会理事长、中国气象学会理事长、中国科学技术协会副主席及全国人大常委等职。1974年2月7日在北京去世。一生著述留存至今共约2000万字，已由后人编成《竺可桢全集》24卷出版。② 见图3-1-1。

竺可桢出任浙江大学的校长，其起因，是时任校长的郭任远在面临1935年底的学生运动时，由于处置失当，引发教师、学生的相当多数的反对与抵制，从而演变为"驱郭运动"，最终不得不黯然离职。

---

① 说明：本节部分内容据杨达寿著《竺可桢》相关内容摘编（杨达寿著：《竺可桢》，杭州：浙江科学技术出版社，2009年，第73—76页）；除了其他来源的材料单独注明出处外，不再另外注明。特此说明并致谢。具体表述中，编者略有补正。
② 林吕建主编：《浙江民国人物大辞典》，杭州：浙江大学出版社，2013年，第375页。

图 3-1-1　竺可桢先生（1890.03.07—1974.02.07）

　　竺可桢最早得知有人推荐他出任浙大校长的消息，是 1936 年 1 月 28 日从翁文灏处听到的，并在当天将此事写进了日记。10 多天后，翁文灏又告诉竺可桢说陈布雷拟提议他为浙大校长，2 月 11 日竺可桢在"日记"中记道："晚八点，咏霓（指翁文灏）来谈一小时，据谓陈布雷等拟提出以余为浙江大学校长。余谓在此时局，难保于三四月内不发生战争。京、杭兼顾，势所不能。故余不愿就。若能于浙大有裨益，余亦愿竭全力以赴之也。"2 月 16 日，竺可桢果真接到陈布雷的通知，要他于 2 月 21 日去见蒋介石。起初，竺可桢并不愿意接任；因此，他借第二天向上司蔡元培 70 大寿贺岁之便征求意见。蔡元培发表了"能不往浙大最好，但蒋处不能不去，婉言辞之可也"的意见。竺可桢认为蔡先生的意见很中肯。2 月 21 日，陈布雷偕竺可桢去孔祥熙住宅见蒋介石。谈话时，蒋介石要竺可桢接任国立浙江大学的校长，而竺可桢推说要和蔡元培商量后再定。同月 23 日，竺可桢再去上海愚园路 884 号蔡元培家里面陈。听了竺可桢的陈述，蔡元培也颇感为难。竺可桢又面临一次郑重的抉择。他深知大学校长不仅事务繁杂，还要与官场人物打交道，更主要的是他放不下已从事 20 余年的地理、气象学科的教学与科研，特别在气象学方面已取得了不少开拓性进展，取得了一些国际水平的成就；在气象台站建设方面尚须形成全国网络，高空探测等有待进一步开展；在培养人才上须进一步工作，选拔俊才尚待成熟……不少事使他放心不下。但竺可桢又想到继任之事责任重大，如竺可桢"日记"所云："郭之失败，乃党部之失败……故此时余若在浙大谋明哲保身主义，则浙大必陷于党部之手……"竺可桢的许多亲友、学生以及夫人张侠魂都劝他赴任。经反复考虑，他决定担任国立浙江大学校长，于 3 月 8 日请陈布雷将自己的决定转告

蒋介石，并顺势向陈布雷提出三个条件：一是财政须源源接济；二是校长有用
人全权；三是以出任半年为限。陈布雷接受了两个条件，第三条劝他暂不要提，
到时再说。

1936年3月16日，国民政府教育部部长王世杰访晤竺可桢，又谈及校长任期
一事。同月25日，竺可桢再次去见蔡元培时也谈及任期一事。蔡元培认为出任浙
大校长半年太短，可延至1年。同年4月7日，国民政府行政会议通过竺可桢任
国立浙江大学校长后，竺可桢于4月22日至杭州里西湖22号与郭任远会晤，决
定于25日正式移交。

1936年4月25日，郑晓沧（时任浙江大学教务长）、胡刚复（拟任浙江大学
文理学院院长）陪同竺可桢到达浙大校长公舍，浙江省教育厅厅长许绍棣代表教
育部监盘。郭任远未到，由李伟超（时任浙江大学总务长）代理，交出大、小校
印各1枚。至此，竺可桢正式接任国立浙江大学校长一职。下午，举行教职员茶话会，
并在体育馆第一次与学生见面，对800余名师生作了40多分钟有关办学思想的演
讲。演讲词后经郑晓沧润饰，以《大学教育之主要方针》发表存世。见图3-1-2、
图3-1-3。

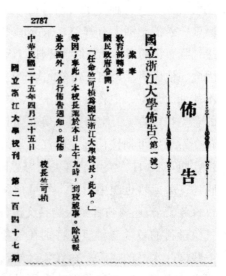

图3-1-2 《国立浙江大学校刊》第246期（1936年4月25日）所载竺可桢来校视事的报道。引自《国立浙江大学校刊》第246期（1936年4月25日）。

图3-1-3 《国立浙江大学校刊》第247期（1936年5月2日）所载竺可桢任浙江大学校长的布告。引自《国立浙江大学校刊》第247期（1936年5月2日）。

1936 年 5 月 18 日，竺可桢补行就职宣誓仪式，教育部委派蒋梦麟为监誓员，到会师生近 500 人。[①] 竺可桢以"十年生聚，十年教训"作答，自此正式开始了他长达 13 年的校长生涯。见图 3-1-4。

图 3-1-4　竺可桢 1936 年在浙江大学操场（大学路校园）

第二节　"史地学系"的设立过程

从 1930 年史学与政治学系停办，到 1936 年史地系成立，浙江大学史学系科停办已久，仅有苏毓棻（1931 年 8 月来校）、费巩（1933 年 8 月来校）、顾毂宜（1935 年 8 月来校）等公共科目的有关历史类课程的教师，地学则更加缺乏专门师资。1936 年 4 月，竺可桢出任浙江大学校长。在他尚未正式上任前，即筹划发展史、地学科，并极力邀请在中央大学任教的张其昀、缪凤林等（均为竺可桢在南京高等师范学校和东南大学任教时的学生）赴杭任教。1936 年 5 月 9 日，竺可桢主持其长校后的第一次校务会议，所提新设史地学系一案未经讨论便获通过，随后浙江大学上报教育部获得批准。

---

① 《国立浙江大学校刊》第 250 期（1936 年 5 月 23 日）。

该系采用"史地合一"的办学模式，既与当时浙江大学史学、地学的师资相对缺乏、各自独立成系的条件还不成熟等情况有关，也与竺可桢和张其昀两人的办学思想有关。而竺可桢、张其昀的学术思想的形成，又与其所来自或执教的南京高等师范学校（以及后来的东南大学、中央大学）有密切的关系。

一、"史地学系"创立者的学术渊源

新文化运动后，以胡适、陈独秀为代表的北大新文化派和以南京高等师范学校、东南大学及后来的中央大学学人为代表的南高学派，在学术文化领域内展开激烈的论争。前者激烈抨击传统文化，后者则以"学衡派"为代表，反对西化倾向，对固有的传统文化保持敬意，主张中西会通，北大新文化派与南高派的论争形成了中国现代学术史、思想史上"双峰对峙、二水分流"的格局。浙江大学史地学系是竺可桢、张其昀在浙江大学新创的学术机构，不论是师资队伍，还是办学理念，都与南高（及后来的东南大学、中央大学）密切相关。因此，从某种程度上来说，浙大史地学系的学术渊源应当追溯至南高学派。

"南京高等师范学校"成立于1915年，当时学校仅设国文、理化两部及一个国文专修科，1919年郭秉文任校长后，改国文部为国文史地部、改理化部为数学理化部。同年，张其昀考入南高文史地部，在此求学四载，其时正是新文化运动的高涨时期，也是南高学派的滥觞期。1920年，竺可桢到该校任教。1921年，在南高基础上筹建的东南大学成立，竺可桢为拓宽地学研究领域，在南高文史地部地理系的基础上成立新的地学系。1922年，《学衡》杂志创立，撰稿人为东南大学师生，矛头直指北大新文化派，崇尚古典主义与人文主义。张其昀深受南高学风影响，恩师刘伯明、柳诒徵等人均是南高学派的代表人物，并将郭秉文校长的办学方针总结为"通才与专才的平衡""人文与科学的平衡""师资与设备的平衡""国内与国际的平衡"。这不仅奠定了张氏的学术基础，而且为其实行"史地合一"的通才教育办学方针提供了重要的思想来源。

浙江大学史地学系的南高学派之渊源可从史地系及张其昀主编的《史地杂志》及《思想与时代》佐证。1937年5月，《史地杂志》创刊；《史地杂志》仅出刊六期（第1卷1—4期，第2卷1—2期，1942年3月第2卷第2期出版后停刊），所发文章均为历史、地理类论文，关注民族危亡，宣扬传统文化。张其昀在创刊号所撰《发刊辞》（写于1937年4月20日，见图3-2-1）云：

> 杭垣素称东南文献之邦，自宋室宅都，国学肇建，文物萃集，蔚为重镇，

尤以史学擅名海内，两浙名贤后先竞秀，近代国史久膺负荷，宋明方志并推先进，民族精神于斯寄托，流风所被并及海东，此举世所知，无待缕述。本大学史地学系虽属新办，而学术渊源如此深厚，缅怀前修，良深神往。同人力薄，深自勖勉，嘤鸣之念，至为恳挚。斯刊之创，敢云阐发新知，微贡所得。惟望海内君子于此邦有夙好者，不吝教诲，乐予提携，继承精神之遗产，发扬固有之光荣……①

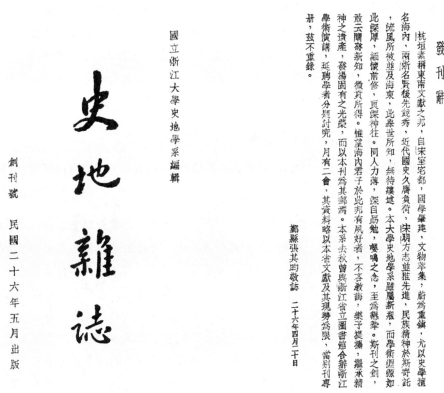

图 3-2-1 《史地杂志》创刊号（1937 年）的封面及张其昀所撰"发刊辞"。引自《史地杂志》第 1 卷第 1 期（1937 年），封面，第 1 页。

《思想与时代》于 1941 年 8 月 1 日在贵州遵义创刊。在相关说明中，明确该期刊收入以下诸类论文："1.建国时期主义与国策之理论研究；2.我国固有文化与民族理想根本精神之探讨；3.西洋学术思想源流变迁之探讨；4.与青年修养有

① 张其昀：《发刊辞》，载《史地杂志》第 1 卷第 1 期（1937 年），第 1 页。

关各种问题之讨论；5.历史上伟大人物传记之新撰述；6.我国与欧美最近重要著作之介绍与批评"，尊重传统文化的同时注重对新文化的学习。后该刊又明确其目标为"科学时代的人文主义"，即"融贯新旧，沟通文质，为通才教育作先导之路，为现代民治厚植其基础"。张其昀晚年追述该杂志，谓"当时浙大文学院同人创办《思想与时代》杂志，以沟通中西文化为职志，与二十年前的《学衡》杂志宗旨相同"。

就师资队伍而言，浙江大学史地学系历任教员中，张其昀、陈训慈、景昌极、苏毓棻、李玉林、柳定生、郝颐寿、沈思玙、诸葛麒、向达、王庸、沙学浚、李絜非、卢鋈、王维屏、孙蕭、严德一、任美锷、吕炯、李春芬等，或毕业于或曾执教于南高、东南大学、中央大学，均与南高学派及中央大学有密切联系。某种程度上，可以说竺可桢、张其昀在浙大所办的史地系，是在南高文史地部、东南大学地学系及中央大学地理系基础上繁衍出的又一重要学术单位。[①]

二、竺可桢、张其昀"史地合一"的办学理念

关于浙江大学坚持"史地合一"理念办系的现象，何方昱专门进行过研究，认为：

1936—1949年浙江大学史地学系的组建与存废，是民国学科史上较为特殊而重要的事件。晚清以降，尤自甲午一役之后，西式新学堂蓬勃兴起。随着分科教育的实行，这种西方知识分类系统，通过制度化的形式重构了中国传统知识结构，进而推动近代学术体系发生变革。西方现代学科体系的分类代替了中国传统的"经、史、子、集"四部的分类法，在教育领域则突出表现在大学的系科设置上。20世纪二三十年代，"经过整理国故运动以后，现代中国史学的学科独立意识益形确立"，地理学亦具有"独立之系统，整齐之组织，集中之精神"，因此各大学多将历史学系与地理学系分开设置。浙大史地学系在现代学科体制初步建立的大环境下"逆流"而行，绝非一时冲动之举，它既是竺可桢、张其昀秉持"史地合一"理念及通才教育观的结果，又是竺、张二人成功地掌控了学术机关与思想资源后，贯彻这一理念的必然产物。而竺、张二人在1949年的政权更替中相继离开浙江大学，也最终导致历史学、地理学分离。[②]

---

① 李凡：《国立浙江大学史地系系史述论（1936—1949）》（浙江大学硕士学位论文），2015年，第11—13页。
② 何方昱：《知识、权力与学科的合分——以浙大史地系为中心（1936—1949）》，载《学术月刊》2012年第5期，第145—154页。

（一）竺可桢"日记"所载史地学系的筹备过程与竺可桢的办学思路

竺可桢的教育思想中，大学实施通才教育是其基本主张。1936 年 5 月 9 日，学校召开其长校后的第一次校务会议，竺可桢作了《浙大办学方针要点》的讲话，提出了自己的人才观，强调要"各方平均发展，使学生既得基本训练，又能各具专长，俾成全才"[①]。中国文学系之设立和史学教育的开展，即着眼于通才教育的目的。至于地学内容的引入和地学系科的设立，则属于理科范畴，这与竺可桢自己的专业有关。

地学及其相关分支学科是近代受到西学影响较大的学科，各分支主要来自西学和新学。1936 年之前，浙大一直没有正式设立这方面的系科。竺可桢自己的专业是地理学和气象学，当时身兼中央研究院气象研究所所长，又是中国近代的地理学、气象学等地学主要分支学科的创始人之一，1921 年即在东南大学创办了包括地质学、地理学和气象学等内容的"地学系"（全称即为"Department of Geology and Geography"，也即"地质学和地理学系"）[②]，自然对其重要性更加明了，兴办起来亦驾轻就熟。事实上，浙江大学的地学系科，不论从师资延聘、教学组织，还是学术研究、期刊出版，均打下了竺可桢深深的烙印。

现《竺可桢全集》收录了竺可桢现存"日记"全部，时间从 1936 年元旦起，至其去世的 1974 年 2 月止，历时 38 年，纵贯从抗日战争到"文革"后期的各个历史阶段。"透过这些经历，展示了 20 世纪中国社会变迁的宏伟画卷，也描绘出了一位高级知识分子的人生轨迹和心路历程。从组织机构史的角度说，1949 年之前的日记，可同时视为浙江大学的校史；而 1949 年以后的日记，则可视为中国科学院的院史。"[③]类似地，由于竺可桢直接创建了浙大的地学系科，所以，竺可桢"日记"中 1936—1949 年的相关记载，也可以视为浙大史地学系的系史。

现存竺可桢"日记"起自 1936 年初，正好是竺可桢准备接掌浙江大学的最初

[①]　竺可桢著：《竺可桢全集（第 2 卷）》，上海：上海科技教育出版社，2004 年，第 347 页。

[②]　竺可桢：《东南大学地学系介绍》，载《中国科技史料》第 23 卷第 1 期（2002 年），第 52—53 页。

　　说明：该文原文为英文，由艾素珍翻译为中文。发表时文前有"编者按"：由竺可桢（1890—1974）于 1921 年在南京创建的东南大学地学系是中国成立最早的地学系。1923 年，该系主任竺可桢应伦敦地理学会的邀请，在《地理教师》（*Geographical Teacher*）第 3 期上发表了此文。文章介绍了东南大学地学系的沿革、师生、课程设置和教学设施等，并论述了其发展方向和设施的改进等设想。此文还可以纠正地学史论著中有关东南大学地学系早期历史的失实之处。

[③]　樊洪业：《关于竺可桢日记》，载竺可桢：《竺可桢全集（第 6 卷）》，上海：上海科技教育出版社，2005 年，第 9—12 页（本处引文见第 11 页）。

的时刻；而在该年2月竺可桢决定接受该项任命后，随即开始对包括设立史地学系和地学学科在内的各项校务进行思考和准备。所以，"日记"中的相关记载，真实地反映了史地学系创立前后的相关情况与竺可桢对此的思考和决策过程。

1.1936年3月10日

1936年3月10日"日记"载："为浙大事复晓峰（编者注：张其昀）及叔谅（编者注：陈训慈）函，告以已与布雷（编者注：陈布雷）接洽，允赴浙大半年，在此半年期内物色继任人物，并邀晓峰赴浙讲学。浙大无地理教授与历史教授，故对于史地非增人不可。"①

从该处记载可见，竺可桢在其刚刚决定来浙大出任校长不久，即考虑史、地学科的发展以及引进师资的问题，其后多次与张其昀等通信，讨论办学事宜，直接促成张其昀等从中央大学转来浙江大学出任史地学系主任。例如，3月10日，竺可桢致函张其昀，"晓峰同学足下：前星期六得晤谈甚快，……桢如赴浙，第一问题即在罗致人材，深望足下于下年度能赴杭讲学，如不能久，一年半载亦行"。5月2日，竺可桢又特意致函张其昀，"桢初抵浙校，百端待举，头绪纷繁，下学年聘请教员事尚未能详细加探讨，迪生（编者注：梅迪生）先生处已托由刚复先生在沪电邀，史地方面深望足下与赞虞（编者注：缪凤林）均能惠盼肯来"。

2.1936年5月9日

1936年5月9日"日记"载："下午四点开第一次校务会议，到廿三人，余主席，振公（编者注：即诸葛麒）记录。首由余报告，次倪志超报告经济状况。……次讨论外国语文学系改称文学系案，陈嘉颜不赞同；决议设立中国文学系。设立史地系案，未讨论，通过。……"②

该处记载表明，竺可桢在其长校浙江大学之初，于他主持的第一次校务会议上，即提出设立史地学系案；校务会议对此也没有异议，"未讨论"即获"通过"，之后上报教育部也于同月得到批准，而不是像拟设的"中国文学系"由于师资缺乏而未获批，"暂时缓设"；显然，史地学系在浙江大学的迅速设立，主要是由于竺可桢先生在地学领域的学术造诣和学术影响力得到各界公认。见图3-2-2。

---

① 竺可桢：《竺可桢全集（第6卷）》，上海：上海科技教育出版社，2005年，第36页。
② 竺可桢：《竺可桢全集（第6卷）》，上海：上海科技教育出版社，2005年，第70页。
　　说明：现《竺可桢全集（第6卷）》在对该日"日记"的整理中，关于设立史地系的记载，该句话中未加标点，即为"设立史地系案未讨论通过"，这样的表达一般易理解为"设立史地系案，未讨论通过"，即没有通过之意，正好与原意相反；故标点宜加，应该为"设立史地系案，未讨论，通过"，即没有经过讨论就一致通过之意。可参见下文所引《国立浙江大学校刊》的记载。

5月9日 星期六 微雨

> 方志超来。赵凤涛来。董伯豪来。刚复于午后到。下午开第一次校务会议。

> 晨六点起。七点半方志超来。方系诸暨人,民国大学毕业,已在校十载,担任党义等课程,意欲多加钟点,担认训育等事。中大法律学系主任赵之远介绍其弟凤涛来,系本校法政系毕业生。又董伯豪来。接梅迪生电,询此间待遇如何。

> 下午四点开第一次校务会议,到廿三人,余主席,振公纪录。首由余报告,次倪志超报告经济状况。因报载郭任内交有十余万元之款,其实现款只七万元,而其中三万系庚款,二万系所得捐,此外尚有国库券四五万,则已抵押,不能动用。此外国外欠账四万元,商务欠六千余元均得还,已向外洋订购之书籍仪器尚有四万余元,共十三万元尚未付出,故收支相抵实差一万四千元。因此本年度已不能购买任何仪器矣。次讨论外国语文学系改称文学系案。陈嘉颐不赞同。决议设立中国文学系,设立史地系案未讨论通过。大学各院一年级不分系案,讨论最久,决议成立公共科目课程分配委员会,推定晓沧、刚复、乔年、苏步青、吴福桢五人。次讨论学生印刷品,以学校不津贴为原则。成立训育委员会。最后讨论上次校务会所遗留各案。文理学院三年级办暑期学校,决定由文理学院指导,以服务为目的。得举办之自治会成立案,交训育委员会。

> 接沈有乾交来《教与学——地理专号》 科学社转来梅迪生电 刘渭清妻函 江西省农业院(南昌莲塘)董函

> 寄葛成函 刘瑞恒函

图 3-2-2 《竺可桢全集(第 6 卷)》所载 1936 年 5 月 9 日竺可桢"日记"(截图)。引自竺可桢著:《竺可桢全集(第 6 卷)》,上海:上海科技教育出版社,2005 年,第 70 页。

第一次校务会议前后,竺可桢多次为延揽人才、充实师资等事与各方联系;如 5 月 21 日,竺可桢再次致函张其昀,说明学校聘任教师等情况:

晓峰同学惠睐:

日来叠接先后三惠书,因适值补行就职典礼,致稽裁答,尚希谅之。

赞虞(编者注:即缪凤林)、驾吾(编者注:即王焕镳)下学期均能来浙大,至为欣慰;将来如须浙大致函中大,说明暂假赞虞来此,亦无不可。至于史地系之经费如干,目前全校预算尚未确定,不能揣拟一数目,但浙大经常费来年度不能较本年度为多,则系确定之事实。故新立史地、国文二系之预算,须从他处节省而来;同时,桢莅浙之初,即提倡校内仪器、图书、设备费之应增加;故此两笔费用,必须从行政费项下撙节,始有着落。但行政费总数亦不过每年九万,即使能省至一半,为数亦极有限也。故桢意,下年度史地、国文二系只能紧缩办理。国文系，拟只添一教授（或一教授、一助教）、一讲师（现只一讲师）。史地系除足下与赞虞外，可添两助教。画图最好能只聘一人，兼顾史地。如日后工作过多，再为添聘。

但最成问题者，即为李玉林君之薪水。因浙大薪水向来极薄，各级均然。助教薪水六七十元；薪水至一百廿元，则称讲师，须担任课程。李君既不任课（亦无此需要），薪水自不便独异（校中亦无研究员等名称）。可否另聘中大地系班级较低之毕业生，尚希尊酌（李君能否仍留资源会？）。

至于驾吾之薪水一百八十元之数，在讲师中已算优异。苏君毓棻在校五年（民廿年来），现在月薪亦只180元。如桢新聘之教授、讲师薪水，较旧有而任职四五年之教员为高，于理既未当，且足以贻人以口舌也。

幼南（编者注：即景昌极），桢亦极思罗致。但一方以限于经费（现有哲学教授毛君兼教法文），而同时外间宵小已有桢将在浙大造成东南清一色势力之谣言。虽桢本抱人材之义，只求扪心无愧，而同时对于善于掀风作浪之人，亦不能不有所顾忌。好在幼南出洋在即。异日远游归来，再为聘延，何如？

余不一一。……专此

即颂近佳。

赞虞、幼南，均此不另。

友生 竺可桢 顿首
廿五年五月廿一日①

3.1936 年 5 月 27 日

5 月 27 日，即教育部 29 日正式批复之前两天，竺可桢应该已经知道教育部同意设立史地学系的结果。当时，竺可桢到南京教育部，会晤王世杰，谈及增设学系之事。5 月 27 日"日记"载："关于设史地、国文二系，雪艇（编者注：王世杰，时任教育部长）意史地最好能改为历史或地理，免得以后再改。余则以为二者得并存。关于国文系，拟改为暂时筹备，因国文系成立则诗、词章、中国文学史等科目均须成立也。余颇然其说。"②

王世杰之所以有此一问，盖因 1929 年颁布的《大学规程》，已经明确规定："大学文学院或独立学院文科，分中国文学、外国文学、哲学、史学、语言学、

---

① 《竺可桢给张其昀的信札》，载《浙江大学馆藏档案 2011》，第 6—7 页。

② 竺可桢：《竺可桢全集（第 6 卷）》，上海：上海科技教育出版社，2005 年，第 81 页。

社会学、音乐学及其他各学系","大学理学院或独立学院理科,分数学、物理学、化学、生物学、生理学、心理学、地理学、地质学及其他各学系,并得附设药科"(第六条);即历史学属于"文科"系科,地理学属于"理科"系科,史、地合系,于当时的相关规定而言,颇有冲突;而在当时的多数大学中,也均史、地分别设系,且分列文、理两院。

该处记载即清楚地表明竺可桢对"史地合一"办学模式的认同。在这段记载之中,可以体会浙江大学确定"史地合系"的设系方式,与竺可桢的教育思想也有密切关系,即"关于设史地、国文二系,雪艇意史地最好能改为历史或地理,免得以后再改。余则以为二者得并存"。当然,该处"日记"中所记过于简略,未详细述及何以"二者得并存"的原因。

(二)张其昀"史地合一"的办学理念

张其昀(1900.09.29—1985.08.26),字晓峰,浙江鄞县(今浙江省宁波市海曙区)人。1919年入南京高等师范学校国文史地部,1923年毕业后,在上海商务印书馆任初、高中地理教科书编辑。1927年至南京中央大学地理系执教,历时十载。其间曾漫游东北与西北边疆各省。1936年夏,应浙江大学校长竺可桢之聘,至浙大创办史地系,担任系主任。1939年,又创设文科研究所史地学部(后改称"史地研究所")、史地教育研究室,并担任主任。1943年5月应美国国务院之邀,任哈佛大学访问教授。1945年11月返国后,复任史地学系主任,并于1946年1月兼任浙大文学院院长。张其昀在浙大史地系任职13年间,多方罗致学者来系执教,并大量购置图书设备,努力敦饬学风,故能造就众多人才。张其昀于1949年夏赴台湾,曾主持建立南海学园,设立历史博物馆、科学馆、艺术馆、教育资料馆,并创办"中国文化研究所"、中华丛书编审委员会、艺术专科学校等。卸任后,在台北阳明山华冈创建私立"中国文化学院"(现"中国文化大学"),设立华冈兴业基金会,对教育与文化事业贡献颇多。美国、韩国一些大学曾赠他以名誉文学博士学位。张其昀有专著200种,中文文章2296篇,英文文章107篇。曾监修《清史》和明、元、金、宋诸史之新刊本,以及《中文大辞典》,撰有《本国地理》、《政治地理学》、《中国地理研究》、《中华五千年史》等。[①]见图3-2-3。

作为学者,张其昀是中国现代人文地理学的开创人,也是中国近代历史地理学的重要倡导者和创建人之一。在方志学方面,其主编的《遵义新志》,在地方志发展史上占有重要地位。他也是中国第一位研究现代国家战略学(张其昀称为方略学、

---

① 谢恩光主编:《浙江教育名人》,杭州:浙江教育出版社,1994年,第999页。

图 3-2-3　张其昀先生（1900.09.29—1985.08.26）

地略学等）的学者。张其昀对中华文化眷恋倾恭，是中华文化复兴运动的重要领袖和儒学复兴运动的中坚，时间之长，影响之远，令人感念。他早年是南高史地学派和学衡派的重要成员，嗣后中大时代成为国风社的一位灵魂人物。再后于浙大创办《思想与时代》，汇集了张荫麟、谢幼伟、郭斌龢、熊十力、钱穆、贺麟、冯友兰等学者，世人评说当时浙大蔚然有重振东大学衡之风、复兴人文主义之势。

张其昀是竺可桢在南京高等师范学校（即后来的东南大学）文史地部培养出的第一批学生，专业选择地理方向。他在学术思想上深受乃师竺可桢、柳诒徵等的影响，张与两人之间的师生情谊也极为深厚。

张其昀的"史地结合"思想早在他求学时期即已萌芽发展。中学时代，张其昀即对历史与地理所体现的时空关系产生兴趣。进入大学后，他又开始对西方历史地理学发生浓厚兴趣，并首次将法国著名学者白吕纳与克米尔合著的《历史地理学》一书的主要内容译成汉文，发表在《史地学报》1923 年第 2 卷第 2 期上，这也是首次将西方近代历史地理学这一学科名称及其主要内容介绍到中国。在日后的史地研究与办学上，张其昀都深受白吕纳思想的影响。他在《地理学之新精神》一文中曾以白吕纳的话提醒人文地理学家："若于史学、经济学、哲学，无深切之修养，殆卑卑不足道也"；并指出："近三十年来，史学精神灌入各种社会科学，阐其疏通知远之教，影响至宏，结果至佳。"三四十年代，张其昀一再阐述史学、地学的密切关系，认为"史、地二学乃姊妹之学，犹车之两轮，鸟之两翼"，因而两者联系学习最为有益。后来他又反复强调了"时、空二者有不可分离之关系"，"时不离空，空不离时，史、地二学，一以知古，一以知今，互为经纬，相辅相成"

的观点。因此，可以说“史地结合，时空交织”是张其昀一贯的思想主张。基于这种主张，1936 年他来浙大后，即在竺可桢校长的支持下创办史地学系，并担任该系系主任。①

张其昀一直对家乡（即浙江省）相关事务甚为关心，对浙江大学 1935 年底以来的混乱局面也保持关注。“1936 年 3 月 7 日，张其昀闻政府有邀请竺可桢接长浙江大学之意，乃约胡焕庸晋见竺老师，促请接受。竺氏有意暂代，但以半年为限。3 月 10 日张其昀接竺老师函告，已允接任浙江大学校长职，以该校无地理教授，特函邀张其昀赴浙大讲学。3 月 15 日张氏趋竺先生处商谈，4 月 6 日晚赴竺先生处，谈及浙大情形。4 月 14 日与沈鲁珍（编者注：即沈思玙）在竺寓用午膳，谈及接任事。6 月张其昀自南京中央大学前来杭州浙大担任教授，在文理学院创办史地学系，出任系主任，史地结合是其特色。”②

竺可桢、张其昀两位师生“史地合一”的办学理念较为一致，因此，张其昀听从恩师召唤，毅然放弃出国计划，加盟浙大，出任浙大新成立的史地学系第一任主任，全力支持恩师的工作。

事实上，就在张其昀于 1936 年 3 月接受竺可桢邀请、来浙江大学创办史地学系之前，他曾于该年初接到过时任北京大学文学院院长胡适的邀请，“约我是年秋到北大教课，并附寄聘书”，“聘请作者的用意，是想建立地理学系”。因当时张其昀“打算赴英国研究一、二年”，遂婉拒邀请，复信“须俟英国回来后再看情形”。但不久因“师命不可违”，暂时放弃留英计划，来到浙大，“在新办的史地学

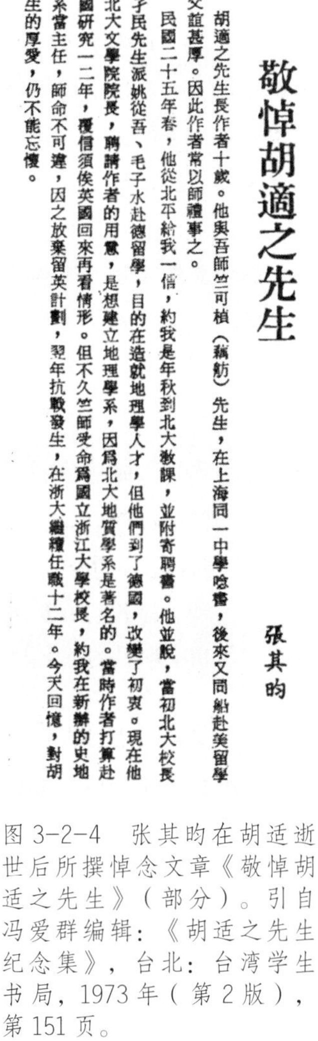
敬悼胡適之先生

張其昀

胡適之先生長作者十歲。他與吾師竺可楨（藕舫）先生，在上海同一中學唸書，後來又同船赴美留學，交誼甚厚。因此作者常以師禮事之。

民國二十五年春，他從北平給我一信，約我是年秋到北大教課，並附寄聘書。他並說，當初北大校長蔡孑民先生派姚從吾、毛子水赴德留學，目的在造就地理學人才，但他們到了德國，改變了初衷。現在他任北大文學院院長，聘請作者的用意，是想建立地理學系，因爲北大地質學系是著名的。當時作者打算赴英國研究一二年，覆信須俟英國回來再看情形。但不久竺師受命爲國立浙江大學校長，約我在新辦的史地學系當主任，師命不可違，因之放棄留英計劃，翌年抗戰發生，在浙大繼續任職十二年。今天回憶，對胡先生的厚愛，仍不能忘懷。

图 3-2-4　张其昀在胡适逝世后所撰悼念文章《敬悼胡适之先生》（部分）。引自冯爱群编辑：《胡适之先生纪念集》，台北：台湾学生书局，1973 年（第 2 版），第 151 页。

① 颜士之、许为民：《张其昀史地结合思想与浙江大学史地系办学特色》，载《浙江大学学报（社会科学版）》第 12 卷第 3 期（1998 年），第 55—60 页。

② 宋晞：《张其昀教授与浙大史地系所》，载阙维民主编：《史地新论——浙江大学（国际）历史地理学术研讨会论文集》，杭州：浙江大学出版社，2002 年，第 3—10 页（本处引文见第 3 页）。

系当主任"。[①] 见图 3-2-4。

张其昀在 1963 年所写的回忆浙大史地系的文章里，专门对浙江大学史地学系"史地合一"的办学宗旨有明确的阐述：

法国地理学家白吕纳（Jean Brunhes）曾说："二十世纪学术上最大的贡献，是史学精神与地学精神的综合。"盖一为时间的演变原则，一为空间的分布原则，两者相合，方足以明时空之真谛，识造化之本原。史地学系创立的宗旨在此。综合是我们的目的，分工是我们的方法。本系不但史、地分为两组，与他校独立成系者课程相仿；到了研究所则分析更细，例如地学门，又分为地形、气候和人文地理三组。但是我们认为史学组的学生能够练习野外习察的方法，地学组的学生能够练习整理文献的方法，都是终身受用不尽的。当然，史学精神与地学精神，演变原则与分布原则，也是任何其他学问所不容忽视的。大学之所以为大，就在于网罗百家，囊括大典，发生了交光互影、沾溉无穷的作用；又从不同学术的边际上，发生了异军突起、创造发明的功效。[②]

前述张其昀所概括的史地学系的传统，既是源于竺可桢、张其昀两位先生所具有的共同的办学理念，也是他们将之付诸实践，并精心引领、培育的结果。正是在竺、张两位先生"史地合一"的办学理念的影响下，史地学系广揽英才，汇聚了叶良辅、涂长望、黄秉维、任美锷、向达、谭其骧、张荫麟、陈乐素等一大批地学界和史学界的著名教授，培养了一大批卓有成就的著名学者。

三、设立"史地学系"的决策与批准过程

为史学、地学等系科的设立，竺可桢在广为延揽人才的同时，也在操作层面同步推进。1936 年 4 月 25 日，竺可桢正式到校视事；5 月 9 日，在其长校的第一次校务会议上，就提出了在文理学院内设立"中国文学系"和"史地学系"的"议案"，获得"校务会议"议决通过；随即上报教育部，于 5 月 29 日，增设"史地学系"一案得到正式批准。

[①] 张其昀：《敬悼胡适之先生》，载冯爱群编辑：《胡适之先生纪念集》，台北：台湾学生书局，1973 年（第 2 版），第 151—152 页。
[②] 张其昀：《序》，载谢觉民等撰：《国立浙江大学史地系成立二十五周年纪念集》，台北：私立中国文化研究所出版部，1963 年，第 1—6 页。

（一）1936 年 5 月 9 日校务会议议决拟设 **"史地学系"**

竺可桢到校伊始，在 1936 年 5 月 9 日第一次校务会议上，即提出增设中国文学系和史地学系的设想。《国立浙江大学校刊》第 250 期（1936 年 5 月 23 日）登载了 1936 年 5 月 9 日竺可桢长校后举行"第一次校务会议"的"记录"。该次校务会议上，提出了在文理学院增设"中国文学系"和"史地学系"的议案，并获得通过，随后上报教育部审核。见图 3-2-5。

从《校刊》的记载来看，两项提议均获通过；但从竺可桢"日记"的记载来看，则还是有些争论。5 月 9 日"日记"载："到廿三人，余主席，振公记录。首由余报告，次倪志超报告经济状况"；"次讨论外国语文学系改称文学系案。陈嘉颇不赞同。决议设立中国文学系。设立史地系案。未讨论，通过"。[1] 即当时的原初设想是将中国文学系与外国语文学系放在一起，统一设立"文学系"，但有人（如时为外国语文学系教授的陈嘉）反对，故决定另外单独设立"中国文学系"；而设立"史地学系"则"未讨论"，直接"通过"。教育部于 1936 年 5 月 29 日批复的结果，则是教育部仅同意设立"史地学系"，而"中国文学系"则暂缓设立（原因可能主要是师资尚较缺乏之故）。

国立浙江大学第一次校务会议记录

时间：二十五年五月九日下午四时（编者注：即 1936 年 5 月 9 日）

地点：校长公舍会议室

出席：陈建功、陆大京、柴志明、黄瑞纶、王国松、张德庆、储润科、胡刚复、黄中、吴福桢、李寿恒、顾毂宜、陈嘉、潘承圻、蔡堡、梁庆椿、周厚复、程复新、倪尚达、郑宗海、周明祥、沈秉鲁、苏步青。

主席：竺校长

记录：诸葛麒

甲、报告（略）

乙、议案

（一）文理学院增设中国文学系案：通过；

（二）文理学院增设史地系案：通过；

（三）各院一年级不分系案：（下略）。[2]

---

① 竺可桢：《竺可桢全集（第 6 卷）》，上海：上海科技教育出版社，2005 年，第 70 页。
② 《国立浙江大学校刊》第 250 期（1936 年 5 月 23 日）。

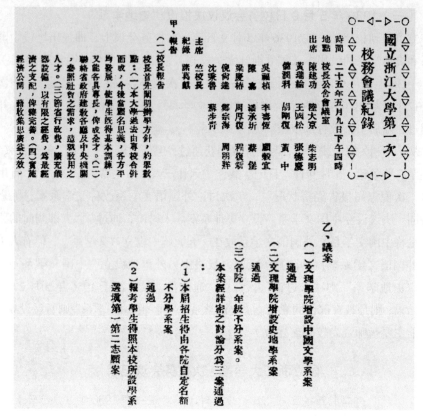

图 3-2-5　《国立浙江大学校刊》第 250 期（1936 年 5 月 23 日）所载第一次校务会议记录。引自《国立浙江大学校刊》第 250 期（1936 年 5 月 23 日）。

（二）1936 年 5 月 29 日教育部正式批准增设"史地学系"

《国立浙江大学校刊》第 252 期（1936 年 6 月 6 日）登载了 1936 年 5 月 29 日教育部的批复（廿五年发国玖 12 第七四二五号），正式批准国立浙江大学从 1936 年 8 月起（即"准自二十五年度起"），在文理学院设立史地学系（"中国文学系"则暂未批准，迟至 1938 年 8 月起，始正式设立）。见图 3-2-6。

教育部核准本大学增设史地学系
中国文学系则暂从缓设

本大学过去由专校合并而成，为求顾名思义及各方平均发展，并使学生既得基本训练，又各具专长，俾成全才起见，业经上月九日第一次校务会议通过，于文理学院增设中国文学系及史地学系，各情曾志本刊第二百五十期。

日昨奉教育部指令，准自二十五年度起，增设史地学系；至中国文学系则暂从缓议。兹照录教育部原文如次：

教育部指令（廿五年发国玖 12 第七四二五号）

令国立浙江大学：

二十五年五月二十三日呈一件——

为呈报自二十五年度起文理学院增设中国文学系及史地学系，祈鉴核备案由。

呈悉。准予该校自二十五年度起，增设史地学系，所需经费，即就该校原有经费，搏节开支。至增设中国文学系，应暂从缓议，俟师资较为充实后，再行呈候核办。仰即知照。此令。

中华民国二十五年五月二十九日

部长：王世杰[①]

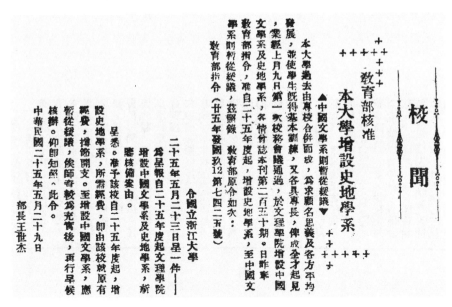

图 3-2-6　《国立浙江大学校刊》第 252 期（1936 年 6 月 6 日）所载教育部批复同意设立"史地学系"的报道。引自《国立浙江大学校刊》第 252 期（1936 年 6 月 6 日）。

"史地学系"正式获准设立后，随即开始筹建工作，如多方聘请教员，并纳入 1936 年度新生的招生计划。至该年 8 月初新学年开始，史地学系正式建立；9

———————————

①　《国立浙江大学校刊》第 252 期（1936 年 6 月 6 日）。

月初，第一届新生（1936级）入学。当时一些主要报刊对此都有报道，如《申报》在该年9月1日“教育新闻”栏目中，以《浙大增史地学系，聘张其昀为主任》为题，报道如下（见图3-2-7）：

> 国立浙江大学文理学院本设有教育学系、外国语文系（英文组）、数学系、物理学系、化学系、生物学系。本年度该校鉴于历史、地理二科在民族复兴上居重要地位，而浙省先贤于中国史学源远流长，尤多光耀，爰经校务会议议决，呈准教育部，新设史地学系，延聘张其昀氏为主任。张氏任中央大学教授前后十年，曾兼任中央政治学校教授及资源委员会专门委员，并被选为中央研究院评议员，学问渊博，著述宏富，近年又主编《地理学报》《国风》《方志》等刊物，颇多贡献。该系所聘教授，如朱庭祜氏，曾任两广地质调查所所长、安徽教育厅厅长、贵州省政府委员，担任自然地理；景昌极氏，曾任东北、四川、中央各大学教授，担任学术史；又顾穀宜、苏毓棻、费巩诸氏，原在浙大担任史地，现仍续聘；兼任教授有陈训慈氏，现任浙江省立图书馆馆长，担任中国近世史。又闻该系内分历史、地理两组，俾通识与专精双方兼重。[①]

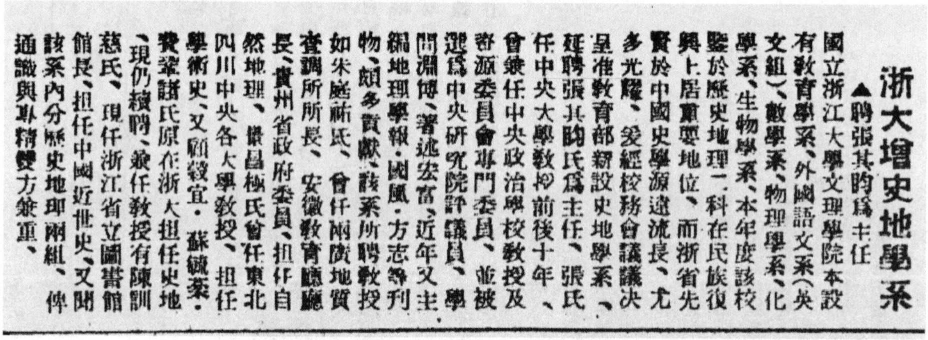
浙大增史地學系
▲聘張其昀爲主任
國立浙江大學文理學院本設有教育學系、外國語文系（英文組）、數學系、物理學系、化學系、生物學系、本年度該校鑒於歷史地理二科在民族復興上居重要地位、而浙省先賢於中國史學源遠流長、尤多光耀、爰經校務會議議決、呈准教育部新設史地學系、延聘張其昀氏爲主任、張氏任中央大學教授前後十年、曾兼任中央政治學校教授及資源委員會專門委員、並被選爲中央研究院評議員、學問淵博、著述宏富、近年又主編地理學報·國風·方志等刊物、頗多貢獻、該系所聘教授、如朱庭祜氏、曾任兩廣地質調查所所長、安徽教育廳廳長、貴州省政府委員、担任自然地理、景昌極氏曾任東北四川中央各大學教授、担任學術史、又顧穀宜·蘇毓棻·費鞏諸氏原在浙大担任史地、現仍續聘、兼任教授有陳訓慈氏、現任浙江省立圖書館館長、担任中國近世史、又聞該系內分歷史地理兩組、俾通識與專精雙方兼重、

图3-2-7 《申报》1936年9月1日“教育新闻”栏目中题为《浙大增史地学系，聘张其昀为主任》的报道。引自《申报》1936年9月1日。

随着1936学年（即1936年8月）起“史地学系”的增设，文理学院内部的学系增加到7个。至1938年7月之前，文理学院设有外国语文、教育、史地、数学、物理、化学、生物七个学系。

① 《浙大增史地学系，聘张其昀为主任》，载《申报》1936年9月1日。

因为当时国立大学统一规定的学期起讫时间，新学年起自当年 8 月 1 日，所以一般表述中，新的学系均按照 8 月 1 日作为其开始的时点。这样，就"史地学系"而言，可以认为其正式开始于 1936 年 8 月 1 日（该年新学期开始上课以及新生入学的时间都是 9 月初）。

在当时相关文献的表述中，也多是这样的记述，如 1940 年 9 月在遵义复刊的《史地杂志》第 1 卷第 3 期中，最后"附录"一篇（见图 3-2-8），题为"国立浙江大学文学院、师范学院史地学系概况"，在"沿革"部分的开头，即称：

> 本系系于民国二十五年八月（编者注：即 1936 年 8 月）成立，初隶于文理学院。二十七年八月（编者注：即 1938 年 8 月）本校师范学院成立，内设六系，本系亦为其一。二十八年八月（编者注：即 1939 年 8 月），文理学院分为文学院与理学院，本系隶属于文学院。文、师二院之史地学系实相需相依，其行政与师资、设备，现仍合一。[①]

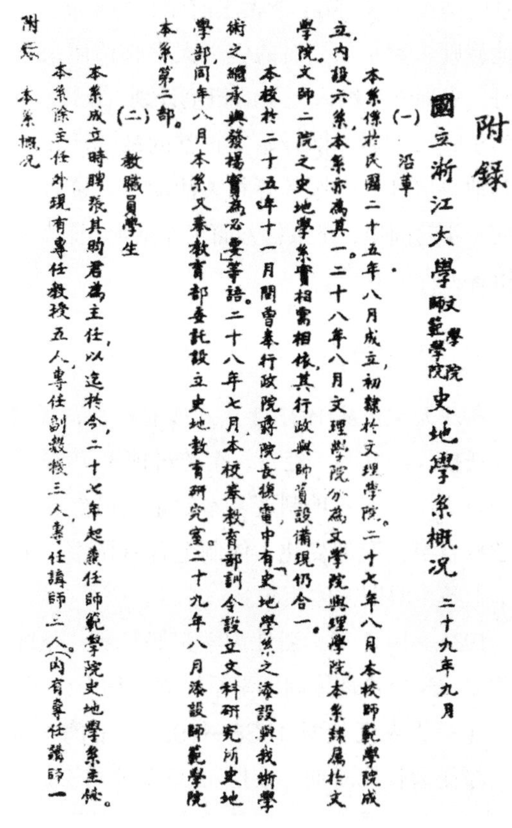

图 3-2-8　《史地杂志》第 1 卷第 3 期（1940 年）所载史地学系概况。引自《史地杂志》第 1 卷第 3 期（1940 年），第 63 页。

國立浙江大學師範學院史地學系概況　二十九年九月

附錄

(一) 沿革

本系係於民國二十五年八月成立初隸於文理學院二十七年八月本校師範學院成立內設六系本系亦為其一二十八年八月文理學院分為文學院與理學院本系隸屬於文學院文師二院之史地學系實相需相依其行政與師資設備現仍合一。

本校於二十五年十一月間奉行政院蔣院長條電中有"史地學系之添設與我術學術之繼承與發揚實為必要"等語二十八年七月本校奉教育部訓令設立文科研究所史地學部同年八月本系又奉教育部委託設立史地教育研究室二十九年八月本系添設師範學院本系第二部。

(二) 教職員學生

本系成立時聘張其昀君為主任以迄持今二十七年起兼任師範學院史地學系主任。

本系除主任外現有專任教授五人專任副教授三人專任講師二人（內有兼任講師一人）

附錄　本系概況

[①] 《附录：国立浙江大学文学院、师范学院史地学系概况》，载《史地杂志》第 1 卷第 3 期（1940 年），第 63—66 页。

第三节　史地学系设立初期的系务运作、教师聘任和招生、教学等情况

　　史地学系在其酝酿设立的 1936 年初，竺可桢就确定聘请张其昀为该系主任；该系的师资力量，除了浙大之前原有的 3 位史学类教师顾毂宜、费巩和苏毓菜之外，其他教师多数是从当时的中央大学聘请而来，也有部分兼职教师。在师资引进的同时，史地学系纳入当年的招生计划，8 月底正式发榜录取新生；至同年 9 月份新学年正式开学后，即开始了正常的教学活动。随后，在张其昀的主持下，陆续展开其他科研和社会服务等相关活动。在抗日战争全面爆发前"史地学系"成立最初的一年时间里，该系各方面工作渐上正轨，并在社会上逐渐具有了一定的影响，获得各方面的赞誉。

一、系务运作

　　浙江大学自从 1927 年正式成立以来，经过蒋梦麟、邵裴子、程天放、郭任远等几任校长的擘画、经营，至竺可桢于 1936 年初接任校长一职之时，学校的校政已经较为统一，各项制度基本健全。虽然在不同时期，根据当时国家统一的规定和学校自身情况的变化，体制上各有调整，但就学系层面的管理和事务而言，则基本上各个时期大体相同。

　　1936—1937 年，浙江大学正好经历"驱郭运动"后郭任远离职与竺可桢长校的波动，学校管理体制、学系设立等均发生了一些变化。

（一）浙江大学 1936—1937 年的学校体制

　　郭任远长校时期，按照 1935 年 9 月 28 日修订的《国立浙江大学组织规程》的规定，学校层面，由校长负责行政事务，重大决策由"校务会议"决定，另设"教务处"、"总务处"和"军事管理处"等负责教学、后勤和学生训导等事项；还有各种"委员会"等，协助讨论和处理相关事宜；学院层面，院长负责学院行政事务，院内重大事项通过"院务会议"决定；学系层面，则由系主任负责系内行政事务，系内相关事项亦通过"系务会议"决定。

　　竺可桢 1936 年 4 月份来校初期，学校事务基本按照该体制运作；主要变化是行政序列中，之前的"军事管理处"不再设立，于 5 月后另设"训育委员会"。

　　1937 年 3 月，学校正式公布了新修订的《国立浙江大学组织规程》，对有关变化予以确认。该《规程》所确定的组织架构，一直延续到 1939 年。

国立浙江大学组织规程

第一章 总则

第一条 本大学定名为国立浙江大学,直隶于教育部。

第二条 本大学依据中华民国教育宗旨及实施方针,以阐扬文化,研究学术,养成健全品格,培植专门人才为宗旨。

第二章 组织

第三条 本大学之组织如下:

一、学制组织

文理学院:设外国语文学、教育学、史地学、数学、物理学、化学、生物学等七学系;

工学院:设电机工程、化学工程、土木工程、机械工程等四学系;

农学院:设农艺、园艺、病虫害、蚕桑、农业经济等五学系;

各学院之学系,有必要时,得再分组。

二、行政组织

教务处:设注册、图书、体育等三课;

总务处:设文书、事务、会计、医务等四课;

训育委员会:设训育、军训等两部。

第四条 本大学受浙江省政府之委托,设代办浙江省立杭州高级工业职业学校及代办浙江省立杭州农业职业学校,分隶于工、农两学院。各该校之组织规程另订之。

第五条 本大学得添设研究院及其他学院或学系。

第六条 本大学因学术及行政上之需要,得添设其他部分。

第三章 教员及职员

第七条 本大学设校长一人,总理全校校务,由国民政府任命之;校长办公室,设秘书一人,秉承校长,处理本室及校长所指定事项,由校长聘任之。

第八条 本大学各学院,各设院长一人,商承校长,总理各该院院务,由校长聘任之。

各学院得各设副院长一人,襄助院长处理院务。

各学系各设系主任一人,教授、副教授、讲师、助教各若干人,由各该院院长商请校长聘任之。

各学系之分组者，得设组主任，由各该院院长就该系教授、副教授中，商请校长聘请兼任之。

第九条　本大学教务处，设教务长一人，秉承校长，处理教务及本处事务，由校长聘任之。

注册、图书、体育三课，各设主任一人，秉承校长、教务长，分别处理注册、图书、体育事宜，由校长聘任之。

第十条　本大学总务处，设总务长一人，秉承校长，处理本处事务，由校长聘任之。

文书、事务、会计、医务四课，各设主任一人，秉承校长、总务长，分别处理文书、事务、会计、医务事宜，由校长聘任之。

第十一条　本大学训育委员会，委员人数定为十三至十七人，由校长聘任之。计划及审核本大学学生一切训导事宜，交训育部或军训部执行之。

训育部设主任一人，秉承校长、训育委员会处理训育事宜，训育员若干人，协助训育部主任处理训育事宜。

军训部设主任教官一人，秉承校长、训育委员会处理学生军事管理及军事训练事宜，教官若干人，协助主任教官分别处理军事管理及军事训练事宜。

第十二条　本大学因事务上之需要，得在各部分设主任、处员、课员、文牍员、助理员、书记等；主任由校长聘任，处员等由校长任用之。

第十三条　本大学各部分办事细则另订之。

第四章　会议及委员会

第十四条　本大学设校务会议，以校长、各学院院长、副院长、教务长、总务长、训育委员会主席、各学系主任及教授、副教授所选出之代表若干人组织之；以校长为主席。

第十五条　本大学各学院，各设院务会议，以院长及各学系、各学组主任组织之，以院长为主席。

第十六条　本大学各处，各设处务会议。

第十七条　本大学因校务上之需要，得设各种委员会；各种委员会委员，均由校长就教职员中聘请兼任之。

第十八条　本大学校务会议及其他各种细则另订之。

第五章 附则

第十九条 本规程呈请教育部核准后，由校长公布施行。

第二十条 本规程如有未尽事宜，得由校长随时呈请教育部核准修正之。①

（二）史地学系的组织架构及系务运作

1. 组织架构

根据《国立浙江大学组织规程》的规定，浙江大学的"学制组织"分为"学院"、"学系"；学系隶属于学院，"各学系各设系主任一人，教授、副教授、讲师、助教各若干人，由各该院院长商请校长聘任之"。在特殊情况下，即如果个别学系较大或内部专业较多，还可进一步"分组"；"各学系之分组者，得设组主任，由各该院院长就该系教授、副教授中，商请校长聘请兼任之"。

"史地学系"因史地合一，实际上涵盖属于文科的历史学和属于理科的地理学，所以进一步划分为"历史组"（简称"史组"）和"地理组"（简称"地组"）。根据当时（1936年9月）制定的《浙江大学史地学系规程》的表述："本系分历史、地理两组，两组课程规定与各大学史学、地学单独成系者相仿，以期造成完美之历史学及地理学之人才。"这说明，虽然浙大"史地"为一个系，但其中的"史组"、"地组"，其课程设置等均相当于"历史系"和"地理系"（该系英文名称即为：Department of History and Geography, National University of Chekiang）。②见图3-3-1。

其中，"历史组兼重中国史与世界史"，"地理组兼重人文地理与自然地理，于气象学、地质学之功课均有相当分量"；这说明，"史组"进一步细分为"中国史"与"世界史"，"地组"进一步细分为"地理学（包括自然地理学和人文地理学）"、"气象学"和"地质学"；均可理解为相当于专业方向。另外，还明确"历史组学生得以地理组为辅系，地理组学生亦得以历史组为辅系"；这样，即学生可以不必另选其他系科为辅系；这些也说明"史组"、"地组"具有"系"的性质。同时，还规定了学生毕业的学分要求："本校毕业总学分规定除军训、看护、体育及党义外，须修毕一百三十二学分，主系学分至少四十学分，辅系学分至少二十学分。"③

1946年初，李絜非在关于史地学系概况的介绍文章中，对此有更细致的说明：

本系分史、地两组，自二年级开始，分组课程，大致依照部颁史学系与

---

① 《国立浙江大学日刊》第146期（1937年3月23日）。
② 《史地杂志》第一卷第一期（创刊号），1937年5月，封底。
③ 《浙江大学史地学系规程》，载《史地杂志》第1卷第1期（1937年），第87—88页。

HISTORY AND GEOGRAPHY

Vol. I, No. 1   May 1937

CONTENTS

ARTICLES:

Foreword

Regions of National Defence in the Chinese History ··· ··· *Chang G. Yun*

A Discussion on the Three Rivers of "Yü Kung"(禹貢)···*Yang Min Tseng*

The Pictures of "Shan Hai Ching"(山海經)and Foreign Maps ··*Wang I Chung*

A Study of the Name of the Mother of Empress Wu Chao (武瞾)

··· ··· ··· ··· ··· ··· ··· ··· ··· ··· ··· ··· ··· ··· ··· *Yu Ta Kang*

Corrigenda of "Yuan History" of the Biographies of He Ching(郝經),Kao

Ming(高鳴)and Chang Tê Hui(張德輝)··· ··· ··· ··· ···*Chen Shu T'ao*

A Biography of Kuo Sung Tao (郭嵩燾)··· ··· ··· ··· ··· ···*Liu Ting Sun*

The Scenery of Chekiang Considered in Relation to Geology···*Jen Mei Ngo*

The Agricultural Regions of the Five North-Western Provinces

··· ··· ··· ··· ··· ··· ··· ··· ··· ··· ··· ··· ··· ··· ··· *Lee Hai Zen*

The Historical Background of the Spanish Rebellion ··· ··· ···*Fei Kung*

Schooldays in Soviet Russia··· ··· ··· ··· ··· ··· ··· ···*Ku Kuo Nie*

An Account of "Wu Lin Fang Hang Chih" (武林坊巷志)—a Historical

Geography of Hangchow··· ··· ··· ··· ··· ··· ··· ··· ··· ···*Chang Ning*

Recent Japanese Publications on the Manchurian Problems··*Kao Mon Chien*

The National University of Hangchow during the South Sung Dynasty

(1131—1276)··· ··· ··· ··· ··· . ··· ··· ··· ··· ···*Chang G. Yun*

The Life of Su Tung Po (蘇東坡) during his Residence in Hangchow

··· ··· ··· ··· ··· ··· ··· ··· ··· ··· ··· ··· ··· ···*Chang G. Yun*

APPENDICES:

The Curriculums of the Department of History and Geography of

Chekiang University

Department News

PUBLISHED BY THE DEPARTMENT OF HISTORY AND GEOGRAPHY

NATIONAL UNIVERSITY OF CHEKIANG

HANGCHOW, CHINA

Foreign Annual Subscription: $ 1.00 gold. Postage Free.

图 3-3-1 《史地杂志》第 1 卷第 1 期（1937 年）所附英文页。引自《史地杂志》第 1 卷第 1 期（1937 年），封底。

地理系课程办理。三、四年级依照学生兴趣与能力，授以进修之门径，史学组分中国史、西洋史两门，地理组分人文地理、自然地理、气象三门。各门设选修课程若干种……①

总的来看，就学系管理架构而言，大致可分为两个层级，即"系—组"，各由"系主任""组主任"负责，史地学系即下分为"史组"和"地组"。但在实际的运作中，因当时教职员工人数较少，基本上以教师为主，几乎没有专职的行政人员，系主任亦由教授或副教授兼任，其他如绘图员、书记员等兼理杂务，所以内部机构划分并不完备；教师虽然根据自己的专业，大致归为"史组"或"地组"，但仅是为了教学方便；各项系里的相关事务，基本上在"学系"层面统一处理。

2. 系务运作

史地学系于 1936 年 9 月新学期开学、教师和学生均基本到位后，亦组织了"系

---

① 李絜非：《本系概况》，载《史地通讯》第 2 期（1946 年），第 2 页。

务会议”，讨论、决定系内相关事项。根据《国立浙江大学日刊》的记载，史地学系第一次系务会议，于 1936 年 9 月 26 日下午召开，当时全系教师均参加了会议；会议由系主任张其昀主持，主要讨论了该系的课程设置情况，并就购置图书在史学、地学两专业的经费分配等确定了比例，最后决定于近日召开该系学生的“谈话会”。见图 3-3-2。

史地学系系务会议纪略

史地系于二十六日下午四时举行第一次系务会议，出席教授（编者注：此期所聘均为“副教授”，尚无正“教授”）、助教有：景昌极、顾榖宜、苏毓棻、陈训慈、费巩、朱庭祜、张其昀、李玉林、柳定生等九人，由该系主任张其昀主席，对该系拟开学程详加讨论，第一学年至第四学年历史组与地理组必修及选修学程俱有规定，其次对该系购置图书经费就史地两组及中外书籍酌定比率，其他尚有数议案不备录，并闻该系拟于日内召集本系学生举行谈话会云。[①]

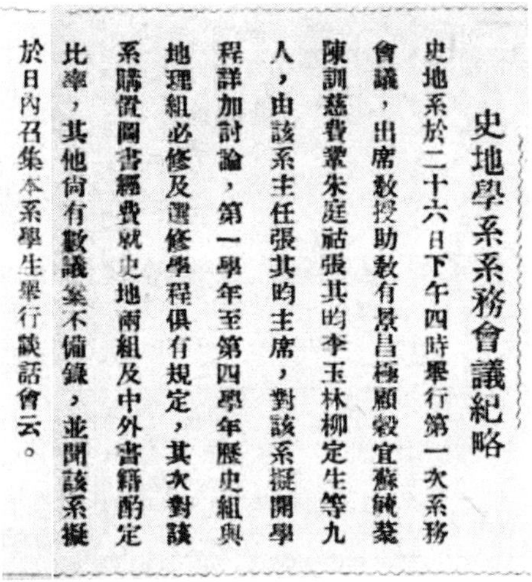
史地學系系務會議紀略

史地系於二十六日下午四時舉行第一次系務會議，出席教授助教有景昌極顧穀宜蘇毓棻陳訓慈費鞏朱庭祜張其昀李玉林柳定生等九人，由該系主任張其昀主席，對該系擬開學程詳加討論，第一學年至第四學年歷史組與地理組必修及選修學程俱有規定，其次對該系購置圖書經費就史地兩組及中外書籍酌定比率，其他尚有數議案不備錄，並聞該系擬於日內召集本系學生舉行談話會云。

图 3-3-2　《国立浙江大学日刊》第 25 号（1936 年 9 月 29 日）所载“史地学系系务会议纪略”。引自《国立浙江大学日刊》第 25 号（1936 年 9 月 29 日）。

该报道中所提及的“对该系拟开学程详加讨论，第一学年至第四学年历史组与地理组必修及选修学程俱有规定”，应该就是指讨论和制订《国立浙江大学史地学系规程》。该规程后来登载于 1937 年 5 月出刊的《史地杂志》第 1 卷第 1 期（创刊号）。见图 3-3-3。

浙江大学史地学系规程

本系分历史、地理两组，两组课程规定与各大学史学、地学单独成系者相仿，以期造成完美之历史学及地理学之人才。历史组兼重中国史与世界史，地理组兼重人文地理与自然地理，于气象学、地质学之功课均有相当分量。

① 《国立浙江大学日刊》第 25 号（1936 年 9 月 29 日）。

又历史组学生得以地理组为辅系，地理组学生亦得以历史组为辅系。本校毕业总学分规定除军训、看护、体育及党义外，须修毕一百三十二学分，主系学分至少四十学分，辅系学分至少二十学分。

兹将本系四年全部课程列表如左：

		第一学年	第二学年	第三学年	第四学年
（一）史、地二组公共必修	（甲）历史组	中国近世史（全年四学分）地学概论（全年四学分）	西洋近世史（全年四学分）本国地理概论（全年四学分）	中国文化史（全年四学分）世界地理（全年四学分）	
	（乙）地理组	同前	本国地理概论（全年四学分）	西洋近世史（全年四学分）世界地理（全年四学分）	中国文化史（全年四学分）
（二）历史组必修			中国中古史（全年四学分）	中国古代史（全年四学分）西洋上古史（全年四学分）西洋中古史（全年四学分）	西洋文化史（全年四学分）史学及阅读（全年四学分）& 历史研究
（三）历史组选修			日本史/下（半年三学分）	中西交通史/上（半年三学分）中国近五十年史（半年三学分）历史地理/下（半年三学分）中国政制史/上（半年三学分）★印度史（半年二学分）世界经济史（全年四学分）★中国民族史/上（半年二学分）	★人类学/上（半年三学分）★考古学/下（半年三学分）中国思想史/上（半年三学分）西洋思想史（全年四学分）中国经济史/上（半年三学分）俄国史/下（半年二学分）英国史/上（半年二学分）★美国史/下（半年二学分）中学历史教育（半年二学分）

	第一学年	第二学年	第三学年	第四学年
（四）地理组必修		普通地质学（全年四学分） 制图学（半年二学分）	本国地理分论（全年四学分） 气象学 / 上（半年三学分） 测量学 / 下（半年三学分） 地理实察 / 下（半年二学分） 历史地质学（半年三学分）	& 地理研究
（五）地理组选修		矿物学 / 上（半年三学分）	亚洲地理 / 上（半年二学分） 欧洲地理 / 下（半年二学分） 经济地理 / 上（半年二学分） 历史地理 / 下（半年二学分）	气候学 / 上（半年三学分） 地形学 / 上（半年三学分） 水文学 / 上（半年三学分） 构造地质学 / 下（半年三学分） 地球物理学 / 下（半年三学分） ★人类学 / 上（半年三学分） 经济地质学 / 上（半年三学分） ★海洋学 / 下（半年三学分） ★国防地理 / 下（半年二学分） ★美洲地理 / 上（半年二学分） 地理学史 / 下（半年二学分） 中学地理教育 / 下（半年二学分）

附注：（一）"上"指上学期开设者，"下"指下学期开设者。（二）有 & 记号者指毕业论文之预备，本系必修，但不给学分。（三）有★记号者每二年开班一次。[1]

---

[1] 《浙江大学史地学系规程》，载《史地杂志》第1卷第1期（1937年），第87—88页。

（附錄）浙江大學史地學系規程

本系分歷史地理兩組，兩組課程規定與各大學史學地學單獨成系者相仿，以期造成完美之歷史學及地理學之人材。歷史組兼重中國史與世界史，地理組兼重人文地理與自然地理，於氣象學地質學之功課均有相當分量。又歷史組學生得以地理組為輔系，地理組學生亦得以歷史組為輔系。本校畢業總學分規定除軍訓看護體育及黨義外，須修畢一百三十二學分，主系學分至少四十學分，輔系學分至少二十學分；茲將本系四年全部課程列表如左：

		第一學年	第二學年	第三學年	第四學年
（一）史地二組公共必修	（甲）歷史組	中國近世史（全年四學分） 地學概論（全年四學分）	西洋近世史（全年四學分） 本國地理概論（全年四學分）	中國文化史（全年四學分） 世界地理（全年四學分）	
	（乙）地理組	全前	本國地理概論（全年四學分）	西洋近世史（全年四學分） 世界地理（全年四學分）	中國文化史（全年四學分）
（二）歷史組必修			中國中古史（全年四學分）	中國古代史（全年四學分） 西洋上古史（全年四學分） 西洋中古史（全年四學分）	西洋文化史（全年四學分） 史學史及閱讀&歷史研究（全年四學分）

附錄　　八七

图 3-3-3　《史地杂志》第 1 卷第 1 期（创刊号，1937 年 5 月）所载《浙江大学史地学系规程》（部分）。引自《史地杂志》第 1 卷第 1 期（1937 年），第 87 页。

二、教师聘任及初期教师情况

1912 年民国成立以来，政府对大学教育逐渐重视，教育部先后颁布了多项有关大学教育的法令，其中涉及高校教师晋升、薪俸、抚恤及大学教授、助教授、讲师等设立与聘任的问题。1927 年南京国民政府成立后，6 月 15 日国民政府教育行政委员会公布《大学教员资格条例》，明确将大学教员划分为教授、副教授、讲师、助教四等。1929 年，国民政府公布《大学组织法》，规定：大学各学院教员分为教授、副教授、讲师、助教四等。同时，对各级教员的任职资格也做了规定。

（一）浙江大学的教师聘任制度

浙江大学 1927 年正式成立后，初期基本按照全国统一的体制聘任教师（即 1927 年 6 月 15 日国民政府教育行政委员会公布的《大学教员资格条例》）。1932 年 5 月，学校正式制定了《国立浙江大学聘任教员规则》，详细规范了聘任教师的程序和方式，此后又经过多次修改。以 1932 年 5 月制定的《规则》为例，对教师聘任和教学要求等方面，浙江大学均有详细的规定：

——聘任程序和方式上，由大学寄发"聘书"，应聘者同意后应于 2 周内寄回"应聘书"（"国立浙江大学各学院教员，由大学校长主聘，授课学院之院长副署"，"各学院教员，由大学致送聘书"，"应聘教员，应于接到聘书后两星期内，寄送应聘书"，"教员聘约，自大学接到应聘书时始，即为确定"）；"教员聘任期间，由各学院决定之。双方同意时，期满得续约，续约次数无限制"，"续约由授课学院之院长，于约满两个月前，通知关系之教员。其致送聘约之手续，与初聘时同"。

——教员性质方面，教员应以"专任"为主，但"各学院于必要或便利时，得聘任兼任教员"，且"国立浙江大学专任及兼任教员，在聘任期内，对于大学或各学院所委托之任务，均有担任之责任"。

——薪俸报酬方面，"专任教员"以国家统一的规定为准，"各学院专任教员之薪俸，每年按十二个月致送"，"兼任教员之薪俸，由致聘之学院依其资格及所任教程之性质时数定之"，"兼任教员，每年按十个月致送，一月、七月各送半个月，八月不送，余月照送"。

——教员授课时间，则规定"专任教员授课时间，以每周十二小时至十五小时为率。但因特别原因，学校得减少某一教员授课之时数。指导实验时数，视讲演时数折半计算。兼任教员授课时数，平常以每周不过十小时为限"。

——教员请假，依照本大学《教员请假代课及补课办法》办理。[1]

郭任远 1933 年 4 月长校后，当年 9 月对"聘任教员规则"作了修订，如第一条改为"国立浙江大学各学院教员，由大学校长聘任之"，而不再需要"学院院长副署"，显然是校政更加统一之故；并制定《国立浙江大学教员待遇规则》和《国立浙江大学专任教员兼课规则》等。[2] 其中《国立浙江大学教员待遇规则》，明确了浙江大学教员的职称系列和升等条件和程序，如第 1 条规定："本大学教员，分为教授、副教授、专任讲师、兼任讲师、助教五级。"第 3 条规定："教员升级，以研究及授课成绩为标准。"第 4 条规定："各系教员研究或授课成绩优异者，每年于 5 月间，由院长及系主任之提议，经校长之核准，得分别升级。"

竺可桢于 1936 年 4 月出任浙江大学校长后，基本沿袭了相关规定，个别略有修改，如对普通教师而言，聘任人选主要由学院院长决定（但须征得校长同意）。1937 年制定的《国立浙江大学组织规程》，对此即明确规定："各学系各设系主任一人，教授、副教授、讲师、助教各若干人，由各该院院长商请校长聘任之。"

（二）史地学系初期的教师聘任情况

竺可桢对大学教师的选聘极为重视，他认为："一个学校实施教育的要素，最重要的不外乎教授的人选、图书仪器等设备和校舍建筑。这三者之中，教授人才的充实，最为重要。教授是大学的灵魂，一个大学学风的优劣，全视教授人选为转移。假使大学里有许多教授，以作育后进为无上职责，自然会养成良好的学风，不断地培植出来博学敦行的学者。"[3] 为此，竺可桢多方罗致人才来校。对于史地学系（尤其是地学领域）而言，因为该领域他更为熟悉，所以联系、引进相关师资，他更是付出了极大的心血；如前引 1936 年 5 月 21 日他致张其昀的信函，主要讨论的就是师资及相关待遇问题；而现存该时期竺可桢"日记"的记载中，也多有竺可桢发函联系各方、罗致人才的记录。

同样，作为史地学系的直接主事者，张其昀亦为师资问题多方联络。1936 年 4 月，张其昀接受竺可桢邀请，拟去浙江大学创办史地学系，时陈训慈正任浙江省立图书馆馆长；张其昀即于 5 月函邀陈训慈来浙大任教："赞兄经弟力劝，已允来杭，湖山无恙，重聚故人，想吾兄亦不无忧乐交萦之感也。史地系现有专任四人，

---

[1] 《国立浙江大学一览》（1932 年度），第 274—275 页。
[2] 《国立浙江大学校刊》第 142 期（1933 年 9 月 9 日）。
[3] 《竺校长训词（二十五年四月二十五日第一次对学生训话记录）》，载《国立浙江大学校刊》第 248 期（1936 年 5 月 9 日）。

原有顾、苏二先生续聘，规模已立，弟至望兄担任一课（题目可商酌），以资增重，想荷赞同，望赐复为幸。"陈训慈欣然应允，以兼职身份任教浙大史地系。抗战爆发后，浙大西迁，为是否继续任教浙大一事，陈训慈与张其昀多次书信、电话、电报往来，此在《陈训慈日记》中多有反映。如1938年1月8日，"下午作致张晓峰一信，告以馆务不能摆脱，拟乘此读书自修，守残余事业，不忍背弃以就大学。或先来吉安结束本期校课。历述心曲，不觉其词之长也"。1938年1月29日，"发一电报寄泰和浙江大学，告晓峰兄谓'以库书事不能来赣，本期课通信结束，下期课候示再定。'"1938年2月3日，"昨晚晓峰兄自吉安来电云：'近正考试，考毕续课，盼即来吉安专任。'至今仍持专任之前议。余近日为馆务之安定，自身生活之偷闲，与对本馆之道谊，意已略定，守此残局，今此电又使人意不能无动，亟待叔同来，俾与一商，是否可代负责。就兴趣言，自亦以赴赣为得计，适六弟信来，亦劝我应浙大聘，意又为转趋西向矣"。最终陈训慈继续接受浙江大学教职，省立图书馆长一职则由同事代掌。①

在竺可桢、张其昀等的努力下，至1936年9月新学年开学之初，史地学系师资队伍基本确定，并能够初步满足教学需要。如前引《申报》在该年9月1日题为《浙大增史地学系，聘张其昀为主任》的报道中，已经述及该系聘请的师资情况，并对主要教师（如张其昀、朱庭祜、景昌极、顾毂宜、苏毓棻、费巩、陈训慈）予以介绍。②

史地学系初期的教员大多有东南大学、中央大学背景。其中原因，主要是两个因素所造成：一方面是竺可桢、张其昀的东南大学、中央大学的背景，所聘请人员既较为熟悉，又有师生之谊，所以较易聘请来；另一方面，也不可否认，当时中央大学的史学、地学的教学和科研水平在国内是名列前茅的，尤其是地学（包括地质学、地理学、气象学等）方面，所以也是一时之选。

1.1936年度（1936.08—1937.07）

在史地学系开办的第一学年，即1936.08—1937.07，教员共计10人（该年度史地学系未聘教授，张其昀等均为副教授）③，另有绘图员1名：

——副教授：张其昀、景昌极、顾毂宜、朱庭祜、费巩、陈训慈（兼职）；

——讲师：苏毓棻；

① 吴忠良：《经世一书生——陈训慈传》，杭州：杭州出版社，2009年，第191—192页。
② 《浙大增史地学系，聘张其昀为主任》，载《申报》1936年9月1日。
③ 《国立浙江大学教职员学生通讯录（1936年度）》(1936年12月)，第19—20页。

——助教：李玉林、柳定生、郝颐寿；

——绘图员：何克明。

其中，顾毂宜、费巩、苏毓棻在竺可桢长校之前已经是浙大公共科目教员[1]，而其余7人均为新聘请人员。新进的7人中，除朱庭祜为前农商部地质研究所毕业，与东南大学没有直接的学缘关系外，其余6人，张其昀、景昌极、陈训慈皆毕业于东南大学前身南京高等师范，后皆任教过东南大学或中央大学，而3名助教李玉林、柳定生、郝颐寿则皆为中央大学毕业生。[2]

此外，还有随竺可桢一起从中央大学或中央研究院气象研究所来到浙大的沈思玙、诸葛麒等，此时出任学校的行政职务（沈思玙代理总务长，诸葛麒为校长秘书），二人也均为竺可桢在东南大学时期的学生，在之后相关专业课开设时，曾经在史地学系兼任一些地学课程。[3]

《浙大学生》1937年第3、4期（出版于1937年6月，为"浙大介绍专号"）所载署名"柽"所写的《史地学系概况》一文中，对该时期（1936.09—1937.06）的主要教师也有所介绍：

> 张其昀先生为我国人地学之开山大师，握全国地理学之权威，其广博专精之学识，为全国所景仰。曾任中央大学教授有年，去岁应聘为本系主任，兼任"本国地理概论"等课，本学期开"国防地理"班，阐发地理与军事之关系，深具独特之见地，我国言治军事地理学者，当自先生始。往年考察地理，足迹遍历西北各省，历时可一年，闻先生正从事著述游记，不日付刊，当有以享海内也。

> 朱庭祜先生曾任两广地质调查所所长，在云南、两广考察地质多年，学问经验，两皆丰富，在本系任"自然地理"、"普通地质学"、"矿物学"等课。近浙江省政府委托先生组织浙江矿产调查队，闻已领导其调查队开始工作，于浙省矿产之开发，必大有贡献也。朱先生平日亦常率学生游杭州附近诸山，作实地之观察，所以免闭门造车之弊。

> 景昌极先生为中国之思想家，著有《道德哲学论》等书，学贯乎中西，

---

[1] 《国立浙江大学教职员学生通讯录（1935年度）》（1936年3月），第35—36页。

[2] 张凯：《沟通文质：国难之际浙江大学学术转型》，载《中山大学学报（社会科学版）》2012年第1期，第88—97页。

[3] 阙维民：《国立浙江大学史地学系教工档案综述》，载阙维民主编：《史地新论——浙江大学（国际）历史地理学术研讨会论文集》，杭州：浙江大学出版社，2002年，第69—108页（本处引文见第78页）。

识通于今古，任本系之"中国文化史"及哲学史等课。

费巩先生，著有《比较宪法》，介绍欧西之法治精神于我国，为本系之政治教授，兼任"西洋近世史"。

顾毅宜先生，留学于俄国中山大学史地系，对于世人常认为神秘之俄国，尤有深切之认识，现担任"世界地理"等课。

陈训慈先生为浙江省立图书馆馆长，本系之兼任教授也。先生主编《文澜学报》及《图书展望》，并主持本系、图书馆合办之浙江学术讲座，去年曾一手搜集举行浙江文献展览会，备极一时之盛。先生治近代史多所发明，著有《中国近世史》、《欧洲近世革命史》、《世界大战史》等书，于本校讲"中国近世史"，掎摭前朝掌故，纵论治乱得失之机，尤为学生所欢迎，大教室且几不能收容。

苏毓棻先生任职本校已有七年之历史，一积学之士也，于中国民族史造诣独深，任本系之"中国通史"及"中国民族史"。[①]

其中，费巩（1905—1945）于1933年秋，即任浙江大学政治经济学副教授，讲授政治经济学和西洋史。在1936学年史地学系成立之初，聘为史地学系史组教师，至1939学年为止（即1936.08—1940.07期间属于史地学系）；1940年8月后，属于文学院公共科目教师。费巩原名费福熊，字香曾、寒铁，江苏吴江人，著名的爱国民主教授。1927年6月毕业于复旦大学政治学系，1928年赴法，1929年转入英国牛津大学主攻政治经济学，1931年毕业。全面抗日战争爆发后，他随浙大西迁。1940年8月至1941年1月任浙江大学训导长，深受学生爱戴。1945年3月5日，他被国民党特务秘密绑架，后被杀害，成为当时轰动大西南的"费巩事件"。1978年9月5日，上海市政府正式追认费巩为革命烈士。1979年10月30日，浙江大学举行隆重的"费巩烈士纪念会"；1980年春，费巩烈士的衣冠盒被安放在上海龙华革命烈士陵园。[②]浙江大学玉泉校区内建有"费巩亭"。见图3-3-4。

①　《史地学系概况》，载《浙大学生》第3、4期合刊"浙大介绍专号"（1937年），第16—17页。
②　孙瑾芝：《身浴桃李沁人香，笔伐独裁铁骨铮——记费巩烈士》，载焦扬、许宁生主编：《共和国不会忘记：复旦大学烈士传》，上海：复旦大学出版社，2021年，第92—98页。

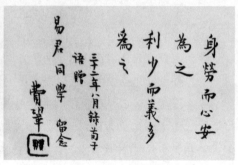

图 3-3-4　费巩先生（1905—1945）及 1943 年 8 月费巩给史地学系学生范易君的题字

2.1937 年度第一学期（1937.08—1938.01）

1937 学年开始后，人员数量方面变化不大，略有增减，但几位骨干教师（即副教授）被聘为教授。在该学年的第一学期（1937.08—1938.01），教师为：

——教授：张其昀、顾毂宜、朱庭祐、景昌极（编者注：1937 年 11 月之前可能已经离职）、费巩和陈训慈（兼职），新增贺昌群；

——副教授：新聘齐学启（编者注：1937 年 9 月之后聘任）[1]；

——兼任副教授：张荫麟［编者注：张荫麟于 1937 年 7 月卢沟桥事变后，暂时离开清华大学，南下浙江大学作短期讲学（1937.09—10）；1937 年 11 月后离开[2]］、陈训慈、沈思玙；

——讲师：苏毓棻，新增俞大纲（编者注：1937 年 9 月之后聘任；另有资料称俞大纲"现就本系兼任教授"[3]）；

——助教：李玉林离职，柳定生、郝颐寿留任，新增沈汝生；

——绘图员：何克明。[4]

贺昌群、张荫麟等来校任教或讲学，也与张其昀有密切关系。1937 年夏，时在北京大学、清华大学等任教的钱穆、张荫麟等接到张其昀自浙大来函，聘请他们往浙大任教；然二人皆未允，最后贺昌群赴浙大。对此，钱穆在其《纪念张晓峰吾友》一文中有这样的记载：

---

① 《国立浙江大学日刊》第 228 期（1937 年 9 月 16 日）。
② ［美］陈润成、李欣荣编：《天才的史学家：追忆张荫麟》，北京：清华大学出版社，2009 年，第 619 页。
③ 《国立浙江大学日刊》第 227 期（1937 年 9 月 14 日）。
④ 《国立浙江大学文理学院概况》（1937 年），第 5—6 页。

……民二十六年，晓峰特来信邀余转往浙大任教，时北平风声鹤唳，而余则以其他关系不忍离去。晓峰又改请张荫麟，荫麟自美留学归来，任教于清华大学。其先为清华学生，与同学贺麟，同为其师吴雨僧创办天津《大公报》文学副刊撰文，一时号称“二麟”。贺麟留学欧洲归，任教于北京大学之哲学系。荫麟在清华史学系，两人与余往来皆甚密。荫麟亦如余，不能一时离去。晓峰乃又改聘贺昌群，时任职于北海国立图书馆，亦治中国史。某夜，余、荫麟、昌群共饮一小酒店，商议晓峰邀南行事。又同赴一著名拆字人处，彼云昌群当先行，余两人随后亦有机会去。昌群乃先赴杭州。[1]

正是因此之故，1937年度贺昌群应聘浙大，担任史学教授。张荫麟原仍留北方，但1937年7月卢沟桥事变后，北京形势已经紧张；后张荫麟南下浙江，在天目山小住，为浙江大学作短期讲学（兼职副教授）。此即张荫麟第一次任教浙大。见图3-3-5、表3-3-1。

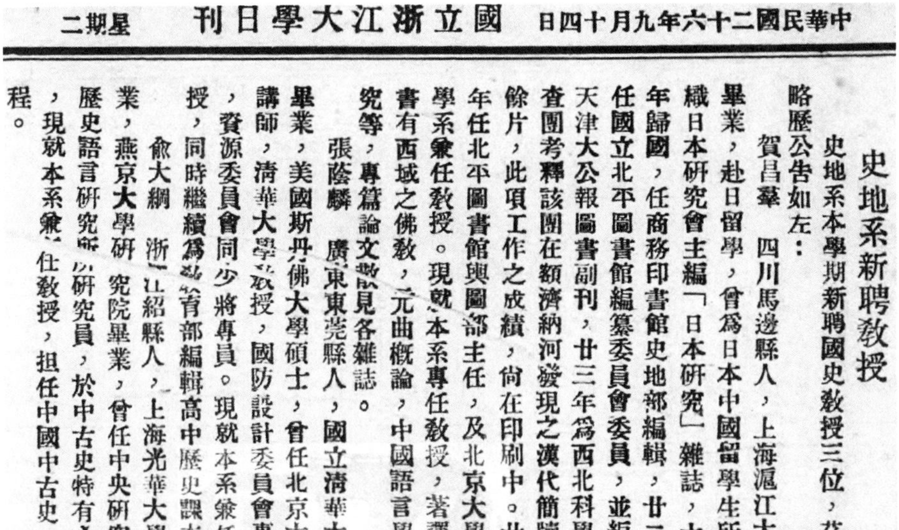

中華民國二十六年九月十四日　國立浙江大學日刊　星期二

史地系新聘教授

史地系本學期新聘國史教授三位，茲將略歷公告如左：

賀昌羣　四川馬邊縣人，上海滬江大學畢業，赴日留學，曾爲日本中國留學生所組織日本研究會主編「日本研究」雜誌，十九年歸國，任商務印書館史地部編輯，廿二年任國立北平圖書館編纂委員會委員，並編輯天津大公報圖書副刊，廿三年爲西北科學考查團考釋該團在額濟納河發現之漢代簡牘萬餘片，此項工作之成績，尚在印刷中。廿五年任北平圖書館輿圖部主任，及北京大學史學系兼任教授。現就本系專任教授，著譯之書有西域之佛教，元曲概論，中國語言學研究等，專篇論文散見各雜誌。

張蔭麟　廣東東莞縣人，國立清華大學畢業，美國斯丹佛大學碩士，曾任北京大學講師，清華大學教授，國防設計委員會專員，資源委員會同少將專員。現就本系兼任教授，同時繼續爲教育部編輯高中歷史課本。

俞大綱　浙江紹興縣人，上海光華大學畢業，燕京大學研究院畢業，曾任中央研究院歷史語言研究所研究員，於中古史特有心得，現就本系兼任教授，担任中國中古史一學程。

图3-3-5　《国立浙江大学日刊》第227期（1937年9月14日）所载史地学系1937年度新聘教授简介。引自《国立浙江大学日刊》第227期（1937年9月14日）。

[1] 钱穆：《纪念张晓峰吾友》，载钱穆：《八十忆双亲·师友杂忆》，北京：九州出版社，2017年，第287—288页。

表3-3-1　1936学年和1937学年第一学期史地学系教师情况
（即1936.08—1937.07和1937.08—1938.01期间）

姓名	字、号	性别	籍贯	生卒年	入校时间	1936年度	1937年度（上）	专业
张其昀	晓峰	男	浙江鄞县	1900—1985	1936.08	副教授兼系主任	教授兼系主任	地组
顾毂宜	俶南	男	江苏无锡	1904—1967	1935.08	副教授	教授	史组
朱庭祜	仲翔，咏岘	男	江苏川沙	1895—1984	1936.08	副教授，一年级主任	教授，兼浙江大学一年级主任	地组
景昌极	幼男	男	江苏泰县	1903—1982	1936.08	副教授	教授（1937.11之前离职）	史组
费巩	香曾	男	江苏吴江	1905—1945	1933.08	副教授	教授	史组
陈训慈	叔谅	男	浙江慈溪	1901—1991	1936.09	副教授（兼职）	副教授（兼职）	史组
沈思玙	鲁珍	男	安徽合肥	1900—?	1936.04	——	副教授（兼职）	地组
苏毓棻	叔岳	男	浙江瑞安	1892—1941	1931.08	讲师	讲师	史组
李海晨	玉林	男	江苏江阴	1909—1999	1936.08	助教	——	地组
柳定生	静明	女	江苏镇江	1913—2006	1936.08	助教	助教	史组
郝颐寿	期仲	男	江苏淮安	1907—1996	1936.09	助教	助教	地组
何克明	公亮	男	江苏江宁	1913—?	1936.08	绘图员	绘图员	地组
贺昌群	藏云	男	四川马边	1903—1973	1937.08	——	教授	史组
张荫麟	笔名：素痴	男	广东东莞	1905—1942	1937.09	——	副教授（兼职）（1937.11离职）【短期讲学】	史组
齐学启	敦镛，别号梦赉	男	湖南宁乡	1900—1945	1937.09	——	副教授	史组

续表

姓名	字、号	性别	籍贯	生卒年	入校时间	1936 年度	1937 年度（上）	专业
俞大纲		男	浙江绍兴	1908—1977	1937.09	——	讲师	史组
沈汝生		男	浙江余姚	1915—?	1937.09	——	助教	地组

　　由于1937年7月全面抗战爆发，浙江大学于1937年11月下旬开始西迁，教师、学生均有大量流散；当然，与此同时，学校也借此机会，新聘请了许多受到战争影响亦准备迁往内地的著名学者。因此，1937学年第二学期（1938.02—1938.07）起，史地学系教师有较大变化，如原任中央研究院地质研究所研究员（曾经代理所长，且1936年4月起接替去世的丁文江出任中央研究院评议员）的叶良辅，即于1938年4月起任教于浙大史地学系。

三、学生管理及教学情况

（一）浙江大学关于学生管理的一般规定

　　1929年颁布的《大学组织法》，原则规定了大学本科生完成学业、毕业的基本要求，如"第二十一条　大学修业年限，医学院五年，余均四年"，"第二十二条　大学学生修业期满，考核成绩及格，由大学发给毕业证书"等。同年的《大学规程》的第四章"试验及成绩"中，则具体规定了在学期间的各种考试和毕业论文等要求：

　　第十三条　大学试验分左列四种：

　　一、入学试验；

　　二、临时试验；

　　三、学期试验；

　　四、毕业试验。

　　第十四条　入学试验由校务会议组织招生委员会于每学年开始以前举行之；各大学因事业上之便利，得组织联合招生委员会。

　　第十五条　临时试验由各系教员随时举行之，每学期内至少须举行一次。临时试验成绩须与听讲笔录、读书札记及练习、实习、实验等成绩，分别合并核计，作为平时成绩。

　　第十六条　学期试验由院长会同各系主任及教员于每学期之末举行之。

学期试验成绩须与平时成绩合并核计，作为学期成绩。

第十七条　毕业试验由教育部派校内教授、副教授及校外专门学者组织委员会举行之，校长为委员长。每种课目之试验，须于可能范围内有一校外委员参与，遇必要时教育部得派员监试。

毕业试验即为最后一学期之学期试验，但试验课目须在四种以上，至少须有两种包含全年之课程。

第十八条　毕业论文须于最后一学年之上学期开始时，由学生就主要课目选定研究题目，受该课教授之指导，自行撰述。在毕业试验期前，提交毕业试验委员会评定。毕业论文得以译书代之。

第十九条　毕业论文或译书认为有疑问时，得举行口试。

毕业论文或译书成绩，须与毕业试验成绩及各学期成绩合并核计，作为毕业成绩。[①]

1932年制定的《国立浙江大学组织规程》，亦规定："本大学修业期限定为四年，学生毕业后得称某学士。"（第四条）此后历次修改的《组织规程》均规定修业四年（1938年后的师范学院学生为5年），授予学士学位；考试与毕业论文等要求亦相同。

民国时期，各个学校详细规定学生事务的文件是"学则"。1932年8月后，浙江大学正式制定"国立浙江大学学则"，对学生管理诸种事项进行了明确的规定，包括：招生考试方面，如考试时间、报名资格、考试科目等；新生入学方面，如入学手续、缴费标准等，外校学生转学的程序，旁听生的制度等；学生在校学习期间的课程修习方式、成绩、学分等如何获得等，明确规定"本大学采用学分制，但学生修业期限至少四年"，课程"分为必修、选修两种，均于各系学程中详细规定"，以及对学分和成绩的要求和考试制度等；还包括一些特殊情形的处理方式，如请假制度、休学制度、退学规定等。

同时，并颁布大量具体涉及学生管理方面的规范，如《国立浙江大学奖学金及免费学额规则》、《国立浙江大学学生操行考查规则》、《国立浙江大学学生宿舍规则》、《国立浙江大学学生团体组织通则》、《国立浙江大学各院图书馆通则》、《国立浙江大学各院图书馆阅览室规则》、《国立浙江大学学生借书规则》、

---

① 《大学规程》，载宋恩荣、章咸编：《中华民国教育法规选编（修订版）》，南京：江苏教育出版社，2005年，第386—390页。

《国立浙江大学诊疗室规则》等[①]。

《国立浙江大学学则》后经多次修订，如 1935 年 6 月郭任远时期颁布过修订后的《学则》；在 1937 年 5 月竺可桢长校后，又修订过一次。[②]浙江大学本科生的教学方面的管理事务，均按照该"学则"的规定执行。

（二）史地学系 1936 学年和 1937 学年的招生情况

民国时期的大学招生，大致以 1936 年为界，之前多为各校单独招生，1937 年度之后，多为几校（甚至全国）联合招生。浙江大学在 1936 年之前，招生亦单独进行。具体招生的组织工作，则由专门的招生委员会负责。从相关材料来看，1937 年之前，浙江大学招生考试基本上放在 7 月份，试场在杭州的大学本部和上海（一般借用其他大学的场地）；考毕即批改试卷，根据招生计划，确定录取名单（分正取和备取；即正取考生若放弃入学资格，则备取名单依次递补）。录取名单确定后，一般于 8 月份发榜，在学校的《校刊》、《日刊》上，都会刊登所录取的新生名单。

1.1936 学年（1936.08—1937.07）

1936 年 5 月 2 日，校长竺可桢正式聘任郑晓沧等 16 人为 1936 年度"招生委员会"的委员，郑晓沧为该委员会主席，成员包括：郑晓沧（主席）、倪尚达、胡刚复、吴福桢、李乔年、蔡堡、苏步青、沈有乾、周明牂、梁庆椿、周仲琦、潘承圻、费巩、陈庆堂、徐谷麒、孙祥治，并开始筹备该年度招生事宜。[③]

1936 年度第一学期开学日期为 9 月 1 日，老生即于是日上课；新生则于 7 日、8 日注册，11 日正式上课。[④]1936 年 9 月 2 日，即新学年开学之初，也是《国立浙江大学校刊》（每周一期，学生上课期间出刊，假期停刊）正式改版为每日一期（休息日和假期停刊）的《国立浙江大学日刊》出刊的第二期，登载了 1936 年度浙江大学新生录取的名单。其中，文理学院的"史地学系"载明"正取 16 人，备取 7 人"，具体名单如下（见图 3-3-6）：

---

① 说明：这一时期的相关具体规定，可参见《浙大史料：选编一（1897—1949）》所载各有关文件（张淑锵、蓝蕾主编：《浙大史料：选编一（1897—1949）》，杭州：浙江大学出版社，2017 年，第 175—205 页）。
② 《国立浙江大学日刊》第 220 期（1937 年 6 月 23 日）、第 221 期（1937 年 6 月 24 日）、第 222 期（1937 年 6 月 25 日）、第 225 期（1937 年 6 月 29 日）。
③ 《国立浙江大学校刊》第 248 期（1936 年 5 月 9 日）。
④ 《国立浙江大学校刊》第 254 期（1936 年 6 月 20 日）。

正取生：

陈思德，戎文言（公费生），吴祖兴，程章，徐友柏，骆汝楫，沈玉昌，贺文采，竺允迪（公费生），陶希华（女），方柄，郭彦岗，张平洲，吴传钧，毛树清，张光孚

备取生：

顾谦祥，何德铭，康世恩，潘海珍，孙惠畴，雷功俊，张行言①

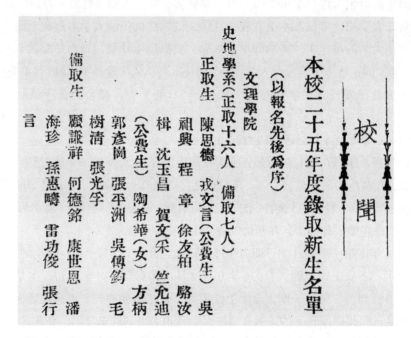

图 3-3-6　《国立浙江大学日刊》第 2 号（1936 年 9 月 2 日）所载 1936 年度新生名单（史地学系部分）。引自《国立浙江大学日刊》第 2 号（1936 年 9 月 2 日）。

该录取名单与后来正式入学的情况相比（现可从浙江大学档案馆所藏学生名录中查得该级注册的学生名单），可以发现出入较大；而至 1940 年该级毕业，则更是仅有 5 人（含后来从外校转学而来学生 1 名），减少很多。这一方面说明当时学生完成学业的艰难（可能有经济原因或疾病等原因，也有学校教学管理的严格等原因），另一方面也是因为其间经历了抗战爆发、学校西迁等，许多学生于

---

① 《国立浙江大学日刊》第 2 号（1936 年 9 月 2 日）。

战乱中不得不辍学或转学。

据浙江大学档案馆官网所附"校友名录查询系统"检核，1936年度归入"史地学系"入学注册的学生，为12人：

沈玉昌【25001】，戎文言【25002】，雷功俊【25003】，张行言【25004】，陈仲夫【25005】，洪钱霖【25007】，娄剑昆【25009】，陈菱珍【25011】，曹静华【25014】，王德昌【25023】，王煦柽【25106】，叶诚鑫【25109】[①]

其中，沈玉昌【25001】、戎文言【25002】、雷功俊【25003】、张行言【25004】4人为第一批录取的"正取生"和"备取生"，其他学生，可能有后期补录的，也有从外系转来的。见图3-3-7。

史地系 王爱云　　　史地系 王德昌　　　史地系 沈玉昌　　　史地系 赵和铃

图3-3-7 载于1940届毕业班学生赠送竺可桢校长相册中的史地学系毕业生照片。引自樊洪业、李玉海编著：《竺可桢的抗战年代——竺藏照片考述》，北京：中国科学技术出版社，2015年，第158页。

此后，该级在1937年抗战爆发后，陆续转来"借读生"3人，即：王爱云【27061】、赵和铃【28063】、吕先觉（学号缺）等。查王爱云学业成绩表，"附注"一栏中明确记载："该生于廿六年度由燕京大学借读本校，廿七年度编为正式生"，故其学号编为"27061"（即与1938级学生为同一系列编号）；王爱云与沈玉昌一样，于1940年9月毕业（即仍与1936级学生同年毕业），"受文学士学位"。见图3-3-8。

———————————

① 说明：本书所录学生姓名后的数字为学号。需要说明的是，这里仅是将学号开头二位数字同为25（指民国25年度，即1936年度）且注明为史地学系的相关学号的学生暂放在一起，但个别学生可能不是本级生或来后不在本系就读。原因在于，个别学生可能为其他系或其他学校转学入本系，则其他学校转入学生的学号在编定时以转学生转为正式生的年份编排，有可能编入本级、高年级或低年级；本校学生转系，也有可能低一级重修，但学号不变。下同，不再另外说明。

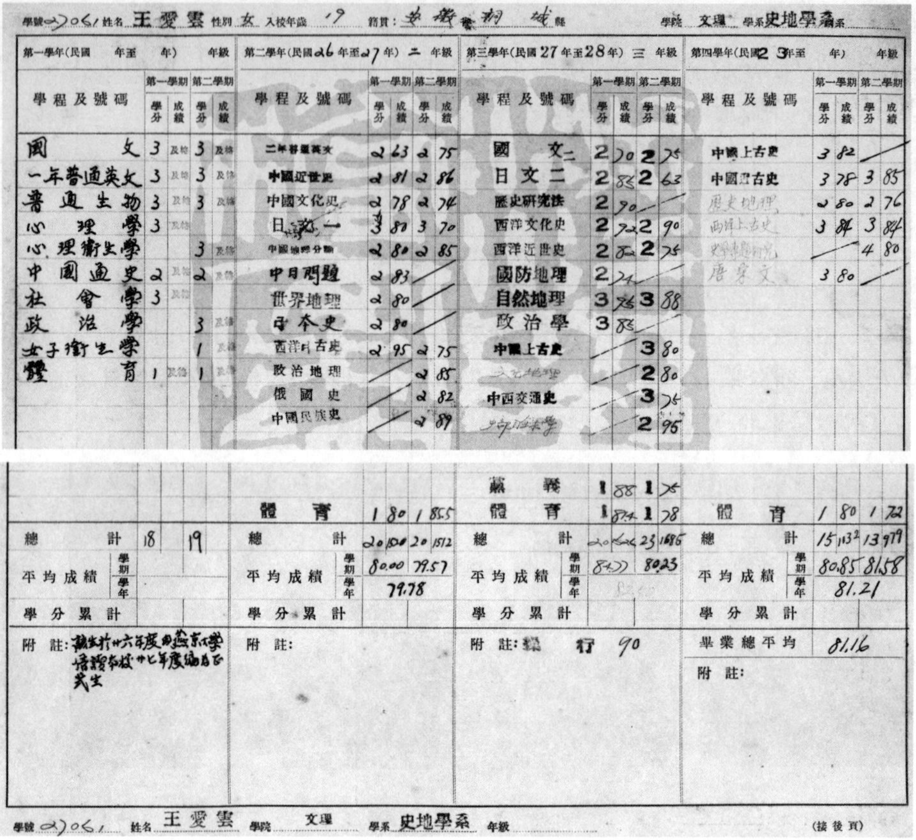

學號 27061 姓名 王愛雲 性別 女 入校年歲 19 籍貫 安徽省桐城縣 學院 文理 學系 史地學系

第一學年（民國 年至 年） 年級

學程及號碼	第一學期學分	第一學期成績	第二學期學分	第二學期成績
國文	3	及格	3	及格
一年普通英文	3	及格	3	及格
普通生物	3	及格	3	及格
心理學	3	及格		
心理衛生學			3	及格
中國通史	2	及格	2	及格
社會學	3	及格		
政治學			3	及格
女子衛生學			1	及格
體育	1	及格	1	及格
總計	18		19	

附註：該生於廿六年度由燕京大學借讀本校廿七年度編為正式生

第二學年（民國26年至27年） 二 年級

學程及號碼	第一學期學分	第一學期成績	第二學期學分	第二學期成績
二年普通英文	2	63	2	75
中國近世史	2	81	2	86
中國文化史	2	78	2	74
日文一	3	80	3	70
中國地理分論	2	80	2	85
中日問題	2	83		
世界地理	2	80		
日本史	2	80		
西洋上古史	2	95	2	75
政治地理			2	85
俄國史			2	82
中國民族史			2	89
體育	1	80	1	85.5
總計	20	1600	20	1512
平均成績 學期	80.00		79.57	
平均成績 學年	79.78			
學分累計				

附註：

第三學年（民國27年至28年） 三 年級

學程及號碼	第一學期學分	第一學期成績	第二學期學分	第二學期成績
國文二	2	70	2	75
日文二	2	83	2	63
歷史研究法	2	90		
西洋文化史	2	72	2	90
西洋近世史	2	82	2	75
國防地理	2	74		
自然地理	3	76	3	88
政治學	3	83		
中國上古史			3	80
文化地理			2	80
中西交通史			3	75
[illegible]			2	95
黨義	1	88	1	75
體育	1	87.4	1	78
總計	20	[illegible]	23	1686
平均成績 學期	[illegible]		80.23	
平均成績 學年	[illegible]			
學分累計				

附註：操行 90

第四學年（民國28年至 年） 年級

學程及號碼	第一學期學分	第一學期成績	第二學期學分	第二學期成績
中國上古史	3	82		
中國中古史	3	78	3	85
歷史地理	2	80	2	76
西洋上古史	3	84	3	84
史學專題研究			4	80
唐宋文	3	80		
體育	1	80	1	72
總計	15	1132	13	979
平均成績 學期	80.85		81.58	
平均成績 學年	81.21			
學分累計				
畢業總平均	81.16			

附註：

學號 27061 姓名 王愛雲 學院 文理 學系 史地學系 年級 （接後頁）

图 3-3-8 史地学系转学入校学生王爱云【27061】的学业成绩表（正面，部分）

至1940年7月该级毕业时（称“民二九级”，即1940年毕业者），仅有如下5人正式毕业（此时学校迁至遵义），即：沈玉昌【25001】、戎文言【25002】、雷功俊【25003】、王德昌【25023】、王爱云【27061】［编者注：此处毕业生情况据《国立浙江大学文学院概况》（1947年9月印行）和《国立浙江大学同学会第二次会员通讯录》（1948年6月印行），下同］。其中，沈玉昌为地组学生。

另外，1946年4月所编《史地通讯》第二期，亦载有当时所整理的毕业生名录情况，且载有当时这些毕业生工作的情况。① 见图 3-3-9。1940届毕业生在1946年前后的情况如下：

① 《史地通讯》第2期（1946年），第53页。说明：“二十八年度”指1939.08—1940.07，该年度学生毕业于1940年7月。另，该级毕业生在当时也表述为“二十九级”，即“1940级”；以下各级情况类此，不再另外说明。

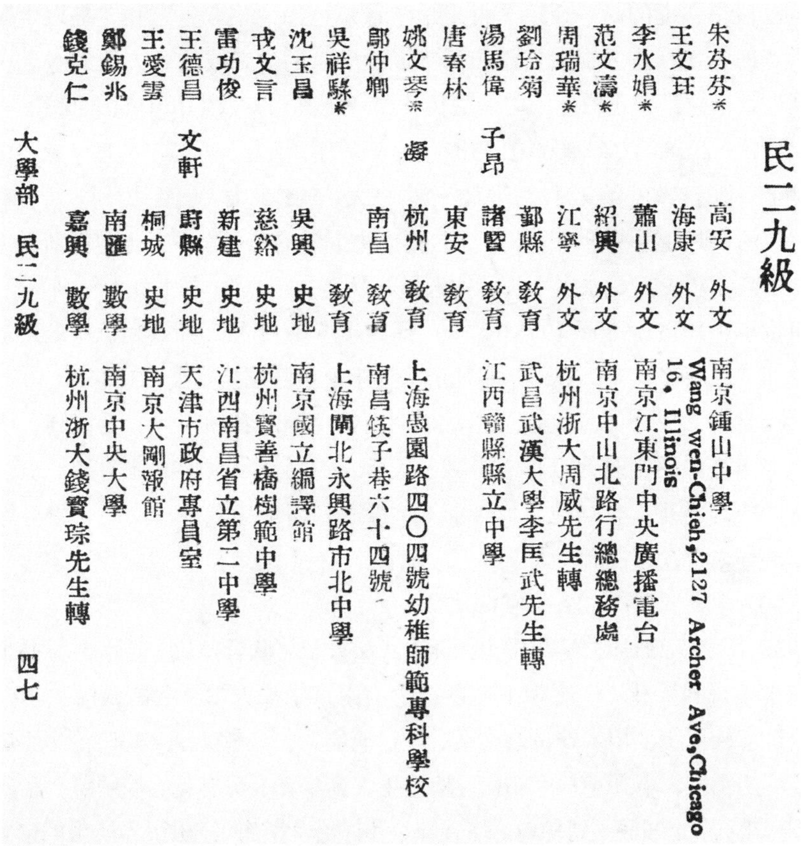

朱芬芬※ 高安 外文 南京鍾山中學
王文珏※ 海康 外文 Wang wen-Chieh,2127 Archer Ave.,Chicago 16, Illinois
李水娟※ 蕭山 外文 南京江東門中央廣播電台
范文濤※ 紹興 外文 南京中山北路行總總務處
周瑞華※ 江寧 外文 杭州浙大周威先生轉
劉玲菊※ 鄞縣 教育 武昌武漢大學李氏武先生轉
湯馬偉 子昂 諸暨 教育 江西贛縣縣立中學
唐春林 東安 教育
姚文琴※ 瀚 杭州 教育 南昌筷子巷六十四號
鄮仲卿 南昌 教育 上海愚園路四〇四號幼稚師範專科學校
吳祥騄 教育 上海閘北永興路市北中學
沈玉昌 史地 南京國立編譯館
戎文言 文軒 慈谿 史地 杭州寶善橋樹範中學
雷功俊 新建 史地 江西南昌省立第二中學
王德昌 蔚縣 史地 天津市政府專員室
王愛雲 蔚雲 桐城 史地 南京大剛報館
鄭錫兆 南匯 數學 南京中央大學
錢克仁 嘉興 數學 杭州浙大錢寶琮先生轉

大學部 民二九級 四七

民二九級

图 3-3-9 《国立浙江大学同学会第二次会员通讯录》（1948 年 6 月编印）所载 1940 届史地学系毕业生名单及通讯地址。引自《国立浙江大学同学会第二次会员通讯录》（1948 年 6 月印行），第 47 页。

本系第一届毕业生名录 二十八年度

姓名	籍贯	性别	通讯处、服务机关及职务（编者注：指 1946 年情况）
沈玉昌	浙江吴兴	男	重庆北碚国立编译馆
王德昌	察哈尔蔚县	男	重庆上清寺民乐村三十号
王爱云	安徽桐城	女	重庆资源委员会经济研究室
雷功俊	江西新建	男	江西新建松湖街雷介克先生转
戎文言	浙江慈溪	男	本校研究生

这里值得一提的是，在第一批史地学系录取的"正取生"和"备取生"中，有多位当时未选择进入浙大就学、后来成为著名的学者或重要人士的考生。典型的有两位，一位是"正取生"中的吴传钧，一位是"备取生"中的康世恩。

吴传钧（1918.04.02—2009.03.13），后来成为中国著名的经济地理学家、中国科学院院士。他于1936年9月后，就读于中央大学的地理学系。《校刊》所登载的录取名单说明当时他报考了多个大学，包括中央大学的地理学系，也包括浙江大学的史地学系，且均被录取；最终，吴传钧选择就读于中央大学，与浙江大学则擦身而过。

康世恩（1915.04.20—1995.04.21）于1936年9月考入清华大学地学系学习，同年参加"民族解放先锋队"，担任清华大学学生救国会常委。1936年10月加入中国共产党。后成为国务院副总理，长期主管中国的石油工业。《校刊》所登载的录取名单亦说明当时他也报考了多个大学，包括清华大学的地学系，也包括浙江大学的史地学系，且均被录取（浙江大学为"备取生"）；最终，康世恩选择就读于清华大学，亦与浙江大学缘悭一面。

2.1937学年（1937.08—1938.07）

1937年度起，浙江大学与中央大学、武汉大学等联合招生。同年5月25日《国立浙江大学日刊》载："本校下年度招生与南京中央大学、武昌武汉大学合并举行……至本校下年度招生委员会委员，顷已聘定"，名单如下：郑晓沧（主席）、沈鲁珍、胡刚复、李乔年、卢亦秋、梅迪生、苏步青、沈有乾、周明祥、梁庆椿、潘承圻、费巩、张闻骏、周仲琦、徐谷麒、孙祥治。[1] 当时，出版界所出的诸如《升学指南》等招生指导类的书籍中，也有浙大等联合招生的记载，如上海职业指导所编辑的《升学指南（下册）》（生活书店，1937年7月印行）中，即载有"中央大学、武汉大学、浙江大学"的招生消息。[2]

《国立浙江大学日刊》第226期登载了1937学年录取新生名单（见图3-3-10）：

文理学院史地学系（29人）

赵冬，杨怀仁，庄道鼎（公费生），王蕙，楼启钧，刘操南，骆静婉，宋穗祥，胡玉堂，方㭠曙，施雅风，吴璜，吴昌庚，宋德升，陈鹤山，刘达人，谢觉民，张克勋，支芝忠，金玖如，吴毓文，李秩西，杨聚德，周恩济，毛淳民，常厚庚，颜衷涵，邢家瑞，张振平[3]

---

① 《国立浙江大学日刊》第195期（1937年5月25日）。
② 上海职业指导所编辑：《升学指南（下册）》，上海：生活书店，1937年，第7—8页。
③ 《国立浙江大学日刊》第226期（1937年9月10日）。

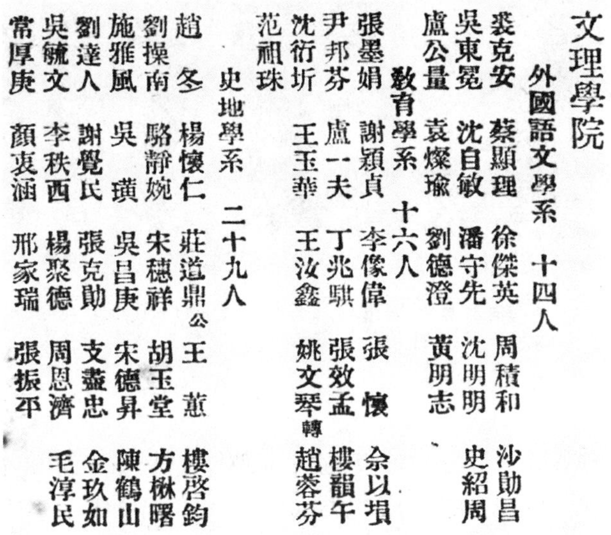
文理學院

外國語文學系 十四人

裘克安 蔡顯理 徐傑英 周積和 沙勛昌
吳東冕 沈自敏 潘守先 沈明明 史紹周
盧公量 袁燦瑜 劉德澄 黃明志

教育學系 十六人

張墨娟 謝穎貞 李像偉 張 懷 佘以埙
尹邦芬 盧一夫 丁兆騏 張效孟 樓韻午
沈衍圻 王玉華 王汝鑫 姚文琴（轉） 趙蓉芬
范祖珠

史地學系 二十九人

趙 冬 楊懷仁 莊道鼎（公） 王 蕙 樓啓鈞
劉操南 駱靜婉 宋穗祥 胡玉堂 方楙曙
施雅風 吳 璜 吳昌庚 宋德昇 陳鶴山
劉達人 謝覺民 張克勛 支盡忠 金玖如
吳毓文 李秩西 楊聚德 周恩濟 毛淳民
常厚庚 顏裒涵 邢家瑞 張振平

图 3-3-10 《国立浙江大学日刊》第 226 期（1937 年 9 月 10 日）所载 1937 年度新生名单（史地学系部分）。引自《国立浙江大学日刊》第 226 期（1937 年 9 月 10 日）。

经查浙江大学档案馆“校友名录查询”系统，1937 年度（1937.08—1938.07）归入“史地学系”入学注册的学生为 22 人；而至 1941 年 7 月该级毕业，则仅有 6 人（含后来从外校转学而来学生 1 名），减少很多。原因大致应该与前一届类似。

浙江大学档案馆所存学生档案中，1937 年度正式入学注册的 22 位学生名单如下：

史绍周【26001】，沈自敏【26007】，王汝鑫【26025】，楼韵午【26030】，金玖如【26041】，周恩济【26042】，杨怀仁【26043】，张振平【26044】，谢觉民【26045】，刘操南【26046】，陈鹤山【26047】，赵冬【26048】，宋穗祥【26049】，骆静婉【26050】，方楙曙【26051】，王惠【26052】（编者注：即王蕙，后改名王陆畴），毛淳民【26053】，支荩忠【26054】，胡玉堂【26055】，刘达人【26056】，李秩西【26057】，施雅风【26058】

该级也在 1937 年抗战爆发后，陆续转来“借读生”3 人，即：华人杰【借 109】、傅思楚【27074】、华云昇【111】等。见图 3-3-11。

至 1941 年 7 月该级毕业，仅有如下 6 人，即：沈自敏【26007】、周恩济【26042】、杨怀仁【26043】、谢觉民【26045】、胡玉堂【26055】、邓永璋【27062】（编者注：

图 3-3-11　载于 1941 届毕业班学生赠送竺可桢校长相册中的史地学系毕业生照片。引自樊洪业、李玉海编著：《竺可桢的抗战年代——竺藏照片考述》，北京：中国科学技术出版社，2015 年，第 172 页。

邓永璋学号为【27062】，似为 1938 级学生；推测可能是从外校转来，后于 1938 年编入浙大学号序列，与前述王爱云情况类似）。其中，周恩济、杨怀仁、谢觉民为地组学生。其他学生，有中间休学、延期毕业的，如施雅风延期一年，于 1942 年 6 月毕业；也有入校后转系的，如刘操南，1938 年 9 月后，转入中文系就读。见图 3-3-12。

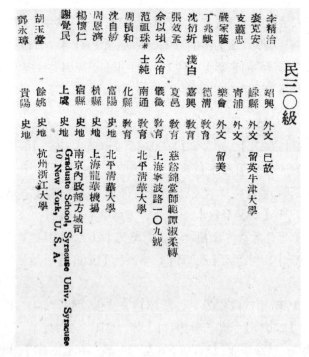

图 3-3-12　《国立浙江大学同学会第二次会员通讯录》（1948 年 6 月印行）所载 1941 届史地学系毕业生名单及通讯地址。引自《国立浙江大学同学会第二次会员通讯录》（1948 年 6 月印行），第 52—53 页。

另外,1946年4月所编《史地通讯》第二期,亦载有当时所整理的毕业生名录情况,且载有当时这些毕业生工作的情况。[①] 见图3-3-13。1941届毕业生在1946年前后的情况如下:

本系第二届毕业生名录 二十九年度

姓名	籍贯	性别	通讯处、服务机关及职务 （编者注：指1946年的情况）
沈自敏	浙江富阳	男	昆明联大历史研究部
胡玉堂	浙江余姚	男	本校
邓永璋	贵州贵阳	男	贵阳高中
周恩济	浙江杭县	男	上海中国航空公司
杨怀仁	安徽宿县	男	成都国立四川大学
谢觉民	浙江上虞	男	重庆北碚中国地理研究所

图 3-3-13 史地学系1937级毕业生中地组学生谢觉民（左）、杨怀仁（中）、周恩济（右）于1941年6月毕业前夕的合影。引自谢觉民等撰：《国立浙江大学史地系成立二十五周年纪念集》，台北：私立中国文化研究所出版部，1963年，插图。

施雅风即是1937级录取的学生。据《施雅风》一书记载："1937年夏，南方中央大学、武汉大学和浙江大学联合招生。施雅风立志学地理，尤其喜欢张其昀

---

① 《史地通讯》第2期（1946年），第53页。

编的地理教科书。那时，张其昀在浙江大学史地系当系主任，施雅风就报考了浙江大学，并如愿被录取史地系。"当时，他"义无反顾地前往南京报考浙江大学，并毫不犹豫地以史地系为自己的第一志愿"，"1937年8月下旬，在江南工作的施成熙给弟弟施雅风发来电报，说他已被浙江大学录取，并嘱他尽快绕道镇江经苏州去杭州上学"。[①] 见图3-3-14。

对这一段经历更为清晰的记述，是施雅风自己的回忆：

1937年夏天我高中毕业，和几位同学结伴去南京参加中央大学、浙江大学、武汉大学三所高校的联合招生考试。我以浙江大学史地系为第一志愿。这时候，已经发生了日本军队进攻卢沟桥的"七七事变"，战云密布，电台不断播放着《义勇军进行曲》："起来，不愿做奴隶的人们！把我们的血肉筑成我们新的长城！"气氛悲壮感人。

参加完招生考试以后，我回到了海门农村老家，等待考试结果。不久，上海"八一三"抗战爆发。战争打得非常激烈，邮路和轮船都中断了。大约在8月下旬，我收到了在江南工作的哥哥发来的电报，说我已经被浙江大学录取，并嘱咐我尽快绕道镇江，经苏州去杭州上学。

这个时候我的思想很矛盾。如果为着自己的前途着想，应该出去上学。但那时家中就剩下老母亲一个人，我很不放心，母亲对我也是依依不舍。经过再三考虑，我还是决定去上学。我一个人乘内河小轮船，沿着长江北岸河道到了镇江，从那里换上火车。火车走走停停，不时有日本飞机空袭的警报。我经过苏州车站时，看到日机轰炸后人们搬运被炸死的尸体的惨象。因为战争，那里临时修建了一条从苏州到嘉兴的铁路，火车可以不经过上海直达杭州。

浙大为了躲避战火不断搬迁。虽然是浙大的学生，我却没有在浙大的杭州校址上过一次课。我到浙大报到时，才知道一年级已经迁到天目山的禅源寺学习，于是就乘坐学

图3-3-14 施雅风高中毕业照。引自施雅风口述，张九辰访问整理：《施雅风口述自传》，长沙：湖南教育出版社，2009年，第28页。

[①] 杨达寿著：《施雅风》，北京：中国农业科学技术出版社，2014年，第36—37页。

校的校车前往天目山。……

史地系一年级学生有十多人。开始时地理专业的学生有六、七个人（编者注：即"地组"学生），但坚持读到二年级以后的只有四个人：谢觉民、周恩济、杨怀仁和我。老师也不多，每个老师都开设了两三门课。我在那里学的课程大多已经想不起来了，只记得朱庭祜先生讲自然地理课。他讲课主要依据法国著名地理学家马东（Martonne）的《自然地理学简编》，基本上是照本宣讲，不够生动。那时候朱先生除了讲课外，还是一年级主任，行政工作很多，备课时间少。另外，我还记得舒鸿教授的体育课要求很严格，要求我们做规定的动作。我那时和南通籍的中文教授王驾吾先生关系密切。他很好客，几次请我们南通中学的毕业生在馆子里吃"大鸡三味"，并谈论对时局的看法。

……我们在禅源寺的时间很短，9月底刚开始上课，11月初上海战线不支，杭州也开始吃紧，天目山的师生人心恐慌。11月16日召开大会，师生都主张迅速迁移，并允许学生自由告假离校。……天目山是个学习的好地方，可惜我们只在那里学习了两个多月。[1]

（三）史地学系初期的教学活动

1. 公共课程

1936年4月竺可桢长校后，为了更好地开展通才教育，在5月9日第一次校务会议召开之后，学校成立了公共科目课程分配委员会，着手制订共同必修科目。1936年6月5日，该委员会召开第一次会议，其中最重要的议案便是"公共必修科目之项目学分及修习办法"。具体规定如下：

1. 国文、英文

国文——每学期二学分，每周三小时，修习一学年，共四学分。

英文——每学期二学分，每周三小时，修习两学年，共八学分。

国文、英文两科目，举行会考。必须在升入三年级前，修习完毕。不及格者，应令补习至及格为止，考试办法及最低及格标准，另组考试委员会规定之。

2. 第二外国语——第二外国语以必修为原则。时间规定为两学年，如一年级英文不及格者，不得修习。

3. 党义——共二学分，一年级修习。

---

[1] 施雅风口述、张九辰访问整理：《施雅风口述自传》，长沙：湖南教育出版社，2009年，第31—32页。

4. 体育——第一、二、三学年，每学期一学分。

5. 军训——共三学分，一年级男生修习。

6. 看护学——共二学分，一年级女生修习。

7. 民族健康问题——本问题甚为重要，请训育委员会及医务卫生部加以注意，但不另设科目。

8. 人文学科中及自然学科中，以至少各选九学分为原则。①

从以上决议当中，我们可以看出，此时的浙江大学的公共必修科目有如下特点：①国文、英文并重，且要求严格；②重视第二外语；③人文学科与自然科学并重；④全校统一规定，各学院一致遵守。当然，实际开设的课程远较上述内容丰富，如当时文理学院即开设了"中国文学概论"、"四书精读"、"论理学"（编者注：即逻辑学）、"哲学概论"、"伦理学"、"政治学"、"经济学"、"音乐欣赏"等选修课程。

课程能否落到实处，在很大程度上取决于有无合格的教师。以下为浙江大学文理学院1937年度（1937年9月起）部分公共科目教师的名单：

国文教授：钱基博

国文讲师：祝廉先，王焕镳，陈大慈

国文助教：汪柏年

政治经济学教授：费巩

哲学教授：汤用彤，毛起

党义兼任讲师：陈柏青

音乐讲师：王政声②

从以上名单可以看出，此时的浙江大学在公共科目方面虽谈不上名师云集，但也不乏知名学者，如：钱基博，文史专家，著名学者钱锺书之父；汤用彤，哲学史、佛教史家，早年毕业于哈佛大学〔原注：查《汤用彤年谱简编》（见《汤用彤全集》第七卷卷末），汤氏未曾执教于浙大，此处记载恐有误。编者注：估计是浙江大学发出聘书，聘为该年度的哲学教授，汤氏也答应前来，但最终因某种原因未至〕；费巩，政治学、经济学专家，牛津大学毕业等。③

① 《国立浙江大学校刊》第254期（1936年6月20日）。

② 《国立浙江大学文理学院概况》（1937年），第7—8页。

③ 朱鲜峰：《民国时期浙江大学通才教育研究》，载《浙江大学校史通讯》第1期（2014年），第50—61页。

2.专业课程

1936年9月所定《史地学系规程》中，详细列出了四年中的课程安排。其中，地学方面（即"地组"）的专业课程见表3-3-2：

表3-3-2　1936年9月所定《史地学系规程》中"地组"的专业课程①

学年	公共必修（地理组）	必修课	选修课
第一学年	中国近世史（全年四学分） 地学概论（全年四学分）	————	————
第二学年	本国地理概论（全年四学分）	普通地质学（全年四学分） 制图学（半年二学分）	矿物学/上（半年三学分）
第三学年	西洋近世史（全年四学分） 世界地理（全年四学分）	本国地理分论（全年四学分） 气象学/上（半年三学分） 测量学/下（半年三学分） 地理实察/下（半年二学分） 历史地质学（半年三学分）	亚洲地理/上（半年二学分） 欧洲地理/下（半年二学分） 经济地理/上（半年二学分） 历史地理/下（半年二学分）
第四学年	中国文化史（全年四学分）	& 地理研究	气候学/上（半年三学分） 地形学/上（半年三学分） 水文学/上（半年三学分） 构造地质学/下（半年三学分） 地球物理学/下（半年三学分） ★人类学/上（半年三学分） 经济地质学/上（半年三学分） ★海洋学/下（半年三学分） ★国防地理/下（半年二学分） ★美洲地理/上（半年二学分） 地理学史/下（半年二学分） 中学地理教育/下（半年二学分）

附注：（一）"上"指上学期开设者，"下"指下学期开设者。（二）有&记号者指毕业论文之预备，本系必修，但不给学分。（三）有★记号者每二年开班一次。

————————————

① 资料来源:《浙江大学史地学系规程》，载《史地杂志》第1卷第1期（1937年），第87—88页。

当然，前述仅是 1936 年 9 月时的设想，具体上课，则根据不同时期的师资或其他原因，个别课程会有所调整（如上课时间安排，或选修课变动等）。

具体上课，由教务处所辖的"注册课"统一排定时间、地点，布告全校，并登载于《校刊》或《日刊》之上。如张其昀 1936 年度第一学期承担"农业地理"和"中国地理概论"两门课程的教学任务，在当时的《日刊》上，可以查阅到排课、停课、调课等的相关记载。见图 3-3-15。

1936 年 9 月 22 日，注册课通告（第 45 号）："张其昀先生今已莅校。所任'农业地理'及'中国地理概论'，自本星期四开始教授。希修习各生按时到课。"（《日刊》第 20 号）之后，10 月 1 日，注册课通告（第 58 号）："张其昀先生本星期四、六，因事告假，所任'农业地理'等课暂缺。"（《日刊》第 27 号）10 月 27 日，注册课通告（第 75 号）："张其昀先生本星期二、四、六，因病续假，所任'农业地理'等课暂缺。"（《日刊》第 48 号）11 月 4 日注册课通告（第 83 号）："张其昀先生本星期二、四、六，因病续假，所任'农业地理'等课暂缺。"（《日刊》第 55 号）11 月 14 日，注册课通告（第 90 号）："张其昀先生下星期二返校授课，本星期六'农业地理'等课仍暂缺。"（《日刊》第 63 号）

其他课程也是类似情况。如 1936 年 10 月 7 日，注册课通告（第 63 号）："朱庭祜教授本星期四、五两日因事告假，所任'矿物学'及'工程地质学'，暂由郝颐寿先生指导该两班学生在史地系陈列室实习。唯'自然地理'暂缺。"（《日刊》第 32 号）10 月 14 日，注册课通告（第 68 号）："陈训慈先生本星

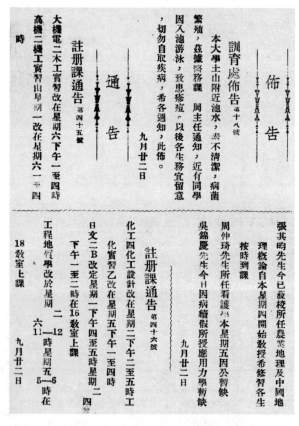

图 3-3-15 《国立浙江大学日刊》第 20 号（1936 年 9 月 23 日）所载张其昀到校及开课安排等。引自《国立浙江大学日刊》第 20 号（1936 年 9 月 23 日）。

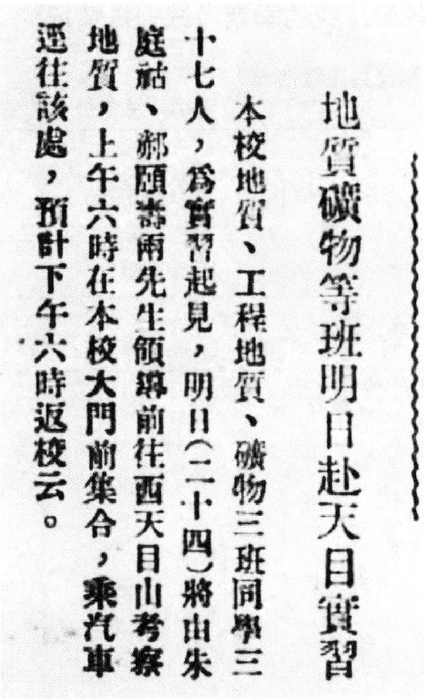
地質礦物等班明日赴天目實習

本校地質、工程地質、礦物三班同學三十七人，爲實習起見，明日（二十四）將由朱庭祜、郝頤壽兩先生領導前往西天目山考察地質，上午六時在本校大門前集合，乘汽車逕往該處，預計下午六時返校云。

图 3-3-16　《国立浙江大学日刊》第 169 号（1937 年 4 月 24 日）所载地质、矿物等班赴天目山实习的报道。引自《国立浙江大学日刊》第 169 号（1937 年 4 月 24 日）。

期三因事告假，所任‘中国近世史’暂缺。”（《日刊》第 37 号）11 月 18 日注册课通告（第 96 号）：“‘世界地理’星期五 3—4 时一课，自本星期五起改自 2—3 时，仍在教室 9 上课。希选修该学程各生知照。”（《日刊》第 67 号）

注册课通告中，除了教师方面关于调课、停课等方面的内容外，也有涉及学生方面课程安排的。如 1936 年 10 月 12 日，注册课通告（第 66 号）载：“史一 25001、25002、25004、25106、25109 各生须按原定体育时间，星期一、三下午二时至三时上课”（《日刊》第 35 号）。这里的 25001、25002、25004、25106、25109 各生，即史地学系 1936 级的沈玉昌【25001】、戎文言【25002】、张行言【25004】、王煦柽【25106】和叶诚鑫【25109】。

史地学系的地学类课程颇重视野外实习环节。在相关专业课课堂讲授的基础上，系里还安排实习的机会。1937 年 4 月 24 日，“本校地质、工程地质、矿物三班同学”共计 37 人（编者注：应还包括工学院修习《工程地质》、《矿物》等课的学生；相关课程的任课教师应为朱庭祜等），即由任教老师朱庭祜、郝颐寿带队，前往“西天目山考察地质”，为期一天。[①] 见图 3-3-16。

学期期末考试，也由教务处注册课统一安排。如 1936 年度第一学期期终考试于 1937 年 1 月 11 日开始，至 17 日结束，持续 1 周。史地学系该期仅 1936 级有学生，但相关课程有些是多系合上，所以，考试人数不一，有些较多，有些仅数人（最少的仅 1 人）。见表 3-3-3。

① 《国立浙江大学日刊》第 169 期（1937 年 4 月 24 日）。

表3-3-3　1936学年第一学期文理学院各系、级的学期考试安排情况[①]

（编者注：仅录史地学系情况和公共课程情况）

考场：总务处大礼堂

系别 学程及主考人 考期时间		史地系			公共学程		
一月十一日	上午 9—12	经济学	45	费巩			
	下午 1—4	中国通史—甲 —乙	3 8	苏毓棻			
十二日	上午 9—12	本国地理概论 工程地质学 矿物学	29 6 12	张其昀 朱庭祜 朱庭祜			
	下午 1—4	中国民族史	4	苏毓棻			
十三日	上午 9—12	农业地理 论理学	49 20	张其昀 毛起			
	下午 1—4	政治学 中国哲学史	45 7	费巩 景昌极			
十四日	上午 9—12	西洋近代史 中国文化史—甲 —乙	15 1 4	费巩 景昌极	中国文学概论	5	祝廉先
	下午 1—4				国文八组	168	祝、王、陈
十五日	上午 9—12	西洋文化史	7	顾穀宜			
	下午 1—4	世界地理 哲学概论	7 8	顾穀宜 毛起	军事训练 看护学	149 22	徐周人 周仲琦
十六日	上午 9—12	中国近世史	25	陈训慈			
	下午 1—4	自然地理	9	朱庭祜			
十七日	上午 9—12						
	下午 1—4				党义	167	朱叔青

[①] 资料来源：《廿五年度上学期文理学院各系级学期考试》，载《国立浙江大学日刊》第106期（1937年1月6日）。

1936 年度第二学期亦然，期终考试于 1937 年 5 月 4 日开始，至 8 日结束，持续 5 天。相关课程有些是多系合上，所以，各课考试人数不一。见表 3-3-4。

表3-3-4　1936学年第二学期一年级学生的学期考试安排情况[①]

（编者注：仅录史地学系情况和公共课程情况）

考期\时间	学程\系别	史地系	人数
五月四日星期二	上午 9—12	一年普通英文—E（林天兰）	28
	下午 2—5	中国通史—甲（苏毓棻）	20
五月五日星期三	上午 9—12	西洋近世史（费巩）	7
	下午 2—5	普通生物 中国近世史	19 34
五月六日星期四	上午 9—12	国文—戊（陈大慈）	25
	下午 2—5	政治学（费巩）	31
五月七日星期五	上午 9—12	国防地理（张其昀）	11
	下午 2—5	军事训练（黄云山）	134
五月八日星期六	上午 9—12	——	
	下午 2—5	本国地理概论（张其昀）	15

考场：新教室三楼大讲堂

附注：1.公共学程学生除大一外，他级只有两人者，得照向例并考；2.补修英文一者，并入大一女生组继续上课。

---

① 资料来源：《民国廿五年度第二学期大一学期试验日程表》，载《国立浙江大学日刊》第171 期（1937 年 4 月 27 日）。

第四节 史地学系师生的课余活动

1937 年 7 月抗日战争全面爆发之前，总体而言，尽管仍存在各种问题和困难，但相比于其后全面抗战开始后的战乱与动荡，当时大学还是处于相对平静的时期。在这样的时代背景下，浙江大学情况与其他大学亦基本类似，学校各项活动均较为丰富。除了学校、文理学院和各系科各自集体性、共同性的活动外，师、生亦各自组织有各种团体，举办大量活动。

一、浙江大学各类活动的总体情况

就浙江大学、文理学院和各系科而言，共同性的活动和假日安排，可参见各年校历（主要年节和假日等历年差不多）。每年，在前一学年第二学期结束前（一般是 5 月或 6 月），学校都会在《校刊》、《日刊》上公布下一年度的校历，其中均载明该学年的假期、开学、例行活动和考试等的时间安排情况。

（一）1936 学年的一般性安排

1936 年度的"校历"，经教育部审查备案后，正式公布于《国立浙江大学校刊》第 251 期（1936 年 5 月 30 日），即前一学年结束之时；且在个别修订后，复公布于新学期开始后的《国立浙江大学日刊》第 1 号（1936 年 9 月 1 日）。见图 3-4-1、表 3-4-1。

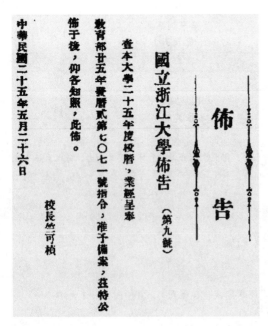

图 3-4-1 《国立浙江大学校刊》第 251 期（1936 年 5 月 30 日）所载公布"校历"的布告。引自《国立浙江大学校刊》第 251 期（1936 年 5 月 30 日）。

表3-4-1 1936学年（二十五年度）浙江大学校历[①]

（编者注：即 1936.08.01—1937.07.31）

年	月	日	星期	事项	仪式	休假
廿五年	八月	一日	六	学年开始 本大学成立纪念	举行纪念式	放假
		二十日	四	先烈廖仲恺先生殉国纪念日	派代表参加高级党部纪念会	不放假
		廿七日	四	先师孔子诞辰纪念	举行纪念式	放假
		卅一日	一	暑假终止	——	——
	九月	一日	二	第一学期开始 新生注册开始		
		二日	三	转学生编级试验开始		
		七日	一	旧生补考开始		
		九日	三	总理第一次起义纪念日 旧生注册开始	派代表参加高级党部纪念会	不放假
		十一日	五	开课		
		十二日	六	更改学程截止期		
		廿一日	一	先烈朱执信先生殉国纪念日	派代表参加高级党部纪念会	不放假
	十月	十日	六	国庆纪念日	举行纪念式	放假
		十一日	日	总理伦敦蒙难纪念日	派代表参加高级党部纪念会	不放假
		卅一日	六	先烈黄克强先生逝世纪念日	派代表参加高级党部纪念会	不放假
	十一月	五日	四	辛亥革命克复浙江纪念日	派代表参加高级党部纪念会	不放假
		十二日	四	总理诞辰纪念日	举行纪念式	放假
	十二月	五日	六	肇和兵舰举义纪念日	派代表参加高级党部纪念会	不放假
		廿五日	五	云南起义纪念日	派代表参加高级党部纪念会	不放假

---

① 资料来源：初载于《国立浙江大学校刊》第251期（1936年5月30日），修订后载于《国立浙江大学日刊》第1号（1936年9月1日）。此处据后者著录。

续表

年	月	日	星期	事项	仪式	休假
廿六年	一月	一日	五	中华民国成立纪念日 年假开始	举行纪念式	放假
		三日	日	年假终止	——	——
		十一日	一	学期考试开始	——	——
		十七日	日	学期考试终止	——	——
		十八日	一	寒假开始	——	——
		卅一日	日	寒假终止 第一学期终止	——	——
	二月	一日	一	第二学期开始 补考开始	——	——
		二日	二	注册、选课开始	——	——
		三日	三	注册、选课截止 补考终止	——	——
		四日	四	开课	——	——
		十一日	四	更改学程截止期	——	——
		十八日	四	国民革命军克复浙江纪念日	派代表参加高级党部纪念会	不放假
	三月	十二日	五	总理逝世纪念日	举行纪念式	放假
		十八日	四	北平民众革命纪念日	派代表参加高级党部纪念会	不放假
		廿三日	二	先烈邓仲元先生殉国纪念日	派代表参加高级党部纪念会	不放假
		廿九日	一	革命先烈纪念日	举行纪念式	放假
	四月	一日	四	春假开始	——	——
		七日	三	春假终止	——	——
		十二日	一	清党纪念日	派代表参加高级党部纪念会	不放假
	五月	五日	三	革命政府纪念日	举行纪念式	不放假
		九日	日	国耻纪念日	举行纪念式	不放假
		十八日	二	先烈陈英士先生殉国纪念日	派代表参加高级党部纪念会	不放假

年	月	日	星期	事项	仪式	休假
	六月	三日	四	禁烟纪念日	派代表参加禁烟纪念会	不放假
		七日	一	毕业考试开始		
		十二日	六	毕业考试终止		
		十五日	二	学期考试开始		
		十六日	三	总理广州蒙难纪念日	派代表参加高级党部纪念会	不放假
		廿二日	二	学期考试终止	——	——
		廿三日	三	暑假开始	——	——
	七月	九日	五	国民革命军誓师纪念日	举行纪念式	不放假
		三十一日	六	第二学期终止学年终止	——	——

学生周一至周六每天的作息时间，学校也有严格的规定。1936年度的规定见表3-4-2：

表3-4-2　1936学年浙江大学学生作息时间表[①]

（1936年9月11日训育处公布，14日修订；11月3日再次修订）

项目	时间	备注
起身	5:45	
内务	6:15	
盥洗	6:35	
升旗	6:45	
早餐	7:00	寝室下锁
上课	8:00—11:50	
午餐	12:15	寝室开门

[①] 资料来源：《国立浙江大学日刊》第11号（1936年9月12日）；《国立浙江大学日刊》第13号（1936年9月15日）通告略有修改；《国立浙江大学日刊》第55号（1936年11月4日）通告再次个别更改。

续表

项目	时间	备注
上课	1:10—5:00 1:15—5:05（9月14日修订）	1:10 寝室下锁，5:00 寝室开门 1:15 寝室下锁，5:05 寝室开门（9月14日修订）
晚餐	6:00	寝室下锁
自修	7:00—9:00 7:00—9:30（9月14日修订）	9:00 寝室开门 9:30 寝室开门（9月14日修订）
就寝	9:30—9:45 10:00—10:30（9月14日修订）	9:45 熄灯 10:30 熄灯（9月14日修订）
该规定于11月3日校长办公室"通告"再次部分更改：自下星期一（十一月九日）起，学生晨起及升旗、早餐时间，更改如下：早晨6:15——起身；7:00——升旗典礼；7:15——早餐		

说明：寝室启闭时间专适用于一年级。

（二）1936 学年的"总理纪念周"等活动

民国时期，与在校大学生关系最为密切的规律性的活动，主要是开学礼及大学成立纪念日[①]、纪念周（每周一举行）和毕业典礼（每年六月或七月举行），此外，还有运动会等。每一届学生都会经历这些活动。

史地学系因该年度刚刚建立，所以，每周的"总理纪念周"活动，是9月份开学后经常性参加的活动。

1936 年 10 月 12 日的"总理纪念周"，学校安排请张其昀演讲，讲题为"南宋杭州之国立大学"。为此，学校特发"通告"（见图3-4-2）：

本日（十二日），总理纪念周，请史

图 3-4-2 《国立浙江大学日刊》第 35 号（1936 年 10 月 12 日）所载"总理纪念周"举办的"通告"。引自《国立浙江大学日刊》第 35 号（1936 年 10 月 12 日）。

---

① 说明：浙江大学一般在新学年开学时，视情况将开学礼与纪念周或大学成立纪念日同时举行。1946 年之前，大学成立纪念日即新学年开始的 8 月 1 日，多数时间因尚处于暑假，一般不单独举行庆祝活动；有时延后至正式开学后与开学礼及开学初的纪念周等一并举行。1945 年 6 月 2 日的校务会议上决定将浙江大学校庆纪念日改为每年 4 月 1 日[《国立浙江大学校刊》复刊第 125 期（1945 年 6 月 16 日）]，1946 年起开学礼与校庆纪念日遂分开举办，开学礼此后则或单独或与开学初的纪念周同时举行。

地系主任张其昀先生讲演，题为"南宋杭州之国立大学"。特此通告。

校长办公室①

第二天，《日刊》以"昨日总理纪念周，张其昀主任讲演"为题，对此又作报道（见图 3-4-3）：

> 昨日总理纪念周，由竺校长领导全体教职员学生举行，行礼如仪后，由校长报告请本校史地系主任张其昀讲演。继由张先生讲演"南宋杭州之国立大学"，繁称博引，滔滔不绝，听者至为动容，历一小时之久。讲坛之前并有杭州彩色图及南宋大学图各一帧，映证之下，最易得深刻之印象。讲稿明日在本刊上发表。②

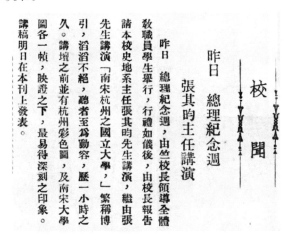

图 3-4-3 《国立浙江大学日刊》第 36 号（1936 年 10 月 13 日）所载"总理纪念周"报道。引自《国立浙江大学日刊》第 36 号（1936 年 10 月 13 日）。

再后，演讲全文即分两次刊载于《国立浙江大学日刊》第 39 号（1936 年 10 月 16 日）和 40 号（1936 年 10 月 17 日）。由于第一次刊载时题名稍微有误（将《南宋杭州之国立大学》误为《南宋杭州国立之大学》），还特于第二天在《日刊》说明。见图 3-4-4。

除了张其昀之外，史地系其他教师也多次参与"总理纪念周"演讲，如费巩、顾毂宜、朱庭祜、齐学启、陈训慈等。见表 3-4-3。

---

① 《国立浙江大学日刊》第 35 号（1936 年 10 月 12 日）。
② 《国立浙江大学日刊》第 36 号（1936 年 10 月 13 日）。

图3-4-4 《国立浙江大学日刊》第39号（1936年10月16日）所载张其昀在"总理纪念周"的演讲《南宋杭州之国立大学》。引自《国立浙江大学日刊》第39号（1936年10月16日）。

说明：标题排印时误为《南宋杭州国立之大学》。

表3-4-3 史地学系教师在"总理纪念周"上所作演讲情况

（1936.08—1937.11）

主讲人	演讲题目	纪念周演讲时间	来源
张其昀	南宋杭州之国立大学	1936.10.12	《国立浙江大学日刊》第 36 号（1936.10.13）
费巩	论英王逊位	1936.12.14	《国立浙江大学日刊》第 89 号（1936.12.15）
顾谷宜	欧洲往何处去？	1937.03.08	《国立浙江大学日刊》第 135 期（1937.03.09）
朱庭祜	浙江矿业之发展	1937.05.31	《国立浙江大学日刊》第 201 期（1937.06.01）
张其昀	西战场之形势	1937.10.04	《国立浙江大学日刊》第 244 期（1937.10.05）
齐学启	军队之战斗力	1937.10.18	《国立浙江大学日刊》第 257 期（1937.10.20）
陈训慈	中日战争之回顾	1937.11.01	《国立浙江大学日刊》第 270 期（1937.11.04）

（三）1936 学年的各种社团活动

学校内部各种活动更加多样，师生也可以组成多种社团来组织各种活动。从学生方面来说，有"学生自治会"（为全校性的学生组织，包括各分支机构）、各种"学会"（一般为同系学生或师生的学术性组织，如文理学院有"物理学会"、"生物学会"等；"史地学会"本年度尚未成立，至 1938 年 3 月成立）、"级会"（一般为同年入学的学生所组织的团体）等组织。

例如，1936 年度第一学期开学后，该年度浙江大学"学生自治会"第一次代表会于 10 月 18 日在工学院大礼堂召开[1]，第二次代表会于 10 月 22 日在工学院大礼堂召开，制定了《国立浙江大学学生自治会简章（草案）》[2]，第四次代表会于 11 月 23 日在工学院大礼堂召开[3]，第五次代表会于 11 月 26 日在训育处会议室召开[4]，第六次代表会于 12 月 15 日在训育处会议室召开[5]，第七次代表会于 12 月

---

[1] 《国立浙江大学日刊》第 43 号（1936 年 10 月 21 日）。
[2] 《国立浙江大学日刊》第 47 号（1936 年 10 月 26 日）。
[3] 《国立浙江大学日刊》第 72 号（1936 年 11 月 25 日）。
[4] 《国立浙江大学日刊》第 75 号（1936 年 11 月 28 日）。
[5] 《国立浙江大学日刊》第 90 号（1936 年 12 月 16 日）。

17 日在训育处会议室召开 ①，等等；而作为学生自治会的执行机构的学生自治会干事会，亦于 12 月 2 日召开第一次会议 ②，6 日召开第二次会议 ③。

1936 年度第二学期开学后，该学期又重新组织"学生自治会"，并于 1937 年 3 月 22 日召开了第一次"会员大会"④；3 月 26 日召开了第二次会议，选举该届的"干事会"，其后，该届"干事会"于 30 日召开了"第一次干事会"，确定范梅芳为常务干事，史地学系的张行言当选为"体育股长"。⑤

二、史地学系师生的课余活动情况

史地学系 1936 年度刚刚设立，学生于 1936 年 9 月入学，所以，在第一学年里，相关全校性的活动均按照学校统一安排，一起参加。与此同时，史地学系从建系伊始就非常关注学生的培养和引导，在系科刚刚建立之初，即组织师生见面交流、安排教师定时接见学生等；另外，还积极组织"读书会"等活动（此期，因第一届学生刚刚入学，一年级主要是公共课，所以，1936 学年尚未成立"史地学会"，仅组织了"读书会"，该读书会可以认为是"史地学会"的前身）。总体而言，史地学系的课外活动是相当活跃且丰富多彩的，并且一直延续到西迁时期和复校杭州阶段。

（一）1936 年 10 月 14 日的"师生谈话会"

史地学系于 1936 年 9 月新学期开学、教师和学生均基本到校后，在 26 日召开的史地学系第一次系务会议上，即决定于近日内召开该系学生的"谈话会"。后该"谈话会"正式定于 10 月 14 日下午 7:30 在史地学系陈列室举行，并发《启事》于同日《日刊》（见图 3-4-5）：

> 敬启者：兹订于本月之十四日（本星期三）下午七时半，在本系陈列室举行本系师生谈话会。希准时出席是荷。此致。
> 史地系全体教授、助教、同学公鉴。
> 史地系启⑥

① 《国立浙江大学日刊》第 94 号（1936 年 12 月 21 日）。
② 《国立浙江大学日刊》第 80 号（1936 年 12 月 4 日）。
③ 《国立浙江大学日刊》第 83 号（1936 年 12 月 8 日）。
④ 《国立浙江大学日刊》第 146 号（1937 年 3 月 23 日）。
⑤ 《国立浙江大学日刊》第 153 号（1937 年 4 月 5 日）。
⑥ 《国立浙江大学日刊》第 37 号（1936 年 10 月 14 日）。

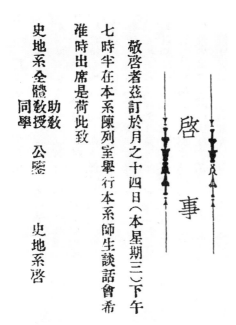

该次"师生谈话会"目的是"使本系师生得于课余多所接触"。系里对这次会议非常重视，张其昀、苏毓棻、费巩、景昌极等教师均亲临并致辞，介绍学习方法，鼓励学生勤学报国，并介绍系里设备、图书等情况，至当晚9时，"始各尽欢而散"。见图3-4-6。

史地系谈话会纪盛

本星期三下午七时半，史地系师生，在本系陈列室，举行谈话会。首由各同学个别介绍：姓名、籍贯、学历，以及对于史地学科兴趣如何。继由系主任张其昀先生介绍各教授及助教；并报告召集谈话会之宗旨，在使本系师生得于课余多所接触。

次由苏毓棻先生阐述浙江史学宗风之盛，以及为学治史之道，端在乎勤；

图3-4-5　《国立浙江大学日刊》第37号（1936年10月14日）所载史地系《启事》。引自《国立浙江大学日刊》第37号（1936年10月14日）。

旁搜博览，由宏博而趋简约，然后始得执一以精专。费巩先生谓：同学应注意于基本学科之训练，国文及外国文之根底，须及早培植。求学之外于体格之锻炼复不可疏忽。景昌极先生谓：学者应有高尚纯洁之人格，与特立独行之远见卓识，为社会之先觉。顾毂宜先生又申述史地学在民族国家危机时之重要关系，且解释史地已属科学之列。

教授致词毕，又继之以各助教报告一己经验之得失。末复由张系主任报告本系设备情形，希望同学常至陈列室阅览图籍，观察标本，钻研摩挲；庶可于史地学识，得一坚固之基础。最后更劝勉同学，应密切联络，形成一级际友谊，他日即可成终身莫逆之知己，彼此互助矣。钟鸣九下后，始各尽欢而散。①

---

① 《国立浙江大学日刊》第39号（1936年10月16日）。

史地系談話會紀盛

本星期三下午七時半，史地系師生，在本系陳列室，舉行談話會。首由各同學個別介紹：姓名、籍貫、學歷，以及對於史地學科之興趣如何。繼由系主任張其昀先生介紹各教授及助教，並報告系召集談話會之宗旨，在使本系師生得於課餘多所接觸。

次由蘇毓棻先生闡述浙江史學宗風之盛，以及為學治史之道，端在乎勤；旁搜博覽，由宏博而趨簡約，然後始得執一以精專。費鞏先生謂：同學應注意於基本學科之訓練，國文及外國文之根底，須及早培植。求學之外於體格之鍛鍊復不可疏忽。景昌極先生謂：學者應有高尚純潔之人格，與特立獨行之遠見卓識，為社會之先覺。顧毅宜先生又申遞史地學在民族國家危急時之重要關係，且解釋史地已屬科學之列。

教授致詞畢，又繼之以各助教報告一已經驗之得失。末復由張系主任報告本系設備情形，希望同學當至陳列室閱覽圖籍、觀察標本、儀器摩鞏；庶可於史地學證，得一堅固之基礎。最後更勗勉同學，願密切聯絡，他日即可成終身莫逆之知己，彼此互助焉。鐘鳴九下後，始各盡歡而散已。

图3-4-6　《国立浙江大学日刊》第39号（1936年10月16日）所载史地系谈话会的报道。引自《国立浙江大学日刊》第39号（1936年10月16日）。

同时，史地学系正式排定教师与学生交流的时间表，在该时间段内，"各教授均在本系预备室，同学如需进谒，可按时前往"。[①] 见表3-4-4。

表3-4-4　1936学年第一学期史地学系教授接见学生时间表[②]

教授	时间
张其昀	星期一至六上午十一至十二时，下午三至五时
朱庭祜	除星期三、星期五上午外，余日上午均可
景昌极	星期一、二下午三至四时；星期三、四、五下午二至三时
陈训慈	星期三、五上午十至十一时
费巩	星期二、三下午三至四时；星期四、五下午三至五时
顾毅宜	星期一下午三至四时；星期五上午十一至十二时；星期二、四、六上午九至十时
苏毓棻	星期一、三、五下午二至四时

注：上列时间内，各教授均在本系预备室，同学如需进谒，可按时前往。

---

① 《国立浙江大学日刊》第39号（1936年10月16日）。
② 资料来源：《国立浙江大学日刊》第39号（1936年10月16日）。

此外，文理学院还确定了各学系的"某级指导"，史地学系因刚刚设立，故仅 1936 级一个年级，聘请景昌极（即"景幼南"）为该级"指导"。[1] 见图 3-4-7。

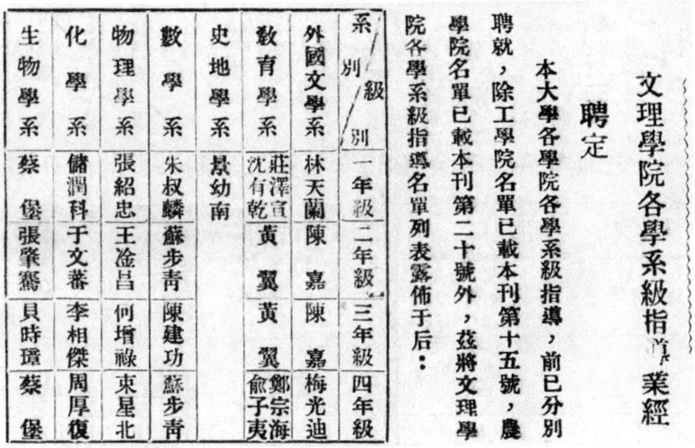

系別／級別	一年級	二年級	三年級	四年級
外國文學系	林天蘭 陳嘉	陳嘉	梅光迪	黃翼 黃翼
史地學系	景幼南			
教育學系	莊澤宣 沈有乾	鄭宗海 俞子夷		
數學系	朱叔麟 蘇步青	陳建功 蘇步青		
物理學系	張紹忠 王淦昌	何增祿 束星北		
化學系	儲潤科 于文蕃	李相傑 周厚復		
生物學系	蔡堡 張肇騫	貝時璋 蔡堡		

聘定

文理學院各學系級指導　業經聘就，除工學院名單已載本刊第十五號，農學院名單已載本刊第二十號外，茲將文理學院各學系級指導名單表露佈于後：

图 3-4-7　《国立浙江大学日刊》第 41 号（1936 年 10 月 19 日）所载"文理学院各学系级指导"聘任情况。引自《国立浙江大学日刊》第 41 号（1936 年 10 月 19 日）。

（二）1937 年 3 月起的"读书会"

为提供师生共同交流和学习的平台，史地系自 1937 年 3 月起开始举行读书会。读书会邀请全体师生参加，因当时史地系学生尚在一年级，故暂时推定教授、助教一人或二人轮流担任讲述，并邀请校内外专家莅会演讲，每月举行两至三次。

读书会的基本设想与 3 月份的活动安排，在 1937 年 3 月的《国立浙江大学日刊》第 131 期以《史地学系将举行读书会》为题，有如下说明：

> 史地学系本学期起举行读书会，除由本系各教授、助教轮流讲述外，并拟邀请校内外专家莅会演讲。预定每月举行三次，本月份已经请定，第一次为顾毅宜先生，题目为《留学俄国时之见闻》，第二次为费巩先生，题目为《西班牙内乱之历史背景》，第三次为张其昀先生，题目为《敦煌学之内容》，并有幻灯说明。其演讲日期、地点容再公布，并欢迎他系同学旁听。[2]

至 1937 年 5 月，读书会已举行公开演讲四次：顾毅宜的《留学苏俄时之见闻》、

---

[1]　《国立浙江大学日刊》第 41 号（1936 年 10 月 19 日）。
[2]　《国立浙江大学日刊》第 131 期（1937 年 3 月 4 日）。

费巩的《西班牙内战之历史背景》、袁寿椿的《英国大学之地理教育》（编者注：第三次演讲文献记载不一致，《史地杂志》第 1 卷第 1 期记载为袁寿椿《英国大学之地理教育》，但《国立浙江大学日刊》第 131 期记载为张其昀《敦煌学之内容》。当以《史地杂志》第 1 卷第 1 期所记为是，因其为事后总结性记述）和张其昀的《西北诸省地理考察》。见表 3-4-5。

表3-4-5　史地学系读书会1936学年第二学期举办的公开演讲情况

主讲人	演讲题目	演讲时间	来源
顾毂宜	《留学苏俄时之见闻》	1937.03.11	《国立浙江大学日刊》第 137 期（1937 年 3 月 11 日）
费　巩	《西班牙内战之历史背景》	1937.03.17	《国立浙江大学日刊》第 141 期（1937 年 3 月 17 日）
袁寿椿	《英国大学之地理教育》	1937.03.24	《国立浙江大学日刊》未见记载；此据《史地杂志》第一卷第一期（创刊号）所载"本系近讯"
张其昀	《西北诸省地理考察》	1937.04.28	《国立浙江大学日刊》第 174 期（1937 年 4 月 30 日）

史地学系读书会的安排及演讲内容，也在当时的《日刊》上有报道。1937 年 3 月 11 日，《日刊》预告了顾毂宜的演讲安排：

顾毂宜教授今晚演讲"留学苏俄时之见闻"

　　本大学史地系自本月起，举行"读书会"，每旬一次，由该系教授轮流讲述。并请校内外专家，参加演讲。此项"读书会"，本为增进修学效率，但讲题有关于时事研究者，亦欢迎旁听。现第一次演讲，定今晚七时在新教室大礼堂举行，由该系教授顾毂宜先生担任，题为"留学苏俄时之见闻"。顾先生系于民国十五年至十八年，留学莫斯科中山大学，对于苏俄真相定有极真切之报告，凡注意苏联事情者均可旁听云。[1]

　　1937 年 3 月 17 日，《日刊》预告了费巩的演讲安排，也介绍了前一次顾毂宜的演讲情况：

---

[1]　《国立浙江大学日刊》第 137 期（1937 年 3 月 11 日）。

费巩教授今晚演讲"西班牙内乱之历史背景"

本大学史地系第二次"读书会",定今晚七时在新教室三楼物阶教室举行,由该系教授费巩教授演讲,题为"西班牙内乱之历史背景"。费先生史识精博,并深通政治,前次演讲英宫事迹,取材立论,语多隽永,听者极感兴味。西班牙问题关系错综,创巨痛深,实足为我国民之殷鉴。仍欢迎校内外同志旁听云。

又,该会第一次演讲,系举行于本月十一日晚,主讲者为顾毂宜教授,讲题为:"留学苏俄时之见闻",参加者百余人。顾先生对苏俄之自然与社会,不仅叙其当时之闻见,亦兼及近年来之演变,结论颇有价值,听者至为动容。该文将改订后发刊云。[①]

3月份后,原定读书会每月2—3次的活动设想可能由于各种原因,没有完全实现;其后,第四次读书会举行于4月28日,已经是一个月后;再之后,就没有见到继续举行的记载。《国立浙江大学日刊》报道了1937年4月28日第四次读书会的盛况(见图3-4-8):

史地系第四次读书会纪盛

前日(二十八日)晚七时,史地学系在新教室三楼物阶教室举行该系第四次读书会,由张其昀先生讲述西北诸省地理考察,以幻灯为主,而辅以说明。幻灯片凡二百张,历二小时之久,举凡城市关塞,山川形势,以至风土人物,动植生产,皆有映放,观众极感兴趣。张先生于每张映放时加以简略之说明,使听者宛如身历其境,对于西北大势,得一概括之印象。非但地理智识,获益匪浅,即其他历史、地质、宗教、人种、教育、军事等项,皆多所增广见闻,启发新知。出席者凡百余人,座为之满,足见盛况之一斑云。[②]

据1937年5月出刊的《史地杂志》第1卷第1期(创刊号)最后所附"本系近讯"所载:

本系自今年三月份起举行读书会,以供本系师生共同讨论之机会,因本系同学尚在一年级,仅由各教授、助教担任讲述,并邀请校内外专家莅会演

---

① 《国立浙江大学日刊》第141期(1937年3月17日)。
② 《国立浙江大学日刊》第174期(1937年4月30日)。

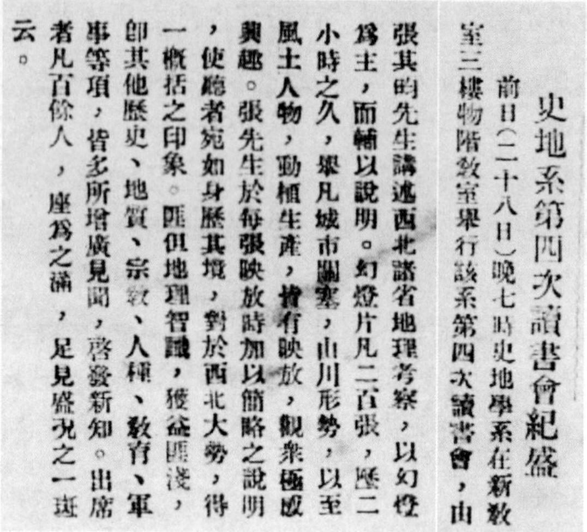
史地系第四次讀書會紀盛

前日（二十八日）晚七時史地學系在新教室三樓物階教室舉行該系第四次讀書會，由張其昀先生講述西北諸省地理考察，以幻燈為主，而輔以說明。幻燈片凡二百張，歷二小時之久，舉凡城市圖案，山川形勢，以至風土人物，動植生產，皆有映放，觀衆極感興趣。張先生於每張映放時加以簡略之說明，使聽者宛如身歷其境，對於西北大勢，得一概括之印象。匪但地理智識，獲益匪淺，即其他歷史、地質、宗教、人種、教育、軍事等項，皆多所增廣見聞，啓發新知。出席者凡百餘人，座為之滿，足見盛況之一斑云。

图 3-4-8 《国立浙江大学日刊》第 174 期（1937 年 4 月 30 日）所载“史地系第四次读书会纪盛”。引自《国立浙江大学日刊》第 174 期（1937 年 4 月 30 日）。

讲。现已举行四次：（1）顾穀宜讲《留学苏俄时之见闻》，（2）费巩讲《西班牙内乱之历史背景》，（3）袁寿椿讲《英国大学之地理教育》，（4）张其昀讲《西北诸省地理考察》，用幻灯说明。[①]

第五节 史地学系参加或组织的学术活动与社会影响

1936 年 8 月史地学系正式成立，9 月第一届新生入学，至 1937 年 11 月史地学系随校开始“西迁”，在这一年多一些的时间里，全体师生积极参加、组织各种学术交流活动，史地系工作渐渐打开局面，并步入正轨。科研活动虽尚未完全展开，但已经开始注意积极参与社会服务性工作，同时积极创办、出版各种学术性期刊，培养学术研究的气氛。凡此种种，都在一定程度上扩大了史地学系的社会影响。

一、学术活动

史地学系建立伊始，就积极参与相关的学术活动。1936 年 9 月前后，史地系就规划了有关工作，包括发起“浙江学术演讲会”、参加“浙江省文献展览会”等。见图 3-5-1。

---

① 《史地杂志》第 1 卷第 1 期（1937 年），第 89—90 页。

史地学系之新工作

（一）发起浙江学术演讲会

本校史地学系鉴于浙大所处地位，有宣扬浙省文化之任务，现与浙江省立图书馆合作，发起浙江学术演讲会，预定每二星期举行一次，演讲题目已经拟定，所请讲师均系对于各项问题有特殊研究者。闻第一次演讲俟本校开课后即将举行，讲题为“浙江省之现势”，由史地学系主任张其昀先生担任。

（二）参加浙江省文献展览会

浙江省立图书馆定于本年双十节起举行本省文献展览会，闻规模宏大，征品多甚名贵。本校史地学系亦在被邀参加之列，闻该系将贡献本省分类地图约四十幅，缩尺为百万分一与五十万分一两种，皆施彩色，可供悬挂，其中一部分系表现本省自然与人文环境，大部分皆系重要历史现象以地图表示之者，以符文献展览会之意义。现正在绘制中。该系并有精选浙省名胜史迹照片（放大至十二吋）四十幅，系张先生前年游览浙江时所摄取，颇有鉴赏价值。[1]

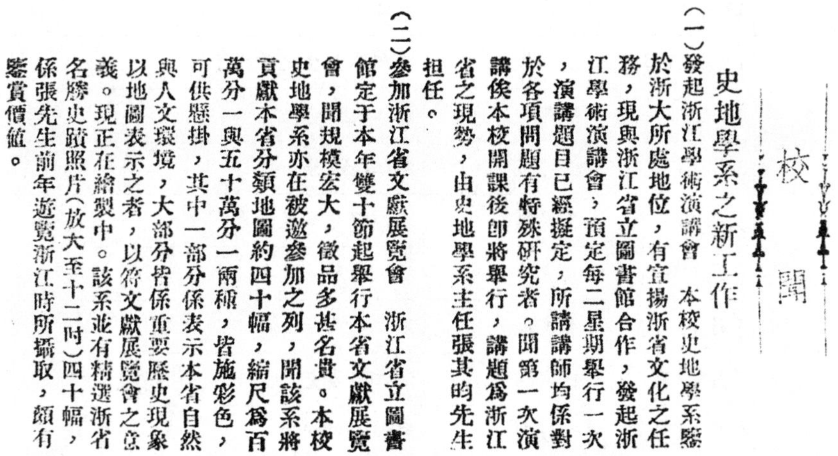

校聞

史地學系之新工作

(一)發起浙江學術演講會　本校史地學系鑒於浙大所處地位，有宣揚浙省文化之任務，現與浙江省立圖書館合作，發起浙江學術演講會，預定每二星期舉行一次，演講題目已經擬定，所請講師均係對於各項問題有特殊研究者。聞第一次演講俟本校開課後即將舉行，講題爲浙江省之現勢，由史地學系主任張其昀先生担任。

(二)參加浙江省文獻展覽會　浙江省立圖書館定于本年雙十節起舉行本省文獻展覽會，聞規模宏大，徵品多甚名貴。本校史地學系亦在被邀參加之列，聞該系將貢獻本省分類地圖約四十幅，縮尺爲百萬分一與五十萬分一兩種，皆施彩色，可供懸掛，其中一部分係表示本省自然與人文環境，大部分皆係重要歷史現象以地圖表示之者，以符文獻展覽會之意義。現正在繪製中。該系並有精選浙省名勝史蹟照片(放大至十二吋)四十幅，係張先生前年遊覽浙江時所攝取，頗有鑒賞價值。

图 3-5-1　《国立浙江大学日刊》第 1 号（1936 年 9 月 1 日）所载史地系举办相关学术活动的报道。引自《国立浙江大学日刊》第 1 号（1936 年 9 月 1 日）。

① 《国立浙江大学日刊》第 1 号（1936 年 9 月 1 日）。

（一）参与"浙江学术讲座"

1936年8月所设想的"浙江学术演讲会"，后正式开始于11月，名称定为"浙江学术讲座"，由史地系与浙江省立图书馆合办，每两星期举行一次，邀请张寿镛、朱希祖、竺可桢、王焕镳等系外人士及本系教师对浙江学术、思想、地质、史学、考古、气候等诸方面进行探讨，至1937年6月中旬，计已举行10余次，包括朱庭祜讲《浙江省之地质》、张其昀讲《浙江省之现势》、竺可桢讲《浙江省之气候》、顾毅宜讲《浙江之人口》等；演讲稿在1937年6月曾计划编成"讲演集第一集"出版。[1]但7月抗日战争全面爆发后，该学术讲座被迫停止。见表3-5-1。

表3-5-1　1936学年史地学系与浙江省立图书馆合办的"浙江学术讲座"情况[2]

时间		演讲者	题目
1936年	11月2日	张寿镛	两浙学术概论
	11月14日	朱希祖	章太炎先生之史学
	11月15日	张凤（张天方）	浙江之考古发掘
	12月15日	朱庭祜	浙江之地质
	12月25日	景昌极	王阳明先生之学说
1937年	3月6日	张其昀	浙江之现势
	3月20日	竺可桢	浙江之气候
	3月26日	王焕镳	万季野先生之学术
	5月1日	梁庆椿	从统计所见近年之浙江建设
	5月14日	董聿茂	浙江之生物
	6月19日	钱宝琮	浙江科学史
	6月19日	顾毅宜	浙江人口问题
	6月29日	陈训慈	浙江之史学

各次演讲情况及主要内容，当时的《日刊》也多予以及时反映。如1936年12月15日，《国立浙江大学日刊》记载了朱庭祜讲座的情况：

---

[1]　《国立浙江大学日刊》第225期（1937年6月29日）。
[2]　资料来源：编者据《国立浙江大学日刊》等整理。

本校史地系浙江学术讲座

朱庭祜先生讲浙江之地质，今日下午七时在省图书馆

本校史地系与浙江省立图书馆联合举办浙江学术讲座，已于十一月间浙江文献展览期内举行三次（第三次系朱希祖讲演章太炎先生之史学）。兹悉此项讲座定今日下午七时举行第四次讲演，系请本校史地系地质矿物教授朱仲翔先生（庭祜）讲"浙江之地质"。地点在大学路省立图书馆礼堂。按：朱先生为留美威斯康辛大学理科硕士，曾任国立中山大学及中央大学地质教授，广东地质调查所所长，对于地质学之学理与实际，皆有湛深之研究，对本省地质，曾作实地之调查。此次为准备本讲，并曾特制精详之本省地质图，今日讲演，必多精切之发挥，于农艺、工程尤多直接之关系。本校师生注意本问题者，可准时往该馆听讲云。[①]

史地学系的毕业生宋晞，后来在《陈训慈与浙江省立图书馆》一文中，对这一讲座的情况也作了介绍：

省立图书馆随时举行学术演讲，可以辅阅读之不逮。藉在学术活动上之努力，已能使一部分人转移观念，隐然视为主持学术文化活动之枢纽。1934年3月21日请南京中央大学张其昀教授讲"浙江人文及于日本之影响"，4月6日请中大缪凤林教授讲"中日之关系与吾人之责任"。听者众多。

1936年夏，竺可桢教授出长浙江大学，并邀张其昀教授主持文理学院之史地学系。陈馆长与张教授是在南京求学时代之同窗好友，应邀在浙大史地系开"中国近世史"一课。浙江省立图书馆与浙江大学合办"浙江学术讲座"，多在浙馆举行，第一次是11月2日上午请张寿镛先生讲"两浙之学术"，第二次是11月14日下午请中央大学史学系主任朱希祖讲"章太炎先生之史学"，第三次于11月15日请上海暨南大学张天方教授讲"浙江之考古发现"，第四次于12月15日晚7时请浙江大学朱庭祜先生讲"浙江之地质"，由张其昀先生主席，历时2小时，并传观标本。这几次学术讲座更富学术性，且以浙江学术文化为范围，益引起学术界人士之兴趣。1937年春继续举办，各界前往听讲者众，第五次于3月6日请浙江大学史地系主任张其昀教授讲"浙江省之现势"，到听众300多人。第六次于3月20日请浙大校长竺可桢先生

---

① 《国立浙江大学日刊》第89号（1936年12月15日）。

讲"浙江之气候"，第七次于 26 日请浙大国文系王焕镳先生讲"万季野先生之学术"，盖 3 月 31 日万氏在奉化莼岙之祠与墓修建落成，配合纪念也。第八次于 5 月 10 日上午 8 时假省建设厅请浙大农经系主任梁庆椿教授讲"从统计上所见之浙江建设"，听众以建设厅及其附属机关人员为多。第九次于 6 月 19 日下午，请浙大数学系钱宝琮教授讲"浙江之科学史"、史地系顾毂宜教授讲"浙江之人口"。此后因日军侵华，局势紧张，忙于应变，学术讲座暂告停办。①

（二）参与"浙江文献展览会"

浙江文献展览会于 1936 年 11 月 1 日至 18 日，由浙江省立图书馆举办，邀请社会各界参加，史地系亦在被邀请之列，曾经贡献地图 40 幅，并展出张其昀所摄浙江省名胜古迹照片几十帧。

关于浙江文献展览会的举办过程，时任馆长的陈训慈曾经专文对此予以介绍：

浙江省立图书馆，承省教育厅之意旨，于民国二十五年十一月一日至十八日举办浙江省文献展览会于杭州。事前向省内外公私藏家广事征借本省图书文物，所得达万余件，甄别类分，分室陈列。先后十八天，参观几达八万人，且颇多自京、平、沪各地特行来杭参观者。虽以限于资力人力，准备未能充分，编审复多疏阙；然萃数百藏家之精英，成两浙文物之大观，其所以彰往策来之效，要有不可忽者。……

展览会会场设于杭州大学路浙江省立图书馆总馆，于十月二十七日开始布置，同时将馆内阅借暂停八天，俾大部分同人得以参加工作。至十月三十日晚，布置粗告就绪。……除上列十二室外，凡室外壁间，莫不应用余隙，布置展览品。凡各地应征之乡贤遗像，本馆自制之本省文献图表，浙江大学史地系制浙江地理沿革图，与古迹名胜图片，并有可观。……

本会既定十一月一日开放，复为先期招待设计会员及赞助本会之来宾计，特提前于十月三十一日在本馆大阅览室举行开幕典礼。场外扎彩柏缀以"敬乡有道"、"观国之光"一短联，内门并悬一长联。开幕礼于上午九时举行，到会设计委员，本埠有项藻馨、杨复、王廷扬、邵裴子、徐行恭、余绍宋、高野侯、竺可桢、李培恩等，外埠特来杭参加者，计上海有叶恭绰、张寿镛、

---

① 宋晞：《陈训慈与浙江省立图书馆》，载浙江省政协文史资料委员会编：《史海钩沉（浙江文史资料第 64 辑）》，杭州：浙江人民出版社，1999 年，第 42—62 页（本处引文见第 49 页）。

丁辅之等，南京有柳诒徵等，苏州有潘厚、潘承弼等，温州有孙延钊，处州有刘祝群，宁波有朱鼎煦等，此外省会各机关学校代表合计凡二百余人。教育厅厅长许绍棣氏主席，行礼后宣读开幕词。先后致词者，有王廷扬、叶恭绰、张寿镛、柳诒徵、潘厚、项藻馨诸氏，叶、柳、张诸氏，多为各地征品分会主任，于浙江文化之渊承与特色既多颂扬阐述，于今后之发扬与各地之继起尤多期勖。末由省馆馆长陈训慈致谢词。至是到会者鱼贯出侧门，推项兰生氏（藻馨）行揭幕礼，全体由正门入，由浙馆职员导赴各室参观焉。

十一月一日，展览会正式开放。……总计十八天中，各方参观达七万六千余人。其中本会设计委员在杭者八十余人，皆曾莅观，且有频来细观者。中等以上各校学生，多集团参观。政商各界领袖，亦多先后参与，即本省各区专员，以同时担任各区征品分会主任，颇多关切，如黄人望、庞镜塘、鲁忠修、贺扬灵诸氏，亦先后来省参观，未到者且多投书致缺然之意。外埠来观者，以上海藏家为多，如张元济、李拔可、张芹伯、王体仁诸氏，此外学术机关如四川大学校长任鸿隽夫妇，故宫博物院院长马衡，中央图书馆主任蒋复璁，国立编译馆馆长陈可忠，及各省县市立图书馆馆长来者尤多。自中央来杭参观者以监察院长于右任及中委邵元冲尤为注意，观赏历时甚久。而省内各地专程来杭者，更不殚缕计云。[①]

1937 年 5 月出版的《史地杂志》创刊号，在"本系近讯"中，对史地学系参与此次浙江省文献展览会的情况，有概略介绍：

浙江省立图书馆于去年十一月一日起举行浙省文献展览会，本系亦在被邀之列。本系贡献地图凡四十幅，缩尺为一百万分之一，皆施彩色，可供悬挂，其中一部分系表示浙省自然与人文环境，大部分则系重要历史现象以地图表示之者，以符文献展览会之意义。本系并精选浙省名胜史迹照片四十幅，系任美锷君随本系主任张先生前年游览浙江时所摄取，均放大至十二吋，以供陈列。[②]

---

① 陈训慈撰：《浙江文献展览会之回顾》，原载 1936 年 12 月《图书展望》第 2 卷第 2 期，转引自浙江图书馆编：《陈训慈百年诞辰纪念文集》，北京：北京图书馆出版社，2006 年，第 481—502 页。
② 《本系近讯》，载《史地杂志》第 1 卷第 1 期（1937 年），第 89 页。

（三）组织"绥远省图籍展览会"和"察哈尔省图籍展览会"

1936年冬天，正值绥远抗战方殷之际，为介绍绥远省史地知识，史地系于11月30日至12月3日举办了绥远省图籍展览会。1937年5月出版的《史地杂志》创刊号，在"本系近讯"中，对此也有介绍：

> 二十五年冬绥远抗战方殷之际，本系于十一月三十日在本校大礼堂举办绥远省图籍展览会，公开展览三日。陈列品计三类：第一类地图，本系自制者三十八幅，收藏者三十二幅；第二类书籍，凡六十六种；第三类照片，凡三十五帧。开幕时由张其昀演讲《绥远省之军事地理》，并由本校《日刊》出临时特刊一张，专载陈列品目录。[1]

实际上，在史地学系正式举行该"图籍展览会"之前，时任史地学系助教的李海晨即在11月23日、24日、25日的《日刊》上发文《绥远省形势概论》，介绍了绥远省的自然、人文地理等情况。[2] 随即，史地学系正式于30日开始，举办了此次"绥远省图籍展览会"，并引起很大反响；当时的《日刊》，甚至社会上的报刊，对此都作了大幅报道。

张其昀的讲座原拟于11月28日进行，后因故改为30日。《国立浙江大学日刊》1936年11月26日（第73号）"校闻"载：

星期六晚七时　张其昀主任讲："绥远之军事地理"

> 本星期六（二十八日）下午七时起，本校史地系主任张其昀先生，在新教室三楼举行公开讲演，讲题为"绥远之军事地理"。张先生对于绥远地理，不但研究有素，抑且曾经考察，当此绥边多事之秋，国脉缕属之际，关心此日真象与今后国运者，幸勿交臂失之也。[3]

《日刊》1936年11月28日（第75号）"校闻"载：

---

[1] 《本系近讯》，载《史地杂志》第1卷第1期(1937年)，第89页。
[2] 《国立浙江大学日刊》第70号（1936年11月23日）、第71号（1936年11月24日）、第72号（1936年11月25日）。
[3] 《国立浙江大学日刊》第73号（1936年11月26日）。

本校史地系主任张其昀先生演讲改星期一晚举行

——讲题、时间及地点仍照旧

本校史地系主任张其昀先生,为应时势需求,本拟今日(二十八日)晚七时在本校举行公开讲演,主讲"绥远之军事地理",兹以事改下星期一(三十日)晚七时举行,欢迎本市各界前来听讲,地点仍在本校文理学院新教室三楼云。①

两天后,《日刊》1936年11月30日(第76号)即再次预告当晚的活动安排:

绥远省图籍展览会今晚在本校大礼堂开幕

本校史地学系举办绥远省图籍展览会,定今晚七时在大礼堂开幕,同时由该系主任张其昀先生演讲(地点改在大礼堂),题为"绥远省之军事地理",自明日起公开展览三天,上午九时起十二时止,下午二时起五时止。该会陈列品分地图、书籍、照片三类:地图又分甲乙二种,甲种为该系自制者,计三十八幅,凡地形、物产、交通、都市、边防、古迹等,分幅表示,甚为醒目。乙种为该系收藏地图,计二十一幅,如地质调查所出版之地质土壤图,绥远建设厅出版之河渠垦区图等,收罗颇富,至哈尔滨东省铁路经济调查局出版之蒙古全图一大幅,为现今不易购置之珍品。第二类书籍,凡清代以来与绥远有关之地志共得六十五部,其中自向达、张其昀二先生所借得者,尤多坊间不易购求之书。第三类照片,为任美锷君于二十四年夏随张其昀先生亲至绥远考察时所摄,计三十五幅,均放大至八吋。欢迎本校教职员、同学莅临参观。②

第二天,《日刊》1936年12月1日(第77号)即报道了张其昀演讲和展览会开幕的盛况(该演讲全文也刊载于《日刊》第81号、82号):

昨晚张主任演讲盛况

——绥远省图籍展览会同时开幕

本校史地系主任张其昀先生,于昨晚七时,在本校大礼堂演讲"绥远省

---

① 《国立浙江大学日刊》第75号(1936年11月28日)。
② 《国立浙江大学日刊》第76号(1936年11月30日)。

之军事地理"。校内外人士听讲者不下千余人。首由郑教务长致介绍辞，继由张先生开始演讲，分列前方要塞、后方重镇、交通孔道、资源给养四项立言，指陈大势，如数家珍，深入浅出，淋漓尽致，凡历二小时之久，听众极为动容云。

又，该系主办之绥远省图籍展览会，亦于昨晚七时同时同地开幕。陈列品计三类：第一类地图，该系自制者三十八帧，收藏者三十二帧；第二类书籍，凡六十六种；第三类照片，凡三十帧，内容颇多名贵。自今日起至三日止，陈列三日，上午自九时起至十二时止，下午自二时起至五时止。并由本刊临时特刊目录一张，以为按图索骥之用云。[①]

12月4日"展览会"闭幕后，又于5日起，在浙江图书馆继续展览：

绥远图籍展览会昨晚闭幕

——五日起在图书馆继续展览

本校史地学系创办之绥远图籍展览会，系于十一月三十日晚开幕，当晚参观与听该系张主任讲演者不下千余人，本月一至三日，参观者又不下千余人，对于校内外人士殊多靖献，昨晚已按期闭幕。自五日起省立图书馆借往陈列三数日，藉以减少向隅之叹者云。[②]

当时的大报上海《申报》，在1936年12月10日的"教育新闻"版中，在总题为"文化界抗绥运动"的报道中，也介绍了浙大此次展览会的情况（见图3-5-2）：

杭州国立浙江大学　该校史地学系以绥远事亟欲使杭市民众明了该省地理形势，……特于本月一日至三日，在该校举行绥远省图籍展览会。陈列品计分地图、书籍、照片三种，约二百件，琳琅满目，美不胜收。开幕前夕，并由该系主任张其昀讲演"绥远省之军事地理"，听者不下千二百人。又，三日参观者统计，约共千余人。闭幕后，又为浙江省立图书馆借去陈列三日，观者亦复不少云。[③]

---

① 《国立浙江大学日刊》第77号（1936年12月1日）。
② 《国立浙江大学日刊》第80号（1936年12月4日）。
③ 《申报》1936年12月10日。

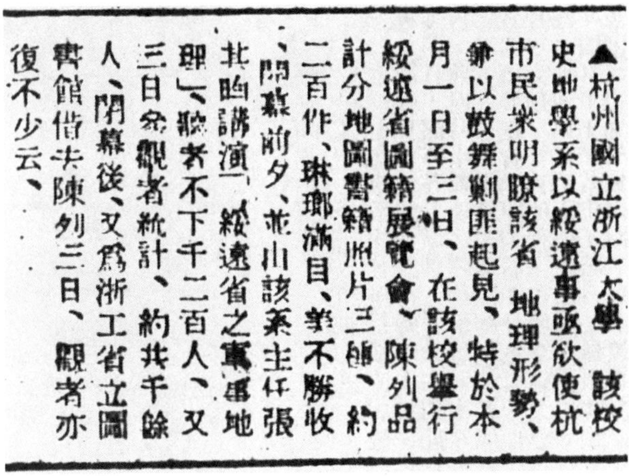
▲杭州國立浙江大學 該校史地學系以綏遠事亟欲使杭市民衆明瞭該省 地理形勢、兼以鼓舞勦匪起見、特於本月一日至三日、在該校舉行綏遠省圖籍展覽會、陳列品計分地圖書籍照片三種、約二百件、琳瑯滿目、美不勝收、開幕前夕、並由該系主任張其昀講演「綏遠省之重要地理」、聽者不下千二百人、又三日參觀者統計、約共千餘人、閉幕後、又爲浙江省立圖書館借去陳列三日、觀者亦復不少云、

图 3-5-2　《申报》1936 年 12 月 10 日所载关于绥远图籍展览会的报道。引自《申报》1936 年 12 月 10 日。

展览会获得巨大成功，不仅深受校内外人士的欢迎，还引起浙江省图书馆的注意，“自五日起省立图书馆借往陈列三数日，藉减少向隅之观者云”。浙大全校学生人数直至 1937 年 10 月西迁前也只有 633 人而已，加之教职工也不足千人，可想而知当时史地系展览会之成功。史地系因此做出“此后展览会，将因时事需要，陆续举行”的决定。

随后，史地学系又于 12 月 27 日举办了察哈尔省图籍展览会。同日下午张其昀在浙江史地学会年会上演讲《蒙古史之地理背景》，会议结束后，学会会员 50 余人参观了史地系史地陈列室和察哈尔省图籍展览会。此次察哈尔省图籍展览会的情况，《日刊》也作了报道（见图 3-5-3）：

张其昀先生演讲——蒙古史之地理背景

本校史地学系前曾举行“绥远省图籍展览会”，所收专书、地图及照片各数十种，内容颇多名贵，深为各界欢迎。闻该系对此类展览会，将因时事需要，陆续举行。本星期日（二十七日），在本校史地陈列室，继开“察哈尔省图籍展览会”，陈列品亦分专书、地图、照片三大类，共百余件，多属罕见之要籍，及该系搜藏与自制之地图，四壁琳琅，定有可观。同日下午一时半，该系主任张其昀先生，应浙江史地学会之请，在本校新教室做公开演讲，讲题为“蒙古史之地理背景”，对塞外形势，援据史籍，谅有透彻之说明，治国闻者，幸勿交臂失之。[1]

① 《国立浙江大学日刊》第 99 号（1936 年 12 月 26 日）。

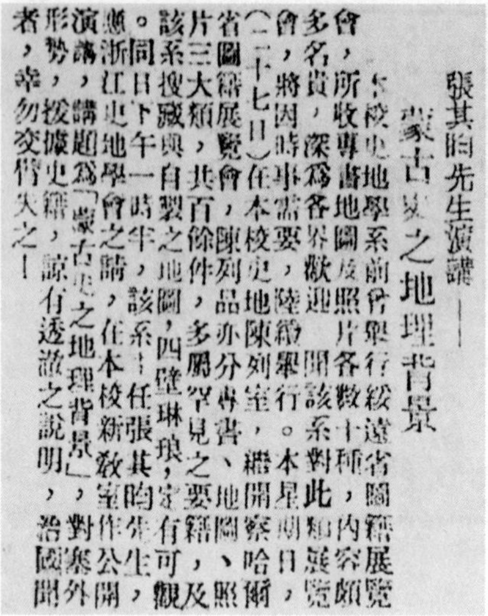

張其昀先生演講——蒙古史之地理背景

本校史地學系前曾舉行綏遠省圖籍展覽會，所收專書地圖及照片各數十種，內容頗多，名貴，深爲各界歡迎。聞該系對此[illegible][illegible]覽會，將因時事需要，陸續舉行。本星期日，（二十七日）在本校史地陳列室，繼開察哈爾省圖籍展覽會，陳列品亦分專書、地圖、照片三大類，共百餘件，多屬罕見之要籍，及該系搜藏與自製之地圖，四壁琳琅，宏有可觀。同日下午一時半，該系主任張其昀先生，應浙江史地學會之請，在本校新教室作公開演講，講題爲「蒙古史之地理背景」，對塞外形勢，援據史籍，諒有透澈之說明，洽國聞者，幸勿交臂失之！

图 3-5-3 《国立浙江大学日刊》第 99 号（1936 年 12 月 26 日）所载张其昀演讲“蒙古史之地理背景”的报道。引自《国立浙江大学日刊》第 99 号（1936 年 12 月 26 日）。

通过这两次展览会，史地系不仅宣传了抗日主张，介绍了绥远、察哈尔的相关知识，而且提高了史地系在校内外之影响力和知名度。

（四）参与“浙江史地学会”的活动

1936 年 1 月，陈训慈、顾穀宜等在杭州发起成立“浙江中华史地学会”，并在省立图书馆举行成立大会。同年 12 月 27 日，在浙江大学新教室举行该年度年会，会议决定将该学会改名为“浙江史地学会”，以研究史地、阐扬民族精神为宗旨，选举张其昀、陈训慈、董世桢等九人为理事，景昌极等四人为候补理事。1937 年 11 月杭州沦陷后停止会务活动。[1]

浙江大学史地学系的教师积极参加了该学会的活动，多位教师当选为理事。1937 年 5 月出版的《史地杂志》创刊号对此亦有介绍：

> 浙江史地学会于二十五年十二月二十七日在本校举行第二届年会，到会会员五十余人，请本系主任张其昀公开讲演，题为《蒙古史之地理背景》。改选结果，本系教授张其昀、陈训慈、顾穀宜、苏毓棻当选为理事。[2]

---

① 楼子芳：《民国时期杭州的学术团体》，载杭州市政协文史委编：《杭州文史丛编 5（文化艺术卷）》，杭州：杭州出版社，第 536—546 页。

② 《本系近讯》，载《史地杂志》第 1 卷第 1 期（1937 年），第 89 页。

在浙江大学举行的这次年会的详情，当时的《日刊》也作了报道。12月26日的《日刊》预告了第二天开会的安排：

浙江中华史地学会明日在本校举行本届大会

本省各中等学校史地教师及研究史地学者组织之浙江中华史地学会，成立经年，工作颇切实际。本届年会，已定于明日（二十七）下午一时假座本校新教室举行，并请本校史地系主任张其昀先生演讲"蒙古史之地理背景"。闻该会本届大会讨论者，如关于中学史地科设备标准及会员相互供给史地科补充教材及参考资料等问题。本校史地系教授顾毂宜、苏毓棻、陈训慈三先生，皆为该会之理事云。[①]

12月29日的《日刊》则详细记载了会议的情况：

浙江史地学会前日在本校开会

张其昀先生讲演，改选理事九人

浙江史地学会开会消息，已志本刊。前日（二十七日）下午一时半，该会举行第二届大会于本校文理学院新教室三楼礼堂，并由会员、本校史地系主任张其昀先生公开讲演"蒙古史之地理背景"，继讨论会务毕，复参观史地系之史地陈列室及该室举行之察哈尔省图籍展览会，到会会员有姜卿云、王孟恕、董世桢、陈训慈、苏毓棻等五十余人，兹分志各情如后：

张氏讲演

二时开会，由理事陈训慈氏主席，领导全体行礼如仪后，报告该会前途当倍为光明者三点：1.范围较小，方针确定，易为努力；2.本省教育行政当局之助力；3.新设史地学系，可得学府之合作。继介绍张其昀氏讲演"蒙古史之地理背景"，略述蒙古成吉思汗时，其兴也勃焉，侵略四方，如秋风之扫落叶，建立一空前之大帝国，其最大之特色，具有不朽之价值者，在出人意料外之战略，以其森林民族之惯技，习用包围之法；成吉思汗传家之法，即为打人如打兽，其亡宋及其他诸国，皆用斯法。其后又引用其他民族之特长，如自东胡引用库尔泰大会制以选君王与基本蒙军训练之法，自回纥引用景教、摩尼教，自契丹以间接引入中国之文化，此事最关重要，以治国必需此。自西藏由八思巴以引入蒙古文字，自波斯引用普遍帝国之语言，自阿拉伯引

入工匠以造城垣宫室，乃至马可·孛罗远来自欧洲，而引用色目人管理财政，故有此复杂之文化，加以汉唐辽金之制度文物，以成其大帝国。然其亡也忽焉，以其后帝国成立，蒙人安乐沉湎，忘其固有之特色，而引入变本加厉之毒害，喇嘛僧制是，天灾人祸，元室遂墟，汉族得以光复。由此见史地之间，所以得间接文化之为用，然创造为尤要，无自信心与个性，舍己芸人，终至荡然无有，如明初之蒙古是。然今蒙古族之势力，仍在成吉思汗时之多伦，尚能发挥其地理势力，环境之为大力，于兹可见云云。

会务讨论

继会务讨论，其主要之议决为改定该会会名为"浙江史地学会"，系由理事会十四日议决后交议，以发扬民族精神一点，已明白规定于会章中，为免名称之冗繁，故特将中华二字从省，全体赞成通过。次讨论议决下列各案：1.与党政教育机关合作，草拟中学史地科设备标准；2.赞助明年于杭垣举办之史地展览会；3.举行时事讲座；4.改订简章中会员一条，规定团体会员，征求各学校加入为该会会员；5.规定专用会务办公室于省立图书馆，及征求书志，继续印发史地参考资料等案。

改选结果

最后改选理事会理事：张其昀、陈训慈、董世桢、王孟恕、李絜非、刘文翮、顾毂宜、蒋君章、苏毓荣等九人以最多票，当选为理事；景昌极、孙正容、陈贻荪、唐继笙以次多票当选为候补理事云。[①]

（五）其他

除了前述活动之外，史地学系及其师生还积极参加其他各类相关活动，如浙江大学（教务处）与浙江广播电台合办的"学术广播"的演讲，杭州市小学校长集中训练班的授课等，同时，也参与一定的社会服务性或合作研究等工作。

浙江大学与浙江广播电台合办的"学术演讲"，于1936年12月开始。史地学系教师中，如张其昀发表演讲《最近五年来之东北》（1936.12.10），费巩发表演讲《英王逊位与法治精神》（1936.12.17），顾毂宜发表演讲《欧洲往哪里去？》（1937.3.4）等。见表3-5-2。

《日刊》对此也有过报道：

---

① 《国立浙江大学日刊》第101号（1936年12月29日）。

本校与浙江广播电台合办

"学术演讲"于每星期四举行

本校除史地学系与浙江省立图书馆联合举办"浙江学术讲座"外，又与浙江广播电台合办"学术演讲"，于每周星期四下午四时五十分至五时五十分间举行，由教务处推请本校各院系教授主讲。本周主讲者为费香曾（巩）教授，讲题为"英皇逊位与法治精神"，大致仍同于纪念周所讲者，惟该次未能听闻者，此度幸勿交臂失之也。①

表3-5-2 1936学年浙江大学与浙江广播电台合办的学术广播情况②

次第	时间		讲师	讲题
一	1936 年	12 月 10 日	张其昀	最近五年来之东北
二		12 月 17 日	费 巩	英王逊位与法治精神
三		12 月 24 日	孙逢吉	我国桐油事业概况
四		12 月 31 日	程耀椿	原动机燃料问题
五	1937 年	1 月 7 日	杨耀德	飞机上之发电问题
六		1 月 14 日	周明牂	昆虫与农业之关系
七		2 月 11 日	蔡作屏	不正当之胚胎发育
八		2 月 18 日	张逸樵	空气调节
九		2 月 25 日	陆大京	真菌与人生之关系
十		3 月 4 日	顾毂宜	欧洲往哪里去？
十一		3 月 11 日	毛掌秋	现在电讯问题
十二		3 月 18 日	黄瑞纶	维生素
十三		3 月 25 日	蒋 振	中学生学业指导的严重问题
十四		4 月 8 日	顾青虹	蚕丝的使用在中等教育上之地位
十五		4 月 15 日	钱宝琮	数学在中等教育上之地位
十六		4 月 22 日	刘志平	工业化学之必需条件
十七		4 月 29 日	冯齐安	园艺与家庭

---

① 《国立浙江大学日刊》第 91 号（1936 年 12 月 17 日）。
② 资料来源：编者据《国立浙江大学日刊》等整理。其中，1936.12.10—1937.03.25 的学术讲座情况又载《国立浙江大学季刊》创刊号（1937 年），第 197—198 页。

续表

次第	时间	讲师	讲题
十八	5 月 13 日	周承佑	机械工业与国防
十九	6 月 20 日	徐天锡	谷类分级与浙江农业
二十	5 月 27 日	梅迪生	文学在教育上之地位
二十一	6 月 3 日	苏又讷	机械化之意义及方法
二十二	6 月 10 日	梁庆椿	国势清查之意义及方法
二十三	6 月 17 日	吴　庆	水力发电在中国将来之希望

1936 年 9 月 4 日，史地学系教师张其昀、顾毂宜等为杭州市小学校长集中训练班授课，张其昀讲"国防地理"，顾毂宜讲"国际现势"等。

本校教授参加杭市训练班演讲

　　杭州市小学校长集中训练班曾于今夏一度举办，本校教授参加者有缪凤林先生（缪先生系本校今夏中等学校教员讲习会教师）之"历史上之国防"、张其昀先生之"国防地理"、顾毂宜先生之"国际现势"等，听讲者约二百余人云。[①]

此外，史地学系教师还参加多种活动，积极服务社会，如张其昀于 1937 年 3 月 14 日在"杭州市作者协会"发表演讲"东坡先生在杭事迹"，顾毂宜于 5 月 29 日在"浙江史地学会"发表演讲"苏俄国防新地理"，张其昀于 1937 年 9 月 18 日在"'九一八'国耻六周年纪念大会"上发表演讲"中国财政状况及救国公债之意义"等。

二、社会影响

史地学系的成立，获得社会广泛关注。1936 年 8 月新学年伊始，《东南日报》即刊发报道，称："历史、地理二科在民族复兴上居重要地位，而浙省先贤于中国史学源远流长，尤多光耀……（浙江大学史地学系）内分历史、地理两组，俾通识与专精双方兼重，预料该系当在中国史地学界树一新帜。"[②]

时任国民政府军事委员会委员长兼行政院院长的蒋介石（行政院院长兼职时间：1935 年 12 月 7 日—1938 年 1 月 1 日）对浙江大学设立史地学系亦表示高度

---

① 《国立浙江大学日刊》第 4 号（1936 年 9 月 4 日）。
② 《浙大增设史地学系》，载《东南日报》1936 年 8 月 31 日。

认可和赞扬。1936 年 10 月 15 日，蒋介石视察浙大后，对浙大要求扩大校舍等予以积极回应，指示行政院准予扩展；同时，在其接到校长竺可桢汇报相关事项的电报后，于 10 月 28 日特复一电，对浙江大学予以肯定和勖勉，并在该电文中，特别提及史地学系建立的意义（见图 3–5–4）：

史地学系之添设，于我浙学术之继承与发扬，实为必要，今后并望对于中国文学及中国哲学方面多聘良师，充实学程，以立学术之基础为要。[①]

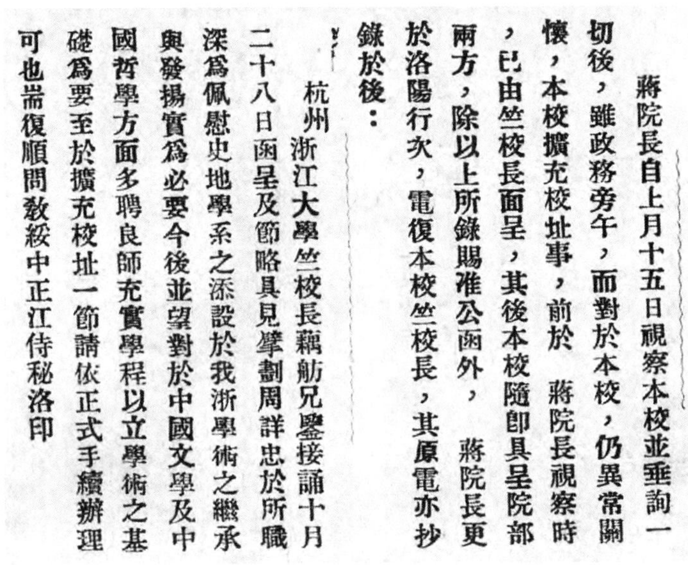
蔣院長自上月十五日視察本校並垂詢一切後，雖政務旁午，而對於本校，仍異常關懷，本校擴充校址事，前於　蔣院長視察時，已由竺校長面呈，其後本校隨即具呈院部兩方，除以上所錄賜准公函外，　蔣院長更於洛陽行次，電復本校竺校長，其原電亦抄錄於後：

杭州浙江大學竺校長藕舫兄鑒接誦十月二十八日函呈及節略具見擘劃周詳忠於所職深爲佩慰史地學系之添設於我浙學術之繼承與發揚實爲必要今後並望對於中國文學及中國哲學方面多聘良師充實學程以立學術之基礎爲要至於擴充校址一節請依正式手續辦理可也耑復順問教綏中正江侍秘洛印

图 3–5–4　《国立浙江大学日刊》第 57 号（1936 年 11 月 6 日）所载蒋介石致浙江大学竺可桢校长的电文。引自《国立浙江大学日刊》第 57 号（1936 年 11 月 6 日）。

到 1937 年 5 月，史地系经过近一年的发展，学术活动开展已小有成就，师生之文章大多发表于《国立浙江大学日刊》、《国闻周报》、《大公报》等报纸上，史地系迫切需要创办自己的学术刊物，因此，在张其昀的主持下，正式创办了《史地杂志》，专刊历史、地理之著作，并对外征稿，每年拟出六期。系主任张其昀在其“发刊辞”中谓本刊宗旨为“阐发新知，微贡所得”及“继承精神之遗产，发扬固有之光荣”。1937 年 11 月浙大西迁前，《史地杂志》已出两期，张其昀、杨敏曾、王庸、任美锷、顾穀宜、俞大纲、孟森、陈叔陶、高梦谦、张崟、王焕镳等人纷纷撰稿。见图 3–5–5、图 3–5–6。

① 《国立浙江大学日刊》第 57 号（1936 年 11 月 6 日）。

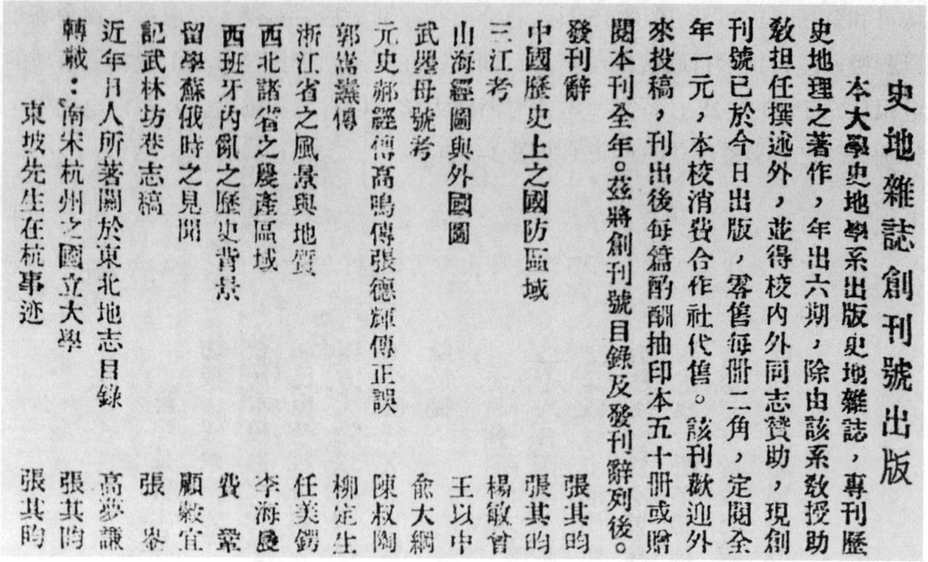

史地雜誌創刊號出版

本大學史地學系出版之史地雜誌，專刊歷史地理之著作，年出六期，除由該系致授分敎担任撰述外，並得校內外同志贊助，現創刊號已於今日出版，零售每册二角，定閱全年一元，本校消費合作社代售。該刊歡迎外來投稿，刊出後每篇酌酬抽印本五十册或贈閱本刊全年。茲將創刊號目錄及發刊辭列後。

發刊辭　　　　　　　　　　　　　張其昀
中國歷史上之國防區域　　　　　　張其昀
三江考　　　　　　　　　　　　　楊敏曾
山海經圖與外國圖　　　　　　　　王以中
武曌母號考　　　　　　　　　　　俞大綱
元史郝經德高鳴傳張德輝傳正誤　　陳叔陶
浙江省之風景與地質　　　　　　　柳定生
郭嵩燾傳　　　　　　　　　　　　任美鍔
西北諸省之變遷區域　　　　　　　李海晨
西班牙內亂之歷史背景　　　　　　費鞏
留學蘇俄時之見聞　　　　　　　　顧穀宜
記武林坊巷志稿　　　　　　　　　張崟
近年日人所著關於東北地志目錄　　高夢謙
轉載：　　　　　　　　　　　　　張其昀
南宋杭州之國立大學
東坡先生在杭事迹

图 3-5-5　《国立浙江大学日刊》第 175 期（1937 年 5 月 1 日）所载《史地杂志》创刊号出版的报道。引自《国立浙江大学日刊》第 175 期（1937 年 5 月 1 日）。

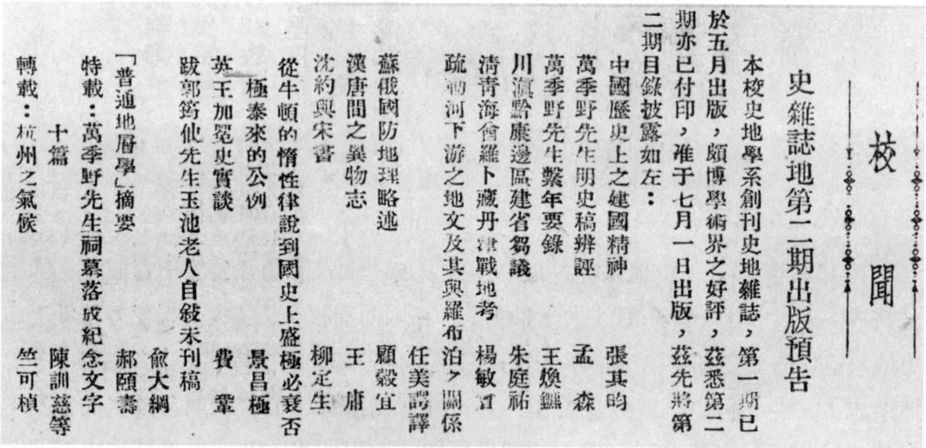

校聞

史地雜誌第二期出版預告

本校史地學系創刊史地雜誌，第一册已於五月出版，頗博學術界之好評，茲悉第二期亦已付印，准于七月一日出版，茲先將第二期目錄披露如左：

中國歷史上之建國精神　　　　　　　　　張其昀
萬季野先生明史稿辨證　　　　　　　　　孟森
萬季野先生繫年要錄　　　　　　　　　　王煥鑣
川滇黔廉邊區建省芻議　　　　　　　　　朱庭祜
淸靑海沿繼卜藏丹建戰地考　　　　　　　楊敏曾
疏勒河下游之地文及其與羅布泊之關係　　任美鍔
蘇俄國防地理略述　　　　　　　　　　　顧穀宜
漢唐間之彝物志　　　　　　　　　　　　王庸
沈約與宋書　　　　　　　　　　　　　　柳定生
從牛頓的惰性律說到國史上盛極必衰否　　俞大綱
英王加冕史實談　　　　　　　　　　　　景昌極
跋鄒筠仳先生玉池老人自敍未刊稿　　　　郝頤壽
特載：萬季野先生祠墓落成紀念文字　　　陳訓慈等
「普通地厝學」摘要　　　　　　　　　　竺可楨
十篇
轉載：杭州之氣候

图 3-5-6　《国立浙江大学日刊》第 215 期（1937 年 6 月 17 日）所载《史地杂志》第 1 卷第 2 期出版预告。引自《国立浙江大学日刊》第 215 期（1937 年 6 月 17 日）。

另外，淞沪战役后，为发扬"读书不忘救国精神"，文理学院教师钱基博、张其昀等创办《国命旬刊》，宣传抗日救国的意义，史地系教师张其昀、王庸、陈训慈、贺昌群、柳定生等人发文支持。张其昀更在学生刊物《浙大学生（战时特刊）》撰文《"大时代"之大学生》，支持学生抗日救国运动。见图3-5-7。

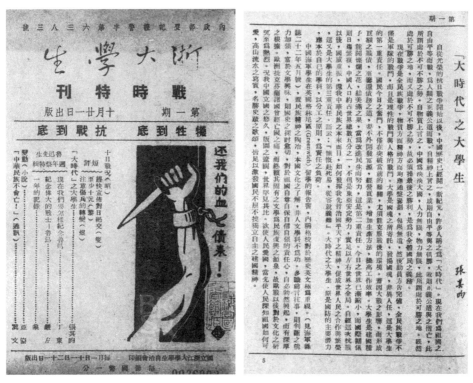

图3-5-7 《浙大学生（战时特刊）》第1期的封面及所载张其昀文《"大时代"之大学生》。引自《浙大学生（战时特刊）》第1期（1937年10月21日出刊），封面，第5页。

1937年11月，浙大开始西迁，史地系学术活动开展受阻，《史地杂志》也被迫停刊。但此前一年多的发展，史地系科学研究活动已经奠定良好基础，并开创了较好局面。《史地杂志》的出刊及史地学系及相关教师等所主持的其他刊物，也有助于史地学系扩大其社会影响。

正是由于史地学系师生在这短短一年时间内卓有成效的工作，史地学系迅速获得良好的社会声誉。1937年设立的"膺白奖学基金"，即特别指定在浙江大学史地学系设一个名额。1938年度的新生赵松乔即获得此项奖学金资助。1937年5月出刊的《史地杂志》创刊号对此也有记述：

已故国民政府委员黄膺白氏，一生尽瘁国事，素著勋劳，于作育人才亦具热心。不幸于去冬逝世，临终遗命，简丧俭葬，以余资办理教育。其家族爰遵遗志，集款三万元，捐作"膺白奖学基金"，以孳息扶助高中毕业而无力升入大学之贫寒优秀学生，业于三月二十日正式成立董事会，定于本年秋季即实行举办，补助名额每年定为十名，每名补助法币三百元，其中史地一名规定设于本系。①

同时，史地学系教师广泛参加当时国内外学术界的活动，竺可桢、张其昀等并担任重要职务。

竺可桢当时兼任中央研究院气象研究所（成立于1928年6月）所长，1936年长校浙大后仍兼任此职，直至1946年底卸任（其间某些时段由吕炯等代理所长一职；1947年1月1日，改由赵九章担任气象研究所所长）。竺可桢也是成立于1924年的"中国气象学会"第六届至第十六届的会长（1929—1948）；在中国气象学界具有举足轻重的影响。见图3-5-8。

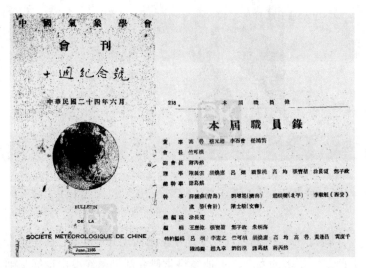

图 3-5-8　《中国气象学会会刊（十周纪念号）》（1935年）所载该年度中国气象学会"职员录"。引自《中国气象学会会刊（十周纪念号）》（1935年），封面，第218页。

张其昀则在南京的中央大学地理学系任教期间，作为主要筹备人和具体组织者，于1934年3月与翁文灏、丁文江、竺可桢、李四光、胡焕庸、黄国璋等共同

———————————
① 《史地杂志》第1卷第1期（1937年），第89—90页。

发起成立了"中国地理学会",翁文灏任会长,张其昀为9位理事之一,且任"干事"(或称"总干事"),并兼任出版委员会主任,负责《地理学报》的编辑出版。在南京的中央大学任教期间,张其昀一直为"干事"(1934—1936),1936年下半年赴浙江大学任教后,不再担任干事一职,但仍一直担任出版委员会主任(1937年起称"总编辑"),负责编辑《地理学报》(此职一直担任至1947年)。见图3-5-9。

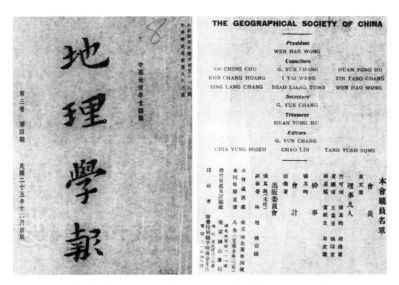

图3-5-9 《地理学报》第3卷第4期(1936年)所载地理学会"职员名单"。
引自《地理学报》第3卷第4期(1936年),封面,封底。

《国立浙江大学日刊》第6号(1936年9月7日)报道:"本校史地系主任张其昀氏,顷为国民政府考试院考选委员会聘为本届临时高等考试典试委员,兹因期届,张氏当于五日晚由杭晋京就职视事,约十日后可以返校云。"[①]

1937年1月8日,竺可桢启程赴香港,出席于13日举行的"远东气象会议"。[②]

1937年4月4日,竺可桢、张其昀赴南京参加了"中国地理学会"第四届年会;当时,张其昀仍为地理学会总干事。《日刊》对此也有报道:

竺校长、张主任在京参加地理学会

中国地理学会本月四日晨,假中大科学馆开四届年会,到会员凌纯声等六十余人,会长翁文灏先生离京,由本校校长、理事竺可桢先生主席,致开

---

① 《国立浙江大学日刊》第6号(1936年9月7日)。
② 《国立浙江大学日刊》第108期(1937年1月8日)。

会辞后，即由本校史地系主任张其昀先生、中央大学地理系主任胡焕庸先生分别报告工作经过，次宣读论文，计二十五篇，正午读毕，摄影聚餐。下午开会务会议，修改会章，讨论提案，对于地理译名及参加国际地理学会等事，均有详细规定，并推定徐益棠、吕蕴明，为本届查账员。刘恩兰、凌纯声，为本届司选员。五时会散云。①

1935年6月20日，即竺可桢、张其昀等人来到浙大的一年之前，在南京的中央研究院总办事处选举了首届中央研究院评议员（任期：1935.07—1940.07），时任浙江大学校长的郭任远当选为心理组评议员。中研院评议员可以认为是1948年中央研究院院士选举之前，代表中国学术界最高学术水平的一批学者。当时，浙江大学仅有郭任远一人入选。与此同时，还在南京任职的竺可桢（为"当然评议员"，时任中央研究院气象研究所所长）和张其昀（为"聘任评议员"，时为中央大学地理学系教授）也是同期的评议员。② 见图3-5-10。

图3-5-10 《国民政府公报》第1783期（1935年7月3日）封面及所载国民政府聘任中央研究院评议会第一届评议员的聘书。引自《国民政府公报》第1783期（1935年7月3日），封面，第12页。

一年之后，主客易位，竺可桢、张其昀来到浙江大学，而郭任远则黯然离开。至此，在当时中国地学领域的6位评议员（竺可桢、李四光、丁文江、翁文灏、朱家骅、张其昀）中，1936—1938年就有两位来到浙江大学。

1936年1月丁文江逝世后，评议会于是年4月补选叶良辅为地质学科聘任评

---

① 《国立浙江大学日刊》第154期（1937年4月6日）。
② 《国民政府公报》第1783期（1935年7月3日），第12页。

议员；1938 年 4 月，接替去世的丁文江出任此职的叶良辅也来到浙大。这样，在 1938—1940 年，浙江大学的竺可桢、张其昀、叶良辅 3 人均为中央研究院评议员，6 位地学领域的评议员中已占三位，足见浙大在国内地学领域的影响力之大。①

---

① 说明：1935 年 6 月 19 日，在南京中央研究院总办事处开始选举首届评议员，20 日正式选定。其中，"当然评议员"中，地学方面有李四光（地质所所长）和竺可桢（气象所所长）；"聘任评议员"中，地质组为：丁文江（中研院总干事）、翁文灏（实业部地质调查所所长）、朱家骅（前两广地质调查所所长、地质学会会长），气象组为：张其昀（中央大学地理系教授）。1936 年 1 月丁文江逝世后，评议会于是年 4 月补选叶良辅为地质学科聘任评议员。

第四章　西迁磨难铸辉煌

——浙江大学西迁办学与地学高等教育的全面展开及其成就（1937—1946）

竺可桢于 1936 年 4 月正式长校后，学校回归正常的发展轨道；新设立的史地学系也按照既定的设想，正常展开了教学、科研和社会服务等活动，并迅速获得良好的社会声誉。但随着 1937 年 7 月抗日战争的全面爆发，学校办学面临极为严峻的局面。浙江大学根据形势变化，按照教育部安排或商请教育部同意，于 11 月起，逐渐内迁，开始了历时九年的"西迁办学"阶段。一迁省内建德，二迁江西的吉安、泰和，三迁广西宜山，四迁贵州的遵义、湄潭，颠沛流离，生死瞬间；但全校师生团结一心，弦歌不辍，坚持办学，谱写了一曲激昂澎湃的"求是"乐章。竺可桢审时度势，适应国家需要，大力增设院、系和研究所，在辗转迁移之中，浙江大学获得很大发展：一是增设师范学院，二是开办龙泉分校（初称"浙东分校"），三是文理学院分设为文学院与理学院，四是设立研究所，建立研究生教育体系；并不断增设系科，既横向扩展（学科门类更为齐全、多样），又纵向深化（办学层次提升，研究性加强）；且砥砺精神，凝聚共识，确立"求是"校训，确定浙大校歌，涵养浙大精神，并最终在遵、湄相对安定的一段办学时间中结出累累硕果，取得了国际性的声誉，逐渐获得"东方剑桥"的美誉。

就地学学科而言，以史地学系为核心的相关机构也在这一阶段获得重大发展；在延续已有的文理学院（1939 年 8 月后为文学院）之下设立史地学系的基础上，又增设多个地学的教学和研究机构：一是在师范学院增设史地学系（1938 年 8 月起），本科层面的教育增加了师范生的培养内容；二是设立文科研究所史地学部（1939 年 8 月起），开始培养史学、地学方面的硕士研究生，这既是浙江大学内最先开展研究生层面教育的学科，其中的地形学组、气象学组和人文地理组，也是国内最早开展地理学、气象学等学科硕士研究生培养的机构；三是建立史地教育研究室（1939 年 8 月起），进行学术著作、教学图籍和学术期刊的编辑和出版。这样，教学与科研相得益彰，校内学术活动与校外社会服务并重，人才培养卓有成效，学术成果蔚为大观，使得西迁时期浙大地学在人才培养、科学研究和社会服务等各个方面都取得了堪称辉煌的成就，具有了较强的社会影响力。尤其是在地学领域的人才培养方面，诸多本科生、硕士生在其各自以后的学术生涯中发扬浙大"求是精神"，秉持史地系所倡导的"但问耕耘，不问收获"的宗旨，严谨求实，攻坚克难，取得诸多原创性成果，成为诸多地学分支学科或新研究领域的开创者和奠基人。

第一节 浙江大学西迁办学过程及学校治理体系变化

1937 年下半年，全面抗战一触即发，全国形势日趋紧张。"七七事变"后，浙江大学即开始考虑学校迁移的事宜。1937 级新生在 1937 年 9 月初开学后，就直接移住当时位于於潜县（今杭州市临安区）的西天目山禅源寺上课，几乎没有在大学路本部上过一天的课。全校则于 11 月起开始了西迁的征程。此后，1937 级直至毕业，也没有在本部上过一天课；其后的 1938 级至 1942 级的本科学生，更连报到入学都在迁移途中，绝大多数亦没有在大学路校址上过一天课（除了延期毕业或继续攻读研究生的学生以外）。虽然大学的西迁辗转奔波，历尽苦辛，但浙江大学在这一过程中，得到很大的发展，学校多方延聘名师、大家，本科生、师范生以及研究生的培养层次齐备，作育人材，卓有成效，科学研究和社会服务方面亦取得诸多国内领先的成就。

一、西迁办学过程①

1937 年 7 月 7 日，日军进袭卢沟桥，抗日战争全面爆发。8 月 13 日，日本调集海陆空军进攻上海。8 月 14 日，侵占台湾的日本木更津航空大队首次轰炸杭州。南京、上海、杭州沿线敌机肆虐，战争空气弥漫东南各省。迫于战事，浙江大学除了一年级新生于 9 月下旬迁至西天目山开学上课外，其余各年级仍在杭州校本部坚持了三个月的教学活动，直至 11 月，日军在距杭州只有 120 千米的全公亭登陆，浙大才被迫决定正式西迁。

---

① 说明：本节部分内容据《浙江大学简史（第一、二卷）》（浙江大学校史编写组编著：《浙江大学简史（第一、二卷）》，杭州：浙江大学出版社，1996 年，第 42—65 页）和《杭州大学校史（1897—1997）》（杭州大学校史编辑委员会编：《杭州大学校史：1897—1997（修改本）》（内部行印），1997 年，第 20—23 页）摘编；除了其他来源的材料单独注明出处外，不再另外注明。特此说明并致谢。具体表述中，编者略有补正。关于各次迁移的起止时间，主要参考李絜非所著《浙江大学西迁纪实》（李絜非编纂：《浙江大学西迁纪实》，宜山：国立浙江大学，1939 年）的表述。

（一）初迁浙江建德（1937.11.11—1937.12.24）

1937 年"八一三"淞沪战役以后，由于战时情况的需要，浙江大学成立了"特种教育执行委员会"，竺可桢校长担任主席。9 月 10 日浙大在杭州正常开学。为了使一年级新生能安心学习，学校租借西天目山禅源寺寺院余屋，作为 1937 年度新生的教学和生活用房。9 月 21 日，一年级新生开始迁至天目山，27 日起上课。虽然条件因陋就简，又地处深山，远离城市，但师生朝夕相处，不仅授课答疑都极便利，而且对于学生道德品行的陶冶更为有利，因此，计划多时的导师制首先在这里推行起来。学校又决定把附设的高工和高农两校迁往萧山县的湘湖。

至于杭州浙大本部，由于敌机侵袭，从 9 月 20 日至 10 月 30 日，因警报而不能上课的时间平均达 16%。但浙大师生在日机狂轰滥炸的情况下，警报一解除，仍然照常上课。到 11 月 5 日，敌寇在浙江、江苏二省间的金山卫全公亭登陆，离杭州不远，浙大决定迁校建德（今建德市梅城镇）。从 11 月 11 日开始，浙大教师学生分三批出发，在江干码头乘船，于 15 日全部到达建德。同时，凡是可以搬运的图书、仪器，几乎全部搬离杭州，用汽车或船只运至建德。11 月下旬，浙西形势危急，天目山中的一年级新生，自 11 月底起分批行动，乘车、步行、换船，经五天奔波，也全部到达建德。全校稍事休整，立即复课，一学期的课业，并无大的影响。

浙江大学迁至建德的临时校舍，所有办公室、教室、宿舍等，分散在城内各处，总办公室设在总府前方宅，教室分设在林场、天主堂、孔庙等处，宿舍则在中心小学、万源当、东门街一带民房。浙大师生员工加上家属不下千余人，所以每天课余饭后，街巷拥挤，加上其他迁来的学校，建德一时成了学校城。

11 月 20 日，竺校长从广播中得知南京国民政府迁移重庆的消息。同时，苏州陷落，日寇南侵，逼近嘉兴，建德也不是安居之地。学校考虑再次搬迁，派人到浙江南部和江西等地实地了解。12 月 2 日，接到教育部来电，同意浙大迁移浙江或江西南部。

（二）再迁江西的吉安、泰和（1937.12.24—1938.08.30）

1937 年 12 月 24 日，即杭州沦陷之日，浙大开始撤离建德，师生们走上了极其困难的赴赣历程。到次年 1 月 20 日，浙大师生从浙江建德出发，经金华、玉山、樟树，转抵江西吉安。这次迁校的目的地是泰和，由于战局发展迅速，浙大提前迁离建德，泰和的房舍来不及准备就绪，而吉安却有两所学校正放寒假，房舍空着，所以就借来作为浙大临时落脚之地。

吉安在江西中部，位于赣江及其支流禾水汇合处。这里是宋代著名文学家欧阳修和民族英雄文天祥的故乡。浙大迁到吉安后，教职员住在乡村师范，眷属租用了当地一些居民住房，学生则全部住入白鹭洲上的吉安中学。为了不致荒废学业，利用乡村师范和吉安中学放寒假期间，学校决定借屋暂行上课，以结束一学期的课程。学生上课两周，接着进行期末考试，然后休息一周，便准备南行 40 千米，深入泰和乡间。

1938 年 2 月 18 日，浙大师生迁至泰和。浙江大学临时校址就在泰和城西 2.5 千米的上田村。该村古时有两座书院，即大原书院（又名千秋书院）和华阳书院，还有趣园和遐观楼（即藏书楼）。浙大师生抵达泰和后，稍事安顿，便继续教学，科学研究也未停顿。学生黎明即起，在朝阳之下，漫山遍野，朗诵默读。白天不够，又复三更灯火，埋头苦读。为了要补足搬迁期间所受到的影响，各学院的课程和实验，都比以前有所增多。无论教职工和学生，工作时间和学习时间都自觉延长。于天目山开始实行的导师制在这里也继续贯彻，师生之间相互切磋砥砺，关系更为亲密。大局势如此纷乱急迫，这里的小环境却如此有条不紊，这在抗战时期国内各大学中是不多见的。当时教育部派人到全国各地巡视，认为浙大是所有西迁大学中教学秩序和教学质量坚持得最好的一所。

（三）三迁广西宜山（1938.08.30—1940.01.09）

1938 年 7 月下旬，日军侵陷九江，接着溯江而上进攻武汉，并分兵一路沿南浔铁路南下进窥南昌，于是赣北、赣中震动。由于战事影响，7 月 25 日起浙大在泰和已无法上课。教育部曾指令浙大"遇必要时可迁贵州安顺"。但经竺校长实地勘察，自广西宜山至贵州安顺一段，只能靠汽车运输，上千名人员，几千箱图书、仪器，要到达安顺，起码要费时半年以上，何况车辆又很难得到。因此，讨论再三，竺校长决定先迁广西宜山，视届时形势再定行止。

浙大在江西泰和只住了半年多，又要搬迁了。1938 年 8 月 13 日，首批教职员先遣队出发；8 月 19 日，首批图书仪器装船起运；8 月 30 日，第一批教职员启程；9 月 15 日，首批女生出发。以后，3 辆校车分批轮流运送师生，西至茶陵，南达赣州，此后的路程，师生们都自行前去。9 月 8 日，首批教职员到达广西宜山。20 日后，首批女生也抵达。直到 10 月底，所有教职员和师生，除押运图书、仪器等物资尚在途中的以外，全部安抵宜山。学校于 11 月 1 日开学上课。

浙江大学在 1938 年 10 月迁到宜山后，以原工读学校为总办公室，以文庙、湖广会馆为礼堂、教室，并在东门外标营搭盖草屋为临时教室和学生宿舍。教师们分散居住在城内各处。

浙江大学师生到达宜山之后，首先遇到的是疟疾的威胁，师生及家属多有因缺医少药、救治不及而亡故者。同时，宜山虽位处西南，也常遭日本侵略军飞机的空袭，常在警报声中。1939年2月5日，敌机18架轰炸宜山，浙大学生宿舍和教学区中弹118枚之多，学校房屋器物毁坏严重，100余学生的衣被箱箧、图书及一座教工寓所荡然无存。幸好全校师生员工和眷属1500余人，除2人轻伤外，无一死亡。全校师生员工患难与共，互相帮助，再由学校拨款2000元，教职员捐薪3000元，为受灾学生购买衣被。学校停课两日，修葺教室和寝室，8日起照常恢复上课。

浙大师生在宜山的生活是很艰苦的。除疟疾和空袭的威胁外，吃、穿、住、行都非常困难，学生的功课也比较重。但是，师生们皆以苦为乐，情绪高昂，勤奋教学，抗日宣传活动也很活跃。

在1938年至1939年两年动荡岁月里，浙大的规模还稍有发展。1938年8月（时在泰和），文学院增设中国文学系；同时浙大增设师范学院，设教育、国文、史地、英语、数学、理化6学系。1939年夏（时在宜山），文理学院一分为二，分设文学院和理学院；农学院以农艺系的农业化学组为基础，设立农业化学系。至此，浙大已有文、理、工、农、师范5学院。1939年7月，奉教育部令，浙大设立文科研究所史地学部和理科研究所数学部，正式开始研究生层次的教育。1939年8月，复奉教育部令，浙大设立史地教育研究室。1939年初，浙大拟在浙江南部设立浙东分校（后称"龙泉分校"），同年4月教育部批准，10月正式开学。

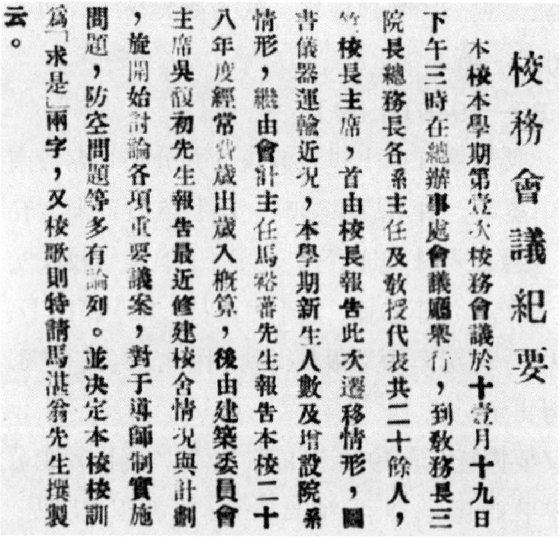

1938年11月19日，在广西宜山，竺可桢校长主持校务会议，会议决定以"求是"为浙江大学校训，并决定请马一浮先生撰写校歌歌词。[①] 见图4-1-1。

校務會議紀要

本校本學期第壹次校務會議舉行於十壹月十九日下午三時在總辦事處會議廳舉行，到敎務長三院長總務長各系主任及敎授代表共二十餘人，圖書儀器運輸近況，首由校長報告此次遷移情形，圖情形，繼由會計主任馬裕藻先生報告本校二十八年度經常費歲出歲入概算，後由建築委員會主席吳復初先生報告最近修建校舍情況與計劃問題，旋開始討論各項重要議案，對于導師制實施問題，防空問題等多有論列，並決定本校校訓爲「求是」兩字，又校歌則特請馬湛翁先生撰製云。

图4-1-1 《国立浙江大学校刊》复刊第1期（1938年12月5日）所载迁至广西宜山新学期开学后第一次校务会议的报道。引自《国立浙江大学校刊》复刊第1期（1938年12月5日）。

（四）终迁贵州遵义（1940.01.09—1946.05.31）

1939年11月起，广西的战争形势十分紧张，25日南宁陷落。在宜山的浙大

---

① 《国立浙江大学校刊》复刊第1期（1938年12月5日）。

已不安全,学校于次日决定筹备迁校,并派人去贵州遵义和云南建水等地勘察校址,最后决定迁到贵州遵义,并报告教育部。12月13日晨,第一批船载仪器启运,同日晚第一批图书装上二辆汽车迁移;至12月23日,已有405箱图书、仪器运走。1940年1月9日,教育部部长陈立夫同意浙大迁移贵州,于是浙大正式全面迁校。时值隆冬,到处雪淞冰凌,桂黔之间,山峦重叠,又缺车辆,搬迁极为困难。浙大师生一路顶风冒雨,协助学校搬运图书、仪器,经过艰苦的努力,才使学校胜利地迁到贵州。

经竺校长于1940年1月间亲自勘察,由于遵义到湄潭等地的公路当时尚未竣工,湄潭、永兴的校舍亦尚须增建,所以学校决定一年级学生暂时在贵阳南面30多千米的青岩居住和上课,称为青岩分校。2月9日,青岩分校一年级和先修班学生361人开始上课。2月22日,二、三、四年级学生在遵义开始上课。见表4-1-1。

表4-1-1　浙大西迁过程中1937学年、1938学年、1939学年各学期教学情况[①]

年度	学期	学校驻在地	实际上课起讫日期	实际上课周数	
				各学期	各年度
二十六年度（1937学年）	第一学期	杭州	1937.09.12 上课 1937.11.11 停课	16 星期	34 星期
		建德	1937.11.19 复课 1937.12.22 停课		
		吉安	1938.01.22 复课 1938.02.03—09 学期试验		
	第二学期	泰和	1938.02.21 上课 1938.06.22—29 学期试验	18 星期	
二十七年度（1938学年）	第一学期	宜山	1938.11.01 上课 1939.03.11—19 学期试验	18 星期	37 星期
	第二学期	宜山	1939.03.27 上课 1939.06.26—07.03 学期试验 1939.07.04—08.15 补课	19 星期	
二十八年度（1939学年）	第一学期	宜山	1939.10.11 上课 1939.12.20 停课	18 星期	34 星期
		遵义	1940.02.22 复课 1940.04.15—21 学期试验		
	第二学期	遵义	1940.04.29 上课 1940.08.19—25 学期试验	16 星期	

[①]　资料来源:孙祥治:《抗战以来的浙江大学》,载《教育杂志》第31卷第1号（1940年）,第7—11页。

1940年1月，浙大到达遵义之后，首先是解决校舍问题。初到时，除一年级在贵阳南面的青岩外，其余集中在遵义县城；5月，湄潭分部校舍大致定当；10月，永兴分部也可接纳学生；至1941年初，浙大校址基本稳定，教学科研活动正常开展。总的布局是：文学院、工学院和师范学院的文科系设在遵义；理学院、农学院和师范学院的理科系设在湄潭；一年级设在永兴（也称永兴场，属湄潭县）。另在浙东龙泉设有分校。

——遵义：校本部办公室设在子弹库。图书馆设在江公祠里。借用遵义师范学校的一部分房屋作男生宿舍和学生食堂，租用杨柳街民房为女教职员和女生宿舍，柿花园、石家堡等为单身教师和教授宿舍。在东门城墙内外新建草房和瓦房数十间，作为工学院各系的实验室。还在湘江东边开辟游泳池。

——湄潭：在遵义以东75千米。湄潭文庙为分部办公室，修葺城内外破旧祠堂庙宇为各系办公室实验室，在西门外开辟农场，在北门外建宿舍、餐厅、操场和游泳场。浙大在湄潭县城新建了植物病虫害系楼、物理系楼等教学用房，以及大礼堂（也是饭厅）和四幢男生宿舍、一幢女生宿舍等生活用房，还有一所子弟小学、大操场、游泳池等。还在城外辟地200余亩作为浙大农场，分布着农艺、园艺和蚕桑等系的试验场地。把原湄潭中学扩建为浙大附中。

——永兴：距湄潭县城15千米。借用当地"江馆"（江西会馆）、"楚馆"（湖南湖北会馆）作为一年级分部，租用一些祠堂、民房作实验室。西迁至遵义后的第一批新生，即1940年入学的新生，计652名，于10月18日开始在永兴报到注册（原在青岩的一年级分校于1940年10月中旬结束，因当时车辆缺乏，学生400余人历时六天步行至遵义，升入二年级）。

全校教职工的住房大多在三地分散租用民房，竺可桢校长也如此。

1945年6月，在抗日战争胜利在望的形势下，竺可桢为纪念浙大长期在遵义办学，特在遵义浙大总办事处（原遵义子弹库）门前为浙大立碑留念，嘱中文系王焕镳（字驾吾）代为拟稿，终由竺可桢定稿，题为《国立浙江大学黔省校舍记》。

1945年8月14日，日本宣布无条件投降。10月，浙江大学龙泉分校师生先期启程回杭，11月在杭复课（同年浙江大学所招新生，即1945级学生，亦于11月直接在杭州报到、上课[1]）。仍在遵义的总校，由于当时交通运输十分困难，加

---

[1] 《国立浙江大学龙泉分校复员计划》，载许高渝、傅天珍主编：《国立浙江大学龙泉分校史料》，杭州：浙江大学出版社，2019年，第122页。

上杭州校舍的修复和新建在短期内也无法完成，所以延至 1946 年 5 月始复员东归。1946 年 6 月 1 日起，遵义浙大总校结束。

浙大德文教师米协尔（F. Michael），亲历学校的内迁，在其《前进中之浙江大学》一文中，对浙大内迁的意义作了如下揭示：

> ……所有这些工作，给予大学教职员以新的试验和新的观念。当然对于学生们，也同为一种经验。他们有许多是来自大都市中，于他们未来此目击之前，他们对此，曾无所知。长征使他们是比较成熟了：他们于经行之中，得见乡郊之美，得知乡民困难和问题之所自，他们得观感于战事经历中之惨痛，他们且曾置身于艰危之中。由之，遂增长同舟共济的精神，以至曩昔原有的男女同学之间的关系，亦与前异。共同的灾难和经历，使大学变成一个大的家庭。校中经费艰窘，教职员薪俸大打折扣，然皆视为抗战必有的结果，乐于接受，曾无怨怼。
>
> 此行使本校离开一个有约商埠，而回到中国怀抱中。此为昔曾酝酿于抗战之前，今得新的刺激之一种运动的象征：回到中国自己的昔日文化中，以求自中国历史和文化里面，获得复兴的必要力量……[1]

二、浙江大学的院、系增设与治理体系变化

浙江大学在抗战初期由杭州西迁时，仅有文理、工、农 3 个学院 16 个学系。此后，逐步有所发展。

1938 年 8 月，增设师范学院，下设国文、英语、教育、史地、数学、理化等学系。文理学院增设中国文学系。

1939 年 1 月，校务会议确定文理学院分设为文学院与理学院。8 月，文理学院正式分立。文学院设中文、外文、史地等学系；理学院设数学、物理、化学、生物等学系。

1939 年 4 月，筹设浙东分校。8 月正式招生（1940 年 4 月正式改称"龙泉分校"）。

1939 年 7 月，设立文科研究所史地学部、理科研究所数学部。

1939 年 8 月，设立史地教育研究室。农学院增设农业化学系。

1940 年 8 月，工学院机械、电机两系设双班，师范学院设二部。另在湄潭设

---

[1] 本文原为英文，载《亚细亚》杂志 1939 年 1 月号。译文载《国立浙江大学校刊》复刊第 15 期（1939 年 3 月 13 日）。

浙大附属中学。

1941 年 8 月，设工科研究所化工学部。

1942 年 7 月，成立研究院。8 月，增设理科研究所生物学部、农科研究所农业经济学部。

1944 年 8 月，理学院增设药学系，工学院增设航空工程学系。

1945 年 8 月，增设法学院，设法律系。

1946 年 8 月，增设医学院。[①]

在 1937—1946 年，浙江大学在本科院系和研究所学部增设、析置的同时，学校行政组织也有一些调整。大体上，学校治理体系可以 1939 年 6 月后训导处的设立为标志，分为两个时期。前后两个时期的差别，即 1939 年 6 月后，学校行政组织确定为校长之下的教务处、总务处和训导处的体制，该体制为 1940 年 5 月校务会议通过的《国立浙江大学组织大纲》所确认。这样，考虑学校行政体制变化和学院、分校及研究院等中层学术机构的设立，在 1937—1946 年，浙江大学的治理体系变化可细分为 4 个时期。

（一）承前体制（1938.07 之前）

1936.08—1938.07 期间，浙江大学分为文理学院、工学院、农学院及教务处、总务处和训育委员会等。文理学院院长为胡刚复，副院长为梅光迪；下设外文、教育、史地和数学、物理、化学、生物等学系。

（二）增设师范学院及师范类相关系科（1938.08—1939.05）

1938 年 7 月，浙江大学奉教育部令，添设师范学院，将原属文理学院的教育学系改属于师范学院［即 1938 年 8 月起，教育学系从文理学院划出，归属师范学院；但之前招生未毕业的 1935 级（1935.08—1939.07）、1936 级（1936.08—1940.07）和 1937 级（1937.08—1941.07）仍属于文理学院（1939.07 之前）和其后的文学院（1939.08 后）］，另设国文、英语、史地、数学、理化等五系，全院共计设 6 系。见图 4-1-2。

此外，文理学院 1938 年度起增设中国文学系。

浙江大学师范学院成立之初，由时任浙江大学教务长的郑晓沧兼任师范学院院长（任期：1938.08—1939.11）。后因郑晓沧赴浙东筹备设立浙东分校，遂由王琎代理（任期：1939.02—1939.11）。1939 年 11 月后，报请教育部核准，由王琎正式担任师范学院院长（任期：1939.11—1946.07）。

---

① 浙江大学校史编写组编著：《浙江大学简史（第一、二卷）》，杭州：浙江大学出版社，1996 年，第 73—75 页。

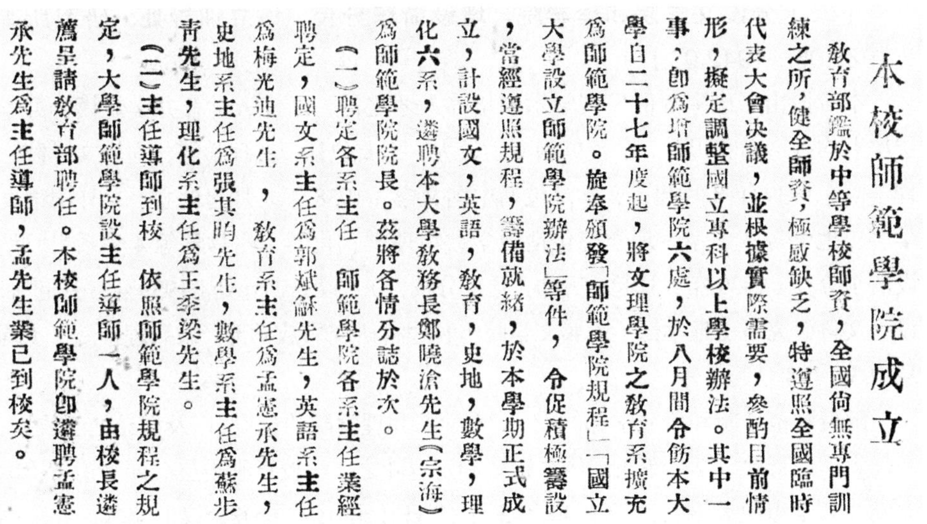

本校師範學院成立

教育部鑑於中等學校師資，全國尙無專門訓練之所，健全師資，極感缺乏，特遵照全國臨時代表大會決議，並根據實際需要，參酌目前情形，擬定調整國立專科以上學校辦法。其中一事，即爲增師範學院六處，於八月間令飭本大學自二十七年度起，將文理學院之教育系擴充爲師範學院。旋奉頒發「師範學院規程」「國立大學設立師範學院辦法」等件，令促積極籌設，當經遵照規程，籌備就緒，於本學期正式成立，計設國文，英語，教育，史地，數學，理化六系，遴聘本大學教務長鄭曉滄先生（宗海）爲師範學院院長。茲將各情分誌於次。

（一）聘定各系主任　師範學院各系主任業經聘定，國文系主任爲郭斌龢先生，英語系主任爲梅光迪先生，教育系主任爲孟憲承先生，史地系主任爲張其昀先生，數學系主任爲蘇步青先生，理化系主任爲王季梁先生。

（二）主任導師到校　依照師範學院規程之規定，大學師範學院設主任導師一人，由校長遴薦呈請教育部聘任。本校師範學院即遴聘孟憲承先生爲主任導師，孟先生業已到校矣。

图 4-1-2　《国立浙江大学校刊》复刊第 1 期（1938 年 12 月 5 日）所载师范学院成立的报道。引自《国立浙江大学校刊》复刊第 1 期（1938 年 12 月 5 日）。

1938 年度第一学期（1938.08—1939.01），当时《校刊》登载了学校主要机构及负责人情况（反映 1938.08—1939.05 情况），也可看出该时期学校机构设置情况（如教育学系仍在文理学院和师范学院均存）。① 见图 4-1-3。

專載

國立浙江大學現任各部分主任人員名錄

本大學行政上各部分負責人員及各院長系主任，大體皆維持舊軌。茲爲新同學之瞭解及外界接洽便利計，特將民國二十七年度第一學期各院系及各處課部室會主任人員姓名錄布本刊。

文理學院
院長　胡剛復
副院長　梅光迪（字迪生）
中國文學系主任　郭斌龢（字洽周）
外國語文學系主任　梅光迪（兼）
教育學系主任　孟憲承
史地學系主任　張其昀（字曉峰）
數學系主任　蘇步青
物理學系主任　張紹忠（字蓋謀）
化學系主任　周厚復
生物學系主任　蔡堡（字作屏）
本院教育學系自師範學院成立後新生歸該院

工學院
院長　李壽恒（字喬年）
電機工程學系主任　王國松（字勁夫）
化學工程學系主任　李壽恒（兼）
土木工程學系主任　吳鍾偉（字馥初）
機械工程學系主任　張閬駿（字逸樵）

農學院
院長　盧守耕（字亦秋）
農藝學系主任　盧守耕（兼）
園藝學系主任　馮言安
蠶桑學系主任　顧蓥（字青虹）
病虫害學系主任　陳鴻逵
農業經濟學系主任　梁慶椿

師範學院
院長　鄭宗海（字曉滄）
國文系主任　郭斌龢
英語系主任　梅光迪
教育系主任　孟憲承
史地系主任　張其昀
理化系主任　王璡（字季梁）

校長辦公室
秘書　諸葛麒

教務處
教務長　鄭宗海
註冊課主任　徐谷麒
圖書課主任　陳訓慈（字叔諒）
體育課主任　舒鴻（字厚信）

總務處
總務長（代理）　沈思璵（字魯珍）
事務課主任　沈思璵（兼）
醫務課主任　周威（字仲奇）
文書課主任　孫祥治

會計室
會計主任　馬裕蕃

軍訓部
軍事主任教官　夏濟宇

訓育委員會
主席　竺校長
委員　鄭宗海　胡剛復
梅光迪　李壽恒　盧守耕　雷賓南
孟憲承　沈思璵　梁慶椿　張其昀
王國松　胡家健　王煥鑣　諸葛麒
蔡毓棻　夏濟宇

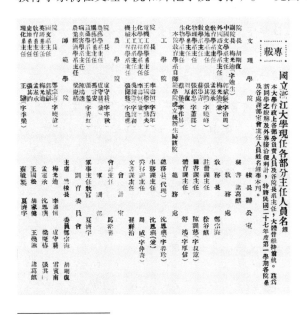

图 4-1-3　《国立浙江大学校刊》所载 1938 学年浙江大学各部门负责人情况。引自《国立浙江大学校刊》复刊第 1 期（1938 年 12 月 5 日）。

说明：该表中有遗漏。后在《校刊》复刊第 3 期（1938 年 12 月 19 日）补充：师范学院数学系，主任为苏步青；训育委员会应补充：主任导师为雷沛鸿（字宾南）；师范学院主任导师为孟宪承。

① 引自《国立浙江大学校刊》复刊第 1 期（1938 年 12 月 5 日）。

（三）分设文学院和理学院，增设浙东分校，设立训导处、研究所等（1939.05—1942.07）

本阶段由于国家战时发展学术和培养人才之需，浙江大学在办学规模、办学层次上均有增加和提升，学校体制变动较大。主要包括：文理学院分立为文学院、理学院［1939 年 8 月起；文学院包括中国文学（1938 年 8 月起设立）、外国语文学、史地学等 3 学系，理学院包括数学、物理学、化学、生物学等 4 学系］，增设浙东分校（1939 年 5 月起；后称"龙泉分校"），设立训导处（1939 年 5 月起），设立文科研究所史地学部（隶属文学院）和理科研究所数学部（隶属理学院）（均从 1939 年 8 月起）等。

随着师范学院和研究学部的设立、文学院和理学院的分设，以及训导处的成立，浙江大学的行政、学系等组织体系正式确定。随之，学校章则委员会即修正了《国立浙江大学组织大纲》，于 1940 年 5 月 17 日在第 31 次校务会议上通过，并于同年 8 月 12 日得到教育部核准，正式生效。[①] 自此，浙江大学的管理体制基本稳定未变（除在 1942 年 8 月—1947 年 1 月期间研究所之上增加研究院，以及具体院、系、研究所等的设置等略有调整外），该体制一直延续至 1949 年 5 月。

国立浙江大学组织大纲

二十九年五月十七日第三十一次校务会议通过

教育部二十九年八月十二日参字第二六二五四号指令准予备案

第一章　总则

第一条　本大学依据中华民国教育宗旨及实施方针，以阐扬文化，研究学术，养成健全品格，培植专门人才为宗旨。

第二章　组织

第二条　本大学设下列各部分：

一、学制组织

文学院　设中国文学、外国语文学、史地学等学系。

文科研究所设史地部。

---

① 《国立浙江大学校刊》复刊第 57 期（1940 年 8 月 31 日）。

理学院　设数学、物理学、化学、生物学等学系。

理科研究所设数学部。

工学院　设电机工程、化学工程、土木工程、机械工程等学系,并附设工厂。

农学院　设农艺、园艺、农业化学、植物病虫害、蚕桑、农业经济等学系,并附设农场、林场。

师范学院　设教育、国文、史地、英语、数学、理化等学系,并附设实验学校。

各学院之学系有必要时得再分组。

二、行政组织

教务处　设注册组及图书馆。

训导处　设生活指导、军事管理、体育卫生等组。

总务处　设文书、庶务、出纳、医务等组。

另设会计室。

第三章　教职员

第三条　本大学设校长一人,综理全校校务,由国民政府任命之。校长办公室设秘书一人,秉承校长处理本室及校长所指定事项,由校长聘任之。

第四条　本大学各学院各设院长一人,由教授兼任,秉承校长,综理各该院院务,由校长聘任之。

各学系各设系主任一人,由教授兼任,教授、副教授、讲师、助教各若干人,均由各该院院长商请校长聘任之。

工厂、农场、林场、实验学校各设主任一人,由各该院院长就教授、副教授中商请校长聘请兼任之,分别秉承校长、各该院院长掌理各该厂、场、校事务。

第五条　本大学得设一年级主任一人,秉承校长并商承教务长、各学院院长、训导长,处理一年级教务及训导事宜,由校长就教授中聘请兼任之。

第六条　本大学文科研究所史地部、理科研究所数学部各设主任一人,由校长就教授中聘请兼任之。

第七条　本大学教务处设教务长一人,由教授兼任,秉承校长,主持全校教务事宜,由校长聘任之。

注册组及图书馆各设主任一人,秉承校长、教务长,分别处理各该组、馆事宜,由校长聘任之。

第八条　本大学训导处设训导长一人，由教授兼任，秉承校长，主持全校训导事宜，由校长聘任之。

生活指导、军事管理、体育卫生等组各设主任一人，由教职员兼任，秉承校长、训导长，分别处理各该组事宜，由校长聘任之。

训导人员应遵照训导人员资格审查条例办理。

第九条　本大学总务处设总务长一人，由教授兼任，秉承校长，主持全校总务事宜，由校长聘任之。

文书、庶务、出纳、医务等组，各设主任一人，秉承校长、总务长，分别处理各该组事宜，由校长聘任之。

第十条　本大学会计室设会计主任一人，由国民政府主计处任用，依法受校长之指挥，办理全校岁计、会计事宜。

第十一条　本大学因事务上之需要，得在各部分设处员、组员、文牍员、助理员、书记等，由校长任用之。

第十二条　本大学各部分办事细则另订之。

第四章　会议及委员会

第十三条　本大学设校务会议，以全体专任教授、副教授所选出之代表若干人（每十人至少选举代表一人），及校长、教务长、训导长、总务长、各学院院长、一年级主任、各学系主任、会计主任组织之，校长为主席，讨论全校一切重要事项。前项会议，校长得延聘专家列席，但其人数不得超过全体人数五分之一。

第十四条　本大学设教务会议，由教务长、各学院院长、一年级主任、各学系主任，及教务处各组、馆主任组织之。教务长为主席，讨论全校一切教务事宜。

第十五条　本大学各学院各设院务会议，以院长、各学系主任、全体教授、副教授及附属机关主任组织之。院长为主席，计划本院学术、设备事项，审议本院一切进行事项。

各学系设系务会议，以系主任及本系教授、副教授、讲师组织之。系主任为主席，计划本系学术、设备及一切进行事宜。

第十六条　本大学设训导会议，由校长、训导长、教务长、各学院院长、各主任导师、全体导师及训导处各组主任组织之。校长为主席，讨论全校一切训导事宜。

第十七条　本大学设总务会议，由总务长及总务处各组主任组织之，总务长为主席，讨论全校一切总务事宜。

第十八条　本大学因校务上之需要，得设招生、公费、免费、奖学金、学生贷金、建筑、章则修改、出版、学术工作咨询、社会教育推行及其他委员会，各种委员会委员均由校长就教职员中聘请兼任之。

第十九条　本大学校务会议规则及议事细则、其他各种会议规则、各种委员会规则另订之。

第五章　入学资格及修学年限

第廿条　本大学学生入学资格：须曾在公立或已立案之私立高级中学或同等学校毕业，经入学试验及格者。

第廿一条　本大学学生之修学年限：师范学院五年，余均四年。

第六章　附则

第廿二条　本大纲经校务会议通过，校长核准，呈请教育部备案后，由校长公布施行。

第廿三条　本大纲如有未尽事宜，得依照第廿二条规定之手续修改之。

第廿四条　本大学因抗战期间事实上之需要，设龙泉分校，其章则另订之。①

（四）设立研究院，增设法学院等（1942.08—1946.05）

根据1934年颁布的《大学研究院暂行组织规程》（1939年修正颁行）第2条之规定，即"研究院分文、理、法、教育、农、工、商、医各研究所，称文科研究所、理科研究所、法科研究所、教育研究所、农科研究所、工科研究所、商科研究所、医科研究所。凡具备三研究所以上者，始得称研究院，在未成立三研究所以前，各大学所设各科研究所，不冠用研究院名称"，一个大学有研究所3个以上，可以设立研究院。浙江大学于1939年8月起，经教育部批准，先设文科研究所史地学部和理科研究所数学部，之后于1941年8月起，设立工科研究所化学工程学部，

---

① 《国立浙江大学校刊》复刊第57期（1940年8月31日）。

已经达到设立研究院的标准；但 1941 年 11 月申请设立研究院，当时未获教育部批准。1942 年上半年，经教育部批准，浙江大学拟设立农科研究所农业经济学部；这样，研究所数量已经达到 4 个，遂再次申请设立研究院。

1942 年 7 月 12 日，竺可桢主持浙大校务会议，决定以全校 4 个研究所为基础，成立研究院。此次得到教育部批准，浙江大学于 1942 年 8 月正式设立浙江大学研究院；同时增设理科研究所生物学部。[①] 研究院院长初由竺可桢兼任（任期：1942.08—1943.07），第二年改聘郑晓沧任研究院院长（任期：1943.08—1947.01）。

随着学校规模的扩大，学系、学院等亦在此期有所增设。学系方面，如理学院增设药学系（1944 年 8 月起）等；学院方面，1945 年 8 月，增设法学院，设法律系，1946 年 8 月，增设医学院（正式开办则已是回到杭州之后）。此外，1945 学年起（即 1945 年 8 月后），将在浙江且即将回到杭州大学路本部办学的龙泉分校改为师范学院（也即可以理解成先将浙江大学师范学院迁回杭州办学）。[②]

第二节　浙江大学地学领域教学与研究机构的增设与运作

浙江大学中涉及地学领域的教学和研究机构，在 1936 年 8 月文理学院的史地学系成立之初，仅文理学院史地学系一个。但在西迁办学的过程中，在竺可桢、张其昀的擘画经营之下，与地学有关的机构不断增加，且从不同的途径得到较多经费的支持，使得教学、科研和社会服务等诸多方面，都取得骄人的业绩。与同时期学校内部其他学科相比较而言，地学学科虽设立较晚，但确实后来居上。

一、总体情况

1961 年，张其昀在台湾与史地学系校友聚会后，为其后校友们所编《国立浙江大学史地系成立二十五周年纪念集》所写的"序言"中，有这样的表述："浙大史地系，实际包含了四个单位，即文学院的史地系、师范学院的史地系、史地研究所和史地教育研究室，都是奉部命陆续成立的，而由我兼任各单位的主任，可以说是一个很兴旺的家庭。"[③]

---

① 《国立浙江大学校刊》复刊第 111 期（1942 年 9 月 10 日）。
② 《国立浙江大学校刊》复刊第 126 期（1945 年 7 月 1 日）。
③ 张其昀：《序》，载谢觉民等撰：《国立浙江大学史地系成立二十五周年纪念集》，台北：私立中国文化研究所出版部，1963 年，第 1—6 页。

在当时所编写的一些介绍史地学系的材料中，对此也有清晰的记述。如载于《史地杂志》第1卷第3期（1940年）的附录"国立浙江大学文学院、师范学校史地学系概况"中，即有如下表述：

> 本系系于民国二十五年八月（编者注：1936年8月）成立，初隶于文理学院。二十七年八月（编者注：1938年8月）本校师范学院成立，内设六系，本系亦为其一。二十八年八月（编者注：1939年8月），文理学院分为文学院与理学院，本系隶属于文学院。文、师二院之史地学系实相需相依，其行政与师资、设备，现仍合一。

> 本校于二十五年十一月（编者注：1936年11月）间曾奉行政院蒋院长复电，中有"史地学系之添设，于我浙学术之继承与发扬实为必要"等语。二十八年七月（编者注：1939年7月），本校奉教育部训令设立文科研究所史地学部，同年八月（编者注：1939年8月），本系又奉教育部委托设立史地教育研究室。二十九年八月（编者注：1940年8月）添设师范学院本系第二部。[①]

史地学系及相关地学系科、研究所和研究室，在其发展过程中，相对于其他系科而言，办学经费是相对充裕的，这是地学学科取得诸多办学成就的重要支撑条件，当然与竺可桢校长的支持和张其昀主任的擘画经营密不可分；尤其是张其昀，为此付出很大心血。

实际上，1936年5月教育部批准设立史地学系，但并未增加拨给经费，办系费用为从他处节省而来，"教育部准予该校自二十五年度起，增设史地学系，所需经费，即由该校就原有经费，撙节开支"。[②]1939年8月，史地系奉教育部令成立文科研究所史地学部，经费仅为两千元，经费非常短缺，"本学部暂定每年招收研究生五名，每名给予生活费五十元，除由教育部辅助二千元外，余由学校自筹"。[③]竺可桢在其"日记"中抱怨："……教育部来公事，嘱校中办数学及史地研究所，经费年各二千元。以二千元之经费能办一研究所，真是大笑话！"[④]

因此，史地系和史地学部成立初期，经费较为短缺。但后来经竺可桢不断争取，

---

① 《附录：国立浙江大学文学院、师范学校史地学系概况》，载《史地杂志》第1卷第3期（1940年），第63—66页。

② 《教育部核准本大学增设史地学系》，载《国立浙江大学校刊》第252期（1936年6月6日）。

③ 《附录：国立浙江大学文学院、师范学院史地学系概况》，载《史地杂志》第1卷第3期（1940年），第63—66页。

④ 竺可桢：《竺可桢全集（第7卷）》，上海：上海科技教育出版社，2005年，第140页。

加之凭借史地系的快速发展和取得的显著成就，获得多方经费来源，相关地学系科经费不断增加，相较其他系、所而言可算充裕。这可从史地系重金聘请名师得到佐证。1942 年、1943 年为聘请陈垣之子陈乐素、国学大师钱穆来遵义浙大任教，均花费数万元，"陈（乐素）带妻及子女五人来内地，共用二万七千元，校中为各方设法得万元作赞助，均晓峰（张其昀）为之设法者"①，"教授方面，钱宾四来遵义费钱甚多，闻汇去二万元外，留遵二月去八千元"②。又《思想与时代》社与史地学部合作进行研究工作，也在一定程度上补助了研究所经费的不足，"[《思想与时代》] 每月由（蒋介石）总裁拨七千五百元作事业费，其中 2500 为出版费，1500 为稿费，编辑研究 2000，与史地部合作研究 1500 元。据晓峰云，拟设边疆、气象、南洋、东北四研究计划，补助文科研究所之不足云"③。另据教育部颁发的研究刊物补助办法，史地系因出版《史地杂志》、《文科研究所史地学部丛刊》等杂志，每年可获得数万元补助。

到抗战胜利前夕，由于国家经费投入，加之当时物价涨幅较大，通货膨胀较严重，各学部经费均翻倍增加，史地学部与其他学部相比，因实验设备相对较少，而经费数额却与他部相当，故更觉宽裕："本校本年度（编者注：1944 年 8 月至 1945 年 7 月）研究院各学部，预算款额业经规定，计：文科研究所史地学部五万元，理科研究所数学部与生物学部各四万五千元，工科研究所化学工程学部七万元，农科研究所农业经济学部六万元"④；"本年卅四年（编者注：1945 年 8 月至 1946 年 7 月）研究院经费八十二万元，分配如下：史地部十五万元，数学部十二万元，生物部十八万元，化工部二十万元及农经部十七万元"⑤。

史地教育研究室因受教育部委托，自成立之初经费就有专款支持，故经费较有保证："本室经费由史地专款（两年半共三万元，已由部一次拨付本校）保管委员会负责管理，按月交给。"⑥阙维民根据原始档案统计，教育部曾多次拨给史地教育研究室研究经费、购置图书和仪器设备费用，"1945 年 1 月教育部拨款 50万元研究经费、1946 年 8 月拨款 100 万元购书置仪器费（历史手册 15 万元、地理手册 15 万元、绘图仪器 30 万元、史地丛书 40 万元）、1947 年 2 月拨款 100 万元

① 竺可桢：《竺可桢全集（第 8 卷）》，上海：上海科技教育出版社，2006 年，第 500 页。
② 竺可桢：《竺可桢全集（第 8 卷）》，上海：上海科技教育出版社，2006 年，第 593 页。
③ 竺可桢：《竺可桢全集（第 8 卷）》，上海：上海科技教育出版社，2006 年，第 95 页。
④ 《研究各所预算已核定》，载《国立浙江大学校刊》复刊第 123 期（1945 年 5 月 16 日）。
⑤ 竺可桢：《竺可桢全集（第 10 卷）》，上海：上海科技教育出版社，2006 年，第 107 页。
⑥ 《附录：国立浙江大学文学院、师范学院史地学系概况》，载《史地杂志》第 1 卷第 3 期（1940年），第 63—66 页。

研究经费、1947 年 7 月拨款 1500 万元研究经费、1947 年 8 月拨款 500 万元集中精力编辑《台湾图鉴》"[1]。由此可见，史地教育研究室的经费一直比较充裕，这在动荡的战争年代是不多见的。[2]

在 1940—1946 的西迁遵义办学期间，文学院和师范学院的史地学系、文科研究所史地学部以及史地教育研究室均在遵义城内，其办公场所，1940 年刚迁至遵义时，"本室现租赁遵义北门外洗马滩二十八号为办公处，与本校文科研究所史地学部合在一处，俾符部令二者密切合作之指示"[3]，5 月后迁至当时遵义城内水硐街三号的南庐，即"本室现租赁遵义城内南庐为办公处，与本系办公室及文科研究所史地学部合在一处，俾符部令研究部与研究室密切合作之指示"[4]。南庐也称醒庐，其位置即在当时遵义城内的水硐街三号。据相关记载：

> 水硐街系老城协台坝至大兴路的一条小街（今碧云路中段）。水硐街三号系原国民党师长郭惠苍私宅"醒庐"，为三幢木结构二层楼房，三合小天井，花木扶疏，前面有西式牌楼大门，环境优美。这里房舍不多，但颇负盛名，为浙大在遵办学期间的史地研究部。[5]

1984 年 7 月，1941 年毕业的史地学系校友谢觉民回国，特意回访遵义，当时许多地方都已经有较大变化，但水硐街三号仍是旧貌（见图 4-2-1）：

> ……唯一可以确定的是水嗣街，当年张其昀师所住的楼房仍在，街旁流水潺潺，洞口如旧，有无限亲切之感。忆当年楼屋为郭惠昌少将的公馆，蓄有一狗，十分凶猛，门口贴有一纸条："内有恶犬，止步扬声"，现恶犬既去，园内已住有不少人家，我曾步梯登楼，连连摄影，半个世纪已经一去不返，

---

① 阙维民：《国立浙江大学史地学系教工档案综述》，载阙维民主编：《史地新论——浙江大学（国际）历史地理学术研讨会论文集》，杭州：浙江大学出版社，2002 年，第 69—108 页（本处引文见第 105 页）。

② 李凡：《国立浙江大学史地系系史述论（1936—1949）》（浙江大学硕士学位论文），2010 年，第 18—19 页。

③ 《院务报告》，载《国立浙江大学师范学院院刊》第 1 集第 1 册（1940 年），"附录"部分，第 5—7 页。

④ 《附录：国立浙江大学文学院、师范学院史地学系概况》，载《史地杂志》第 1 卷第 3 期（1940 年），第 63—66 页。

⑤ 政协遵义市红花岗区委员会编：《遵义——浙大西迁大本营》，杭州：浙江大学出版社，2012 年，第 187 页。

只能苦苦追忆了……①

图 4-2-1　遵义城内的水硐街三号文科研究所史地学部入口处（20 世纪 80 年代所摄，现已不存）。引自史宝麒主编：《名城文物——历史·文化·文物》（内部印行），遵义市红花岗区文体广电局，2003 年，第 108 页。

　　但随着社会发展，旧城改造，此地现已建起了现代高楼大厦（原郭家私宅"醒庐"所在的水硐街，现为碧云路中段人民银行大楼所在）②，难觅昔日踪迹了。

　　1941 年后，一般即以水硐街三号称呼史地学系办公处。这里，既是遵义六年期间史地学系、史地学部、史地教育研究室的办公场所，也是张其昀及其家人的住所。"水硐街三号"这个地点，1941 年以后，在史地学系的许多活动中，在竺可桢"日记"的许多记述中，都屡屡出现（编者注：竺可桢"日记"写作"水峒街"，现一般写作"水硐街"）。

　　如前所述，因为这四个机构，"其行政与师资、设备"，均一直合一，故当时的人也好、后来的研究者也好，均习惯笼统以"史地学系"、"史地系"来称呼，而不再特意区分。但从其性质来看，这 4 个与地学相关的机构是各自平行、互不隶属而又各有所属的，只是其核心的管理和教师团队同一，所以，一般情况下可统一表述，不必特别区分。

---

① 　谢觉民：《贵阳遵义之行》，载中国人民政治协商会议浙江省委员会文史资料研究委员会编：《天涯赤子情》（浙江文史资料选辑第 34 辑），杭州：浙江人民出版社，1987 年，第 335—338 页。
② 　史宝麒主编：《名城文物——历史·文化·文物》（内部印行），遵义：遵义市红花岗区文体广电局，2003 年，第 107—108 页。

不过，因各个机构性质不同，且在此期间，还有其他与地学有关的机构存在，如西迁至遵义后附设于史地学系的测候所，以及龙泉分校个别时期所设的史地学系（主要是一年级）等。此外，1947年后另从史地学系、史地学部亦分出若干机构（如人类学系、人类学研究所等）。因此，仍有必要对各个机构予以分别说明。

二、地学领域的教学与研究机构

（一）从文理学院的史地学系到文学院的史地学系

1. 史地学系的归属变化和内部分组

设立于1936年8月的文理学院史地学系，即为一般所称的"史地学系"，是此期浙江大学地学系科和相关机构的主体和核心。此为正常的大学本科生培养机构，从1936年8月成立至1949年6月，一直存在（1949年7月后分设地理学系和历史学系）。但从严格意义上来说，也有一个从文理学院史地学系到文学院史地学系的演变过程，即1939年8月，浙江大学西迁至广西宜山办学之时，由于浙江大学文理学院正式分设为文学院和理学院，此后，史地学系归属文学院。

——1936.05—1939.07：归属文理学院，院长胡刚复（1936.05—1939.07），副院长梅光迪（1936.10—1939.07）；

——1939.08—1949.07：归属文学院，院长梅光迪（1939.10—1945.12）、张其昀（1946.01—1949.05）。

根据1939年9月教育部公布的《大学及独立学院各学系名称》[①]的规定，"文学院设中国文学、外国语文、哲学、历史学及其他各学系"，"理学院设数学、物理学、化学、生物学、地质学、地理学、心理学及其他各学系"，据此，历史学系应设于文学院，地理学系应设于理学院，浙江大学所设史地学系并不完全合乎规范。但该规定中也允许"两学门以上并合组成之学系，由各校、院就合组情形拟订名称，呈部核定"；所以，史、地合系作为"两学门以上并合组成之学系"，符合此项规定，即亦有其合设为一系的依据。由于竺可桢、张其昀"史地合一"的办学理念和当时办学条件的限制，浙江大学此期仍然设置史地合一的史地学系，隶属文学院；通过其下的"史学组（历史组）"和"地学组（地理组）"的分设，来体现学术分科的不同，两组性质亦接近于两系（事实上，在对外交流或需要按

[①] 《大学及独立学院各学系名称》，载宋恩荣、章咸编：《中华民国教育法规选编（修订版）》，南京：江苏教育出版社，2005年，第403页。

照学科分开的场合，地组和史组即可表述为"地理学系"和"历史学系"，如本科生参加全国学业竞试，即以"地理学系"和"历史学系"的名义分别参加）。

2. 史地学系的负责人情况

按照现在一般的表述，史地学系的系主任一直由张其昀担任。张其昀于1943年5月去美国访学，至1945年下半年回国，11月回校复任系主任。其间，系主任一职曾经由叶良辅等代理及担任。但因叶良辅一直受肺病困扰，身体极为虚弱，处理烦琐的系务确实难以承受，所以，虽竺可桢等有意请叶良辅出任系主任一职，但叶多次推辞，并在短暂担任后即卸职。当时，竺可桢、张其昀曾经有意聘请钱穆来浙大任教，并担任系主任和研究所主任等职务，但钱穆后未接受浙大教职；竺可桢也考虑过聘请任美锷、涂长望等回校担任系主任，但因各种原因两人也未回校。其间，一度已经发出给顾毂宜史地学系主任的聘书，但顾未接受。所以，在张其昀离校期间，除文、师两院史地学系主任一职曾由叶良辅短暂担任外，其他机构（文科研究所史地学部、史地教育研究室等）的负责人名义上仍由张其昀担任，实际中，则主要由叶良辅代理，李絜非协助负责处理具体事务（也在个别时期担任代理系主任一职）。

关于张其昀出国讲学，最早是竺可桢在1943年3月1日学校举行的"国父纪念周"上公开宣布的。因当时张其昀身兼训导长一职，所以竺可桢此时宣布由郭斌龢（郭洽周）在新学期接替训导长一职。[①] 但接替史地学系主任一职的人选，此时尚未确定。最初，张其昀的设想是请钱穆来浙大史地系任教，并出任史地学系主任等职。为此，特意邀请钱穆在1942年度第二学期开学之初，来浙大讲学。钱穆于2月15日到校，18日开始讲授"中国学术思想史"一课。3月10日的《校刊》在报道此事时，即称"（张其昀）离职期间，系务请由钱宾四先生代理。又《思想与时代》之编职，亦请由钱先生代为主持"[②]。见图4-2-2。

但经与钱穆接洽，钱穆对此并没有予以确认。据1943年3月8日竺可桢"日记"载：

> 九点半至水峒街（编者注：竺可桢"日记"写作"水峒街"，现一般写作"水硐街"）三号晤钱宾四，约其下年留此，继晓峰为史地系主任。但渠在成都齐鲁大学之国学研究所主任尚未脱离，故于四月间需回成都，秋中或可再来。

---

① 《国立浙江大学校刊》复刊第117期（1943年3月10日）。
② 《国立浙江大学校刊》复刊第117期（1943年3月10日）。

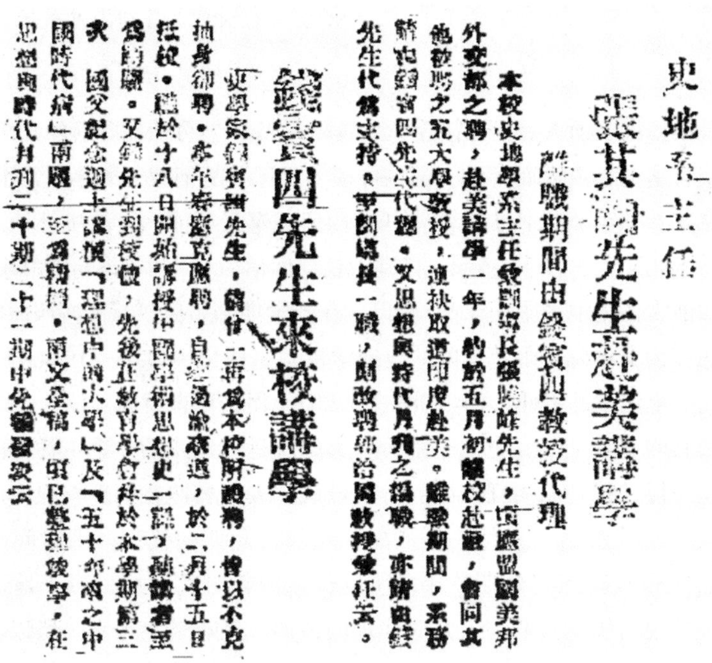

張其昀先生赴美講學
離職期間由錢賓四教授代理

本校史地學系主任張其昀先生，頃應盟國美邦外交部之聘，赴美講學一年，約於五月初離校赴渝，會同其他被聘之五大學教授，道經印度赴美。離校期間，系務請由錢賓四先生代理。又思想與時代月刊之編輯，亦請由錢先生代爲主持。至訓導長一職，則敦聘郭洽周教授兼任云。

錢賓四先生來校講學

史學家錢賓四先生，[illegible]一再爲本校所敦聘，曾以不克抽身辭聘。今年春始克應聘，自蓉過渝來遵，於二月十五日抵校。繼於十八日開始講授中國學術思想史一課，聽講者至爲踴躍。又錢先生到校後，先後在教育學會及本學期第三次國父紀念週上講演「理想中的大學」及「五十年來之中國時代病」兩題，經爲[illegible]，兩文全稿，頃已整理竣事，在思想與時代月刊二十期二十一期中先後發表云

图 4-2-2　《国立浙江大学校刊》复刊第 117 期（1943 年 3 月 10 日）所载张其昀拟出国讲学和钱穆来校讲学的报道。引自《国立浙江大学校刊》复刊第 117 期（1943 年 3 月 10 日）。

但余则以为此事急应决定，以晓峰原定三月间去美也。[①]

到了 4 月份，情况发生变化。据《校刊》所载，1943 年 4 月 22 日，在史地学系于张其昀行前举行的欢送大会上，张其昀宣布“离校期间，系务由叶左之（即叶良辅）先生代理，研究部由钱宾四（即钱穆）先生代理”；即叶良辅暂时代理系主任，而钱穆仅代理负责研究所。但这也仅是张其昀当时的想法，后来钱穆讲学结束离开浙大后即未再来，所以研究所也一并交由叶良辅负责。

张其昀教授出国讲学

本校史地系主任张其昀教授，应美政府之请，去美讲学，于 4 月 24 日正午 12 时乘邮车赴渝。行前该系全体师生于 22 日晚假中兴楼举行欢送大会，席间张先生宣布离校期间，系务由叶左之先生代理，研究部由钱宾四先生代理。

① 竺可桢著：《竺可桢全集（第 8 卷）》，上海：上海科技教育出版社，2006 年，第 521 页。

并谓每月与李絜非先生通讯一次，于《思想与时代》月刊上发表云。师生欢叙，其乐融融，夜深始散。[1]

由于钱穆离开浙大后没有接受浙大教职，所以，竺可桢在随后的几个月时间里，仍为寻找合适的负责人而奔忙。据竺可桢"日记"的记载，同年6月11日，记及"叶左之来，谈渠不愿任史地系主任。而任美锷又不能回，故决计请涂长望回校任史地系主任"[2]。但6月26日，接到涂长望回信后，"知渠以与晓峰事先无谅解，故不愿回浙大任史地系主任"[3]。所以，在新学期开始后，只能按照原定安排，仍聘请叶良辅为文学院和师范学院的史地学系系主任（1943.08—1944.07）、钱穆为文科研究所史地学部主任（1943.08—1944.07，但钱穆未就职）。

在张其昀离校期间，史地学系负责人到底是以正式的"系主任"的身份管理系务，还是以"代理系主任"的身份代理该职务，虽然在管理权限上没有太大差别，但就其性质而言，仍然是不同的。当然，此期的代理，因时间较长，初为一年，后因张其昀在美延期一年，所以长达两年时间，故相当于是正式的系主任；这种情况与短期离职请人暂时代理的情形，又有较大差别。所以，在认知上和表述上，对于史地学系主任应该如何认定，不同学者或人士也有不同看法。阙维民在《国立浙江大学史地学系教工档案综述》一文中认为：

> 原始档案也可纠正已有著述中的误记，如文理学院、文学院史地学系主任，有著作认为一直由张其昀担任［原注：《浙江大学历任院长、系主任一览表》，载《国立浙江大学》附录七（台湾国立浙江大学校友会印，1985年，第109—111页）］，但原始档案记载还包括李絜非代理系主任和叶良辅任系主任。[4]

即阙维民认为叶良辅应该担任过正式的系主任，李絜非则担任过代理系主任。

因此，有必要根据当时的材料，对叶良辅等是否正式担任史地学系主任或代理主任，予以确定。如此，在具体任职时段上，亦可以更准确地把这两年内的变化情况表述得更加清楚一些；因为实际上，1943学年和1944学年，这两个学年系主任的任职情况，还是有些不同的。

---

[1] 《国立浙江大学校刊》复刊第119期（1943年5月10日）。

[2] 竺可桢著：《竺可桢全集（第8卷）》，上海：上海科技教育出版社，2006年，第582页。

[3] 竺可桢著：《竺可桢全集（第8卷）》，上海：上海科技教育出版社，2006年，第590页。

[4] 阙维民：《国立浙江大学史地学系教工档案综述》，载阙维民主编：《史地新论——浙江大学（国际）历史地理学术研讨会论文集》，杭州：浙江大学出版社，2002年，第69—108页（本处引文见第108页）。

现能够查到一份1944年出刊的《升学与就业》杂志所载《国立浙江大学概况》，内容颇为详细；从所表述的内容看，是1944年7月之前所撰（编者注：文中最晚涉及的时间是"三十三年工程师节"，民国时期的工程师节为每年6月6日），因此，其中所载的"校务负责人及院、系主任、教授姓名录"，当为1943学年（1943.08—1944.07）浙江大学的机构和人事情况，并补充了1944年6月的最新变化状况（如提及理学院药学系的设立情况，应该是已经获知教育部批准设立之事，但正式设立当在1944年8月后）。该姓名录中、涉及史地学系及相关地学系科的内容，兹摘录如下（见图4-2-3）：

文学院

院长兼外国语文学系主任：梅光迪

中国文学系主任：郭斌龢

史地学系主任：叶良辅

史地学系测候所观测员：欧阳海

师范学院

院长：王琎

教育学系主任：郑宗海

国文学系主任：郭斌龢

史地学系主任：叶良辅

英语学系主任：梅光迪

数学系主任：徐瑞云

理化学系主任：朱正元

秘书：吴志尧

研究院

院长：郑宗海

文科研究所史地学部主任：钱穆

理科研究所数学部主任：苏步青

理科研究所生物学部主任：贝时璋

工科研究所化学工程学部主任：李寿恒

农科研究所农业经济学部主任：吴文晖

史地教育研究室（编者注：原文为“教学”，恐误）
主任：张其昀

文学院史地学系
教授：叶良辅，顾穀宜，诸葛麒，陈乐素，谭其骧，方豪，张其昀（在美讲学）
副教授：李絜非，卢鋈，严德一，王维屏，陶元珍，黎子耀，刘之远

师范学院史地学系
（本系教员同文学院史地学系）[1]

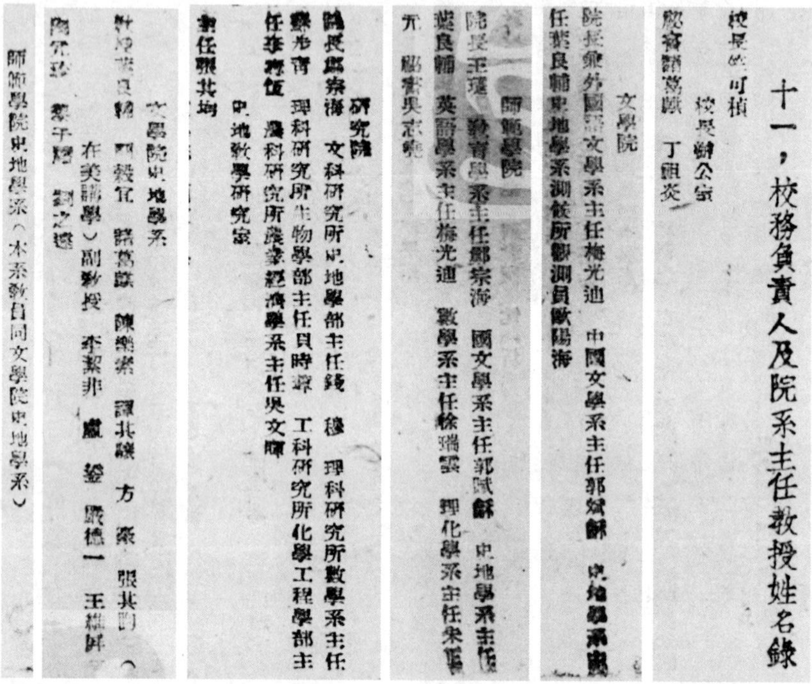
十一，校務負責人及院系主任教授姓名錄
校長竺可楨　校長辦公室
秘書諸葛麒　丁緒炎
文學院
院長兼外國語文學系主任梅光迪　中國文學系主任郭斌龢　史地學系
任葉良輔史地學系測候所觀測員歐陽海
師範學院
院長王璡　教育學系主任鄭宗海　國文學系主任郭斌龢　史地學系主任
葉良輔　英語學系主任梅光迪　數學系主任徐瑞雲　理化學系主任朱福
元　秘書吳志堯
研究院
院長鄭宗海　文科研究所史地學部主任錢　穆　理科研究所數學系主任
蘇步青　理科研究所生物學部主任貝時璋　工科研究所化學工程學部主
任李壽恆　農科研究所農業經濟學系主任吳文暉
史地教學研究室
主任張其昀
文學院史地學系
教授葉良輔　顧穀宜　諸葛麒　陳樂素　譚其驤　方　豪　張其昀（
在美講學）副教授　李絜非　盧　鋈　嚴德一　王維屏
陶元珍　黎子燿　劉之遠
師範學院史地學系（本系教員同文學院史地學系）

图 4-2-3　《升学与就业》第 1 卷第 3、4 期合刊（1944 年）所载《国立浙江大学概况》中涉及史地学系及地学系科的部分。引自《升学与就业》第 1 卷第 3、4 期合刊（1944 年），第 84—91 页。

而编辑、出刊于1944年或1945年的《国立浙江大学史地学会会员通讯录》中（编者注：张其昀生于1900年，该册所记张其昀年龄为44岁，推测应该为1944年或

① 《国立浙江大学概况》，载《升学与就业》第 1 卷第 3、4 期合刊（1944 年），第 84—91 页。

1945 年所编），在"本系教员"栏下，则这样记载：张其昀的职务为"地理学教授兼系主任"，李絜非的职务为"史学副教授，代理系主任"，叶良辅的职务为"地质学教授"。[①]说明此期，即 1944 学年（1944.08—1945.07），叶良辅已经卸任文学院、师范学院的史地学系主任一职，该职仍由张其昀担任；因张尚未回国，暂时由李絜非代理系主任，直至 1945 年 11 月张其昀回校为止。见图 4-2-4。

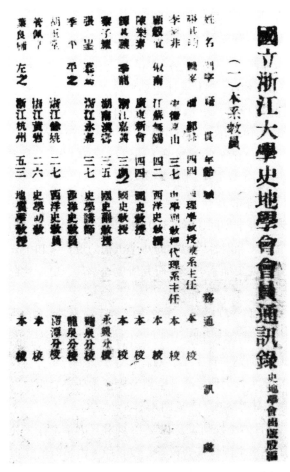

图 4-2-4 《国立浙江大学史地学会会员通讯录》（1944 学年）所载史地学系教员情况。引自葛剑雄著《葛剑雄文集 3·悠悠长水：谭其骧传》，广州：广东人民出版社，2014 年，第 118 页。

---

① 引自葛剑雄著：《葛剑雄文集 3·悠悠长水：谭其骧传》，广州：广东人民出版社，2014 年，第 118 页。

在当时的相关表述中（如《校刊》所载关于张其昀离校期间的报道，以及其他记载史地学系情况的文献），1944学年（1944.08—1945.07）及其后，亦均表述为张其昀仍为系主任；如1945年5月16日《校刊》提及"史地系张主任在美所著《中国政治地理》等两书，在印刷中"[①]，1945年9月16日《校刊》提及"史地系主任张其昀先生，已订九月底，自美返国"[②]等。

类似地，出刊于1946年4月的《史地通讯》第二期中，李絜非在《本系概况》一文中，也表述为："本系自成立迄今忽已十载。由竺校长聘张其昀先生任主任，始终其事。卅二年夏，张主任受美国国务院之邀，赴美讲学两年，离职期间，先后由叶良辅、李絜非两先生代理系务。"[③] 该文作者为李絜非，写于1946年4月之前；张、叶等当事人均在，则其表述当是当时校、系和各当事人一致认同的看法。

因此，根据前述材料，史地学系系主任可以确定为：张其昀（1936.08—1943.07）、叶良辅（1943.08—1944.07）、张其昀（1944.08—1949.05）；其间，叶良辅（1943.05—1943.07）、李絜非（1944.08—1945.11）曾经代理系主任（参阅附录部分之附表2-1）。

3. 系务会议等系务管理情况

整个西迁和遵义办学期间，学系的具体运作则一如之前，仍通过系务会议等形式进行全系的管理（当时，因地学的几个机构的负责人和主要师资均合一，故诸多事项均与师范学院史地系、文科研究所史地学部、史地教育研究室等同时讨论决定）。

现从当时的《校刊》等材料中，可以看见相关系务会议和有关活动的报道。

1938年12月5日的《校刊》复刊第1期《史地学系近讯汇志》，记载了1938年度新聘教师（向达、黄秉维、刘志远等）、举行系务会议（讨论了师范学院史地系的课程草案）、史地学会开会以及因系主任张其昀拟离校外出考察而请王庸代理史地学系主任等事项。[④] 见图4-2-5。

1939年2月27日的《校刊》复刊第13期载，因系主任张其昀与校长竺可桢同去重庆参加"第三次全国教育会议"，校长职务由当时的文理学院院长胡刚复代理，史地学系主任则仍由王庸代理。[⑤] 见图4-2-6。

---

① 《国立浙江大学校刊》复刊第123期（1945年5月16日）。
② 《国立浙江大学校刊》复刊第131期（1945年9月16日）。
③ 李絜非：《本系概况》，载《史地通讯》第2期（1946年），第2—3页。
④ 《国立浙江大学校刊》复刊第1期（1938年12月5日）。
⑤ 《国立浙江大学校刊》复刊第13期（1939年2月27日）。

史地學系近訊彙誌

一，新聘教授　史地學系本學期新聘向覺明先生（達）爲歷史教授，担任中西交通史等學程，黃秉維先生爲地理講師。向先生曩在北平，曾任北大燕京大學教授，二十四年後出國，在牛津巴黎等處從事研究凡三年，著有唐代長安與西域文明，中西交通史等書，今秋回國，在湖南溆浦原籍稍住，現已首途來校。黃先生在翁文灝先生指導下，爲教育部編著地理教科書，已有二年，高中部分業已脫稿，大學參考書尙在編纂中，現已到校授課。地質學助教上期辭去後，現已補聘劉志遠君担任云。

二，舉行系務會議　該系於本月二十四日晚舉行系務會議，到全體教授，由主任張其昀先生報告本系教授學程及生人數外，關於師範學院史地系之課程草案，交換意見，已訂定初稿，將提交師範學院院務會議討論云。

三，史地學會開會　該系學生組織之史地學會，自四月間在泰和組織成立，常舉行讀書會、聘請講演或會員報告。十一月十七日第十三次讀書會，由張其昀先生主講，題爲「今後抗戰之經濟基礎」，略謂建設西南爲政府確定之方針，分農業鑛業民營工業重工業交通及對外貿易六項，本其考察及研究所得資料，縷述闡發頗詳。

又訊，張先生奉校長命於二十六日啓程赴黔考察，約二旬返校，請假期內，系務請教授王庸先生代理云。

图 4-2-5　《国立浙江大学校刊》复刊第 1 期（1938 年 12 月 5 日）所载史地学系近况的报道。引自《国立浙江大学校刊》复刊第 1 期（1938 年 12 月 5 日）。

校長赴渝出席教育會議

張曉峯先生同車到渝參加會議

教育部訂於本年三月壹日在渝召開第三次全國教育會議，消息早誌各報。去冬以來，教部已將籌備委員會組織成立，對於組織規程及概算草擬完竣，並呈請第三九弍次行政院會議，予以通過。依該項規程規定國立大學校長應行參加會議。竺校長以開會期近，乃於弍月弍十三日乘自備車赴筑轉渝，除出席會議外，並對於本校校務及弍月五日被炸之經過，向教育當局予以陳述。公出期間，校長職務請由胡院長代理云。

史地系主任張其昀先生，近應教育部之聘，以專家名義出席第三次全國教育會議。於本月廿三日隨同竺校長乘車由黔赴渝。會畢後，並須轉往昆明，出席中央研究院評議會，俟下月中旬方可返校，系務請王庸先生代理。

图 4-2-6　《国立浙江大学校刊》复刊第 13 期（1939 年 2 月 27 日）所载竺可桢、张其昀赴重庆出席全国教育会议的报道。引自《国立浙江大学校刊》复刊第 13 期（1939 年 2 月 27 日）。

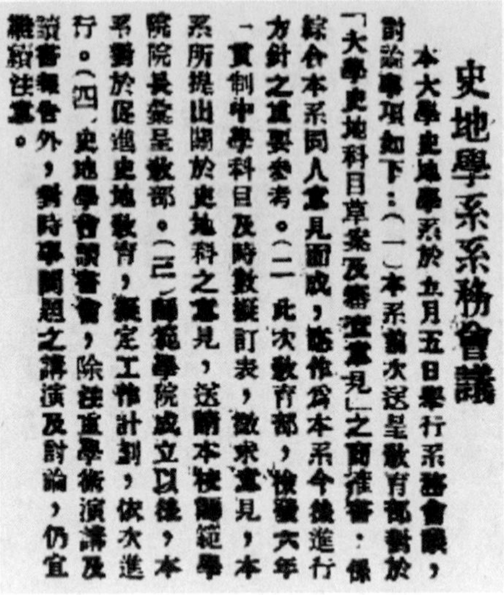

史地學系系務會議

本大學史地學系於五月五日舉行系務會議，討論事項如下：（一）本系前次送呈教育部對於「大學史地科目草案及審查意見」之商榷書：係綜合本系同人意見而成，應作為本系今後進行方針之重要參考。（二）此次教育部，檢發六年一貫制中學科目及時數擬訂表，徵求意見，本系所提出關於史地科之意見，送請本校師範學院院長彙呈教部。（三）師範學院成立以後，本系對於促進史地教育，擬定工作計劃，依次進行。（四）史地學會讀書會，除注重學術演講及讀書報告外，對時事問題之講演及討論，仍宜繼續注意。

图 4-2-7 《国立浙江大学校刊》复刊第 23 期（1939 年 5 月 15 日）所载史地学系系务会议的报道。引自《国立浙江大学校刊》复刊第 23 期（1939 年 5 月 15 日）。

再如，1939 年 5 月 15 日的《校刊》复刊第 23 期载史地学系于该月 5 日召开系务会议的情况，讨论事项包括：

（1）本系前次呈送教育部对于“大学史地科目草案及审查意见”之商榷书，系综合本系同人意见而成，应作为本系今后进行方针之重要参考。

（2）此次教育部检发六年一贯制中学科目及时数拟定表，征求意见，本系所提出关于史地科之意见，送请本校师范学院院长汇呈教部。

（3）师范学院成立以后，本系对于促进史地教育，拟定工作计划，依次进行。

（4）史地学会读书会，除注重学术讲演及读书报告外，对时事问题之讲演及讨论，仍宜继续注意。①

从《校刊》的报道来看，此次系务会议讨论的事项主要是与师范学院史地学系有关的议题；这也从一个侧面说明，在具体管理、运作上，文、师两院的史地学系确实是统一的。见图 4-2-7。

（二）师范学院的史地学系及师范学院第二部的史地学系

1938 年 7 月，浙江大学“奉教育部令，添设师范学院，将原属文理学院之教育学系改属于师范学院，另设国文、英语、史地、数学、理化等五系，全院共计六系”。② 同年 8 月，教育部颁布《师范学院规程》，对师范学院的设立目的、组织架构、入学资格、课程安排等做了详细规定。师范学院以“养成中等学校之健全师资为目的”（第一条），可“单独设立或于大学中设置之”（第二条）；其中，本科生“修业年限五年，期满考试及格，并经教育部复核无异者，由院校授予学士学位，并由教育部给予中等学校某某科教员资格证明书”；同时也招收专科生，“师

---

① 《国立浙江大学校刊》复刊第 23 期（1939 年 5 月 15 日）。

② 《院务报告》，载《国立浙江大学师范学院院刊》第 1 集第 1 册（1940 年），“附录”部分，第 5—7 页。

范学院各专修科，修业年限三年，期满考试及格，并经教育部复核无异者，由院校授予毕业证书，并由教育部给予中等学校某某科教员资格证明书"（第七条）。此外，还有设立进修性质的第二部的规定："师范学院得设第二部，招收大学其他学院性质相同学系毕业生，授以一年之专业训练，期满考试及格，经由教育部复核无异者，由院校授予毕业证书，并由教育部给予中等学校某某科教员资格证明书。"（第九条）[①]

据此，浙江大学师范学院在所设的 6 学系中，本科师范生各系历年均招生，专科生则仅在国文系和数学系中招生。因师资、经费等限制，虽于 1940 学年起，增设第二部，但仅在史地学系开办，且仅招收两届；其他系科则一直没有开办第二部。

1. 师范学院史地学系的设立和变化情况（1938.08—1947.07）

如前所述，设立于 1938 年 8 月的师范学院史地学系，虽然名义上相对独立、隶属于师范学院，但与文理学院（1939 年 8 月后为文学院）的史地学系在负责人、教职员工方面，没有差别；即"文、师二院之史地学系实相需相依，其行政与师资、设备，现仍合一"[②]，故日常教学、管理等活动均一并进行；差别主要是本科生的性质不同，同时在课程安排上略有差别而已。

至于为什么师范学院下设各系与文理学院及其后的文学院、理学院的主要师资和教学活动等一致，在浙江大学而言，主要还是考虑到战时师资紧张和经费困难等因素。在郑晓沧于 1938 年 10 月提交的《全国第一届高级师范教育会议本院院务报告》中，对此有清晰的说明：

> 浙江大学于 8 月初奉到教育部开办师范学院之令后，竺校长以院长职务嘱宗海兼摄，自知才学修养，均难胜此重任，其时教育学系原有教授留赣者只宗海一人，为进行便利起见，不得不勉承其乏。同时遵奉部令造具概算，亦以距离新都数千里，山环水复，消息阻滞，未奉覆令，无所依循。惟当兹国难正深之候，自宜踏实做去，不敢稍事夸张。
>
> 竺校长之意见，现时亦只有充分利用文理学院人才与课程上之资源，此殆为浙大现时可能之唯一路径。以此为基础，更益以教育专业上必需之实际

① 《师范学院规程》，载《教育部公报》第 10 卷第 8 期（1938 年 8 月），"法规"部分，第10—17 页。
② 《附录：国立浙江大学文学院、师范学院史地学系概况》，载《史地杂志》第 1 卷第 3 期（1940年），第 63—66 页。

设施，故各系主任现亦与文理学院暂时同一步趋。凡师范学院各系与文理学院所有学系性质相似者，均以文理学院之各系主任兼主任。如国文系仍请郭斌龢教授，英语系请梅光迪教授，史地系请张其昀教授，数学系请苏步青教授，教育系请孟宪承教授。惟理化系新设立，则请王季梁教授担任主任。至于专为本院聘请或拟聘之教授、讲师、助教，则注重其教育经验或其对于教育之兴味。[①]

关于师范学院成立的缘起和办学情况，在 1940 年 9 月 1 日出刊的《国立浙江大学师范学院院刊》第一集第一册所载《附录》部分的相关材料中有较翔实的记述。在王琎于 1940 年 4 月提交全国第二届高级师范教育会议的《院务报告》之"成立经过"和"教员及学生"等节中，有这样的记载：

> 国立浙江大学原设文理、农、工三学院。民国二十七年七月奉教育部令添设师范学院，将原属文理学院之教育学系改属于师范学院，另设国文、英语、史地、数学、理化等五系，全院共计六系。聘请本大学前教务长郑宗海教授兼任本院院长。二十八年二月，郑院长赴浙江筹备并主持本大学浙东分校，函请辞职，乃于二十八年十一月经教育部核准，更聘本院理化系主任王琎教授继任院长。本院成立时，浙江大学校址尚在江西泰和，后迁至广西宜山。因桂南战事转紧，于二十九年春再迁贵州。现本院院址在贵州遵义，唯一年级与本大学其他各院一年级生暂在贵阳青岩乡上课。
>
> 本院所属六系之系主任，国文系为郭斌龢教授，英语系为梅光迪教授，史地系为张其昀教授，教育系为陈剑脩教授，理化系为王琎教授，数学系为苏步青教授。教授方面，因学生仅一、二年级二班，且人数不多，所设学程亦大多为共同必修科目，故均由文、理二院各有关系教授兼任。今后学生班次渐多，年级渐高，故自二十九年度起，拟各系先聘定专任教授、讲师、助教各一人，以后逐年增聘专任教员。唯因课程及研究之便利，文、理二院仍当保持密切之合作……

同时，在关于课程设置的介绍中，也提及史地系、理化系的分组问题，指出：

---

① 原载《教育通讯周刊·全国高级师范教育会议专号》第 34 期（1938 年），第 6—7 页。转引自王承绪、赵端瑛编：《郑晓沧教育论著选》，北京：人民教育出版社，1993，第 233—234 页。另，该材料也收录在《国立浙江大学师范学院院刊》第 1 集第 1 册（1940 年）所载"附录"部分（第 11 页），但文末标注时间恐有误（该文提交于 1938 年 10 月，此处误为 1939 年）。

> 本院鉴于史地、理化等系学生毕业后，或服务于规模较大之高级中学，其历史、地理、物理、化学等科往往分别由一教员专任，且程度亦较一般为高，准备自不得不较为充分。又以师范学院学生虽毕业后以充任中学教员为其本职，唯为培植其教学与研究同时并重之志趣，似应于求学时期，先植其能独立探讨专门学术之始基。因此本院最初即主张于分系必修科目中，如能将一部分必修科目分组教学，似较妥善。①

在实际的史地学系师范生的教学中，与文学院的史地学系本科生一样，学生也分为史学组和地理组（简称"史组""地组"）2组②，一般在二年级后确定分组。

> 本系学生自二年级起，分为史学、地理二组，现文学院史地学系有四年级生六人（史组三人，地组三人），三年级生六人（史组四人，地组二人），二年级生二十六人（史组十二人，地组十四人）。师范学院史地学系有三年级生十二人（史组三人，地组九人），二年级生十二人，共计六十二人（一年级生不分系）。二十八年度（编者注：1939年度，即1939.08—1940.07）招收史地学部研究生四人，二十九年度（编者注：1940年度，即1940.08—1941.07）招收研究生六人，共十人。二十九年招收第二部学生已到校者二人。③

另外，文学院史地学系的非师范生学制为4年，而师范学院的师范生学制为5年（最后一年为教育实习）。例如，1941年6月出刊的《浙大学生》复刊第一期（浙大介绍专号）中，在对师范学院史地系的介绍中，即提及师范生学制为5年、第二部进修生学制为1年的情况：

> 师范学院史地系第一部，从成立到现在，不过三年；该系最高班次学生的毕业，尚有待于两年后。师范学院史地系第二部的成立，是在二十九年八月，

---

① 《国立浙江大学师范学院院刊》第1集第1册（1940年），"院务报告"部分，第1—5页。
② 说明：倪士毅先生在其《播州风雨忆当年——浙大史地系在遵义》一文中提及："……师范学院史地系，则不采取分组方法，使学生对史地二科有全面的了解，更好地培养史地兼备的中学师资"，恐不确。见倪士毅：《播州风雨忆当年——浙大史地系在遵义》，载贵州省遵义地区地方志编纂委员会主编：《浙江大学在遵义》，杭州：浙江大学出版社，1990年，第96—113页（本处引文见第100页）；又载倪士毅著：《史地论稿》，杭州：浙江大学出版社，2019年，第386—399页（本处引文见第389页）。
③ 《附录：国立浙江大学文学院、师范学院史地学系概况》，载《史地杂志》第1卷第3期（1940年），第63—66页。

第一班的学生的毕业要在今年暑假后。[①]

关于师范学院学生 5 年学制的情况，还可从 1942 年和 1943 年的毕业生情况看出来。1942 年 7 月，浙江大学第十五届毕业生中，有文学院、理学院、工学院、农学院和文科研究所史地学部、理科研究所数学部的毕业生，甚至有师范学院史地学系第二部的学生，而无师范学院本科生毕业，即因为师范学院于 1938 学年才设立及招生，故 1942 届无毕业生。[②] 到了 1943 年 7 月，浙江大学第十六届毕业生中，除了原有各学院的各系之外，师范学院内的各系，包括史地学系，亦有毕业生（且的确为 1938 年入学的学生）。[③] 另外，《校刊》所载 1945 届毕业生名录中，专门附了一份名单，"三十三年度第二学期师范学院四年级准予离校充任实习教师学生名录"[④]，说明四年级师范生在完成学校课业后，的确有一年时间需要离校充任实习教师，故学制为 5 年。

1946 年，教育部公布改进师范学院办法，"规定国立大学师范学院内分设教育、体育两系，原设国文、史地、数学、理化、博物各系，均归并文理学院施教，以免重复"[⑤]。浙大师范学院史地系于 1947 年 7 月之前并入文学院史地系，学生则区分为师范生与非师范生。自 1947 年 8 月起，师范学院仅设教育学系（编者注：之前未毕业的 1943 级、1944 级各系学生仍属师范学院。[⑥] 即一般而言，师范学院至 1947 年 7 月之前，分设 6 系，其后，仅设教育学系；但具体统计学生及某些特定场合，至 1948 年 7 月甚至 1949 年 6 月之前，仍有表述为设置 6 系的情况）。

师范学院史地学系的负责人，与文学院史地学系负责人一样，长期由张其昀担任。但在张其昀于 1943 年 5 月—1945 年 11 月出国期间，由叶良辅、李絜非两位代理系主任或出任系主任一职。任职情况当与史地学系一样，即：张其昀（1936.08—1943.07）、叶良辅（1943.08—1944.07）、张其昀（1944.08—1946.07）；其间，叶良辅（1943.05—1943.07）、李絜非（1944.08—1945.11）曾经代理系主任。之后，在 1946 学年（1946.08—1947.07），一度由李絜非担任系主任（随后 1947 学年起

---

① 慧声：《师范学院史地系——一个新开垦的果园》，载《浙大学生（浙大介绍专号）》复刊第 1 期（1941 年），第 27—29 页。

② 《国立浙江大学校刊》复刊第 109 期（1942 年 7 月 10 日）。

③ 《国立浙江大学校刊》复刊第 121 期（1943 年 7 月 10 日）。

④ 《国立浙江大学校刊》复刊第 126 期（1945 年 7 月 1 日）。

⑤ 教育部教育年鉴编纂委员会编：《第二次中国教育年鉴》第五编《高等教育》，上海：商务印书馆，1948 年，第 3 页（总第 491 页）。

⑥ 说明："国立浙江大学三十六年第二学期注册人数统计表"中的"师范学院"统计中，五年级生仍有 5 系的学生。参见《国立浙江大学要览》（1948 年），第 116—117 页之间插页。

师范学院史地学系撤销。参阅附录部分之附表2-4）。

对此，1947年9月印行的《国立浙江大学文学院概况》中也有明确的表述：

> 文、师两院之史地系自创立迄今，系主任一职均由张其昀先生担任。
三十五年度师院史地系曾一度由李絜非主持其事。[①]

2. 师范学院第二部史地学系的设立（1940.08—1942.07）

1940年9月《史地杂志》第1卷第3期所载附录"国立浙江大学文学院、师范学院史地学系概况"中，对师范学院第二部在史地学系的设立情况，有较详细的记述：

<h3 style="text-align:center">师范学院本系第二部</h3>

> 查部颁师范学院关于第二部之设置，曾于第一章总纲第九条有如下之规定：师范学院得设第二部，招收大学其他学院性质相同学系毕业生，授以一年之专业训练，期满考试及格，经由教育部复核无异者，由院校授予毕业证书，并由教育部给予中等学校某某科教员资格证明书。本年五月（编者注：1940年5月）间本校师范学院院务会议议决，增设第二部，暂以招收史地系为限，并由本系拟具预算，呈请教育部核示。旋奉部令准予照办，所需经费由部就各师范学院第二部经费统筹核给。本系奉令后即着手筹备招生及计划应设课程等事，同时为顾及各省现任史地教师之进修起见，特由本院分函浙、赣、黔、桂、湘、鄂、川、滇等省教育厅酌派现任教师来院深造，藉以逐渐推行辅导工作。现已有桂、鄂二省教育厅保送教师入学。第二部课程尤注重教材研究与教学方法。[②]

当时《校刊》登载了有关师范学院招收史地系第二部学生的消息：

<h3 style="text-align:center">师范学院将招收史地系第二部学生</h3>

> 师范学院于今春奉部令增设第二部，招收大学毕业生，施以一年之训练，以辅教目前中学优良师资之缺乏。该院因现仅有一、二年级，所有高级课程

① 《国立浙江大学文学院概况》（1947年），第2页。
② 《附录：国立浙江大学文学院、师范学院史地学系概况》，载《史地杂志》第1卷第3期（1940年），第63—66页。

及专任教授均感缺乏，如各系同时招收第二部学生，势不可能，乃经第五次院务会议议决，呈请教育部于廿九年度先招史地系第二部学生，以后逐年再谋扩充，并经拟就预算，呈部核示。顷奉教部指令，准予照办，故该院史地系已积极计划一切，刻正在拟定招生办法，并进行其他筹备事宜。一俟该系招生办法决定，复当在本刊公布云。[①]

从实际招生情况来看，浙江大学师范学院第二部于 1940 年度开始招生，该年度仅史地系招生。原拟条件成熟后，其他各系也招收第二部学生，但从后来的实际情况来看，其他各系未招第二部学生；史地学系的第二部，也仅在 1940 年度、1941 年度招收了两届学生，其后也未再招。第二部学生学制为一年。

国立浙江大学师范学院第二部史地系招生简则

本院现奉部令设立第二部，招收史地系学生二十名（史学、地学两组各十名）。

（一）入学资格：国立或已立案之私立大学史学系、地学系或史地系毕业，（甲）经考试及格者，（乙）曾任中学史地教员三年以上，由各省教育厅保送者。

（二）呈缴各件：（甲）毕业证书，如由教育厅保送者，并缴教育厅公函，（乙）履历书，（丙）体格证明书，（丁）二寸半身相片三张。

（三）报名期限及地点：即日起至八月廿日止，至贵州遵义本大学注册课报名。

（四）考试日期及地点：八月二十五日在遵义本校考试（由各省教育厅保送者得免试，每省以一名为限）。

（五）考试科目：（甲）笔试：分中国通史、中国地理、外国史地三门。（乙）口试。

（六）待遇：学费免收，供给膳宿（由各省教育厅保送之学生得领受本省所规定之津贴）。[②]

---

① 《国立浙江大学校刊》复刊第 49 期（1940 年 7 月 6 日。说明：原刊出刊日期误标注为"1940 年 6 月 29 日"）。
② 《国立浙江大学师范学院院刊》第 1 集第 1 册（1940 年），"附录"部分，第 10—11 页。

（三）从文科研究所史地学部到研究院文科研究所史地学部

1. 浙江大学设立研究所的原因和过程

1938 年 4 月，《战时各级教育实施方案纲要》规定，研究院、所"为创造发明整理学术之机关，纯粹学术与应用学术之创造发明，应顾及国家需要，分别缓急先后"①。面对抗战的特殊环境，国民政府对研究院予以重新定位，更加重视基础研究与应用研究统一，强调适应社会现实需要。同时，该纲要还明确了各学科研究的重点及目标："对文史哲艺，以科学方法加以整理发扬，以立民族之自信"；"对自然科学，依据需要迎头赶上，以应国防与生产之需要"；"对社会科学，取人之长补己之短，以求一切适合国情"。这些规定重新确定了抗战时期研究生人才培养及科学研究的总指导方针，开启了研究生教育的新转变。随后，教育部鼓励各高校创办研究院所，恢复招收研究生。"拨给经费，就设备人才较优之国立大学，酌量增设各种研究所，同时并协助原有研究院所恢复招生。"②

1939 年 7 月，教育部令浙江大学成立文科研究所史地学部和理科研究所数学部，当属对浙江大学办学达到一个较高水平的认可。

客观而论，浙江大学成立两研究学部，即正式开展研究生层面的教育，从最初开始的过程来看，偶然的因素多于主动的为之。从现有材料来看，浙江大学设立研究所，并不像文、理分设学院有校务会议的讨论和议决，也不像浙东分校有较长时期的准备，而是有些像师范学院的成立，是教育部扩展研究生教育后，有目的性地选择若干教学、研究水平较高的大学开展此类层面的教育，而直接指定在浙大设立的。

《国立浙江大学校刊》复刊第 32 期（1939 年 8 月 11 日）所载《本校奉部令将添设史地及数学两部研究所》的报道称："本校顷奉教育部七月廿四日训令第一七三〇号，饬令本校应即成立，文科研究所史地部，理科研究所数学部。"③ 见图 4-2-8。竺可桢"日记"1939 年 8 月 12 日亦载："又，教育部来公事，嘱校中办数学及史地研究所，经费年各二千元。以二千元之经费能办一研究所，真是大笑话！"④ 而此前，不论从当时的《校刊》及有关文献，还是以后披露出来的竺可桢"日记"等中，均未见学校有为设立研究所而进行的讨论和准备。

---

① 教育部教育年鉴编纂委员会编：《第二次中国教育年鉴》，上海：商务印书馆，1948 年，第 12 页。
② 教育部教育年鉴编纂委员会编：《第二次中国教育年鉴》第五编《高等教育》，上海：商务印书馆，1948 年，第 86 页（总第 574 页）。
③ 《国立浙江大学校刊》复刊第 32 期（1939 年 8 月 11 日）。
④ 竺可桢著：《竺可桢全集（第 7 卷）》，上海：上海科技教育出版社，2005 年，第 140 页。

本校奉部令将添设史地及数学两部研究所

本校顷奉教育部七月廿四日训令第一七三三〇号，饬令本校应即成立：文科研究所史地部、理科研究所数学部，并由部核给每学部全年补助费二千元，每学部新招之研究生，内中五名由部核给全年生活费，每名肆百元。

按：国立各大学研究院、所，在抗战军兴以后，因各校迁移关系，人才、设备、经费各方面颇受影响。复因政府管制外汇，限制学生出国留学，一般具有研究兴趣之大学毕业生，苦于无处研究。而当此抗战建国工作迈进之际，学术研究工作极关重要，故于国立各大学增设各科研究所。

本校史地系、数学系由张晓峰、苏步青二先生主持，素为学术界所推重，历年造就人才，以数学系论，继续在国内外各大学研究院深造者，以及服务国内各学术机关者，无不成绩斐然；史地系虽成立三年，所做各项工作，贡献于史地教育者，已非浅显。今后成立两部研究所，前途将益有进步云。[1]

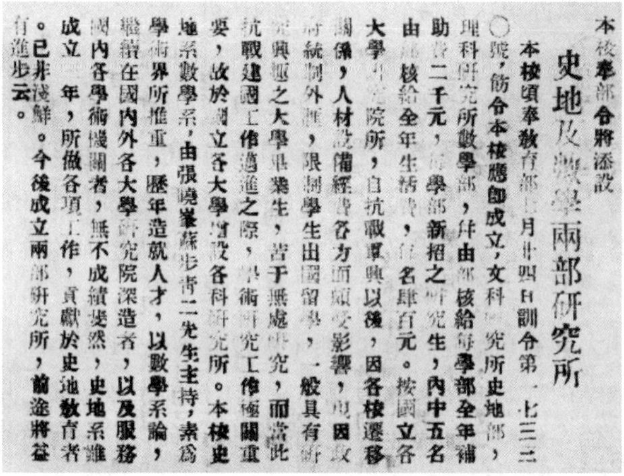

本校奉部令將添設

史地及數學兩部研究所

本校頃奉教育部七月廿四日訓令第一七三三〇號，飭令本校應即成立，文科研究所史地部，理科研究所數學部，并由部核給每學部全年補助費二千元，每學部新招之研究生，內中五名由部核給全年生活費，每名肆百元。按國立各大學研究院所，自抗戰軍興以後，因各校遷移關係，人材設備經費各方面頗受影響，復因政府統制外滙，限制學生出國留學，一般具有研究興趣之大學畢業生，苦于無處研究，而當此抗戰建國工作邁進之際，學術研究工作極關重要，故於國立各大學增設各科研究所。本校史地系數學系，由張曉峯蘇步青二先生主持，素爲學術界所推重，歷年造就人才，以數學系論，繼續在國內外各大學研究院深造者，以及服務國內各學術機關者，無不成績斐然，史地系雖成立三年，所做各項工作，貢獻於史地教育者。已非淺鮮。今後成立兩部研究所，前途將益有進步云。

图 4-2-8　《国立浙江大学校刊》复刊第 32 期（1939 年 8 月 11 日）所载设立史地学部和数学部的报道。引自《国立浙江大学校刊》复刊第 32 期（1939 年 8 月 11 日）。

从前述《校刊》所载报道中亦可见当时增设研究所是一项国家政策：“国立各大学研究院、所，在抗战军兴以后，因各校迁移关系，人才、设备、经费各方面颇受影响。复因政府管制外汇，限制学生出国留学，一般具有研究兴趣之大学毕业生，苦于无处研究。而当此抗战建国工作迈进之际，学术研究工作极关重要，

① 《国立浙江大学校刊》复刊第 32 期（1939 年 8 月 11 日）。

故于国立各大学增设各科研究所",也提及教育部选择浙大的原因:"本校史地系、数学系,由张晓峰、苏步青二先生主持,素为学术界所推重。今后成立两部研究所,前途将益有进步云。"竺可桢先生当时"日记"中所记则更为直接,即"教育部来公事,嘱校中办数学及史地研究所",说明应该是教育部直接选定浙江大学的史地和数学两科并直接指定在浙大设立的。

因此,浙江大学研究生教育是在抗日战争和西迁办学的艰难背景下展开的;虽然较为仓促,起步相对落后,并遭受战争与迁校所带来的种种阻碍,但是在竺可桢校长的领导下,各研究所(学部)教授通力协作,逐渐形成了比较完善的管理制度,研究规模不断扩大,组织体系日渐健全,凝聚了诸多科学大师,培养了大批优秀人才,成为西迁办学时期浙江大学提升教育质量、创新科研成果、培养杰出人才、服务社会发展的重要阵地。

2. 文科研究所史地学部的设立和负责人情况

浙江大学于 1939 年 7 月下旬收到教育部训令第 17330 号后,立即组织苏步青、陈建功、张其昀等教授着手筹办研究所及学部,拟定招生办法,并报教育部审核通过。浙江大学研究生教育由此开始。9 月 1 日,《校刊》即登出史地、数学两学部的招生办法;其中,史地学部招考研究生办法如下:

国立浙江大学文科研究所史地部招考研究生办法

一、名额:本所招收研究生五名,暂分下列各组:

1. 历史组:由向达先生领导。

2. 地形组:由叶良辅先生领导。

3. 气象组:由涂长望先生领导。

4. 人文地理组:由张其昀先生领导。

二、资格:应考人须具有左列之资格:

1. 公、私立大学史学系、地理系及史地系毕业(他系毕业,如经原校教授特别介绍亦得应考)。

2. 著有论文者。

3. 年龄在三十岁以下,身体强健者。

三、考试:考试之程序如下:

1. 应考人须于报名时缴付:

(甲)毕业证明文件,及二寸半身像片三张。

(乙)论文。

（丙）原校系主任或教授之介绍信（此项如无可缺）。

2. 本所收到后即付审查，初审合格者，通知在宜山或浙江龙泉、重庆、昆明应试。

3. 考试科目如下：

（甲）口试。

（乙）外国语试（英法德之一）。

（丙）笔试（就其论文性质作成试题以测其学力）。

（丁）体格检查。

4. 注意点：初审及录取均以论文为主要。

四、修业及待遇：

1. 研究生修业期限为两年，但成绩优良而工作未能结束者，得延长一年。

2. 在第一年修业期中，每人每月给予生活费五十元，并由本校供给住宿。

3. 在第一年修业期满后，考核成绩，其成绩及格者，继续给予生活费；其成绩特优者，得外加奖金；成绩不合格者，停止修业。

4. 全部修业满期后，考试及格，依照部章给予证书。

五、考期：

接收论文于九月三十日截止，十一月一日考试。

报名处：广西宜山本校。[①]

　　文科研究所史地学部的负责人称为主任，与前所提及的史地学系的负责人一样，一直由张其昀担任（1939.08—1949.05）。其间，在张其昀出国期间，1943学年聘请钱穆担任学部主任，如前引1944年出刊的《升学与就业》杂志所载《国立浙江大学概况》中记载的1943学年（1943.08—1944.07）浙江大学的人事情况（即"文科研究所史地学部主任：钱穆"）[②]但钱穆未实际就职，该年度史地学部主任一职遂请叶良辅代理。其后，1944年度和1945年度初期（至1945年11月张其昀返校），亦均由叶良辅代理该职。

　　编辑、出刊于1944年8月后的《国立浙江大学研究院一览》中，有这样的记载："现各学部主任皆由各系主任兼任"，并明确记载"史地学部——张其昀（在假，叶良辅教授代）"[③]，说明史地学部主任1944学年后亦仍为张其昀，张其昀因出

---

① 《国立浙江大学校刊》复刊第35期（1939年9月1日）。

② 《国立浙江大学概况》，载《升学与就业》第1卷第3、4期合刊（1944年），第84—91页。

③ 转引自张淑锵：《国立浙江大学研究院的创立》，载《浙江大学馆藏档案2014》，第41—44页。

国而请假，由叶良辅代理（任期：1943.08—1945.11）。见图4-2-9。

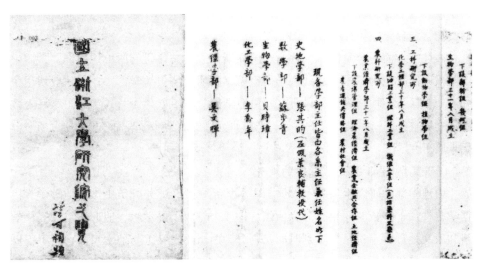

图4-2-9　《国立浙江大学研究院一览》所载研究所各学部主任情况。引自《浙江大学馆藏档案2014》，第43页。

同时，史地学部在初期还设有副主任，由涂长望担任（参阅附录部分之附表2-5），至其1942年5月离开浙大后终止（任期：1939.08—1942.05）。

3. 研究所隶属关系的变化

至1942年7月，浙江大学已经有4个研究所（各有1个学部），满足设立研究院的条件。经呈请教育部批准，于1942学年起设立研究院："……本校先后成立之研究部，截至今辖，已有四所，因照规定呈请教育部成立研究院。刻已奉到部令，自本学年度起，即行成立。"[①]见图4-2-10。

图4-2-10　1945年前后使用的国立浙江大学研究院的三角形标志旗。引自江苏省浙江大学校友会编：《校友通讯》2019年第1期，第96页。

---

① 《国立浙江大学校刊》复刊第111期（1942年9月10日）。

以 1942 年 8 月浙江大学研究院成立为界，此前，文科研究所史地学部隶属于文学院，此后，则理论上隶属于浙江大学研究院。当然，就主要师资而言，则仍与史地学系合一，其实际运作也和之前阶段基本一致。

表述上，前一个阶段一般称为"国立浙江大学文科研究所史地学部"，后一个阶段则全称应为"国立浙江大学研究院文科研究所史地学部"；但一般使用中并不予以区分，均称为"文科研究所史地学部"。1947 年 1 月，当时国家高等教育体制调整、统一撤销研究院后，"文科研究所史地学部"改称"史地研究所"，仍隶属于文学院。

4. 研究所内部分组、分门的变化

史地学部的研究生培养，大体与本科体系一致，即兼顾历史学和地理学，根据学科性质，多数时间里，分为四组，即 4 个专业：史学组、地形学组、气象学组和人文地理学组；早期个别时间，则分为两组（史学组与地学组），但组下再分"门"，仍包括地形、气象等专业；后期则在 1946 年度开始后（即 1946 年 8 月后），由于人类学家吴定良的到来，于 1947 年 8 月增加"人类学组"（但同期起，即 1947 年 8 月后，"气象学组"则不再设立）。不管组、门如何调整，其中多数均为地学专业，即地形、气象和人文地理，且基本上一直存在。

由于师资变化，文科研究所史地学部内部所分设的组、门，以及各组、门的研究生导师等，各个时期有所不同。从现有材料来看，大体可分为以下几个阶段。

（1）1939.08—1940.07：内分设 4 组

从 1939 年 8 月制定的《国立浙江大学文科研究所史地部招考研究生办法》来看，最初的设计是在史地学部之下分为 4 组，即：

1. 历史组：由向达先生领导。
2. 地形组：由叶良辅先生领导。
3. 气象组：由涂长望先生领导。
4. 人文地理组：由张其昀先生领导。[①]

这四组的表述，在第二年上半年所刊出的关于 1940 年度的招生文件中，略有改动，即表述为包括"史学、地形学、气象学、人文地理学"四组[②]，当然实质上是一致的。见图 4-2-11。

---

① 《国立浙江大学校刊》复刊第 35 期（1939 年 9 月 1 日）。

② 《国立浙江大学校刊》复刊第 49 期（1940 年 7 月 6 日。说明：原刊出刊日期误标注为"1940 年 6 月 29 日"）。

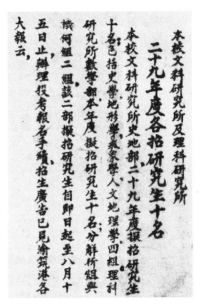

图 4-2-11　《国立浙江大学校刊》复刊第 49 期（1940 年 7 月 6 日）所载 1940 年度研究所招生情况。引自《国立浙江大学校刊》复刊第 49 期（1940 年 7 月 6 日。说明：原刊出刊日期误标注为"1940 年 6 月 29 日"）。

（2）1940.08—1941.07：内分设 2 组，组下分门

从现可查考到的文献来看，到 1940 年下半年，对第一批招收的研究生，在官方表述中，分组情况有所变化，形成"组—门"的系列，即先分为二组：史学组，地学组；其下再分若干门，"史学组"未细分，"地学组"则分 3 门：地形门、气象门、人文地理门。如 1940 年 7 月出刊的《科学》中对浙大"史地研究所"的报道（见图 4-2-12）：

浙大史地研究所近讯①

国立浙江大学文科研究所史地学部系奉部令于 28 年 7 月成立，由部核给全年图书补助费二千元，新招之研究生中五名由部核给每年生活费每名四百元。本学部设主任与副主任，主任由史地学系主任张其昀氏兼任，副主任由本系教授涂长望氏兼任，处理所内事务。本学部现设史学、地学二组，每组就学科性质得分为若干门，每组、每门设导师一人或二人。本学年已录取研

① 《浙大史地研究所近讯》，载《科学》第 24 卷第 8 期（1940 年 7 月），第 640—641 页。

究生五名，每名每年给生活费六百元，除部款外，余由本校自筹。

兹将各生组别及导师姓名录下：

研究生	组别	研究生籍贯	导师	研究题目
章巽	史学组	浙江金华	张其昀，顾毂宜	中国现代史
郭晓岚	地学组气象门	河北满城	涂长望	中国气象
陈树仁（女）	地学组气象门	江苏常熟	涂长望	农业气象
丁锡祉	地学组地形门	浙江吴兴	叶良辅，任美锷	遵义地形
胡善恩	地学组人文地理门	四川成都	张其昀，黄秉维	东北地理

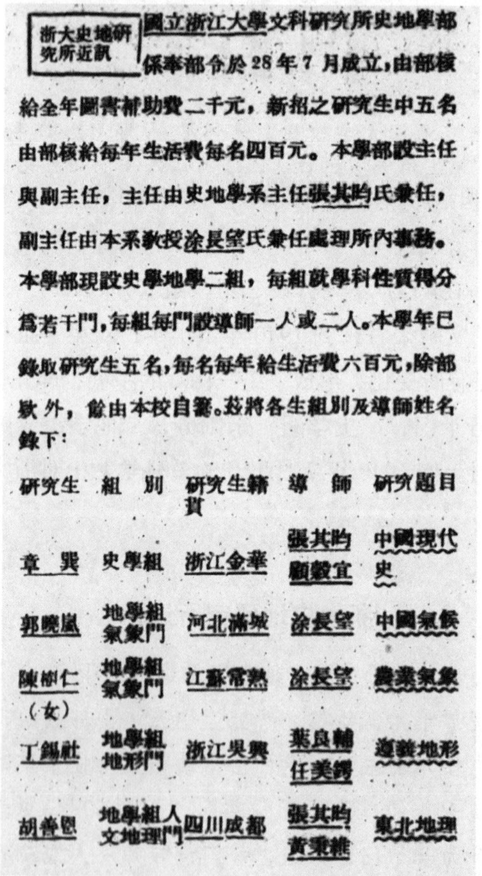

浙大史地研究所近訊

國立浙江大學文科研究所史地學部係奉部令於28年7月成立，由部核給全年圖書補助費二千元，新招之研究生中五名由部核給每年生活費每名四百元。本學部設主任與副主任，主任由史地學系主任張其昀氏兼任，副主任由本系教授涂長望氏兼任處理所內事務。本學部現設史學地學二組，每組就學科性質得分爲若干門，每組每門設導師一人或二人。本學年已錄取研究生五名，每名每年給生活費六百元，除部款外，餘由本校自籌。茲將各生組別及導師姓名錄下：

研究生	組別	研究生籍貫	導師	研究題目
章巽	史學組	浙江金華	張其昀 顧穀宜	中國現代史
郭曉嵐	地學組氣象門	河北滿城	涂長望	中國氣候
陳樹仁（女）	地學組氣象門	江蘇常熟	涂長望	農業氣象
丁錫祉	地學組地形門	浙江吳興	葉良輔 任美鍔	遵義地形
胡善恩	地學組人文地理門	四川成都	張其昀 黃秉維	東北地理

图4-2-12 《科学》第24卷第8期（1940年）所载《浙大史地研究所近讯》。引自《科学》第24卷第8期（1940年），第640页。

同样，1940年9月出刊的《史地杂志》第1卷第3期所载附录"国立浙江大学文学院、师范学院史地学系概况"中，对"文科研究所史地学部"也有细致的介绍，与前文一致，说明1940年度对研究生采用的是分组、分门的体系。

文科研究所史地学部

文科研究所史地学部系奉部令二十八年七月（编者注：即1939年7月）成立，由部核给全年图书补助费二千元，新招之研究生中五名由部核给每年生活费每名四百元。本学部设主任与副主任，主任由史地学系主任张其昀君兼任，副主任由本系教授涂长望君兼任，处理所内事务。本学部现设史学、地学二组，每组就学科性质得分为若干门，每组每门设导师一人或二人。二十八年度（编者注：即1939年度，1939.08—1940.07）录取研究生四名，每名每年给生活费六百元，除部款外，余由本校自筹。二十九年度（编者注：即1940年度，1940.08—1941.07）录取研究生六名。本学部导师每周与研究生谈话一次，每二月举行部务会议一次。图书补助费二千元已经部务会议议决，专供添购世界各著名史学与地学杂志之用。[①]

且在当时制订的《文科研究所史地学部规程草案》中，也明确规定"本学部现设下列二组，各组就学科性质得分为若干门"：

【附】文科研究所史地学部规程草案

（一）本学部奉教育部令设立，每年由部拨助图书设备经费及研究生生活费。

（二）本学部现设下列二组，各组就学科性质得分为若干门。

1. 史学组。

2. 地学组。

（三）本学部暂定每年招收研究生五名，每名给予生活费每月五十元，除由教育部补助二千元外，余由本校自筹。

（四）本学部设主任、副主任一人，每组每门设导师一人或二人，均不另支薪或津贴，主任得由史地学系主任兼任，副主任由导师兼任，处理所内事务，其所任本系功课钟点得酌量减少。每组、门导师负指导研究生之责，

---

① 《附录：国立浙江大学文学院、师范学院史地学系概况》，载《史地杂志》第1卷第3期（1940年），第63—66页。

于必要时亦得减少其授课钟点。

（五）本学部至少每二月举行部务会议，由主任、副主任、各组、门导师组织之。

（六）本学部得接受其他政府机关之资助，及学术团体或私人所捐助之奖学金。

（七）本学部得受公私团体之委托，研究史地学术之特殊问题。

（八）本学部得应研究之需要，举行学术调查及考察。

（九）本学部导师及研究生之著作，经部务会议认可，得由本部出版。刊物分为二类：甲类为专刊，内容系专题研究；乙类为集刊，由性质相似之论文若干篇汇集之，实为不定期刊。

（十）本学部研究生得导师之允许，可在本大学选修学程，惟每周不得过六小时。

（十一）本学部研究生不得兼任其他职务，惟研究生兼任本系助教或类似工作者不在此例。

（十二）研究生修业期限为两年，但成绩优良而工作未能结束者，得延长一年。在第一年修业期满后，考核成绩，其成绩合格者，继续给予生活费，其成绩特优者，得外加奖金，成绩不合格者，停止修业。全部修业期满后，考试及格给予证书。

（十三）本学部与本大学史地学系所附设之"史地教育研究室"（教育部另拨史地专款办理）应保持密切之联系。

（十四）研究生招生简章另订之。

（十五）本学部办事细则另订之。[①]

（3）1941.08—1946.07：内分设4组

但到了1941年6月，在所制定的1941年度研究生招生简章中，文科研究所史地学部表述为"本部研究范围暂分下列四组"，包括史学组、人文地理组、地形学组和气象学组，即又回到直接分4组的模式。见图4-2-13。

[①] 《附录：国立浙江大学文学院、师范学院史地学系概况》，载《史地杂志》第1卷第3期（1940年），第63—66页。

本校文科研究所史地学部、理科研究所数学部招考研究生
（编者注：选录文科研究所史地学部部分）

本校文科研究所史地部及理科研究所数学部三十年度招考研究生各十名，并订定招考研究生简章。兹附录于后，以为参考。

甲、文科研究所史地部招考研究生简章

一、组别：本部研究范围暂分下列四组：

（一）史学组：由张荫麟、顾毂宜、谭其骧先生指导。

（二）人文地理组：由张其昀、黄秉维、沙学浚先生指导。

（三）地形学组：由叶良辅、任美锷先生指导。

（四）气象学组：由竺可桢、涂长望先生指导。

二、名额：十名。

三、应考资格：应试人须具有下列资格：

（一）国立、省立或已立案之私立大学或独立学院历史系、地理系、史地学系、地学系或地质系毕业者；其他学系毕业、经原校教授特别介绍者。

（二）年龄在三十岁以下者。

四、报名手续：应试人须缴验下列各件：

（一）报名单一纸。

（二）毕业证明文件及在大学四年之成绩单。

（三）最近二寸半身照片三张。

（四）论文（审查及录取均注重论文）。

（五）体格检查证明书。

本部于收齐上列各件后，即付审查。合格者函告。

五、报名：

（一）日期：自即日起至七月十三日止。

（二）地点：贵州遵义本大学注册组。

六、修业年限及待遇：

（一）研究生修业期限至少二年。

（二）研究生学费、杂费暂免。在修业期中，每人每月给予生活费100元，并由校供给住宿。修业满一年、成绩特优者，得另给奖学金；成绩不及格者，停止修业。

（三）全部修业期满、经考试及格者，依照部章，给予证书。[①]

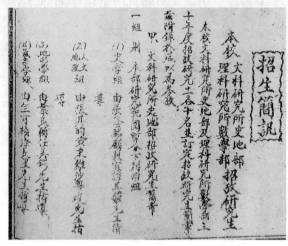

图 4-2-13　《国立浙江大学校刊》复刊第 96、97 期（1941 年 6 月 21 日）所载 1941 年度研究所招生情况。引自《国立浙江大学校刊》复刊第 96、97 期合刊（1941 年 6 月 21 日）。

1941 学年及其后，分为 4 组的格局基本稳定，如《校刊》1942 年报道[②]和 1943 年报道[③]等。

当然，在此期间（1941.08—1946.07），各组导师情况有较大变化。

——史学组：由于 1942 年 10 月张荫麟去世，史组导师 1942 年末增加聘请陈乐素担任；即 1942 年 10 月后，史组导师为：陈乐素（中国史）、顾毂宜（西洋史）、谭其骧（中国史）等。

——人文地理组：沙学浚仅在浙大史地系任教一年（1941.08—1942.07），黄秉维于 1942 学年起亦离开浙大；故 1942 学年（即 1942.08）后，人文地理组导师仅有张其昀。1943 学年（即 1943.08）后，张其昀访学美国 2 年（1943.08—1945.07），人文地理组导师暂缺。

——地形学组：任美锷于 1942 年初离开史地学系；1942 学年起，导师仅有叶良辅一人。

——气象学组：涂长望于 1942 年 6 月离开浙大；1942 学年起，导师理论上

[①]　《国立浙江大学校刊》复刊第 96、97 期合刊（1941 年 6 月 21 日）。

[②]　《本校奉令成立农科研究所农经学部》，载《国立浙江大学校刊》复刊第 106 期（1942 年 4 月 10 日）。

[③]　《本校研究院招生》，载《国立浙江大学校刊》复刊第 121 期（1943 年 7 月 10 日）。

仅有竺可桢一人；实际上因竺可桢公务繁忙，事实上无法指导，故1942学年（即1942.08）后，气象学组导师暂缺。

所以，1943学年起，文科研究所史地学部的研究生，就主要分属史学组和地形学组，即主要是史学组和地形学组招收研究生；史学组导师为陈乐素、顾毂宜、谭其骧，地形学组导师为叶良辅。

1947年1月，当时国家调整高等教育体制、统一撤销研究院后，"文科研究所史地学部"改称"国立浙江大学史地研究所"，仍隶属于文学院。内亦仍分4组。该4组格局一直延续至1947年7月。

1947年4月前后，史地研究所曾经有在原4组的基础上，增设"人类学组"的设想，即成为史学组、人文地理组、地形学组、气象学组和人类学组（导师：吴定良）5组的格局。[1]但该5组格局很可能没有付诸实施。至1947年8月份，在当时公布的招生简章中，仍为4组招生；但具体4组内涵则发生变化，即分设史学组、人文地理组、地形学组和人类学组[2]，"气象学组"可能因无合适的导师而撤销（编者注：张其昀曾经邀请留英气象学者徐尔灏回国后来浙大主持气象专业，但徐尔灏后接受中央大学聘书，未至浙大），故不再招生。在1948学年（1948.08后），史地研究所仍设4组，即分设史学组、人文地理组、地形学组和人类学组。[3]再至1949年1月，随着人类学组分出设立人类学研究所，史地研究所仅剩3组（1949.02—1949.07）。

（四）史地教育研究室

史地教育研究室成立于1939年8月。该研究室得以在浙江大学设立，主要取决于国家在抗战时期加强爱国主义教育之需和张其昀在史地教育界的重要影响力。1939年3月，在重庆召开第三届全国教育会议，大会一致通过"促进史地教育，奖励史地研究"之提案。张其昀当时受教育部之托，起草史地教育研究计划。教育部"以所拟计划切实可行，本校史地系人才、设备已有相当基础，即以此项计划委托史地系办理"。至1939年8月4日，教育部正式以"训令第20248号"令浙江大学设立"史地研究室"，原拟以两年半或三年时间为期，至1942年3月为止；但此后仍一直设立，直至1949年4月底张其昀离校为止。

史地教育研究室负责人也称主任，一直由张其昀担任（1939.08—1949.04）。在1943.05—1945.11张其昀出国期间，初期也与文科研究所史地学部一样，拟请

① 《时与空》第1卷第2期（1947年5月）。
② 《浙大招研究生，已开始报名》，载《中央日报》1947年8月7日。
③ 《国立浙江大学各研究所招考研究生简章》，载《国立浙江大学要览》（1948年），第119页。

钱穆担任研究室主任；但钱穆未实际就职，该职遂在名义上一直仍由张其昀担任，如前引 1944 年出刊的《升学与就业》杂志所载《国立浙江大学概况》中记载的1943 学年（1943.08—1944.07）浙江大学的人事情况，其"史地教育研究室"主任，明确记载为"张其昀"[1]。当然，在此期间，实际则叶良辅、李絜非具体负责相关事务（1943.08—1945.11）[2]。

　　1939 年 8 月成立的史地教育研究室，经费由教育部一次性拨发两年半共三万元。这笔款项作为史地专款，由保管委员会负责管理，按月支领。史地教育研究室由张其昀兼任主任，任美锷兼副主任（至 1942 年 1 月任美锷离开浙大为止），均不支薪（参阅附录部分之附表 2-8）。另聘李絜非为专任副研究员。其余研究员则特约浙大及校外专门学者担任，亦不支薪。研究室主要从事编辑工作，最初拟以教材、丛刊与挂图三类为主，后扩及学术著作的编辑和出版；在其存在的 10年时间里，出版、印制了大量图书和地图。见图 4-2-14。

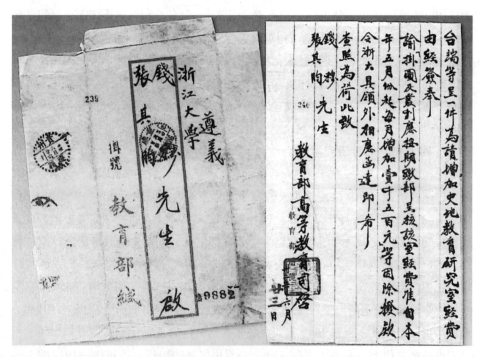

图 4-2-14　1943 年 6 月 23 日教育部高等教育司致钱穆、张其昀的函（同意增加史地教育研究室经费）。引自《浙江大学馆藏档案 2008》，第 39 页。

① 　《国立浙江大学概况》，载《升学与就业》第 1 卷第 3、4 期合刊（1944 年），第 84—91 页。
② 　阙维民：《国立浙江大学史地学系教工档案综述》，载阙维民主编：《史地新论——浙江大学（国际）历史地理学术研讨会论文集》，杭州：浙江大学出版社，2002 年，第 69—108 页。

　　史地教育研究室设立的过程和相关计划、规程等文件，当时《校刊》有详细的报道。见图 4-2-15、图 4-2-16。兹转录如下：

教育部委托本校史地系设立史地教育研究室经过志略

　　本年三月间，在重庆举行第三届全国教育会议，鉴以史地教育于发扬民族精神关系至巨，蒋委员长在"革命的教育"演讲词中，曾谓史地二科为革命建国教育之基本课程，故本届大会有"促进史地教育，奖励史地研究"之提案，经大会全体一致通过。本校史地系主任张其昀先生以专家委员资格出席斯会，闭会后，张先生受教育部之托，起草史地教育研究计划。教部以所拟计划切实可行，本校史地系人才、设备已有相当基础，即以此项计划委托史地系办理。史地系因即提出经费预算，现经教部审核通过，总数定为三万元，以史地专款名义，一次拨付本校，存入银行，另组保管委员会，按月支领经费千元，于二年半内完成计划。本校业于本月四日正式收到此项公文。按：本校前奉部令成立文科研究所史地学部，招收研究生（已载 8 月 11 日校刊），兹复有史地教育研究室之设立，相得益彰，堪为吾国史地教育前途庆幸。兹将教育部训令及史地系所拟史地教育研究计划，暨史地教育研究室规程草案，录之如左。史地系现正依照预算所许范围以内，分别轻重，积极进行。

教育部训令第二〇二四八号，民国廿八年八月四日令国立浙江大学

　　查该校前送史地研究室计划书，请予鉴核、实施一案，经查核尚无不合。第四项所定三年计划及拟编之史地图书、史地教具，及史地定期刊物等项，均属切要，应即依照原拟计划，切实推行。又，本部前已核定该校于二十八年度成立文科研究所史地学部，并补助图书费全年 2000 元；兹并补助史地研究室每月 1000 元。该史地学部与史地研究室应保持密切联系，以节糜费而期成效。该室补助费，两年半共计 3 万元，并予一次拨付该校，以史地研究专款名义，存入银行，由校长、史地研究室主任及会计主任，并另推教授二人，组织是项专款保管委员会负责管理，按月支领，绝对不得挪作他用。至该室成绩，应每三个月呈报一次。仍仰造具补助费预算书呈核。此令。

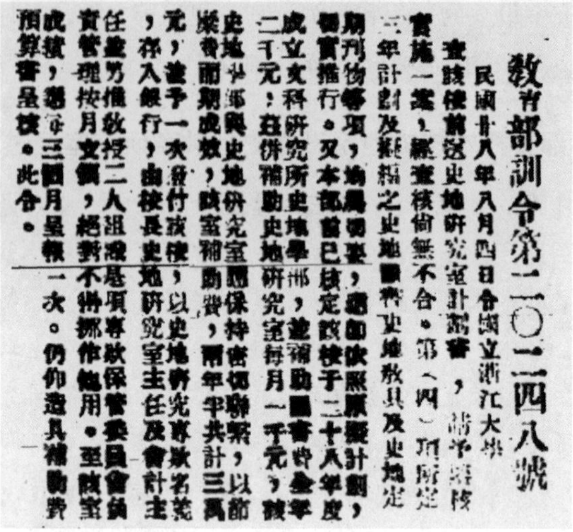

教育部訓令第二〇二四八號

民國廿八年八月四日令國立浙江大學

查該校前送史地研究室計劃書，請予核實施一案，經查核尚無不合。第（四）項所定三年計劃及擬編之史地叢書史地教具及史地定期刊物等項，均屬切要，應即依照原擬計劃，切實推行。又本部前已核定該校于二十八年度成立文科研究所史地學部，並補助圖書費金[illegible]二千元；茲併補助史地研究室每月一千元，該校史地學系與史地研究室應保持密切聯繫，以節縻費而期成效，該室補助費，兩年半共計三萬元，准予一次發付該校，以史地研究專款名義，存入銀行，由校長史地研究室主任及會計主任並另推教授二人組織是項專款保管委員會負責管理按月支領，絕對不得挪作他用。至該室成績，應每三個月呈報一次。仍仰造具補助費預算書呈核。此令。

图 4-2-15　《国立浙江大学校刊》复刊第 37 期（1939 年 9 月 15 日）所载教育部批准成立史地教育研究室的训令。引自《国立浙江大学校刊》复刊第 37 期（1939 年 9 月 15 日）。

国立浙江大学文学院、师范学院史地系附设“史地教育研究室计划书”

（一）本室受教育部之委托，从事于有关史地教育之研究、编纂等工作，藉谋今后史地教育之改进与发达。

（二）本室以本系现有之人才与图书、设备为基础，并联络国内同志，由教育部拨给经常费，以供工作所需之费用。

（三）本室专任研究、编辑事宜，至于所编刊物、图表之印制、出版与发行，统由教育部另筹办法。惟印刷时设计与校对，本室当派员协助进行。

（四）本室为适应史地教学之迫切需要，先定工作三年计划，其纲要举例如左：

（甲）史地读物。以发扬国魂、振起民族精神为主旨，编辑合于中学程度之史地课外读物。

历史类：拟编辑历史人物传记，选择国史上历代民族英雄以及政治家、思想家、教育家等，足资今日抗战建国中国民之模楷者若干人，以性质分类，分册出版（例如历代名将传为一类）。

地理类：拟编辑新中国游记，先从西南、西北各省入手（如川江游记、西南线游记、滇缅线游记等），分册出版，详述所经各线之地文人文及抗战中之新建设，藉以焕发学生爱国之情绪，与参加建国工作之毅力。

假定三年中编成此项传记十册，游记十册。此外，各战史与各战区地理等读物，亦拟择要量力编辑。

（乙）定期刊物。本系原有《史地杂志》，曾出二期，八一三以后因编印困难而暂停。现拟继续出版，改归本室主持编辑，并拟特别注重于供给史地教学上之新资料，期为史地教育改进之一助。此刊假定每二月出版一期，其内容暂定下列各类：

1.史地教学法，2.史地教材研究，3.中外时事讨论，4.新著介绍与批评，5.史地论文摘要，6.史地界消息。

上列各项，除注重本国材料外，凡英、美、德、法、苏、日本各国之各种史地专门期刊，均拟择要译述，藉收观摩、印证之效。

（丙）教科设备。鉴于各级学校史地科教科设备之忽视与缺乏，拟从事自行绘制，内容暂定为挂图、画片与模型等三类。

1.挂图：包括历史地图与专门地图，并注重中国部分。其性质注重分类（例如气候图中之温度、雨量、风向等，分为数幅以表示之）；其绘法则注意显著，务使教室中全班学生能一目了然；而印刷则求其简单，减低印刷成本，以期售价廉而推行广。

2.画片：在历史类，如名人肖像，史迹之留影及文化制作之形状，大部分拟从中西图籍中搜寻材料影印。地理类，则注重显示各种地形、物产、民族、城市等之照片，自采自专书外，并拟从旅行实察所得摄影，或向海内同志征集之。此项画片，并可择要放大以备悬挂，或制片以供幻灯显示之用。

3.模型：在中国史地教育上向少应用，现拟就比较重要、简易，及成本较轻者先制；历史类模型，如重要古物之仿制，地理类，如国防上要塞之模型等（例如山海关之地形）。

（丁）史地参考工具图籍。近年各种专门辞书、工具书等出版不少，惟史地方面此项出版物尚多阙如。兹经斟酌缓急，拟编次"中外大事年表"一种，书本式之历史地图一种，"地理辞典"一种，史地手册一种。史地手册内容，拟搜载史地各部门之重要图表、统计与基本参考书目，专供中小学教师平日教学上之参考，并为增益新材料计，拟每年修订再版一次。此外，并拟编辑有系统的地理入门书籍一套，此项书籍除包括一切地理原理外，并须注重乡土地理研究之方法。

（戊）社会教育史地材料。实施民众教育，莫如利用无线电广播与活动影片，同时，亦可辅助中等以上学校教育之用。本学系拟为此两途，选辑材料，以备采用。摄取影片之时，可派员实地指导，以求得当（现在我国乡镇，往往用柴油发电碾米或制油，且可供给电灯，故装置收音机与放映影片，并不十分困难。况近来影片放映机日益简便，尤易于携带）。

以上五项，本室预定三年中分别进行，每年分四次将工作成绩呈报教育部考核。至各类工作详细计划，则由各部分主编者临时订定之。

（五）本室为进行上述工作，除本室原有教授、讲师、助教均负有协助设计及协助工作之任务外，拟聘任专任研究员、助理研究员、绘图员、书记、技工若干人。

（六）本室主任由浙江大学史地系主任兼任之。

（七）本室经费，暂定每年预算如次：（从略）。

（八）本计划书俟教育部核准后，于民国二十八年九月后施行。

教育部委托史地教育研究室规程草案

（一）本室由教育部指拨经费，委托国立大学史地系代办，其任务专为史地教育之研究，参考书及地图之编纂，及应用工具之设计制造等事，至出版、印刷事宜则由教育部负责。

（二）本室工作计划定为二年半，即自民国二十八年九月起至三十一年三月止，必要时得延长期限。

（三）本室经费总数三万元，由教育部一次拨足，但为求工作内容之充实计，得接受其他政府机关之资助。

（四）本室设主任一人，副主任一人。主任由国立浙江大学史地系主任兼（不支薪），副主任由本室研究员兼，对内日常事务由副主任处理之。

（五）本室聘请研究员、助理研究员若干人，以专任为原则，并得聘请特约研究员及通讯研究员，视工作之性质酌送报酬。又应事务之需要，酌请书记若干人。

（六）本室工作计划经教育部核定后，以每半年为一段落，应将工作经过及成绩呈报教育部。

（七）本室随时举行室务会议，以主任、副主任、研究员、助理研究员等组织之，本室主任为主席。

（八）本室研究员、助理研究员，在任期内向外投稿，须得本室主任之同意。

（九）本室得利用浙江大学史地系之图书、设备。至由本室经费所添购之图书、设备，俟工作期满，应即赠送浙江大学史地系。

（十）本室办事细则另定之。[1]

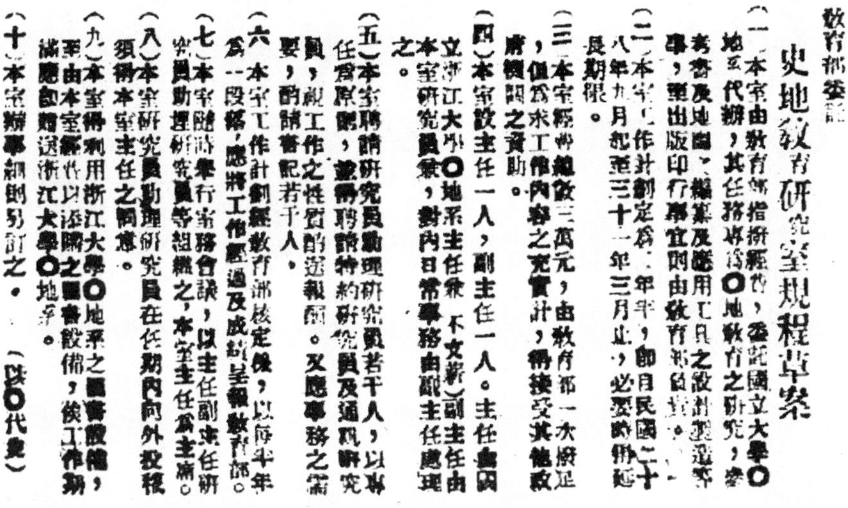
教育部委託
史地教育研究室規程草案
（一）本室由教育部指撥經費，委託國立大學○地系代辦，其任務專為○地教育之研究，參考書及地圖、模型及應用工具之設計製造等事，暨出版印行事宜則由教育部負責。
（二）本室工作計劃定為二年半，即自民國二十八年九月起至三十一年三月止，必要時得延長期限。
（三）本室經費總數三萬元，由教育部一次撥足，但為求工作內容之充實計，得接受其他政府機關之資助。
（四）本室設主任一人，副主任一人。主任由國立浙江大學○地系主任兼（不支薪）副主任由本室研究員兼，對內日常事務由副主任處理之。
（五）本室聘請研究員助理研究員若干人，以專任為原則，並得聘請特約研究員及通訊研究員，視工作之性質酌送報酬。又應事務之需要，酌請書記若干人。
（六）本室工作計劃經教育部核定後，以每半年為一段落，應將工作經過及成績呈報教育部。
（七）本室隨時舉行室務會議，以主任副主任研究員助理研究員等組織之，本室主任為主席。
（八）本室研究員助理研究員在任期內向外投稿須得本室主任之同意。
（九）本室得利用浙江大學○地系之圖書設備，至由本室經費所添購之圖書設備，俟工作期滿應即贈送浙江大學○地系。
（十）本室辦事細則另訂之。（該○代史）

图 4-2-16　《国立浙江大学校刊》复刊第 37 期（1939 年 9 月 15 日）所载《史地教育研究室规程草案》。引自《国立浙江大学校刊》复刊第 37 期（1939 年 9 月 15 日）。

史地教育研究室成立不到一年，《国立浙江大学师范学院院刊》第一集第一册（1940 年 9 月出版）所载附录“院务报告”中，对史地教育研究室有专文介绍（从文中内容看，写于 1940 年 6 月前后）：

史地教育研究室最近进展状况

本校史地学系史地教育研究室系奉部令委托于去年九月（编者注：1939 年 9 月）间成立，当时本大学校址在广西宜山，警报频传，工作困难。本校在城北十里小龙乡建筑新校舍，本室亦在其地建筑平房三间。至十二月间，桂南战事勃发，本校迁至黔北遵义，于本年二月下旬复课。故本室实际工作亦于是时开始。稽延之故，良非得已。

本室由史地学系主任张其昀君兼任主任，本系教授任美锷君兼副主任，均不支薪，另聘李絜非君为专任副研究员，除担任编辑工作外，处理室内日常事务。其余研究员则特约本校及校外专门学者任之，均不支薪，惟实际担

[1] 《国立浙江大学校刊》复刊第 37 期（1939 年 9 月 15 日）。

任撰述者，则按字数致送稿费（每千字五元、七元两级）。本室每月经费规定千元，行政费及杂费尽量节省，以充裕编辑费用。本室现租赁遵义北门外洗马滩二十八号为办公处，与本校文科研究所史地学部合在一处，俾符部令二者密切合作之指示。一切参考资料，系利用本系图书及本系同人所收藏者。

本室工作计划，拟以每四个月为一期。第一期（本年三月至六月），已在编辑中之书籍，列举如左：

（甲）历史类

（一）通史

《国史鸟瞰》 缪凤林编

（二）国史教材研究

疆域篇 张其昀编

民生篇 张其昀编

（三）乡土地理丛书

《东北历史》 李絜非编

《四川历史》 柳定生编

（四）传记

《中国历代名将传》 王焕镳编

《西洋历代名将传》 顾毂宜编

（五）挂图

中国历代疆域挂图 谭其骧等编制

（乙）地理类

（一）教材研究

《地理教学法》 叶良辅等编

《中国地理地形篇》 黄秉维编

（二）地理小丛书

《地理学概论》 任美锷编

《人文地理学要义》 李旭旦编

《气象学》 涂长望编

《欧洲地理》 任美锷编

（三）乡土地理教材

《贵州地理》 黄秉维编

《广西地理》 张其昀编

（四）挂图

中国气候挂图　涂长望等编制

本室编辑书籍拟由中国文化服务社出版，已与该社社长刘百闵先生接洽，得其赞助，印刷费由该社负担。现已有书籍脱稿陆续付印，期于本年六月底先刊行第一期书籍约十五种。此外，已经特约即可着手或能于本期内完成者，尚有数种，兹不备列。

又本系抗战以前所出之《史地杂志》，拟于本年暑期恢复，内容当益注重史地教育之研究与讨论。①

1940 年 9 月《史地杂志》第 1 卷第 3 期所载附录"国立浙江大学文学院、师范学院史地学系概况"中，也专门对其当时的工作有如下介绍：

史地教育研究室

1. 缘起

本系史地教育研究室系奉部令委托于二十八年九月（编者注：1939 年 9 月）成立。但实际工作系自二十九年二月（编者注：1940 年 2 月）本校迁至黔北遵义后开始。本室经费由史地专款（两年半共三万元已由部一次拨付本校）保管委员会负责管理，按月支领。该会遵部令由校长、史地研究室主任及会计主任，并另推教授二人（现为教务长张绍忠及本系教授叶良辅二君）组织之。

2. 组织

本室由史地学系主任张其昀君兼任主任，本系教授任美锷兼副主任，均不支薪，另聘李絜非君为专任副研究员，除担任编辑工作外，处理室内日常事务。其余研究员则特约本校及校外专门学者任之，均不支薪，惟实际担任撰述者则按字数致送稿费。本室每月经费规定千元，行政费及杂费尽量节省，以充裕编辑费用。本室现租赁遵义城内南庐为办公处，与本系办公室及文科研究所史地学部合在一处，俾符部令研究部与研究室密切合作之指示。一切参考资料系利用本系图书及本系同人所收藏者。

3. 编纂

本室进行中之编纂工作大致分为下列六类：

（1）历史教材研究，由张其昀、顾毂宜二君主持；

---

① 《院务报告》，载《国立浙江大学师范学院院刊》第 1 集第 1 册（1940 年），"附录"部分，第 5—7 页。

（2）传记丛刊，由张荫麟君主持；

（3）历史挂图，由谭其骧君主持；

（4）地理教材研究，由任美锷、黄秉维二君主持；

（5）地理学丛刊，由叶良辅、涂长望二君主持；

（6）地理挂图，由涂长望、任美锷二君主持。

4. 出版

本社编辑书籍大部分由中国文化服务社出版，已与该社社长刘百闵先生接洽，得其赞助，印刷费由该社负担。本室现已出版之书籍，有叶良辅等编著《地理学研究法》一种，在印刷中者有张荫麟著《国史大纲》，束士徵（编者注：一般作"束世澂"）著《中国上古文化史》，任美锷著《欧洲政治地理》，黄秉维著《植物地理》等书。[①]

约过去半年，至 1941 年 1 月，当时《校刊》登载了"史地教育研究室"向教育部的工作汇报材料：

史地教育研究室报告（三十年一月）

本大学自廿九年二月迁至遵义后，本室工作亦得以实际开展，至今将近一年。将本室近况，分为：（一）编辑工作，（二）出版物，（三）展览会三项，略述如左。

（一）编辑工作

（1）历史教材研究

本校本年度奉部令设立师范学院史地系第二部，国史教材研究由张其昀教授担任，西洋史教材由顾毂宜教授担任。此项研究，以中学程度为标准，其讲稿俟整理后，均拟出版，为本室之丛刊。

（2）传记丛刊

选定国史上之大人物，足以代表时代精神者数十人，分别编为新传，以供课外读物。现由张荫麟教授主持，不久可脱稿者，有范仲淹传、王守仁传等。

（3）历史挂图

由谭其骧教授主持，依时代之先后分幅编制，首数幅将在本系举行展览会中陈列。惟目前印行较困难，尚待接洽。

---

① 《附录：国立浙江大学文学院、师范学院史地学系概况》，载《史地杂志》第 1 卷第 3 期（1940年），第 63—66 页。

（4）地理教材研究

中国地理教材研究，由本系讲师黄秉维先生担任，外国地理教材研究，由教授任美锷先生担任，先在本系第二部讲授，俟讲毕亦可整理出版。

（5）地理学丛刊

由叶良辅教授主持，近二十余年来，中国地质调查所得之新资料，于地理教育亦有甚大之意义，现由叶先生分区整理，其中蒙古一册不久可脱稿。

（6）地理挂图

中国气象挂图由涂长望教授主编，已完成，将在展览会中陈列。

（二）出版物

（甲）已出版者

叶良辅等著《地理学研究法（第一辑）》，中国文化服务社出版，每册定价八角。

任美锷著《欧洲政治地理》，中国文化服务社发行，每册定价一元。

《史地杂志》第一卷第三期，本系发行，每册定价六角。

（乙）在印刷中者

张荫麟著《中国史纲》，全书二册，上册在遵义石印，不久可出版（仍归中国文化服务社发行）。

涂长望著"气象图"，已交中国文化服务社排印。

此外即可付印之书，尚有数种，如束世徵（编者注：一般作"束世澂"）著《中国古代文化史》，李絜非著《东北史纪要》，柳定生著《四川省乡土史》，黄秉维著《中国植物地理》等，均已脱稿待印。

（三）展览会

本室现定于本年三月下旬，乘本校师范学院召开黔桂二省辅导会议之际，在遵义本校举行"史地教育教材设备展览会"，其陈列品包括本系所收藏及本室所自制之地图、照片、画片、实物、模型、标本等，每件均附有备要之说明，藉为各中学史地教育设备之示范。说明书拟编成专刊，俾在会议应用，并作为本系《史地杂志》二卷一期"史地教育设备研究专号"。为广传布，其目录如次：

1.国史教材设备研究（张其昀）

2.西洋史教材设备研究（顾毂宜）

3.中国历史挂图说明书（谭其骧）

4.气象教材设备研究（涂长望）

5. 地形教材设备研究（任美锷）

6. 中学通用之岩石矿物标本说明书（叶良辅，刘之远）

7. 贵州地理教材设备

8. 苏联地理教材设备

9. 乡土历史教材设备（遵义）（谭其骧）

10. 乡土地理教材设备（遵义）（黄秉维，刘之远）

11. 本系所藏地理挂图目录（胡善恩）

此次展览会拟请教部史地教育委员会届时派员莅临指导。[①]

再至 1941 年 6 月，在当时撰写的一些材料中，也有对史地教育研究室工作的介绍。如《浙大学生》复刊第一期（浙大介绍专号）中，在对师范学院史地学系进行介绍时，主要提及了史地教育研究室的工作：

史地教育研究室是研究史地教育的；其研究方针，大抵侧重在教材研究而略涉及教学方法。研究的结果，由该室印行丛刊，筹设展览会，以公诸社会。

史地教育研究室所编辑的史地教育丛刊，现已陆续付印。其已印就的有《地理学研究法（第一辑）》（叶良辅先生主编）、《欧洲政治地理》（任美锷先生编）、《中国史纲（第一册）》（张荫麟先生编）三书，其正在赶印中的，则有《瀚海盆地》（叶良辅先生编）、《气团概论》（涂长望先生编）、《中国上古文化史》（束世澂先生编）、《中国史纲（第二册）》（张荫麟先生编）、《东北小史》（李絜非先生编）、《四川小史》（柳定生先生编）诸书，其在编纂中的书和已编好而尚未付印的书有数十种之多，不及列举。

《地理学研究法（第一辑）》，汇集了五篇有价值的论文：一篇论及科学方法与地学研究，一篇论及气象学研究法，一篇论及气候学研究法，还有两篇是关于地形学的研究方法及其最近发展趋势的，各篇虽自为起讫，然具有一贯的精神；"有山断连云之意，无重复枘凿之嫌"。执笔者凡三人，都是海内地学名家，经验极富，"各以平易畅达之文字，明示研究之津梁"。大学地理系毕业生，以及中学教员，现在总算是有了一条平易可循的路，以从事高深的地学研究。

《欧洲政治地理》一书编著之目的，正如其自序中所云："本书之作，乃由地理学之立场，说明欧洲诸国之特殊地理环境，并解释其对于国际政治

---

① 《国立浙江大学校刊》复刊第 78 期（1941 年 1 月 25 日）。

之影响，使一般读者，对现代国际政局之推移，可有进一步的认识。"多事的欧洲现方在烽火中求解脱，可是愈挣扎而战氛愈浓；欧洲究竟要走向哪里去，读过此书的人所得到的结论也许要来得切实些。

《中国史纲》的书名很近乎《世界史纲》，读过《中国史纲》的人，震惊于著者目光的锐利，文笔的生动，总轻易地将此书与《世界史纲》相提并论。不过，本书与《世界史纲》有一个极大的差别，世界史纲的作者是个浮夸的小说家，而本书的作者却是个谨严的史学家。此书只选择了少数的重要节目，作为主题，给予每一个所选的节目以相当透澈的叙述，这些节目以外的大事，只概略地涉及，以为背景，对于社会的变迁，思想的贡献和若干重大人物的性格，兼顾并详，自然，此书并不能说是完全正确，这些瑕疵，有待于以后的史学家，予以琢磨。要写一部完全正确的历史，实在是不容易，尤其是中国历史。此书的优美是著者的贡献，而其缺点，则大都来自其时代。

对于以上三书，笔者以学殖浅陋，并不能完全看得懂；这几种著作固各有其价值在，但未必即如笔者所云。假若你想对这些书获得些鲜明的概念，并予以正确的评价，最妥当的办法是请你直接阅读。

关于教材的研究，史地教育研究室更着重在设备方面，如挂图、照片、画像、模型、标本等，或由购买，或由采集，或由自制，或由他人的捐助，前后搜罗所得，不下数千种，将来拟分别整理，附以精审的说明，予以复制，献给关心史地教育的人们。在印行之前，史地教育研究室筹备了一个史地教材展览会，本年四月初，在遵义举行。综计展览品八百八十余种，设分本国史、西洋史、本国地理、外国地理、地质、地形、气象七项。因为会场太小，各种展览品都不能求完备，而仅只当作是举例或示范。可是，展览三日，观众计二千五百余人，自晨至暮络绎不绝；一班的观众都极感兴趣，有所获益。其实，此次展览会的主要目的，并不是想表现成绩，传得好评，而只是想促进教育界对设备方面的注意。有如地震的震源，由此点开始震动，以后也许要波及全球。

依据本届（编者注：原文为"屈"，恐误）桂黔两省教育辅导会议"充实史地教学设备"的决议案，史地教育研究室预备印行史地科挂图，将已制成之底图加以整理，以石印方法在本年内先印成六十版，每幅容纳一图至数图不等，内容包括有中外史地的挂图、图画、中国地理分省暗射图，以及时事地图，共分十六类，每图附有简要的说明，以后还预备继续印行。——此计划得以实现，我们可坚信，地震正在开始了。①

（五）其他

除了前述在 1936—1949 年基本上一直存在的 4 个地学教学和研究机构外（其中师范学院史地学系存在于 1938—1947 年），还有一些不同性质的机构，如史地学系在遵义附设的测候所和龙泉分校所设的史地学系，也有与地学有关的教学或科研活动。其中，史地学系附设的"史地学系测候所"（在遵义），主要从事气象观测的数据记录、上报，也作为史地学系相关课程的学生实习基地；龙泉分校所设史地学系则并非一直存在，且不同年份，仅有一年级或二年级生，之后即转至遵义总校。

1. 史地学系附设的"史地学系测候所"

竺可桢、涂长望都是气象学专业出身，对与此有关的教学和科研工作一直非常重视。1940 年初，隶属于中央研究院气象研究所（时竺可桢兼任所长）的武汉头等测候所随浙大迁至遵义，同年 4 月选址湄潭并恢复观测工作。② 与此同时，为配合史地系教学工作，"1941 年在遵义协台坝郑莫祠所在的大院的后院，由父亲（编者注：指涂长望）指导主持建立了校办气象测候所，从此遵义有了气象记录，同时也满足了教学和科研工作的需求"③。至 1946 年 6 月浙大复员回杭后移交当地。

"史地学系测候所"设在协台坝当时子弹库所在大宅的后院，作为浙大附属的一个小单位，一方面供学生实习，一方面每天作地面观测四次，正式记录并按月统计报送国家气象部门。该测候所最初由气象学家涂长望指导建立，并由史地系学生负责日常的观测（以勤工助学的方式，当时称作"工读生"）；以后，也聘请个别专职人员负责（称作"观测员"，相当于"助教"）。观测场地内有百叶箱（内装干湿球温度表、最高温度表、最低温度表）、雨量计、日照仪、测云杆（云速，云向）、风向风速仪等，在当时是一个二等测候所的设备。这个测候所一直坚持到浙大迁离遵义，使遵义有了相应年份的气象记录。

史地系 1941 级学生史以恒【30069】在读三年级时（1943 年 8 月后），曾利用遵义几年的观测资料进行研究，在卢鋈指导下，撰写了题为《遵义的气候》的本科毕业论文，着重研究阐明遵义地区多夜雨的气候特征。以该文为基础所写的《遵

---

① 慧声：《师范学院史地系——一个新开垦的果园》，载《浙大学生》复刊第 1 期"浙大介绍专号"，（1941 年），第 27—29 页。

② 何琦主编：《问天人生》，北京：中国文史出版社，2019 年，第 7—8 页。

③ 何琦主编：《问天人生》，北京：中国文史出版社，2019 年，第 39 页。

义天气分析》一文，发表于 1947 年的《气象学报》。该文专门提及："本文所据资料，为民国三十一年遵义浙江大学测候所气压、气温与雨量之自记记录及每日六、十四及二十一小时之观测结果。"[①] 见图 4-2-17。

图 4-2-17　《气象学报》第 19 卷第 1—4 期合刊（1947 年）封面、目录及所载卢鋈、史以恒论文《遵义天气分析》。引自《气象学报》第 19 卷第 1—4 期合刊（1947 年），封面，目录，第 28 页。

---

① 卢鋈、史以恒：《遵义天气分析》，载《气象学报》第 19 卷第 1—4 期合刊（1947 年），第 28—33 页。

可惜的是，史以恒在毕业后的 1945 年 12 月 31 日去世。竺可桢在 1946 年 1 月 9 日的"日记"中记载："又得史以恒之讣闻。史毕业史地系，后入气象研究所为助理，赴湄潭习物理，素患肠结核，近于上月廿四复发，三十四年夜（编者注：原文为"三十一年"，误，应为"三十四年"）在湄潭玉皇观去世云。"[1]

测候所正式开办的时间，据竺可桢"日记"1941 年 6 月 27 日记载：

> ……四点至子弹库，偕王序、涂长望、李振吾打球。六点半回。子弹库苏库〔长〕现可让出地点，为气象测候之用。最近气象所又让美金值 215 元之仪器与浙大史地系。余嘱长望能于七月一日起开始观测，则遵义始有纪录可与湄潭、贵阳相比较矣。[2]

据此，则该测候所应该创办于1941年6月，7月1日开始观测。

竺可桢在繁忙的学校管理和教学科研之余，十分关心校办测候所的气象观测工作。他除了多次亲自前往所址外，每次相隔不了几天，特别是遇到重大天气变化时，他都要让观测员带着观测簿去他那里汇报近期的天气实况，并把摘要记录在自己的日记中。

1942 年冬天，浙大史地系学生束家鑫【30066】在当时浙大史地系研究生谢义炳【史 13】的指导下，开始进行观测实习。从那以后的几年时间，他和毛汉礼【史 21】、欧阳海【29059】都曾断断续续地在那里兼任过观测员。1944 年 7 月欧阳海从浙大史地系毕业后，7—12 月曾专任观测员半年。自 1945 年秋起，束家鑫也正式任浙大史地系助教，并兼浙大附设遵义测候所观测员（参阅附录部分之附表 2-9）。

1944 年 7—12 月担任观测员的欧阳海，于 2019 年接受有关方面访谈时，曾经回忆当时测候所情况，并手绘了一幅 1944 年时的测候所平面图（见图 4-2-18）：

---

[1] 竺可桢著：《竺可桢全集（第 10 卷）》，上海：上海科技教育出版社，2006 年，第 10 页。
　　说明：倪士毅先生在《播州风雨忆当年——浙大史地系在遵义》一文中记述，"可惜史以恒未及毕业，在选读物理系课程期间患肠结核症病逝于湄潭"（倪士毅：《播州风雨忆当年——浙大史地系在遵义》，载贵州省遵义地区地方志编纂委员会主编：《浙江大学在遵义》，杭州：浙江大学出版社，1990 年，第 108 页），但关于史以恒毕业与否的记述恐有误，当以竺可桢"日记"所记为准。
[2] 竺可桢著：《竺可桢全集（第 8 卷）》，上海：上海科技教育出版社，2006 年，第 105 页。

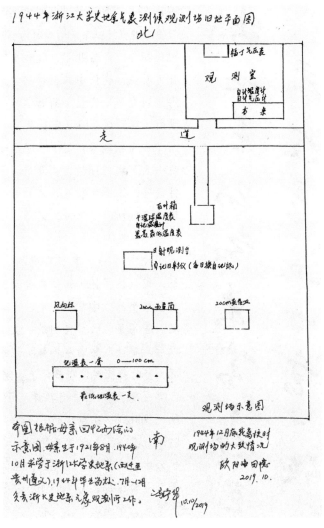

图 4-2-18　1944 学年曾任观测员的史地系学生欧阳海于 2019 年所绘测候所平面图。引自何琦主编：《问天人生》，北京：中国文史出版社，2019 年，第 28 页。

关于遵义时期史地学系所办测候所的情况，较长时间担任过该所观测员的束家鑫（1941.08—1945.07，史地学系在读；1945.07—1946.06，史地学系助教兼观测员），有这样的回忆（见图 4-2-19）：

我于 1941 年秋进入浙大地理系（编者注：此处表述不确，应为史地学系）气象专业学习。当时在遵义老城校本部（称作子弹库）内设立一个专供学生实习用的测候所工作，长年累月积累资料，实际上起到遵义县气象站的作用。

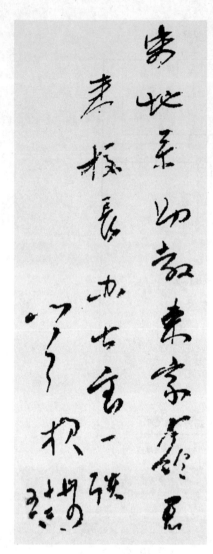

图 4-2-19　竺可桢于 1945 年 12 月 5 日写给史地学系测候所观测员束家鑫的便条。引自束家鑫：《上海天气预报的回顾与前瞻》，载谢觉民主编：《史地文集——纪念浙江大学史地系成立 70 周年》，杭州：浙江大学出版社，2007 年，第 120—140 页（此处引自第 123 页）。

1942 年冬，我开始进行观测实习，由谢义炳教授（编者注：谢义炳当时为研究生兼助教）担任指导。此后几年，我和当时的助教毛汉礼（原注：现任中国科学院学部委员，青岛海洋研究所研究员）断断续续的兼任这个测候所的观测员（1944 年秋至 1945 年夏，我去湄潭浙大物理系学习）。1945 年秋起，就由我一人正式任助教兼观测员。不久日军无条件投降，1946 年初夏，浙大开始迁回杭州，遵义测候所移交地方，记得一个叫刘朝海的人来接替我的工作。[1]

我在遵义从事气象观测工作时间虽不长，但很值得怀念，印象也最深刻。当时竺老在繁忙的教学任务当中，十分关心气象观测。隔不了几天，特别是一次重大天气变化以后，就让我带着观测簿去汇报近期天气实况，有时就摘要记在日记上。他对云的观测，尤其是云形变化垂询甚详。记得 1945 年晚秋一段时间，我连续记了 20 多天层积云（当时记号为 SK）。他看了以后说："贵州层积云形是较多的，这是因为全境为一切割高原，谷岭错综，崎岖不平。当锋面经过云贵高原时，常渐趋静止，特别当秋季冷空气南下时，它的前锋容易停滞造成高原多阴沉天气，这是云贵高原和长江中下游出现秋高气爽的天气大不一样的。"他侃侃而谈使我增长了不少天气知识。接着他对层积云能否持续 20 多天表示怀疑，并让我以后在实践上严密注意。从此我对云形观测就格外留心。对于复杂一些云状，我仔细观看国际云图上

---

[1]　何琦主编：《问天人生》，北京：中国文史出版社，2019 年，第 11 页。

的标准云片，一一对照，反复琢磨，激发我对观云测天的浓厚兴趣。[1]

1946年春，束家鑫利用1942年至1945年遵义的云、雨记录，进行分析研究，与本科生贺忠儒一起，完成了《遵义之气候》一文，收入系主任张其昀主编的《遵义新志》第二章。[2]

2. 龙泉分校的史地学系

浙江大学西迁后，浙江省的高中毕业生和福建、安徽、江西以及离沪的青年学生，由于交通或经济关系，不能去内地升学者越来越多。浙大于1939年1月提请在浙东设先修班。同年4月，教育部电复，准浙大在浙、赣、闽之间设立分校，专招各系一年级新生并设置大学先修班，其他学校来浙大借读的学生也由浙大登记收读。1939年7月，龙泉分校在永康招生。1939年10月1日开学，11日正式上课。[3] 见图4-2-20。

图 4-2-20　位于浙江龙泉坊下村的龙泉分校校舍

根据1940年5月所拟《国立浙江大学龙泉分校组织规程草案》，其中在文学院之下，设有史地学系：

本分校依照本大学组织规程第三条，先设文、理、工、农四学院，包含

---

[1]　束家鑫：《竺可桢与气象科学实验》，载《浙江气象科技》第11卷第2期（1990年），第1—3页。

[2]　中国人民政治协商会议湄潭县委员会、贵州省遵义市气象局、贵州省湄潭县气象局编：《问天之路——中国气象史从遵义、湄潭走过》，北京：气象出版社，2017年，第101—102页。

[3]　浙江大学校史编写组编著：《浙江大学简史（第一、二卷）》，杭州：浙江大学出版社，1996年，第66页。

下列学系：

一、文学院：中国文学系、外国语文学系、史地学系。

二、理学院：数学系、物理学系、化学系、生物学系。

三、工学院：电机工程学系、土木工程学系、化学工程学系、机械工程学系。

四、农学院：农艺学系、园艺学系、农业化学系、植物病虫害学系、蚕桑学系、农业经济学系。

本分校暂不分设师范学院各学系。[①]

《国立浙江大学文学院概况》（1947年9月）在介绍当时文学院各系沿革时，对龙泉分校情况有一句带过：

二十八年文理学院分为文学院、理学院，另设文科研究所史地学部，史地教育研究室。同年，龙泉分校成立，文学院设有中文、外文、史地三系。分校史地系旋于三十年停办。[②]

此处的"分校史地系旋于三十年停办"指三十年度，即1941.08—1942.07；也即史地学系于1941年8月起不再单独设立，原有学生则继续培养（附在中国文学系之内）。

从当时招生情况来看，1939[③]和1940两级均招收了史地学系学生。其中，1939级在修读一年之后，部分学生转至遵义总校入文学院史地学系二年级继续学习，如徐殿英、陈廷恺、许福绵、许蔚文、余守清、蒋以明、陈福绥、何重恒、吴瑞章、吕思俊等[④]和王汝鑫、陈鹤山、方枞曙等（均直接注明"史地系"）[⑤]；1940级有谢文治、倪士毅、程光裕、王省吾等（注明"文学院一年级"）[⑥]，在

① 许高渝、傅天珍主编：《国立浙江大学龙泉分校史料》，杭州：浙江大学出版社，2019年，第23页。
② 《国立浙江大学文学院概况》（1947年），第2页。
③ 《二十八年度浙东分校招生简章》，载许高渝、傅天珍主编：《国立浙江大学龙泉分校史料》，杭州：浙江大学出版社，2019年，第160页。
④ 《浙东分校二十八年度新生名册》，载许高渝、傅天珍主编：《国立浙江大学龙泉分校史料》，杭州：浙江大学出版社，2019年，第179—180页。
⑤ 《浙东分校二十八年度复学生名册》，载许高渝、傅天珍主编：《国立浙江大学龙泉分校史料》，杭州：浙江大学出版社，2019年，第185页。
⑥ 《龙泉分校二十九年度新生名册》，载许高渝、傅天珍主编：《国立浙江大学龙泉分校史料》，杭州：浙江大学出版社，2019年，第189—190页。另：据倪士毅《龙渊日记》1940年12月3日载："导师名单已公布，我等十二人的导师为苏叔岳先生，其中史地系同学十人，其他系二人。"载许高渝、傅天珍主编：《国立浙江大学龙泉分校史料》，杭州：浙江大学出版社，2019年，第378页，亦说明在1940学年确实有"史地学系"存在。

龙泉分校读完一年级后，因分校于 1941 学年续办二年级，故继续在龙泉分校学习（但因史地学系不再单独设立，故学生附在中国文学系之内），至 1942 年 7 月转至遵义总校入文学院史地学系三年级。

《校刊》1941 年 2 月载 "国立浙江大学龙泉分校廿九年度第一学期学生人数统计表" 中，也明确记载文学院史地学系有 16 人。说明在 1939 年度和 1940 年度，龙泉分校确实设有史地学系。见图 4-2-21。

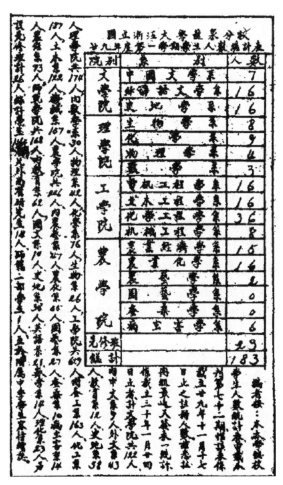

图 4-2-21　《国立浙江大学校刊》复刊第 79 期（1941 年 2 月 1 日）所载龙泉分校 1940 年度第一学期学生人数统计表。引自《国立浙江大学校刊》复刊第 79 期（1941 年 2 月 1 日）。

但到了 1941 学年，龙泉分校不再单独设立史地学系（学生拟选该专业，则附属于中国文学系之下）。1941 年 12 月的《国立浙江大学龙泉分校组织规程》中，文学院之下，仅设中国文学系和外国语文学系，已经没有史地学系的设置：

> 第二条　本分校暂先设立下列各院系科：
>
> 一、文学院：中国文学系、外国语文学系；
>
> 二、理学院：数理学系；
>
> 三、工学院：土木工程学系、机电工程学系、化学工程学系；
>
> 四、农学院：农艺学系、农业经济学系；
>
> 五、师范学院初级部：国文科、数学科。 ①

1941 年 8 月，龙泉分校增设二年级，在教育部有关批复的文件中（1941 年 3 月 6 日），表述为"……该校龙泉分校本年暑假后准增设二年级，暂分中国文学（附史地）、外国文学、数理化、机电、化工、土木、农艺、农业经济八系"②。倪士毅当时的日记中也明确记载"10 月，分校奉部令添设二年级，史地系历史组附入中国文学系"③，即史地系学生附于中国文学系。

从当时招生情况来看，1941 学年，文学院所招学生中，如严刘祜、赵昭晤、宋晞等④，在完成一年级、二年级的学业后，于 1943 年秋季入遵义总校史地学系三年级就读⑤；1942 学年，文学院所招学生中，也有卢祥生等⑥在龙泉分校两年后（1944 年）转入遵义总校史地系三年级。但在龙泉分校的院系设置上，可以理解为 1941 年 8 月后，已经没有史地学系的设置。

1943 学年，龙泉分校曾经有添设三年级的设想，并"二年级文学院拟增设史

---

① 许高渝、傅天珍主编：《国立浙江大学龙泉分校史料》，杭州：浙江大学出版社，2019 年，第 25 页。

② 许高渝、傅天珍主编：《国立浙江大学龙泉分校史料》，杭州：浙江大学出版社，2019 年，第 68 页。

③ 倪士毅：《浙大龙泉分校史地学会纪略》，载许高渝、傅天珍主编：《国立浙江大学龙泉分校史料》，杭州：浙江大学出版社，2019 年，第 331 页。

④ 《龙泉分校三十年度第一学期新生名册》，载许高渝、傅天珍主编：《国立浙江大学龙泉分校史料》，杭州：浙江大学出版社，2019 年，第 194—195 页。

⑤ 宋晞：《流亡岁月，万古人生》，载中国人民政治协商会议浙江省委员会文史资料研究委员会编：《天涯赤子情——港台和海外学人忆浙大（浙江文史资料选辑第 34 辑）》，杭州：浙江人民出版社，1987 年，第 113—119 页。

⑥ 《龙泉分校三十一年度第一学期新生名册》，载许高渝、傅天珍主编：《国立浙江大学龙泉分校史料》，杭州：浙江大学出版社，2019 年，第 201 页。

地系"。1943年2月的请示中载："又校务会议议决，下年度二年级文学院拟增设史地系，理学院拟增设生物系，农学院拟增设园艺系，生物系教员不需添聘，即可开设，是否可行，并祈裁示！"① 但3月13日总校回复："龙泉浙大分校：分校续办三年级案，经四十次校务会议决议不办。特电知照。"② 从招生情况来看，该年度亦没有史地学系学生。

1944学年，龙泉分校酝酿改设师范学院，再次拟于师范学院下增设史地学系。当时分校校务会议经过讨论，"复经决议"：

> 自卅三年度起，师范学院拟增设博物学系、教育学系、史地学系及理化学系。窃查自抗战军兴以来，师资缺乏，已成普遍现象，而东南各大学，设有师范学院者，又只有本分校一校，是以增设科系，充实内容，实有必要。上开各系，其师资设备与本分校现有文理工农各院系大部分可以通同互用，增设较易，为此电请总校转呈教部，自下年度起，本分校师范学院准予添设博物、教育、史地、理化各系，以资完备，而应实际需要，一俟令准，当再造具详细计划及预算送请核转！

并附有计划书。其中，博物学系包括地质学内容，史地学系则包括历史学、地理学内容。③ 但该年度未获批准。从招生情况来看，该年度同样没有史地学系学生。

1945学年，教育部正式确定龙泉分校改为浙江大学师范学院，准增设史地学系等：

教育部致龙泉分校电文（1945年6月6日）

> 龙泉：该分校本年八月起改为国立浙江大学师范学院，除原该国文、英语两系及国文、数学两专修科外，准增设数学、史地、理化、教育四系。遵义浙大本校师范学院即行停办，并将原有经费及员额拨用该院支配，如仍不足，准就最低限度需要分别拟定报核。除分令外，仰遵办具报。④

---

① 许高渝、傅天珍主编：《国立浙江大学龙泉分校史料》，杭州：浙江大学出版社，2019年，第73页。
② 许高渝、傅天珍主编：《国立浙江大学龙泉分校史料》，杭州：浙江大学出版社，2019年，第75页。
③ 许高渝、傅天珍主编：《国立浙江大学龙泉分校史料》，杭州：浙江大学出版社，2019年，第81—85页。
④ 许高渝、傅天珍主编：《国立浙江大学龙泉分校史料》，杭州：浙江大学出版社，2019年，第85页。

这样，在龙泉分校最后一个学年（1945学年）的招生中，招收了作为师范学院下属史地学系的新生。该级于1945年11月在杭州入学。1945年11月15日出刊的《国立浙江大学校刊》复刊第135期，在对龙泉分校"现有院科系"的报道中，即提及该年度师范学院增设"史地"等系：

> 分校现设有文学院中、外文两系，理学院数理系，工学院土木、化工、电机三系，农学院农经、农艺两系，师范学院原有国文、英文、数学三系，本年又增加理化、史地、教育三系，专修科设有国文、数学两科。全校教职员八十余位，旧生三百余人，本届录取新生三百九十余人。[1]

1946年4月出刊的《史地通讯》第二期载有成立于1946年3月的史地学会杭州分会所写的"杭州分会通讯"一则，其中亦提及"此地文学院尚无史地系，师范学院史地系还是本学期才添设的，所以共只一年级同学16人"，"二年级以上同学曾要求学校增设史地系，结果没有成功"等语[2]，亦表明自1945学年起，已经迁回杭州开学的龙泉分校（此时已经改称"杭州分校"）的师范学院之下，设立有史地学系，为期一年（1945.08—1946.07）。

第三节　地学系科和相关机构的教职员工和学生状况

史地学系的正常办学在1937年下半年被全面爆发的抗日战争所打断。学校西迁初期，1937年底至1938年初，教师、学生大量流失，办学面临诸多困难。但随着在江西泰和和广西宜山的恢复办学，尤其是定址遵义后的相对稳定，史地学系仍尽可能延聘名师，坚持办学，并开展一定的科学研究。在竺可桢的关心、支持和张其昀的主持下，浙江大学的地学系科延续本科教育，增设师范生教育，尤其是提升办学层次，开展研究生层面的教育，学生数量逐渐增加，质量稳步提升，办学卓有成效，并陆续开展其他科研和社会服务等活动。

一、教职员工

在浙江大学西迁办学的9年时间，教职员工多有变动，但核心教师基本稳定，尤其是地学方面，如张其昀、叶良辅、顾毂宜等均与史地学系相伴始终。

---

[1]　《国立浙江大学校刊》复刊第135期（1945年11月15日）。
[2]　《史地通讯》第2期（1946年），第41页。

就教师系列而言，教授、副教授地位高，也最为稳定；讲师则有些过渡性，一般几年后或在本校，或另谋他就，即会依次晋升。这里面，以助教最不稳定，流动性最大。因当时教师属于自由职业者，一年一聘，助教在短期留校后，或出国获得更高的学位，或接受待遇更高更稳定的工作，往往一年、两年后即离职。所以，不同时期，在统计教职员工时，助教（及其他教学、管理等的辅助人员）有时候会有意无意间被忽略或遗漏。换言之，当时学系和研究所，是以教授、副教授和讲师为核心的，尤其是教授分量最重。

从史地系来看，若本科生毕业有机会担任助教，一般以刚毕业即任职为多，主要原因是本科刚毕业可能暂时没有合适的工作或准备出国等，故担任助教作为过渡；研究生则多数有担任助教的机会（一般以兼职的身份，在读研期间即担任助教），也借以获得一定的生活费来源。如赵松乔1942年本科毕业后，"即考取了史地学部研究生并兼助教，正式成为张其昀先生的入室弟子，主攻人文地理"[1]；至1945年7月研究生毕业后，即从助教升为讲师[2]；1946学年起，因获派去美国留学，仍被聘为讲师（注明"出国"）[3]；直至1948年5月博士毕业回校，并于1948学年被聘为副教授。

此外，由于史地学系及相关地学机构较多，还有一些可能以其他身份获聘，如史地教育研究室的编辑或助理编辑、绘图员、文书，测候所观测员，或系、所助理等。

（一）史地学系和文科研究所史地学部

如前所述，1937学年开始时，史地系的教职员工中，教授计有：张其昀（兼系主任）、顾毂宜、朱庭祜、景昌极、费巩和陈训慈（兼职）、贺昌群（1937年度新聘）、张荫麟（1937年度短期讲学）；副教授新聘请了齐学启；讲师除了苏毓棻外，新增俞大纲；助教中，李玉林离职，柳定生、郝颐寿留任，新增沈汝生；何克明仍为绘图员。

其中，齐学启先生（1900—1945）1923年从清华大学毕业后，到美国诺维琪

① 赵旭沄著：《质朴坚毅——地理学家赵松乔》，北京：商务印书馆，2016年，第48页。
② 说明：赵松乔在《缅怀恩师张其昀教授逝世十周年》一文中提及："……我刚获硕士学位并提升为讲师，恩师曾有意派我来台工作……"载赵旭沄著：《质朴坚毅——地理学家赵松乔》，北京：商务印书馆，2016年，第267页。另，据《质朴坚毅——地理学家赵松乔》所附"赵松乔主要生平活动年表"载："1945年（26岁），毕业于浙江大学史地学部，师从张其昀，获硕士学位，留校任浙大史地系讲师"（赵旭沄著：《质朴坚毅——地理学家赵松乔》，北京：商务印书馆，2016年，第222页）。
③ 《国立浙江大学文学院概况》（1947年），第10页。

军校学习，1929 年回国，1932 年任上海市保安第二团团长，率部参加"一·二八"抗战；1937 年参加"八一三"淞沪抗战，因负伤离开军队，应聘为浙江大学史地学系副教授，同时兼任浙江大学军事学教员。在校一个学期时间，即于 1938 年初再次投笔从戎，投身抗日战场。1942 年在入缅作战中不幸被俘，坚贞不屈，于 1945 年 3 月 13 日在缅甸英勇殉国（另一说为 5 月 13 日）。[①] 见图 4-3-1。

图 4-3-1　齐学启将军（1900—1945）及 193/ 学年齐学启在浙江大学开课情况的报道。引自《国立浙江大学日刊》第 228 期（1937 年 9 月 16 日）。

浙江大学在 1945 年 5 月获知此消息后，即在《校刊》登载消息，称："……史地系教授齐学启将军成仁异域，生荣死哀，同其为国争光。"[②] 第 46 次校务会议亦专门为齐学启将军殉国致哀：

> 为本校故退休教授朱叔麟先生及前军事学及史地学系副教授齐学启将军殉国仰光志哀！[③]

2015 年 8 月 24 日，为永远铭记抗日英烈的不朽功勋，弘扬伟大的民族精神和抗战精神，经党中央、国务院批准，民政部公布第二批在抗日战争中顽强奋战、

---

① 说明：齐学启（1900—1945），湖南宁乡人。清华大学毕业后，赴美国入诺维琪军校学习。回国后先后任宪兵第六团、保安第二团团长，参加过"一·二八"和"八一三"两次上海抗战。1940 年升任新 38 师少将副师长兼政治部主任。1942 年 3 月随中国远征军赴缅对日作战，重伤被俘。1945 年 5 月 13 日，在仰光战俘集中营被日军收买的叛兵刺死，年 45 岁。载《抗日名将齐学启：远征缅甸解救 7000 余英军》，见中国新闻网：https://www.chinanews.com.cn/mil/2014/10-09/6658951.shtml，[2024-05-26]。
② 《国立浙江大学校刊》复刊第 123 期（1945 年 5 月 16 日）。
③ 《国立浙江大学校刊》复刊第 125 期（1945 年 6 月 16 日）。

为国捐躯的 600 名著名抗日英烈和英雄群体名录，其中就包括齐学启将军（见图 4-3-2）：

齐学启（1900—1945） 国民革命军陆军新编第 1 军 38 师副师长 [1]

人民网 >> 时政

民政部公布第二批600名著名抗日英烈和英雄群体名录

2015年08月25日08:42   来源：人民网-人民日报   手机看新闻   字号 ＋ －

原标题：民政部公布第二批600名著名抗日英烈和英雄群体名录

　　新华社北京8月24日电 为永远铭记抗日英烈的不朽功勋，弘扬伟大的民族精神和抗战精神，经党中央、国务院批准，民政部24日公布第二批在抗日战争中顽强奋战、为国捐躯的600名著名抗日英烈和英雄群体名录。

　　名录按牺牲年份和姓氏笔画排序如下：

　　马兴周（1884－1932）东北民众抗日义勇军第16路军参谋长

　　齐学启（1900－1945）国民革命军陆军新编第1军38师副师长

　　阮朝兴（1918－1945）新四军第1师兼苏中军区泰州独立团团长

　　李少清（1921－1945）广东人民抗日游击队东江纵队第1支队猛豹大队政治委员

图 4-3-2 2015 年民政部公布的第二批 600 名著名抗日英烈和英雄群体名录。引自《民政部公布第二批 600 名著名抗日英烈和英雄群体名录》，见"人民网"：http://politics.people.com.cn/n/2015/0825/c1001—27512283.html，[2024-05-26]。

1.1937 学年第二学期（1938.02—1938.07）

在 1937 年 11 月西迁开始后，至 1938 年 2 月新学期开始之间，朱庭祜、景昌极、张荫麟、齐学启等由于各种原因离职或离校。

1938 年 2 月后，即 1937 学年第二学期开学后，史地学系新聘原中央研究院地质研究所研究员叶良辅（叶良辅因身体原因离职在杭州家中休养，此时携眷内迁）任教；此外，著名的古代地图和地理文献研究者王庸（1936 年 8 月受聘为浙江大学教务处图书课主任，并为史地系兼职副教授），也于 1938 年初正式成为史地学系副教授。见图 4-3-3。

---

[1] 《民政部公布第二批 600 名著名抗日英烈和英雄群体名录》，见"人民网"：http://politics.people.com.cn/n/2015/0825/c1001—27512283.html，[2024-05-26]。

图 4-3-3　叶良辅先生（1894.08.01—1949.09.14）

　　叶良辅生于 1894 年，自 1916 年起先后在地质调查所工作 9 年，在中央研究院地质研究所工作 10 年，在这期间发表论著 21 篇，均为地质调查和研究的开创性成果。1936 年他因积劳成疾，染患了肺病。1938 年应浙江大学校长竺可桢之聘，去浙江大学任地质学、地形学教授。自 1938 年 4 月起，叶良辅任教浙大，从此就再没有离开。见图 4-3-4。

图 4-3-4　《地质论评》第 3 卷第 5 期（1938 年）载叶良辅任浙大史地学系地质学教授的报道。引自《地质论评》第 3 卷第 5 期（1938 年），第 553 页。

叶良辅来到浙大史地学系任教，与朱庭祜有关。当时，朱庭祜因战乱阻隔，难以回校任教，遂介绍地质调查所同学叶良辅来校任教。据朱庭祜回忆：

由于当时政局混乱，感到地质事业无安定的环境，实难进行，又恐随时可能遭祸……就趁贵州省政府改组之机，函托北京地质调查所翁文灏，请他帮助与浙江大学校长竺可桢联系。我始于 1936 年 7 月间离开贵州，到浙江大学史地系任教。在黔有一年时间，只因当时政局不稳，实难开展地质工作，未做出什么成绩。

1936 年春夏之交，我脱离伪职回到杭州，在浙江大学史地系任教，并兼任一年级主任。我担任的课有普通地质学、构造地质学、矿床学及水文工程地质学。每周授课时间不多，每学期还率同学到郊外实习数次。

翌年 7、8 月间，日本侵略者从我国冀东及上海入侵，杭州遭敌机轰炸……一年级新生 300 余人与教职员工 20 余人由我带领，迁往西天目山借禅源寺继续开课。约住 3 个月，日寇突破湖州，向西逼进，浙江大学只得全部再迁江西吉安、泰和。我和一年级全体师生携带可运之仪器设备，到梅城集中，续启程西行。我因眷属已迁往孝丰县……亲戚家暂住，湖州陷落后，恐路途被阻不得出，便请假越过天目山至孝丰，设法将家眷迁回杭州，再从杭江铁路到宁波，转奉化县萧王庙岳父旧居暂住，欲将家属安置好后再返浙大。谁知离杭 3 天，钱江大桥被炸破坏，南北交通中断，一时难以回校。

由于当时国民党军腐败无能，溃不成军，日寇长驱直入，江西亦趋不稳，奉化更告危急，我曾致函竺可桢校长，提议将校迁去贵州，如能同意，本人愿先赴黔调查合适校址，但久未得复。我就函请同学叶良辅接替我的教课任务。我因中央大学已聘我再去任教，该校已迁四川重庆，后又来函请我前往，我当践约。[①]

叶良辅于 1928—1937 年担任中央研究院地质研究所研究员，当时在中国地质学、地貌学领域已经取得诸多成就，具有重要的学术影响力；曾经担任中央研究院地质研究所代理所长，并于 1936 年 4 月 27 日获聘接替去世的丁文江，任中央研究院第一届聘任评议员。[②] 见图 4-3-5。

① 朱庭祜口述、周世林记录整理：《我的地质生涯》，载《中国科技史杂志》第 33 卷第 4 期（2012 年），第 397—432 页（本处引文见 422 页）。
② 《国民政府公报》第 2033 号（1936 年 4 月 28 日），第 10 页。

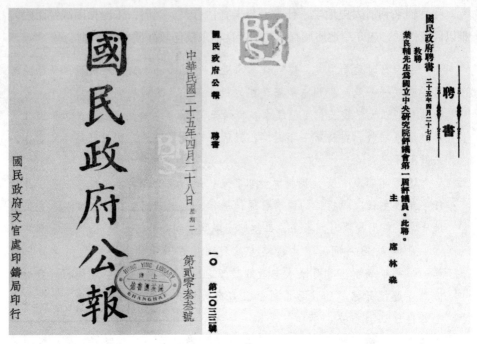

图 4-3-5　《国民政府公报》第 2033 号（1936 年 4 月 28 日）封面及所载叶良辅获聘中央研究院评议员的聘书。引自《国民政府公报》第 2033 号（1936 年 4 月 28 日），封面，第 10 页。

2.1938 学年（1938.08—1939.07）

　　1938 学年（1938.08—1939.07），学校迁至广西宜山，该学期，史地学系教职员工续有增聘。如新聘向达（向觉明）为历史学教授，黄秉维为地理学讲师。地质学助教郝颐寿上学期结束时离职，本学期也补刘志远（后多做"刘之远"）担任。[①]

　　黄秉维于 1934 年 7 月毕业于中山大学地理系，因毕业论文《广东惠阳西湖与铜湖之间地形研究》成绩优秀，获得金质优学奖章；8 月，由中山大学地理系主任卞莎推荐，获洛克菲勒文教基金会奖学金，进北平地质调查所为研究生。1935 年 9 月，在南京中央研究院地质研究所，由丁文江指导撰写《中国地理》和《高中本国地理》。1936 年，丁文江去世，编书工作由翁文灏指导，地点改在地质调查所；在此期间广泛学习了有关中国矿产、煤田、土地利用、农村社会经济、土壤、植物等方面的知识。1937 年，地质调查所迁长沙，黄秉维随迁；这时《中国地理》的编写已完成"气候"、"水文"、"土壤"、"植物"、"地理区域"五章。正是

————————

① 《国立浙江大学校刊》复刊第 1 期（1938 年 12 月 5 日）。

在此期，因适逢抗战军兴，"我在长沙无法继续工作，翁先生（在武汉工作）来函说竺可桢、张其昀先生要我去浙江大学任教。从此，我便进入一个新天地生活和工作"，"1938年底，我到浙江大学当时所在地宜山开始教书生涯"。[①] 见图4-3-6。

图4-3-6 黄秉维先生（1913.02.01—2000.12.08）
说明：左一为1938年的黄秉维先生。

这样，在1938年度第一学期结束之时，即至1939年1月底，浙江大学在广西宜山办学时期，按照1938年度所编《国立浙江大学教职员一览（二十七年度）》，史地学系教师包括：

> 张其昀（字晓峰）：文理学院史地学系教授兼系主任（训育委员）
>
> 向达（字觉明）：文理学院史地学系教授
>
> 贺昌群：文理学院史地学系教授
>
> 费巩（字香曾）：文理学院史地学系教授
>
> 顾穀宜（字俶南）：文理学院史地学系教授
>
> 叶良辅（字左之）：文理学院史地学系教授
>
> 王庸（字以中）：文理学院史地学系副教授
>
> 黄秉维：文理学院史地学系讲师
>
> 刘之远：文理学院史地学系助教
>
> 柳定生（字静明，女）：文理学院史地学系助教

---

① 《黄秉维百年诞辰纪念文集》编辑组编：《黄秉维先生百年诞辰纪念文集》，北京：科学出版社，2013年，第17页。

此外，还有其他在史地学系兼职或此前、此后为史地学系教师的人员，当时也在学校不同单位任职或兼职：

陈训慈（字叔谅）：教务处图书课主任，兼史地学系教授

沈思玙（字鲁珍）：总务处事务课主任兼代总务长（训育委员）

诸葛麒（字振公）：秘书（训育委员）

李絜非：总务处文书课课员

苏毓棻（字叔岳）：训育委员会训导部训育委员

梁嘉彬（字文仲）：文理学院外国语文学系日文讲师[1]

1938 学年的第二学期，即 1939 年 2 月后，应浙江大学校长竺可桢之聘，涂长望于 1939 年 5 月从中央研究院气象研究所来到浙江大学，任史地学系气象学教授。1939 年 8 月后并兼任文科研究所史地学部副主任。见图 4-3-7。

图 4-3-7　涂长望先生（1906.10.28—1962.06.09）

3.1939 学年（1939.08—1940.07）

1939 学年起（1939 年 8 月后），应竺可桢邀请，在英国完成研究生学业、获得博士学位后回国的任美锷，于 1940 年初来到贵州遵义任职于浙江大学史地系，为副教授（1940 学年起为教授）；后并兼任史地教育研究室副主任。见图 4-3-8。

史组本学年聘请刘节（字子植，1901.08.08—1977.07.21）为史学教授；后刘节于该学年第二学期（即 1940 年 2 月后）离开浙大。[2] 李源澄（1909.07.07—

① 《国立浙江大学教职员一览》（1939 年）。转引自浙江大学档案馆、宜州市人民政府编辑：《宜山画报——浙江大学宜山办学记录》（内部印行），2015 年，第 28—30 页。
② 洪光华：《从新发现材料推测刘节离开浙大时间》，载《中华读书报》2017 年 6 月 7 日。

图 4-3-8 任美锷先生（1913.09.08—2008.11.04）

1958.05.04）于该学年第二学期被聘请为史学副教授。

黄秉维于 1939 年底被聘为副教授。[①]

郭晓岚于 1939 学年考取文科研究所史地学部研究生，1940 年初入学后，即兼史地学系助教。

谭其骧实际上也是 1940 年上半年来浙大任教的（聘为副教授，1942 学年起为教授），由当时还在史地学系任教的王庸介绍而来。见图 4-3-9。这一过程在葛剑雄所著《葛剑雄文集（3）·悠悠长水：谭其骧传》中有详细的介绍：

> 尽管由于燕京大学为美国教会所办，在日本占领下的华北俨然如世外桃源，但敌伪活动日益猖獗，渐渐难得安宁。如敌伪所办"新民学院"就曾多次派人来拉谭其骧去该院任教，并开出每节课一百元的高价。眼看战事不是一二年可以结束，北平非久留之地，谭其骧萌发了投奔大后方的念头。另一方面，他在燕京大学始终是兼任讲师，既未转为专任，更难提升为副教授。邓之诚为此深为不平，让王锺翰向洪业说项。洪业直截了当告诉王锺翰，像谭其骧这样没有哈佛或美国大学背景的人在燕京没有什么前途，不如到其他学校发展。到 1939 年夏，谭其骧去意已决……
>
> 谭其骧获悉王庸刚自浙江大学回到上海，即去信请他设法。王庸（以中）与浙大史地系主任张其昀（晓峰）是东南高师的同学，即向张介绍，张决定以副教授相聘，致电邀请。不久就寄来了 1939 年 12 月至 1940 年 7 月的聘书，月薪 240 元。11 月 9 日，已在宜山浙大任教的燕京同学刘节来信，促谭其骧南行：

① 《黄秉维百年诞辰纪念文集》编辑组编：《黄秉维先生百年诞辰纪念文集》，北京：科学出版社，2013 年，第 190 页。

……闻以中兄言，吾兄有图南之意，欣喜无似。晓峰兄闻此消息，已有电礼聘，谅蒙察及。若能早日南来，与费香曾兄同行到宜，至为企盼。在此一切均佳，缪彦威亦兄旧好，其他诸公皆诚笃可敬，晓峰兄属望尤殷，谅能令兄满意。

谭其骧接信后，即写信给在上海的费巩（香曾），询问浙大能否预支数月薪水，作为安家费和路费，费巩在 23 日回信：

续奉琅函，已电校询问，可否预支数月薪，得覆即当电告。顷由晓峰先生附来缪、刘二公函，亟为转寄，同侪仰望皆殷，固切盼文旌能惠然肯来也。前上一快信，详告种切，想已收到。弟早则三十，迟则下月四五日启程。

费巩是浙江大学政治经济学和西洋史教授，兼注册课课长，与谭其骧并不认识。当时他正在上海租界家中休假，估计因北平与大后方的通讯不便，在王庸向张其昀推荐后，张即委托费巩与谭其骧联系，连刘节和缪钺的信也是通过他转发的。十二月间刘节再次致函：

十一月二十九日手书藉悉兄台盼望之事。因此间校长是科学家，办事刻板，一般甚难商量，惟浙大前途颇有希望，兄又浙人，于患难中为校方帮忙，将来自有得益处也。南宁陷落之后，吾辈皆已北行，现留滞都匀，一时尚不能开学。兄如有意于此，请先来一电，由都匀浙大办事处转张晓峰兄。校址尚未定，大约在黔北诸县中。兄南来之路以经海防、昆明至贵阳最好，勿带家眷。日用品甚贵，可多带。天气温暖，不必重裘。

谭其骧致函费巩，决意应浙大之聘，浙大竺可桢校长也同意在上海预发四百元旅费，费巩得讯后，于 12 月 27 日再发一信：

……文旌仍作南下准备，尤足慰同侪之望。抵沪后可至中国科学社访杨允中先生，向支四百元作为预支之薪，以供旅费。杨处晓峰已有函接洽，可无问题。一年级在黔中都匀、独山间开课，二、三、四年级确址犹未定，大约二月间始可复课（此系弟之推测，亦许可以早些亦未可知）。晓峰盼兄于成约即为定局，稍迟到校则固无妨。弟定元月六七日启程，从越滇去筑。将来台驾亦必取道此途，盼早抵申，俾能从容办理护照等事。中国旅行社查代，甚迅速，并可在港领取，故交办后一星期即可离沪。希望兄台能于二月间到黔，余俟抵筑再函告。

1940 年初，谭其骧离北平去浙大就职。[1]

---

[1] 葛剑雄：《葛剑雄文集（3）·悠悠长水：谭其骧传》，广州：广东人民出版社，2014年，第100—102页。

图 4-3-9　谭其骧先生（1911.02.25—1992.08.28）

4.1940 学年（1940.08—1941.07）

史组中，张荫麟于 1940 年 8 月后应聘来到史地学系，担任史地学系史组教授和文科研究所史地学部史组导师。王庸本年度离开浙大。

地组中，任美锷本年度起聘为地理学教授，刘之远本年度从助教升为讲师。

1940 年 9 月出版的《史地杂志》第 1 卷第 3 期中，该期最后"附录"所载"国立浙江大学文学院、师范学院史地学系概况"，反映的是 1940 年度（1940.08—1941.07）开始时史地学系情况，其中也提及当时的任教人员：

> 本系成立时聘张其昀君为主任，以迄于今，二十七年（1938 年）起兼任师范学院史地学系主任。
>
> 本系除主任外（编者注：即张其昀），现有专任教授五人（编者注：即叶良辅、涂长望、任美锷、顾毂宜、张荫麟），专任副教授三人（编者注：即黄秉维、谭其骧、李源澄），专任讲师三人（内有专任讲师一人在浙东分校）（编者注：即李絜非、刘之远、苏毓棻，其中苏毓棻在浙东分校）。[①]

5.1941 学年（1941.08—1942.07）

史组中，方豪应国立浙江大学之聘，本年度起任史地学系教授兼史地学部研究生导师。

地组中，1942 年初，任美锷离开浙大，在重庆北碚应聘为复旦大学教授兼史

---

① 《附录：国立浙江大学文学院、师范学院史地学系概况》，载《史地杂志》第 1 卷第 3 期（1940年），第 63—66 页。

图 4-3-10　沙学浚先生
（1907.07.05–1998.02.16）

地系主任，后为中央大学地理系教授。

1942 年 6 月，涂长望离开浙大，后于 1943 年 1 月赴重庆中央大学地理系任教授。

沙学浚本年度赴遵义浙江大学史地系任教一年（1941.08—1942.07），为地理学教授，1942 年 8 月离校。见图 4-3-10。

6.1942 学年（1942.08—1943.07）

张其昀本年度应美国方面邀请，于 1943 年 5 月离开遵义赴美访学。离职期间，原拟聘请钱穆来浙江大学主持文科研究所史地学部和史地教育研究室等事务；但钱穆在 2 月短暂讲学后即离开浙大，8 月份新学年开始后未至浙大。

史组中，张荫麟于 1942 年 10 月 24 日病逝。

陈乐素（1902—1990.07.20）由陈寅恪推荐，应竺可桢校长之聘，于 1942 年底由香港辗转到达遵义，担任浙江大学文学院史地系国史教授，兼文科研究所史地学部史组导师。

谭其骧从副教授升为教授。

李絜非于本年度为史地教育研究室副研究员、史地学系副教授。

地组中，沙学浚 1942 年 8 月离校。

卢鋆本学年起任浙江大学讲师。

黄秉维拟于本学年离开浙大。1942 年 7 月，黄秉维准备辞去浙江大学职务，应翁文灏、钱昌照之邀，进资源委员会，在经济研究室负责区域经济研究。10 月，他曾返浙江大学（遵义）临时任课。[1] 但本年度，黄秉维仍被浙大聘为副教授。[2]

郭晓岚 1942 年 7 月硕士研究生毕业；8 月，任史地学系讲师。

7.1943 学年（1943.08—1944.07）

史组中，新聘陶元珍（1908.10.11—1980.06.30）任国史副教授。

地组中，新聘严德一（1908—1991.03.15）任地理学副教授。1943 年 8 月经张其昀推荐，受竺可桢校长聘至在遵义办学的浙江大学史地系任教，讲授"边疆地理"、"分洲地理"、"经济地理"和"地理教育法"等课程。

---

① 《黄秉维百年诞辰纪念文集》编辑组编：《黄秉维先生百年诞辰纪念文集》，北京：科学出版社，2013 年，第 190 页。
② 《国立浙江大学要览》（1943 年 5 月编印），第 20 页。

郭晓岚本年度离开浙大，至气象研究所任职。1945 年 8 月起赴美国留学，就读于芝加哥大学，师从芝加哥大学气象学派创始人、国际气象学泰斗罗斯比教授（Carl-Gustaf Rossby）。1948 年获得芝加哥大学地球物理哲学博士。

《竺可桢全集》收录有竺可桢于 1943 年 10 月 14 日写给张其昀的信件，其中介绍了浙大近况，并将史地系该时期的师资情况作了说明：

> 浙大近况如旧。理学院为了胡院长与贝时璋的不睦，曾起了纠纷，桢于九月初到此，希望能把这事和平调解。不久桢即回遵义。史地系方面教员仍感缺乏。钱宾四未回，但陶元珍和严德一统已到校。严在此只留一学期，下学期由李玉林代。气象没有人教，卢温甫在气象局，而刘之远旅行回后又告病假，黄秉维据说下月可来。系中详细情形左之、絜非诸先生想另有报告。……①

8.1944 学年（1944.08—1945.07）

史组中，方豪、陶元珍本学年离校。

地组中，王维屏本学年起任史地学系副教授。

1944 年 6 月 30 日竺可桢"日记"载："中午回。膳后睡一小时。二点至校。作函与晓峰，告以下年 [度] 聘教员事。地组已聘得王维屏，而温甫可以留校，史组不主张更动。"②

1945 年 1 月 22 日，在给张其昀的信中，也提及史地系人员聘任情况：

> 晓峰同学足下：
>
> 前月中寄奉一笺，述及黔局已由危而安，校中已照常上课……
>
> 全校教职员当时离校三四人，即缪彦威、萧仲圭、陶元珍、侯毓芬（化工，女）。缪、萧二君于二月二十日即自綦江返校，陶则回川。陶君于十月方到校，而此次又一去不回，且在重庆又攻击校中不多发疏散费（实际陶君因离校所得疏散 [费]，已比他同事多一倍），故下学期拟不请其回校，想絜非已有报告矣。
>
> 黔桂事变后，政局颇有变动。骝先长教部，不久拟召集大学校长会议，时期当在二三月间。高教司已易赵太侔，士选将来美国考察。黔省府亦改组，主席杨子惠，财厅杨公达。前日过遵义，公达曾询及足下何时回国。
>
> 遵义受外来机关猬集及军队集中之影响，物价高涨，两三月间竟增至五倍、

---

① 竺可桢：《竺可桢全集（第 24 卷）》，上海：上海科技教育出版社，2013 年，第 317 页。

② 竺可桢：《竺可桢全集（第 9 卷）》，上海：上海科技教育出版社，2006 年，第 134 页。

十倍之多。现遵义物价已高于重庆，而贵阳物价超出昆明，为全国冠。米价一百余元一市斤，猪肉三百元一斤，可谓骇人听闻矣。

书至此，适接外交部转十二月廿二号惠书，关于哈佛大学 Gibson 所需之翻译人员，已与迪生先生商酌。渠主张赵松乔，因其成绩优良，且年富力强也。刘君身体欠佳，长途跋涉似非所宜，当再与左之兄一谈。

迪生先生年来患心脏扩大，不能劳动，下学期拟休假一学期，其职务由洽周代理。

此次考选委员会考试留美实习人员，气象五名，谢义炳亦获隽，余为黄仕松、徐尔灏、丘万镇、叶桂馨，均中央大学地系毕业生。教育部所考气象、地理、历史（赵松乔、李絜非均应考）各一名，尚未发榜。肖堂已由教部派选来美，于三月可出发。

此颂

旅安

可桢 顿

卅四年一月廿二 [①]

9.1945 学年（1945.08—1946.07）

至 1945 学年开始后（即 1945 年 8 月后），张其昀于 11 月从美国讲学归来，仍任史地学系主任（并于 1946 年 1 月兼任文学院院长）。该年度，史地学系新聘教师，在《校刊》上有载，即么枕生（副教授）、李春芬（教授，注明"即来校"；但实际上于 1946 年度第一学期开学时来校，即 1946 年 8 月后）[②]。见图 4-3-11。

么枕生在其后来的回忆中，述及他 1945 学年第一次来到浙大史地系任教（副教授）的经过：

我原在中央研究院气象研究所做多年研究工作，后又先后在西北农学院与东北大学任教多年才去遵义浙江大学任教的。早在 1943 年 9 月，就有吕炯先生电告，浙江大学聘我去遵义浙大；该年 11 月 18 日，浙大竺可桢校长又亲笔来函，讲到浙大甚望我能至该校，约于明年函商，最后是 1945 年 6 月 3 日，又接到竺可桢校长快信，说浙大决定聘我为气象学副教授。

东北大学原属张学良将军在沈阳所建立的新兴大学，因"九一八"事变

---

① 竺可桢：《竺可桢全集（第 24 卷）》，上海：科技教育出版社，2013 年，第 373 页。
② 《国立浙江大学校刊》复刊第 131 期（1945 年 9 月 16 日）。

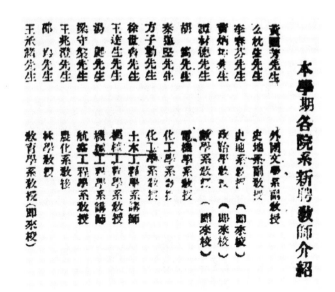

图 4-3-11 《国立浙江大学校刊》复刊第 131 期（1945 年 9 月 16 日）所载 1945 学年新聘教师介绍。引自《国立浙江大学校刊》复刊第 131 期（1945 年 9 月 16 日）。

与卢沟桥事变几经内迁至四川三台，就使这个学校沦为小型大学。该校规定每人讲授三门课，每周各三学时。我并非出身助教，那时突然讲授三门不同的课程，除备课外还要提高理论水平，自然劳累过度，造成心律不齐。犹忆日本飞机夜过三台去重庆轰炸时，过往飞机嗡嗡声，我的心脏竟与之共振。于是，我在 1945 年秋考虑到浙大。浙江大学为国内名牌大学，且教学任务较轻（每人只讲授两门课）。我于 1945 年 8 月 30 日到了遵义浙大任教。[1]

至 1946 年 1 月，据当时统计（见图 4-3-12），史地学系教师如下（即 1945 学年人员情况）：

张其昀（张晓峰）：男，46，浙江鄞县，文学院院长兼史地学系主任，教授

叶良辅（叶左之）：男，54，浙江杭县，教授

顾毂宜（顾俶南）：男，43，江苏无锡，教授

诸葛麒（诸葛振公）：男，46，浙江东阳，校长办公室主任秘书，兼史地学系教授

[1] 么枕生：《对遵义浙大史地系的教学回忆》，载贵州省遵义地区地方志编纂委员会主编：《浙江大学在遵义》，杭州：浙江大学出版社，1990 年，第 114—118 页（本处引文见第 114 页）。

陈乐素：男，43，广东新会，教授

谭其骧：男，35，浙江嘉兴，教授

李絜非：男，38，安徽嘉山，副教授

严德一：男，38，江苏泰兴，副教授

卢鋈：男，35，安徽无为，副教授

王维屏：男，36，江苏江阴，副教授

刘之远：男，35，河北磁县，副教授

黎子耀：男，37，湖南汉寿，副教授

么枕生：男，35，河北滦县，副教授

胡玉堂：男，28，浙江余姚，教员

赵松乔：男，28，浙江东阳，助教①

管佩韦：男，28，浙江黄岩，助教

谢文治：男，29，浙江瑞安，助教

吴贤祚：男，32，浙江杭县，绘图员

周丙潮：男，31，浙江吴兴，书记

王心安：男，38，安徽太和，绘图员

徐规：男，27，浙江平阳，助教

束家鑫：男，25，安徽无为，助教②

---

① 说明：据另外表述，赵松乔于1945学年起被聘为讲师。"……1942年获学士学位，同年考取浙江大学史地系硕士研究生并同时被聘为助教；1945年硕士毕业即被聘为讲师，主讲地理通论、普通地质学等课程；1946年8月赴美国克拉克大学（Clark University）深造，仅2年就以优异论文授予理学博士学位，博士论文为'Geographic Regions of China: Their Component Factors and Chief Characteristics'（"中国地理分区——要素构成及其主要特征"）（摘要载Clark Univ. Bulletin, 1948）。期间还到加拿大麦克吉尔（McGill）大学研修暑期地理课程；1948年回国后，任浙江大学史地系副教授，1949年任南京金陵女子大学地理系教授。1950年后在中国科学院地理研究所任副研究员、研究员。"载钱伟长总主编、孙鸿烈主编：《20世纪中国知名科学家学术成就概览·地学卷·地理学分册》，北京：科学出版社，2010年，第399—408页。
② 《卅四年度第二学期国立浙江大学黔校师生通讯录》（1946年），第8—9页。
说明：《贵州省湄潭县文史资料（第四辑）》曾经刊载有一份《一九四四年浙大教职员名单》（载《贵州省湄潭县文史资料（第四辑）》（内部印行），1987年，第25—26页）。该份文件被整理者标注为"一九四四年浙大教职员名单"，恐误（推测可能将"卅四年度"理解为1944年），应为1946年初的浙大教职员名单。经检核，该名录中载浙江大学文学院院长为张其昀，年龄为46岁等；按：张其昀确为1946年1月继任文学院院长，原院长梅光迪先生于1945年12月逝世；张其昀出生于1900年9月，至1946年初，虚岁确实为46岁；故该份名录应为1946年1月后的浙大教职员情况。当时浙大仍在遵义，但为在遵义的最后半年时间。该材料所据应该就是《卅四年度第二学期国立浙江大学黔校师生通讯录》。

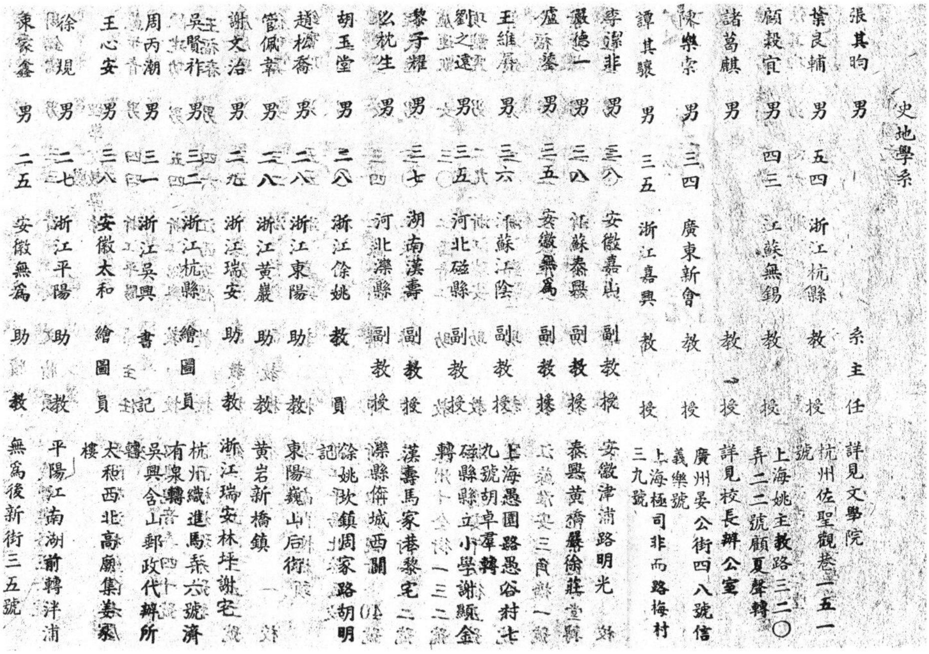

图 4-3-12 《卅四年度第二学期国立浙江大学黔校师生通讯录》（1946年）所载史地学系教师名单。引自《卅四年度第二学期国立浙江大学黔校师生通讯录》（1946年），第8-9页。

另外，编辑出刊于1946年4月的《史地通讯》第二期中，也有当时整理的此期在遵义史地学系任教教师情况的介绍，并补充有已经从龙泉分校复校回杭、时在杭州任教的本系若干教师，如沈思玙（地理、气象，在杭州本部）、张崟（中国史，杭州本部）、季平（西洋史，在杭州本部）3位先生，见表4-3-1：

> 本系自成立迄今忽已十载。由竺校长聘张其昀先生任主任，始终其事。卅二年夏，张主任受美国国务院之邀，赴美讲学两年，离职期间，先后由叶良辅、李絜非两先生代理系务。
>
> 教师现有张其昀（地理）、叶良辅（地质）、顾毂宜（西洋史）、陈乐素（中国史）、谭其骧（中国史）、李絜非（中国史）、严德一（地理）、王维屏（地理）、刘之远（地质）、么枕生（气象）、黎子耀（中国史，在永兴分部）、沈思玙（地理、气象，在杭州本部）、张崟（中国史，杭州本部）、季平（西洋史，在杭州本部）诸先生。胡玉堂先生任史地教育研究室编辑，亦授西洋史。助教有：赵松乔、徐规、管佩韦、谢文治、束家鑫诸先生。在美受聘即可来系授课者，

267

有：李春芬（地理）、杨联陞（历史）、范祖淹（西洋史）三先生（编者注：其后仅李春芬来校任教，杨联陞、范祖淹未至浙大）。[1]

表4-3-1 《史地通讯》第二期所载1945学年史地学系教师、职员及助教情况[2]

组别	姓名	职称	专业	服务地点	备注
地组	张其昀	教授	地理学	遵义	
	叶良辅	教授	地质学	遵义	
	严德一	副教授	地理学	遵义	
	王维屏	副教授	地理学	遵义	
	刘之远	副教授	地质学	遵义	
	么枕生	副教授	气象学	遵义	
	沈思玙	教授	地理学、气象学	在杭州本部	
	赵松乔	助教	地理学	遵义	
	束家鑫	助教	地理学	遵义	
	谢文治	助教	地理学	遵义	
史组	顾毂宜	教授	西洋史	遵义	
	陈乐素	教授	中国史	遵义	
	谭其骧	教授	中国史	遵义	
	李絜非	副教授	中国史	遵义	
	黎子耀	副教授	中国史	在永兴分部	
	张鉴	副教授	中国史	在杭州本部	
	季平	讲师	西洋史	在杭州本部	

① 李絜非：《本系概况》，载《史地通讯》第2期（1946年），第2—3页。
② 资料来源：李絜非：《本系概况》，载《史地通讯》第2期（1946年），第2—3页。

续表

组别	姓名	职称	专业	服务地点	备注
	胡玉堂	教员	西洋史	遵义	史地教育研究室编辑，亦授西洋史
	徐规	助教	史学	遵义	
	管佩韦	助教	史学	遵义	
职员	吴贤祚	绘图员			
	周丙潮	书记			
	王心安	绘图员			

兹据《史地通讯》第二期中所附"会友通讯录"中的"本系教员"、"离职教员名录"，将1946年4月（即浙江大学复校回杭之前）整理的在职教师和离任教师名单转录如下，见表4-3-2、表4-3-3：

表4-3-2　《史地通讯》第二期所载1946年4月史地学系在职教员名录[①]

姓名	籍贯	职务
张其昀	浙江鄞县	地理学教授兼系主任及文学院院长
顾毂宜	江苏无锡	西洋史教授
陈乐素	广东新会	国史教授
谭其骧	浙江嘉兴	国史教授
李絜非	安徽嘉山	史学副教授
张　鉴	浙江永嘉	国史副教授
黎子耀	湖南汉寿	国史副教授
季　平	浙江龙泉	西洋史讲师
胡玉堂	浙江余姚	西洋史教员
管佩韦	浙江黄岩	史学助教
徐　规	浙江平阳	史学助教

① 资料来源：《史地通讯》第2期（1946年），第49页。

续表

姓名	籍贯	职务
叶良辅	浙江杭州	地质学教授
沈思玙	安徽合肥	地理学教授
严德一	江苏泰兴	地理学副教授
王维屏	江苏江阴	地理学副教授
么枕生	河北滦县	气象学副教授
刘之远	河北磁县	地质学副教授
谢文治	浙江瑞安	地理学助教
赵松乔	浙江东阳	地理学助教
束家鑫	安徽无为	地理学助教

表4-3-3 《史地通讯》第二期所载1946年4月之前离校教员名录[①]

姓名	在本校担任职务	现任职务
陈训慈	国史教授	考试院考试委员会委员
贺昌群	国史教授	重庆中央大学史学系教授
向　达	国史教授	昆明西南联大史学系教授
张荫麟	国史教授	已故
钱　穆	国史教授	成都华西大学教授
王　庸	国史教授	上海赫德路四一八号法宝馆
刘　节	国史教授	重庆中央大学史学系教授
陶元珍	国史教授	城固西北大学史学系教授
李源澄	国史副教授	成都灌县灵岩书院
方　豪	史学教授	南京中央日报馆
李　埏	史学教员	昆明云南大学讲师
宝牧师	西洋史教员	龙泉耶稣堂牧师

---

① 资料来源：《史地通讯》第2期（1946年），第52页。

姓名	在本校担任职务	现任职务
柳定生	史学助教	重庆中央大学史学系讲师
朱庭祜	地质学教授	台北盐务局局长
涂长望	气象学教授	重庆中央大学气象系教授
沙学浚	地理学教授	重庆中央大学地理系教授
任美锷	地理学教授	重庆中央大学地理系教授
黄秉维	地理学副教授	重庆经济部资委会经济研究室
卢　鋈	气象学副教授	重庆沙坪坝中央气象局
郭晓岚	气象学讲师	留学美国
李玉林	地理学助教	重庆中央大学地理系教授
郝颐寿	地质学助教	三台国立东北大学
杨怀仁	地质学助教	成都四川大学史地系副教授
王德昌	地理学助教	重庆上清寺民乐村三十号

（二）史地教育研究室

史地教育研究室由于编纂史地图书任务较重，且有单独的经费来源，故除史地学系核心教师参与外，另外还聘请专职辅助人员（"编辑"），不计入史地学系教师系列。

浙江大学史地教育研究室是以编辑历史地理著述为主的研究实体，研究人员以文学院史地学系教师为主。据阙维民研究，史地教育研究室因属教育部委托浙江大学管理，故在购置国内外图书资料方面的国币和外汇资金比较到位，原始档案记录1945年1月教育部拨款50万元研究经费、1946年8月拨款100万元购书置仪器费（历史手册及地理手册15万元、地理手册15万元、绘图仪器30万元、史地丛书40万元）、1947年2月拨款100万元研究经费、1947年7月拨款1500万元研究经费、1947年8月拨款500万元"集中精力编辑《台湾图鉴》"。由于研究任务较重，故除专、兼职的研究人员外，还有一些专职工作人员，先后共有19人。[①] 见表4-3-4。

[①]　阙维民：《国立浙江大学史地学系教工档案综述》，载阙维民主编：《史地新论——浙江大学（国际）历史地理学术研讨会论文集》，杭州：浙江大学出版社，2002年，第69—108页（本处引文见第105页）。

表4-3-4　浙江大学史地教育研究室历年专职工作人员一览表①

姓名	1939年度	1940年度	1941年度	1942年度	1943年度	1944年度	1945年度	1946年度	1947年度	1948年度
张其昀（兼）	主任	主任	主任	主任	主任（请假）	主任（请假）	主任	主任	主任	主任（至1949.04）
任美锷（兼）	副主任	副主任	副主任	副主任（至1942.01）						
李絜非	副研究员	副研究员	副研究员	副研究员	副研究员	副研究员				
叶彦弧		练习生	练习生							
曹梦贤			书记	书记						
席世镗			书记	书记						
袁希文			书记	书记						
卜国钧				书记		书记				
李埏				编辑						
刘熊祥				编辑						
胡善恩				编辑						
王爱云				编辑		编辑				
叶良辅（兼）					主任（代）	主任（代）				
胡玉堂					编辑	编辑	编辑	编辑		
束家鑫						编辑				
舒兴汉									编辑	
丁名楠									编辑	

① 说明：本表引自阙维民《国立浙江大学史地学系教工档案综述》的表10"浙江大学理科研究所史地教育研究室历年专职人员一览表"（载阙维民主编：《史地新论——浙江大学（国际）历史地理学术研讨会论文集》，杭州：浙江大学出版社，2002年，第69—108页，本处引文见第107页）。编者重新按照年度将任职情况作了调整，个别表述（如"理科研究所"表述有误；史地教育研究室是一个单独机构，虽与"文科研究所史地学部"有密切协作的关系，但两者互不隶属；原表题中称"理科研究所"不准确，将所、室并列亦不妥）及误字（如"叶彦狐"应为"叶彦弧"）有修改。

姓名	1939年度	1940年度	1941年度	1942年度	1943年度	1944年度	1945年度	1946年度	1947年度	1948年度
王心安									绘图员	
吴贤祚									绘图员	
谢德耀									编辑	
周丙潮									书记	
王镇坤										编辑

二、学生

本期浙大地学的 4 个主要单位，直接承担学生培养的有 3 个，包括：

（1）文理学院、文学院的史地学系：招收正常的本科生，4 年制；1936 学年开始，即第一届为 1936.08—1940.07，后逐年招生；直至 1949 学年起改为地理学系，亦继续招生至 1951 学年。

（2）师范学院史地学系及第二部：招收师范类的师范生，师范学院史地学系为大学本科性质的 5 年制（其中，第五学年离校进行中学教学实习），师范学院第二部（史地学系）为在职进修性质的 1 年制。

师范学院史地学系 1938 学年开始，即第一届为 1938.08—1943.07，后逐年招生；但 1947 年 8 月后不再单独设立，原有学生归并文学院史地学系。1943 级为最后一届师范学院史地系毕业生（即 1943.08—1948.07）。1944 级、1945 级和 1946 级的学生均归入文学院史地学系，作为师范生；1947 学年和 1948 学年则在文学院史地学系招收师范生；学制统一为 4 年。1949 年 7 月后，原有学生不再区分师范生与否，也不再招收师范生。

师范学院第二部（史地学系）为师资类培训性质的进修生，1 年制，仅 1940.08—1941.07 和 1941.08—1942.07 招生两届。

（3）文科研究所史地学部：招收硕士研究生，2 年制；1939 学年开始，即第一届为 1939.08—1941.07，但该届实际入学为 1940.02，至 1942.07 毕业，与 1940 级同期毕业，故一般将此二级同作为史地学部第一届研究生；后逐年招生（但个别年份没有学生入学），直至 1949 学年起改为地理研究所，但地理研究所仅 1950 级招生一届，且没有毕业学生。

1947 年 9 月印行的《国立浙江大学文学院概况》附有自 1932 年文理学院有毕

业学生以来的、包括史地学系等在内的文理学院文组系科和文学院各系科的本科生和研究生的毕业名录，1948 年 6 月由"国立浙江大学同学会"编印的《国立浙江大学同学会第二次会员通讯录》则全面收录了浙江大学各时期、各系科的毕业学生名单和通讯录（1948 年 6 月之前）。二者名单基本一致（个别略有差别，应系后者对前者的补充）。因 1947 年 9 月印行的《国立浙江大学文学院概况》为文学院所编（即官方编定），兹据该材料所录名单，将文学院史地学系、师范学院史地学系本科生和文科研究所史地学部研究生的毕业生名单（1947 年 7 月前毕业生，即 1947 届之前）整理如下；另附 1948 届、1949 届本科生毕业名单。

（一）本科生

如前所述，史地学系第一届学生于 1936 年入学，即 1936 级（1936.08—1940.07），共毕业 5 人，即沈玉昌【25001】、戎文言【25002】、雷功俊【25003】、王德昌【25023】、王爱云【27061】，第二届 1937 级学生（1937.08—1941.07），共毕业 6 人，即沈自敏【26007】、周恩济【26042】、杨怀仁【26043】、谢觉民【26045】、胡玉堂【26055】、邓永璋【27062】。

按照《国立浙江大学文学院概况》的表述，其将 1932 届毕业生作为文理学院、文学院的第一届毕业生，其后依次排序；这样，至 1940 届毕业生（即史地学系第一届毕业生）即为第九届。这里也根据《国立浙江大学文学院概况》的表述，并结合《国立浙江大学同学会第二次会员通讯录》的记载，将史地学系本科生情况汇总如下（编者注：方括号中的数字为学号，编者据浙江大学档案馆校友名录查询系统获得）：

史地学系第一届学生

第九届（二十八年度）

文学院史地学系：沈玉昌【25001】、戎文言【25002】、雷功俊【25003】、王德昌【25023】、王爱云【27061】

［编者注：当时也称"民廿九级"。1940 年 7 月毕业，即 1940 届；时在遵义。为史地学系第一届学生，即 1936 级（1936.08—1940.07）］

史地学系第二届学生

第十届（二十九年度第二学期）

文学院史地学系：沈自敏【26007】、周恩济【26042】、杨怀仁【26043】、谢觉民【26045】、胡玉堂【26055】、邓永璋【27062】

［编者注：当时也称"民三〇级"。1941 年 7 月毕业，即 1941 届；时在遵义。为史地学系第二届学生，即 1937 级（1937.08—1941.07）］

师范学院第二部史地学系：黄光京【291001】（1940.08—1941.07）

史地学系第三届学生

第十一届（三十年度第二学期）

文学院史地学系：施雅风【26058】（编者注：为 1937 学年入学，1938 学年休学一年）、赵松乔【27064】、于震天【27068】、张效乾【28062】（编者注：可能为转学生，编号显示为 1939 学年编入）

［编者注：当时也称"民三一级"。1942 年 7 月毕业，即 1942 届；时在遵义。为史地学系第三届学生，即 1938 级（1938.08—1942.07）。见图 4-3-13］

（三十一年度第一学期）（编者注：1943 年 1 月毕业）

文学院史地学系：卢湛高【29050】（编者注：可能为转学生，编号显示为 1940 学年编入）

师范学院第二部史地学系：戎涓之（女）【301001】（编者注：该生曾为浙江大学教育学系学生，1932—1936 年在读）、何慧研【301002】、陈济沧【301003】、晏一清【301004】（1941.08—1942.07）

图 4-3-13　载于 1942 届毕业班学生赠送竺可桢校长相册中的史地学系毕业生照片。引自樊洪业、李玉海编著：《竺可桢的抗战年代——竺藏照片考述》，北京：中国科学技术出版社，2015 年，第 186 页。

史地学系第四届学生

第十二届（三十一年度第二学期）

文学院史地学系：毛汉礼【28071】、徐规【28085】、范易君（女）【28082】、何重恒【28083】、管佩韦【28089】、许福绵【28090】、许蔚文【28084】、余守清【28087】、唐义溱【28088】、蒋以明【28086】、沈健【28076】、

庄严【28068】、周家乾【28067】、邹含芬（女）【28072】、祝修麢（编者注：也作"祝修麟"）【28074】

[编者注：当时也称"民三二级"。1943年7月毕业，即1943届；时在遵义。为史地学系第四届学生，即1939级（1939.08—1943.07）]

师范学院史地学系：宋铭奎【27609】、张汉松【27612】、孙盘寿【27613】、陈述彭【27618】、吴华耀【27661】、蔡锺瑞【27701】、钱炜（女）【27702】、詹溶庆【27703】、杨利普【27706】、刘宗弼【27711】

[编者注：1943年7月毕业，即1943届；为师范学院史地学系第一届学生，即1938级师范生（1938.08—1943.07）。但师范生一般不单独编届次，而是按照毕业年与同年毕业的文学院史地学系学生一起作为同一届（即与入学晚一年的同学同年毕业）；一些回忆材料中，有时也与同一年入学的文学院史地学系学生作为同一届，尤其是在学生的表述里，如编印于1946年的《史地通讯》第二期所整理的本系毕业生名录中，即将同年入学的文学院史地学系与师范学院史地学系的学生作为同一届处理[1]，也即把1938级作为同一届看待。故在若干关于届次的不同的表述中，可能存在正好相差一年的情况。下同]

史地学系第五届学生

第十三届（三十二年度第二学期）

文学院史地学系：沈能枋【28008】、王省吾【29003】、沈雅利（女）【29032】、赵廷杰【29041】、阚家蓂（女）【29046】、刘尚经【29047】、王蕙（女）【26052】、王连瑞【29048】、郑士俊【29049】、戴贞元【29052】、江乃萼（女）【29053】、张幼勤（已故）【29054】、姚懿明【29055，编者注：即姚宜民】、姚国水【29056】、文焕然【29058】、欧阳海（女）【29059】、谢文治【29063】、倪士毅【29064】、程光裕【29065】、胡汉生【30061】、傅文琳【31061】

[编者注：当时也称"民三三级"。1944年7月毕业，即1944届；时在遵义。为史地学系第五届学生，即1940级（1940.08—1944.07）]

师范学院史地学系：黄化【27712】、何春华【28731】、张世烈【28732】、李敦仁【28736】、李青贵【28738】、游天池【28740】、黄子才【28764】

[编者注：1944年7月毕业，即1944届；为师范学院史地学系第二届学生，即1939级师范生（1939.08—1944.07）]

---

[1] 《史地通讯》第2期（1946年），第53—56页。

史地学系第六届学生

第十四届（三十三年度第二学期）

文学院史地学系：王度【29023】、叶文培【29371】、赵昭晒【30012】、宋晞【30013】、厉良敏【30051】、束家鑫【30066】、王嘉福【29246】（编者注：入学时为"电机工程系"，可能后来转入史地学系）、陈耀寰【30067】、陈吉余【30068】、史以恒（已故）【30069】、夏源【30071】

［编者注：当时也称"民三四级"。1945年7月毕业，时在遵义。即1945届；为史地学系第六届学生，即1941级（1941.08—1945.07）。见图4-3-14］

（三十四年度第一学期）（编者注：1946年1月毕业）

文学院史地学系：严刘祜【30014】、李孝祖【30064】（编者注：《第二次会员通讯录》另收录石剑生【30072】）

师范学院史地学系：陈光崇【29627】、陈平章【29629】、殷汝庄（女）【29643】、阮文华【29645】、罗昭彰【29646】、蒋铨元【29647】、程蕴良【29648】、李昌文【29654】、周忠玉【29649】、吴章斌【29652】（编者注：《第二次会员通讯录》另收录彭桃龄【29655】）

［编者注：1945年7月毕业，即1945届；为师范学院史地学系第三届学生，即1940级师范生（1940.08—1945.07）］

图4-3-14　史地学系学生陈耀寰、陈吉余、史以恒照片（浙大上报教育部材料）。引自中国第二历史档案馆档案。

史地学系第七届学生

第十五届（三十四年度第二学期）

文学院史地学系：满时彬【29062】、徐先【30009】、张元明【30063】、司徒钜勋【31074】、曹梦贤【30065】、申勉【31038】（编者注：入学时为"外国语文学系"，可能后来转入史地学系）、桂永杰【31064】、王鹤年【31067】、蔡崇廉【31068】、杜学书【31069】、吕欣良【31071，编者注：即吕东明】、张韵秋（女）【31072】、叶华勋【31073】、贺忠儒【30110】、马光煌【29121】

［编者注：当时也称"民三五级"。1946年7月毕业，即1946届；时在遵义。为史地学系第七届学生，即1942级（1942.08—1946.07）］

（三十五年度第一学期）（编者注：1947年1月毕业）

文学院史地学系：胡金麟【31034】、张则恒【31206】（编者注：入学时为"电机工程系"，可能后来转入史地学系）、李景霞【31710】

师范学院史地学系：阚纫琼【31126】、刘应中【29030】、萧俊云【30664】、杨培源【30662】、李传贵【29650】、龙秉衡【30661】（编者注：《第二次会员通讯录》另收录杨竹亭【29696】）

［编者注：1946年7月毕业，即1946届；为师范学院史地学系第四届学生，即1941级师范生（1941.08—1946.07）］

史地学系第八届学生

第十六届（三十五年度第二学期）

文学院史地学系：冯坚【31051】（编者注：入学时为"外国语文学系"，可能后来转入史地学系）、李赓序【31062】、刘克恭【31063】、杨予六【32066】、许道慧（女）【32067】、陈凤珍（女）【32068】、孙济平（女）【32073】、游振泰【32075】、熊第恕【32079】、薛兴儒【32843】

［编者注：当时也称"民三六级"。1947年7月毕业，即1947届；时在杭州。为史地学系第八届学生，即1943级（1943.08—1947.07）］

另外，《第二次会员通讯录》收录：李治孝【31065】、卢祥生【31076】于1948年1月毕业（编者注：因《文学院概况》编印于1947年9月，故延迟毕业的未及编入）。

师范学院史地学系：蒲德华【31751】、桂柏林（女）【31761】、刘德荣【31753】（编者注：《第二次会员通讯录》另收录董德桓【30721】、黄博施【28737】）

［编者注：1947年7月毕业，即1947届；为师范学院史地学系第五届学生，

即 1942 级师范生（1942.08—1947.07）] ^①

另据浙江大学档案馆所藏档案，这里将 1944 年和 1945 年入学（时在遵义，分别毕业于 1948 年和 1949 年的杭州）的本科生的毕业情况，汇总如下（因有延迟毕业或其他原因，其后可能有迟发或补发毕业证书等情况，故个别毕业生可能会有遗漏）：

史地学系第九届学生

1948 届毕业生：

史地学系：张镜湖【33061】、吴应寿【33003】、冯怀珍【33824】、屈彦远【33069】、倪宝元【33006】、田代沂【32262】

[编者注：当时也称"民三七级"。1948 年 7 月毕业，即 1948 届；时在杭州。为史地学系第九届学生，即 1944 级（1944.08-1948.07）]

师范学院史地学系：祝耀楣【32069】、黄有种【？】

[编者注：1948.07 毕业，即 1948 届；为师范学院史地学系第六届学生，即 1943 级师范生（1943.08—1948.07）。该级师范生在四年级（即 1947 年 8 月）时，师范学院中的史地学系撤销，但该级学生仍按照原培养方式，有一年的离校实习要求，故至 1948 年 7 月毕业，仍为 5 年制。其后的 1944 级、1945 级、1946 级入学时为师范学院学生，于 1947 年 8 月撤销师范学院史地学系后，归并相应文学院史地学系各年级，改为师范生制度，学制 4 年]。

史地学系第十届学生

1949 届毕业生：

非师范生：

葛师竹【31065】、吴清融【34072】、胡福畴【34074】、周克惠【34075】、黄锡畴【34077】、孟钧照【34078】、王从廉【34083】、周峻壁【34317】、陈汉耀【33144？物理学系】、翁景田【34008】、黄小箴【34009】、毛昭晰【34011】、王来棣【34021】、陈晞仑【34023】（编者注：入学时为"外国语文学系"，可能后来转入史地学系）、鲍映澜【34046】（编者注：入学时为"外国语文学系"，可能后来转入史地学系）、叶宗琮【34059】、杨琨【34065】、丘宝剑【32076】、蒋天佑【33059】、左大康【33333】

---

① 《国立浙江大学文学院概况》（1947 年），第 15—20 页。

［编者注：当时也称"民三八级"。1949 年 7 月毕业，即 1949 届；时在杭州。为史地学系第十届学生，即 1945 级（1945.08—1949.07）。此即史地学系最后一届毕业生；其后 1950 届为第一届地理学系毕业生］

师范生：

程金玉【31759】、梁赞英【31764】、陆希舜【32072】、王宣【32831】、季松培【33830】、黄安华【33831】、周甫保【33898，英文系】、徐学恩【33892】、张飞鹏【33063】、周品英【33793】、陈正元【？】、张永世【34035】、刘柏华【34036】、范运钧、王传琛、陆倩【34066】、张治俊【34067】、黄盛璋【34070】、熊美华【34151】、许孟英【34805】（编者注：入学时为"外国语文学系"，可能后来转入史地学系）、江继荣【34808】、金钦贵【34825】、曹毓麟【34831】、陈龙水【34832】、洪昌文【34834】、毕敖洪【34835】、孙祖琛【34836，史地系；另：35894，法律系（司法组），疑为另一人】、金陈莲（又作金陈廉、金陈连）【34838】、王明业【34839】、郑邦贤【34841】、何容【34842】、郑人慈【34843】、陈大钧【34844】、吴汝祚【34845】、阮国卿【34846】、张德新【34864】、卢婉清【34867】、潘明友【34896】、邬正明【34897】、毛保安【35836】、宋玉【332058？】

（二）研究生

1.1939 学年

1939 年度（即 1939 年 8 月起），文科研究所史地学部正式设立，并制定招生办法，公布招生简章。但由于各种因素影响，1939 年度的第一批研究生，是在该年度第二学期正式入学、开始研究生阶段学习的（即 1940 年 2 月后入校开始上课。约于 1942 年 7 月与 1940 级同学一起毕业）。丁锡祉曾经回忆：

> 我是 1939 年底和郭晓岚、胡善恩两位学长从重庆北碚一同到贵州遵义进入浙江大学的，我们三人是浙江大学研究院史地学部的第一批研究生。我专攻地貌学，由叶良辅老师指导……
>
> 我 1939 年通过通讯考试被批准入学，试题是：《地表形态，千变万化，推其原因，厥有数端，试论述之》。我以台维斯的地貌三要素为主线，写了数千字的答卷，年底得到录取通知书，当即辞去地质调查所的工作，去遵义报到。[1]

---

[1] 丁锡祉：《恩师情深——纪念叶良辅教授逝世四十周年》，载杨怀仁主编：《叶良辅与中国地貌学》，杭州：浙江大学出版社，1989 年，第 411—413 页。

经查核浙江大学档案馆的校友名录系统，可见正式编号后的该年度学生名单如下（该届 1939 年 10 月考试，1940 年 2 月入学）：

郭晓岚【史 1】，丁锡祉【史 2】，胡善恩【史 3】，洪诚【史 4】（编者注：洪诚，1940 年秋在浙大附中任教，可能考取研究生。但可能因故未入学）

但从 1940 年 7 月出版的《科学》杂志对史地学部的介绍来看，当时显示录取的人员名单为：章巽、郭晓岚、陈树仁（女）、丁锡祉、胡善恩。见表 4-3-5。

表4-3-5　1939学年（1939.08—1940.07）史地学部录取研究生名录①

研究生	组别	研究生籍贯	导师	研究题目
章巽	史学组	浙江金华	张其昀，顾毂宜	中国现代史
郭晓岚	地学组气象门	河北满城	涂长望	中国气象
陈树仁（女）	地学组气象门	江苏常熟	涂长望	农业气象
丁锡祉	地学组地形门	浙江吴兴	叶良辅，任美锷	遵义地形
胡善恩	地学组人文地理门	四川成都	张其昀，黄秉维	东北地理

后章巽、陈树仁均未出现在档案馆档案及毕业名单中，可能未至浙江大学就读。

该届学生与下一年度录取学生一起于 1942 年 7 月毕业（编者注：1939 级和 1940 级因均于 1942 年 7 月毕业，故一般将这两级表述为"第一届"），共 6 名，包括：刘熊祥、胡善恩【史 3】、严钦尚、沈玉昌、丁锡祉【史 2】、郭晓岚【史 1】。

2.1940 学年

1940 年度文科研究所史地学部继续招生，为第二次招生（编者注：1939 级和 1940 级因均于 1942 年 7 月毕业，故一般将这两级表述为"第一届"）。经查核浙江大学档案馆的校友名录系统，可见正式编号后的该年度学生名单如下（该届 1940 年 7 月考试，1940 年 8 月入学）：

沈玉昌【史 5】，严钦尚【史 6】，王爱云（女）【史 7】，叶笃正【史 8】，刘熊祥【史 10】

---

① 资料来源：《浙大史地研究所近讯》，载《科学》第 24 卷第 8 期（1940 年），第 640—641 页。

当时《校刊》也登载了该年度的招生情况。见图 4-3-15。

本校文科研究所史地学部研究生名录[①]

本校文科研究所史地学部去年录取研究生四名（其中陈树仁君因病请休学一年，于本学年始到校），本学年度录取研究生六名，共十名。兹列表如左：

姓名	籍贯	年龄	性别	毕业校别	所在年级	组别
郭晓岚	河北满城	26	男	清华大学	二	地组，气象门
丁锡祉	浙江吴兴	25	男	清华大学	二	地组，地形门
胡善恩	四川成都	26	男	清华大学	二	地组，人文地理门
沈玉昌	浙江吴兴	24	男	本校	一	地组，地形门
严钦尚	江苏无锡	24	男	中央大学	一	地组，地形门
王爱云	安徽桐城	21	女	本校		史组
陈树仁	江苏常熟	23	女	清华大学	一	地组，气象门
刘熊祥	湖南衡山	26	男	北京大学	一	史组
叶笃正	安徽怀宁	26	男	清华大学	一	地组，气象门
王云亭	辽宁沈阳	23	男	清华大学	一	地组，人文地理门

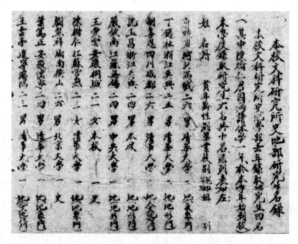

图 4-3-15　《国立浙江大学校刊》复刊第 74 期（1940 年 12 月 28 日）所载 1940 学年史地学部录取研究生名录。引自《国立浙江大学校刊》复刊第 74 期（1940 年 12 月 28 日）。

---

① 《国立浙江大学校刊》复刊第 74 期（1940 年 12 月 28 日）。

该届招生 6 名，但其后陈树仁、王云亭均未见毕业名单中收录，估计是没有入学或未完成学业。现学号序列中亦缺"史 9"，从前述《校刊》的报道中，可知"陈树仁君因病请休学一年，于本学年始到校"，则推测可能是陈树仁入学但未完成学业，故应该是陈树仁为编号"史 9"者。王云亭可能没有入学。

这两年所招学生基本上是一起入学（前后差半年）、一起授课，也于同一年（即 1942 年 7 月）毕业；故一般将此 2 届统称为第一届。第一届共 6 名，包括：刘熊祥【史 10】、胡善恩、严钦尚【史 6】、沈玉昌【史 5】、丁锡祉、郭晓岚。

3. 1941 学年

1941 年度文科研究所史地学部继续招生，按毕业生 1939 和 1940 级因基本同期毕业算作一届，本届一般作为第二届。经查核浙江大学档案馆的校友名录系统，可见正式编号后的该年度学生名单如下（该届 1941 年 7 月考试，1941 年 8 月入学）：

周恩济【史 11】，胡玉堂【史 12】，谢义炳【史 13】，杨怀仁【史 14】，余泽忠【史 15】，余文豪（编者注：又名余行迈）【史 16】

该届招生 6 名，于 1943 年 7 月正常毕业。就实际毕业生情况看，该年度毕业生 6 名，包括前一届的王爱云【史 7】和叶笃正【史 8】，以及本届的谢义炳【史 13】、周恩济【史 11】、余文豪【史 16】、余泽忠【史 15】。

4. 1942 学年

1942 年度文科研究所史地学部继续招生，按毕业生 1939 和 1940 级作一届排列，本届为第三届。经查核浙江大学档案馆的校友名录系统，可见正式编号后的该年度学生名单如下（该届 1942 年 7 月考试，1942 年 8 月入学）：

施雅风【史 17】，赵松乔【史 18】，方正三【史 19】，梁蕲善【史 20】

第三届招生 4 名，于 1944 年 7 月毕业。实际该年度毕业生 4 名：本届的施雅风【史 17】、梁蕲善【史 20】2 人和上一届的胡玉堂【史 12】、杨怀仁【史 14】2 人。此外，赵松乔【史 18】延后一年毕业，方正三【史 19】可能未就读或未完成学业。

5. 1943 学年

1943 年度文科研究所史地学部继续招生，按毕业生 1939 和 1940 级作一届排列，本届为第四届。经查核浙江大学档案馆的校友名录系统，可见正式编号后的该年度学生名单如下（该届 1943 年 7 月考试，1943 年 8 月入学）：

毛汉礼【史 21】，袁希文【史 22】，徐规【史 23】，许福绵【史

24】，孙守任【史 25】

第四届招生 5 名，于 1945 年 7 月毕业。实际该年度毕业生 4 名：上一届（1942 年 7 月入学）的赵松乔【史 18】和本届的孙守任（也作“孙守仁”）【史 25】、徐规【史 23】、袁希文【史 22】。其他可能未完成学业，如毛汉礼（编者注：1943 年毛汉礼攻读史地系研究生，1944 年经竺可桢的介绍任重庆中央研究院气象研究所助理研究员，并保留研究生学籍，1946 年春随该所迁回南京。故毛汉礼可能研究生未攻读或未毕业）和许福绵【史 24】等。

6.1944 学年

1944 年度文科研究所史地学部继续招生，按毕业生 1939 和 1940 级作一届排列，本届为第五届。经查核浙江大学档案馆的校友名录系统，可见正式编号后的该年度学生名单如下（该届 1944 年 7 月考试，1944 年 8 月入学）：

文焕然【史 26】，倪士毅【史 27】，蔡锺瑞【史 28】，戎文言【史 29】，王连瑞【史 30】，陈述彭【史 31】，程光裕【史 32】

该届招生 7 名，应于 1946 年 7 月毕业。实际该年度毕业生 1 名：蔡锺瑞【史 28】。此外，文焕然【史 26】、倪士毅【史 27】、陈述彭【史 31】、程光裕【史 32】于 1947 年 7 月毕业；戎文言【史 29】、王连瑞【史 30】可能没有完成学业。

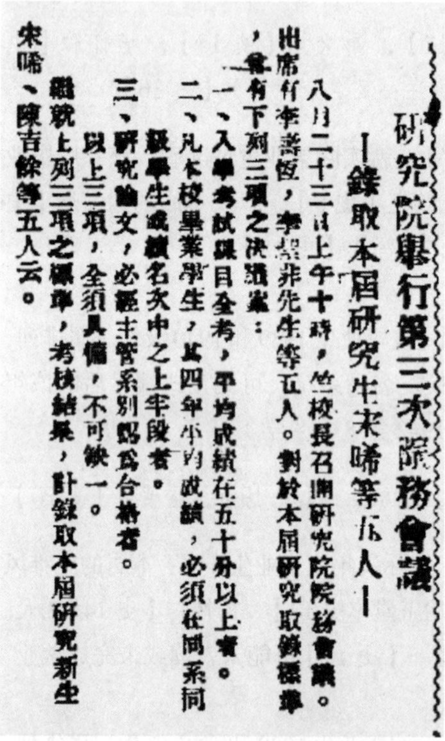
研究院舉行第三次院務會議
—錄取本屆研究生宋晞等五人—
八月二十三日上午十時，竺校長召開研究院院務會議。出席者李壽恆，李絜非先生等五人。對於本屆研究取錄標準，錄有下列三項之決議案：
一、入學考試課目全考，平均成績在五十分以上者。
二、凡本校畢業學生，其四年平均成績，必須在同系同級畢業生成績名次中之上半段者。
三、研究論文，必經主管系別認為合格者。
以上三項，全須具備，不可缺一。
繼就上列三項之標準，考核結果，計錄取本屆研究新生宋晞、陳吉餘等五人云。

图 4-3-16 《国立浙江大学校刊》复刊第 130 期（1945 年 9 月 1 日）所载研究院举行院务会议的报道（讨论录取宋晞、陈吉余等 5 人为硕士研究生）。引自《国立浙江大学校刊》复刊第 130 期（1945 年 9 月 1 日）。

7.1945 学年

1945 年度文科研究所史地学部继续招生，按毕业生 1939 级和 1940 级因基本同期毕业算作一届，本届为第六届。见图 4-3-16。经查核浙江大学档案馆的校友名录系统，可见正式编号后的该年度学生名单如下（该届 1945 年 7 月考试，1945年8月入学）：

宋晞【史33】，陈吉余【史34】

该届招生2名，应于1947年7月毕业。实际该年度毕业生6名：本届陈吉余【史34】、宋晞【史33】2人和上一届的文焕然【史26】、倪士毅【史27】、陈述彭【史31】、程光裕【史32】等4人。

《国立浙江大学文学院概况》中，附有"研究生名录及其论文目录表"，此即为1939年8月至1947年7月研究生情况。见表4-3-6、图4-3-17、图4-3-18，兹转录如下：

表4-3-6　文科研究所史地学部研究生名录及其论文题目和毕业情况[①]

姓名	组别	论文题目	毕业年度	原读大学	学位
刘熊祥	史学	清季联俄政策之始末	三十（编者注：1942.07）	西南联大	硕士
丁锡祉	地形	遵义地面的发育	三十（编者注：1942.07）	西南联大	——
严钦尚	地形	贵阳附近地面及水系之发育	三十（编者注：1942.07）	中央大学	硕士
沈玉昌	地形	湘江附近地形初步研究	三十（编者注：1942.07）	本大学	——
郭晓岚	气象	大气中之长波辐射	三十（编者注：1942.07）	西南联大	硕士
胡善恩	人文地理	遵义附近之地理环境与人生之关系	三十（编者注：1942.07）	西南联大	——
王爱云	史学	贵州开发史	三十一（编者注：1943.07）	本大学	硕士
余文豪	史学	元初汉军考	三十一（编者注：1943.07）	西南联大	硕士
叶笃正	气象	湄潭之大气电位	三十一（编者注：1943.07）	西南联大	硕士
谢义炳	气象	贵州之天气与气候	三十一（编者注：1943.07）	西南联大	硕士
周恩济	人文地理	西北之垦殖	三十一（编者注：1943.07）	本大学	硕士

---

① 资料来源：《国立浙江大学文学院概况》（1947年），第27—29页。

续表

姓名	组别	论文题目	毕业年度	原读大学	学位
余泽忠	人文地理	中国棉作与气候	三十一（编者注：1943.07）	中山大学	硕士
胡玉堂	史学	古代雅典民主政治与雅典帝国	三十二（编者注：1944.07）	本大学	硕士
杨怀仁	地形	贵州中北部地形发育史	三十二（编者注：1944.07）	本大学	硕士
施雅风	地形	华中区水理初步研究	三十二（编者注：1944.07）	本大学	硕士
梁蕲善	人文地理	贵州之经济地理	三十二（编者注：1944.07）	中山大学	硕士
徐规	史学	宋代妇女的地位	三十三（编者注：1945.07）	本大学	硕士
袁希文	史学	唐代税法之嬗变及其因果	三十三（编者注：1945.07）	光华大学	——
孙守仁	史学	后金汗国社会经济与政治	三十三（编者注：1945.07）	东北大学	——
赵松乔	人文地理	中缅政治地理上几个问题	三十三（编者注：1945.07）	本大学	硕士
蔡锺瑞	地形	恩施地形研究	三十四（编者注：1946.07）	本大学	——
倪士毅	史学	赵宋宗室中之士大夫	三十五（编者注：1947.07）	本大学	——
程光裕	史学	茶风与唐宋思想界	三十五（编者注：1947.07）	本大学	——
宋晞	史学	士大夫势力下宋代商人的活动	三十五（编者注：1947.07）	本大学	——
文焕然	史学	秦汉时代黄河中下游气候之蠡测	三十五（编者注：1947.07）	本大学	——
陈述彭	地形	螳螂川流域之地文与人生	三十五（编者注：1947.07）	本大学	——
陈吉余	地形	杭州湾地形之演化	三十五（编者注：1947.07）	本大学	——

三、研究生名錄及其論文目錄表

姓名	組別	論文題目	畢業年度	原讀大學	學位
丁錫祉	地形	遵義地面的發育	三十	西南聯大	碩士
劉熊祥	史學	清季聯俄政策之始末	三十	西南聯大	碩士
嚴欽尙	地形	貴陽附近地面及水系之發育	三十一	中央大學	碩士
沈玉昌	地形	湘江附近地形初步研究	三十一	本大學	碩士
郭曉嵐	氣象	大氣中之長波輻射	三十一	西南聯大	碩士
胡善恩	人文地理	遵義附近之地理環境與人生之關係	三十一	西南聯大	碩士
王愛雲	史學	貴州開發史	三十一	本大學	碩士
余文豪	史學	元初漢軍攷	三十一	中山大學	碩士
葉熊正	氣象	湄潭之大氣電位	三十一	西南聯大	碩士
謝義炳	氣象	貴州之天氣與氣候	三十一	西南聯大	碩士
周恩濟	人文地理	西北之墾殖	三十二	本大學	碩士
余澤忠	人文地理	中國棉作與氣候	三十二	西南聯大	碩士
胡玉堂	史學	古代雅典民主政治與雅典帝國	三十二	中山大學	碩士
楊懷仁	地形	貴州中北部地形發育史	三十二	光華大學	碩士
施雅風	地形	華中區水理初步研究	三十三	本大學	碩士
梁慸善	人文地理	貴州之經濟地理	三十三	東北大學	碩士
徐規	史學	宋代政治	三十三	本大學	碩士
袁希文	史學	唐代稅法之嬗變及其因果	三十三	本大學	碩士
孫守仁	史學	中緬政治地理上幾個問題	三十四	本大學	碩士
趙松喬	人文地理	後金汗國社會經濟與政治	三十五	中央大學	碩士
蔡錦香	地形	恩施地形研究	三十五	本大學	碩士
倪士毅	史學	趙宋宗室中之士大夫	三十五	本大學	碩士
桿光裕	史學	茶風興唐宋思想界	三十五	本大學	碩士
宋晞	史學	士大夫勢力下宋代商人的活動	三十五	本大學	碩士
文煥然	史學	秦漢時代黃河中下游氣候之臆測	三十五	本大學	碩士
陳述彭	地形	螳螂川流域之地文與人生	三十五	本大學	碩士
陳吉餘	地形	杭州灣地形之演化	三十五	本大學	碩士

图4-3-17　《国立浙江大学文学院概况》所载史地研究所研究生名录及论文题目（1947年前）。引自《国立浙江大学文学院概况》（1947年），第27—29页。

姓名	籍贯	系	通信地址
刘熊祥	衡山	史地	甘肃兰州师范学院
丁锡祉	吴兴	史地	上海师专
严钦尙	吴兴	史地	杭州浙江大学
沈玉昌	无锡	史地	见大学部民一九级
郭晓岚	吴兴	史地	Mr. H. L. Kuo Department of Meteorology University of Chicago U. S. A.
胡善恩	蒲城	史地	见大学部民一九级
余文豪	成都	史地	Mr. Shan-en Hu 2532 Rogeut Street Berkeley 4, Calif. U. S. A.
王爱云	桐城	史地	见大学部民二九级
渠篪正	六合	史地	无锡国立边疆学校
胡玉堂	古田	史地 福州	Mr. R. C. Yeh, No 335 International House 1414 E. 59th Street, Chicago U.S.A.
余泽忠	宁波	史地	见大学部民三〇级
周恩济	新田	史地	见大学部民三〇级
谢义炳	怀宁	史地	Mr. N. P. Hsieng 5878 Maryland Ave. Chicago 37, L11.
杨怀仁	福州	史地	见大学部民三一级
孙守任	余姚	史地	见大学部民三一级
徐规	平阳	史地	苏州醋库巷六十九号
袁希文	吴县	史地	广州东山百子横路二〇号二楼
梁新善	南海	史地	见大学部民三一级
施雅风	南通	史地	见大学部民三一级
文焕然	宿迁	史地	见大学部民三一级
蔡鏵瑞	东阳	史地	见大学部民三二级
赵松乔	广济	史地	见大学部民三二级
陈迩彭	益阳	史地	见大学部民三三级
倪士毅	萍乡	史地	见大学部民三三级
程光裕	乐清	史地	见大学部民三三级
宋晞	绩溪	史地	见大学部民三四级
陈吉馀	瓯水	史地	见大学部民三四级

图 4-3-18　《国立浙江大学同学会第二次会员通讯录》（1948 年 6 月编印）所载文科研究所史地学部 1942—1947 年的毕业学生名单及 1947 年时的通信地址。引自《国立浙江大学同学会第二次会员通讯录》（1948 年 6 月编印），第 123—124 页。

第四节　地学各系、所的教学活动

在西迁办学的九年时间里，尽管浙江大学和地学系科历经多次迁校，但一直弦歌不辍，坚持正常的教学活动；在 1940 年初定址遵义后的相对稳定的 6 年时间里，适应人才培养和研究生教育的需要，结合教学开展了多样的科研活动。

1932 年 8 月后，浙江大学正式制定《国立浙江大学学则》（以下简称《学则》），对学生管理诸种事项进行了明确的规定。至 1936 年 5 月竺可桢长校后，于 1937年 4 月对该《学则》有过修订。西迁至遵义后，学校再次于 1944 年 4 月予以修订。浙江大学本科生、研究生（主要是本科生）的招生、教学、日常管理等方面的事务，均按照该《学则》的规定执行。

一、文、师两院史地学系本科生的课程设置与教学活动

如前所述，浙大史地系的培养目标是造就史学和地学的专门人才，但注重

二科的联系性，使学生专精与通识相结合。史学组兼重中国史和世界史，养成学生比较研究的能力；地学组兼重人文地理和自然地理，以充实其科学研究的基础。师范学院史地系，在二年级以后，也分史组与地组，但增加教育学方面的课程，且更强调使学生对史、地二科有全面的了解，以更好地培养史地兼备的中学师资。

（一）课程设置

1. 文理学院、文学院的史地学系

文理学院史地学系（1936.08—1939.07）和文学院史地学系（1939.08—1949.07）一脉相承，从设系伊始，即强调"史地合一"，将历史学科和地理学科置于同一学系之下，以收史地兼通之效，内分史组、地组，实际上即为历史专业与地理专业（特定场合也直接以历史学系或地理学系的名义参与相关活动）；故其课程也分别依据史学系、地理系的课程设置而来。

1945 学年前后，随着学科分化和教师结构逐渐合理，史组与地组均有进一步细分，即下分"学门"。史组包括"中国史"、"西洋史"两门，地组包括"人文地理"、"自然地理"和"气象"三门，并有增加"国际学门"的打算。

> 本系分史、地两组，自二年级开始，分组课程，大致依照部颁史学系与地理系课程办理。三四年级依照学生兴趣与能力，授以进修之门径，史学组分中国史、西洋史两门，地理组分人文地理、自然地理、气象三门。各门设选修课程若干种。下年度拟添设国际学门，指导学生从史地背景研习国际关系，其性质介于史、地二组之间。又于传记学亦拟加以提倡。[①]

文学院史地系开设的课程，有必修课和选修课。一年级不分组，基本上都是共同必修课；二年级起分为史组和地组，主要为专业课。

（1）包括史地学系在内的全校共同必修课安排

现可查到 1938 学年第一学期文理学院共同必修课和 1938 学年第二学期各学院的共同必修课的安排情况，兹整理分述如下。

——1938 学年上学期（1938.08.01—1939.01.31）

据有关档案材料，1938 学年第一学期浙江大学文理学院共同必修课开课情况如下（浙江大学 1939 年 2 月 21 日整理上报教育部），见表 4-4-1：

[①] 李絜非：《本系概况》，载《史地通讯》第 2 期（1946 年），第 2—3 页。

表4-4-1　1938学年第一学期浙江大学文理学院共同必修学程①

（编者注：该表注明为 1938 学年上学期课程安排，于 1939 年 2 月 21 日上报教育部）

学程名称	学分数	每周授课时数		修习年级	担任教员	备注
		讲演	实习			
国文（一）	3	3	1	1	缪钺、郭洽周、王焕镳、祝文白	分甲、乙、丙、丁、戊五组与师范学院各系学生同组上课
一年普通英文	3	3		1	郭洽周、陈逵、陈嘉、梅光迪、姚珣间	分 A、B、C、D、E 五组与师范学院各系学生同组上课
普通数学（甲）	3	3	1	1	毛信桂	文组、生物一，同组
初等微积分及微分方程	4	5	1	1	冯乃谦	数学、物理、化学，同班
物理学	4	4	3	1	张绍忠、朱福炘	分 A、B 二组，数学、物理、电机、机械一为 A 组，化学、化工、土木、理化为 B 组
无机化学	4	4	3	1	储润科	同上
中国通史（甲）	3	3		1	贺昌群	文、理一，同组
党义（一）乙	1	1		1	雷宾南	文理、师范一，同组
军事训练（甲）	1	1	2	1	夏济宇	文理、农一，同组
体育（一）甲	1		2	1	舒鸿	文理、师范一，同组
哲学入门	3	3		1	谢幼伟	文组一
看护学（甲）	1	1		1	周仲琦	文理、师范一，女生同组
二年普通英文	2	3		2	陈逵、陈嘉	分 A、B 二组，文组、生物二为 A 组，理组（数、理、化）为 B 组
国文（二）	2	3		2	刘弘度	文组二
德文（二）B	2	3		3	Beauclair	理组三

---

① 资料来源：中国第二历史档案馆所藏档案。

学程名称	学分数	每周授课时数		修习年级	担任教员	备注
		讲演	实习			
党义（二）乙	1	1		2	雷宾南	文理、农二，同组
体育（二）	1		2	2	舒鸿	全院二年级同班
德文（一）B	3	3		2	Beauclair	理组，同组
女生体育	1		2		舒鸿	全院各级女生同班
体育（三四）	1		2	3，4	舒鸿	全院三、四年生同班
（缺政治、经济、社会……）						编者注：为后添加，仅有名称
西洋通史						编者注：为后添加，仅有名称

——1938 学年下学期（1939.02.01—1939.07.31）

1938 学年第二学期（1939.02—1939.07）各院系共同必修学程，浙江大学该学期安排如下，见表4-4-2：

表4-4-2 1938学年第二学期浙江大学各院、系共同必修学程①

（编者注：该表注明为 1938 学年下学期课程安排）

学程	每周授课时数		半年学分数	全年学分数	担任教员	备注
	讲演	实习				
国文（甲）	3	1		6	缪彦威	中文、国文、教育合组
国文（乙）	3	1		6	郭洽周	外文、英语、化学合组
国文（丙）	3	1		6	王焕镳	（文）史地、（师）史地、生物、理化合组
国文（丁）	3	1		6	祝廉先	数学、算学、物理合组
国文（戊）	2	1		4	缪彦威	化工

---

① 资料来源：中国第二历史档案馆所藏档案。

续表

学程	每周授课时数		半年学分数	全年学分数	担任教员	备注
	讲演	实习				
国文（己）	2	1		4	张清常	电机、机械合组
国文（庚）	2	1		4	陈大慈	土木
国文（辛）	2	1		4	祝廉先	农艺、园艺合组
国文（壬）	2	1		4	陈大慈	病虫害、蚕桑、农业经济合组
一年普通英文 A	3			6	郭洽周	中文、国文、教育合组
一年普通英文 B	3			6	陈嘉	外文、英语、化学合组
一年普通英文 C	3			6	梅光迪	（文）史地、（师）史地、理化合组
一年普通英文 D	3			6	姚珣同	数学、算学、物理合组
一年普通英文 E	3			6	陈逵	化工
一年普通英文 F	3			6	陈逵	电机、机械合组
一年普通英文 G	3			6	王培德	土木
一年普通英文 H	3			6	沈同洽	农艺、园艺合组
一年普通英文 I	3			6	王培德	病虫害、蚕桑、农业经济合组
中国通史（甲）	3			6	贺昌群	中文、外文、数、物、化、算合组
中国通史（乙）	3			6	贺昌群	（师）国文、教育、史地合组
普通数学（甲）	4	1		6	钱宝琮	外文、中文、史地、生物合组
普通数学（乙）	4	1		6	毛信桂	农一
初等微积分及微分方程	5	1		8	冯乃谦	数、物、化、算、理化合组
初等微积分 A	4	1		6	朱叔麟	电机
初等微积分 B	4	1		6	钱宝琮	土木、机械合组
初等微积分 C	4	1		6	朱叔麟	化工
普通物理 A	3	3		6	张有清	农艺、园艺及文、师各系选者合组
普通物理 B	3	3		6	斯何晚	病虫害、蚕桑、农业经济合组

学程	每周授课时数		半年学分数	全年学分数	担任教员	备注
	讲演	实习				
物理学 A	4	3		8	张绍忠	数、物、化、算、理化合组
物理学 B	4	3		8	朱福炘	电机、机械合组
物理学 C	4	3		8	朱福炘	土木、化工合组
普通化学	3	3		6	陈嗣虞	农一及文、师各系选者合组
无机化学 A	4	3		8	储润科	数、物、化、算、理化合组
无机化学 B	4	3		8	储润科	土木、化工、农化合组
无机化学 C	4	3		8	陈嗣虞	电机、机械合组
普通生物	3	3		6	蔡堡	文组、生物、教育合班
地质学	3	1	3		叶良辅	农一
普通植物学	4	6	4		王曰玮	农一
经济学 B	3			6	费巩	文组、农业经济合组
经济学 C	3		3		费巩	师一
哲学入门	3			6	谢幼伟	文组及他系选者合班
军事训练（甲）	1	2			夏济宇等	文理、师一合组
军事训练（乙）	1	2			夏济宇等	工、农一合组
看护学（甲）	2				周仲琦	文理、师一女生合组
看护学（乙）	2				周仲琦	工、农一女生合组
体育（一）甲		2			舒鸿等	文理、师一男生合组
体育（一）乙		2			舒鸿等	工、农一男生合组
体育（二）		2			舒鸿等	各院二年级男生
体育（三四）		2			舒鸿等	各院三、四年级男生
女生体育		2			舒鸿等	全校各级女生
党义（一）甲	1				雷宾南	文理、师一合组
党义（一）乙	1				雷宾南	工、农一合组
党义（二）甲	1				雷宾南	文理、农二合组

续表

学程	每周授课时数		半年学分数	全年学分数	担任教员	备注
	讲演	实习				
党义（二）乙	1				雷宾南	工二合组
机械画 A		3		2	余克缙	电机、机械一合组
机械画 B		3		2	余克缙	土木、化工一合组
投影几何 A		3		2	赵仲敏	化工一
投影几何 B		3		2	赵仲敏	土木一
投影几何 C		3		2	赵仲敏	机械一
投影几何 D		3		2	赵仲敏	电机一
工场实习 A		3		2	阮性咸	土木一
工场实习 B		3		2	阮性咸	化工一
工场实习 C		3		2	阮性咸	电机一
工场实习 D		3		2	阮性咸	机械一
二年普通英文 A	3			4	陈逵	文组、生物二合组
二年普通英文 B	3			4	陈嘉	数、物、化二合组
二年普通英文 C	3			4	沈同洽	土木、机械二合组
二年普通英文 D	3			4	梅光迪	电机、化工二合组
二年普通英文 E	3			4	沈同洽	农二
德文（一）A	3			6	Beauclair 鲍克兰	农二（必）、电二（选）合组
德文（一）B	3			6	Beauclair 鲍克兰	理组（必）、化工二（选）合组
德文（一）C	3			6	Beauclair 鲍克兰	土木、农（选）、化工二（必）合组
德文（二）A	3			4	Beauclair 鲍克兰	理、农二合组

学程	每周授课时数		半年学分数	全年学分数	担任教员	备注
	讲演	实习				
德文（二）B	3			4	Beauclair 鲍克兰	理组三
日文（一）A	3			6	梁嘉彬	农二
日文（一）B	3			6	梁嘉彬	文组、生物二合组
日文（二）A	3			4	梁嘉彬	农三
日文（二）B	3			4	梁嘉彬	文组、生物三合组
国文（二）	3			4	刘弘度	文组二
材料强弱 A	4		4		万一	电机、化工二合组
材料强弱 B	4		4		吴锺伟	土木、机械二合组
工业管理	3		3		顾毂宜	工四
普通分析	2	3		4	王季梁	农二组，园艺、病虫害、蚕桑二合组
肥料学	3		3		彭谦	农艺、园艺、病虫害、蚕桑二
昆虫学	2	3	3			农二
栽培通论	2	3	3		徐陟	农二
经济昆虫	2	3	3		蔡邦华	农作组、园艺、病虫害、农业经济二合班
农业气象学	3	1	3		沈鲁珍	农作组、病虫害、蚕桑二合班
植病防治法	1	3	2		陈鸿逵	农作组、病虫害、蚕桑、农业经济二合班

（2）史地学系包括专业课在内的总体课程安排

现可查到 1944 年度（1944.08—1945.07）浙江大学上报教育部的课程安排情况，兹将文学院史地学系课程安排摘录如下，见表 4-4-3。

表4-4-3 文学院史地学系1944学年课程安排①

（编者注：1944.08.01—1945.07.31）

国立浙江大学三十三年度文学院史地学系必修科目表

科目	规定学分	第一学年 上学期	第一学年 下学期	第二学年 上学期	第二学年 下学期	第三学年 上学期	第三学年 下学期	第四学年 上学期	第四学年 下学期	第五学年 上学期	第五学年 下学期	备注
国文	6	3	3									
一年普通英文	6	3	3									
中国通史	6	3	3									
普通数学、普通物理、普通化学、普通生物	6	3	3									任选一种
三民主义	4	2	2									
伦理学	3	1	2									
西洋通史	6			3	3							
社会学、政治学、经济学	12			3	3	3	3					
论理学	4			2	2							
哲学概论	6					3	3					
中国历史地理	6			3	3							历史组必
中国近世史	6			3	3							历史组必
西洋近世史	6					3	3					历史组必
秦汉史	6					3	3					历史组必
魏晋南北朝史	6							3	3			历史组必

---

① 资料来源：第二历史档案馆馆藏档案。

续表

科目	规定学分	第一学年		第二学年		第三学年		第四学年		第五学年		备注
		上学期	下学期	上学期	下学期	上学期	下学期	上学期	下学期	上学期	下学期	
日本史	6					（3）	（3）	3	3			历史组必
希腊史	3							3				
高级国文	4			2	2							
二年普通英文	4			2	2							
中国文化史	6					3	3					历史组必
本国地理总论	6					3	3					
史学方法	6							3	3			本校现名为历史研究法，历史组必
普通地质	7			4	3							地理组必
地学通论	6					3	3					地理组必
气象学	6			3	3							地理组必
中国气候	3							3				地理组必
世界气候	3								3			地理组必
历史地质	6							3	3			地理组必
人生地理	3					3						地理组必
地质实测	3							3				地理组必
本国区域地理	6							3	3			地理组必
测量学	2						2					地理组必
地形学	3						3					地理组必

续表

科目		规定学分	第一学年		第二学年		第三学年		第四学年		第五学年		备注
			上学期	下学期	上学期	下学期	上学期	下学期	上学期	下学期	上学期	下学期	
毕业论文		2							1	1			
亚洲地理		3								3			地理组必
总计	历史组	126	15	16	18	18	18	18	13	10			
	地理组				19	18	15	17	13	13			

国立浙江大学三十三年度文学院史地学系选修科目表

科目	规定学分	第一学年		第二学年		第三学年		第四学年		第五学年		备注
		上学期	下学期	上学期	下学期	上学期	下学期	上学期	下学期	上学期	下学期	
中国上古史	6							3	3			历史组选
宋史	6							3	3			历史组选
矿产地理	3							3				地理组选
工程地质	2								2			地理组选
世界气候	3								3			地理组选

原表格之前有说明：（1）体育为各院系必修科目，不计入毕业学分，故未列入。（2）音乐学为师范学院必修科目，不计入毕业学分，故未列入。（3）看护学为各院系女生必修科目，不计入毕业学分，故未列入。

2. 师范学院的史地学系

总体来看，师范学院史地学系的课程基本与文学院史地学系一致；区别主要是第四学年增加"史地教材教法研究"、第五学年增加"教学实习"这两门师范类的专业课程。

1938年度第一学期浙江大学师范学院共同必修课开课情况如下（浙江大学1939年2月21日整理上报教育部），见表4-4-4：

表4-4-4　1938学年第一学期浙江大学师范学院共同必修学程[①]

（编者注：该表注明为1938年度第一学期课程安排）

学程名称	学分数	每周授课时数		修习年级	担任教员	备注
		讲演	实习			
国文（一）	3	3	1	1	缪钺、郭洽周、王焕镳、祝文白、陈大慈	分甲、乙、丙、丁、戊五组与文理学院各系一年生同组
初等微积分	3	4	1	1	毛信桂	算学、理化一同组
物理学	4	4	3	1	张绍忠、朱福炘	算学系在A组，理化系在B组
无机化学	4	4	3	1	储润科	理化系在A组
中国通史（乙）	3	3		1	贺昌群	除理化系外，余均必修
人类学	3	3		1	王庸	除英文系外，余均必修
党义（乙）	1	1		1	雷宾南	全院与文理学院同组
体育（一）甲	1		2	1	舒鸿	全院与文理学院同组
军事训练（乙）	1	1	2	1	夏济宇	全院与工院一年生同组
看护学(甲)	1	1		1	周仲琦	全院女生与文理学院同组
女生体育	1		2	1	舒鸿	全院女生与他院女生同班
一年普通英文	3	3		1	郭洽周、陈逵、陈嘉、梅光迪、姚珣间	分A、B、C、D、E五组与文理学院各系一年生同组

　　现可查考到1944年度（1944.08—1945.07）浙江大学上报教育部的课程安排情况，兹将师范学院史地学系必修科目情况转录如下，见表4-4-5。

---

① 资料来源：中国第二历史档案馆所藏档案。

表4-4-5　师范学院史地学系1944学年必修科目安排①

（编者注：即 1944.08.01—1945.07.31）

科目	规定学分	第一学年		第二学年		第三学年		第四学年		第五学年		备注
		上学期	下学期	上学期	下学期	上学期	下学期	上学期	下学期	上学期	下学期	
国文	6	3	3									
一年普通英文	6	3	3									
中国通史	6	3	3									
普通数学、普通物理、普通化学、普通生物	6	3	3									任选一种
教育概论	6	3	3									
三民主义	4	2	2									
伦理学	3	1	2									
中等教育	6					3	3					
普通教学法	4			2	2							
教育心理	6							3	3			
西洋通史	6			3	3							
社会学、政治学、经济学	12			3	3	3	3					任选两种
论理学	4			2	2							
哲学概论	6			3	3							
中国历史地理	6			3	3							历史组必
中国近世史	6			3	3							历史组必

---

① 资料来源：第二历史档案馆馆藏档案。原题为"国立浙江大学三十三年度师范学院史地学系必修科目表"。

续表

科目	规定学分	第一学年		第二学年		第三学年		第四学年		第五学年		备注
		上学期	下学期	上学期	下学期	上学期	下学期	上学期	下学期	上学期	下学期	
西洋近世史	6					3	3					历史组必
秦汉史	6					3	3					历史组必
魏晋南北朝史	6							3	3			历史组必
日本史	6							3	3			历史组必
希腊史	3							3				
高级国文	4			2	2							
二年普通英文	4			2	2							
中国文化史	6					3	3					历史组必
本国地理总论	6					3	3					
史学方法	6							3	3			本校现名为历史研究法，历史组必
普通地质	7			4	3							地理组必
地学通论	6					3	3					地理组必
气象学	6			3	3							地理组必
中国气候	3							3				地理组必
世界气候	3								3			地理组必

续表

科目	规定学分	第一学年		第二学年		第三学年		第四学年		第五学年		备注
		上学期	下学期	上学期	下学期	上学期	下学期	上学期	下学期	上学期	下学期	
历史地质	6							3	3			地理组必
人生地理	3					3						地理组必
地质实测	3							3				地理组必
本国区域地理	6							3	3			地理组必
测量学	2						2					地理组必
地形学	3						3					地理组必
亚洲地理	3								3			地理组必
毕业论文	2							1	1			
史地教材教法研究	3								3			
教学实习	16									8	8	
总计 历史组	167	18	19	23	20	21	21	16	13	8	8	
总计 地理组				24	20	18	20	16	16	8	8	

（二）具体的教学管理和教学过程

1.《国立浙江大学校刊》等所刊载的有关教学方面的内容

《校刊》中经常登载与教学有关的内容，既有新学年、新学期的总的课程安排，也有个别临时性的调课、停课等通知，亦包括有相关的课程设置、决策等教学管理机构的关于教学方面的讨论的报道。

1938年度第一学期的课程，《校刊》有载。其中，史地学系开设有：国防地理、本国地理概论（张其昀，晓峰），西洋文化史、西洋通史（顾毂宜，俶南），西洋近世史（费巩，香曾），中国近世史（陈训慈，叔谅），普通地质学（上）、普通地质学（下）（叶良辅，左之）（编者注：《校刊》复刊第4期，更正为：

叶良辅开设 3 种，另补充历史地质学），人类学、经济地理（王庸，以中），历史研究法（贺昌群），地形学（黄秉维），中西交通史、中国近古史、印度史（向达，觉明）。[①] 见图 4-4-1。

此外，公共科目包括：党义（雷沛鸿），哲学入门（谢幼伟），政治学（费巩），经济学（费巩），体育（舒鸿、高尚志等）。

《校刊》还登载有 1938 年度的一年级课程，除了有共同的公共课程外，地学方面的专业课程，一年级安排有“自然地理”（即“地学概论”），由黄秉维讲授。[②]

1938 年度第二学期的课程，史地学系新开中国上古史、地理学史（王庸），中国近古史、中国交通史（向达），史料选读（贺昌群），文化地理（张其昀），历史地质学（叶良辅）等。[③]

《校刊》还登载考试的相关要求。1938 年度第二学期的考试于 1939 年 6 月举行（时在广西宜山），学校颁布本学期考试的各项规则，如请假规定、考试办法、考场规则等。[④] 见图 4-4-2。

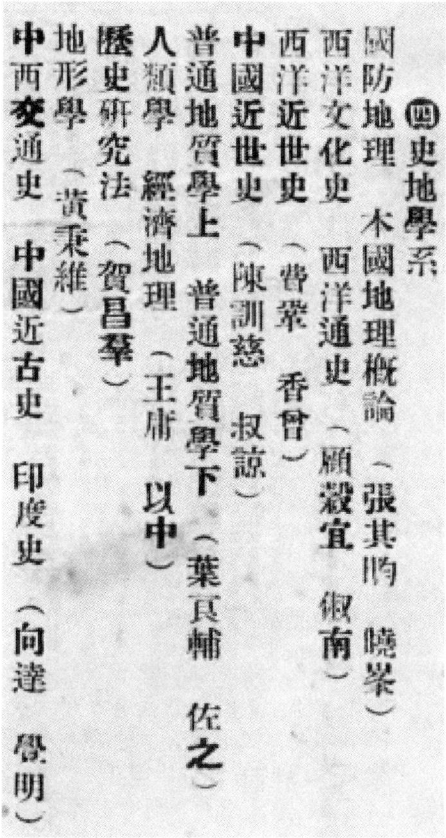

㈣史地學系

國防地理 本國地理概論（張其昀 曉峯）

西洋文化史 西洋通史（顧穀宜 俶南）

西洋近世史（費鞏 香曾）

中國近世史（陳訓慈 叔諒）

普通地質學上 普通地質學下（葉良輔 佐之）

人類學 經濟地理（王庸 以中）

歷史研究法（賀昌羣）

地形學（黃秉維）

中西交通史 中國近古史 印度史（向達 覺明）

图 4-4-1 《国立浙江大学校刊》复刊第 3 期（1938 年 12 月 19 日）所载 1938 年度第一学期浙江大学开设课程情况（史地学系部分）。引自《国立浙江大学校刊》复刊第 3 期（1938 年 12 月 19 日）。

同样，1939 学年相关课程安排也登载于《校刊》。其中，1939 学年第一学期文学院史地学系的课程有：

中国上古史（刘节），中国文化史（刘节）

① 《国立浙江大学校刊》复刊第 3 期（1938 年 12 月 19 日）。
② 《国立浙江大学校刊》复刊第 6 期（1939 年 1 月 9 日）。
③ 《国立浙江大学校刊》复刊第 17 期（1939 年 4 月 3 日）。
④ 《国立浙江大学校刊》复刊第 28 期（1939 年 6 月 19 日）。

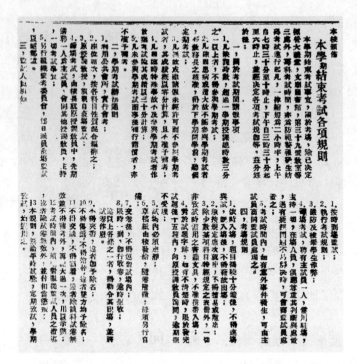

图 4-4-2 《国立浙江大学校刊》复刊第 28 期（1939 年 6 月 19 日）所载 1938 年度第二学期期末考试相关规定。引自《国立浙江大学校刊》复刊第 28 期（1939 年 6 月 19 日）。

中国近古史（郦承铨）

中国近世史（梁嘉彬）

历史地理（张其昀），本国地理总论（张其昀），国防地理（张其昀）

西洋上古史（顾毂宜），俄国史（顾毂宜），西洋通史（顾毂宜）

西洋近世史（费巩）

史学专题研究（向达）

欧洲地理（任美锷）

地形学（任美锷）

绘图学（刘之远）

气象学（涂长望），天气预告（涂长望）

普通地质学（叶良辅），历史地质学（叶良辅）

地理研究法（叶良辅、张其昀等）[1]

---

[1] 《国立浙江大学校刊》复刊第 40 期（1939 年 10 月 6 日）。

师范学院史地学系的课程有：

教育概论（李相勖）

中国近世史（梁嘉彬）

西洋近世史（费巩）

本国地理总论（张其昀）

气象学（涂长望）

普通地质学（叶良辅）①

《校刊》亦登载学生获得奖学金的情况。例如，1940 年 11 月 9 日，师范学院第八次院务会议讨论确定该年度奖学金获得者，议决："下列五生学业成绩均在八十分以上"，授"奖学金一百元，分二次发给"；其中，师范学院史地系有李敦仁和杨利普，此外，此时还属教育学系的陈述彭也获得奖励（编者注：陈述彭1938 年入学，1940 学年以教育系学生的身份获得奖学金，说明 1938 学年、1939学年陈述彭均属教育学系；1940 学年开始后，陈述彭转系至师范学院的史地学系，即三年级始转系）。该次奖学金名单如下：

史地系　李敦仁　全年平均成绩　87.40

数学系　崔士英　全年平均成绩　86.32

教育系　陈述彭　全年平均成绩　85.27

史地系　杨利普　全年平均成绩　83.26

教育系　李豪伟　全年平均成绩　81.98②

《校刊》还登载具体的上课情形。1944 学年第二学期，即 1945 年 6 月之前，赵松乔以助教身份（时研究生在读）赴永兴为一年级新生上课，讲授公共课"地学通论"，"深博同学好评"。因赵松乔马上要离开永兴返回遵义"参加研究部毕业考试"，故史地系同学拟于 6 月 5 日举行茶会欢送，"藉示惜别"③。

2. 竺可桢"日记"中关于教学情况的记述

竺可桢"日记"中，有大量召开校务会议、研究院会议等记载，其中诸多讨论事项都与教学有关。此外，"日记"中还有许多与具体教学管理事项有关的记载。例如，1943 年 7 月 11 日，竺可桢"日记"中记载了与叶良辅（时任史地学系代理

①　《国立浙江大学校刊》复刊第 42 期（1939 年 10 月 20 日）。

②　《国立浙江大学校刊》复刊第 77 期（1941 年 1 月 18 日）。

③　《国立浙江大学校刊》复刊第 125 期（1945 年 6 月 16 日）

系主任）、张绍忠（时任浙江大学教务长）讨论史地学系一些学生因所修课程与教学计划不同而进行学分替换之事：

> 晨……七点叶左之来，为史地系学生毛汉礼等十三四人应届毕业，而尚有经济、政治等学程必修者未修。由于晓峰告彼等谓将来可用他学程代替，但晓峰去美国而系务由左之代后始发觉。因此事既由系中负责，诸生所修学分，均在 132 以上，经赴荩谋处与之商榷后，决计准予毕业。①

核诸文学院史地学系 1943 届毕业生名单［即 1943 年 7 月毕业的第四届本科生，包括：毛汉礼、徐规、范易君（女）、何重恒、管佩韦、许福绵、许蔚文、余守清、唐义溇、蒋以明、沈健、庄严、周家乾、邹含芬（女）、祝修鏖（麟）等］，该届毕业人数 15 人，与竺可桢"日记"所说的"十三四人"大体一致，也可印证竺可桢所记日记的严谨、细致和准确。

此外，大体同期毕业的陈述彭（1943 年第一届师范学院史地系毕业生），也经历过这种调整、替代学分的过程：

> 我临近毕业的时候，由于选课很乱，系主任煞费苦心地一门又一门彼此替代，教务处高抬贵手，才算勉强通过。回想起来，我似乎是在按照自己的意愿锻造自己。我选修了许多工具课程，如数理统计方法之类，减少了一些知识性课程，如世界地理等，使我在后来的工作中受用不尽，但并没有影响我从事地球信息科学和数字地球战略方面的探索研究工作。

陈述彭并认为：

> 学海无涯，科学知识是永无止境的，掌握科学方法和科学精神是至关重要的。史地系的课程比较多，知识面比较宽，职业性的适应能力是很广的。就我在师范学院史地系的同班十位同学来说，蔡锺瑞后来成为工程地质专家，宋铭奎成为水利总工程师、孙盘寿、杨利普在科学院从事地理科学研究工作，刘宗弼在社会科学院从事历史地图工作。钱炜、詹溶庆坚持教育工作，成为模范教师。他们就业之后，触类旁通，举一反三，把本科时期的知识，融入到他们的事业或学术中去，都聚焦形成了自己闪光的亮点。②

---

① 竺可桢著：《竺可桢全集（第 8 卷）》，上海：上海科技教育出版社，2006 年，第 599 页。
② 陈述彭：《怀念浙大史地系——12 年生活、学习与工作的回忆》，载《浙大校友》2005（上）。见：http://zuaa2011.zju.edu.cn/publication/article?id=7161，[2024-05-26]。又以《浙江大学史地系十二年》为题，载陈述彭著：《石坚文存——陈述彭院士地学生涯（1999—2006）》，北京：人民教育出版社，2007 年，第 694—701 页（本处引文见第 699 页）。

（三）本科生校内外所获得的荣誉

浙大史地学系的本科生教育卓有成就，在当时，就获得诸多荣誉，学生也广受各界好评。其中，有获得校内各类奖学金的，也有参加当时的全国性学业竞赛而获奖的。有关材料对此进行过概括：

> 史地学子也正是在这种刻苦认真的治学态度的指导之下，在艰苦恶劣的环境下仍然刻苦学习，并取得优异的成绩：1939年王爱云荣获第一届侠魂女士奖学金；1940年教育部举行第一届全国专科以上学校学业竞试，周恩济、王树椒、沈玉昌分别荣获乙类理学院地理学系第一名、乙类师范（教育）学院史地学系第一名、丙类嘉奖（编者注：于第二年评选、确定奖项，即于1941年公布获奖名单）；1941年第二届全国专科以上学校学业竞试，毛汉礼荣获乙类理学院地理学系第一名（编者注：于1942年公布获奖名单）；1942年，施雅风毕业论文《遵义附近之地形》获丙类奖（编者注：于1943年公布获奖名单），后来发表于国内著名刊物《地质论评》；1943年第四届全国专科以上学校学生学业竞试，毛汉礼毕业论文特优，荣列决选生之一（全国共43人），徐规毕业论文《李焘年表》次优，特予奖励（全国共14人），其中毛汉礼大学期间不仅屡次获得林森奖学金（级别最高的奖学金之一），而且毕业成绩是文学院唯一总分在85分以上者；同年五月，李敦仁荣获黔中八大学联合国语演说比赛第二名；1945级史以恒读三年级时就利用遵义几年的观测资料写成《遵义的气候》，为优秀的科普文章；1945级学生黄盛璋的毕业论文《中国港市之发展》后来发表于国内一级刊物《地理学报》。1947年，史地系助教陈述彭因劳累过度切除右肾，在病床上仍坚持编写《遵义新志》。另外，为提高动手能力和获取生活费，不少学生参与教师讲义的撰写、地图制作、史地教育丛书的编撰等工作。[①]

1. 校内：各类奖学金获得情况

从现可见相关材料来看，史地学系学生所获得的校内奖学金情况大致包括：

——1939年度第二学期的各类奖学金：

据《校刊》所载，史地学系学生获得的奖励，包括：公费生奖励，有赵松乔；免费生奖励，有沈玉昌；王爱云获得侠魂女士奖学金等。[②]

---

① 李凡：《国立浙江大学史地系系史述论（1936—1949）》（浙江大学硕士学位论文），2015年，第41页。
② 《国立浙江大学校刊》复刊第52期（1940年7月27日）。

按照竺可桢"日记"记载，1939 年 11 月 14 日，"日记"中已经记及"女生王爱云得第一届侠魂女士奖学金"[1]，故应该是 1939 年 11 月评定，至该学年第二学期（即 1940 年 2 月后）颁发。

——1940 年度第一学期的各类奖学金：

据《校刊》所载，史地学系亦有学生获得奖励，包括：李敦仁（中正奖学金）、赵松乔（膺白奖学金）、王蕙（侠魂女士奖学金），以及继续给予公费待遇的周恩济、毛汉礼等。[2]

国立浙江大学二十九年度上学期二、三、四级公费、免费奖学金学生名单
（编者注：仅摘录史地学系学生）

一、准予选送中正奖学金委员会审核为中正奖学金学生，计 12 名：李敦仁（略）

二、准予保送上海商业银行奖学金学生计八名：（略）

三、准予保送膺白奖学金学生，计一名：赵松乔

四、准予选送铭延奖学金学生，计二名：（略）

五、准予保送徐新六先生奖学金学生，计一名：（略）

六、准予暂给侠魂女士奖学金学生，计一名：王蕙

七、准予继续给予公费待遇学生，计十六名：周恩济、毛汉礼（略）[3]

2. 校外：全国专科以上学校学业竞试获奖情况[4]

1940 年，中国正处于抗日战争持久战阶段。东北、华北、中南、华东地区的高校经过大流亡、大迁徙，或转移到西南地区大后方，或分散在深山，少数则仍留在沦陷区，办学异常艰难。当时的国民党政府教育部，为了鼓励国统区大学生在艰难环境中刻苦学习，尽量减少因战祸给人才培养带来的重大损失，决定进行全面统考、统评竞试。具体做法如下：以本科生为对象，分甲、乙、丙三类进行竞赛。其中：

---

[1] 竺可桢著：《竺可桢全集（第7卷）》，上海：上海科技教育出版社，2005 年，第 200 页。
[2] 《国立浙江大学校刊》复刊第 73 期（1940 年 12 月 21 日）。
[3] 《国立浙江大学校刊》复刊第 73 期（1940 年 12 月 21 日）。
[4] 说明：本节部分内容据龚黎坪文《抗战时期浙大学科优势及其延续——四十年代全国高校学业竞试成绩比较分析》摘编（载《杭州大学学报（哲学社会科学版）》1998 年第 3 期，第 109—113 页）；除了其他来源的材料单独注明出处外，不再另外注明。特此说明并致谢。具体表述中，编者略有补正。

——甲类: 大学一年级学生报名参加,考试科目为国文、英文(或法文、德文)、数学三科;

——乙类: 大学二、三年级学生参加,考试各系科主要科目;

——丙类: 大学四年级学生参加,比赛毕业论文。

考试分初试、复试两个阶段。初试由各院、校独立主持,复试由教育部办理。各院校由校长、院长、教务长及系主任组成"学业竞试委员会",以校长或院长为主任委员,另聘请有关科目的教授为考试委员,负责出试题、阅卷、评阅论文。初试选拔有名额限制,其中甲类以院、校为单位,从80人中选最优者一人为初选生;乙类以年级为单位,5人以上选最优一人为初选生;丙类选拔各系本年度毕业论文最优者一人为初选生。初选生筛选出来之后,由各院、校造册(丙类连同毕业论文)送教育部,参加复试。复试采取统一考试的形式。当时国统区有近120所高校,按重庆、成都、乐山、昆明、贵阳、桂林、辰溪、长汀、城固、香港、上海及其他(在原校)12片进行。一些著名大学如西南联大(清华、北大、南开大学联合办学)、同济大学在昆明,浙江大学在贵阳(分校在浙江龙泉),中央大学、复旦大学(分校在上海)在重庆,厦门大学、福建协和医学院在长汀,岭南大学在香港,交通大学、暨南大学在上海,武汉大学在乐山,四川大学在成都(分校在峨眉)等等,参加竞试。凡初选生复试,其旅宿费由学校与教育部各承担一半。此项竞试自1940年开始举行,连续举行了六届,直到抗战胜利。

从1940年至1945年抗战胜利,一共进行过六届学业竞试,后两届成绩未能保留(第五届、第六届复试成绩在重庆至南京转移过程中被水浸湿,未能公布)。[1]前四届浙大学生竞试结果如下:

——甲类(一年级生参加):

第一届:1940年5月各校举行第一届初选考试,录取初选生共410人。通过教育部统一复试,录取决选生30名。浙江大学甲类中有2名学生入围决选生。

第二届:1941年5月举行。甲类初选人数为847人,比第一届翻了一番,录取决选生仅32名。浙江大学甲类中有5名学生入围决选生。

第三届,于1942年6月举行。甲类初选人数为613人,录取决选生44名。浙江大学甲类中有9名学生入围决选生。

——乙类(二、三年级生参加,分各系科)

---

[1] 教育部教育年鉴编纂委员会编:《第二次中国教育年鉴》第五编《高等教育》,上海:商务印书馆,1948年,第76页(总第564页)。

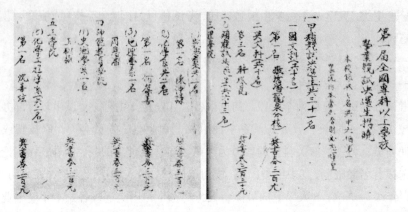

图 4-4-3 《国立浙江大学校刊》复刊第 88 期（1941 年 4 月 19 日）所载第
一届全国专科以上学校学业竞试决选生揭晓的报道
说明：乙类第一名：文学院史地学系（注明"地理学系"）：周恩济；师范
学院史地学系：王树椒。
引自《国立浙江大学校刊》复刊第 88 期（1941 年 4 月 19 日）。

第一届：1940 年 5 月各校举行第一届初选考试，录取初选生共 619 人。通过
教育部统一复试，录取决选生 62 名。浙江大学乙类中有 5 名学生入围决选生，其中，
文学院史地学系周恩济（参加理学院地理学系比赛）、师范学院史地学系王树椒
获奖，见图 4-4-3。

第二届：1941 年 5 月举行。初选人数为 721 人，录取决选生 59 名。浙江大学
乙类中有 5 名学生入围决选生，其中，文学院史地学系毛汉礼（参加理学院地理
学系比赛）获奖。

第三届，于 1942 年 6 月举行。初选人数为 1100 人，录取决选生 89 名。浙江
大学乙类中有 11 名学生入围决选生。

——丙类（四年级生参加，提交毕业论文，分各系科）

第一届：1940 年 5 月举行，文学院史地学系沈玉昌（参加理学院地理学系比赛）
获奖。

第二届：1941 年 5 月举行。

第三届：1942 年 6 月举行。文学院史地学系施雅风（参加理学院地理学系比赛）
获奖，见图 4-4-4。

第四届：1943 年 6 月举行。1943 年 6 月开始举行的学业竞试未举办甲、乙两
类考试，只单独进行了论文竞赛。各校系科评选出最优论文 2 篇，共 234 篇，于 7
月送教育部评审，最后决出 30 篇最优论文，其比例为 7.8：1；浙江大学、武汉大学、

教育部第三屆全國專科以上學校學生學業競試書券伍佰元獎狀壹紙此據

學生施雅風具

民國三十四年五月　日

156

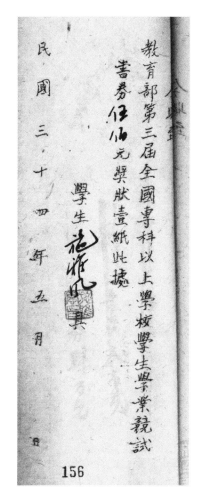

图 4-4-4　1945 年 5 月施雅风收到奖状、奖金（书券 500 元）的收据

本校之光

×全國專校以上學生第四屆學業競賽，本校又有毛漢禮，徐規，王鳴禧，張葉蘆，周志成，郭本鐵六君獲獎。

×中國銀行就業辦大學生獎學金，本校獲獎者有三名之多計，為：陳嘉華，（第二名）何耀煒，（第五名）鄧欽煌。（第十四名）

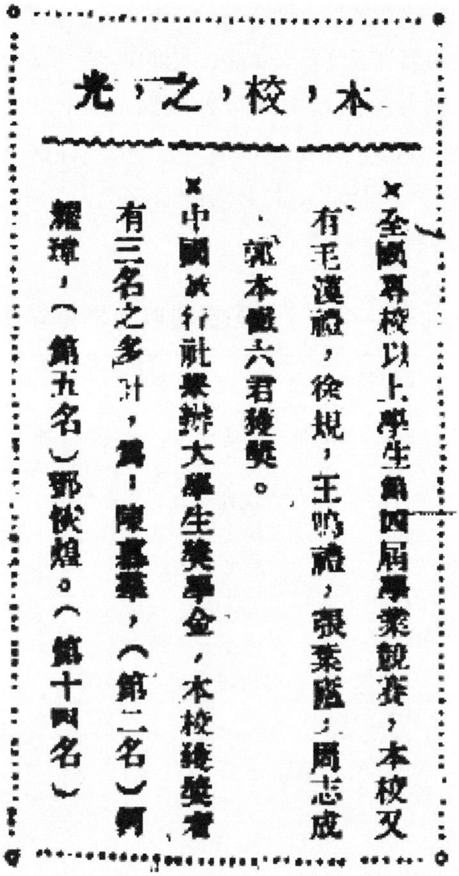

图 4-4-5 《国立浙江大学校刊》复刊第 130 期（1945 年 9 月 1 日）所载全国专科以上学生第四届学业竞赛浙江大学学生获奖情况。引自《国立浙江大学校刊》复刊第 130 期（1945 年 9 月 1 日）。

中山大学、私立福建协和大学各 4 篇最优，并列第一；浙大最优中包括史地系地组学生毛汉礼（参加理学院地理学系比赛）。次优特予嘉奖 11 名中，前 2 名皆为浙江大学学生，其中一名为史地学系史组学生徐规（参加文学院历史学系比赛），见图 4-4-5。

据统计，浙大进入决选生的学科有中文、外国文学、历史、地理、教育、数学、化学、物理、生物、化工、机械、电机、农业、农业经济、植物病虫害、农业化学，还有三民主义（归属于政治）。以上学科分属于文学院、理学院、工学院、师范学院、农学院。其中决选生人数最多的是外文，7 名，其余为：中文 4 名，数学 4

名，化学 2 名，地理 3 名，物理 3 名，历史 2 名，化工 2 名，电机 2 名，机械 1 名，教育 1 名，三民主义 1 名，农业 1 名，农业经济 1 名，植物病虫害 1 名，农化 1 名。

浙大在 16 门学科中曾夺得第一名的学科，计有中文（2 次）、化学（2 次）、地理（2 次）、历史（1 次）、外文（1 次）、数学（1 次）、教育（1 次）、化工（1 次）、机械（1 次）、电机（1 次）、植物病虫害（1 次）、农业化学（1 次）。见表 4-4-6。

表4-4-6　全国专科以上学校学业竞试史地学系学生获奖情况

届次	甲类	乙类	丙类
第一届 1940.05	——	文学院史地学系：周恩济（决选生，属理学院地理学系）（编者注：以地理学系名义参赛） 师范学院史地学系：王树楸（属师范学院史地学系）	［1941 年 4 月，甲、乙类公布］ 沈玉昌：成绩次优，嘉奖；属理学院（编者注：以理学院名义参赛）
第二届 1941.05	——	文学院史地学系：毛汉礼（决选生，属理学院地理学系）（编者注：以地理学系名义参赛）	［1942 年 6 月，甲、乙类公布］ ——
第三届 1942.06	——	——	［1943 年 5 月，丙类公布］ 施雅风：决选生，属理学院（编者注：即施雅风的本科毕业论文《遵义附近之地形》。以理学院名义参赛）
第四届 1943	——	——	［1945 年 7 月 4 日公布］ 毛汉礼：决选生，属理学院（编者注：以理学院名义参赛） 徐规：成绩次优，特予奖励；属文学院（编者注：即徐规的本科毕业论文《李焘年表》。以文学院名义参赛）
第五届 1944	（未公布成绩）		
第六届 1945	（未公布成绩）		

（四）关于教学情况的记述和回忆

1. 课堂授课

施雅风（1937.08—1942.07，史地学系本科生在读）曾经回忆过自己在史地学系本科阶段上课的情形：

从 1937 年 9 月到 1938 年 9 月，我在浙江、江西、湖南、安徽、广西五省间奔走。从学校到战地服务团，再到学校，一年时间都浪费了，这令我很痛苦。

1938 年 9 月，我赶到了江西泰和报到，接着就赶往广西宜山的浙大复学，重读一年级。经过战地服务团的这段经历，我感到还是上大学读书好，从此开始安心学习。我刻苦努力，学习很是用功。那时我或是在教室听课，或是上图书馆自习，到三年级结束时，我已经修完了大学的全部学分。

那时候浙大实行学分制，我们学的课程分为必修课和选修课两种。我记得当时学过很多的课程：地质学、地貌学、气象学、气候学、中国气候和大气物理、自然地理、经济地理、植物地理、中国地理、亚洲地理、欧洲地理等专业课程，还有中国通史、中国近代史、西洋通史等课程。我还选修过丰子恺先生的音乐欣赏、美术欣赏等课程。[①]

陈述彭（1938.08—1943.07，师范学院史地学系本科生在读）则对师范学院的本科生上课情况有过介绍和评述：

作为师范学院的本科生，当时选课有很大的自由度。我除了修习陈逵教授的"英诗选读"这样的古典英语课程之外，还选修了丰子恺先生的"艺术欣赏"，初步了解一些构图、造型、色彩的基本法则，以及选修了陈立教授的"试验心理学"，了解色盲、视觉测距、催眠的原理和热感与痛觉的误区。当时完全没有预料到，这些知识，后来在我研究地图学、航空视察、遥感图像处理、人机相互作用、地学多维图解、地图信息图谱等等问题中，能够发挥作用。

在地理学的专业课程中，我更加兴趣广泛。我选修了涂长望教授的"大气物理"和"天气预报"，他教我们识别云的类型、熟悉气象电报，填绘天气预报图。任美锷教授讲授"经济地理"，让我和杨利普去野外实习填绘土地利用图。黄秉维教授讲授"自然地理课程"，更像是流水作业线：他亲自写讲义，由孙盘寿、张汉松两位同学刻印蜡纸，由我协助编绘插图和教学挂图。我们算是勤工俭学，忙不过来的时候，同学们都来帮忙。张其昀、涂长望、顾毂宜几位教授的讲义，大都采取类似的形式。我们觉得这些讲义能反映老师最新的见解，又有学生的直接参与，倍感亲切。叶良辅教授病重，我

---

① 施雅风口述，张九辰访问整理：《施雅风口述自传》，长沙：湖南教育出版社，2009 年，第 35—36 页。

刚作为助教，代他上"普通地质学"课程。比我低一班的女同学担心我怯场，声明不抬头看着我，但我能泰然自若地讲下去，主要是由于直接参与过讲义的编写整理工作，心中有底。作为助教之一，我分管地图库和绘图室。我对三万多幅旧地形图大都作了"读图"卡片，记述每幅图上构造、地貌、景观的特点，从而掌握了大量典型的案例。不仅后来我在接替"中国自然地理"和"地图学"课程的时候，比较得心应手，而且编绘"中国地形鸟瞰图集"、研究中国地图概括的区域指标的时候，分析判读航空、卫星相片的时候，我都有"似曾相识"的感觉。

我也尽可能多选修一些历史学的课程。张荫麟教授的"中国通史"、陈乐素教授的"宋史"、顾毂宜教授的"世界通史"、王庸教授的"地理学史"、张其昀教授的"中国历史上伟大的教育家"，都使我们大开眼界，诱发了我对科学史研究的浓厚兴趣。在王庸教授的指导下，帮他编写《中国地图学史》，狗尾续貂，负责鸦片战争以后的近代史的两章。后来自己扩展到对世界地图史的研究，参与中国古地图集、国家历史地图集的编纂以及测绘科学技术史的研究、地图学十二年规划的制订，都有赖于当年极其微薄的历史知识和史学方法。最近又想努力推动遥感考古和我国"数字城市"的本土化的研究，更感到历史知识和史学方法的功底太差。当时身在史地系，而历史学得太少，真是非常遗憾。

史地学系的优势，是对时间和空间的统一和同步与对人文和自然关系的协调发展的综合研究。从现代的观念来看，史地兼修，是有助于系统分析、动态分析与可持续发展的研究的，也是地球系统科学所必需的综合观点和系统方法。博古通今，有助于把万年为尺度的地质演化的历史和几千年、几百年和几十年的史前文化和近现代环境变迁、全球变化衔接起来，古为今用，对未来作出预测和预报。这有利于提高科学预测和决策的可信度。

史地系的课程，不仅给予我知识，更重要的是为我建立起时空尺度和概念打下了初步的基础，使我至今在研究卫星遥感对地观测、应用全球定位系统数据、建立地理信息系统网络等高新技术手段时，能够在脑子里比较准确地把握时空尺度和建立时空模型。[1]

---

[1] 陈述彭：《怀念浙大史地系——12年生活、学习与工作的回忆》，载《浙大校友》2005（上），见 http://zuaa2011.zju.edu.cn/publication/article?id=7161，[2024-05-26]。又以《浙江大学史地系十二年》为题，载陈述彭著：《石坚文存——陈述彭院士地学生涯（1999—2006）》，北京：人民教育出版社，2007年，第694—701页（本处引文见第698—699页）。

1938级学生赵松乔（1938.08—1942.07，本科生在读），也经历了泰和、宜山和遵义的学习过程，后又考取研究生，留校任教，其学习经历堪称典型：

1937年，赵松乔从杭州高级中学毕业，原打算北上报考清华大学，但因"七七事变"爆发，日本全面侵华，全国高考被迫暂停，他只得回巍山老家。……1938年初夏，他得知浙江大学史地系设有"黄膺白奖学金"，名额一名，这对当时刚结婚的赵松乔很具吸引力。因为浙江大学当时虽已从杭州迁到江西泰和，但比北方的清华大学离家近些，况且如获奖学金还可以解决读书的费用，于是他赶到江西泰和去应试，结果以入学考试第一名的成绩考入浙大史地系，并获得黄膺白奖学金。在竺可桢校长1938年9月8日的日记中，记有赵松乔当时的考试成绩："总分最多为赵松乔，东阳人，杭高毕业，考浙大史地，565分。"……

1938年秋，赵松乔刚来到浙大当时西迁新址广西宜山，聆听了竺校长在开学典礼上的演讲，题为"王阳明先生与大学生的典范"，号召青年学子以王阳明为榜样，在困难环境中接受磨难，不屈不挠而成就大业。他说："他（阳明）答学者之问，尝有一段很有意义的话说：'君子之学，岂有心乎同异，惟其是而已。吾于象山之学，其同者非是苟同，其异者自不掩其为异，吾于晦庵之论，有异者非是求异，其同者自不害其为同也。'"又说："本校推原历史的渊承（本校的前身是前清的求是书院），深维治学的精义，特定'求是'二字为校训。阳明先生这样的话，正是'求是'二字的最好注释，我们治学做人之最好指示。"

赵松乔一到浙大（宜山），竺可桢就在办公室接见他，并在询问了沿途情况、家中情形后，鼓励他再接再厉，奋发图强，成为一位真才实学的地理学家。……

赵松乔获得张其昀先生的注意，是他以当年入学考试第一名录取浙大史地系并获得黄膺白奖学金开始的。张其昀先生曾忆及道："民国二十五年夏，黄膺白先生家属捐助了3个奖学金，其中一个指定给新设的浙大史地系，这使本人感觉到无上光荣。当年教务长张绍忠先生曾对我说，这是最好的鼓励，希望能多收优秀的学子。果然，第二年浙大在江西泰和举行入学考试，全校第一名便是投考本系的同学——东阳赵生松乔。他后来在研究所取得硕士学位，两年之后，又在美国取得博士学位，回校担任副教授。可见奖学金是何等有价值的投资，这不过举一个例子罢了。黄夫人沈女士现寓居美国，我们对于她设立奖学金的美意，还是时时怀念不忘呀！"自此"东阳赵生"就成了松乔的称号，也因此常得到张其昀的当面教诲。即使在半个世纪后，在松乔怀念恩师的文章中，仍可清晰地描绘出：

"追忆 57 年前初秋的一个下午，我刚考入浙江大学（当时内迁至广西宜山）史地系不久，恩师本着大教育家热忱培养后进的宏愿，命我从教室随行至寓所，作长达 4 小时的谆谆教诲，主要内容在于'立志'和治学之道。下列几点我尤为铭刻在心，终生不忘：

（1）必须毕生勤恳治学和工作，不得稍有懈怠之心；并应做到'只问耕耘，不问收获'。

（2）努力发扬浙东学派'经世致用'的精神，以科学和教育救中国，并为全人类服务。

（3）治地理学必须'读万卷书，行万里路'，自然和人文相结合，必能像蜜蜂一样，采百花酿为蜜。

（4）'空间'（地理学）与'时间'（历史学）必须密切结合，相互依存，相互促进。

（5）读书必须苦学和深思相结合，要勤于分类做札记和搜集资料。"

"此后大学生 4 年和硕士研究生 3 年，我均在恩师亲自指导之下。恩师命我'通才'教育和'专才'教育并进，既广泛修习高等数学、高等化学、历史、地质学等自然科学课程，以及哲学、政治学、经济学、逻辑学、中国文学等社会、人文课程，又几乎全部修习地理系、历史系和外文系的主要课程。在'专才'教育方面，则着重钻研人文地理、历史地理、中国地理及东南亚地理等专业。"……

在张师的循循善诱下，赵松乔在本科学习 4 年间，非常注意基础科学和专业科学的学习。每学期他就其能力所及内选修科目：大一时，除了必修专业科目自然地理和中国近代史外，还选修国文、英文、数学、化学、经济学、哲学。二年级，除必修专业科目 5 门外，还修了国文、法文、英文、中国文化史。大三时，选修的专业科目高达 9 门，同时又加修德文和法文。在大学最后一年，他除了完成毕业论文撰述外，还选修 4 门专业科目，及中国文化史、伦理学、德文。大学 4 年，每年每学期都是品学兼优，体育成绩则略逊一筹。……

1942 年，赵松乔在浙江大学文学院史地系获得学士学位。他的学位论文题目为"从《史记》看中国古地理"。[①]

---

① 赵旭沄著：《质朴坚毅——地理学家赵松乔》，北京：商务印书馆，2016 年，第 30—45 页。

1941 级本科生陈吉余（1941.08—1945.07，史地学系本科生在读）在追思杨怀仁先生的文章中，也简略提及西迁时期在遵义上课、杨怀仁代叶良辅授课、带实习的情景：

> 杨怀仁先生是我的学长，同受业于叶良辅教授的地貌学专业。杨先生早我四年毕业，在我大学本科学习之际，带领我们班级的野外实习，在导师叶先生喉疾之际代为讲授"地形学"，所以杨先生对我而言，可谓亦师亦友。[①]

陈吉余自己的本科阶段也过得非常充实：

> 大师们的课堂是陈吉余最为迷恋的地方。在一年级，除了必修课，他还选修了经济学、文字学和《论语》课。
>
> 中国通史课由历史地理学家谭其骧主讲。……陈吉余以前上的历史课大多是叙事性的，受中国传统史学影响很大，主要讲的就是王朝的兴起衰落、诸侯的争霸杀戮、皇帝的文治武功。而谭其骧的历史课则把历史当成是一门科学，注重史事的论证、背景的分析、社会的影响、经济的发展，更为重要的是，把历史和地理知识进行了有机结合，把知识的传授和自己的当前的研究心得进行了有机结合。这样严肃理性和颇具前沿性的讲述内容配上谭先生庄重的谈吐气势，让整个课堂充满了张力。所以谭先生的课堂总是济济一堂、座无虚席，外系的学生和一些教师也来听。谭先生的课是陈吉余最喜欢的课程之一。
>
> 大学是一个可以做梦的地方，陈吉余在大一的时候被老师的精彩课堂点燃起很多梦。教国文的夏定棫（编者注：原文为"城"，恐误；"夏定棫"也作"夏定域"）先生为学生讲北周时期文学家庾信的《哀江南赋》燃起了陈吉余忧国忧民的情。他便以日寇侵华为主题，写了一篇作文，受到了先生的高度评价。先生批注："声震天地"。薛声振从文字讲到训诂学，再讲到大儒王念孙、王引之、郑子尹、莫友芝、孙诒让等，这让陈吉余感到了文字研究的乐趣，并萌发了当大儒的想法。徐志摩的诗，让陈吉余如痴如醉，他想：我会不会有写诗的灵感呢？他曾在深夜坐在门槛上，仰望星空，希望得到徐志摩那样的诗句。两天过后，他落空了。文学课程虽然和地学关系不大，但写作功底却是做任何科学研究所必备的，陈吉余就具备了这方面才能。

[①] 南京大学地理与海洋科学学院编：《纪念杨怀仁教授》，南京：南京大学出版社，2010 年，第 4 页。

比如他行文流畅、逻辑严密，尤其是初期的学术文章，很明显得益于大学时候的作文训练。对传统儒家著作的学习，加上祖父榜样力量的引导，使陈吉余的人格特征、学术思想和科学实践中有着一种浓郁的士大夫气质。虽然没有写出徐志摩似的诗句，但是他后来写的科学著作和书信却具有了那种难得的文人气息。

1942年下半年，陈吉余升入大学二年级，也就由永兴搬到了遵义。从这一学年开始，陈吉余的选课集中在地学上了。他选了谭其骧的"沿革地理"、张其昀的"中国地理总论"、任美锷的"自然地理"、叶良辅的"普通地质学"、卢鋈的"气象学"、郭晓岚的"大气物理"等课程。这些课都是他喜欢和想学的。但是怕吃多了消化不良，他就退掉了"沿革地理学"和"大气物理学"两门课。

叶良辅先生的课程对陈吉余今后的专业选择起了决定性的影响……除此之外，张其昀也是对陈吉余产生重要影响的人。除了《本国地理》教材之外，张其昀对他的影响表现在将历史研究和地学研究结合起来的思想。他在第一节课就对学生们说"古人治学，左图右史"，要求学生学会用时空观点看待问题。比如，他曾讲到一个有趣的故事：民国初年，很多学生多比老师年龄大，就故意刁难老师，问为什么我们把事物叫做"东西"，而不叫"南北"呢？这个问题真把老师给问倒了。张其昀的回答是，古人起居从事，面南而坐，东西两侧放置事物，久而久之，就用"东西"代替了事物。应该说这个解释是很有说服力的。张其昀善于从国是、国策的高度向学生讲授知识。后来陈吉余主张科学研究要服务国家重大需求、为国家和社会解决实际问题，并不断身体力行这个观点，不能不说是受到了张其昀的启发。

气象学也是陈吉余大学时候最喜欢的课程之一。在二、三年级的时候，卢鋈先生为他们开课。卢先生既注重书本知识的讲授，也注意学生的野外考察，带领学生走出教室看蓝天白云、日月星斗。他讲授气象预报学，教学生绘制等压线，预测天气走势。陈吉余后来回忆说："若非我已立志地质地形，也必然要走气象的学术道路。"虽然，他没有走上气象学研究的道路，但是气象学的学习却为他今后从台风等天气因素变化对河口海岸泥沙运动和生态环境影响提供了可能性和基础。

任美锷先生的自然地理课讲得声情并茂，让陈吉余至今不忘。严德一先生经历丰富，曾经由滇缅入印度进行科学考察，他讲的边疆地理课程就更为真实可信，为陈吉余进行小区域地理研究提供了许多思路。黄秉维先生饱读国外典籍，对国外研究动态比较熟悉，他讲的植物地理课注意通过自然要素的综合达到对地理学真谛的认知，十分前沿。

另外，学校还规定文科学生必须选择两门理科课程，理科学生必须选择两门文科课程。有一门课程对陈吉余的河口海岸学研究起到了重要的支撑作用，那就是张有清先生的物理学。张有清的物理学课清晰扎实，尤其是力学的讲解，为陈吉余以后研究地形发育中物质运动侵蚀、搬运和堆积等方面的规律打下了良好的基础。

知识是相通的，互相启发的。这4年的学习，为他打开了不同的知识空间。他在这些空间里自由穿梭，创新的冲动和基础渐渐形成了。……可见，史地系的文史、文理结合的学科交叉办学，不仅仅为陈吉余今后的研究打下了广博的知识基础，还为他今后的河口海岸学的知识体系构建和学科创建提供了指导思想。[①]

1949年后在台湾地区任教的贺忠儒是史地学系1946届毕业生（1941.08—1946.07，本科生在读；第一年入理学院数学系，后转系至史地学系，降级编入1942级）。2003年在接受访谈时，简略回忆了在史地学系的情况：

> 民国30年暑假，我到贵阳市参加中央大学、西南联大、浙江大学、武汉大学四校联合招生考试，顺利考取浙江大学数学系，后来转入史地系。35年大学毕业后，我到杭州笕桥空军军官学校教航空气象学，37年随空军来台，1951年到师范学院史地系任教……
>
> 抗战爆发后，浙江大学从杭州迁到贵州，胜利后又迁回杭州。这段期间，浙江大学史地系可说集全国史地学者之大成，师资阵容强大，在历史组方面有钱穆、张荫麟、陈乐素、方豪、俞大纲、贺昌群、谭其骧、陶元珍、李源澄、顾毂宜、李絜非等先生；地理组有张其昀、叶良辅、沙学浚、李春芬、任美锷、卢鋆、么枕生、李海晨、黄秉维、严德一、严钦尚、赵松乔、刘之远、杨怀仁、孙鼐、陈述彭等。其中，我读过谭其骧先生的中国通史，也读过顾毂宜先生的西洋通史与李絜非先生的中国近代史。我没上过钱穆的课，只听过他演讲……此外，我选读张其昀先生的地理学研究，叶良辅先生的地形学，沙学浚先生的政治地理，么枕生先生的气象学，黄秉维先生的地学通论。在

① 戴勇、王平、金文华著：《探究河口，巡研海岸——陈吉余传》，上海：上海交通大学出版社，2015年，第39—45页。

大学时代，我还选读过第二外国语德文等课。[①]

1942级的张韵秋（1942.08—1946.07，史地学系本科生在读）也回忆过史地学系的教学情况：

浙大十分重视理论与实际相结合。以我系为例，遵循竺校长教学注重学生生产实习和科学实践训练的教导，地理组也曾做过多方面的工作：

其一，观察星空。在永兴场一年级的时候，有一次为了纪念哥白尼逝世四百周年活动，部分同学白天请物理教授朱福炘（编者注：原文为"忻"，恐误）讲哥白尼在科学上的贡献和科学精神，以及长期遭受迫害而坚持真理的事迹，用以激励青年学生。晚上还从物理实验室里搬出一架大约2寸的望远镜（那是我亲眼第一次见望远镜），在江馆后边的操场旁，亲自指导我们观察星空。记得当时最清楚的是看到的火星，形如火炬，为橙红色，且内深外浅，火焰熠熠闪亮，光彩夺目，十分绚丽、美观。至今这一天文现象仍深深地印在我的脑际，永不磨灭。

其二，物理实验。那时地理组虽隶属于文学院，但属理科，校方规定需在数、理、化、生四门课中选修两门。我选的是生理卫生和物理两科。二年级在遵义学的物理课必须于暑假再到永兴场（实验室设在那里）去做实验，通过实习、练习、考试，取得及格的成绩，物理课这才能得到学分，否则必须重修。可见浙大当时对学生的要求是很严格的，对实验课也是非常重视的。

其三，教学与实物相结合的矿物学课。到遵义上二年级后，我选学的地理组，地质方面的课程较多，从师叶良辅教授。他在讲矿物课时，一面讲述理论，一面拿些矿物标本给我们看，让我们仔细观察。因为自然界的矿物种类繁多，用途又极其广泛，要识别它就需了解它的性质和掌握一定的方法。由于各种矿物的化学成分、内部结构不同，所以常常就具有不同的物理特征及化学性质，如形状、颜色、条痕、光泽、硬度、解理、断口和对化学试剂作用的差异等。根据矿物的这些性质来鉴别矿物，这是识别矿物的基本方法——肉眼鉴定法。当然，要想精确地识别矿物就得借助于显微镜、X射线和光谱的分析了。矿物的形状是多种多样的，不同的矿物有不同的形状，所以它是识别矿物的特征之一，如云母为片状，黄铁矿为立方体，石棉为纤维状，

[①] 《贺忠儒先生访问记录》，载陈仪深等访问、王景玲等记录：《南港学风——郭廷以和中研院近史所的故事》，北京：九州出版社，2013年，第348页。

方解石则为菱面体，水晶是六棱体等。观察颜色也是识别矿物的主要特征，有的矿物颜色艳丽，常以其特殊的颜色而得名，如黄铜矿（铜黄色）、赤铁矿（红色）、紫水晶（紫色）等。经过这样的讲解与观察相结合的学习过程，我们对各种矿物的识别能力就加强了，记忆也就更深了。

其四，地质实习。地形、地质、历史地质课都在课堂上由叶师讲述，再由刘之远老师带领我们出外实习。黔北山区是我国贫苦的地区之一，但它有山有水，又给我们提供了很好的实习场所。有一次刘老师带领地理组同学去大娄山的最高峰——金鼎山上去实习，在那里发现了猴头石。据说猴头石为冰的刨蚀作用而成，那么那次发现的猴头石证明大娄山（黔北地区）古代曾经为第四纪冰期覆盖过，而今正属于间冰期。又有一次到遵义附近的一座山上去观察山脉的走向、坡度等，每人发给一把小锤子和罗盘等工具，经测定，该山脉的走向为 ENE—WSW、坡度大约为 65°，且向西北倾斜。我们每人手持一把小锤子，到处对着石子敲敲打打，都感到很有趣味，兴致勃勃，终于发现了一片三叶虫化石，说明该山地形成的地质年代是古生代寒武纪。这样的实习，既加深了我们对所学知识的理解，又更加深了对地质课学习的兴趣与自觉性。从丁字口往南过一小桥（狮子桥），再沿湘江右岸走，有小道可通老城。就在小道边上，岩石裸露，我们观察到有一褶皱山脉的断层（大约有3—4米高，基宽也约 3 米以上），岩层较老、两翼岩层较新的标准背斜，在理论与实际的观察中得到了统一。这也说明遵义地区的水平岩层因地壳运动而发生过一系列的褶曲。

其五，测量与制图。测量也是地理组的必修课之一。我们要学以致用，不但学会使用测量仪器，而且要具体测一物体并绘制成图。记得我们曾经测绘过一个教室的平面图，大家都感到很有意义，又很实际。通过实践，培养了我们实际的操作能力与技能技巧。

其六，设计自制图表。严德一老师教我们美国经济地理课，他每讲一种物产或矿产，都让我们自制图表说明其种类、分布及产量等。每次都是自己设计并制图。当时条件很差，没有绘图仪，纸张又缺乏，又无色笔，只能用红蓝铅笔画出各种图例以识别之，每次我都能获得优秀成绩。这样既培养了我们综合的制图能力，也加深了所学知识的印象和兴趣。

其七，气象观测。当时学校经费甚少，但极力满足添置图书和仪器等设备之需。我系在这样的困难条件下，仍建立一个供我们学习和实习的气象园地。那时不仅有一般的气象观测仪器，如气温计、地温表、风向风速仪等，还有自动气温计、量雨计，并有价值十分昂贵的日照仪。这对我们进一步掌握已学的知识起到很好的辅助作用。①

葛剑雄所著《悠悠长水：谭其骧传》中，也记及若干当时的本科生（如程光裕、杨予六、甘华舜等）对谭其骧上课情况的回忆等材料。

台湾中国文化大学史学系程光裕教授在《永怀谭其骧师》一文（原注：载《浙大校友通讯》一一四期）中回忆往事：

忆一九四二年夏，日军向浙东进攻，浙江大学龙泉分校一部分师生向后方疏散，我和几位同学，背着包袱，芒鞋竹杖，餐风露宿，于十月中旬到达遵义本校，就读三年级，修习谭师讲授的"历史地理"，标准国语，娓娓动听。一日召我垂询自龙泉至遵义途中经过，当我述及困厄于金城江，六日未进食，眼前星光闪烁，双脚浮肿时，叹息不已！抗战时物质生活艰困，师积劳患目疾，对学生作业督促甚严，在桐油灯下为我批改《淮泗考》，令人难忘。

一九六五年回台北，任中国文化大学教授并兼史学系、史学研究所硕士班系所职务。一日，张其昀（晓峰）师召我说："抗战时在遵义，谭其骧先生讲授历史地理，兼史地教育研究室中国历史地图编纂工作，惜当时物质条件太差！"

"史地系学生杨予六在遵义听过谭其骧的中国沿革地理课，1947年去台湾任职，1957年出版了一本《中国历代地方行政区划》。"在该书"前言"和后来专门致谭其骧的信中，都表达了对谭先生的感激之情：

……在这本书（编者注：指《中国历代地方行政区划》）的前言中，他提到"抗战期间，负笈浙江大学，从谭季龙师讲受'中国历史地理'，对顾宛溪（顾祖禹）氏之治学为人，备极仰慕"。由于两岸长期阻隔，谭其骧没有看到过这本书。1985年我在美国哈佛燕京图书馆读到这段文字，就写信告诉了谭其骧。不久，他在回信上说："杨予六有点记得，但印象已不深。浙大学生有成就者，在台湾者当不少。"1989年，谭其骧将自己的论文集《长水集》寄赠台湾的学生，其中就有杨予六。1990年，杨予六来上海探亲，找到了当年贵州铜仁三中和浙大的同学吴应寿，但吴应寿临别时才告诉他谭其骧的地址，使这次见面的机会失之交臂。1991年4月17日，杨予六给老师写信：

---

① 张韵秋：《浙大在遵义的学术研究与教学实践》，载政协遵义市红花岗区委员会编：《遵义——浙大西迁大本营》，杭州：浙江大学出版社，2012年，第108—110页。

犹忆 1947 年买棹东来，行囊内藏有当年吾师所授中国历史地理一课笔记，生对此一课程亦特感兴趣。1964 年进教部工作，为著作送审需要，乃利用公余时间，撰写《中国历代地方行政区划》一书，其中主要章节皆撷取吾师之精义。纵有少数发明之处，亦不敢据以自专。此书于 1968 年出版问世后，外间反应尚称不恶。……

多年以还，生虽有心将此 25 万字之行政区划扩增为五六十万言之"历史地理概论"书稿，亦以此间刊布之文字有限，不敢贸然行事。去暑访晤吴应寿兄，始知复旦与他校已出之资料繁富，可谓取之不尽；又恐个人致力此一题目，时间精力不无问题，因之惶惑无已。兹有两点请教老师：1. 就吾师看来，此一概论除州郡沿革、疆域变迁、形势扼要、经济物产、重要都会之外，究应兼涵其他项目？吾师主持此一课程多年，能否提示一周全之纲目？或以腹稿示之。2. 在吾师心目中，可有忠厚可靠之弟子，现年在六十以下，能与生坦诚相见，合作编写此一书稿？以期提早达成此一心愿之目标。

为此，谭其骧还与我商量过，请谁为宜。可惜当年 10 月谭其骧就一病不起，杨予六再也没有见到他的老师。

浙大史地系 1947 年的毕业生甘华舜【32839】在其 1960 年 8 月致谭其骧的信里，也提及当时上课的情景：

1960 年 8 月，谭其骧收到了江西萍乡高级中学历史教师甘华舜的来信，甘是浙大史地系 1947 年的毕业生，在当年 7 月的《历史教学》杂志上看到谭其骧出席全国文教群英会的报道后写信的。信中说：

1943 年我入浙大读书，初在永兴场作新生，第二年到了遵义。由遵义到杭州的三年中，我听了您的魏晋南北朝史、中国历史地理。第四年我跟着您读刘知幾的《史通》。不管怎样，在历史基本知识上，在治史方法上是受到了教益，这一点却也不能忘记。您的声音笑貌，我记忆尤多了。……我知道您在遵义几年的生活很苦，您的楼居我去过，您布衣蔬食，安之若素，认真教学工作，十多年前的这些印象我却还不会忘记。到杭州……有一次我们在浙大校车上一起，我对您说："您的讲稿可以写出出版了。"内心里就是望您出这本书。您答复说："我们拿东西出去，总得像个样儿。"老师，这是您的谦虚，同时环境也累倒了您。这一简短对话也许您已忘记了，但我记得很清楚。①

---

① 葛剑雄著：《葛剑雄文集（3）·悠悠长水：谭其骧传》，广州：广东人民出版社，2014 年，第 111—113 页。

2. 野外实习

除了课堂教学之外，相关课程还与野外实习密切结合。见图4-4-6、图4-4-7。施雅风回忆：

> ……1940年暑假，我二年级时，地质学讲师刘之远先生带我们去桐梓实习。他手把手教我们认岩石、认地质构造，阅读地形图、采集化石。1941年暑假，刘先生又带我们到遵义东南八十里的团溪镇附近测绘新发现的锰矿矿区。这个新发现的锰矿储量在十万吨左右，解决了当时迁移到重庆的钢铁厂的用锰问题。以后，他还带我们从金顶山区最老的地层一直看到最新的地层。这些实习，使我学到了野外实际工作的经验，而且在野外实习体力活动比较多，吃得也比在学校好些，所以我的身体开始好了起来。[1]

图4-4-6 1940年刘之远带领学生在贵州桐梓地质实习
左起：刘之远、蔡锺瑞、施雅风、杨利普、赵松乔
引自苏珍、施建平、顾人和主编：《施雅风年谱》，北京：科学出版社，2019年，第18页。又见施雅风口述，张九辰访问整理：《施雅风口述自传》，长沙：湖南教育出版社，2009年，第42页。
说明：本照片收录于多种书刊，一般把拍摄时间定为1940年暑期；但另据《问天之路》（中国人民政治协商会议湄潭县委员会、贵州省遵义市气象局、贵州省湄潭县气象局编：《问天之路——中国气象史从遵义、湄潭走过》，北京：气象出版社，2017年，第89页）所附该幅照片，其上附有"1939桐梓"等字样，则也可能为1939年某时所摄。兹录以备考。

---

[1] 施雅风口述，张九辰访问整理：《施雅风口述自传》，长沙：湖南教育出版社，2009年，第42页。

图 4-4-7　1940 年暑假，赵松乔、蔡锺瑞、施雅风、杨利普在遵义考察

刘之远先生的后人，曾经有回忆文章记及西迁时期刘之远协助叶良辅上课及带学生实习的情况：

爷爷刘之远来到浙大之后成为叶良辅教授的助教，负责矿物岩石实习和野外实习，由于叶良辅身患严重的肺病，野外采集标本都是爷爷带队的，实习后爷爷主动征询同学们意见和叶良辅的意见，对教学方案进行完善，深得同学们的好评。著名冰川地质学家施雅风在回忆录中写到，"1940 年夏季刘之远讲师带我们二年级同学进行较长时间的地质实习，让我们对遵义附近的地层、岩石、构造与地形有了较清楚的认识，熟练地应用地质罗盘、高度表、大比例地形图等进行野外工作，极大地增强野外工作的兴趣"。

这次回国参加校庆、当年 1941 级的学生、现任美国匹茨堡大学终生教授的谢觉民在杭州见到了我，回忆当年的景象仍历历在目，"你爷爷当时是协助史地系主任叶良辅教授工作，叶先生患有严重的肺病，不能下野外，就由你爷爷带着我们这群学生到野外采集石头样本，你爷爷为了学生加深样本的认识能力，就在样本上刻上字样，方便了学生的学习"。"你爷爷个子不高，眉毛黑黑的，国字脸，一看就知道是北方人，家乡口音很重，有些女同学爱开你爷爷的玩笑，学你爷爷说话，你爷爷不在乎；你爷爷性格内向，语言不多，上课的时候，身穿长袍马褂……"①

陈述彭评述：

　　……史地系很重视学生野外考察和社会实践的锻炼，师生们代代相传成为传统。

　　学校刚由宜山迁到遵义，喘息未定，史地系就举办徐霞客逝世三百周年纪念活动。竺可桢校长亲自主持学术报告会，教授们纷纷发表演讲，弘扬热爱祖国河山、热爱自然、身体力行的探险家精神，并宣传浙大也要沿着徐霞客当年的足迹前进，使我们学生坚定攻读史地系的信心。后来，我在岩溶研究、航空遥感实验和西部开发等科研任务中，都没有忘记精读《徐霞客游记》，并联系实际，写下自己的学习心得。徐霞客的光辉形象，几十年来成为我这个"二等残废"抱着病躯、走南闯北、坚持野外考察工作的驱动力。因为20世纪50年代对峰林、洞岩地貌的分类和制图的工作，我和任美锷教授一道，荣获国际岩溶学会首届贡献奖。

　　浙大史地系一贯重视地图学的知识和技能训练。当年专门敦请沙学浚、李海晨两位曾在德国攻读过地图科学的教授来校任客座教授。在谭其骧、任美锷教授的指导下，由王心安、吴贤祚两位工程师负责绘图室，培养一批又一批青年教师接班开设地图学课程。无论是学地理或学历史的师生，都被鼓励参与地图的实际编制工作，并已蔚然成风。在抗战烽火的岁月里，用白规笔和石版印刷发行套色教学挂图。回到杭州之后，宋晞和我编绘了图文并茂的"西湖图景"。杭州解放〔前〕后，陈吉余、阙家蓂参加编制杭州城市大挂图，还绘制了分散在杭州城内外的浙大校舍鸟瞰图，雕刻铜版印刷；还精心雕塑出全中国和杭州、南京和台湾等几组地理景观教学模型，向全国发行。浙大史地系通过不断实践，掌握了地图生产的工艺技术，培养了大批对地图感兴趣的专家，可谓人才辈出，硕果累累。例如在1954—1957年，台湾中国文化大学，在原史地系主任张其昀先生的主持下，由贺忠儒等协助，编制出版了《中国大地图集》五卷；1980—1985年，谢觉民教授主编的 *Atlas of China* 在美国问世；1958年，竺可桢先生亲自主持国家大地图集编纂委员会，历时十年，先后编制出版了自然、普通、经济、人口和农业五卷大型地图集，谭其骧先生主持的《中国历史地图集》（八卷）（编者注：原文为"《杨守敬历史地

---

① 刘良：《我的爷爷刘之远》，载《浙大校友》2007年（下），第114—116页。

图集》"，不确，正式名称应为《中国历史地图集》)……都是由当年浙大史地系的师生主持完成的。浙大史地系对于中国地图科学发展的历史影响，是不言而喻的。①

关于陈吉余的传记中，也有本科期间实习的记述：

浙江大学史地系办学传统，除了学科史地结合之外，还有一个就是注重野外实习。这不仅仅表现在设置单独的课程上，还表现在很多课程的老师都会把学生带到课堂外，开展实地考察、观测。

由于当时学校在遵义，所以这里很快就成了学生们野外实习的对象。……大学二年级上半年，陈吉余上叶良辅的普通地质学课。叶良辅先生带着陈吉余和他的同学到遵义乡下去考察地层褶皱和断层现象，教学生测量地层的走向和倾角，教学生采集标本、做笔记。

1943年的5、6月间，杨怀仁带着二、三年级地学组的学生到大娄山山脉的一个海拔1500米的高峰，考察寒武纪石灰岩岩层。四五天的时间里，同学们沿着山路，测量地层的走向、倾向，敲打化石。经过努力，有序的地层，逐渐展现在大家面前。在回来的路上，同学们还哼着歌，对地层的走向进行了进一步观察。

这些小实习是快乐的、田园牧歌般的，让陈吉余不断回味。但是让陈吉余记忆更深的是那些时间更长、地形更为复杂的考察。1944年，三年级学期末，陈吉余要为自己的毕业论文作准备了。叶良辅希望他做贵阳乌当地区的地貌研究，并为他筹措了经费，写了介绍信。这是他首次独立做考察。离开家乡之后，他已经学会了独自面对困难。

暑期开始，他便搭便车到了贵阳，找到了在当地电报局工作的同学，并在那里住下。接下他便拜访了叶良辅的同学、地质学家、主持西南矿产调查工作的谢家荣。谢家荣看了叶良辅的信后，就把陈吉余带到贵州矿业测勘处，介绍给地质学家乐森璕。原来叶良辅先生想请乐森璕先生指导陈吉余的论文。乐森璕答应了，并请蒋溶工程师将贵阳一带的地层结构基本情况向陈吉余作了介绍。有了这些基础，他就能更好地开展调查了。

---

① 陈述彭：《怀念浙大史地系——12年生活、学习与工作的回忆》，载《浙大校友》2005(上)，见 http://zuaa2011.zju.edu.cn/publication/article?id=7161，[2024-05-26]。又以《浙江大学史地系十二年》为题，载陈述彭著：《石坚文存——陈述彭院士地学生涯(1999—2006)》，北京：人民教育出版社，2007年，第694—701页(本处引文见第699—700页)。

　　然而就在此时，陈吉余碰到了另外一位地学"贵人"，他就是著名地质学家李四光。他因为广西战事紧张，就来到贵阳。有一天乐森璕先生把陈吉余介绍给他。李四光先生是个热心人，非常喜欢提携后学，他把贵阳的地貌地形详细讲解给陈吉余。更让陈吉余感动的是，李先生还主动带他去考察。第二天上午，李先生带着陈吉余穿过洛湾坝子，到了东北方向的一个横过谷地的小山岭上，并告诉陈吉余："这是冰川的冰坎，可以在这个岭上，找找有没有冰碛石的遗留。"没过多久，他就拿起一块鹅卵形的石块，指着石块的面说："这就是冰碛石的标志，叫猴子脸。我们还要找到冰碛石上的擦痕。由于冰川内挟带的石块，突出的棱角承受冰川运动而磨擦冰川基岩或冰石的表面，形成许多细长的擦痕。而冰川流向改变或冰体的多向滑动，可呈方向不同的多组擦痕，这就是冰碛作用的证据。"李先生严谨、重证据学精神，给了陈吉余很大震动。李先生还告诉他："我写了一部关于冰川的书稿，其中有如何调查研究冰川地貌等内容，可供你参考，我回贵阳后，你来取。"李四光回到贵阳后，陈吉余便将书稿取来。陈吉余从李先生身上不仅学到了冰川地貌的知识，还领略到了他身上的诲人不倦、胸怀坦荡的高尚精神。

　　整个调查持续了1个多月，期间他往返贵阳数次。1944年秋天，陈吉余根据调查，完成了《贵阳乌当冰川地形》一文，交给了叶良辅审阅。毕业论文写完后，由于课少，陈吉余又开始了在图书馆遨游的生活。[①]

3. 本科生的毕业论文

　　按照规定，本科生于第四学年开始作毕业论文。实际上，许多学生从大三开始，就有意识地与感兴趣领域的任课教授联系，请其担任指导教师，如施雅风在大三时就与叶良辅联系，请叶先生指导撰写毕业论文。据有关记载，1941年3月，施雅风"选修20学分的课程：德文、历史地质、大气物理、地形、亚洲地理、西洋近代史、测量。本学期主要工作是遵义区域地理和地形学"；4—6月，"叶良辅先生同意指导毕业论文，并表示不赞成地理学界一般以搜集文献资料写文章的流行作风，要求写地形学论文必须实地观察，记录丰富的地质、地形景观，包括水系发育与河床侵蚀历史，内营力和外营力的矛盾与谐调，从野外考察开始，详细记录、搜集第一手资料，以增强实际观察能力"。[②]见图4-4-8。施雅风曾细致地

---

① 戴勇、王平、金文华著：《探究河口，巡研海岸——陈吉余传》，上海：上海交通大学出版社，2015年，第43—45页。

② 苏珍、施建平、顾人和主编：《施雅风年谱》，北京：科学出版社，2019年，第19页。

回忆了当时的具体过程：

> 从大学三年级开始，我选择叶先生当我的导师，指导撰写毕业论文。他指导我如何进行地貌学研究，指点我阅读许多地貌学的论文和专著，并在实际工作中经常观摩学习国内外高水平研究著作。他还建议我多看对地质学问题有争论的著作，强调学术研究中要发扬独立思考的精神。他要求对任何学术问题，都要实事求是，从实际出发，多方比较，绝不要迷信一方。他说："求真是科学之精神，科学方法是求真的途径。"
>
> 叶先生治学和教学有一个特点，就是强调理论和实际结合。他主张把研究结论放在直接取得的第一手资料的基础上，把书本上的理论知识同实际结合起来。他要求我从野外考察开始，详细记录、搜集第一手资料，以增强实际观察能力。为此，叶先生特地从系主任那里为我申请了调查费。当时班上就我一个人以实地调查资料做论文，那一年里，同学们常常看见我挎着背包，手里拿着一把地质锤。我在背包里放着罗盘、高度表、地形图和笔记本等，身上带点零用钱，到遵义附近乡下考察，往往一去就是几个星期。白天我一般在野外步行三四十里，边看地形边做笔记，思考着各种地貌形成过程的问题。晚上就在当地找一个小客栈住宿。我常常以一个临时住处为中心，向四周辐射调查，每周迁移一次住地。就这样，按照叶先生的要求，我利用新出版的贵州遵义附近的几幅五万分之一的地形图，在遵义南部地区作了三个月的详细地形调查，掌握了遵义市附近地区地质地貌的大量第一手资料。
>
> 每次从野外考察回来，我就在学校里对野外记录进行认真的分析和研究，逐渐对遵义地形的发育历史、岩石性质、地质构造、乌江和它的支流侵蚀作用对地形的影响等问题，取得了比较系统的认识。经过分析与综合，我撰写了六万字的论文初稿。叶先生审阅后比较满意，嘱咐我将文章浓缩为数千字的短文，并介绍到《地质论评》发表。记得当时《地质论评》的编辑是侯德封先生，侯先生告诉我，《遵义附近之地形》论文已经被接收，但他仍嫌篇幅长了点，删去了地质基础一节后发表了。大学毕业生的论文能够在国内著名学术刊物上发表，我自然十分高兴。我的毕业论文经学校选为优秀论文上报，还获得了教育部奖。[1]

---

[1]　施雅风口述，张九辰访问整理：《施雅风口述自传》，长沙：湖南教育出版社，2009年，第38—40页。

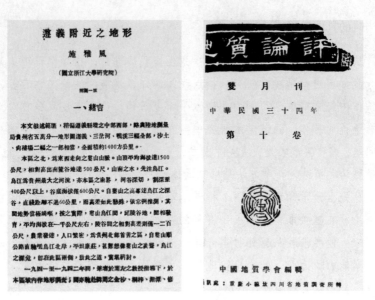

图 4-4-8　《地质论评》第 10 卷第 3、4 期合刊（1945 年）封面及所刊发的施雅风论文《遵义附近之地形》。引自《地质论评》第 10 卷第 3、4 期合刊（1945 年）封面，第 113 页。

和施雅风同时入学的 1937 级学生杨怀仁，于 1941 年 7 月毕业（施雅风因 1938 年初离校后于 1938 学年起重读一年级，故晚一年，于 1942 年 7 月毕业），他的本科毕业论文题为《遵义金顶山之地形》。1996 年，杨怀仁在自己的论文选集的"自序"中，回顾了本科阶段求学和写作毕业论文的过程：

在南京就读高中时，从报刊上看到我国著名气象学家竺可桢教授的科学成就，又读到当时著名大学地理系教授有关地理著作。对他们的科学贡献和渊博的学识，亲友们无不羡慕，有口皆碑。我于是慕名于 1937 年考入浙江大学地理系（当时称史地系）。1937 年抗日战争爆发，当时中大、浙大及武汉三所有名大学，联合招生，报名者约 10000，录取约数百名，我报考浙大地理系，以第二名录取，因此没有获得奖学金。入学不久，宁沪沦陷，我的经济也告断绝，是否能读完学业，我不禁有些惶惑。偶然想到，我幼年熟读的《论语》。孔子对弟子颜回的态度："一箪食，一瓢饮，在陋巷，人不堪其忧，回也不改其乐，贤哉，回也。"孔子称赞颜回在困难中艰苦读书和清心寡欲的精神，对我当时所面临的困境有所启示。于是我决心坚持求学，没有半途而废。于 1941 年本科毕业后，再读研究生。浙大竺可桢校长延聘博学多才之专家任教授。教师以研究学术为毕生事业，以诲人不倦为崇高职责。竺校长以"求是"

为校训，校纪严肃，学风严谨。因日寇入侵，辗转搬迁。我们一年级就读于天目山禅源寺，以后搬迁江西泰和，再迁广西宜山，最后迁移至贵州遵义。在日寇步步入侵，学校多次搬迁过程中，莘莘学子仍是弦歌不辍，学习上仍是夙夜匪懈，艰苦努力。

在广西宜山时，一个星期日，黄秉维老师带领我们去野外实习，归途中听到日军轰炸机的枪声，返校后宿舍被炸燃烧，所有衣物、书籍，均成灰烬，残暴成性的日寇使我们真正一贫如洗，生活更加困难，但学习仍未消沉，教学质量科研精神始终保持一贯的严谨和积极进取的优良风气。迁至遵义后，生活学习比较稳定，在基础理论研究方法上得到导师叶良辅教授的培养与教导。他一方面加强地文学（即地形学，现称地貌学）的理论与方法论的教导，同时他十分重视野外实地工作的锻炼。校外专家来贵州野外考察，他也不错过机会，让我们跟随着去观摩学习，他的助手刘之远老师也经常带我们去做野外实地调查工作。

我的大学毕业论文为《遵义金顶山之地形》。金顶山位于遵义西北，峰顶约1700m，代表贵州北部的部分高原面，地区荒凉，除了破烂的庙宇外，人迹罕至。峰顶面上荒草没人，野兽出没。我们住在庙中，一日上午出发去白云台观察地层与构造，行走间，右侧草莽中突然跳起一豹，体躯中等，跃身而去。我当时随身武器，一锥一罗盘而已。后闻庙中僧人言，此豹已饱食庙中食物，无意伤害人类，我始得幸免。是耶？非耶？我惊魂初定，也没多加追询。我完成《遵义金顶山之地形》论文，论述高原面之隆起，大娄山期与山盆期边缘的堆积物的气候变迁意义。向叶师谈起论文收获，他很高兴，又以循循善诱的精神鼓励我以大自然为实验室，探索地球近代发展的规律。叶良辅教授是我做研究生的导师，提示我们做研究工作要具有渊博的基础，善于利用地壳发展的最新理论，才能高瞻远瞩地作出贡献。[1]

同为1937级的谢觉民，也在1940年暑期大四开始后，准备毕业论文，他的论文题目是《永兴场——贵州四大墟场之一》：

谢觉民在贵州读大学四年级时，要做毕业论文，他自选的论文题目是《永兴场——贵州四大墟场之一》，为此要做数周的野外工作。

---

① 杨怀仁：《自序》，载杨怀仁著、《杨怀仁论文选集》编辑组编：《环境变迁研究——杨怀仁教授论文选集》，南京：河海大学出版社，1996年，第2—3页。

我国西南部盛行赶场，通常是在初三、初六、初九，或者初二、初五、初八。到了赶场的日子，头包白布的农民肩负不同货物，从四面八方赶到集上出售。谢觉民在路上不停地向农民们询问米从何处来、布往何处去，真是到处是老师、随地是知识。到了中午，场上已是闹哄哄的一团了，真有"日中为市"的古风。细看各类货物的排列，极富地理意义。市集只是一条长街，街的尽头有个空庙，是出售米和豆类等粮食的市场，庙外空地则是牛、猪等牲畜的交易场所。从长街尽端到街心，货物的排列是有次序的。街端大都卖炭、柴等燃料，向里走则售锅、铲等厨房用具，再向街心则出售洋货、布匹，又有看相摊、测字摊和代写书信的，以及西洋镜及其他娱乐摊子，这里也是人群最密集的地方。通过对赶场的研究，谢觉民感到其所作的地理学四年级的毕业论文是很有意义的。大学四年，学生们听了不少课，读了不少书，应该有能力自选一个题目，解决其问题，尤其是地理学，应该到野外去亲自观察现象，收集资料，加以排比，加以论证。[①]

1938 级赵松乔的本科毕业论文题目为《从〈史记〉看中国古地理》。[②]

1940 级学生欧阳海（1944 年 7 月毕业）的本科毕业论文题为《遵义气候》。在一篇采访欧阳海的报道中，欧阳海回忆了自己在史地学系读书时，卢鋈指导其毕业论文的事情：

> 据欧阳海的大女儿冯南华介绍，《南京气候志》写于 1946 年，其时，25 岁的欧阳海大学毕业工作已是第三个年头，正在中华民国国民政府"中央气象局"测政处工作。一天，时任"中央气象总台"台长的卢鋈找到她，要她把南京历年的气象资料进行系统整理统计，列表，作图，并作初步分析。"母亲年轻气盛，接受这项任务时，工作还不满三年，能够获得如此重任，心中不免有些沾沾自喜。"

> 据了解，欧阳海在浙江大学史地系读书时，卢鋈就是该系副教授。抗战时期，浙大迁至贵州遵义、湄潭等地，由于是在遵义度过大学时代，欧阳海的毕业论文题即为《遵义气候》。作为其毕业论文的指导老师，卢鋈给了 91 分的高分。

> 对于昔日老师布置的任务，欧阳海是全力以赴，并且很快就将写好的文章交给了他。在文章中，她描述了南京的地理环境，根据南京历年所测气压、

---

① 于希贤、于洪、于涌著：《走进地理生涯——旅美地理学家谢觉民传》，太原：山西人民出版社，2010 年，第 37 页。

② 赵旭沄著：《质朴坚毅——地理学家赵松乔》，北京：商务印书馆，2016 年，第 45 页。

风、气温、湿度、云量，以及日照、降水等数据，作了初步分析，并附有16页数据表格。对于文章的去向，欧阳海也没有再关注，在她看来，这就是学生完成老师交代的一份作业而已。由于各种原因，在后来的岁月中，卢鋆也一直没有跟欧阳海再提《南京气候志》这篇论文。冯南华表示："那个年代，杂志上发表一篇文章，很平常，微不足道，不值一提。"

70多年后，再次看到这篇文章，凭借记忆和感觉，欧阳海认为，她的老师卢鋆不但对文章作了补充和修改，还进行了重新的组织，以及大量文字上的修饰与润色，充分体现出了这位中国气象事业开路先锋卓越的专业知识和优美文笔。[1]

1941级的陈吉余在1944年秋天，完成了题为《贵阳乌当冰川地形》的本科毕业论文，交给叶良辅审阅。[2]

史组同学的毕业论文也与地组类似，由学生在老师指导下进行研究和写作。1939级史地学系史组的徐规，至第三学年的第二学期（1942年春季），即由张荫麟确定研究主题，完成了毕业论文《李焘年谱》，并获得学业竞试次优的奖励。

　　笔者在浙大龙泉分校读完一年级课程后，1940年秋即赴遵义浙大总校史地系继续学习，有幸受张师教导两载，读过他开设的"中国上古史"、"唐宋史"和"历史研究法"三门课。他讲中国上古史，着重阐明先秦诸子的思想，并考订其著作内容之真伪和影响，传授理论分析与史实考证的方法；讲历史研究法，传授综述史事的原则和方法；在每一单元讲课结束时，辄口述一故事，由学生记录下来，按时上交一篇短文，他细加修改后发还，希望借此来提高我们的文字表达能力。张师讲课十分认真，总是分别指定精读的史学名著和浏览的参考书，并印发自己撰写的讲义；还写好讲授详细提纲，与讲义不相重复。教课富启发性，有哲理分析，有史事考订，有艺术描绘，使听者如坐春风，似饮甘泉！

　　1942年，笔者跟张师做学士学位论文，他创意要我写《李焘年谱》，授以《周益国文忠公集》作主要参考书。并说：李焘是宋代著名史家，所撰《续资治通鉴长编》一书为研究北宋史事最重要的典籍，近代学者未尝注意探索云云。

---

[1]　王峰：《〈南京气候志〉，承载着一位百岁老人的璀璨青春》，载《金陵晚报》2020年4月30日。
[2]　戴勇、王平、金文华著：《探究河口，巡研海岸——陈吉余传》，上海：上海交通大学出版社，2015年，第47页。

太平洋战争爆发后的次年，遵义物价腾贵，师友们生活困难，有些教师办起供销合作商店，站柜台兼做营业员。张师对这种现象颇为不满，那时因卧病在床，便召我赴其寓所，口授《师儒与商贾》一文，命作笔录，痛加针砭，并示我以选题的用意和遣词属文的匠心。这也是他训练学生做文章的一种方法。笔者此后在学习宋史方面获窥门径，多得力于他的谆谆教诲。[1]

尤其难得的是，现可见两种关于史地学系本科毕业论文题目的整理材料，一种是1944届毕业生的，一种是1946届毕业生的。现在能够看到的多为研究生层面的论文情况，本科生毕业论文的细节，尚少见到；所以，这两种有关史地系本科学生毕业论文的材料，弥足珍贵，对于我们了解当时本科生培养的状况，可窥一斑。

在1944年6月编印的《浙大史地学系民三三级毕业纪念刊》里，收录了该届同学（即1944届毕业生）的毕业论文选题情况。见图4-4-9。兹将"地组"论文题目引录如下：

［地组］级友毕业论文汇录（编者注：1940级，1944年7月毕业生）

文焕然：西南交通地理

王连瑞：Translate "Nature of geography"

江乃萼：中国与印度、锡兰之茶叶地理

沈雅利：四川农业地理

沈能枋：滇缅北段未定界内诸问题

吴章斌：贵州粮食地理

周忠玉：贵州省经济作物地理

徐圣谟：A Translation on "An Outline of geography"

姚懿明：川黔铁路沿线调查报告

姚国水：湖南工业地理

殷汝庄：四川煤铁资源

张幼勤：湖南油桐地理

刘尚经：中国石油之分布

欧阳海：遵义之气候

---

[1] 徐规：《张荫麟师培养学生情况述略——纪念张师诞辰90周年》，载徐规著：《仰素集》，杭州：杭州大学出版社，1999年，第1121—1128页（本处引文见第1127页）。

蒋铨元：新疆之农业与畜牧
郑士俊：滇黔二省邻区北段之矿产与工业前途
谢文治：川黔边境之自然环境与人生
罗昭彰：贵州之交通地理
阚家蓂：中国桐油丝茶之对外贸易[①]

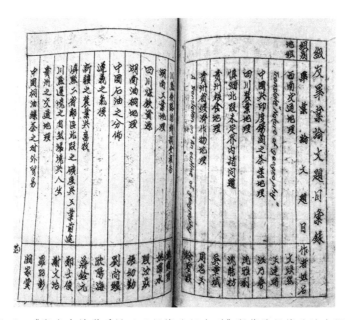

图 4-4-9　《浙大史地学系民三三级毕业纪念刊》所载该级毕业论文题目（地组部分）。引自《浙大史地学系民三三级毕业纪念刊》（1944 年 7 月编印），第 36—37 页。

在 1946 年 4 月编印的《史地通讯》（第二期）中，除了对 1942 级（1946 年 7 月毕业）学生有详细的介绍外，亦附有该级同学的毕业论文选题。兹引录如下：

本届毕业会友毕业论文题目（编者注：1942级，1946年7月毕业生）

张韵秋：云南矿产
蒲德华：贵州省人口密度与土地利用
阚纫琼：茶之产销运
桂柏林：华侨与南洋

---

① 《浙大史地学系民三三级毕业纪念刊》（1944 年 7 月编印），第 36—37 页。

张元明：季风与我国雨量之关系

徐先：The Capital Question of China（翻译）

申勉：The Capital Question of China（翻译）

杜学书：中国史前文化概观

贺忠儒：遵义之气候

曹梦贤：亚洲民族

王鹤年：朝鲜与中国之关系

叶华勋：宋内外诸司监寺课役户考略

桂永杰：戈登与太平天国

刘应中：世界之航业（翻译）

司徒钜勋：Geography in Human Destiny（翻译）

蔡崇廉：元魏前黄河下游区都市史略

刘德荣：清高宗评传

吕欣良：（编者注：原文缺）

杨竹亭：东北国防地理

马光耀：英国的工业与贸易（翻译）[1]

4. 学士学位的授予

按照 1935 年《学位授予法》和《学位分级细则》的规定，"学位分学士、硕士、博士三级"，"凡曾在公立或立案私立之大学或独立学院修业期满，考试合格，并经教育部复核无异者，由大学或独立学院授予学士学位"；"文科学位分文学士、文学硕士、文学博士三级"，"理科学位分为理学士、理学硕士、理学博士三级"，其他法科、教育科学、农科、工科、商科和医科同此系列。本科毕业生均可获得按照当时国家确定的"毕业证书"格式所颁发的正式毕业证书，载明"准予毕业"及授予"某学士学位"。按照相关规定，文学院史地学系的本科毕业生，因其隶属于文学院，故获得的是"文学士"学位；师范学院史地学系的本科毕业生获得的则是"教育学士"学位。遗憾的是，目前编者尚未见到文学院史地学系时期学生的毕业证书，谨附一份 1943 年 6 月师范学院史地学系毕业生孙盘寿【27613】的毕业证书，以见概貌。见图 4-4-10。

---

[1] 《史地通讯》第 2 期（1946 年），第 35 页。

图 4-4-10 国立浙江大学师范学院史地学系 1943 届毕业生孙盘寿【27613】的毕业证书

二、文科研究所史地学部研究生的课程设置与教学活动

在 1946 年 4 月编印的《史地通讯》（第 2 期）中，宋晞撰文对史地学部有这样的记述：

国立浙江大学研究院史地学部概况

本学部于民国二十八年八月成立于广西宜山，开本校研究所之先声。张其昀教授兼学部主任，涂长望教授副之，分史学、地形、气象、人文地理四组。旋桂南告警，遂迁遵义，迄今六载有半矣。本部创设于战时，筚路蓝缕，艰苦备尝，惟师生仍坚守岗位，孜孜于学术工作。历届毕业研究生已达二十人（见附表一），大多已获硕士学位。

本部现有肄业研究生九人（见附表二）。依院方规定，肄业期间必须修满二十四学分，就每学期除作报告外，往往选读一、二门课程。导师开课者，有陈乐素教授之"校勘学"、"中国目录学史"。史学组同学大半时间致力于搜集论文材料，地形组多从事实地调查，如蔡锺瑞同学，去秋尝赴鄂西调查地形，王连瑞、陈吉余二同学近正调查遵义地形。

吾人又有读书会之组织，按月举行，每次推定二人或三人，报告读书心得与交换意见，以收切磋之效。并定期出版《研余》壁报，登载较富学术性之文字，藉供同学观摩。此本部同学工作之梗概也。

本部今后计划，有待抵杭后展开。设备方面，张主任已在美购得大批地理书籍,庋藏纽约,即可运杭。并拟以巨款购置历史书籍。至于研究生之生活,亦力谋改善,俾能安心研读。总之,本部在张主任及诸教授努力擘画之下,前程实未可限量也。①

附表一（编者注：该表内容为历届毕业研究生）②

（编者注：三十年度即1941.08—1942.07,一般为1942年7月毕业; 表中公历时间为编者补充）

姓名	组别	论文题目	毕业年度	原读大学	服务处所
刘熊祥	史学	清季联俄政策之始末	三十（1942.07）	西南联大	重庆三民主义青年团中央团部
丁锡祉	地形	遵义附近地形	三十（1942.07）	西南联大	三台东北大学
严钦尚	地形	贵阳附近地面与水系之发育	三十（1942.07）	中央大学	重庆内政部
沈玉昌	地形	湘江附近地形初步研究	三十（1942.07）	本校	重庆北碚国立编译馆
郭晓岚	气象	大气之长波辐射	三十（1942.07）	西南联大	留学美国
胡善恩	人文地理	遵义人文地理	三十（1942.07）	西南联大	留学美国
王爱云	史学	贵州开发史	三十一（1943.07）	本校	重庆资源委员会经济研究室
余文豪	史学	元初汉军考	三十一（1943.07）	西南联大	重庆界石国立边疆学校
叶笃正	气象	湄潭之大气电位	三十一（1943.07）	西南联大	留学美国
谢义炳	气象	贵州之天气与气候	三十一（1943.07）	西南联大	留学美国
周恩济	人文地理	西北之垦殖地理	三十一（1943.07）	本校	上海中国航空公司
余泽忠	人文地理	中国棉作与气候	三十一（1943.07）	中山大学	南昌中正大学
胡玉堂	史学	古代雅典民主政治与雅典帝国	三十二（1944.07）	本校	本校
杨怀仁	地形	贵州中北部地形发育史	三十二（1944.07）	本校	成都四川大学

---

① 宋晞:《国立浙江大学研究院史地学部概况》,载《史地通讯》第2期（1946年）,第3—5页。
② 说明:该表所附毕业年度,可纠正若干错误理解。称"毕业年度"是指该整学年的起始那一年,如第一批研究生毕业年度为"三十",即指"民国三十年度",即1941年度（1941.08—1942.07）,实际毕业时间为1942年7月,即为1942年,当时一般称作"民三一级",现在一般称作"1942届"（有论者误为1941年毕业）。

续表

姓名	组别	论文题目	毕业年度	原读大学	服务处所
施雅风	地形	华中区水理初步研究	三十二（1944.07）	本校	重庆北碚地理研究所
梁薪善	人文地理	贵州之经济地理	三十二（1944.07）	中山大学	南京临大
袁希文	史学	唐代税法之嬗变及其因果	三十三（1945.07）	光华大学	家居
徐规	史学	宋代妇女的地位	三十三（1945.07）	本校	本校
孙守任	史学	后金汗国社会经济与政治	三十三（1945.07）	东北大学	城固西北大学
赵松乔	人文地理	中缅关系之地理分析	三十三（1945.07）	本校	本校

附表二（编者注：该表内容为1946年4月时在读研究生）

姓名	籍贯	组别	论文题目或范围	导师	入部年月	备注
倪士毅	浙江乐清	史学	赵宋宗室中之士大夫	陈乐素	三十三年八月	
程光裕	安徽绩溪	史学	茶与唐宋社会生活之关系	陈乐素	三十三年八月	
文焕然	湖南益阳	史学	秦汉粮食地理	谭其骧	三十三年八月	
戎文言	浙江慈溪	史学	英国宪政之发展	顾毂宜	三十三年八月	
蔡锺瑞	湖北广济	地形	恩施地形研究	叶良辅	三十三年八月	本年暑假毕业
王连瑞	安徽涡阳	地形	未定	叶良辅	三十三年八月	
陈述彭	江西萍乡	人文地理①	未定	叶良辅	三十三年八月	本学期休学
宋晞	浙江丽水	史学	宋代商人之政治地位	陈乐素	三十四年八月	
陈吉余	江苏灌云	地形	未定	叶良辅	三十四年八月	

　　附表中所记及的当时在读研究生的毕业论文题目或范围为1946年4月前后所初步确定，后有所调整，未定的也陆续确定。至1947年6月，蔡锺瑞和倪士毅、

---

① 说明：按照该处所记，陈述彭1944年8月入读文科研究所史地学部的"人文地理学组"，但导师为"地形学组"的导师"叶良辅"；推测是因为"人文地理学组"当时的导师张其昀还在国外，故由叶良辅指导。1945年11月后，张其昀回国返校，因为陈述彭已经在叶良辅指导下选择地形方向研究，故1946年8月后，可能就转为"地形学组"。这样，在1947年9月所编的《国立浙江大学文学院概况》中所附"研究生名录及其论文目录表"中，"组别"一栏即标注为"地形"，即转为"地形学组"。

程光裕、文焕然、陈述彭、宋晞、陈吉余均硕士毕业，如程光裕的题目确定为《茶风与唐宋思想界》，宋晞的题目确定为《士大夫势力下宋代商人的活动》，文焕然则完全改变了研究主题，题目调整为《秦汉时代黄河中下游气候之蠡测》；当时题目未定的陈述彭和陈吉余，也分别提交了题为《螳螂川流域之地文与人生》和《杭州湾地形之演化》的硕士论文。[①]

（一）研究生的教学管理

当时的《校刊》，登载许多有关教学方面的安排和学校的规定。1945 年 6 月 2 日召开的第 46 次校务会议，审议并通过了研究院补充章则，其中主要内容就是对研究生课程方面的要求：

研究院补充章则

一、各研究部研究生除论文外，应修完研究院课程二十四学分，惟各学部如在必要时，得按实际情形，酌予增减。

二、研究生入学时，除审查成绩外，必须经过考试。

三、凡补习性质之学程，包括第二外国语在内，概不给学分。

四、研究生修习学程，其成绩须满七十分始给予学分。[②]

各研究所（学部）的研究生课程一般由该所（学部）所在院、系教授负责指导，课程和论文主要按照导师研究方向安排，文科研究所史地学部亦是如此。从具体培养过程来看，史地学部的 3 个地学类"学组"或"学门"，导师基本上是固定的，即地形学组为叶良辅，气象学组为涂长望，人文地理学组为张其昀；此外，任美锷担任过地形学组、黄秉维担任过人文地理学组的导师，但为期不长。

当然，有必要时，亦可以邀请外院、外系教授共同指导研究生。比如文科研究所史地学部的研究生叶笃正指导教授就有两位，一位是史地系的涂长望教授，另一位则是物理系的王淦昌教授，由涂长望和王淦昌联合指导。当然，对于王淦昌是否应正式列为史地学部气象门导师，则有不同看法。

有论者认为"王淦昌教授曾于 1941 年出任理科研究所史地学部导师"（编者注："理科研究所"应为"文科研究所"）的论断[③]，亦可能会有歧义；确切而论，

---

① 《国立浙江大学文学院概况》（1947 年），第 27—29 页。

② 《国立浙江大学校刊》复 125 期（1945 年 6 月 16 日）。

③ 阙维民：《国立浙江大学史地学系教工档案综述》，载阙维民主编：《史地新论——浙江大学（国际）历史地理学术研讨会论文集》，杭州：浙江大学出版社，2002 年，第 69—108 页（本处引文见第 105 页）。

王淦昌是接受涂长望邀请，协助指导叶笃正进行研究，虽然实质上承担导师职责，但名义上有没有作为叶笃正“导师”，也即是否列入地学组“导师”之列，可能还可以再议。如叶笃正登载于《国立浙江大学文科研究所史地学部丛刊（第二号）》的论文《等熵面之分析》，署名为：“导师：涂长望，叶笃正著”，并未提及王淦昌为导师。因此，或许更准确的理解，应该是王淦昌于 1941.08—1942.07 这一年的时间里，受涂长望的委托，担任过史地学部地学组气象门的兼职导师（王淦昌仍为理学院物理学系教授，即由理学院物理学系所聘）；即有导师之实，但主要是受私人所托，名义上并不是史地学部气象学门的正式导师。

（二）课程设置和教学情况

1. 课程设置

每个学生的具体课程安排，由其所在专业（即“学组”）确定，大体上每学年 2 门专业课，最后一年完成毕业论文。

（1）气象组

1939 学年入学的郭晓岚（编号：史 1，注明：1940 年 3 月入学），其学业成绩表中第一学年（民国 28 年至 29 年，标注“一年级”）、第二学年（民国 29 年至 30 年，仍标注“一年级”）、第三学年（民国 30 年至 31 年，标注“二年级”）的课程均为“理论气象”和“热力学”，第四学年（民国 31 年至 32 年，标注“三年级”）的两门课则为“西南开发史”和“中国历史地理”，成绩均为 80 分（编者注：郭晓岚在后续有关史地学部研究生的材料中，均按照 1942 年 7 月毕业表述；这里学业成绩表中还登记有 1942 学年的三年级修习课程及成绩，不知何故，录以备考）。该页最下方的“毕业总平均”也是 80 分。毕业论文题目为《大气中之长波辐射》，成绩为“甲”。见图 4-4-11。

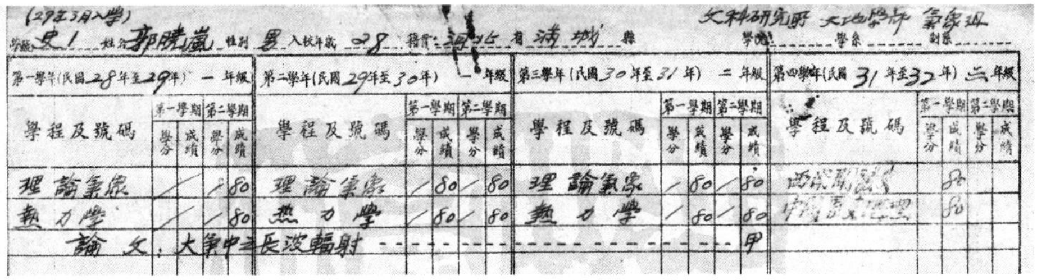
(29年3月入學)　文科研究所 史地學部 氣象組
號數 史1　姓名 郭曉嵐　性別 男　入校年歲 28　籍貫 湖北省 浠城縣　學院　學系　科系

第一學年（民國28年至29年）一年級 學程及號碼	第一學期 學分	第一學期 成績	第二學期 學分	第二學期 成績	第二學年（民國29年至30年）一年級 學程及號碼	第一學期 學分	第一學期 成績	第二學期 學分	第二學期 成績	第三學年（民國30年至31年）二年級 學程及號碼	第一學期 學分	第一學期 成績	第二學期 學分	第二學期 成績	第四學年（民國31年至32年）三年級 學程及號碼	第一學期 學分	第一學期 成績	第二學期 學分	第二學期 成績
理論氣象	/		/	80	理論氣象	/	80	/	80	理論氣象	/	80	/	80	西南開發史		80		
熱力學	/		/	80	熱力學	/	80	/	80	熱力學	/	80	/	80	中國歷史地理		80		
論文：大氣中之長波輻射														甲					

图 4-4-11　文科研究所史地学部研究生郭晓岚【史 1】的学业成绩表（部分）

1940学年入学的叶笃正（编号：史8），第一学年（民国29年至30年，标注"一年级"）、第二学年（民国30年至31年，标注"二年级"）和第三学年（民国31年至32年，仍标注"二年级"）的课程均为"大气电学"、"理论气象"；毕业论文题目为《湄潭之大气电位》，成绩为"甲"。学业成绩表中并附有论文评语，见图4-4-12：

1. 涂长望先生评语："叶君之试验在研究高原上天电之概况及天气对于天电之影响，贵州潮湿之气候及校内简陋之设备实不宜于是项试验与观测。但叶君仍能于困难环境中完成研究，精神可贵，所收集之材料及所得之结论，吾国天电之研究，有甚大之贡献，成绩应列甲等。"

2. 校外委员李宪之先生评语："大气电学之研究在国内尚少。叶君详加观测，悉心研究，对各种云影响于电位，分析尤详。可列甲等。"

3. 校外委员吕炯先生评语："叶君所做之湄潭之大气电位一文，取材新颖，饶有兴趣，实为我国在天电方面之新鲜资料。至文中所述理论，若干部分尚有待于更多之反复、证验与详尽之参考也。甲"

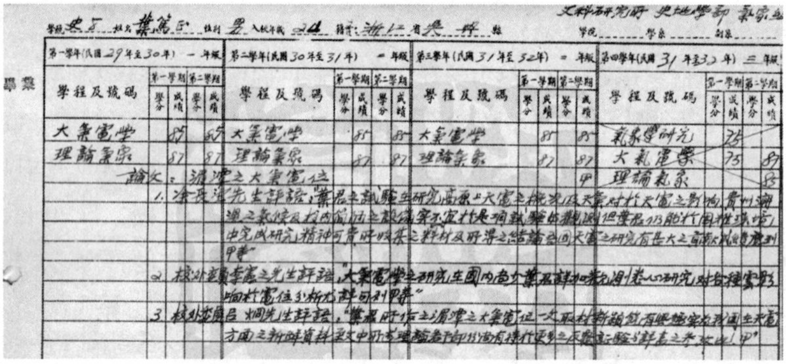

图4-4-12　文科研究所史地学部研究生叶笃正【史8】的学业成绩表（部分）

（2）地形组

1939学年入学的丁锡祉（编号：史2，注明：1940年3月入学），其学业成绩表中第一学年（民国28年至29年，标注"一年级"）、第二学年（民国29年至30年，仍标注"一年级"）、第三学年（民国30年至31年，标注"二年级"）的课程均为"地形学研究"和"区域考察"。成绩为70或75分。毕业论文题目为《遵义附近之地形》，成绩为"乙"。见图4-4-13。

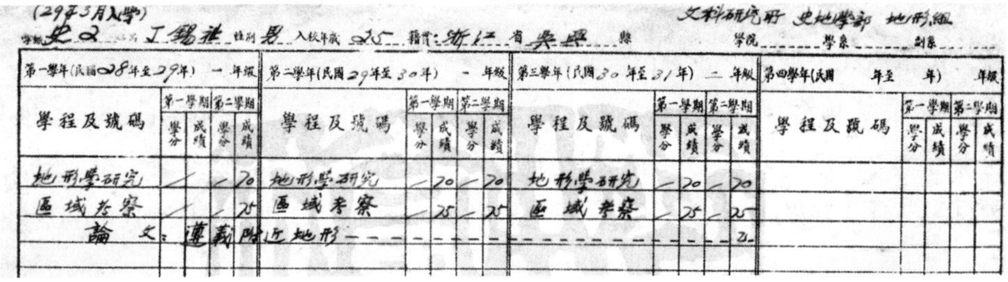

(29年3月入學)
學號 史2 姓名 丁錫祉 性別 男 入校年歲 25 籍貫 浙江 省 吴興 縣
文科研究所 史地學部 地形組

第一學年(民國28年至29年) 一年級					第二學年(民國29年至30年) 一年級					第三學年(民國30年至31年) 二年級					第四學年(民國 年至 年) 年級				
學程及號碼	第一學期 學分	第一學期 成績	第二學期 學分	第二學期 成績	學程及號碼	第一學期 學分	第一學期 成績	第二學期 學分	第二學期 成績	學程及號碼	第一學期 學分	第一學期 成績	第二學期 學分	第二學期 成績	學程及號碼	第一學期 學分	第一學期 成績	第二學期 學分	第二學期 成績
地形學研究	—		—	70	地形學研究	—	70	—	70	地形學研究	—	70	—	70					
區域考察				75	區域考察	—	75	—	75	區域考察	—	75	—	75					
論文：遵義附近地形														乙					

图 4-4-13　文科研究所史地学部研究生丁锡祉【史 2】的学业成绩表（部分）

1940 学年入学的严钦尚（编号：史 6），其学业成绩表中第一学年（民国 29 年至 30 年，标注“一年级”）、第二学年（民国 30 年至 31 年，标注“二年级”）的课程均为“地形学研究”和“区域考察”。成绩为 75 或 80 分。毕业论文题目为《贵阳附近地面及水系之发育》，成绩为“乙”。见图 4-4-14。

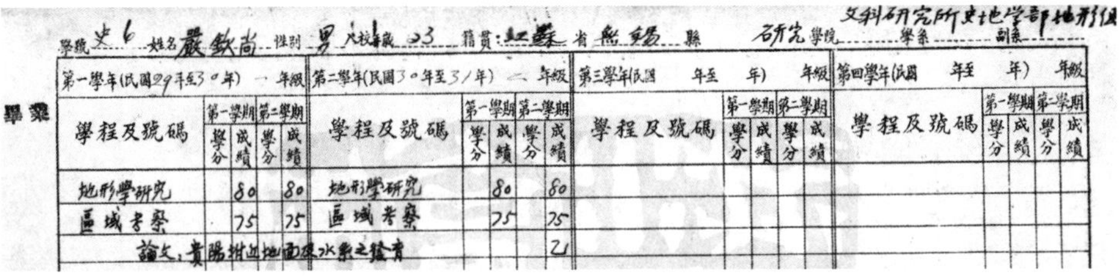

學號 史6 姓名 嚴欽尚 性別 男 入校年歲 23 籍貫 江蘇 省 無錫 縣
文科研究所史地學部地形組

第一學年(民國29年至30年) 一年級					第二學年(民國30年至31年) 二年級					第三學年(民國 年至 年) 年級					第四學年(民國 年至 年) 年級				
學程及號碼	第一學期 學分	第一學期 成績	第二學期 學分	第二學期 成績	學程及號碼	第一學期 學分	第一學期 成績	第二學期 學分	第二學期 成績	學程及號碼	第一學期 學分	第一學期 成績	第二學期 學分	第二學期 成績	學程及號碼	第一學期 學分	第一學期 成績	第二學期 學分	第二學期 成績
地形學研究		80		80	地形學研究		80		80										
區域考察		75		75	區域考察		75		75										
論文：貴陽附近地面及水系之發育									乙										

图 4-4-14　文科研究所史地学部研究生严钦尚【史 6】的学业成绩表（部分）

（3）人文地理组

1939 学年入学的胡善恩（编号：史 3，注明：1940 年 3 月入学），其学业成绩表中第一学年（民国 28 年至 29 年，标注“一年级”）、第二学年（民国 29 年至 30 年，仍标注“一年级”）、第三学年（民国 30 年至 31 年，标注“二年级”）的课程均为“聚落地理”和“区域考察”。成绩为 75 或 80 分。毕业论文题目为《遵义人文地理》，成绩为“乙”。见图 4-4-15。

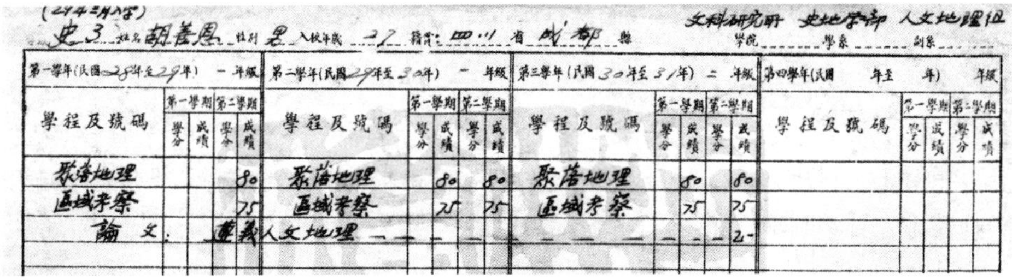

(29年3月入學)
史3 姓名 胡善恩 性別 男 入校年歲 27 籍貫 四川 省 成都 縣
文科研究所 史地學部 人文地理組

第一學年(民國28年至29年) 一年級					第二學年(民國29年至30年) 一年級					第三學年(民國30年至31年) 二年級					第四學年(民國 年至 年) 年級				
學程及號碼	第一學期 學分	第一學期 成績	第二學期 學分	第二學期 成績	學程及號碼	第一學期 學分	第一學期 成績	第二學期 學分	第二學期 成績	學程及號碼	第一學期 學分	第一學期 成績	第二學期 學分	第二學期 成績	學程及號碼	第一學期 學分	第一學期 成績	第二學期 學分	第二學期 成績
聚落地理				80	聚落地理		80		80	聚落地理		80		80					
區域考察				75	區域考察		75		75	區域考察		75		75					
論文：遵義人文地理														乙					

图 4-4-15　文科研究所史地学部研究生胡善恩【史 3】的学业成绩表（部分）

（4）史组

1940学年入学的王爱云（编号：史7），其学业成绩表中三个学年（第一学年：民国29年至30年；第二学年：民国30年至31年；第三学年：民国31年至32年）的课程均为“西南开发史”和“历史地理”。成绩分别为74或72分。毕业论文题目为《贵州开发史》，成绩为“乙”。其后并附有校内导师谭其骧评语和校外委员顾颉刚、罗香林评语，见图4-4-16：

导师谭其骧先生评语：此篇首数章搜罗详备，论断平允，尚称可观。惟通篇叙次不免芜杂，取材或超出题外，或失注出处，又全无图表，读者殊难得一明晰之概念，是其所短。

校外委员顾颉刚先生评语：全文允妥，拟列乙等。惟似须补作结论，参考书目亦宜附载文后。

［校外委员］罗香林先生评语：《贵州开发史》一论文，取材严谨，论证平实，条理明备，拟列为乙等。惟全文似较注重于贵州历代郡邑建置之阐述，于历代交通孔道之开辟与所有地利之开发及内地人民之移入，则较少讨论……拟请作者稍为补充，并加作结论，说明贵州开发之次序，则更完善矣。

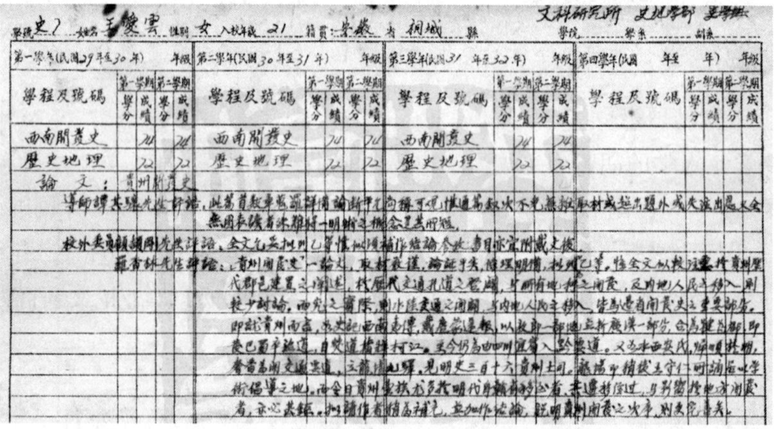

文科研究所 史地學部 史學組

學號 史7 姓名 王愛雲 性別 女 入校年歲 21 籍貫 安徽省 桐城縣 學院 學系 副系

第一學年（民國29年至30年） 年級					第二學年（民國30年至31年） 年級					第三學年（民國31年至32年） 年級					第四學年（民國 年至 年） 年級				
學程及號碼	第一學期 學分	第一學期 成績	第二學期 學分	第二學期 成績	學程及號碼	第一學期 學分	第一學期 成績	第二學期 學分	第二學期 成績	學程及號碼	第一學期 學分	第一學期 成績	第二學期 學分	第二學期 成績	學程及號碼	第一學期 學分	第一學期 成績	第二學期 學分	第二學期 成績
西南開發史		74		74	西南開發史		74		74	西南開發史		74		74					
歷史地理		72		72	歷史地理		72		72	歷史地理		72		72					
論文：貴州開發史																			

图4-4-16 文科研究所史地学部研究生王爱云【史7】的学业成绩表（部分）

2. 教学过程

相对于本科生而言，研究生以独立研究、完成毕业论文为主。选题有些结合导师安排，有些则结合相关部门的委托课题。

叶笃正读研时（1940.08—1943.07在读），由涂长望安排，请理学院物理学系的王淦昌协助指导，见图4-4-17：

1939年，时任浙江大学校长的竺可桢先生邀请著名气象学家涂长望到浙大任气象学教授。……并于1940年在浙大的临时校址贵州遵义设立浙江大学研究生院史地研究所，开始招收研究生。这一年，叶笃正从西南联大毕业，在昆明中法中学当了一名教师。第二年，也就是1941年，叶笃正和谢义炳等5人如愿成为史地学系第二届研究生，师从涂长望教授，专攻大气电学（编者注：此处表述中若干时间和机构名称等不甚准确）……

为了发展中国的大气电学，叶笃正的导师涂长望教授把叶笃正介绍给了著名物理学家王淦昌先生，请他指导其硕士论文的写作。王淦昌先生认为要使大气电学在中国生根，首先要开展观测。于是，他给叶笃正定了一个研究课题“湄潭近地层大气电位的观测研究”，还帮助叶笃正选择观测地点，建立简易的工作场地。缺乏观测仪器，王先生就从物理系找了个损坏的电位计，指导叶笃正进行修复。王淦昌要求他每天在清晨到上午10时的时间内观测湄潭一米高的大气电位变化，记录各种天气变化对电位的影响。王先生还经常和叶笃正一同观测，进行现场指导。有了第一手的资料，王淦昌又教叶笃正如何查阅文献、分析材料以及写出科学论文。

在王淦昌先生的悉心指导下，叶笃正圆满地完成了这一课题。在大量观测与调查、查阅文献和分析材料的基础上，叶笃正发表了《湄潭之大气电位》一文，受到涂长望、王淦昌教授的好评。①

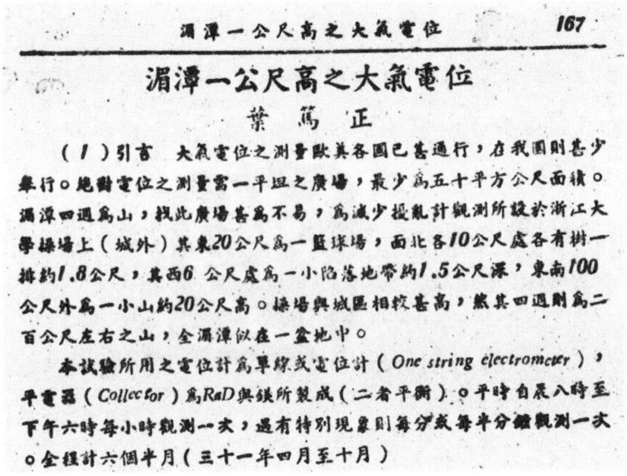
湄潭一公尺高之大氣電位　167

湄潭一公尺高之大氣電位

葉篤正

（1）引言　大氣電位之測量歐美各國已甚通行，在我國則甚少舉行。絕對電位之測量需一平坦之廣場，最少爲五十平方公尺面積。湄潭四週爲山，找此廣場甚爲不易，爲減少擾亂計觀測所設於浙江大學操場上（城外）其東20公尺爲一籃球場，西北各10公尺處各有樹一排約1.8公尺，其西6公尺處爲一小陷落地帶約1.5公尺深，東南100公尺外爲一小山約20公尺高。操場與城區相較甚高，然其四週則爲二百公尺左右之山，全湄潭似在一盆地中。

本試驗所用之電位計爲單線式電位計（One string electrometer），集電器（Collector）爲RaD與鎳所製成（二者平衡）。平時自晨八時至下午六時每小時觀測一次，遇有特別現象則每分或每半分鐘觀測一次。全程計六個半月（三十一年四月至十月）

图4-4-17　《气象学报》第18卷第1—4期合刊（1944年）所刊发的叶笃正论文《湄潭一公尺高之大气电位》。引自《气象学报》第18卷第1—4期（1944年），第167页。

① 王舒著：《风云人生：叶笃正传》，南京：江苏人民出版社，2008年，第35—38页。

　　叶笃正在 1987 年所写《我的论文启蒙老师王淦昌先生》一文中，也细致地回忆了当时跟从王淦昌进行科学研究的情景，见图 4-4-18：

　　　　王淦昌先生是指导我如何作研究和写论文的启蒙老师。那是四十五年前的事了。1940 年年底，我考取了浙江大学研究生，导师是涂长望先生。涂先生要发展中国的大气电学，把我介绍给了王淦昌先生。王先生当时已是我国知名的物理学教授。这样，我就从贵州的遵义到了湄潭（浙大理学院）。王先生说要使大气电学在中国生根，首先要在中国开展观测，于是就给了我"湄潭近地层大气电位的观测研究"这个课题。当时正值抗战，仪器非常缺乏，王先生在系里找了个损坏了的电位计，指导我进行修复。之后，又帮我选择观测场地，建立了虽然简陋但能工作的场地。我每天从清晨到太阳升高（10时左右）这段时间内观测湄潭 1 米高的大气电位变化，记录各种天气变化对它的影响。王先生经常和我一起观测，进行现场指导。有了比较长时期的观测记录，我就有了硕士论文的基础材料。王先生对这份观测资料是很喜欢的。他几次向我说，这是第一手的资料。王先生这个教导在我脑子里生了根，后来我也是这样教导我的学生的。

　　　　有了第一手的观测资料，王先生又教我如何查阅文献、分析材料和如何写一篇科学论文。我的第一篇可供发表的论文，也就是我的硕士论文，就是王先生手把手教出来的。

　　　　从和王先生第一天见面到写出论文，这段时期虽然不算太长，但他的严肃认真、一丝不苟的科学态度深深感染着我，在我脑子中留下了不能忘记的印象。后来我能在科研上有点成就，与王先生对我启蒙式的指导是不可分割的。在科学上王先生严格认真，一是一，二是二，绝无半点含糊。平时却非常和蔼可亲，态度热诚，待学生总是那么热情，有问必答。王先生这种对待他人的态度也同样深深地感染着我。[①]

　　王淦昌在其题为《无尽的追问》的口述自传里，也简略提及这一段经历：

　　　　老师都爱自己的学生，愿他们学习得好，生活得好，毕业后有所作为，为国家做贡献。……外系的学生和研究生需要我指导的，我也像对本系的学生一样。气象学教授涂长望为了发展中国的大气电学，让我担任他的研究生

---

① 叶笃正：《我的论文启蒙老师王淦昌先生》，载杜祥琬主编：《纪念核物理学家王淦昌文集》，北京：中国科学技术出版社，2010 年，第 26 页。

叶笃正的导师。我想要使大气电学在中国生根，首先要在中国开展观测，所以，我给他定了这样一个研究课题：湄潭近地层大气电位的观测研究，并且帮他选择了观测地点，建立观测场地，指导他把一个坏的电位计修复使用。

就像 10 多年前清华大学吴有训老师指导我做"清华周围氦气的强度及每天的变化"的研究一样，我要求叶笃正每天清晨在太阳升高（约 10 时左右）的时间内，观测湄潭 1 米高的大气电位变化，记录各种天气变化对它的影响，我也经常和他一起观测，现场进行指导。有了比较长对期的观测记录，我又教他怎样查阅文献，分析材料，然后写论文。[①]

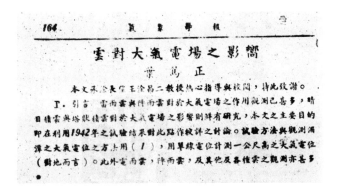

图 4-4-18　《气象学报》第 18 卷第 1—4 期合刊（1944 年）所刊发的叶笃正论文《云对大气电场之影响》。引自《气象学报》第 18 卷第 1—4 期合刊（1944年），第 164 页。

杨怀仁读研时（1941.08—1944.07 在读），经过对黔中、黔北地区的构造地形、岩溶地形和流水地形等的大量实地调查，完成了研究生论文《贵州中北部地形发育史》，并择要以《贵州中部之地形发育》为题，发表于《地理学报》第 11 卷（1944年）。见图 4-4-19。杨怀仁的女儿有这样的记述：

父亲的研究生论文着手于贵州北部高原。在当时交通十分不便的条件下只身前往，开始了他一生中在真正意义上独立野外考察的第一次。父亲对黔中、黔北地区的构造地形、岩溶地形和流水地形等方面做了大量实地调查工作。1943 年他完成了以《贵州中北部地形发育史》为题的研究生论文。这篇研究生论文得到当时多位地学界前辈的高度评价。时任浙江大学史地研究所所长

---

① 王淦昌著：《王淦昌全集·第 5 卷·无尽的追问、论述文章》，石家庄：河北教育出版社，2004 年，第 52—53 页。

张其昀教授……亲笔赞扬道：此文"颇多创见，确系专门著作"。论文中的重要部分以《贵州中部之地形发育》（为题）在《地理学报》第11卷（第1—14页）首篇发表。该文中关于贵州高原地形分期、岩溶发育、峡谷中河流裂点的形成等论点，至今依然是研究贵州高原地貌发育的理论依据。[1]

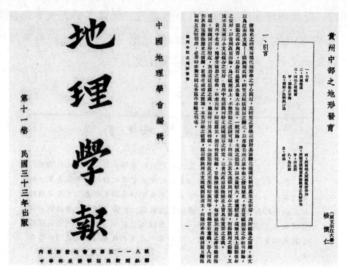

图4-4-19　《地理学报》第11卷（1944年）封面及所刊发的杨怀仁论文《贵州中部之地形发育》。引自《地理学报》第11卷（1944年），封面，第1页。

杨怀仁自己也在后来对学术生涯的回顾中具体谈及研究生论文的工作：

我做研究生论文时，有时也接受生产部门委托，在黔中、黔北做了大量工作。穿越大娄山，横渡赤水河，几次穿行于乌江峡谷及其支源猫跳河峡谷。当时交通不便，治安欠佳，工作颇为艰苦。但这一阶段工作是我理论联系实际，认识自然，了解自然最值得珍惜的时机。经过几次跋涉，对贵州高原的构造地貌、岩溶及流水地貌做了些实地野外工作。其中一些任务系受当时资源委员会及交通部委托。也完成几篇考察报告和论文，主要内容包括：

1. 黔北的构造地貌与流水地貌。高原和四川盆地间一些长江支流，横贯黔北褶皱带流入长江。过去很少有人注意及之。我们结合当时川黔铁道选线问题，注意到这个地貌学上的多年没有解决的问题。对四川盆地与贵州高原

---

[1]　南京大学地理与海洋科学学院编：《纪念杨怀仁教授》，南京：南京大学出版社，2010年，第101页。

间水系的成因得到进一步的解释。

2.黔中石灰岩地区、乌江及其支流猫跳峡谷的研究。乌江南岸支流纵剖面裂点的保存原因。在主谷上的飞瀑急流，在支谷上暗流与天生桥。我们对裂点的成因分布及其将来水利工程上的坝址利用，给予多方面的注意。对灰岩区主支流的不协调交汇（Discordant junction），在侵蚀与沉积史上，表现灰岩高原在溶蚀过程中的特殊地形现象，我带着浓厚兴趣作了实地的艰苦而又有科学意义的观察。每次攀援于乌江及其两岸支流峡谷中，危岩绝壁，百步九折，耳聆瀑布飞湍，手拉倒挂的枯枝。裂点附近，陡起陡落更加险阻。回忆当年景象，是今日各种比例尺的卫片或航片所无法欣赏到的奇峰异貌的真实景观。

我在高原顶峰，或山间盆谷，或峡谷深涧攀登盘旋，终于对贵州高原的形成和发育，概括其不同时代中的不同成长期，即大娄山期、山盆期及峡谷期的历程，以及不同构造不同岩性所经历的复杂历史。虽十分艰辛，但有所创见。现在回想40余年前的那番经历，不是艰苦，而是"乐在其中"。这篇以《贵州高原地貌》命题的研究生论文，经导师叶良辅教授审阅后，认为可整理出重要部分在国内外发表。经任美锷教授审阅后，嘱写成一文，由他推荐到《地理学报》发表。学报于1944年第11卷首篇登出。论文又送给地理所所长黄国璋教授及中央大学丁骕教授审阅。他们阅后，说："这篇论文的水平和西方国家博士论文相比，毫无逊色。"我自以为差距还不小，当时我国还没有授予博士的制度。这是两位学术前辈对青年的鼓励！[①]

施雅风（1942.08—1944.07在读）1942年7月本科毕业后，即跟从叶良辅从事地形学（现称地貌学）研究；后参与华中经济研究所的课题，完成了题为《华中水理概要》的毕业论文，见图4-4-20、图4-4-21、图4-4-22：

1942年我大学毕业。史地系我们这个班只有赵松乔和我两个人毕业。赵松乔的导师是张其昀教授，张老师很喜欢他，就留他当助教。我的导师是叶良辅教授，因为我常去野外考察，肯吃苦，叶先生很欣赏我。他建议我留校当研究生，继续为期两年的学习。……

大学毕业后的那个暑假，我就搬到了老城体育场史地研究所研究生宿舍的小楼居住。那里不用付房租，虽然还是桐油灯，但读书环境好多了。第一年研究生津贴除了用于吃饭外还有钱零用，比较好过。但第二年物价飞涨，

① 杨怀仁：《自序》，载杨怀仁著、《杨怀仁论文选集》编辑组编：《环境变迁研究——杨怀仁教授论文选集》，南京：河海大学出版社，1996年，第3页。

情况就不同了。我原来是想继续在叶先生的指导下，以地貌学为研究方向深入搞下去。不料那时物价飞涨，原有的研究生津贴不足以维持生活了，叶先生对此也无能为力。为了解决生活上的困难，我写信给曾经教我们自然地理学的黄秉维先生，请他帮忙。他那时已经到资源委员会经济研究所工作了。

學號 史17 姓名 施雅風 性別 男 入校年歲 24 籍貫 江蘇 省 南通 縣 史地學系 副系

第一學年（民國31年至32年）一年級

學程及號碼	第一學期 學分	第一學期 成績	第二學期 學分	第二學期 成績
地形學研究	3	84		
經濟地理研究	3	90		
區域地形研究			3	86
土地利用研究			3	86
土壤地理			3	80
論文：				

第二學年（民國32年至33年）二年級

學程及號碼	第一學期 學分	第一學期 成績	第二學期 學分	第二學期 成績
水理學	3	80	3	90
區域地形研究（續）	3	80		
歷史地理學	3	90		
中國地形			3	88
華中區水理之初步研究				
論文				75 75

校外委員 黃國璋 任美鍔

校外委員任美鍔先生評語：搜集材料尚稱完備 [illegible] 定分數為75分

校外委員黃國璋先生評語：本論文係採用國內外水利機關歷年實測之水文結果加以整理與分析 [illegible] 整理分析工作所費 [illegible] 時間精力 [illegible] 本文內容 [illegible] 地理意義（此或係作者受時間之限制有以致之）仍不失為研究本國水理地理之良好參考文獻應給予75分

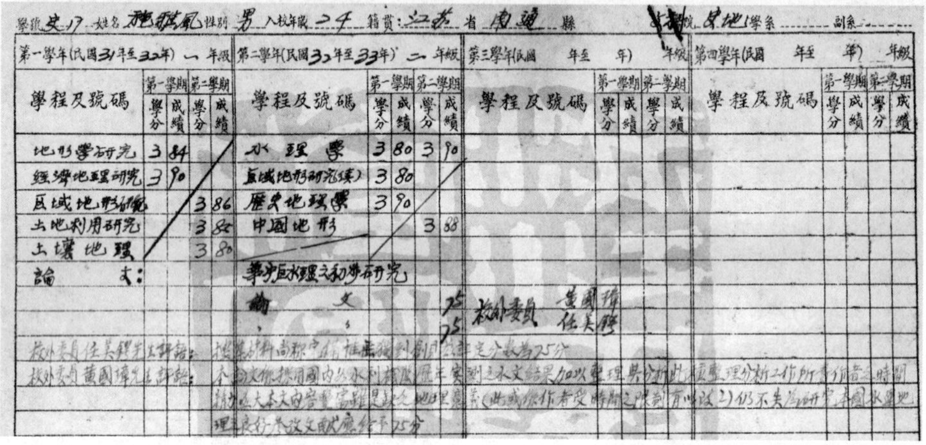

图 4-4-20　文科研究所史地学部研究生施雅风【史 17】的学业成绩表（部分）

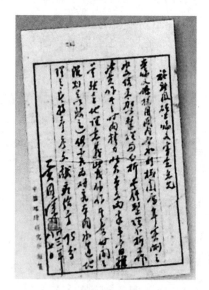

当时重庆有一个半官半民团体办的华中经济研究所。这个研究所只有名义，甚至没有一个正式挂牌的地方，但是有些经费，研究人员都是兼职。当时这个研究所正委托黄先生组织华中区自然资源评价的研究课题，准备抗战胜利后建设应用，其中有一个华中水文的课题。黄先生让我用一年的时间，搜集整理华中区水文资料，撰写报告，这报告也可以当做浙大研究生论文。如果承担这项工作，经济研究所可以给予我助理研究员的名义，拿一年的工资，所需要的搜集资料的差旅费用还可以实报实销。

图 4-4-21　黄国璋于 1944 年 8 月 20 日所写“施雅风硕士论文审查意见”。引自杨达寿著：《施雅风》，北京：中国农业科学技术出版社，2014 年，第 80 页。

接受这项工作就意味着我从地貌学转向水文学研究。从头学起有些困难，但有了这份助理研究员的工资，我就能完全自

立了。我征得叶先生的同意，就去重庆工作了近一年的时间。在那里黄先生指导我工作，那时我哥哥在水利委员会工作，他也给了我很大的帮助。我在那里学习了河流水文的基本知识，去有关单位抄录资料、统计分析，撰写了一篇接近四万字的论文，原名是《华中水理概要》。这篇论文系统论述了长江中游干支流的流量、泥沙、水位涨落和季节的变化。黄先生对这一篇从原始资料统计分析和总结性的研究成果比较满意，推荐到重庆出版的《经济建设季刊》分两期发表。可惜当时印刷条件太差，所有的附图都被删去了。[①]

陈吉余（1945.08—1947.07 在读）1945 年 7 月本科毕业后，亦考取叶良辅的地形学研究生（见图 4-4-23）；由于入学一年后，浙大即于 1946 年 5 月复校回杭，所以陈吉余的研究重点，也从云贵高原的内陆山区转为平原地带的河口海岸：

> 1945 年大学毕业后，陈吉余做出了攻读硕士学位的决定，并顺利通过考试，求学于叶良辅门下。不久，日本宣布无条件投降，抗日战争结束。陈吉余感觉双喜临门，乐不自胜。……
>
> 研究生的生活和本科生的生活有很大的不同。陈吉余开始有了学习津贴，住宿条件也有了很大改善，不再住在宿舍，而是住在校外租用民房里。学习方式与以往有很大不同，叶良辅对他的学习抓得更紧，要求他精读费礼门的《东美地文》和《西美地形》两本巨著。陈吉余除了用餐外，大部分时间都躲在宿舍里，闷头苦读。每读完规定的内容，他就和另外一个地貌学研究生王连瑞一起到导师家汇报读书心得，请教不懂的问题。师母温良贤淑，非常喜欢这两个孩子，于是他们两个也把这里当成了家。师生三人讨论的问题非常广泛。有一次，陈吉余提出一个问题："拿黔北的地形来说，是一个典型的褶皱山地，为什么被称为黔贵高原呢？这种地形和高原的含义不大符合，不像科罗拉多大峡谷那样是水平地层。"叶良辅听完他们两个的高谈阔论，缓缓地说："那就要看你们去研究了。"
>
> 书本学习和实践考察同步。1945 年秋天，遵义县政府交给浙江大学史地系一项任务——调查南部资源。系里决定让陈吉余和王连瑞两个人负责。有了本科学习阶段的经验，陈吉余对这次考察还是很有信心的。他们两个人商量并制定了考察路线——从尚稽开始到鸭溪结束。由于考察经费有限，他们

---

① 施雅风口述、张九辰访问整理：《施雅风口述自传》，长沙：湖南教育出版社，2009 年，第 48—51 页。

图 4-4-22　施雅风发表于《经济建设季刊》第 3 卷第 2 期（1944 年），第 3 卷第 3、4 期合刊（1945 年）的论文《华中水理概要》。引自《经济建设季刊》第 3 卷第 2 期（1944年），封面，目录页，第 37 页；第 3 卷第 3、4 期合刊（1945 年），第 168 页。

不得不步行，第一天就赶了60多里路。他们通过调查发现：遵义东南丘陵较多，森林资源丰富，水系呈格子状；尚稽附近煤系山丘，盛产银耳，为西南地区土特产；刀靶水村乡民多养柞蚕，但技术落后；在西南的一些石灰岩分布区，有些坝子龙洞水灌溉的冷水田，有些坝子成为沼泽，还有一些坝子地下水抽不上来，灌溉困难；鸭溪的山体无植被，旱田较多……

这次调查对他们两个来说都很有收获，完全可以撰写一篇农业地质调查的专门报告。但接踵而来的事情使他们不得不中止。首先学校的事情就是浙大要回迁杭州，搬迁任务繁重，时间仓促。日本投降后，浙江大学就成立了复员委员会，准备相关事宜。另一件事对陈吉余来讲是筹办婚事，到了遵义之后，陈吉余生活拮据，有位好心的同学就为他介绍了一份家庭教师的工作。陈吉余要教的是一位叫刘永瑜的高中生。刘永瑜被陈吉余渊博的知识和英俊的外表深深吸引。渐渐地，两个人产生了感情。刘永瑜的父亲去世了，母亲开明贤惠，经过长时间的考察，觉得可以将女儿托付给陈吉余。于是，陈吉余请了竺可桢校长做证婚人，完成了人生大事。在今后的岁月里，刘永瑜相夫教子，成为陈吉余学术事业的坚强后盾。

图4-4-23　陈吉余与刘永瑜的结婚照（1946年5月）。引自戴勇、王平、金文华著：《探究河口，巡研海岸——陈吉余传》，上海：上海交通大学出版社，2015年，第49页。

新婚不久，离别接踵而至。学校通知，1946年8月16日复员杭州。陈吉余不能放弃学业，只能无言忍泪，暂别新婚的妻子。辗转2个月到达杭州。

随着浙大复员杭州，陈吉余的研究方向也发生了变化，以前他的研究方向是山地地貌，其后就开始接触河口海岸地貌了，这与杭州所处的地理位置有关。这个转变也是他继选择史地系地貌专业之后，又一个具有决定性意义的转变，河口海岸进入他的研究视野已近在咫尺。[①]

史组研究生的培养，也以师生日常交流和学生自我研究性学习方式为主。

---

① 戴勇、王平、金文华著：《探究河口，巡研海岸——陈吉余传》，上海：上海交通大学出版社，2015年，第47—51页。

1940学年张荫麟来到浙大史地学系任教后，即担任文科研究所史地学部史组导师，于1940学年指导刘熊祥、1941学年指导余文豪（又名"余行迈"）等研究生。1942年10月张荫麟去世后，又聘请陈乐素来校任教，担任研究生导师，指导了徐规、倪士毅、程光裕、宋晞等史组研究生。徐规对当时张荫麟指导学生的情景也有记述：

> 张师抵遵义浙大后，1940年秋招收攻读中国近代史研究生一名，即西南联大毕业的刘熊祥学长，毕业论文题目为《清季联俄政策之始末》，1942年夏末毕业，获硕士学位。今任兰州西北师范大学历史系教授。1941年秋，张师又招收攻读宋元史研究生一名，即西南联大毕业的余文豪（行迈）学长。他在肄业期间，曾发表《金亡前后南宋和蒙古的一段交涉》一文（载《东方杂志》第39卷第9号，1943年7月出版）。这是继张师昔日刊布的《端平入洛败盟辨》而作的。他的毕业论文题目为《元初汉军考》，张师去世后，指导师由陈乐素师继任。1943年夏末毕业，获硕士学位。行迈学长多年在苏州大学（其前身为江苏师范学院）历史系任教授，今已退休。他们都在史学上有所成就。[1]

葛剑雄所著《悠悠长水：谭其骧传》中，对谭其骧先生在遵义时期所培养的几位研究生（王爱云、文焕然等，均为当时的"史组"学生）及其当时的教学情况，也有记述：

> 谭其骧指导的第一位研究生是王爱云（女）。她是安徽桐城人，是浙大内迁后的第一届毕业生（编者注：原书中将王爱云毕业时间表述为1939年，恐误。相关表述应理解为"1939年度"，即1940年7月毕业；史地学系第一届本科学生于1936.08—1940.07在读），同年考入文科研究所史地学部当研究生，由谭其骧指导作毕业论文，于1941年毕业（编者注：此处恐有误，应为"1943年"。王爱云于1940年8月入读史地学部史组研究生，于"1942年度"，即1943年7月毕业）。王爱云论文的评阅人是罗香林与顾颉刚，为此，谭其骧曾于当年6月26日致函罗香林：
> > 兹快邮寄上研究生王爱云君论文乙册，即希惠予评阅。院中订于下月4日开会审查毕业成绩，时间至为促迫，恐不及细加核览，敢乞能将甲乙丙

---

① 徐规：《张荫麟师培养学生情况述略——纪念张师诞辰90周年》，载徐规著：《仰素集》，杭州：杭州大学出版社，1999年，第1121—1128页（本处引文见第1126—1127页）。

等第评定，快函示知敝系代理主任叶左之先生，至感至要。阅后并请转寄柏溪顾颉刚先生为荷。王君此文搜集材料虽多历时日，着手写作则在弟离遵之日，迫弟返校，又迫以时日，未及详为修改，故内容不免有草率芜杂之病。尚祈念其初学，不以为不可教而教之，幸甚幸甚。

评定等第后如不及以快函示知，即请改用电报，电费当由院奉还。函电请径寄遵义石家堡三号叶寓。

王爱云后与黄秉维结婚（编者注：1940年黄秉维与王爱云在遵义结婚[①]），1943年后随黄去重庆资源委员会。黄秉维小谭其骧两岁，1934年毕业于中山大学，1938年起在浙大任教。谭其骧与他相识于遵义，一见如故，同事虽仅两年，但此后交往不断，情谊历久弥笃。1953年后黄秉维任中国科学院地理研究所研究员、副所长、所长，黄家是谭其骧在北京时最常去的地方之一，并且经常能享受他家精美可口的饭菜。1980年后我每次随谭其骧去北京，他几乎都与黄秉维约会，实在忙时也要通电话长谈。"文革"期间黄家被赶到一处公房，王爱云常受到邻居欺侮。"文革"结束后科学院给黄家分配了新居，可是就在乔迁前夕，邻居又肆意寻衅，王爱云不堪忍受，却不愿让家人分忧，竟自己结束了生命。

谭其骧的第二位研究生是文焕然。文是湖南益阳人，1943年毕业于地理学本科，同年被录取为文科研究所史地学部史学研究生。文焕然为人笃实诚恳，学习异常刻苦，在谭其骧的指导下，他选择了与气候变迁关系密切的动植物分布的变迁为研究方向。这是一项大海捞针式的工作，必须将浩如烟海的各类史料毫无目标地翻阅，才能发现为数有限的直接或间接的记载。但他的研究还是引起了竺可桢的关注，在竺可桢担任了中国科学院副院长后不久，就将文焕然从福建调至地理研究所，在他的指导和支持下从事历史动植物变迁的研究。四十多年间，文焕然发表了数十篇重要论文，成为这一学科公认的带头人。1982年，《中华人民共和国国家历史地图集》开编，文焕然抱病请缨，担任动物图组组长。尽管他的病情日益严重，发展至行走困难，双目几近失明，但每次在北京开会或谭其骧去北京，他仍坚持参加。有一次他来看谭其骧时，在别人搀扶下还随带一只小凳，走一段歇一阵。告别时，谭其骧要我替他找车，但他婉言谢绝，还说："要是不锻炼，以后怎么继续工作？"闻者无不动容。

① 《黄秉维百年诞辰纪念文集》编辑组编：《黄秉维先生百年诞辰纪念文集》，北京：科学出版社，2013年，第190页。

1986年12月13日，谭其骧得知文焕然病逝，"为之感伤无限"（当日日记）。①

此外，顾毂宜主要指导世界史方向的研究生，如胡玉堂、戎文言等。陶元珍在浙大任教期间，也指导孙守仁完成了硕士论文。据有关材料记述：

> 孙守任，20世纪50年代国内知名的清史专家，东北师大历史文化学院中国近代史专业奠基人。曾用名孙守仁，江苏宿迁人，1920年生。……1939年秋，考入重庆的中央大学史地学院。进校后，他在投身于中大学生的抗日救亡运动的同时，在老师的指导下，开展史学研究，很快就完成了关于魏晋时期著名的知识分子群体"竹林七贤"年谱的研究。一年后，因其参与学生运动，受到校方惩处，被迫转学，到四川三台国立的东北大学史地学院就读。这期间，他在老师、史地学院院长萧一山的影响下，开始涉足明代女真史的研究，撰写了一批论文和书稿，这些手稿托人捎往成都时散失。多年后他对这一难以弥补的损失依然深感懊悔。1943年10月，以研究生身份随应聘到浙江大学工作的中国近代史导师陶元珍一同到浙江大学研究院文化研究所（编者注：此处恐表述有误，应为"文科研究所史地学部"）。此时他主要研究的是曾国藩的思想及洋务运动。1945年7月，研究生毕业，经萧一山介绍，去陕西城固西北大学任学生训导员……②

（三）毕业及硕士学位的授予

研究生一般2年毕业。毕业前，要求参加硕士考试，考试合格，可以申请学位。有材料显示，1947年6月，该年毕业的史地研究所研究生文焕然、倪士毅、陈述彭、程光裕（编者注：以上4人1944年9月入学）、宋晞、陈吉余（编者注：以上2人1945年9月入学）完成学业，成绩达到申请参加硕士学位考试的要求，由学校上报教育部申请参加考试。③

其后，文焕然、倪士毅、陈述彭、程光裕和宋晞、陈吉余6人于1947年7月

① 葛剑雄著：《葛剑雄文集（3）·悠悠长水：谭其骧传》，广州：广东人民出版社，2014年，第110—111页。
② 周毓方主编：《群星璀璨——我们心目中的东师名人》，长春：东北师范大学出版社，2008年，第386页。
③ 戴勇、王平、金文华著：《探究河口，巡研海岸——陈吉余传》，上海：上海交通大学出版社，2015年，第39页。

顺利毕业。为此，6 人特意合影留念。[1] 见图 4-4-24。

图 4-4-24　文科研究所史地学部 1947 年 7 月毕业的 6 位研究生合影（摄于杭州）
说明：前排左起：文焕然 1、程光裕 2、陈述彭 3；后排左起：倪士毅 1、宋晞 2、陈吉余 3
引自戴勇、王平、金文华著：《探究河口，巡研海岸——陈吉余传》，上海：上海交通大学出版社，2015 年，第 48 页。

　　民国开展研究生教育的初期，由于学位制度尚不健全，故仅准予毕业，未授硕士学位。其后，不迟于 1944 年，开始正式授予硕士学位。如叶笃正学业成绩表中所载："教育部 33 年 9 月 1 日高字 42274 训令，准授予硕士学位"，即叶笃正于 1944 年 9 月 1 日正式由教育部批准，授予硕士学位。见图 4-4-25。

　　此后，即基本正常按年、分批进行审核和授予硕士学位的工作。例如，1946年 12 月，教育部学术审议会通过，授予史地学部毕业的研究生刘熊祥、杨怀仁、胡玉堂、梁薪善、赵松乔、徐规 6 位硕士学位（"研究所刘熊祥、杨怀仁、胡玉堂、梁薪善、赵松乔、徐规等六位会友之硕士学位，已于三十五年十二月正式由教育部学术审议会通过。"[2]）。至 1947 年 9 月，包括前述 6 位在内，"史地研究所

---

① 戴勇、王平、金文华著：《探究河口，巡研海岸——陈吉余传》，上海：上海交通大学出版社，2015 年，第 48 页。
② 《时与空》第 1 卷第 1 期（1947 年 2 月）。

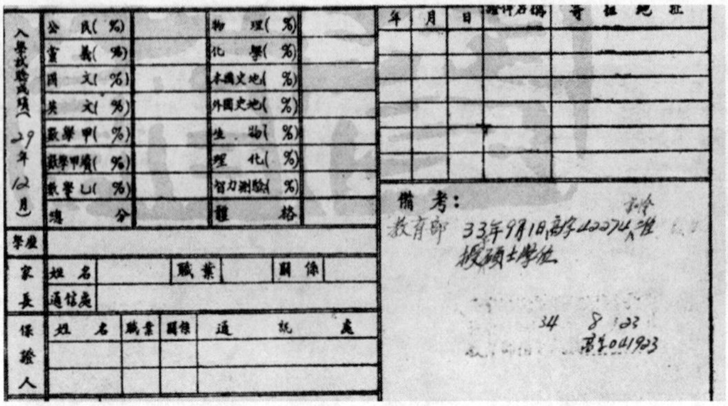
入學試驗成績（29年12月）
公民（%）
黨義（%）
國文（%）
英文（%）
數學甲（%）
數學乙（%）
總分
物理（%）
化學（%）
本國史地（%）
外國史地（%）
生物（%）
理化（%）
智力測驗（%）
體格
學歷
家長 姓名 職業 關係
通信處
保證人 姓名 職業 關係 通訊處
年 月 日
備考：
教育部33年9月1日高字42274號訓令准授碩士學位
34 8 23

图 4-4-25　研究生叶笃正【史 8】学业成绩表中“备考”栏所附授予硕士学位的说明

说明：表中备考一栏注明：“教育部 33 年 9 月 1 日高字 42274 训令，准授予硕士学位”。

毕业同学，已获得硕士学位者，有刘熊祥、严钦尚、郭晓岚、王爱云、余文豪（编者注：又名“余行迈”）、叶笃正、谢义炳、周恩济、余泽忠、胡玉堂、杨怀仁、施雅风、梁蕲善、徐规、赵松乔等 15 位”[①]。编印于 1947 年 9 月的《国立浙江大学文学院概况》所附“史地研究所研究生名录及其论文目录”中，亦在前述 15 人的名下“学位”栏标注“硕士”。[②] 此后，陆续有之前毕业的学生申请硕士学位获批；从浙江大学档案馆所藏学生档案以及当时报刊的相关报道来看，沈玉昌、丁锡祉等亦于 1948 年 3 月获得教育部核准，被授予硕士学位。[③] 这样，至 1948 年 4 月，史地所研究生中，有 17 位获得硕士学位。见图 4-4-26。

值得注意的是，张其昀在其写于 1948 年 6 月的《史地学系之回顾与前瞻》中，有这样的表述：“毕业之研究生二十七人，已颁硕士学位者二十人”，“据教育部统计，各大学研究所毕业研究生人数之多，本所实居前列”。[④] 较之前述 17 人多了 3 位。根据历年毕业生情况，推测这 3 位应该为胡善恩（1942 年 7 月毕业）、袁希文（1945 年 7 月毕业）、孙守仁（1945 年 7 月毕业）。

① 《时与空》第 1 卷第 3 期（1947 年 9 月）。

② 《国立浙江大学文学院概况》（1947 年），第 27—29 页。

③ 《教部学术审议委会核定候选硕士一批》，载《大公报》1948 年 3 月 25 日。

④ 张其昀：《史地学系之回顾与前瞻》，原载《国立浙江大学日刊》复刊第 11 期（1948 年 6 月 18 日）、第 13 期（1948 年 6 月 21 日）、第 14 期（1948 年 6 月 22 日）。转引自许高渝编：《从求是书院到新浙大——记述和回忆》，杭州：浙江大学出版社，2017 年，第 129—131 页。

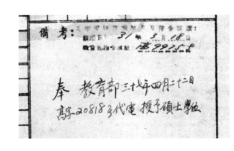

图 4-4-26　研究生丁锡祉【史 2】学业成绩表中"备考"栏所附授予硕士学位的说明

说明：表中备考一栏注明："奉教育部三十七年四月二十二日高字 20818 号代电，授予硕士学位"。

这样，史地研究所截至 1948 年 7 月，共有 20 位毕业生被授予硕士学位，见表 4-4-7，其中，地学类的硕士包括 13 名：

地形学组 5 人：严钦尚（1942.07 毕业）、杨怀仁（1944.07 毕业）、施雅风（1944.07 毕业）、沈玉昌（1942.07 毕业）、丁锡祉（1942.07 毕业）；

气象学组 3 人：郭晓岚（1942.07 毕业）、叶笃正（1943.07 毕业）、谢义炳（1943.07 毕业）；

人文地理组 5 人：周恩济（1943.07 毕业）、余泽忠（1943.07 毕业）、梁蕲善（1944.07 毕业）、赵松乔（1945.07 毕业）、胡善恩（？ 1942.07 毕业）。

另有史学组 7 人获得硕士学位：

史学组 7 人：刘熊祥（1942.07 毕业）、王爱云（1943.01 毕业）、余文豪（1943.07 毕业）、胡玉堂（1944.07 毕业）、徐规（1945.07 毕业）、袁希文（？ 1945.07 毕业）、孙守仁（？ 1945.07 毕业）。

表4-4-7　文科研究所史地学部获得硕士学位研究生的教育部批复情况[①]

时间	教育部训令文号	获得硕士学位者
1944.09.01	高字 42274	叶笃正，谢义炳，余泽忠
1944.12.01	高字 58537	郭晓岚（编者注：因档案字迹漫漶，时间和文号大致推测）
1945.02.07	高字 95977	严钦尚，周恩济
1946.01.31	高字 06652	余文豪
1946.12.27	高字 41613	刘熊祥，胡玉堂，杨怀仁，赵松乔，梁蕲善，徐规
1947.06.04	高字 30727	施雅风，王爱云
1948.04.22	高字 20818	沈玉昌，丁锡祉
1948？	？	说明：胡善恩、袁希文、孙守仁 3 人缺，推测亦于此期获得硕士学位

---

① 资料来源：据浙江大学档案馆所藏学生档案及相关材料整理。

可以顺便说明的是，按照当时《学位授予法》（1935年）的规定，"学位分学士、硕士、博士三级"，"硕士学位候选人考试合格，并经教育部复核无异者，由大学或独立学院授予硕士学位"。本科毕业生即有正式的"毕业证书"，载明"准予毕业"及授予"某学士学位"。研究生按照该法及相关规定，理论上亦应该有硕士学位证书的颁发，当时的教育部也公布有硕士学位证书式样。见图4-4-27。

但实际中，目前编者仅见到过当时所颁发的本科毕业证书实例，未见有当时颁发硕士学位证书的实例。若学生有学历、学位等证明之需，则一般由学校或研究所出具有关证明书。如杨怀仁1947年获得张其昀以史地研究所主任名义签署的证明书，谢义炳则在1945年获得竺可桢以浙江大学校长名义签署的证明书。见图4-4-28。

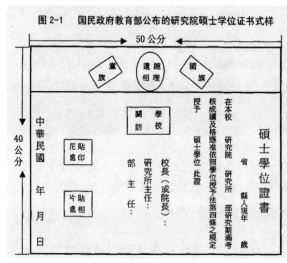

图4-4-27 国民政府教育部公布的硕士学位证书式样。引自（南京国民政府）教育部高等教育司编：《高等教育法令汇编》，1942年，第272页。

图4-4-28 1945年5月竺可桢以浙江大学校长的名义为谢义炳获得硕士学位所出具的证明书。引自何琦主编：《问天人生》，北京：中国文史出版社，2019年，第272页。

第五节　地学领域教师的专业成就和科研情况

"史地系在遵义，虽僻处山城，图书资料条件较差，但师生们刻苦钻研，孜孜兀兀，从事研究，在科研上取得了不少成果。"①此期史地学系及相关地学机构的学术研究和科研情况，大致可以从四个方面来描述：第一，教师自身紧紧跟踪各自专业学术前沿，进行学术研究，这是最主要的，表现为教师的著作和论文。第二，在本科生和研究生的教学活动中，注重结合科研进行，通过实习，培养学生进行学术研究；尤其是研究生，其研究论题的选择和论文的写作，广泛参与了相关研究工作；可以说，既是教学活动，又是科研训练，二者相得益彰，成为研究生成才的重要方式。第三，编辑出版大量学术著作和期刊，提供发表和交流的平台，反过来又促使师生积极撰写论著，使得教师、学生广泛参与学术研究。第四，则是创造条件，成立史地学会等师生交流的平台，并且组织展览会、研讨会等多种学术活动，积极组织师生之间、校内外之间的学术交流。除了史地学会的详细情况和几次重要的学术活动下文予以专题说明外，本节就前三个方面予以介绍。

一、教师自身的专业研究

教师的专业研究，在各位受聘教师大学毕业、在校任教后，基本上即围绕自身的专业而展开，且延续性强，贯穿其任教生涯。当然，在浙江大学史地学系任教的这一阶段，教师取得成就的情况是不同的：有些已经达到其学术成就的高峰，有些正是成熟时期，有些则是学术的起步阶段。

（一）地学领域教师的专业成就

这里将地学领域西迁时期任教于史地学系的教师的学术成就及在此期间所发论文等略予介绍（主要是 1946 年 7 月之前的副教授及以上者；其中，严德一和么枕生因 1949 学年后继续在地理学系任教，此处从略，其介绍见第六章；赵松乔本期为助教和讲师，1948 学年在留学美国归来后被聘为副教授，因其于 1949 年 7 月离开浙大，故将其介绍附于本处）。

---

① 倪士毅：《播州风雨忆当年——浙大史地系在遵义》，载贵州省遵义地区地方志编纂委员会主编：《浙江大学在遵义》，杭州：浙江大学出版社，1990年，第96—113页（本处引文见第104页）。又载倪士毅著：《史地论稿》，杭州：浙江大学出版社，2019年，第386—399页（本处引文见第392页）。

1. 竺可桢（1890.03.07—1974.02.07）

竺可桢，字藕舫，气象学、地理学家。1890 年 3 月 7 日生于浙江上虞。1918 年获美国哈佛大学博士学位。1948 年当选为中央研究院院士。1955 年被选聘为中国科学院学部委员（院士）。1966 年当选为罗马尼亚科学院外籍院士。1974 年 2 月 7 日逝世。曾任中央研究院气象研究所所长，浙江大学校长，中国科学院副院长、中国科学院生物学地学部主任，自然资源综合考察委员会主任、研究员。20 世纪二三十年代开创气象教育事业，创建中央研究院气象研究所，组建早期中国气象观测网，开展物候观测、高空探测及天气预报等业务。在台风、中国季风及大气环流、气候区划、物候、气候变迁等研究方面都作出了开拓性的贡献。首先提出季风系统概念。首创区域气候研究，提出划分亚热带指标。确定中国八大气候区，确立气候区划和自然区划的基本轮廓。研究中国近五千年的气候变迁。在执行十二年科学技术发展远景规划的过程中，组织领导全国范围内的自然资源考察工作，根据国情进行合理学科布局，推动了冰川、冻土、沙漠、青藏高原综合研究等诸多新兴领域的发展。在科学史研究和科学普及事业方面也有卓越成就。代表作有《东南季风与中国之雨量》《中国近五千年来气候变迁的初步研究》《物候学》等。见图 4-5-1。

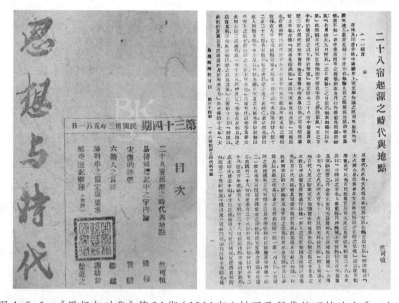

图 4-5-1　《思想与时代》第 34 期（1944 年）封面及所载竺可桢论文《二十八宿起源之时代与地点》。引自《思想与时代》第 34 期（1944 年），封面，第 1 页。说明：该文另发表于《气象学报》第 18 卷第 1—4 期合刊（1944 年）。

2. 张其昀（1900.09.29—1985.08.26）

张其昀，字晓峰，浙江宁波鄞县人，著名史学家、地学家及教育家。1919年浙江省立第四中学毕业，考入国立南京高等师范学校（后改为国立东南大学、中央大学、南京大学），就读于史地部，与缪凤林、陈训慈、范希曾等人同学；师从哲学大师刘伯明、史学大师柳诒徵、地学大师竺可桢等人。毕业后在上海商务印书馆工作，工作期间编的新学制高级中学教科书《本国地理》（竺可桢校），成为当时全国的通用教材，对中学教育发挥了很好的提升作用。1927年起在国立中央大学地理学系任教，曾主讲中国地理，为中国人文地理学之开山大师。1935年当选为第一届中央研究院中央评议会聘任评议员。1936年后受聘为浙江大学史地系教授兼主任、史地研究所所长，后又兼任文学院院长。曾任中国地理学会总干事。1943年受美国国务院之邀聘，在哈佛大学研究讲学2年。1949年去台湾。张其昀是中国现代人文地理学的开创人，也是历史地理学的创立者之一，在自然地理学方面也有贡献。方志学领域，其主编的《遵义新志》，在地方志中占有重要地位，其中开创了中国人进行土地利用调查研究的先河。主要著作包括《人生地理学》、《中国地理大纲》、《中华五千年史》等。见图4-5-2。

图 4-5-2 《国立浙江大学师范学院院刊》第1集第1册（1940年）所载张其昀论文《顾景范氏之国防论》。引自《国立浙江大学师范学院院刊》第1集第1册（1940年），第2页。

3. 叶良辅（1894.08.01—1949.09.14）

叶良辅，字左之，1894 年 8 月 1 日出生于杭州。是我国早期的地质学家、岩石学家。1913 年叶良辅考入工商部地质研究所学习地质，1916 年毕业后，进入农商部地质调查所，任调查员。1920 年留学美国，在哥伦比亚大学获理学硕士学位，1922 年回国，仍在地质调查所工作，后兼任北京大学地质系教授。1927 年任广州中山大学地质系主任，1928 年任中央研究院地质研究所研究员。1949 年 5 月杭州解放，他任浙江大学地理系主任，不幸于同年 9 月 14 日病逝。叶良辅属于我国自己培养的第一代地质学家。他工作伊始便参加了对北京西山地区地质矿产的调查工作，并执笔写成了《北京西山地质志》（于 1920 年出版）。这是我国地质学家详尽解剖一个地区区域地质的最早的研究成果。叶良辅对全国许多地区的地质矿产作过调查研究，其中较重要的是对火成岩和有关矿床的研究。他于 1925 年发表了《中国接触变质铁矿地区的闪长岩类岩石学》和《山西临汾县方沸石正长斑岩》两篇著作。1930 年，他与其他学者联名发表了《浙江平阳之明矾石》一文，指出明矾石是由凝灰岩和流纹岩受到来自酸性侵入岩中的硫质流体交代蚀变形成，并指出用明矾提取铝及制作钾肥的可能性。1938—1940 年，叶良辅发表了《科学方法之研讨》（译文）、《科学研究指要》和《科学方法与地学研究》等 3 篇论文。他以地貌现象为例，阐明科学研究方法，言简意赅，深入浅出，是专讲科学方法论的珍贵著作，长期以来为地貌学研究生和地貌工作者的重要参考资料。1943 年著《瀚海盆地》，初由浙江大学石印问世，1948 年由正中书局重印。此书主要依据 C.P. 勃克（Berkey）与 E.K. 毛里士（Morris）《蒙古之地质》和 20 多种地质地理文献，提炼精华编写而成，是我国有关干旱区地貌的一本划时代的佳作。见图4-5-3。

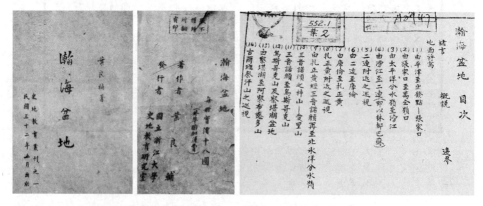

图 4-5-3　叶良辅所著《瀚海盆地》（1943 年）的封面、版权页和目录页

4. 涂长望（1906.10.28—1962.06.09）

涂长望，1906年10月28日生于湖北汉口，1929年毕业于上海沪江大学地理系。1932年英国伦敦大学帝国理工学院毕业，获气象学硕士学位，1933年成为英国皇家气象学会中国籍会员。1934年回国工作。1955年被选聘为中国科学院学部委员（院士）。1962年6月9日病逝。1939—1942年任浙江大学文学院史地系教授，另曾任清华大学、南京中央大学教授，中央研究院气象研究所研究员，1949—1962年任中央气象局局长，并兼任中国科协书记处书记、九三学社副主席。为筹建和开拓新中国气象事业作出巨大贡献，开创了中国农业气象、海洋气象、旱涝异常及中长期天气预报的研究，在大气环流、季风进退及气候变暖等多方面提出预见性的学术观点，培养了一批优秀气象人才，为促进国际合作、向国际先进水平前进，为中国气象科学事业的腾飞打下良好基础。其代表作有《中国气候区域》《大气环流与世界温度》《关于二十世纪气候变暖的问题》。1939年5月应竺可桢之邀，出任浙江大学史地系教授，后兼史地研究所副所长，开设了气象学、气候学、中国气候、天气预报、大气物理学等五门课程，清华大学的郭晓岚、谢义炳、叶笃正等成为他的研究生。见图4-5-4。

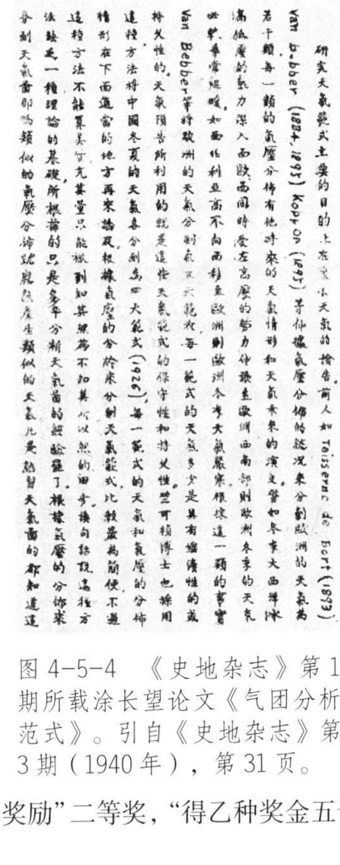
史地雜誌　第一卷第三期

氣團分析與天氣範式

涂長望

图4-5-4　《史地杂志》第1卷第3期所载涂长望论文《气团分析与天气范式》。引自《史地杂志》第1卷第3期（1940年），第31页。

1942年4月，涂长望论文《中国气候之研究》，获第一届教育部“著作、发明及美术奖励”二等奖，“得乙种奖金五千元”。

5. 任美锷（1913.09.08—2008.11.04）

任美锷，1913年9月8日生于浙江宁波。1934年毕业于中央大学地理系。1936年入英国格拉斯哥大学攻读地貌学，1939年获博士学位。1939年应竺可桢邀请回国，先到贵州遵义任职于浙江大学史地系，翌年晋升教授。1942年后任复旦大学史地系主任、中央大学教授。中华人民共和国成立后，任南京大学地理系主任。1980年当选为中国科学院学部委员（院士）。2008年11月4日逝世。曾任南京大学教授，中国地理学会、中国海洋学会名誉理事长，中国地理学会副理事长，中国海洋学会副理事长，国际地质科联海洋地质委员会委员。从20世纪30年代起，致力于地理学研究，介绍欧美新地理学思想，提倡建设地理学。20世纪50年代后，致力于地貌学、海洋沉积动力学和喀斯特的研究。主要专著有《建设地理新论》（1946）、《中国自然地理纲要》（1979、1985）、《岩溶学概论》（与刘振中合著，1983）和《中国海岸及近岸带的现代沉积作用》（英文，1985）。代表性论文有《从矛盾观点论中国自然区划的若干理论问题》（1963）、《中国岩溶发育规律的若干问题》（1979）、《北京周口店洞穴发育及其与古人类生活的关系》（1981）以及《风暴潮对淤泥质海岸的影响》（1983）等。1986年6月英国皇家地理学会授予他该会最高荣誉奖章——维多利亚奖章。1992年获国家科技进步奖一等奖。见图4-5-5。

图4-5-5 《真理杂志》第1卷第1期（1944年）所载任美锷论文《贵州遵义附近之土地利用》。引自《真理杂志》第1卷第1期（1944年），第127页。

6. 黄秉维（1913.02.01—2000.12.08）

黄秉维，1913 年 2 月 1 日出生于广东惠阳，1934 年毕业于中山大学地理系。1938—1943 年任浙江大学史地系讲师、副教授。1955 年被选聘为中国科学院学部委员（院士）。2000 年 12 月 8 日逝世。曾任中国科学院地理研究所所长、名誉所长、研究员，中国地理学会理事长。1964 年被罗马尼亚科学院授予通讯院士。1979 年被选为美国地理学会会员。1980 年被英国皇家学会授予名誉通讯会员并担任国际山地学会顾问。20 世纪 30 年代修正李希霍芬（F. von Richthofen）关于中国长江以北海岸属上升性质的论点，编撰《中国地理》。

20 世纪 40 年代主持中国自然资源利用与保护，计划水库调查，长江三峡和黄河中下游多目标流域规划等，20 世纪 50 年代协助竺可桢主持中国自然区划，完成的《中国综合自然区划》是中国第一部最详尽而系统的全国自然区划专著，20 世纪 60—70 年代从事全国和地方农业自然区划，在中国率先开展地表热量、水分平衡研究，推动化学地理研究和倡导农业自然生产潜力研究，20 世纪 80 年代主持建立北京农业生态系统试验站，推动了河流地貌、水分平衡试验等实验室（场）的建立。积极推动华南坡地改良与利用研究，重视全球环境变化研究。代表作有《自然地理综合工作六十年——黄秉维文集》和《地理学综合研究——黄秉维文集》。1987 年获国家自然科学奖二等奖。见图 4-5-6。

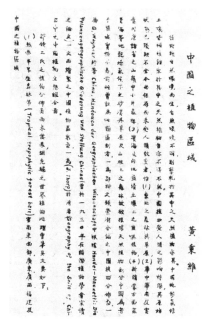

图 4-5-6 《史地杂志》第 1 卷第 3 期（1940 年）所载黄秉维论文《中国之植物区域》。引自《史地杂志》第 1 卷第 3 期（1940 年），第 19 页。

7. 沙学浚（1907.07.05—1998.02.16）

沙学浚，字道夷，地理学家。沙学浚的研究主要专注于政治地理、历史地理、区域地理，被誉为中国政治地理之理论先驱。1926 年考入南京金陵大学，旋转入国立中央大学（1949 年更名南京大学），就读于教育学系，副修地理学，受业于历史地理学宗师张其昀等人。1932 年旅欧留学，入德国莱比锡大学，1933 年入柏林大学，修读地理学，专攻地图学，1936 年初获博士学位，其间曾于德国测量局制图科学习。1936 年，转往巴黎继续研究地理与法文，并在法国陆军测量局学习制图。1936 年 8 月归国，先在广州中山大学地理系任教，不久担任江苏省地政局副局长，并在中央大学兼课。1937 年全面抗战爆发，携家眷抵重庆。后转赴遵义浙江大学史地系任教（1941.08—1942.07），1942 年 8 月后任教于中央大学地理学系。1949 年，任台湾师范大学地理学系教授兼系主任。1963—1972 年先后担任台湾师范大学教务长、文学院院长。其间曾于 1961—1962 年任香港联合书院史地学系客座教授，1964—1965 年任新加坡南洋大学地理学系教授。曾兼任台湾大学地理学系、中国文化大学地学研究所教授。1974 年自台湾师大荣休，移居美国。1998 年 2 月16 日，病逝于纽约。主要著作包括《城市与似城聚落》、《中国历史地理》、《地理学论文集》等。见图 4-5-7。

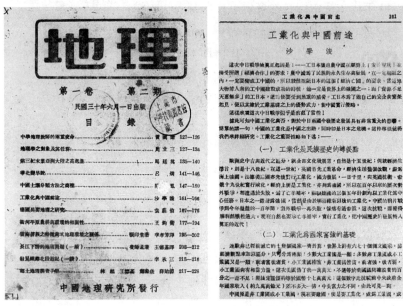

图 4-5-7　《地理》第 1 卷第 2 期（1941 年）封面及所载沙学浚论文《工业化与中国前途》。引自《地理》第 1 卷第 2 期（1941 年）封面，第 161 页。

8. 谭其骧（1911.02.25—1992.08.28）

谭其骧，1911 年 2 月 25 日生于辽宁沈阳，籍贯浙江嘉兴。1932 年获燕京大学研究院硕士学位。1940—1941 年任浙江大学史地系副教授，1942—1950 年任教授，1950 年 8 月后在复旦大学任教。1980 年当选为中国科学院学部委员（院士）。1992 年 8 月 28 日逝世。曾任复旦大学教授、历史系主任，中国历史地理研究所所长，是中国历史地理学科主要奠基人和开拓者。主编及主持编绘的《中国历史地图集》是迄今最权威的中国历史政区地图集，被评为新中国社会科学最重大的两项成果之一。还主持编撰了《中国国家地图集·历史地图集》、《中国历史大辞典》等大型图书，主编《辞海·历史地理》、《中国自然地理·历史自然地理》、《黄河史论丛》和《历史地理》杂志等。谭其骧对历史政治地理（尤其是政区沿革）有精深造诣，也对历史自然地理的研究有独特见解，如对秦汉政区沿革、历史上黄河河道的变迁及多灾的原因、上海地区成陆的过程等都有深入研究。发掘和整理古代地理遗产，纠正了前人的错误，阐述了古代著作的科学价值。著有《长水集》、《长水集续编》等。见图4-5-8。

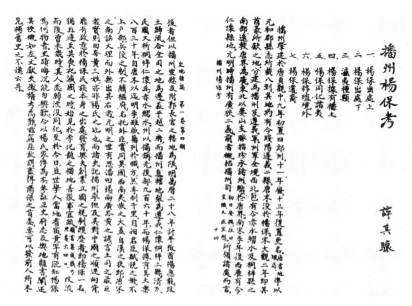

图4-5-8 《史地杂志》第1卷第4期（1941年）所载谭其骧论文《播州杨保考》。引自《史地杂志》第1卷第4期（1941年），第14—15页。

9. 卢鋈（1911.09—1994）

卢鋈，1911年9月生，又名前鋈、温甫，原籍安徽省无为县无城镇。1934年毕业于国立中央大学地理系，毕业后经学校介绍，到国立中央研究院气象研究所工作。开始时担任气象观测员，后来在气象研究所所长竺可桢的指导下学习天气和天气预报学，并结合实际业务，从事我国天气预报的研究工作。由于他学习成绩优良，在气象杂志上发表了一些探索中国天气的论文，并积极开展我国的天气预报工作，因此，很快就被提升为助理研究员。1943年12月调浙江大学任气象学讲师，不久升任副教授。在教学期间继续进行科学研究，写有《中国气候总论》、《天气预告学》等书，由商务印书馆出版。当时，我国有人认为中国的天气主要受寒潮影响，天气系统只有冷锋，而暖锋不发达，形不成气旋波。但实际上这种

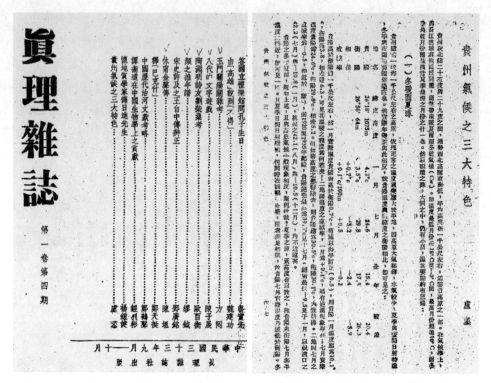

图 4-5-9　《真理杂志》第 1 卷第 4 期（1944 年）封面及所载卢鋈论文《贵州气候之三大特色》。引自《真理杂志》第 1 卷第 4 期（1944 年），封面，第 467 页。

说法与当时对天气的实际分析和预报的体验是不符的。卢鋈在书中指出，中国冷锋虽然特别显著，但暖锋天气也并不少见，尤其是在梅雨时期，暖锋、冷锋和气旋波都相当发达，既有短期的暴风骤雨，也有持续性连绵阴雨的天气，与世界上其他地方的天气系统和天气变化基本上是类似的。与此同时，他还在《气象学报》上不断发表很有学术价值的论文。抗日战争胜利后，曾任国立中央气象局技正和气象总台台长，并任国立中央大学教授。新中国成立之初任北京师范大学教授。1950 年起，任中央军委气象局、中央气象局副局长，主管全国气象业务工作，对我国气象台站的建设和气象科学技术管理工作做出了重要贡献。[1]曾经担任中央气象科学研究所所长、中国气象学会第十九届常务理事。九三学社社员。是第三届全国人大代表、第三至五届全国政协委员。对我国的天气和气候有较深的研究。为早期对我国气候进行分类的学者之一。著有《中国气候概论》、《中国气候总论》、

---

[1]　《中国科学家辞典》编委会编纂：《中国科学家辞典（现代卷第 3 分册）》，济南：山东科学技术出版社，1984 年，第 75—76 页。

《天气预告学》等。[1] 见图 4-5-9。

1948 年 4 月，卢鋈所著《中国气候图集》，获第六届教育部“著作、发明及美术奖励”二等奖，获得奖金“二千万元”。卢鋈于 1946 学年起任职于中央研究院气象研究所，不再在浙大担任教职。卢鋈此项获奖成果下注“卅四年度移转”，即当于 1945 年或 1946 年申报，1946 学年起卢鋈始离开浙大，所以该项成果应该主要完成于卢鋈在浙大史地学系任教之时。

10. 刘之远（1911.03.15—1977.08.19）

刘之远，原名清香，河北磁县人，北京大学地质系毕业。1939 年应聘至浙大，后随校迁至遵义。先后任助教、讲师、副教授。刘之远受叶良辅教授指导，对地质学家丁文江、尹赞勋关于遵义地质的调查结果进行分析、补充和辩证，使之更加科学和完整。著有《遵义地质》（载入《遵义新志》）、《遵义、桐梓二县地质纲要》、《川黔铁路沿线地质矿产》、《黔北地质》、《黔北寒武纪地层间之不连续》、《川黔沿线之煤田》、《黔北地层发育史》等。民国 30 年（1941）化验团溪农民送来的铁矿样品时，发现为高品位优质锰矿。随即赴团溪进行勘查，查明团溪锰矿分布情况，报地质部参考，引起有关方面重视，为遵义锰矿的开采、冶炼奠定基础。1977 年病逝于南京，时年 66 岁。见图 4-5-10。

1945 年 4 月，刘之远所著《遵义县团溪之锰矿》，获第四届教育部“著作、发明及美术奖励”三等奖，获得“三等奖金一万五千元”。

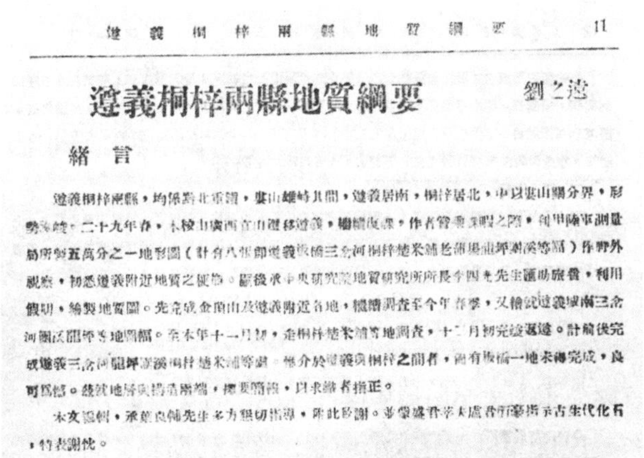
遵 義 桐 梓 兩 縣 地 質 綱 要　11

遵義桐梓兩縣地質綱要　劉之遠

緒言

图 4-5-10　《国立浙江大学文科研究所史地学部丛刊（第一号）》所载刘之远论文《遵义、桐梓两县地质纲要》（“绪言”部分）。引自《国立浙江大学文科研究所史地学部丛刊（第一号）》，第 11 页。

① 安徽省地方志编纂委员会编：《安徽省志·人物志》，北京：方志出版社，1999 年，第 589 页。

11. 王维屏（1906—1989）

王维屏，江苏江阴人，1934年毕业于国立中央大学地理学系，曾执教于中央大学、四川女子师范学院、浙江大学、南京师范学院、南京师范大学。为南京师范大学地理学系教授，曾任南京师范大学地理学系副主任、主任，中国地理教研室主任，江苏省地理学会副理事长，《辞海》编写委员会委员，江苏省农业区划委员会委员。长期从事中国经济地理教学和研究工作，曾开设"中国地理"、"人文地理"、"苏联地理"、"亚洲地理"、"中国经济地理"等课程。著有《中国地名语源》、《水乡江苏》、《伟大的黄河》，合著《江苏地理》。[①]见图4-5-11。

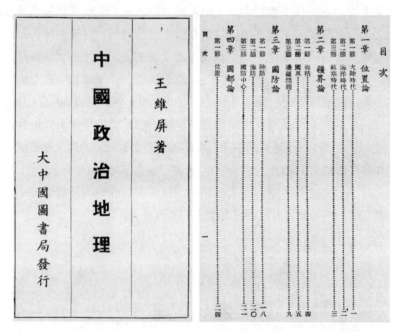

图4-5-11　王维屏所著《中国政治地理》（1947年）的封面和目录页

12. 李海晨（又名李玉林，1909.07.14—1999.12.02）

李海晨，字玉林，1909年7月14日出生于江苏江阴。自幼天资聪颖，勤奋好学。早年就读于南京国立东南大学附属中学和江阴南菁中学，1928年考入南京国立中央大学地理学系，1932年以优异成绩毕业，留系任助教。此后，曾任钟山书局编辑、资源委员会助理研究员、浙江大学史地系助教等职。1937年去德国柏林大学地理研究所深造，师从著名地理学家Norbea Krebs，修习自然地理学，1939年学

――――――――――――
① 杨展览、李希圣、黄伟雄主编：《地理学大辞典》，合肥：安徽人民出版社，1992年，第902页。

成，途经伦敦回国。1940 年 3 月任教于重庆北碚复旦大学，同年 8 月，回母校（时在重庆沙坪坝）国立中央大学地理系任教授，1946 年随校复员到南京。1999 年 12 月 2 日辞世，享年 91 岁。李海晨执教六十载，先后主讲"地理学通论"、"自然地理"、"气候学"、"中国地理总论"、"世界地理"、"地图学"、"地理教学法"等课，多次率领师生进行野外地理考察，所授各课系统邃密，内容丰富，备课充分，广征博引，由浅入深，由表及里，循循善诱，理论联系实际，学生受益匪浅。20 世纪 50 年代，李海晨鉴于国内地图学人才匮乏，建议高教部在南京大学地理系设置地图学专业（理科），经部批准，1957 年，在南大地理系建立了全国高校唯一的地图学专业，并担任教研室主任。20 世纪 60 年代初，地理系应国防建设之需，受海军航海保证部委托，地图专业设置海图制图专门化；70 年代初，积极带领同仁，钻研计算机制图技术；80 年代研究地理信息系统（GIS），使南京大学地图学专业成为国内重要的地图学、GIS 与遥感领域之教学、科研基地，为国家培养出大批人才。出版的翻译和编写的著作 20 余种，包括《地图学》、《维也纳之地理考察》、《专题地图与地图集编制》、《地形图读法》（编译）等；其中，《专题地图与地图集编制》一书，被评为全国测绘系统优秀教材。1956 年参加九三学社。曾当选为国家地图集编纂委员会委员。[①] 见图 4-5-12。

图 4-5-12　《地理教学》第 2 卷第 3 期（1947 年）封面及所载李海晨论文《地理教学的原理》。引自《地理教学》第 2 卷第 3 期（1947 年），封面，第 1 页。

---

① 中央大学南京校友会、中央大学校友文选编纂委员会编：《南雍骊珠——中央大学名师传略再续》，南京：南京大学出版社，2010 年，第 260—263 页。

13. 郭晓岚（1915.01.07—2006.05.06）

郭晓岚，河北满城人。1929 年夏以优异成绩考入保定第二师范学校。1932 年考入清华大学数学系，1933 年转入地球物理系，1937 年毕业，获物理学士学位。1937 年毕业后到南京中央研究院气象研究所工作。1940—1943 年为浙江大学文科研究所史地学部气象学组的硕士研究生。1945 年与杨振宁等留学美国芝加哥大学，1948 年获地球物理学博士学位。历任美国麻省理工学院气象学研究员、特级研究员，芝加哥大学地球物理系教授、荣誉退休教授，聘任为台湾"中央研究院"院士。1970 年获美国气象学会最高荣誉奖——罗斯比研究奖章。长期致力于气象学的研究，在博士论文《正压大气二维无辐散流的动力不稳定性》中提出"正压不稳定性判据"，被国际上普遍接受。1965 年提出积云对流参数化方案，1974 年又给予修正，得到广泛应用，在数值天气预报和动力气象学文献中，称为"郭氏参数化方案"。他在大气物理、大气海洋动力学方面具有广泛而深入的研究。1973 年后，多次回中国讲学或参加学术会议。主要论文有《一个准一维的考虑对流凝结加热和混合作用的积云模式的参数化》等，著有《大气动力学》（江苏科学技术出版社出版）。2006 年 5 月 6 日在美国芝加哥逝世。[1] 见图 4-5-13。

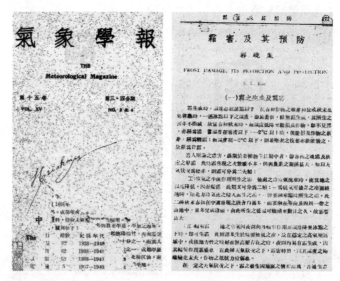

图 4-5-13　《气象学报》第 15 卷第 3、4 期合刊（1941 年）封面及所载郭晓岚论文《霜害及其预防》。引自《气象学报》第 15 卷第 3、4 期合刊（1941 年），封面，第 171 页。

---

[1]　政协保定市满城区委员会编：《满城人文辑萃》，保定：河北大学出版社，2015 年，第 259—260 页。

14. 赵松乔（1919.07.07—1995.10.20）

赵松乔，浙江东阳人，中国沙漠与干旱区研究开拓者和奠基人，中国土地系统研究开拓者和奠基人，中国综合自然地理学主要奠基人和开拓者，中国综合地理系统研究倡导人和奠基人。1938年入浙江大学史地学系，1942年毕业，同年入浙江大学文科研究所史地学部攻读研究生，1945年研究生毕业，获硕士学位。1942学年起，留校任史地学系助教、讲师。1946年8月起留学于加拿大麦基尔大学地理暑期学校和美国克拉克大学地理研究院，1948年获博士学位。回国后，于1948学年起任浙江大学史地学系副教授，1949年8月起任南京的金陵女大地理系教授。1950年后任中国科学院地理研究所副研究员、研究员，自然地理研究室副主任、主任。曾任北京大学、南京大学、西北大学、华南师范大学等校地理系客座教授，北京师范大学兼任教授。历任中国地理学会自然地理专业委员会副主任，中国自然资源学会常务理事兼干旱区研究专业委员会主任，兰州大学干旱研究中心主任和教授，国际地理联合会干旱区专业委员会委员，美国亚利桑那大学国际干旱区委员会成员。治学严谨，勤于著述，擅长自然地理、干旱区研究、农业地理。他在地理科学领域推出"农牧交错带"、"戈壁"、"反荒漠化"（绿洲化）学术用语，与"土地系统研究"学术概念。他深刻地分析中国荒漠形成及演变的时空规律，首先在国际上阐明人类活动与自然荒漠之间的辩证关系，指出合理利用和改造荒漠的途径。他众多的中国干旱区研究论著，代表在该研究领域内的权威性和国际水平。由他领导和开展的土地系统和土地资源结构功能研究，建立了我国土地系统研究的完整科学体系。他提出综合自然地理研究的五个方向及具有深刻影响的中国综合自然区划方案，主编中国第一部系统的区域综合自然地理研究著作。他倡导地理综合研究方向，开拓了将环境、资源、人口、发展作为一个统一大系统的研究方向，将中国地理综合研究提高到一个新水平。他是国际著名的地理学家，在国际上出版首部中国综合自然地理英文专著 *Physical Geography of China*，首部中国综合地理英文专著 *Geography of China*；他创办并主编第一份国际发行的英文中国干旱区地理学术期刊 *Chinese Journal of Arid Land Research*，为将中国地理科学研究成果推向世界做出了杰出的贡献。学术代表作有《缅甸地理》、《中国自然地理总论》（合著）、《中国干旱区自然地理》（主编）、《中国土地类型研究》（主编）、《中国自然地理》（英文版）、《西北干旱区自然地理》等。[1]见图4-5-14。

---

[1] 杨展览、李希圣、黄伟雄主编：《地理学大辞典》，合肥：安徽人民出版社，1992年，第966页。

图 4-5-14　《浙江经济月刊》第 6 卷第 1 期（1949 年）封面及所载赵松乔论文《杭州市土地利用之现状及其改进之途径》。引自《浙江经济月刊》第 6 卷第 1 期（1949 年），封面，第 6 页。

（二）史地学系教师获得教育部学术奖励情况

1. 民国时期的国家最高学术奖励——教育部"著作、发明及美术奖励"

民国时期是中国从传统到近代转换的时期，也是近代学术体系创设、形成并发展的阶段。1939 年 7 月成立学术审议委员会，是当时国民政府教育部负责高等学校学术研究的审核机构，目的为审议学术文化事业及促进高等教育设施建设。

事实上，学术审议委员会最引人注意的事项是决定"部聘教授"的人选和依《著作发明及美术奖励规则》，决定奖励的著作发明及美术品，其决议案供教育部部长采择施行。依据该《著作发明及美术奖励规则》所确定的奖项，可以认为是当时的国家最高科技、文化奖。

学术审议委员会委员分为当然委员与聘任委员两种。当然委员仅有四人，即教育部的部长、政务次长、常务次长和高等教育司司长；聘任委员额定 25 人，其中 12 人由教育部直接聘任，其余 13 人由各国立专科以上院校的校长、院长选举。首届委员有陈立夫、顾毓琇、余井塘、吴俊升、蒋梦麟、王世杰、竺可桢、茅以升、冯友兰、傅斯年等 29 人。

尽管国民政府决定设立各项学术奖励金，并制定了较为详细的奖励学术章程，但因抗战而不得不暂时搁置，未能付诸实施。1940 年 5 月，教育部学术审议委员会制定并通过《补助学术研究及奖励著作发明案》。教育部据此起草了《著作发明及美术作品奖励规则草案》，交由学术审议委员会讨论并修正通过。随后，教育部照原案正式颁布了《著作发明及美术奖励规则》，并公告自 1941 年度开始办理。1941 年和 1944 年，该《规则》又数次作了部分修订。该项规则的颁行，成为中国现代学术奖励制度创建的重要标志。

教育部颁布的《著作发明及美术奖励规则》，是国民政府奖励学术研究之纲领性文件。该规则规定，凡是对于专门著作、科学技术发明与美术作品之奖励，均依本规则办理。奖励范围包括三类：一是著作，包括文学（文学论文、小说、剧本、词曲及诗歌）、哲学、社会科学、古代经籍等。二是研究发明，包括自然科学、应用科学、工艺制造。三是美术，包括绘画（中画、西画及图案等）、雕塑、音乐（包括乐曲及乐理等）、工艺美术等。申请奖励成果的完成时间为"以本国学者于最近三年内完成者为限"。

审查合格、评定等第在奖励名额以内之各种著作发明及美术作品，每种均由教育部给予奖金，其得二等奖以上者，授予学术奖状或艺术奖状，其余发给得奖证明书。根据被奖作品的质量，奖励分为三个等级：具有独立性或发明性，对于学术确系特殊贡献者为第一等奖；具有相当独创性或发明性而又有一定学术价值者为二等奖；具有参考价值，或实用性较强的为三等奖。凡经学术审查委员会审查合格者，"由教育部按照其价值，每种给予原著作发明者或美术创作者二千至一万元之奖励"。

1941—1947 年，教育部学术审议委员会先后进行了六届学术奖励。无论从获奖学科范围的广泛性看，还是从获奖人员的权威性看，教育部对学术文化之学术奖励，是由政府主持举办的具有全国规模的学术成果奖励，基本实现了其谋求在高等教育范围内"对于学术研究，有激发作用"之目标。因此，可以认为是当时的全国最高学术奖励。[①]

浙江大学在教育部的"学术奖励"这一奖项的评选中，也获得优异成绩。在职教师及得奖前后曾在浙大任职的教师中，各届均有入选者：

——第一届（1941 年度申请，1942 年 4 月公布）：涂长望（史地学系）获得

---

① 张剑：《民国学术发展的一个估量——教育部学术审议委员会学术奖励成果类别分析》，载《科学文化评论》第 14 卷第 5 期（2017 年），第 60—78 页。

自然科学类二等奖。[①]

——第二届（1942 年度申请，1943 年 7 月公布）：苏步青（数学系）获得自然科学类一等奖，吴文晖（农业经济系）获得社会科学类三等奖，黄翼（教育学系）获得自然科学类三等奖。[②]

——第三届（1943 年度申请，1944 年 5 月公布）：陈建功（数学系）获得自然科学类一等奖，刘节（原史地学系）获得社会科学类二等奖，王葆仁（化学系）获得自然科学类二等奖，王焕镳（中国文学系）获得社会科学类三等奖，王福春、卢庆骏、熊全治（均为数学系）获得自然科学类三等奖，罗登义（农业化学系）获得应用科学类三等奖。[③]

——第四届（1944 年度申请，1945 年 3 月公布）：吴文晖（农业经济系）获得社会科学类二等奖，孙逢吉（农艺学系）获得自然科学类二等奖，祝文白、郦承铨、缪钺（均为中国文学系）获得文学类三等奖，刘之远（史地学系）、张素诚（数学系）、吴祖基（数学系）获得自然科学类三等奖，蔡金涛（电机工程学系）、蔡邦华（植物病虫害学系）获得应用科学类三等奖。[④]

——第五届（1945 年度申请，1947 年 2 月公布）：钱令希（土木工程学系）获得应用科学类二等奖，吴浩青（化学系）获得自然科学类三等奖。[⑤]

——第六届（1946 年度、1947 年度申请，1948 年 5 月公布）：王福春（原数学系）获得自然科学类一等奖，卢鋈（原史地学系）获得自然科学类二等奖，蔡金涛、沈家楠（原电机工程学系）获得应用科学类二等奖。[⑥]

此外，还有一些获奖者，如沈霁春（第一届自然科学类二等奖）、吴定良（第三届自然科学类一等奖）、钱基博（第三届古代经籍研究类三等奖）等，也曾经任教于浙大。

[①] 《教育部举办民国三十年度著作发明及美术奖励经过述要》，载《高等教育季刊》第 2 卷第 2 期（1942 年），第 103—109 页。

[②] 《民国三十一年度申请奖励之著作、发明及美术品获奖人姓名及作品名称表》，载《教育部公报》第 15 卷第 7 期（1943 年），第 67—68 页。

[③] 《教育部通告（第 26331 号）》（1944 年 6 月 1 日），载《教育部公报》第 16 卷第 6 期（1946 年），第 51—55 页。

[④] 《教育部通告》，载《教育部公报》第 17 卷第 3 期（1945 年），第 14—16 页。按：该则报道原落款时间署为"1945 年 4 月 20 日"，因该卷出刊时间为 3 月底，故原文"4 月"恐误，应为"1945 年 3 月 20 日"。

[⑤] 《教育部通告（第 17351 号）》（1947 年 2 月 7 日），载《教育部公报》第 19 卷第 2 期（1947 年），第 42—43 页。

[⑥] 《教育部通告（第 23352 号）》，载《教育部公报》第 20 卷第 5 期（1948 年），第 24—25 页。

2. 史地学系教师获奖情况

史地学系在职教师获得两项，即第一届涂长望《中国气候之研究》（1942 年 4 月公布），获得二等奖，第四届刘之远《遵义县团溪之锰矿》（1945 年 3 月公布），获得三等奖。此外，卢鋈第六届（1948 年 5 月公布）的获奖作品《中国气候图集》，也包含了其在浙江大学史地学系任教时的工作成果。

竺可桢是学术审议委员会委员，从第一届开始均参加了有关评审活动。竺可桢"日记"中记载了相关情况。1942 年 4 月 17 日，第一届评审会在重庆召开，"计通过奖金甲种一万元者有冯友兰之《新理学》及华罗庚二人。得乙种奖金五千元有胡肖堂（编者注：即胡焕庸）、涂长望、金岳霖、杨树达、陈启天、张宗燧、许宝騄七人。尚有得三等奖二千五百元者……"[①]

当时的《高等教育季刊》登载一篇报道，题为《教育部举办民国三十年度著作发明及美术奖励经过述要》，将该届获奖名单及获奖作品作了简略介绍。从该篇文字可知，文学类仅有三等奖 4 项；哲学类一、二等奖各 1 项，三等奖 2 项；自然科学类一等奖 1 项，二等奖 3 项（其中即包括涂长望的《中国气象之研究》）；社会科学类二等奖 2 项；古代经籍研究类二等奖 2 项，三等奖 4 项；应用科学类二等奖 1 项，三等奖 2 项。对涂长望获奖成果有如下介绍：

> 涂氏对于我国气候区域、气团性质，颇多贡献。其利用统计方法及气象知识，求得我国水旱先期预测之公式，诚为我国气象学界有数之佳构也。[②]

1945 年 3 月，第四届教育部学术审议会在重庆召开，31 日，讨论确定了第四届学术奖获奖名单。竺可桢"日记"载："此次学术奖金得奖中，（第一奖者）只社会科学劳榦所著《居延海汉简考证》两本（历史语言研究所）得第一奖，余均二、三奖。浙大同人得奖者九人，二奖吴文晖，三奖张素诚、吴祖基、蔡邦华、刘之远、祝文白、缪钺、郦承铨、蔡金涛。"[③]

评审结束后，于 1945 年 4 月 20 日由教育部正式公布。史地学系刘之远的《遵义团溪之锰矿》获得自然科学类三等奖，奖金一万五千元。

1948 年 4 月 21 日，教育部第三届学术审议委员会第一次大会在南京开会，并审议通过了第六届（1946 和 1947 合为一届）学术奖获得名单。曾在浙大数学系任

---

① 竺可桢著：《竺可桢全集（第 8 卷）》，上海：上海科技教育出版社，2006 年，第 325 页。
② 《教育部举办民国三十年度著作发明及美术奖励经过述要》，载《高等教育季刊》第 2 卷第 2 期（1942 年），第 103—109 页。
③ 竺可桢著：《竺可桢全集（第 9 卷）》，上海：上海科技教育出版社，2006 年，第 363 页。

教的王福春获得自然科学类一等奖，1943—1945 学年在浙江大学任教、1946 学年后转至中央研究院气象研究所任职的卢鋈的《中国气候图籍》（编者注：或称《中国气候图集》。该成果主要完成于其在浙江大学任教时期）获得二等奖。[①]

二、结合教学活动所进行的实习、实地考察和课题研究

如前节所述，史地学系、史地学部等地学教学机构，在教学活动中，非常注重理论与实践的结合、课堂学习与参与科研的结合，在本科生高年级和研究生学习阶段，安排学生参与相关科研工作，并取得了显著成绩。如前节所引的施雅风、陈述彭、赵松乔等的回忆中所记述的情况，以及所引研究生的论文选题和毕业论文情况，甚至 1946 级本科生的毕业论文，也有几篇是结合遵义地区地理研究的内容。

当时武汉头等测候所测候员、后任湄潭测候所主任的尹世勋在回忆中，曾经提及当时师生的气象观测和研究工作：

> ……开始工作后，[竺可桢]先生还常来看望，指导并了解工作情况，询问有无困难。在此前后，卢鋈先生曾在所内负责，并在浙大兼授气象课，涂长望教授也常来所内。现任中国科学院副院长叶笃正和美籍气象学家郭晓岚等均常在测候所内看书学习，并进行一些试验研究观测。[②]

尤其是研究所各地学专业的研究生毕业论文选题，绝大多数都是有关遵义地区的各个地理要素的专题研究，或者是结合有关的科研项目进行，注重实地考察和调研，其成果往往具有一定的创见性，如 1939 和 1940 两年招收的第一届文科研究所史地学部研究生的毕业论文（1942 年 7 月，6 位毕业生的论文摘要结集为《国立浙江大学文科研究所史地学部研究生论文撮要（第一期）》），其中地学的 5 篇，均是通过对遵义等地的实地考察或实地观测展开研究的。见图 4-5-15。

诸多本科生、研究生的毕业论文（或考察报告等），在经过修改后，其中的一些发表在当时的重要学术期刊上，如《地理学报》、《气象丛刊》、《地质论评》等。兹将地学类一些公开发表的本科生、研究生论文整理如下：

丁锡祉：《湄潭地形》，载《史地杂志》第 1 卷第 4 期（1941 年 9 月）

---

① 竺可桢著：《竺可桢全集（第 11 卷）》，上海：上海科技教育出版社，2006 年，第 93 页。
② 中国人民政治协商会议湄潭县委员会、贵州省遵义市气象局、贵州省湄潭县气象局编：《问天之路——中国气象史从遵义、湄潭走过》，北京：气象出版社，2017 年，第 108 页。

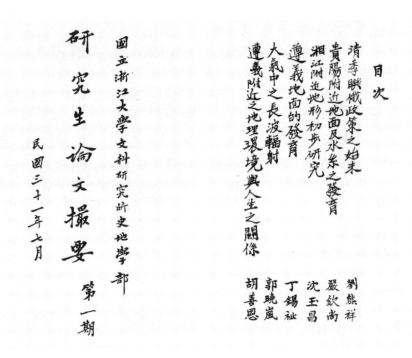

图 4-5-15　《国立浙江大学文科研究所史地学部研究生论文撮要（第一期）》（1942年7月印行）封面与目录页。引自《国立浙江大学文科研究所史地学部研究生论文撮要（第一期）》（1942年7月印行），封面，目录。

任美锷、严钦尚：《贵阳附近地面与水系之发育》，载《国立浙江大学文科研究所史地学部丛刊》第1号（1942年4月）

任美锷、丁锡祉、杨怀仁：《遵义附近地形之初步研究》，载《国立浙江大学文科研究所史地学部丛刊》第1号（1942年4月）

郭晓岚：《凝结曲线在气团分析及天气预报之应用》，载《国立浙江大学文科研究所史地学部丛刊》第2号（1942年5月）

叶笃正：《等熵面之分析》，载《国立浙江大学文科研究所史地学部丛刊》第2号（1942年5月）

谢义炳：《三十年十月二十一日至二十五日贵州东北部浅低气旋之研究》，载《国立浙江大学文科研究所史地学部丛刊》第2号（1942年5月）

严钦尚：《贵阳附近地面及水系之发育》，载《国立浙江大学文科研究所史地学部研究生论文撮要（第一期）》（1942年7月）

沈玉昌：《湘江附近地形初步研究》，载《国立浙江大学文科研究所史

地学部研究生论文撮要（第一期）》（1942 年 7 月）

丁锡祉：《遵义地面的发育》，载《国立浙江大学文科研究所史地学部研究生论文撮要（第一期）》（1942 年 7 月）

郭晓岚：《大气中之长波辐射》，载《国立浙江大学文科研究所史地学部研究生论文撮要（第一期）》（1942 年 7 月）

胡善恩：《遵义附近之地理环境与人生关系》，载《国立浙江大学文科研究所史地学部研究生论文撮要（第一期）》（1942 年 7 月）

陈述彭、杨利普：《遵义之聚落》，载《地理学报》第 10 卷第 1 期，1943 年

杨怀仁、施雅风：《贵州遵义金沙黔西修文四县矿产调查报告》，载《资源委员会矿产测勘处临时报告第 36 号》，1943 年

杨怀仁：《贵州中部地形发育》，载《地理学报》第 11 卷第 1 期，1944 年

谢义炳：《贵州之天气与气候》，载《气象丛刊》第 1 卷第 4 号，1944 年

施雅风：《遵义附近之地形》，载《地质论评》第 10 卷第 3、4 期合刊，1945 年 8 月

1948 年正式印行的《遵义新志》，在其"附录"所列史地学系等地学机构对遵义地区的研究成果的汇总中，除了教师的工作外，研究生、本科生也占了很大的比重，亦是当时学生参与科研工作卓有成效的一个说明。张其昀在其 1946 年 5 月发表的《遵义话别》一文中，提及编纂《遵义新志》一事，指出："国立浙江大学研究院短短的七年历史，实际是到了遵义湄潭才算开始。就本校文科研究所史地学部而论，七年中共有研究生 29 人，毕业已有五届，共 21 人，已由教育部颁给硕士学位者九人。……他们 21 人在校时做的论文，以贵州的历史、地形、气候与人文地理为对象者有七人之多，现在作者主编的《遵义新志》，便以他们的实地考察做根据。"[①]

实际上，不只是研究生，许多本科生的毕业论文等，也是围绕对遵义地区的研究展开的。《遵义新志》特在书末将"国立浙江大学史地研究所、史地学系遵义史地文献目录"列为"附录"。兹将该文献目录转录如下，并将其中属于本科生、研究生毕业论文类的成果标出：

---

① 张其昀：《遵义话别》，载《中央周刊》第 8 卷第 19 期（1946 年），第 234 页。

国立浙江大学史地研究所、史地学系遵义史地文献目录

谭其骧：播州杨保考，史地杂志，第 1 卷第 4 期，1941.09

王爱云：贵州开发史（未刊稿）【编者注：研究生毕业论文】

胡玉堂：郑子尹别录（未刊稿）

胡玉堂：莫友芝别录（未刊稿）

管佩韦：黎庶昌别录，读书通讯，第 137 期，1947.08

陈光崇：明代之贵州（未刊稿）【编者注：本科生毕业论文】

涂长望：何以贵州高原天无三日晴，国立浙江大学文科研究所史地学部丛刊（第 2 号），1942.05

谢义炳：贵州之天气与气候（未刊稿）【编者注：研究生毕业论文】

束家鑫、贺忠儒：遵义之气候【编者注：本科生毕业论文】

刘之远：遵义、桐梓两县地质纲要，国立浙江大学文科研究所史地学部丛刊（第 1 号），1942.04

刘之远：遵义县团溪之锰矿（未刊稿）

杨怀仁、施雅风：贵州遵义金沙黔西修文四县矿产调查报告，资源委员会矿产测勘处临时报告第 36 号，1943

刘之远：遵义县地质志

任美锷、丁锡祉：遵义附近地形发育之研究，国立浙江大学文科研究所史地学部丛刊（第 1 号），1942.04

杨怀仁：贵州中部地形发育，地理学报，第 11 卷，1943 年

杨怀仁：金顶山附近地形初步研究（未刊稿）【编者注：本科生毕业论文】

杨怀仁：贵州中北部地形发育史（未刊稿）【编者注：研究生毕业论文】

丁锡祉：遵义地面的发育，国立浙江大学文科研究所史地学部研究生论文撮要（第 1 辑），1942.07【编者注：研究生毕业论文】

施雅风：遵义附近之地形，地质论评，第 10 卷第 3、4 期，1945.08【编者注：本科生毕业论文】

蔡锺瑞：遵义团溪附近地形研究（未刊稿）

毛汉礼：遵义东南部之地文与人文（未刊稿）

陈述彭：贵州遵义附近之相对地势，地理学报，第 14 卷第 2 期，1947.08

任美锷：贵州遵义附近之土地利用，真理杂志，第一期

任美锷：贵州遵义附近之土地利用（英文摘要），地理学报，第十二、十三卷合刊，1946

赵松乔、施雅风：遵义鸭溪附近土地利用调查初步报告（未刊稿）

杨利普、陈述彭：遵义附近土地利用调查初步报告（未刊稿）

胡善恩：遵义附近之地理环境与人生之关系，国立浙江大学文科研究所史地学部研究生论文撮要（第 1 辑），1942.07【编者注：研究生毕业论文】

梁蕲善：贵州经济地理（未刊稿）【编者注：研究生毕业论文】

杨怀仁：贵州北部聚落之研究（未刊稿）

施雅风：贵州区域地理

谢文治：川黔边境之自然环境与人生（未刊稿）【编者注：本科生毕业论文】

陈吉余、王连瑞：二叠纪煤系与遵义经济（未刊稿）

严德一：遵义之人口与土地（未刊稿）

吴章斌：贵州粮食地理（未刊稿）【编者注：本科生毕业论文】

周忠玉：贵州省经济作物地理（未刊稿）【编者注：本科生毕业论文】

姚懿明：川黔铁路沿线调查报告（未刊稿）【编者注：本科生毕业论文】

罗昭彰：贵州交通地理（未刊稿）【编者注：本科生毕业论文】

郑士俊：滇黔二省邻区北段之矿产与工业前途（未刊稿）【编者注：本科生毕业论文】

三、学术著作和刊物的编辑和出版

（一）总体情况

史地教育研究室自 1939 年 8 月设立以来，以编辑、出版史地著作、期刊和相关地图为主。由于有专项经费保障，所以成果丰硕。在这样的编辑、出版条件的保证下，属于史地学系、文科研究所史地学部等机构编辑的期刊及其他出版物等，实际上均统一由史地教育研究室负责；当然，主编者或负责机构仍区分系、所或室分别注明，即形成几大系列出版物。大致在 1943 年张其昀出国后，由于乏人主持，史地学系的《史地杂志》，文科研究所史地学部的《文科研究所史地学部丛刊》陆续停止，仅余《史地教育研究室丛刊》继续编辑、印行。

1946 年上半年刊印的《史地通讯》第 2 期所载李絜非的《本系概况》中，对

此有清晰的介绍：

> 本系二十六年五月起，出版《史地杂志》两月刊，印行两期后，即以迁校中辍。二十九年九月起，一度在遵恢复，印行四期，至二卷二期，卒以印刷困难，中止出版。
>
> 史地教育研究室出版"史地丛刊"，计有：张主任之《建国方略问题讨论集》、《东北问题》，张荫麟先生之《中国史纲》，叶良辅先生之《瀚海盆地》，任美锷先生之《欧洲政治地理》、《太平洋国际地理》，李絜非先生之《东北小史》、《历史教学法》，及张主任与任美锷、卢鋈两先生合著之《西北问题》，叶良辅、任美锷、涂长望三先生合著之《地理研究法》。又史地挂图，由张主任、顾毂宜、谭其骧、沙学浚、任美锷、黄秉维诸先生主绘多幅，风行西南各省，有裨中学史地教学不浅。
>
> 文科研究所史地学部丛刊，已出版有第一号（地质地形）、第二号（气象）及第四号（徐霞客逝世三百周年纪念集），至第三号（宋史论丛）最近方予付印。
>
> 史地教育研究室新得部拨专款，则计印行史学手鉴、地理手鉴及史地丛刊等，藉以传播史地学识，促进推广史地教育。尚在编印中。[1]

概括而言，即形成三大系列：（1）史地学系主办的期刊：《史地杂志》；（2）文科研究所史地学部主办的丛书："文科研究所史地学部丛刊"；（3）史地教育研究室主持编辑的出版物，包括专著系列（即"史地教育研究室丛刊"，简称"史地教育丛刊"），手册、词典或教科书等资料性图书系列，以及编绘、印制的挂图、地图集等地图系列。

此外，除了史地学系及相关地学机构主持的前述出版物外，还有校内的相关期刊，如《国立浙江大学文学院集刊》、《国立浙江大学师范学院院刊》等，以及张其昀等主持的《国命旬刊》、《思想与时代》等，也发表许多史地学系师生的文章。

需要说明的是，史地学系重视著述的出版和期刊的编辑，与系主任张其昀的关系极为密切。他组织学术界研究力量，广泛约稿、组稿；又联系经费，负责刊物发行；同时一直坚持亲自写稿，极为勤奋；故编辑发行中的许多工作其他人无法替代。所以，在张其昀于1943年5月—1945年11月离校去美国访学期间，《史地杂志》、"文科研究所史地学部丛刊"等难以为继，陆续停刊或未再编印；甚至张其昀参与或主持的其他刊物，如《国立浙江大学文学院集刊》、《国立浙江

---

[1]　李絜非：《本系概况》，《史地通讯》第2期（1946年），第2—3页。

大学师范学院院刊》、《思想与时代》等，也陆续停刊；仅史地教育研究室因为有单独的经费来源和专职的编辑人员（李絜非暂时负责），一直维持下来。这样，在 1943 年下半年以后，主要是史地教育研究室主持编辑的出版物继续保持印行状态。

（二）与地学相关的系、所、室主持编印的出版物

1.《史地杂志》

《史地杂志》由国立浙江大学史地学系编辑及发行。创刊号于 1937 年 5 月 1 日在杭州出版，16 开，共 90 页。初定双月刊。同年 7 月出版第 1 卷第 2 期，共 114 页（详情见第三章）。后由于全面抗战开始，浙大西迁，加上印刷困难等原因，该刊暂停出版。1940 年 9 月，随着浙江大学及文学院史地学系定址遵义，同时师范学院史地学系、文科研究所史地学部、史地教育研究室等单位陆续成立，《史地杂志》在贵州遵义复刊，出版第 1 卷第 3 期（共 66 页）和第 4 期，并改铅印为石印，开本也改为大 32 开。1942 年 1 月出版第 2 卷第 1 期（共 54 页），恢复铅印；1942 年 3 月出版第 2 卷第 2 期（注明"太平洋战争讨论集"）。其后，再度因印刷困难中止出版，且未再恢复。故先后共出版两卷六期。[①]

《史地杂志》第 1 卷第 3 期（1940 年 9 月出刊）所载《复刊辞》如下，如图 4-5-16：

复刊辞

　　本校文学院史地学系创于二十五年八月，成立之始即有读书会之组织，俾师生在课外有讨论讲习之机会。翌年五月，本系有《史地杂志》之创刊，内容以读书会之讲稿为主，益以同人著述，兼载校外同志之惠稿。此志仅出二期，即逢抗战军兴，吾校辗转内迁。初由杭垣溯桐江至建德，又经赣南之吉安、泰和而至桂北之宜山，去年岁暮南宁之役，又奉部令迁至黔北之遵义。校址屡迁，图籍未克充分利用，复因内地印刷困难，杂志遂又未复刊，良用歉愧。

　　去年秋，本系受教育部委托成立史地教育研究室，编辑参考书、工具书及挂图等。同时又奉部令成立文科研究所史地学部，招收研究生。二者实互相为助。而本校师范学院史地系之创立，兹亦已满二年，与文学院密切合作。本年秋，新设师范学院史地系第二部，以供大学毕业生有志史地教育者之进修。政府所期望于本系者其殷切既如此，社会亦有指定于本系设立奖学金者（如黄膺白先生纪念奖学金），均足令同人感激兴奋。莅黔以来，倏已半年，

---

① 许高渝、徐有智、马景娣、胡志富编著：《遗珍逸文——老浙大期刊集萃》，杭州：浙江大学出版社，2017 年，第 115 页。

同人金以秩序粗定，单位增多，《史地杂志》亟宜赓续，以求教益于海内学者。在遵义无铅印处，以石印代之。此志所收论文，大都篇幅较短，性质比较普通，并期于史地教育特加注意。至长篇论著，内容较为专门者，则投诸专门学会之会报，及本校《文学院院刊》、《师范学院院刊》等。史地教育研究室另有丛刊之印行，兹已陆续出版。

同人均担任教课，自惟力薄，当勉求贡献，藉以稍答政府与社会奖进学术之美意。

鄞县张其昀敬识

二十九年九月二十日，贵州遵义

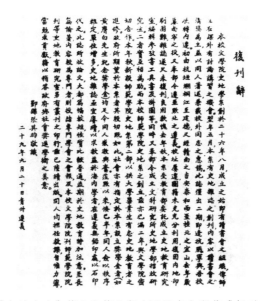

图 4-5-16　《史地杂志》第 1 卷第 3 期（1940 年）所载《复刊辞》。引自《史地杂志》第 1 卷第 3 期（1940 年）。

《史地杂志》第 1 卷第 3 期目录如下：

张其昀：复刊辞

张荫麟：宋代南北社会之差异

李源澄：浙东史学之远源

黄秉维：中国之植物区域（上）

涂长望：气团分析与天气范式（附表）

张其昀：国父对于发展东北之遗教（附图）

任美锷：黔南苗族调查记略

卢鋈、尹世勋：宜山气候概述

新书介绍

　　黄秉维：地理学研究法第一辑

附录

　　国立浙江大学文学院、师范学院史地学系概况（二十九年九月）

《史地杂志》第 1 卷第 4 期（1941 年 9 月出刊）目录如下，见图 4-5-17：

乐森璕：贵州矿产述要（上）

谭其骧：播州杨保考

黄秉维：中国之植物区域（附图）（下）

丁锡祉：湄潭地形

新书介绍

　　李旭旦："欧洲政治地理"

图 4-5-17　《史地杂志》第 1 卷第 4 期（1941 年）的封面和目录页。引自《史地杂志》第 1 卷第 4 期（1941 年），封面，目录页。

1942 年 3 月，在《史地杂志》第 2 卷第 1、2 期编辑、印制完毕后，当时《校刊》曾刊发简短报道：

《史地杂志》二卷一、二期出版

本校史地系编印之《史地杂志》二卷一、二两期，近已同时出版。二卷二期为太平洋战争讨论集，内容皆颇丰富云。[①]

《史地杂志》第2卷第1期（1942年1月出刊）目录如下，见图4-5-18：

论著

张其昀：东北与南洋

任美锷：川北甘南之地理景象

顾毂宜：罗邱宣言与威尔逊十四条之比较

涂长望：读邱吉尔战时言论集

张其昀：国史教材展览品说明书

李絜非：国际年报述略

新书提要八则

张荫麟著：中国史纲（第一册）

凌惕安著：郑子尹年谱

卜洛克曼著：回教民族及国家史

蒲立斯登著：马罕之生平与著作

胡焕庸著：地理与国防

胡焕庸著：气候学

皮特著：山岳地理

菲利普、达拜合著：大学地图

论文摘要十二则

张其昀著：忠之理论与实际

张荫麟著：燕肃著作事迹考

郭斌龢著：李纲与今日之中国

王焕镳著：明御倭名将任环传

王庸著：中国历史上之土地疆域图

夏定域著：清初舆地学家黄仪传

张其昀著：顾景范氏之国防论

陈振汉著：工业区位的理论

---

① 《国立浙江大学校刊》复刊第105期（1942年3月10日）。

陈振汉著：战前工业区位的评价

张其昀著：张鼓峰事件之地理背景

张其昀著：苏俄在远东之地位

拉的摩尔论中日战争

补充教材五则

总理十年国防计划书

华侨人数统计

中南半岛之命名

骆驼的利用

苏俄战时首都古比雪夫

史地界消息四则

陈伯弢先生逝世

中国地理研究所成立

华侨生产建设协会成立

西北科学考察团记略

图 4-5-18　《史地杂志》第 2 卷第 1 期（1942 年）的封面和目录页。引自《史地杂志》第 2 卷第 1 期（1942 年），封面，目录页。

《史地杂志》第2卷第2期"太平洋战争讨论集"（1942年3月出刊）目录如下，
见图4-5-19：

　　张其昀：太平洋战争之新战略

　　沙学浚：太平洋战争之地理基础

　　任美锷：太平洋问题之回顾与前瞻

　　黄秉维：太平洋战局前瞻

　　涂长望：空军在现代战争之地位

图4-5-19　《史地杂志》第2卷第2期"太平洋战争讨论集"（1942年）的封面和目录页。
引自《史地杂志》第2卷第2期（1942年），封面，目录页。

2."文科研究所史地学部丛刊"

　　关于"文科研究所史地学部丛刊"的编辑和印行，目前未见单独的编辑说明
或缘起，推测应该是当时研究所的惯例，即将本研究所的研究成果汇集并公开刊行。
1939年8月文科研究所史地学部成立后，由于紧接着从广西宜山迁校至贵州遵义，
故正式的教学、研究工作从1940年上半年才正式开始；则该丛刊的编辑工作，也
只能在此期之后。从《校刊》记载来看，至1942年7月，始见有正式报道，提及
史地学部丛刊已经出刊第一和第二号，且第三号、第四号已经组稿完毕，"分别

在印行中"。[①]从最先出版的两号来看，第一号（地质地形）印行于1942年4月，第二号（气象）印行于1942年5月，所以编辑工作可能始于1941年。从现有材料来看，共编辑印行4号。至1942年12月第四号"徐霞客先生逝世三百周年纪念刊"印行后，未见后续编辑。这样，就目前所见材料而言，"国立浙江大学文科研究所史地学部丛刊"仅在1942年编辑4辑，印行了3辑，即第一、二、四号，第三号该年未见印行。

第一号：地质地形学内容，叶良辅主编，1942年4月印行；

第二号：气象气候学内容，涂长望主编，1942年5月印行；

第三号：原设想为宋史研究内容，张荫麟著，但该年未见出刊。后有报道中提及1946年有题为《宋史论丛》的书出版，故可能印行（因编者未见原书，不能确定），不过恐未再署"史地学部丛刊"；

第四号：即"徐霞客先生逝世三百周年纪念刊"，张其昀主编，1942年12月印行。

图4-5-20 《国立浙江大学文科研究所史地学部丛刊（第一号）》（1942年4月）封面。引自《国立浙江大学文科研究所史地学部丛刊（第一号）》（1942年4月），封面。

文科研究所史地学部编印丛刊两种

文科研究所史地学部，近编印史地丛刊一、二两号，第一号包括地质论文三篇，第二种包括气象论文五篇，至第三号则为张荫麟教授著宋史论丛甲编，第四号则为徐霞客先生三百周年纪念会专号，亦分别在印行中。[②]

《国立浙江大学文科研究所史地学部丛刊》第一号为"地形学"内容（1942年4月出版），由叶良辅负责编辑，见图4-5-20，其主要内容如下：

叶良辅：弁言

任美锷、严钦尚：贵阳附近地面与水系之发育

刘之远：遵义、桐梓两县地质纲要

任美锷、丁锡祉、杨怀仁：遵义附近地形之初步研究

---

① 《国立浙江大学校刊》复刊第109期（1942年7月10日）。
② 《国立浙江大学校刊》复刊第109期（1942年7月10日）。

《国立浙江大学文科研究所史地学部丛刊》第一号，叶良辅并撰有《弁言》，说明研究和编辑过程：

> 凡关地质、地形之研究与实习，本就有就地取材之便利。浙大迁至遵义，处境渐趋安定，地学组同人咸谋就地工作，乃有讲师刘之远先生研究桐梓、遵义间及遵义、湄潭间之地质，并同时为中央研究院地质研究所绘制五万一之地质图。范围所及，南北计日二百五十里，东西五十里。研究生丁锡祉君研究遵义与湄潭附近之地形，严钦尚君研究贵阳、青阳间之地形，四年级生杨怀仁君研究金顶山之地质地形，施雅风君研究三叉河附近之地质地形。任美锷教授、黄秉维教授曾在贵阳附近领导学生实习，刘之远先生曾率领学生至团溪及湄潭实习。至于遵义城厢附近，更是师生研讨之地。两年以来，颇有收获。兹由任教授就其实地所见，参以丁、严诸君研究成果，编成地形简说二篇。又刘君编成地质纲要一篇。商承系主任张其昀先生之同意，先行付梓，盖中国地质学会将在筑举行二十周年纪念会，本刊既可供会员诸先生实地考察之参考，亦可以表示本系同人庆祝纪念之微忱。
>
> 三十一年一月，叶良辅志

《国立浙江大学文科研究所史地学部丛刊》第二号（1942年5月出版）由涂长望负责编辑，见图4-5-21，其主要内容如下：

> 涂长望：中国冬季温度之长期预告
>
> 郭晓岚：凝结曲线在气团分析及天气预报中之应用
>
> 涂长望：何以贵州高原天无三日晴
>
> 叶笃正：等熵面之分析
>
> 谢义炳：三十年十月二十一日至二十五日贵州东北部浅低气旋之研究

《国立浙江大学文科研究所史地学部丛刊》第三号，根据《校刊》记载，1942年5月第二号出版后，已经着手编辑第三、第四号，且提及第三号内容为"张荫麟教授著宋史论丛甲编"；1946年《史地通讯》所载李絜非的《本系概况》中，也提及第三号内容为"宋史论丛"，且至1946年前后方才"付印"：

> 文科研究所史地学部丛刊，已出版有第一号（地质地形）、第二号（气象）及第四号（徐霞客逝世三百周年纪念集），至第三号（宋史论丛）最近方予付印。[1]

---

① 李絜非：《本系概况》，《史地通讯》第2期（1946年），第2—3页。

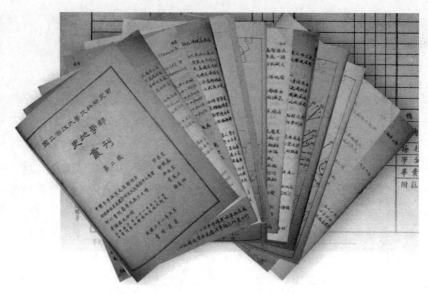

图 4-5-21　《国立浙江大学文科研究所史地学部丛刊（第二号）》（1942 年 5 月）封面和正文书影。引自《浙江大学馆藏档案 2006》，第 33 页。

因此，第三号为"宋史论丛"当无疑，可能印行于 1946 年。但该辑因编者未见原刊，故详细情况暂付阙如。

有论者将"国立浙江大学文科研究所史地学部研究生论文撮要（第一辑）"归为"《国立浙江大学文科研究所史地学部丛刊》第三号"，[①] 但根据以上所述，可能并非如此。除了此处相关报道的表述外，1948 年印行的《遵义新志》，在文末附录的"遵义史地文献"所列成果出处里，该"撮要"亦仅表述为"国立浙江大学文科研究所史地学部研究生论文撮要（第一辑）"，并没有如史地丛刊第一号、第二号那样，明确表述将其作为"史地丛刊第三号"。故编者认为，该"论文撮要"为单独的出版物，没有纳入"国立浙江大学文科研究所史地学部丛刊"系列。

《国立浙江大学文科研究所史地学部丛刊》第四号（1942 年 12 月），根据《校刊》记载，也是在 1942 年 5 月第二号出版后，即开始着手编辑第三、第四号。第四号内容为"徐霞客先生逝世三百周年纪念刊"；收录 1941 年 12 月 20 日举行的"徐霞客先生逝世三百周年纪念会"所提交的论文。见图 4-5-22。该次会议详情后节单独介绍，兹先将该辑内容摘列如下：

---

① 李凡著：《国立浙江大学史地系系史述论（1936—1949）》（浙江大学硕士学位论文），2015 年，第 100 页。

张其昀：序言

竺可桢：徐霞客之时代

叶良辅：丁文江与徐霞客

方　豪：徐霞客与西洋教士关系之初步研究

林文英：江流索隐

任美锷：《江流索隐》质疑

任美锷：读徐霞客游记，忆浙东山水

黄秉维：霞客游记中植物地理资料

谭其骧：论丁文江所谓徐霞客地理上之发现

方树梅：大错遗文霞客自滇归年之贡献

王维屏：徐霞客之故乡

方　豪：徐霞客先生年谱订误

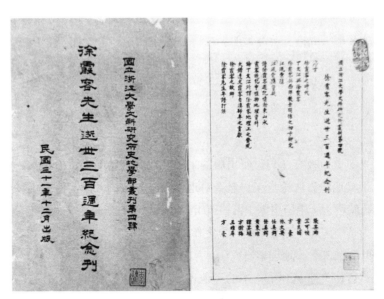

图 4-5-22　1942 年 12 月印行的《徐霞客先生逝世三百周年纪念刊》的封面和目录页。引自中国人民政治协商会议湄潭县委员会、贵州省遵义市气象局、贵州省湄潭县气象局编：《问天之路——中国气象史从遵义、湄潭走过》，北京：气象出版社，2017 年，第 55 页。

3. 史地教育研究室系列出版物

（1）"史地教育丛刊"出版情况

史地教育研究室设立于 1939 年 8 月，正式开展工作则至 1940 年上半年以后，即从广西宜山迁至贵州遵义、相对稳定之后（"本系史地教育研究室系奉部令委托于二十八年九月成立。但实际工作系自二十九年二月本校迁至黔北遵义后开始"）。[①] 如前所述，史地教育研究室自 1939 年 8 月设立以来，即以编辑、出版史地著作、期刊和相关地图为主，由于有专项经费保障，所以成果丰硕。1940 年迁至遵义后，编辑出版工作即持续进行，至 1946 年 5 月复校回杭之前，主要出版物（称为"史地教育丛刊"）包括：

叶良辅等著：《地理学研究法（第一辑）》，中国文化服务社出版（1940年 8 月）

任美锷等著：《欧洲政治地理》，中国文化服务社出版（1940 年 12 月）

张荫麟著：《中国史纲（第一册）》，中国文化服务社出版（1941 年 6 月）

任美锷等著：《太平洋国际地理》，中国文化服务社出版（1940 年 12 月）

张其昀著：《东北问题（第一辑）》，中国文化服务社出版（1942 年 4 月）

李絜非编著：《东北小史》，中国文化服务社出版（1942 年 4 月）

叶良辅编著：《瀚海盆地》（1943 年）

涂长望编著：《气团概论》

束世澂编著：《中国上古文化史》

柳定生编著：《四川小史》

（2）代表性著述

在纳入"史地教育丛刊"所出版的书中，以叶良辅等著《地理学研究法（第一辑）》最具地学方法论意义，至今对地学相关领域的教学与研究仍具有启发意义；以张荫麟所著《中国史纲（第一册）》最具史学方法论意义，虽未全部完成，但仍被认为是中国通史编写中的经典之作。

——叶良辅等著《地理学研究法（第一辑）》

史地教育研究室丛刊第一本的《地理学研究法（第一辑）》，石印线装本，系根据浙大史地系地学教师为高年级学生授课讲稿整理而成，收入讲演稿 5 篇，其中地理学 3 篇、气象学 2 篇，包括《科学方法与地学研究》（叶良辅）、《气象学研究法》（涂长望）、《气候学研究法》（涂长望）、《地形研究指要》（叶良辅）、《最近地形学发展趋势》（任美锷）等。见图 4-5-23。

该著是当时师范学院史地学系及新办的师范学院第二部史地学系着眼于史地

---

① 《附录：国立浙江大学文学院、师范学院史地学系概况》，载《史地杂志》第 1 卷第 3 期（1940年），第 63—66 页。

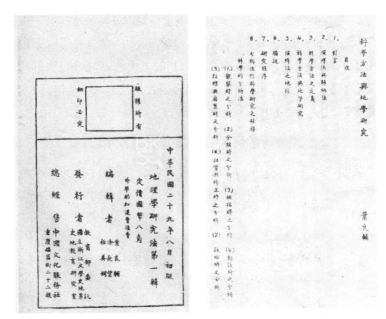

图 4-5-23　史地教育研究室丛刊之《地理学研究法（第一辑）》（1940 年 8 月）的版权页和正文书影。引自《地理学研究法（第一辑）》（史地教育研究室丛刊），1940 年 8 月。

师资培养，将相关课程的讲稿经整理后汇为一编，刊印出版的。当时就获得很高评价，至今也仍有重要参考价值：

　　　《地理学研究法（第一辑）》，汇集了五篇有价值的论文：一篇论及科学方法与地学研究，一篇论及气象学研究法，一篇论及气候学研究法，还有两篇是关于地形学的研究方法及其最近发展趋势的，各篇虽自为起讫，然具有一贯的精神；"有山断连云之意，无重复枘凿之嫌"。执笔者凡三人，都是海内地学名家，经验极富，"各以平易畅达之文字，明示研究之津梁"。大学地理系毕业生，以及中学教员，现在总算是有了一条平易可循的路，以从事高深的地学研究。[①]

　　张其昀为该著撰写了序言，说明了该著编写的过程和目的，即"民国二十八年秋，时国立浙江大学迁设于广西宜山，史地学系为高年级生开设'地理研究法'一学程，由本系地学组诸教授共同担任，各就所专习者分章讲授。半年之间，共

---

① 慧声：《师范学院史地系——一个新开垦的果园》，载《浙大学生》复刊第 1 期"浙大介绍专号"（1941 年），第 27—29 页。

得若干篇"。见图 4-5-24。而前节记述史地学系课程安排的材料中，1939 学年第一学期的课程安排里，史地学系的确有"地理学研究法"的课程，并载明由叶良辅、张其昀等开设。[1]从第一辑的内容来看，可知当时上课时，叶良辅、张其昀、涂长望、任美锷、黄秉维等均参与了课程的讲授。该序言还记及当时空袭频仍、警报不断，而诸位教师坚持教学、著述的情景，亦颇感人：

《地理学研究法（第一辑）》序言

民国二十八年秋，时国立浙江大学迁设于广西宜山，史地学系为高年级生开设"地理研究法"一学程，由本系地学组诸教授共同担任，各就所专习者分章讲授。半年之间，共得若干篇。兹先将前五篇合订为第一辑，列入本大学史地教育研究室丛刊之一，其篇目如左：

（一）《科学方法与地学研究》（叶良辅撰）；

（二）《气象学研究法》（涂长望撰）；

（三）《气候学研究法》（涂长望撰）；

（四）《地形研究指要》（叶良辅撰）；

（五）《最近地形学发展趋势》（任美锷撰）。

图 4-5-24　张其昀于 1940 年 6 月 20 日为《地理学研究法（第一辑）》所作"序言"。引自《地理学研究法（第一辑）》，第 1 页。

黄秉维先生所撰之"植物地理研究法"，经整理后大为扩充，现单行出版，亦为前述丛刊之一种。此外，关于人文地理学研究法，尚有数篇，当赓续出版。

方吾人在宜山时，空袭频仍，龙江沿岸之石灰岩洞，为师生踪迹常聚之地。诸教授于警报解除后，挟策授课，或握管著述，此时情景，恍如目前。至去年岁暮，桂南战事勃发，南宁、宾阳间敌骑纵横，吾校始奉部令迁至黔北遵义，讲义亦得完成。回忆前游，殊可感念。

本书原为演讲稿，供本系同学修习之需。各篇皆自为起讫；又因时间匆促，疏漏之处，自所难免。倘蒙海内学者，不吝指教，俟再版时当加以修订，庶有

① 《国立浙江大学校刊》复刊第 40 期（1939 年 10 月 6 日）。

志研习地理学者，可获一较为完善之指导书。至所希也。

鄞县张其昀敬识

二十九年六月二十日贵州遵义

——张荫麟所著《中国史纲》

张荫麟（1905—1942），号素痴，广东东莞人。张荫麟1905年11月出生于官宦之家，1922年毕业于广东省立第二中学。次年，考入清华学堂中等科三年级肄业。仅半年，在《学衡》杂志第21期上发表处女作：《老子生后孔子百余年之说质疑》，针对史学家梁启超对老子事迹考证提出异议，清华师生大为震动，并得到梁启超的激赏。1924年6月，又发表论文《明清之际西学输入中国考略》，分析明清两代传入的西方学术的差异及其对中国文化的影响。

张荫麟在清华求学7年，以史、学、才兼具，才识出众而知名，与钱锺书、吴晗、夏鼐并称为"文学院四才子"，并先后在《学衡》、《清华学报》、《东方杂志》、《燕京学报》、《文史杂志》、《国闻周报》等刊物发表论文和学术短文40多篇，深得当时史学界称赞。1929年，以优异成绩毕业于清华大学；是年，获公费到美国斯坦福大学攻读西洋哲学史和社会学。留学4年，修完应学课程，未待期满，已获哲学博士学位，提前返国。

1934年，回国应清华大学之聘，任历史、哲学两系专任讲师，并兼北大历史、哲学课。1935年4月，他与伦明之女慧珠结婚。暑假后应教育部之聘，编撰高中历史教材《中国史纲》，出"上古篇"，其功力与学识并不稍减，而其取精用宏，引人入胜，乃归入中国史学名著不愧，贺麟称为"他人格学问思想文章的最高表现和具体结晶"，其书"有真挚感人的热情，有促进社会福利的理想，有简洁优美的文字，有淹博专精的学问，有透彻通达的思想与识见"。

1937年卢沟桥事变，他南下浙江大学作短期讲学，曾一度到清华、北大、南开合并的长沙临时大学任教。于1938年春返回石龙小住，后赴昆明，在西南联大任教。1939年初，接重庆军委会政治部邀请为顾问。他想对抗战有所贡献，不愿当顾问，只资清谈，觉事无可为，遂不辞而别，再回联大授课。1940年初，他转到浙江大学任教。是年他的专著《中国史纲》（上古篇）出版。张荫麟曾任国防设计委员会研究员、中央研究院社会科学研究所《中国社会经济史集刊》主编。1941年参与发起刊行《思想与时代》月刊。他患上肾炎症，由于缺医少药，病情日重，1942年10月24日在遵义病逝，年仅37岁。他去世后，留下的半部《中国史纲》，海峡两岸各家出版社不断翻印，目前已有40多个不同版本问世。

张荫麟1942年10月24日上午三时三十分逝世后，浙江大学师生极为痛惜，

图 4-5-25　张荫麟像及其《中国史纲》的不同版本

于同日成立治丧处，"一面为之遵礼成殓卜地城郊，一面由中央社传电全国"。下午即葬于遵义城南门外山麓。[1]1942 年 11 月 29 日，追悼会隆重举行。蒋介石、陈立夫、翁文灏、陈布雷等发来唁电或悼文。追悼会由张其昀主持，并致悼词。[2]

1943 年 1 月，《思想与时代》第 18 期出专刊"张荫麟先生纪念号"，以示悼念。见图 4-5-26。

图 4-5-26　《思想与时代》第 18 期（1943 年 1 月 1 日）"张荫麟先生纪念号"封面。引自《思想与时代》第 18 期（1943 年），封面。

---

① 《国立浙江大学校刊》复刊第 113 期（1942 年 11 月 10 日）。
② 《国立浙江大学校刊》复刊第 114 期（1942 年 12 月 10 日）。

值得着重指出的是，张荫麟的这部《中国通史》的出版，与浙江大学史地学系有密切关系。1941 年 5 月，浙江大学史地教育研究室在遵义出版了《中国史纲》的第一个版本，张荫麟在写于 1941 年 3 月（即落款所写"三十年三月张荫麟于贵州遵义书"）的该版"自序"中，特意对此予以感谢："……比来遵义，晓峰先生主国立浙江大学史地教育研究室为石印五百册以广其传。以上诸先生，作者谨于此志谢。"1948 年，史地学系又主持修订后在正中书局出版（徐规当时受张其昀之嘱，参与了修订工作），并增加张荫麟写于 1942 年 9 月的再版"自序"。在"再版自序"中，张荫麟也明确提及："初版的校正，幸得柳定生女士及叶文培君的助力，合于此志谢。"柳定生女士，是柳诒徵先生的女公子，时任史地学系讲师，而叶文培（学号：29371）则是 1940 级史地学系的学生，于 1945 年毕业。

（三）与史地学系及地学相关系科有关的学校其他出版物

如前所述，张其昀对编辑期刊事宜格外重视，除了在史地学系及地学相关机构编辑多种期刊、出版各类图书之外，还积极参与或主持相关学术期刊和思想文化类期刊的编辑工作。前者与史地学系有关的，如《国立浙江大学师范学院院刊》、《国立浙江大学文学院集刊》等，后者则如《国命旬刊》、《思想与时代》等。

1. 学术性期刊

《国立浙江大学师范学院院刊》由国立浙江大学师范学院院刊编辑委员会编辑。第 1 集第 1 册于 1940 年 9 月在贵州遵义出版，第 2 册于 1941 年 6 月 1 日出版。后未见再编，应是由于某种原因而停刊。每期石印线装 1 册，均 70 余页。编委会主席为师范学院院长王琎（季梁），郭斌龢、梅光迪、张其昀、陈剑翛、苏步青、朱正元任编委。校长竺可桢为院刊撰写了发刊辞。该刊内容反映师范学院文理各系的学术研究成果，刊有任美锷《地理学的性质与其在教育上的地位》、郦承铨《中国学术与今日大学之中国文学系》（刘操南记）、缪钺《中学国文教学法商榷》、费巩《施行导师制之商榷》、丰子恺《艺术的效果》、陈立《男女性别的心理研究》、俞子夷《中等学校里的科学》等文。[1] 见图 4-5-27。

《国立浙江大学文学院集刊》由国立浙江大学文学院集刊编辑委员会编辑。第 1 集于 1941 年 6 月在贵州遵义出版，文学院中国文学系主任郭斌龢任编委会主席，梅光迪、张其昀、费巩、张荫麟、王焕镳、缪钺、黄尊生等为编委。张荫麟去世后，增补谭其骧为编委。到 1944 年 8 月为止，共出版了 4 集，第 2 集、第 3 集、

---

[1] 许高渝、徐有智、马景娣、胡志富编著：《遗珍逸文——老浙大期刊集萃》，杭州：浙江大学出版社，2017 年，第 122—123 页。

國立浙江大學師範學院院刊發刊辭

揚子法言，師者人之模範，足以明教育之效矣。晚近人趨功利，師道寖微，一藝之相傳，受之者視為資生之具，凡所請益，囿于繩尺法度、藝文章句而止，而修身立命之大，闕焉無聞。為之師者，出其一長，計日程功，講書而外，若不相識，鮮有存心樂育、終身守之勿去者，模範之義，信乎其不可求矣。師範學院者，將以聚有識之士，績學砥行，永以教育為職志者也。鼎革以還，高級師範之制，屢有興革，而注重師資，欲樹之模楷，以正立己立人之本，其義則一。國難方深，凡所以宏化育、正人心、明恥教戰，以固抗戰建國之基，舍教育殆無他求。我校頻歲流徙，于軍興之明年，始奉命創建師範學院，其規制之肅，待遇之優，舉非普通學生所可及，則國家所望于師範教育者，至深且厚已。師院之成立既後，憑藉虞或不豐，今有院刊之輯，將以平素研求有得而不敢自私者，舉而問世，其拳拳之忱，可思也。惟亟世賢達鑒而存之。中華民國二十九年六月竺可楨。

國立浙江大學　發刊辭　第一集

066651

國立浙江大學師範學院院刊
編輯委員會委員
王璡（主席）　郭斌龢
梅光迪　張其昀
陳劍翛　蘇步青
朱正元

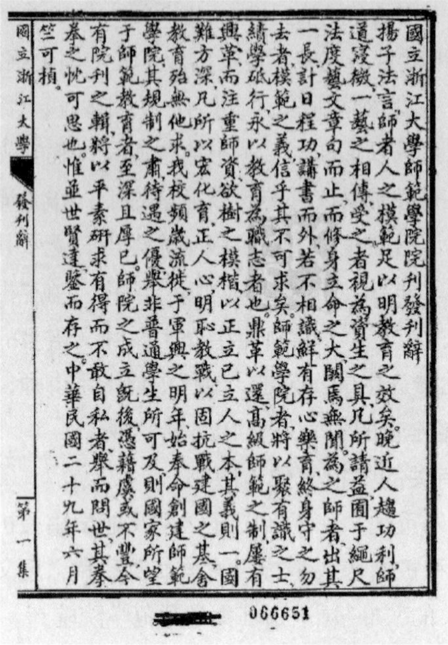

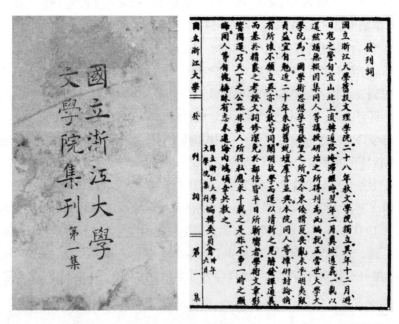

图 4-5-27　《国立浙江大学师范学院院刊》第 1 集第 1 册（1940 年）所载“编委会”名单及“发刊辞”。引自《国立浙江大学师范学院院刊》第 1 集第 1 册（1940 年）。

發刊詞

國立浙江大學舊設文理學院，二十八年秋，文學院獨立。其年十二月，避日寇之警，自宜山北上，流轉道路，淹滯經時，翌年二月，奠址遵義。一載以還，絃誦無輟，因集同人等講授研治之所得，刊為此編，就正當世。大學文學院，為一國學術思想孕育發皇之所。方今東倭猾夏，喪亂未平，明夷艱貞，益宜自勉。近二十年來，新舊蛻嬗，羣言並興。本院同人等，撢研討論，稍有所懷，不願立異，亦未敢苟同，闡明故學，而達以清新之見，俾發揮通義，而基於精覈之考證，文詞修潔，免於鄙倍，皆平日所蘄嚮者。學術文章，影響闊遠，乃天下之公器，非數人所得私。應來千載之是非，不爭一時之顯晦。同人等自愧譾昧，有志未逮，海內鴻碩，幸共教之。

國立浙江大學文學院集刊編輯委員會　卅年六月

國立浙江大學　發刊詞　第一集

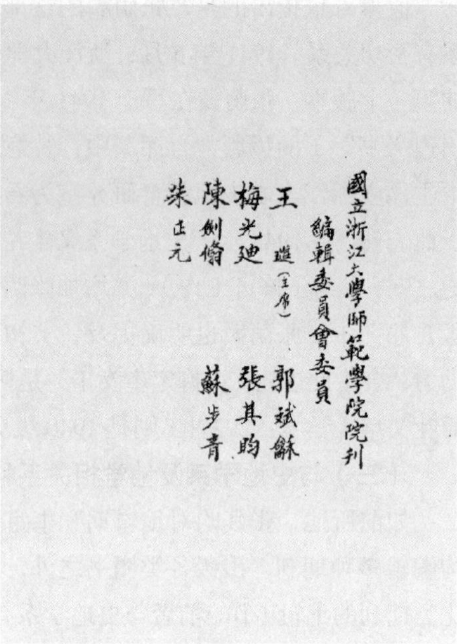

图 4-5-28　《国立浙江大学文学院集刊》第 1 集（1941 年）封面及所载“发刊词”。引自《国立浙江大学文学院集刊》第 1 集（1941 年），封面，第 1 页。

第 4 集分别出版于 1942 年、1943 年和 1944 年 8 月。每期均为石印线装。该刊主要刊载文科类学术论文,史地学系的史组教师有论文发表其中,如张其昀、张荫麟、方豪、谭其骧、黎子耀、李埏等。[①] 见图 4-5-28。

2. 思想文化类期刊

《国命旬刊》初期由浙江大学国命旬刊社(系浙大教师自发组织)编印出版,以阐扬中国历史文化、探讨抗战现实问题为主旨,于 1937 年 10 月 10 日出版第 1 期。11 月 10 日在杭州出版第 4 期后,因时局变动,学校西迁,该刊中断数月。直到 1938 年 5 月 20 日学校迁至江西泰和才复刊,续出第 5 期。第 6 期起刊物正式归由学校成立的《国命旬刊》编辑委员会负责出版事宜,编辑委员会由梅光迪等 9 人组成。从 5 月 20 日至 8 月 30 日,在泰和出版 10 期(第 5 至第 14 期)。9 月起学校奉教育部令再迁广西,该刊原拟 10 月下旬继续出刊,但因时局剧变,交通阻梗,加上内地印刷机缺乏等诸多原因,直到 1939 年 3 月 20 日方在广西宜山出版第 15 期。之后出版情况未详。该刊撰稿者主要为浙大老师,偶载有校外其他人士撰写的文章、诗词等。钱基博、梅光迪、张其昀、郭斌龢、马一浮、贺昌群、陈训慈、梁庆椿、王庸(以中)、顾毂宜、王焕镳、钱锺韩(重函)、李絜非诸先生均有多篇文章刊登于该刊各期。第 9 期和第 15 期刊载了竺可桢校长的《抗战中之大学毕业生》和《王阳明先生与大学生之典范》。[②] 见图 4-5-29。

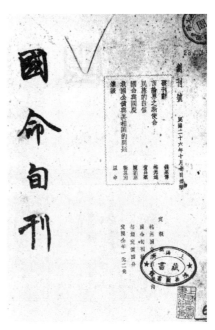

图 4-5-29　《国命旬刊》创刊号(1937 年 10 月)封面。引自《国命旬刊》创刊号(1937 年 10 月)。

《思想与时代》系浙江大学部分教授联合当时在昆明的西南联大(北大、南开、清华)及成都、乐山的一部分大学的教授创办。由思想与时代社编辑及出版(编辑部设于浙江大学文学院)。1941 年 8 月 1 日在贵州遵义创刊。该刊出至第 40 期

①　许高渝、徐有智、马景娣、胡志富编著:《遗珍逸文——老浙大期刊集萃》,杭州:浙江大学出版社,2017 年,第 125 页。

②　许高渝、徐有智、马景娣、胡志富编著:《遗珍逸文——老浙大期刊集萃》,杭州:浙江大学出版社,2017 年,第 118—119 页。

（1945 年 2 月 1 日出版）时，因抗战胜利，浙江大学拟迁回杭州而停刊。继停刊一年又十个月后，该刊于 1947 年 1 月 1 日在杭州复刊，至 1948 年 11 月为止，《思想与时代》共出版 53 期，每期 18 页左右。该刊内容涵盖哲学、科学、政治、文学、教育、史地等方面，特别重视时代思潮和民族复兴之关系，将"科学时代的人文主义"作为其追求目标。撰稿者主要是浙大专任教授，其中有竺可桢、张其昀、郭斌龢、缪钺、张荫麟、费巩、陈立、王承绪、夏承焘、任铭善、陈乐素、黎子耀、严群、任美锷等，此外，钱穆、朱光潜、冯友兰、方豪等也多次在该刊发表文章。浙江大学著名教授张荫麟和梅光迪去世后，该刊曾出版张荫麟先生纪念专号（第 18 期）和梅光迪先生纪念专号（第 46 期），对张荫麟、梅光迪的生平和才德作了全面介绍。[①] 见图 4-5-30。

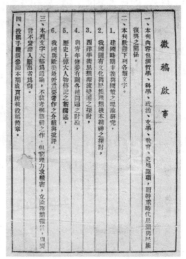

图 4-5-30　《思想与时代》第 1 期（1941 年）封面及"征稿启事"。引自《思想与时代》第 1 期（1941 年），封面，征稿启事页。

值得一提的是，这一刊物直接得到了蒋介石、陈布雷等的关注和支持。竺可桢 1941 年 3 月 17 日"日记"："布雷与晓峰昨在委员长宅晚膳，委员长允拨五万元为办杂志之用，名为《时代与精神》（编者注：后定名为《思想与时代》）。"[②] 6 月 14 日"日记"所记更为详细：

① 许高渝、徐有智、马景娣、胡志富编著：《遗珍逸文——老浙大期刊集萃》，杭州：浙江大学出版社，2017 年，第 126—127 页。
② 竺可桢著：《竺可桢全集（第 8 卷）》，上海：上海科技教育出版社，2006 年，第 40 页。

……晓峰来谈思想与时代社之组织。此社乃为蒋总裁所授意，其目的在于根据三民主义以讨论有关之学术与思想。基本社员六人，即钱宾四（穆）、朱光潜、贺麟、张荫麟、郭洽周、张晓峰六人。主要任务在于刊行《思想与时代》月刊及丛刊，与浙大文科研究所合作进行研究工作。月刊定七月起发行，每月由总裁拨 7500 元作事业费，其中 2500 为出版费，1500 元为稿费，编辑研究 2000，与史地部合作研究 1500 元。据晓峰云：拟设边疆、气象、南洋、东北四研究计划，补助文科研究所之不足云。①

《思想与时代》月刊社的基本社员有钱穆、贺麟、朱光潜、郭斌龢、张荫麟（张去世后由谢幼伟增补）等，张其昀兼任总干事（张撰写有《中国之陆权与海权》《国防中心论》、《再论建都》等多篇）。对于《思想与时代》，蒋介石极为看重，曾于 1941 年 6 月来电，不仅照准刊行，还答应其"所需研究及出版经费"可以保障（初期每月 7500 元），社务则嘱由张其昀负责主持，并嘱随时可与陈布雷联系。1946 年起，《思想与时代》月刊社改组为出版社，所需印刷费等也依需供应。至于刊物宗旨，在"社约"中规定，是"根据三民主义，研究讨论与建国有关之学术思想"，"以探讨时代思潮和民族复兴之关系及沟通中西文化为宗旨"，并计划编纂"中国通史"和"国史长篇"等丛书。该刊前后共计出版 53 期，《思想与时代丛刊》5 种，当时在全国有较大影响。

遵义时期，该刊社址起初在水硐街三号，即与当时的史地学系同在一处，后迁址经历司街十号。②

第六节　课余活动

西迁时期，虽然物质匮乏，条件恶劣，但史地学系师生在国家危难、山河破碎的艰困环境中，能够勠力同心，弦歌不辍，读书报国，教学与科研相得益彰，校内学术活动与校外社会服务并重，人才培养卓有成效，学术成果蔚为大观。同时，师生和洽，交往密切，相互扶持，在教学、科研之余，既有丰富多彩的课余活动，也有虽然艰难却苦中有乐的日常生活。学生们在这样的环境中课堂受业，实地探查，各自获得新知，培养能力，亦相互联络，参加丰富多彩的集体活动；在系内师生间，

---

① 竺可桢著：《竺可桢全集（第 8 卷）》，上海：上海科技教育出版社，2006 年，第 95 页。
② 王树仁：《浙大在遵义创办的〈思想与时代〉学术性期刊》，载中国人民政治协商会议遵义市委员会文史资料委员会编：《遵义文史资料（第 16 辑）》（内部印行），1990 年，第 63—64 页。

组织有史地学会、史地学友会等，开展学术交流及娱乐等活动，以增进感情，相互切磋。同学们努力向上，砥砺前行，或在治学道路上努力耕耘，或在救国道路上艰辛探索，均在漫漫西迁之路上开启了人生崭新的篇章。

虽然在整个西迁办学阶段，学校屡经迁移，四次易址办学，加之战争时期物资匮乏，办学经费有限，师生生活困难，但学校在坚持正常的教学、科研活动的同时，仍然尽量提供各种条件，满足和支持师生的各项课余活动，将其作为大学的基本属性，作为整个育人工作的必不可少的环节。因此，虽然条件艰苦，但与战前类似，学校、学院、系所的各类统一的、集体性的活动一仍其旧（如开学礼、纪念周、运动会、毕业式等），师、生亦各自组织有各种团体，且编印刊物，举办活动。同时，师、生个人亦有丰富多彩的日常生活。

一、"当年负笈湄江畔，正春风桃李，灿烂韶华"——史地学系师生参加的各类集体性的活动

总的来看，当时大学的各项活动较为丰富。就学校、学院和史地学系及相关机构而言，共同性的活动和假日安排，可参见各年校历（主要年节和假日等历年差不多）。兹举 1940 学年、1945 学年校历为例。

——1940 学年校历，主要内容如下：

本校订定廿九年度学历

本校廿九年度学历表现已订定，全年共计卅八周。廿九年度第一学期自廿九年十一月一日开学，至卅年三月五日止，计上课四个月，共十九周。第二学期自卅年三月十一日开始，至七月十三日止，计上课四个月，共十八周。并将该表节录于此，以资参考。

廿九年度第一学期

第一周：（廿九年十月廿八日至十一月三日）

10.28—10.31，举行补考

11.01，开学，注册开始

11.02，注册截止；选课

第二周：（廿九年十一月四日至十日）

11.04 起，正式开课

第三周：（廿九年十一月十一日至十七日）

11.11，更改学程截止

11.12，总理诞辰纪念日，放假一天

第四周：（廿九年十一月十八日至廿四日）

第五周：（廿九年十一月廿五日至十二月一日）

第六周：（廿九年十二月二日至八日）

12.04，退选学程截止期

第七周：（廿九年十二月九日至十五日）

第八周：（廿九年十二月十六日至廿二日）

第九周：（廿九年十二月廿三日至廿九日）

第十周：（廿九年十二月卅日至三十年一月五日）

三十年元月一日，中华民国成立纪念日，放假一天

第十一周：（卅年一月六日至十二日）

第十二周：（卅年一月十三日至十九日）

第十三周：（卅年一月廿日至廿六日）

第十四周：（卅年一月廿七日至二月二日）

第十五周：（卅年二月三日至九日）

第十六周：（卅年二月十日至十六日）

第十七周：（卅年二月十七日至廿三日）

02.20，申请转院转系开始

第十八周：（卅年二月廿四日至三月二日）

02.24，复习开始

02.26，复习终止，申请转院转系截止

02.27，学期考试开始

第十九周：（卅年三月三日至九日）

03.05，学期考试终止

廿九年度第二学期

第廿周：（卅年三月十日至十六日）

03.11，注册选课

03.12，总理逝世纪念日（放假一天）

03.13，开课，补考开始

03.16，补考终止

第廿一周：（卅年三月十七日至廿三日）

03.20，更改学程终止

第廿二周：（卅年三月廿四日至卅日）

第廿三周：（卅年三月卅一日至四月六日）

03.31，春假开始

04.01，春假终止

第廿四周：（卅年四月七日至十三日）

第廿五周：（卅年四月十四日至廿日）

04.14，退选学程截止期

第廿六周：（卅年四月廿一日至廿七日）

第廿七周：（卅年四月廿八日至五月四日）

第廿八周：（卅年五月五日至十一日）

第廿九周：（卅年五月十二日至十八日）

第卅周：（卅年五月十九日至廿五日）

第卅一周：（卅年五月廿六日至六月一日）

第卅二周：（卅年六月二日至八日）

第卅三周：（卅年六月九日至十五日）

第卅四周：（卅年六月十六日至廿二日）

06.19，四年级复习开始

06.21，四年级复习终止

第卅五周：（卅年六月廿三日至廿九日）

06.23，毕业考试开始

06.28，毕业考试终止

第卅六周：（卅年六月卅日至七月六日）

06.30，申请转院转系开始

07.03，二、三年级复习开始

07.05，申请转院转系截止

二、三年级复习终止

第卅七周：（卅年七月七日至七月十三日）

07.07，学期考试开始

07.12，学期考试终止

07.13，毕业典礼

第卅八周：（卅年七月十四日至廿日）

07.13，暑假开始[1]

——1945学年校历，主要内容如下，见表4-6-1：

表4-6-1　浙江大学1945学年校历[2]

（编者注：原题为"本大学三十四年度学校历"，即1945.08.01–1946.07.31）

年	月	日	星期	摘要
第一学期				
三十四（编者注：1945年）	8	27	一	孔子诞辰纪念日（放假）
	9			开学
		3	一	补考开始
		5	三	补考终止
		6	四	注册开始
		7	五	注册截止
		8	六	选课
		10	一	开课
		18	二	九一八纪念日（不放假）
	10	10	三	国庆纪念日（放假）
		11	四	退选学程截止
		19	五	上课三分之一
	11	9	五	上课二分之一
		12	一	国父诞辰纪念日（放假）
		29	四	上课三分之二
三十五（编者注：1946年）	1	1	二	中华民国开国纪念日 年假开始
		2	三	年假终止
		10	四	复习开始
		12	六	复习终止

---

[1]　《国立浙江大学校刊》复刊第64期（1940年10月19日）。
[2]　资料来源：《国立浙江大学校刊》复刊第127期（1945年7月16日）。

续表

年	月	日	星期	摘要
		14	一	学期考试开始
		19	六	学期考试终止
第二学期				
	2	8	五	开学
		11	一	补考开始
		13	三	补考终止
		14	四	注册开始
		15	五	注册截止
		16	六	选课
		17	一	第二学期开课
		24	一	更改学程截止
	3	13	一	退选学程截止
		29	五	革命先烈纪念日（放假）上课三分之一
	4	1	一	校庆纪念日（放假）
		4	四	春假开始
		6	六	春假终止
		19	五	上课二分之一
	5	3	四	上课三分之二
	6	5	四	四年级复习开始
		8	六	四年级复习终止
		10	一	毕业考试开始
		15	六	毕业考试终止
		17	一	申请转院转系开始
		20	四	二、三年级复习开始
		22	六	二、三年级复习终止
		24	一	学期考试开始
		29	六	学期考试终止
	7	1	一	毕业典礼

年	月	日	星期	摘要
		6	六	申请转院转系截止
		7	日	抗战建国纪念日

（此表如无更改，不另通知）

此外，每日作息时间，学校也根据不同时期或季节而有具体规定，定期调整，且公告全校。如1939年5月8日起，实行的作息制度如下，见表4-6-2：

表4-6-2　1939年5月8日起浙江大学实行的每日作息制度[①]

上午		下午	
6:00	起身	1:50	预备钟
6:20—6:40	早操	2:00—2:50	第五课
7:00	早食	3:00—3:50	第六课
7:20	预备钟	4:00—4:50	第七课
7:30—8:20	第一课	5:00—5:50	第八课
8:30—9:20	第二课	6:20	晚食
9:30—10:20	第三课	7:20	预备钟
10:30—11:20	第四课	7:30—10:00	自修
12:00	中食	10:30	熄灯

1940年11月4日起，实行的作息制度如下，见表4-6-3：

表4-6-3　1940年11月4日起浙江大学实行的每日作息制度[②]

上午		下午	
6:00	起身	12:50	预备钟
6:30	早餐	1:00—1:50	第五课
		2:00—2:50	第六课

[①] 资料来源：《国立浙江大学校刊》复刊第22期（1939年5月8日）。

[②] 资料来源：《国立浙江大学校刊》复刊第66期（1940年11月2日）。

续表

上午		下午	
7:20	预备钟	3:00—3:50	第七课
7:30—8:20	第一课	4:00—4:50	第八课
8:30—9:20	第二课	6:00	晚餐
9:30—10:20	第三课	6:50	预备钟
10:30—11:20	第四课	7:00—9:30	自修
12:00	午餐	10:00	熄灯

与前一个时期一致，在民国时期，与大学办学关系最为密切的活动，主要是开学礼及大学成立纪念日、纪念周（每周一举行）、毕业式（每年六月或七月举行）和运动会等。每一届学生都会经历这些活动。

（一）全校性的、共同性的活动

与西迁之前一样，民国时期，与大学生关系最为密切的规律性的活动，主要是开学礼及大学成立纪念日（浙江大学一般在新学年开学时，视情况将开学礼与纪念周或大学成立纪念日同时举行；1946年之前，大学成立纪念日即新学年开始的8月1日，多数时间因尚处于暑假，一般不单独举行庆祝活动；有时延后至正式开学后与开学礼一并举行；1945年6月2日的校务会议上决定将浙江大学校庆纪念日改为每年4月1日，开学礼与校庆纪念日遂分开举办，开学礼则或单独或与纪念周一并举行）、纪念周（每周一举行）和毕业式（每年六月或七月举行），此外，还有运动会等。

1. "大学成立纪念日"或"校庆纪念日"

1945年6月2日之前，约定俗成，以每年8月1日为浙江大学的"大学成立纪念日"。例如，1940年8月1日，浙江大学迁至遵义办学，于该日上午在播声电影院举行纪念仪式，校长竺可桢出席并讲话：

> 八月一日为本大学成立十三周年纪念日，全校师生为纪念以往之光荣历史，及继续今后之坚苦奋斗，发扬"求是精神"，完成抗建使命起见，特于是日上午八时在播声电影院举行纪念仪式，并由全体同学敬献旗，下午二时举行球赛，六时聚餐，夜间复举行游艺……[①]

---

① 《国立浙江大学校刊》复刊第53期（1940年8月3日）。

1945 年 6 月 2 日，在竺可桢长校后的第 46 次校务会议上，确定每年 4 月 1 日为浙江大学的"校庆纪念日"。

> 七、改订本校校庆纪念日案。决议：改以第三中山大学称浙江大学之日期四月一日为本大学校庆纪念日。[1]

竺可桢"日记"1945 年 6 月 2 日亦记载了当日校务会议的情况，在校务会议所讨论提案的第 5 项下，记载："改校庆纪念日 8 月 1 日为 4 月 1 日。"[2]

1945 年 6 月 2 日的校务会议所作决定，表述为"改订本校校庆纪念日案"，说明至迟至 1945 年 6 月起，已经明确称作"校庆纪念日"。因该决议确定之时，1945 年的 4 月 1 日已经过去，所以，1946 年 4 月 1 日为"校庆纪念日"改为每年 4 月 1 日后的第一次。该次的庆祝活动也得到特别的重视。据竺可桢"日记"载：1946 年 3 月 12 日的行政谈话会，即"讨论 4 月 1 日浙大创校 19 周年纪念，指定张晓峰等 5 人为校庆筹备委员"。[3] 其后，在 4 月 1 日，举行了隆重的庆祝活动。

竺可桢"日记"1946 年 4 月 1 日记载，"湘江大戏院作浙大校庆 19 周年并长校 10 周年纪念仪式，为改成 4 月 1 日后第一次校庆庆典"。上午庆祝会，下午球类比赛，晚上则有"游艺会"，包括"歌咏队合唱、浙小及新标之跳舞、魔术及《未婚夫妻》剧、鲁德昌飞人"等。[4]

两日后的 4 月 3 日，竺可桢又收到易修吟的来信，有贺校庆一诗，竺可桢显然非常欣赏该诗，特意在同日的"日记"中全文记录下来：

> 易修吟卅年前同舟赴美，年来在浙大甚得学生之信仰，渠健谈，逸趣横生。一日校庆演讲措辞极得体。今日得书，有贺校庆一诗：
> 春风催暖到山城，郁李秾桃次第荣。立达功能参造化，新兴士气仰陶成。
> 千年道统斯堪托，十载贤劳孰与并。马首欲东人意快，弦歌又共浙潮鸣。[5]

2. 纪念周

每周一次的纪念周继续举行（周一），一般先由校长等报告学校行政事项，之后安排教授进行专题讲座。史地学系的张其昀、叶良辅、顾毂宜等先生多次参与讲演。

① 《国立浙江大学校刊》复刊第 125 期（1945 年 6 月 16 日）。
② 竺可桢著：《竺可桢全集（第 9 卷）》，上海：上海科技教育出版社，2006 年，第 416 页。
③ 竺可桢著：《竺可桢全集（第 10 卷）》，上海：上海科技教育出版社，2006 年，第 66 页。
④ 竺可桢著：《竺可桢全集（第 10 卷）》，上海：上海科技教育出版社，2006 年，第 85—86 页。
⑤ 竺可桢著：《竺可桢全集（第 10 卷）》，上海：上海科技教育出版社，2006 年，第 86 页。

张其昀于 1939 年 4 月 10 日下午，在该学期第三次总理纪念周上发表演讲，讲题为《建水之地理与人文》。[①] 见图 4-6-1。

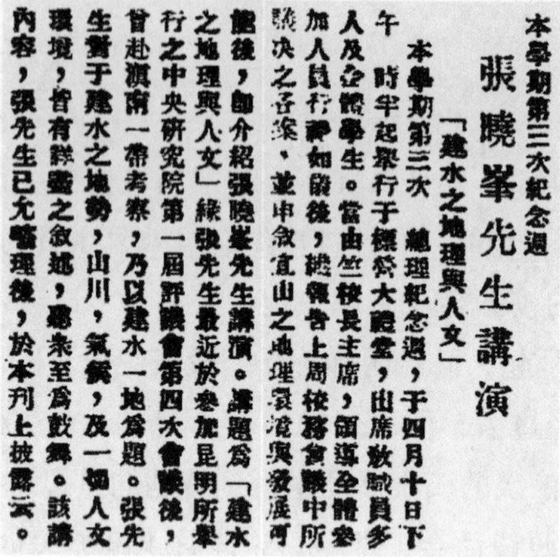
本學期第三次紀念週

張曉峯先生講演

「建水之地理與人文」

本學期第三次 總理紀念週，于四月十日下午 時半起舉行于標營大禮堂，出席教職員多人及全體學生。當由竺校長主席，領導全體參加人員行禮如儀後，總報告上周校務會議中所議決之各案，並申敘宜山之地理環境與發展可能後，即介紹張曉峯先生講演。講題為「建水之地理與人文」緣張先生最近於參加昆明所舉行之中央研究院第一屆評議會第四次會議後，曾赴滇南一帶考察，乃以建水一地為題。張先生對于建水之地勢，山川，氣候，及一切人文環境，皆有詳盡之敘述，聽衆至為鼓舞。該講內容，張先生已允整理後，於本刊上披露云。

图 4-6-1 《国立浙江大学校刊》复刊第 19 期（1939 年 4 月 17 日）所载 1938 学年第二学期第三次纪念周情况。引自《国立浙江大学校刊》复刊第 19 期（1939 年 4 月 17 日）。

叶良辅于 1939 年 5 月 8 日在该学期第七次总理纪念周发表演讲，讲题为《宜山附近地形之由来》[②]，重点介绍了喀斯特（编者注：当时译作“喀斯脱”）地貌及其成因。见图 4-6-2。

宜山附近地形之由来

宜山附近之岩石，多数为石灰岩，惟色泽硬度厚薄杂质，未必一律，故反映于外之形态，各有异同。此外又有少量泥质岩，曰灰岩，其中竟有薄如纸而富于碳质者。灰岩之中，有时盛含化石，即古动物之遗迹，如珊瑚、有孔虫、头足类、腕足类等等。依已经发现之古生物，考其时代，在城周十里内之地层，悉属古生代二叠纪，或犹有中石炭纪地层，然尚无确实证据。二叠纪距今约二万万年，当时我国西南部与长江流域成一内陆海，被海水浸淹，东通太平洋，南通印度洋，西经希马拉亚海，而通地中海（希马拉亚山其时亦为内陆海）。

至于现在中国南北部山脉江河之主干系白垩纪时所布置而成，其时亚米造山运动，颇为剧烈。白垩纪距今约一万一千万年，在此期内，更有几次地壳运动，山河形态，因而改观，然分布如旧。

① 《国立浙江大学校刊》复刊第 19 期（1939 年 4 月 17 日）。
② 《国立浙江大学校刊》复刊第 23 期（1939 年 5 月 15 日）。

宜山附近，自南岭山脉形成，续变至今，计有两种地形，最为显著：一为从平地倏然凸起之山峰，其形状，为柱，为塔，不一而足（编者注：原文为"作"，恐误）。此项地形，在南斯拉夫爱特雷克海沿岸，最为闻名，称曰喀斯脱。今在广西境内之桂林、阳朔、荔浦、修仁、柳州等处，其山峰即属此类，且最称完美。惜在宜山，并不显著。北山南崖，初称相似，然山体向北连绵，地势渐高，已非真正之喀斯脱，城南诸山，理应较为美观，惜北面障以泥质岩之山脉，形态平缓，故又不著。

第二种形态，不易引人注意，即宜城所跨之石平地。地面往往有石层表露，层层向北，倾斜约二十度。此项平地，与土壤或石层平叠而成之平原大异，盖由流水冲刷溶蚀而成，故为破坏作用之结果。虽属平地，实则凹凸起伏，至不平整，因洗刷工作未能彻底耳。面上覆以土石，隙内亦有泥沙充填，而其厚度，颇不一致。

以上两种形态，实相系而成。所称为喀斯脱者，系由富于裂缝之灰岩，被含带碳酸之流水浸润，而溶解，遂生岩穴。岩穴向地下扩展，引水入地，而为伏流。溶解与剥蚀并进，遂导（编者注：原文为"道"，恐误）岩穴连合贯通，于是顶盖不支，相继陷落。暗穴改为明坑，坑间遗石为柱，乃成喀斯脱。伏流露天，沟渠等于河床。河流继续工作，河床宽广者为石平地。柱有疏密，地有凹凸，皆因发育异。

按喀斯脱风景之雄奇，在于平地起高峰，故此项平地，拟再有以申述之。

地面一切侵蚀作用，必有止境。流水侵蚀，以海面为基准。凡高出海面之山岳高原，只要时间悠久，俱可扫成平地，河流之明暗，固无关实际。在扫荡工作之过程中，如遇陆地上升，或海底下降，海面因而低落。基准既降，即地面增高，侵蚀作用因之加强，旧时水系复深刻入地。宜山之龙江刻入平地者，深十五公尺，即以此耳。故宜山地形之演变，至少进于第二次轮回矣。

流水侵蚀，本由高及低。例如宜山区，高于柳州区，宜山水系可以柳州主河之河床作为暂时局部基准。又灰岩区域，既可由溶解增进剥蚀，故地下水面，亦可为当时局部基准。若谓宜山之石平地，相当于旧时之局部基准，固未尝不可，但此项石平地，不只限于宜山一隅，在广西境内，分布甚广，可以想见当时侵蚀基准之远大。

至于石平地上之砂土层，为先期洪水冲积而成，非现在龙江时代之堆积物，自其时以迄今兹，又历经河流雨水风化等作用而有增减损益，固无疑焉。①

---

① 《国立浙江大学校刊》复刊第23期（1939年5月15日）。

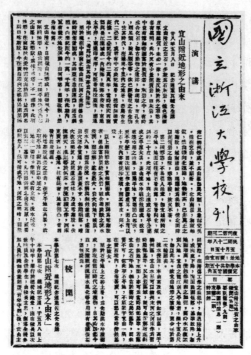

图 4-6-2　《国立浙江大学校刊》复刊第 23 期（1939 年 5 月 15 日）所载叶良辅在纪念周的讲演稿。引自《国立浙江大学校刊》复刊第 23 期（1939 年 5 月 15 日）。

3. 毕业典礼

毕业典礼可称最重要的全校性活动，即使在最艰难的迁移时期，学校亦照常举行；《校刊》在可能的情况下均予以报道（除非停刊时期，或时值暑假正好休刊等），竺可桢"日记"中亦有各年毕业典礼的完整记载，且记述比较详细。兹据相关材料，将西迁时期各年毕业典礼情况整理如下。

（1）1938 年 6 月 26 日的第十一届毕业典礼（泰和）

1949 年前，浙江大学以正式建立大学（1927 年）后的 1928 届毕业生为第一届毕业生，至 1938 年则为第十一届毕业生。该届学生毕业时，学校在江西泰和办学，毕业典礼于 1938 年 6 月 26 日在泰和举行（萧氏宗祠）。竺可桢致辞，郑晓沧报告毕业人数，后授予毕业证书。马一浮先生代表教师演讲，毕业生代表吴怡廷致答词。最后合影留念。[1] 见图 4-6-3。

本届史地学系无毕业生。

---

[1]　竺可桢著：《竺可桢全集（第 6 卷）》，上海：上海科技教育出版社，2005 年，第 539—540 页。

浙江大学档案馆藏

图 4-6-3　浙江大学第十一届毕业生合影（1938 年 6 月 26 日，泰和）

（2）1939 年 7 月 16 日的第十二届毕业典礼（宜山）

1939 年的毕业生为第十二届毕业生。该届学生毕业时，学校在广西宜山办学，毕业典礼于 1939 年 7 月 16 日在宜山举行（文庙）。竺可桢致辞，次请来宾李厚征、雷宾南、杨盟讲演，后教师代表吴馥初、学生代表郭志嵩致答词。其间，由胡刚复代教务长报告毕业人数，学生代表领取毕业证书。最后合影留念。[1]

本届史地学系无毕业生。

（3）1940 年 8 月 16 日的第十三届毕业典礼（遵义）

1940 年的毕业生为第十三届毕业生。该届学生毕业时，学校再迁至贵州遵义办学。由于迁校耽搁，该学期上课推迟，故毕业典礼亦迟于 1940 年 8 月 16 日在遵义举行（遵义师范礼堂）。竺可桢致辞，次由教务长张绍忠报告毕业人数，再授予毕业证书。之后，请来宾高文伯等演讲，后教师代表张其昀致辞、学生代表刘守绩致答词。最后合影留念。当晚，还在遵义的播声电影院举行了该届毕业联欢大会，竺可桢上台接受毕业生送毕业生影集和手杖等礼物，并观看演出。[2] 见图 4-6-4、图 4-6-5。

① 竺可桢著：《竺可桢全集（第 7 卷）》，上海：上海科技教育出版社，2005 年，第 124 页。
② 竺可桢著：《竺可桢全集（第 7 卷）》，上海：上海科技教育出版社，2005 年，第 416—417 页。

8月16日 星期五 上午晴 十二点半下雨 雷

今日倭机炸泸州。德机二千架炸伦敦。浙大毕业典礼。12:20警报，12:50解除。

晨五点半起。七点涂长望来，介绍一统计生袁皓如。七点半至遵义师范礼堂，时卢益美（法院院长）、石光莹（团管区司令）、吴光杰（外语班主任）均先后〔到〕，未几，高文伯专员及孔福民县长均到。我校招待有慕谋、壮予、香荪、邦华、振吾、迪生、刚复、季梁、诚忘等。八点举行典礼。行礼如仪后，首由余致辞半小时，"论欧战给于吾人之教训"。次慕谋报告，计本届117人，计80平均分者23人，电机汤兰九、冯绍昌，化工徐嘉淼，土木周存国、吴廷珴、赵人龙、胡传扬，机械史汝楫、任传丰、米虔等，外语范文涛、李水娟、王文珏、周瑞华，史地沈玉昌、戎文芝、王爱云，数学白正国、程民德，物理曹萱龄，农化吴志华，植病王铨茂，农经李秀云。此外乙等78人，丙等16人云。尚有去冬毕业生朱芬芬、华巽、丁晋生等十人。待成绩齐全能毕业者三人。次给授证书，各院代表领受。来宾高文伯、吴光杰、卢益美、石光莹、孔福民均有演讲。次教职员代表张晓峰讲演，最后毕业生代表刘守绩答辞，摄影，散已十一点一刻矣。

晚偕梅、彬、贤、宁、超等五人赴播声电影园参加浙大二十九年级临别联欢大会。七点开会。首唱歌，刘守绩致开会辞，献余纪念品，计手杖一，照片簿一，簿中贴毕业班一百卅余人之照片。余上台接受，作一简单之答辞，以明代人所制杖之对联作为临别赠言，即"危而不持，颠而不扶，是将焉用彼相哉。用之则行，舍之则藏，惟我与尔有是夫。"用行舍藏，如诸葛武侯之初"苟全性命于乱世，不求闻达于诸侯"，而结果则"鞠躬尽瘁，死而后已"。危持颠扶，乃人人之责也。最后以"同学少年皆不贱"，将来各自发展相期许。次独〔幕〕剧，有王文群、姚文琴之《未婚妻》，余建彬、曹萱龄之《未登记的同志》，继之以周本湘、杨有桴之《贺后骂殿》。时已十点半，偕梅等回，尚有京戏《坐宫》、《连环套》未看完。

图 4-6-4 《竺可桢全集（第7卷）》所载1940年8月16日竺可桢"日记"（截图）。引自竺可桢著：《竺可桢全集（第7卷）》，上海：上海科技教育出版社，2005年，第416—417页。

本届史地学系有第一届毕业生，即沈玉昌【25001】、戎文言【25002】、雷功俊【25003】、王德昌【25023】、王爱云【27061】。其中，沈玉昌、戎文言、王爱云为平均分80分以上的甲等毕业生。沈玉昌、王爱云考入本校史地学部研究生。

图 4-6-5 浙江大学第十三届毕业生合影（1940年8月16日，遵义）

（4）1941 年 7 月 13 日的第十四届毕业典礼（遵义）

1941 年的毕业生为第十四届毕业生。该届学生毕业时，学校仍在遵义办学。该届参加人数较少，"毕业生到约八九十人，仅占半数，二三年级生到者不达十人，以统考与四年级生发生意见之故"。由于人数少，故毕业典礼于 1941 年 7 月 13 日在遵义县党部举行（原定播声电影院）。竺可桢致辞，次由教务长张绍忠报告毕业人数，再授予毕业证书。之后，请来宾高文伯等演讲，后教师代表李熙谋（李振吾）、学生代表郑芝书致答词。最后合影留念。毕业典礼之后，竺可桢等即着手处理学生罢考事。[1] 见图 4-6-6。

本届史地学系有第二届毕业生，即沈自敏【26007】、周恩济【26042】、杨怀仁【26043】、谢觉民【26045】、胡玉堂【26055】、邓永璋【27062】。其中，沈自敏考入清华大学历史学专业的研究生，周恩济、杨怀仁和胡玉堂考入本校史地学部研究生，谢觉民至重庆北碚的中国地理研究所工作。

此外，本届还有师范学院第二部史地学系毕业生 1 名，即黄光京【291001】。

图 4-6-6　浙江大学第十四届毕业生合影（1941 年 7 月 13 日，遵义）

（5）1942 年 7 月 2 日的第十五届毕业典礼（遵义）

1942 年的毕业生为第十五届毕业生。该届学生毕业时，学校仍在遵义办学。该届毕业典礼之前，6 月 18 日，竺可桢即代表学校招待四年级毕业生（包括 100 余名本科生和 6 名研究生）。[2]

---

① 竺可桢著：《竺可桢全集（第 8 卷）》，上海：上海科技教育出版社，2006 年，第 111—112 页。
② 竺可桢著：《竺可桢全集（第 8 卷）》，上海：上海科技教育出版社，2006 年，第 354 页。

毕业典礼则于 1942 年 7 月 2 日在遵义县党部礼堂举行。竺可桢致辞，因教务长张绍忠生病，由文学院院长梅光迪代替张绍忠报告毕业人数，来宾演讲；可能前述环节时间较长，故下午继续举行，毕业同学会献旗后，教师代表郭斌龢（郭洽周）、学生代表柳克令致答词。[1] 见图 4-6-7。

本届史地学系有第三届毕业生，即施雅风【26058】（编者注：为 1937 学年入学，1938 学年休学一年）、赵松乔【27064】、于震天【27068】、张效乾【28062】和卢湛高【29050】（1943 年 1 月毕业）。其中，施雅风、赵松乔、于震天、张效乾为 1942 年 7 月按时毕业，卢湛高则延迟半年，于 1943 年 1 月毕业。施雅风、赵松乔考入本校史地学部研究生。

值得注意的是，本届有了浙江大学第一届研究生毕业生，包括文科研究所史地学部 6 名和理科研究所数学部 2 名。史地学部第一届研究生毕业生为：刘熊祥【史 10】、丁锡祉【史 2】、严钦尚【史 6】、沈玉昌【史 5】、胡善恩【史 3】、郭晓岚【史 1】。

此外，本届还有师范学院第二部史地学系毕业生 3 名，即何慧研【301002】、陈济沧【301003】、晏一清【301004】。[2]

图 4-6-7　浙江大学第十五届毕业生合影（1942 年 7 月 2 日，遵义）
说明：倒数第二排右 5 为赵松乔，右 9 为施雅风

① 竺可桢著：《竺可桢全集（第 8 卷）》，上海：上海科技教育出版社，2006 年，第 361 页。
② 《国立浙江大学校刊》复刊第 109 期（1942 年 7 月 10 日）。

（6）1943 年 7 月 8 日的第十六届毕业典礼（遵义）

1943 年的毕业生为第十六届毕业生。该届学生毕业时，学校仍在遵义办学。毕业典礼与前两年相同，于 1943 年 7 月 8 日在遵义县党部举行。竺可桢致辞，教务长张绍忠报告毕业人数，来宾高文伯等演讲；后教师代表苏步青、学生代表王文彬致答词。最后合影留念。

本届史地学系有第四届本科毕业生（1939 年 8 月入学），也有第一批师范生（1938 年 8 月入学）毕业，合称第四届毕业生。本科生中，由于所修课程不符要求、学分需要替换的缘故［即竺可桢"日记"（1943 年 7 月 8 日）中所谓："学生可毕业者 210 人，应毕业而成绩不全者 115 人。"］，按期于 1943 年 7 月毕业的，文学院史地学系仅一名，即：许蔚文【28084】；其他"尚有学生 14 名须俟成绩齐全方准毕业"。[1]

之后，经过竺可桢与叶良辅、张绍忠等协调，"因此事既由系中负责，诸生所修学分，均在 132 以上，经赴荩谋处与之商榷后，决计准予毕业"（1943 年 7 月 11 日竺可桢"日记"）[2]，此事得以解决。

根据其后的统计，文学院史地学系本届毕业生，连同按期毕业参加毕业典礼的许蔚文在内，共计 15 位，与《校刊》所记相符。这 15 位毕业同学为：毛汉礼【28071】、徐规【28085】、范易君（女）【28082】、何重恒【28083】、管佩韦【28089】、许福绵【28090】、许蔚文【28084】、余守清【28087】、唐义溱【28088】、蒋以明【28086】、沈健【28076】、庄严【28068】、周家乾【28067】、邹含芬（女）【28072】、祝修麿（麟）【28074】。其中，毛汉礼、徐规、许福绵考入本校史地学部研究生，管佩韦留校担任助教。

师范学院史地学系毕业生，即第一届师范毕业生，1943 年 7 月按期毕业者包括：宋铭奎、张汉松、孙盘寿、蔡锤瑞、钱炜、詹溶庆、杨利普，"尚有学生三名须俟成绩齐全方准毕业"。根据其后的统计，师范学院史地学系本届毕业生为：宋铭奎【27609】、张汉松【27612】、孙盘寿【27613】、陈述彭【27618】、吴华耀【27661】、蔡锤瑞【27701】、钱炜（女）【27702】、詹溶庆【27703】、杨利普【27706】、刘宗弼【27711】；则此 3 名经替代学分后毕业的学生为陈述彭【27618】、吴华耀【27661】和刘宗弼【27711】。

文科研究所史地学部有第二届毕业研究生，《校刊》载名单为：叶笃正【史

---

[1] 《国立浙江大学校刊》复刊第 121 期（1943 年 7 月 10 日）。

[2] 竺可桢著：《竺可桢全集（第 8 卷）》，上海：上海科技教育出版社，2006 年，第 599 页。

8】、谢义炳【史13】、余泽忠【史15】、周恩济【史11】、王爱云【史7】，"尚有学生一名须俟成绩齐全方准毕业"。这里，延迟毕业的一位，当为余文豪【史16】，余文豪后延长半年，至1944年1月毕业。

此外，师范学院第二部史地学系，"共有学生一名，须俟成绩齐全方准毕业"，当为前一届延迟毕业的戎涓之【301001】。其后，第二部因不再招生，故不再有毕业生。

（7）1944年7月1日的第十七届毕业典礼（遵义）

1944年的毕业生为第十七届毕业生。该届学生毕业时，学校仍在遵义办学。毕业典礼与前几年相同，于1944年7月1日在遵义县党部举行。竺可桢致辞，教务长张绍忠报告毕业人数，来宾演讲；后教师代表李乔年演说。最后合影留念。

本届史地学系有第五届本科毕业生（1940年8月入学），也有第二批师范生（1939年8月入学）毕业，合称第五届毕业生。本科生中，包括：沈能枋【28008】、王省吾【29003】、沈雅利【29032】、赵廷杰【29041】、阚家冀（女）【29046】、刘尚经【29047】、王蕙（女）【26052】、王连瑞【29048】、郑士俊【29049】、戴贞元【29052】、江乃蕚【29053】、张幼勤【29054】、姚懿明（姚宜民）【29055】、姚国水【29056】、文焕然【29058】、欧阳海（女）【29059】、谢文治【29063】、倪士毅【29064】、程光裕【29065】、胡汉生【30061】、傅文琳【？】。

师范学院史地学系（第二届师范生毕业）：黄化【27712】、何春华【28731】、张世烈【28732】、李敦仁【28736】、李青贵【28738】、游天池【28740】、黄子才【28764】。

文科研究所史地学部有第三届毕业研究生，包括：本届的施雅风【史17】、梁蕲善【史20】2人和上一届的胡玉堂【史12】、杨怀仁【史14】。

（8）1945年7月1日的第十八届毕业典礼（遵义）

1945年的毕业生为第十八届毕业生。该届学生毕业时，学校仍在遵义办学。毕业典礼于1945年7月1日在遵义的社会服务处举行。竺可桢致辞，教务长张绍忠报告毕业人数，授予文凭，该级学生献"广被春风"旗，来宾演讲，后教师代表易修吟演说，学生代表黎振声致答词。最后合影留念。

本届史地学系有第六届本科毕业生（1941年8月入学），也有第三批师范生（1940年8月入学）毕业，合称第六届毕业生。本科生中，包括：王度【？】、叶文培【29371】、赵昭昞【30012】、宋晞【30013】、厉良敏【30051】、束家鑫【30066】、王嘉福【？】、陈耀寰【30067】、陈吉余【30068】、史以恒【30069】、夏源【30071】。

此外，石剑生【30072】、严刘祜【30014】、李孝祖【30064】于1946年1月毕业。

师范学院史地学系（第三届师范生毕业）：陈光崇【29627】，陈平章【29629】，殷汝庄（女）【29643】、阮文华【29645】、罗昭彰【29646】、蒋铨元【29647】、程蕴良【29648】、彭桃龄【29655】、李昌文【29654】、周忠玉【29649】、吴章斌【29652】。

史地学部研究生毕业者包括4名：上一届（1942年7月入学）的赵松乔【史18】和本届的孙守任（也作"孙守仁"）【史25】、徐规【史23】、袁希文【史22】。其他可能未完成学业，如毛汉礼（编者注：1943学年起毛汉礼攻读史地学部研究生，1944学年起休学一年，经竺可桢介绍任重庆中央研究院气象研究所助理研究员，并保留研究生学籍，1945学年起回校复学，后于1946年春随气象研究所迁回南京。故推测应是研究生未毕业）和许福绵【史24】等。

（9）1946年5月6日的第十九届毕业典礼（遵义）

1946年的毕业生为第十九届毕业生。该届学生毕业时，学校仍在遵义办学，但即将复校杭州。故该学期提前结束，毕业典礼也早于1946年5月6日在遵义的社会服务处举行。竺可桢致辞，教务长张绍忠报告毕业人数，授予文凭，后教师代表黄尊生及来宾演讲，学生代表致答词。最后合影留念。

本届史地学系有第七届本科毕业生（1942年8月入学），也有第四批师范生（1941年8月入学）毕业，合称第七届毕业生。本科生中，包括：满时彬【29062】、徐先【30009】、张元明【30063】、司徒钜勋【31074】、曹梦贤【30065】、申勉【？】、桂永杰【31064】、王鹤年【31067】、蔡崇廉【31068】、杜学书【31069】、吕欣良（编者注：即吕东明）【31071】、张韵秋【31072】、叶华勋【31073】、贺忠儒【30110】、马光煌【29121】、张则恒【？】等16人。此外，阚纼琼【31126】、刘应中【29030】、李景霞【31710】、胡金麟【31034】等4人于1947年1月毕业。

师范学院史地学系（第四届师范生毕业）：杨竹亭【29696】、萧俊云【30664】、杨培源【30662】、李传贵【29650】、龙秉衡【30661】。

史地学部研究生毕业者包括1名：蔡锺瑞【史28】。

4. 运动会

浙江大学运动会均在春季举行，一般定在5月初。1937年底西迁开始后，由于多次迁移校址，所以全校性运动会未再举行。1940年初迁至贵州，在遵义办学进入稳定时期后，于1942年5月4—5日，在湄潭举行了西迁以来的第一次全校性运动会，"其中田径赛且有数项打破记录"，见图4-6-8：

本校自二十六年在杭州举行春季运动会以来,迄未继予举行。当此时空较量身手,提倡康健,实为当务之急。爰经历次讨论,决于今春在湄潭举行。惟事务筹措,场地设备,咸感匆促,幸主管各部积极进行,终延期二日,而于五月四、五两日在湄潭新开之运动场举行,盛况空前。惟次日以降雨关系,球类未克决赛,其中田径赛且有数项打破记录,实属难能可贵。[1]

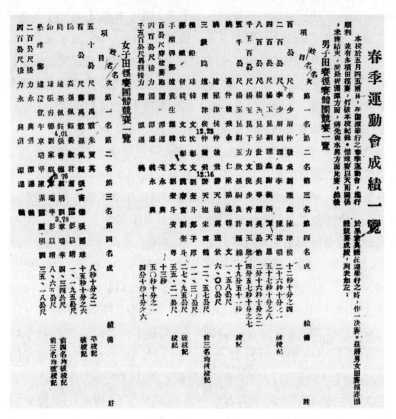

图4-6-8 《国立浙江大学校刊》复刊第108期(1942年6月10日)所载1942年春季运动会成绩的报道。引自《国立浙江大学校刊》复刊第108期(1942年6月10日)。

(二)史地学系及相关地学机构的活动

史地学系及文科研究所史地学部等地学机构,也根据自身安排和需要,组织各种形式的活动,师生在当时的文字和后来的回忆中多有提及,当时的《校刊》

---

[1] 《国立浙江大学校刊》复刊第107期(1942年5月10日)。

中也多有报道。

张其昀在 1938 年所写的《文文山与王阳明》一文中，提及在泰和时师生生活和活动的情景：

> 泰和北距吉安八十里，浙江大学临时校址在泰和城西五里之上田村。泰和古西昌地，又名白下，前挹澄江，后引科岭，良畴中拓，豁然平衍，庐舍田园，远近映带，衣冠文物代不乏人。上田村著姓萧氏之居也，有大原书院与趣园、遐观楼，负山襟江，真趣洋溢，中涵池塘，可资灌溉，俯仰之间，轩豁明秀，殆清淑之所萃也。前人诗云："百年乔木今更蕃，万卷遗书旧常有。"今古树幽茂，学舍整饬，惟遐观楼旧有藏书已遭兵燹之厄，今仍设大学图书馆。澄江即赣江，公路沿江而行，径达校门，乃全省之通衢。江滨烟渚萦回，峰峦挺秀，寒涛似卷潇湘之雨，渔火如近枫桥之夜，朝暮变态，无不可赏，于青原、白鹭之外，别开胜境。怀文山之母邦，溯赣浙之学统……前贤垂教，至为深切而著明……①

宜山时期，史地系学生张效乾在一篇回忆文章中忆及："宜山市面虽不甚繁荣，然因城郊富庶，环境幽静，亦颇令人怀念"，并曾撰文，"对宜山附郭，略有描述"：

> 宜山即庆远郡城，在小龙江南，小龙江由西而东，经怀远镇东过宜山，北面凭山，沿岸因江流侵蚀，透石空穴，到处皆是。龙江沿北岸山麓东流，江内小滩颇多，水至滩处，湍泅而过，民船逆流而上，颇感困难，滩旁常有小潭，深度难测。至罗木渡，水流稍缓，两岸森石嶙峋，江北石峰耸立者为北山。中为会仙山，东为青鸟山，西为宜山，再西为天门拜相山，即冯京祖墓所在，由此一直向北可达天河县。二十八年春夏间，宜山空袭警报频仍，母校师长同学，常渡江避难，兼作山游。沿途青山翠谷，杂花遍山野，岩隙竹树丛生，野鸟飞鸣，葱郁玲珑，颇饶古趣。山中常空寂无人，异常幽静，登山极目远望，峰峦重重，不可胜数，高低起伏，出没于云烟之表，气势之雄伟，令人叹绝。
>
> 小龙江南，即宜山县城所在。城南五里许，有山脉一道，是为南山，东曰屏山，西曰九龙山。南山以北，小龙江以南，绕宜山东南西三面，乃一片

---

① 张其昀：《文文山与王阳明》，载《国命旬刊》第 7 号（1938 年 6 月 10 日），第 3—6 页。

富庶之平原，气候温和，民情刚劲，可谓人杰地灵。此地东连苍梧，西通贵筑，水陆交通，异常方便。昔日宜山情景，每一思及，历历在目……[1]

1939年5月21日，浙大时在宜山，该日下午，史地学系师生（教师包括向达、陈训慈、王庸、柳定生和李絜非等）参观"石达开题诗石刻"。当时《校刊》曾予报道，见图4-6-9：

史地系师生参观石达开题诗石刻

本邑胜迹，推西门外黄山谷先生衣冠冢，青鸟山后之宋古城墙与南北两山。惟南北两山，近皆深闭拒纳，莫睹真藏。北山有白龙洞与石达开之石刻题诗，南山有龙隐洞与南山寺，皆称闻本邑，脍炙人口，致吾人每一涉江，偶对青岚，辄遗憾于不能一探其中妙境。

五月廿一日，适为休沐之期，史地学系特先商准指挥部，参观北山。下午三时，除史地系同学二十余人外，并有向觉明、陈叔谅、王以中、柳定生诸先生，章诚忘、李絜非两先生亦先来集，参与其事。维时暴雨初止，炎阳未已，龙江急湍如矢，北山新沐若黛，既至山麓，沿石磴道登山，凡十三转而抵北山寺，燠湿之气中人，莫不汗下如涛。承指挥部同人招待参观石达开题诗，推只为石氏步刘雪清韵五言八句，而非其书泐，不无遗憾。其旁有翼王亭。翼王在太平天国诸人中，与李秀成咸称一时白眉，同为英雄，同工文词，而慷慨激昂，直喷血而出，其人其境，乃能天才横溢，辞意不凡。白龙洞一首，依简又文氏论断，以为高天梅氏所辑石氏诗二十五首中，除答曾国藩五首及《庆远白龙洞步刘雪清韵》比较可信外，其余翼王遗诗，尽为赝品。

继游白龙洞。束薪作炬，前后呼应以入，阴森可喜，暑气顿消。而深杳曲折，数里不绝，似愈于桂林七星岩。惟吾人未备明灯火炬，致未克穷其胜，与纵观其间石钟乳之妙制，为可惜也。

遂以四时半出山，五时返舍。既读英雄之诗，复穷洞府之秘，可称快游。乃为书志。[2]

---

[1] 张效乾：《由宜山到遵义》，载谢觉民等撰：《国立浙江大学史地系成立二十五周年纪念集》，台北：私立中国文化研究所出版部，1963年，第10—13页。
[2] 《国立浙江大学校刊》复刊第25期（1939年5月29日）。

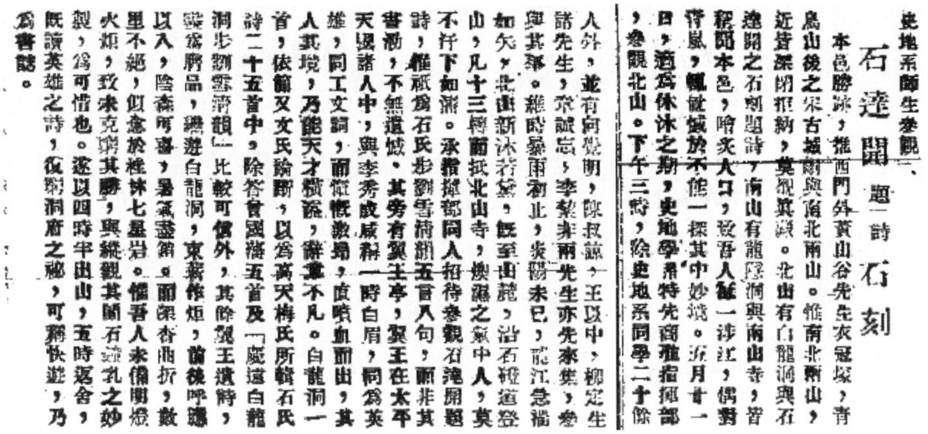

史地系師生參觀

石達開題詩石刻

本邑勝跡，推西門外黃山谷先生衣冠塚，青鳥山後之宋古城與南北兩山。惟南北兩山，近皆深閉拒納，莫覩其勝。北山有白龍洞與石達開之石刻題詩，南山有龍隱洞與南山寺，皆稱聞本邑，膾炙人口，致吾人每一涉江，偶對背嵐，輒觖憾於不能一探其中妙境。近月廿一日，適為休沐之期，史地學系特先商准指揮部，參觀北山。下午三時，除史地系同學二十餘人外，並有向覺明，陳叔諒，王以中，柳定生諸先生，黃誠忘，李絜非兩先生亦先來集，參與其事。維時暴雨初止，炎陽未已，龍江急湍如矢，北山新沐若黛，既至山麓，沿石磴道登山，凡十三轉甫抵北山寺，燥潺之氣中人，莫不汗下如瀋。承指揮部同人招待參觀石達開題詩，惟祇為石氏步劉雪樵五言八句，而非其書跡，不無遺憾。其旁有翼王亭，翼王在太平天國諸人中，與李秀成咸稱一時白眉，同為英雄，同工文詞，而慷慨激昂，直噴血而出，其人其境，乃能天才橫溢，雅意不凡。白龍洞一首，依簡又文氏論斷，以為萬天梅氏所輯石氏詩二十五首中，除答曾國藩五首及「應遊白龍洞步劉雲樵韻」一比較可信外，其餘翼王遺詩，疑係膺品，繼遊白龍洞，束薪作炬，前後呼應以入，陰森可畏，暑氣盡消。而深杳曲折，數里不絕，似愈於桂林七星岩。惜吾人未備明燈火炬，致未克窮其勝，與縱觀其間石鐘乳之妙製，為可惜也。遂以四時半出山，五時返舍，既讀英雄之詩，復窮洞府之祕，可稱快遊，乃為書誌。

图 4-6-9　《国立浙江大学校刊》复刊第 25 期（1939 年 5 月 29 日）所载史地系师生参观石达开题诗石刻的报道。引自《国立浙江大学校刊》复刊第 25 期（1939 年 5 月 29 日）。

1939 年 11 月，浙江大学文学院在宜山的学生组织过一次郊游活动，1939—1943 年就读于史地学系的周家乾【28067】，当时有词记之：

浪淘沙　宜山郊游

1939 年 11 月，浙江大学文学院在宜同学于星期假日齐赴如画之西郊，聚餐野外，有歌有舞，及唱《打东洋》等抗日救亡歌曲，慷慨激昂，全场感奋，因写即事一阕。

翠竹几丛篁，照影沧浪。渡头一时往来忙。载舞载歌翻桨绿，过了龙江。

一曲《打东洋》，齐唱救亡。中原北望共神伤。匡济时艰人有责，奋起图强。[①]

1940 年初浙大迁至遵义后，活动更为丰富多彩。倪士毅在其回忆文章《播州风雨忆当年——浙大史地系在遵义》中专列一节“学生生活”，描述了在遵义时期史地学系学生的课余活动与日常生活的诸多方面，见图 4-6-10：

浙大史地系的学生，三、四年级在遵义，二年级在湄潭，一年级在永兴（浙江龙泉分校也有一年级），全系约有一百多人。因抗战关系，学生来自四面

① 浙江大学校庆文集编辑组编：《校庆文集（浙江大学创建八十五周年）》（内部印行），1982 年 5 月，第 123 页。

八方，本科生的籍贯以浙江、安徽、湖南三省较多，其他如江苏、江西、福建、贵州、四川、广东、广西、湖北、河南、河北、山东、陕西、甘肃等省也有。学生的学习生活是相当艰苦的，由于避难来到遵义，学校没有校舍，只好租借民房或祠堂庙宇，所以简陋不堪。史地系的办公室是租用水硐街三号的民房，教室大部分在老城何家巷，学生宿舍有的在老邮局，有的在何家巷，女同学宿舍在杨柳街，校图书馆在江公祠，开大会在新城播声电影院。

同学们穿的一般都是蓝布衣衫，女同学穿得也很朴素。膳食方面，沦陷区的学生是靠贷金维持的，有时青菜淡饭，一碗酱油汤，有的同学为了补充营养，到何家巷对面的"泰来"小吃店打牙祭，吃碗排骨面或猪肝面。这店是"下江人"开的，因此生意兴隆。课余之暇，同学们还三三两两到附近的茶馆里，躺在竹椅上，一杯清茶，一盘葵花子，说说笑笑，叫"摆龙门阵"；有的在那里复习功课，这也别有风味。晚上自修，点的是油灯，有时油没有了，还点蜡烛，真像古人"剪烛西窗"一样。因为教室与宿舍比较分散，有的在老城，有的在新城，同学们跑来跑去，湘江桥畔、丁字街口，经常出没戴浙大校徽的学生，很被人们注目。当时遵义城里增加了这么多"浙大人"，山城显得更加繁荣热闹了。

史地系的学生，平时除了上课学习之外，课外活动也很活跃。系里有史地学会、读书会、同乡会等组织。史地学会还经常举行学术报告会、时事座谈会，请系里教授来做演讲；定期出版《时与空》壁报，作为同学们写作的园地；体育活动如足球、篮球、排球友谊赛等也时常举行。

每逢春秋佳日，同学们还组织郊游桃溪寺、大觉寺等风景区，举行野餐或爬山比赛。

凡欢送每届毕业同学，系里一定举行游艺大会，邀请师长们参加，大家欢聚一堂，临别赠言，促膝谈心，并有精彩节目助兴。[1]

---

[1] 倪士毅：《播州风雨忆当年——浙大史地系在遵义》，载贵州省遵义地区地方志编纂委员会编：《浙江大学在遵义》，杭州：浙江大学出版社，1990年，第96—113页（本处引文见第110—111页）。又载倪士毅著：《史地论稿》，杭州：浙江大学出版社，2019年，第386—399页（本处引文见第397—398页）。

图 4-6-10 1943 年谢义炳（二排左三）在浙江大学篮球队参加贵阳浙灾义赛时与队员们合影。引自北京大学物理学院大气科学系编：《江河万古流——谢义炳院士纪念文集》，北京：北京大学出版社，2007 年，插页。

《校刊》也登载一些本科生、研究生的生活的报道。1945 年 11 月 15 日的《校刊》登载了研究生的日常活动情况，题为"研究院同学琐闻"，记及一些该时期的研究生同学的活动情况，如 10 月 21 日的研究院遵义同学会组织聚餐，11 月 11 日下午，遵义同学会组织郊游活动，游览观音阁，又举行第一次演讲会等。该则报道如下：

研究院遵义同学会于十月廿一日在江浙餐厅聚餐，欢迎新会友，餐后即由前届主席岑卓卿报告上学期工作情形，继选举本届干事，结果：倪士毅、岑卓卿、陈希浩、程光裕、陈吉余五人当选矣。

研究院遵义部分，本期新生，史地学部有宋晞、陈吉余二人；化工学部有夏纪鼎、陈福梅二人。

遵义同学会于十一月十一日下午一时郊游观音阁，并举行第一次讲演会，后因雨改在省高会讲室举行。由王连瑞、夏纪鼎二君主讲，王君题目为"中国人口问题"，夏君题目为"中国人的营养问题"。讲毕讨论极为热烈，至四时始返。

研究生因生活清苦，拟请求教部增加津贴云。

研究院遵义同学会，"研余"壁报，拟定十二月一日出版云。[①]

比周家乾低一级的史地学系女生阚家蓂【29046】，自幼喜爱古典诗词，"抗战军兴，余至后方入国立浙江大学，主修地理，兼读文、史。四年级时，选缪钺教授《词选》，旁听郦承铨教授《陶诗》，始觉意境渐开，每有所感，即欲发之于诗"。留存至今的，有一首写于1943年的小诗，描述了当时同班4位女生的生活和友情，见图4-6-11：

余与海航、乃莘、汝庄三君交游，人称之为"海乃汝家"，赋此以为纪念

> 悠悠归路杳，落落可同行。花底听莺语，天中待月凉。
>
> 山为余簟枕，海乃汝家乡。愿得千年酒，歌吟共简狂。

> 一九四三年于贵州遵义国立浙江大学

图4-6-11　史地学系女生殷汝庄、欧阳海、阚家蓂、江乃莘合影。引自谢觉民等撰：《国立浙江大学史地系成立二十五周年纪念集》，台北：私立中国文化研究所出版部，1963年。

[①] 《国立浙江大学校刊》复刊第135期（1945年11月15日）。

20世纪80年代,阙家蓂从海外归国,多次与老浙大校友相聚,亦曾赋《高阳台》词一阕,追忆了在遵义、湄潭求学时的生活:

高阳台

夕照沉山,余晖漾晚,疏林点点昏鸦。独坐中庭,乡思缥缈天涯。恹恹一枕平梁梦,恨梦中雾绕云遮。迫开帘,只见流萤,只有飞花。

当年负笈湄江畔,正春风桃李,灿烂韶华。气贯长虹,乾坤容我为家。岂知薄暮狂飙起,燕空巢画栋敧斜。纵归还,人老情荒,谁话桑麻![①]

(三)史地学系学生参与的其他全校性的或临时性的组织及活动

除了前述由学校及院、系、所等组织的这些规律性的活动之外,学校内部还有许多临时性的活动以及教师、学生自己组织的活动,丰富多彩,如师生交谊会、学生自治会(包括各分支机构)、各种学会、级会等组织的活动等。1941年出刊的《浙大学生》复刊第一期,在"本校概况"一节中,专门对此有说明:

> 本校学生团体组织,除学生自治会,各系学会,各院院会,各级级会及女同学会外,尚有以研究中心集合之研究会、座谈会、文艺会、歌咏会、剧团、画社、同学会及同乡会等。大抵以联络感情、砥砺学术及推行社会工作为宗旨。内有黑白文艺社、海燕文艺座谈会、三民主义青年团、质与能社、雷电剧团、雷雨剧团、国乐研究会、回声歌咏团、大家唱歌咏队、浙大剧团、青年月刊分社、塔外画社、浙大消费合作社、桥社、浙大基督教团契、青文社、杭高校友会、两广同学会、南昌二中同学会、江西同学会、无锡同乡会、南昌一中同学会、浙大福建同乡会、四川同学会、淮南中学校友会、宁波中学校友会、毕业同学会等廿八团体。彼等工作如表演话剧、练习歌咏、粘贴壁报、分组讨论及下乡宣传等,大抵以维护中华民族及中国文化为最高鹄的。[②]

史地学系学生积极参加学校各类团体,并担任过若干团体的负责人职务。如1940年度第二学期的学生自治会和《浙大学生》编委会(任期:1941.02—1941.07),均有史地学系学生参与(编者注:以下名单中黑体字者):

---

① 阙家蓂著:《阙家蓂诗词集》,北京:中国友谊出版社,1987年,第1、41—42页。
② 《浙大学生》复刊第1期(1941年),第46页。

国立浙江大学学生自治会二十九年度第二学期工作人员题名录

代表会

主席：周勤文

秘书：曹蓉江，潘际坰

代表：刘吉云，胡品清，**赵松乔**，**施雅风**，周淮水，罗汝梅，解俊民，朱祖鳌，陈树镠，虞承藻，吴继宗，顾时希，陈鲤，陈立，霍少成，周方先，王文斌，陶光业，王惠亭，施学海，周勤文，韩定国，俞成孝，萧朝旭，曹蓉江，蒋朝能，秦望峙，潘际坰，张思亮，叶宗直，**王树椒**，林仁钦

干事会

常务干事：刘奎斗

总务部长：刘世勋

文书股长：徐宝华；事务股长：俞宗稷；保管股长：卞婶；会计股长：陈素兰

学艺部长：汪湘

研究股长：黄友松；出版股长：何友谅；康乐股长：张泽琏、陈家振

服务部长：萧赋诚

歌咏股长：**楼韵午**；戏剧股长：**范易君**；募集股长：庞曾漱；社会教育股长：倪步青；文学漫画股长：**王蕙**

本刊（编者注：即"《浙大学生》"）编辑委员会

主席：**刘宗弼**；文书：**王天心**；编辑：刘操南；总务：萧学恺；出版：**祝修麟**；湄潭：金孟武；校对：钱鸿缙；永兴：苏锡祺；发行：施亚夫 [①]

同样，史地学系于 1936 年 8 月正式成立后，学生中也陆续组织起各种团体，如史地学会、史地学部和史地学系的毕业同学会，以及某一同级同学所组织的"级会"等。

二十七年四月间，本校时在江西泰和，本系学生始有史地学会之成立，相沿迄今。总校称为总会，分校、分部所在，则称分会，主办读书、讲演，发表研究，联络情感，并先后编印有《史地通讯》、《会员通讯录》多期，近更有毕业同学通讯之刊行。毕业同学足迹殆遍国内，东自台湾，西暨新疆，

---

① 《浙大学生》复刊第 1 期（1941 年），第 52 页。

各省皆有其人，已成立史地部、系毕业同学会，以资联络及发表研究心得。①

例如，1944届毕业生，即在三年级时，就组织起该级的"级会"，并编辑《毕业纪念册》。对此，郑士俊在回忆姚宜民的文章中，曾经提及该级级会情况和编辑《纪念册》的过程：

> 当我们在大学三年级时，同学们认为毕业期近，在史地学会之下，又新成立了一个"级会"，凡1944年应届毕业者均为级友。级会决定在毕业前，出版一本《毕业纪念刊》，以编辑股长程蕴良为主编，陈光崇、姚宜民等为编辑，成立了一个编辑委员会，负责出版事宜。同时为了促进级友间的联系，将三十三位级友，分为三个课外活动小组：方块组、红心组与梅花组。梅花组长为倪士毅，副组长为陈平章，组员有郑士俊、姚宜民、吴章斌、谢文治、陈光崇、罗昭彰、戴贞元、周忠玉及彭桃龄，展开了文娱、聚餐、郊游、球类比赛等活动。同时姚宜民参加了史地系组织的一个考察小组，到川黔铁路沿线，进行实地考察，并搜集他的毕业论文资料，他的毕业论文题目是"川黔铁路沿线调查报告"。当时我是史地学会交际干事，对姚宜民在这些方面的情况是了解的。

1944年夏，我与姚宜民同届毕业，在离开遵义母校前，筹办已久的《毕业纪念刊》出版了。每位级友都拿到这本油印的小册子。它的内容刊有：师长赠言、史地系沿革、本级大事年表、级友介绍等。其中有一篇关于姚宜民极为生动的介绍，录之如下：

> 有子也，家业湮沦，不考其乡籍源流者久矣。或曰之子也，姬姓帝尧之裔，或曰非也，子为之固自豪，每以是语于人，人辄笑之。子生有须，怪哉惊家人，不识所至：父曰凶，母曰吉，虽然亦不忍遽舍也。以故，人咸呼之为"三老头"，子初怒其号，久则坦然，虽雇者亦不讳焉（编者注：本句中"亦"原文排为"办"，恐误，已改；但"雇者"不可解，疑有排字错误，此处暂按原文录入）。幼孱弱，药石不离，人以为一"讨债鬼"耳。六岁入家塾，愚顽，怕读文章，屡受挞，不知自戒。即长，顽劣依然，卒至碌碌无所成。人或规之以大道，辄对曰："子不闻乎：绝圣弃智，四海安康；仰天扪岳，仙寿恒昌；群山万壑，清流逸响；踽踽狂简，又奚所望。安用大道为？"子性偏僻，而行乖张；体粗健，而貌不扬。天下抬杠第一，人间好吃无双。十五父殁不知痛，二十家破亦不伤。斯人也，

---

① 李絜非：《本系概况》，载《史地通讯》第2期（1946年），第2—3页。

何人也？斯吾所谓姚懿明也。

这篇介绍写得有一定深度，是谁执笔已忘记了，只记得当时有人认为内容有夸张与过分之处，恐怕姚宜民不肯接受，不允刊载。岂知他过目后，坦然笑道："此为识者所见的一些侧面，刊载纪念有何不可。"足见其有大将风度，心胸开阔，不斤斤计较细微末节，勇于正视自己的缺点，乐于与人接近，大家也爱与之交往。所谓"愚顽"、"顽劣"有失偏颇之词，随着时间演变，俱在事实面前失效了。[①]

就史地学系及相关机构而言，最主要的师生组织就是成立于 1938 年 4 月的"史地学会"，时在西迁初期，学校迁至江西泰和办学之时。自此，"史地学会"作为文、师两院的史地学系和文科研究所史地学部的学生自我组织、自我管理的社团，作为联系师生的纽带，与史地学系等各地学机构相伴始终，直至 1949 年史地学系结束。

二、"国立浙江大学史地学会"及相关活动

以学系为单位组织各类学会，是当时学校内部仅次于全校性的"学生自治会"的学生组织（也是师生组织）；基本以各系为单位，在浙江大学普遍设立。文理学院时期，随着各系的设立，各学系学生基本上都组织了各自的专业学会，如化学学会（1931 年 10 月成立）、物理学会（1931 年 11 月成立）、生物学会（1933年 5 月成立）等。

史地学系成立于 1936 年。自 1936 年 9 月新生入学后，过了一个学期，即于 1937 年 3 月组织了"读书会"，由教师和学生共同参加，可以视为"史地学会"的前身和准备。1937 年底浙大开始西迁，到 1938 年上半年在江西泰和相对稳定下来之后，即于 1938 年 4 月成立"史地学会"。之后，作为史地学系师生共同参加的组织，史地学会一直延续至 1949 年上半年，至史地学系停止而告终结。

（一）成立缘起与总体情况

倪士毅在其回忆文章《播州风雨忆当年——浙大史地系在遵义》中，对史地学系最重要的学生组织——史地学会，有较为细致的介绍，尤其把 1939—1944学年的"史地学会"领导者，即史地学会的干事会的组成情况逐一罗列，弥足珍贵。

---

① 郑士俊：《为祖国奉献出一颗赤子之心的姚宜民》，载《浙大校友》1989（下），第 219—224 页。

　　史地学会是全系学生的组织，本系教师为特别会员。总会设在遵义，湄潭、永兴、龙泉都设有分会。史地学会于 1938 年 4 月成立于江西泰和，以后成为全系经常性组织。①

　　现能够查到的最早记载"史地学会"的直接材料，是出版于 1938 年 12 月 5 日的《国立浙江大学校刊》复刊第 1 期，其时浙江大学已经经历西迁中的两站（建德、泰和）而暂时落脚于第三站——广西宜山。此时，学校大体安顿下来，各项工作逐渐恢复正常，自 1937 年 12 月初停刊的《校刊》、《日刊》（1936 年 9 月 1 日至 1937 年 12 月 10 日改为《日刊》）也于 1938 年 12 月 5 日恢复出刊（重新编号为《国立浙江大学校刊》复刊第 1 期）。在此期《校刊》中，回顾性地记载了一些停刊期间的学校活动，在关于史地学系情况的一篇题为"史地学系近讯汇志"的报道中，对此期成立的史地学系的"史地学会"，特意予以说明，明确记及史地学会成立于 1938 年 4 月，时在江西泰和。

史地学系近讯汇志

　　一、新聘教授：（略）

　　二、举行系务会议：（略）

　　三、史地学会开会：

　　该系学生组织之史地学会，自四月间在泰和组织成立，常举行读书会，聘请讲演或会员报告。十一月十七日第十三次读书会，由张其昀先生主讲，题为"今后抗战之经济基础"，略谓：建设西南为政府确定之方针，分农业、矿业、民营工业、重工业、交通及对外贸易六项。本其考察及研究所得资料，综述阐发颇详。②

　　1940 年 9 月在遵义复刊的《史地杂志》第 1 卷第 3 期所载"附录"，即"国立浙江大学文学院、师范学院史地学系概况"中记载：

　　本系于二十六年三月（编者注：即 1937 年 3 月）开始举行读书会，由本系教授学生全体参加，推定教授一人或二人轮流担任讲述，每月举行二次。

---

① 倪士毅：《播州风雨忆当年——浙大史地系在遵义》，载贵州省遵义地区地方志编纂委员会主编：《浙江大学在遵义》，杭州：浙江大学出版社，1990 年，第 96—113 页（本处引文见第 111 页）。又载倪士毅著：《史地论稿》，杭州：浙江大学出版社，2019 年，第 386—399 页（本处引文见第 398 页）。

② 《国立浙江大学校刊》复刊第 1 期（1938 年 12 月 5 日）。

二十七年四月（编者注：即 1938 年 4 月），本系学生组织之史地学会成立（时在江西泰和），本系教授为特别会员。其后读书会以史地学会名义举行，除教授演讲外，并由学生报告读书心得，二者相间举行。内容除学理研究外，对于时事问题之讨论亦甚注意。读书会已经举行三十次。

1946 年初，由史地学会主办的不定期刊物《史地通讯》第 2 期中，对浙江大学西迁办学过程中史地学系相关情况，曾经有较详细的记述和回顾。在李絜非所写的概括性的《本系概况》一文中，也对史地学会有较全面的记述：

> 二十七年四月间，本校时在江西泰和，本系学生始有史地学会之成立，相沿迄今。总校称为总会，分校、分部所在，则称分会，主办读书、讲演、发表研究，联络情感，并先后编印有《史地通讯》《会员通讯录》多期，近更有毕业同学通讯之刊行。[①]

（二）章程、机构和负责人情况

1. 章程与组织

史地学会成立后，应该就会有学会章程的确定，并会不断加以修订，但最初的"章程"文本现已经找不到材料。现可见 1946 年初《史地通讯》第 2 期所载的《国立浙江大学史地学会简章》，当是 1946 年前后所确定的"章程"文本。兹录如下：

国立浙江大学史地学会简章（编者注：1946 年）

第一章 总则

1. 本会定名为国立浙江大学史地学会。

2. 本会以增进友谊、砥砺品行、发扬学术为宗旨。

3. 本会会址设国立浙江大学内。

4. 本会经呈准学校立案，并自刻木刻图记一颗，文曰：国立浙江大学史地学会。

5. 凡本校史地系之分设年级于分部者，得依本会宗旨组织国立浙江大学史地学会某某（所在地）分会。

第二章 会员

6. 本会会员分特别会员、普通会员两种：

---

① 李絜非：《本系概况》，载《史地通讯》第 2 期（1946 年），第 2—3 页。

甲、凡本校史地系教员及研究生例为本会特别会员；

乙、凡在本校史地系毕业或肄业者，为本会当然普通会员。

7. 会员之权利及义务：

甲、特别会员之权利及义务：（一）有赞助推进会务，指导学术研究暨缴纳基金及常年会费之义务；（二）有建议、参加学术研究暨享受本会刊物之权。

乙、普通会员之权利及义务：（一）有履行会章、缴纳基金、常年会费暨服从大会及理事会决议案之义务；（二）有选举被选举、创制、复决、罢免等权暨参加学术研究与享受本会刊物之权。

第三章　会议组织

8. 全体会员大会为本会最高权力机关，由全体会员组成之。

9. 干事会由全体会员大会选举七人组成，并推定一人为常务干事。

10. 干事会下设七股，由干事分任之：

甲、文书股，乙、研究股，丙、出版股，丁、会计股，戊、事务股，己、康乐股；各股设干事一人；庚、调查股，由常务干事兼。

第四章　职权

11. 全体会员大会为最高权力机关。于大会闭幕后，以干事会为最高权力机关。

12. 干事会于大会闭幕后，秉承会章及大会决议案，执行一切会务。

13. 常务干事对外代表本会，对内负责督导各股执行会务。

14. 文书股负责办理本会一切对内对外文件，必要时得襄助出版股办理出版事宜。

15. 研究股负责督导会员学术研究，并主持一切学术会议。

16. 出版股负责一切出版事宜。

17. 会计股负责经理本会基金、常年会费收支事宜。

18. 事务股负责经理本会一切总务事宜。

19. 康乐股负责经理本会一切康乐事宜。

20. 调查股负责调查会内外有关事宜及离校会员之生活动态。

21. 本会干事任期以一学期为限，连选得连任，但不得超过二次以上。

第五章　会议

22. 全体会员大会于每学期开课后一周内，由干事会召集之。

23. 全体会员大会，于必要时由会员三分之二以上请求或干事会决议，认为必要时得临时召集之。

24．干事会于全体会员大会开幕后及期末得各召集一次。必要时，由常务干事召集临时会议。

第六章　会费

25．本会会费由干事会提请大会通过征集之。

26．凡遇特别开支，得由干事会决议征集或劝募之。

第七章　学术

27．本会学术研究由研究股、出版股分别主持之。

28．本会学术研究分讲演、座谈两组：

甲、讲演会由研究股敦请本会特别会员或其他学者主讲之；

乙、座谈会分历史、地理两组，由研究股决定题目讨论之。

29．本会学术出版分壁报、刊物两组：

甲、壁报定名《时与空》，内容以有关历史、地理论文为限，必要时得增辟文艺特刊；

乙、刊物定名《史地通讯》，内容以有关史地通讯及会员生活动态为限。

30．学术研究会议暨出版壁报刊物日期，由干事决议，交各该股执行之。

31．研究与出版两股，如遇必要时，得由干事会决议，聘请会员为研究或出版助理干事赞襄之。

32．助理干事无出席干事会议之权，但有出席各该股会议之权。

第八章　附则

33．本简章经全体会员大会通过，呈请学校备查后，即发生效力。

34．本简章有未尽善处，由会员三分之二以上提请大会修改之。①

根据该份章程，学会正式名称为"国立浙江大学史地学会"，会员分为"特别会员"和"普通会员"两种，"凡本校史地系教员及研究生例为本会特别会员"，"凡在本校史地系毕业或肄业者，为本会当然普通会员"，即所有在史地学系任教教师和就读学生，均为会员。有全体会员大会，每学期开会一次；全体会员大会选举干事会（7人组成，推定1人为常务干事），"秉承会章及大会决议案，执行一切会务"，即负责日常工作；干事会下设7股，即文书股、研究股、出版股、会计股、事务股、康乐股、调查股，各由一位干事负责（调查股由常务干事兼）。同时，明确规定日常活动，如要组织"演讲会"、"座谈会"，编辑出版壁报（称《时与空》）和刊物（称《史地通讯》）等。

---

① 《史地通讯》第2期（1946年），第48—49页。

根据该章程，史地学会还可视不同办学情况设立分会，即"凡本校史地系之分设年级于分部者,得依本会宗旨组织国立浙江大学史地学会某某(所在地)分会"。1940年浙江大学定址遵义后，史地学会总会即设在遵义城内水硐街史地学系所在地；同时，先后在湄潭、永兴、龙泉设有分会。1945年11月后龙泉分校迁回杭州，亦于1946年3月成立"杭州分会"。

2.负责人情况

史地学会分为"全体大会"和"干事会"两个层面；"全体会员大会于每学期开课后一周内，由干事会召集之"，即"干事会"负责日常运作；"干事任期以一学期为限，连选得连任，但不得超过二次以上"。各届史地学会干事会的组成，即负责人情况，倪士毅有过系统整理。这里结合相关材料，将1939学年至1945学年史地学会干事会（总会）组成情况，汇总如下，见表4-6-4：

表4-6-4　史地学会（总会）届次与负责人情况（1946年6月之前）[1]

学年	学期	期间	常务干事	干事会成员
1937	第二学期	1938.02—1938.07	（不详）	（不详） 说明：1938年4月史地学会成立。
1938	第一学期	1938.08—1939.01	王德昌（编者注:推测）	（不详）
	第二学期	1939.02—1939.07	王德昌（编者注:推测）	（不详）
1939	第一学期	1939.08—1940.01	王德昌（兼调查）	干事：赵松乔（会计），蔡锺瑞（事务），刘宗弼（文书），施雅风（康乐），沈玉昌（研究），王蕙（编辑）
	第二学期	1940.02—1940.07	沈自敏（兼康乐）	干事：施雅风（研究），王天心（会计），胡玉堂（编辑），王蕙（调查），王树椒（文书），周恩济（事务）
1940	第一学期	1940.08—1941.01	赵松乔（兼调查）	干事：施雅风（研究），刘宗弼（文书），谢觉民（会计），王天心（出版），游天池（康乐），刘纫兰（事务）

[1] 资料来源：倪士毅：《播州风雨忆当年——浙大史地系在遵义》，载贵州省遵义地区地方志编纂委员会主编：《浙江大学在遵义》，杭州：浙江大学出版社，1990年，第96—113页（本处引文见第111—113页）。又载倪士毅著：《史地论稿》，杭州：浙江大学出版社，2019年，第386—399页（本处引文见第398—399页）。说明：未注明出处的引自倪士毅文《播州风雨忆当年——浙大史地系在遵义》，注明出处的为编者补充材料。

续表

学年	学期	期间	常务干事	干事会成员
	第二学期	1941.02—1941.07	陈述彭（兼事务）	干事：张效乾（文书），毛汉礼（研究，或学术），李敦仁（会计），祝修麟（调查），范易君（康乐），王树椒（出版）
1941	第一学期	1941.08—1942.01	李敦仁（兼事务）	干事：管佩韦（文书），毛汉礼（研究），徐规（出版），范易君（调查），楼韵午（康乐），鲁毓秀（会计）
	第二学期	1942.02—1942.07	管佩韦	干事：徐规（文书），毛汉礼（研究），游天池（康乐），范易君（调查），鲁毓秀（会计） 另外有材料表述为：干事会主席：管佩韦，干事：杨利普、许蔚文、许福绵、游天池（编者注：《国立浙江大学校刊》复刊第106期）
1942	第一学期	1942.08—1943.01	谢文治	干事：程蕴良（文书），赵廷杰（研究），许蔚文（会计），黄化（调查），倪士毅（出版），沈雅利（康乐）
	第二学期	1943.02—1943.07	郑士俊	干事：倪士毅（文书），谢文治（研究），王省吾（事务），沈雅利（会计），周忠玉（康乐）
1943	第一学期	1943.08—1944.01	胡汉生	干事：阚家蕖（会计），谢文治（事务），倪士毅（文书），江乃萼（康乐），郑士俊（交际），程蕴良（学术）
	第二学期	1944.02—1944.07	王省吾	干事：程光裕（会计），谢文治（事务），倪士毅（文书），周忠玉（康乐），郑士俊（交际或联络），程蕴良（学术或编辑）
1944	第一学期	1944.08—1945.01	石剑生	（不详）
	第二学期	1945.02—1945.07	陈仲子	（不详）
1945	第一学期	1945.08—1946.01	杨予六	干事：杨予六，桂永杰，游振泰，徐先，程融钜，蒲德华，祝耀楣 候补干事：李赓序，司徒钜勋 编者注：据《国立浙江大学校刊》复刊第131期（1945年9月16日）。
	第二学期	1946.02—1946.07	夏祺滋	文书：鞠逢九；事务：游振泰；会计：陈凤珍；康乐：李赓序；研究：舒兴汉；出版：祝耀楣；调查：夏祺滋（兼） 编者注：据《史地通讯》第2期（1946年4月）。

（三）史地学会的具体活动情况

史地学会成立以来，非常活跃，组织了许多活动；既有学术性的读书会、讲演会，也有活跃生活的联欢会和游览活动等，为加强同学联络和感情，还编辑有各类出版物。

1938 年 11 月 17 日，学校迁至广西宜山不久，史地学会即组织了第 13 次读书会，请张其昀主讲《今后抗战之经济基础》：

史地学会开会

　　该系学生组织之史地学会，自四月间在泰和组织成立，常举行读书会，聘请讲演或会员报告。十一月十七日第十三次读书会，由张其昀先生主讲，题为《今后抗战之经济基础》，略谓：建设西南为政府确定之方针，分农业、矿业、民营工业、重工业、交通及对外贸易六项，本其考察及研究所得资料，缕述阐发颇详。①

1938 年 12 月 21 日，距前次读书会不到一周时间，史地学会又组织了第 14 次读书会，请陈训慈讲演《欧战休战廿周年纪念与抗战中之认识》。②

1939 年 1 月 8 日，史地学会该届（1938.08—1939.01）全体大会在该日下午 2 时举行（因故延期举行），除新旧会员 30 余人外，史地系教授、助教也全体参加。由干事王德昌报告会务，张其昀、黄秉维以及费巩、叶良辅、王庸、顾毂宜、陈训慈先后致辞。③ 见图 4-6-12。

1939 年 5 月 29 日的《校刊》报道了新至史地学系的涂长望应邀在史地学会读书会作演讲的消息，演讲题目为《空袭与天气》。④ 见图 4-6-13。

1946 年，在编辑《史地通讯》第 2 期的过程中，该期编辑者撰写了一篇《会务简报》，介绍了 1945 学年第一学期史地学会的活动情况，如"研究股"举行了一次时事讨论会、两次学术讲演，"出版股"出《时与空》壁报二期，"调查股"发信调查校外会友的动态、编辑会友通讯录，"康乐股"三月十七日举办欢送会，假"乐园"欢送本届毕业系友等。⑤

---

① 《国立浙江大学校刊》复刊第 1 期（1938 年 12 月 5 日）。
② 《国立浙江大学校刊》复刊第 4 期（1938 年 12 月 26 日）。
③ 《国立浙江大学校刊》复刊第 8 期（1939 年 1 月 23 日）。
④ 《国立浙江大学校刊》复刊第 25 期（1939 年 5 月 29 日）。
⑤ 《史地通讯》第 2 期（1946 年），第 46 页。

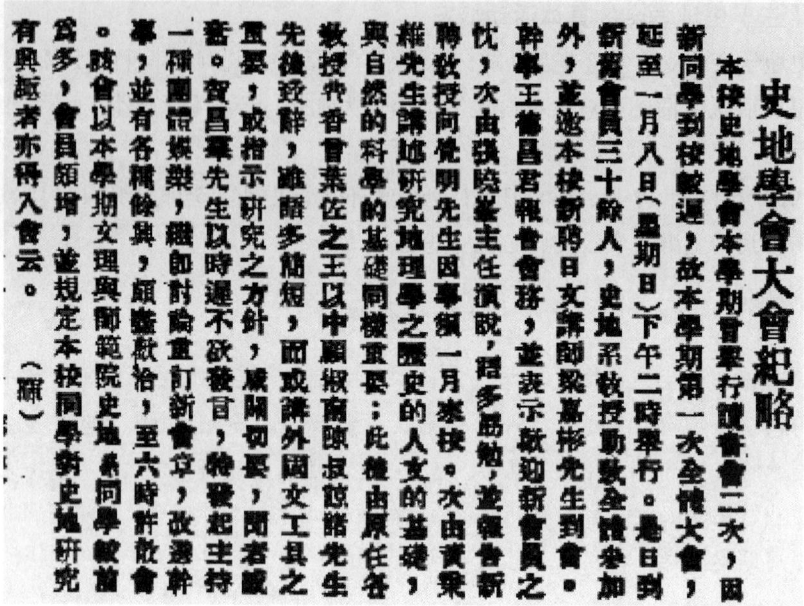

史地學會大會紀略

本校史地學會本學期曾舉行讀書會二次，因新同學到校較遲，故本學期第一次全體大會，延至一月八日（星期日）下午二時舉行。是日到新舊會員三十餘人，史地系教授助教全體參加外，並邀本校新聘日文講師梁嘉彬先生到會。幹事王德昌君報告會務，並表示歡迎新會員之忱，次由張曉峯主任演說，語多勗勉，並報告新聘教授向覺明先生因事須一月來校。次由黄秉維先生講地研究地理學之歷史的人文的基礎，與自然的科學的基礎同樣重要；此後由原任各教授費香曾葉佐之王以中顧俶南陳叔諒諸先生先後致辭，雖語多簡短，而或講外國文工具之重要，或指示研究之方針，咸關切要，聞者感奮。賀昌羣先生以時遲不欲發言，轉發起主持一種團體娛樂，繼即討論重訂新會章，改選幹事，並有各種餘興，頗盡歡洽，至六時許散會。該會以本學期文理與師範院史地系同學較前為多，會員頗增，並規定本校同學對史地研究有興趣者亦得入會云。（輝）

图 4-6-12 《国立浙江大学校刊》复刊第 8 期（1939 年 1 月 23 日）所载史地学会 1938 学年第一学期大会情况的报道。引自《国立浙江大学校刊》复刊第 8 期（1939 年 1 月 23 日）。

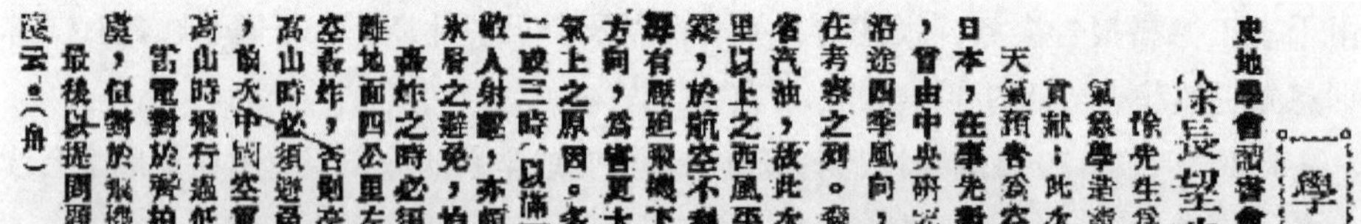

學術團體消息

史地學會讀書會請

涂長望先生講「空襲與天氣」

涂先生為該系新近聘請到校之教授，於氣象學造詣頗深，對高空氣象之研究尤多貢獻；此次講演略謂：

天氣預告為空軍之耳目，去歲，我國空軍遠征日本，在事先對于中日間航空路各氣層之情形，曾由中央研究院氣象研究所詳為探討，舉凡沿途四季風向，地面及高空之風力，風速等，都在考察之列。飛行時如遇順風，可增速率，節省汽油，故此次遠征日本，去時即利用三四公里以上之西風平流層。日本在秋冬兩季每多雲霧，於航空不利，雲與雲間之空隙空氣下降，每有壓迫飛機下降之危險，霧使飛機不易認辨方向，為害更大。故此次在春季起飛，實為天氣上之原因。多霧雖於飛行有害，但當雲量為二或三時（以滿天雲為十為標準）則可利用躲避敵人射擊，亦頗有利。此外氣溫之測定，易結冰層之避免，均為天氣預告之有助於空襲者。

轟炸之時必須避免空氣擾動之影響，普通於離地面四公里左右為最佳，故日機來華多行高空轟炸，否則毫釐千里，難於命中。飛機於經高山時必須避免兩山坡上約一公里高之風漩渦，故此次中國空軍勇士劉粹剛以忽略此點，超越高山時飛行過低，乃致機毀身殉，至可嘆惜！雷電對於齊柏林因電流短路作用有被焚損之虞，但對於飛機之影響則極為微弱云。

最後以提問題方式討論移時，聞同聽得益非淺云。（舟）

图 4-6-13 《国立浙江大学校刊》复刊第 25 期（1939 年 5 月 29 日）所载史地学会读书会 1939 年 5 月请涂长望讲座的报道。引自《国立浙江大学校刊》复刊第 25 期（1939 年 5 月 29 日）。

会务简报

夏稹滋

抗战八年，赖盟军的协助，竟然获得了最后胜利，学校是忙着打算迁返杭州，所以本学期的学期也缩短了，本会的工作当然不能按照理想去做，现在把我们做到的几点，向会友们来做一个简单的报道。

研究股

本学期举行了一次时事讨论会，那时正是开政治协商会议之后，所以我们讨论的题目是《政治协商会议的成就与中国前途》，聘请外文系教授黄尊生先生及本系教授顾傲南、李絜非二先生指导，除本系同学外，其他各院系同学参加亦很多，济济一堂，会场空气异常浓厚。又举行了二次学术讲演，第一次请本系主任张晓峰先生，讲题为《东北形势与世界大局》……第二次请顾傲南先生，讲题为《战后苏联的外交》……

出版股

出版股本学期工作较忙，出《时与空》壁报二期，形式美观，内容丰富，是一种纯学术性的壁报，深得师友的嘉评。

第一期文章有……

第二期文章有……

又出《史地通讯》一种，经二月余的筹备，才得完成。内容见本刊，兹不赘。

调查股

为调查校外会友的动态，曾发往南京、重庆、贵阳、成都等地信件多封，惟接获回音甚少。幸本系历届毕业会友，都有一二位留校，并有永久级会组织，藉此得点消息，故本刊会友的通讯录，尚称做得圆满，惟深感校外会友动态太少，实为美中不足。

本期通讯蒙张主任对经费方面予以赞助，并蒙在校会友踊跃乐捐。印刷方面，李絜非先生协助尤多，使本刊终能与诸会友见面，谨此志谢。

康乐股

本学期康乐活动，因限于时间，甚少举行，只三月十七日，本会假"乐园"

欢送本届毕业系友。首先举行茶话会，有说有笑，有唱有跳，师生欢聚一堂，俨若家人团聚；继则会餐，席间觥筹交错，猜拳行令，极一时之乐。[①]

（四）史地学会主持编印的出版物

根据《国立浙江大学史地学会简章》第 29 条的规定，史地学会"学术出版分壁报、刊物两组"：

> 甲、壁报定名《时与空》，内容以有关历史、地理论文为限，必要时得增辟文艺特刊；
>
> 乙、刊物定名《史地通讯》，内容以有关史地通讯及会员生活动态为限。

即史地学会的出版物主要是《时与空》壁报和《史地通讯》不定期出版物。

1.《时与空》壁报

在西迁的 9 年时间里，目前可知，《时与空》壁报大致在 1940 年定址遵义后，开始常态化编辑，可能于 1940 年 8 月后出版第 1 期（创刊号）。但由于壁报的性质，主要为手写、供张贴之用，无法广泛发行，所以目前各大图书机构均无收藏，实物已经无法得见。内容主要为一些学术性质的文章和讨论。这里需要说明的是，在浙江大学 1946 年复校杭州后，于 1947 年 2 月正式以"国立浙江大学史地学友会"的名义编印《时与空》，类似于内部期刊的性质，发行也较广，图书馆中有收藏，目前可见。但两者性质已经不同。

由于壁报无法保存，现有材料中对其具体内容记载较少。1940 年 12 月 14 日《校刊》曾经登载一则报道：《廿九年第一学期本校各学会各团体出版物一览》，其中对《时与空》有如下介绍：

> 《时与空》——本校史地学会主编。用壁报方式出版。本学期初开始出版半月刊，即将出版第二期。创刊号内容包括史地研究文章十余篇，精彩异常。闻第二期将于月终出版云。[②]

1946 年 4 月出刊的《史地通讯》第 2 期所载"会务简报"中，有《时与空》壁报该学期（即 1946.02—1946.07）所出第 1 期、第 2 期的文章目录，弥足珍贵：

> 出版股本学期工作较忙，出《时与空》壁报二期，形式美观，内容丰富，

---

① 《史地通讯》第 2 期（1946 年），第 46 页。
② 《国立浙江大学校刊》复刊第 72 期（1940 年 12 月 14 日）。

是一种纯学术性的壁报，深得师友的嘉评。

第一期文章有：

（一）传记文学刍议（管佩韦）。

（二）宋代人才与政治经济地位的关系（倪士毅）。

（三）论种族平等思想（李治孝）。

（四）山越与孙吴之关系（叶华勋）。

（五）略述辽水流域文化之开始（甘华舜）。

（六）法国大革命之意义（舒兴汉）。

（七）北极区域在航空时代的重要性（祝耀楣）。

第二期文章有：

（一）再嫁和守节——节录宋代妇女地位（徐规）。

（二）契丹人之汉文学（程光裕）。

（三）北宋馆阁之嬗变（倪士毅）。

（四）《校雠通义》提要（叶华勋）。

（五）彭城盛衰史略（蔡崇廉）。

（六）北极区域的土地管辖问题（祝耀楣）。

2.《史地通讯》不定期出版物

刊物《史地通讯》也于此期在紧张地编辑、出版。从现存材料来看，至少出版两期。第 1 期于 1941 学年第一学期出刊，即第 1 期《史地通讯》刊印于 1941 年 9 月。

史地学会《史地通讯》出版

史地学会为沟通会友间生气计，特于本学期开学时，出版铅印《史地通讯》一种，除会员名录外，并有记事多篇。[1]

第 1 期《史地通讯》的主要内容，据有关材料记载，包括：

张其昀：教师的生活；

胡玉堂：辛勤播下的种子；

杨怀仁：我读史地系的几点感想；

---

[1] 《国立浙江大学校刊》复刊第 101 期（1941 年 11 月 10 日）。

李絜非：史地教材成绩展览会记略；

刘熊祥：国立浙江大学文科研究所史地学部茶话会记录。[1]

第 2 期《史地通讯》刊印于 1946 年 4 月，即学校离开遵义、复校杭州的前夕，所以编者在编纂该期时，带有总结和回顾的性质，内容颇为丰富，对史地学会的相关信息有细致的搜罗和整理。对了解史地学系办学，可以从另一个层面、学生的角度，予以更细致、准确的认识。该期主要内容如下：

李絜非：本系概况

宋晞：国立浙江大学研究院史地学部概况

赵松乔：毕业同学概况

胡玉堂：回忆断片

徐规：张荫麟先生治史方法拾遗

本系教授介绍（张晓峰先生……）

服务本系的六位毕业会友（胡玉堂、赵松乔……）

同学介绍

毕业会友动态

分会学术股：杭州分会通讯

李赓序：漫写永兴

马光煌：湄潭素描

杨予六：遵义点滴

夏穄滋：会务简报

祝耀楣：编辑后记

附录

（一）国立浙江大学史地学会简章

（二）会员通讯录

（三）史地学会三十五年度第二学期干事名录

（四）会员通讯调查表（附表）

该期最后有一篇《编辑后记》，可知编纂的具体过程：

---

[1] 李凡：《国立浙江大学史地系系史述论（1936—1949）》（浙江大学硕士学位论文），2015年，第 98 页。

编辑后记

祝耀楣

当本学期伊始的时候，本系干事会就决定了出版股继续出刊《时与空》壁报外，并出铅印《史地通讯》一种，意思是抗战胜利了，学校将来返杭州，我们的流浪生活可告一结束；同时本系自民国二十五年秋开办，迄今已整整的十年了。为了想留个纪念，就这样决定下来。编者从此好像负起了一副沉重的担子，经过两个月的准备，幸承诸会友的努力撰稿与各方协助，使这本通讯能和大家见面，这是编者首先得感谢会友们的协助，也就是本系一贯合作精神的表现。

在这本通讯里，可说是本系十年来的一个实录，我们不愿夸张，更不愿文饰，以"实事求是"的态度来向大家报道。关心本系的朋友们，看了这本通讯后，谅能知道本系的一个真实面。

……抗战中，本系在发展过程上，确也尝尽了流浪的滋味，受了莫大的损失，但是我们并不因此而气馁衰退下去；相反的，我们愈后愈有信心，愈有勇气，已从抗战中长大起来，坚强起来。试看本系的师长，来来往往，都是当代的名流学者；毕业的会友，大多在学术机关和教育文化机关服务，且负起重要的任务，亦有考取留学，出国继续研习的；在校的同学，来自不同的省份，不同的地方，南腔北调，形形色色，都能孜孜矻矻，不倦于学，切磋琢磨，相得益彰。假如不抗战，我们永处浙海之滨，也许发展没有今日那样的滋盛和繁荣。所以我们可以说是抗战的赐予，我们是从抗战中长大起来，坚强起来了。

然而，十年——毕竟是一段漫长的里程呀！看日出日落，算起来该有3650次呢！我们这块园地的拓殖者——张晓峰先生，两鬓已添上了如许的白发，额上也频添了生活的皱纹，铢集寸累，能勿叹劳？然而张先生在本届的欢送毕业同学会上，又这样告诉我们："但问耕耘，不问收获。"这种老当益壮的精神，是象征本系继续在迈进中。

春风吹遍了美丽的西子湖，堤岸上的柳枝袅娜地飘荡着，仿佛在向我们招手呼唤："浙大史地系，归来吧！"是的，我们快将东归了。[1]

---

[1] 《史地通讯》第 2 期（1946 年），第 47 页。

（五）史地学会的分会情况

1940 年之前，学校迁徙未定，因此，只有总校的史地学会存在。1940 年 2 月后，随着浙江大学定址遵义，以及在湄潭、永兴和龙泉设立分校，史地学会开始在湄潭、永兴、龙泉等地设立分会。1945 年 11 月龙泉分校迁返杭州后，于 1946 年 3 月成立杭州分会。限于材料，湄潭分会情况目前暂不可知，兹将龙泉分会、永兴分会和杭州分会情况分述如下。

1. "国立浙江大学史地学会龙泉分会"

从现有材料来看，龙泉分校的史地学会分会组织成立于 1941 年 3 月 20 日，起初名称为"龙泉分校史地学会"，后根据"史地学会章程"，于 1941 年 11 月 11 日改称"国立浙江大学史地学会龙泉分会"；何时结束未见记载，估计是在 1943 年龙泉分校不再招收史地学系学生后，逐渐结束。见表 4-6-5。倪士毅当时的日记中，对龙泉分会的情况也有记述，后整理为《浙大龙泉分校史地学会纪略》，兹引录如下：

浙大龙泉分校史地学会纪略

（1941 年 3 月 1 日—1942 年 7 月 15 日）

一九四一年

3 月 1 日，二十九年度第二学期开始。

3 月 15 日，举行龙泉分校史地学会筹备会，并草拟简章。

3 月 20 日，举行龙泉分校史地学会成立大会，会员计王省吾、倪士毅、徐正诗、毛志云、谢文治、舒渭庭、娄嗣昌、吴渭英、徐乃雍、蒋季华、徐长春、程光裕、汤禄熙、邵盟共十四人。通过简章，并推王省吾为主席，毛志云为文书，倪士毅为总务。

3 月 25 日，举行第一次干事会。

4 月 1 日，苏毓棻教授率领本会会员往碇石，参观浙江省立图书馆藏书库。

4 月 12 日，苏毓棻教授为本会讲"黄梨洲之生平"。

4 月 20 日，郊游棋盘山，并野餐。

4 月 26 日，浙东时局紧张，学校改五日为一周。

5 月 3 日，接总校史地学会来函，并调查表一份。

5 月 5 日，复总校史地学会，报告本会工作情况，并附本会简章、会员名单各一纸。

5月11日，函竺校长请求设置分校史地系二年级。

6月4日，举行学期结束会，并聚餐、摄影。

6月19日，二十九年度第二学期结束。

10月，分校奉部令添设二年级，史地系历史组附入中国文学系。

10月11日，三十年度第一学期开始。

11月11日，举行史地学会［会议］，更名本会为国立浙江大学史地学会龙泉分会。

11月16日，欢迎新会员，并举行本学期第一次大会，会员计王省吾、毛志云、徐正诗、吴渭英、程光裕、蒋季华、徐乃雍、舒渭庭、陈福绥、罗伟、柳泽萃、陈翰钧等二十一人（倪士毅、谢文治入总校本系，徐长春转农经系，汤禄熙、娄嗣昌休学）。通过本会会章，并推王省吾为主席，毛志云为文书，徐正诗为事务，罗伟为调查，陈翰钧为研究，舒渭庭为出版。

11月20日，函竺校长，请解释中国文学系附历史组之性质，并请正名为文史系等事。

11月28日，函总校张其昀系主任及史地学会，报告本分会工作情况。

一九四二年

1月1日，年假开始。

1月2日，年假终止。

1月4日，举行第一次读书报告会。报告者及题目如下：

王省吾：我国古代婚姻史略述。陈翰钧：春秋战国时代的兵。舒渭庭：（题佚）。

1月11日，举行第二次读书报告会。报告者及题目如下：

徐乃雍：（题佚）。陈福绥：鸦片战争始末。柳泽萃：克鲁泡特金的互助论。

1月25日，举行学期结束会，并第三次读书报告会，报告者及题目如下：

程光裕：清代的文字狱。罗伟：我国历代宦官之祸。徐正诗：（题佚）。

2月12日，三十年度第一学期结束。

3月9日，三十年度第二学期开始。

3月12日，举行本学期第一次大会。会员名单同第一学期。改选柳泽萃为主席，毛志云为文书，徐正诗为事务，罗伟为出版，舒渭庭为调查，王省吾为研究。

3月16日，函总校史地学会，报告本分会工作情况。

3月26日，安明波教授为本会讲："抗日的历史意义"。

5月3日，郑晓沧教授为本会讲："史地教育"。

5月10日，举行"中国现阶段社会结构"座谈会。

6月14日，浙东时局紧张，学校提前结束。暑假开始。

6月15日，学校公布"入总校及借读他校办法"。

6月23日，丽水失守。

6月26日，学校宣布暂迁福建松溪。

7月11日，首批西迁同学起行。

7月15日，二批西迁同学起行。[①]

表4-6-5　史地学会龙泉分会负责人情况（1941.03—1942.07）[②]

学年	学期	期间	常务干事（主席）	干事会成员
1940	第一学期	1940.08—1941.01	——	（说明：该学期未成立）
	第二学期	1941.02—1941.07	王省吾	干事：毛志云（文书），倪士毅（总务）成员：徐正诗，谢文治，舒渭庭，娄嗣昌，徐乃雍，蒋季华，徐长春，程光裕，邵盟，汤禄熙
1941	第一学期	1941.08—1942.01	王省吾	干事：毛志云（文书），徐正诗（事务），罗伟（调查），陈翰钧（研究），舒渭庭（出版）成员：吴渭英，程光裕，徐乃雍，蒋季华，陈福绥，柳泽萃等21人
	第二学期	1942.02—1942.07	柳泽萃	干事：毛志云（文书），徐正诗（事务），罗伟（调查），王省吾（研究），舒渭庭（调查）成员：同本学年第一学期

2."国立浙江大学史地学会永兴分会"

1940年浙江大学迁至遵义办学后，史地学会总会即与史地学系一起，定址遵义；同时，随着1940年下半年一年级在湄潭县永兴镇办学，史地学会永兴分会于1941年2月亦告成立。但其后可能由于乏人主持，估计有所中断。后至1945年春季再次成立永兴分会。见表4-6-6。据《校刊》记载：

---

① 倪士毅：《浙大龙泉分校史地学会纪略》，原载《龙泉文史资料（第九辑）》，第130—134页，转引自许高渝、傅天珍主编：《国立浙江大学龙泉分校史料》，杭州：浙江大学出版社，2019年，第331—332页。

② 资料来源：据倪士毅《浙大龙泉分校史地学会纪略》整理（见许高渝、傅天珍主编：《国立浙江大学龙泉分校史料》，杭州：浙江大学出版社，2019年，第331—332页）。

史地学会永兴分会已于日前成立，除周末举行晚会外，定于十二日晚间请陈庸声先生讲演"人类文化与地理环境"一题云。[①]

表4-6-6 史地学会永兴分会负责人情况（1941.02—1946.05）

学年	学期	期间	常务干事（主席）	干事会成员
1940	第一学期	1940.08—1941.01	（不详）	（不详）
	第二学期	1941.02—1941.07	程蕴良	干事：杨曦（文书），阚家蒙（会计），江乃萼（康乐），郑士俊（事务），赵松乔（研究），戴贞元（研究），钱念圯（编辑），卢湛高（编辑）
1944	第一学期	1944.08—1945.01	——	——
	第二学期	1945.02—1945.07	（不详）	（不详）（说明：1945年5月16日《校刊》载"史地学会永兴分会已于日前成立"，当是中间中断，于1945年5月重新成立）
1945	第一学期	1945.08—1946.01	（不详）	（不详）
	第二学期	1946.02—1946.07	（不详）	（不详）

3."国立浙江大学史地学会杭州分会"

1945年新学期开始后，龙泉分校先期回杭。由于1943年后随着龙泉分校史地学系不再招生，史地学会龙泉分会也相应地不再存在，即"此地文学院尚无史地系，师范学院史地系还是本学期才添设的"，故在1945年龙泉分校改为师范学院且招收一年级新生后，"一年级同学16人。但是同学们对于史地的兴趣却极为浓厚，有许多同学希望于下年度能转入史地系"，"在沈思玛、张慕骞诸先生指导之下，上星期日，我们分会召开了成立大会"，即"国立浙江大学史地学会杭州分会"于1946年3月前后成立。1946年8月后，随着总校的迁回杭州，应该于此时并入总会。1946年4月出刊的《史地通讯》第2期，有"杭州分会通讯"一则，可见杭州分会（1946.03—1946.07）情况：

---

① 《国立浙江大学校刊》复刊第123期（1945年5月16日）。

杭州分会通讯

分会学术股

史地系学友们，前星期日我们接到了总会来信，让我们组织杭州史地分会，这使我们非常高兴。我们都是一年级新生，自入校以来，因为人事生疏，正苦于缺乏研究指引和联络切磋的机会，渴望有这么一个组织来负起任务，总会的指示正好给我们愉快的心愿的引发。

此地文学院尚无史地系，师范学院史地系还是本学期才添设的，所以共只一年级同学16人。但是同学们对于史地的兴趣却极为浓厚，有许多同学希望于下年度能转入史地系，二年级以上同学曾要求学校增设史地系，结果没有成功，因此他们颇为抱恨呢！

在沈思玙、张慕骞诸先生指导之下，上星期日，我们分会召开了成立大会，除一二同学因事缺席者外，全体到会，因为人数不多，会议不拘形式，好像一个原始的家族会议，又像是茶馆酒后，大家侃侃而谈，兴趣极高。会议中，我们决定了一个简单的组织，除主席一人外，仅设总务、学术两股，一切活动随时可以协议进行。同学们对于时事非常注意，大家认为时事是史地研究最现实最生动的课程，因此大家决定于假期中召开时事讨论会，此外，我们又决定参观杭州日侨管理所，并于途中聚餐，以增广见闻，联络感情。

我们非常幸运，当别人还辗转在穷山荒谷之间，翘望着胜利后的故乡的时候，我们首先踏进了这"地上天堂"的杭州。杭州是宋代的故都，有丰富的史迹，附近还有全球闻名的钱塘江大潮之伟观，我们可以说是得天独厚。这些丰富的天然资料，足以启发我们史地研究的兴趣和努力。

总校的学友们，一学期后，我们就可以见面了，我们热烈地期待着，期待你们来领导我们这群小弟弟，尤其希望在这短短的一学期内，仍旧不断的给我们指导。[①]

---

① 《史地通讯》第2期（1946年），第41页。

第七节　若干重要的学术活动、学术事件及其社会影响

一、地学相关机构组织的几次重要学术活动

除了前述常规性的教学、科研活动和论著、刊物的编印、出版等事项外，史地学系及相关机构还针对各方需要或特殊事件，组织多种学术活动，有些活动取得了较大成就，也获得社会各方面的良好反响。西迁初期（1937.11—1940.01），由于学校迁徙不定，相关活动还较少举行；在1940年2月定址遵义后，此类活动逐步开展起来。

（一）史地教育研究室主办的"史地教材展览会"

1941年4月初，为配合浙江大学师范学院主持召开的黔桂两省辅导会议，史地教育研究室在遵义县党部主办"史地教材展览会"，从3月31日开始，至4月3日结束，为期4天。展出的史地教材分为"本国史、西洋史、本国地理、外国地理、地形、地质、气象"7类，"总计展览品八百八十种，琳琅满目。编列既按系统，说明亦颇清晰，阅者循序参观，得益非浅。展览三日，观众计一千五百余人，自晨迄暮，络绎不绝。除辅导会议全体出席人员莅会参观外，遵义各团体皆先后来会参观"，可谓盛况空前。

当时的《申报》，以《国立浙江大学主办史地教材展览会》为题，对此有详细的报道，其副标题曰"展览品八百八十种琳琅满目，编列既按系统说明亦颇清晰"[①]。见图4-7-1。

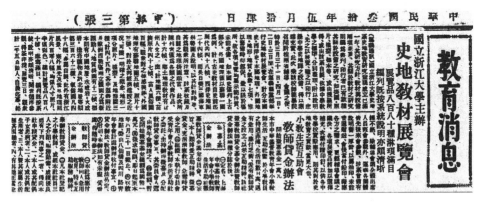

图4-7-1　《申报》1941年5月14日所载"国立浙江大学主办史地教材展览会"的报道。引自《申报》1941年5月14日。

---

① 《申报》1941年5月14日。

当时的《科学》杂志，也以《浙大史地教材展览会》为题，对此有详细的报道（两个报道标题不一样，但内容几乎完全一样，当为同一个作者或同一个稿件来源）：

> （遵义通讯）国立浙江大学史地系史地教育研究室现成立已满一年，其研究方针：教材与设备两项并重。其关于教材之研究则编为"丛刊"，印行者已有数种；其关于设备之研究，如挂图、照片、模型、标本等，或由搜罗所得，或由该系自制，依据中学教学之标准，分别整理，附以说明，先之以展览，继之以印行，庶几中学史地课之设备，得以渐臻充实。
>
> 此次乘该校师范学院召开黔桂两省辅导会议之便，特于3月31日，4月1日、2日、3日间，在遵义县党部举行"史地教材展览会"，计分：本国史、西洋史、本国地理、外国地理、地形、地质、气象七项。惟以筹备时间匆促，兼以限于场所，故各项展览均属示范性质，未能求备；如本国史仅列上古部分，外国地理仅以苏联一国为例。
>
> 计上古史教材自史前迄周代共四十八帧；西洋史地图二十四帧；而英日美三国海军形势图及说明，以其针对时事，甚为观众所注意，该系收藏及自制之地理挂图颇富，此次所陈列者仅为各类之代表作品，计16帧。乡土地理教材有贵州人文之一斑，计地图六种，苗族照片四十七帧，苗人风俗图百幅，观众对之极感兴趣。外国地理有苏联地图五帧，照片十三张，对于友邦经济建设之近况，可获一明确之概念。地形一项分照片、模型及地形图三种，计四十五件，其中遵义附近及欧洲西战场两立体图允为新颖动人。地质挂图有十二帧，标本则有中国地层、水成岩、火成岩、造岩矿物及黔北地层等类，都三百六十二种。气候图凡四十八幅，多属自制。此外有浙江风景、塞外风光及世界地理照片共百零八幅，均系八寸照片，半系彩色。
>
> 总计展览品八百八十种，琳琅满目。编列既按系统，说明亦颇清晰，阅者循序参观，得益非浅。展览三日，观众计一千五百余人，自晨迄暮，络绎不绝。除辅导会议全体出席人员莅会参观外，遵义各团体皆先后来会参观。
>
> 该系曾备有说明书一厚册，以属油印，未能普遍赠送，会后当付铅印，藉应各方之需求。更经辅导会议之议决，各项展览品将加以选择补充，次第付诸印行，以供各中等学校实际应用。则其对于史地教育之贡献，当更大也。（义）[1]

---

[1] 《科学》第25卷第5、6期合刊（1941年），第332—333页。

1941 年出刊的《教育通讯（汉口）》，在"教育消息"的"地方部分"，也以《浙江大学史地系主办史地教材展览会志盛》为题，登载了李絜非所写的报道。[①] 该刊所载，除标题与前述报道有别外，内容完全一致，则相关报道应该为李絜非执笔。

1941 年 6 月出刊的《浙大学生》复刊第 1 期（浙大介绍专号），有一篇介绍史地教育研究室的材料，也提及此次展览会：

> 关于教材的研究，史地教育研究室更着重在设备方面，如挂图、照片、画像、模型、标本等，或由购买，或由采集，或由自制，或由他人的捐助，前后搜罗所得，不下数千种，将来拟分别整理，附以精审的说明，予以复制，献给关心史地教育的人们。在印行之前，史地教育研究室筹备了一个史地教材展览会，本年四月初，在遵义举行。综计展览品八百八十余种，设分本国史、西洋史、本国地理、外国地理、地质、地形、气象七项。因为会场太小，各种展览品都不能求完备，而仅只当作是举例或示范。可是，展览三日，观众计二千五百余人，自晨至暮络绎不绝；一班的观众都极感兴趣，有所获益。其实，此次展览会的主要目的，并不是想表现成绩，传得好评，而只是想促进教育界对设备方面的注意。有如地震的震源，由此点开始震动，以后也许要波及全球。[②]

（二）文科研究所史地学部主办的"徐霞客逝世三百周年纪念会"

徐霞客（1587—1641），名弘祖，字振之，别号霞客，明南直隶江阴县（今江苏江阴）人。徐霞客年少即好读地志山经，有"问奇于名山大川"的志趣，其出游大致可分三个阶段，第一阶段是 28 岁之前，游览名山大川，如泰山、太湖等，没有游记；第二阶段是 28 岁至 48 岁，游览闽浙以及五岳等，有游记一卷；第三阶段为 51 岁至 54 岁，游览湖广、云贵等，有游记九卷。可见，徐霞客虽半生出游，但现存游记主要产生于最后的四年。徐霞客引人注目是因为他持之以恒的游和记，到人所不能到，写人所不能写。时人钱谦益曾称："徐霞客千古奇人，游记乃千古奇书。"奇人是因为其出游精神，非常人能比。徐霞客在出游中曾三次遇盗，四次绝粮，他却"途穷不忧，行误不悔，瞑则寝树石之间，饥则啖草木之实，不避风雨，不惮虎狼，不计程期，不求伴侣，以性灵游，以躯命游，亘古以

① 《教育通讯（汉口）》第 4 卷第 16 期（1941 年），第 4—6 页。
② 慧声：《师范学院史地系——一个新开垦的果园》，载《浙大学生》复刊第 1 期"浙大介绍专号"，（1941 年），第 27—29 页。

来，一人而已"。徐霞客游记为奇书，是因为质朴真实，"记文排日编次，直叙情景，未尝刻画为文，而天趣旁流，自然奇警。山川条理，胪列目前，土俗人情，关梁阨塞，时时著见。向来山经地志之误，厘正无遗。奇踪异闻，应接不暇，未尝有怪迂侈大之语，欺人以所不知，故吾于霞客之游，不服其阔远，而服其精详，于霞客之书，不多其博辨，而多其真实"（清潘耒《徐霞客游记序》）。

近代以来，学者从近代科学的角度，重新发现了徐霞客的价值。1911 年丁文江获得英国格拉斯哥大学地质学学位之后，从云南入境回国，沿途考察滇、黔等省地质。在云南，丁文江被前辈学者推荐读《徐霞客游记》："君习地学，且好游，宜读《徐霞客游记》。徐又君乡人，表彰亦君辈之责。" 1914 年，丁文江再次到云南做近一年的地质调查，在途中携带游记细读，"始惊叹先生精力之富，考察之精，记载之详且实"。丁文江以亲身考察验证了徐霞客的记载，并决定用地学新知研究和整理《徐霞客游记》。1921 年，丁文江制作徐霞客考察路线图，用英文演讲并发表《论徐霞客（1586—1641）探险家与地理学家》。1926 年撰写《徐霞客游记》一文，对徐霞客游历的目的、途程、游记文学价值等作了全面探讨，展现徐霞客游记的科学价值。1928 年，丁文江精选版本，重新标点刊印徐霞客游记，并撰写序言，编著年谱，载于卷首。同时，制作游记路线图 36 幅，图文并茂。丁文江以近代地质学者的素养研读徐霞客游记十余年，且兼以实地考察，非前人可比。丁文江不仅将《徐霞客游记》辑刻行世，广泛流布，而且以地学重新阐述徐霞客的精神与价值。因此，同事章鸿钊曾指出丁文江的努力，"不单是表彰先贤，对于地理方面，也有重要贡献"。

> 三年复入滇……独行滇东、滇北二百余日，倦甚则取《游记》读之，并证以所见闻，始惊叹先生精力之富，观察之精，记载之详且实。……乃求知之念专，则盗贼不足畏，蛮夷不能阻，政乱不能动；独往孤行，死而后已。今天下之乱，不及明季，学术之衰，乃复过之；而青年之士，不知自奋，徒藉口世乱，甘自暴弃；观先生之风，其亦可以自愧也乎！ ①

1923 年，梁启超在《中国近三百年学术史》中指出：徐霞客是一位探险家，单身步行，把中国全部都游历遍了。他所著的书名曰《霞客游记》，内中一半虽属描写风景，一半却是专研山川脉络，于西南云桂蜀贵地理，考证极为详确。中

---

① 丁文江：《重印徐霞客游记及新著年谱序》，载丁文江编辑：《徐霞客游记》，上海：商务印书馆，1928 年。

国实际调查的地理书，当以此为第一部。

在近代以来对徐霞客的研究中，浙江大学的师生曾经发挥了重要作用。竺可桢指出：

> 浙江大学自抗战以来，屡经播迁。由武林而一迁建德，二迁庐陵，三迁庆远，四迁遵义与湄潭。是数地者，除遵义外，皆为霞客游踪之所至（霞客曾至平越，而湄潭原属于平越州）。且浙大由浙而赣、而湘、而桂、而黔，所取途径，初与霞客无二致，故《霞客游记》不啻为抗战四年来浙大之迁校指南，此则浙大之所以特为霞客作三百周年逝世纪念，更另有一番意义也。[1]

浙大内徙路线与徐霞客游踪不谋而合，为研究徐霞客提供地理契机。1941 年，浙江大学借徐霞客逝世三百周年，举办纪念会，在肯定丁文江发现徐霞客功绩的基础之上，继续深化徐霞客的科学地理学家形象。[2]

1. 纪念会的缘起与筹备

当然，徐霞客旅行路线和浙大西迁路线的不谋而合，更多的仅是巧合而已。浙江大学在此时纪念徐霞客，实际上有其特定的时代背景，即当时教育部提倡重视自然科学。根据这一总体要求，结合史地学系（尤其是地学领域）的实际情况，在方豪等的提议和推动下，史地学系开始筹备徐霞客逝世三百周年纪念会。

同期，除了 1941 年 12 月史地学系纪念徐霞客外，1942 年 1 月 10 日，物理学系等以物理学会的名义，在理学院所在地湄潭召开了"伽利略逝世三百周年纪念会"，[3] 也是对这一宏观背景的回应。

从现有材料来看，该次纪念徐霞客的活动，其首倡者，即最早的提出者，为史地学系教授方豪。叶良辅因为自己的老师丁文江最早进行徐霞客地学贡献研究的关系，对此予以积极支持。会议的直接筹备者则为系主任张其昀。

方豪自己在回忆遵义生活的短文中，有一句提及纪念会的事情，即在讲到位于遵义柿花园的"教职员俱乐部"时，提到"倡议召开徐霞客先生逝世三百年纪念会，便是在那里座谈时提出来的"：

> 虽在战时，亦居然有教职员俱乐部。沿四壁钉几条粗木板，由教授太太

---

① 竺可桢：《徐霞客之时代》，载国立浙江大学史地研究所编辑、竺可桢等著：《地理学家徐霞客》，上海：商务印书馆，1948 年，第 1—5 页。

② 张雷：《再造徐霞客——民国科学地理学》，载《地理学报》第 72 卷第 9 期（2017 年），第 1695—1701 页。

③ 《国立浙江大学校刊》复刊第 105 期（1942 年 3 月 10 日）。

们铺上稻草，加上布套，便冒充沙发。柱上置小油灯，外罩几个玻璃，亦颇别致。墙上书画，琳琅满目，皆出各教授之手。倡议召开徐霞客先生逝世三百年纪念会，便是在那里座谈时提出来的。①

叶良辅在其提交会议的文章《丁文江与徐霞客》中，记及作文的缘起，亦提及方豪嘱其"为文纪念"事：

> 本校教授方豪神父告余曰：今岁为徐霞客先生逝世三百周年，能为文纪念否？张晓峰先生并为命题。吾师在君先生于1936年1月5日去世，至明年将届第六周年。丁师创办之中央地质调查所，成立已二十五年，将于本月在北碚开纪念会，余未必能往参加。此时作文以纪念徐霞客先生而兼及在君师，非不得计，虽不能文，亦强应之。②

竺可桢则在"日记"中记载了为纪念会准备发言和撰写文章的过程。1941年11月27日，因准备史地系纪念会的文章（可能原定为12月15日开，后举办于20日），还特意拒绝了"质与能自然科学社"邀请其进行该社第一次学术演讲的事情，"余以十二月十五日史地系发起为徐霞客（宏祖）作去世三百周纪念，嘱余为文，最近期内余无暇他顾，辞之"。③

而从后来编辑的《徐霞客先生逝世三百周年纪念刊》（以下简称《纪念刊》）中所收论文来看，有所署时间的几篇中，最早者为林文英的《江流索隐》，落款为"1941年11月17日"。则该会的论文征集和会议通知等，应该不迟于1941年11月。

林文英的《江流索隐》还有具体的写作过程记述：

> 余今岁因参加中印公路测勘工作之便，得自金沙江之巨甸沿江而下，经石鼓、丽江、剑川、洱源、邓川、大理而至下关，亲睹江流故道，一了平生向往之愿，至为痛快。及归，奉吾师晓峰教授来书，谓将为霞客逝世三百周年纪念出版专刊，征文及余。乃不揣愚陋，谨就所见，继《江源考》之后，

① 方豪：《在万山丛中的浙大》，载中国人民政治协商会议浙江省委员会文史资料研究委员会编：《天涯赤子情——港台和海外学人忆浙大（浙江文史资料选辑第34辑）》，杭州：浙江人民出版社，1987年，第87—88页。
② 叶良辅：《丁文江与徐霞客》，载国立浙江大学史地研究所编辑、竺可桢等著：《地理学家徐霞客》，上海：商务印书馆，1948年，第6—10页。
③ 竺可桢著：《竺可桢全集（第8卷）》，上海：上海科技教育出版社，2006年，第192页。

作《江流索隐》，非敢谓能追踪前人，不过聊补当年学术之所未逮，想为霞客之冥灵所乐闻也。[1]

2. 纪念会的过程和内容

1941 年是徐霞客逝世 300 周年。当年 12 月 20 日，西迁至贵州遵义办学的浙江大学文科研究所史地学部，在遵义老城柿花园巷的浙大教职员俱乐部，举行了"徐霞客先生逝世三百周年纪念会"。会议之前，时任史地学系和文科研究所史地学部主任的张其昀先生，即约请了国内及校内的各界学者撰写纪念论文；在竺可桢的"日记"里，还能够查到他记载的准备和修改提交会议的文章的情况。会议在 12 月 20 日下午 3 点召开，张其昀主持。在张其昀致开会辞后，首由时任浙江大学校长的竺可桢宣讲《徐霞客之时代》，其后，叶良辅、方豪、任美锷、黄秉维、谭其骧等均在会上宣读了他们的论文。会后，张其昀主持将各篇论文编为《徐霞客先生逝世三百周年纪念刊》（国立浙江大学文科研究所史地学部丛刊第四号，1942 年 12 月印行）。抗战胜利复校回杭后，又在《纪念刊》的基础上，于 1948 年在商务印书馆正式出版了《地理学家徐霞客》一书。这一纪念活动和相关著作的出版，可以说是近代以来中国第一次较大规模地、较为系统地对徐霞客进行研究的学术活动和学术成果，初步揭示了作为地学家的徐霞客的科学贡献，更高度肯定了徐霞客的探索精神和求是精神。五十余年后，陈桥驿先生仍对该书给予了高度评价："《徐霞客先生逝世三百周年纪念刊》确实是当年徐学研究的杰出成果。"[2]

竺可桢"日记"详细记载了 1941 年 12 月 20 日的纪念会情况：

> 12 月 20 日　　星期六　　雨。晨大雨 10°。
> 日兵在菲律宾南 Davao 达沃登陆。槟挪屿失守，新加坡危急。晨晤江问渔于寰球旅馆。徐霞客逝世三百周纪念宣读论文，[由] 史地系在教职员俱乐部召集举行。
> ……八点半往江公祠图书馆。阅《大英百科全书》中关于东印度公司部份……查《明史列传》。遇谭其骧（季龙）。十一点至寰球晤江恒源，又至水垌街（编者注：竺可桢"日记"写作"水垌街"，现一般写作"水硐街"）

[1]　林文英：《江流索隐》，载国立浙江大学史地研究所编辑，竺可桢等著：《地理学家徐霞客》，上海：商务印书馆，1948 年，第 25—32 页。

[2]　陈桥驿：《学习前辈学者的徐学研究》，载石在、徐建春、陈良富主编：《徐霞客在浙江·续集（从海天佛国到四省通衢）》，北京：中国大地出版社，2002 年，第 338—341 页。

三号晤晓峰。十二点回。

午后三点至柿花园一号，史地系为徐霞客逝世三百周年纪念开大会。到史地系同事及学生与苏绍文库长、郭洽周、吴志尧诸人，共约八十人之谱。

首由张其昀讲"徐霞客之精神"。

次余讲"徐霞客之时代"，谓其集中、西之大成，有中国之仁爱宽大，而具西洋求知的精神。

次叶良辅讲"丁文江与徐霞客"。

方杰人神父讲"霞客与西洋教士关系"，谓由间接方面可知霞客已受西洋人之影响。

次任美锷代讲林文英"江流索隐"，谓金沙江本为红河上游，后为长江所夺取。

任又讲"浙东山水"。

次黄秉维讲"霞客游记中之植物地理材料"。

谭其骧讲"丁文江所谓徐霞客对于地理上之重要发现"，谓在君所述五点重要发现，除最不要紧之怒江支流外，其余如江源为金沙江，均经《汉书·地理志》与郦道元《水经注》所指出，特在君不知耳。

尚有方树梅"大错和尚遗文"，万斯年"明代木土司及其治下丽江考"，均由方神父代读。夏定域之"大错和尚在贵州"，王维屏"徐霞客之故乡"均未读。

郭洽周以江阴同乡资格说数语。五点四十分散。晚膳。八点回。[①]

葛剑雄在所著《悠悠长水：谭其骧传》中，对当时谭其骧和史地学系同人参加该次纪念会的情况，也有详细的描述：

> 1941年12月，浙江大学在遵义召开纪念徐霞客逝世三百周年学术会议，谭其骧作了《论丁文江所谓徐霞客在地理上之新发现》的报告。丁文江曾撰《徐霞客年谱》，充分肯定徐霞客及其《游记》的地理学价值，对徐霞客研究作了重要贡献。可以这样说，要是没有丁文江的评价和介绍，徐霞客其人其书不可能有当时这样大的影响。但丁氏的某些说法缺乏应有的根据，如《年谱》中论及徐霞客对西南地理的五项重大发现，即南北盘江的源流，澜沧江、潞江的出路，枯柯河的出路及碧溪江的上游，大盈、龙川、大金沙三江的分

---

① 竺可桢著：《竺可桢全集（第8卷）》，上海：上海科技教育出版社，2006年，第205—206页。

合经流，江源；而最主要的一项便是发现了长江的正源是金沙江，而不是传统所指的岷江。丁氏是著名学者，此论一出，影响甚大，一时视为定论。

谭其骧在详细对照《徐霞客游记》与自汉代至明代的有关地理著作后指出，这五项"发现"中，只有最不重要的第三项足以纠正前人的错误外，其余四项都并非事实。……

崇祯十三年，徐霞客自丽江"西出石门金沙"，取道东归，当年作《江源考》，阐明长江当以金沙江为正源，岷江不过是其支流。丁文江在《年谱》中称："知金沙江为扬子江上游，自先生始，亦即先生地理上最重要之发现也。"……谭其骧的结论是："霞客所知前人无不知之，然而前人终无以金沙江为江源者，以岷山导江为《圣经》之文，不敢轻言改易耳。霞客以真理驳《圣经》，敢言前人所不敢言，其正名之功，诚有足多，若云发现，则不知其可。"

他的报告看来与其他充分肯定徐霞客成就并给予高度评价的报告不同，实际上却是对徐霞客地理成就更科学、更实事求是的肯定，因而得到与会者的赞同。这篇论文被编入浙江大学出版的《纪念徐霞客逝世三百年纪念刊》……

谭其骧是与黄秉维一起从永兴场去遵义赴会的，由方豪安排住在当地天主堂的客房中。由于彻夜长谈，次日很晚尚未起身，方神父迟迟不见动静，以为出了什么事，连连敲门才将他们叫醒。1985年4月谭其骧重访遵义时，曾去天主堂参观，天主堂因与遵义会议有关已修缮一新。谭其骧虽已分不清当时住在哪一房间，却饶有兴趣地告诉了我这一趣事。①

会后，报刊上颇多报道，引起广泛的社会反响。见图4-7-2。《校刊》报道：

徐霞客先生逝世300周年纪念会纪略

徐霞客，名宏祖，江苏江阴人，生于明万历十四年，卒于明崇祯十四年（公元1586至1641年）。本年适为其逝世后三百周年。国立浙江大学文科研究所史地学部先期约请校内外学者撰述纪念论文，并于本月20日下午三时假座遵义老城柿花园巷浙大教职员俱乐部举行纪念会，宣读论文。

由张其昀教授主席，致开会词。略云：……

次请浙江大学校长竺可桢讲"徐霞客之时代"，略谓：……

叶良辅（本校史地系教授）讲"丁文江与徐霞客"，略谓：……

---

① 葛剑雄著：《葛剑雄文集（3）·悠悠长水：谭其骧传》，广州：广东人民出版社，2014年，第121—124页。

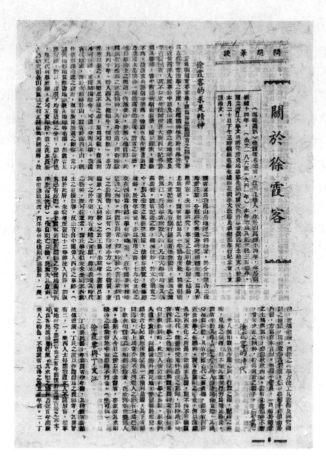

图 4-7-2 《读书通讯》第 36 期（1942 年）发表题为《关于徐霞客》的报道。引自《读书通讯》第 36 期（1942 年），第 8 页。

方豪（本校史地系教授）讲"徐霞客与西洋教士关系之初步研究"，分为三节：……

林文英（交通部专员）讲"江流索隐"（代读），略谓：……按：霞客曾至丽江，为土司木氏修《鸡足山志》。此文则为林君在丽江一带实地考察之结果，以此纪念前贤，殊饶兴味。任美锷、黄秉维二君对林君此篇均有所商榷。

任美锷（本校史地系教授）讲"读《徐霞客游记》，忆浙东山水"，略谓：……

黄秉维（本校史地系教授）讲"霞客游记中之植物地理资料"，略谓：……

谭其骧（本校史地系教授）讲"论丁文江所谓徐霞客地理上之重要发现"，略谓：……

方树梅讲"大错遗文霞客自滇归年之贡献"（代读）……

万斯年君（国立北平图书馆编辑）讲"明代木土司及其治下丽江考略"（代读）……

郭斌龢教授（本校国文系主任），以霞客乡人致辞，略谓：……

最后，主席声称以上各篇论文将汇印为纪念册，列入本校文科研究所史地学部丛刊之一，以广求海内学者之教正，并愿乘此机会，对于徐霞客年谱作者、已故丁文江博士致深挚之敬意。[①]

其他报刊上，也对此进行了报道，如《图书月刊》第 2 卷第 1 期（1942 年），发表《徐霞客先生逝世三百周年纪念会纪略》的报道，内容与《校刊》一致；而《读书通讯》1942 年第 36 期也发表题为《关于徐霞客》的报道，将会上主要论文的内容作了概述。

3. 会议论文集的编辑、出版

1941 年 12 月 20 日"徐霞客先生逝世三百周年纪念会"会议之后，张其昀将提交给纪念会的文章汇编为《徐霞客先生逝世三百周年纪念刊》，作为国立浙江大学文科研究所史地学部丛刊（第四号），于 1942 年 12 月在遵义印行。由于当时处于抗战时期，学校办学、师生生活均极艰困，所以为手刻、石印，纸张简陋，印数有限，流传不广。因此，在浙江大学于 1946 年 5 月复校回杭后，张其昀又另行安排，在商务印书馆重新排版印刷，于 1948 年 2 月正式出版，定题为《地理学家徐霞客》。该版编校、印制质量较好，成为其后通行的版本。见图 4-7-3。

1948 年出刊的《图书季刊》新第 9 卷第 1—2 期，对《地理学家徐霞客》作了介绍："竺可桢等著，国立浙江大学史地研究所编辑。三十七年二月上海商务印书馆出版"，并对全书内容略作介绍和评论：

晚明徐霞客宏祖，生值乱世，不慕荣利，而寄情于远游，不辞艰危，不计得失，遗世寡俦，深入滇黔，凡所身历，排日作记，所叙实事求是，不仅模山范水已也。潘耒序其游记，推为亘古以来一人，诚非过誉。霞客生万历十四年，卒崇祯十四年。民国三十年，适为霞客逝世三百年周期，国立浙江大学当时侨居贵州之遵义、湄潭，浙大同人以该校数次迁地所取途径，与霞客游踪大致相同，特为霞客作三百周年纪念。此篇所收文字十一篇，盖当时之纪念品也。

编中较重要文字为方豪《徐霞客与西洋教士关系之初步研究》、林文英《江

[①]　《国立浙江大学校刊》复刊第 103 期（1942 年 1 月 10 日）。

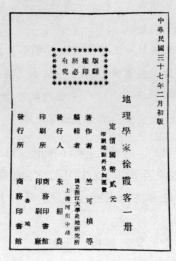

图 4-7-3　商务印书馆出版《地理学家徐霞客》（1948 年 2 月）的封面及版权页

流索隐》、任美锷《江流索隐质疑》及谭其骧《论丁文江所谓徐霞客地理上之重要发现》四文⋯⋯

此外，方豪《徐霞客先生年谱订误》一文，指出丁文江所撰年谱之误六七十条。其余各文，亦皆有关霞客生平及霞客之博识。撰文者不一其人，故议论亦自有出入。竺可桢《徐霞客之时代》及方豪二文皆推测霞客与当时西洋教士与西方学术发生关系，而卷端张其昀《序言》则谓霞客及同时之李时珍、方以智、宋应星、朱载堉辈，并未受西教士之直接影响，是其例矣。[①]

4. 纪念会的影响与浙江大学的"徐学"研究传统

通观《徐霞客游记》和徐霞客本人的旅行历程，其中所蕴含的求知、求真、求是、探索、无畏和牺牲等精神，即所谓"霞客精神"，是徐霞客留给后人的最为宝贵的财富，值得后人汲取。张其昀在该次纪念会的开会辞也即《纪念刊》的前言中，把徐霞客精神与求是精神、科学精神相联系，有如下精当的概括：

> 正义明道，实事求是，原为吾民族固有之精神，亦为古代贤哲治学之态度，此种精神实极适宜于科学研究。⋯⋯徐霞客先生所著《游记》，乃我国求是精神一种最高贵之表现。霞客之游历，纯然为学术上之兴趣，既无使命，

[①]　《地理学家徐霞客》，载《图书季刊》新第 9 卷第 1—2 期合刊（1948 年），第 49—50 页。

亦无其他目的，此种无所为而为之求知精神，即是科学精神。[①]

竺可桢在其《徐霞客之时代》一文中，亦云：

　　……霞客之游，所谓无所为而为。人徒知其游踪之广，行旅之艰，记录之详确，见地之新颖，而不知其志洁行芳为弥足珍贵也。……是则吾人今日之所以纪念霞客，亦正以其求知精神之能常留于宇宙而称不朽也。[②]

张雷在《再造徐霞客——民国科学地理学》一文中，认为"随着中国地理学术的制度化和职业化，地理学家接手再造徐霞客，由浙江大学史地系完成徐霞客作为地理学家的最终塑造"；并对浙江大学史地系的此次活动的影响，从两个方面予以评述：

　　浙江大学史地系从两大方面细化徐霞客的地理学家形象。

　　首先是科学的地理精神。浙大史地系将徐霞客的考察精神概括为："正义明道，实事求是"，简称求是精神，因为徐霞客的游历，纯然为学术之兴趣，既无使命，亦无其它目的，此种无所为而为之地爱智求真，即为近代科学精神。竺可桢进一步比较了功利性的西方探险家与求知性的徐霞客，其高下立现。同时，他们将徐霞客置于欧洲科学启蒙运动的脉络之中，认为徐霞客传承了明末中国内在的科学精神。

　　其次，浙大史地系学者依照近代地理学框架，分析徐霞客游记文本，条陈其在地理学领域内的贡献。例如张其昀认为传统地志详于水而略于山，而徐霞客则对于山川有系统的观察和探讨，开山川地理学之先。"观其所述，与现代科学原理，多可互资印证，其万里长征，实欲究明各山岳区域之相互关系与共同理解，故可称之为我国山岳地理之开创者。"任美锷与黄秉维分别从近代地貌学和近代生态植物学角度分析验证徐霞客的成就。林文英在实地考察基础之上对金沙江在石鼓附近的河流袭夺原因加以不同的论证等，谭其骧对丁文江所谓徐霞客地理上五项发现加以厘定。同时，学者对徐霞客故乡、年谱等进行考证增补，最终奠定徐霞客作为地理学家的地位。[③]

---

① 张其昀：《序言》，载国立浙江大学史地研究所编辑、竺可桢等著：《地理学家徐霞客》，上海：商务印书馆，1948 年，第 1—3 页。
② 竺可桢：《徐霞客之时代》，载国立浙江大学史地研究所编辑、竺可桢等著：《地理学家徐霞客》，上海：商务印书馆，1948 年，第 1—5 页。
③ 张雷：《再造徐霞客——民国科学地理学》，载《地理学报》第 72 卷第 9 期（2017 年），第 1695—1701 页。

1949 年后，原浙大史地学系师生虽然分散各地，但仍然继续对徐霞客的研究。20 世纪 40 年代任教于浙大的任美锷先生，求学于浙大的谢觉民、陈述彭等，在以后的研究工作中，都对徐霞客的科学精神和地理学贡献等，予以深入的研究和阐发。

任美锷系统整理了徐霞客对西南地区喀斯特地貌的记载[①]，发掘了"游记"在喀斯特研究中的贡献，并高度评价了徐霞客的学术成就和精神：

> 由上所述，可见徐霞客在岩溶学的一些重要领域内，如岩溶过程、热带岩溶、洞穴学等，远在距今 340 多年以前，已作出了杰出的贡献。其时代比苏联的 M.B. 罗蒙诺索夫（1711—1765）早了一个世纪，比西欧学者则早了两个世纪。毫无疑义，徐霞客是世界最早的伟大岩溶学家。

> 徐霞客在岩溶学上的成就主要由于他政治上的爱国主义精神和科学上的实事求是精神。他热爱我们伟大祖国的锦绣河山，对祖国河山有深厚的感情。正是这种精神使他能在没有任何国家资助的条件下，自发地历尽千山万水，作这样长期的长途旅行。也是这种精神鼓舞着他去克服一切困难，不畏神鬼毒蛇，穷索岩溶的奥秘。他对大自然的观测是精益求精的，记述是实事求是、没有一点虚假的。因而他的游记直到现在不仅仍具有重要的科学价值，而且对于广大青年和科学工作者都是一本生动的爱国主义和实事求是精神的宝贵教材。

> 抗日战争期间，竺老主持前浙江大学工作时，也以爱国主义和实事求是精神教育广大师生。当时，浙大的校训就是"求是精神"。它培养了当时浙大的踏实、淳朴的学风，造就了许多有卓越贡献的科学家，他们现在是我国四化中的一支重要力量。[②]

陈述彭也以怒江、腾冲地区为例，深入论述了徐霞客游记所体现出的科学性和时代性：

> 我对徐霞客的敬佩，开始于抗战期间。当时我刚考上浙江大学，随校由杭州西迁经江西、广西到贵州。我的老师们编印专刊介绍徐霞客对地理学的贡献。在那烽火连天的岁月里，鼓励我们读万卷书，行万里路。教导我们沿着徐霞客所走过的道路，学习他的求实精神，去观察自然，研究地理。榜样

[①] 任美锷选释：《徐霞客游记》，载侯仁之主编：《中国古代地理名著选读（第一辑）》，北京：科学出版社，1959 年，第 123—138 页。
[②] 任美锷：《徐霞客对世界岩溶学的贡献》，载《地理学报》第 9 卷第 3 期（1984 年），第 252—258 页。

的力量是巨大的，对于我们年青一代的思想产生了深远的影响。

后来，由于工作的需要，我先后考察过《徐霞客游记》中曾经记述过的一些地区，反复阅读游记，加深了体会。1941年考察贵州，1945年考察云南，然后返回南京和杭州。1954年北迁北京，再度南下考察广西峰林和南岭山地，1957年考察太湖。1978—1980年间前往云南腾冲调查自然资源。三百多年之后，沿着徐霞客的游踪，对照游记，指点江山，推敲文字，屡验不爽，对于徐霞客的科学态度和献身精神，就更加钦佩和崇敬。

……若以怒江、腾冲地区为例，我们具有比较有利的条件。1978—1980年间，中国科学院组织了腾冲地区的航空遥感试验，对怒江、腾冲一带的自然资源和自然环境进行了比较系统的调查研究，编制了一部包括25种专题地图的《航空遥感图集》，在如此大量的现代化资料和数据的基础上，来研究分析徐霞客的游记，更加深了对游记的理解。四百年前的记述，竟然是这样的确切，这样的朴实，能够经得起历史的考验，不能不叹为观止！①

1941年毕业于浙江大学史地系的谢觉民，1950年以后留学及执教美国，在《美国地理学家年刊》（*Annals of the Association of American Geographers*）以英文介绍徐霞客，肯定徐霞客近代地理学先驱的地位。② 见图4-7-4。

20世纪80年代以来，国内逐渐恢复徐霞客研究。在这一过程中，原杭州大学的陈桥驿起到了独特的作用，他率先将《徐霞客游记》一书与《水经注》一书类比，从研究《水经注》而成的专门学问"郦学"出发，1983年在参加于无锡举行的全国纪念徐霞客诞辰400周年筹备会议的发言中，首次提出了"徐学"一词；在其于1985年初撰写的《郦道元与徐霞客》一文中，陈先生更满怀希望地提出要发展和繁荣"徐学"的研究："《游记》内容丰富，包罗广泛，我们从各个角度对它进行研究，完全有条件形成一门'徐学'。值兹徐霞客诞生四百周年即将来临之时，如何发展和繁荣'徐学'的研究，正是我们值得重视的大事，也是我们对这位伟大学者的最好纪念。"陈桥驿并在不同时期，发表了许多重要论述，指导徐学研究的深化。③

① 陈述彭：《〈徐霞客游记〉的科学性和时代性——怒江、腾冲地区的实地验证》，载《地理研究》第5卷第4期（1986年），第1—11页。
② Chiao-Min Hsieh. Hsia-Ke Hsu: Pioneer of modern geography in China. *Annals of the Association of American Geographers*, Vol.48, No.1, (Mar., 1958), pp.73-82。后作者将该文译成中文，题为《徐霞客——中国现代地理学的先驱者》，载徐霞客逝世350周年国际纪念活动筹备委员会编辑：《千古奇人徐霞客——徐霞客逝世350周年国际纪念活动文集》，北京：科学出版社，1991年，第3—5页。
③ 陈桥驿：《扩大徐霞客研究》，载徐霞客逝世350周年国际纪念活动筹备委员会编辑：《千古奇人徐霞客——徐霞客逝世350周年国际纪念活动文集》，北京：科学出版社，1991年，第6—11页。

HSIA-KE HSU – PIONEER OF MODERN GEOGRAPHY IN CHINA[1]

CHIAO-MIN HSIEH

The Catholic University of America

WESTERN histories of the study of geography have up to now paid virtually no attention to the development of this science in Asia. Yet there have been prominent geographers and one of these in China was Hsia-ke Hsu (1586–1641). Hsu's real name was Hung-tze, but he was better known in China by his surname Hsia-ke.

During the period from the fifteenth to the seventeenth centuries, many important explorations in human annals were performed. Much has been written about Henry the Navigator, Christopher Columbus and other such outstanding figures, but Hsia-ke Hsu's geographical discoveries are less well known than the European explorers who were his contemporaries.

While Hsu was the most important Chinese explorer of his day, he was not the earliest Chinese traveler of note. All the earlier Chinese explorers and travelers had set out for political or religious reasons, but Hsu's motives for traveling were unique. Chang chien was the first known Chinese traveler who, as envoy of the Han Emperor Wu-ti, journeyed as far as Bokhara in what is now Soviet Middle Asia in 126 B.C. Fa-hsien and Hsuan-tsang were two Buddhist monks who were inspired to go to India, the birth place of their

[1] The author has personal interest for writing about Hsu. First, he grew up in the Yangtze delta, where Hsu lived over three centuries ago. Secondly, the author traveled from Chekiang via Kiangsi, Hunan, Kwangsi to Kweichow province when the National Chekiang University, which he was attending, was forced to move inland as a result of the Japanese invasion during the Second World War. Thus he passed through approximately the same regions that Hsu visited in the 1630's; except that Hsu finally traveled to Yunnan plateau to investigate the source of the Yangtze, while the author went to Szechuan basin to join the Institute of Geography of China. Although his motives for making this journey were quite different from Hsu's, his method of traveling was much the same as Hsu's. As a student of geography, the author was able to observe many of the phenomena which Hsu described in his diary.

This paper was presented by title at the annual meetings of the Association of American Geographers at Memphis, April, 1955. Kenneth J. Bertrand, Norma Farquhar, and Jerome P. Pickard kindly read the manuscript and offered helpful suggestions.

religion, in 399 and 629 A.D., respectively. The first Chinese to travel widely by sea was Cheng ho, commander of seven expeditions between 1405 and 1431, who was sent by Emperor Yunglo, and was the first Chinese navigator to cross the Indian Ocean. Sent neither by emperor nor by God, Hsu was the first Chinese to make long treks in the interest of scientific discovery and geographical investigation. His lively curiosity led him to roam over a large part of China and endure for years the hardships of travel to find the answer to the questions that would not be dismissed from his inquiring mind.

It is also interesting to note that the age in which Hsu lived was the period when the natural sciences were just beginning to emerge. Among his European contemporaries were such brilliant thinkers as Francis Bacon

FIG. 1. Portrait of Hsia-ke Hsu

73

图 4-7-4 谢觉民于 1958 年发表在《美国地理学家年刊》上的关于徐霞客的英文论文书影。引自 *Annals of the Association of American Geographers*，Vol.48, No.1, (Mar., 1958), 第 73 页。

（三）编纂《遵义新志》及相关研究工作

1940 年浙江大学迁至遵义后，学校进入一段相对安静的时期，科研工作展开，研究生培养也正式开始。史地学系在此期间，围绕教师科研和本科生、研究生的教育培养需要，着眼于为当地的经济建设和民生改善做出贡献，即以服务社会为目标，组织师生在遵义地区进行实地考察，撰写研究报告，整理发表论文，积累了大量材料。在竺可桢的提议下，以"为遵义、湄潭作一地方志"为研究所的重要任务，从 1941 年下半年开始，有意识地为此准备，大致在 1946 年初整理出初稿，定题为《遵义新志》，并于1948年正式在杭州印行。从竺可桢1941年7月提议"作一地方志"到1948年5月正式印行，《遵义新志》的编纂、出版历时将近7年。《浙江大学简史》对该著有如下评价：

> 浙大史地研究所致力于遵义的实地考察，在地质、地形、气候、土壤、人口、聚落、土地利用、产业、交通、民族、史迹等方面都作了详尽调查和研讨。以几年努力，编纂成《遵义新志》一书。旧有《遵义府志》，偏重于地方史料，而新志则为地学著作，并特别重视地图的测绘。这对当地工农业的开发，更具有实际意义。如土地利用一章，以1940年陆地测量局出版的五万分之一的地形图为蓝本，根据实地考察资料，将耕地、森林、荒地、道路、房屋的分布，均填绘成图，并加以解释和建议。这种土地利用图的绘制，在当时国内尚属首次。《遵义新志》中关于遵义农业改良的若干结论，均实事求是，可作为遵义地方建设的重要依据。鉴于《遵义新志》有重大的学术价值和历史文献价值，遵义市地方志办公室于1980年代又重新印刷。[①]

1. 竺可桢首倡"作一地方志"及支持编纂《遵义新志》

从目前披露出来的文献来看，最早提出可为遵义地区"作一地方志"者，是竺可桢。竺可桢"日记"1941年7月2日载，竺可桢出席史地学部茶话会，提出"余希望史地研究室能为遵义、湄潭作一地方志，以地形、气候均属现成材料，加以农产、水利、土壤、矿业等等，并不须费大力即可成为专书矣"：

> 7月2日　星期三……下午史地研究室茶点谈话会……
>
> 四点至水峒街（编者注：竺可桢"日记"写作"水峒街"，现一般写作"水硐街"）三号开史地研究部茶话会。现已有研究生九人，均已着手研究专题。[张]晓峰与[涂]长望报告近况，余希望史地研究室能为遵义、湄潭作一地方志，以地形、气候均属现成材料，加以农产、水利、土壤、矿业等等，并不须费大力即可成为专书矣。余又提及研究院为大学发展前途计，必须扩充至各院各系，同时须充实一、二年级功课，并修改课程，使之不必过于专门。次[梅]迪生、[胡]刚复、[李]振吾、[陈]剑修亦各有演说。散已七点矣。[②]

① 浙江大学校史编写组编著：《浙江大学简史（第一、二卷）》，杭州：浙江大学出版社，1996年，第93—94页。

② 竺可桢著：《竺可桢全集（第8卷）》，上海：上海科技教育出版社，2006年，第105页。

其后，为了取得地方政府的配合，竺可桢还向社会宣布这一倡议。在 1942 年 1 月的一次招待会上，竺可桢向与会的贵州省第五行政督察区专员高文伯、遵义县县长孔福民、遵义县党部书记胡博九等地方政要宣布浙大要为遵义修一部志书。[①]

至 1946 年 2 月，研究工作已经经历 5 年时间，相关成果积累丰富，此时又面临离开遵义、复校回杭，所以浙江大学准备着手将相关成果编纂成书。2 月 2 日竺可桢"日记"提及："……又王驾吾、严德一、李絜非来，知史地系将出《遵义县概要》，以史地眼光述遵义情况。"[②] 这里提及的《遵义县概要》，应该就是后来正式定名为《遵义新志》的初稿名称，说明此时已经做了初步的整理工作。

正是在基本成稿的基础上，三天后的同月 5 日，在竺可桢主持的"行政谈话会"上，浙江大学应该正式决定要编纂《遵义新志》。李玉海所编《竺可桢年谱简编》，提及如下一则史料：

> 2 月 5 日〔遵义〕 以浙大离遵在即，提出编纂《遵义新志》一书，留作纪念。浙江省档案馆藏件[③]

经查该日竺可桢"日记"，仅提及当日下午 2 时召开"行政谈话会议"，所记事项中未记及编纂《遵义新志》的事情，殊为可惜。但《竺可桢年谱简编》一书所提及 5 日事项，出自原始档案，文字为"以浙大离遵在即，提出编纂《遵义新志》一书，留作纪念"，当为可信。故此前所提及的《遵义县概要》，此时正式定名为《遵义新志》。

张其昀在其 1946 年 5 月发表的《遵义话别》一文中，也提及编纂《遵义新志》一事：

> 国立浙江大学研究院短短的七年历史，实际是到了遵义湄潭才算开始。就本校文科研究所史地学部而论，七年中共有研究生 29 人，毕业已有五届，共 21 人，已由教育部颁给硕士学位者九人。毕业生的分布，除出国深造者五人外，在国立大学担任教课，在学术机关继续研究，及在中央各机关服务者，约各居三分之一。他们 21 人在校时做的论文，以贵州的历史、地形、气候与人文地理为对象者有七人之多，现在作者主编的《遵义新志》，便以他们的实地考察做根据，例如遵义附近 1/50000 土地利用图的编制，在我国尚属创举。[④]

① 李国志：《竺可桢与贵州》，载《贵州文史丛刊》2001 年第 3 期，第 72—77 页。
② 竺可桢著：《竺可桢全集（第 10 卷）》，上海：上海科技教育出版社，2006 年，第 33 页。
③ 李玉海编：《竺可桢年谱简编》，北京：气象出版社，2010 年，第 71 页。
④ 张其昀：《遵义话别》，载《中央周刊》第 8 卷第 19 期（1946 年），第 234 页。

2. 编纂过程和主要内容

张其昀在《遵义新志》的《引言》中，对编纂过程有简单的介绍：

《遵义新志》引言

　　国立浙江大学史地研究所，于民国二十八年八月成立，时校址在广西宜山。旋桂南告警，岁杪复北迁遵义。尔后环境较为安定，研究工作乃获循序进展。本所依学科性质分为四组，曰史学组、地形学组、气象学组、人文地理学组。每年招收研究生。三十五年秋，本大学始迁回杭州，留遵义凡七年。

　　在此期间，本所各组导师及研究生致力于遵义之实地考察，举凡地质、地形、气候、土壤、人口、聚落、土地利用、产业、交通、民族、史迹诸项，均作详尽之研究，记录颇丰，兹特汇为一书，名曰《遵义新志》，计十一章，都十七万言，附地图二十二幅。叶良辅教授指导研究，斧正文稿，用力独多。陈述彭君遵义相对高度之研究，在我国尚为草创之作。土壤一章系请中央地质调查所马溶之先生于三十五年盛夏为之，深志谢意。谭其骧教授著《播州杨保考》，于晚唐迄明代八百三十年间，杨保之种族源流及建国始末，阐发幽潜，考证精确，实为一重要文献，已载本大学《史地杂志》一卷三、四合期（民国三十年九月出版），兹不转录。此外另有论文四十篇，稿存本所，限于篇幅，未及一一刊布，今附其目录于本书之末。

　　《遵义府志》成于道光二十一年，为郑珍、莫友芝所纂辑，凡四十八卷，号称精炼周密。其后杨恩元、赵恺纂辑自道光二十二年迄于宣统三年之乡邦事迹，为《续遵义府志》，于民国二十五年告成。遵义有此完备之志书，大足为地方生色。

　　顾中国过去之方志，意在保存桑梓文献，故其记载偏重于地方史料。此次本所编纂之《遵义新志》，大都为地学著作，特重地图之表现，与旧志体例不同，适足以补其所缺。而于民生利病尤所关怀，例如"土地利用"一章，以民国二十九年陆地测量局出版之五万分一地形图为粉本，根据实察资料，凡耕地、森林、荒地、道路、房屋之分布，填绘于图，加以解释，并具建议。此项调查工作，由任美锷教授领导，陈述彭、赵松乔、施雅风、杨利普四君共任其事，自民国三十一年九月二十四日至十月二十七日，为期一阅月，用费八千元。时本所经费仅敷日常应用，《思想与时代》社以节余款项惠予资助，俾得完成斯举，殊足铭感。此种土地利用图之绘制，在我国尚属首次，倘能普遍推行于各地，裨益建国大业，当非浅鲜。篇中关于遵义农业改良之若干结论，均本之田间目验，实事求是，非但可供今后遵义地方建设之准绳，且为我广大农村画出一幅剖面，深望我国言农政者留意及之。刘之远教授于民国三十年发现团溪锰矿，战时重庆钢铁厂所需之锰，均就近仰给于此，关系今后西南工业建设甚巨，亦一可资纪念之事也。

张其昀志于国立浙江大学史地研究所
民国三十七年五月①

陈述彭 1947 年 7 月研究生毕业前后，在史地学系作助教，当时直接参与整理《遵义新志》的文稿。见图 4-7-5。多年以后，他还深情地回忆起竺可桢鼓励他的情景：

> 1947 年，我留在浙江大学当助教，割掉右肾以后，暗自耽心自己的前途。想到一个学地理的年青人，丧失了野外工作的能力，迟早是会被淘汰的。忽然，竺老出现在病榻的旁边，打开一本厚厚的德文书指给我看，其中记载着有一位切除肾脏的科学家，活到了 76 岁。并且告诉我，他已通知地理系把有关遵义的调查研究报告，都抱到我的床边来，叮嘱我安心疗养，还可利用空暇整编《遵义新志》。用来填补我当时精神上的空虚，鼓起我重新工作的勇气。②

2000 年，在为纪念张其昀先生百年诞辰所写的纪念文章里，陈述彭更细致地回忆了当时的情景，并把前文（写于 1984 年）中当时限于政治氛围而不便展开的细节（如张其昀的关心和安排等）做了说明：

> 1945 年抗战胜利，浙江大学迁回杭州，先生任文学院院长，我遵命［于 1946 年］回校完成硕士生学业。先生照顾我养家糊口的生活困难，兼任助教。更确切地说，是让我除了读书，还有机会得到更多一些教学和科研实践工作的锻炼。
>
> 1946 年的盛夏，我刚刚回到杭州，先生立即委以重任，责成我负责编辑一部新的《中国地图集》。由上海华夏图书出版公司投资并选派地图编绘能手 10 余人，集中杭州，夜以继日，加班加点工作。不料两个月之后，我因右肾结核尿血，返回南京就医，动大手术，图集的编辑计划也随之夭折了。只

---

① 张其昀：《引言》，载张其昀主编：《遵义新志》，国立浙江大学印行，1948 年，第 1—2 页。
② 陈述彭：《开拓者的胸怀——纪念竺可桢先生逝世十周年》，载《地理研究》第 3 卷第 1 期（1984 年），第 26—29 页。

有由宋晞兄和我，辅助先生编印的《西湖图景》等几本小册子，作为华夏系列丛书的一部分出版了。

手术后的半年，需要卧床疗养。正当我为自己的前途烦躁不安的时候，竺可桢校长和先生多次来宿舍安慰我。竺校长抱着一本世界名人传记，告诉我有位德国科学家，切除一个肾脏之后，仍然活到70多岁。先生也抱来史地系师生的大堆文稿，叫我今年可以不去上班，代他编好《遵义新志》就是了。这是多么亲切的关怀和照顾啊！我看到了自己还能继续我热爱的地理工作，看到光明，看到希望，马上振作起来，分别写信向施雅风、毛汉礼、束家鑫等同学约稿，争取《遵义新志》更全面地反映史地系师生在遵义区域调查研究的丰硕成果。先生也欣然命笔，增补了新的篇章。这部新志，1985年，遵义市人民政府认为对地区规划建设，仍是一份很重要的历史文献，重印再版。①

图 4-7-5 1949 年，陈述彭在大病初愈后，与妻子、儿女于南京合影。引自陈述彭编年纪事编委会编：《陈述彭编年纪事》，北京：科学出版社，2021 年，第 29 页。

施雅风在校期间，直接参与了 1942 年 9 月 24 日至 10 月 27 日任美锷主持的实地考察；并在 1946 年的编纂过程中，"自告奋勇，撰写遵义区域地理"一部分。对此，施雅风也有回忆：

1942 年，任美锷先生领导遵义土地利用调查，约陈述彭、杨利普、赵松乔和我四个学生参加。任先生带我们作示范调查，主要方法是利用五万分之一的地形图，实地调查水田、旱地、森林、荒地、房屋道路等在地形图上的分布范围，

① 陈述彭：《传统文化与素质教育的一代宗师》，载陈述彭：《石坚文存——陈述彭院士地学生涯（1999—2006）》，北京：人民教育出版社，2007 年，第 713—718 页（本处引文见第 716 页）。说明：原文题下有注：应约为台湾中国文化大学创办人张其昀先生百岁诞辰纪念文集撰稿。

用红蓝等彩色铅笔在图上标出来。另外访问当地群众了解作物种植、灌溉、施肥、产量等情况。经过短期示范以后，进行分工，赵松乔和我一组，负责遵义南部鸭溪附近的土地利用调查；陈述彭和杨利普一组，负责遵义西部土地利用调查。最后由任先生汇总，撰写了《遵义土地利用》一文，在《地理学报》上发表。

1942 年冬季，经叶先生与资源委员会矿产测勘处处长谢家荣先生联系，筹得一笔调查费。我和比我高一年级的杨怀仁同学结伴，用了三个多月的时间调查遵义、金沙、黔西、修文四县的地质矿产。那时天气阴湿，道路泥泞，我们穿着球鞋外加草鞋走路，登上了金沙境内海拔 1700 米左右的白云山。调查结束后，杨怀仁撰写地质部分，我撰写矿产部分……[1]

1944 年 9 月，我和黄秉成到重庆北碚中国地理研究所工作。……地理所分为自然地理、人生地理、大地测量和海洋四个组……黄秉成和我入所以后都分到了人生组。那时候我对自然地理学兴趣很大，所里也很自由，可以自由换组，于是我就搬到了自然组，和周廷儒、郭令智等先生同在一个办公室……

1945 年我看到了 R. 哈特向的《地理学的性质》，很有兴趣。我把它当做一本经典读物仔细看，并做了笔记。这本书也是促成我写遵义区域地理的动机之一。

我在浙大读书时，搞过几次野外考察，这使我对遵义的认识从自然、历史到经济，就比较全面了。当时国内国际的地理学者都很重视区域研究，于是我有心写一篇区域地理论文，把我所认识的自然与人文现象结合在一起。1945 年浙大准备搬回杭州（编者注：应为 1946 年）。那时陈述彭在系里当助教，他写信给我，告诉我史地研究所准备编撰《遵义新志》，要用我的毕业论文《遵义南部地形》，并告诉我《遵义新志》还缺少综合性的文章。我就自告奋勇，撰写遵义区域地理，大概写了 3 万多字，寄给了陈述彭。《遵义新志》后来在杭州出版了。[2]

《遵义新志》的第六章"土壤"，由熊毅撰写。在该章文首，熊毅做了如下说明：

浙江大学张其昀先生主编《遵义新志》，函约代编土壤篇，适调查该区土壤之侯学煜君，远赴异国，未克执笔，乃由毅代为编奉，时当三十五年盛暑，

[1] 施雅风口述、张九辰访问整理：《施雅风口述自传》，长沙：湖南教育出版社，2009 年，第 48—49 页。
[2] 施雅风口述、张九辰访问整理：《施雅风口述自传》，长沙：湖南教育出版社，2009 年，第 68—71 页。

又值复员还都之际，忙中编制，遗误在所不免，尚望原宥。……本文蒙中央地质调查所所长李春昱先生准予发表。①

《遵义新志》正式印行是在 1948 年 5 月。见图 4-7-6。值得注意的是，该书不是由某家出版社出版，而是以"国立浙江大学史地研究所"的名义印行。其目的是"为母校留遵六年最有价值之纪念文献"，并可"用作国内外学术机关交换专刊"：

> 史地研究所汇集历年有关遵义之地理著作，刊印《遵义新志》。全书近二十万言，内容包括：地质、气候、地形、相对地势、土壤、土地利用、人口资源、聚落地理、历史地理等十一章，大小插图四十余帧，并附有母系师友所著有关遵义之史地文献目录，凡四十篇，堪称遵义区域研究最完备之报告，并为母校留遵六年最有价值之纪念文献。本月月底以前可望出版，除用作国内外学术机关交换专刊之外，尚有少数发售。②

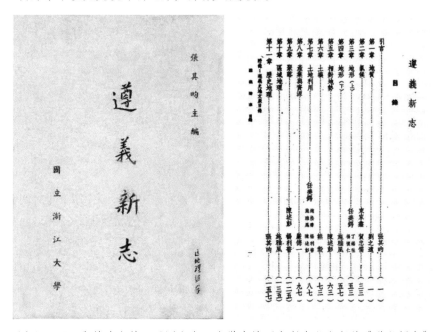

图 4-7-6　张其昀主编、以国立浙江大学史地研究所名义印行的《遵义新志》（1948 年 5 月）的封面和目录页

---

① 熊毅：第六章"土壤"，载张其昀主编：《遵义新志》，国立浙江大学印行，1948 年，第73—86 页。
② 《时与空》第 2 卷第 1 期（1948 年 4 月）。

3. 影响与评价

1988 年，来新夏主编《中国地方志综览（1949—1987）》认为张其昀主张效法区域地理的研究方式，以地理学的方法来编纂新方志。[1]

1998 年 5 月出版的《遵义市志》，贵州省志原副总纂陈福桐的序言指出，该志"组合有关遵义地质、地貌、气象、物产和人文等十一篇科学论文，借以补充旧志地理内容之缺。因其以现代科学理论和技术入志，可谓开创 20 世纪新编地方志之先例"。[2]

2001 年，李国志认为：

> 《遵义新志》的问世有着特殊的意义。中国传统的方志历来重人事轻自然，目的在于保存文献及资政、教化，却无益于农事民生。竺可桢认为作为农业大国的中国，文化应服务于农业的发展及国计民生。作为一部地方志书，更应为当地社会经济的发展起到应尽作用。故《遵义新志》的编者根据竺可桢提倡的精神，在遵义故有两部志书的基础上独辟蹊径，认为"中国过去之方志，意在保存桑梓文献，故其记载偏重地方史料，此次本所编纂之《遵义新志》……与旧志体例不同，适足以补其缺，而于民生利病尤所关怀"。所以《遵义新志》即根据竺可桢的意见确定各章的内容，以新的地理学观点和方法撰写，并以地理学为主，特别重视地图的表现。……这在我国现存的 8000 多部新中国成立以前所修志书中，由著名科学家倡议，大学的科研机构编修的地方志，仅此一部，实是方志中的典范。此书的问世，不仅对遵义的工农业生产提供了充实可信的资料和正确的指导，还对中国农业提供借鉴，意义深远。[3]

2005 年，王永太评价"在张其昀的主持下，浙大史地系师生用 7 年时间完成了《遵义新志》的编纂。参与此志编写的学者后来几乎都成为某学科领域的开创者或专家，可谓是专家修志的典范。此志有我国两个首创，即中国最早的土地利用调查工作和相对高度研究；同时，此志的学术研究方法及编纂的科学规范更值得新编志书学习借鉴"，"《遵义新志》是一部研究性的地方志，学术水平很高，有的甚至成为研究方法的首创者"，故在中国地方志发展上具有重要意义。[4]

---

①　来新夏主编：《中国地方志综览（1949—1987）》，合肥：黄山书社，1988 年，第 383 页。
②　陈福桐：《序二》，载遵义市志编纂委员会编：《遵义市志》，北京：中华书局，1998 年，第 5 页。
③　李国志：《竺可桢与贵州》，载《贵州文史丛刊》2001 年第 3 期，第 72—77 页。
④　王永太：《张其昀与〈遵义新志〉》，载《中国地方志》2005 年第 2 期，第 54—59 页。

2006 年，张岱年、汤一介、庞朴主编的《中华国学·史学卷》认为以张其昀为代表的新地学派是台湾新方志学界三大学派之一："关于当代的方志派别，无人作具体划分，而台湾在新方志不断的探索和实践中，却形成了新地学派、社会学派、'方志三学'论派。新地学派以张其昀为代表，单纯从地理学立场来看待方志，主张效法外国的'区域地理'，用现代地理学的方法纂修方志。"①

二、若干具有特殊社会影响的学术事件

史地学系由于兼跨史学、地学两大学科，主要负责人竺可桢、张其昀、叶良辅等均具有崇高的学术威望和广泛的学术影响力（竺可桢、张其昀均为1934 年成立的中国地理学会的发起人和理事，张其昀长期担任《地理学报》主编；竺可桢长期担任中国气象学会会长；叶良辅亦曾任中国地质学会理事长，长期任监事；张其昀另在 1943 年成立的中国史学会上当选为理事，见图 4-7-7），且注重网罗人才，礼贤下士，故吸引了许多重要学术人物来此任教、讲学，在学术界产生重要影响。其中，就其社会意义而言，以刘之远及史地学系师生发现遵义团溪锰矿及相关学术研究成果获得学术奖，在当时产生较大社会影响；另以如李约瑟到访史地学系等，对浙江大学获得国际声誉起到一定的作用。这些，都是史地学系发展史上的重要事件。

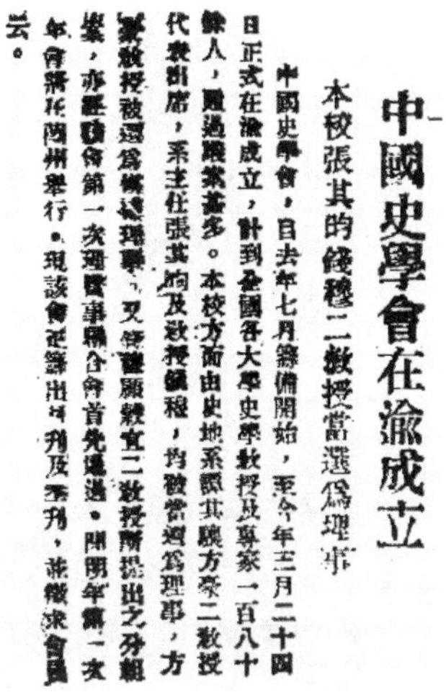

图 4-7-7　《国立浙江大学校刊》所载"中国史学会在渝成立"及张其昀等当选理事的报道。引自《国立浙江大学校刊》复刊第 118 期（1943年 4 月 10 日）。

（一）刘之远发现遵义团溪锰矿

刘之远发现锰矿，在当时引起很大轰动。后锰矿得到开采，亦对抗战作出贡献。这也是浙大和史地学系对当时抗战及遵义地方经济发展的贡献。见图 4-7-8 至图4-7-11。此事详细经过，陆昌友的《刘之远与团溪锰矿》一文有细致描述，兹引录如下：

刘之远（1911.03—1977.08），又名刘清香，河北磁县田庄人。1935 年毕业于著名地质学家李四光执教的北京大学地质系。1939 年 1 月，应浙江大学

① 张岱年、汤一介、庞朴主编：《中华国学·史学卷》，北京：新世界出版社，2006 年，第161—162 页。

史地系叶良辅教授邀请，参加湖北巴东鄂西矿产调查。同年4月，应聘于西迁宜山办学的浙江大学。1940年初随浙大继续西迁来到遵义，任教于浙大史地系，作讲师，主要讲授"地质学"和"地形学"，并负责带领学生进行野外考察、实习。

图 4-7-8　刘之远先生
（1911.03.15—1977.08.19）

1941年春天，团溪铁厂洞上人唐某、张王坝人肖某在洞上采矿筑炉，仿效三星场上的土法炼铁术，几次三番，始终炼不出铁。二人百思不得其解。于是，肖某委托团溪镇长莆明九带上这些"铁砣砣"，到遵义求教高明。刘之远问明究竟，仔细检定，并将"铁砣砣"带到工学院化工系化验，结论出来，这是纯度、品质极高的锰矿。

这一发现，让刘之远喜出望外。要知道，在此之前，史料记载，中国锰矿的蕴藏地，集中在广东、广西、湖南、湖北、江西、河北及辽宁等地。在贵州、在遵义，从未听说过哪儿有锰矿。如果能尽快查明矿源，探明储量，取代湖南锰矿，服务于抗战后方的钢铁冶炼，造出更多更好的枪炮，支援前方的抗战，那可真是天大的好事呀！

很快，受恩师李四光嘱托，得史地系主任张其昀首肯，有叶良辅教授支持，刘之远利用暑假时间，只身前往，于1941年7月深入团溪东南的铁厂一带进行野外调查勘验。此次考察，往返数日，小有收获。到了8月份，重庆方面寄来旅费，刘之远重整行装，身背地质包，手执地质锤，以学生施雅风、蔡锺瑞、杨利普等三人为测绘员，结队再返团溪深入实地勘查。

经过历时十天左右艰苦的跋山涉水、风餐露宿，在洞上、张王坝方圆20余里的范围内走访知情人，收集地质资料，采集矿石样品，绘制地质详图，收获颇丰。首先是在洞上栗子沟有所发现，"继而因就学理追索锰矿"，在金盆栏陈家山、龙岩黄泥堡、白羊坝等处相继发现储量不菲的优质锰矿。

随即，刘之远综合野外考察与室内化验，以认真的工作态度和严密的科学推断，写成《遵义县团溪洞上锰矿地质报告》，寄往重庆的国民政府经济部、资源委员会、兵工署和需用锰矿的大渡口綦江钢铁厂等单位。"一石激起千层浪"，这在抗战后方的矿业冶炼界引起震动，受到相关人士和企业的高度重视。据刘之远记述，团溪锰矿共有洞上、龙岩、堂子寺、毛家山等四个主要矿区，毛砂储量为 25 万公吨，净矿储量为 10 万公吨。《中国矿业纪要》、《中国地质矿产纲要》等矿业权威著作，都采用了刘之远的考察研究成果和储量数据。

刘之远在团溪锰矿上的重大发现，验证了竺可桢校长两个多月前（1941 年 8 月 1 日）在浙大校庆十三周年纪念大会上所作“一千余师生竭尽知能，当可有裨于黔省”的预期，他对此给予了充分的肯定。

在 1941 年 10 月 24 日的“日记”中，竺可桢校长这样写道：“此矿系刘之远所发现。缘本地人民知团溪有铁矿，入炉不熔，以询刘，知为锰矿。交化学系分析，得百分之七十以上，为国内难得之良矿，兵工署以为炼钢所必需。矿藏量二十万吨，而大渡口钢铁厂所需锰矿，每年不过一千吨而已。”

据 1942 年 8 月 10 日出版的《国立浙江大学校刊》复刊第 110 期报道：7 月 20 日，经资委会指拨资金 1 万元，由浙大工学院土木系吴锺伟主任带领学生 20 余名，前往团溪对史地系教师刘之远发现的锰矿地质状况进行全面测量，为大规模开采作准备。刘之远亦一同前往指导。9 月 10 日，该刊 111 期全文刊登了刘之远所著《黔北锰矿之瞻望》一文，进一步扩大对刘之远和团溪锰矿的宣传。

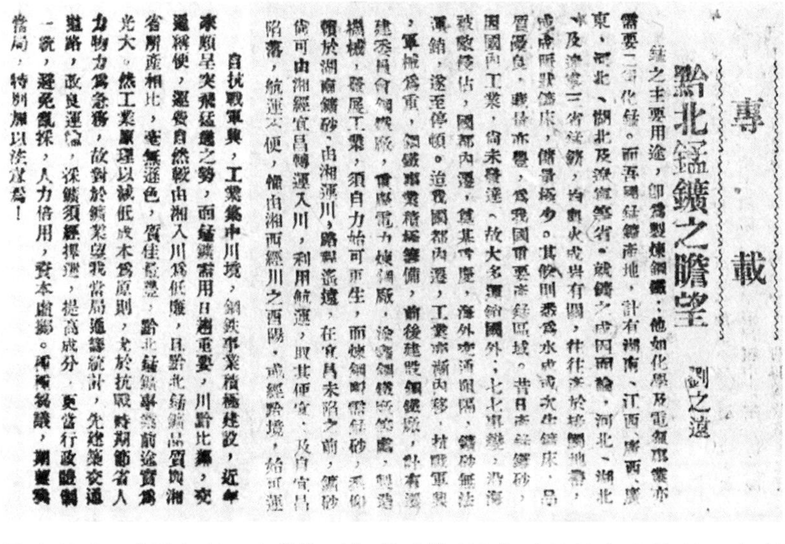
專載

黔北錳鑛之瞻望

劉之遠

自抗戰軍興，工業集中川境，鋼鐵事業積極建設，近年來頗呈突飛猛進之勢，而錳鑛需用日趨重要，川黔比鄰，交通稱便，運費自然較由湘入川為低廉，且黔北錳鑛品質與湘省所產相比，毫無遜色，質佳儲豐，黔北錳鑛事業前途實為光大。然工業原理以減低成本為原則，尤於抗戰時期節省人力物力為急務，故對於鑛業望我當局通籌統計，先建築交通道路，改良運輸，深鑛須經揀選，提高成分，更當行政統一，避免亂採，人力倍用，資本虛擲。區區芻議，期望當局，特別加以注意焉！

图 4-7-9　《国立浙江大学校刊》复刊第 111 期（1942 年 9 月 10 日）所载刘之远文《黔北锰矿之瞻望》。引自《国立浙江大学校刊》复刊第 111 期（1942 年 9 月 10 日）。

1943年春上，刘之远再赴团溪，“乘时前往，一面视察开采情况，一面赓续调查研究”。同年5月、11月，他又两次继续深入调查，足迹几乎遍及团溪的山山水水。前不久，他定居于伦敦的女儿刘玉宛在微信中对笔者说：我第一次知道父亲曾在遵义找到锰矿是“文革”中看到一张大字报，说父亲为国民党找到锰矿造大炮打共产党。回家问母亲，母亲说是抗日期间打日本鬼子的。那时他常常一个人出野外勘查，时常住小旅馆。白天找个农民挑上他的行李，送到下一个目的地，他自己单独走。我母亲很担心他遇上土匪（他的同学就被土匪绑架、杀害）。我爸告诉她，去到一个生疏的地方，先要了解当地有没有土匪，在什么地方出没，再决定自己的路线。他不穿好的衣服，也不带钱，看上去像个普通的农民。父亲总是在野外跑，风吹日晒，皮肤很黑，显得挺老的……后来成为中科院院士的著名冰川学家施雅风，在《饮水思源，怀念遵义》一文中，回忆起曾一同在野外考察中同甘共苦的老师刘之远时，写下“他的踏实工作和平等对待学生的友善态度长期留在我的脑海中”这样一段朴实无华而又饱含深情的话。一个是女儿，一个是学生，两段文字，言之切切，意之凿凿，异曲同工，表达了对慈父、对恩师的深切怀念。

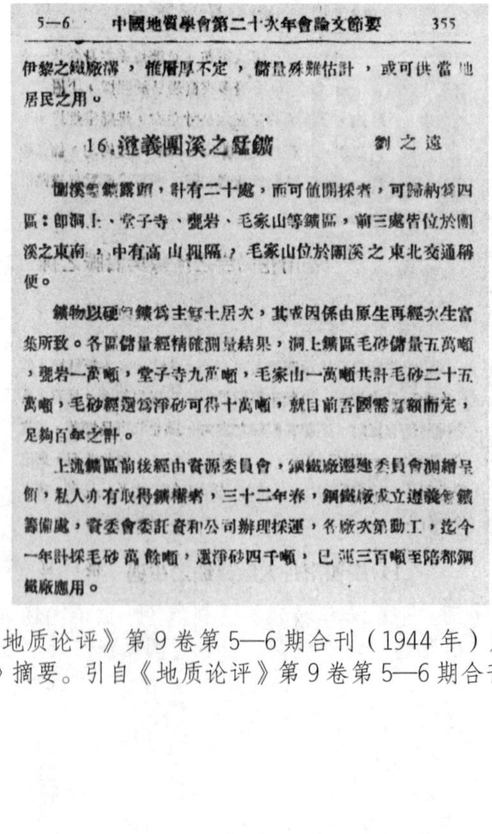
5—6　中國地質學會第二十次年會論文節要　355

伊黎之鐵廠儲，惟層厚不定，儲量殊難估計，或可供當地居民之用。

16.遵義團溪之錳鑛　劉之遠

團溪錳鑛露頭，計有二十處，而可值開採者，可歸納為四區：即洞上、堂子寺、甕岩、毛家山等鑛區，前三處皆位於團溪之東南，中有高山阻隔，毛家山位於團溪之東北交通稱便。

鑛物以硬錳鑛為主，軟錳鑛居次，其成因係由原生再經次生富集所致。各區儲量經精確測量結果，洞上鑛區毛砂儲量五萬噸，甕岩一萬噸，堂子寺九萬噸，毛家山一萬噸共計毛砂二十五萬噸，毛砂經選為淨砂可得十萬噸，就目前吾國需要額而定，足夠百年之計。

上述鑛區前後經由資源委員會，鋼鐵廠遷建委員會測繪呈領，私人亦有取得鑛權者，三十二年春，鋼鐵廠成立遵義錳鑛籌備處，資委會委託資和公司辦理採運，各廠次第動工，迄今一年計採毛砂萬餘噸，選淨砂四千噸，已運三百噸至陪都鋼鐵廠應用。

图 4-7-10　《地质论评》第9卷第5—6期合刊（1944年）发表刘之远《遵义团溪之锰矿》摘要。引自《地质论评》第9卷第5—6期合刊（1944年），第355页。

　　刘之远的辛劳付出没有白费，刘之远的精心研判结了硕果。他"以地层作标尺，在同等地层中证明锰矿分布"，"汇集所得，总核事实"，于1943年11月编成《遵义县团溪之锰矿》一册，提供矿业界参考。

　　后来，他又在此基础上修改补充，以《遵义团溪锰矿概述》为题，于1946年5月在《贵州经济建设》月刊第一卷第一期发表。其间，1944年10月31日的贵阳《中央日报》副刊《贵州经济》也刊登了刘之远的《遵义团溪锰矿》一文。

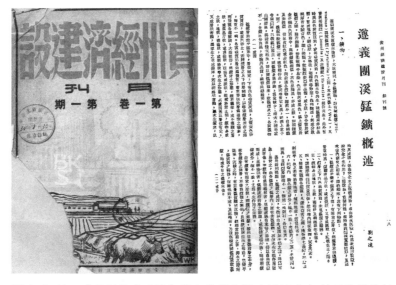

图4-7-11　《贵州经济建设》第1卷第1期（1946年）封面及所载刘之远论文《遵义团溪锰矿概述》。引自《贵州经济建设》第1卷第1期（1946年），封面，第18页。

　　团溪锰矿的发现，既改写了贵州无锰矿的历史，也改变了抗战大后方冶金行业的运行。由于团溪锰矿品质优于湖南，且距重庆更近，可大大降低运输成本，直接为大渡口的冶金企业采用。1942年，重庆的渝鑫公司在洞上栗子沟采挖锰矿石2000余吨，先用人工肩挑背驮运到龙岩的平桥，筑池冲洗精选后，再运往重庆冶炼。1943年，国民政府资源委员会、兵工署合办的钢铁厂迁建委员会在团溪设遵义锰矿筹备处，由资委会将最佳采矿地点占有，招募民工200余人，在黄泥堡、陈家山、栗子沟等采挖矿石，运往重庆。数家私营企业闻风而起，亦先后取得采矿权，"各厂次第动工，锰矿事业，蔚成巨观，国计民生，裨益非浅……"据竺可桢校长1943年3月9日日记记载："中午约自来火专卖厂卢云琛及锰矿筹备处陈培铨（处长——引者注）中膳，并约馥初、士楷、乔年、沈国圻、刘之远、高学洵作陪。据陈云，锰矿以运输〔问题〕为最大。缘自重庆运此最多为盐，每月不过五百吨，而此间有一千吨之货每月运渝，故锰矿势另辟运道，缘锰矿亦有每月五六百吨也。"由此可见，锰矿在团溪的大量开采，使之取代湖南，成为重庆钢铁企业冶炼锰钢的重要原料基地，以致运输已成问题。据筹备处统计：自 1943 年初至 1945 年秋季止，该处共采毛砂 6500 余吨，净砂 3000 余吨，运输至厂的净砂有 300 余吨，矿山上初留 1000 吨左右。

1946 年 5 月以后，浙大师生陆续复员东归回杭州。浙大文学院院长张其昀和王国松代校长、张绍忠教务长等遵竺可桢校长之命，留守遵义至 8 月。在依依惜别之时，他写下一篇《遵义话别》，发表于当年的《中央周刊》第 8 卷第 19 期。他在文中写道："别后，我们希望乌江水力可以开发起来，以水电为动力，把山林矿产富源充分利用。战时的新建置如遵义蚕桑研究所、湄潭茶场，以及浙大文、理、工、农、师范各学院所做的地方性的研究和实验，都希望能充分应用，以裨益民生。例如遵义锰矿的发现，便是浙大对地方的一种贡献。"这里，提到了刘之远的功劳。

两年以后，由张其昀主编的《遵义新志》在杭州出版。该书的"引言"部分，张其昀更是以这样一段话作为结尾："刘之远教授于民国三十年（1941 年）发现团溪锰矿，战时重庆钢铁厂所需之锰，均仰给于此，关系今后西南工业建设甚巨，亦一可资纪念之事也。"而该书第一章，就是刘之远"乘课余之暇，利用陆军测量局所制五万分之一地形图，从事野外视察"，历时数年，倾力写就的遵义"地质"。[①]

直接参与调查的史地学系学生施雅风、杨利普等，对当时发现和考察团溪锰矿的具体经过，也有记述和回忆。施雅风在题为《刘之远老师与遵义锰矿》的文章中（见图 4-7-12），提及：

大约在 1940 或 1941 年，有群众将团溪附近一种矿石，怀疑为铁矿石，送浙大史地系讲师、地质学家刘之远鉴定。刘请浙大有关实验室分析后，认为含锰而非含铁，亲赴团溪作了调查，写了简报，并将此信息通知重庆经济部钢铁迁建委员会、矿产勘测处等有关部门。当时重庆钢铁厂适缺锰原料，

---

① 陆昌友：《刘之远与团溪锰矿》，https://www.163.com/dy/article/FU40D3TS0525KHJ9.html，[2024-05-26]。

因此很受欢迎，纷纷向刘索取报告。刘曾组织一批学生到矿区测量绘图，以后不久即组织开采。这方面材料，刘曾在《遵义新志》第一章"地质"中述及，请参考。刘似还曾专门写过遵义团溪锰矿的文章，发表在1942—1946年某期《地质论评》杂志上……①

图4-7-12　施雅风在《遵义县文史资料（第3辑）》上发表的《刘之远老师与遵义锰矿》。引自《遵义县文史资料（第3辑）》（内部印行），1986年，封面，第91页。

杨利普在题为《关于遵义团溪锰矿发现经过》的文章中，也记述：

> 大概是1940—1941年春，有团溪群众拿来几个矿石，说是铁矿，送到浙江大学，当时浙大史地系教授叶良辅和讲师刘之远疑是锰矿，经有关实验室化验后确定是锰矿。
>
> 1941年7月，刘之远带领三个学生（施雅风、蔡锺瑞、杨利普）去团溪实际考察，并草测矿区情况，回来后写出《遵义团溪洞上锰矿附近地质简报》（手抄本），分送重庆经济部及资源委员会等单位，引起重视，矿点有洞上、金盆栏、黄泥堡、白羊坝。
>
> 1942年春，刘之远又去团溪寻找（可能亦带了学生去），又发现堂子寺、瓮岩等矿区。
>
> 1943年尹赞勋、湛义睿等，根据刘之远提供的线索，亦去团溪考察，后发表论文《贵州遵义县东南乡锰矿简报》（地质调查所简报81号—1944）。
>
> 1943年，刘之远又去团溪，研究结果写成综合性的《遵义县团溪之锰矿》

---

① 施雅风：《刘之远老师与遵义锰矿》，载政协遵义县文史资料研究委员会编：《遵义县文史资料（第3辑）》（内部印行），1986年，第91页。

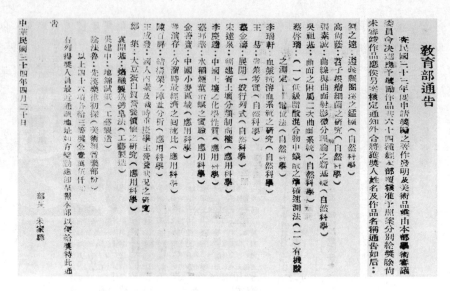

图 4-7-13　登载刘之远《遵义县团溪之锰矿》成果获得第四届学术奖励自然科学类三等奖的"教育部通告"（部分）。引自《教育部公报》第17卷第3期（1945年），第14—16页。

油印本，锰矿详情大致明了。

1944 年地质调查所的朱夏、秦鼐，去矿区观测，写成《贵州遵义县团溪一带锰矿成因之商榷》，发表于《地质论评》1946 年（民国三十五年）1—2 合刊。

此外，刘之远还写有以下文章：

（1）《遵义、桐梓二县地质纲要》，刊于1942 年（民国三十一年）浙江大学史地学部丛刊。

（2）《遵义新志》第一章，部分有专写团溪锰矿的。[1]

1945 年 4 月 20 日，教育部正式公布第四届学术奖励获奖名单，刘之远所著《遵义县团溪之锰矿》（1943 年 11 月完成，1944 年油印本），获第四届教育部"著作、发明及美术奖励"自然科学类三等奖，获得"三等奖金一万五千元"。[2] 见图 4-7-13。

（二）李约瑟访问浙江大学及与史地学系的交流

英国著名的科学家李约瑟先生在 1944 年曾经两访浙大。

第一次在"1944 年 4 月 10 日，李约瑟自重庆来到遵义，对浙江大学进行考察

---

① 杨利普：《关于遵义团溪锰矿发现经过》，载政协遵义县文史资料研究委员会编：《遵义县文史资料（第3辑）》（内部印行），1986 年，第92—93页。

② 《教育部公报》第17卷第3期（1945 年），第14—16页。

访问，竺可桢校长亲自接待，并请李约瑟为师生作了《战时与平时之国际科学合作》的演讲。李约瑟的精彩演讲不仅带来了国际和平主义者的声音，鼓舞了浙大师生坚持抗战的士气和坚持教学、科研的热情，而且使他们认识到中国的抗战并非孤军奋战，而是得到世界上一切爱好和平与进步人士支持的正义事业，从而坚信中国的抗战必定会取得最后的胜利。演讲结束后，李约瑟参观了浙江大学工学院实验室，晚上还与师生进行了友好交流"①。有材料记载："1944 年 4 月 10 日，英国剑桥大学著名教授、英国驻华科学考察团团长李约瑟（Joseph Needham）博士向浙大师生作《战时与平时之国际科学合作》的讲演，称赞浙大是'东方的剑桥'。"②此次来访，竺可桢"日记"中有明确而细致的记载（但未记及讲演中"称赞浙大是'东方的剑桥'"之语），李约瑟告竺可桢"明日即去贵阳，转闽、浙，回途将在遵、湄停一星期"的安排，也即同年 10 月的第二次浙大之行。

第二次是同年"10 月 22 日，李约瑟应竺可桢校长的邀请再次来到遵义，参加中国科学社成立 30 周年纪念活动，又来到位于湄潭的浙大理学院和农学院参观考察。李约瑟原计划在浙大待四五天，结果却发现可看的东西实在太多，因而考察了整整 8 天时间，直到 29 日才离开浙大"③。

其中，李约瑟于 1944 年 10 月来到时在遵义、湄潭的浙江大学所进行的为期 8 天的访问，即李约瑟的第二次来访，是浙江大学历史上的一件大事；其后，由于李约瑟在国内外媒体撰文推介，浙大逐步获得"东方剑桥"的美誉。在该次访问中，李约瑟关注的重点是浙大在自然科学领域的进展，所以主要考察了位于湄潭的理学院和农学院的情况，参加了中国科学社成立 30 周年的会议，并与浙大理学和农学的有关教师进行了学术交流。值得注意的是，史地学系虽因当时属于文学院，在遵义办学，但因其中的"地理组"属于地学范畴，故在 1944 年 10 月 28 日李约瑟结束在湄潭的交流回到遵义之后，当天下午，仍专程参观了遵义城内水硐街 3 号的史地学系，按照竺可桢的说法，知"李下午参观史地系尚满意，对地图和徐霞客三百周年纪念事甚注意"。见图 4-7-14。

关于李约瑟两次到访浙大的详细过程，杨达寿有这样的叙述：

1943 年 3 月 30 日，正是山城重庆莺飞草长的时节，中央研究院朱家骅院长在嘉陵宾馆举行晚宴，招待英国文化协会代表团李约瑟和道特斯（汉名为

①　《李约瑟先生两次访问浙江大学》。http://120.zju.edu.cn/2016/0224/c5220a362042/page.htm。
②　杭州大学校史编辑委员会编：《杭州大学校史（1897—1997）》（内部印行），1997 年，第 26 页。
③　周惠斌：《李约瑟先生的中国情结》，载《人民政协报》2017 年 3 月 21 日。

陶育礼）一行。他们受英国文化协会派遣，前来中国考察与研究中国文化及科学技术史。李约瑟是唯一能用汉语讨论中国哲学和科学技术史的英国人。李约瑟时为剑桥大学副教授，陶育礼为牛津大学教授，朱院长特请竺可桢、蒋梦麟和梅月涵作陪。席间，李约瑟与竺可桢有了第一次握手。

李约瑟自1943年2月来华后，对于竺可桢长校的浙江大学业绩时有所闻。于是，他当面向竺校长表达访问浙大的愿望。竺校长向他表示诚挚的欢迎。此后几天学术活动和官方招待宴会上，他们两人多有相见与交谈，彼此留有较深的好印象。

1943年12月12日，竺可桢为省油费搭邮局便车去重庆出席学术审议会。时任中央研究院总干事的生物物理学家李书华宴请李约瑟，邀请竺可桢和许元龙作陪，使竺可桢有机会第二次与李约瑟作一些交流，为构筑两人的交谊大厦添砖加瓦。李约瑟告诉竺可桢，他的夫人桃乐赛（汉名李大斐）将来中国，英国皇家学会总干事希尔也将来华，英中文化协会还将派罗士培教授驻华工作五六年。他们都在重庆的中英文化科学馆工作。这些都预示着中英文化交流合作有更广阔的前景。李约瑟还告诉竺可桢一些好消息，其中一个好消息是学校教师有什么研究成果，可以寄英国发表，中英文化科学馆会作好推介工作。浙大科学研究十分红火，论文很多，正愁没有交流和发表机会，李约瑟提供这个好机会，竺可桢很感激。尽管他与李约瑟握别时已是晚上9时半了，回到住处，仍马上驰书何增禄、王葆仁、贝时璋等教授，告诉教授们可将研究论文尽快整理好寄英国发表。

竺可桢在重庆开完评议会后，办完北碚公事，1944年清明节，一大早搭邮车回遵义。4月10日竺可桢与李约瑟第三次见面，话题多而广。竺可桢亲自陪李约瑟和秘书王兴宗参观，在当天"日记"里记道："李约瑟年四十二，为剑桥大学之生物化学副教授，能说俄、波、法、德诸国语言，对中文亦能写能读。他对于中国科学之贡献尤感兴趣……氏定明日去贵阳，转闽、浙，回途将在遵、湄停一星期云云。在社会服务处中膳。三时请李约瑟讲《和平和战争中的国际科学合作》。晚饭后，请李约瑟谈话，述其来中国之经过……"翌日，李约瑟要去浙江、福建调研考察，竺可桢想送他一程。李约瑟知道竺可桢正集中精力研究二十八宿，于是婉谢竺可桢的好意，在遵义城头依依惜别，并相约金秋再相聚。

1944年10月22日，李约瑟及其夫人桃乐赛、助手毕丹耀等一行，乘中英文化科学馆专车来浙大访问。竺可桢偕夫人陈汲去社会服务处与李约瑟夫妇等相见。因为是第四次相见了，可算是老朋友了。

竺可桢对李约瑟一行的访问十分重视，作了精心安排。10月23日早餐后，竺可桢陪他们去湄潭，次日上午请李约瑟给浙大师生讲《科学与民主》；下午由毕丹耀讲《英国战时农业研究》；晚上李约瑟讲《中国科学史与西方之比较观察》。他认为，中国在炼丹、营养化学和数学上的贡献不亚于西方，近代科学不能在中国兴起，是受制于地理、气候、经济和社会四个因素。他讲完后，浙大教授们各抒己见，直至晚上11时才散会。李约瑟感到，在这深山沟里，学者们学术水准极高，浓厚的学术气氛令人钦佩！

10月25日9时，在湄潭文庙纪念中国科学社成立30周年，与会39人。社友会会长胡刚复任主席并致辞，竺可桢报告科学社的历史，名誉会员李约瑟在致辞中谈到中英文化科学馆与华盛顿以及驻苏、驻法大使馆的合作关系，并希望开展国际科学合作。

图 4-7-14　竺可桢在1944年10月25日于湄潭举行的中国科学社成立30周年纪念会上发言（李约瑟摄）
说明：照片中桌子周围坐者有王琎、贝时璋、王葆仁等。

李约瑟原定26日回遵义，因湄潭可看的论文及科研成果很多，推迟到28日上午才离开湄潭。竺可桢陪李约瑟一行风雨同行，到遵义后又参观史地系（编者注：此处恐有误，竺可桢当日下午未陪同李约瑟至史地学系参观，而是安排史地学系负责人叶良辅、李絜非等陪同）。李约瑟一行惊叹浙大在简陋条件下出了这么多人才和成果。李约瑟对师生谈国际科技合作时说："你们这里的学术气氛和成果使我想到剑桥，有非常可观的成果，我真愿意多住些时候。"他对陈建功、苏步青、罗宗洛、贝时璋、谈家桢等一大批教授的成果赞佩有加，更激发了他对中国科学技术史的兴趣。

李约瑟回国后，在伦敦中国大学委员会演讲，赞扬中国科学家在极其艰苦的环境下工作，说："我认为联大、浙大可与牛津、剑桥、哈佛媲美。"他又在《自然》杂志上写道："在重庆与贵阳之间一个叫遵义的小城市里，可以找到浙江大学，是中国最好的四大学之一……遵义之东75千米为湄潭，是浙大的科学活动中心。在湄潭可以看到科学研究活动的一派繁忙紧张的景象。"他例举了浙大12位教授和1位研究生的成果，认为这些成果具有相当高的水平。此后，浙江大学被人们誉为"东方剑桥"！①

查核当时报刊，1944年12月16日的《中央日报》和《贵州日报》等，均刊发了"中央社伦敦十四日专电"，报道了李约瑟（当时译为"尼德汉"）在回国后于伦敦的"中国大学委员会"发表演讲的内容。但两报报道的标题不同。《中央日报》以《尼德汉赞我国科学技术成就》为题，内容为：

居华达两年之久、数日前返英之尼德汉教授，应"中国大学委员会"之请，发表演说称：

中国之科学家及技术工程人员，虽处于战时物质缺乏、设备简陋之环境下，然彼等竟能以大无畏之精神、最勤劳之努力，获致极光辉之成就……

尼氏述及中国理工科教育之情形称："昆明之西南联合大学与贵州之浙江大学及其他数大学学生之程度，堪与英国之剑桥、牛津，美国之哈佛、耶鲁等大学相比。"……

尼氏结语称："余甚愿中英两国之科学家互相携手密切合作，中国对于世界科学方面之贡献，前途光明，不可限量。"②

《贵州日报》则以更为醒目的标题报道了同样的内容。该报以《尼德汉教授赞扬我科学家，联大、浙大不啻牛津、剑桥、哈佛》为题，刊载中央社伦敦14日专电，亦称：昆明之西南联合大学与贵州之浙江大学及其他数大学学生之程度，堪与英国之剑桥、牛津，美国之哈佛、耶鲁等大学相比（编者注：两篇报道正文内容完全一样）。见图4-7-15。

对于李约瑟的这一评价，竺可桢当时在看了《贵州日报》的报道后，非常重视，特意记录在18日的"日记"里："……12月16日《贵州日报》载尼德汉〔李约瑟〕Needham回英国以后，在中国大学委员会演讲，赞扬我国科学家，并谓联大、浙大可与牛津、剑桥、哈佛媲美云云。"③见图4-7-16。

① 杨达寿：《竺可桢与李约瑟的交谊》，载《浙大校友》2019年第2期，第56—60页。
② 《尼德汉赞我国科学技术成就》，载《中央日报》1944年12月16日。
③ 竺可桢著：《竺可桢全集（第11卷）》，上海：上海科技教育出版社，2006年，第245页。

貴州日報

尼德漢教授

讚揚我科學家

聯大浙大不啻牛津劍橋哈佛

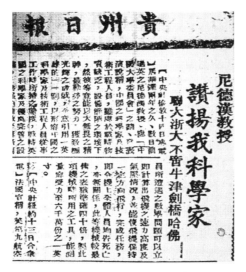

图 4-7-15　1944 年 12 月 16 日《贵州日报》的报道《尼德汉教授赞扬我科学家，联大、浙大不啻牛津、剑桥、哈佛》

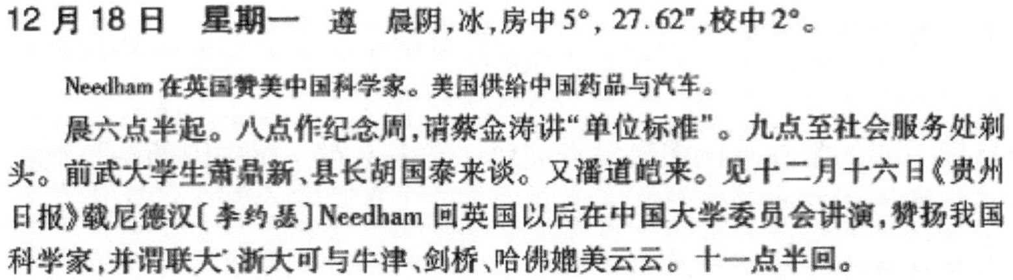

12 月 18 日　星期一　遵　晨阴，冰，房中 5°，27.62″，校中 2°。

Needham 在英国赞美中国科学家。美国供给中国药品与汽车。

晨六点半起。八点作纪念周，请蔡金涛讲“单位标准”。九点至社会服务处剃头。前武大学生萧鼎新、县长胡国泰来谈。又潘道皑来。见十二月十六日《贵州日报》载尼德汉〔李约瑟〕Needham 回英国以后在中国大学委员会讲演，赞扬我国科学家，并谓联大、浙大可与牛津、剑桥、哈佛媲美云云。十一点半回。

图 4-7-16　《竺可桢全集（第 11 卷）》所载 1944 年 12 月 18 日竺可桢“日记”（截图）。引自竺可桢著：《竺可桢全集（第 11 卷）》，上海：上海科技教育出版社，2006 年，第 245 页

但遗憾的是，关于李约瑟 10 月 28 日来史地学系访问的详细情况，现已经找不到具体材料；仅从竺可桢“日记”的记载中，可推知大致情况。1944 年 10 月 28 日“日记”载，该日“由湄返遵”，上午 8 点 45 分启程，“晨大雨并风，日中雨”；即当日结束李约瑟在湄潭对理学院和农学院的访问，上午出发从湄潭返回遵义，直至中午 1 点半到达遵义，午饭后，请梅迪生夫妇陪同李约瑟在外语班讲演；同时，“因李约瑟欲参观史地〔系〕，故余至校后即嘱温甫通知李絜非与左之”。到了晚上，陪同李约瑟晚饭时，“知李约瑟视察史地系尚满意，渠对地图及徐霞客三百周年纪念事甚注意”：

晨六点起。亦秋来。八点偕贝时璋至卫生院晤李约瑟夫妇。李等行李均

> 已准备待行。……八点三刻启行，与舒厚信、贝时璋等告别。……沿途均雨不止……直至一点半始到遵义。……抵社会服务处，幸晓沧已在此相接……二点馀在"大众"中膳后，迪生夫妇来，即请渠等陪同往外语班讲演。因李约瑟欲参观史地〔系〕，故余至校后即嘱温甫通知李絜非与左之。
>
> ……〔晚〕六点半至大众商场晚餐。约刘梦锡、李约瑟等晚膳，到迪生夫妇及劲夫、Picken 与 Dorothy Needham。知李约瑟视察史地系尚满意，渠对地图及徐霞客三百周年纪念事甚注意。①

根据竺可桢"日记"的该日记载，推测应该是李约瑟在下午外语系讲演结束后，由代理系主任、代理研究所主任的李絜非、叶良辅等陪同，至水硐街三号史地学系参观。竺可桢因有其他事务处理，并未陪同李约瑟参观。

10月29日送走李约瑟夫妇；仅过了两天，10月31日，当看到卢鋈（卢温甫）"所制气候图一百余幅相示"，"包含日照、霜日、雷雨等"，感到"至有价值"，随即发出感慨："惜李约瑟来时未交彼一阅，彼必愿带往英伦为之出版也。"② 该图，也就是后获得教育部1947年度学术奖二等奖的卢鋈绘制的《中国气候图集》；说明虽然获奖时卢鋈已经离开浙大，但该成果应该主要为其在浙大史地学系时完成。

1945年，李约瑟在英国多次发表演说、发表文章，对中国的高等教育予以介绍和评价。其中，多次对以浙江大学和西南联合大学等为代表的中国大学予以高度评价，尤其直接将浙大和西南联大与英国的剑桥、牛津和美国的哈佛、耶鲁等大学相类比。见图4-7-17。

正是在这种最初的类比的基础上，逐渐地，浙江大学被外界称为"东方剑桥"。1966年4月1日，张其昀在台北的一次浙大校友的活动中发表演说，题为《浙江潮》，也引述了这一说法，兹录于下：

> 抗战时期，浙大数度播迁，而图书仪器安然无恙，学术研究精进不懈，赢得了国际间的重视。英国李约瑟博士（Joseph Needham）考察我国战时后方高等教育后曾说道："西南联大是中国的牛津，浙大是中国的剑桥。"虽似过誉，也有事实作为根据。③

① 竺可桢著：《竺可桢全集（第11卷）》，上海：上海科技教育出版社，2006年，第211页。
② 竺可桢著：《竺可桢全集（第11卷）》，上海：上海科技教育出版社，2006年，第213页。
③ 张其昀：《浙江潮》，载中国人民政治协商会议浙江省委员会文史资料研究委员会编：《天涯赤子情》（浙江文史资料选辑第34辑），杭州：浙江人民出版社，1987年，第1—4页。

图 4-7-17 1945 年 10 月《自然》杂志刊登的李约瑟对当时西南地区的贵州、广西的教育、科研机构的介绍文章（Vol.156，No.3965，pp.496—499）

这样说起来，浙大史地学系的地学学科，也为浙大"东方剑桥"美誉的获得，做出了重要的贡献。

第八节　别兮，遵义

1945 年 8 月，日本无条件投降，中华民族的抗日战争取得了彻底胜利。西迁黔北的浙江大学随即着手准备回杭复校。1946 年 5 月，在湄潭、永兴的浙大师生员工及教学设备陆续集中遵义。5 月 11 日，遵义文化教育界举行"浙大复员欢送会"。5 月 15 日，竺可桢代表学校回请遵义文化教育界人士，感谢遵义各界人民对浙大办学的支持。6 月 1 日起，遵义浙大总校结束，改为留守处，处理未尽事宜。从 1940 年初来到遵义，至 1946 年 5 月离开，在遵义办学将近七年时间，对浙江大学、对史地学系而言，都是取得成就最大、堪称辉煌的时期。因此，在离别时刻，以及在后来的岁月里，包括史地学系在内的浙大师生对遵义、湄潭、永兴等地都充满依依不舍之情，饱含深深感激之意。竺可桢曾经在拍摄的浙大师生整理行装、搬运校产的照片上，题字"别兮，遵义！"15 年后，又在再次来到遵义之时，留下诗作一首。张其昀更在离开之际，以《遵义话别》为题公开发表文章，对遵义父老乡亲依依惜别，并给予美好的祝愿。

竺可桢在 1945 年 5 月抗战接近胜利之时，就预见到离复员返杭已经为期不远，嘱咐中文系教授王焕镳执笔为文，自己亲自审改、定稿，立碑刻石，留下一方《国立浙江大学黔省校舍记》，以为迁黔办学七年的纪念。

1946 年 5 月，离遵前半个月，竺可桢所处理的相关事务，很大部分都与迁校和告别有关。见图 4-8-1。据竺可桢"日记"记载，包括处理校务，送别师生，参加告别活动，整理办公室文件，以及为学生主持婚礼、担任证婚人等，忙碌、惜别，又充满新的希望。兹选录如下[①]：

> 5 月 2 日：午后叶左之太太来，为本月二十日公路票加价，故洽周、遵生诸人均纷纷欲走，因而影响到左之。余劝左之过暑假再去杭。四点至社会服务处，为史地系毕业生张元明与卫生院王进敏女士证婚，二人均安徽舒城人……（第 109 页）

> 5 月 5 日：八点至校。今日开美国外交部 Fellowship 选拔委员会，到陈鸿逵、苏步青、王季梁、张晓峰与王劲夫五人。王主席，讨论三小时。各系推荐十四人，选定赵松乔（四年分数 88）、卢庆骏（70）二人当选……（第 111 页）

> 5 月 6 日：八点三刻至社会服务处，参加浙大第十九届毕业典礼。到学生一百六十人，教职员易修吟、顾毂宜、孙祥治、王达生、佘坤珊、苏步青等十余人。行礼如仪后，余述此届毕业为抗战胜利后最先一次，亦为贵州最后一次。并以入社会以后，虽易于失望，但弗随波逐流、同流合污为戒……（第 111—112 页）

> 5 月 7 日：六点半至校。送校中同人出发，由长沙返里，计共三车。有黄羽仪太太及阿皑、阿彭、宁而、洽周全家，王维屏夫妇、元晋夫妇、王仁东夫妇、陈立太太、吴志尧、陈学恂、刘操南。八点出发，余为拍数照。……下午二点在办公室开扩大行政谈话会，到乔年、时璋、步青、修吟、谢冶英、尊生、家玉、劲夫、荩谋。由振公纪录。决定遵、湄二处公物均交与地方政府等各点。晚膳后继续谈杭州校舍。（第 112 页）

> 5 月 11 日：六点半至旧府中。今日有七车开贵阳……（下午）五点偕荩谋、皮高品至老城（标）小学，应遵义教育文化界之欢送会，到《民铎日报》杨伯雍、

[①] 竺可桢著：《竺可桢全集（第 10 卷）》，上海：上海科技教育出版社，2006 年，第 109—117 页。各段引文页码附注于该段末。

王保康，社会服务处吴世恕，省高高树森，县中崔可章，遵师张其昌及李仲明，教厅督学王健吾，干部训练〔班〕曾毓崧，《民铎报》景剑峰及八十三岁耆绅蒋麓谱。由杨伯雍主席，蒋麓谱献旗，上写"善教继志，尊道救学，嘉贤容众，毁方瓦合。浙大复员返杭纪念。遵义文化教育界敬献"……（第114页）

5月12日：六点半至校。今日有汽车六辆开贵阳……往筑者有季梁夫妇、张其楷、邵维坤全家、冯斐、司徒钜勋、徐晓、张人价、蒋寿骏、程民德、夏觉民、王启东等等。自治会代表赵家骞亦乘商车赴筑。今日余将办公室中六年来之文件理清，舍弃之文件达两箩……中午，成城、玉锡、遵师、县中、省高等六校校长请王督学健吾。余略坐，即出。至陶园，为土木系助教夏志斌证婚……二点至县商会，为史地研究部陈吉余证婚……（第114—115页）

5月15日：七点半至校。规定各组、处人数，如庶务22，医务8人……合120人……二点至何家巷看新生。回至办公室。决定六月一日起，此间总校结束，改留守处。校中关防交与祥治带杭。教部公文于六月一日改送杭州。七月起薪水与生活津贴亦寄杭州。……（晚）六点在柿花园一号请遵义文化界，到八三老翁蒋麓谱（禁烟局科长）……（第116页）

5月16日：八点至校。将各院系之教授、讲师与助教名额排定……计中国文学系12人……史地系15人……文学院44（本年46）。理学院数学系18人……师范学院聘书暂不发……以上总共249人……十点将教员名单交俞心湛后，余即返寓。十一点（新时间十二点）至邮局……至华南药房李医生办公室为松看病……魏春孚来，偕至江浙餐厅，因今日监考，诸人如芡谋、劲夫等均在此中膳。三点左右邮车始来……三点半车开……（第117页）

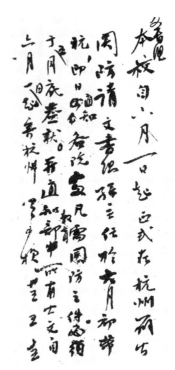

图 4-8-1　1946 年 5 月 15 日，竺可桢离开遵义之前，对学校用印所作安排的手迹

竺可桢就此离开遵义，开始了复校回杭的行程。遵义地方文史研究者陆昌友

先生，曾经撰写过一篇文章，详细介绍了竺可桢在遵义生活的情况，其中，对离开遵义时的情景，也有细致的描述，见图 4-8-2、图 4-8-3：

> 或许是预感到很快就要离开遵义，1946 年元月的一天，竺可桢校长兴致勃勃地把夫人陈汲、儿子竺安、幼女竺松召集在碓窝井九号的院子里，拍下了一张后来让人们广为流传的照片，也留下了他一家对在遵义住了六年的家深深的念想。

图 4-8-2　1946 年 1 月，竺可桢与夫人、子女摄于遵义碓窝井九号住所
说明：
左起：竺可桢夫人陈汲、竺可桢、幼女竺松、儿子竺安

1946 年 5 月 16 日上午十点，竺可桢校长由子弹库校长办公室最后处理完公务，回到碓窝井九号，将房东傅梦秋一家邀集到院中，以小楼为背景，为他们拍下一张"全家福"，随后，把跟随自己多年的相机和一块坤表送给傅梦秋的女儿，以表达对房东兼学生的谢意。因为自竺校长住进碓窝井九号之初，傅梦秋就将房租定为每月五十元，从未增加过，哪怕竺校长好几次提出。即使是黔南事变、日军侵黔，浙大在遵义所租其他房舍租金上涨若干倍，傅梦秋也坚持不加一分钱。下午三点半，竺可桢校长与房东、家人依依惜别，踏上去重庆的旧邮车，离开了他居住了 1388 天的碓窝井九号。

在与竺校长书信往还、接到夫君 24 封信函后，9 月 4 日，竺夫人陈汲携女儿竺松也离开碓窝井九号，与浙大总务长谢家玉一道经重庆飞上海，于 9 月 9 日来到竺校长身边，结束了陪伴竺校长西迁遵义办学的漫长岁月。

图 4-8-3 竺可桢校长离开遵义前，为房东傅梦秋一家拍的"全家福"照片

　　回到杭州后的竺可桢校长，始终没有忘记傅梦秋这位遵义的房东和学生。1948 年 6 月，浙大文科研究所史地学部由张其昀主编的《遵义新志》出版。竺校长第一时间就寄了一册给远在遵义的傅梦秋，并在书上题写"梦秋同学惠存 竺可桢赠 卅七年六月十日"的字样。师生情谊，力透纸背，历久弥新。

　　上世纪五十年代初，遵义地区行署在杨柳街修建机关幼儿园，将包括碓窝井九号在内的土地征用，房屋拆除。房主傅梦秋 1957 年被错划为右派，1961 年病逝。或许当年竺可桢校长重返遵义，参观遵义会议会址后，会转到杨柳街，面对了无踪迹的碓窝井九号，心中会平添几丝失落与惆怅吧。[1]

15 年后，竺可桢于 1961 年 6 月 14 和 15 两日重返遵义，但该两日"日记"均仅记及贵阳至遵义的里程、高度等数据[2]，具体活动没有提及，因此，我们今天无法确定竺可桢是否在"参观遵义会议会址后，会转到杨柳街"，是否去过此时已经"了无踪迹的碓窝井九号"所在地，也无法知悉竺可桢当时的心情。但可以知道的是，

---

① 陆昌友：《竺可桢校长在遵义的家》，https://www.163.com/dy/article/F8DHK4UE0517BNJE.html，[2024-05-26]。
② 竺可桢著：《竺可桢全集（第 16 卷）》，上海：上海科技教育出版社，2009 年，第 100—101 页。

他的确写下过一首诗，饱含了对遵义的深情，见图4-8-4：

1961年6月15日重到遵义作

一别遵城十五年，重游旧地如登仙。红花岗上千株雪，湘水桥边万斛田。厂矿商场既满谷，园亭黉舍亦连绵。播州自古称穷僻，黔北于今鞭着先。[1]

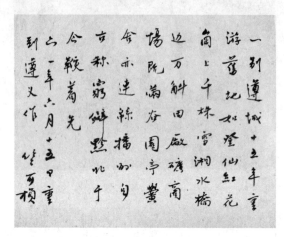

图4-8-4　竺可桢手书《1961年6月15日重到遵义作》诗一首

同期，也是在史地学系西迁办学将近9年，尤其是最为辉煌的遵义七年将要结束的时刻，时任史地学系及相关地学机构负责人的张其昀，在受竺可桢校长委托，处理学校复员返杭、与地方移交等遗留事项的公务繁冗之余，特意写下《遵义话别》一文，对在遵义的时光作了总结，其中，也特别提及了史地学系师生在遵义所作的工作和取得的成就。见图4-8-5。文中亦满含对遵义的深情和祝福：

遵义话别

自民国二十九年一月国立浙江大学迁至青阳、遵义，已历六年有半，湘山讲习，湄水潜研，有无限依恋的深情。王阳明先生诗云："年年岁晚常为客，闲杀西湖旧钓矶。"当此整装待归，骎骎东向之际，作者敬述此文，以报答播州士女几年来的雅意，以作回顾，并抒别意。

回忆作者偕李熙谋先生初到遵义，刘前县长召集了全城士绅开会，表示欢迎的好意，大家以为浙大迁来后，于繁荣地方，促进文化，定可发生种种

---

① 陈志明编著：《诗词浙大》，杭州：浙江大学出版社，2007年，第59页。

佳果。故浙大到此,地利人和咸得其宜。那时陆军大学已经迁来遵义,本城房屋不足以容纳本校全部,不得已于湄潭及永兴设立分校,仅藉公路以资联络。浙大图书设备大体都能保全,研究精神亦能奋进不已,更因国际友人如英国李约瑟教授等之誉扬,于是遵义、湄潭等地颇见称于国际学术界,留下一个愉快的记忆。这一页历史可算是王阳明先生来黔讲学400多年以后,黔、浙二省最可纪念的一段文化姻缘了。

中国大学的程度,至少就几个比较优秀的大学说,近十几年来,已经达到了国际的水准,其证据是国内大学毕业生往往可以直接升入外国著名大学的研究院,与外国大学毕业生同班上课,其成绩并不让人,这是事实,为中外学者所公认。至于国内大学自设研究院招收研究生,那还是近年来的新发展。国立浙江大学研究院短短的七年历史,实际是到了遵义、湄潭才算开始。就本校文科研究所史地学部而论,七年中共有研究生29人,毕业已有五届,共21人,已由教育部颁给硕士学位者9人。毕业生的分布,除出国深造者5人外,在国立大学担任教课,在学术机关继续研究,及在中央各机关服务者,约各居三分之一。他们21人在校时做的论文,以贵州的历史、地形、气候与人文地理为对象者有7人之多,现在作者主编的《遵义新志》,便以他们的实地考察做根据,例如遵义附近五万分之一土地利用图的编制,在我国尚属创举。浙大有30个左右的学术单位,史地学科不过其中之二,如果把各院系的研究工作罗列起来,那么浙大在遵义、湄潭所耕耘的园地,自然更有可观了。

国立浙江大学以"求是"二字为校训。"求是"的意义,不但在学术上须求真是真非,还要在政治上求公是公非。……大学之大,在于"囊括大典,网罗百家"……寄居山城,七年于兹,水声鸟语,皆成时事,虚心涵咏,使我们对于现代大学的涵义有更深的体会。

遵义的朋友们,别后我们仍住在一条干线上,将来湘黔路完工,再展筑至遵义,自西子湖畔直达湘山、湄江之间,铁道一以贯之,各位有便,盼望来看看浙江潮。别后,我们希望乌江水力可以开发起来,以水电为动力,把山林矿产富源充分利用。战时的新建置,如遵义蚕桑研究所、湄潭茶场,以及浙大文、理、工、农、师范各学院所做的地方性的研究和实验,都希望能充分应用,以裨益民生。例如遵义锰矿的发现,便是浙大对地方的一种贡献。

遵义素称黔北首富,晚清出了沙滩的郑子尹、莫友芝、黎莼斋三先生,使黔北文化光焰逼人。将来遵义定可成为西南工业重镇之一,人文随经济而俱兴,湄水、湘山自然更加有声有色。士别三日,便当刮目相看,我们彼此都是这样的殷切期待着。①

图 4-8-5　离开遵义之前,张其昀于 1946 年 5 月发表文章《遵义话别》。引自《中央周刊》第 8 卷第 19 期（1946 年 5 月 22 日），第 234 页。

---

①　《中央周刊》第 8 卷第 19 期（1946 年 5 月 22 日），第 234 页。

跋涉西东 求索时空

浙江大学地球科学学院院史（1897—1952）

（下册）

浙江大学地球科学学院·主持编纂

范今朝·编著

ZHEJIANG UNIVERSITY PRESS

浙江大学出版社

·杭州·

第五章　复校杭垣多激荡

——局势动荡、时代变革背景下浙江大学地学高等教育的勉力维持（1946—1949）

抗战胜利后，浙江大学于 1946 年 5 月，从黔北山城遵义迁回浙江省城杭州，复员东归。浙江大学在西迁时期，尤其是定址遵义、湄潭的时间里，学校办学在各方面都取得了很大的成就。1946 年复校回杭，学校理应得到更大的发展和提高，但由于国民党挑起内战，时局动荡，师生的生活日益困苦，办学环境日趋恶劣。1947 年下半年以后，由于国民党当局严厉镇压学生的正义进步活动，浙大也多次发生学生遭拘捕、遭杀害的事件，使得整个学校动荡不安。竺可桢校长殚精竭虑，四处奔波，教职员工也恪尽职守，浙大得以勉力维持。不过总体而言，本期教学、科研虽仍有一定发展，但没有遵、湄时期显著。[①]

就地学而言，西迁时期的 4 个主要地学教学和研究机构起初继续维持；后由于国家对师范学院和研究院的体制调整，师范学院中的史地学系于 1947 学年（1947年 8 月）起不再招生，改在文学院史地学系另外设立师范生制度；研究院则不再设立，文科研究所史地学部于 1947 年 2 月起改称史地研究所，继续招收硕士研究生。本科生、师范生和研究生的培养和相关科研活动持续展开，史地教育研究室的编辑图书、期刊及绘制地图并组织出版发行等工作亦继续进行。

在此阶段，由于时局的动荡、生活的艰困，学校（也包括史地学系等各地学机构）的办学面临更为复杂和困难的局面。由于师生对学科发展的客观趋势及史地学系如何办学等理念不同，看法有异，史、地是保持合系还是分别设立的问题在此期凸显。同时，时局动荡，政治对立加剧，学生运动增多，师生之间、学生之间也因观点、立场差异而产生一定的冲突与矛盾。

在这一段激烈动荡、急剧变化的时期，史地学系及地学相关机构仍尽力维持正常的教学秩序，开展了一定的科研工作，如将遵义时期的几项重要成果整理、

---

① 　浙江大学校史编写组编著：《浙江大学简史（第一、二卷）》，杭州：浙江大学出版社，1996 年，第 119 页。

定稿，以《地理学家徐霞客》、《遵义新志》等书名正式印行、出版，受教育部边疆教育司、国立编译馆等委托编纂图书，并与浙赣铁路局、杭州市政府等合作开展相关研究项目等。地学领域的教学和科研仍然在全国处于领先水平，持续保持显著的学术影响力。

此期，包括史地学系在内的浙大广大进步师生积极投身当时的爱国民主运动，不惧牺牲，追求光明，迎接新中国的诞生。

第一节　浙江大学的复校回杭与学校院系设置情况 [①]

一、"马首欲东人意快，弦歌又共浙潮鸣" [②]——复校杭城

1945 年 8 月 14 日，日本帝国主义宣布无条件投降，中国人民伟大的抗日战争宣告胜利结束。西迁黔北的浙江大学随即着手准备复员东归。

1945 年 9 月 3 日，接到竺可桢校长电告龙泉分校派人到杭州整顿校舍的要求后，龙泉分校派出生物系教授董聿茂和职员陆子桐、杨其泳等抵杭州，办理产权交涉和整理、修葺校舍的准备工作。当时，日寇虽已缴械，但尚未撤出浙大。劫后校园荒凉，野草没胫，校舍大部分被毁坏。1945 年 10 月 11 日出版的《校刊》复刊第 132 期上刊登了龙泉分校总务主任陆子桐奉校命于 1945 年 9 月初到杭州察看和接收校产情况后给学校的报告，称"本校在杭建筑大部被毁"，见图 5-1-1：

> ……查大学总办公厅、大礼堂、女生宿舍、物理系、图书馆及厨房、水灶等屋，搬拆全无，仅存五木；校长公舍、会议室、文院教职员宿舍、外文系、培育院、教育系、数学系及新教室大厦各屋，虽已破残不堪，尚可加以修理应用。至档卷室、文院办公室、制图室、阅报室、电话接线室、文院厨房水灶等，均夷为平地；健身房则仍健在，惟屋顶、地板损毁已尽。体育办公室、沐浴室、

[①] 说明：本节部分内容据《浙江大学简史（第一、二卷）》相关内容摘编（浙江大学校史编写组编著：《浙江大学简史（第一、二卷）》，杭州：浙江大学出版社，1996 年，第 112—116 页）；除了其他来源的材料单独注明出处外，不再另外注明。特此说明并致谢。具体表述中，编者略有补正。

[②] 说明：此为易修昤先生（时为浙江大学工学院机械工程学系主任，1944 年 8 月—1946 年 7 月在浙大任教）1946 年 4 月贺浙江大学校庆纪念日诗，全文为："春风催暖到山城，郁李秾桃次第荣。立达功能参造化，新兴士气仰陶成。千年道统斯堪托，十载贤劳孰与并。马首欲东人意快，弦歌又共浙潮鸣。"见 1946 年 4 月 3 日竺可桢"日记"，载竺可桢著：《竺可桢全集（第 10 卷）》，上海：上海科技教育出版社，2006 年，第 86 页。

热水锅炉间则完全被毁。至新建之游泳池损坏尚微，较易修复。现已将附近庆春路一带通路四条分别加以堵塞，并于医务课原址加派工人值宿，以资镇压。

至于工学院部分，计被全毁者有仁斋学生宿舍一所，铸工场、锻工场、木工场平屋一带，以及东首之教职员宿舍、职工宿舍平屋一带，并厨房、水灶、理发室、盥洗室等屋；其余北教室、图书室、金工场、电信实验室、无线电实验室、原动实验室、锅炉间、制革工场、染色工场及新建之大饭厅等，虽装拆改换，尚堪修理。第一宿舍部房屋拆毁尽净，只剩颓垣败壁数座而已。浙江省立图书馆轮廓犹存，内部已拆毁不堪。求是里房屋全部夷为平地，已为日军军车横行之通道矣。前军械局之大楼房屋，储有大量军用品，尚未移交，未允进内察看，以故情况不明。

综上统计，连同农学院部分，被毁损房屋大小约六七百间，拟先摄成相片，逐部估计毁损情形，另行列表志载，俾作将来请求赔偿之资料。目下工学院部分日军尚未撤去，且闻受降接收事宜归由省政府统筹办理，一切容再续陈。总校迁回，必须添建大量房屋及置大量校具，应如何计划，有待钧驾飞杭核夺。至如先将分校迁杭，则将残余房屋着手修理，尚可敷用。①

图 5-1-1　1945 年 9 月浙江大学接管校产人员在杭州的大学路校门留影

1945 年 10 月，龙泉分校师生启程回杭。11 月在杭复课，师范学院在罗苑，其余均在校本部。见图 5-1-2。

———————————

① 《国立浙江大学校刊》复刊第 132 期（1945 年 10 月 11 日）。

图 5-1-2　1945 年 11 月浙江大学在杭州的部分师生举行开学典礼后留影

在遵义、湄潭、永兴的总校，由于当时交通运输十分困难，加上杭州校舍的修复和新建在短期内也无法完成，只得延迟至 1946 年夏复员东归。1946 年 5 月 6 日，浙大在遵义举行第 19 届毕业典礼，计有毕业生 291 人。5 月 7 日起，在遵义的师生分批返杭。5 月 11 日，遵义文化教育界举行大会欢送浙大师生。竺可桢于 5 月 15 日代表学校回请遵义文化教育界人士，感谢遵义各界人民对浙大办学的支持。5 月 16 日，竺校长离开遵义，取道重庆、南京、上海，返回杭州。

1946 年 6 月 1 日起遵义浙大总校结束，改为留守处，处理未尽事宜。学校在遵、湄等地新建的校舍及湄潭附中新校舍、农场等均送给当地有关单位使用。1946 年 9 月，浙大师生全部抵达杭州。

复员后的首要工作，就是修整校舍，重建校园。经过多方努力，除陆续修复教室、宿舍和办公用房外，又兴建了一批教室、实验室等。1947 年 8 月 21 日，校务会议决定将修复和新建的教学大楼及宿舍、道路等，除延续原有名称外，另冠以地方先贤和浙大西迁地名，以资纪念，如 1947 年 8 月命名的阳明馆、梨洲馆、舜水馆、勤朴馆（后改诚朴馆）、求是路、报国路和龙泉馆、建德村等。[①] 后随着建筑的增筑，续有新的命名。见图 5-1-3、图 5-1-4。

教学大楼被分别命名为"阳明馆"、"梨洲馆"、"舜水馆"、"存中馆"、"叔

---

① 《国立浙江大学校刊》复刊第 163 期（1947 年 9 月 10 日）。

图 5-1-3　1946 年 6 月浙江大学复校回杭后竺可桢及夫人与学生在大学路校门留影

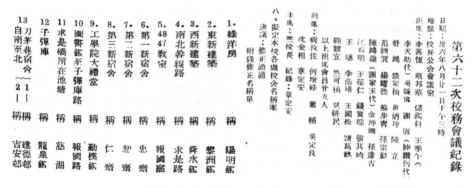

图 5-1-4　《国立浙江大学校刊》复刊第 163 期（1947 年 9 月 10 日）所载 1947 年 8 月 21 日校务会议对校园主要建筑和景观等的命名情况

说明：原文中"梨洲馆"误作"黎洲馆"，即"黎"字排印错误；工学院大礼堂该次会议定名为"勤朴馆"，后改为"诚朴馆"。

引自《国立浙江大学校刊》复刊第 163 期（1947 年 9 月 10 日）。

和馆"等。以阳明、梨洲、舜水命名的，其含意为争取自由；以存中、叔和命名的，意为提倡科学。华家池农学院的教学大楼则以"神农馆"、"后稷馆"、"嫘祖馆"命名，其意为不忘以农为本。新建购的教职员住宅群命名为"建德村"、"泰和村"、"芳野村"、"龙泉馆"，意在纪念西迁和分校。新建单身宿舍有"忠斋"、"恕斋"。学生宿舍则修建了仁、义、礼、智、信各斋及华家池学生宿舍"华一斋"、"华二斋"、"华三斋"、"华四斋"。另外，还购置有吴牙巷 38 号、马市街 150 号、建国中路的振恒小筑、银枪板巷 14 号、长寿路 1 号、田家园 1 号和 4 号、紫金观巷森盛里 3 号等民房作为教职工家属宿舍。同时，扩建了运动场、球场，修复了游泳池；学校还先后对校园内的慈湖边路面、求是桥以及华家池畔等都进行了整修、绿化，改善了校园的学习环境。[①]

　复校杭州之后，由于大学路校址过于局促，且无法原地扩展，所以学校曾经有过选择新校址的想法，并初步确定以城南的万松岭一带为校园所在之地。可惜后来局势变化，未及实行。张其昀当时负责新校址的选择，曾有文章回忆此事：

　　抗战胜利以后，浙大迁回杭州，增设法学院和医学院，成为七学院三十个学系的综合大学。除原有阳明馆外，新建梨洲、舜水二馆，当时主要努力为充实图书馆，除西湖孤山文澜阁四库全书近在咫尺外，还得到了南浔嘉业堂刘氏和瑞安玉海楼孙氏的藏书，论质与量，都可称为第一流的大学图书馆。浙大校址，周围都是民房，东面限于城墙与铁路，无法开展，因此有迁地建校之议，作者承校务会议推举，以此事相托。我们曾以西溪深处和万松岭上相比较，决定以万松岭为新校址。万松岭位于杭州城南，为南宋故宫遗址，左江右湖，新校舍建成后，一面可以眺望钱塘江和杭州湾，一面坐对艳称世界的西湖。唐人诗云："楼观沧海日，门对浙江潮。"这里确是城市山林，为一天造地设的理想校址。西溪深处，水木清华，竹树荫浓，衣裾皆绿，景色至美，惜无登临之胜。万松岭之缺点，为林园已成陈迹，但如大举种树，至今已近二十年，当已亭亭如盖了（作者现在经营华冈新学府，亦以其地有"振衣千仞冈，濯足万里流"的壮观）。[②]

① 浙江大学校史编写组编著：《浙江大学简史（第一、二卷）》，杭州：浙江大学出版社，1996年，第112—116页。
② 张其昀：《浙江潮》，载中国人民政治协商会议浙江省委员会文史资料研究委员会编：《天涯赤子情》（浙江文史资料选辑第34辑），杭州：浙江人民出版社，1987年，第1—4页。

二、学校治理体系与院系设置情况

学校架构和治理体系仍根据当时国家统一对国立大学的要求而来。经过不断调整，当时大学的治理体系逐渐确立和稳定。1948 年 1 月 12 日，国民政府正式颁布《大学法》，规定大学"以研究高深学术、养成专门人才为宗旨"；学制组织仍为"学院—学系、研究所"的双层架构，行政组织仍为教务处、训导处、总务处的 3 处分立格局；并通过学校层面的"校务会议"、学院层面的"院务会议"和学系层面的"系务会议"，对有关校、院、系各自的重大问题进行讨论和决策。[①]

返回杭州后，浙大一面修复和扩充校舍，一面增设院系，学校规模有所发展。1946 学年起增设医学院。1947 年 8 月，文学院增设哲学系与人类学系，学校增设物理研究所与化学研究所。11 月，医学院附属医院成立。1948 年 2 月，增设教育研究所，同年 8 月增设中国文学研究所。1949 年 2 月，增设人类学研究所。

1942 年 8 月浙江大学研究院成立，各研究所及相应学部统一归属研究院。1947 年 1 月，当时国家高等教育体制调整、统一撤销研究院后，各学部直接改称"研究所"，名义上直隶学校，实际上归属各学院管理；如"文科研究所史地学部"改称"史地研究所"，仍隶属于文学院。

1946 年，教育部公布《改进师范学院办法》，规定师院的文理各系分别与文、理学院有关的系合并，学生仍享受师范生待遇。1947 年 7 月浙大向教育部提出师院的文理各系仍由师院单独继续办理，8 月，教育部答复未予同意。这样，自 1947 年 8 月起，浙大师范学院仅保留教育系，国文、英语、史地三系分别合并于文学院有关各系，数学、理化两系分别合并于理学院有关各系，学生仍为师范生，学生的选课单仍须由师范学院审核会签同意，毕业时单独以师范毕业生报送教育部。1947 年 7 月之前的原师范学院各系，除 1943 级继续为 5 年制（1947 年 8 月新学期开始前后已经分散至有关中学开始最后一年的教育实习，至 1948 年 7 月毕业）外，1944 级、1945 级和 1946 级均改为 4 年制，分别于 1948 年、1949 年和 1950 年毕业。

学校最高评议机关为校务委员会。学校大政方针，都由校务委员会通过校务会议讨论决定。校务会议之下为行政会议，及时讨论各项比较重要的具体事务。校务委员会下设各专门委员会，委员人选由选举产生或由校长聘请教授担任，分别掌管各专门事项。教务、总务、训导等方面问题由各主管人负责，校长不过总

---

① 《大学法》，原载《教育部公报》第 20 卷第 1 期（1948 年），第 1—3 页。引自宋恩荣、章咸编：《中华民国教育法规选编（修订版）》，南京：江苏教育出版社，2005 年，第 417—420 页。

其成而已。这是一种民主治校的方式。所以，竺可桢担任校长以来，从未设过副校长，仍然可以挤出一些时间看书和作学术研究。[1]

第二节　地学系科和相关机构的演变与师生员工情况

一、总体情况

1946 年 8 月至 1949 年 5 月，以史地学系为基础的相关 4 个地学单位，即文学院史地学系、师范学院史地学系、文科研究所史地学部和史地教育研究室均实质上仍存，但由于其上位机构相关体制的变化，故某些机构相应略有变动（主要是师范学院史地学系于 1947 年 7 月撤销，师范生归属文学院史地学系，文科研究所史地学部于 1947 年 2 月后改称史地研究所）。此外，从史地学系和史地研究所中先后分设人类学系（1947 年 8 月起）和人类学研究所（1949 年 2 月起）。

1948 年 6 月，时任文学院院长兼史地学系、史地研究所主任的张其昀，应《日刊》之约，发表了《史地学系之回顾与前瞻》，把 1948 年之前史地学系的情况和若干发展设想做了说明。兹引录如下：

> 本校史地学系，自民国二十五年（1936）秋季始业，迄今已有十二年之历史。创办之始以全国各大学之设有史学系或地学系者已属不少，颇望在杭州开辟一具有特点之新园地。此十二年中，流离在外者历九年之久，但因本系同人之努力，此一新垦之园地业已规模粗具。史地学系之目标分为下列三项：
>
> **（一）造就对史学与地学有志深造之人才**
>
> 本系自创办之第二年即将本系课程分为历史、地理二组，此二组规定之必修课程与其他大学史学系与地学系之课程相仿，以期稳固专门研究之根基。本系修正课程表，曾奉三十六年（1947）四月教育部令准予备案，刊印于《国立浙江大学文学院概况》中。
>
> 民国二十八年（1939）八月本校奉教育部令设立文科研究所史地学部，为本校研究所最先成立者之一。卅六年（1947）一月改称史地研究所，内部亦分史学、地形学、人文地理学等组。毕业之研究生二十七人，已颁硕士学位者二十人，在国外深造者六人。据教育部统计，各大学研究所毕业研究生

---

① 浙江大学校史编写组编著：《浙江大学简史（第一、二卷）》，杭州：浙江大学出版社，1996 年，第 117—119 页。

人数之多，本所实居前列。

本系历届毕业生已有一百三十四人。

（二）造就对中学史地教育富有实验兴趣之人才

民国二十七年（1938），本校师范学院成立，其中设史地系，并设第二部，供曾任中学史地教育者之进修。

廿八年（1939）九月，由教育部委托本校设立史地教育研究室，与史地研究所密切联系，以传布史地学术之最近贡献，改进史地学科之教材教法，搜集专题研究之参考资料，编制史地教科之图书设备为主旨。

三十六年（1947），本校师范学院除教育系外，分别归并于有关学系。师范学院之制度本为一种新设施，惜试验不久，即行裁并，实为可惜。本校文、师二院之史地系师资设备向来系互相补充，现虽合并，原有注重教学研究之精神未因此而更改。

史地教育研究室因教部另拨经费，得以继续工作。本学年曾举行史地教材展览会三次（一为中外史地，一为新疆史地，一为浙江史地），因搜集尚丰，颇予观众以明显之印象。现在制造地理模型已初步成功，供给各方之需求，拟进一步制造历史教育应用之模型（如古器物、古建筑等）。

美国哈佛大学出版《自由主义中通才教育》为讨论战后教育措施之巨著，其论中等教育，略谓史、地二科之关系至为密切，历史与地理能联系学习最为有益，近代世界史之地理因素当加充分说明，欲了解二十世纪之重大问题，必须有经济地理与政治地理之知识方能明其底蕴。我国师范学院制度现已变更，但在本校史、地二科分组合系之规模下犹仍其旧贯，对于中学史地教育之研究感觉有其便利之处。

本系曾刊行《史地杂志》，正设法恢复。

（三）造成对于现代问题富有研究兴趣之人才

此项目标，又可分为四类：（1）国防研究；（2）国际关系研究；（3）地方建设研究；（4）新闻学研究。窃谓史地分组合系之本系，对于此类研究乃一极为适宜之温床。过去亦略有成绩可言。

（1）国防研究。本系成立之第二年，接受黄膺白先生遗族所赠之纪念奖学金名额（后因基金币值日落而停止），膺白先生为战前国防设计委员会发起人之一，此种同情至甚珍贵。二十八年（1939）蒋百里先生病殁于广西宜山，其逝世之前曾有派遣陆军大学学生来本校史地系研究之意，对于本系从事国防研究实为一种鼓励。现在史地研究所主编由《大公报》出版之"版图"副刊，所载文字多与国防有关，实为继承百里先生之遗志。现在百里先生家属以先生生平夙好史地之学，拟募捐在本校建筑百里馆以资永念，并说明供本校史地系应用，此事已在进行中，甚感兴奋。

（2）国际关系研究。现在国际问题之研究必以史地学识为基本，两者相辅相成，此亦本系使命之一。复员以后，本系直接向外国政府、大学研究所公私机关征集报告书、单行本、地图、照片之类（以本系所编《遵义新志》等书为交换），结果甚为满意，现在本系图书室新旧藏书计书籍二万余册、地图一万余幅、单行本二千余册、照片拓片三千余张，仍在继续征集中。

现在国际关系日益繁复，外国大学有特别研究院者，本系对此项研究现已稍有凭藉，希望能在融贯史地之作风中，贡献其一得。若干初步研究之论著亦在"版图"及其他杂志中发表。《百国图鉴》之编纂，筹备经年，得国内大学数十位教授之合作，集稿过半，可以陆续出版问世。

（3）地方建设研究。地方之经济建设与文化建设之研究亦与史地学术极有关系。本校设于杭州，自愿以浙江省杭州为其主要对象。复员以后，以本系为中心，联合专家学者，此类研究之作品一部分已在本市《东南日报》发表。如经长时期之努力，深信于省政及市政之新建设有所贡献。沪杭、浙赣二路沿线经济与人文之研究亦所注意，已在搜集资料着手进行中。

（4）新闻学研究。新闻已为专业，各大学设有新闻系者已不少。但写作社论之人才，如能有史地学术之训练，使评论时事具有史识与世界眼光，自可有更深邃之认识。即地方通讯、国际通讯，如能融贯史地，则其内容之确实性与生动性亦可增加。本系平时对于此道颇为注意，毕业生服务于新闻者颇不乏人，如新疆《天山日报》之编辑人亦为本系一毕业同学。

以上所述近于自我表扬。近因对于本系二十年来史、地二科分组合系互相熏陶之精神、用意所在，不甚明了，特作简单之说明，借以增加认识。本系师资（现有教授、讲师、助教名额二十三人）、预算及设备，因应需要，依照两系之规模办理，故上述三项目标，过去稍能有表现。

总之本系方针，一方面为培植从事学术专门人才，一方面亦在培养对于现代问题具有通识之人才，期其毕业以后从事上述各种实际问题之研究以为世用，二者固可相得而益彰。

窃谓大学学制宜略有弹性，不必过于一律，俾各校有实验某种教育理想之机会，是则有待政府与社会之奖掖扶持。本系历史甚浅，中更战乱，距吾人之理想尚其遥远，益求充实，力争上流，自有待于今后之努力。[①]

二、地学相关系、所、室的演变

1946学年开始，即复校回杭初期，学校行政组织和各个教学、研究机构均一仍其旧，延续遵义时期的架构；地学方面亦仍为4个机构，即文学院史地学系、师范学院史地学系、研究院文科研究所史地学部、史地教育研究室。但随着国家教育体制的变动，师范学院和研究院体制均从1946学年起发生变化；相应地，师范学院史地学系和研究院文科研究所史地学部也随之撤销或改变。

1936年8月史地学系设立之初，其办公地点在阳明馆（1934年建成的新教室，俗称"绿洋房"，1947年8月后定名为"阳明馆"）。1937年底学校西迁离开杭州，至1946年6月复校回杭，初期史地学系及相关地学机构仍在阳明馆。1947年9月前后，随着复校回杭后建筑的修缮和增筑，史地学系及相关机构的办公地点和教室，迁至新建成的梨洲馆，但阳明馆中仍有地理教室、地质教室和地图陈列室、地质标本陈列室，即《国立浙江大学文学院概况》（1947年9月）所载：文学院"各系办公室、预备室，及史地研究所与史地教育研究室，合占梨洲馆楼下全层。又阳明馆楼下有地理教室、地质教室、地图陈列室与地质标本陈列室。龙泉馆内有人类学实验室"[②]。

（一）文学院史地学系仍存

在1946年8月至1949年6月这段时间，浙江大学文学院史地学系仍然存在，张其昀仍为主任（1947年1月起并兼文学院院长，至1949年4月离校为止），内部分组亦仍为"史组"、"地组"。所以，至1949年7月之前，文学院史地学系仍为2组，即"历史组"和"地理组"（也称"史学组"和"地学组"，简称"史组"和"地组"）。

1946年4月，李絜非所写《本系概况》中，对史地学系当时的分"组"、分"门"情况，有如下说明：

> 本系分史、地两组，自二年级开始，分组课程，大致依照部颁史学系与地理系课程办理。三、四年级依照学生兴趣与能力，授以进修之门径，史学组分中国史、西洋史两门，地理组分人文地理、自然地理、气象三门。各门

---

① 张其昀：《史地学系之回顾与前瞻》，原载《国立浙江大学日刊》复刊新11号（1948年6月18日）、新13号（1948年6月21日）、新14号（1948年6月22日），转引自许高渝编：《从求是书院到新浙大——记述和回忆》，杭州：浙江大学出版社，2017年，第129—131页。
② 《国立浙江大学文学院概况》（1947年），第20页。

跋涉西东，求索时空——浙江大学地球科学学院院史（1897—1952）

设选修课程若干种。下年度拟添设国际学门，指导学生从史地背景研习国际关系，其性质介于史、地二组之间。又于传记学亦拟加以提倡。①

即史地学系本科生，一年级不分专业；自二年级起，分为"史学组"和"地理组"，相当于两个系——历史学系和地理学系；自三年级起，"史学组"细分为两个"门"，即中国史、西洋史两门，"地理组"细分为人文地理、自然地理、气象三门，即全系相当于又分为5个专业。1946学年，甚至曾经考虑过添设"国际学门"（后未正式实施）。

1946学年起（即1946年8月后），人类学家吴定良来到文学院任教，希望在浙大发展人类学高等教育。一年以后，得到教育部批准，自1947学年起浙大在文学院增设人类学系。②同时期的《校刊》亦报道：

本校增设人类学系

本校奉教部卅六年七月十九日第40637号电，准自卅六学年起，于文学院增设人类学系，令即开始招收一年级新生。当即遵照办理云。③

查浙江大学档案馆学号查询系统，可见人类学系各年招生及入学情况（因档案可能有不完整或遗漏者，以及1952年院系调整后1950级、1951级学生亦调出，故名单恐有不完整之处）：1947学年入学者仅1名，即：周道【36091】。此后，1948学年入学者亦为1名：周理镛【37081】；1949学年招生情况稍好，入学者有3名：邱中郎【49020】、杨翼克【49021】、姚启润【49053】；1950学年入学者有5名：危忠信【50081】、楼金茂【50082】、马森【50083】、陶芳轩【50096】、倪寿辉【50098】。其后的情况不详。

人类学系一年级新生入学一学期后，1948年1月17日，以人类学系师生为主的浙江大学"人类学会"亦成立。《校刊》报道：

人类学会于十七日举行成立大会

（编者注：原文"人类学会"误为"人类学系"，核诸正文，当以"人类学会"为是）

浙大人类学会于本月十七日假文理学院第三教室举行成立大会，与会者

① 《史地通讯》第2期（1946年），第2页。
② 《浙大添设人类学系》，载《新闻报》1947年7月31日。
③ 《国立浙江大学校刊》复刊第162期（1947年8月15日）。

510

七十余人，张院长晓峰、王院长季午、谈家桢教授及该系主任吴定良教授等均亲临参加，并分别致训辞，多所勖勉。大会历二小时始尽欢而散。[①]

（二）师范学院史地学系撤销

浙江大学师范学院设立于 1938 年 8 月，下设史地学系等 6 系。1946 年，教育部公布《改进师范学院办法》，"规定国立大学师范学院内分设教育、体育两系，原设国文、史地、数学、理化、博物各系，均归并文理学院施教，以免重复"[②]。浙大师范学院史地系于 1947 年 7 月之前并入文学院史地系，学生则区分为师范生与非师范生。自 1947 年 8 月起，师范学院仅设教育学系。当然，因之前未毕业的 1943 级各系学生仍属师范学院[③]，故也可以认为，师范学院至 1948 年 7 月之前，仍有 6 系。

师范学院史地学系负责人，在 1945 年 11 月张其昀回国后，仍由张其昀兼任。1946 年 1 月后，因张其昀同时兼任文学院院长和文学院史地学系主任，故师范学院史地学系从 1946 学年起，在其存续期间（即正式存在的 1946.08—1947.07，以及至 1948 年 7 月的原师范学院学生毕业止），由李絜非任主任。[④]

（三）文科研究所史地学部改称史地研究所

浙江大学于 1942 年 8 月正式成立浙江大学研究院，下设文科研究所史地学部等。1946 年 12 月，教育部颁布《大学研究所暂行组织规程》，规定不再设立研究院，而是直接设立"研究所"，且"各研究所应与各学系打成一片，并依学系名称称为某某研究所（例如物理系得设物理研究所）"[⑤]。依此规定，1947 年 1 月，浙江大学撤销研究院，自 1947 年 2 月起，"文科研究所史地学部"改称"史地研究所"，仍隶属于文学院。张其昀亦兼任主任。

史地研究所内部分组情况，本期则经历变化，可分为 3 个阶段：

1. 分设史组、人文地理组、地形学组和气象学组 4 组（1946.08—1947.07）

1946 年 8 月—1947 年 7 月期间，文科研究所史地学部和史地研究所延续之前

---

① 《国立浙江大学校刊》复刊第 175 期（1948 年 1 月 18 日）。
② 教育部教育年鉴编纂委员会编：《第二次中国教育年鉴》第五编《高等教育》，上海：商务印书馆，1948 年，第 3 页（总第 491 页）。
③ 说明："国立浙江大学三十六年第二学期注册人数统计表"中的"师范学院"统计中，五年级生仍有 5 系的学生。参见《国立浙江大学要览》（1948 年），第 116—117 页之间插页。
④ 《国立浙江大学教职员通讯录（三十五学年度）》（1947 年 6 月），第 28 页。
⑤ 《国立浙江大学校刊》复刊第 144 期（1947 年 3 月 10 日）。

分组，即分设史组、人文地理组、地形学组、气象学组 4 组。

如前所述，1941 学年及其后，文科研究所史地学部和史地研究所分为 4 组的格局基本稳定，即史学组、人文地理组、地形学组和气象学组。当然，在此期间（1941.08—1946.07），各组导师情况有较大变化。

——史学组：1941 年为张荫麟、顾毂宜、谭其骧等。由于 1942 年 10 月张荫麟去世，史组导师 1942 年末增加聘请陈乐素担任。即 1942 年 10 月后，史组导师为：陈乐素（中国史）、顾毂宜（西洋史）、谭其骧（中国史）等，直至 1949 年 7 月。

——人文地理组：1941 年为张其昀、黄秉维、沙学浚等。沙学浚仅在浙大史地系任教一年（1941.08—1942.07），黄秉维于 1942 学年起亦基本离开浙大（后于 1943 学年正式离职）。故 1942 学年（即 1942 年 8 月）后，人文地理组导师仅张其昀 1 人。1943 学年（即 1943 年 8 月）后，张其昀访学美国 2 年（1943.08—1945.07），人文地理组导师暂缺。1945 年 8 月后，张其昀回国，仍为人文地理组导师，直至 1949 年 4 月。

——地形学组：1941 年为叶良辅、任美锷等。任美锷于 1942 年初离开史地学系，1942 学年起，导师仅叶良辅一人，直至 1949 年 7 月。

——气象学组：1941 年为竺可桢、涂长望等。涂长望于 1942 年 6 月离开浙大，1942 学年起，导师理论上仅竺可桢一人。因竺可桢公务繁忙，事实上无法指导，故 1942 学年（即 1942 年 8 月）后，气象学组导师暂缺。

所以，1943 学年起，文科研究所史地学部的研究生，就主要属于史学组和地形学组，但名义上，人文地理组和气象学组仍存。该 4 组格局一直延续至 1947 年 7 月。

2. 分设史学组、人文地理组、地形学组和人类学组 4 组（1947.08—1949.01）

1947 年 4 月前后，史地研究所曾经有在原 4 组的基础上增设"人类学组"的设想，即成为史学组、人文地理组、地形学组、气象学组和人类学组（导师：吴定良）5 组的格局。据 1947 年 5 月出刊的《时与空》第一卷第二期报道：

> 史地研究所将于暑假中招收研究生，除原有史学、人文地理、地形、气象四门外，增设人类学门，由吴定良教授负责，本系人类学室近已成立。[1]

1947 年 7 月修正颁布的《国立浙江大学史地研究所规程》中，第二条亦明确

---

[1] 《时与空》第 1 卷第 2 期（1947 年 5 月）。

规定："本所现设下列五组：A.史学组；B.地形学组；C.气象学组；D.人文地理学组；E.人类学组。"同为该年 7 月修正的《本所研究生指导细则》中第一条更明确了各组导师，即：

> 本所现分五组，每组设导师若干人，由导师一位负责。
>
> A.史学组：陈乐素先生；
>
> B.地形学组：叶良辅先生；
>
> C.气象学组：徐尔灏先生（现在英国）；
>
> D.人文地理学组：张其昀先生；
>
> E.人类学组：吴定良先生。

该年 7 月份修正公布的"本所招考研究生简章"，同样表述为前述 5 组，各组考试科目亦有所不同：

> 各科目考试时间均为二小时。
>
> 史学组：（1）英文，（2）中国通史，（3）西洋通史。
>
> 地形学组：（1）英文，（2）地学通论，（3）地质学。
>
> 气象学组：（1）英文，（2）地学通论，（3）气候学。
>
> 人文地理学组：（1）英文，（2）地学通论，（3）人文地理。
>
> 人类学组：（1）英文，（2）人类学，（3）统计学或社会学。[①]

但该 5 组格局很可能没有付诸实施。至 1947 年 8 月，在此时对外公布的招生简章中，仍为 4 组招生，但具体 4 组内涵则发生变化，即分设史学组、人文地理组、地形学组和人类学组[②]，"气象学组"可能因无合适的导师而撤销（编者注：张其昀曾经邀请留英气象学者徐尔灏来浙大任教，主持气象专业，但徐尔灏后接受中央大学聘书，任教于该校气象学系，未至浙大），故不再招生。

浙大招研究生，已开始报名

> [杭州通讯]浙大本年度招考研究生，报名日期已决定即日起至本月二十日止，招考名额暂不限定。研究生修业年限二年，一律免收学膳杂费，且供给住宿，每月另有生活补助费。

---

① 《国立浙江大学文学院概况》（1947 年），第 24—26 页。
② 《浙大招研究生，已开始报名》，载《中央日报》1947 年 8 月 7 日。

浙大现有：

（一）史地学研究所，下设史地、地形、人文、人类学四组。

（二）数学研究所，下设解析、几何二组。

（三）物理学研究所。

（四）生物学研究所。

（五）化学工程学研究所。

（六）农业经济学研究所，下设农场管理、土地经济、农业金融与合作、农村社会四组。[①]

在 1948 学年（1948 年 8 月后），史地研究所仍设 4 组，即分设史学组、人文地理组、地形学组和人类学组。[②] 见图 5-2-1。

3. 人类学研究所设立，史地研究所分为 3 组（1949.02—1949.07）

继 1947 年 8 月人类学系独立设系后，复于 1949 年 2 月起，经教育部批准，以史地研究所人类学组为基础，正式分出设立人类学研究所，主任由吴定良担任。至此，史地研究所仅剩 3 组（1949.02—1949.07），即史学、地形、人文地理 3 组。见图 5-2-2。

至 1949 年 7 月浙江大学改制后，史地研究所改设为地理研究所，划属理学院；其下分组则可能与地理学系一致，即为地理组、地质（或地形）组、气象组。但因 1949 年后地理研究所仅在 1950 学年招生一次（有关材料中有注明"地理组"的字样）[③]，且培养和毕业情况亦缺乏材料，故地理研究所 1949 学年后是否实际上分组，或除"地理组"外，其他 2 组是否设立，均暂时不得而知。

人类学研究所自 1949 年 2 月起正式设立后，吴

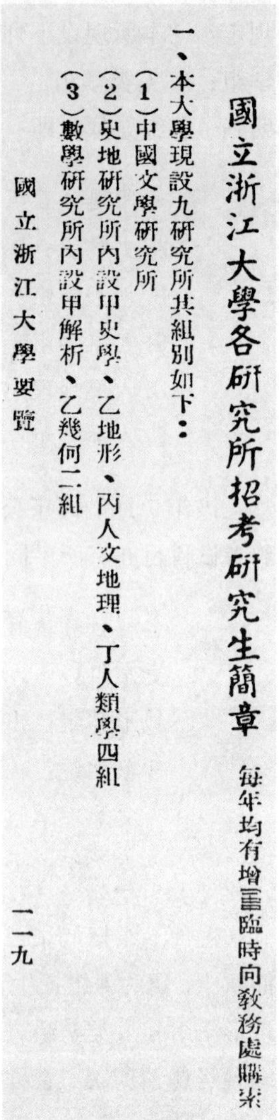

国立浙江大学各研究所招考研究生简章

每年均有增置临时向教务处购索

一、本大學現設九研究所其組別如下：

（1）中國文學研究所

（2）史地研究所內設甲史學、乙地形、丙人文地理、丁人類學四組

（3）數學研究所內設甲解析、乙幾何二組

国立浙江大学要览

一一九

图 5-2-1 《国立浙江大学要览》（1948 年）所载该年度研究所招生简章。引自"国立浙江大学各研究所招考研究生简章"，载《国立浙江大学要览》（1948 年），第 119 页。

---

① 《浙大招研究生，已开始报名》，载《中央日报》1947 年 8 月 7 日。

② "国立浙江大学各研究所招考研究生简章"，载《国立浙江大学要览》（1948 年），第 119 页。

③ "浙江大学 1950 学年地理研究所录取研究生名册"，见浙江大学档案馆所藏档案。

定良此前于1947学年在史地研究所所招收的研究生郑能瑞【史35】（又名郑公盾，浙大毕业后，多以郑公盾之名行世），当时为人类学组学生；在入学一年半后，因1948学年第二学期开始（1949.02）人类学研究所成立，故理论上应转为人类学研究所的研究生，导师仍为吴定良，于1949年7月毕业。

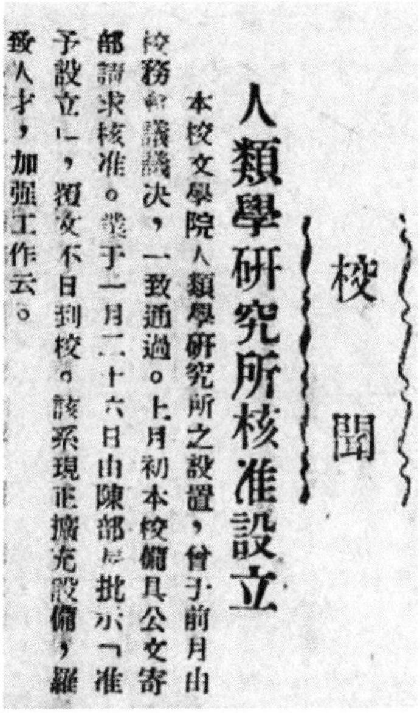

校聞

人類學研究所核准設立

本校文學院人類學研究所之設置，曾于前月由校務會議議決，一致通過。上月初本校備具公文寄部請求核准。業于一月二十六日由陳部長批示「准予設立」，覆文不日到校。該系現正擴充設備，羅致人才，加強工作云。

图5-2-2　《国立浙江大学日刊》复刊新107号（1949年2月16日）所载浙江大学“人类学研究所核准设立”的报道。引自《国立浙江大学日刊》复刊新107号（1949年2月16日）。

查浙江大学档案馆学号查询系统，可见人类学研究所各年招生情况（因档案可能有不完整或遗漏者，以及1952年院系调整后1950级、1951级学生亦调出，故名单恐有不完整之处）。人类学研究所自1949学年开始招收人类学研究生；1949级2名，即：石兴邦【人1】、毛昭晰【人2】；1950级4名，即：王伯扬【人3】、陈韵清【人4】、赵一清【人5】、吴汝祚【人6】；1951级3名，即：翁景田【人7】、郁简【人8】、张云鹏【人9】。其后，1952年院系调整，人类学研究所与人类学系一起调整至复旦大学生物学系。

值得指出的是，人类学研究所的研究生中，很大一部分都来自史地学系的毕业生，如毛昭晰【34011】、吴汝祚【34845】、翁景田【34008】等；这也显示出浙大人类学学科发展与史地学系的密切关系。例如，史地学系1945级本科生毛昭晰【34011】，于1949年7月毕业后，考入人类学研究所，成为人类学研究生【人2】，并于1951年7月毕业。

（四）史地教育研究室仍存

设立于1939年8月的史地教育研究室复校回杭后继续设立，仍与史地学系、史地研究所结合在一起，亦仍由张其昀负责，经费由教育部单独划拨。1947年9月印行的《国立浙江大学文学院概况》，对史地教育研究室当时的情况，也有详细的记载：

一、沿革

本室系第三次全国教育会议后之新设施，于民国二十八年九月由教育部委托本校史地系设立，以传布史地学术之最近贡献，改进史地学科之教材教法，搜集专题研究之参考资料，编制史地教科之图书设备为主旨。教部并指示本室应与本校史地研究所保持密切联系。历年均由张其昀教授主持其事。

民国三十六年八月至三十七年七月，本室经费一次拨给一千五百万元。

二、设备

本室图书、杂志利用史地研究所之藏书。其自有设备包括下列诸项：

幻灯玻璃片　1370 片

地理照片　1381 帧

民族图画　48 幅

名人书画　2145 幅

人物像片　257 帧

史迹图片　958 幅

碑帖　64 幅

单行本　199 册[①]

这样，严格说来，从 1947 学年起（即 1947 年 8 月起），至 1949 年 6 月，浙江大学仅有 3 个与地学有关的教学和科研机构，即文学院史地学系、史地研究所和史地教育研究室，其负责人均为张其昀。当然，其核心人员和基本团队仍由同一批人员构成，所以，一般也不再予以细致区分。

三、图书仪器设备等情况

竺可桢、张其昀都对办学所需的图书资料和仪器设备等非常重视，将其列为大学实施教育最重要的要素之一。竺可桢在 1936 年 4 月 25 日第一次对浙大学生的训话中，就论及："一个大学必有众多超卓的学者，才能感得图书设备的重要，而且会扩充合用的图书；也惟有丰富的图书，方能吸引专家学者，而且助成他们的研究与教导事业。简言之，人才与设备二者之间是必然辅车相依、相得益彰的。俗话说：'工欲善其事，必先利其器。'所以，教授、学生欲利其研究，必须充实其图书仪器各项的设备。"[②] 史地学系成立以来，扩充图书仪器设备是史地系的工作重点，并得到竺可桢的支持。1936 年 10 月史地系刚成立不久，竺可桢在经费极度紧张的情况下，答应了朱庭祜购买仪器的请求，"朱仲翔来，为购地质仪器事。

---

① 《国立浙江大学文学院概况》（1947 年），第 30 页。
② 《国立浙江大学校刊》第 248 期（1936 年 5 月 9 日）。

余以史地系预算已超出，允给四百元之数"①。1936 年 11 月 11 日至 18 日，浙江省立图书馆举办浙江省文献展览会，史地系亦在被邀请之列，并贡献地图 40 幅，均为彩色、可供悬挂，一部分为浙江省自然环境与人文环境，另一部分为史地系张其昀前年游览时所摄。同年冬天，正值绥远抗战方殷之际，史地系于 11 月 30 日至 12 月 3 日举办绥远省图籍展览会，"陈列品计三类，第一类地图，本系自制者三十八帧，收藏者三十二幅，第二类书籍，凡六十六种，第三类照片，凡三十帧，内容颇多名贵"。展览会反响很好，陈列品被借往省立图书馆展出，12 月 27 日，史地系又举办了察哈尔省图籍展览会。这表明，史地系在成立初期，图书仪器设备相对比较充实，种类丰富，价值颇高。

此后，史地系通过自制、购买、获得捐赠的办法，陆续充实图书仪器设备。1940 年 7 月，各系拟新购图书以史地系最多，"今日图书馆姚佑林已将各系拟新购之书籍打好，计共三千六百零五美金，其中以史地系为最多，计五百余美金，物理次之，而以蚕桑之八美金为最少，数学亦不多，惟国文系无书籍"②。同年 9 月，史地系仅设备已初具规模，"本系现有测绘仪器（缩放仪、罗盘仪等）价值一千四百元，气象仪器（旋转温度计、气压表等）价值三百元，地图、照片、幻灯片等价值一千一百元，地形模型、岩石矿物、标本价值二千三百元，合计现有设备价值五千一百元。本系自行采集之标本未计入。二十八年度本系添购之仪器因尚未运到，亦未计入"③，又陆军大学孙金铭捐赠湖南、河南、湖北、贵州、浙江、山东、江苏等各省地形图 392 幅。1943 年张其昀旅美期间，竺可桢先后三次向教育部函请购买史地图书，共价值两千美金。1946 年 4 月张其昀又得到竺可桢的允许，花费四十万（其中十万元用于修葺张荫麟墓）购买张荫麟遗书八千余册。1947 年，史地系得到美国国会图书馆所赠地图两批（第一批六月间已到）共计 626 幅，又得到英国文化委员会及澳洲驻华使馆所赠地图、照片及图书等资料。到 1948 年 10 月底，史地系仅图书和期刊就达两万五千余册，几乎是 1936 年全校图书的一半之数，地图、标本、模型等仪器设备也比较齐全，种类丰富。④ 见图 5-2-3。

时在美国的李春芬，当时直接参与了购置和运回相关图书和地图的事宜：

---

① 竺可桢著：《竺可桢全集（第 6 卷）》，上海：上海科技教育出版社，2005 年，第 154 页。
② 竺可桢著：《竺可桢全集（第 7 卷）》，上海：上海科技教育出版社，2005 年，第 396 页。
③ 《附录：国立浙江大学文学院、师范学院史地学系概况》，载《史地杂志》第 1 卷第 3 期（1940 年），第 63—66 页。
④ 李凡：《国立浙江大学史地系史述论（1936—1949）》（浙江大学硕士学位论文），2015 年，第 20—22 页。

……两个暑假的野外工作和一个寒假的访问，前后共花了两年时间写成了学位论文（加拿大西安大略格兰德河中游河谷的区域地理研究，"The Middle Grand River Valley of Western Ontario, Canada: A Study in Regional Geography"。论文后为多伦多大学图书馆制成缩微胶卷，以便出借与收藏），主要通过泰勒教授和普特兰教授（相当于我们今天的博士副导师）的审阅和初步通过，向校部研究生院报请安排论文答辩。参加答辩的有6人（1位教务长、地质系2位教授、地理系3位教授）。由于准备充分，答辩结束后，泰勒教授面带笑容，走到我面前向我祝贺，并说了句"你的答辩出乎意料的好"，原话是：You did unexpectedly well。我离开加拿大后，同泰勒教授通信时，他曾两次在回信时在封口上写上"加拿大第一个地理博士（First Canadian Ph.D in Geography）"，这些信在"文革"中都散失了（编者注：李春芬于1940年8月后入加拿大的多伦多大学地理系攻读博士学位，即1940.08—1943.07）。

当年秋（编者注：1943年9月后）公费延长一年，乃转往哈佛就教于知名区域地理学家惠特莱锡教授（Derwent Whittlesey）。这一年内旁听了三门课，参加研究生文献班，新英格兰北部的野外考察，还整理发表了《西安大略格兰德河中游河谷的土地利用》一文，较早地运用土地类型的方法研究土地利用，并从旁协助当时在哈佛访问的业师张其昀教授撰写《中国的地理学研究》和《气候与人生》两文，该两文后均发表于美国地理学家协会会刊。翌年秋（编者注：1944年9月后）公费停止，乃往美国内政部地名局工作，任专业4级区域地理学家。

1945年8月中旬抗战胜利，9月乃提出辞呈，准备回国应浙江大学聘，当年12月工作结束正式离开，办理回国手续。在这期间曾为浙江大学向美国国会图书馆接洽收集该馆向国外知名大学和研究机构赠送的复本书，计约两千册；整理发表了《滑铁卢与喀钦纳双连市》一文，往田纳西州诺克斯维尔列席美国战后第一次举行的地理学家协会年会。会上我结识不少老一辈的知名地理学家，如拉采尔（R.J.Russell）、芬奇（V.C.Vinch）、贝克（O.E.Baker）等。会后，兜了一圈，经匹兹堡回到华盛顿住居。[1]

---

① 李春芬：《我的生平和学术思想》，载李春芬编：《李春芬生平和学术思想》（内部印行），1990年，第9—10页。

至 1948 年 11 月，当时史地系图书设备统计数据如下：

（一）书籍

A. 中文，17264 册；B. 西文，1757 册；C. 日文，359 册。以上书籍共计 19380 册。

（二）期刊

A. 中文，320 种，3873 册（内含合订本 331 册）；B. 西文，53 种，1784 册（内含合订本 231 册）。以上期刊共计 5657 册（共 373 种，合订本 563 册）。

书籍期刊合计 25037 册。

（三）地图

A. 地图册，174 册；B. 挂图，1008 幅；C. 单张未装印者，13363 幅。

（四）统计册，24 册。

（五）画册，34 册。

（六）画轴，50 幅。

（七）照片，3595 张（四吋至八吋不等）。

（八）图片，8811 张（其中 1379 张图已制裱之拓片，每片又有图数幅未加统计）。

（九）玻璃幻灯片，1375 片。

（十）模型

A. 石膏模型，48 个；B. 木质结晶模型，172 个（内小型 120 个，大型 52 个）；C. 玻璃结晶模型，8 个。以上模型合计 228 个。

（十一）标本

A. 地质标本，70 个；B. 岩石标本，240 个；C. 矿物标本，210 个。以上标本合计 520 个。

（十二）地球体，二具。

（十三）测绘仪器，60 件。

（十四）气象仪器，气象测候所仪器一套。

（十五）立体透视镜（View Mirror）一具，立体透视照片（reel）15 个，计 105 幅。[①]

---

① 《史地系图书设备统计》，载《国立浙江大学日刊》复刊新 72 号（1948 年 11 月 16 日）。

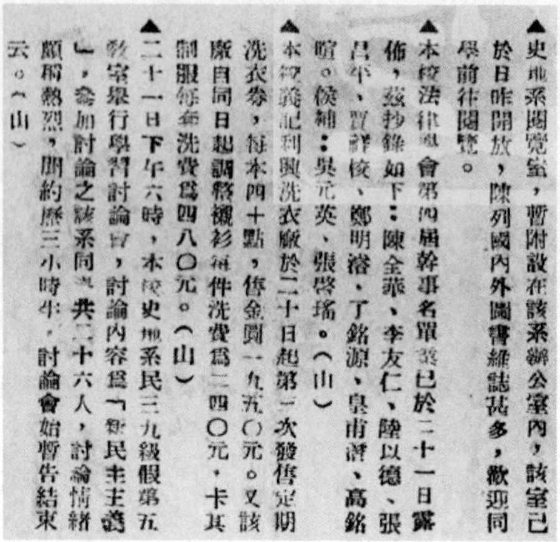

▲史地系閱覽室，暫附設在該系辦公室內，該室已於日昨開放，陳列國內外圖書雜誌甚多，歡迎同學前往閱覽。

▲本校法律學會第四屆幹事名單業已於二十一日露佈，茲抄錄如下：陳全華、李友仁、陸以德、張昌平、賈祥倓、鄭明濬、丁銘源、皇甫濟、高銘暄。候補：吳元英、張啓瑤。（山）

▲本校義記利興洗衣廠於二十日起第一次發售定期洗衣券，每本四十點，售金圓一九五〇元。又該廠自同日起調整襯衫每件洗費爲二四〇元，卡其制服每套洗費爲四八〇元。（山）

▲二十一日下午六時，本校史地系民三九級假第五教室舉行學習討論會，討論內容爲「新民主主義」，參加討論之該系同學共二十六人，討論情緒頗稱熱烈，間約歷三小時半，討論會始暫告結束云。（山）

图 5-2-3 《国立浙江大学日刊》复刊新 122 号（1949 年 3 月 23 日）所载浙江大学史地系阅览室开放的报道。引自《国立浙江大学日刊》复刊新 122 号（1949 年 3 月 23 日）。

此外值得一提的是，史地系陈训慈、张其昀等人在对文澜阁《四库全书》的保护和浙江大学图书的充实上起了重要作用。张其昀不仅联系出资帮助陈训慈转运《四库全书》，还于 1947 年前后，经过屡次协商，为浙江大学购得南浔刘氏嘉业堂藏书和瑞安孙诒让玉海楼藏书，使得浙江大学图书馆藏书在质和量上均成为一流。张其昀后来在《浙江潮》一文中，对此亦专门提及：

> 抗战胜利以后，浙大迁回杭州，增设法学院和医学院，成为七个学院、三十个学系的综合大学。除原有阳明馆外，新建梨洲、舜水二馆。又努力充实图书馆，除西湖孤山文澜阁《四库全书》近在咫尺外，还得到了南浔嘉业堂刘氏和瑞安玉海楼孙氏的藏书，论质与量都可称为第一流的大学图书馆。[①]

四、教职员工

浙江大学及史地学系教职员工的聘任和管理，方式同前。每学年第二学期起，院长、系主任等即考虑升等、聘任等事项。浙大升等，每年办理 2 次，即 6 月和 12 月。据当时《日刊》所载，直至 1949 年 3 月，在局势动荡、战争迫近的时期，仍然按照相关规定，进行升等申报工作，见图 5-2-4：

① 张其昀：《浙江潮》，载中国人民政治协商会议浙江省委员会文史资料研究委员会编：《天涯赤子情》（浙江文史资料选辑第 34 辑），杭州：浙江人民出版社，1987 年，第 1—4 页。

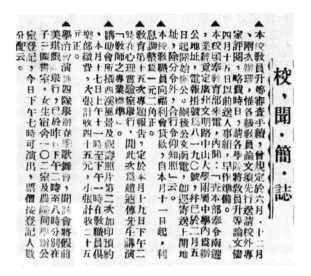

图 5-2-4　《国立浙江大学日刊》复刊新 119 号（1949 年 3 月 16 日）所载 1949 年 3 月"本校教员升等审查手续"开始办理的报道。引自《国立浙江大学日刊》复新 119 期（1949 年 3 月 16 日）。

本校教员升等审查手续，曾规定于六月、十二月两次办理。惟各级教员论文须先行送交校外专家评阅，略费时日。请各学院将教员升等论文尽四月十五日以前送入事组，早作准备。①

如前所述，1945 学年（1945.08—1946.07）结束时，史地学系教职员工包括：

史组：顾毂宜（西洋史教授），陈乐素（中国史教授），谭其骧（中国史教授），李絜非（中国史副教授），黎子耀（在永兴分部，中国史副教授），张崟（在杭州本部，中国史副教授），季平（在杭州本部，西洋史讲师），胡玉堂（西洋史教员；为史地教育研究室编辑，亦授西洋史），徐规（史学助教），管佩韦（史学助教）。

地组：张其昀（地理学教授），叶良辅（地质学教授），严德一（地理学副教授），王维屏（地理学副教授），刘之远（地质学副教授），么枕生（气象学副教授），沈思玙（在杭州本部，地理学、气象学教授），赵松乔（地理学助教），束家鑫（地理学助教），谢文治（地理学助教）。

职员：吴贤祚（绘图员），周丙潮（书记），王心安（绘图员）。

---

① 《国立浙江大学日刊》复刊新 119 号（1949 年 3 月 16 日）。

1946 学年至 1948 学年（1946.08—1948.06）期间，史地学系的主要教职员工，续有增聘和变化。兹各年分述如下。

（一）1946 学年（1946.08—1947.07）

复校回杭期间，有一批教职员工重新安排自己的职业生涯，离开了浙大，如地组中的刘之远、么枕生等副教授和束家鑫助教。刘之远离开浙大后，至南京进入中央研究院地质研究所任职，"浙江大学在西迁 7 年之后，又回到了杭州，爷爷却奉命来到了南京中央研究院地质研究所，与后来在国家地质科技战线的顶尖人物李四光、黄汲清、李春昱等同志成为同事"[1]。么枕生则"主要由于我是北方人，不想跟浙大复员去杭州，愿仍回东大复员到沈阳"[2]，遂在 1946 学年离开浙大。束家鑫也结束史地学系助教身份，至迁返南京的中央研究院气象研究所任职。

本年度起，中国体质人类学的先驱吴定良任教于文学院，为人类学教授，并成为史地研究所人类学组导师（1947.08—1949.01）。吴定良来浙大任教，是为了发展中国的人类学，这一设想当时也得到竺可桢、张其昀的支持；所以，经过一年的准备，经教育部批准，于 1947 学年在浙大设立人类学系。因此，狭义而言，吴定良 1946 学年来到浙大后，并不属于史地学系（即 1946.08—1947.07，直接隶属于文学院[3]，1947 年 8 月后属于人类学系）；但因其于 1947.08—1949.01 为史地研究所导师，即属于与史地学系有关的地学机构，故广义来说，也可认为属于史地学系，至 1949 年 1 月止。[4]

竺可桢"日记"记载有吴定良受聘经过：1946 年 7 月 26 日，"上午吴均一（编者注：即吴定良）来谈，渠愿至浙大。余告以浙大并无人类学上之设备，且助教只限一人，教课须每周九小时，渠亦首肯。盖定良自研究院停办人类研究所后大受打击，欲至中大曾被正之拒绝，此时正所谓饥而来归。但其造诣在人类统计学上均极可观，不应使之走投无路，故允其至浙大"[5]。

时任中央气象局局长的吕炯，于 1946 学年第二学期担任浙大兼任教授，讲授"地球物理"和"海洋学"等课程。

---

[1] 刘良：《我的爷爷刘之远》，载《浙大校友》2007 年（下），第 114—116 页。

[2] 么枕生：《对遵义浙大史地系的教学回忆》，载贵州省遵义地区地方志编纂委员会主编：《浙江大学在遵义》，杭州：浙江大学出版社，1990 年，第 114—118 页（本处引文见第 115 页）。

[3] 《国立浙江大学教职员通讯录（三十五学年度）》（1947 年 6 月编印），第 1 页。

[4] 说明：另据《时与空》第 1 卷第 2 期 "系闻" 中所载："史地研究所将于暑假中招收研究生，除原有史学、人文地理、地形、气象四门外，增设人类学门，由吴定良教授负责，本系人类学室近已成立"，即认可新设立的"人类学室"属于史地学系，表明当时也是认为吴定良属于史地学系。见《时与空》第 1 卷第 2 期（1947 年 5 月）。

[5] 竺可桢著：《竺可桢全集（第 10 卷）》，上海：上海科技教育出版社，2006 年，第 168—169 页。

中央气象局局长吕炯先生本学期应聘为兼任教授，每二周来校一次，授"地球物理"、"海洋学"二学程。[1]

李春芬亦于 1946 学年正式回国担任史地学系地理学教授。在李春芬自述《我的生平和学术思想》一文中，对此有详细的记载：

……1946 年 5 月下旬离华盛顿乘火车去旧金山，这是我第二次横越北美大陆的火车旅行。途中经阿巴拉契亚的蓝岭崖壁，车蜿蜒而行，前后相望，崖陡谷深，蔚为壮观。于芝加哥停一日，取道中太平洋铁路经奥马哈、大盐湖直抵旧金山对岸的奥克兰。盐湖位于大盆地东侧，为北美洲最大的内陆盐湖，车行其上，如涉水面，过盐湖西望，高峻的崖壁拔地而起，这就是内华达山的东部断崖。在旧金山候船约一周余，于中旬开船，约在上午 10 时过金门大桥，向北行驶，于加拿大温哥华曾作短时停留。回忆赴加拿大留学时曾在此停留改乘火车东行，于今又六载矣。这次海上航行，晕船有所缓解，除大浪外，一般能随众就餐。船近祖国海上大门长江口时，只见一片绿色大地毯横躺海上，颇为壮观。

抵沪的当天晚上，即往购票去过熬了 6 年之久的京戏瘾，看的是童芷苓的《锁麟囊》。留沪取回行李和书籍，经往杭州浙江大学，午饭后晋谒校长竺可桢先生，向他汇报了留学时情况并代多伦多大学地理系业师泰勒教授对他的问候。定好住房后，即去西湖浏览景色，并在平湖秋月泡了一杯龙井茶，借以洗洗长途旅行的仆仆风尘。

当时浙江大学正在复员，大兴土木，贵州遵义、湄潭、永兴的师生陆续东返。11 月以后，部分教职工宿舍已建成，办公和教室用房也因陋就简地相继建成，年底前正式上课。我担任"地学通论"、"北美地理"和"名著选读"……[2]

图 5-2-5　《国立浙江大学校刊》复刊第 143 期（1947 年 3 月 3 日）所载 1946 学年第一学期新聘教授、副教授、讲师名单。引自《国立浙江大学校刊》复刊第 143 期（1947 年 3 月 3 日）。

[1] 《时与空》第 1 卷第 2 期（1947 年 5 月）。
[2] 李春芬：《我的生平和学术思想》，载李春芬编：《李春芬生平和学术思想》（内部印行），1990 年，第 9—10 页。

此外，如朱庭祜（地质学教授）、孙鼐（地质学教授）、郑士俊（助教）等，亦于本学期进入史地学系。《校刊》曾登载1946学年新聘教师名录，文学院中，属于史地学系的教授即有：朱庭祜、陈训慈、孙鼐、李春芬、吴定良等。① 见图5-2-5。

朱庭祜1946学年是第二次来浙大史地学系任教。据朱庭祜回忆：

> 抗日战争胜利后，宝岛台湾收归祖国。国民党政府派陈仪（陈公侠）任台湾行政长官（陈是浙江人，资格比蒋介石还要老）。日本侵略者撤出台湾后，盐业生产由地方行政管理，但缺乏管理经验，技术方面问题较多，没有盐副产品，海水中之烧碱、碘、溴等化学原料不能回收。为加强台盐的管理和开发，成立了盐务管理局，由伪财政部选派我任台湾省盐务管理局局长，1946年1月我赴台就任……

> 到台湾后，因台语不懂，天气又热，吃东西口味不习惯，水土不服，身体不好，难以开展工作，故对台湾不感兴趣，就向盐务总局声请调江、浙工作。5、6月间总局局长缪秋杰同秘书何惟凝到台湾视察时，对盐务局不设税警有意见，6月间将我解职，另派叶光甫接任局长职务。

> 1946年7月我第二次进浙江大学史地系任教，仍任一年级主任。竺可桢校长起先要我任训导长，我未答应，后改兼任总务长。当时一年级学生共有400余人，我负责"工程地质"、"农业地质"和"野外实测"等课程。因校本部房舍不够，就迁至华家池新盖的农学院上课。②

孙鼐也是在1946学年来到浙大史地学系并担任地质学教授的。据有关记载：

> 1943年，应时任重庆大学地质系主任的俞建章之邀，孙鼐到重庆大学地质系担任副教授，讲授"矿物学"、"岩石学"等课程，并兼任中央大学副教授，还曾在交通大学和中央工业专科学校兼课，讲授"工程地质学"，以维持全家生计。1944年夏，孙鼐曾协助川东盐务局调查川东盐产，解决川东盐卤的成因问题。1944—1945年还曾担任《青年与科学》月刊编辑部编辑，负责撰写通俗自然科学文章，先后共出十余期。1945年，商务印书馆出版了由孙鼐编写的《普通地质学》，这是由我国学者自己编写、出版的第一部高校地质学中文教材，至1957年已出至第12版；此外，台湾商务印书馆也曾多次印行。

① 《国立浙江大学校刊》复刊第143期（1947年3月3日）。
② 朱庭祜口述、周世林记录整理：《我的地质生涯》，载《中国科技史杂志》第33卷第4期（2012年），第397—432页（本处引文见第425页）。

同年9月经俞建章介绍到设计局矿冶组兼任专门委员,编写中国矿产资源概况,1946年4月因接到浙江大学聘书,遂自请遣散。

1946年抗战胜利后,孙鼐应张其昀之聘到浙江大学史地系及后来的地理系担任教授,在此期间,孙鼐还对杭州附近地质进行调查。此外,早在1937年便已完稿并交付商务印书馆出版的《工程地质学》教材,在因淞沪抗战爆发而书稿被搁置沦陷区长达八年多之后,终于得以付印而在1946年9月出版。此后该书曾多次再版和重印,在国内影响巨大。[1]

根据1947年6月所编《国立浙江大学教职员通讯录(三十五学年度)》(见图5-2-6、图5-2-7),1946学年(1946.08—1947.07)史地学系及相关地学机构的教职员工包括:

文学院史地学系

史组:顾毂宜(史学教授兼训导长),诸葛麒(教授兼主任秘书),陈乐素(史学教授),谭其骧(史学教授),陈训慈(史学教授),徐规(史学助教),管佩韦(史学助教)。

地组:张其昀(文学院院长,史地学系主任,史地研究所主任),叶良辅(地质学地形学教授),朱庭祜(地质学教授兼一年级主任),沈思玙(气象学兼任教授),吕炯(气象学兼任教授),李春芬(地理学教授),严德一(地理学副教授),王维屏(地理学副教授),孙鼐(地质学教授),赵松乔(地理学讲师),谢文治(地理学助教),郑士俊(助教),赵昭晒(助教兼校刊编辑)。[2]

师范学院史地学系

李絜非(史地学系主任),李思纯(史学教授),黎子耀(史学副教授),张崟(史学副教授)。[3]

史地教育研究室

张其昀(兼主任),胡玉堂(编辑),吴贤祚(绘图员),王心安(绘图员),周丙潮(书记)。[4]

---

[1]　《孙鼐纪念文集》编辑委员会编:《孙鼐纪念文集》,南京:南京大学出版社,2010年,第3页。
[2]　《国立浙江大学教职员通讯录(三十五学年度)》(1947年6月编印),第4—5页。
[3]　《国立浙江大学教职员通讯录(三十五学年度)》(1947年6月编印),第28页。
[4]　《国立浙江大学教职员通讯录(三十五学年度)》(1947年6月编印),第42页。

图 5-2-6 　《国立浙江大学教职员通讯录（三十五学年度）》（1947 年）所载 1946 学年浙江大学文学院史地学系教师名单。引自《国立浙江大学教职员通讯录（三十五学年度）》（1947 年 6 月编印），第 4—5 页。

　　本学期，吴定良先生从编制看，并不属于史地学系，而是作为"人类学统计学教授"，直接由文学院聘任，即是直属于文学院的。换言之，从狭义上来看，吴定良并不属于史地学系，即并非史地学系教师。但就研究生导师身份而言，在 1949 年 2 月人类学研究所设立之前，自 1947 年 8 月起，史地研究所内部设立了人类学组（1947.08—1949.01），吴定良为人类学组导师，即他是属于史地研究所的导师（1947.08—1949.01），故广义而言，在此期间，他可以说是史地研究所的教师。

1947 年 6 月 23 日，史地学系举行系务会议，讨论事项中，包括谢文治请辞助教，拟聘陈述彭代之[①]；即自 1947 学年起，陈述彭为史地学系助教（编者注：陈述彭于 1947 年 7 月硕士毕业）。

（二）1947 学年（1947.08—1948.07）

当时出刊的《时与空》第 1 卷第 3 期，登载了史地学系教师进修、休假和新聘的情况。1947 学年起，中央大学地理学系教授李海晨因该年度休假，以借聘名义，任浙大史地学系教授一年（1947.08—1948.07）。李海晨即李玉林，1936 年 8 月至 1937 年 7 月随张其昀从中央大学地理系来到浙大史地学系担任助教。后出国留学，回国后在中央大学地理学系任教。严德一于本学年去美国进修一年，赵松乔仍在美国攻读博士学位。

出国进修之师友

文学院本年度出国进修者，有外国语文学系教授宋雪亭与母系副教授严德一二先生。宋先生现在美国密苏里州春田杜鲁礼大学，严先生现在美国威士康辛大学地理系。又会友毛汉礼兄，经教育部公费考试录取，现在美国洛杉矶加州大学研究海洋学。又会友谢觉民兄，曾在台湾师范学院任教，不久即将赴美，拟入纽约州叙拉古斯大学研究地理学。

休假与新聘教授

文学院本年度休假教授，在中国文学系有祝文白先生，史地学系有叶良辅先生。外国语文学系谢文通先生本年自北大返校授课。新聘者有讲师叶之蓁先生，兼任教课思安德先生。史地学系新聘教授李海晨先生，原在中大地理系，本年休假，以借聘名义来本校任教。李先生抗战前任母系助教，后在

文學院

姓名	別號	性別	年齡	籍貫	職別	通訊處
張其昀	曉峰	男	四七	浙江鄞縣	院長	本市大學路中正巷二○號
陳定良	晓溄	男	四九	江蘇金壇	人類學統計學教授	本市陶社
吳定良	均一	男	四四	廣東梅縣	哲學教授	杭州岳王路石貫子巷十一號
謝佐禹	幼儉	男	四四	浙江定海	哲學理則學倫理學教授	上海重慶南路二二五弄一號
毛起	無止	男	四八	湖南長沙	社會學教授	本市外西湖陶社
陳厚耀	石逸	男	三八	山西廣靈	人類學統計學助教	本市東街路石板巷一三四號
仝子魚	宗魯	男	三一	河北濮縣	文牘員	本市新二宿舍二○四號
觀奉學	逮辰	男	三三			濮縣西關醫院文中學收轉

图 5-2-7　《国立浙江大学教职员通讯录（三十五学年度）》（1947 年）所载 1946 学年浙江大学文学院直属教师名单。引自《国立浙江大学教职员通讯录（三十五学年度）》（1947 年 6 月编印），第 1 页。

---

① 《国立浙江大学校刊》复刊第 159 期（1947 年 6 月 22 日）。

德国柏林大学研究地学。哲学系新聘教授严群先生，副教授韩裕文先生。严先生毕业美国耶鲁大学，曾在燕京大学任教。[①]

陈吉余 1947 年硕士毕业，最初由张其昀安排以国立编译馆助理编辑的身份留校（张其昀当时承担国立编译馆的编写任务），后改聘为《国立浙江大学日刊》编辑，同时承担史地学系助教的工作，直至 1949 学年，始作为地理学系助教（这也可以解释下文所录 1948 学年史地学系教职员工名单中何以没有陈吉余之名，因当时他是以"国立编译馆助理编辑"的身份在校，也即应理解为受聘于"国立编译馆"）。

……1947 年上半年，一开始就准备以这次调查收集的资料撰写毕业论文。正在我考虑论文提纲时，系主任张其昀先生找我就调查所得写篇调查文章，于是仓促写了一篇《杭州湾地形述要》，用以交卷，被发表在《浙江学报》一卷二期，于是我以此为硕士毕业论文。系主任张先生联系国立编译馆，以助理编辑的职务使我留在浙大史地系担任助教，并被安排系里负责图书管理工作。

浙大史地系图书杂志有两万多册，管理图书这件事再好不过。中外古今的多种史地书籍，成套的地学杂志，我都重新编目上架。有时请地理系教师们（包括教授）一齐动手，登录卡片。我则常在工作之余，在书海中邀游，饱读了大量文献。这个助教、图书管理的工作，使我受用终身。引用文献可以信手取来，不用到处查寻。在浙大地理系，师兄陈述彭管地图，我管图书，真是各得其所。[②]

1947 年，是陈吉余学术生涯中的一个重要年份。……发表了《杭州湾地形述要》之后，陈吉余的学业也就完成了。……系主任张其昀慧眼识英才，看到陈吉余业务精湛，是研究地学的好苗子，就把他留在系里，跟自己做助教。陈吉余欣然同意留下。

当时张其昀以各种名义留在史地系作为助教随他工作的有 10 个人，被称为"十大"助教。其中有的助教帮他编辑上海《大公报》的副刊，有的帮他编辑杭州《东南日报》的副刊，还有的帮他编辑浙大的期刊。陈吉余的工作

① 《时与空》第 1 卷第 3 期（1947 年 9 月）。
② 陈吉余：《浙江大学史地系的十三年异彩纷呈》，载陈吉余著：《奋力长江河口——记陈吉余先生近期的河口海岸研究实践》，上海：华东师范大学出版社，2017 年，第 221 页。

是编辑《黄河志》，兼管史地系的图书。比他先留校的还有他的同学陈述彭。这时的史地系图书馆比浙大西迁时候的藏书更加丰富，有中外文图书2万余册，还订有多种中、外文地学方面期刊。除了管图书，他还兼管仪器设备。史地系的所有地图，则由陈述彭管理。[1]

本学年的第二学期，1948年4月起，严钦尚学成归国，被聘为史地学系地形学副教授[2]，么枕生也在该学期被聘为气象学副教授。

此外，陈述彭本学年起被聘为地组助教，倪士毅聘为史组助教。

印行于1947年9月的《国立浙江大学文学院概况》，登载有1947学年初期的史地学系教职员工情况。见表5-2-1。兹转录如下：

表5-2-1　1947学年第一学期（即1947.08—1948.01）史地学系教职员工一览表[3]

姓名	别号	性别	年龄	籍贯	职别	备注
张其昀	晓峰	男	47	浙江鄞县	文学院院长，史地学系主任，史地研究所主任	
史组						
顾毂宜	傲南	男	45	江苏无锡	史学教授，兼训导长	
陈乐素		男	45	广东新会	史学教授	
谭其骧	谭季龙	男	37	浙江嘉兴	史学教授	
李絜非		男	40	安徽嘉山	史学教授	
黎子耀		男	39	湖南汉寿	史学副教授	
张崟	慕骞	男	40	浙江瑞安	史学副教授	
胡玉堂		男	30	浙江余姚	史学讲师	
地组						
叶良辅	左之	男	56	浙江杭县	地质地形学教授	本年休假
朱庭祜	仲翔	男	53	江苏川沙	地质学教授，兼一年级主任	

---

[1] 戴勇、王平、金文华著：《探究河口，巡研海岸——陈吉余传》，上海：上海交通大学出版社，2015年，第57—58页。
[2] 《国立浙江大学校刊》复刊第177期（1948年3月15日）。
[3] 资料来源：《国立浙江大学文学院概况》（1947年），第9—10页。

续表

姓名	别号	性别	年龄	籍贯	职别	备注
李春芬		男	36	江苏兴化	地理学教授	
李海晨		男	38	江苏江阴	地理学教授	
孙鼐		男	37	南京	地质学教授	
严德一		男	40	江苏泰兴	地理学副教授	出国
王维屏		男	38	江苏江阴	地理学副教授	
赵松乔		男	29	浙江东阳	地理学讲师	出国
沈思玚	鲁珍	男	47	安徽合肥	气象学兼任教授	
助教及其他助理人员						
徐规	絜民	男	28	浙江平阳	史学助教	
管佩韦	一弘	男	28	浙江黄岩	史学助教	
宋晞	旭轩	男	28	浙江丽水	史学助教	
陈述彭		男	30	江西萍乡	地理学助教	
郑士俊	泽安	男	30	安徽怀宁	地理学助教	
倪士毅		男	29	浙江乐清	助教兼毕业同学会编辑	
赵昭晒	竹虚	男	26	浙江东阳	助教兼校刊编辑	
职员						
吴贤祚	慎初	男	34	浙江杭县	绘图员	
王心安		男	37	安徽太和	绘图员	
周丙潮		男	33	浙江吴兴	书记	

这样，至 1947 学年（1947.08—1948.07）结束时，史地学系教职员工包括（见图 5-2-8）：

史组：顾毂宜（史学教授），陈乐素（史学教授），谭其骧（史学教授），李絜非（史学教授），黎子耀（史学副教授），张崟（史学副教授），胡玉堂（史学讲师），徐规（史学助教），管佩韦（史学助教），宋晞（史学助教）。

地组：张其昀（地理学教授），叶良辅（地质地形学教授，本年度休假），朱庭祜（地质学教授），李春芬（地理学教授），孙鼐（地质学教授），李海晨（李玉林，地理学教授，本学年结束时离开），严德一（地理学副教授，

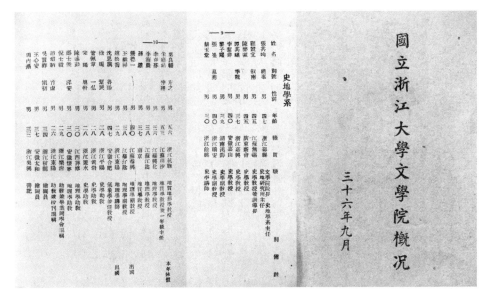

图 5-2-8　《国立浙江大学文学院概况》（1947 年）封面及所载 1947 学年第一学期史地学系教职员工名单。引自《国立浙江大学文学院概况》（1947 年），封面，第 9—10 页。

1946、1947 年度赴美国进修），王维屏（地理学副教授），严钦尚（地理学副教授，1948 年 4 月起），沈思玛（气象学兼任教授），么枕生（气象学副教授，1948 年 2 月起），赵松乔（地理学讲师，1946、1947 年度赴美攻读博士学位），郑士俊（助教），陈述彭（助教）。

其他助理人员：倪士毅（助教兼毕业同学会编辑），赵昭晒（助教兼校刊编辑）。

职员：吴贤祚（绘图员），周丙潮（书记），王心安（绘图员）。

（三）1948 学年（1948.08—1949.07）

1948 学年，赵松乔在美国获得博士学位后即回校，被聘为地理学副教授。此外，石延汉被聘为气象学兼任教授，李季谷被聘为史学兼任教授。[1] 见图 5-2-9。

1948 年 8 月 17 日，赴美进修的严德一回国，9 月 7 日赵松乔学成回国，二人均回史地学系任教。[2] 见图 5-2-10。

---

[1] 《国立浙江大学日刊》复刊新 25 号（1948 年 9 月 13 日）。
[2] 《国立浙江大学日刊》复刊新 25 号（1948 年 9 月 13 日）。

▲本學期本校新聘教師爲：中國文學敎授鍾泰先生，史學兼任敎授李季谷先生，地學兼敎授仁延漢先生，哲學敎授華宗三先生，人類學兼任副敎授金祖同先生，電機工程敎授楊傑先生，化學工程敎授張鈴先生，農藝學副敎授方正三先生，淮機械工程副敎授徐紀楠先生，農藝學副敎授黃本立先生，森林學副敎授朱祖祥先生，農經副敎業化學敎授趙明強先生，副敎授張兆伯先生，邵鋅先生，法學敎授蔣固節先生，副敎授滕詠延先生，吳末。

▲本年度休假敎授文學院各系計五人已載見上週本刊外，理學院有王淦昌、何增祿、王葆仁、吳微鎧四先生，工學院有王國松、張樹森兩先生，師範學農學院有蔡邦華、王福山維登義三先生，惟院有王倬、陳立兩先生，體育課有鴻鳴先生，以致課及職務關係，各先生仍多留校負責云。

▲敎育部令知本校竺校長自三十七年一月份起加年功新三○元云。

要訊掇拾

图 5-2-9 《国立浙江大学日刊》复刊新 25 号（1948 年 9 月 13 日）所载 1948 学年浙大新聘教师情况。引自《国立浙江大学日刊》复刊新 25 号（1948 年 9 月 13 日）。

本校敎授多人 自美載譽先後歸國

校聞

本校物理系出國進修敎授束福炘先生，於七月間由美返國消息，已誌本刊。秋間開學期屆，新近來菙美輪，更爲本校載來大批敎授，計八月十七日到滬之美瑞將軍號，本校去年出國進修之數學系敎授陳建功先生，史地系敎授嚴德一先生，以及本年農化系朱贊卿先生，農經系趙明強女士，均乘該輪返國，又載來本機械系新聘敎授徐化楠先生，農經系趙明強先生，先後到校。九月七日到滬之威爾遜總統號，又載來本農學院，朱楨兩位校友且爲賢亢儷，聯袂回母校任敎校校友趙松喬先生，旅途暢遊珍珠港等處，已於十日晚七時返抵母校，任敎史地學系。又理學院院長胡剛復先生出國已兩年，先在英國研究近代物理學，復繞道新大陸，已於八月二十七日乘戈登將軍號輪離美，聞本月二十日即可抵滬云。

图 5-2-10 《国立浙江大学日刊》复刊新 25 号（1948 年 9 月 13 日）所载 1948 学年浙大教师从美国回校的情况。引自《国立浙江大学日刊》复刊新 25 号（1948 年 9 月 13 日）。

此外，1940级学生阚家蓂（1944年7月毕业）于1948年暑假起，"回杭州浙大史地系去做助教"，至1949年3月离开。因任职时间较短，故很多材料中未列入其名。

> 我毕业时，正值晓师在美国哈佛大学讲学，后来我复员、返乡、结婚。外子谢觉民亦是晓师学生，就读浙大史地系时，高我三班。一九四八年初，他去美留学。暑期后，我回杭州浙大史地系去做助教，名为助教，实际上我在补习英文，甚至有时早上办公时间我也溜出去跟人练习英语，晓师从不加过问。一九四九年三月中旬，我在上海把签证拿到后，立即赶回杭州取行李乘船赴美。我向晓师辞行时，他高兴得双手直搓，连声抱歉说太匆促了，不能邀我到他府上吃饭。第二天，他在教务会议上特意宣布："我们系里有位助教明天就要到美国去读书了。"好像我给系里带来了莫大的光荣似的。[1]

兹据当时浙江大学上报教育部的教师名册（原件藏中国第二历史档案馆），将史地学系1948学年第一学期结束前后（1948.08—1949.01）的教职员工名单摘录如下，见表5-2-2、图5-2-11：

表5-2-2　1948学年文学院史地学系教职员工名录[2]

姓名	字号	性别	年龄	籍贯	职称	月薪	职务	课程	入校年月	职称批准编号	备注
张其昀	晓峰	男	49	浙江鄞县	教授	660	专任兼文学院院长、史地学系主任、史地研究所主任	政治地理3小时 地理教材教法2小时	25年8月	1149（教授）	
叶良辅	左之	男	58	浙江杭县	教授	660	专任	地形学3小时 历史地质3小时	27年4月	428（教授）	
朱庭祜	仲翔	男	55	江苏川沙	教授	640	专任兼总务长	工程地质3小时	35年8月	2480（教授）	

---

[1]　阚家蓂：《大人者，不失其赤子之心——敬悼晓峰先师》，载中国人民政治协商会议浙江省委员会文史资料研究委员会编：《天涯赤子情——港台和海外学人忆浙大（浙江文史资料选辑第三十四辑）》，杭州：浙江人民出版社，1987年，第178—183页（本处引文见第180页）。

[2]　资料来源："1948学年文学院史地学系教职员工名册"，见：中国第二历史档案馆所藏档案。说明：原表无表头，现表头各项表述为编者根据表中内容概括，其中，"职称批准编号"为编者推测，不一定准确。特此说明。

续表

姓名	字号	性别	年龄	籍贯	职称	月薪	职务	课程	入校年月	职称批准编号	备注
诸葛麒	振公	男	49	浙江东阳	教授	600	专任兼主任秘书		25年4月	1770（教授）	休假进修
顾毅宜	俶南	男	47	江苏无锡	教授	600	专任	西洋近世史3小时 英国史2小时	24年8月	422（教授）	休假进修
陈乐素		男	47	广东新会	教授	580	专任	隋唐五代史3小时 日本文化史3小时	31年11月	36年1月16日学字第02445号训令（教授）	
谭其骧	季龙	男	39	浙江嘉兴	教授	530	专任	中国通史3小时 中国历史地理3小时	29年3月	630（副教授）	
李春芬		男	38	江苏兴化	教授	500	专任	地学名著选3小时 北美地理3小时 地学通论3小时	35年8月	2559（教授）	
孙　鼐	乃鼎	男	39	南京	教授	480	专任	地质学5小时，实习8小时 岩石学2小时，实习2小时	35年8月	3431（副教授）	
李絜非		男	42	安徽嘉山	教授	450	专任	中国近世史3小时 历史教材教法3小时 历史教学实习2小时	25年9月	2477（教授）	
严德一		男	42	江苏泰兴	教授	440	专任	欧洲地理3小时 经济地理3小时 地理教学实习2小时	33年2月	33年7月15日学字第34329号训令（副教授）	
李季谷		男	54	浙江绍兴	教授		兼任	史学方法2小时	37年9月	747（教授）	

姓名	字号	性别	年龄	籍贯	职称	月薪	职务	课程	入校年月	职称批准编号	备注
沈思玙	鲁珍	男	49	安徽合肥	教授		兼任	气象学3小时	34年8月	905（教授）	
石延汉		男	39	杭州	教授		兼任	高等气象学3小时	37年9月		
严钦尚		男	32	江苏无锡	副教授	400	专任	地图读法2小时 杂志讨论3小时	37年2月	已送审	
黎子耀		男	41	湖南汉寿	副教授	400	专任	史学名著选读3小时 秦汉史3小时 中国经济史3小时	30年8月	999（讲师）	
么枕生		男	38	河北丰润	副教授	400	专任	天气学3小时 高等气象学3小时 农业气象学3小时	37年3月	已送审	
张崟	慕骞	男	42	浙江瑞安	副教授	380	专任	中国通史3小时 商周史3小时 中国文化史3小时	30年8月	1185（副教授）	
赵松乔		男	31	浙江东阳	副教授	380	专任	本国地理总论3小时 亚洲地理3小时 地学名著选3小时	37年8月		
胡玉堂		男	32	浙江余姚	讲师	240	专任	西洋上古史3小时 西洋通史6小时	33年8月	已送审	

续表

姓名	字号	性别	年龄	籍贯	职称	月薪	职务	课程	入校年月	职称批准编号	备注
陈述彭		男	32	江西萍乡	讲师	210	专任	地图学2小时，实习3小时	36年8月		
徐规	絜民	男	30	浙江平阳	讲师	200	专任	中国通史3小时 补习历史2小时	34年8月	2427（助教）	
管佩韦		男	32	浙江黄岩	助教	190	专任	补习历史2小时	32年8月	1814（助教）	
郑士俊		男	33	安徽怀宁	助教	180	专任	补习地理2小时	35年8月	已送审	
倪士毅		男	31	浙江乐清	助教	180	专任		36年8月	37年4月1日学字第19874号训令（助教）	

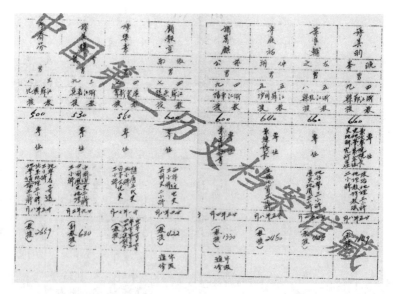

图5-2-11 1948学年文学院史地学系教职员工名册（部分）。引自中国第二历史档案馆所藏档案。

这样，1948学年第一学期结束时（即1949年2月前后），史地学系教职员工包括：

史组：顾毅宜（西洋史教授，休假进修），陈乐素（中国史教授），谭其骧（中国史教授），李絜非（中国史教授），李季谷（中国史教授，兼任），黎子耀（中国史副教授），张荩（中国史副教授），胡玉堂（讲师），徐规（史学助教），管佩韦（史学助教），倪士毅（史学助教）。

地组：张其昀（地理学教授），叶良辅（地质学教授），朱庭祜（地质学教授），诸葛麒（气象学教授，休假进修），李春芬（地理学教授），孙鼐（地质学教授），李海晨（李玉林，地理学教授，兼职），严德一（地理学教授），严钦尚（地理学副教授），沈思玙（地理学、气象学教授），么枕生（气象学副教授），石延汉（教授，兼职），赵松乔（地理学副教授），陈述彭（讲师），郑士俊（助教）。

职员：吴贤祚（绘图员），周丙潮（书记），王心安（绘图员）。

至1949年5月之前，文学院史地学系教职员工情况，现还可以在浙江大学档案馆查到一份"三十八学年度文学院史地学系拟聘任教职员名单"（编者注：一般在前一个学年度第二学期开始聘任下一学年教职员工，当时为一年一聘，但一般前一学年教师，若无特殊问题，均续聘）；基本等同于1948学年度所聘任人员，也即至1949年5月初杭州解放前，史地学系教职员工即为该表所反映情况[1]。

1949年5月后文学院史地学系教职员工情况（若将张其昀先生列入，即为1948学年史地学系教职员工名单），见表5-2-3。

表5-2-3 1949年5月后所填写的史地学系拟于1949学年聘任教职员名单

姓名	职别	月薪	原等级	上年度薪额	备注	后添加的标注情况
叶良辅	地学教授			660		地√，兼地理学系主任
朱庭祜	地学教授			640		地√

---

[1] 说明：表中无张其昀名字，可能因张其昀当时为文学院院长，由校长聘请，故未列入该表；也可能因制此表时，张其昀已经离开浙大，即已经离职，故未编入。另，陈吉余在表中已经出现名字，注明为"《日刊》编辑名义，做的是助教的事，请改正助教，以期名实相符"，也即可理解为1948.08—1949.07期间，陈吉余受聘于"《国立浙江大学日刊》编辑部"，尚非史地学系员工，但可理解为是浙大员工。

续表

姓名	职别	月薪	原等级	上年度薪额	备注	后添加的标注情况
诸葛麒	史学教授			600		×
顾毂宜	史学教授			600		×
陈乐素	史学教授			580		史√
谭其骧	史学教授			530		史√
李春芬	地学教授			500	代理系务	地√
孙鼐	地学教授			480		地√
李絜非	史学教授			450		×
严德一	地学教授			440		地√
沈思玙	地学教授	兼任教授，过去系以钟点计算				?
石延汉	地学教授	兼任教授，过去系以钟点计算			请将兼任改专任	×
严钦尚	地学副教授			400		地√
黎子耀	史学副教授			400		史√
么枕生	地学副教授			400		地√
张崟	史学副教授			380		?
赵松乔	地学副教授			380		×
胡玉堂	史学讲师			240		史√
陈述彭	地学讲师			210		地√
徐规	史学讲师			200		×
管佩韦	史学助教			190	已向升等委员会申请，升任讲师	史√
郑士俊	地学助教			180		×
陈吉余				190	《日刊》编辑名义，做的是助教的事，请改正助教，以期名实相符	（无）
倪士毅	史学助教			180		史√
吴贤祚	绘图员			220		（无）

姓名	职别	月薪	原等级	上年度薪额	备注	后添加的标注情况
王心安	绘图员			170	平日工作努力，请特加十元	（无）
周丙潮	书记			180	平日工作努力，请特加十元	（无）
附：史地教育研究室						
王镇坤	校刊编辑			150		是否离校？

附注：开送教职员名单，务请用此表填写，以期划一。

1949年5月3日杭州解放，至6月后，临时校务会议重新确定1949年度拟聘名单，即以此份名单为底稿，先用铅笔勾出拟不聘的人员名字（即打叉者）和聘否未定的人员名字（即打问号者）；复在确定后，又用黑色墨水笔将拟聘人员名字上打勾，且因当时已经确定史、地分系，故加注"史"、"地"字样，并在叶良辅名字的备注栏内，注明"兼地理学系主任"。这样，原史地学系人员在1949学年度开始（即1949年8月后），地理学系、历史学系人员如下：

地理学系：

叶良辅（教授，兼地理学系主任），朱庭祜（教授），李春芬（教授），孙鼐（教授），严德一（教授），严钦尚（副教授），么枕生（副教授），陈述彭（讲师）（编者注：后石延汉留任教授）

历史学系：

陈乐素（教授），谭其骧（教授），黎子耀（副教授），胡玉堂（讲师）（编者注：后胡玉堂离开浙大），管佩韦（助教），倪士毅（助教）

其他未做标记者，后基本上留用，包括陈吉余（原为《日刊》编辑，正式改为助教）、吴贤祚（绘图员）、王心安（绘图员）、周丙潮（书记）等。而名字上方打叉号或标注问号者，即诸葛麒、顾毂宜、李絜非、沈思玛、张鎏、赵松乔、徐规、郑士俊、王镇坤（校刊编

图 5-2-12　赵松乔先生在浙江图书馆楼前（1948 年底）。引自赵旭沄著：《质朴坚毅——地理学家赵松乔》，北京：商务印书馆，2016 年，彩插。

辑）等，绝大多数未予聘用（或自行离职），仅石延汉留任，聘为专任教授。

五、学生

（一）本科生

1.总体要求

1946—1949 年，由于师范学院于 1947 学年起不再设立史地学系，本科生（包括非师范生和师范生）均由文学院史地学系统一招生、培养，其中少数可在报考大学时申请为师范生。如 1948 学年的招生简章：

1948学年国立浙江大学招一年级新生简章
（每年均有增删，临时向浙江大学教务处购索即寄）

招考院系：

一年级新生

文学院：中国文学系、外国语文学系、史地学系、哲学系、人类学系。

理学院：数学系、物理学系、化学系、生物学系、药学系。

工学院：电机工程学系、化学工程学系、土木工程学系、机械工程学系、航空工程学系。

农学院：农艺学系、园艺学系、农业化学系、植物病虫害学系、蚕桑学系、农业经济学系、森林学系。

师范学院：教育学系。

法学院：法律学系（混合制）及法律学系司法组。

医学院

报考文学院中国文学系、外国语文学系、史地学系及理学院数学系、物理学系、化学系、生物学系，学生得申请为师范生，享受师范生待遇，但应于报考时填具志愿书，入学后不得再行申请（师范生录取人数不得超过各该学院所招新生总数百分之十）。

修业年限：

师范学院五年（最后一年充任实习教师），医学院六年，余均四年。

投考资格：

1.曾在公立或已立案之私立高级中学毕业、得有毕业证书或升学证明书者；

2.曾在公立师范学校或前高中师范科毕业、得有毕业证书并于毕业后服务三年期满者；

3.曾在公立或已立案之私立高级职业学校毕业、得有毕业证书者，只限于报考与原毕业学校性质相同之院系；

4.未立案之私立高级中学毕业生，曾受升学预试或甄审考试，得有及格证明书者；

5.具有高级中学毕业同等学力者，但须受下列各项之限制：

（1）修满高中二年级课程后失学一年以上，须缴验原肄业学校贴有相片之肄业证明书及第一、第二两年成绩单，经审查合格者；

（2）同等学力学生录取人数不得超过录取新生总额百分之五；

（3）曾在职业学校及师范学校肄业，或现在中等学校肄业学生，不得以同等学力资格报考。

报名手续：

投考学生须到报名处填写报名单二份，并须缴下列各件：

1.毕业证明文件（师范学校毕业生，除毕业证书外，应缴验服务三年期满证明书）；

2.以同等学力报考各生，应缴验原肄业学校贴有相片之肄业证书，及第一、第二两年成绩单；

3.最近半身脱帽二寸相片二张，背面填写姓名；

4.报名费、考卷费若干元临时订定（录取与否概不发还）；

5.师范并应加填志愿书。

报名及考试区域：

临时酌定公布。

报名日期及地点：

临时酌定公布。

考试日期及地点：

临时酌定公布。

考试科目（各科考试时间，除公民半小时外，余均为两小时）：

一、甲组【理学院（生物、药学两系除外）、工学院】

国文、英文、数学甲（高等代数，解析几何，三角）、公民、物理、化学、中外史地

二、乙组【文、法、师范学院】

国文、英文、数学乙（高等代数，平面几何，三角）、公民、中外历史、

中外地理、理化

三、丙组【农、医学院及理学院生物学系、药学系】

国文、英文、数学乙（高等代数，平面几何，三角）、公民、中外史地、理化、生物

笔试录取：

以成绩为准。如第一志愿已额满，得取入第二志愿。

体格检查：

凡笔试录取新生，应于到校前就近自往任何左列医院，检查体格，取得健康证明书，方准入学（医院名称临时公布）

揭晓：

录取新生，除在杭州本大学榜示暨个别通知外，并登载京、沪、杭及指定考区之主要日报。[①]

2. 招生及地组毕业生情况

（1）1946 学年

1946 学年起，浙江大学复校回杭，该学年文学院、师范学院史地学系仍存，均招收史地学系新生。经检核浙江大学档案馆校友查询系统，1946 学年登记为史地学系该级新生名单如下（说明：仅是根据学号归纳整理，不排除个别学生因转学、转系或休学等原因，或不属于本级，或可能有遗漏）：

文学院：吴　甫【35023】，夏文俊【35037】，曹颂淑【35039】，

　　　　汪安球【35061】，梁　铮【35062】，何朱铨【35063】，

　　　　李行健【35064】，陈为廉【35068】，胡宜柔【35069】，

　　　　王仲殊【35070】，王品章【35071】，祝丰年【35072】，

　　　　王大华【35074】，柯保悟【35075】，宛懋芳【35076】，

　　　　卢　品【35077】，邵维中【35078】，朱学西【35079】，

　　　　陈耀刚【35080】，吴群翼【35689】（或为吴郡翼），

　　　　方肇衡【35719】

1946 级师范学院史地学系开始招生时，仍是以师范学院史地学系的名义，学制 5 年；但一年以后，即 1946 年下半年，学校接教育部令，师范学院体制发生变化，

---

① 《国立浙江大学要览》（1948 年），第 117—119 页。

不再设立单独的史地学系，原史地学系学生归并到文学院史地学系，作为师范生。因此，本届学生入学时按照师范学院史地学系招生，1947 年 8 月后归并于文学院史地学系，改为师范生，4 年制（1946.08—1950.07）。入学时可能的学生名单如下：

　　师范学院：李浩生【35805】，吴心孝【35809】，邵宗和【35828】，
　　　　　　　毛保安【35836】，张学理【35837】，丁浩然【35838】，
　　　　　　　李玉林【35839】，傅君亮【35840】，杨振宇【35841】，
　　　　　　　冉耀南【35842】，卢云谷【35854】

　　该届于 1950 年 7 月毕业。由于 1949 年 7 月后原文学院史地学系中的地组改为理学院地理学系（史组则暂停招生，原学生转学离开浙大），所以至 1950 年 7 月毕业时，该届同学（即地组学生）作为地理学系学生毕业，即成为第一届浙江大学地理学系的毕业生。

　　根据浙江大学档案馆所藏"国立浙江大学毕业学生名册"（注明时间为"公历 1950 年 7 月"），地理学系第一届毕业生（1946.08—1950.07）有 10 名，包括：

　　郑威【34013】，林晔【34097】，吴国纯【34092】，王懿贤【34266】，
顾全甫【34833】，汪安球【35061】，李行健【35064】，丁浩然【35838】，
傅君亮【35840】，卢云谷【35854】。

　　该登记表中还有学生的总评成绩和名次（手写），即：
　　（1）李行健：81.05；（2）丁浩然：75.77；（3）郑威：75.26；（4）汪安球：72.36；（5）卢云谷：72.25；（6）傅君亮：71.75；（7）顾全甫：71.71；（8）林晔：71.50；（9）吴国纯：69.55；（10）王懿贤：68.97。

　　其中，林晔【34097】为 1945 年入学，最初被数学系录取；但因两年后于 1947 年 9 月转入史地学系（参见林晔的"国立浙江大学注册证"），所以与 1946 级史地学系学生一起修读、毕业。其他 1945 级同学在 1950 年毕业者，可能也有类似情况。见图 5-2-13。

　　此外，还有两位学生于 1951 年 1 月毕业，也应归入 1950 届：

　　王品章【35071】，方孔裕【寄 60】

　　同时，1950 年 7 月的毕业生登记名册中，还有 4 位注明"师范学院史地学系"的毕业生，应该是 1943 学年及之前入学的师范学院学生（即仍为 5 年制师范学院史地学系学生，未归并入文学院史地学系），延至 1950 年 7 月毕业：

图 5-2-13　浙江大学档案馆所藏林晔【34097】的"国立浙江大学注册证"。引自《浙江大学馆藏档案 2018》，第 102 页。

李传祚【32832】，宋炎【32844】，李发祥【33829】，段月薇【32833】

　　该届毕业生中，李行健留校担任地质学助教，王懿贤、吴国纯考取本校地理研究所研究生，郑威、汪安球至当时正在筹建的中国科学院地理研究所（时在南京），林晔至中央气象局，顾全甫后在浙江农学院农业气象教研组，卢云谷、方孔裕至浙江地质调查所，傅君亮后在天津师范学院。

　　王懿贤在 1950 年 7 月按照当时的毕业分配方案，是与林晔一起分配至当时的人民革命军事委员会气象局工作，因考取本校地理研究所研究生，故后仅林晔去军委气象局报到，王懿贤入地理研究所，进入硕士研究生阶段学习。

　　1949 年浙江省成立了"浙江地质调查所"，朱庭祜兼任所长。当时专业人员匮乏，1950 级毕业生卢云谷、方孔裕等即分配入所。朱庭祜的回忆中提及：

> 　　1949 年 5 月 3 日杭州解放，浙江大学由人民政府接收后，史地系改为地理系，我仍在该校任教。不久，当时浙江省财经委员会负责人汪道涵，嘱托省资源委员会水力发电工程处负责人徐洽时转告我和盛莘夫（盛此时在西湖博物馆工作）去见汪道涵，要我们筹设地质调查所。我们商议了筹办方案，由盛莘夫负责筹备。同年 8 月间，浙江地质调查所正式成立，所址设在里西湖梅园。1952 年改迁杭州市教仁路西头。我兼所长，盛莘夫为副所长。
>
> 　　关于地质人员，因当时中央和各省区都在组织地质机构，人员来源颇感困难。我只好约请散在各地的地质人员来所工作，如在兰溪中学任教的章人

俊（编者注：也作"章人骏"）及乐清中学来的南延宗，汪龙文（汪道涵的侄子）从上海某书局来，胡克俭是汪龙文的同学，由他介绍而来。朱夏从国外留学回国到上海，与我联系后请他来浙工作，后来任副所长。以后从浙江大学地理系毕业分配来了仝子鱼、卢云谷、方孔裕等（编者注：此处可能记忆有误，仝子鱼为1945年中央大学地质系毕业生），还有刘树汉、唐克义等。化验员有丁镇、孙淑英和另一名女同志，测绘人员有高德芳、黄云舟、金子余、孟在炘、秦荣华等，会计员是潘湘，文书员俞××，通讯员陆治（盛莘夫家属）。到1950年，全所约有30余人。

我因当时在浙大地理系任课，在所工作时间有限，所内管理工作主要由盛莘夫负责。所内地质人员大致有所分工，如仝子鱼、胡克俭等偏重于普查找矿；汪龙文、章人俊、南延宗则以矿区地质为主。[1]

当时正在筹备成立的中国科学院地理研究所，有许多浙江大学史地学系、地理学系的师生，除了曾经任教的黄秉维外，还有大批学生，如已经毕业的赵松乔、陈述彭、施雅风、孙盘寿、杨利普等，以及1949届的左大康、丘宝剑，1950届的郑威、汪安球，1951届的刘华训等。当时任地理研究所筹备负责人的周立三回忆：

竺老对新地理研究所的筹建工作费了不少精力，不仅亲自挂帅，而且关怀备至。1950年6月成立了地理研究所筹备处，竺老任主任，黄秉维任副主任，有委员15人，他们是曾世英、黄国璋、孙敬之、徐近之、李春芬、周廷儒、王成组、刘恩兰、周立三、罗开富、李旭旦、夏坚白、方俊、王之卓、周宗浚。筹备处下设置三个研究组，即地理、地图和大地测量，分别由我和方俊、曾世英负责，所务秘书为施雅风。

在筹备的两年期间，竺老特别对延揽高级人才、充实图书设备、明确研究方向和慎定所长人选等方面，花了很多心力。

首先通过竺老的关系，从中央大学延聘了徐近之，从浙江大学调进了陈述彭与赵松乔等同志，加强了研究力量。同时还有新分配来所的大学毕业生李文彦、祁延年、汪安球、张荣祖和郑威等，到1950年9月职工人数已增至29人。[2]

[1]　朱庭祜口述、周世林记录整理：《我的地质生涯》，载《中国科技史杂志》第33卷第4期（2012年），第397—432页（本处引文见第427页）。
[2]　周立三：《竺可桢与地理研究所》，载中国人民政治协商会议全国委员会文史资料委员会《文史资料选辑》编辑部编：《文史资料选辑（第31辑）》，北京：中国文史出版社，1997年，第221页。

（2）1947学年

《校刊》登载有1947学年杭州区录取新生的名单，见图5-2-14，其中文学院史地学系包括：

> 史地学系（七名）：吴芝寿（师），方友敦（师），章茂哉，许启章（师），秦震瀛，俞家善（师），龙宏仁

图5-2-14　《国立浙江大学校刊》复刊第163期（1947年9月10日）所载1947年度新生名单（史地学系）。引自《国立浙江大学校刊》复刊第163期（1947年9月10日）。

1947学年起，师范学院史地学系不再单独招生，故仅文学院史地学系招收新生。经检核浙江大学档案馆校友查询系统，1947学年登记为史地学系该级新生名单如下（说明：仅是根据学号归纳整理，不排除个别学生因转学、转系或休学等原因，或不属于本级，或可能有遗漏）：

> 吴良祚【36044】，方友敦【36062】，龙宏仁【36063】，吴芝寿【36064】，章茂哉【36065】，许启章【36066】，叶士芳【36067】（或叶士芬），陈仲河【36077】，叶学齐【36078】，刘华训【36772】（疑从法律系转来，从地理学系毕业）

该届于1951年7月毕业。由于1949年7月后原文学院史地学系改为理学院地理学系，所以至1951年7月毕业时，该届同学为地理学系第二届毕业生，包括：

> 何文池，柯保悟【35075】，邵维中【35078】，刘华训【36772】，叶学齐【36078，原为哲学系，1949学年转入地理学系】，郑家祥【34172】，何越教【？】

（3）1948学年

《日刊》登载有1948学年杭州区录取新生的名单，见图5-2-15，其中文学院史地学系包括：

史地系：郑孝书，张民治，金品亮，施太榜，吴祖奎，张兰生，邱国杰，蒋传一①

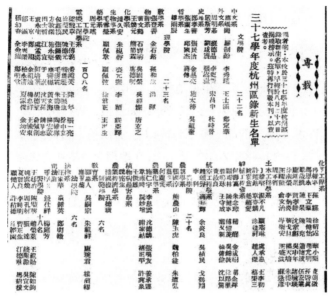

图 5-2-15　《国立浙江大学日刊》复刊新 36 号（1948 年 9 月 25 日）所载 1948 年度杭州区录取新生名单。引自《国立浙江大学日刊》复刊新 36 号（1948 年 9 月 25 日）。

查核浙江大学档案馆校友名录系统，名单如下：

张兰生【37061】，金品亮【37062】，邱国杰【37063】，施太榜【37067】，宁奇生【37069】，张鉴模【37504】（原为师范学院教育系）

该届于 1952 年 7 月毕业。由于 1949 年 7 月后原文学院史地学系改为理学院地理学系，所以至 1952 年 7 月毕业时，该届同学为地理学系第三届毕业生，也是原浙江大学史地学系、地理学系的最后一届毕业学生（因 1949 级学生按照国家统一政策提前于 1952 年 7 月毕业，所以 1948 级与 1949 级同学一起毕业，均为最后一届毕业学生）。现将 1952 年 7 月毕业者汇总如下（标注学号者为 1948 级和之前入学的该年毕业生，未标注学号者为 1949 年入学的该年提前毕业的学生，详见下章）：

地理系地理组：张兰生【37061】，居恢扬，黄定达

---

① 《国立浙江大学日刊》复刊新 36 号（1948 年 9 月 25 日）。

地理系气象组：姚启润，黄声达，赵颂华，邱国杰【37063】

地理系地质组：董名山，吴明人，胡受奚，胡高虹

后档案材料中补充两个学生，但分组情况未列：

宁奇生【37069】，张鉴模【37504】

此外，还有若干史地学系学生可能亦于本年毕业（包括原史学组学生或转入其他系的学生），但未见毕业生登记表著录，如蒋传一等。

这其中，1949年入学的胡受奚【49174】、居恢扬【49172】等，也于该年提前毕业（见下一章）。故1948年入学的学生中，在地理学系毕业者仅张兰生【37061】、邱国杰【37063】和宁奇生【37069】、张鉴模【37504】。

关于当时学生就读时的情况，因相关材料较少，故细节较难知悉。葛剑雄所著《悠悠长水：谭其骧传》中，附载了一些材料，可与前述名单对应起来：

谭其骧在浙大继续开中国历史地理和魏晋南北朝史，在他的遗物中，还保留着两张当时学生的选课名单。一张是用毛笔写的：

导师谭其骧先生

导生　施太榜（史一），张兰生（史一），叶士芬（史二），[吴]良祚（史二），朱学西（史三），何朱铨（史三），龚言纶（史三），曹毓麟（史四），张永世（史四），梁赞英（史四），何容（史四），曹颂淑（史三）（编者注：这一张所记，应为1948年8月后，导师名下的指导学生，不是上课的选课名单）

另一张是用钢笔写的：

王仲殊（三五〇七〇），朱学西（三五〇七九），吴应寿（三三〇〇三）（旁听），金钦贵（旁），祝丰年（三五〇七二），何朱铨（三五〇六三），王镇坤（三二八三一）（旁），郑人慈（三四八四三），邵宗和（三五八二八）（旁），胡宜柔（三五〇六九），吴汝祚（旁），周品英（三三七九三），张永世（三四〇三五），张治俊（旁），鞠逢九（三三〇六七），秦万春（三二七一七）

这应该是1947年的名单，只是哪一张是哪一门课，就不敢妄断了。这些学生中，王仲殊新中国成立后任职于中国科学院考古研究所，曾任研究员、所长；胡宜柔在中华书局，而关系最密切的应数成为谭其骧研究生的吴应寿。

1962年11月，谭其骧收到河北大学地质系教师傅君亮来信，说："生系前浙大史地系学生，曾选修吾师历史地理一课，后于首届地理系毕业，迄今从事地质学（历史地质学和第四纪地质学）。"浙大史地系分为地理、历史二系

应在 1949 年历史系停办后，那么他听谭其骧的课大概也是在 1947 年或 1948 年。①

3. 史组转学情况

原史地学系历史组的学生，则于 1949 年 8 月前后，因历史系暂时停办（1950 年正式停办）而转至其他学校就读。先是 1946 级史组学生，在进入大四的 1949 学年，通过学校统一与北京大学、清华大学等联系，约于 1949 年 8 月中旬，将四年级史组学生转至北京（当时称北平）的北京大学、清华大学的历史学系。

布告
（复教字第廿八号，卅八年八月十三日）

兹为本校史地系史组四年级同学请求寄读北平北京大学、清华大学史地系史组。两校曾由本校去电代为申请，兹已复电同意。所有应届四年级同学，愿转学北大或清华二校者，均希于五日内到本校登记，以便汇办寄读手续，勿误为要。此布。教务处②

如前文中所提及的王仲殊，1946 年入浙江大学史地学系史组就读，1949 年秋季大四时转学至北京大学，于 1950 年在北京大学毕业：

王仲殊 1925 年 10 月 15 日出生于浙江省宁波市。父亲是宁波的一位中学语文老师，兼任报社的文艺副刊编辑，并长期受聘为著名的天一阁文献委员会委员。王从少年时代开始，便受父亲的培育、熏陶，在古典文学和历史文献方面打下良好的基础。抗日战争期间，王离开宁波，辗转于嵊县、新昌、宁海各地，历尽艰辛，完成了初中和高中的学业。1946 年夏秋之际，他先后考取厦门大学、北京大学、武汉大学、复旦大学和浙江大学等国内第一流大学，却就近选择最后考取的浙江大学，攻读历史学。1949 年新中国成立，浙江大学院系调整，王仲殊听从浙大教授谭其骧劝导，转学到北京大学。

1950 年 7 月，他从北京大学历史系毕业。当时正值中国科学院考古研究所即将成立，需要增添新的研究人员。经北大教授张政烺推荐，考古研究所副所长梁思永欣然接纳王仲殊于同年 8 月初入所，并多加指导、勉励，热忱至高。这样，王仲殊就成为考古研究所成立后第一位从大学毕业分配来的青年研究人

---

① 葛剑雄著：《葛剑雄文集（3）·悠悠长水：谭其骧传》，广州：广东人民出版社，2014 年，第 139—141 页。
② 《国立浙江大学日刊》复刊新 173 号（1949 年 8 月 15 日）。

员。因而可以说，王仲殊是考古研究所成长、发展的重要实践者和见证人之一。

1950年9月，夏鼐到考古研究所就任副所长之职。夏鼐来考古所前一度在浙江大学执教时闻知，王仲殊的历史文献基础较好又通日文，见到王仲殊便劝导他在学术研究上专攻应将田野考古与历史文献记载充分结合的汉唐时代考古学，又因汉唐时代中国与日本交往密切，而古代日本在制度、文化上多受中国影响，可进而兼攻日本考古学和古代史。于是，夏鼐便担任王仲殊的导师。在夏鼐的殷切关怀和直接指导下，王仲殊在工作上迅速成长，研究上成绩显著。1957年至1965年，他被委任为考古研究所的学术秘书，又曾任汉唐考古研究组副组长（组长由夏鼐副所长、所长兼任）。1978年至1982年，他升任中国社会科学院考古研究所副所长，进一步成为夏鼐的得力助手。1982年至1988年，王仲殊继夏鼐之后，被委任为中国社会科学院考古研究所所长，兼任考古所学术委员会主任，《考古学报》和《考古学集刊》主编。在个人学术职称方面，由于"文革"期间的延误，王仲殊于1979年被破格由助理研究员直接提升为研究员。1981年他被聘为中国社会科学院研究生院教授，并由国务院学位委员会直接评定为博士生导师。从1991年开始，他享受国务院颁发的关于做出突出贡献的政府特殊津贴。1992年至1998年，他重新担任考古研究所学术委员会主任；1999年以来，又改任学位委员会委员之职。2006年，王仲殊被授予中国社会科学院荣誉学部委员称号。[1]

其后的1947级、1948级的史组（或拟选史组）学生，亦应不迟于1950年8月之前，因历史学系在浙江大学已确定不再设立，亦转学至其他学校。

（二）研究生

1. 总体情况

1946年6月复校回杭、同年10月新学期开学后，研究生教育体制初期仍为浙江大学研究院文科研究所史地学部，下分4组，即史学组、人文地理组、地形学组和气象学组。1947年1月，当时国家高等教育体制调整、统一撤销研究院后，"文科研究所史地学部"改称"国立浙江大学史地研究所"，隶属于文学院。张其昀仍任史地研究所所长。

如前所述，1947年4月前后，史地研究所曾经有在原4组的基础上，增设"人

---

[1] 《讣告：沉痛悼念王仲殊先生》。见"中国考古网"：https://mp.weixin.qq.com/s?__biz=MzA5OTM1MDIyMA==&mid=210482845&idx=1&sn=d701c0a813c96e0136328bf9d9456e02&chksm=19fcb53e2e8b3c2804947e1db90534e388bcfe346acab04ebe0a26ae60186260e59fc7ecd099&scene=27，[2024-05-26]。

类学组"的设想, 即成为史学组、人文地理组、地形学组、气象学组和人类学组(导师: 吴定良) 5 组的格局。1947 年 9 月印行的《国立浙江大学文学院概览》中, 在其最后所附"史地研究所"的介绍和"规程 (1947 年 7 月修正)"的表述里, 均有分为 5 组的安排; 在"指导细则"中, 更列出了各组的指导教师。见图 5-2-16。

国立浙江大学史地研究所规程
(1947 年 7 月修正)

(一) 本所奉教育部令设立, 每年由部拨助图书、设备经费及研究生生活费。

(二) 本所现设下列五组: A. 史学组; B. 地形学组; C. 气象学组; D. 人文地理学组; E. 人类学组。

(三) 本所每年招收研究生若干名, 每名遵照部章给予公费待遇及生活补助费若干万元。

(四) 本所设立主任一人, 每组设导师一人或二人, 均不另支薪金或津贴。主任得由史地学系主任兼任。每组导师负责指导研究生之责。

(五) 本所得聘请专任研究员及通信研究员。专任研究员以研究工作为主, 酌任功课。通信研究员由校外专家任之, 或合作研究, 或通信指导研究生。研究员之待遇另订之。

(六) 本所至少每二月举行所务会议, 由主任、各组导师组织之。

(七) 本所得接受其他政府机关之资助, 及学术团体或私人所捐助之奖学金。

(八) 本所得受公私团体之委托, 研究史地学之特殊问题。

(九) 本所得应研究之需要, 举行学术调查及考察。

(十) 本所导师及研究生之著作, 经所务会议认可, 得由本所出版。刊物分为二类: 甲类为专刊, 内容系专题研究; 乙类为丛刊, 由性质相似之论文若干篇汇集之, 皆为不定期刊物。

(十一) 本所研究生指导细则另订之。

本所研究生指导细则
(1947 年 7 月修正)

(一) 本所现分五组, 每组设导师若干人, 由导师一位负责。

A. 史学组: 陈乐素先生; B. 地形学组: 叶良辅先生; C. 气象学组: 徐尔

灏先生（现在英国）；D.人文地理学组：张其昀先生；E.人类学组：吴定良先生。

（二）研究生须有导师一位担任指导。

（三）研究生研究期间规定为二年，必要时得延长一年。

（四）研究生每学期除专题研究外，由导师开列应读书目，每学期终举行考试，以笔试行之，其试卷由本所保存。如考试不及格，其研究年限应延长半年；下次学期考试如再不及格，应以休学论。

（五）研究生每两星期应按规定时间与导师谈话一次。

（六）研究生专题研究应于第一学年第二学期开始。

（七）研究生每学期必须选习课程二门，其成绩须满七十分，始给予学分。至少应修完二十四学分，始得毕业。

（八）研究生因事外出应向本所主任请假。

（九）研究生不服从导师命令时，得停止其指导，情节较重者，则取消其津贴或取消其学籍。

（一〇）凡研究生不能满足本细则所规定之条件，不得参加毕业考试。

（一一）本细则经所务会议通过施行之。

本所招考研究生简章
（三十六年七月修正）

（一）本所分：A、史学，B、地形学，C、气象学，D、人文地理学，E、人类学五组。

（二）投考资格：

（1）公立或已立案之私立大学或独立学院历史学系、地理学系、史地学系、地质学系、气象学系毕业者。

（2）其他有关学系毕业对于本系学科有相当研究或著作者。

（3）年龄在三十岁以下者。

（三）报名手续：

（1）报名单一纸。

（2）毕业证明文件及在大学四年之成绩单。

（3）毕业论文。

（4）最近二寸半身相片三张。

（四）体格检查：

投考学生于考试时，须在本大学医务组检查体格。

（五）考试科目：

各科目考试时间均为二小时。

史学组：（1）英文，（2）中国通史，（3）西洋通史。

地形学组：（1）英文，（2）地学通论，（3）地质学。

气象学组：（1）英文，（2）地学通论，（3）气候学。

人文地理学组：（1）英文，（2）地学通论，（3）人文地理。

人类学组：（1）英文，（2）人类学，（3）统计学或社会学。

（六）考试日期及地点：

经审查成绩合格后，由本大学通知考试日期，至杭州本大学考试。

（七）录取：

经考试后，录取与否再行个别通知。

（八）修业年限及待遇：

（1）研究生修业年限定为二年，必要时得延长一年。

（2）研究生一律免收学膳杂费，供给住宿，每月另有生活补助费，其金额由教育部规定。

（3）修业期满考试及格者，遵照部章授予硕士学位。[1]

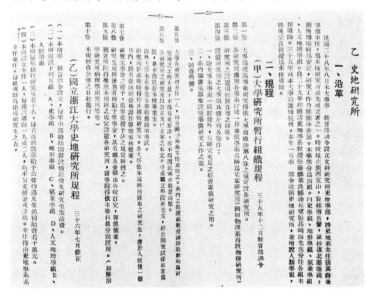

图5-2-16 《国立浙江大学文学院概况》（1947年9月）所载史地研究所规程。引自《国立浙江大学文学院概况》（1947年9月），第23—24页。

---

[1] 《国立浙江大学文学院概况》（1947年），第24—27页。

但该 5 组格局很可能没有付诸实施。前述"规程"和"细则"均制订或修正于 1947 年 7 月份，但在 1947 年 8 月份通过报纸对外公布的招生消息中，仍为 4 组招生，具体 4 组内涵则发生变化，即分设史学组、人文地理组、地形学组和人类学组，"气象学组"可能因无合适的导师而撤销。

在 1948 学年（1948 年 8 月后），史地研究所仍设 4 组，即分设史学组、人文地理组、地形学组和人类学组。

国立浙江大学各研究所招考研究生简章
（每年均有增删，临时向教务处购索）

一、本大学现设九研究所，其组别如下：

（1）中国文学研究所；

（2）史地研究所，内设：甲.史学、乙.地形、丙.人文地理、丁.人类学四组；

（3）数学研究所，内设：甲.解析、乙.几何二组；

（4）物理研究所；

（5）化学研究所；

（6）生物学研究所；

（7）化学工程研究所；

（8）农业经济研究所，内设：甲.农场管理、乙.土地经济、丙.农业金融与合作、丁.农村社会四组；

（9）教育研究所。

投考学生须填明所别、组别。

二、投考资格：国立或公立或已立案之私立大学或独立学院毕业，并有以下之限制：

（1）本系毕业；

（2）其他有关学系毕业，对于本系学科有相当之研究或著作者。

三、报名手续：在规定日期内，将毕业证明文件、在校四年之成绩单及毕业论文呈缴本大学教务处转各研究所审查。随缴报名单一张、最近二寸半身相片三张及报名费五十万元（不论审查合格与否或录取与否，概不退还）。

四、体格检查：投考学生于录取后，须往就近都市之公立医院检查体格，随带健康证明书方可来校报到。

五、考试科目（各科考试时间均为二小时）：

中国文学研究所：1.国文，2.英文，3.中国文学史或文字学。

史地研究所：

史学组：1.英文，2.中国通史，3.西洋通史；

地形组：1.英文，2.地学通论，3.地质学；

人文地理组：1.英文，2.地学通论，3.人文地理；

人类学组：1.英文，2.人类学，3.统（编者注：原为"系"，恐误）计学或社会学。

数学研究所：

解析组：1.英文，2.高等微积分，3.函数论；

几何组：1.英文，2.高等微积分，3.几何学。

物理研究所：1.英文，2.理论物理，3.近世物理。

化学研究所：1.英文，2.化学（一），3.化学（二），见附注（一）。

生物研究所：1.英文，2.生物学（甲），3.生物学（乙）。

化学工程研究所：1.英文，2.化学（甲），3.化学（乙），见附注（二）。

农业经济研究所：1.英文，2.经济学，3.农业经济学。

教育研究所：1.英文，2.国文，3.教育概论，4.教育心理学。

六、考试日期及地点：经审查成绩合格后，由本大学通知。

七、录取：经考试后，录取与否个别通知。

八、修业年限及待遇

（1）修业年限定为二年，修业期满、考试及格者，遵照部章授予硕士学位。必要时得延长一年，不得再行延长。

（2）研究生照部章规定，免收学膳杂费，并得住宿校内。另有生活补助费，其金额由教育部规定。但膏火有限，各人仍应先有经济上之准备或来源，并不得兼有给职务。

（3）投考化工研究所者注意：中国植物油料厂在本校化工研究所设有奖学金，名额数名，待遇与初任助教同，专做植物油类之研究。凡报考奖金学生，须在报名时另填申请书。

附注：

（一）化学（一）及（二）包括：有机化学、无机化学、分析化学、物理化学。

（二）化学（甲）包括：无机化学、有机化学、分析化学、理论化学；化学（乙）包括：工业化学或化工原理。化学系毕业者考工业化学，化工系毕业者考化工原理。[①]

这种 4 组的格局维持了一年半，在 1949 年 1 月，随着人类学组分出设立人类学研究所，史地研究所仅剩 3 组（1949.02—1949.07），即史学组、人文地理组、地形学组。

2. 招生及就读情况

（1）1946 级

本级史地研究所未见有招生的记载或材料，估计本年没有招收研究生，具体原因不详（可能忙于复校杭州）。

（2）1947 级

本级查浙大档案馆校友名录，可见两位，即郑能瑞【史 35】、黄怀仁【史 36】。两位一位为人类学组，一位为史组，本年无地学组的研究生。

郑能瑞（又名郑公盾。浙大毕业后，以郑公盾之名行世）为人类学组学生，在入学一年后，因 1948 学年第二学期开始（1949 年 2 月后）人类学研究所成立，故转为人类学研究所的研究生，导师吴定良，于 1949 年 7 月毕业。

黄怀仁为史组学生，按其"主攻希腊史"的专业方向，导师应为顾毅宜。正常情况下，应该于 1949 年 7 月毕业，但详情未知。

（3）1948 级

本级查浙大档案馆校友名录，可见三位，即李治孝【史 37】、吴应寿【史 38】、谭惠中【史 39】（编者注：1949 年 3 月入学）。这也是史地研究所改为地理研究所之前所招收的最后一届学生。见图 5-2-17。

李治孝【史 37】为地形组研究生，是叶良辅的最后一位研究生，于 1950 年在浙江大学地理研究所毕业。随即留校任教，1950 年 8 月起为地理学系助教。

吴应寿【史 38】为史学组研究生，是谭其骧 1949 年之前在浙大招收的第三位研究生，1949 年在就读一年后，因史地学系中历史组停办以及史地研究所改为地理研究所，故由"谭其骧将他介绍给好友周一良，1949 年秋转入北京大学历史研究所，由周一良指导"，于 1950 年在北京大学研究生毕业。《葛剑雄文集（3）悠悠长水：谭其骧传》载：

> 1948 年秋季开学，谭其骧招收了他的第三位研究生吴应寿。吴是贵州铜

---

① 《国立浙江大学各研究所招考研究生简章》，载《国立浙江大学要览》（1948 年），第 119—222 页。

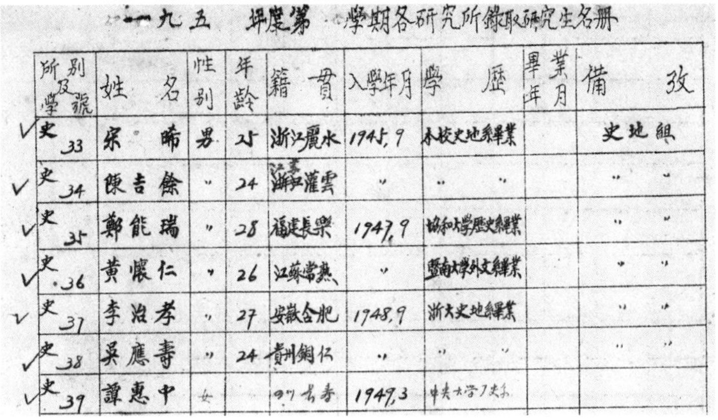

一九五　年度第　學期各研究所録取研究生名册

所別及學號	姓名	性別	年齡	籍貫	入學年月	學歷	畢業年月	備攷
✓史 33	宋晞	男	25	浙江麗水	1945,9	本校史地系畢業		史地組
✓史 34	陳吉餘	〃	24	江蘇灌雲	〃	〃　〃		〃　〃
✓史 35	鄭能瑞	〃	28	福建長樂	1947,9	協和大學歷史系畢業		〃　〃
✓史 36	黃懷仁	〃	26	江蘇常熟	〃	暨南大學外文系畢業		〃　〃
✓史 37	李治孝	〃	27	安徽合肥	1948,9	浙大史地系畢業		〃　〃
✓史 38	吳應壽	〃	24	貴州銅仁	〃	〃　〃		〃　〃
✓史 39	譚惠中	女		四川長壽	1949,3	中央大學歷史系		

图 5-2-17　浙江大学 1950 年汇总的各研究所录取研究生名册（史地研究所，部分）

仁人，因浙大内迁，才有机会就近考入大学，同年毕业于浙大史地系史学专业。浙大历史系停办后，谭其骧将他介绍给好友周一良，1949 年秋转入北京大学历史研究所，由周一良指导。吴应寿研究生毕业后进入新华地图社任编辑，1953 年初调入复旦大学历史系，1957 年调入新成立的中国历史地理研究室，并参加编绘《中国历史地图集》。吴应寿于 1986 年升为教授，1993 年退休，1996 年病逝。……

吴应寿在 1983 年 1 月 5 日给谭其骧的信中写道：

严师如父，生能为社会出一点力，也是老师栽培的。知识上的教诲固不必说，在生活上，老师、师母对生也是曾经无微不至地关心过的。记得解放之初到北京没有路费，老师、师母津贴车资，在北京严冬无冬衣，师母到北京后送生一件丝绒长袍。对这些事，生都全部记在心，不敢忘记。①

谭惠中【史 38】则情况不详。1949 年 3 月 9 日的校务会议，还专门讨论了“寄读生谭惠中等请垫发公费应如何办理案”，决议“在教育部未核准以前照自费生贷款办法办理”。② 见图 5-2-18。

根据现所见材料，谭惠中约在 1948 年 7 月毕业于重庆女子师范学院，后可能考取中央大学历史研究所研究生，1949 年 3 月前后从中央大学转至浙江大学，作

① 葛剑雄著：《葛剑雄文集（3）·悠悠长水：谭其骧传》，广州：广东人民出版社，2014 年，第 141 页。

② 《国立浙江大学日刊》复刊新 117 号（1949 年 3 月 11 日）。

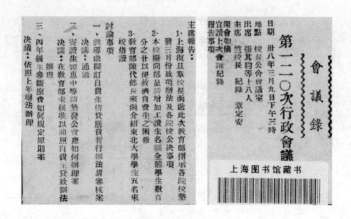

图 5-2-18　《国立浙江大学日刊》复刊新 117 号（1949 年 3 月 11 日）所载行政会议讨论"寄读生谭惠中等垫发公费应如何办理案"。引自《国立浙江大学日刊》复刊新 117 号（1949 年 3 月 11 日）。

为寄读生，继续在浙江大学史地研究所史组就读研究生，后正式编入史地研究所研究生序列（即按 1949 年 3 月入学）。1949 年 8 月史组停办后，亦与吴应寿一样，转入北京大学历史学系，应于 1950 年或 1951 年毕业。后至陕西师范大学历史学系任教。

张维华有文章提及谭惠中曾经协助其撰写历史书，文中提及有关情况：

> ［《西汉一代之诸侯王国》］这篇文章是在成都和重庆教秦汉史写的，断断续续经过了较长一段时间。已经去世的谭惠中同志也参加了写作。谭惠中是我的学生，大学毕业后，先后在南京大学、浙江大学、北京大学工作过，最后分配在西安工作，不幸被"四人帮"迫害死了，我是很痛惜的。[1]

第三节　地学相关系科的教学、科研情况

一、教学

浙江大学复校回杭之后，规章制度一仍其旧，办学的正规化和国际化逐步加强。张其昀通过在美国的两年时间，与国外大学建立了联系。1946 年 2 月 6 日，竺可桢"日记"载："今日作一函与 Wisconsin 威斯康星大学地理系之 Trewartha 教授，订立浙

---

[1]　张维华：《自序》，载张维华著：《汉史论集》，济南：齐鲁书社，1980 年，第 6 页。

大地理系与 Wisconsin 地理系合作办法，有交换书籍及教授、讲师条件。"[1]

（一）一般规定

在教学管理上，1948年3月，第25次校务会议修正通过《国立浙江大学学则》。学则共分招生及入学手续、转院转系、学分及成绩考查、考试、缺席、休学复学、退学、奖惩、附则等9章计46条。其主要内容大体包括：

在学分及成绩考查章程内，规定各学科每学期每周上课一小时，并须二小时以上自习或实习2—3小时者为1学分。文、理、农三院学生至少须修满132学分，工、师两院学生至少须修满142学分，法学院学生至少须修满166学分，医学院学生至少须修满252学分（学制为五年），始得毕业。每学期学生所修课程除特殊情形外，不得少于14学分，文理工农师各院学生不得超过21学分，法学院不得超过24学分，医学院不得超过27学分。

成绩考查方面，各课程之学期成绩，以60分为及格，在60分以下、50分以上者，得补考一次，补考及格者，其成绩概作60分计算；在50分以下者，不得补考，如系必修科目，应令重修，重修两次经补考后仍不及格者，应令退学。学生每学期所修学分，有1/3以上不及格者，不得补考；1/2以上不及格者，应令退学。应届毕业年级学生所修学分，如有1/2以上不及格者，得申请留校试读一年，但该年度所修学分全部取消，并以一次为限。凡学期成绩不及格学分连续二次超过1/3者，应令退学。[2]

（二）本科生的课程安排与教学情况

1. 课程安排

各院系分别订有各年级课程一览，分公共必修、本系必修、本系选修等三类课目，公共必修课，各院略有不同。学生必须修习两种外国语，全校以英文为第一外国语，文科以法文为第二外国语，理科一般以德文为第二外国语，农科一般以法文或日文为第二外国语。见表5-3-1。

史地学系的课程也是按照这样的体系来设计的，包括必修课（含公共必修、本系必修）和选修课。因系内分为史组和地组，实际相当于其他学校的历史系和地理系，所以从二年级起，其本系必修课和选修课均区分史组、地组分别安排。兹将1948学年史地学系1—4年级课程设置情况转录如下：

---

① 竺可桢著：《竺可桢全集（第10卷）》，上海：上海科技教育出版社，2006年，第37页。
② 《国立浙江大学要览》（1948年），第8—15页。

表5-3-1　1948学年浙江大学文学院史地学系各年级课程设置一览表[①]

史地学系一年级

学程	号数	学程名称	学分		每周时数						先修学程
			上学期	下学期	上学期			下学期			
					演讲	讨论	实习	演讲	讨论	实习	
必修		三民主义	2	2	2			2			
		国文	3	3	3			3			
		英文	3	3	3			3			
		中国通史	3	3	3			3			
		自然科学	3	3	3			3			
		哲学概论	3	3	3			3			
		理则学	2	2	2			2			
		地学通论	3	3	3			3		（地组）	
选修											
总计			22	22	22			22			

备注：地学通论、普通地质学、气象学、人类学或普通理化均可作为本系学生所应修之自然科学论。

史地学系二年级

学程	号数	学程名称	学分		每周时数						先修学程
			上学期	下学期	上学期			下学期			
					演讲	讨论	实习	演讲	讨论	实习	
必修		社会科学	3	3	3			3			
		西洋通史	3	3	3			3			
		中国近世史	3	3	3			3		史组	
		西洋近世史	3	3	3			3		史组	
		中国地理总论	3	3	3			3		史地二组共同必修	
		气象学	2	2	2			2		地组	
		地质学	3	3	3			3		地组	
选修											
总计			20	20	20			20			

备注：政治学、经济学、社会学或人文地理均可作为本系学生所应修之社会科学论，本系地组各学程之实习时间另有规定。

[①]　资料来源：《国立浙江大学要览》（1948年），第22—25页。

史地学系三年级

学程	号数	学程名称	学分		每周时数						先修学程
			上学期	下学期	上学期			下学期			
					演讲	讨论	实习	演讲	讨论	实习	
必修		中国断代史	3	3	3			3		史组	
		西洋断代史	3	3	3			3		史组	
		中国历史地理	3		3					史组	
		测量学	2		2		2			地组	
		制图学		2				2		2 地组	地学通论
		地形学	2	2	2			2		地组	普通地质学
		气候学		3				3		地组	气候学或地理通论
		经济地理		3				3		地组	地学通论
		分洲地理	3		3					地组	
选修											
总计			16	16	16		2	16		2	

备注：史、地两组之师范生必须修习本学科之教材、教法四学分。

史地学系四年级

学程	号数	学程名称	学分		每周时数						先修学程
			上学期	下学期	上学期			下学期			
					演讲	讨论	实习	演讲	讨论	实习	
必修		中国断代史	3	3	3			3		史组	
		国别史	3		3					史组	
		史学通论	2	2	2			2		史组	
		历史名著选读	2	2	2			2		史组	
		分洲地理	3		3			2		地组	
		野外实测		3						3 地组	地学通论、地形学、制图学、测量学
		地学名著选读	2	2	2			2		地组	
选修											
总计			15	12	15			12			

备注：史、地两组之师范生必须修习本学科教学实习四学分。

选修课（1）：史组

学程名称	学分		每周时数				选修年级
	上学期	下学期	上学期		下学期		
			演讲	实习	演讲	实习	
商周史	3	3	3		3		史三四
秦汉史	3	3	3		3		史三四
魏晋南北朝史	3	3	3		3		史三四
隋唐史	3	3	3		3		史三四
宋史	3	3	3		3		史三四
元明史	3	3	3		3		史三四
西洋上古史	3	3	3		3		史三四
西洋中古史	3	3	3		3		史三四
中国哲学史	3	3	3		3		史三四
日本史	3	3	3		3		史三四
中日关系史	3	3	3		3		史三四
英国史	3	3	3		3		史三四
美国史	3	3	3		3		史三四
俄国史	3	3	3		3		史三四
中国文化史	3	3	3		3		史各级
中国经济史	3	3	3		3		史各级
日本文化史	3	3	3		3		史三四
历史研究法	3	3	3		3		史四
法国大革命史	3	3	3		3		史三四
中西交通史	3	3	3		3		史三四

备注：自商周史至元明史均为中国断代史，本系史组学生必须修足十二学分。西洋上古史与西洋中古史均为西洋断代史，史组学生必须修足六学分。日、俄、英、美诸国史均为国别史，史组学生必须修足三学分。

选修课（2）：地组

学程名称	学分		每周时数				选修年级
	上学期	下学期	上学期		下学期		
			演讲	实习	演讲	实习	
人文地理	3	3	3		3		地三四
世界地理	3	3	3		3		地三四
亚洲地理	3	3	3		3		地三四
欧洲地理	3	3	3		3		地三四
北美地理	3	3	3		3		地三四
边疆地理	3	3	3		3		地三四
岩石学	3	3	3	2	3	2	地三四
工程地质	3	3	3		3		为工学院开
农业地质	3	3	3		3		为工学院开
农业气象	3	3	3		3		为工学院开
地质实察	2			3			地三四
国际学	3	3	3		3		史地三四
太平洋地理	3		3				
澳洲地理		3			3		
地球物理	3		3				地三四
海洋学		3			3		地三四
天气预告学	3		3	2			地三四
中国气候	3		3				地三地
世界气候		3			3		地三四
大气物理			3			3	地三四
植物地理	3		3				地三四
政治地理	3	3	3		3		地三四
地图读法		3			3		地三四
历史地质	3	3	3		3		地三四

备注：亚洲地理、欧洲地理、北美地理等属于分洲地理，本系地组学生必须选习六学分。

李治孝【31065】于1942.08—1948.07在史地学系就读（其间，1943至1944近两年时间休学及工作，1945学年重新复学，入二年级），因其本科主要学习时段在1945.08—1948.07之间，故本科登记表中的修习课程，即为此时期课程情况的代表，可与前述课程设置计划相互印证。见表5-3-2。

表5-3-2　李治孝【31065】本科阶段在史地学系就读时期所修习的课程及成绩①

（说明：表中课程名称之下的括号内所录为某学期修习及成绩和学分；"一"为第一学期，"二"为第二学期；冒号后，斜线前面的数字为学分，后面的为成绩）

第一学年（一年级）1942.08—1943.07	第二学年（二年级）1943.08—1944.07	第三学年（二年级）1945.08—1946.07	第四学年（三年级）1946.08—1947.07	第五学年（四年级）1947.08—1948.07
国文（一：3/73；二：3/72）	二年英文（一：2/60）	地理研究法（二：3/80）	地质学（一：3/73；二：-/-）	气候学（一：3/64）
英文（一：3/75；二：3/74）	西洋通史（一：3/80）	本国地理总论（二：3/84）	气象学（一：2/93；二：2/90）	人文地理（一：3/78）
中国通史（一：3/88；二：3/95）	经济地理（一：3/68）	区域地理（二：3/85）	美洲地理（一：3/84；二：2/76）	岩石学（一：3/69）
语言文字学概论（一：3/78）	地学通论（一：3/70）	普通地质（二：3/75）	地形学（一：2/91；二：2/88）	二年普通英文（一：2/60）
论孟（一：2/74；二：2/64）	哲学概论（一：3/73）	普通生物（二：3/80）	测量学（一：2/69和70；二：-/-）	体育（一：1/75）
伦理学（一：-/60；二：-/60）	本国地理概论（一：3/77）	西洋通史（二：3/79）	理则学（一：2/70；二：2/82）	
普通化学（一：2/68；二：2/60）	生物学（一：3/88）	哲学概论（一：3/70）	野外实察（一：3/78；二：2/76）	
党义（一：-/70；二：-/85）	体育（一：（1）/68）	地质实习（二：-/-）	地学名著（一：2/75；二：2/76）	

① 资料来源：据李治孝的学生成绩登记表整理，见浙江大学档案馆所藏档案。

续表

第一学年 （一年级） 1942.08— 1943.07	第二学年 （二年级） 1943.08— 1944.07	第三学年 （二年级） 1945.08— 1946.07	第四学年 （三年级） 1946.08— 1947.07	第五学年 （四年级） 1947.08— 1948.07
军事训练 （一：1.5/76； 二：1.5/76）		体育 （二：1/75）	亚洲地理 （一：3/85； 二：-/-）	
体育 （一：-/76； 二：-/76）			地学通论 （一：-/-；二： 2/76）	
社会学 （一：2/94；二： 4/83）			战后国际形势 （一：-/-；二： 2/78）	
化学实习 （一：-/及格）			地球物理 （一：-/-；二： 2/70）	
			体育 （一：1/64；二： 1/免修）	
总计： 一：学分：19， 成绩：1410；二： 20，1522 平均成绩：一： 78.33；二：76.10 学分累计：一： 19；二：39	总计： 一：学分：20， 成绩：1488 平均成绩：一： 74.40 学分累计：一： 59	总计： 二：学分：21， 成绩：1659 平均成绩：二： 79.00 学分累计：二： 80	总计： 一：学分：22， 成绩：1757；二： 18，1424 平均成绩：一： 79.86；二：79.11 学分累计：一： 102；二：120	总计： 一：学分：11， 成绩：753 平均成绩：一： 68.45 操行成绩：毕业 学分累计：一： 131 毕业总平均： 76.46
	附注： 三十二年度下 学期应征为译 员			附注： 照优待译员办 法，经史地系函 准免修海洋学 （3）、制图学（2）、 政治地理（6） 共11学分； 三十七年四月 七日奉张院长 批准，以"论孟" 代"二年国文"

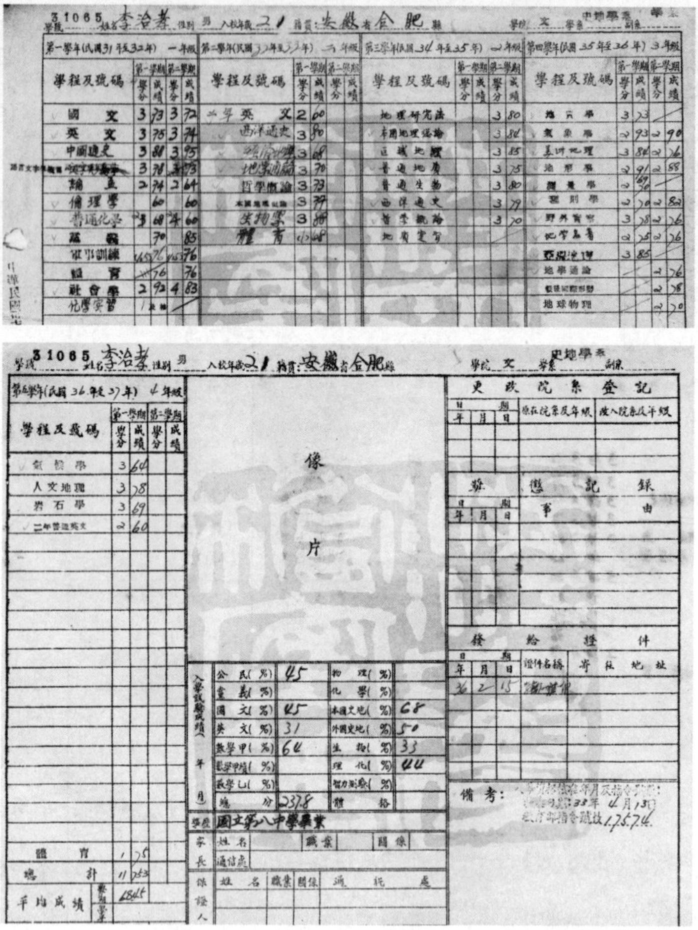

图 5-3-1 史地学系 1942 级学生李治孝【31065】的学生成绩登记表（正面和背面，部分）

2. 课堂教学

此期本科生的上课情况，李春芬在自述里有简略记述：

> 当时浙江大学正在复员，大兴土木，贵州、遵义、湄潭、永兴的师生陆续东返。11月以后，部分教职工宿舍已建成，办公和教室用房也因陋就简地相继建成，年底前正式上课。我担任"地学通论"、"北美地理"和"名著选读"，整天忙于备课。"地学通论"涉及面宽，尽管是蜻蜓点水，但要点得恰到好处，即同相邻学科深度上有所区分；再则如何使学生对它能前后联系获得一概括性了解，却非易事。"北美地理"也是全年课程，每周3学时，

为了避免烦琐，并考虑同其他课程内容上的分工，我着重讲授自然地理中的地形分区和经济地理中的农业区域。"名著选读"这门课比较棘手，一方面对哪些文章算是名著感到难选；再则对外文"名著"学生阅读专业外语的能力如何？为实事求是，我决定把重点放在培养和提高学生阅读专业外语能力，这有利于他们以后的自学。为此，选了一本质量较好、版本较新的参考书，每人翻译一章，如遇疑难，我进行辅导，并对译文负责逐字逐句批改。事后学生认为这一办法比较实在，收到了实效。

我从回国到新中国成立这三年的历程，虽因通货膨胀，生活清苦，但学生普遍反映我的教学认真、卖力，这是我堪以告慰的，同时也使我初步尝到了教学相长的甜头，更值得提出的是，与同学之间开始建立了师生情谊，很多同学经常来家访，从国家大事到学习问题都自由交谈，无拘无束。这对我理顺思想认识，倾向进步以及调动工作积极性，为以后更好地投身文教事业中去，也都是很有帮助的。[①]

1944 年入学、1945 年转入史地学系的左大康【学号：33333】，对李春芬上课的情况，有这样的记述：

李春芬先生 1946 年回国后执教于浙江大学史地系，我当时听过他主讲的"地学通论"和"北美地理"两门课。在讲授"地学通论"中，他深入浅出地阐述了地理环境中各要素(尤其是气候与地形)的作用以及它们的相互联系、相互制约，剖析了人类活动与地理环境的关系。为了培养我们观察地理现象的能力，还两次带领全班同学到钱塘江畔考察河流地貌与古冰川遗迹。以后还鼓励我们阅读 V. C. Finch 和 G. T. Trewartha 合著的 *Elements of Geography—physical and culture* 一书，以增长地理学基础知识和提高看英语专业书能力。我以后长期从事地理学研究，和春芬师对我的培养教育是分不开的。

春芬师不但育人有方，对学生的关怀爱护也是无微不至的。由于国民党统治的黑暗腐败，杭州解放前夕，浙大多次发生进步学生运动。我们每次去他家中，他总是对学生运动和我们每个人的情况详加询问，言谈之间充满了对学生运动的同情和对进步学生安全的担忧。凡是和他接触较多的人，都为

---

① 李春芬：《我的生平和学术思想》，载李春芬编：《李春芬生平和学术思想》（内部刊印），1990 年，第 10 页。

他的正直、正义和爱憎分明所感动。①

1945 级黄锡畴【34077】，则回忆了李春芬指导学生学习专业英语以及开设"北美地理"课程的情况：

记得那时大学一、二年级的英语课，虽然讲的是林语堂英文文法，背诵的是莎士比亚诗句，不可谓不深奥吧！可是这些东西学得再多，也不能解决同学们阅读英文专业文献的困难。我们带着这个苦闷的问题去请教李先生，他不厌其烦地告诉学习方法。指出专业文献中，教科书要比杂志上的论文容易阅读，可以先看一本教科书，第一遍可能生字较多，有些地方读了可能不甚明白。但要有耐心，可再读第二遍、第三遍，直至大部分弄明白。在掌握了较多的专业词汇和各种专业句子表达形式的基础上，然后再去阅读杂志中的文章。这样，循序渐进，下点功夫，就可以逐步提高阅读外文文献的能力。我们也学着翻译一些章节，去请教李先生，他总是给以耐心指导和批改。几十年的实践使我深深地体会到，对教学和科研来说，掌握和精通一二门外语有多么重要。这直接关系到学术交流，关系到出成果和人才的成长。每想到这点时，我对李先生的教益，真是感激不尽！新中国成立后，我又利用这样的方法很快地掌握了第二门外语，同时，也把这个经验传授给我的学生和青年朋友。

浙大在当时实行学分制，开设的课程很多是选修课。李先生所开设的"北美地理"是选读人数较多的一门。对曾在那里从事过研究的李先生来说，会得心应手的。但是李先生对教学极为负责，每堂课都经过认真充分的准备。因此，课程的讲授生动活泼，真实感强，每节课都留下了深深的烙印，甚至并不因岁月的流逝而被磨蚀掉。记得 1978 年我随中国地理学会代表团访问美国，当我第一次踏上这块本来是陌生的大地时，却又有似曾相识之感。原来这是 30 年前李先生讲授"北美地理"还依然系留在脑海中。经过实地考察，印象叠加后，使访问回国后与几位团员共同撰写《北美地理见闻》一书时（编者注：原文恐误，应为《美国地理见闻》，姚士谋、黄锡畴、唐邦兴、刘昌明合著，商务印书馆 1982 年版），内容更为充实。②

---

① 左大康：《精心育人，严谨治学》，载李春芬编：《李春芬生平和学术思想》（内部刊印），1990 年，第 29 页。

② 黄锡畴：《珍贵的师生情谊》，载李春芬编：《李春芬生平和学术思想》（内部刊印），1990 年，第 42—43 页。

同为 1945 级的黄盛璋【34070】（见图 5-3-2），亦回忆了李春芬对他选择专业和从事学术研究的影响和帮助：

> 1945 年考入浙江大学文学院，第二年从贵州迁回杭州，按浙大规定：一年级只分院，二年级才分系。当时浙大文学院以史地系拥有一批名教授而闻名全国，下分历史与地学两组，其中地学尤为出名，先师张其昀（晓峰）先生时任文学院院长兼史地系主任，他就是全国地理学界的著名学者，因此我决定选史地系地学组。晓峰师一生主张：时间的史和空间的地，一纵一横互配，相辅相成，相得益彰。他身体力行，一身以地学而兼史学，很早以此著名，而校长竺可桢师也是以地学大师而重视历史，两组配合，他们的研究成果充分体现了这一点，所以浙大当时史、地合一，实代表一种哲学思潮、学风和学派。我幼年即性嗜文史，所以选择史地系，也与此有关，这对我以后直到现在的研究道路也有影响，但在入学之初，我还是浑浑沌沌，诸多茫然，更不知入门之路。
>
> 春芬师就是在 1946 年我开始读地学组时从美国回国执教鞭于浙大，一开始就是地学组"台柱"教授，他首开"地学通论"，慕名来听课者就非常多，不限于本系，尽管这是地理学的基础课，并不属于他的研究，但他以非常认真诚恳的态度教授此课，引导学生系统掌握地理学的基本知识、理论和方法，为下一步学习打下基础。由于春芬师循循善诱，讲授的内容丰富而又系统，直到今天我的一些地学必备知识仍然来自此课，从这点说，春芬师是我地理学开蒙老师。
>
> 先君受业章（太炎）黄（侃）之门，治音韵文字之学。由于家学和家中藏书的影响，我幼年就喜搞语言、文学，进地学组后，却不知从何入门与如何研究，更不知历史地理学为何物。后来，春芬师开设聚落地理学（含城市地理学），这在当时是一门新课，他讲授的内容对现代城市非常重视其历史发展，指出它为什么发生、存在，又如何发展成为今天的现状，不了解它的过去，就不能真正知道它的由来和发生、发展的原因和规律，更不能规划、预计它的未来。今天城市历史地理已经提到重要地位，而四十多年前，李先生就已指明历史地理对城市研究的重要性及其理论、方向。我首次知道历史地理可以从事城市研究，而这和我的志趣、基础颇相合拍。春芬师也知道我这方面的根基，要我试作城市地理研究。我的第一篇论文《中国港市之发展》，就是在春芬师城市地理思想启发下试写出的，他为我修改润色，并去信推荐

给当时的《地理学报》，英文提要也是春芬师给我写的，很快就审查通过，发表在 1951 年 1、2 期合刊，当时我只有二十五六岁，能在国家一级刊物《地理学报》上发表，这对我当然是很大的鼓舞，春芬师也鼓励我继续前进。

不久我研究生毕业，分配到上海沪江大学任教，老同学吴应寿兄亦来复旦，承编中国历史地图，而以唐代交通图相嘱，唐两京长安与洛阳是唐交通枢纽，向四外发射，因而首先必须研究长安与洛阳，通过对两京历史与交通的研究，我认识到水是决定城市产生、存在与发展、变迁的首要因素，水源不解决，城市就无法存在，水运更是维持国都命运所关，长安、洛阳历史都对此提供确证。腹地经济开发也是城市依存的基础，但必须通过交通特别是水运联系才能发生作用。基于这些认识，逐渐形成我研究城市历史地理系列指导思想。1956 年竺可桢副院长因要在地理研究所设立历史地理组调我来筹建该组后，最初几年我的研究重心就是西安城市发展以及围绕它的渭河水运、秦岭交通、关中水利等，特别是 1959 年第一次根据步勘复原汉、唐长安直到今天的西安城的水源，及其开发经过与以后利用，指出汉凿昆明池主要并不是如史书所说为练习楼船水军，而是为解决长安城内外用水与作为水源储存的蓄水库，这是从来无人道破的，解汉史难解之谜，发二千年未发之覆，正是利用这一指导思想武器，才能透过重重掩盖的表象，进而识破蕴藏在深处的本质东西。追本溯源，这些思想实导源于春芬师最早讲授聚落地理的启发，我将它用之于具体城市历史地理研究的实践……①

图 5-3-2　《地理学报》第 18 卷第 1—2 期合刊（1951 年）封面及所载黄盛璋论文《中国港市之发展》。引自《地理学报》第 18 卷第 1—2 期合刊（1951 年），第 21 页。

---

① 黄盛璋：《李春芬老师引导我走上历史地理的研究道路》，载《李春芬生平和学术思想》（内部刊印），1990 年，第 44—46 页。

1949年毕业的丘宝剑【32076】在1946年浙大迁回杭州后开始受教于李春芬。1946—1949年，"每年都听李先生的课"，并得到很多教益和关心：

> 1946—1949年是国民党全面崩溃的3年。在国民党统治区，物价一日数涨，特务天天抓人，人民处在水深火热之中，学生很难安下心来学习，教师也很难安下心来教课。但李先生忠于职守，对学生高度负责，只要有课，他总是认真备课，系统讲解，耐心辅导。最后一年李先生指导我攻修地学名著选读，他把自己的书送给我，读后写的报告，他逐字逐句修改，并多次找我讲解。他与学生亲密无间，星期天常带部分学生到郊外玩，趁机教学生认识地理景观。有次他带我跟竺可桢校长到九溪十八涧看日蚀，意在把我介绍给竺校长，使能亲聆竺校长的教诲……
>
> 1949年5月3日杭州解放，我们都欣喜若狂，浙大学生已届毕业的，甚至还未毕业的，大都立即投身革命队伍。我不幸于此时发现身患肺病。肺病在当时是不治之症，比之今天的癌症更为怕人，因为肺病传染人。我怕此时参加革命于己于人都不利，不去又安不下心来，我将这种矛盾心情告诉李先生，他说："你留下做我助教好了。"后经进一步检查，医生认为病灶已近钙化，问题不大。恰遇外国语学校来杭州招生，我就到北京来了，李先生对此也很高兴。
>
> 1953年我奉调到中国科学院地理研究所，我知道这是施雅风先生活动的结果。有次我问施先生是怎么把我找来的，他说是李先生推荐的。直到我退休后，有次赵松乔先生对我说："你人退休了，思想可不能退，工作也不能退啊！"并说李先生曾叮嘱他关照我……[①]

1948级的张兰生【37061】也有回忆：

> 1948年秋，春芬师给我们讲授"地学通论"课程，课堂中，一年级至四年级的学生都有。我是一年级学生，李先生的课程是我首次接触科学地理学的内容，对我实际上起了地理学启蒙教育的作用。李先生的课程讲解细致、生动、深透，受到一致的推崇。后来，我有幸得传衣钵，也成了地理教师，李先生在课堂上的形象就永远成为自己的榜样。也只有在自己走上讲台面向学生后，才真正深刻体会到李先生当年备课的认真，深深体会到要达到李先

---

① 丘宝剑：《记春芬老师对我的教益与关怀》，载李春芬编：《李春芬生平和学术思想》（内部刊印），1990年，第47—48页。

生那样的讲课水平需要下多大的功夫！离开浙大之后，没有机会再在李先生身边领受教诲，但李先生陆续发表的著作，特别是从学术思想上，仍在经常指导着我。李先生指导各洲自然地理课程，五六十年代我担任的是中国自然地理课程，虽有中、外之别，但同是区域地理，本质上是相通的。李先生的名著《南美洲地理环境的结构》为区域地理的教学和研究提供了典范，使我在工作中受到极大的教益，李先生在他的论文中指出，地理学的方向应是："通过空间分析、生态分析和区域综合体的分析，研究联系人和地的生态系统和联接区际关系的空间地域系统"，更是阐明了地理学的本质，使我在工作中得到领悟。

启发学生的思想，为学生打好基础，使之有独立工作能力，能适应学科的发展而自我更新，这是春芬师施教的宗旨。在这一总的原则之下，更为难得的是李先生对学生的理解，能根据各人的特点加以引导，使之成材。伯乐识骏马，骏马总还有它的可以识别的异常之处。若要对一群马都作出判断，识别出哪一匹马适于拉车，哪一匹马适于推磨，分别指出，使各自充分发挥作用，恐怕是比识骏马更为困难，更需要下功夫的事。我那一届，入学时共有十人，到毕业是四人，这四人中，就我所知，每一位都在学习期间已在关于自己未来事业的方向方面接受过李先生的指点，而以后走上的工作岗位都是与李先生的指点、判断一致的。可惜他们三位都非正常地英年早谢，而按他们已经作出的成绩来看，都是肯定能在所在领域有所建树的。[1]

赵松乔 1946—1948 年赴美攻读博士学位，1948 年 5 月底，"赵松乔通过了他的博士论文答辩，克拉克大学地理研究院正式授予他博士学位"。同年秋，赵松乔回到杭州，任史地学系地理学副教授。他任教期间，曾经开设过"本国地理总论"、"亚洲地理"、"政治地理"和"地理名著选读"等课程：

> 1948 年秋，赵松乔留美归来，回到浙江大学史地系，时年 29 岁。怀着满腔热血，急切地计划在而立之年实现"科学救国"的抱负。他任职副教授，教"本国地理总论"、"亚洲地理"、"政治地理"和"地理名著选读"等课程，除授课外，他还做一些人文地理方面的考察和研究，发表的论文有《从地理学观点看"世界国"（陆权、海权、空权与人权）》《杭州市之土地利用》……[2]

---

① 张兰生：《师范，求是——我心目中的春芬师》，载李春芬编：《李春芬生平和学术思想》（内部刊印），1990 年，第 30—31 页。
② 赵旭沄著：《质朴坚毅——地理学家赵松乔》，北京：商务印书馆，2016 年，第 79 页。

……其后不久，我获克拉克大学博士学位，返浙江大学任副教授，恩师即指派我担任5门课程的教席，而以接班任教"中国地理"这门必修课程为重点。[1]

关于当时具体上课的情况，1945级学生林晔，有文章回忆张其昀上课的情景：

平心而论，张其昀先生在"中国地理总论"的教学中是非常勤恳的，如每课必挂大地图并指出学习要领，他的讲解也是有条不紊的，而且经常教育我们注重实践锻炼，注意联系实际的学习方法（如叫我们编写一个县的地理志和气候志等）。这些都是使我们很难忘却的。[2]

当时的《校刊》和《日刊》中，亦有上课的各类记载。1948学年第一学期于9月13日正式上课，为便于学生找到教室，当时的《日刊》专门登载"教室地点表"，将各教室编号和位置情况予以详细说明，还提及"地理研究室在阳明馆"等。[3]见图5-3-3。

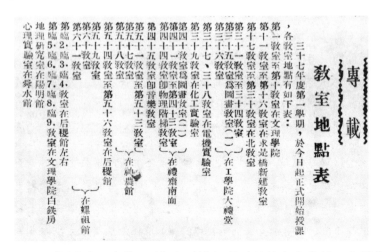

图5-3-3　《国立浙江大学日刊》复刊新25号（1948年9月13日）所载浙江大学1948学年第一学期"教室地点表"。引自《国立浙江大学日刊》复刊新25号（1948年9月13日）。

---

① 赵旭沄著：《质朴坚毅——地理学家赵松乔》，北京：商务印书馆，2016年，第267页。

② 林晔：《浙江大学史地系、地理系片断》，载何琦主编：《问天人生》，北京：中国文史出版社，2019年，第25页。

③ 《国立浙江大学日刊》复刊新25号（1948年9月13日）。

3. 实习情况

野外实习是地学教学的重要环节，史地学系在教学中对此亦非常重视。1948年6月7日，浙江大学史地系地理组学生60余人，由孙殿、严钦尚率领，赴莫干山实地考察地形、地质。

浙大学生考察莫干山

[中央社杭州八日电]浙江大学史地系地理组学生六十余人，由地质、地形二科教授孙殿、严钦尚率领，顷赴莫干山实地考察地形、地质。按莫干山之地质、地形，据一般研究结果，为白垩纪与第三纪间造山运动时，岩浆侵入地壳所造成之岩基，因年代久远，岩基顶部已被侵蚀，而露出尖端。[①]

4. 教学管理

浙大的教学一向是严格认真的，教学质量逐年有所提高。1948年英国牛津大学致函中国教育部承认中国7个大学的优秀毕业生可以直接升入牛津大学研究院，浙大即为7个大学之一。[②]

浙大对于教学非常严格，学生若有作弊或不规范之处，会对学生予以严厉处分。1949年1月的期末考试，第113次行政会即议定处分多人。其中，史地学系课程"中国历史地理"考试结束后发现考场有试卷三本，后查实为王大华、王仲殊、胡宜柔三人试卷，确定"应做无效，得予补考"。[③]

当时的教师在任教过程中，还有在外校兼课的情况。谭其骧的经历较为典型：

> ……1947年秋的一次机会，使谭其骧在生活的重负下喘了一口气。孙人和（蜀丞）出任上海暨南大学文学院院长，兼任历史系主任，历史系教师缺人，上海一时找不到合适人选。孙的妻兄牟润孙是谭其骧在北平时的旧友，向孙推荐了他，孙即让牟去杭州找谭其骧，请他兼任暨南大学的"专任教授"，谭其骧自然欣然允诺。

> 既是兼任，却又称"专任"，看似矛盾，却是当时的习惯做法。因为根据制度，兼任教授的工资很低，解决不了什么困难，只有担任专任才能拿到一份教授的工资。但聘专任教授得报南京教育部备案，为了怕被发现在两所大学同时

---

① 《时事新报》1948年6月8日。
② 《竺校长演讲辞》，载《国立浙江大学校刊》复刊第179期（1948年4月12日）。
③ 《国立浙江大学日刊》复刊新106号（1949年2月14日）。

任专任，谭其骧与校方商定，不用名而用字，以"谭季龙"上报，暨南的师生也都称他为谭季龙。其实，当时在两校甚至在三校作"专任"的大有人在，对教育部也是公开的秘密，谭其骧即使以真名实姓上报，大概也不会有人来管。

当时教育部规定专任教授每周必须上 3 门课共 9 小时，但实际上各校都不完全执行，尤其是对资深教授，如谭其骧在浙大即只上两门 6 小时。不过他在暨南大学是新聘教授，自然享受不到这样的优待，校方只同意每周减少 1 小时，上 3 门课 8 小时，集中排在星期四、五两天。3 门课中的"中国沿革地理"、"魏晋南北朝史"就是在浙大开的课，只要按讲稿再讲一遍；另一门课第一学期是"中国文化史"，第二学期是"中国史学史"，是现编的教材。

从 1947 年 10 月开始，谭其骧每星期四早上从杭州坐火车出发，中午 12 时半到上海北站，就在附近小饭馆吃午饭，然后到西宝兴路青云路口暨南大学文学院，从 1 点半到 5 点半连着上 4 节课，第二天再上 4 节。1948 年秋季开学，校方同意将两个星期的课集中在一起上，星期四下午仍上 4 节，星期五、六各上 6 节课，在两天半时间内上完两个星期的 16 节课，星期六晚上乘特快车回杭州，大约 11 点半可以到家。他就这样风尘仆仆地奔波于沪杭之间，才勉强维持了一家的生活。……①

（三）研究生的教学活动

研究生入学后，则按照当时要求，在完成 2 年或 3 年的课程学习、完成毕业论文写作并送审通过后，由学校上报教育部，申请参加硕士学位考试，通过后，即可获得硕士学位。如 1947 年 6 月浙江大学统计的该年史地研究所 6 位毕业生申请硕士学位的汇总表，包括 1944 年 9 月入学的文焕然、倪士毅、陈述彭、程光裕和 1945 年入学的宋晞、陈吉余。见图 5-3-4。

《校刊》亦专门报道了此次硕士考试的消息，称："硕士考试定廿五日起在健身房举行，参加考试者有史地研究所陈述彭、宋晞、程光裕、倪士毅、陈吉余、文焕然等六人。"②此次硕士考试之后，陈述彭、陈吉余等将完成的毕业论文送交评审，通过后，即准予毕业。见图 5-3-5。

---

① 葛剑雄著：《葛剑雄文集（3）·悠悠长水：谭其骧传》，广州：广东人民出版社，2014 年，第 132—133 页。
② 《国立浙江大学校刊》复刊第 159 期（1947 年 6 月 22 日）。

國立浙江大學

史地研究所

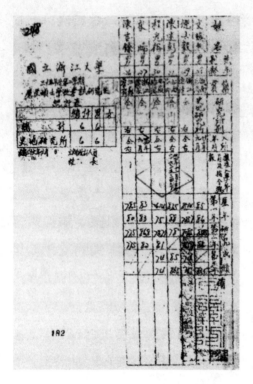

图 5-3-4　浙江大学上报教育部 1946 学年第二学期“愿受硕士学位考试研究生”统计表。引自戴勇、王平、金文华著：《探究河口，巡研海岸——陈吉余传》，上海：上海交通大学出版社，2015 年，第 39 页。

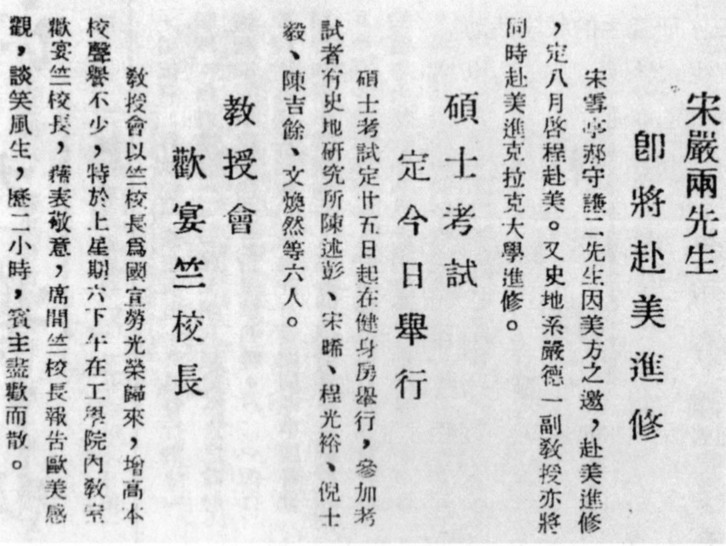

宋嚴兩先生即將赴美進修

宋霽亭鄭守謙二先生因美方之邀，赴美進修，定八月啓程赴美。又史地系嚴德一副教授亦將同時赴美進克拉克大學進修。

碩士考試定今日舉行

碩士考試定廿五日起在健身房舉行，參加考試者有史地研究所陳述彭、宋晞、程光裕、倪士毅、陳吉餘、文煥然等六人。

教授會歡宴竺校長

教授會以竺校長爲國宣勞光榮歸來，增高本校聲譽不少，特於上星期六下午在工學院內教室歡宴竺校長，藉表敬意，席間竺校長報告歐美感觀，談笑風生，歷二小時，賓主盡歡而散。

图 5-3-5　《国立浙江大学校刊》复刊第 159 期（1947 年 6 月 22 日）所载 1947 年 6 月举行硕士考试的消息。引自《国立浙江大学校刊》复刊第 159 期（1947 年 6 月 22 日）。

陈述彭的毕业论文题目为《螳螂川流域之地文与人生》。关于该项研究的具体过程，《陈述彭编年纪事》一书中有细致的描述，见图5-3-6、图5-3-7：

1943年1月，陈述彭从浙江大学史地系毕业，留在史地系当助教……

战乱仍在持续，陈述彭深感环境艰险，前途渺茫，又深觉自己对地理学的兴趣和热爱，于是寄希望于潜心研习，继续畅游学海。叶良辅教授慨然应允陈述彭攻读硕士在职研究生，因为他成绩优异，且"有求是精神，有学者气象"，于是他成了叶良辅教授晚年指导的研究生之一……叶师随后致函求助于他的同学……时任重庆盐务总局盐业研究所研究员、技术处处长的朱庭祜教授，让陈述彭研究中国盐业地理，希望朱教授提供资料与资助。就这样，陈述彭开始了他半工半读的地学研究生涯。虽然因为战争，时局不稳，风雨如磐，但陈述彭在遵义古城西南角的山坡上租了一间民房，每天到山下食堂去吃饭、打开水，也算是相对安定，有点像箪食瓢饮的隐士生活。有个星期天，因为没有吃饱，给自己开个小灶，却不慎把桐油当菜油，结果上吐下泻好几天。那个时候病了，是没医疗保险的，只能自行等待痊愈……

当时翁文灏出任资源委员会主任委员，又召请黄秉维教授加盟该会所属经济研究所任专员；黄秉维教授又从资源委员会经济研究所发来邀请，陈述彭去该所兼任助理研究员，由黄秉维教授领导，在重庆工作三年，白天上班，从事经济地理研究和矿产地图编绘，晚上进修研究生课程。

黄秉维教授于1942年转至资源委员会经济研究所研究区域经济，经过一段时间，工作轮廓初具，遂邀请陈述彭参与其中。此时，已先后有施雅风、吕东明、蔡锺瑞、宋铭奎、杨利普、严钦尚等浙江大学师生前往加入黄秉维教授的团队。之所以黄秉维教授会邀请陈述彭，是因为资委会有许多资料，还有不少是第一手资料，计划编一本地图集。陈述彭对此可以说是得心应手，能够一展所长，正好陈述彭也想学习搜集资料与整理资料的方法，增长历练，以便更好地提高自己。同时，陈述彭的导师叶良辅教授一贯主张研究生需要加强基本功的训练，而当时野外考察的机会十分难得。于是他欣然应允陈述彭应邀参加黄秉维教授的考察活动。于是陈述彭告别导师叶良辅，辞别家人，前往重庆牛角沱参加黄秉维教授领导的区域经济组开展工作。当时主要科研任务有三项：一是程潞负责的一系列水库淹没损失土地利用调查；二是翁文

---

① 引自《国立浙江大学校刊》复刊第159期（1947年6月22日）。

灏交办的编写《中国区域地理》的讲稿；三是中国矿产资源地图集的编制。黄秉维教授接受资源委员会全国水力发电工程总处委托，率员去云南滇池及其下游的螳螂川、石楼梯等地进行经济地理考察。

图 5-3-6　1944 年陈述彭考察螳螂川流域的水利与水电开发，与程潞、宋铭奎、黄秉成摄于石楼梯峡谷。引自《陈述彭编年纪事》编委会编：《陈述彭编年纪事》，北京：科学出版社，2021 年，第 18 页。

　　鉴于陈述彭的在职研究生身份，黄秉维教授在安排工作的时候，尽量不跟他的学习和考试时间冲突，并建议陈述彭以此作为他硕士学位论文的野外实践内容。在实地工作中，为了提高他的分析能力，黄秉维教授还指导陈述彭认真学习美国农业经济学家和教育家、赛珍珠的丈夫卜凯 (John Lossing Buck, 1890—1975 年) 的《中国土地利用》和我国杰出的农业经济学家张心一的《中国农业概况估计》……

　　1945 年春，在云南滇池、螳螂川流域考察水电资源开发……

　　1946 年，陈述彭在南京遇到来宁开会的竺可桢校长。竺校长询问了他的工作近况，得知他在资源委员会的工作即将暂告一段落，就对他说："你怎么不回杭州去？你只差半年毕业了，怎么还待在这里？"于是陈述彭尽快结束了手头的工作，回到已迁回杭州的浙江大学，继续一边当助教，一边攻读硕士学位。

　　回到学校后，他首先完成了论文《云南螳螂川流域之地文与人生》的草

図 5-3-7　《地理学报》第 15 卷第 2—4 期合刊（1948 年）所载陈述彭论文
《云南螳螂川流域之地文》。引自《地理学报》第 15 卷第 2—4 期合刊（1948
年），第 1 页。

稿。这篇论文在准备阶段得到了黄秉维教授的指导和帮助。初稿完成，导师
叶良辅教授逐字逐句、精心批改，同时又指示陈述彭要博采众家之所长，发
扬地理学综合性的特点，让他分别求教于黄秉维、李春芬、任美锷、徐近之
等地学名家。叶师希望论文并不局限于地、人学的研究，而重在体现人地关
系的交织，他要求他的学生们要尊重事实、尊重科学、尊重他人的长处。叶
良辅善于取材，不拘一格，对于他培养的每一名研究生，都能做到因材施教、
反复琢磨、诲人不倦。更重要的是，叶良辅指引他的学生认真观察世界，从
宏观着眼，微观着手，用地质时期的尺度去看待历史的长河、宇宙洪荒，从
狭隘的宇宙观和人生观解脱出来；还有黄秉维但问耕耘、不问收获、淡泊名
利的风度，都给了陈述彭不可磨灭的印象。在他们的指导和支持下，陈述彭
还完成了关于贵州遵义、云南滇池等几篇初期的专门论文，培养了对于自然
地理学、地形学与地图学的广泛兴趣，将自己的理想定位在了科学研究上。

《云南螳螂川流域之地文与人生》终稿成于1946年，陈述彭以此获得硕士学位。叶良辅教授赞扬他的学位论文是一部融汇了自然和人文社会因素的地理综合研究的优秀著作。[①]

该文主要内容修改充实后，投稿《地理学报》，于1948年在《地理学报》第15卷第2—4期合刊上发表。

陈吉余的毕业论文题为《杭州湾地形演化》，是他于1946年回到杭州、结合钱塘江流域实地考察所进行的研究，见图5-3-8、图5-3-9：

随着浙大复员杭州，陈吉余的研究方向也发生了变化，以前他的研究方向是山地地貌，其后就开始接触河口海岸地貌了，这与杭州所处的地理位置有关。这个转变也是他继选择史地系地貌专业之后，又一个具有决定性意义的转变，河口海岸进入他的研究视野已近在咫尺。

到了杭州，他便到图书馆借了一本D.W.约翰逊的《海岸过程和海岸线发育》，这本书对陈吉余一生的学术影响是巨大的。他说：

这是一本1919年出版的书，它总结了19世纪下半叶以来海岸研究的成果，并以戴维斯的地貌轮回理论体系阐述上升、下沉、中性海岸发育的种种地貌现象。这本书，我把它作为海岸地貌形成一门科学肇始的论著，我逐字逐句详细地阅读，并仔细地做好笔记，为我今后的科研道路做了准备。

1946年11月中旬，钱塘江海塘工程局副局长兼总工程师汪胡桢找到了浙江大学，想请史地系的专家对钱塘江两岸进行地质调查。原来，清末至民国时期，钱塘江护岸工程百年未曾大修，海塘和江塘破损严重。钱塘江的中央河床沙体隆起，致使主航道左右摆荡，侵蚀两岸，造成大面积的塌方。有时岸滩一坍塌就是绵延数里，村庄尽毁。这个沙体隆起是怎样形成的？这是钱塘江治理首要弄清楚的问题。浙江大学搬回杭州后，浙江省海塘管理部门——塘工局看到解决这个问题的时机来了。

浙江大学把任务交给了朱庭祜教授。叶良辅知道这件事情后，希望爱徒也能参加这项调查，朱庭祜同意了。很快建立了朱庭祜任组长、陈吉余和国民政府经济部地质调查所2位同事为组员的4人调查组。12月8日，调查小组到达萧山的临浦，后又赶到闻家堰，这里是西江塘的开始处，也是这次调查的起点。调查组顺江而下，勘查了西兴、冠山和白马湖一带的地质地貌。

[①] 《陈述彭编年纪事》编委会编：《陈述彭编年纪事》，北京：科学出版社，2021年，第17—21页。

到了龛山之后，朱庭祜有事回杭州，任务也就落在了他们 3 个人身上。到达义蓬，他们才知道了情况的严重性：

我们在义蓬住下的第二天，到钱塘江边就看那滚滚奔腾的钱塘江水流，冲刷着壁立的江岸，由细粉砂组成的土地，大块大块地和切豆腐一样，接连不断地坠落江水之中，临江的陆地，隆冬残留着棉花秆，上面分散一家家单户的民房，正在被自家拆除，有的来不及拆除的残房随着土块一齐坍入江水之中。我们询问当地群众和政府工作人员，他们说，昨天到今天一天坍江 20—30 米，坍的最大的一天，江岸后退 200 米。钱塘江主泓摆荡，周而复始，南北涨坍数十年一变，坍江潮灾成为萧山、海宁居民的一大灾难。

陈吉余看在眼里急在心里，作为一名地学者应该为民排忧解难的责任感顿然升起于胸中。从此之后，钱塘江再也没有离开过陈吉余的视线。随后他们又考察了钱塘江的防洪工程。……使多代人民的辛苦破损残缺，让陈吉余唏嘘哀叹了很久。

图 5-3-8　1946 年，陈吉余（左）与盛莘夫在浙江开展钱塘江地质调查。
引自戴勇、王平、金文华著：《探究河口，巡研海岸——陈吉余传》，上海：
上海交通大学出版社，2015 年，第 52 页。

1947 年元旦之后，调查组开始对杭州湾南岸的调查，从绍兴到浙东海塘。他们在浙东海塘考察的时间最久，从大古塘到七塘，一道道的海塘都逐一勘查，最后考察了宁波，考察总共历时 3 个月。

陈吉余决定将本次调查结果作为硕士毕业论文，题目暂定为《杭州湾地形演化》。现实情况大体了解了，但是要想清楚地形演化的过程，还是需要查阅很多古代文献资料。三四月份，陈吉余几乎天天去浙江图书馆和西湖博物馆（现浙江博物馆）。中午闭馆的时候，他就干啃带来的干粮。经过1个多月的准备，他开始准备撰写论文。这时候，系主任张其昀找到他，让他先写一个摘要。于是陈吉余全力以赴，写成了他第一篇关于河口海岸的论文《杭州湾地形述要》。张其昀觉得这篇文章写得很好，于是就将其发表在了《浙江学报》一卷二期。①

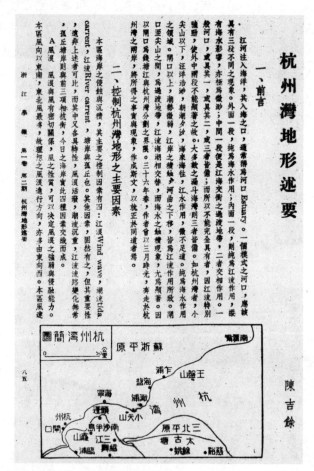

图5-3-9 《浙江学报》第1卷第2期所载陈吉余论文《杭州湾地形述要》。引自《浙江学报》第1卷第2期（1947年），第85页。

———————————

① 戴勇、王平、金文华著：《探究河口，巡研海岸——陈吉余传》，上海：上海交通大学出版社，2015年，第51—53页。

本期入学的唯一一位地学专业的研究生李治孝【史37】，其所修研究生课程情况，可为本期研究生教学活动的代表。根据其学业成绩表的记录，见图5-3-10，课程包括：

第一学年（1948.08—1949.07）：地形研究，区域研究，历史地质学

第二学年（1949.08—1950.07）：聚落地理，地质实测，构造地质研究，地质构造研究。另外，本学年（即1949年8月后）还补充了两门政治课：新民主主义论，社会发展史

论文题目：浙江余杭西南部之地质和矿产

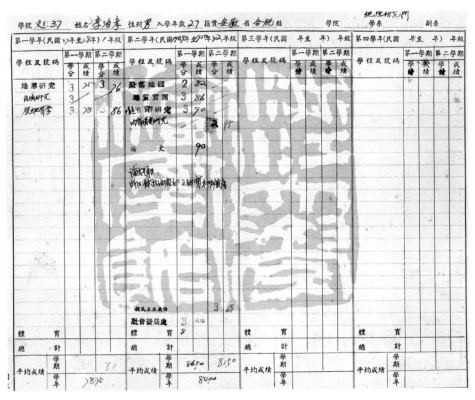

图5-3-10　史地研究所（1949年7月后为地理研究所）研究生李治孝【史37】的学生成绩登记表（正面，部分）

二、科研

科学研究方面，虽然由于时局动荡，但史地学系及地学相关系科在张其昀等的擘画、经营之下，仍开展了许多工作，取得了一定的成绩。张其昀多方联系，

广泛参与、组织有关考察和研究工作，且科研工作更为正规化。

早在 1946 年初，浙大还在遵义、尚未返杭之时，张其昀即初步与台湾行政长官公署签订"台湾史地考察团合作办法"，预定"由浙大派教授五人赴台湾考察地理上之资源，为期一年。拟以李絜非为队长，温甫、维屏、赵松乔、徐规"等参加（竺可桢"日记"1946 年 1 月 9 日）。[①] 但后未见成行。

1946 年 5 月复校回杭后，张其昀多方联络，积极筹划，组织史地学系和史地研究所师生，进行了多项科研和社会服务工作。

（一）总体情况 [②]

在 1946 年 6 月—1949 年 5 月这段时间里，史地学系及相关机构与科研方面有关的活动，主要包括杂志、期刊和图书、图集的编辑、出版，以及多项合作研究等。

——杂志、期刊的编辑、出版

1947 年 1 月《思想与时代》复刊，张其昀撰写《复刊辞》，编辑中心仍设在浙江大学，至 1948 年 11 月，该刊共出版 53 期。当时，史地学系毕业生郑士俊【29049】曾经参与该刊的编辑、发行工作。郑士俊后有这样的回忆：

> ……这个杂志是史地系主任张其昀创办并兼任社长和主编的，印刷与发行等工作由李絜非先生办理。在遵义刊印发行了创刊号，上面刊有竺可桢校长文章《科学之方法与精神》。史地系各教授也纷纷投稿，浙大其他院系教授，以及校外的名教授也有专稿陆续刊登。当时由于白报纸缺乏，只好用土制的灰色纸张印行。它的内容是就一些学术问题进行研讨与论述，见仁见智，自有其不同的立论与见解。1946 年，浙大迁离遵义。回返杭州后，该刊继续出版，仍由张其昀老师主编，印刷及发行等工作改由助教郑士俊办理。[③]

1947 年 9 月，由文学院、师范学院、法学院联合编辑的《浙江学报》创刊，张其昀担任编辑委员会主席，陈乐素等任委员，是人文社科方面的学术刊物（编者注：《浙江学报》的前身可以理解为是《国立浙江大学文学院集刊》）。至 1948 年 6 月，该刊共出四期，有史地系教授论文多篇。见图 5-3-11。

---

① 竺可桢著：《竺可桢全集（第 10 卷）》，上海：上海科技教育出版社，2006 年，第 9—10 页。
② 说明：本节部分内容据李凡的《国立浙江大学史地系系史述论（1936-1949）》摘编（李凡：《国立浙江大学史地系系史述论（1936—1949）》（浙江大学硕士学位论文），2015 年，第 36—38 页）；除了其他来源的材料单独注明出处外，不再另外注明。特此说明并致谢。具体表述中，编者略有补正。
③ 郑士俊：《浙大史地系在遵义》，载贵州省遵义地区地方志编纂委员会主编：《浙江大学在遵义》，杭州：浙江大学出版社，1990 年，第 133—136 页（本处引文见第 136 页）。

图 5-3-11　《时与空》第 2 卷第 1 期（1948 年）所载对史地学系出版物的介绍。
引自《时与空》第 2 卷第 1 期（1948 年 4 月）。

——史地教材、图籍展览会

史地系举办了多次图籍展览会，计有：1947 年 10 月于国庆日举办史地教材展览会，1948 年举行中外史地教材展览会、新疆史地书籍图片展览会、浙江史地教材展览会，1949 年史地系为庆祝校庆节举办国际时事图景展览会等。

——中外学术交流

早在 1943—1945 年旅美期间，张其昀曾提出浙大史地系与哈佛大学地理系、威斯康辛大学地理系等学校合作办法，内容涉及交换图书、教授、讲师等诸方面，但因尚处战时等原因，并未实行。复员杭州后，史地系不仅向国内搜集图书，还曾直接向外国政府、大学研究所及公私机关征购图书，并得到美国国会图书馆、美国大使馆、加拿大大使馆、英国文化委员会及澳洲驻华使馆所赠图书多种。1947 年夏，严德一等人赴威斯康辛大学进修，同年 9 月，哈佛大学地理学讲师欧克曼（Edward Ackerman）来浙大，史地系曾请其演讲《日本之前途》。

——合作研究

史地学系、史地研究所复员杭州后开展了多项合作研究，积极参与地方建设。

1946 年初，张其昀与台湾行政长官公署签订台湾史地考察团合作办法，考察台湾地理上之资源，为期一年（编者注：可能未实施）。

根据 1947 年 4 月的《国防部第六届科学研究拟办调查表》，史地研究所工作计划为："正着手搜集二次大战后世界各国新出地图，尤注重西太平洋、中亚大陆及中国边疆各地，分区研究，撰成书稿及说明书，希望能与国防部合作，其地图学专家（普通地质、地理）之薪额，希望由国防部拨给，另拨一部分设备费，总计经费两千万元。关于本所已经在进行之钱塘江下游及杭州湾附近之地文地质研究及拟进行之扬子江下游三角洲区域内水道系统研究，详见另行"（原注：《人事》，1945年，浙江大学档案馆藏，档案号 L053—001—0014）。此外，该材料另载有"浙省士兵素质之调查"工作，应该为当时仍在史地学系任教的吴定良所主持。

1948年8月，史地研究所与浙赣路铁路局签订合作研究史地办法，研究所为铁路局从事浙赣铁路沿线自然环境、经济状况及名胜古迹之研究或调查。

同年10月左右，史地系又与浙江省政府合作举办杭州市土地利用调查工作，自11月6日开始，至12月7日初步调查已经大体就绪，可知工作效率之高。

——史地教育类图书、图集的编辑、出版

史地教育研究室工作除了编制各省挂图、制作各种地理模型外，又以合作方式进行诸多图书编辑。根据1947年《国立浙江大学文学院概况》记载，其时工作计有下列诸项：

（一）教育部边疆教育司委托本室编辑《台湾图志》，特拨经费八百万元，于一年内完成，现由谢布德君在本系教授指导之下负责编纂。

（二）国立编译馆委托张其昀教授编纂《黄河志·人文地理篇》，定三十七年（编者注：即1948年）七月以前完成，由本室陈吉余、李赓序二君协助编纂。陈、李二君由编译馆支薪。

（三）京沪区铁路管理局委托本校研究京沪、沪杭两路沿线之名胜古迹，著成专书，特为吸引游客、发展客运之一助。预定于一年内完成《杭州之名胜史迹》与《南京之名胜史迹》二书，由宋晞君负责编辑，其薪额及调查费用由本校所存路局研究基金内支付。

（四）全国渔业协会资助经费委托本室编纂《中国渔业地理》，现先搜集资料，并拟赴舟山群岛实地考察。

（五）本室在战时曾出版石印史地教科挂图五十幅，业已售罄。现与远东制图公司合作出版中学地理教科挂图，现已编成十幅（1.中国政治区域挂图，2.中国地形挂图，3.中国气候挂图，4.中国水文区域挂图，5.中国经济区域挂图，6.中国农产挂图，7.中国矿业挂图，8.中国交通挂图，9.中国人口挂图，10.中国民族语言挂图），陆续付印。

又编纂《百国图鉴》一书，由全国各大学地理教授三十余人合撰，文稿在整理中，亦将由该公司出版。

（六）本室编成各书现分别由各书局出版，已付印者有下列各种：

竺可桢等编：《地理学家徐霞客》，商务印书馆（印刷中）

张荫麟：《中国史纲》，正中书局（印刷中）

张荫麟：《通史原理》，正中书局（印刷中）

张荫麟：《宋史论丛》，正中书局（印刷中）

张荫麟：《论中西文化》，正中书局（印刷中）

张其昀：《中国军事史》，正中书局（已出版）

张其昀：《中华历代大教育家史略》，大东书局（已出版）

张其昀：《中国人地关系概论》，大东书局（已出版）

叶良辅：《瀚海盆地》，正中书局（印刷中）

叶良辅：《世界矿产》，正中书局（印刷中）

任美锷：《欧洲政治地理》，中国文化服务社（已出版）

任美锷：《太平洋国际关系》，本室自印（已出版）

本室又曾出版石印书籍数种均已售罄，其中如叶良辅等合编之《地理学研究法》等书，修订后均可付印。

（七）本室前在贵州遵义曾举行史地教材展览会，现与浙江省教育会合作准备再度举行。展览品选择两千余件，均由本室供给，将定期在该会举行。①

（二）若干重要的科研活动

从以上科研活动概况可以看出，史地系复员杭州后，虽然国内局势动荡、学生运动频繁，加之物价飞涨、通货膨胀，师生生活艰难，但是史地系科研活动仍然比较频繁，而且保持着高效率、高水准。② 主要有以下诸项。

1. 钱塘江沿岸地质调查（1946 年 12 月—1947 年 5 月）

1946 年 12 月，复校回杭不久，史地学系朱庭祜应浙江省海塘工程局的邀请，进行钱塘江沿岸的地质调查，尚在读研究生的陈吉余参加了此次调查。至 1947 年 5 月，调查告一段落。当时，史地学会编印的《时与空》对此有记述：

朱庭祜先生、陈吉余会友应海塘工程局之请，考察钱塘江下游两岸地形与地质。③

朱庭祜先生所主持之杭州湾地形调查已告一段落，报告正在撰述中，对

---

① 《国立浙江大学文学院概况》（1947 年），第 30—31 页。

② 李凡著：《国立浙江大学史地系系史述论（1936—1949）》（浙江大学硕士学位论文），2015 年，第 38 页。

③ 《时与空》第 1 卷第 1 期（1947 年 2 月）。

于浙省塘工水利及杭州港埠之前途，均有重要关系。[1]

直接主持此次地质调查的朱庭祜先生，曾经回忆过当时考察的情景，见图5-3-12：

> 1946年，由于伪浙江省水利局为整治钱塘江下游水道的需要，我和盛莘夫、何立贤考察过钱塘江两岸的地质、地形。东南面起自临浦，经萧山县境的湘湖、赭山、龙山、龟子门、长山一带至上虞、余姚（即钱塘江入海处）；西南起自杭县、富阳分界处的狮子口，经杭州市、盐官（即海宁）、海盐、平湖、嘉善至江苏省金山县界，见沿江有澉浦、乍浦、峡石等几处小山，是海侵的遗留物。两岸旧海塘已有数处倒坍。当时可见萧山境内的钱塘江古道，南沙、杭县、七堡地区江堤陷落，每年秋季发生巨潮成灾。又如秦望山和其他岛屿分列海口，有海潮侵蚀迹象，可了解近代海水进退、沙滩迁移等情况。钱塘江在近代历史上修筑堤塘工程甚为重要。关于深水问题，必须经过沿江的勘测工作，非简单踏勘所能解决的。此项踏勘报告，由伪浙江省水利局提交《建设》杂志刊印，但插图未印。

图5-3-12 《建设》第2卷第1期（1948年）封面及所载朱庭祜、盛莘夫、何立贤的论文《钱塘江下游地质之研究（前编）》。引自《建设》第2卷第1期（1948年），封面，第24页。

进行钱塘江沿岸地质调查过程中，同行者盛莘夫后来有这样的回忆："朱老与我调查钱塘江下游地质时，深感地理与人事的变迁，特别在海盐城内见到抗日

---

[1] 《时与空》第1卷第2期（1947年5月）。

期间焚烧遗迹，两人感触尤深，朱老触景生情，就写诗感叹，他先作诗一首，我亦步韵学之。"两人所作如下：

朱诗：

满目凄凉是战区，名城整个变丘墟。断垣危屋悲陈迹，古井残碑数劫余。海宇陆沉增感慨，东夷屠毒叹唏嘘。三山未远宜探访，何事消磨在诗书。

一九四七年一月

盛诗：

沧桑最是武原区，地变汪洋庐化墟。塘外遗陶留史迹，城中荒址亦兵余。波臣每撼滔天浪，万姓常为水患嘘。试究潮前砖瓦面，几朝往事此中书。[①]

直接参与调查工作的陈吉余，亦对此次调查印象深刻。正是以这项工作为基础，他完成了自己的硕士毕业论文，正式发表了自己的第一篇学术性论文；也是从这项工作开始，他初步接触到河口海岸的学术问题，为自己其后对河口海岸的开创性研究，奠定了基础。时隔多年以后，他还记得当时的情况：

……1945年大学毕业，决心继续学习，经过研究生考试，跟随叶良辅先生从事地貌学研究（当时称地形学）。随着日本投降，1946年学校迁回杭州，因为到了东部沿海，于是开始钻研海岸地貌。

恰巧，当时史地系朱庭祜教授接到钱塘江沿岸地质调查的任务，叶师就命我跟随朱教授一同进行工作，从事地貌调查。1946年12月中旬，在严寒天气情况下，从钱塘江河口起始的闻家堰沿江步行而下，在大雪纷飞中，登上河口三门的龛山、赭山、河庄山，乘着帆船迎着一线汹涌的涌潮，一帆越江到了海宁，攀登十八级塘石，爬上了有着两个铁牛镇海的海塘大堤，进入战后的海宁城内，只见一片砖石瓦砾，著名的陈阁老家园只剩下断墙残壁，凄凉景象催人泪下。清代康、雍、乾、嘉四朝所建的石塘屹立在钱塘江岸，抗击着一日两潮的海潮袭击，保护着太湖平原的杭、嘉、湖、苏、松、常、镇江七府的沃野良田和千万人民。近年冲出的陈汶港大缺口正在抢修之中，登上大尖山，中生代流纹岩构成的崎岖山地，一直到澉浦才再见到平陆。海盐城内也是一片瓦砾，乍浦还算市井繁华，民居完整。乍浦九山，黄山最高，大、小孟山和里、外蒲山等处可见各种海岸地貌，各种形态的浪蚀平台、壁龛、

① 浙江省地质矿产局、浙江省地质学会合编：《朱庭祜先生纪念册》（内部印行），1985年，第24页。

突石等，成为我的调查对象。在专业人的眼里，再好的风景也只是视而不见，所要找的是海蚀和海积的地貌形体。在坑坑洼洼的沿海公路上，我们到了全公亭、金丝娘桥和金山卫城，一片凄凉，全城瓦砾，这里是日本人在淞沪会战登陆的地方。当时全卫海滩还是密集的制盐的小丘，海塘脚下，遍是绳纹的陶片，它的前面，过去曾是大片桑田，后来则沦为一片沧海。原在陆上的王盘山，今已在杭州湾之中。

完成了北岸调查，我们回到杭州小憩，接着就进行南岸的调查，先到绍兴鉴湖，在水网地区到三江城，见到二十八孔的三江闸。不禁感到汉代会稽太守马臻修鉴湖、明朝绍兴知府汤绍恩修三江闸，都是为人民做了好事，保一方人民安居和农业生产，但他们却因动用了朝廷库粮都遭杀头之罪。如今鉴湖和三江闸万世流芳，成为人们的永久纪念。

过了曹娥江，到了上虞，从沥海到观海卫，向着弧形的杭州湾南岸平原行去，从元大德塘开始，经过二塘、三塘一直到第七道乾隆年间所筑的海塘，都是土塘。听闻"东北风张、海鸥啾啾"，一片片浪潮袭来，威胁着人民的生命财产。到了镇海，看到北门外面宋代王安石所修的斜坡石塘，完好如初。钱塘江两岸海塘都是条石所修的直立式海塘，只有明朝黄光昇曾在海盐修过斜坡塘，唯独镇海王安石所修的斜坡塘保存了下来。三个月的钱塘江海塘地质调查到此结束，我们回到宁波。临近春节年关，因调查领队盛莘夫是奉化人，因此我们到奉化江口的盛家，度过 1947 年的春节。

1947 年上半年，一开始就准备以这次调查收集的资料撰写毕业论文。正在我考虑论文提纲时，系主任张其昀先生找我就调查所得写篇调查文章，于是仓促写了一篇《杭州湾地形述要》，用以交卷，被发表在《浙江学报》一卷二期，于是我以此为硕士毕业论文。系主任张先生联系国立编译馆，以助理编辑的职务使我留在浙大史地系担任助教，并被安排系里负责图书管理工作。[①]

2. 史地研究所与浙赣铁路局合作研究，进行浙赣路调查（1948 年 8 月）

1948 年 8 月，史地研究所与浙赣路铁路局签订合作研究史地办法，研究所为铁路局从事浙赣铁路沿线自然环境、经济状况及名胜古迹之研究或调查。当时，已经有"数项调查正在进行之中"，"一为江西进贤煤田之调查，二为金华、兰

---

① 陈吉余：《浙江大学史地系的十三年异彩纷呈》，载陈吉余著：《奋力长江河口——记陈吉余先生近期的河口海岸研究实践》，上海：华东师范大学出版社，2017 年，第 220—221 页。

溪及建德一带钱塘江沿岸风景区地利与史迹之调查；由史地系教授严德一、孙鼐、李春芬、严钦尚、赵松乔及助教郑士俊等参加工作，因课务关系将分数次出外考察，再行撰成报告"，并拟"明年暑假将对江西庐山作详尽研究，规模较大"。① 对此，当时的浙赣铁路局出版委员会编印的《浙赣路讯》亦予以报道：

路局与浙大合办沿线史地调查

路局顷与浙大史地研究所，合作举办沿线史地调查，双方订立合约，该所应本路之请，随时从事沿线自然环境、经济状况及名胜史迹等之调查及研究，自下月份起开始，至明年七月卅一日止为期，暂定一年云。②

其他报刊也有报道，如《新闻报》1948 年 8 月 1 日载："浙大史地研究所与浙赣路合作举办沿线史地调查，双方订定合同，自本年八月起随时从事沿线自然环境、经济状况、名胜史迹之调查研究，为期一年。"

《校刊》全文刊登了史地研究所与浙赣铁路局的"合作研究史地办法"：

本校史地研究所与浙赣路局合作研究史地办法

本校史地研究所与浙赣铁路局合作研究调查办法，业于本年八月经所主任张其昀与该局侯局长家源签定，内容如左。

一、甲方（国立浙江大学史地研究所）得随时应乙方（浙赣铁路局）之请，从事于铁路沿线自然环境（如地理、地质等）、经济状况及名胜史迹之研究，或做实地调查，或做专题研究，其程序由双方议定之。

二、甲方之教授、讲师等从事于上项研究，概不支薪。又为从事上项研究所购置之图书资料及考察仪器，除特殊情形外，盖由甲方自任之。

三、乙方供给甲方调查时免费乘车之便利及必需之调查费用，其数额由双方随时议定之。

四、乙方聘任史地研究员一名，相当于大学助教资历，由甲方推荐，依照路局待遇，担任搜集资料及编纂工作，并每学期在乙方所办之玉山中学担任地理演讲至少六小时。

五、上项合作办法暂以一年为期。

---

① 《本校史地研究所与浙赣路局合作研究史地办法》，《国立浙江大学日刊》复刊新58号（1948年10月21日）。
② 《浙赣路讯》第333号（1948年7月30日）。

现在进行中，研究题目：一为江西进贤煤田之调查，二为金华、兰溪及建德一带钱塘江沿岸风景区地利与史迹之调查，由史地系教授严德一、孙鼐、李春芬、严钦尚、赵松乔及助教郑士俊等参加工作。因课务关系，将分数次出外考察，再行撰成报告，明年暑假将对江西庐山做详尽研究，规模较大云。①

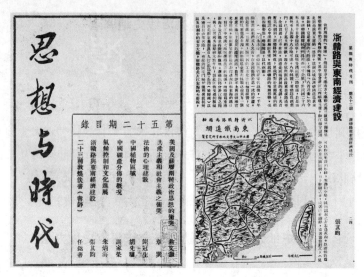

图 5-3-13　《思想与时代》第 52 期（1948 年）封面及所载张其昀文章《浙赣路与东南经济建设》。引自《思想与时代》第 52 期（1948 年），封面，第 24 页。

1948 年 4 月，张其昀在《思想与时代》第 52 期撰文，题为《浙赣路与东南经济建设》，该文应该是对此次研究所做的总结。见图 5-3-13。

3. 杭州市土地利用调查（1948 年 10 月）与杭州"都市计划"（1949 年 1—3 月）

复校回杭后，史地学系非常注重教学、科研与地方建设事业相结合。在张其昀 1948 年所写《浙大史地学系的回顾与前瞻》一文中，在谈到近期重点工作时，第 3 项即为"地方建设研究"：

地方建设研究。地方之经济建设与文化建设之研究亦与史地学术极有关系。本校设于杭州，自愿以浙江省杭州为其主要对象。复员以后，以本系为中心，联合专家学者，此类研究之作品一部分已在本市《东南日报》发表。如经长

---

① 《国立浙江大学日刊》复刊新 58 号（1948 年 10 月 21 日）。

时期之努力，深信于省政及市政之新建设有所贡献。沪杭、浙赣二路沿线经济与人文之研究亦所注意，已在搜集资料着手进行中。[①]

前述"史地研究所与浙赣路局合作研究史地"的工作即属于此类研究。此外，史地学系还积极参与了杭州市的土地利用调查和城市规划研究工作。

1948年10月左右，史地系与浙江省政府合作举办杭州市土地利用调查工作，"本项工作由史地系副教授赵松乔先生主持，参加工作者有助教陈吉余先生，研究生李治孝，四年级学生邱宝剑（编者注：一般作"丘宝剑"）及二、三年级学生九人"，调查工作自11月6日开始，至12月7日初步调查已经大体就绪，可知工作效率之高。[②]初步成果以《杭州市之土地利用》为题，发表于《浙江学报》，署名赵松乔、李治孝、陈吉余、邱宝剑。[③]见图5-3-14。

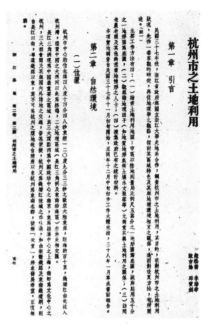

图5-3-14　《浙江学报》第2卷第2期（1948年）所载赵松乔等论文《杭州市之土地利用》。引自《浙江学报》第2卷第2期（1948年），第57页。

抗战胜利后，杭州市政府于1945年开始拟定《建设杭州新都市计划》及《实施方案》。1948年，市政府成立了杭州都市计划委员会，确定杭州为文化城，制定《杭州市重点与干线计划》。因国民政府濒临崩溃，计划未能实施。

1948年底至1949年初，浙江大学以史地学系为主，联合农学院等多个院系，参与了杭州市城市规划的工作。

---

① 张其昀：《浙大史地学系的回顾与前瞻》，原载《国立浙江大学日刊》复刊第11期（1948年6月18日）、第13期（1948年6月21日）、第14期（1948年6月22日）。引自许高渝编：《从求是书院到新浙大——记述和回忆》，杭州：浙江大学出版社，2017年，第129—131页。
② 《本校史地系与浙省府合作举办杭市土地利用调查志略》，载《国立浙江大学日刊》复刊新87号（1948年12月10日）。
③ 赵松乔、李治孝、陈吉余、邱宝剑：《杭州市之土地利用》，载《浙江学报》第2卷第2期（1948年），第57—108页。

杭参会昨讨论建为文化城案

交检讨会详尽计划

〔本报杭州廿三日电〕杭市参议会大会廿三日讨论提案时，对杭市应建为文化城一案决授权下月之检讨会中详尽计划决定，届时并请对杭市未来建设主张最力之浙大教授张其昀及本报特派员储裕生莅会说明，以作讨论之参考。[①]

竺可桢、张其昀等并被聘为"杭州市都市计划委员会"成员。

杭设都市计划会

委员聘定，今成立

杭市府为确立百年大计，特组杭市都市计划委员会，聘请专家担任委员，计有竺可桢、郑晓沧、张其昀、储裕生、徐世大等，定十一日举行成立会。[②]

1949年1月22日举行的浙江大学第113次行政会议上，竺可桢报告事项中，第三项即为"杭市任市长托本校拟具杭市建设计划"。[③] 见图5-3-15。

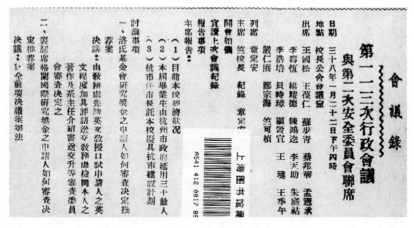

图5-3-15 《国立浙江大学日刊》复刊新106号（1949年2月14日）所载浙江大学行政会议竺可桢报告"杭市任市长托本校拟具杭市建设计划"的报道。引自《国立浙江大学日刊》复刊新106号（1949年2月14日）。

---

① 《申报》1949年1月24日。
② 《申报》1949年2月11日。
③ 《国立浙江大学日刊》复刊新106号（1949年2月14日）。

《国立浙江大学日刊》亦于 1949 年 3 月报道了杭州市都市计划委员会"区划组"讨论植物园等规划案的情况，见图 5-3-16：

杭都市计［划］委［员］会区划组讨论植物园等三案

本校与杭州市政府合作之"杭州市都市计划委员会区划组"，于上月 26 日下午三时假座本校阳明馆地质实验室召开第一次会议。到会者有竺校长、蔡邦华、王国松先生等六人，由本校文学院院长张其昀先生主席。该日先就植物园、体育场及钱塘江南岸划归本市三案提请讨论。

（一）宣读书面意见。

（1）盛委员次恒建议区域分划，美化西湖，使杭州成为花园都市，及创设免费医院，兴办公墓火葬等。

（2）王委员宗武建议钱塘江南岸应划归本市为工业区，拱宸桥及留下梵村公路以东应划归本市。

（二）该组根据下述理由，赞同该会文化组建议市政府先行创办"南山植物园"案，其理由如下：

（1）钟观光氏曾在本市笕桥创设植物园，历史悠久，现虽已颓废，标本尚存镇海，可以函请移赠，并可商请浙大农学院及台湾台北植物园等移赠各种名贵品种。

（2）杭州在植物区域上为温带与亚热带之分界，可培育品种极多。

（3）植物园设备简易，经费不多，并可吸引游客，出售副产，以资维持。

该组拟向大会推下列各专家为"南山植物园"筹备委员：设计：蔡邦华，园艺：林汝瑶，森林：林渭访，地理：李春芬，工程：吴锺伟，植物：仲崇信、吴长春，农艺：沈学年，气象：石延汉，历史：谭其骧，美术：（未定）。并建议该园园址北至玉泉（编者注：原文为"南至玉泉"，恐误），南至雷峰塔（编者注：原文为"北至雷峰塔"，恐误），西至钱粮司岭，东至万松岭，面积约 5000 亩。又拟请本校农院负责该园人选、设计及研究工作，市府负责经费、清查地权、警卫及交通等，并推蔡委员邦华拟具植物园计划。

（三）体育场拟设在玉泉青石桥一带，并请本校史地学系实地勘测提出报告。①

---

① 《国立浙江大学日刊》复刊新 116 号（1949 年 3 月 9 日）。

图 5-3-16　《国立浙江大学日刊》复刊新 116 号（1949 年 3 月 9 日）所载杭州市都市计划委员会"区划组"讨论植物园等规划案的报道。引自《国立浙江大学日刊》复刊新 116 号（1949 年 3 月 9 日）。

（三）若干重要学术交流和社会服务活动

1. 史地学系教师参加的讲座

1946 年 6 月复校回杭后，史地学系教师除了参加校内的各种讲座、讲演等活动外（如"总理纪念周演讲"、"史地学会演讲"等），还应社会各方面之请，参与相关活动。

图 5-3-17　《浙江民众教育》复刊第 1 卷第 3 期（1948 年）封面及所载谭其骧演讲稿《杭州都市发展之经过》。引自《浙江民众教育》复刊第 1 卷第 3 期（1948 年），封面，第 1 页。

1947 年 11 月 30 日，谭其骧参加浙江省立杭州民众教育馆讲座，介绍杭州城市发展概况。后整理成文，题为《杭州都市发展之经过》，发表在《浙江民众教育》

复刊第1卷第3期上。见图5-3-17。

此外，顾穀宜应“学生公社”邀请，于1948年12月3日讲演《文化与战争》。赵松乔应“学生公社”邀请，于1948年12月10日讲演《从地理学观点看世界国——陆权、海权、空权与人权》，赵松乔亦曾于1949年1月公开演讲《美国之民族问题》。[1]

2. 史地教育研究室举办教材展览会（1947年10月10日）

史地教材、史地图籍等的展览，是非常重要的普及史地知识、唤起民众爱国热情的方式，所以史地学系非常重视。早在1936年史地学系成立之初，就进行过边疆地区的图籍展览（“绥远省图籍展览会”和“察哈尔省图籍展览会”）；西迁办学过程中，1940年初定址遵义后较为稳定，亦进行过大规模的展览活动（如1941年4月史地教育研究室主办的“史地教材展览会”），且引起良好反响。复校回杭后，史地学系仍然重视此类活动。1947年10月10日，在当时的国庆节这一天，史地学系以史地教育研究室的名义，举办了规模浩大的史地教材展览会。限于场地，“中国部分”在校园北部的“健身房”，“外国部分”在校园南部的“龙泉馆”。

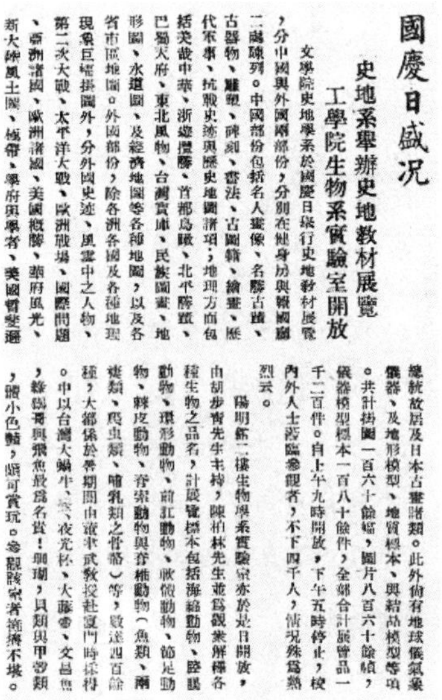
國慶日盛況

史地系舉辦史地教材展覽
工學院生物系實驗室開放

文學院史地學系於國慶日舉行史地教材展覽，分中國與外國兩部份，分別在健身房與龍泉館二處陳列。中國部份包括名人畫像、名勝古蹟、古器物、雕塑、碑刻、書法、古圖籍、繪畫、歷代軍事、抗戰史蹟與歷史地圖諸項；地理方面包括美哉中華、浙遊攬勝、首都鳥瞰、北平勝蹟、巴蜀天府、東北風物、台灣寶庫、民族圖畫、地形圖、水道圖、及經濟地圖等各種地圖，以及各省市區地圖。外國部份，除各洲各國及各種地理現象巨幅掛圖外，分外國史蹟、風雲中之人物、第二次大戰、太平洋大戰、歐洲戰場、國際問題、亞洲諸國、歐洲諸國、美國概勝、華府風光、新大陸風土誌、極帶、學府與學者、美國的變遷總統故居及日本古畫諸類。此外尚有地球儀氣象儀器、及地形模型、地質標本、與精品模型等項。共計掛圖一百六十餘幅，圖片八百六十餘幀，儀器模型標本一百八十餘件，全部合計展覽品一千二百件。自上午九時開放，下午五時停止，校內外人士蒞臨參觀者，不下四千人，情況殊爲熱烈云。

陽明館二樓生物學系實驗室亦於是日開放，由胡步青先生主持，陳柏林先生並爲觀衆解釋各種生物之品名，計展覽標本包括海綿動物、腔腸動物、環形動物、前肛動物、軟體動物、節足動物、棘皮動物、脊索動物與脊椎動物（魚類、兩棲類、爬虫類、哺乳類之骨骼）等，數達四百餘種，大都係於暑期間由董聿武教授赴廈門時採得。中以台灣大蝸牛、夜光杯、大藤壺、文昌魚，綠鸚哥與飛魚最爲名貴！珊瑚，貝類與甲殼類，體小色艷，頗可賞玩。參觀該室者擁擠不堪。

图5-3-18　《国立浙江大学校刊》复刊第165期（1947年10月13日）所载“史地系举办史地教材展览”报道。引自《国立浙江大学校刊》复刊第165期（1947年10月13日）。

竺可桢“日记”在10月10日这天，也记载了此次教材展览会情况：“午后偕允敏、松松至校内健身房，看史地展览中国部分，龙泉馆史地展览（外国）第二部分，及生物系在台湾、福建所采集之海产动物。”[2]

《校刊》在“国庆日盛况”总标题下，以“史地系举办史地教材展览，工学院、生物系实验室开放”为题予以报道。见图5-3--18、图5-3-19。

史地学系《时与空》编辑部的记者则以《母系教材展览会纪略》为题，详细报道了此次展览会情况。

① 李凡：《国立浙江大学史地系系史述论（1936—1949）》（浙江大学硕士学位论文），2015年，第114页。

② 竺可桢著：《竺可桢全集（第10卷）》，上海：上海科技教育出版社，2006年，第554—555页。

母系教材展览会纪略

谢布德

第三次全国教育会议决定了一个崭新的措施，即委托母系于廿八年九月成立史地教育研究室。此一研究室以传布史地学术的最近贡献，改进史地学科的教材教法，收集专题研究的参考资料，编制史地教科的图书设备为主旨。史地教材展览也是该室的工作项目之一。

史地教材的展览，在常人看来会认为无足轻重。殊不知人文科学之需要展览陈列，切磋观摩，和自然科学完全一样。张其昀教授说得好："史地教科之需要陈列室，其重要与理科之实验室毫无异致。"九年来，由于他的领导，这个小小研究室虽在抗战期间，内容也逐渐充实起来。在贵州遵义已经举行过展览会，抗战胜利，浙大迁回杭州，今年国庆日的展览，在杭州还是第一次。

展览品分两室陈列，据统计，共有地图160幅，拓片836帧，仪器模型标本共180余件，总计展览品共1216件。中国部分在健身房，外国部分在报国厅；两处同样吸引了熙熙攘攘的参观人士。

地质与气象

一走进健身房，记者的目光就为那放在中间的几柜子地质模型和气象仪器所吸引。那些正方形的、斜方形的、像小孩子玩的积木一样的木块，是矿物晶体的木质结晶模型。由于岩浆中矿物的结晶能力和结晶速度的不同，矿物结晶成各各不同的形态。这里陈列了等轴晶系、正方晶系、六方晶系、斜方晶系、单方晶系、三斜晶系六类，共52种，矿物结晶的模型可谓大备。地形模型方面，陈列了七种，计火山地形、火山岛地形、河谷地形、冰川地形各一种，海岸地形两种。看了这些具体而微的模型，使我们对各种地形的成长了如指掌，如火山地形的喷火口（Crater）和冰川地形的冰川渠（Glacial trough）都历历在目，尤其是两种海岸地形，分别表示出海岸的上升、下降，和沙洲的成长地形，使我们明了所谓"沧海桑田"的变迁，原是地形学上"海蚀轮回"（Marine erosion cycle）的必然。中等学校果能设备这些模型而善为利用，显然将使青年学子对于地学有更浓厚的兴趣与更深的了解。

另一柜子陈列着岩石和矿物。岩石方面，计火成岩、水成岩、变质岩各十块。矿物方面，分金属矿物和造岩矿物两类；金属矿物以金属硫化物及氧化物为主，闻名世界的湖南辰砂和辉锑矿，浙江的辉铜矿，江西的锰矿，这里都有陈列。造岩矿物方面，也有20余种标本，其中如石英、长石、云母、角闪石、辉石等最为重要。

又一柜子陈列着70块地层标本。据孙鼐教授告诉记者，这些标本包括了自太古时代起直至近代止的各种地层，"最难得的，是这各种时代不同的地层，在中国却完全具备，太古代如山东泰山，元古代如山西五台，震旦纪如湖北宜昌，古生代如华北一带，中生代如中国东南及西南部，新生代如西北一带"。听着孙鼐教授的解释，使记者深深感到中国的幅员之广和蕴藏之富。此外，还有一大一小的两个地球仪，使一般人对全球的水陆分布和战后世界的"大圆"航线一目了然。

地理位置决定气候。记者接着看见一长列的气候仪器和气候图表。仪器方面，有自记温度计、湿度计、气压计、最高最低温度计、量雨筒等八种。图表方面，据李海晨教授说，只择要陈列了六张，那是世界一月和七月的温度表，世界一月和七月的气压表，世界全年雨量表，世界气候区域表。凭着这些图表的指示和李海晨教授的解释，使记者也知道了一点气象学的知识，"从一地一月和七月温度的不同，我们可以知道该地冬夏的温差。从一月和七月气压的不同，我们知道冬季大陆冷，空气密度大，大陆为高气压，海洋为低气压，夏季情形则相反，大陆为低气压，海洋为高气压，由气压产生风，风总由高气压向低气压吹，像欧洲，因西风的关系，所以冬暖夏凉。由气压图可以表示风向"。对着世界全年雨量表，李海晨教授说："赤道为多雨带，中纬高压带则雨少，高纬度大陆西岸雨多，东岸雨少，低纬度大陆东岸雨多，西岸雨少……雨量和人生至有关系，雨量过多或不足，都不适宜于人生，像非洲、南洋一带，就因为雨量太多，交通不便，所以文化落后。"从世界气候区域表，使记者明白地中海气候夏热冬温，夏干而冬有雨，欧洲西北部，则全年雨量极为平均。中国在季风带，气候类型复杂，江山重复，风雨纵横，物产丰富，实由于此。

从地质与气象方面来看，都证明中国蕴藏之富，得天独厚；中国之有悠久与灿烂的文明，实应感谢这优异的地理环境。

美哉中华

中国地理环境的优美，也可在四壁所陈列的图片上得到证明。那一组组的风景照片，如"浙游揽胜"、"东北风物"、"巴蜀天府"等等，都使人感觉中国之大与风光之美，富春江上的帆影，外蒙古的森林，新疆喀什噶尔的白杨树，无一不使人悠然神往，又无一不使人想到邦国多难而愧对河山。中国在忧患里，边疆问题为忧患里的中国头等重要的问题，可是，我们可曾好好注意过边疆民族？感谢那一组"民族图画"，使我们看见了"维吾尔少女的舞姿"，"疏勒的马车"和"布鲁特人的帐幕"；边疆民族的风俗习惯，显然和我们汉人不同，如何发展西北大陆的经济生活，以加强边疆民族的向心力量，应为政府的重要课题。

文物灿烂

地大物博，民族复杂，自然产生了灿烂的文化，中国是世界文化的大宗，那悠远的上古文物，尤其令人向往。陈列着的50张石器、铜器、陶器、瓷器的拓片，包括从殷墟出土的古器物，周秦泉货，隋唐刺绣，清乾隆的窑瓶，无异是一部中国社会进化史。再看四壁雕塑、碑刻的拓片，绘画、书法的图片，更使人觉得琳琅满目，美不胜收。论雕塑，这里有大同云岗石窟的佛像；论碑刻，这里有突厥文的突厥故阙特勒碑；论书法，从毛公鼎铭，周石鼓刻文，敦煌附近发现的汉代简牍，到唐宋名贤的尺牍诗帖，无不罗致于一室之中。尤其宝贵的是那些古图籍，如新疆发现的六朝时代的写本，敦煌发现的景教经典……记者徘徊于这些绘画与图籍之间，目不暇接，只觉得祖宗留给我们的文化遗产实在既深且厚。记者只发现一个缺点，即在地理方面有"浙游揽胜"，但在历史方面，不曾把"浙省文献"另辟一栏。虽然受了地位限制，陈列品只能选择一部分以供众览，但浙大位在杭州，浙省又素称文物之邦，乡土的史地教材实不能不特别加以注意。

屈辱与胜利

不幸是这一个文明古国，故步自封，不自振作，降至近代，终于招致了列强纷纷侵略的局面。陈列着的一组"列代军事"图片，其中有近百年来屈辱的记录，如1841年鸦片战争签订《南京条约》在英舰署名调印图，1858年5月，英法联合舰队在白河口攻击图，1860年英法联军入北京城图……一连串的屈辱的图画，虽在不平等条约已经废除的今天，总觉得犹有余痛。不平等条约的废除，是用人民的血汗换来的，感谢这次神圣的抗战，提高了中国的国际地位。二十张"抗战史迹"的照片，显示胜利得来的艰苦。

广大世界

外国部分图片在报国厅展览，分"极带"、"亚洲"、"欧洲"、"美洲"、"美国风物"、"华府大观"、"外国史迹"、"第二次大战"、"国际问题"等几组，而特别着重介绍美国的历史与文化，这里有华盛顿总统肖像，杰斐逊总统的故居，有《大西洋月刊》发起人的签名单，有哈佛大学的校舍图……这里是一系列的"战争与和平"的图画，从美国的早期建筑，到汽车工厂制造飞机，这里有看不尽的二次大战的战略地图和当前国际政治的风云人物，一切使你觉得20世纪的世界显然又步入一个新的阶段。这里有"从牛顿至爱因斯坦与发明原子能有关的大科学家"的照片，有"第一枚原子弹在日本广岛降落"的摄影，可是，科学家原子能的研究，难道就为的"广岛一掷"吗？战争虽已过去，原子能如何用于和平建设，却是今后人类的严肃课题。现在世界是一个原子时代，水电时代，也是一个崭新的航空时代，"北极成为天下的中心"，一幅"世界航空地图"告诉你循"大圆"航行，天涯犹如比邻：

从纽约——

到东京，28小时

到开罗，23小时

到莫斯科，19小时

1867年被讥为"冰箱"的阿拉斯加，将来会成为世界的枢纽。海阔天空，从地图看世界，只觉得举世进步不息，中国难道依然故步自封吗？

浙大史地系是中国收藏地图的一个中心，据报告，本系共有9000多幅地图，这次所陈列的，不到1/10。论性质，有地形图，有地质图，水道图，土壤图，植物图，人口图，民族图，各种资源地图及交通图，邮政图等，无不有其代表作品；论区域，则有分县图，分省图，分国图，分洲图，城市图，名胜图等，形形色色，举例陈列，可以尝鼎一脔。论其来源，则有本系自制，本国国防部、内政部及其他公私机关所制之图，英美德苏诸国所制之图，灿然大备；关于制图技术，这里可看到最新的透视图法及用图像法所表示的地势图。缩尺自1/1000至百万分之一各种都有。图的功用，自教科适用的挂图，到供专门研究用的精详地图都有。其中有美国国会图书馆及各国驻华大使馆所赠之图，都是不容易看到的。德国出版的挂图，色彩鲜艳，尤令人注目。可惜因地位限制，这些地图挂得太高，不能让人仔细浏览，未免减色，但地图数量之多，确是此会一个特色。普通图书馆只注重书而不注重图，到此会后可令人们对于地图开开眼界，可以神游天下。记者在参观者批评簿上看到，有人希望下一次展览会能同时陈列参考用书，果能如此，则左图右史更可增加兴味了。

记者在两个展览室里徘徊了大半天，从中国看到世界，感到的是一种"物产丰富，文化悠久"的大国之民的自负，毋宁倒是一种戒慎恐惧之情。历史无情，世界在变，中国如何？张其昀教授说的，"史地教育足以培养爱国精神与世界眼光"，于此益信。①

---

① 《时与空》第1卷第4期（1947年12月）。

图 5-3-19　1947 年 10 月史地学系地图展览期间张其昀先生与工作人员在健身房合影。引自谢觉民等撰：《国立浙江大学史地系成立二十五周年纪念集》，台北：私立中国文化研究所出版部，1963 年，插页。

3. 李四光与史地系师生考察杭州"冰川"地形（1947 年 12 月 7 日）

1947 年 10 月初，地质学家、中央研究院地质研究所所长李四光来杭，至 12 月 18 日离开。其间，多次与竺可桢会面。临离杭之前的 12 月 15 日，特意来校赠送竺可桢若干留有擦痕的"冰川时期"的"砾石"三块。[1] 见图 5-3-20。

图 5-3-20　1947 年 11 月，竺可桢夫妇与李四光夫妇合影

12 月 7 日，李四光与竺可桢校长、张其昀院长及史地学系师生 40 余人（主要是三、四年级地组学生），至杭州近郊考察"冰川"地形（编者注：李四光认为杭州近郊山地属于"冰川地形"，学术界对此有不同看法）。竺可桢"日记"对此次考察活动有较详细的记载。[2] 见图 5-3-21。

《校刊》对此也予以报道，题为《竺校长张院长李四光教授同赴杭郊考察冰川地形》。[3] 见图 5-3-22。

随同考察的陈吉余（时为《日刊》助理编辑）后在《时与空》上撰文，对此事予以记述，并提出若干不同观点：

---

① 竺可桢著：《竺可桢全集（第 10 卷）》，上海：上海科技教育出版社，2006 年，第 611 页。
② 竺可桢著：《竺可桢全集（第 10 卷）》，上海：上海科技教育出版社，2006 年，第 604 页。
③ 《国立浙江大学校刊》复刊第 171 期（1947 年 12 月 8 日）。

12 月 7 日　星期日　杭。晴。晨52°。下午佳，62°。

今日上午偕仲揆、晓峰赴九溪十八洞。

晨六点半起。九点偕晓峰、李春芬乘车赴铁冶路一号仲揆〔处〕。孙萧、陈吉余及史地系学生四十余人及孙殿卿乘卡车同行。允敏以四十万元购两枕套送仲揆太太，在赴美国时送人之用，由松松带往。在铁冶路略停后，即乘二车出发赴江边看冰川遗迹。首至之江大学操场旁，在二龙山山脚 Gravel 砾石中捡得爪痕。最前看 Gravel Bed 砾石层中石粒大小，有〔有〕棱角者，有磨光者，形色不一。仲揆断定是 Terminal Moraine 终碛丘，且两边作螃蟹之〔钳〕状 。但此冰川自何来，必有所源，因此遂向九溪十八洞行，在此虽不见 U Valley，但有 Paternoster Basin 佛珠形盆地（arranged in heads）and Riegels 冰川槛（Water drainage descends in cascades and at a bottleneck turning at sharp angles）。由狮子峰下九溪十八洞桥头茶场舍车步行。循洞行，直至龙井寺，见水转常成极大角〔大〕，仲揆以为是 Riegels 冰川槛也。自此而至棋盘山南高氏墓道处，仲揆指其地段为 Neve 屯雪地，即积雪处，冰川之源也。迄今山间无溪洞痕迹，但其四周之山虽作圆形而不如 Cirque 冰斗。自此由龙井而下，则有 U 形之 Basin。此 Valley 前有一小山，正对 Valley，如一 Roche-Moutonnee 羊背石。至十二点半到达龙井寺下，车来，遂乘车至洪椿桥入灵隐大路，乃至太和园中膳。二点回。下午洗浴。晚朱润祖来，明日赴沪，坐 Marine Adler 赴芝加哥大学习数学。

图 5-3-21　《竺可桢全集（第 10 卷）》所载 1947 年 12 月 7 日竺可桢"日记"（截图）。引自竺可桢著：《竺可桢全集（第 10 卷）》，上海：上海科技教育出版社，2006 年，第 604 页。

记李四光先生考察杭州冰川地形

陈吉余

12 月 7 日（星期日）上午九时，地质研究所所长李四光教授率领本系三、四年级地质组同学 40 余人至杭州近郊考察冰川地形。同行者有竺校长、张院长、李春芬教授、孙鼐教授及地质研究所孙殿卿先生。笔者亦与焉。

李氏首先出示最近寻获之带有冰川刻痕之砾石；然后至五洞桥及徐村一带，指出冰川之尾堆石，东西相向，各具两条，本为相连，后为流水切开。复溯九溪十八洞上行，随时加以解说。峰回路转，时或开朗，成为盆地；时或敛束，留有冰坎之遗迹。及至下龙井，盆地开广，四周围以高山，下龙井适居釜底，只有窄口出东南。李氏笑谓：此即当日储冰之盘谷也。当第

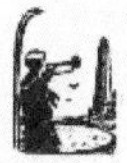

图 5-3-22　《国立浙江大学校刊》复刊第 171 期（1947 年 12 月 8 日）所载李四光与竺可桢、张其昀等及史地学系地组学生"杭郊考察冰川地形"的报道。引自《国立浙江大学校刊》复刊第 171 期（1947 年 12 月 8 日）。

四纪时，气候变化，寒冷异常。此处接受大量冰雪，经九溪十八涧东南流出，造成徐村之尾冰堆石。其后冰融雪解，冰水漫流，乃在冰堆石之上部及两侧沉积泥沙及砾石，皆具有层次。由下龙井至徐村，不过三公里，而整个之冰川现象，至为齐全。然后又至上龙井，李氏复指出上龙井之前亦一冰成盆地，其出口则向东北，惟无泥砾之发现。

李氏鬓发皆白，精神矍铄，挥动手杖，谈笑风生。此次来杭，本为休养，因发现冰川现象，兴趣极浓，故此行历三小时，犹娓娓不倦。午后一时始登车返校。

唯笔者颇多疑义，有待于解释者：

（一）九溪十八涧流路曲折，两侧诸山，由峰顶至谷底，坡面没有变化，呈显著之Ｖ谷，如下龙井盆地果为冰川作用形成，则至少有三千万立方公尺之物质为冰川运送而去，其停留之时间，亦必相当长久，而其所经之出口，何一点痕迹都无？

（二）冰川久留之地，山峰必如锯齿状；而龙井盆地四周，如琅珰岭等，皆甚平坦，似非冰川区域之现象也。

（三）下龙井与上龙井交界处，为砂岩及灰岩分野处，如由冰川搬运，则堆积物中应有灰岩之砾块，然"尾堆石"中尽为石英砾块。若云灰岩易受溶解而致腐化，何笔者在钱江南岸萧山境内之冠山南、相当于钱江阶地之沉积物中，竟含大量灰岩砾石？

（四）冰水沉积物中，石子浑圆，似经长途跋涉者；虽云石子在河床中滚动，易将棱角磨去，然下龙井与冰堆石间之距离，仅二三公里，石子由冰水放出，不须在河床有长期逗留，今竟圆滑如此，其故安在？

（五）石子之带冰川刻痕者，并不十分清晰。

（六）李氏曾谓两冰堆石间，甚为宽广，显为现时之小溪不能切蚀形成者，既非流水，必为原始即如此者。然堆积物质既然松疏，河流易于切割，切割之后，复经人工加以开拓，亦可形成。且西侧之两"冰堆石"间，有明显之山腰，而杭州一带，农耕既早，又曾建都，不应将人力忽略。

（七）冰坎之前，应有冰积物，然各"冰坎"之前皆无之。

李氏曾谓目前钱江河曲蜿蜒，无力冲蚀，更无力运送大砾石至此沉积。然钱江阶地之形成与现在之钱江，并非在同一时间内。故杭州之冰川，尚须寻找更有力之证据，加以证明。[①]

---

① 《时与空》第1卷第4期（1947年12月）。

4. 史地学系举办“国际时事图景展览会”（1949 年 3 月 31 日）

1949 年 3 月 31 日，在工学院大礼堂，为庆祝校庆日（1949 年 4 月 1 日），史地学系举办“国际时事图景展览会”。据当时《日刊》报道（见图 5-3-23）：

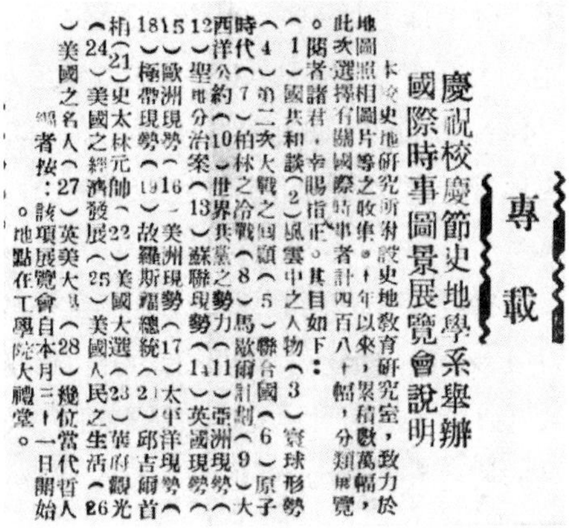
專載

慶祝校慶節史地學系舉辦國際時事圖景展覽會說明

本校史地研究所附設史地教育研究室，致力於地圖照相圖片等之收集。十年以來，累積數萬幅，此次選擇有關國際時事者計四百八十幅，分類展覽。閱者諸君，幸賜指正。其目如下：（1）國共和談（2）風雲中之人物（3）寰球形勢（4）第二次大戰之回顧（5）聯合國（6）原子時代（7）柏林之冷戰（8）馬歇爾計劃（9）大西洋公約（10）世界共黨之勢力（11）亞洲現勢（12）聖地分治案（13）蘇聯現勢（14）英國現勢（15）歐洲現勢（16）美洲現勢（17）太平洋現勢（18）極帶現勢（19）故羅斯福總統（20）邱吉爾首相（21）史太林元帥（22）美國大選（23）華府觀光（24）美國之經濟發展（25）美國人民之生活（26）美國之名人（27）英美大學（28）幾位當代哲人

編者按：該項展覽會自本月三十一日開始。地點在工學院大禮堂。

图 5-3-23　《国立浙江大学日刊》复刊新 125 号（1949 年 3 月 30 日）所载史地学系为庆祝校庆（1949 年 4 月 1 日）举办“国际时事图景展览会”。引自《国立浙江大学日刊》复刊新 125 号（1949 年 3 月 30 日）。

庆祝校庆节，史地学系举办“国际时事图景展览会”说明

本校史地研究所附设史地教育研究室，致力于地图、照相、图片等之收集。十年以来，累积数万幅。此次选择有关国际时事者计四百八十幅，分类展览。阅者诸君，幸赐指正。其目如下：……

编者按：该项展览会自本月三十一日开始。地点在工学院大礼堂。①

（四）张其昀主持编辑的期刊、报纸副刊等

如前所述，浙江大学定址遵义之后，张其昀即陆续主持编辑了《史地杂志》、《思想与时代》等具有重要影响力的期刊，也参与了《国立浙江大学师范学院院刊》、《国立浙江大学文学院集刊》等编辑工作。1943 年 5 月张其昀出国访学，乏人主持，前述各刊陆续停刊。1945 年底张其昀回国。随着 1946 年 6 月复校回杭，各项工作陆续恢复。张其昀等也于 1947 年 1 月 1 日在杭恢复《思想与时代》的编辑出版（至 1948 年 11 月停刊）。同时，创办《浙江学报》（1947 年 9 月出刊，至 1948 年 6 月第 2 卷第 2 期出刊后停办），发表人文学科及社会科学方面的论文。

此外，张其昀还担任校外若干学术期刊（如《地理学报》）和多家报刊的学术性副刊的主编工作。浙大诸多教师，也包括许多史地学系教师，在这些期刊、报纸副刊上发表了许多学术性文章。

1. 主持《思想与时代》复刊

《思想与时代》于 1941 年 8 月 1 日在贵州遵义创刊。该刊出至第 40 期（1945

① 《国立浙江大学日刊》复刊新 125 号（1949 年 3 月 30 日）。

年2月1日出版）时，因抗战胜利，浙江大学准备迁回杭州而暂时停刊。一年又10个月后，该刊于1947年1月1日在杭州复刊，至1948年11月为止，《思想与时代》共出版53期，每期18页左右。该刊内容涵盖哲学、科学、政治、文学、教育、史地等方面，特别重视时代思潮和民族复兴之关系，将科学时代的人文主义作为其追求目标。[①]

1947年1月复刊以后，史地学系师生有多篇文章在该刊发表。张其昀在其中发表多篇政治地理学方面的文章，如《世界的新希望》（第41期）、《再论建都》（第42期）、《战后国际关系之新思潮》（第43期）、《省区评议》（第49期）、《香港的前途》（第51期）等。此外，如陈乐素、黎子耀、李春芬等，亦有文章发表。

2. 主持《浙江学报》创刊

《浙江学报》由国立浙江大学浙江学报编辑委员会编，张其昀任编辑委员会主席。该刊为本校文、法、师范三院合编之学术刊物，以人文学科论著为主，栏目有论著、书评、图影，共出版2卷4期。[②] 其中，史地学系师生发表文章情况整理如下。

《浙江学报》第1卷第1期出版于1947年9月（瑞安孙仲容先生百岁纪念专号），见图5-3-24，史地学系师生发表的文章有：

张其昀：孙诒让之政治思想——为仲容先生百岁诞辰纪念作

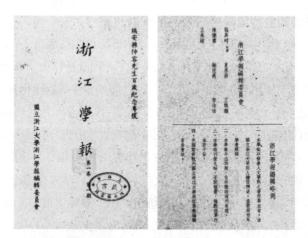

图5-3-24　《浙江学报》第1卷第1期（1947年）封面及编委会页

① 许高渝、徐有智、马景娣、胡志富编著：《遗珍逸文——老浙大期刊集萃》，杭州：浙江大学出版社，2017年，第126—127页。
② 许高渝、徐有智、马景娣、胡志富编著：《遗珍逸文——老浙大期刊集萃》，杭州：浙江大学出版社，2017年，第128页。

《浙江学报》第 1 卷第 2 期出版于 1947 年 12 月，见图 5-3-25，史地学系师生发表的文章有：

　　陈吉余：杭州湾地形述要（附图）
　　李春芬：书评 最近再版的两本地理研究编著
　　（刊末附有国立浙江大学新收到的刘氏嘉业旧藏书目录）

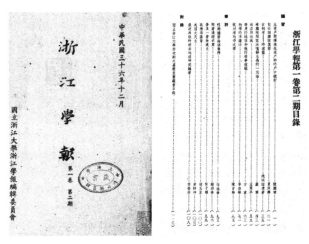

图 5-3-25　《浙江学报》第 1 卷第 2 期（1947 年）封面及目录页

《浙江学报》第 2 卷第 1 期出版于 1948 年 3 月，见图 5-3-26，史地学系师生发表的文章有：

　　谭其骧：秦郡新考
　　孙鼐：南京地形述要 南京附近地势之地质因素
　　叶良辅：丁文江先生遗著地质调查报告

《浙江学报》第 2 卷第 2 期出版于 1948 年 6 月，见图 5-3-27，史地学系师生发表的文章有：

　　陈乐素：余靖奏议中所见北宋庆历时社会
　　黎子耀：犁軒考
　　徐规：汉河西四郡建置年代辨证
　　赵松乔、陈吉余、李治孝、邱宝剑：杭州市之土地利用（附图表）
　　陈吉余：杭州之地文（附图）

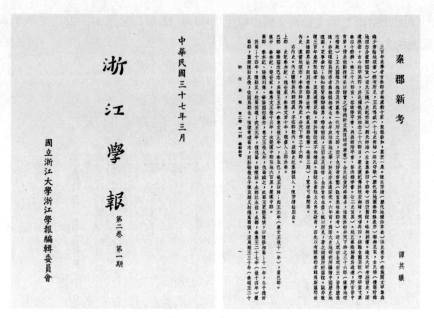

图 5-3-26　《浙江学报》第 2 卷第 1 期（1948 年）封面及所载谭其骧论文页

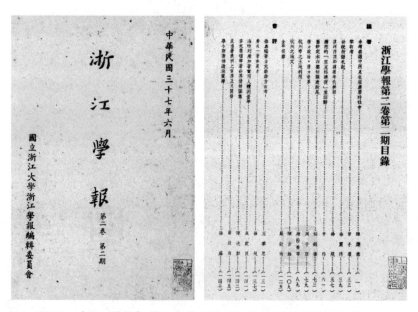

图 5-3-27　《浙江学报》第 2 卷第 2 期（1948 年）封面及目录页

严钦尚：金华探胜（附图）

陈述彭：麦克斐顿等著世界情势图集

严钦尚：伍德等著澳洲之资源及其开发

孙鼐：毕令斯著构造地质学

3. 继续担任《地理学报》主编

《地理学报》是成立于 1934 年的中国地理学会的会刊，也是中国最主要的地理学专业期刊。该刊主编一职（不同时期名称不同，如称"出版委员会主任"或"总编辑"等），从其 1934 年创刊之时，就一直由张其昀担任（1934 年创刊时称"出版委员会主任"），直至 1947 年（1947 年 6 月出刊的《地理学报》，总编辑仍为张其昀；1947 年 8 月出刊的《地理学报》，总编辑变更为李旭旦）。该刊也大量刊登了诸多浙大地学领域师生的学术论文。

张其昀长期担任《地理学报》主编，诸多浙大师生在《地理学报》上连续发表论文，保持了浙大地理学同人在中国地理学界的持续影响力。见图 5-3-28。

图 5-3-28　《地理学报》所载 1947 年 1 月之前的地理学会职员情况（张其昀任"理事"及"编辑委员会"总编辑）

4. 主持编辑若干学术性的报纸副刊

1947 年 2 月前后，当时出刊的《时与空》第 1 卷第 1 期曾经报道过张其昀等主编报纸副刊的消息：

杭州《东南日报》馆商请张院长分聘本校教授主编该报星期专论及副刊，

由本系师长负责者有："星期专论"、"瀛海"（张院长）、"历史与传记"
（谭季龙先生）、"图书"（李絜非先生）等四种。[①]

1947年9月，杭州的《东南日报》请张其昀主编综合性副刊，定名为《云涛周刊》，
每星期六出版：

> 杭州《东南日报》社欲提高该报副刊之学术水平，特请张院长晓峰先生
> 主编综合性之副刊，定名为《云涛周刊》，每星期六出版，今已刊出三期。
> 本系师友在该刊发表之文章，计有张院长之《忧患里的中国》（撮要）、《琉
> 球应属中国》、《艾默生论中国文化》，叶良辅先生之《青田印章石与平阳
> 明矾石——异质同源》，李絜非先生之《严修（范孙）贵州之行》，管佩韦
> 会友之《传记文学刍议》等。[②]

其后，如谭其骧的《浙江省历代行政区域》（《云涛周刊》第5期）、《杭
州都市发展之经过》（《云涛周刊》第26期），孙翼的《杭州附近地质述要》（《云
涛周刊》第6期）、《地质旅行在杭州》（《云涛周刊》第31和32期），陈乐
素的《宋代杭州在经济上的地位（摘录）》（《云涛周刊》第11期），张其昀的《西
湖胜迹的由来》（《云涛周刊》第29期）、《西湖风景小史》（《云涛周刊》第
30和33期），赵松乔的《从地理学观点看"世界国"》（《云涛周刊》第35期）
等，都登载于《云涛周刊》。见图5-3-29。

图5-3-29　《东南日报》1947年9月6日的《云涛周刊》第一期所载张其昀"发
刊辞"。引自《东南日报》1947年9月6日

---

① 《时与空》第1卷第1期（1947年2月）。
② 《时与空》第1卷第3期（1947年9月）。

上海的《大公报》请张其昀主编《版图》双周刊，定于 1948 年 1 月出版：

> 上海《大公报》敦请张晓峰院长主编《版图》双周刊，定于三十七年一月出版。"创刊号"内容计有：新的世界观，唐努乌梁海，读图随笔等篇幅，图文并茂，必受读者之欢迎。[①]

其后，张其昀在其中发表如《苏联地图集》、《新的世界观》、《麦钦德学说与中国之边疆》等文。

上海的《申报》请张其昀主编《学津周刊》，首期出刊于 1947 年 12 月 2 日，见图 5-3-30：

> 星期二　学津　浙江大学张其昀教授主编，张氏为我国人文地理学研究之开创者，在学术界卓著声誉，今特为本报主纂《学津周刊》，内容以评介学术思潮为主。[②]

图 5-3-30　《申报》1947 年 12 月 2 日的《学津周刊》所载张其昀"发刊辞"。引自《申报》1947 年 12 月 2 日。

后张其昀在其中以《学林丛话》为题，发表多篇介绍新书或新学说的文章，如《建设的民治、人境学》、《航空制图》、《中国地理研究与地理学会》等。

---

① 《时与空》第 1 卷第 4 期（1947 年 12 月）。
② 《申报》1947 年 12 月 2 日。

第四节　课余活动

一、总体状况

与此前各阶段类似，浙江大学每学年均制定校历，将各项主要活动列出。此外，规律性的如每周一上午的纪念周活动、1946年后每年4月1日的校庆日庆祝活动、每年7月的毕业典礼和每年春季的运动会等，亦均举办。

按照1948学年的校历，该年度主要活动安排如下，见表5-4-1：

表5-4-1　1948学年浙江大学校历[①]

（编者注：即1948.08.01—1949.07.31）

年	月	日	星期	事项
三十七年	八月	27	五	孔子诞辰纪念日
	九月	1	三	开学
		6	一	补考开始
		8	三	补考终止
		9	四	注册开始
		10	五	注册截止
		11	六	选课
		13	一	开课
		18	六	九一八纪念日
		20	一	更改学程截止
	十月	10	日	国庆纪念日
		13	三	退选学程截止
		21	四	上课三分之一
	十一月	10	三	上课二分之一
		12	五	国父诞辰纪念日
		30	二	上课三分之二
三十八年	一月	1	六	中华民国开国纪念日 年假开始

---

① 资料来源：《国立浙江大学要览》（1948），第2页。

续表

年	月	日	星期	事项
		2	日	年假终止
		10	一	复习开始
		12	三	复习终止
		13	四	学期考试开始
		22	六	学期考试终止
		24	一	寒假开始
	二月	7	一	补考开始
		9	三	补考终止
		10	四	注册开始
		11	五	注册截止
		12	六	选课
		14	一	第二学期开课
		21	一	更改学程截止
	三月	14	一	退选学程截止
		24	四	上课三分之一
		29	二	革命先烈纪念日
	四月	1	五	校庆纪念日
		4	一	春假
		13	三	上课二分之一
	五月	3	二	上课三分之二
	六月	9	四	申请转院转系开始
		13	一	复习开始
		15	三	复习终止
		16	四	学期考试开始
		25	六	学期考试终止
	七月	1	五	毕业典礼 暑假开始
		2	六	申请转系截止

校庆日于 1946 年起确定为每年 4 月 1 日后，各年均于该日举行校庆节庆祝活动。甚至在 1949 年动荡的局势下，学校和学生自治会依然安排有丰富多彩的庆祝活动：

"四一"校庆节，学治会排定活动节目

四月一日，为本校第二十二周年校庆。第 121 次行政会议，已决定届期放假一天，举行庆祝，并组织校庆筹备委员会，请郑晓沧、蔡邦华、孙斯大三先生为筹备委员。三先生刻已分别接洽，积极筹措一切。浙大同学理事会，业经通知该会各会员，于该日上午九时，参加庆祝仪式。同学方面，更谋作热烈之表示，其活动节目已预排者，有如下列：

（一）校庆晚会：暂定三日。

4 月 1 日——歌舞晚会，有歌咏、舞蹈、幻灯等节目，并有讲助会、劳工福利会参加的精彩演出。

4 月 2 日——三幕名剧《上海屋檐下》。

4 月 3 日——（对校内师生工友发票）。

（二）拔河比赛（校庆日举行）

办法：

（1）以系级为单位（人数不足时可以和他系合并）。

（2）每单位十人。

（3）满 20 人者得组两队。

（4）每级最多参加两队。

（5）廿日至廿八日在自治会办公室办理登记。

（6）二十九日抽签决定次序。

（7）拔河时间另行公布。

（8）备有奖品赠给冠军和亚军。

（三）师生篮排球赛。

正请教授会、讲助会筹组中。

又：史地系为庆祝校庆及充实春假生活内容计，闻经该系学会干事会决定庆祝暨活动项目如次：

（一）四月一日举行国际时事图片展览会。

（二）辩论会，辩题为：《个体自由与群体自由相冲突吗？》。

（三）"师生相杀兄弟阋墙"（师生排篮球赛）。

（四）寻春陌上（师生集体郊游）。[①]

---

① 《国立浙江大学日刊》复刊新 121 号（1949 年 3 月 21 日）。

1949 年 4 月 1 日校庆日当天，上午 9 时在健身房举行庆祝仪式。该日校庆放假一天，4 月 2—4 日又是 3 天春假，所以各项活动均按照计划展开。此外，学生自治会为纪念校庆，还出版《求是桥》纪念册一种，并特意报道了史地教育研究室所监制之“西湖模型”，为庆祝校庆，以八折出售，优待校友。[①] 见图 5-4-1。

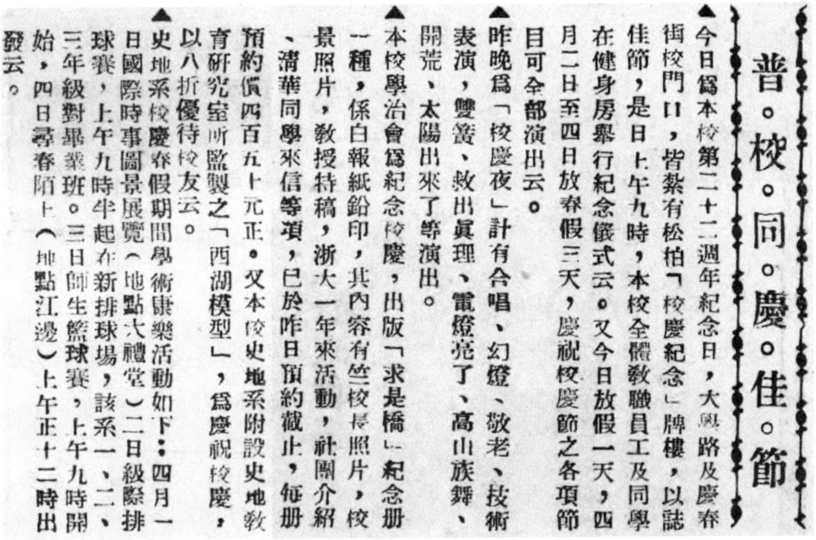

普。校。同。慶。佳。節

▲今日爲本校第二十二週年紀念日，大興路及慶春街校門口，皆紮有松柏「校慶紀念」牌樓，以誌佳節，是日上午九時，本校全體教職員工及同學在健身房舉行紀念儀式云。又今日放假一天，四月二日至四日放春假三天，慶祝校慶節之各項節目可全部演出云。

▲昨晚爲「校慶夜」計有合唱、幻燈、敬老、技術表演，雙簧、救出眞理、電燈亮了、高山族舞、開荒、太陽出來了等演出。

▲本校學治會爲紀念校慶，出版「求是橋」紀念册一種，係白報紙鉛印，其內容有竺校長照片，校景照片，教授特稿，浙大一年來活動，社團介紹、清華同學來信等項，已於昨日預約截止，每册預約價四百五十元正。又本校史地系附設史地教育研究室所監製之「西湖模型」，爲慶祝校慶，以八折優待校友云。

▲史地系校慶春假期間學術康樂活動如下：四月一日國際時事圖景展覽（地點大禮堂）二日級際排球賽，上午九時半起在新排球場，該系一、二、三年級對畢業班。三日師生籃球賽，上午九時開始，四日尋春陌上（地點江邊）上午正十二時出發云。

图5-4-1　《国立浙江大学日刊》复刊新126号（1949年4月1日）所载1949年4月1日校庆节活动情况的报道。引自《国立浙江大学日刊》复刊新126号（1949年4月1日）。

二、“最忆书窗灯火夜，城头欢度黄昏”——史地学系及史地学会所举办的活动

如前所述，1945 学年第二学期（1946.02—1946.05）浙江大学仍在贵州遵义，6 月后正式复校杭州。据 1946 年 4 月出刊的《史地通讯》（第 2 期）记载，1945 学年第二学期的史地学会负责人如下：

主席：夏稹滋

文书：鞠逢九；事务：游振泰；会计：陈凤珍；康乐：李赓序；研究：舒兴汉；出版：祝耀楣；调查：夏稹滋（兼）[②]

---

① 《国立浙江大学日刊》复刊新 126 号（1949 年 4 月 1 日）。

② 《史地通讯》第 2 期（1946 年）。

同时，该学期，从龙泉的龙泉分校先期复校回杭的师范学院史地系一年级同学，也于 1946 年 3 月起，组织了史地学会杭州分会，并开展了一些活动。

1946 学年起（即 1946 年 8 月后），史地学会的总会与分会在杭州合而为一，继续组织各种活动。根据 1947 年 2 月出刊的《时与空》第 1 卷第 1 期所载，复员后的第一次干事会于 1946 年 12 月 5 日下午七时在大学路浙大教职员新第二宿舍举行，其会议记录中，列出了"出席者"和"列席者"的名单（出席者：胡玉堂、徐规、管佩韦、倪士毅、谢文治、宋晞、陈吉余，列席者：陈述彭、程光裕、文焕然、郑士俊），且说明"调查股长赵松乔已赴美，遗缺由候补干事宋晞继任"[1]；据此，我们可以推知该届干事会的选举当在此次干事会之前，即 1946 年 12 月 5 日之前，由史地学会全体大会选举产生了 1946 学年的干事会。1947 年 2 月 2 日下午二时，在白堤罗苑，举行了第二次干事会，"出席及列席者"则仅注明"胡玉堂等十人"，既未记载有变化的情况，又未如第一次干事会那样全部列出，说明其间没有发生大的变化，因此，推测复员回杭后的史地学会第一届干事会的任期为 1946.08—1947.07。该届史地学会干事会组成人员如下：

常务：胡玉堂

文书：管佩韦；总务：谢文治；调查：宋晞（1946.12.05 之前为赵松乔）；康乐：陈吉余；出版：徐规、倪士毅[2]

候补干事情况未见直接提及，但据第一次干事会列席者名单，推测应为：陈述彭、程光裕、文焕然、郑士俊 4 人。

此外，1946 学年该届干事会存续期间，史地学会的名称，可能在第一次干事会之后、第二次干事会之前的某个时间（即 1947 年 2 月 2 日之前），已经改称"国立浙江大学史地学友会"。第二次干事会的会议记录里记载，该次干事会的讨论事项中，第三项为"以干事会名义提出本会会名拟改为'国立浙江大学史地学友会'，容俟下届年会中修正通过之"；而第 1 卷第 1 期《时与空》的主持单位，也标注为"国立浙江大学史地学友会编"，直至现可见的《时与空》第 2 卷第 1 期（1948 年 4 月出刊），均是如此。但二者并无实质性差别，后续的"复员后第一次年会"中也没有专门就此予以讨论或确认。在如《校刊》等各处的表述中，一般仍称史地学会。

---

① 《时与空》第 1 卷第 1 期（1947 年 2 月）。
② 《时与空》第 1 卷第 1 期（1947 年 2 月）。

1947 年 3 月 31 日《校刊》提及：“史地、航空、电机、教育、化工等学会，本学期干事会已经产生，并均开始工作之。”[①] 说明史地学会仍是按照之前的方式，经全体大会重新选举、组织干事会。同时，也会开展各类活动。

1947 年 4 月 21 日，应史地学会邀请，中央大学地质学系教授丁骕来校作学术演讲，题目为《塔里木盆地之地形》，“听众极为拥挤”。[②] 见图 5-4-2。

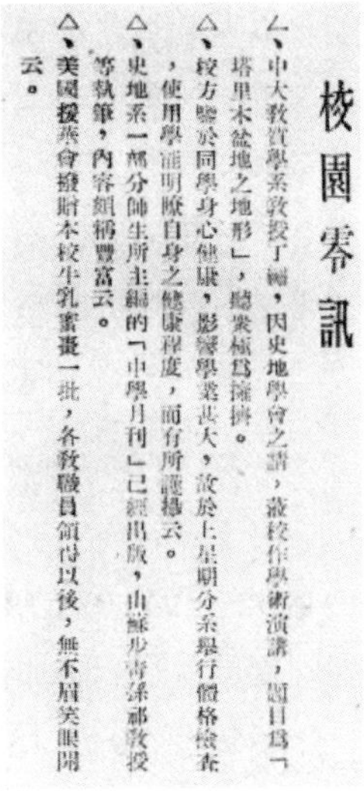

校園零訊

△、中大教質學系教授丁䮄，因史地學會之請，蒞校作學術演講，題目爲「塔里木盆地之地形」，聽衆極爲擁擠。

△、校方鑒於同學身心健康，影響學業甚大，茲於上星期分系舉行體格檢查，使同學確明瞭自身之健康程度，而有所護攝云。

△、史地系一部分師生所主編的「中學月刊」已經出版，由蘇步青孫祁教授等執筆，內容頗稱豐富云。

△、美國援華會撥贈本校牛乳畫畫一批，各教職員領得以後，無不眉笑眼開云。

图 5-4-2 《国立浙江大学校刊》复刊第 149 期（1947 年 4 月 21 日）所载《校园零讯》。引自《国立浙江大学校刊》复刊第 149 期（1947 年 4 月 21 日）。

1947 年 9 月出刊的《时与空》第 1 卷第 3 期，登载有“复员后第一次年会记录”，其中记载了 1947.08—1948.01 的史地学会负责人情况。全文如下：

时间：民国三十六年六月二十九日上午

地点：杭州大学路浙江大学地质地形室

出席者：胡玉堂等十八人

主席及各股报告：（略）

讨论事项；

一、本届干事选举结果：

常务：胡玉堂

文书：范易君；总务：徐规；调查：陈述彭；编辑：管佩韦；出版：赵昭昞；康乐：郑士俊。

二、会费每位缴一万元，乐捐在外。

三、各地组织本会分会与总会保持密切联络。

四、请在《时与空》通讯上，常能介绍新出版之图书杂志，以供会友参考。[③]

该期《时与空》并刊发了一篇记述该届年会活动的报道：

本届年会纪略

6 月 29 日上午，我们喜气洋洋地去参加复员后的第一次史地学友会年会。

走进地形地质室，最先映入眼帘的，是桌上芬香的水果和茶点，使我几乎垂涎三尺。约在 9 时半，学友已到 18 人，其中除了新旧会友外，还有兼备

---

① 《国立浙江大学校刊》复刊第 147 期（1947 年 3 月 31 日）。

② 《国立浙江大学校刊》复刊第 149 期（1947 年 4 月 21 日）。

③ 《时与空》第 1 卷第 3 期（1947 年 9 月），第 7 页。

新旧双重身份的，就是数位母系毕业的会友在本年继续卒业于研究所者。

讨论的经过，已有年会记录，毋须赘述。记得在讨论过后，要轮到各会友作自我介绍了，这样一来，颇难为了两位女会友，她们只说出名字和籍贯后，就坐下，这未免使人太失望，幸亏尚有他人代为补充，只见她俩的面庞，随着会友的掌声而越发绯红了。

11时许，主席宣布散会，诸会友在恋恋不舍中各自散去。

下午三时，我们还举行了一次篮球友谊赛，结果，旧会友打败。[①]

由于《时与空》第2卷第1期在1948年4月出刊后，可能就不再出刊，关于1948.02—1948.07的史地学会干事会组成情况，现看不到记述的材料。推测也可能如同复员后第一届那样，该届干事会延续整个学年，在该学年的第二学期未换届。

1948年10月13日的《日刊》，登载了1948学年第一学期（1948.08—1949.01）史地学会的新干事选举结果，但未详细列举分工情况，见图5-4-3：

> 本期史地学会新干事选举结果，计：曹颂淑、卢婉清、方友敦、周克惠、王明业、毛保安、林晔、张飞鹏、莫续刚、张学理、曹毓麟等十一人。[②]

1948年10月22日的《日刊》，登载了1948学年第一学期史地学会于前一天（即1948年10月21日）举办的迎新会的情况，当是1948学年第一学期史地学会新一届干事会组成后所组织的活动：

> 史地学会迎新会于前夕七时在第一教室举行，师生参加者至为踊跃，不下百余人。由该系张主任及石延汉、严德一、赵松乔、严钦尚诸教授讲演，余兴多种。末并放映赵松乔教授在美所摄制之幻灯片四十帧。九时许始尽欢而散。[③]

图5-4-3 《国立浙江大学日刊》复刊新51号（1948年10月13日）所载《零讯四则》中提及史地学会新干事选举结果。引自《国立浙江大学日刊》复刊新51号（1948年10月13日）。

---

① 《时与空》第1卷第3期（1947年9月），第8页。
② 《国立浙江大学日刊》复刊新51号（1948年10月13日）。
③ 《国立浙江大学日刊》复刊新59号（1948年10月22日）。

1948年10月25日的《日刊》，登载了史地学会拟“主办金华旅行团”的消息，并附有预登记的安排：

史地学会拟主办金华旅行团，时间定于下月十二、十三、十四，费用预收四至五元。该系预旅金华者可于本月三十一日前至下列地点登记：报国厅张兰生；西斋205室张学理；义斋301室周克惠，仁斋108室方友敦；女生宿舍205室卢婉清。①

1949年2月19日晚，史地学会在大礼堂举行联欢会，会后并举行干事的改选事宜。② 见图5-4-4。

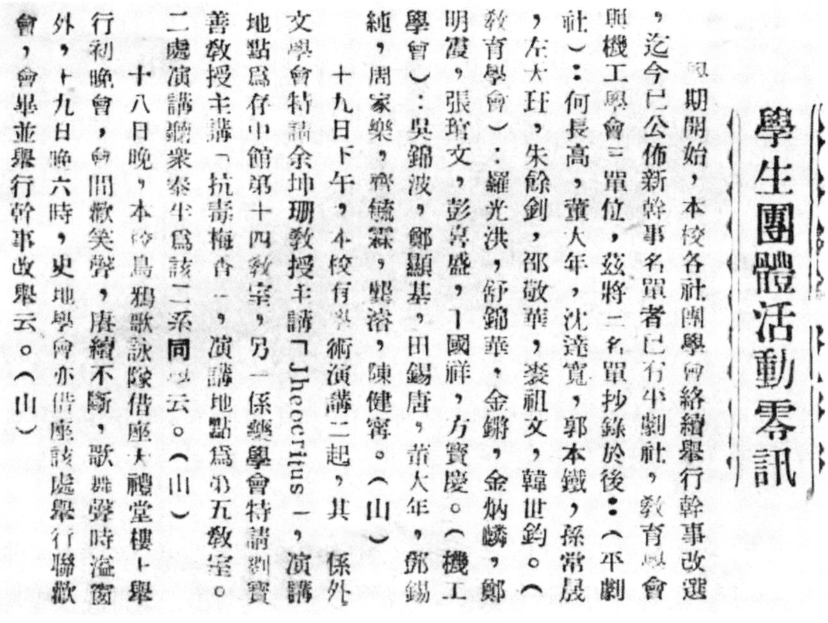

學生團體活動零訊

學期開始，本校各社團學會絡續舉行幹事改選，迄今已公佈新幹事名單者已有平劇社，教育學會與機工學會三單位，茲將三名單抄錄於後：（平劇社）：何長高，黃大年，沈達寬，郭本鐵，孫常晟，左大玨，朱餘釗，邵敬華，婁祖文，韓世鈞。（教育學會）：羅光洪，舒錦華，金鏘，金炳麟，鄭明霞，張琦文，彭喜盛，丁國祥，方寶慶。（機工學會）：吳錦波，鄭顯基，田錫唐，黃大年，鄧錫純，周家樂，齊毓霖，魏溶，陳健寧。（山）

十九日下午，本校有學術演講二起，其一係外文學會特請余坤珊教授主講「Jheocritus」，演講地點爲存中館第十四教室，另一係藥學會特請劉寶善教授主講「抗毒梅合」，演講地點爲第五教室。二處演講聽衆泰半爲該二系同學云。（山）

十八日晚，本校烏鴉歌詠隊借座大禮堂樓上舉行初晚會，會間歡笑聲，賡續不斷，歌舞聲時溢窗外，十九日晚六時，史地學會亦借座該處舉行聯歡會，會畢並舉行幹事改舉云。（山）

图5-4-4　《国立浙江大学日刊》复刊新109号（1949年2月21日）所载《学生团体活动零讯》。引自《国立浙江大学日刊》复新109号（1949年2月21日）。

1949年2月23日，史地学会发表1948学年第二学期（1949.02—1949.07）史地学会新干事会名单如下：

曹颂淑、龚云伦、丁浩然、方友敦、郑威、张学理、林晔、吴甫、许启章、

① 《国立浙江大学日刊》复刊第61号（1948年10月25日）。

② 《国立浙江大学日刊》复刊新109号（1949年2月21日）。

宁奇生、汪安球、施泰榜（最末三位为候补理事）[1]

该届史地学会干事会成立后，也组织了一系列活动。1949 年 3 月 18 日，史地学会组织了该学期第一次学术演讲，请顾穀宜讲《斯汀森与第二次世界大战》。同期，为“联络本系内同学的感情，引起他们对于团体生活的爱好”，发起组织“史地系歌咏队”。[2] 见图 5–4–5。

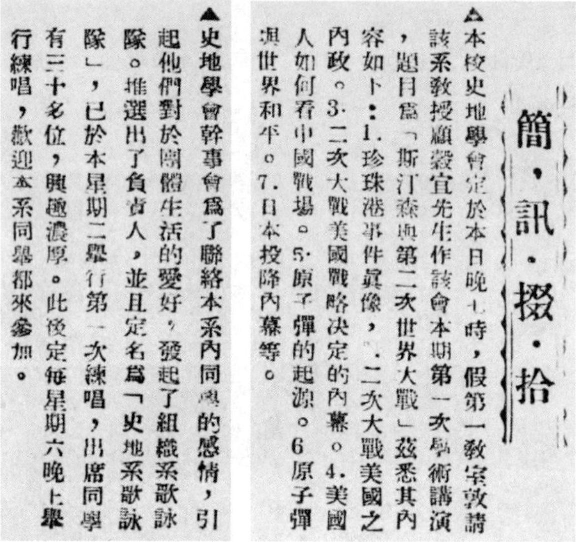

簡·訊·掇·拾

▲本校史地學會定於本日晚七時，假第一教室敦請該系教授顧穀宜先生作該會本期第一次學術講演，題目爲「斯汀森與第二次世界大戰」茲悉其內容如下：1.珍珠港事件眞像，2.二次大戰美國之內政。3.二次大戰美國戰略決定的內幕。4.美國人如何看中國戰場。5.原子彈的起源。6原子彈與世界和平。7.日本投降內幕等。

▲史地學會幹事會爲了聯絡本系內同學的感情，引起他們對於團體生活的愛好，發起了組織系歌詠隊。推選出了負責人，並且定名爲「史地系歌詠隊」，已於本星期二舉行第一次練唱，出席同學有三十多位，興趣濃厚。此後定每星期六晚上舉行練唱，歡迎本系同學都來參加。

图 5–4–5 《国立浙江大学日刊》复刊新 120 号（1949 年 3 月 18 日）所载若干史地学会活动的报道。引自《国立浙江大学日刊》复刊新 120 号（1949 年 3 月 18 日）。

1949 年 3 月 18 日晚上 7 点 15 分，史地学会所组织的该学期第一次学术演讲，“借第一教室举行，主讲者为顾穀宜教授，讲题为《斯汀森与第二次世界大战》。参加听讲者约有本校同学二百余人，教授 4 人，竺校长亦在座听讲”[3]。见图 5–4–6。

1949 年 3 月 28 日的《日刊》，登载了史地学会再次编辑《史地通讯》的活动：“本地史地学会于廿日创办《史地通讯》一种，月出油印八开一张，遍送该系同学。第一期内容颇称丰富，内有‘求是圈内’、‘级讯’、‘系闻’、‘工作计划’、

① 《国立浙江大学日刊》复刊新 112 号（1949 年 2 月 28 日）。
② 《国立浙江大学日刊》复刊新 120 号（1949 年 3 月 18 日）。
③ 《国立浙江大学日刊》复刊新 121 号（1949 年 3 月 21 日）。

▲零、訊、一、束

▲今日下午七時半學治會特請嚴仁賡教授講「有效需求與正義平等自由」一題，地點在工學院大禮堂，聽者如有問題，歡迎在演講後提出討論。

▲十八日晚七時一刻許，本校史地系主催之首次學術演講，借第一教室舉行，主講者為顧穀宜教授，講題為「斯汀森與第二次世界大戰」。參加聽講者約有本校同學二百餘人，教授四人，竺校長亦在座聽講，顧先生所講內容係以「斯汀森回憶錄」一書為根據，彼自稱本次演講實為一讀書報告，演講約歷一小時許始告結束。（舟）

▲本校物理學會於十八日出版愛因斯坦七秩紀念特刊，內有紀念愛氏短文七篇，又中國文學會亦於同日刊出「文學刊物『曉角』」一種，兩種刊物張掛地點俱在校本部收發室門口左傍牆上。（山）

图 5-4-6　《国立浙江大学日刊》复刊新 121 号（1949 年 3 月 21 日）所载史地学系主办学术演讲的报道。引自《国立浙江大学日刊》复刊新 121 号（1949 年 3 月 21 日）。

‘师长动态’等通讯、文章多篇。”[1]

该日《日刊》还登载了全系师生员工欢送该年度毕业同学合影留念以及地质班进行野外实习等的消息：

> 本校史地系全体师生百余人于廿四日下午二时在阳明馆和梨洲馆前摄影，藉以欢送应届毕业同学而志纪念。又，该系地质班野外实习，普通地质班及岩石学班同学将于最近期内举行地质调查，由该系孙鼐教授领导，地点为凤凰山、万松岭、玉皇山一带。[2]

1949 年 4 月 18 日晚 7 时，史地学系同学举行以“个体自由与群体自由相冲突吗？”为题的辩论会，“到该系系友及各社团代表共 50 余人，应请出席指导教授严仁赓、顾穀宜、李絜非先生等 5 人”；辩论终结时，三位教授并“被请批评指导”。[3] 见图 5-4-7。

---

① 《国立浙江大学日刊》复刊新 124 号（1949 年 3 月 28 日）。
② 《国立浙江大学日刊》复刊新 124 号（1949 年 3 月 28 日）。
③ 《国立浙江大学日刊》复刊新 133 号（1949 年 4 月 20 日）。

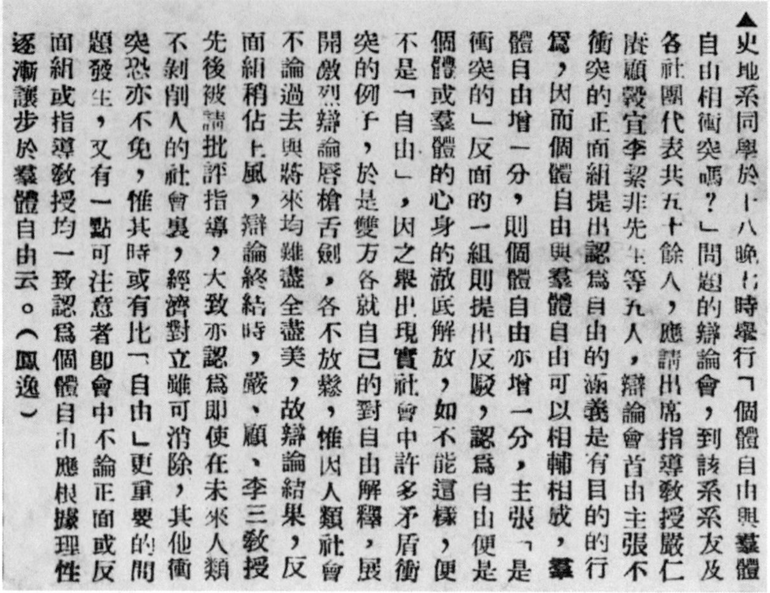

▲史地系同學於十八晚七時舉行「個體自由與群體自由相衝突嗎?」問題的辯論會,到該系系友及各社團代表共五十餘人,應請出席指導教授嚴仁賡顧毓琇李絜非先生等九人,辯論會首由主席不衝突的正面組提出認為自由的涵義是有目的的行為,因而個體自由與群體自由可以相輔相成,群體自由增一分,則個體自由亦增一分,主張「是衝突的」反面的一組則提出反駁,認為自由便是個體或群體的心身的徹底解放,如不能這樣,便不是「自由」,因之群此出現實社會中許多矛盾衝突的例子,於是雙方各自己的對自由解釋,展開剖列辯論脣槍舌劍,惟因人類社會不論過去與將來均難盡全盡美,故辯論結果,反面組稍佔上風,辯論終結時,嚴、顧、李三教授先後被請批評指導,大致亦認為即使在未來人類不剝削人的社會裏,經濟對立雖可消除,其他衝突恐亦不免,惟其時或有比「自由」更重要的問題發生,又有一點可注意者即會中不論正面或反面組或指導教授均一致認為個體自由應根據理性逐漸讓步於群體自由云。(鳳逸)

图 5-4-7 《国立浙江大学日刊》复刊新 133 号(1949 年 4 月 20 日)所载史地学系组织辩论会的报道。引自《国立浙江大学日刊》复新 133 号(1949 年 4 月 20 日)。

本届史地学会干事会也是最后一届史地学会的干事会。在该届干事会任期内,经历了学校、学系的诸多重大事件,如杭州解放、学校改制讨论以及史地学系改设为地理学系等。1949 年 8 月新学期开始后,由于史地学系不再设立,史地学会亦随之也不再存在。

此外,史地学系和史地学会对毕业系友、校友也非常关注,持续保持联络,定期整理系友通讯录,编辑系友、会友的通联性刊物,如《史地通讯》、《时与空》等。很多毕业的学生也一直与母系保持联系,定期通报个人的工作、生活等方面的变化,并向母系的师长和图书室等赠送个人著作或资料性图书等。例如,杨怀仁在硕士毕业后,曾担任过四川大学副教授和内政部方域司官员;他曾经给张其昀先生赠送内政部方域司出版的关于南海诸岛的图书《南海诸岛新旧名称对照表》;在他于 1949 年初获得奖学金、赴英国留学之前,还特意致函母校通报此事,学校也在《日刊》上予以报道。[1] 见图 5-4-8。

---

[1] 《国立浙江大学日刊》复刊新 130 号(1949 年 4 月 13 日)。

图 5-4-8　《国立浙江大学日刊》复刊新 130 号（1949 年 4 月 13 日）所载《史地系毕业校友杨怀仁君应邀赴英研究》的报道。引自《国立浙江大学日刊》复刊新 130 号（1949 年 4 月 13 日）。

三、师生的日常交往

　　史地学系师生之间日常交往非常频繁。从 1936 年创系伊始，就以师生紧密接触、良好互动作为培养学生的重要途径。西迁时期至复校杭城，莫不如是。这在史地学系师生的相关著述和回忆文章中屡屡提及。

　　竺可桢"日记"中经常记载类似于"中午史地系徐规、范易君、祝修麟、管佩韦来谈"，"阅史地系沈玉昌《宜山附近地形纪要》……沈君系四年级生，在宜山行经之地颇不少，文中取材于就地，亦足嘉许也"等语句。张荫麟去世前后，竺可桢曾花大量篇幅记录其病情，这说明竺可桢不仅与史地系师生相处非常融洽，而且对师生的学习、工作、生活状况也十分关心。他虽非史地系导师，却一直积极指导学生学习及论文的撰写。谢义炳虽是涂长望的学生，但竺可桢曾指导其《遵义之浅低气压》、《清代水旱灾之周期研究》、《贵阳之天气与气候》等多篇论文。为鼓励学生进行边疆研究，竺可桢劝言毛汉礼放弃华中研究所津贴，专心致力于边疆地理，并亲自致函重庆气象研究所，介绍史地系研究生赵松乔前往搜集缅甸地理资料。1945 年 12 月，研究生文焕然约见竺可桢，并向其表明欲作《秦汉时代之气候》一文，竺可桢表达其中肯的意见，谓曰："此文材料极少，颇不易着手，余颇劝其另觅题目。如以水旱灾为材料，则不能得多少，且水旱灾之材料有若干受主管人影响，极靠不住也。"战时物价飞涨，竺可桢对师生生活也颇为关心，极力改善学生膳食，介绍勤工俭学岗位，并为毕业生推荐工作，还为刘之远、叶笃正、钟恒、张元明等人证婚，参加王蕙（编者注：也作王惠，后改名王陆畴）的婚礼。①

在浙大期间，赵松乔时常向师长请教。当时学术气氛自由，学生可以直接与校长来往，或请其当导师，或讨论问题，或借阅图书与资料等。在竺可桢的"日记"里，记载有赵松乔在浙大读书时与他之间的往来。1948 年 11 月 14 日："晨六点半起。八点约赵松乔、陈吉余，及一广东同学及彬彬、松同行……因松松随行，兼之赵君等须看土地利用，故一路行走并不甚速。"同年 11 月 16 日提及："今日赵松乔交来谭其骧著《杭州都市发展之经过》交阅。余阅后即可交还。"

为便于赵松乔硕士论文收集资料，竺可桢校长还亲自函请有关部门协助："兹有本大学文科研究所史地学部研究生赵松乔为搜集关于缅甸之地理资料，以备编著论文，前赴重庆各机关参考图书。除分函外，相应介绍，即请查照，于该生到时，惠予指导，并给以一切便利为荷。"②

李春芬 1946 学年起在浙大任教，他也描述了本期师生交往的情况：

> 我从回国到解放这三年的历程，虽因通货膨胀，生活清苦，但学生普遍反映我的教学认真、卖力，这是我堪以告慰的，同时也使我初步尝到了教学相长的甜头，更值得提出的是，与同学之间开始建立了师生情谊，很多同学经常来家访，从国家大事到学习问题都自由交谈，无拘无束。这对我理顺思想认识，倾向进步以及调动工作积极性，为以后更好地投身文教事业中去，也都是很有帮助的。③

1943 年留系担任助教并攻读研究生，1947 年研究生毕业后正式在史地系担任助教的陈述彭，1948 学年起被学校聘为讲师，曾经在大病初愈后，在给 1948 级学生上课期间，与同学有密切的交往：

> 据他的学生、曾任北京师范大学地理系主任、1952 年毕业于浙江大学地理系的张兰生回忆，他那一届学生人数较少，入学时只有 10 人。在陈述彭的

---

① 李凡：《国立浙江大学史地系系史述论（1936—1949）》（浙江大学硕士学位论文），2015 年，第 53—54 页。
② 赵旭沄著：《质朴坚毅——地理学家赵松乔》，北京：商务印书馆，2016 年，第 54—55 页。
③ 李春芬：《我的生平和学术思想》，载李春芬编：《李春芬生平和学术思想》（内部印行），1990 年，第 10 页。

"中国自然地理"课上，因为学生人数少，往往不必到教室里上课。陈述彭先生住在女生宿舍院子前面木结构的教师宿舍二楼。上课时，就在房间当中放一张八仙桌，师生围桌而坐，老师讲，学生记笔记，每周一次，也不拘泥于上下课时间，拉得长一点，缩得短一点，都视内容和进程而定。过了很多年，张兰生还记得师母亲手制作的江西风味点心的味道，师生之间亲如家人，温馨又愉快。①

1945年攻读研究生、1947年毕业后在史地系担任助教的宋晞，也经历过本期的生活：

> 一九四六年夏，学校复员。我们也是组队东返，二十多位同学同乘一车，先到贵阳，走东线，经贵定、炉山、施秉、镇远、玉屏，进入湖南省晃县，途经芷江，然后在雪峰山中盘旋，失事的汽车到处可见。有时停车休息，参观民户生活，非常艰苦。抵达邵阳，要渡资水，车子排长龙，我们得有机会到县城过夜，到处是断垣残壁，战时敌机肆虐，可以想见。我们购买竹刻留念。经过湘乡，到饭馆用餐，侍者着长衫，彬彬有礼，为他处所未见。到了湘潭，要渡湘水，车子又排长龙。我们到"四海春"吃顿午餐。沿江的街道长达数里，这是湘潭县城的特色。抵达长沙，为了搭火车，要先步行若干里，吃了点苦头。车经岳阳、临湘到达武昌，才有机会休息，参观黄鹤楼等名胜，游览汉口市区，然后乘船东下，在九江上岸，采购景德镇出产的瓷器。在南京也上岸看看朋友。抵达上海，作数日的盘桓。自上海乘火车到达杭州，学校尚在修缮，要到十一月才开学，于是先行返回丽水老家。
>
> 杭州读书环境比起遵义大为改善。浙大图书馆的藏书增加很多，如吴兴刘氏嘉业堂的部分藏书与瑞安孙家玉海楼的藏书，均归浙大所有。同时，浙江图书馆总馆与浙大毗邻，使用方便，而孤山分馆的文澜阁《四库全书》也可以借阅，从此使我深入史学的领域。同学倪兄与我常到孤山去看书，尤其是踏雪寻梅的时节，对西湖景色特别留恋。这一年选读陈师的"史学名著选读"和吴定良师的"人类学"，大部分时间花在撰写论文上。我的硕士论文《宋代豪商与政府官僚的关系》，也是在乐素师指导下完成的。
>
> 一九四七年夏，我在研究所毕业，留校担任助教，除管系所图书外，有机会到上海、南京去访问与搜集京沪、沪杭两路沿线的名胜古迹资料，盖

---

① 《陈述彭编年纪事》编委会编：《陈述彭编年纪事》，北京：科学出版社，2021年，第26页。

两路局委托本校作沿线史迹调查，后来出版《西湖图景》一书。助教一年期间，曾担任先修班的"中国通史"一课，是我在大学教历史的开始。同时也撰写历史方面的短文，在南京《中央日报》的《文史》、《食货》等专刊和杭州《东南日报》的《云涛周刊》周刊发表。就这样我踏上了以治史为终身事业的道路。

抑有言者，战时学校搬迁，对学习历史、地理颇有益处。虽来去匆匆，但所到之处，对民情风俗的体认，地形、气候的变化，都因亲临其境，获得印证。以贵州而言，俗谚所云："天无三日晴，地无三里平，人无三分银"，大致是不错的。大庾岭为广东与江西的天然界线，岭上翠松成荫，岭南就不是那么一回事了。川、黔、滇等省通行的西南官话，可以了解我国历史上对西南的开发与移民的情形。及今思之，对三十多年前这段由东南到西南来回搬迁的经过，仍有无穷的回味。①

1950 年毕业的本科生林晔，也有对这一段生活的回忆，见图 5-4-9：

1947 年至 1948 年间，张其昀先生忙于院系务、教务和一些刊物的编务（他此时不仅编刊物，还编《东南日报》的专栏副刊），叫我帮他整理资料，剪裁报刊归类入档并抄誊稿件，有一段时间几乎要求我每晚必去（作为工读）。在这一段工作中，我一方面对他很是钦佩，佩服他平时勤于积累资料，使用时得心应手和锲而不舍、水滴石穿的治学精神，因而这些工作对我自己也有很大教益，另一方面又感到对我压力太大，姑且不说他文章中的某些观点（如对美、苏及国共关系的冷战观点以及国际上地缘政治的观点）我不敢苟同，抄写整理时不免违心，就以工作量来说，也使我吃不消。后来，正好德文教授周则孟一定叫我帮他刻写讲义（因为别人认不得他草写的字），再加上学生会分给我的工作，随着学运的开展日益增加，我就决定把张先生叫我做的工作辞掉了。

作为老一辈的地理学家和气象学家，竺可桢校长对地理、气象、气候以至天文方面的开课和学习活动一直是关心和支持的，只是他忙于校务，战后有一段时间又出国在外，学生罢课出事又操碎了他的心。因此，有些具体的事他当然不能一一兼顾了。有两件事至今记忆犹新：一是 1948 年，沈思玙先生（原任浙大总务主任）教我们气象学，从内容到表达都提不起我们的学习兴趣，我们提出希望竺校长亲自兼课，当然在这种情况下是很难遂愿的。

---

① 宋晞：《流亡岁月，万古人生》，载中国人民政治协商会议浙江省委员会文史资料研究委员会编：《天涯赤子情》（浙江文史资料选辑第 34 辑），杭州：浙江人民出版社，1987 年，第 113—119 页。

再有一件事，1948年2月，浙大天文学习会筹备复会，由谭天锡助教、沈世武和我去校长室请他指导并邀他作一次学术演讲，他甚表支持，以"博以返约"的通才和专才教育应很好结合相期许，并说浙大虽未开天文学课程，但通过学会活动也可增长兴趣，拓宽知识，他答应给我们作一次学术报告，并推荐古算史和天文史学者钱宝琮教授先给我们做报告。钱报告的题目是《论二十八宿来历》，其中对竺写《二十八宿起源之时代和地点》一文有两点不同的意见（竺在"日记"中承认其中一点意见说明原来他自己的提法"似无根据"，另一点则仍"不可解耳"，足见其谦虚）。过了半年，到了1948年秋天，竺校长才抽出时间给我们做了《中秋月与浙江潮》的学术演讲，阐释天文学的秋与气象学上的秋含义不同，并从月球运行理论谈到潮汐的成因，教室中挤满了听众。这些讲稿由当时担任记录的我给他们整理成稿，并作为天文学习会的学习内容。天文学习会因参加的人甚为踊跃（达六七十人），集体开展活动有所不便，除开过一次大会，做过两次学术报告以外，多分组活动（夜间观测星象），还出了几期名为《北斗》的油印刊物。为了配合1948年5月9日的日环食观察，我为《北斗》写了一篇《谈日食观测》，并投到《大公报》发表。所有这些，都得到竺校长和石延汉先生的热心指导……[1]

图5-4-9　《大公报》1948年5月9日所载林晔文《谈日食观测》。引自《大公报》1948年5月9日。

[1] 林晔：《浙江大学史地系、地理系片断》，载何琦主编：《问天人生》，北京：中国文史出版社，2019年，第25—26页。

查阅同期的竺可桢"日记"，的确如林晔所述，竺可桢在 1948 年 9 月，为了做好这次"中秋月与浙江潮"的演讲，查阅了大量历史文献，如 9 月 12 日"日记"中抄录了南宋吴自牧《梦粱录》卷四《观潮》以及其他诗词，13 日除了继续查阅文献外，还在下午特意至史地学系找到张其昀借地球仪，"为星期四演讲'中秋月与浙江潮'之用。又阅南宋周密（潜夫）著《武林旧事》及吴自牧著《梦粱录》"，14 日仍抽出时间查阅资料。到了预定演讲的 16 日，"晚七点至第一教室，在天文学习会讲'中秋月与浙江潮'……听者百余人，余讲一小时十分"。第二天上午，担任记录的史地系学生王镇坤还因"恐不易懂余之语言"而上门"来索余昨日演讲"。[①] 见图 5-4-10。

9 月 16 日　星期四　杭　晨昙 73°

荷兰女皇 Wilhelmina 即位五十年（68 岁）逊位，以其女 Juliana 继任，其夫系 Prince Bernhard。荷兰放假一周。中午在扶轮社演讲。晚在浙大第一教室讲演。

晨六点半起。季梁来，欲以王子培膺选中国委员会加拿大进修名额。但余以时间短促只有半年，若以向未到国外的应选，实太不上算。中午至青年会参加 Rotary Club 扶轮社中膳。遇汪干夫，询以今年看潮何地最宜？渠以为最好在海宁之东七里庙，但恐潮水上岸。阴历初三王东原乘汽车至该处，曾将汽车冲入田中，幸人立在较高之塘上，故为安全计，不如赴陈文港云。渠谓 Establishment of port 每日潮之延周为 0.8 小时（48'）云。遇钱士选、Donaldson、Rip（Day）、石延汉、劳君。余询劳君，知西泠饭店房间已定至月底，双十节前后之房间亦均定去云。今日到一客人李秉成，新自 Cornell 康奈尔大学归国。孙君（Tax）入会典礼，礼毕余演讲 The Theory of Tides and Bore in Ancient China，讲二十分钟，有英文打字稿约 1400 字。二点回。

晚七点至第一教室，在天文学习会讲"中秋月与浙江潮"。首述中秋之意义，述天文与气象上"秋"意义之不同。次述中国〈中〉〔古〕代"月到中秋分外明"及"一年明月今宵多"说之不可靠，因月明视其高度、远近而定。以高度论应以十一月（阴历）月当头为最。如今年十一月望其高度为 87½°，几于在天顶，而月近则一年一度在月望时。但九月（八月望）适值远日点。次谈及中秋月中外同庆之原〔因〕，以其望日前后四五天均于六七点钟时上山，故西文称 Harvest，原因由于此时晚上月东升时赤经天天增高，黄道与地平角度最小之故。次谈及潮汐之理由。谓

图 5-4-10　《竺可桢全集（第 11 卷）》所载 1948 年 9 月 16 日"日记"（截图）。引自竺可桢著：《竺可桢全集（第 11 卷）》，上海：上海科技教育出版社，2006 年，第 208 页。

后该次演讲稿以《中秋月》为题，发表于 1948 年 9 月 22 日和 23 日的《国立浙江大学日刊》上，注明"竺校长讲，王镇坤记录"。见图 5-4-11。

---

① 竺可桢著：《竺可桢全集（第 11 卷）》，上海：上海科技教育出版社，2006 年，第 205—209 页。

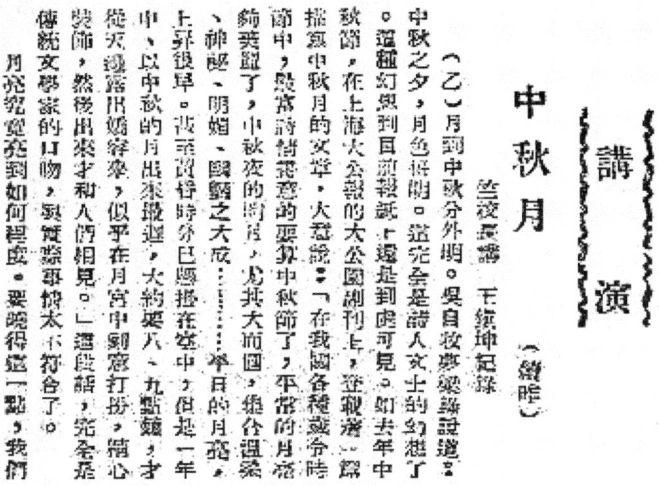
講演

中秋月

竺校長講　王緯坤記錄

（續昨）

（乙）月到中秋分外明。吳自牧夢粱錄說道：「中秋之夕，月色倍明。」這完全是詩人文士的幻想了。這種幻想到目前報紙上還是到處可見。如去年中秋節，在上海大公報的大公園副刊上，登載着一篇描寫中秋月的文章，大意說：「在我國各種歲令時節中，最富詩情畫意的要算中秋節了，平常的月亮夠美麗了，中秋夜的明月，尤其大而圓，集合溫柔、神秘、明媚、圓滿之大成……平日的月亮，上昇很早。夜至黃昏時分已懸掛在空中，但是一年中，以中秋的月出來最遲，大約要八、九點鐘，才從天邊露出嬌容來，似乎在月宮中刻意打扮，精心裝飾，然後出來才和人們相見。」這段話，完全是傳統文學家的口吻，與實際事情太不符合了。月亮究竟亮到如何程度。要曉得這一點，我們

图 5-4-11　《国立浙江大学日刊》复刊新 34 号（1948 年 9 月 23 日）所载竺可桢演讲稿《中秋月》。引自《国立浙江大学日刊》复刊新 34 号（1948 年 9 月 23 日）。

此外，当时史地学系也与外校相关系科有较密切的交往。1948 年春，中央大学地理系四年级学生来浙江作野外考察实习，借住在浙大史地系的办公室里。当时的中大学生景才瑞，回忆当时见到的严钦尚先生：

> 近日接华东师范大学比较沉积研究所与地理系于 2011 年 3 月 1 日发来的《严钦尚先生纪念文集》征文启事，更加勾起我对严钦尚老师音容笑貌、教书育人、启迪后学的思念。回忆起来，我第一次亲聆严钦尚老师耳提面命、亲切教导是 1948 年的春天。那时我们就读的国立中央大学已从重庆复员到南京市四牌楼原址，我们地理系三六级（编者注：指 1947 学年毕业，即 1948 年 7 月毕业）的十五位同学，暑假前将届毕业，经当时地理系主任李旭旦教授批准，派文振旺青年教师率领我们到浙江地区作野外考察实习。那时野外实习经费很少，住不起旅馆，都是自带行李住在浙江大学史地系的一个大会议室内，打地铺睡觉。
>
> 有一天上午，我们正在阅读杭州附近的地质地理参考资料，一位西装革履、衣冠楚楚、风度翩翩、风华正茂、非常吸引人注意的人物来到大会议室，初次见面，我们同学都面面相觑，有眼不识泰山。有人在旁边介绍说，这位是刚从澳大利亚悉尼大学留学回来的严钦尚先生。我们顿开茅塞，放下手中的资料鼓掌欢迎、问好。严先生当时虽人近中年，但并未失青年的锐气，就

与我们侃侃而谈，介绍澳大利亚悉尼大学的学习情况，并非常怡然自得地说，悉尼大学是属于英国大学系统的，比美国的大学要严格得多，你们马上就大学毕业了，选择留学要选择欧洲的大学。

我们当时一边听严先生谈述，一边就会想到我们的系主任李旭旦教授是庚款留英的剑桥大学的硕士，教我们"地形学"、"经济地理"、"东南亚地理"课的任美锷教授是英国格拉斯哥大学的博士，教我们"南美洲地理"课的徐近之教授是英国爱丁堡大学的博士，教我们"孢粉学"与"中国地貌"的丁骕教授也是英国格拉斯哥大学的博士，教过我们"地理学通论"课的吴传钧先生是英国利物浦大学的博士，教过我们"中国区域地理"课的胡焕庸教授是从法国留学回来的，教过我们"地图学"与"欧洲地理"课的李海晨教授是德国留学回来的，教过我们"边疆地理"、"政治地理"课的沙学浚教授也是从德国留学回来的，都是饱学之士、满腹文章又善于传道解惑的地理教育家与科学家，使我们在大学四年的学习中受益匪浅。

一边听严钦尚先生的高论，一边回忆我们老师的教学过程，更增加了我们对英国乃至欧洲大陆地理教育与地理科学水平的崇敬，也觉得严先生是位心地坦率、心直口快、热情充沛、善于教书育人的教育家与科学家，尤其对于严先生的青年有为、雄姿英发、仪表堂堂、潇洒自如、谈吐高雅的风貌都十分羡慕。虽然相会的时间并不太长，但是对于我们都留下了极为深刻的印象。新中国成立后，有一次我们拜访在北京大学地理系任教的林超教授，谈起中国的地理教育与地理科学研究时，林先生回忆说，新中国成立前他任中国地理研究所所长时，有一个公费留学澳大利亚悉尼大学的名额，他就物色人选，选定了严钦尚先生，言下之意对严先生十分器重与赏识，更加深了我们对严先生的印象。[1]

第五节　时代变革的激烈冲击及其对史地学系的影响

从西迁时期开始，尤其是定址遵义、湄潭以后，"浙大学生的爱国运动蓬勃发展，成为当时大后方爱国进步力量较强的几所高等学府之一"[2]，如 1942 年 1 月的"倒

[1]　景才瑞：《哲人虽去，风采犹在，风范犹存》，载华东师范大学地理系、华东师范大学比较沉积研究所编著：《山海铭足迹——严钦尚教授纪念文集》，北京：科学出版社，2011 年，第 217—218 页。
[2]　浙江大学校史编写组编著：《浙江大学简史（第一、二卷）》，杭州：浙江大学出版社，1996 年，第 96 页。

孔运动"，1945 年 12 月的"反内战斗争"等；中共地下党也开始在浙大开展活动，如史地学系学生吕东明（1942—1946 在读，当时用名"吕欣良"【31071】）即为中共地下党员。此外，1945 年 3 月浙大全体学生集会讨论通过成立"浙大师生宪政促进会"，筹组全国院校学生联合会，并发表《促进民主宪政宣言》（简称《国是宣言》），该《国是宣言》文本，就是由史地学系学生程融钜【31755】执笔起草的。①

　　1946 年 5 月，浙江大学自贵州返杭后，浙大的学生和全国人民一样，在经历八年抗日战争的苦难生活后，迫切希望国内和平与安定，因此，国民党挑起内战、企图消灭共产党，使全国人民重新处于水深火热之中的倒行逆施，引起了全国人民包括浙大师生的强烈反对。1946 年底的"反美抗暴斗争"和 1947 年 5 月的"反饥饿、反内战、反迫害"的"五月运动"是比较突出的两次斗争。1947 年 10 月 29 日，发生于子三遇害事件，引起规模更大、持续时间更长的"于子三运动"。1948 年 8 月，国民党当局为了维持其行将崩溃的统治，继续大肆镇压青年学生，下达了在各地逮捕"煽动学潮罢课分子"的密令，8 月 22 日凌晨，国民党军警进入浙大捕去吴大信（史地学系学生）和施某、方某等 3 位学生，后吴大信于 9 月 18 日被判刑 10 年。9 月 29 日，当局又捕去教育系女生李雅卿，于 10 月 23 日被判刑 2 年半。1949 年 1 月 26 日，经当时的浙江省主席陈仪同意，由校方保释被判刑的五个学生。1 月 26 日，浙大师生及杭州其他学校学生一千余人列队前往监狱迎接陈建新、郦伯瑾、黄世民、吴大信、李雅卿出狱。与此同时，随着三大战役的胜利，为了防止国民党政府在溃逃前的捣乱、破坏，浙大广大师生员工在中国共产党地下组织领导下，又掀起了护校运动。

　　在这些爱国民主运动的行列里，史地学系的学生积极参与其中，一些进步教师也予以同情和支持。

　　此外，就史地学系而言，在这一特殊的历史时期，由于史地学系"史地合一"的特殊性，以及坚持史地合一办学理念的张其昀先生的特殊身份（张其昀于 1939 年 3 月在陈布雷介绍下加入国民党②；担任第二、三、四届国民参议员，三青团第一、二届中央干事及常务干事，"制宪"代表，考试委员；1947 年当选为"国大"代表），因此，史地学系师生除了一般性的、全校性的各种运动的参与外，又与

---

① 　浙江大学校史编写组编著：《浙江大学简史（第一、二卷）》，杭州：浙江大学出版社，1996 年，第 110 页。
② 　何方昱：《知识、人脉与时局——张其昀学术生涯的政治转型》，载《近代史研究》2015 年第 4 期，第 90—105 页。

逐渐出现的要求分系的呼声（即对办系方式的不同看法与主张）相纠葛，使得史、地合系与史、地分设的学术层面或办学层面的观点分歧之争，也叠加了浓厚的政治性色彩。

史地学系从系方和教师方面来说，意图维持正常的教学秩序，开展正常的科研工作；而从另外一方面的学生角度而言，因对史、地是合系还是分系的问题，抱有与系主要领导不同的看法，以及此期学校的诸多政治性学生运动等，在系与教师一方和学生一方之间，就不可避免地会产生一些重大的分歧与矛盾。因此，较之西迁时期的师生同心、共克时艰等较为和谐的景象而言，本期的史地学系矛盾和冲突明显增多。这也是特定的时代变迁的洪流使然。

一、史、地合系与史、地分设的纷扰

倪士毅的回忆文章《播州风雨忆当年——浙大史地系在遵义》，开首即提及相关情况：

> 浙大史地系的特点是史地合系，与中央大学、西南联大等史、地分系者不同。这既有其优点，正如张其昀先生所指出，旨在体现史学精神与地学精神相综合，时间演变与空间演变相结合，使学史的和学地的学生能从两方面的综合或结合中取思想和方法之长；同时又有其缺点，主要是随着地理学方法，特别是自然地理学迅速发展，需要更多更深的数理基础，不相适应。当时有一部分师生曾酝酿史地分系之议，到 1949 年下半年才实现分系。[①]

么枕生也在其回忆史地系教学的文章《对遵义浙大史地系的教学回忆》中，以"博与专的问题"为题，专门记述了涉及分系诉求的有关情况：

> 在遵义浙江大学的史地系内，多年存在有史和地的分与合问题，也就是博与专的问题。张其昀先生坚持史地合一，而广大教师与学生则都认为史地应当分开。在 1946 年 1 月 27 日上午，我参加梅光迪先生的追悼会时，外语系学生在致词中就曾借机批判张其昀先生，该日晚间，又有史地学会开会欢迎张先生由美讲学归来。我在会上致词中无意讲出要分史、地组，不意学生又乘机大肆攻击张其昀先生。张先生由于当日多方受到指责，非常恼火，在

---

① 倪士毅：《播州风雨忆当年——浙大史地系在遵义》，载贵州省遵义地区地方志编纂委员会主编：《浙江大学在遵义》，杭州：浙江大学出版社，1990 年，第 96—113 页（本处引文见第 96 页）。又载倪士毅著：《史地论稿》，杭州：浙江大学出版社，2019 年，第 386—399 页（本处引文见第 386 页）。

致答词时，竟说："在史地系不能发展气象。学校设气象系当亦赞成。"在当时的史地系中，教师虽对史地分合问题评论激烈，但只能暗议，不敢明争，学生则不然，因在校不过四年，毕业后远走高飞，有些自然无所忌讳。我当时去浙大时间不长，对史地分合问题不甚了解，既不关心，更无在史地系发展气象学的企图。我深知只能在地理学的基础上自己钻研气候学，气象学不过是气候学的基础课而已。在史地系发展气象，那是走入歧途的想法。何况当时浙大只有我一个教师，气象学与气候学连一个正式助教都没有，只有史地系测候所唯一观测员束家鑫旁听我的课，传达我与学生间的信息而已。据我事后推测，许多地理方面的教师，尤其学生，倾向于史地分家。例如，1946 年 1 月 31 日曾由束家鑫带我去测候所和当时的地质学研究生陈吉余、王连瑞与蔡锺瑞座谈，评论张其昀先生坚持史地合一的情况。他们都是叶良辅先生的研究生，叶先生是研究地质学的。叶先生恐倾向于史地分家。事实上，新中国成立后的杭州浙大，史地系终于分为历史系与地理系，地理系首届系主任就是叶良辅先生。

上面我已指出，遵义浙大史地分合之事，实际上就是属于博与专的问题。我当时所讲授的课是属于博的，但我的内心想法自己应另有专长。科学发展迅速异常，科学分工必然更细，科学工作者不专，就无法应付迅速发展的科学事业。教育工作者不专，则所讲授的教材必然老化落伍，更谈不上自己做研究工作和指导研究生了。就是讲授基础课或总结科学发展史，为了很好地完成任务，也需要一定的理论根底，因为同一科学问题可不断提出更为巧妙的解决方法，何况更有新的发展方向。因为我有这样坚持多年的思想方法，所以我在当时史地学会的发言乃出于好意，认为人生短暂，而科学发展又无止境，历史学与地理学实难兼顾。这不过是个人看法而已，实际对史地分合问题是置身事外的。

我从多年的教学与研究实践中，确实也体会到博与专也是相互为用、相辅相成的。为了博必须有专，为了专必须有博。科学的发展，除有自身深化的纵向发展外，还有相互渗透的横向发展的问题。前者属于专，但有广阔基础，后者属于博，也应有所专长。学科发展不只要相互渗透，仿效借鉴，更要精于理论，善于应用，认清系统，扩大范畴。何况地学并非处于静态，而是一个动态问题。因此，我现在对史地合一的看法，有了一定程度的改变。认为史地合一，从某种意义上讲，见仁见智，无可厚非。例如，地理学有古地理学与历史地理学的发展，气候学也有古气候学与历史气候学的发展。问题是如何应用地理学与气候学的现代研究成果去研究历史地理学与历史气候学。当然把历史地理与历史气候考证得入细入微、尽善尽美，也有贡献。这是因为科学本身就具有博与专的分工问题。不过，应当博中有专，专中有博，博专的比例互有差异。①

除了么枕生提及的 1946 年初（1946 年 1 月 27 日）欢迎张其昀的晚会上，张其昀与史地学系等系师生的冲突外，在 1948 年上半年爆发的所谓"浙大文院革新运动"中，虽然主要诉求集中于中国文学系和外语系等学生反对张其昀为文学院院长等，就史地学系学生而言，也在后来参加的过程中，再次提出"史地分家"的诉求（见图 5-5-1）：

> ……史地系最后也出来了。他们以总人数百分之七十五的签名要求史地分家。地理属理院，历史属文院，并欢迎张其昀氏做地理系主任。课程方面的不够认真，教授的缺乏，也颇多指责。到今天，他们的系主任张其昀氏辞去已三周，而是否挽留，征求同学意见的结果，仍以在保证史地分家前提之下，挽留的居多数。②

图 5-5-1　《观察》第 4 卷第 16 期（1948 年 6 月 12 日出刊）封面及所载文章《浙大文院革新运动详记》。引自《观察》第四卷第 16 期（1948 年），封面，第 16 页。

---

① 么枕生：《对遵义浙大史地系的教学回忆》，载贵州省遵义地区地方志编纂委员会主编：《浙江大学在遵义》，杭州：浙江大学出版社，1990 年，第 114—118 页（本处引文见第 116—118 页）。
② 《浙大文院革新运动详记》，载《观察》第 4 卷第 16 期（1948 年），第 16—17 页。

对此，当时的史地学系学生林晔亲身经历此事，有这样的回忆：

> 1947 年到 1948 年间，史地系学生曾多次向系主任及校长提出"史地分家"，因为从学生来说，史学和地学都有必修课，势必分散精力，转移兴趣，这一要求自然首先遭到张其昀先生的反对，他主张融通史地，有利于培育通才，当时浙大学生有个史地学会，我以学术干事的名义代表部分学生的意见向张先生上书，陈述分系的理由，张当即约我到他家中去谈，说理与压力兼施，后来学生自治会的代表陈业荣向校长面陈，竺校长认为史地二者日后必分，只是当时考虑人力及物力暂时不分。1948 年 5 月间，为此事以及其他事，学生在壁报上对张先生指名诘问，张以辞职相胁，校方要开除壁报负责人，学生代表力陈张与史地系学生隔阂以至对立（主要是对当时时局的观点以及学生运动的态度上）存在已久，开除学生必致更大不满，后经校务会议讨论以记过处分了之。[①]

当时的竺可桢"日记"中，在 1948 年 5 月至 6 月期间，多次记及此次风波。5 月 13 日"日记"："近日学生壁报攻击张晓峰不遗余力，谓其只顾史地，将国文、英文置诸不足轻重。又有人主张史地分系。"[②]5 月 15 日"日记"："晓峰来，谓将出公告宣布辞职，余挽留之。"[③]5 月 17 日"日记"："壁报侮辱文学院老师事件更形扩大……文学院教员全体与晓峰同进退，史地系同人昨开会亦有同样决议，谓学校如无办法则将全体辞职。"[④]

至 5 月 19 日，学校讨论确定"开除史地系学生刘万旬、法律系学生景诚之"，竺可桢当日下午召集学生代表会谈话，并与当时的学生代表、史地学系学生陈业荣【31765】、杨振宇【35841】、汪安球【35061】等就有关问题（如"陈业荣提出文学院改良建议案"）进行了沟通：

> [1948 年 5 月 19 日]下午七点半召集学生代表会谈话，并约李浩培、李乔年、顾俶南、孙斯大诸人到会，到学生 51 人。余首述此次壁报谩骂越出范围之外，而且所说有下流龌龊之话，《群报》骂人滚蛋，勒令交出骂人之投稿，均抗不交，故不得已开除壁报负责人刘万旬、《群报》社长景诚之。

① 林晔：《浙江大学史地系、地理系片断》，载何琦主编：《问天人生》，北京：中国文史出版社，2019 年，第 24 页。
② 竺可桢著：《竺可桢全集（第 11 卷）》，上海：上海科技教育出版社，2006 年，第 111 页。
③ 竺可桢著：《竺可桢全集（第 11 卷）》，上海：上海科技教育出版社，2006 年，第 112 页。
④ 竺可桢著：《竺可桢全集（第 11 卷）》，上海：上海科技教育出版社，2006 年，第 113 页。

即有学生陈业荣、杨振宇相继说明希望学校能收回成命，汪安球代表史地系〔同学〕希望张晓峰之弗离去。此外向惟浚提出高尚志骂人事，尚有张鸣镛。刘万甸亦有辩答。陈业荣提出文学院改良建议案，余谓此事与骂人截然二事，不能混为一谈，自有正路可循也。①

至 5 月 21 日，竺可桢在与学生自治会代表陈业荣等谈话中，更明确就"改进文学院问题"，针对"陈业荣询史地分系问题"，予以明确表态，"认为史地二者日后必分"：

> ……自治会代表陈业荣、史应潮……蔡为武三人来谈，询刘万甸是否可以减轻处分及改进文学院问题。……陈业荣询史地分系问题，余认为史地二者日后必分，但目前无人力与物力，此事必须经校务会议通过。至于晓峰个人，目前文学院教授全体与共进退，即余个人亦决不能令其辞去……②

此次风波最终在 5 月 25 日，校务会议就"开除刘万甸"事"讨论甚久"，决定对"刘万甸、蔡昌荣、叶立义、张锡昌、胡润杰五人均记大过二次，留校察看"而暂告一段落。③

从前述竺可桢"日记"所载可见，此事竺可桢竭力调和师生关系，反复申明校纪校规，可谓苦口婆心；当然，在当时的背景下，也难有成效。

何方昱在其《知识、人脉与时局——张其昀学术生涯的政治转型》一文中，对这一场风波的具体过程有较细致的考述：

> ……1948 年春爆发的文学院革新运动却将矛头直指张其昀。革新运动是由中文系与史地系的部分学生发起的。中文系学生要求中、外文系合并为文学系，文学系再分语文与文学两组；史地系中有 75% 的学生签名要求史地分家，地理系属理学院，历史系属文学院。很快，这场革新运动的矛头直指文学院院长张其昀与外文系教授佘坤珊。5 月 13 日，有学生贴出壁报，"攻击张晓峰不遗余力，谓其只顾史地，将国文、英文置诸不足轻重。又有人主张史地分系"，攻击佘坤珊及国文系教师郑石君的壁报也层出不穷。学生攻击教授的壁报一经张贴，即引起浙大教授群体的强烈不满。主要被攻击人张其

---

① 竺可桢著：《竺可桢全集（第 11 卷）》，上海：上海科技教育出版社，2006 年，第 115 页。
② 竺可桢著：《竺可桢全集（第 11 卷）》，上海：上海科技教育出版社，2006 年，第 116—117 页。
③ 竺可桢著：《竺可桢全集（第 11 卷）》，上海：上海科技教育出版社，2006 年，第 120 页。

昀也贴出文告回应："余忝长文院二年，愧无建树，近者同学肆意谩骂攻击，深感德不足以服人，自本日起除任课外，院系职务一并辞去。"5月16日，事态进一步趋于紧张，教授群体再次表达了对校方迟迟不做处置的不满。但因训导长李浩培赴沪，对个别壁报作者的处置，要等训导长回来后召开校务会议方可讨论执行。5月17日，法律系二年级学生景诚之所办壁报《群报》上登一文，标题为《张其昀引咎辞职，佘坤珊更应滚蛋》，言辞激烈，引起浙大文学院教员的普遍不满："今日停课不教者有徐声越、任铭传、郦衡叔、王驾吾诸人。文学院教员全体与晓峰同进退，史地系同人昨开会亦有同样决议，谓学校如无办法则将全体辞职。理、工、农教授联名表示愤慨，不日将罢教。"眼看壁报攻击事件即将引发教授全体罢教，局势即将失控，所幸此时训导长李浩培已回到杭州，竺可桢与李浩培商谈后，召见自治会代表、主席陈业荣，告以事态之严重，"彼允于今晚开会后撕去一切攻击文字，余告事已太迟，动了教员公愤，必致有处分办法也"。

　　5月18日下午3点浙大召开校务会议，讨论自治会壁报问题。校务会议决定，"限期令壁报编辑刘万甸交出四张壁报之人名，予以严惩，如不交出，刘万甸即予以开除。同样景诚之亦须交出《群报》上撰文之浙大学生姓名。次谈以后壁报处置问题。讨论甚久，迄无具体办法"。3年前浙大通过的《壁报审查办法》犹如一纸空文，失效已久。5月25日下午，浙大再次召开校务会议，竺可桢报告："壁报侮辱教授而致开除刘万甸事。讨论甚久，决定刘万甸、蔡昌荣、叶立义、张锡昌、胡润杰五人均记大过二次，留校察看。次讨论壁报问题，及五月廿日签名罢课签名数目谎报问题，均交训导处拟办法。"至此，喧嚣一时的壁报攻击教授事件暂告中止。

　　浙大五月"驱张运动"中，遭到攻击的主要对象乃前任训导长张其昀与英文系教授佘坤珊，两人均为国民党党员。张其昀虽然受到学生的攻击，然并不主张严惩学生，但他在事件中受挫亦很明显。5月26日，张其昀对竺可桢谈了自己在史地学系开展的各项工作，"可回文学院办公，但总以学生不明了近来渠为学校努力状况，如向蒋慰堂捐款建筑百里馆，向孙贻〔诒〕让后人捐玉海堂之书。谓史地方面现方努力于版图、方志、钱塘江流域之调查"。客观地说，学生并不了解张其昀主持下的史地学系的工作，只是因为其明显的政党色彩而在此次风潮中摇旗呐喊。鉴于张其昀与国民党中央的关系，《中央日报》也载文抨击此事："浙江大学，在地方当局与学校当局互相推诿之下，……发展组织而成为指挥东南学运之中心枢纽。……最近该校职业学生又复胁迫名地理学者张其昀教授，因其为国民党中央委员，不许他在学校教书，必欲迫使去职而后快。"然而《中央日报》这类国民党机关报刊发为张其昀鸣不平的文章，只能进一步激起"左倾"学生对张的不满，令其处境更为窘迫。[①]

本章第二部分所引张其昀应《国立浙江大学日刊》之请所写的《史地学系的回顾与前瞻》一文，正发表于此事之后，显然含有向持不同意见师生解释史地学系的"史地合一"办学理念的意涵。该文最后，张其昀特意增加一些看似与史地学系没有直接关系的话，也具有说明其办学理念的意思（很可能该文之作，即是针对此前5月风波的诸多问题之一，即要求史地分系，而对史地合系的必要性所做的解释和说明）：

> ……以上所述近于自我表扬。近因对于本系二十年来史、地二科分组合系互相熏陶之精神、用意所在，不甚明了，特作简单之说明，借以增加认识。本系师资（现有教授、讲师、助教名额二十三人）、预算及设备，因应需要，依照两系之规模办理，故上述三项目标，过去稍能有表现。
>
> 总之本系方针，一方面为培植从事学术专门人才，一方面亦在培养对于现代问题具有通识之人才，期其毕业以后从事上述各种实际问题之研究以为世用，二者固可相得而益彰。
>
> 窃谓大学学制宜略有弹性，不必过于一律，俾各校有实验某种教育理想之机会，是则有待政府与社会之奖掖扶持。本系历史甚浅，中更战乱，距吾人之理想尚其遥远，益求充实，力争上流，自有待于今后之努力。[②]

二、"踏遍千山经百折"，"弦歌声里不和平"——时代的召唤与史地学系学子投身爱国民主运动

1940年以来，浙大的爱国民主运动就逐渐展开，1946—1949年更是蓬勃发展。史地学系学子，也在这一时期，积极投身其中，有些还担任了重要的领导职务。李凡在其《国立浙江大学史地系系史述论（1936—1949）》中有这样的概括：

> 在抗日救国思想的指导下，史地系学生活动十分活跃，不仅利用史地学

---

① 何方昱：《知识、人脉与时局——张其昀学术生涯的政治转型》，载《近代史研究》2015年第4期，第90—105页。
② 张其昀：《史地学系的回顾与前瞻》，原载《国立浙江大学日刊》复刊新11号（1948年6月18日）、新13号（1948年6月21日）、新14号（1948年6月22日）。转引自许高渝编：《从求是书院到新浙大——记述和回忆》，杭州：浙江大学出版社，2017年，第129—131页。

会举办了一系列的时事讲座、学术演讲以及社会实践，一批学生或为学生自治会成员，或为学生进步组织之成员或负责人，抗战胜利后，为反对内战，反对独裁，倡导和平建国，曾发起多次爱国民主学生运动，其中不少学生甚至为中共地下党员。学生自治会是浙大的常设学生组织，成立较早，前期举办了义卖、募捐等抗日救亡活动，后期为进步学生所控制，成为地下党组织开展活动的重要机构，王爱云、王德昌、张行言、胡玉堂、李敦仁、陈业荣、左大康等人均曾任学生自治会代表。1940 年 7 月教育部密件谓黑白文艺社、塔外社为中共所组之学会，而这两个学会的负责人分别是史地系学生沈自敏、胡玉堂。1942 初史地系学生王蕙因倒孔运动被捕，竺可桢积极奔走营救，终于在 1943 年 8 月 12 日得以保释。

浙大地下党组织直到 1943 年地下党员李晨考入浙大后才逐渐建立，此前虽有史地系地下党员吕东明（编者注：在校时用名"吕欣良"），但无组织关系。此后，经过几年的发展，先后创办了地下党学生组织，史地系学生在这些地下党学生组织中较为活跃：1945 年初新潮社成立后，吕东明与其接洽，该社因此得到地下党组织的领导；1945 年 8 月日本投降后，永兴分部史地系一年级学生李景先（编者注：学号【33064】）、陈汉耀（编者注：学号【33878】）、张飞鹏（编者注：学号【33063】）、黄贤林（编者注：学号不详）等人成立"绿洲社"，其宗旨为"争和平、争民主，反对国民党打内战，拥护重庆谈判和政治协商会议，反对国民党一党专政"（原注：李景先：《记浙大永兴分部学运情况》，《黎明前的求是儿女》编辑组编：《黎明前的求是儿女——解放战争时期浙江大学的学生运动和进步社团》，北京：中国青年出版社，2008 年，第 9 页），并出版《绿洲壁报》，团结了一批极具正义感学生；1946 年初，地下党秘密团体"求是书社"成立，吴士濂（编者注：学号【33102】）是其重要成员，该社"每周举行一次有关政治形势和学习心得的讨论会，并讨论如何宣传进步思想和推动学生运动"（原注：谷超豪：《解放战争时期浙大学生运动的一些回忆（节录）》，《黎明前的求是儿女》编辑组编：《黎明前的求是儿女——解放战争时期浙江大学的学生运动和进步社团》，第 13 页）；1946 年 6 月，杭州市大中学校学生联合会成立，吴士濂为主席，另一史地系学生杨铭（编者注：学号【34019】）为联络部部长，后发动"六一三"示威大游行；1946 年 11 月，李景先、黄贤林等人重组"拓荒社"，明确提出为建立新民主主义的独立、富强、民主的新中国而奋斗的宗旨；1947 年 4 月，由杨铭发起的"干社"成立，吴士濂为其成员； 1947 年 5 月，学生自治会发动"反内战、反饥饿"的"五二〇"运动，于子三为主席，李景先则负责与于子三直接联系，于子三被害后学生自治会改选理事，李景先当选为副常务理事，吴士濂、陈业荣（编者注：学号【31765】）、唐超汉（编者注：学号【31758】）、杨振宇（编者注：学号【35841】）、王明业（编者注：学号【34839】）等史地系学生当选为理事；1947年8月，史地系学生吴大信（编者注：学号不详）、李景先筹备建立新民主青年社（代号Y.F.），同时"丁冬读书社"成立，唐超汉为其成员之一；1947年12月，杭州工作委员会成立，王来棣（编者注：学号【34021】）任委员；1949年初，浙江大学学生应变会成立，史地系学生卢婉清（编者注：学号【34867】）为联络部成员。[①]

（一）史地学系学生所经历的学生运动情况

1945年入学的史地学系学生毛昭晰【34011】，在题为《解放前浙大学生运动琐忆》一文中概括介绍了1946—1948年浙大所发生的一些爱国民主运动的情况：

我是1945年在龙泉考入浙江大学的。发榜的时候正碰上抗战胜利，校方通知我们到杭州报到，10月底我回到阔别了八年的杭州。记得开学典礼是在阳明馆三楼的大教室举行的，国民党教育部部长朱家骅对我们这批新生讲话，他说了些什么，我已想不起来，只记得一句话："你们是全国第一批回光复区读书的大学生。"那时我是一个16岁的少年，年轻无知，脑子里充满了幼稚的幻想。我以为抗战胜利了，从此免却了颠沛流离之苦，可以安安心心地读一点书，毕业后可以为饱经忧患的祖国服务。谁知进浙大不久，发生了震惊中外的"一二·一"惨案，国民党在昆明残酷地镇压了西南联大等校学生发动的反内战、争民主的运动。1946年2月，由于米价飞涨，奸商囤积居奇，平民百姓衣食无着，杭州市爆发了打米店的风潮。就在这年四五月间，马寅初先生到浙大作了好几次讲演，揭露国民党四大家族和官僚资本主义勾结美帝祸国殃民的真实面貌。他的讲演得到浙大师生的热烈欢迎，每次讲演，大饭厅都挤满了人，连窗台上也坐满了人，迟到者只好爬到窗外的树上听演讲。马先生的讲演像一颗炸弹，在浙大龙泉分校迁杭师生中激起了强烈的反响。6月上旬，以韩雁门、毛路真和胡不归三人为首的浙大教师因最低的生活水平都难以维持而决定罢教，要求提高待遇，并举行了记者招待会。当时浙大在

---

① 李凡：《国立浙江大学史地系系史述论（1936—1949）》（浙江大学硕士学位论文），2015年，第44—45页。

杭州的教师人数虽然不多，这次罢教的时间也不长，但影响却不小，它是抗战胜利后浙大教师的第一次罢教，也是杭州"六一三"大游行的前奏。

教师罢教，学生也在行动。6月12日，浙大、杭高、杭师、高工、高商、宗文等二十多所学校的学生开始罢课，6月13日又举行了示威游行。这次游行，一方面是为了支持教师们要求提高公教人员待遇的要求；另一方面，一个很重要的原因是反对国民党政府作出的"开放内河航行权"的决定。所谓开放内河航行权，实际上是出卖内河航行权。对于这样丧权辱国的决定，我们坚决反对。那一天，浙大在杭州的同学全都走上了街头。记得我们的口号有"反对出卖内河航行权"、"抗议出卖主权"、"反对内战"、"收回香港九龙澳门"等等。马寅初先生也参加了我们的游行。游行队伍走到官巷口时突然下了大雨，有一位同学在一家杂货店买了一把雨伞给马先生撑，马先生坚决不要，他和同学们一起淋着雨走到梅花碑国民党省政府前面的大操场。这时雨停了，马先生走上用泥土和石块砌起来的不高的检阅台对我们讲话，他强烈要求改善公教人员待遇，反对出卖国家主权，并且号召大家"打倒官僚资本主义"。马先生对我们说："子弹打在你的头上，你不要怕！"这句话我印象特别深。

1946年夏天，放了三个多月的暑假，因为浙大总校从贵州迁回杭州颇费时日，等到开学已是10月初了。就在放暑假时，国民党特务在昆明杀害了民主人士李公朴、闻一多。在白色恐怖的笼罩下，校园里的空气也仿佛凝重起来。而美国兵在中国横行霸道之事时有所闻。1946年圣诞节，美国兵皮尔逊强奸北大女生沈崇，消息传来，全校震怒。当时国民党政府为了乞求美帝国主义支持它打内战，对美国兵采取纵容包庇的态度，这更激起大家对国民党的痛恨。在1947年即将来临之际，我们没有除旧迎新的欢乐，全校同学怀着满腔愤怒，于12月31日在文理学院阳明馆前的广场上集会，抗议美军暴行，要求驻华美军在15天内滚出中国。元旦那天，浙大同学联合杭州市各中学的同学举行示威游行。1月中旬，同学们决定再罢课三天，并且到街头巷尾、工厂茶馆进行宣传活动。我们的行动得到杭州市广大市民的支持。

1947年是爱国民主学生运动空前高涨的一年。内战带来的经济危机，使得法币贬值，物价飞涨。特别是米价，一天涨几次，城市贫民实在难以生活，于是在5月初爆发了全国性的抢米风潮。我们这些公费生的伙食费根本填不饱肚子。记得当时浙大学生自治会的"生活壁报"上曾经贴过一张大字报，内容是说南京中央大学的学生伙食团已经办不下去了，一个月的伙食费，几天就吃光了。全国各大学的情况和中央大学一样，于是掀起了"吃光运动"。

在浙大，不知是哪位同学从饭厅搬来一张吃饭的桌子放在求是桥头，桌子上用图画钉钉着一张很大的白纸，号召响应"吃光运动"，没有多少时候白纸上就签满了同学们的名字。生活壁报上更是贴满了要求增加公费、增加教育经费、反对内战的大字报。这个"吃光运动"很快就发展为"反饥饿、反内战、反迫害"的声势浩大的全国性的学生运动。

5月16日上午，浙大同学在阳明馆前的广场上集会，大会由学生自治会主席于子三主持。会上许多同学提出罢课和请愿的要求，但也有几个三青团骨干分子站出来反对罢课和请愿，他们颠倒是非，说共产党对内战也有责任，这种说法当即遭到大家的驳斥。正在争论得十分激烈的时候，有一位同学站到椅子上向大家扬起手臂喊出了"长期罢课"的口号，这个意见立即得到广场上大多数同学的响应。会上还选出了六位同学赴南京向国民政府请愿，这六位同学是李景先、崔兆芳、周西林、邵浩然、杜横亭，还有一位好像是杨正衡或曾守中。第二天中午大约有一千多个同学到城站去欢送六位晋京代表，浙大附中也选派了一位名叫江文通的代表和我们的六位代表同行。当我们到达城站的时候，听说国民党国防部长白崇禧也要乘这班火车去南京。同学们正在议论之时，月台上走来两个神气活现的国民党军官，同学们认为这两人中必有一个是白崇禧，于是大家围着他们唱起了"你！你！你！你这个坏东西！"当他们钻进包厢之后，浙大合唱团的仲赣飞和岑玉鳌两位同学还爬到车厢顶上指挥大家唱："你这个坏东西！"直到火车开走。

李景先等代表到南京之后，和上海、南京等地的同学一起于5月20日举行了大游行，要求国民党停止内战，抢救教育危机。这次游行遭到了国民党的残酷镇压，国民党宪警特务竟然用钉有铁钉的木棒殴打游行请愿的同学。许多同学受伤，还有一些人被捕。5月21日崔兆芳回到杭州，他通过同学们自己在工学院北教室设立的广播台向全校同学报告了"五二〇惨案"的经过，同学们听了个个义愤填膺。以于子三为首的学生自治会立即召开全体学生大会，决定在5月24日上街游行，抗议国民党的暴行。在游行前一天（5月23日）有一些同学自动组织了几个宣传队，到杭高、杭师等校进行宣传，控诉国民党的暴行。当时杭师所在的位置就是现在的中国美院，马路对面驻有国民党青年军。当浙大宣传队在杭师进行宣传的时候，一批青年军堵住了杭师的前门，要殴打浙大同学。在情况十分危急的时候，杭师的音乐教师杨增慧先生（浙大声乐教授沈思岩先生的夫人）带着宣传队的同学绕到杭师后面的一道小门离开了杭师，同学们很感谢杨先生。

　　5月24日，浙大和杭高、杭师等校同学举行了声势浩大的"反饥饿、反内战、反迫害"示威游行，一路上高呼口号，散发传单，要求严惩凶手。"五二〇惨案"不久，国民党在全国各地加紧对进步学生的迫害。6月1日，武汉大学有三位同学被闯进学校的宪警枪杀，其中一位是躺在床上被打死的，还有一位是在去盥洗室洗脸时被打死的。消息传到浙大，同学们愤怒极了。本来，全国学联把6月2日定为反内战日，号召各地同学举行反内战大游行。现在发生了武大同学惨遭枪杀的事件，大家更是怒不可遏。但因国民党保安司令部通告禁止"六二"游行，扬言要对罢课同学严加镇压，在这种情况下，以于子三为首的罢课委员会为同学们的安全并执行地下党的指示，要求同学们不要外出。那时校内有二百多名学生运动的积极分子经常在一起活动，主要是做宣传工作。6月2日下午，这些同学聚在一起准备到校外去作宣传，而于子三和罢课委员会的一些同学却按照党组织的意见，劝我们不要出去。因为大家不听劝告，所以罢课委员会的同学就分头来做思想工作。我记得做我的思想工作的是数学系的沈文信。沈文信说了许多理由，可是当时我年少气盛，怎么也想不通，武大的同学都被国民党打死了，为什么不让我们去宣传？为什么不把国民党的罪恶告诉广大的人民群众呢？现在我才知道这是党组织对我们的爱护，是为了保护我们，但那时我们并不知道这是党的决定。所以尽管于子三说得声泪俱下，我和许多同学却听不进去。这时有一个同学激愤地说："不怕死的跟我来！"于是我和好些同学向前跨进几步，表示我们要上街。这是在健身房发生的事。于子三见到实在阻拦不住，就建议同学们组成小分队分散进行活动，以避免国民党宪警的打击。那天我和物理系的陈昌生、药学系的许殿英、数学系的许武建四人一起到清泰门这一带的茶馆和临街的居民家进行宣传，到傍晚才回校，其他同学也都平安地返回学校，这应该感谢于子三把宣传队化整为零的决策。

　　1947年下学期，学校照常开学上课，而国民党反动派正在酝酿着一个巨大的阴谋。10月26日上午传来一个消息说于子三被捕了，同时被捕的还有陈建新、黄世民、郦伯瑾等同学。竺可桢校长得知四位同学被捕的消息之后，四处奔走进行营救，但毫无结果。10月29日于子三被国民党特务残杀于保安司令部狱中，而他们却伪造现场说于子三是用锐角玻璃自杀的。

　　关于竺校长到狱中探望于子三遗体及其后发生的许多事，景先同志的文章中说得很详细，其他有些同学也写过纪念文章，我不想赘述了。我在这里只想提三位老师。

　　一位是浙大医学院教授李天助先生。他是和竺校长一起去探望于子三遗体的。作为医生，他仔细地查看了于子三的遗体。当时国民党特务威胁他，要他按国民党报纸的口径说于子三是用锐角玻璃自杀的，否则的话要他的"好看"。李天助先生没有被吓倒。10月30日上午同学们满怀悲愤到阳明馆前的广场集会时，李天助先生上台发言，报告验尸经过，他说："于子三如果用锐角玻璃自杀，那么从作用和反作用的原理来说，他的手上一定会留下玻璃割开的痕迹，但我检查了于子三的两只手，没有任何划破的地方。另外，在喉管上刺那么深的一个洞，必定会有大量鲜血迸溅出来，可是墙上、地上都没有迸溅的血迹。"李天助先生的话以无可辩驳的事实说明于子三是被国民党杀害的。对李天助先生不怕威胁、坚持真理的精神，我一直十分敬佩。

　　还有两位老师，一位是工学院的王国松先生，另一位是体育教授舒鸿先生。1948年1月4日上午为于子三出殡时，一批手持木棒、铁棍、尖刀等凶器的特务打手突然从浙大西面的校门和北面的校门冲进阳明馆前的广场，向聚集在广场上的同学们乱打乱刺，同学们没有想到特务会冲进校内来打人，一时没有反应过来，有好几位同学被特务打伤。教育系女同学刘季会被打断两根肋骨，工学院一年级同学韩桢祥头上被打了一棒，血流如注，一时会场秩序乱成一片。这时站在会场西面木屋旁的王国松先生对同学们高声叫道："同学们回头打呀！"舒鸿先生也叫道："你们手上有竹竿，为什么不用竹竿打他们？"这时同学们才想到自己手上拿着的小旗子就是还击的武器，于是纷纷还击，打得特务打手们抱头鼠窜。同学们奋勇追击，抓住了11个特务和打手，其中一个是在求是桥畔被台湾籍同学蔡海金一脚踢到水里去的。蔡海金在台湾学过日本柔道，所以有这么大的本事。最近我去北京，和老同学王仲殊谈起这段往事，都认为王国松、舒鸿两位先生在这件事中功不可没。

　　当时浙大的绝大多数教师都站在同学这一边。特别是竺校长，在国民党的反动统治下，他总是用自己的威望与国民党当局交涉，千方百计地保护师生的安全。他永远是我们敬爱的校长。[①]

　　诚如毛昭晰该文中所说，"当时浙大的绝大多数教师都站在同学这一边"。当时地理学系的李春芬、孙霈等，都对学生表示同情和支持。李春芬回忆过此期的经历和心态转变过程，见图5-5-2：

---

① 毛昭晰：《解放前浙大学生运动琐忆》，载杭州市政协文史委编：《杭州文史丛编·政治军事卷（下）》，杭州：杭州出版社，2002年，第201—207页。

在国外学习期间，关于国民党政治腐败的事时有所闻。抗战胜利结束后，以为国民党政府从此可以改弦易辙，从事建设。及至回到国内，其贪污腐败之风，特别是通货膨胀的狂烂日盛一日，过去一度对国民党政府存在过的幻想，至此便从动摇、破灭终至厌恶，并从平时与同学的接触中，对时局的看法得到不少启迪，从而对当时学生民主运动产生同情。杭州解放前夕，为庆祝 4 月 1 日浙江大学校庆纪念，浙大学生自治会曾发行一本《求是桥》纪念小册子，报道浙大学生民主运动。为此，曾向教师征文，我也应征写了一篇 500 字的纪念短文。纪念册的第一页是竺校长笑容满面的玉照，后面便是纪念文章，在教师的征文中，我的短文刊于第

图 5-5-2　1949 年 4 月 1 日浙大学生自治会主编的校庆纪念册《求是桥》。引自许高渝、徐有智、马景娣、胡志富编著：《遗珍逸文——老浙大期刊集萃》，杭州：浙江大学出版社，2017 年，第 161 页。

一篇（编者注：题为《校庆二十二周年纪念》[1]），参加纪念晚会者每人受赠一册。同我很熟识的同事，见了暗地为我捏一把汗，因为想到当时的国民党在最后崩溃时会狗急跳墙，疯狂加害于人。[2]

1949 年毕业的丘宝剑【32076】在 1946 年浙大迁回杭州后开始受教于李春芬，记述过李春芬支持学生运动的情形：

1946—1949 年是国民党全面崩溃的 3 年……当时学生反饥饿反内战经常罢课游行，先生虽然不一定赞成，但从不阻拦。他很关心学生的安全，常把

---

① 许高渝、徐有智、马景娣、胡志富编著：《遗珍逸文——老浙大期刊集萃》，杭州：浙江大学出版社，2017 年，第 161 页。
② 李春芬：《我的生平和学术思想》，载李春芬编：《李春芬生平和学术思想》（内部印行），1990 年，第 13 页。

从教授会听来的消息告诉我们，提醒我们注意。每次游行，他都提心吊胆，生怕学生出什么事。因此，我在游行回来之后，总不忘到他家一转，以免他倚门而望。1948 年 1 月 4 日浙大学生在校园集合准备为于子三送葬，国民党特务爬墙进入校园冲散队伍，打伤学生，李先生非常焦急，多方询问伤了多少人，伤势如何，对系里几个比较活跃的学生，问得特别详细。[①]

时在史地学系任教的孙甝，也对学生运动抱有同情的态度：

> 1947 年 5 月 20 日，全国爆发了由中央大学肇始，后来扩展到沪、苏、杭、平、津等全国 60 多个大中城市的反饥饿、反内战、反迫害的青年学生爱国民主运动，孙甝积极参加了浙大师生组织的反饥饿、反内战、反迫害游行。[②]

（二）史地学系学生参与领导学生运动的情况

复校回杭之后的学生运动，主要是由浙江大学地下党组织领导、由学生自治会作为当时的合法组织出面直接负责的。在这两个系统里，史地学系学生广泛参与了领导和组织工作，担任诸多领导职务（以下所提及的学生，人名后括注学号者，为曾经在史地学系就读的学生）。

1. 浙江大学学生自治会本期主要负责人及参加学生自治会的史地学系学生[③]

浙大学生自治会在组织上分为两个部分，一是代表会，一是理事会。代表会由各系各班选出一名代表参加，它是议事机构，重大事件（例如罢课或复课）由代表会讨论决定。代表会设立主席一人，秘书二人，下设五个专门委员会；每个委员会设主任委员一人，委员若干人。

理事会为执行机构。在 1947 年暑假之前，是九个理事，由代表会在代表中选举产生，有常务理事、副常务理事、各部部长、各股股长，理事们自己分工，还可选聘同学参加。1947 年暑假之后，理事会的理事改为由全校同学直接选举产生，

---

① 丘宝剑：《记春芬老师对我的教益与关怀》，载李春芬编《李春芬生平和学术思想》（内部印行），1990 年，第 47—48 页。

② 《孙甝纪念文集》编辑委员会编：《孙甝纪念文集》，南京：南京大学出版社，2010 年，第 3—4 页。

③ 说明：本节部分内容据高亮之、李德容、陈明达文《解放战争时期浙大学运中的学生自治会》摘编（高亮之、李德容、陈明达：《解放战争时期浙大学运中的学生自治会》，载《黎明前的求是儿女》编辑组编：《黎明前的求是儿女——解放战争时期浙江大学的学生运动和进步社团》，北京：中国青年出版社，2008 年，第 134—145 页）。除了其他来源的材料单独注明出处外，不再另外注明。特此说明并致谢。具体表述中，编者略有补正。

理事人数增加到 17 人，还有候补理事 4 人。

浙江大学该阶段学生自治会直接出面领导了各项学生运动，其中，史地学系诸多学生积极参与了学生自治会的领导工作。

（1）1946 学年第一学期（1946.08—1947.01）

1945 年 10 月，龙泉分校迁到杭州。在这期间，浙大在杭州部分的学生自治会基本上在进步学生的掌握之下。自 1945 年秋到 1946 年春，杭州浙大的学生会主席是邵浩然。1946 年 3 月后，从龙泉分校回到杭州的吴士濂【33102】被选为浙大学生自治会主席。

1946 年 5 月浙大贵州本部复员迁校时，遵义总校最后一届学生自治会秘书陆纯煊是党的积极分子，由地下党员刘茂森与他联系。1946 年秋季他负责筹备复员后第一届学生会的选举工作。经过贵州、杭州和新生三部分学生中积极分子的活动，各系选出的代表、理事大多倾向进步。学生代表会主席是黄铁夫（园艺系学生）。王良莆任主任秘书，任亚冠任法制委员会主任委员。不到一个月，黄铁夫被罢免，由电机系代表赵家骞继任。

理事会于 11 月底成立后，主要干部都掌握在积极分子手里，包括常务理事曹廷禧、秘书谷超豪、出版股长温泽民（主要管《生活壁报》）等。

> 学生代表会：主席：黄铁夫（园艺系学生）（初），赵家骞（电机系）（后）
> 主任秘书：王良莆；法制委员会：任亚冠
> 干事会常务理事：曹廷禧，秘书：谷超豪，出版股长：温泽民（编者注：其他组成人员不详）

（2）1946 学年第二学期（1947.02—1947.07）

迁校复员后的第二届学生会组成人员是 1947 年 2 月下旬开始酝酿的。地下党支部做了大量艰苦的工作，选举出来的代表、理事大部分是党的积极分子。这一届学生自治会代表会主席是于子三，任亚冠是主任秘书，谷超豪是秘书。理事会常务理事是雷学时，出版股长是叶玉琪。

> 学生代表会：主席：于子三
> 主任秘书：任亚冠，秘书：谷超豪
> 常务理事：雷学时，出版股长：叶玉琪（编者注：其他组成人员不详）

（3）1947学年第一学期（1947.08—1948.01）（第一届普选产生理事会）

于子三事件后，为了迎接今后更严酷的斗争和更繁重的任务，地下党决定仍按原计划，准备产生新一届学生自治会及其理事会。以往浙大学生自治会的理事会是由代表大会推举产生。这样间接产生的理事会，进步力量还不能得到保证，在同学中的威信也不够高。地下党决定从1947年秋季开始，实行理事会直接普选，由全体学生直接选举产生理事会，以便运用进步社团的力量，保证在理事会中进步力量的优势。

1947年11月，在当选的理事会成员中，有六名地下党员（李景先、叶玉琪、陈业荣、李德容、陈尔玉、杨振宇），Y. F.（编者注：Y. F. 为"新民主青年社"英文简称）成员占三分之一，其余也全是学运积极分子。理事会中进步力量占有绝对优势，成为领导学生运动的合法组织。

这一届学生自治会及其理事会的全部干部名单如下：

代表会：由主任秘书任亚冠代理主席职务

正常务理事：蒋世澂；副常务理事：李景先【33064】，谷超豪

主任秘书：吴士濂【33102】；秘书：张令誉

学术部长：陈业荣【31765】（其中：文化股长陈尔玉）

总务部长：陆超人（其中：会计股长蔡为武，保管出纳股长刘季会，膳务股长向惟汶，膳务理事李平淑、张强）

服务部长：唐超汉【31758】（其中：社会服务股长叶玉琪）

康乐部长：彭国梁（其中：体育股长边宝雄，游艺股长陈明瑜）

候补理事：魏琼，杨振宇【35841】，王明业【34839】，李德容，周尚汾

（原注：以上名单是在学校档案中查得。据陆超人回忆，理事应为17人，候补理事应为4人）

（4）1947学年第二学期（1948.02—1948.07）（第二届普选产生理事会）

1948年春季开学之后，地下党积极准备第二次学生自治会理事会的普选。这次普选是在经过抗暴、"五二〇"、于子三运动三次学生运动的洗礼，学生中的进步力量有极大增长的情况下进行的。事先，地下党支部领导吴大信（编者注：时为史地学系学生，但学号未在浙江大学档案馆校友名录系统中查出，学号不详）组织各进步社团负责人召开联席会议，提出经过地下党研究的理事名单，由各社团在各系做工作，以保证进步力量的当选。选举结果，预定名单中的候选人全部

当选。这次选举证明，浙大学生中的进步力量已经占有绝对优势。

1948 年 3 月 10 日，第二届理事会普选产生。"光荣归于民主"的大横幅高挂。南京中大、北大、武大、上海交大等校发来贺电。复旦大学的贺函是，"惟有团结起来斗争，才能获得民主自由"。这届理事会选举，杨振宇的得票数最高，达568 票。

第二届普选产生的学生自治会及理事会的全体干部名单如下：

代表会主席：李浩生

常务理事：杨振宇【35841】；副常务理事：李德容，高亮之

主任秘书：李景先【33064】；秘书：张令誉

学术部长：刘万甸【34061】（其中：文化股长：金陈廉【34838】）

总务部长：包洪枢（其中：会计股长：吴明竹，保管股长：徐曼琛）

膳务部长：胡则维（其中：膳务理事：向惟洨，张申）

服务部长：杜横亭

社会服务部长：陆廷琦

康乐部长：陈明达（其中：体育股长：姜之麓，游艺股长：沈效良）

李景先是学生自治会内的党小组组长。

这届学生自治会的主要活动是：1）于子三的出殡；2）沪杭学生春游活动；3）"反美扶日"活动。

（5）1948 学年第一学期（1948.08—1949.01）（第三届普选产生理事会）

1948 年暑期开始，当时的几位理事先后撤退去了解放区。1948 年 7 月 4 日，学生自治会的暑期留校同学会成立，陈明达被任为正业务理事，张申、沈效良任副业务理事。

8 月 22 日，国民党军警二百人凌晨开车冲入浙大，捕走吴大信等三人（其中两人在傍晚时放回）。吴大信当时是地下党支部书记，他的被捕，是对浙大进步力量的严重打击和考验。地下党为避免更大损失，不得不考虑与吴大信有联系的地下党员和进步同学的撤退问题。与此同时，全国解放战争取得重大胜利，地下党的一项重要任务是要输送一大批进步青年进入解放区，为很快会到来的城市接管工作积蓄力量。在上海局的统一部署与地下党支部的精心组织下，浙大学生运动的大部分骨干力量向皖西、苏北等解放区撤退。

留下来的同志在改组后的地下党支部领导下，继续战斗。这段时间浙大学运总的任务是：适应全国解放战争即将胜利的形势，粉碎反动派企图将浙大迁往台

湾的阴谋，尽一切努力保护师生员工的安全，迎接解放大军的到来。

1948 年秋季，新学年开始，进行了第三届普选学生自治会的斗争。结果依然是进步力量占绝对优势。

选举结果是：

> 学生自治会代表会：主席：向惟淡
>
> 理事会
>
> 正常务理事：左大康【33333】，副常务理事：包洪枢，陈金华
>
> 秘书处：主任秘书：皮名济；秘书：刘君桓【34063】
>
> 学术部 部长兼出版股股长：许乔翰；文化股长：吴清融【34072】
>
> 总务部 部长兼事务股长：郑永年；会计股长：揭明法；保管兼出纳股长：张秉珠
>
> 膳务部 部长：金祖潮；理事：陈忠森，寿纪仁
>
> 服务部 部长兼福利股长：方子夷；社会服务股长：汤一铭
>
> 康乐部 部长兼公共卫生股长：蒋建华；体育股长：王国泮；游艺股长：符锡仁 [1]

这一届理事会的重要任务是声援并营救被捕的吴大信。吴大信被捕后，拘留在杭州小车桥监狱，8 月下旬到 9 月上旬，由特种刑事法庭进行秘密审讯。他表现坚定，拒绝写出"不再参加政治活动"的保证书。9 月 18 日，举行公审与判决，他以"颠覆政府罪"被判处十年徒刑。

在这个过程中，学生自治会在地下党的领导下，配合学校领导积极进行慰问和营救工作。学生自治会安排丘宝剑【32076】（他与被捕的黄世民是广西同乡好友）每周都去监狱探望，送衣服和饭菜。在公审时，派出几十个同学去参加旁听，以增加被捕同学的勇气。

1948 年 9 月下旬，又发生李雅卿同学被捕事件。学生自治会出面要求校方设法营救，代表会决定罢课一天。

次年 1 月，李宗仁上台后，做出一定的政治姿态，又加各方面的营救，吴大信与陈建新等四位同学在 1949 年 1 月 26 日同时被释放出狱。学生自治会组织几百学生到监狱迎接同学和战友归来。几位同学出狱时，同学们高兴得将他们抬起来。

1949 年 1 月 26 日的第 114 次行政会议，竺可桢在主席报告事项中，第二项为

---

[1] 《国立浙江大学日刊》复刊新 46 号（1948 年 10 月 7 日）。

"本校学生郦伯瑾、吴大信、李雅卿及毕业生陈建新、黄世民五人已由校向特刑庭保释"[①]。见图5-5-3。

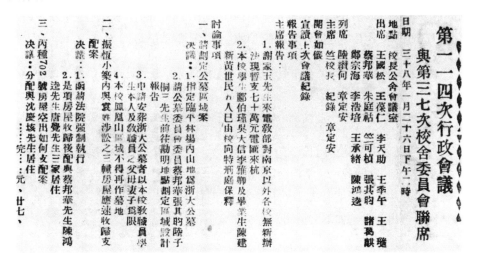

图5-5-3　《国立浙江大学日刊》复刊新106号（1949年2月14日）所载1949年1月26日行政会议记录。引自《国立浙江大学日刊》复刊新106号（1949年2月14日）。

这一届学生自治会的另一项重要任务是组织好第四届学生自治会理事会的选举工作。见图5-5-4。

图5-5-4　史地学系学生林晔【34097】担任学生自治会子三图书馆负责人期间收录新华社广播。引自《浙江大学馆藏档案2010》，第90页。

---

① 　《国立浙江大学日刊》复刊新106号（1949年2月14日）。

（6）1948 学年第二学期（1949.02—1949.07）

1949 年初，淮海战役中解放军取得重大胜利，渡江战役已经迫在眼前。杭州面临解放。春季学期开始后，举行了第四届学生自治会的普选，产生了新一届理事会。这时浙大学生中进步势力占有压倒优势。选举结果是：

学生自治会代表会理事会常务理事：杨锡龄（浙大进步社团干社的骨干、地下党员）；

理事：钟伯熙，张淑改，包洪枢，王永清，宁奇生【37069】，寿纪仁等。

钟伯熙是理事会党小组长。

另据《日刊》所载，“学治会第四届理事会成立会业已于上月二十七日晚举行，会间推选出新人选如下”，见图 5-5-5：

常务理事：杨锡龄；副常务理事：宁奇生【37069】，陈全华

秘书处：主任秘书：丁国祥；

学术部部长：王永清；服务部部长：华天宝；膳务部部长：裘荣安；总务部部长：姜之篪；康乐部部长：张淑改。①

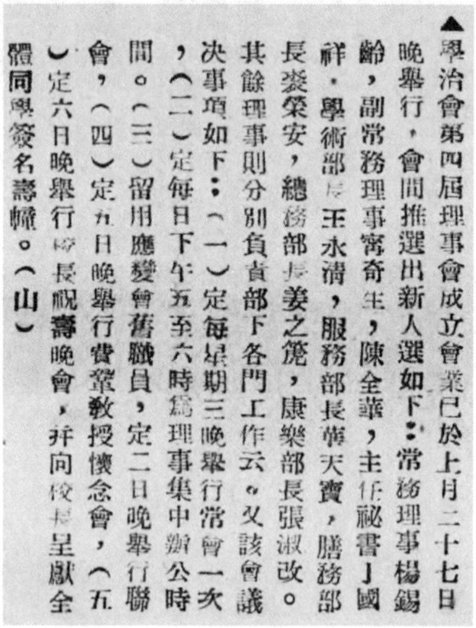
▲學治會第四屆理事會成立會業已於上月二十七日晚舉行，會間推選出新人選如下：常務理事楊錫齡，副常務理事甯奇生，陳全華，主任祕書丁國祥，學術部長王永清，服務部長華天寶，膳務部長裘榮安，總務部長姜之篪，康樂部長張淑改。其餘理事則分別負責部下各門工作云。又該會議決事項如下：（一）定每星期三晚舉行常會一次，（二）定每日下午五至六時爲理事集中辦公時間。（三）留用應變會舊職員，定二日晚舉行聯會，（四）定五日晚舉行費鞏教授懷念會，（五）定六日晚舉行校長祝壽晚會，并向校長呈獻全體同學簽名壽幛。（山）

图 5-5-5 《国立浙江大学日刊》复刊新 113 号（1949 年 3 月 2 日）所载 1948 学年第二学期学生自治会理事任职情况。引自《国立浙江大学日刊》复刊新 113 号（1949 年 3 月 2 日）。

这一届学生自治会的主要任务是在杭州解放前夕保护好学校，学生自治会的工作和应变会紧密结合。

早在 1948 年 12 月 11 日，学生自治会就发表《为坚持不迁校告师长同学工友书》。竺可桢校长也多次表示“不能迁校”。坚持护校，迎接解放，已成为浙大当时多数师生员工的共同愿望。

1949 年 1 月，浙大校务委员会组成学校安全委员会。1 月 3 日，经全校学生普选，产生学生应变会。选举出吴大胜、刘景善、卢婉清【34867】、戴知贤、蒲代植、包眷申、池志强、沈效良九位同学，组成全校学生应变会。

① 《国立浙江大学日刊》复刊新 113 号（1949 年 3 月 2 日）。

4月24日，浙大应变委员会正式成立，由严仁赓、苏步青教授任正副主席。全校师生走到了一起。

2. 浙江大学的中国共产党地下组织的活动及其中的史地学系学生[①]

许良英在其《浙大地下党及其有关情况》的回忆文章中，全面梳理了浙江大学地下党的发展情况。兹将有关情况，特别是史地学系的进步学生和地下党员及参加的有关活动（1946.06—1949.05）情况，摘录整理如下。

（1）西迁时期

西迁初期，1943年之前，浙大尚无党组织活动。1943年后，浙大地下党逐步开始活动：

> 浙大地下党组织是1943年随李晨考入浙大而建立的。李晨原名李振穆，1939年在西南联大入党，1941年皖南事变后撤离，当时他是联大物理系三年级学生。1942年4月南方局决定重建遭到严重破坏的贵州地下党，先派李晨到安顺，三个月后又派南方局青年组成员赖卫民（赖映棠）带着从外省转到贵州的12位党员名单，其中有浙大的吕东明和卞姗（女），他们已经有二三年没有组织关系了，后来都由李晨单线联系。卞姗系中学时入党，1939年考入浙大电机系，1943年毕业，在浙大主要参加黑白文艺社活动，政治上不很活跃。吕东明在浙大时叫吕欣良，1938年在武汉入党，1941年来浙大史地系任职员，1942年考入浙大史地系【31071】，1946年毕业。1943年李晨改名李振铭，考入浙大电机系。1944年底日寇进犯独山战局危急时，李晨和吕东明在遵义先后发展了三个党员：岑凤荣（教育系）、刘茂森（电机系）和张天虹。但他们都是单线联系，未建立支部。1946年暑假，除刘茂森外，他们都离开了浙大。

> 我（编者注：即本文作者许良英。下同）是1946年9月在重庆新华日报馆由赖卫民介绍入党的。早在1941年皖南事变后我就产生强烈的入党愿望，1942年浙大物理系毕业就去桂林找党的关系，未果。1945年2月回浙大，路经遵义与1941年就认识的吕东明、李晨三人畅谈了三天。到湄潭后不久，化学系女生孙幼礼就找上我，要求恢复党的关系，她说自己1940年在重庆大

① 说明：本节内容主要据许良英文《浙大地下党及其有关情况》摘编（许良英：《浙大地下党及其有关情况》，载《黎明前的求是儿女》编辑组编：《黎明前的求是儿女——解放战争时期浙江大学的学生运动和进步社团》，北京：中国青年出版社，2008年，第119—127页）。除了其他来源的材料单独注明出处外，不再另外注明。特此说明并致谢。具体表述中，编者略有补正。

学入党，皖南事变后撤退到桂林，失掉了关系（1943年我们在桂林认识）。1945年9月吕东明到湄潭，我向他提出入党问题，他说可于明年暑假介绍我去重庆新华日报馆解决。1946年8月在重庆，吕东明把我介绍给赖卫民，赖卫民说对我的情况已经了解，即要我写入党自传。后经南京见到李晨，他说即可为我办理入党手续……

（2）复校回杭时期
复校回杭后，于1947年2月，浙大成立党支部：

1947年1月5日，在上海吴佩纶通知我，我的关系已从重庆转来（以后知道是赖卫民于1946年底调到上海，1947年2月他还到杭州约我和孙幼礼同游西湖），即为我举行入党宣誓，并告诉我浙大另有两个党员：孙幼礼和刘茂森，刘茂森的关系在李晨处，李晨已回延安。待他的关系转到后，你们三人就可成立支部，支部书记由你们自己选。1947年2月，刘的关系转到，我们三人集会。我传达吴佩纶指示，宣布成立支部。我推选刘茂森为书记，因为他来自遵义校本部，群众基础广。孙幼礼表示赞同。

支部成立后，到7月初发展了党员8人：温泽民（后改名温寒江，物理系四年级），陈尔玉（女，农学院三年级），荣丽娟（现名荣励坚，女，农学院四年级），夏文俊（8月回温州即被捕，不久出狱改名夏白），叶玉琪（物理系三年级），周志成（物理系助教，1943年毕业），王昌荣（教育系二年级），李景先（史地系二年级）【33064】。

……8月初，洪德铭代表上海局青年组向我们宣布改组浙大支部，指定我为书记，李景先、徐永义（电机系三年级，7月重新入党）为支部委员。并给我们规定三项任务：（1）强化支部领导，发展党员30—50人；（2）加强对积极分子的领导，建立党的秘密外围组织；（3）加强学生自治会的领导，通过全校学生普选产生理事会。

从8月初到10月中旬，我们共发展了党员24人，上海转来高亮之、魏玉田等5人，从四川转来1人，加上原有5人，支部共有党员35人。

为筹建秘密的外围组织，支部决定以抗暴运动中起核心作用的拓荒社，以及由五月运动中的宣传队组成的"丁冬"、"驼铃"、"青草"等社团中的骨干为对象，由李景先和吴大信（史地系二年级）具体负责。开始时，吴大信把这个筹建中的组织叫"青友社"，代号Y.F.为"Young Friends"的缩写。我觉得不妥，遂在支委会上把它正式定名为"新民主青年社"，英译为"The

New Democratic Youth Federation"，代号仍用 Y. F. 。到 10 月中旬，新民主青年社社员已发展到四十多人。1947 年 12 月杭州工委成立后，决定在全市各校也建立新民主青年社（Y. F.），编印了一个小册子《青年手册》，内容为工委书记洪德铭写的《新民主青年社组织章程》（主要参考他自己 1945 年在西南联大组建的"民青"章程）、我写的《怎样做一个 Y. F. ？》、工委宣传委员钟沛璋写的《我们为什么而奋斗》和《论学生爱国民主运动的方向》。

……1947 年 12 月，浙大支部相应作了调整，支部书记改由李景先担任，支部委员增加吴大信和吴洵高（物理系三年级）。所以提名吴洵高为支委，是因为支部在进行自下而上的运动总结时，吴洵高写的总结水平最高，而他出身工人家庭，1944 年我在桂林就认识他。由于李景先过于暴露，一个月后工委决定改由吴大信为支部书记，支委又增加了周志成……

1948 年 1 月，洪德铭调任成都市委书记，杭州工委书记由陈向明（女）接任……洪德铭走后，由上海学委副书记吴学谦负责联系杭州工委。暑假前，他通知我们，解放区需要大批知识分子干部，要我们输送一批党员和积极分子去。于是工委决定把比较暴露的统统撤退到解放区。这项工作，工委分工由我负责，并由谢葆铭担任交通。从 7 月到 11 月，共输送了七十多人，其中浙大五十多人，2/3 以上是党员。他们多数进皖西解放区，另有好几批分别进入苏北、华北和湖北解放区，最后有少数人留在上海。整个输送过程中，未出现过破坏或丢失组织关系这类事故。

暑假一开始，我们就通知所有比较暴露的党员尽速撤离。李景先在放假前就已离校。吴大信也应该是首批撤离的，但需要他暂时留下来总结和移交支部工作，让他和陈永时到郊区亲戚家待命。8 月中旬我去把他们接回。随后浙大支部一连开了几天的总结会，参加的有吴大信、周志成、吴洵高、陈向明和我，地点都在舜水馆物理楼我和周志成的办公室的楼上。最后一次会是 8 月 21 日晚，一直开到午夜 12 点半。天亮前，吴大信在宿舍里被特务逮捕。看守校门的工人告诉我们，凌晨 1 点钟就已有大批特务进入校内。如果我们在物理实验楼的会议拖迟半个多小时，我们五人就一定会被一网打尽，因为深夜里整个校园只有我们这个会议室亮着灯。当天上午，我们四人开了一个紧急会议讨论对策。按照地下党惯例，一个党员被捕，与他有关的党员都必须撤退。吴大信是浙大支部书记，知道所有党员，如果要撤退，浙大就成了党组织的空白。于是我在会上提出，我们不能撤，应冒着风险坚守岗位。大家都同意。……据周志成回忆，当时我表了态后，还要求他和吴洵高表态，提出如果有人认为自己需要撤退，可以撤，组织上不该勉强。他和吴洵高都表示要和我一起坚守岗位。事后证明我们这一果断的决定是正确的。吴大信在监狱中和法庭上的表现都很好，而敌人也没有掌握到任何有关地下党的线索，可是他还是被判了十年徒刑。9月29日又一个党员李雅卿被捕，她是刚入党的。因她被捕，我们不得不撤退与她有关的所有党员（共6人）和Y.F.成员。她被判了五年刑。

于子三运动后，浙大党员从35人发展到50人；暑期大撤退后，又减到27人。9月，支部升格为总支，由周志成任总支书记，吴洵高、王来棣【34021】、王昌荣（不久因所联系党员李雅卿被捕而撤离）为总支委员。10月王昌荣撤退后，吴大胜（物理系四年级）递补为总支委员。总支下设教职员分支、系级分支、社团分支和学生自治会党组。教职员分支书记为朱兆祥（土木系助教），党员有过兴先（农艺系副教授）、李文铸（物理系助教）、任知恕（物理系助教）、范岱年（物理系助教）、王绮（教育系助教）。系级分支书记为徐子才（机械系三年级），社团分支书记为张开炎（化工系四年级），学生自治会党组书记由吴大胜兼。1949年1月增设宣传分支，由李文铸任书记。到1949年3月初，浙大总支共有党员50人。由于总支委成员多数是物理系的，从1948年10月到1949年5月，总支委会都在舜水馆我和周志成的办公室里开。

……1949年3月，浙大总支作如下调整：撤销教职员分支，原有6个党员全部调出；调入原地方系统的学生党员12人。党员共53人。……

（3）杭州市工委系统的党员情况

以上党员情况是隶属于中共上海局学委领导的，另外，当时在浙大，还有杭州市工委系统的党员：

柯里、方晓任正副书记的杭州市工委系统（我们称地方系统）在浙大最早发展的党员是法律系的赵槐，1947年上半年入党。1947年8月我们把他列为发展对象，由李景先发展。他告诉李景先，他已入党，愿在工作上互相配合。以后他与我们配合得很好。他告诉李景先，他们系统暂时不发展党员，他可以把发展对象的关系介绍给我们。王来棣就是他介绍由吴大信发展入党的。他1948年暑假离开浙大。1948年上半年，他发展了徐恭恕（师范学院数学系）、谷超豪（理学院数学系）、郑启良（师范学院数学系）、徐振声（机械系），他们都于1948年毕业，谷超豪留校当助教。以后他们又发展了任雨吉（土木系助教）、蔡文宁（外文系）、卢婉清（史地系）【34867】、包洪枢（机械系）、邵浩然（外文系）、彭喜盛（教育系）、陈希仑（史地系）（编者注：也作陈晞仑【34023】）、袁英见（电机系）、裘荣安（土木系）、许殿英（药学系）、池志强（药学系）、丁国祥（教育系）、舒锦华（教育系）。1949年3月转到市青委系统的12人，他们都是1948年5月以后入党的，分四个头单线联系，未成立支部。

（4）1949年解放前夕的主要活动

1949年2月初，上海学委为了迎接解放，决定杭州成立统一的市委。1949年3月初，上海局杭州市委成立。由原上海局外县工作委员会书记林枫为市委书记，原在杭州的柯里和方晓（他们是1948年成立的杭州市工委的书记和副书记）为常委，另有委员四人。原来的杭州工委就改名为青委（即市青委），仍由陈向明为书记，委员许良英一人。

市委成立后不久，要青委指派代表到北平参加于4—5月间召开的全国学生代表大会和全国青年代表大会，我们决定派李景先为浙江省学生代表，卢月梅（杭州电信局女工）和吴大胜、何诚为浙江省青年代表。吴大胜走后，由卢婉清递补为浙大总支委员，兼学生自治会（包括应变会）党组书记，由我直接单线联系。

1949年5月3日杭州解放时，浙大共有党员62人，其中属于浙大总支部的51人。随后大部分党员调离去支援各项工作，到1949年9月，留下的地下党员只有8人。

3. 史地学系的中共学生党员在校期间参与学生运动的若干记述和回忆

根据相关材料，据不完全统计，本期加入中共地下党并担任领导职务的史地学系学生，包括李景先【33064】、吴大信【？】、左大康【33333】、杨振宇【35841】、陈业荣【31765】、卢婉清【34867】、吴士濂【33102】、陈汉耀【33878】、杨铭【34019】、王来棣【34021】、刘万甸【34061】等。

李景先【33064】曾经回忆担任浙大支部书记的情况：

1946年秋，浙大从贵州遵义、湄潭、永兴和浙江龙泉迁回杭州原校址同杭州分校合并。地下党建立了地下党支部，书记是刘茂森，支委都是谁我不清楚，只知道有许良英同志。1947年8月初，刘茂森同志毕业，在杭州待了一个多月后，转到外地就业，支部书记由许良英同志接任，我和徐永义同志任支委。1947年12月中旬，许良英同志调任地下党杭州市工委委员，专搞杭州市中学地下工作。我接任浙大地下党支部书记至 1948 年 2 月底。

　　由于我太暴露，地下党杭州市工委书记陈向明同志（化名向明）为了保护地下党组织，决定浙大地下党支部书记由吴大信接任，我改任支部副书记，决定我不参加党支部例会和秘密工作，只领导学生自治会党组和学校上层工作。向明同志对我一再解释，并强调为了保护地下党不被敌人破坏，才不得不作出这一定，要我理解。我担任浙大地下党支部书记共三个多月。[①]

此外，李景先还具体回忆了"新民主青年社（Y.F.）"的建立过程：

　　1947 年暑假后期，中共地下党支部书记刘茂森毕业，留杭一段时间后，离开了浙江大学。地下党支部书记由许良英接任，我和徐永义为委员。

　　大约在 8 月初，许良英通知我到杭州火车站附近地摊上卖茶水的地方，和领导浙大地下党的洪德铭（化名老张）接头。洪德铭交给我一个任务，要我负责建立地下党外围组织新民主青年社。他给我一份拟好的章程，全称是"新民主主义青年社"，有性质、任务、组织机构、发展成员、权利义务等内容。我回来后和许良英谈了，他事先知道要建立地下党外围组织的事。

　　我接受任务后，考虑了浙大地下党员在七个学院分布的情况，便在每个学院里指定一二名党员做核心，负责组建地下党外围组织新民主青年社。我通知他们到庆春门外过铁道一个小树林里开会，大约有十人左右。我记得有文学院黄贤林，工学院陈明达，农学院高亮之，理学院叶玉琪、吴洵高，还有吴大信等。会上，我讲了要认真完成好这个任务，并把洪德铭给我的《新民主主义青年社章程》原原本本念了一遍，又作了些解释，强调要严守秘密。我向他们作了布置，以学院为单位发展新民主青年社成员，个别发展单线联系，成立小组，但不能超过三个人。小组可以在一起开会，但注意不要暴露。这次布置后，他们就开始进行个别发展的工作。农学院高亮之发展了于子三，后来华家池农学院的新民主青年社就由子三负责了。

　　9 月间，地下党组织考虑我负责学生自治会工作，又是搞公开合法斗争的，工作任务很重，因此，把新民主青年社的工作交给吴大信负责，支部分工仍由我来领导。我交给他的时候，成员已经发展到二三十人。我只交给他新民主青年社负责人的名单，这些负责人一般都是地下党员，但吴不知道他们的

---

① 李景先：《回忆于子三惨案·反迫害争自由运动》，载《黎明前的求是儿女》编辑组编：《黎明前的求是儿女——解放战争时期浙江大学的学生运动和进步社团》，北京：中国青年出版社，2008 年，第 80 页。

党员身份。后来，吴大信负责又在各社团里发展成员，特别是在原龙泉分校和杭州分部学生中的社团里发展，如"干社""华社"。吴大信向我谈过"干社"的情况，杨铭是"干社"的主要负责人之一，除他外还有杨锡龄、向惟浽。我说这些人可以发展。至于杨铭从上海也搞来个章程，他按那个章程发展"干社"成员，那也可能。但当时我对吴大信再三强调一定要把"干社"中符合新民主青年社成员条件的积极分子发展进来。后来，吴大信就把杨铭、杨锡龄、向惟浽他们发展进来。由杨铭联系的人经过考察也都个别吸收进来。①

吴大信原是药学院学生，后转入史地学系（1949届史地系毕业），由李景先发展入党。他回忆了自己参与的一些活动，尤其是把1948年涉及"文学院革新运动"中的学生方面的一些活动细节（如"假签名"及应对等）做了说明：

> 我是1947年7月28日在浙大参加地下党的。发展我入党的是李景先。李景先告诉我，我们这个党组织是上海学运系统的。他说他是入党二十多天后发展我入党的，当时上级党组织和浙大支部根据五月运动中积极分子大量涌现的情况，决定在浙大较多较快地发展党员。因此我入党二十天左右，就发展了宣传二队队长陈永时入党，接着又发展了一队队长欧观群和一队骨干王来棣等……
>
> ……1948年1月份起，我先是担任浙大支部副书记。李景先先是书记，后来为了李的安全，陈向明告诉我，由我担任书记（也可能是总支）。我担任书记后，经常出校和陈向明联系，那一阶段，好多次支部会都是在我家开的。陈向明告诉我，敌人为了垂死挣扎，加大了白色恐怖，对学运采取全面镇压、各个击破的方针，而我们的对策是全面发动、互相支援。为此，搞了很多活动，如支援同济同学因有人被捕而举行的罢课、春游活动和"反美扶日"等等。其中当时京沪杭等地同学的春游联欢，并结合祭扫于子三烈士墓的活动是成功的，扩大了于子三运动在全国的影响。支援同济同学的罢课就有点勉强，而"反美扶日"活动在浙大搞的声势很小，因为大家虽痛恨日本鬼子，但已不是当时群众最迫切的要求，加以于子三运动坚持四个多月，群众十分疲劳，因而基本上没动起来。
>
> 最糟糕、最紧张的一幕是当时我为了贯彻上级指示，以纪念"五二〇"运动一周年为名，做出了让同学签名，要求于1948年5月20日罢课一天的决定，

---

① 李景先：《关于Y.F.的建立》，载《黎明前的求是儿女》编辑组编：《黎明前的求是儿女——解放战争时期浙江大学的学生运动和进步社团》，北京：中国青年出版社，2008年，第128—129页。

但在同学十分疲劳的情况下，签名进度十分缓慢，这一来被敌人乘机搞了个假签名。在敌人精心策划下，学生会第一天下午统计签名罢课已过半数因而宣布了罢课。第二天一早，那些别有用心的学生就贴出了大字报。大字报成批成批地接二连三、铺天盖地而来，从质问学生会为何强奸民意，到要求认罪，到提出要罢免和改选学生会。由于当时情况十分紧急，已来不及请示上级，我就和李景先等开支部会，决定学生会立即公开向同学检讨认错，同时指出是有人故意在签名中用假学号和重复学号，目的是对学生会进行破坏，请同学们对学生会进行信任与否的投票。为了使信任投票能迅速进行，党员、Y.F.和进步社团的广大同学一起，立即迅速行动起来，利用中午时间将检讨书和信任投票送到每一个宿舍，当天下午即将投票结果统计出来。广大同学以压倒多数投了信任票，这立刻打垮了那些别有用心人的阴谋……①

吴大信还对自己被捕一事及狱中情况，有详细的回忆，见图5-5-6、图5-5-7：

1947年，尤其是1948年我担任浙大地下党支部书记后，在多次进行斗争时，十分暴露。一是由于我在浙大进步后，1947年初首先是参加了抗暴宣传队，由此接着成为拓荒社成员。不久，成为当时最活跃的拓荒社的五个领导人之一。五月运动时，是召集和成立宣传队的负责人，后来又是四个宣传队的总负责人，因此身份上就比较暴露。二是我工作积极热情，但思想上幼稚单纯，不知道隐蔽自己，因此被敌人盯上了梢。特别是1948年春，我去取浙大同学党员黄贤林从香港寄来的一封信时，被敌特盯上了梢。这封信两个人用化名以兄弟相称，信中黄贤林用外号问了十四个同学的好。这十四个人多数是党员，少数是Y.F.。当我去拿这封信时，被特务学生方厚芝看到了。加上我曾发展过一个不太了解的同学参加Y.F.，因此成了敌人逮捕的目标。

1948年5、6月间，敌人专门成立了特种刑事法庭（那是专门对付共产党和进步人士的）后，白色恐怖日益严重，地下党按上级指示将李景先、欧观群、李德容等许多比较暴露的党员、也有Y.F.，都撤退了。我也定在撤退之列。但由于要我总结交代支部工作，因此许良英让我和陈永时到杭州郊区我亲戚家隐蔽了十多天（名义是为陈永时逃婚）。8月中旬，白色恐怖似乎收敛一点时，许良英把我和陈永时接回浙大。陈向明、许良英要我总结支部工作，向组织

---

① 吴大信：《我所知道的浙大地下党和Y.F.》，载《黎明前的求是儿女》编辑组编：《黎明前的求是儿女——解放战争时期浙江大学的学生运动和进步社团》，北京：中国青年出版社，2008年，第130—132页。

汇报后，即可撤退。他们还要我写一份我所知道的党员和Y.F.的名单。严格说来，这是违背地下党组织原则的，但他们为了工作需要，又不得不这样做。因为我是支部书记，又是党员和Y.F.最集中的宣传队的总负责人，因此我对绝大部分党员和Y.F.的名字都很熟悉；而他们既不知名单，更不能把名字和人联系起来。

1948年8月21日深夜，最后一次汇报会是在浙大舜水馆物理实验楼上开的，直开到22日0点30分，领导上同意我的支部总结，要我稍加修改，上缴总结和名单后即可撤退。当时我的总结和名单是写在一个练习本上的，本子很薄，对折后，我放在西装短裤袋里。回到义斋108号宿舍，我把本子放在枕头下面就睡觉了。睡了不久，大概3点左右，几个敌人就冲进宿舍，开了灯，用手电照着我问："你是谁？"我没回答，戴上眼镜想看个明白时，敌人一看，喊："就是他，就是他。"我一看敌人手上拿着特刑庭的逮捕令，上边有我的照片，我知道自己被捕了，不作声就睡下了。这时敌人只留一个小特务在我床前监视，其他的都出去了。我就想，关键是枕头下边的本子怎么办？只有假装睡着，而把本子从枕头下抽出来，放到靠木板墙边的褥子下边去。在我稍有动静时，守在床前的小特务就把蚊帐全掀了起来，以便他进行监视。这时我就假装着蚊子咬脚，用被单把全身都盖起来。蚊帐掀起后，小特务看来比较放心了，就没做其他动作，我就在被单下悄悄地把本子从枕头下抽出来，放到墙边褥子下边去，放好后，心宽了一点。我想逃跑，就说我要出去小便。小特务不同意，从外边拿进来一个便桶，要我在室内小便。我小便时一看，窗外还站着一个特务。我想逃跑是不可能了，我就只好再睡下。过了不久，为首的一个大个子带了几个特务进来，要把我拉走。这时我根据党在气节教育中的教导，被捕时要叫喊，好让大家知道，有所准备。我就大叫："救命！"这时几个敌人手忙脚乱地将我抬起来，为首的大个子用他的手腕压迫我的喉管，使我喊不出声来，而且把我的眼镜也弄掉了。就这样，敌人把我抬出了义斋。出了义斋，两边加了两排拿枪的敌人。这时敌人看到不少同学站在窗口看，就大叫不许动！不许动！就这样一直把我抬上大门口的警车，把我直接送进法院路旁小车桥的监狱里。

进监狱是5点左右，6点钟时，敌人就把我带到监狱办公地点中间的走廊里进行审问。一到走廊里，因我那时没戴眼镜，只模糊看到前面坐着两个人，其中一个瘦高个突然问道："吴大信，你拿过香港寄来给吴怀忠的信吗？"我答"拿过"。我一想，不好，答得太快了，下边一定要按党在气节教育中讲的，敌人问三句，答一句。敌人又说："那你讲一下信的内容。"我就答说："我不知道。"敌人说："怎么不知道？"我说："信是替别人代拿的，我只记得是替一个男同学代拿的，名字我记不清了，因为同学问代拿信的人很多。"就这样把敌人堵住了。

被捕当天中午前后，我二妹吴秀就探监来看我，一边送来了眼镜，一边告诉我说："你那件衣服已经替你洗掉了。"我一听十分高兴，知道写有支部总结和党员、Y.F.名单的本子已经销毁了（出狱后，陈向明告诉我，22日夜她住在浙大助教宿舍，一清早就让吴秀和陈雅琴到我宿舍里找到本子，交给组织后，随即烧掉了）。这使我心头一块大石头落下地。

秘密审问从8月22日到9月上旬一共进行了四次左右，敌人对我进行了威逼利诱。敌人说信里有十四个人的化名，你不讲出他们的名字，这十四个人的罪都由你一个人顶，讲出来，可以有好的工作，要公费出国留学也可以等等。我都按党的气节教育"牺牲个人、保全组织，牺牲自己、保全同志"的教导，回答说不知信的内容。最后一次，是我五哥吴大振和那个瘦高个特务一起来的，那个特务说如果我能够保证今后不参加一切活动，那就可以让我被保出去。当时我想可能是家里找了陈布雷［陈是我祖父吴雷川在浙江高等学堂任监督（校长）时的得意学生］，因此敌人才会有这样的口气。这是敌人来软的一套了，我不应有丝毫的动摇，就说："我出去后，我认为正当的活动，我还要参加。"敌特听了大怒，拍桌子说："那根本不能保出去。"就这样，秘密审问就结束了。

9月11日，特刑庭对我进行公审。当我被带到公审处时，看到浙大有几十个同学来旁听，我很高兴。公审开始后，敌人按起诉书所列各点进行审问。我就按党的气节教育中的教导，可装做进步人士但不能承认是共产党员的精神进行回答。当检察官问："你为什么要反对政府？"我说："因为政府不民主。"检察官接着说："你知道什么是民主？"我说："符合人民利益，能听人民意见的叫民主，不符合的就不民主。""共产党的情形我不知道，政府不听学生意见，打内战，至少在这点上不民主。"

公审结束后，同学们都走了。敌人把我带到后厅去。我看到竺校长，可能还有苏步青教授和主审官王ＸＸ都坐在那儿，我四哥吴大胜和吴秀站在两旁，四哥和吴秀都眼泪汪汪的。我知道保出去是没有可能的。我到他们面前时，主审官王ＸＸ就说："保出去是不可能的，看生活上有什么要求可以考虑。"我就说："就是一个要求，审判后能否让我搬到病监去和陈建新他们住在一起？"因病监比较自由，是单独一个小院子，只要不出院子的铁大门，整天可以在院子里自由走动，而且还可以看到国民党的《东南日报》，以此来推断形势的发展。王××说："可以。"

9月18日我被判十年。判刑后，我就和陈建新、郦伯瑾、黄世民一起，四个人同住一室，直到出狱。这期间，每周学生会都派丘宝剑等同学送来可口的荤菜，还有好看的小说等，对我们鼓励很大。

图5-5-6　《大学评论》第2卷第1期（1948年10月出刊）所载浙江大学学生自治会为吴大信被无理判刑的抗议宣言和吴大信的狱中来函。引自《大学评论》第2卷第1期（1948年10月），封面，第7—8页。

1948年冬，人民解放战争节节胜利，特别是举世闻名的三大战役后，人民解放军的力量已超过了蒋介石的反动军队，蒋介石被迫搞假和平，进行和平谈判，释放政治犯。浙大同学、老师在浙大地下党的领导下，迅速进行营救我们出狱的工作，加上小车桥监狱长孙诗圃早年曾参加过中国共产党，后来虽不幸脱党，但内心思想一直是进步的（解放后，孙老已恢复党籍），因此出狱一事迅速成功。1949年1月26日上午，学生自治会带领千余同学直奔法院路小车桥监狱，欢迎我们五个人出狱。四哥吴大胜当时担任营救的领导工作，在营救出狱的空隙中，在我俩旁边没有人时告诉我说："你出去后马上向大家讲话，说我们虽然出来了，但于子三哪里去了？以此来发动大家去祭扫于子三墓，从而发动游行。"我们出狱后，大家在欢呼声中，在"这是人民力量大，不是那反动派心不坏……"的歌声中把我们五个人抬起来，我立刻按吴大胜的要求讲话。讲话后队伍就浩浩荡荡奔向于子三墓。后来上级党曾批评这是过激行动，特别是游行时，还用油漆在大街两旁墙上写了打倒蒋宋孔陈四大家族的标语等，更是过激行动。

图 5-5-7　1949 年 1 月 26 日，浙大同学迎接吴大信等 5 名浙大学生获释。引自《黎明前的求是儿女》编辑组编：《黎明前的求是儿女——解放战争时期浙江大学的学生运动和进步社团》，北京：中国青年出版社，2008 年，插页部分，第 5 页。

出狱后，开始几天我轮流住在好几个宿舍中，由同学们保护着我。几天后，组织告诉我，敌人表面上搞和平，放政治犯，实际上是改用秘密逮捕和暗杀等手段，让我再到郊区留下亲戚家去隐蔽；在那儿隐蔽了几天后，亲戚家告诉我，敌人挨户抓壮丁，我又只好回到市里，通过吴大胜向组织要求去解放区。四哥说交通不通，要我去总支书记周志成在绍兴的家中隐蔽。我因感激人民、感激党营救我出狱，想早点去解放区为人民做点事，就要求吴大胜让徐州外婆家的六舅带我过封锁线到徐州去（当时我六舅在徐州大战兴起时因躲避战争到杭州我家，这时徐州已解放，他正好要回徐州），吴大胜代表组织表示同意。就这样在六舅帮助下，我通过封锁线于 1949 年 3 月 7 日到了徐州。我原本想从徐州到北平去，因那时吴秀已在北平，吴大胜也即将去北平参加全国第一次青年代表大会。在我去徐州团市委要求他们资助我上北平时，他们说津浦路上的固镇大桥已被炸断，津浦路不通，北平不好去；现在到处都需要干部，你还是留在徐州吧。就这样我在徐州一留就是几十年，直到离休。[①]

后来担任中国科学院地理研究所所长的左大康【33333】，此期担任过学生自治会干事，领导过学生运动。同学丘宝剑【32076】回忆：

> 1943 年，我入浙大史地系，1944 年左大康入化工系，都因日寇入侵黔桂而辍学。抗战胜利后彼此同回永兴场读史地系。1946 年 5 月，学校因搬迁回杭而提前放假。左大康准备先回长沙的家，然后自行到校。我则准备随校去杭州。他要我把他在民生中学兼的课教完。到杭州后，我们几乎上同样的课，对学运的看法相同，又都好打桥牌，过从甚密。在杭州的三年，不知是组织有意安排还是偶然巧合，前两年我和徐永义、陈业荣、黄贤林、王士鹤同住义斋二层西头一室，后一年和左大康、张飞鹏、龙白云、周克惠同住另一楼四层的一室，都有地下党员和学生会主席。1953 年初中国科学院地理研究所成立，通过中共中央组织部以"技术归队"名义把我们调来。1958 年我到苏联科学院地理研究所协作，1959—1960 年又至该所进修，住中科院留苏学生宿舍。此时左大康在莫斯科入学读学位。我常为不速之客，相聚甚欢。"文革"中同受冲击，同住一个"牛棚"，人称"左、丘联盟"。1991 年秋，我心梗住北大医院干部病房。不久，他患病住楼下，直至 1992 年 1 月 3 日他病逝。因此，从 1946 年至 1991 年的四十多年间，我们是亲密的朋友，他对我的帮助是很多的，他对我国地理科学的贡献是很大的。

> 1949 年 1 月 26 日欢迎被捕同学出狱大游行，他作为学生会主席，坐在大卡车司机旁走在队伍前指挥，国民党军警派多辆救火车轮番冲撞，他率领队伍避其锋芒，乘隙前进。此时蒋介石正下野在浙江，游行队伍高呼口号"我们胜利了！"书写标语"打倒官僚资本"、"清算四大家族"等，使国民党极为狼狈。我深怕会出问题，提心吊胆，结果竟平安无事。我对左大康的领导才能极为敬佩。杭州临解放前，浙大学生会组织护校队，号召同学提高警惕，

---

① 吴大信：《我的被捕始末——从被捕到出狱》，载《黎明前的求是儿女》编辑组编：《黎明前的求是儿女——解放战争时期浙江大学的学生运动和进步社团》，北京：中国青年出版社，2008 年，第 273—277 页。

一天深夜我闻警惊起，拔腿就冲出房门。左大康一声大喝："回来，拿上棍子！"原来他已准备好五根棍子藏在门后，每人一根。我深感他这个人真细心。[①]

与左大康一起当选学生自治会理事的郑春辉（笔名阿章，1951届法律系），也撰文回忆了与左大康一起从事学生工作的情景：

> 1948年5月，我在校秘密参加了共产党。同年秋，升入二年级，从华家池来到大学路校本部。开学后，学生自治会进行普选，作为班级的代表，我被列入候选人名单。我曾为本班级同学跑腿，又曾连续两个月被选为华家池食堂的伙委。在那物价飞涨，特别是米价飞涨之年，我办伙食较为尽心，曾在华家池用膳的同学们对我较信任，愿投我一票。经过选举，我被推选为学生自治会理事，左大康为常务理事。根据浙大地下党的安排，左大康、许乔翰和我三人建立党小组，左大康任党小组长，许乔翰分工组织工作，我则分工宣传工作，掌管《生活壁报》（即《费巩壁报》）投稿箱的钥匙，曾与左大康、陈永时等一起商量稿件的取舍。
>
> 我是个新党员，1948年秋还不满二十一岁，真正是个初出茅庐的小青年，不堪负此重任，因此，事事依靠左大康，与他商量，请他决断。在我的心目中，他既是党小组长、学生自治会常务理事、我的直接领导，更是我的兄长、亲密战友。在那风雨如晦的白色恐怖之中，我与我们的党小组，特别是左大康同志，互相鼓舞，并肩战斗，时间虽短，却永生难忘。他善于言传身教，给我以启迪，教会我分析，引导我走向成熟。
>
> ……后来，有一位女同学被捕，供认自己是"共产党员"，浙大地下党组织防患于未然，立即果断地安排、布置一批有关的地下党员撤退，保护他们免受牵连。这不仅保护了党的有生力量，更保护了浙大地下党组织免遭破坏。这次的撤退是十分必要，也是非常及时的。就在这次撤退中，许乔翰、陈永时和我都先后撤往苏北华中党校，而作为党小组长和学生自治会常务理事的左大康却坚持工作，坚守岗位。我知道他是以于子三烈士为榜样，准备不惜牺牲自己，捍卫革命人民大众的利益的。记得他通知我立即撤退时，我把《费

[①] 丘宝剑：《深切怀念左大康学长》，载《黎明前的求是儿女》编辑组编：《黎明前的求是儿女——解放战争时期浙江大学的学生运动和进步社团》，北京：中国青年出版社，2008年，第448—451页。

巩壁报》投稿箱的钥匙交给他，这也是我唯一移交工作的象征吧。[①]

此期在史地学系任教的陈述彭，在左大康逝世后，也有回忆（见图 5-5-8）：

全国解放的前夕，我们一起生活在杭州浙江大学。"左大康"三个大字被张贴在大学路阳明馆广场的大墙上，同学们支持他公开竞选学生会的主席。这是他给我第一次深刻的印象，也曾为此而感到担心和自豪。因为在当时风雨如磐、刀光剑影的岁月里，这不是什么殊荣，而是极大的风险。学生会主席必须肩负着全校师生的重托，去争取反饥饿、反内战的民主权利。我当时重病卧床，一个深夜，他忽然走进我的宿舍楼，悄悄地告诉我，今晚他有许多重要的工作要做，明天的"中国自然地理"考试实在没有时间准备，可能考不好，请原谅。然而，第二天清早，他还是来到考场，而且考了 79 分。我看到他熬得通红的眼睛，但并不完全知道他已经投入了革命的怀抱，立下了解放全人类的宏愿，日夜辛劳投入了人民的解放事业。[②]

图 5-5-8　1989 年秋，黄秉维（左一）、陈述彭（左二）、左大康（左三）在一起讨论工作。引自《陈述彭编年纪事》编委会编：《陈述彭编年纪事》，北京：科学出版社，2021 年，第 114 页。

---

① 郑春辉：《左大康的启迪》，载《黎明前的求是儿女》编辑组编：《黎明前的求是儿女——解放战争时期浙江大学的学生运动和进步社团》，北京：中国青年出版社，2008 年，第 452—455 页。
② 陈述彭：《鞠躬尽瘁为人民——怀念大康同志》，载《左大康地理研究论文选》编辑组编，郑度主编：《左大康地理研究论文选》，北京：科学出版社，1993 年，第 iii 页。

　　曾经参与 1948 年 5 月文学院革新运动、与竺可桢校长对话、时任学生自治会代表的陈业荣【31765】于 2001 年 1 月 30 日去世。系友李景先有这样的回忆：

　　　　新中国成立前，业荣是我党反对美蒋反动统治坚定的地下革命者，他积极参加了 1946 年底至 1947 年初抗议美军在北平强奸北京大学女大学生的暴行即抗暴运动，接着又积极参加了同年 5 月反饥饿、反内战运动。他在国民党当局制造南京"五二〇"惨案、进行疯狂镇压的白色恐怖之际，于 1947 年 8 月经浙大地下党支部委员徐永义介绍入党。当时在国民党白色恐怖的恶劣情况下，学生自治会主办的喉舌《浙大周刊》停刊了。那时我作为浙大地下党支部委员，负责恢复学生自治会领导浙大学生运动公开合法的活动。1947 年 9 月，徐永义把陈业荣的组织关系转到我领导的学生自治会特别党组。他主动负责恢复《浙大周刊》，先后编辑刊出了毛泽东两篇重要文献：《迎接中国革命的新高潮》、《目前形势和我们的任务》，在浙大和整个杭州各大中学校中散发，影响极大。就在 1947 年 10 月 26 日学生自治会主席于子三被国民党特务逮捕，白色恐怖笼罩浙大和整个杭州各大中学校的形势下，他立即把这个消息用《浙大周刊》号外刊登出来，震惊了全校师生。他还接受学生自治会特别党组的任务，经全体同学普选，义无反顾地担负起学生自治会理事会理事的重任。同年 10 月 29 日于子三在监狱中被特务杀害。继 1947 年抗暴运动、"五二〇"运动之后，出现了第三次新的全国规模的学生运动，在国民党统治区掀起了新中国诞生以前最后一次全国规模的学生爱国民主运动——反迫害争自由的于子三运动，全国二十多个大中城市，15 万学生参加了斗争，冲破了几个月来笼罩在整个国民党统治区的严重白色恐怖。他在地下党的指示下，领导学生自治会，发动全校师生进行游行示威，反复进行罢课—休罢—罢课抗议斗争，使国民党反动统治全面镇压学生运动的阴谋彻底破产。于子三运动长达四个半月之久。当年整个 11 月，是于子三运动斗争的高潮，由于激烈的斗争，紧张的昼夜工作，他的肺病复发，地下党支部决定要他放下学生自治会工作，他便在浙大校医室疗养所疗养，并由地下党员金陈廉负责照顾他。从此他和金陈廉结下了深厚的情谊，最终结成了革命伴侣。①

　　系友吴大信在陈业荣去世后，也撰文回忆：

---

① 李景先：《怀念老战友陈业荣》，载《黎明前的求是儿女》编辑组编：《黎明前的求是儿女——解放战争时期浙江大学的学生运动和进步社团》，北京：中国青年出版社，2008 年，第 436—437 页。

　　勤学好问、勇于探索是业荣同志年轻时就具备的良好学风。1947年下半年，因学运地下斗争的需要，我从理学院药物系转入史地系。当时历史课讲到了法国大革命，一下课，大家都忙着回宿舍，但我却多次看到业荣到讲台旁向老师提问请教。不少同学，我也不例外，对历史课是很不重视的，当时正值学运高涨时期，进步学生都很忙，而身为系代表、不久进一步担任学生会理事的陈业荣一面紧张工作，一面仍孜孜不倦地钻研学业。他对党内的文件学习也十分认真，1947年底前后，当党组织向下逐级传达毛泽东的《目前形势和我们的任务》时，他不仅非常认真地学习，而且还有不少独到精辟的见解，这种深入钻研的精神是很令人敬佩的。

　　陈业荣文思敏捷，是浙大学运中的一支大笔，学运中的传单、民主墙上的大字报多出自他的手笔。1947年五月运动后，由于爱国民主斗争的需要，浙大学生自治会创办了一份《求是周刊》（后改名为《浙大周刊》），大家推举陈业荣担任总编辑。《求是周刊》内容生动、活泼，旗帜鲜明，很受同学们欢迎，它每周必出一次，从收集稿件、撰改编辑到编排、付印、发行，全靠陈业荣等几位同志利用课余时间操办。他们日夜苦干，保证了该刊正常运转，及时和大家见面。出版、发行《求是周刊》，陈业荣功不可没。

　　1947年10月29日浙大学生自治会主席于子三被敌人杀害。其后，在党的领导下，全国掀起了规模巨大的锋芒直指蒋介石反动统治的反迫害爱国运动。在运动中针对反动派的迫害、歪曲事实和造谣，浙大开展了多次申诉、宣传活动，这使得1947年11月2日被选为学生自治会理事的陈业荣更忙了，他为于子三事件反迫害运动夜以继日地写作。当时学生的物质条件差，陈业荣不幸肺病复发，校医要他休息，但他为了学运仍坚持写传单，编发《求是周刊》，为此，他多次大口咯血，不得不住进校医的休息室，但他在休息室中，仍坚持工作，甚至在敌人对他发出通缉令后，也未停止战斗。就这样他在校一边工作，一边休养，一直坚持到杭州解放。所幸，后来成为他夫人的金陈廉同志全身心地照料他，使他得以渡过危难，得到康复。他这种为革命无私奉献的精神，真令人难忘和敬佩。[1]

2002年1月，曾经担任过学生自治会常务理事的杨振宇【35841】去世。当时

---

① 吴大信：《好同志，陈业荣》，载《黎明前的求是儿女》编辑组编：《黎明前的求是儿女——解放战争时期浙江大学的学生运动和进步社团》，北京：中国青年出版社，2008年，第438—439页。

并肩战斗的战友高亮之，亦有深情的回忆：

> 振宇、德容和我都是 1946 年秋季进入浙大的一年级学生。我们都住在大学路原浙江图书馆的大厅中。这里是大学一年级新生和部分内地返杭的高年级学生（如于子三、郦伯瑾等）的临时宿舍。振宇、德容和我分别属于不同院、系，振宇是文学院的史地系，德容是理学院的物理系，我是农学院的植物病虫害系。我们三人的思想倾向比较接近，很快就熟悉了。
>
> 我们是 10 月入学，到 12 月底，就爆发了北平的美国士兵强奸女大学生的事件。浙大掀起了抗暴运动，我们三人都参加了宣传队。上街宣传归来后，由宣传队长彭国梁召集，将宣传队员组织起来。后来在温泽民、黄贤林、李景先等带领下，成立了拓荒社。这是一个半公开的进步组织，在 1947 年，拓荒社是历次学生运动的核心力量。
>
> 我们三人都参加了拓荒社，关系当然更加密切。1947 年的五月运动中，我们分别参加不同的宣传队，后来参加了不同的进步社团。因为仍然都住在大图书馆中，我们的关系依然很密切。
>
> ……在 1947 年 7 月，去信给淳一，提出入党的要求。我当时想，也许通过我的线索，可以帮助上海党组织和浙大建立关系。淳一来信约我去上海，由他介绍我入党。现在知道，浙大地下党在 1947 年 2 月建立，较快的发展就在 1947 年 7 月以后。
>
> 当时浙大地下党的主要任务是壮大组织，地下党领导对我的要求就是发展新党员。我立即想到振宇和德容两人，向组织汇报后，组织上同意我和他们接触。我与振宇的相处中，对他为人的真诚有很深的印象。我与他有过多次单独谈话，他谈到他出身的贫寒、幼年的困苦，谈到他对于国家命运的关心和参加革命的向往。当我谈到参加党组织的问题时，他没有犹豫地表示同意。不久，他就被组织批准入党。按当时地下党的规定，我就成为他入党的介绍人。
>
> 说来非常惭愧，虽然我是他的入党介绍人，但是按年龄（现在才确切地知道，他比我大六岁）、工作经验和政治修养来说，他都比我成熟得多。事实上，在后来我们一起参加理事会时，都是他带领我工作的。
>
> 振宇入党后，受到地下党的信任，在 1947 年秋季第一届学生自治会的理事会普选中，他和德容都被选为理事；而在 1948 年 3 月 10 日举行的第二届理事会普选中，他以最高票（568 票）当选为理事会常务理事，德容和我为副常务理事。我们三人又走到了一起。

为什么振宇能得到最高票？我想是和振宇的觉悟、才能和人品有关。他在第一届普选产生的理事会的工作中表现突出，在于子三被害之后的学生斗争中，工作积极、坚定。他有文才，文笔很好；又有口才，说话嗓音不高，但逻辑性和说服力都很强。他对人真诚，从不与人争吵；同志间有矛盾，他总是耐心沟通，善于团结大家。据大信说，振宇平时表现沉着、稳重，不锋芒毕露，地下党认为，他比较适合当理事会的头。

理事会中有党小组（或称党组），由李景先担任组长，组员就是振宇、德容和我三人。学生会的大事，都是党小组先商量，再由振宇出面安排落实。

在振宇的牵头下，这一届理事会的活动很多，我谈两项主要的：

1. 于子三的出殡。新理事会成立后首先面临的就是于子三烈士的出殡事宜。子三出殡是一场复杂的斗争。在墓葬地点和出殡方式上，学生和地方反动当局之间，意见对立。广大学生要求游行出殡，当局坚决禁止。理事会党小组根据总的形势，同意校方提出的折衷方案：学生乘卡车出殡。3月14日，风和日暖，卡车到达凤凰山，振宇代表理事会主持了庄重肃穆的安葬仪式。在"安息吧！子三！"的挽歌声中，灵柩缓缓推进墓穴。送殡的人在签名木板上庄重地签下了自己的名字。11时许，送殡人随车返回学校。

2. 1948年的沪杭学生春季联欢。这次活动是中共上海局领导统一安排的，它的形式完全适合于广大中间学生的兴趣和要求，同时也让上海几千学生到杭州来瞻仰子三墓地，接受民主和革命教育。为了组织这个活动，在振宇牵头下，理事会全力以赴。在杭州，要联络十几座大学和中学（我的任务就是对外联络工作）。在浙大，要组织几场大型联欢活动，还要安排上海几千学生的吃和住，去子三墓地扫墓等。整个组织工作可以说是千头万绪。振宇作为理事会的头，有条不紊地指挥各位理事，推动各项活动，表现出他卓越的组织和领导才能。

1948年暑假中，地下党领导人吴大信被捕。由于大信联系过的党员很多，为避免遭受更大破坏，上级党决定，较为暴露的地下党员都向解放区撤退，或暂时离校隐蔽。从最近颂淑来信知道，振宇是在大信被捕前，经组织同意，回家乡江西玉山探望母亲。他在玉山得知大信被捕的消息后，曾秘密来杭，设法与组织取得联系。据组织派来的联系人告知，地下党员和进步群众正分散在外等待分批输送，因此组织上意见最好能利用社会关系找个职业掩护，以等待安排去解放区。按照这个指示，他便仍回玉山，后经人介绍，他到玉山县中担任教员。

我自己由组织安排，和同届学生自治会主席李浩生一起，在 1948 年 10 月向大别山解放区撤退。

从此，振宇和我就一别四十四年，一直到 1992 年才在杭州和他相见。[①]

当时，亲身参加诸多运动的史地学系学生张学理【35837】，为当时火热的斗争所感染，写下了不少诗词，如记述"浙江大学民主墙"和"葬于子三于万松岭"后的感慨。这些诗词本身，亦是当时历史的写照：

临江仙·浙江大学民主墙（1947）

满目琳琅花怒放，龙蛇四壁纵横。妖魔鬼怪显原形。寥寥千百字，鸣镝鬼神惊。　此地两军常对垒，西风号角连营。弦歌声里不和平。分明鏖战激，细听却无声。

作者注：抗日战争胜利后，浙大于 1946 年从后方迁回杭州，此后国民党反动派发动内战，民不聊生，学生运动在蒋管区蓬勃发展。浙大民主墙，是浙大学生用大字报形式公开揭露反动派罪行的一块阵地，同时也使广大师生受到教育。有时也有少数反动分子贴出代表反动派的言论，但立刻受到进步同学的坚决反击，使之原形毕露，斗争异常激烈。

青玉案·葬于子三于万松岭（1948）

哀歌凄切南屏路，更热泪，倾如雨。流水喑喑低似诉；书生何罪，冤沉何处？此恨无重数。　万松岭下添新墓，西子含悲伍公怒。寄语忠魂胡远去，来年春社，满城锣鼓，我共忠魂舞。

作者注：浙大学生自治会是浙大学生自己的组织。党组织通过它公开领导浙大学生运动。1947 年于子三任学生会主席。他立场坚定，斗争积极。国民党反动派于 1947 年 10 月将他秘密逮捕并加以杀害。10 月 29 日同学闻讯，立即掀起了震撼全国的"于子三运动"，狠狠地打击了反动派并教育和争取了广大学生与各界人民。于 1948 年葬子三于杭州万松岭。"文革"后重修了墓。乔石同志写了"学生魂"立碑于墓前。[②]

---

① 高亮之：《怀念杨振宇——一生坎坷，一生真诚》，载《黎明前的求是儿女》编辑组编：《黎明前的求是儿女——解放战争时期浙江大学的学生运动和进步社团》，北京：中国青年出版社，2008 年，第 441—446 页。

② 陈志明编注：《诗词浙大》，杭州：浙江大学出版社，2007 年，第 218 页。

1987 年，在浙江大学 90 周年校庆之际，张学理填词一阙，字里行间，仍然充满着当时在校时的豪情，兹引录如下：

临江仙·浙大90周年校庆（1987）

最忆书窗灯火夜，城头欢度黄昏。弦歌笑语记犹新。不看华鬓影，还是少年身。　踏遍千山经百折，永崇"求是"精神。相携赢得故园春。新株甘露润，老圃暖风薰。

作者自注：浙大老校舍在杭州庆春门大学路，紧邻城墙。当时部分城墙还存在。每日课余傍晚，大家都喜欢在城墙边的路上散步。[1]

---

[1]　陈志明编注：《诗词浙大》，杭州：浙江大学出版社，2007 年，第 219 页。

第六章 "地理"设系续华章

——新时代的到来与浙江大学地理学系的设立和发展（1949—1952）

至 1949 年上半年，在杭州解放前后，史地学系师生或由于各自信念、理想的差别而主动选择，或由于身不由己而被动接受，教师方面或走、或留，学生方面，也或积极参与迎接新时代的各种运动，或犹豫旁观而试图置身事外，师生之后的人生际遇也都有了很大的不同。史地学系亦在其主要支持者竺可桢校长和主要领导者张其昀主任离开后，于 1949 学年起，按照现代学科体系分设，史、地分开；强调"史地合一"的史地学系、史地研究所均不复存在，地学方面，代之以地理学系和地理研究所。地理学系的师生们满怀对新时代的憧憬，满腔热情地投入教学和科研工作。

1949 年 5 月初杭州解放后，在学校进入新时期的"改制"讨论中，史地学系师生就分立事宜达成共识，向学校提请史、地分别设系。浙江大学遂自 1949 年 7 月起，确定史组、地组分别独立设系，以"史组"为基础设立"历史学系"，仍留文学院（但其后暂停招生，至 1950 年 7 月正式停办）；以"地组"为基础设立"地理学系"，归属理学院，并正式招生。原"史地研究所"也改设为"地理研究所"，亦归属理学院。1949 年 7 月，学校正式任命叶良辅为地理学系系主任；9 月中旬叶先生积劳成疾，不幸逝世，10 月由李春芬正式继任系主任。当时的地理系，内分地理组、地质组与气象组，相当于分设 3 个专业，涵盖了主要地学领域，成为一个较纯粹的地学系科。浙江大学的地理学系至此正式出现，直至 1952 年 8 月因院系调整而调出，为期 3 年。

虽然浙江大学地理学系仅存在 3 年的时间，但仍然在教学和科研等诸多方面，取得一定的成就，持续保持着国内地学领域的显著的学术影响力。

第一节 杭州解放与浙江大学的变化 [①]

一、杭州解放前后的护校与接管及学校特殊时期的管理体制 （1949.04—1949.07）

1948年底，国民党的统治濒临溃败，中国人民解放战争即将取得全国的伟大胜利，浙大师生员工怀着激动的心情，盼望着杭州早日解放。坚持护校、迎接解放，是当时绝大部分师生员工的一致愿望。"学生自治会"于1948年12月11日发表《为坚持不迁校告师生同学工友书》，"讲师助教会"主张不迁校，竺可桢校长也多次表示"不能迁校"，拒绝执行南京政府将浙大迁往台湾的指令。

1949年1月，学生自治会普选吴大胜等7人组成"应变委员会"。校长邀聘苏步青、王国松、李天助等3人，再加校务委员会推举严仁赓、顾毅宜、胡刚复、蔡邦华等4人组成"安全委员会"。2月，竺可桢校长召集安全委员会、教授会、讲师助教会、职员会及学生自治会、应变委员会等团体代表举行联席会议，决议由上述各团体及劳工福利委员会各推代表1—3人组织一联合机构。

1949年4月23日，解放军占领南京。为安全起见，竺可桢提议浙大成立由胡刚复等25人组成联合机构，4月24日，联合机构成立，定名"浙大应变执行会"，由严仁赓、苏步青、谭天锡、包洪枢、竺可桢、陆子桐、周世俊7人组成主席团；严仁赓为主席，苏步青为副主席；下分储购、水电、警卫、消防、交通、救护、联络、经济、膳宿、配给、秘书等11个组，采取周密措施，存储粮食、饮用水，建筑护校围墙，加强警卫巡逻，日夜值岗，严防国民党军警特务闯进校园进行破坏捣乱，保护学校财产和师生员工的人身安全。

1949年5月3日，杭州解放，校园一片欢腾。由于杭州解放前夕竺可桢校长离校去中央研究院任职，杭州解放初期浙大的原校务委员会已停止工作，为了建立新的教学秩序，1949年5月4日，由蔡邦华等14人发起成立"临时校务会"，并召开了第一次会议，推选郑晓沧为临时主席，主持会议。经投票，推举蔡邦华（11票）、王国松（11票）、谭天锡（8票）为常务委员，再确定蔡邦华为主任委员，负责处理日常的校务工作，并做好迎接军事接管的准备，确定学生自治会包洪枢同学作为学校与军管会的联系人。[②] 见图6-1-1。

[①] 说明：本节部分内容据《浙江大学简史（第一、二卷）》相关内容摘编（浙江大学校史编写组编著：《浙江大学简史（第一、二卷）》，杭州：浙江大学出版社，1996年，第300—305页）；除了其他来源的材料单独注明出处外，不再另外注明。特此说明并致谢。具体表述中，编者略有补正。

[②] 《国立浙江大学日刊》复刊新140号（1949年5月6日）。

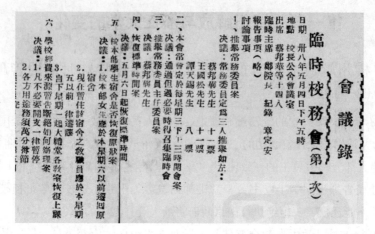

图 6-1-1 《国立浙江大学日刊》复刊新 140 号（1949 年 5 月 6 日）所载浙江大学"临时校务会"第一次会议的记录。引自《国立浙江大学日刊》复刊新 140 号（1949 年 5 月 6 日）。

1949 年 5 月 31 日，临时校务委员会推选蔡邦华、王国松等人到杭州市军管会请求早日军管和接洽办理移交手续等问题。6 月 1 日，杭州市军事管制委员会文教部发布通告，对杭州市中等以上学校该学期结束日期和考试安排等做了初步规定。[①]见图 6-1-2。

图 6-1-2 《国立浙江大学日刊》复刊新 153 号（1949 年 6 月 6 日）所载杭州市军事管制委员会文教部通告（第三号）。引自《国立浙江大学日刊》复刊新 153 号（1949 年 6 月 6 日）。

---

① 《国立浙江大学日刊》复刊新 153 号（1949 年 6 月 6 日）。

1949年6月6日，杭州市军管会决定对浙大实行军事接管，并派出军代表林乎加、副军代表刘亦夫到校进行接管。浙大临时校务委员会在同日上午召开第10次会议，对军代表表示欢迎。林乎加在会上对军管的性质意义、军代表的任务作了说明，指出浙大今后担负各方面建设人才的重任，希望大家全心全意为人民服务，目前工作仍由浙大临时校务委员会执行，但须由军代表签字后方才生效。最后林代表宣读了杭州市军管会第37号命令，指派浙大农业经济学系教授刘潇然（中共地下党员），法律学系教授严仁赓，教育学系教授孟宪承、陈立，航空工程学系教授范绪箕，外国语文学系教授张君川，电机工程学系讲师黄焕焜，物理学系助教许良英（中共地下党员，不在校时由物理学系助教、中共地下党员李文铸代），学生自治会主席包洪枢等9人为接管小组成员，包洪枢兼军代表秘书。接管小组在军代表直接领导下进行对学校的接管工作。

国立浙江大学布告（第二号）

顷奉 杭州市军事管制委员会命令[文字第三十七号]，内开："兹派严仁赓、张君川、陈立、孟宪承、范绪箕、黄焕焜、刘潇然、许良英、包洪枢为该校接管小组组员"等因。除通知各院处室外，特此布告周知。

临时校务会主任委员 蔡邦华

中华民国三十八年六月六日 [①]

当日下午2时，在健身房召开全校师生2000余人参加的接管动员大会，林乎加作动员报告。他要求全体师生团结一致，以高度的责任感做好军管工作。会后，由教授会、讲师助教会、职员会、学生自治会和劳工会分别组织讨论。师生员工纷纷表示，拥护实行军管，并积极协助接管小组做好工作。[②] 见图6-1-3。

动员大会完毕，林乎加随即在阳明馆召开各级领导干部会议，会上宣布几项规定和措施，如停止中国国民党、三民主义青年团等组织的活动，违者严惩不贷；查封原文学院院长张其昀教授的全部文稿、图书及财产等。

同日（6月6日），军代表发布公告，将有关规定和决定公布如下：

（1）立即废除国民党党义、伦理学、国父实业计划、新唯识论、民法、刑法、诉讼法、诉讼刑法、民事诉讼实务、刑事诉讼实务、诉讼实习等11种课程。

---

① 《国立浙江大学日刊》复刊新154号（1949年6月8日）。
② 《国立浙江大学日刊》复刊新154号（1949年6月8日）。

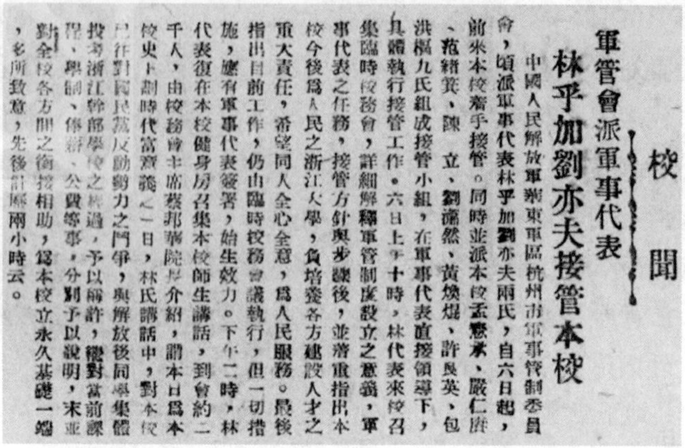

校聞

軍管會派軍事代表
林乎加劉亦夫接管本校

中國人民解放軍華東軍區杭州市軍事管制委員會，頃派軍事代表林乎加劉亦夫兩氏，自六日起，前來本校着手接管。同時並派本校孟憲承、嚴仁賡、范緒箕、陳立、劉瀟然、黃煥焜、許良英、包洪樞九氏組成接管小組，在軍事代表直接領導下，具體執行接管工作。六日上午十時，林代表來校召集臨時校務會，詳細解釋軍管制度設立之意義，軍事代表之任務，接管方針與步驟後，並着重指出本校今後爲人民之浙江大學，負培養各方建設人才之重大責任，希望同人全心全意，爲人民服務。最後指出目前工作，仍由臨時校務會議執行，但一切措施，應有軍事代表簽署，始生效力。下午二時，林代表復在本校健身房召集本校師生講話，到會約二千人，由校務會主席蔡邦華院長介紹，謂本日爲本校史上劃時代富有意義之一日，林氏講話中，對本校已往對國民黨反動勢力之鬥爭，與解放後同學集體投考浙江幹部學校之經過，予以稱許，繼對當前課程、學制、俸薪、公費等事，分別予以說明，末並對全校各方面之衛護相助，爲本校立永久基礎一端，多所致意，先後計歷兩小時云。

图 6-1-3 《国立浙江大学日刊》复刊新 154 号（1949 年 6 月 8 日）所载杭州军事管制委员会派军事代表接管浙江大学的报道。引自《国立浙江大学日刊》复刊新 154 号（1949 年 6 月 8 日）。

（2）本学期停考的课程有：哲学概论、理则学、伦理学原理、政治学、社会学、罗马法、土地法、英美法、行政法、商法、政治地理、经济政策等 12 种。

（3）课程部分废除者：宪法课程不恰当部分；

（4）停考的课程学分照算，不记成绩，废除的课程学分不计；

（5）撤销师范学院，将教育学系并入文学院；

（6）各年级新添 3 学分的必修政治课。

6 月 8 日，军代表发出接管的第一号通告，公布了各院处接管分组的名单：

通告

兹将各院、处接管分组名单公布如下：

一、校长办公室及训导处：接管分组长：严仁赓，干事：任知恕、熊镇燕、周钧。

二、总务处及经费稽核：接管分组长：范绪箕，干事：梁守槃、来虔、袁英见。

三、教务处：接管分组长：陈立；干事：任铭善、谭天锡、陈晞伦。

四、文、法、师三院：接管分组长：许良英（在许未到前由李文铸暂代），干事：陈乐素、陈建耕、张绾文。

五、工学院：接管分组长：刘潇然，干事：伍正诚、何志均、林复。

六、理学院：接管分组长：孟宪承，干事：陈运铣、梁仙翠、皮名嘉。

七、农学院：接管分组长：黄焕焜，干事：柳志英、汤翙、杨邦佚。

八、医学院：接管分组长：张君川，干事：梁尤奇、王仲乔、刘景善。

九、《校刊》：接管分组长：包洪枢，干事另行公布。

上述人员自通告后，即行执行职务。特此通告。

军事代表：林乎加

副军事代表：刘亦夫

中华民国三十八年六月八日 [①]

6月9日，军代表决定废除训导处，接管校刊。同日，第十一次临时校务会在校长公舍举行。此次会上，临时校务会接受前述军管会和军代表所做各项决定，正式确认诸如废除和停考科目、考试日期、接管日期以及废除训导处等事项。据该次校务会议记录载：

第十一次临时校务会会议记录

日期：一九四九年六月九日下午二时

地点：校长公舍会议室

出席：王国松等十九人

主席：蔡邦华先生　　记录：章定安

报告事项：……

刘军事代表报告：

1. 关于上次临时校务会商讨修改该会组织问题，依照我们接管原则，在军事管制期内一律维持现状原封不动，前以应变执行会主席团出席临时校务会之人员仍应照常出席。

2. 文教部拟定废除科目如下：

（1）三民主义，（2）伦理学，（3）国父实业计划，（4）新唯识论，（5）民法（总则及各论），（6）刑法（总则及各论），（7）诉讼民法，（8）诉讼刑法，（9）民事诉讼实务，（10）刑事诉讼实务，（11）诉讼实习。

又，停考科目如下：

（1）理则，（2）哲学概论，（3）社会学，（4）土地法，（5）罗马法，（6）英美法，（7）行政法，（8）商法，（9）经济政策，（10）伦理学原理，（11）政治学，（12）政治地理。

---

① 《国立浙江大学日刊》复刊新 155 号（1949 年 6 月 10 日）。

又，局部废除科目如下：宪法。

奉刘军事代表批：国民党伪宪部分应即废除。

以上作初步决定，俟全国统一法令颁布，再行依照统一法令办理。

3．考试接管日期：现拟俟学生考试完毕后开始接管，拟定本月十日至十二日停课复习，十三日至十七日考试，十八至二十日办理接管。

考试不主张废除，考试方式得由任课教员自行决定。

4．训导处应即将有关教务、总务固定工作拨归各该处自行管理，训导处人员均暂停工作听候处理。

5．经费问题财经部尚在研究中，一二天内可暂发一部分维持费，大约三千元左右，由财经部决定。

6．军事代表之任务系监督作用，凡决议案布告文件须签署，会议仍须通知但不一定出席，经常事务仍须由大家照旧工作。……①

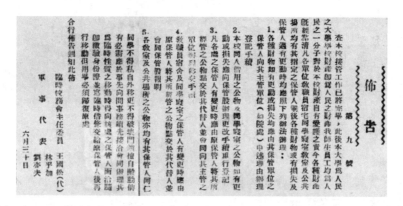

图 6-1-4 《国立浙江大学日刊》复刊新 163 号（1949 年 7 月 1 日）所载浙江大学临时校务会和军事代表联合署名的布告（第九号）。引自《国立浙江大学日刊》复刊新 163 号（1949 年 7 月 1 日）。

1949 年 6 月 16 日，军代表发布第 2 号通告，对接管检点手续作了 9 条规定。接管工作主要是：（1）对学校财产、图书、设备进行登记造册和移交；（2）调整教师的聘任；（3）调整学校和各学院的领导班子，建立新的校务委员会和院务委员会。

接管检点工作于 6 月 30 日基本结束。7 月初，军代表撤回。见图 6-1-4。

---

① 《国立浙江大学日刊》复刊新 156 号（1949 年 6 月 15 日）。

二、浙江大学新的校务委员会成立与过渡阶段的院系设置情况
（1949.07—1950.07）

1949 年 7 月初，接管后的浙江大学设文、理、工、农、医、法 6 个学院。接管工作结束后，校、院和各处的机构开始筹备，至 7 月下旬，杭州市军管会确定了学校新的校、院、处负责人员。7 月 26 日，杭州市军管会发布命令，正式公布了学校新的校、院、处负责人员名单：

中国人民解放军华东军区杭州市军事管制委员会公布令（第　号）
令浙江大学

兹将该校校务委员会及各院、处主管人员名单公布于后：

（一）以刘潇然、孟宪承、王国松、蔡邦华、贝时璋、李浩培、王季午、严仁赓、范绪箕、程孝刚、苏步青、陈立、黄焕堤、任雨吉、陆缵何、刘景善、包洪枢、周世俊等十八人为校务委员会委员（暂缺一人）。并以刘潇然、孟宪承、王国松、严仁赓、范绪箕、任雨吉、包洪枢等七人为常务委员。以刘潇然任副主任委员，在主任委员未决定前，由副主任委员暂代主任委员职务。

（二）以孟宪承为文学院院长，王国松为工学院院长，贝时璋为理学院院长，蔡邦华为农学院院长，李浩培为法学院院长，王季午为医学院代院长。

（三）以严仁赓为教务长，范绪箕为总务长。

以上人员应即到职视事，原临时校务委员会及本会接管小组应即办理移交结束工作。本会派出之军事代表亦予撤回，今后该校一切事宜由校务各委员会直接对本会文教部负责。

此令。

主任：谭震林
副主任：谭启龙，汪道涵
一九四九年　月　日[1]

同日（1949 年 7 月 26 日）下午 2 时，在校长办公室，新、旧校务委员会召开联席会议，杭州市军管会文教部俞仲武副部长、军事代表刘亦夫等列席指导。会上，刘亦夫宣读军管会关于浙江大学校务委员会及各院、处主管人员名单的公布令。4 时，新成立的浙江大学校务委员会第一次会议召开，由刘潇然代主任委员主持，讨论招生等事宜。[2] 见图 6-1-5。

---

① 《国立浙江大学日刊》复刊新 169 号（1949 年 7 月 28 日）。
② 《国立浙江大学日刊》复刊新 169 号（1949 年 7 月 28 日）。

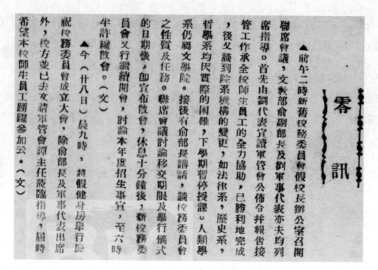

图 6-1-5 《国立浙江大学日刊》复刊新 169 号（1949 年 7 月 28 日）所载浙江大学新、旧校务委员会联席会议及新的校务委员会第一次会议的报道。引自《国立浙江大学日刊》复刊新 169 号（1949 年 7 月 28 日）。

同日下午，校务委员会公布了任命的各系系主任（编者注：可能因已经决定历史学系、哲学系、法律系 1949 学年暂行停止招生，表中即未确定历史学系、哲学系、法律系负责人），名单如下：

文学院：

中国文学系：郑奠教授，外国语文学系：方重教授，教育学系：陈立教授，人类学系：吴定良教授；

理学院：

数学系：苏步青教授，物理学系：何增禄教授，化学系：王葆仁教授，生物学系：董聿茂教授，药学系：孙宗彭教授，地理学系：叶良辅教授；

工学院：

电机工程学系：王国松教授（兼），化学工程学系：李寿恒教授，土木工程学系：张树森教授，机械工程学系：程孝刚教授，航空工程学系：范绪箕教授（兼）；

农学院：

农艺学系：萧辅教授，园艺学系：吴耕民教授，农业化学系：朱祖祥教授，植物病虫害学系：陈鸿逵教授，农业经济学系：熊伯衡教授，蚕桑学系：夏振铎教授，森林学系：邵均教授。

27 日下午 2 时，校务委员会第二次会议举行，讨论 28 日校务委员会成立仪式等问题，并确定成立仪式定名为“校务委员会成立典礼”。当时，初步确定省、市军管会领导，如谭震林、谭启龙、汪道涵等会出席成立典礼。[①] 但从实际情况来看，在 7 月 28 日上午 9 时举行的校务委员会成立典礼上，是由中共浙江省委宣传部部长张登（沙文汉）、杭州市军管会文教部俞仲武副部长到会祝贺的。

就浙江大学此期院系设置来看，1949 年 6 月即确定撤销师范学院，原隶属于师范学院的教育学系划属文学院。至 1949 年 8 月初，军管会文教部即决定浙大法学院司法组、文学院哲学系、史地系史学组在新学年“暂行”停止招生，原有各该系、组学生则全部转系、转院或转学 [②]，教师留校学习；至 1950 学年正式停办。这样，从 1950 学年起，文学院设中文、外文、人类、教育 4 个系，理学院则设数学、物理、化学、生物、地理、药学 6 个系。见图 6–1–6。

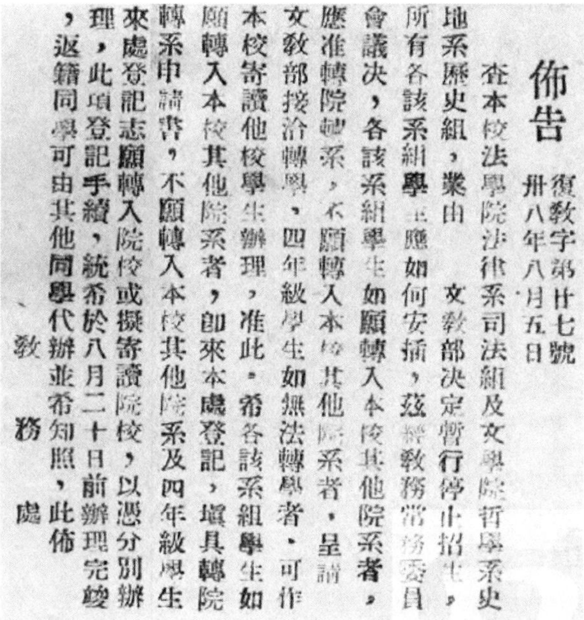
佈告
復教字第廿七號
卅八年八月五日
查本校法學院法律系司法組及文學院哲學系史地系歷史組，業由 文教部決定暫行停止招生，所有各該系組學生應如何安插，茲經教務常務委員會議決，各該系組學生如願轉入本校其他院系者，應准轉院轉系，不願轉入本校其他院系者，呈請文教部接洽轉學，四年級學生如無法轉學者，可作本校寄讀他校學生辦理，准此。希各該系組學生如願轉入本校其他院系者，即來本處登記，填具轉院轉系申請書，不願轉入本校其他院系及四年級學生來處登記志願轉入院校或擬寄讀院校，以憑分別辦理，此項登記手續，統希於八月二十日前辦理完竣，返籍同學可由其他同學代辦並希知照，此佈
教務處

图 6–1–6 《国立浙江大学日刊》复刊新 171 号（1949 年 8 月 9 日）所载文教部决定浙江大学法律系司法组、文学院哲学系、史地学系历史组停止招生的报道。引自《国立浙江大学日刊》复刊新 171 号（1949 年 8 月 9 日）。

① 《国立浙江大学日刊》复刊新 169 号（1949 年 7 月 28 日）。
② 《国立浙江大学日刊》复刊新 171 号（1949 年 8 月 9 日）。

行政系统则除了撤销训导处外，教务处、总务处均保留，校务会议、院务会议和系务会议等依然履行决策职责；各种委员会虽仍旧设立，但具体类别较之杭州解放前有较大变化，如新设节约委员会、人民助学金评议委员会、教职员学习委员会、政治课委员会等。

此外，1949 年 8 月上旬，杭州市军管会报经上级批准，决定将设在金华的英士大学撤销，基本并入浙大。浙大派严仁赓教务长为接管组长，负责处理合并事宜，至 9 月间顺利结束，接收学生 100 余人，分别到相关院系学习，同时移交图书、仪器约 500 余箱。

1949 年 8 月 26 日，浙江省人民政府任命马寅初为浙江大学校长兼校务委员会主任委员，全校举行盛大欢迎会，中共浙江省委书记兼省主席谭震林到会并讲了话。

马寅初就职后，浙江大学第一届校务委员会由马寅初等 19 人组成，并由马寅初等 8 人组成常务委员会，马寅初为校委会主任委员、刘潇然为校委会副主任委员。

第一届校务委员会（任期：1949.08—1950.10）委员和常务委员名单如下：

委员：

马寅初（校长，中央人民政府委员，政务院财政经济委员会副主任），刘潇然（农经学系教授），孟宪承（文学院院长），蔡邦华（农学院院长），贝时璋（理学院院长），李浩培（法学院院长），王国松（工学院院长），王季午（医学院代院长），严仁赓（教务长；编者注：1950 年 8 月，严仁赓调离浙大，苏步青任教务长），范绪箕（总务长），程孝刚（机械工程学系主任），苏步青（数学系主任），陈立（教育学系主任），黄焕煋（电机工程学系讲师兼事务组主任），任雨吉（土木工程学系助教），陆缵何（总务处出纳组主任），刘景善（学生），包洪枢（学生，后来为政治课助教兼校刊编辑），周世俊（工友）

常务委员：

马寅初，刘潇然，孟宪承，王国松，严仁赓，范绪箕，任雨吉，包洪枢

主任委员：

马寅初

副主任委员：

刘潇然（任期：1949.08—1950.03。编者注：1950 年 3 月 16 日，刘潇然调离浙大，回河南省原籍），王国松（代副主任委员，任期：1950.03—1950.10）

三、《高等学校暂行规程》颁布后学校的治理体系（1950.08—1952.07）

1949学年（1949.08—1950.07）国家对高等教育暂时以延续原有办学方式为主，学校的管理体制除训导处被废除外，余均保留。1950年8月14日，教育部公布《高等学校暂行规程》，规范了新时期的办学要求。该规定中，对学校架构未做大动，行政组织仍延续教务处、总务处的设置，学系组织虽然重点转向"校—系"两级的层级，但仍然允许在"校"、"系"之间设立学院；最大的差别，是在初步借鉴苏联大学体制的基础上，规定在系以下设立"教学研究指导组"（简称"教研组"），以"教学研究指导组（即教研组）为教学的基本组织"。

高等学校暂行规程

（1950年8月14日）

第一章 总 纲

第一条 中华人民共和国高等学校的宗旨为根据中国人民政治协商会议共同纲领第五章的规定，以理论与实际一致的教育方法，培养具有高级文化水平，掌握现代科学和技术的成就，全心全意为人民服务的高级建设人才。

第二条 高等学校的具体任务如下：

（一）根据中国人民政治协商会议共同纲领，进行革命的政治及思想教育，肃清封建的、买办的、法西斯主义的思想，树立正确的观点和方法，发扬为人民服务的思想；

（二）适应国家建设的需要，进行教学工作，培养通晓基本理论并能实际运用的专门人才：如工程师、教师、医师、农业技师、财政经济干部、语文和艺术工作者；

（三）运用正确的观点和方法，研究自然科学、社会科学、哲学、文学、艺术，以期有切合实际需要的发明、著作等成就；

（四）普及科学和技术的知识，传播文学和艺术的成果。

第三条 高等学校包括大学及专门学院两类。为适应国家建设的急需得设立专科学校，其规程另定之。

第四条 大学及专门学院的设立与停办，由中央人民政府教育部（以下简称中央教育部）报请中央人民政府政务院（以下简称政务院）决定之。

第五条 大学及专门学院设若干学系，其设立或变更由中央教育部决定之。

第六条　大学如有必要，得设学院，并在学院内设若干学系；学院及学系的设立或变更，由中央教育部决定之。

第七条　大学及专门学院修业年限，依各该系课程的繁简分别规定，以三年至五年为原则。

第八条　大学及专门学院为培养及提高师资，加强研究工作，经中央教育部批准，得设研究部或研究所，其规程另定之。

第九条　大学及专门学院为适应国家建设的急需，经中央教育部批准，得附设专修科及训练班。

第二章　入学

第十条　凡年满十七岁，身体健康，在高级中学或同等学校毕业或有同等学力，经入学考试及格者，不分性别、民族、宗教信仰，均得入学。

第十一条　大学及专门学院对于具有相当于高中毕业程度的下列学生：（一）具有相当工作历史的革命干部；（二）工农青年；（三）少数民族学生；（四）华侨学生；应予以入学及学习的特别照顾。其办法另定之。

第三章　课程、考试、毕业

第十二条　大学及专门学院各系课程，应根据国家建设的需要及理论与实际一致的原则制定。课程标准另定之。

第十三条　大学及专门学院应将各课目的教学计划及教学大纲，报请中央教育部备案。

第十四条　大学及专门学院学生须于最后一学年确定专题，经系主任核准，由教学研究指导组主任或其指定的教师指导，撰写毕业论文或专题报告。在特殊情形下，毕业论文得以他种工作成绩代替之。

第十五条　大学及专门学院考试分为入学考试、平时考试、学期考试及毕业考试。

第十六条　大学及专门学院学生依照规定课程修业期满，成绩及格者，由学校报请中央教育部批准发给毕业证书。

第四章 教学组织

第十七条 大学及专门学院教师，分为教授、副教授、讲师、助教四级，均由校（院）长聘任，报请中央教育部备案。

第十八条 教学研究指导组（以下简称教研组）为教学的基本组织，由一种课目或性质相近的几种课目之全体教师组成之；各教研组设主任一人，由校（院）长就教授中聘任，报请中央教育部备案。其职责如下：

（一）领导本组全体教师，讨论及制定本组课目的教学计划与教学大纲；

（二）领导及检查本组的教学工作和研究工作；

（三）领导与组织本组学生的自习、实验及实习。

第五章 行政组织

第十九条 大学及专门学院采校（院）长负责制；大学设校长一人，专门学院设院长一人，其职责如下：

（一）代表学校；

（二）领导全校（院）一切教学、研究及行政事宜；

（三）领导全校（院）教师、学生、职员、工警的政治学习；

（四）任免教师、职员、工警；

（五）批准校（院）务委员会的决议。

第二十条 大学及专门学院得设副校（院）长一人或二人，协助校（院）长处理校（院）务，校（院）长缺席时代行其职务；副校（院）长得兼教务长。

第二十一条 大学及专门学院，设教务长一人，必要时得设副教务长，对校（院）长负责，由校（院）长就教授中遴选提请中央教育部任命之。其职责如下：

（一）计划、组织、督导、检查全校（院）各系及各教研组的教学工作；

（二）计划、组织、督导、检查全校（院）的科学研究工作；

（三）校（院）长及副校（院）长均缺席时代行其职务。

第二十二条 大学及专门学院设总务长一人，对校（院）长负责，主持全校（院）的行政事务工作。由校（院）长提请中央教育部任命之。

第二十三条 大学及专门学院图书馆，设馆长或主任一人，对教务长负责，主持图书馆一切事宜，由校（院）长聘任，报请中央教育部备案。

第二十四条 大学及专门学院的系，为教学行政的基层组织，各设主任一人，受教务长领导（在设有学院之大学，则受教务长与院长双重领导）；由校（院）长就教授中聘任，报请中央教育部备案。其职责如下：

（一）计划并主持本系的教学行政工作；

（二）督导执行本系教学计划；

（三）领导并检查本系学生的自习、实验及实习；

（四）考核本系学生成绩；

（五）总结本系教学经验；

（六）提出有关本系教职员任免的建议。

第二十五条　大学设有学院者各院设院长一人，由校长就教授中聘任，报请中央教育部备案。其职责如下：

（一）计划并主持本院教学行政工作；

（二）督导本院各系执行教学计划；

（三）提出本院各系主任人选的建议。

第二十六条　大学及专门学院在校（院）长领导下设校（院）务委员会，由校（院）长、副校（院）长、教务长、副教务长、总务长、图书馆长（主任）、各院（大学中的学院）院长、各系主任、工会代表四人至六人及学生会代表二人组成之，校（院）长为当然主席。校（院）务委员会的职权如下：

（一）审查各系及各教研组的教学计划、研究计划及工作报告；

（二）通过预算和决算；

（三）通过各种重要制度及规章；

（四）决议有关学生重大奖惩事项；

（五）决议全校（院）重大兴革事项。

校（院）务委员会得设常务委员会及各种专门委员会。

第二十七条　大学及专门学院在教务长领导下举行教务会议，若干系主任的联席会议及若干教研组主任的联席会议；在总务长领导下举行总务会议；在各系主任领导下举行系务会议。大学设有学院者，在院长领导下举行院务会议，代替系主任联席会议。

第六章　社　团

第二十八条　大学及专门学院的工会、学生会等社团应团结全校（院）员工、学生，协助学校完成教学及行政计划，推动全校（院）员工、学生的政治、业务与文化学习，并增进员工、学生的生活福利。

第二十九条　大学及专门学院得成立各种学术团体以促进科学、文化的提高与普及。

第七章　附　则

第三十条　现有大学或专门学院因实际困难，不能完全实施本规程中关于行政组织的规定者，得报经大行政区教育部（文教部）审核后，转报中央教育部批准，变通执行。

第三十一条　私立大学及专门学院除遵守本规程外，并须遵守《私立高等学校管理暂行办法》。

第三十二条　本规程由中央教育部报经政务院批准后颁布施行，其修改同。

教育部 1950 年 8 月 14 日颁布[①]

此外，1950 年 9 月，教育部正式下发通知，各级学校校名概不加"国立"等字样。[②]此后，学校正式名称即为"浙江大学"，"国立浙江大学"之名至此成为历史。

1950 年 4 月 27 日，根据中央人民政府教育部 582 号文指示：浙大实行校长负责制，校务委员会是辅助校长联系教职工与学生、贯彻教育政策和教育方针的机构，应对校长负责；校长与副校长应兼任校务委员会正、副主任委员。1950 年 10 月 14 日，根据中央人民政府教育部颁布的《高等学校暂行规程》第 26 条的规定（高等学校校务委员会由校长、副校长、教务长、副教务长、总务长、图书馆馆长、各院院长、各系系主任、工会代表 4—6 人、学生代表 2 人所组成），浙江大学按此规定产生第二届校务委员会，由 45 人组成。马寅初为主任委员，王国松为副主任委员，并由马寅初、王国松等 12 人组成常务委员会。

第二届校务委员会（1950.10—1952.12）委员和常务委员名单如下：

委员：

马寅初（校长，中央人民政府委员，政务院财政经济委员会副主任），

王国松（校务委员会副主任），苏步青（教务长），胡济民（副教务长），

---

① 教育部高校学生司编：《中国高等教育学生管理规章大全（1950—2006）》，北京：首都师范大学出版社，2007 年，第 5—8 页。

② 《教育部关于各级学校名称概不加国立、省立、县立或公立字样的通知（1950 年 9 月 12 日）》，载何东昌主编：《中华人民共和国重要教育文献（1949—1997）》，海口：海南出版社，1998 年，第 57 页。

范绪箕（总务长），沈学植（图书馆馆长），孟宪承（文学院院长），贝时璋（理学院院长），李寿恒（工学院院长兼化学工程学系主任），蔡邦华（农学院院长），王季午（医学院院长），郑奠（中国文学系主任），方重（外国语文学系主任），吴定良（人类学系主任），陈立（教育学系主任），卢庆骏（数学系主任），何增禄（物理学系主任），王葆仁（化学系主任），江希明（生物学系主任），孙宗彭（药学系主任），李春芬（地理学系主任），杨杰（电机工程学系主任），钱令希（土木工程学系主任），程孝刚（机械工程学系主任），梁守槃（航空工程学系主任），萧辅（农艺学系主任），吴耕民（园艺学系主任），朱祖祥（农业化学系主任），陈鸿逵（植物病虫害学系主任），吴载德（蚕桑学系主任），熊伯衡（农业经济学系主任），邵均（森林学系主任），虞振镛（畜牧兽医学系主任），谈家桢（医学院代表、生物学系教授），王仲侨（医学院代表、教授），龚建章（医学院代表、教授兼寄生虫科主任），刘震华（医学院代表、医学院教授），周世俊（工会代表、工人），任雨吉（工会代表、土木工程学系助教），李天助（工会代表、医学院教授），陈有根（工会代表、工人），高加索（工会代表、化学系工人），沈学年（工会代表、农学院教授、农事试验场场长），韩世钧（学生会代表），何文池（学生会代表）

常务委员：

马寅初，王国松，苏步青，胡济民，范绪箕，孟宪承，贝时璋，李寿恒，蔡邦华，王季午，任雨吉，何文池

主任委员：

马寅初

（任期：1950.10—1951.05。编者注：1951 年 5 月，校长马寅初奉调任北京大学校长。第二届校务委员会决定，由王国松副校长暂代校长职务。相应地，王国松暂代校务委员会主任委员职务）

副主任委员：

王国松

1950 年 11 月 7 日，华东军政委员会教育部任命王国松为浙江大学副校长，原兼任的电机工程学系主任职务由杨杰继任。

1951 年 5 月，校长马寅初奉令调任北京大学校长。第二届校务委员会决定，由王国松副校长暂代校长职务。1952 年 10 月浙江省人民政府副主席沙文汉兼任浙

大校长①，刘丹、王国松任副校长，李寿恒、胡济民分别任正、副教务长，严文兴（化学工程系教授）任总务长，许肃（干部）任副总务长，刘亦夫任政治辅导处主任。政治辅导处任务是：指导教职工的政治理论学习；协助教务长指导马列主义理论课程的教学；指导教职员工和学生的社会活动；掌握教职员工和学生的政治思想情况，管理教职员工和学生的历史、政治材料，主持毕业生的鉴定，参加毕业生的分配工作，参加教职员的聘任、升级、奖惩等工作。政治辅导处下设组织、青年、宣教、辅导4科。由于当时浙大是实行校长负责制，政治辅导处实际上是党委的办事机构。

　　第二届校务委员会期间，正好经历学校的大调整时期〔编者注：1952年1月，之江大学撤销，将原之江大学工学院的土木、机械等系并入浙江大学；同时，将浙江大学文学院调出，以浙江大学文学院（人类学系除外）与原之江大学文理学院为基础，于1952年2月成立"浙江师范学院"。同期，将浙江大学医学院及附属医院调出，与浙江省立医学院合并成立"浙江医学院"。至1952年8月后，浙江大学理学院、农学院的所属系科亦被调整出去，理学院所属系科调整至复旦大学等校，农学院所属系科则单独成立"浙江农学院"〕，所以人员变动很大。到院系调整结束后的1952年12月，浙大又产生第三届校务委员会。②

第二节　适应新时代的学校改制与史地学系分设为地理学系与历史学系

一、改制讨论与"史地学系改制师生意见书"

（一）学校的改制讨论

　　1949年5月杭州解放后，师生中对改革旧教育制度的要求十分强烈。1949年5月19日，在临时校务委员会主持下，成立了学校的改制委员会。另外，由李浩培、

---

① 说明：据相关研究，沙文汉可能于1951年9月后由浙江省政府提名兼任浙江大学校长，并上报中央人民政府（政务院）高等教育部履行批准程序；1952年10月3日政务院一百五十三次政务会议通过，提请中央人民政府委员会批准该任命；但随即因沙文汉调任新职，故该项任命未获批准，沙文汉亦于10月后实质上不再履职浙大校长；至1953年1月，有关方面重新提请任命霍士廉担任浙大校长并获得正式批准。见叶君剑：《沙文汉兼任浙江大学校长考》，载《浙江大学学报（人文社会科学版）》2017年第2期，第106页。
② 浙江大学校史编写组编著：《浙江大学简史（第一、二卷）》，杭州：浙江大学出版社，1996年，第326—330页。

孟宪承、王国松、熊伯衡、任知恕（物理学系助教）和学生代表会邵浩然等人组成学校"改制研究会"，各系成立改制研究小组。学校制订了《浙大改制研究大纲》，其中，第四项内容，即为"院、系及研究所之调整"。[①] 大纲制订后，交各院、系、处分别进行讨论。见图6-2-1。

图 6-2-1 《国立浙江大学日刊》复刊新148号（1949年5月25日）所载浙江大学改制研究会启事及"浙江大学改制研究大纲"。引自《国立浙江大学日刊》复刊新148号（1949年5月25日）。

整个教改问题的讨论从1949年5月下旬延至同年8月2日，至教育部下达了《关于实施高等学校课程改革的决定》后才告结束。对此，当时的临时校务会亦多次讨论：

第六次临时校务会与第四十一次校舍委员会联席会议记录（1949年5月18日）

讨论事项：

……

三、推严仁赓、蔡邦华、王葆仁、谭天锡四位先生及包洪枢同学商讨本校改制设计会具体方案，并分期举行座谈会，请王葆仁先生召集案

决议：通过。（来源：《国立浙江大学日刊》复刊新146号，1949年5月20日）

第七次临时校务会会议记录（1949年5月25日）

讨论事项：

一、本会上次会议通过本校应成立之改制设计会，拟改称为改制研究会，其职权为推动本校各部及全体员工同学作改制之研究，并收集整理研究之结

---

① 《国立浙江大学日刊》复刊新148号（1949年5月25日）。

果以资研讨案

决议：通过。

二、请推定改制研究会会员案

决议：由本会推定严仁赓、蔡邦华、王葆仁、谭天锡、包洪枢、李浩培、孟宪承、王国松、熊伯蘅、任知恕、宁奇生、郑奠、王仲侨十三位先生为会员，并请教授会、讲助会、职员会、学治会、劳工会五单位各自推定代表二人为会员组织改制研究会，并仍请王葆仁先生为召集人。（来源：《国立浙江大学日刊》复刊新149号，1949年5月27日）[1]

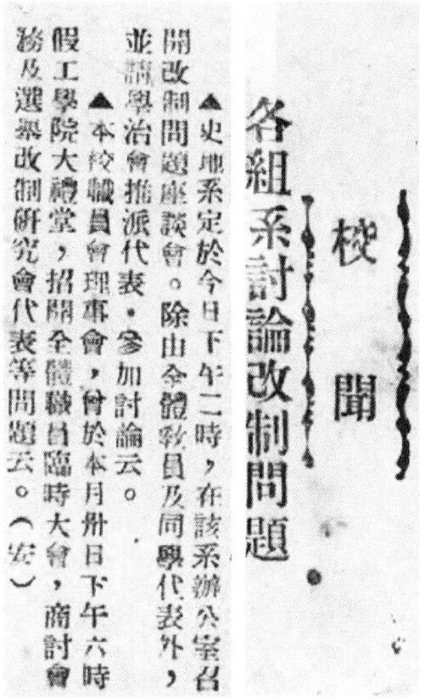
校聞

各組系討論改制問題

▲史地系定於今日下午二時，在該系辦公室召開改制問題座談會。除由全體教員及同學代表外，並請學治會推派代表，參加討論云。

▲本校職員會理事會，曾於本月卅日下午六時假工學院大禮堂，招開全體職員臨時大會，商討會務及選舉改制研究會代表等問題云。（安）

图6-2-2 《国立浙江大学日刊》复刊新151号（1949年6月1日）所载浙江大学史地学系召开改制问题座谈会的报道。引自《国立浙江大学日刊》复刊新151号（1949年6月1日）。

（二）史地学系的改制讨论与决议——“史地学系改制师生意见书”

正是在这样的背景下，史地学系师生积极参加改制讨论。1949年6月1日下午二时，“在该系办公室召开改制问题座谈会。除由全体教员及同学代表外，并请学治会（编者注：即学生自治会）推派代表，参加讨论”[2]。见图6-2-2。

在之前多次举行座谈会的基础上，6月1日的这次会议拟定了“史地学系改制师生意见书”（后又有若干补充），通过了史地分系的决议，即“历史与地理分为两系，让地理系属于理学院，史地研究所也跟了分开”。该意见书原件现藏浙江省档案馆，兹将全文整理如下：

史地学系改制师生意见书

（这一份请转军事代表）

为了配合新时代的需要，展开一切应兴应革事宜之商讨，史地系师生先各自分别举行座谈会数次。复于六月一日（编者注：1949年6月1日）由全系教职员与同学代表举行会议，通过要项多起，兹缕陈如下，以备采纳实行。

① 张淑锵、蓝蕾主编：《浙大史料：选编一（1897—1949）》，杭州：浙江大学出版社，2017年，第349页。

② 《国立浙江大学日刊》复刊新151号（1949年6月1日）。

（一）史地分系问题

议决：历史与地理分为两系，让地理系属于理学院，史地研究所也跟了分开。理由如左：

1. 历史组所习，属于社会科学；地理组所习，大多属于自然科学，两者虽有互相沟通之处，确无必须合为一系的必要。

2. 科学愈昌明，分工亦愈细，史地分系决定于该科学本身的自然发展趋势，故国内各大学，旧时之史地系，均相继分立，且把地理系属于理学院。

3. 本校创办之初，文理合为一院，历史与地理二科在廿五年（编者注：1936年）初设立时也合设一系，廿八年（编者注：1939年）本校院系加以扩展，文理学院分为文学院与理学院，彼时本系设立不久，规模未备，所以史、地未曾分系，留属于文学院。但自彼时起，文学院史地系添设研究所，师范学院史地系与文学院史地系统筹办理，于是经费增加，系内教员与设备也就能逐步充实与扩展。至今，名虽合系分组，而经费与内容，实具有两系规模，趁此改革一切的时候，大可以分成两系，让地理系属于理学院，史地研究所也跟了分开，以后更可各自发展，不致互相阻碍。

4. 本校地理组，虽设于文学院，所习课程始终以自然科学为基础，但因文学院毕业学生称为文学士，出外就业之时，外界不明真相，以为与理学士有别，往往不愿录用，所以本系毕业同学，很多人也建议史地分家，让地理系属于理学院，庶可名实相符。

（二）关于一般的课程与教学问题

决议如左：

1. 必修课程减少，俾同学能自由选课，发挥特长与兴趣。

2. 毕业总学分减少，俾增多同学自习之时间。

3. 唯物辩证法、历史唯物论及新民主主义，使教学与建设新社会相配合。

4. 教员指导学生，参用集体讨论与集体学习方法。

（三）关于阅览室问题

决定如左：

增加系内阅览室的面积与设备，从速编制图书目录，增加每人每次借书的册数，认真执行借书与还书规则，购买新的图书。

（四）关于地理组课程的问题

决议：

改订本组必修、选修以及外系选修课目，如附表所列。该课目之拟定，除符合第（二）项决议外，又根据下列各原则：

1.毕业总学分定为一百二十至一百三十学分。

2.以往所订公共必修课程，实行多年，成绩不著，徒费时间，今改为必修中之选修。

3.增加实习课目，尤其要注意地理的野外实习。

4.每个课程，除教员讲解之外，兼用同学实习报告、读书报告、小组讨论等方法。

5.从三年级起必修课程特别减少，俾同学各就所愿，多修分支地理所需的工具科学，如气象、地形、地质、植物、土壤等等，增加毕业后就业服务之便利。

附：

改订地理组课目表

（一） 基本必修学程	（二） 全系必修学程	（三） 全系选修学程	（四） 外系交换学程
国文（6）暂定	地学通论（6）	区域设计	区域设计
第一外国语（6）暂定	地质学（6）	区域地理（分洲分国）	工业地理
基本选修学程（18学分） （至少任选18学分）	地形学（6）	历史地理	农业地理
数学	地图学（2）	边疆地理	世界地理
物理学	测量学（2）	植物地理	地学通论
化学	地图读法（2）	聚落地理	苏联地理
生物学	气象学（6）	本国地形	南洋地理
土壤学（3）	气候学（6）	地理教育	本国地理总论
统计学（3）	本国地理总论（4）	地理学史	农业地质
政治学	世界地理（6）集体	水文学	工业地质
经济学	经济地理（6）	海洋学	普通气象
哲学	野外实察（2）集体	历史地质	农业气象学

续表

基本选修学程（18学分） （至少任选18学分）	（二） 全系必修学程	（三） 全系选修学程	（四） 外系交换学程
中国通史	专题讨论（2）集体 （研究生参加）	矿物岩石学	航空气象学
西洋通史		地质测量	大气物理学
第二外国语		中国矿产	
社会学（3）		测候学	
		天气学	
		理论气候学	
		统计气候学	
		理论气象学	
		世界气候	

下学期地组拟定必修课目表

一年级 （全年36学分， 半年18学分）	二年级 （全年32学分， 半年16学分）	三年级 （全年20学分， 上半年11学分， 下半年9学分）	四年级 （全年4学分， 半年2学分）
国文（6）	基本选修学程一种（6）	气候学（6）	专题讨论（2）
第一外国语（6）	地形学（6）	地图读法（2）	野外实察（2）
基本选修学程二种（12）	气象学（6）	世界地理（6）	
地学通论（6）	地图学（2）	经济地理（6） （或3，未定）	
地质学（6）	测量学（2）		
	本国地理总论（4）		

（关于下学期担任教员及选修课目之排定，俟举行地组会议后再行确定）

（五）关于历史组

五月二十三日座谈会讨论结果有四点：

1. 历史组教学方针，在培养历史教育人才与专门研究人才，以配合新时代之需要。

2. 教学方法注重自发研究与集体讨论，以充实课室讲授之内容。

3. 今后课程应根据唯物辩证法与历史唯物论及新民主主义，注重经济社会之变迁，思想制度之演化等。

4. 拟加开历史哲学等课，以促进正确新史学之研究。

（六）史组同学对史组增补意见

（六月二十三日史组同学补提）：

1. 下学期选课时，四年级不受必修与选修之限制。

2. 在新的学习方法之下，学习分量甚重，总学分应斟予减少。

3. 上课时间尽量排在上午。

4. 必要时应举行野外考察。

史组座谈会拟定下学期课目表

课目	年级	学分		拟请担任教员
中国通史	一 / 必	本系八学分		张荫
		外系六学分		徐规
西洋通史	一 / 必	本系八学分		胡玉堂
		外系六学分		管佩韦
历史哲学		三		未定
史学方法		三		李絜非
中国近世革命运动史	二三 / 必	六		李絜非
欧洲社会发展史		六		顾毂宜
中国社会发展史		六		未定
宋史		六		陈乐素
明清史		六		徐规
中国史前史	二三四 / 选	三		张荫
先秦思想史	二三四 / 选	六		黎子耀
中国农民史研究	二三四 / 选	六		陈乐素

续表

课目	年级	学分	拟请担任教员
中国史学史	二三四 / 选	三	谭其骧
俄国革命史	二三四 / 选	六（或三）	顾毂宜
西洋思想史	二三四 / 选	六	胡玉堂
中国政治制度史	二三四 / 选	六	谭其骧
中国近代思想史			未定
专题集体讨论			全体师生

史地系全体教职员（章：国立浙江大学史地系）
史地系全体同学（章：国立浙江大学史地系史地学会）

二、地理学系与地理研究所的设立

　　1949 年 5 月初杭州解放后，在 6 月进行的"改制"讨论中，浙江大学史地学系的"史组"与"地组"酝酿分立；1949 年 7 月，确定史组、地组分别独立设系，以"史组"为基础设立"历史学系"，仍留文学院（但其后 1949 学年停止招生，原有学生转系或转学，至 1950 年 7 月底正式停办）；以"地组"为基础设立"地理学系"，归属理学院，并正式招生。原史地研究所改设地理研究所，亦归属理学院。7 月学校正式任命叶良辅为地理学系系主任，9 月中旬叶先生辞世，10 月由李春芬正式继任系主任。当时的地理系，内分地理组、地质组与气象组。地理学系办公室位于浙大本部（大学路校址）的梨洲馆内，阳明馆则有地理教室、地质教室、地图陈列室与地质标本陈列室等。

（一）地理学系与历史学系的分设

　　1. 地理学系的正式设立时间

　　关于地理学系正式设立的时间，目前未见直接材料予以说明。1949 年 6 月 29 日的第 14 次临时校务会，针对"现在已届发聘时期、应如何办理案"，决议（见图 6-2-3）：

　　　　1. 现有院系仍暂维现状

　　　　[后注明：] 奉军事代表批：听候处理

　　　　2. 各院转知各系，拟具名单，由院长汇送临时校务会主任委员。……[①]

---

① 《国立浙江大学日刊》复刊新 164 号（1949 年 7 月 6 日）。

图 6-2-3 《国立浙江大学日刊》复刊新 164 号（1949 年 7 月 6 日）所载浙江大学第十四次临时校务会的会议记录。引自《国立浙江大学日刊》复刊新 164 号（1949 年 7 月 6 日）。

说明在 6 月 29 日之时，还未确定或尚未公布系的调整方案。至 7 月 26 日新的校务会议成立，同时确定院、处和系的负责人[①]，则标志院、系设置方案已经确定且开始实施。因此，可以推定应该是在 1949 年 7 月下旬，地理学系正式设立。当然，亦可以新学年开始的 1949 年 8 月为起始。

2. 历史学系的设立及停办

关于历史学系设立与否，因 1949 年后不再招生，1950 年后正式撤销，所以，现有的表述有些不同。从调整初期 1949 年 7 月的安排来看，仍应该认为 1949.08—1950.07 期间，浙江大学设立了历史学系，只是停止招生。例如，1949 年 7 月 26 日，浙江大学的新、旧校务会议召开联席会议，军事代表刘亦夫在宣布接管工作胜利完成之后，即谈到"院系机构的变更"问题，提及"如法律系、历史系、哲学系均因实际的困难，下学期暂停授课。人类学系仍属文学院"等；说明当时还是决定在文学院设立历史学系，只是"下学期暂停招生"。[②]

1949 学年开始后，当时的《浙大校刊》（第 213 号）登载一则"文学院各系迁新址办公"的消息，里面提及文学院各系的办公场所，亦仍包括该学期停止招生的历史系和哲学系，说明该年度历史系的确存在。见图 6-2-4。

---

① 《国立浙江大学日刊》复刊新 169 号（1949 年 7 月 28 日）。
② 《国立浙江大学日刊》复刊新 169 号（1949 年 7 月 28 日）。

文学院各系迁新址办公

文学院及所属各系迁移新址办公。兹将新址公告于后，俾便接洽。

（1）文学院办公室：第一教室楼上。

（2）中文学系及研究所：叔和馆楼下。（编者注：本则报道中原文均作"淑和馆"，恐误，应为"叔和馆"。下文均改）

（3）外文系办公室：第一教室楼上及前第三教室。

（4）教育系及研究所：第一教室楼上（不动）。

（5）教育系心理实验室：叔和馆楼上。

（6）人类系及研究所：叔和馆楼下。

（7）历史系：叔和馆楼上。

（8）哲学系：第一教室楼上。①

图6-2-4 《浙大校刊》第213号（1949年12月9日）所载"文学院各系迁新址办公"的报道。引自《浙大校刊》第213号（1949年12月9日）。

更为直接的证据，是1950年初浙江大学校务委员会在对1949学年第一学期的工作总结中，"关于院系设置调整方面"，有这样的表述（见图6-2-5）：

校务会成立后，在军管会文教部的指示下，院系有了若干调整：

——师范学院取消，教育系并入文学院。

——原来文学院的史地系划分为历史和地理两系，地理系改属理学院。

——法学院和文学院的历史、哲学两系暂停授课，学生转入他校，教师留校研究。

——英士大学停办后，本校接收该校畜牧兽医系的设备和一部分的人员，在农学院内添设畜牧兽医系。

——此外，外文系新设了俄文组。②

---

① 《浙大校刊》第213号（1949年12月9日）。

② 《一九四九年度第一学期校务委员会工作总结》（浙江大学档案馆，档案）。

图 6-2-5 《一九四九年度第一学期校务委员会工作总结》（部分）。引自《一九四九年度第一学期校务委员会工作总结》（浙江大学档案馆所藏档案）。

葛剑雄所著《悠悠长水：谭其骧传》中，相关记述也说明当时仍有历史系：

　　1949 年初，浙江大学史地系已有了分为历史和地理二系的计划，但未及实行。杭州解放后不久，中共接管浙江大学的领导决定历史系停办一年，教员部分遣散，留下 12 人组成一个学习班，学习马列主义经典著作和毛泽东著作，谭其骧也在其中。谭其骧希望完成学习后继续留在浙大，没有接受复旦的聘任（编者注：谭其骧 1949 学年接受了浙大的聘书）。当时留校人员对共产党和新政权虽然还不大了解，对马列主义和毛泽东著作也相当生疏，但出于对国民党政权腐败的痛恨和对新社会的期望，都希望能尽快熟悉新的理论，以便顺利地重返讲坛，所以学得相当认真。除了学习苏联版本的马克思、恩格斯、列宁、斯大林著作外，还学了毛泽东的《新民主主义论》、《中国革命和中国共产党》等文章。出于知识分子求知求真的本能，他们还常常发生争论，甚至对这些著作中一些观点发表不同意见。包括谭其骧在内，他们的很多想法在以后看来无疑是天真的，甚至是错误的，不过这并没有影响他们虔诚地投入学习，有人甚至表示这是拥护"新朝"的具体行动。这一年收获的确不小，谭其骧告诉我，他真正认真地读马列主义著作就是在这一年，而以后学习差不多都离不开政治运动，少不了接受批判或自我批判，结果是越学越糊涂，越学越不敢有自己的想法了。

可是，就在一年将满，这12位教师以为浙江大学历史系能正式建立时，校方宣布历史系不再恢复，留校教师改教文科的公共理论课和中国近代史。解放初，各所大学对文科一些系科和某些专业的教师都有过不同形式的调整或安排，历史系一般都先后恢复，而在浙江大学这样一所有影响的学校却采取了停办的措施，谭其骧和同人并没有听到什么解释，他们一直不明白为什么校方会作出这样的决定，或许这只是偶然的因素起了作用……

谭其骧不愿改教理论课或近代史，决定离开浙大。好在当时还没有形成一切由组织调配的习惯，校方也乐意他们自谋出路。南京大学历史系主任韩儒林，齐鲁大学历史系主任张维华，都是谭其骧30年代在北平的旧友，得知消息后都来函相邀。复旦大学的周予同又发来了聘书。谭其骧一直怀念着抗战前的北平，认为研究历史，北京条件远比别处强，现在国家安定了，应该回北京。那时吴晗已出任北京市副市长，分管文教，谭其骧去信要他设法帮助调至北京。吴晗回信说，现在到处都是一样为革命工作，北京的大学暂时不便从南方调人，还是安心在南方教书。既然去不了北京，上海又是旧游之地，从杭州搬迁方便，因此他接受了复旦大学的聘书（编者注：谭其骧1950学年未接受浙大的聘书），任历史系教授，迁居上海复旦大学宿舍竹庄（今第五宿舍）……①

图 6-2-6　《国立浙江大学教职员录》（1950 年 6 月编印）所载 "历史学系" 页。引自《国立浙江大学教职员录》（1950 年 6 月编印），第 12—13 页。

1950 年 6 月所编的《国立浙江大学教职员录》中，在文学院之下，亦列有 "历史学系"，当时教师数量已经大幅减少，仅有陈乐素（教授）、谭其骧（教授）、

---

① 葛剑雄著：《葛剑雄文集（3）·悠悠长水：谭其骧传》，广州：广东人民出版社，2014 年，第 143—144 页。

黎子耀（副教授）和管佩韦、倪士毅两位助教，共计 5 人。[①] 见图 6-2-6。

（二）史地研究所改为地理研究所

随着地理学系的正式设立及划属理学院，从原史地研究所相应改设的地理研究所，其归属也在 1949 年 8 月 8 日的第四次校务委员会上，正式议决：地理研究所亦设于理学院。

校务委员会第四次会议记录（1949年8月8日）

讨论事项：

一、地理学系已划归理学院，地理研究所是否亦设于理学院案

议决：地理研究所设于理学院。[②]

此外，从当时录取的研究生情况来看，地理研究所亦确实存在。从现有材料来看，地理研究所仅在 1950 学年招收了 3 名研究生，即王懿贤【地 1】、黄盛璋【地 2】（注明：取消）、吴国纯【地 3】。见图 6-2-7。

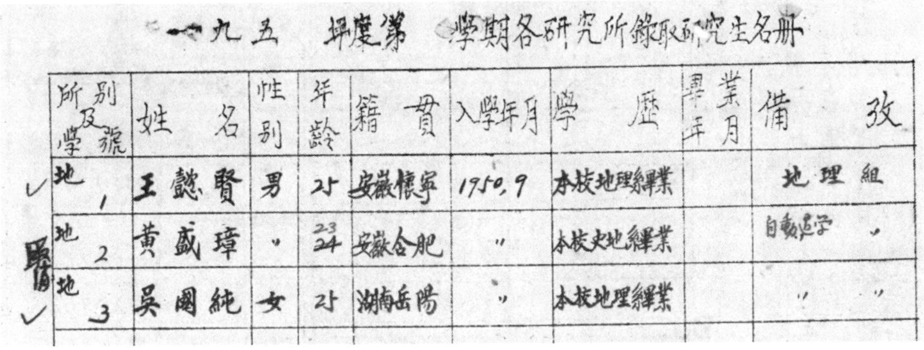

一九五 年度第 学期各研究所錄取研究生名册

所别及學號	姓名	性别	年齡	籍貫	入學年月	學歷	畢業年月	備攷
地 1	王懿賢	男	25	安徽懷寧	1950.9	本校地理系畢業		地理組
地 2	黃盛璋	〃	23 24	安徽合肥	〃	本校史地系畢業		自動退学 〃
地 3	吴國純	女	25	湖南岳陽	〃	本校地理系畢業		〃 〃

图 6-2-7 浙江大学档案馆所藏 1950 学年“研究所录取研究生名册”（地理研究所部分）

其中，王懿贤完成了两年的研究生课程，但未完成毕业论文即离校，故可能没有正式毕业（因其成绩登记表中无毕业论文情况的记载，且 1953 年 5 月浙江大学填报的 1950—1952 年的毕业学生名册中无王懿贤）。见图 6-2-8。

① 《国立浙江大学教职员录》（1950 年 6 月编印），第 12—13 页。

② 《国立浙江大学日刊》复刊新 175 号（1949 年 8 月 24 日）。

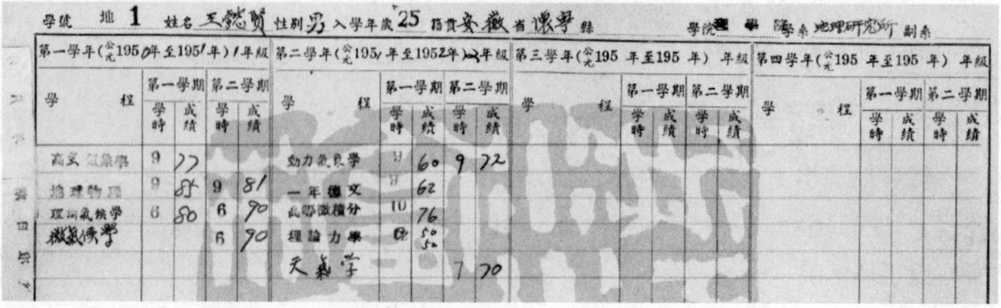

學號 地 1 姓名 王懿賢 性別 男 入學年歲 25 籍貫 安徽省 懷寧縣 學院 理學院 學系 地理研究所 副系

第一學年（公元1950年至1951年）1年級 學程	第一學期 學時	第一學期 成績	第二學期 學時	第二學期 成績	第二學年（公元1951年至1952年）2年級 學程	第一學期 學時	第一學期 成績	第二學期 學時	第二學期 成績	第三學年（公元195 年至195 年） 年級 學程	第一學期 學時	第一學期 成績	第二學期 學時	第二學期 成績	第四學年（公元195 年至195 年） 年級 學程	第一學期 學時	第一學期 成績	第二學期 學時	第二學期 成績
高等氣象學	9	77			動力氣象學	9	60	9	72										
地球物理	9	85	9	81	一年德文	9	62												
理論氣候學	6	80	6	90	高等微積分	10	76												
微氣候學			6	90	理論力學	6	50												
					天氣學			7	70										

图 6-2-8 浙江大学档案馆所藏 1950 学年入学的地理研究所研究生王懿贤【地 1】的成绩登记表（部分）

黄盛璋则实际上于 1949 学年即考取当时的中国文学研究所研究生，1950 学年复考取地理研究所研究生，但可能放弃入读，仍在中国文学研究所就读，所以表格中注明“取消”（1953 年 5 月浙江大学填报的 1950—1952 年的毕业学生名册中，注明黄盛璋于 1951 年 7 月从中国文学研究所毕业）。见图 6-2-9。

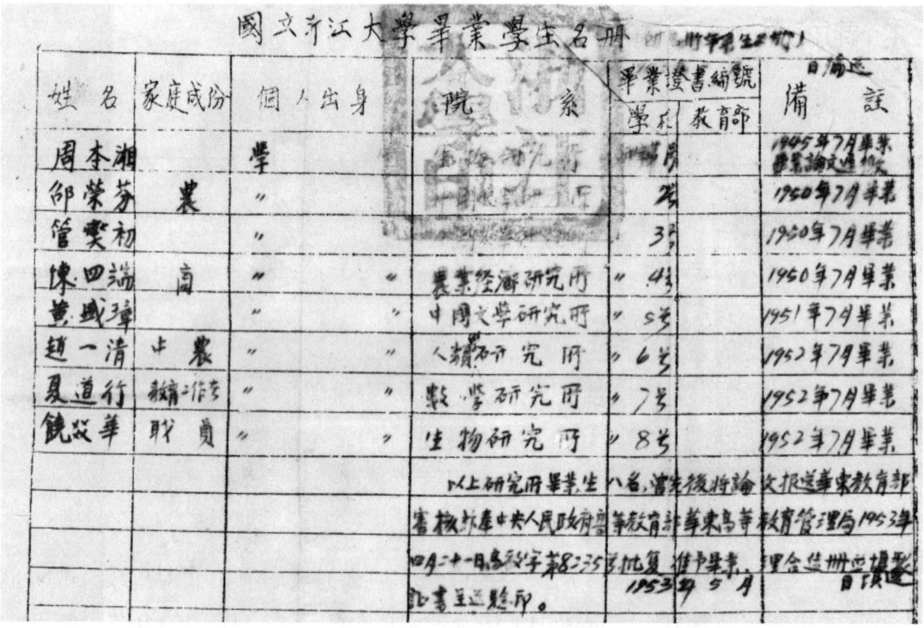

國立浙江大學畢業學生名冊

姓名	家庭成份	個人出身	院系	畢業證書編號 學校	畢業證書編號 教育部	備註
周本湘		學				1949年7月畢業 畢業論文送核
邵榮芬	農	〃		2号		1950年7月畢業
管雲初		〃		3号		1950年7月畢業
陳四端	商	〃	農業經濟研究所	4号		1950年7月畢業
黃盛璋		〃	中國文學研究所	5号		1951年7月畢業
趙一清	中農	〃	人類學研究所	6号		1952年7月畢業
夏道行		〃	數學研究所	7号		1952年7月畢業
饒欽華	職員	〃	生物研究所	8号		1952年7月畢業

以上研究所畢業生八名，當先後將論文報送華東教育部審核，并奉中央人民政府高等教育部華東高等教育管理局1953年四月二十一日高教字第8235號批復，准予畢業，理合造冊並填製證書呈送驗印。1953年5月

图 6-2-9 1953 年 5 月所填《国立浙江大学毕业学生名册》（研究所毕业生部分）

吴国纯因身体不好，仅在 1950 学年第一学期就读，后即休学，未完成学业。见图 6-2-10。

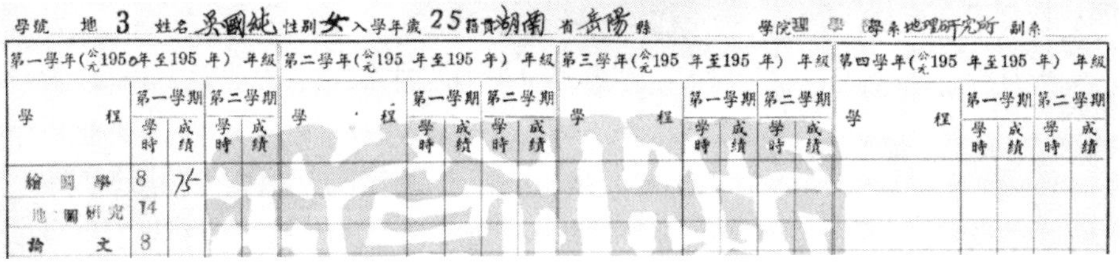
學號　地 3　姓名 吳國純　性別 女　入學年歲 25　籍貫 湖南 省 岳陽 縣　學院 理 學　學系 地理研究所　副系

第一學年(公元1950年至195 年) 年級					第二學年(公元195 年至195 年) 年級					第三學年(公元195 年至195 年) 年級					第四學年(公元195 年至195 年) 年級				
學程	第一學期		第二學期		學程	第一學期		第二學期		學程	第一學期		第二學期		學程	第一學期		第二學期	
	學時	成績	學時	成績		學時	成績	學時	成績		學時	成績	學時	成績		學時	成績	學時	成績
繪圖學	8	75																	
地圖研究	14																		
論文	8																		

图 6-2-10　浙江大学档案馆所藏 1950 学年入学的地理研究所研究生吴国纯【地 3】的成绩登记表（部分）

因此，地理研究所确实于 1949.08—1952.07 这段时间内正式设立并实际承担了研究生的培养工作。

地理研究所内部，应该仍延续前期作法，其下分组。由于史组部分此期已经分离出去，因此，地理研究所内部分组，可能与地理学系一致，改为地理组、地质（或地形）组、气象组；但因 1949 年后地理研究所仅在 1950 学年招生一次（3 位被录取者均注明“地理组”），且培养和毕业情况亦缺乏材料，故地理研究所 1949 学年后是否分组，或除“地理组”外，其他 2 组是否设立，均暂时无得而详。从当时有“地理组”的表述来看，理论上，分组是可以确定的；只是本阶段是仅设“地理组”一组，还是同时分设几组，限于材料，目前尚不能确定。

（三）系、所负责人情况

如前所述，1949 年 7 月地理学系设立后，系主任为叶良辅；至 9 月叶良辅去世后，10 月经理学院院长贝时璋提名，报请当时的校务委员会并经杭州市军事管制委员会同意，学校正式任命李春芬为地理学系主任（参阅附录二之附表 2-2）。

时任浙江大学理学院院长的贝时璋在其于 1949 年 10 月 10 日致浙江大学校务委员会刘潇然副主任委员的请示中，说明因叶良辅去世、需要任命地理学系主任的必要性：

> 敬启者：叶良辅先生逝世迄已逾月，地理学系系务亟待有人主持。兹推荐李春芬先生为该系主任。是否有当，尚希卓裁。如蒙同意，即请致聘为荷。
>
> 此致刘主任委员。
>
> 贝时璋，十、十[①]

① 浙江大学档案馆所藏档案。

1949 年 10 月 17 日，杭州市军事管制委员会文教部批复，"电准李春芬先生继任地理学系主任"①。

继任地理学系主任的李春芬，对此过程亦有记述：

> 1949 年 5 月 3 日杭州解放，阳光普照大地，全市人民无不欢欣鼓舞。大约在这前 10 天，晓峰师（张其昀老师）离校的当天上午，当着另一位教师的面嘱我代理史地系，把系主任室的钥匙交给我，第二天上午我即召开全系教职工会议，会上也推我暂代系务，下午向竺可桢校长报告请示，他也面嘱我暂代。这时形势急转直下，为保护物资迎接解放，我与同学一道搬运系内图书仪器。解放后，军代表接管浙大，我又投入造册移交工作。
>
> 至 8 月，在原来史地系地理组的基础上成立了地理系，属理学院，叶良辅先生任系主任。约 2 周后，叶先生旧疾复发，于 9 月中旬逝世。10 月校部正式任命我为系主任，直到 1952 年调往上海华东师大（院系调整）……②

关于改制前后的史地研究所、地理研究所的负责人情况，各种材料中较少提及。但根据此前史地学系主任兼史地研究所主任的惯例，可以推定地理研究所负责人即应为地理学系负责人，即叶良辅（任期：1949.07—1949.09）和李春芬（任期：1949.10—1952.10）（参阅附录二之附表 2–6）。

值得注意的是，在张其昀 1949 年 4 月底离开浙大前夕，曾经分别对史地学系和史地研究所的临时负责人有所交代，按照《质朴坚毅——地理学家赵松乔》一书的记载，当时张其昀请李春芬负责史地学系工作，史地研究所则请赵松乔负责：

> ……在张其昀决定离开杭州时，他把史地系教授李春芬和赵松乔找来，给他们一人一把办公室的钥匙，交代请李春芬代管史地系工作，请赵松乔代管史地研究所工作，他自己则打算先南下到广州或厦门一带教书……③

即可以理解为在 1949 年 5 月—1949 年 7 月，史地学系由李春芬代理主任，史地研究所由赵松乔代理主任。

---

① 浙江大学档案馆所藏档案。
② 李春芬：《我的生平和学术思想》，载李春芬编：《李春芬生平和学术思想》（内部印行），1990 年，第 9–10 页。
③ 赵旭沄著：《质朴坚毅——地理学家赵松乔》，北京：商务印书馆，2016 年，第 81 页。

当然，因赵松乔 1949 年 7 月后未接到浙大聘书，离开浙大；此前的 5—7 月间在浙大，亦因其与张其昀的师生关系，也处于边缘化状态，故其代理史地研究所主任一事恐未实际得到认可。

第三节　地理学系的运作与师生员工情况

一、组织架构与运作

（一）一般规定

浙江大学及各院、系的管理，本期仍然延续此前的方式，即通过校务会议、院务会议、系务会议等决策，校长、院长、系主任执行等方式进行。如前引 1950 年初浙江大学校务委员会在对 1949 学年第一学期的工作总结里，在第二部分"对于行政工作的领导"一节中，专门对"院务会议"、"系务会议"和校务会各常设委员会的组织方面，有当时情况的描述。对"系务会议"而言：

> 1949 年 10 月校委会决定各院系普遍成立院务会议和系务会议……系务会议由全系教职员和学生代表每级一人至二人，研究生代表一人组成，系主任为系务会议主席……
>
> 院务会议和系务会议的目的，是要加强院、系行政的集体领导，充分反映院、系内师生意见，经常讨论、研究和推动有关教学的各种事情。一学期来，它在推进各院系工作上和师生团结方面确曾起了相当大的作用。目前感到困难的是，院长和院务会议之间，系主任和系务会议之间的职权没有明确划定，因此各院系在运用院务会议和系务会议处理事情时，便很不一致，有时还有些紊乱。这是须要加以研究和解决的。[①]

1950 年 8 月颁布的《高等学校暂行规程》，亦明确了系主任、系务会议等体制：

> 第二十四条　大学及专门学院的系，为教学行政的基层组织，各设主任一人，受教务长领导（在设有学院之大学，则受教务长与院长双重领导）；由校（院）长就教授中聘任，报请中央教育部备案。其职责如下：
>
> （一）计划并主持本系的教学行政工作；
>
> （二）督导执行本系教学计划；

---

① 《一九四九年度第一学期校务委员会工作总结》（部分）（浙江大学档案馆，档案）。

（三）领导并检查本系学生的自习、实验及实习；

（四）考核本系学生成绩；

（五）总结本系教学经验；

（六）提出有关本系教职员任免的建议。

......

第二十七条　大学及专门学院在教务长领导下举行教务会议，若干系主任的联席会议及若干教研组主任的联席会议；在总务长领导下举行总务会议；在各系主任领导下举行系务会议。大学设有学院者，在院长领导下举行院务会议，代替系主任联席会议。

此外，该《暂行规程》中还借鉴当时苏联的高等教育体制，规定了新的"教学研究指导组"（简称"教研组"）等"教学组织"（第四章）：

第十七条　大学及专门学院教师，分为教授、副教授、讲师、助教四级，均由校（院）长聘任，报请中央教育部备案。

第十八条　教学研究指导组（以下简称教研组）为教学的基本组织，由一种课目或性质相近的几种课目之全体教师组成之；各教研组设主任一人，由校（院）长就教授中聘任，报请中央教育部备案。其职责如下：

（一）领导本组全体教师，讨论及制定本组课目的教学计划与教学大纲；

（二）领导及检查本组的教学工作和研究工作；

（三）领导与组织本组学生的自习、实验及实习。

据有关材料，浙江大学内部，从1950学年开始，已经有了"教研组"的设立：

......[1950年]9月学校建立了7个"公共科目教学研究指导组"（简称教研组）：夏承焘教授任基本中文教研组主任，戚叔含教授任基本英文教研组主任，钱宝琮教授任普通数学教研组主任，斯何晚副教授任普通物理教研组主任，王承基副教授任基本化学教研组主任，王曰玮副教授任基本生物学教研组主任，陈乐素教授任政治课教研组主任。这些教研组受教务长和系的双重领导，便于交流教学经验和心得，发现教学上的问题及时加以解决，以保证基础课教学质量的提高。1952年底，经院系调整后，我校已设有24个教研组，其中6个是公共科目教研组。[1]

---

[1]　浙江大学校史编写组编著：《浙江大学简史（第一、二卷）》，杭州：浙江大学出版社，1996年，第309页。

具体如教育学系，也是在 1950 年 9 月，"成立教育学、心理学和方法行政 3 个教研组"：

> 1950 年 6 月，中央教育部召开第一次全国高等教育会议。会议明确规定新中国高等教育的方针和任务是：以理论与实际一致的方法，培养具有高度文化水平、掌握现代科学技术和技术成就、全心全意为人民服务的高级建设人才。9 月，教育学系根据高教会议精神，结合师资、课程等具体情况，成立教育学、心理学和方法行政 3 个教研组……各教研组对每门课均制订详细的教学计划，并请学生代表参与意见，然后提交系务会议讨论通过。[①]

不过，因有关材料缺乏，地理学系此期是否设立"教研组"，或若设有"教研组"，具体设立的情况以及如何运作等，目前均无法确定。

（二）地理学系情况

地理学系设立后，在 1949—1952 年，其内部仍维持过去的管理方式，即以系务会议等形式处理涉及学系层面的各项事务；其下分为地理组、地质组和气象组，主要是负责教学工作。

李春芬在其自述中，对这一时期地理系的运作情况，有简略的回顾（见图 6-3-1）：

> ……至 8 月，在原来史地系地理组的基础上成立了地理系，属理学院，叶良辅先生任系主任。约 2 周后，叶先生旧疾复发，于 9 月中旬逝世。10 月校部正式任命我为系主任，直到 1952 年调往上海华东师大（院系调整）。这三年中，作为系主任对全系的教学，一本浙大的传统，强调基础训练，包括实际工作的能力和外语阅读专业书籍的能力，如一年级的基础课由教授担任，加强课内外实习，教师承担实地调查任务时，也组织同学一道参加，课外还辅导学生专业外语等。教师除教学工作外，都从事科学研究。在两年之内教师和同学在《地理学报》、《地质学报》发表的论文约 7—8 篇，其中有一位学生 1949 年由教育系转入地理系（编者注：即张鉴模【37504】），读至四年级时就写了一篇名为《河流发育的力学分析》的论文，于毕业后的翌年发表于《地质学报》。当时师生之间接触频繁，教师之间和睦相处，相互请益，浙大的优良传统学风得到充分体现。每一念及，令人神往。

---

① 周谷平、许迈进、张彬主编：《浙江大学教育学院院史》，杭州：浙江大学出版社，2012 年，第 37 页。

1951 年浙江文教厅与浙江大学合办浙江师范专科学校，设有地理科（即今杭州大学地理系前身），我除兼科主任外，每周并兼课 3 小时，虽两面奔跑，但心情舒畅，忙而不累，全凭热情担当。1950 年中科院成立，受聘为该院专门委员和地理研究所筹委会委员。①

图 6-3-1　史地学系（地理学系）1948 级学生张鉴模发表于《地质学报》的论文《河流发育的力学分析》。引自《地质学报》第 33 卷第 3 期（1953 年），第 205 页，第 216 页。

此期，地理学系之下，多是按照"分组"来管理，未见有设立"教研组"的材料，可能尚未推行。

二、教职员工

1949 年 5 月杭州解放后，浙江大学发生巨大变化，史地学系教职员工也有很大变动。一些原先与国民党有一定联系或关系的人士，除了张其昀 4 月底主动离开之外，还有一些留下来的教师，在 7 月份未获得浙大聘书，不得不离开浙大，后分别进入其他高校及科研院所。教授、副教授中，如诸葛麒、顾毂宜、沈思玙、李絜非、赵松乔等即在此时离开浙大。同时，为满足教学和科研需要，地理学系

① 李春芬：《我的生平和学术思想》，载李春芬编：《李春芬生平和学术思想》（内部印行），1990 年，第 10—11 页。

一方面留下一些毕业生作为助教，另一方面，也通过不同途径，试图引进更多高层次学者。

（一）1949 学年（1949.08—1950.07）

如前所述，1949 年 5 月 3 日杭州解放，至 6 月份，临时校务会议重新确定 1949 年度拟聘名单，分设的地理学系和历史学系即以 1948 年度史地学系的地组、史组所聘教师为基础，确定了新学年的教师人选。其中，竺可桢、张其昀已经离开浙大，前一年度获聘的诸葛麒、顾榖宜、李絜非、沈思玙、张崟、赵松乔、徐规、郑士俊等未予聘用（另外，胡玉堂的名字上打钩，但 1949 学年未在浙大任教，可能后因某种原因亦离开浙大）。

这样，在 1949 学年开始时（即 1949 年 8 月后），地理学系、历史学系较之此前史地学系的地组和史组，人员均有所减少。结合编印于 1950 年 6 月的《浙江大学教职员录》的记载，1949 学年地理学系和历史学系人员如下：

地理学系：

叶良辅（教授，兼地理学系主任；1949 年 9 月 14 日去世），李春芬（教授；1949 年 10 月接任地理学系主任，地理研究所主任），朱庭祜（教授，兼浙江省地质调查所所长[①]），孙鼐（教授），严德一（教授），石延汉（教授），么枕生（副教授），严钦尚（副教授），陈述彭（讲师；1950 年 2 月调至时在南京的中国地理研究所），陈吉余（助教）（第 32—33 页）

吴贤祚（绘图员），王心安（绘图员），周丙潮（管理员）（第 102 页）

历史学系：

陈乐素（教授），谭其骧（教授），黎子耀（副教授），管佩韦（助教），倪士毅（助教）（第 12—13 页）

陈吉余在后来的回忆中，提及 1950 年初的地理学系教职员工情况［编者注：该文中所提及的几位助教应该是 1949.08—1952.08 的情况，即是把该时期助教合在一起记述；但因李治孝、郑家祥 1950 年初尚未研究生或本科毕业，故此时是否任助教存疑。严格说来，李治孝应于 1950 学年（即 1950 年 8 月后）、郑家祥应于 1951 学年（即 1951 年 8 月后）留校任助教］：

---

① 说明：1949 年 5 月，杭州解放。朱庭祜、盛莘夫等受到谭震林、汪道涵等首长接见，受命筹建浙江省地质调查所，后朱庭祜任所长，盛莘夫任副所长。参见朱庭祜口述、周世林记录整理：《我的地质生涯》，载《中国科技史杂志》第 33 卷第 4 期（2012 年），第 397—432 页。

……这时的地理系教职工一共16人，系主任李春芬教授是加拿大多伦多大学地理学博士，后在哈佛工作，张其昀先生亲自到哈佛诚聘，1946年回国，是一位自然、人文全面发展的饱学之士，很受学生爱戴。地质学有朱庭祜和孙鼐教授；气象、气候有石延汉和么枕生教授；地理学有严德一教授，严钦尚副教授，陈述彭讲师，陈吉余（地貌）、李治孝（地质）、郑家祥（地理）助教；还有绘图室职员三人，为吴贤祚、王心安、周丙潮；工友二人，为汤孝初、周仔伢（编者注：原文如此，恐有误，其他文献记载中，多作"周雨伢"）。解放后不久，竺校长任中国科学院副院长，专函李春芬主任，欲调"二陈"，李先生放走陈述彭，把我留了下来。[①]

描述陈吉余生平的传记中，也记述有竺可桢欲调"二陈"至中科院地理研究所任职的事情：

此时，又发生过一段插曲，陈吉余还差点去了中国科学院。原来，竺可桢因为不愿随国民党南下台湾，所以闭门谢客，隐居在上海，迎接新中国。新中国成立后，他被任命为中国科学院副院长。为了充实中国科学院地学研究力量，他想到了浙大地理系有两个很有才华的小伙子，也就是陈吉余和陈述彭，于是就写信给李春芬调"二陈"。当时地貌学人手本来就不多，但是又不好拒绝竺可桢，于是李春芬想出了一个折中的办法，将陈述彭派过去，将陈吉余留下来，陈吉余后来才知道这事儿。[②]

这里所提到的"解放后不久，竺校长任中国科学院副院长，专函李春芬主任，欲调'二陈'，李先生放走陈述彭，把我留了下来"的事情，发生在1950年初；当时，竺可桢正在筹备中国科学院地理研究所，想把陈述彭、陈吉余等调入，李春芬放走陈述彭，留下陈吉余，即陈述彭于1949学年第二学期起离开浙大。

陈述彭自己在一篇回忆里，也提及自己于1950年初调到中国科学院地理研究所的事情：

1947年，我在杭州浙江大学初次见到李春芬教授，但是关于他的道德文章、才华建树，却是久仰了。地理学界的前辈竺可桢、胡焕庸、张其昀都很器重

① 陈吉余：《浙江大学史地系的十三年异彩纷呈》，载陈吉余著：《奋力长江河口——记陈吉余先生近期的河口海岸研究实践》，上海：华东师范大学出版社，2017年，第222页。
② 戴勇、王平、金文华著：《探究河口，巡研海岸——陈吉余传》，上海：上海交通大学出版社，2015年，第68—69页。

他，曾向我们介绍说，他是取得加拿大第一个地理学博士学位的我国留学生，对自然地理很有造诣。张其昀教授访问美国时，向竺可桢校长推荐，延聘李先生来浙江大学，师生都为此感到欢欣。

当时我是助教，又是在职研究生，经常去请教李先生。特别是我在写研究论文《云南螳螂川流域的地文与人生》的过程中，李先生花费了很多的精力和时间，一丝不苟、耐心细致地为我审阅、修改。他的严谨的治学态度和锲而不舍地追求真理的精神，对我的启发教育很大。李先生致力于地理环境结构的理论研究，把地球科学区域性和综合性的特点，有机地融汇贯通在一起，强调在深入分析基础上的高度综合，对人地相互作用与相互制约的关系，有独到和精辟的阐述。既继承了统一地理学的合理内核，又反映出现代科学的最新思潮。在李先生关于南美洲和北美洲的巨著中，充分地体现了他的学术思想，产生了广泛而深远的影响。

新中国成立，浙江大学……地理学系独立，李先生出任系主任。呕心沥血，为加强教授阵容，提高学生素质，作出了巨大的努力。新成立的地理系朝气蓬勃，面貌焕然一新。1950年中国科学院筹建地理研究所，要求浙江大学支援，李春芬教授高瞻远瞩，毅然支持我和郑威进科学院。就像送子参军的慈母一样，深入剖析我国地理科学发展的前景，精心安排我们的工作和生活，让我积极参加筹建，同时继续回母校兼职。关怀备至，语重心长。千叮咛，万嘱咐，鼓舞我们知难而进，艰苦创业，要为新中国地理学的发展奋力拼搏，作出奉献。[1]

施雅风当时正参与地理所的筹建工作，担任所务秘书；陈述彭调离浙大、来到地理所的过程，以及同期一批史地学系、地理学系毕业生来到地理所的情况，他在一篇为庆贺李春芬先生八十华诞而写的文章中也有提及：

1950—1953年，中国科学院筹建地理研究所，竺可桢副院长亲兼筹备处主任，聘请了一批知名学者任筹备委员（专门委员），在北京和南京开过几次会，讨论建所的方针任务、机构与课题设置，并推举所长人选。李先生是委员之一，我是所务秘书，列席会议，从此有机会亲受李先生教益。我最深刻的印象是李先生不仅在口头上而且在实际行动中非常热情地支持新建的地理所。当时地理所的当务之急是要调进一批合适的有发展前途的业务骨干，于是同李先生商调当时任浙大讲师的陈述彭同志来所建立地图组（由曾世英先生任组长），

① 陈述彭：《春风化雨，桃李芬芳——恭贺业师李春芬教授八旬大庆》，载李春芬编：《李春芬生平和学术思想》（内部印行），1990年，第23—24页。

陈的杰出才干在浙大已露头角，让他离开当然会对地理系有所削弱，但李先生以大局为重，忍痛割爱，毅然放陈到科学院工作，这种难能可贵的崇高行为，现在是很少见的。李先生还精心挑选推荐一批毕业生到地理所工作，其中有已毕业离校而专业不对口的左大康①、邱宝剑（编者注：即丘宝剑②）、黄盛璋、王明业等，应届毕业生汪安球（已故）、郑威、刘华训等。这些同志都成长为解放后第一代研究骨干，作出了很多贡献。特别应该指出的是陈述彭同志到科学院施展其才能，在地貌学、地图研究发展、遥感设计应用、地理信息系统等多方面有杰出的创造性的贡献，蜚声海内外。左大康同志在80年代出任地理所长，组织力量承担多项国家重大任务，发展应用新技术，建设实验站等，使地理研究结合国家建设实际，提高理论水平等方面上了一个新台阶。追本思源不能不感谢李先生对科学院地理所工作的支持。③

（二）1950学年（1950.08—1951.07）

本年度起，由于历史学系不再设立，谭其骧离开浙大，转至复旦大学历史系任教。其他原历史学系教师转为浙大公共课程教师，如陈乐素（教授）、黎子耀（副教授）、管佩韦（讲师）、倪士毅（助教）等。

地理学系仍然设于理学院。本年度，么枕生获聘教授，陈吉余获聘讲师。李治孝【史37】于1950年7月研究生毕业，正式留校任地质学助教。李行健【35064】1950年7月毕业于浙江大学理学院地理学系，同年任浙江大学助教。故1950学年地理学系教职员工为：

> 李春芬（教授，地理学系主任，地理研究所主任），朱庭祜（教授，兼浙江省地质调查所所长），孙鼏（教授），严德一（教授），石延汉（教授），么枕生（教授），严钦尚（副教授），陈吉余（讲师），李治孝（助教），李行健（助教）；
>
> 吴贤祚（绘图员），王心安（绘图员），周丙潮（书记）。

---

① 说明：左大康于1949年7月毕业后分配至浙江省农林厅、财政委员会工作，1953年调入中国科学院地理研究所。载《左大康地理研究论文选》编辑组编、郑度主编：《左大康地理研究论文选》，北京：科学出版社，1993年，第 vii 页。

② 说明：丘宝剑于1949年7月毕业，先在北京的某外国语学校工作，于1953年调入中国科学院地理研究所。丘宝剑：《记春芬老师对我的教益与关怀》，载李春芬编：《李春芬生平和学术思想》（内部印行），1990年，第47—48页。

③ 施雅风：《敬祝李春芬教授八十大庆》，载李春芬编：《李春芬生平和学术思想》（内部印行），1990年，第21—22页。

（三）1951 学年（1951.08—1952.07）

1951 学年开始前后，李春芬曾经聘请严重敏、杨怀仁等留学归来者至浙江大学地理学系任教。严重敏一度接受聘书，因随即开始院系调整，未正式来校担任教职，杨怀仁 1951 学年接受了南京大学地理学系的聘请，未至浙大任教。此外，本系学生郑家祥【34172】于 1951 年 7 月毕业，留系任地理学助教。[①] 故 1951 学年地理学系教职员工为：

> 地理学：李春芬（教授；地理学系主任，地理研究所主任），严德一（教授），严钦尚（副教授），陈吉余（讲师），郑家祥（助教）；
> 地质学：朱庭祜（教授；兼浙江省地质调查所所长），孙鼐（教授），李治孝（助教），李行健（助教）；
> 气象学：石延汉（教授），么枕生（教授）；
> 另有教辅及工友五人：吴贤祚（绘图员）、王心安（绘图员）、周丙潮（录事、文字抄写）、汤孝初（工友）、周雨伢（工友）。

陈吉余回忆：

> 在院系调整时，浙江大学地理系，教师仅 10 人，地理学：李春芬、严德一、严钦尚、陈吉余、郑家祥；地质学：朱庭祜、孙鼐、李治孝；气象学：石延汉、么枕生，另有教辅及工友五人：其中绘图员王心安、工友汤孝初调整到华东师大，绘图员吴贤祚和录事、文字抄写周丙潮调整到浙江师范学院，工友周雨伢留在浙大……[②]

在完成思想检查报告之后，领导我们学习的人员宣布全国高校要进行院系调整，对地理系教师宣布调整的纪律，不能私自联系单位，一切听组织调配。然后正式宣布地理系的教师，地质：朱庭祜、孙鼐，气象：石延汉、么枕生，调整到南京大学；地理：李春芬、严钦尚、陈吉余、郑家祥调整到上海新成立的华东师范大学地理系，严德一、李治孝留浙江。在院系调整期间，中国科学院《中华地理志》编辑部寄来一份空白表格，说是填好寄出，即可调到

---

① 张德龙主编：《上海高等教育系统教授录》，上海：华东师范大学出版社，1988 年，第 229 页。
② 陈吉余：《1952 年浙江大学地理系院系调整》，载《民间影像》编委会编：《民间影像（第 2 辑）》，上海：同济大学出版社，2013 年，第 151—153 页。

该单位工作，根据纪律，我只字未填。[①]

这里提到的院系调整前朱庭祜仍在地理学系，调整方案中确定朱庭祜至南京大学，但后来情况发生变化，朱庭祜未至南京大学。实际上，朱庭祜在1950年即兼任新设立的浙江地质调查所主任，1952年院系调整后，因华东地质局筹备处需要，朱庭祜改调至该局任总工程师。[②]

二、学生

（一）本科生

1949学年起，由于地理学系的设立，招生时即归入理学院地理学系。文学院中，历史学系1949学年没有招生。之前文学院史地学系的地组学生，自然转为理学院地理学系学生（即1946级、1947级和1948级地组学生），而史组学生由于历史学系暂停招生及后来正式停办，先后转学或转系。如1949年8月中旬，浙江大学与北京大学、清华大学等联系，将四年级史组学生转至两校。

布告

（复教字第廿八号，卅八年八月十三日）

兹为本校史地系史组四年级同学请求寄读北平北京大学、清华大学史地系史组。两校曾由本校去电代为申请，兹已复电同意。所有应届四年级同学，愿转学北大或清华二校者，均希于五日内到本校登记，以便汇办寄读手续，勿误为要。此布。教务处[③]

以下将理学院地理学系1949学年、1950学年和1951学年的本科生情况整理汇总如下。

1.1949级

1949学年招生仍沿袭之前大学招生方式。浙大分杭州区、南京区和上海区等分别进行招生考试和录取。现能查到《日刊》所载1949年度浙江大学在杭州区、南京区和上海区的新生录取名单，其中，理学院地理学系在杭州区录取6名（南

---

① 陈吉余：《浙江大学史地系的十三年异彩纷呈》，载陈吉余著：《奋力长江河口——记陈吉余先生近期的河口海岸研究实践》，上海：华东师范大学出版社，2017年，第226页。
② 朱庭祜口述、周世林记录整理：《我的地质生涯》，载《中国科技史杂志》第33卷第4期（2012年），第397—432页（本处引文见第429页）。
③ 《国立浙江大学日刊》复刊新173号（1949年8月15日）。

京区无）、上海区录取 8 名，具体名单如下：

本年度录取新生，杭州、南京二区放榜

本校三十八年度杭州、南京二区招考新生，成绩业已评定完竣。杭州区计录取 363 名，南京区计录取 28 名。共计 391 名。又，上海区因委托统一招生，录取于本校之学生名单尚未送下，故不克在此同时公布。

国立浙江大学三十八年度杭州区录取新生名单（以报名先后为序）

文学院（共 40 名）

中国文学系（8 名）：（略）

外国语文学系（17 名）：（略）

人类学系（2 名）：（略）

教育学系（13 名）：（略）

理学院（共 48 名）

数学系（4 名）：（略）

物理学系（14 名）：（略）

化学系（4 名）：（略）

生物学系（6 名）：（略）

药学系（14 名）：（略）

地理学系（6 名）：苏德品，赵颂华，黄定达，屈瑾如，黄声达，严冠庆

工学院（共 172 名）

（以下略）[1]

本校三十八年度上海区录取新生名单（以报名先后为序）

文学院（共 10 名）

中国文学系（3 名）：（略）

教育学系（7 名）：（略）

理学院（共 21 名）

物理学系（2 名）：（略）

化学系（9 名）：（略）

药学系（2 名）：（略）

地理学系（8 名）：胡受奚，胡兆量，董名山，郑饮春，应思淮（编

---

[1]　《国立浙江大学日刊》复刊新 180 号（1949 年 9 月 8 日）。

者注：原文误为"准"。另：本年度恐未入学或因故休学，后入读 1950 级），吴明人，胡高虹，居恢扬

工学院（共 94 名）

（以下略）①

查核浙江大学档案馆校友名录系统，1949 级名单如下：

姚启润【49053】（编者注：录取时为人类学系，后转地理学系），黄声达【49164】，董名山【49165】，赵颂华【49166】，吴明人【49169】，郑饮春【49171】，居恢扬【49172】，黄定达【49173】，胡受奚【49174】，胡高虹【49175】

1949 级正常情况应该于 1953 年 7 月毕业。但在 1952 年初，由于国家大规模建设即将展开，需要"大批高级工业建设干部"，所以教育部决定"理、工学院三年级学生提前毕业"（主要包括理工科若干经济建设急需的专业）：

> 为了解决今后几年内大批高级工业建设干部的供应问题，第一次全国工学院院长会议决定：从 1952 年起，调整院系，增设专修科，增加招生名额。但大批学生毕业期最早须在 1954 年，为着解决 1952、1953 两年的急需问题，拟将理、工两院若干系中原在 1953、1954 两年暑假应届毕业的学生，提前一年毕业。②

其中，明确提及"地质系"、"气象系"等系的三年级生提前在 1952 年暑假毕业，二年级生提前在 1953 年暑假毕业。至于"天文、地理、生物、心理等系，则不需提前毕业"。

不过，从 1949 级地理系 3 组学生的毕业情况来看，除了地质组、气象组学生提前毕业外，地理组亦有学生提前于 1952 年 7 月毕业（均与正常毕业的 1948 级一起毕业）。包括：

地理系地理组：张兰生【37061】，居恢扬【49172】，黄定达【49173】。

地理系气象组：姚启润【49053】，黄声达【49164】，赵颂华【49166】，邱国杰【37063】

---

① 《国立浙江大学日刊》复刊新 187 号（1949 年 9 月 29 日）。

② 《教育部关于理、工学院三年级学生提前毕业问题的几点指示（1952 年 1 月 3 日）》，载何东昌主编：《中华人民共和国重要教育文献（1949-1997）》，海口：海南出版社，1998 年，第 136 页。

地理系地质组：董名山【49165】，吴明人【49169】，胡受奚【49174】，胡高虹【49175】

此外，该级毕业生名单另载宁奇生【37069】和张鉴模【37504】两位学生，但分组情况未列。推测1949年之前应该仍按照原史地学系的史组、地组划分，两人均为地组学生；1949学年后，随着地理学系的设立和地理组、气象组、地质组的划分，从两人毕业后均在地质部门工作来看，应该均选择地质组就读。

2.1950级

查核浙江大学档案馆校友名录系统，1950级归入地理学系的学生名单如下（但后来可能多数并未就读地理学系，仅叶尚夫可确知为地理学系学生）：

童兴民【50288】，陈吉桢【50292】，白天申【50296】，王国华【50300】，叶尚夫【50305】，葛培根【50303】，陈裕宽【50316】

该级1952年8月后因院系调整，转入南京大学地质系、地理系和气象系（1952年10月后转入三年级），在南京大学于1954年2月提前半年毕业。据现有资料，转入各系的情况（共计19人）如下：

转入地质系者（13人）：叶尚夫【50305】，朱锡涛，吴望始（女），吴敦敖，应思淮，陈以洛，陈树盛，罗正华，周志炎，项礼文，施央申，夏树芳，柴本源[1]

转入地理系者（6人）：陈丙咸，曾尊固，吕人伟，高文治，王超然，方永[2]

转入气象系者（0人）：无

1950级地理学系学生陈丙咸后来回忆：

我是一九五〇年进入浙大地理系学习的，浙大调整为多科性的工科大学后，原理学院地理系除部分教职工留在杭州，在浙江师范学院创办地理系外，大部分教职员调整到华东师范大学地理系，少数教师如孙鼐、么枕生先生等和全体学生并到南大。因浙大地理系设地理、地质、气象三个组，到南大后则对口到系。并入地理系的只有八名学生。当宣布全体学生合并到南大时，

① 王德滋主编：《南京大学地球科学与工程学院简史》，南京：南京大学出版社，2011年，第32页。
② 说明：王超然、方永二人系于1951年由安徽大学史地系转入浙大地理系，1952年又随该系学生一起转入南京大学，两人均选择入地系。据罗谷风先生提供相关信息，谨此说明并致谢。

我们都高兴极了。一是因为南大地理系在全国颇有声誉，还有任美锷、李海晨、杨怀仁先生等我所仰慕的老师；二是因为领导上采纳了学生们的意见，改变了原拟将学生合并到华东师范大学的决定。[1]

同为该级学生的周志炎（1954 年 2 月毕业于南京大学地质学系），于 2011 年 5 月重返浙大，并看望了当时的老师李治孝。其后，周志炎撰文回忆了就学浙大时的情景（见图 6-3-2）：

> 其实尽管离开学校许多年，当年一些情景、事物不时萦绕心怀。我心中一直惦记着那些历经沧桑的建筑：记忆中高大巍峨的浙江图书馆、阳明馆、存中馆及我们地理系的那幢陈旧甚至有些破败的教学小楼等。它们如今还在吗？还完好无损吧？往事总是会被无情岁月冲淡许多，但是在慈湖畔、求是桥堍和同学朝夕与共、弦歌一堂，共同聆听老师的授课和答疑的时日以及野外实习栉风沐雨、同甘共苦和跋山涉水的情景是难以完全忘怀的。我至今还能清晰地回忆起朱庭祜、李春芬、孙鼐和石延汉等几位老师的音容笑貌及当时学习和生活的一些细节，如晚饭后和同学在庆春门外铁道上漫步，无拘无束地交谈的个别话题，以及在冬天和同学打雪仗的情景。[2]

图 6-3-2　20 世纪 50 年代初在大学路校园慈湖边 1950 级地理学系同学与教师合影
说明：左 5 为严德一（前排穿长衫者），右 6 为周志炎（后排戴眼镜者）
引自《浙江大学馆藏档案 2010》，第 21 页。

---

[1]　陈丙咸：《回忆 1952 年的院系调整》，载《南京大学地理学系建系八十周年纪念》（南京大学城市与资源学系编印，内部印行），2002 年 5 月，第 45 页。
[2]　周志炎：《六十年后重回母校》，载《浙大校友》2011 年第 2 期，第 56 页。

3.1951 级

查核浙江大学档案馆校友名录系统，1951 级地理学系学生已经查不到有关信息，可能是院系调整时有关档案随学生一起转至其转入的学校。但根据实际情况可知，该级于 1952 年 10 月因院系调整，与 1950 级同时转入南京大学地质系、地理系和气象系，并就读于二年级，至 1955 年 7 月修满 4 年正常毕业。据现有资料，该级学生共 22 人（包括留苏预备生 1 人），转入各系的情况如下：

转入地质系者（14 人）：施林道，沈修之（也作"沈修志"），罗谷风，方大卫，张受生，卢端淑（女），张才仙（女），方少木，陈兰生，张遴信，童航寿，吴毓晖，翟人杰，王文斌

转入地理系者（2 人）：过鉴懋，阮宝同

转入气象系者（5 人）：陈隆勋，王得民，龚月琳，许小金，朱乾根

另：俞时青（1 人）考取留苏预备生入北京外国语学院学习俄语[1]

1951 级地理学系学生、后转入南京大学地质学系的童航寿回忆：

1952 年院系调整，我从浙江大学地理系调整到南京大学地质系本科就读。系主任就是徐克勤教授。徐教授给我们讲授过矿床学，而且是我毕业论文的指导老师。1955 年秋我有幸被母校地质系推荐到苏联留学攻读副博士学位。回国后分配到核工业地质研究院（前称二机部三所）任职从事铀矿成矿规律研究……[2]

同期转入南京大学地理学系的过鉴懋回忆：

1952 年院系调整，我从浙江大学来到南京大学地理学系读二年级。来校前就知道李教授（编者注：指李海晨）1936 年 8 月至 1937 年 7 月受聘于浙大史地系担任助教，抗日胜利后特邀为浙大史地研究所的 1946 届研究生讲授地图学，1947 年 8 月到 1948 年 1 月再度在浙大史地学系兼任教授，所以李教授也是浙大地理学系的校友。[3]

---

① 过鉴懋：《珍贵的忆念，难忘的感情——记浙江大学地理学系学习的一年》，载《浙大校友》1997 年（下），第 273—277 页。

② 童航寿：《师生情谊琐记——缅怀徐克勤先生》，载刘德良、戴金星：《师承——忆南京大学三位地球科学宗师》，合肥：中国科学技术大学出版社，2017 年，第 42 页。

③ 过鉴懋：《缅怀李海晨教授对我的教导》，见"南京大学校友网"，https://alumni.nju.edu.cn/f3/89/c3141a62345/pagem.htm，[2024-05-26]。

（二）研究生

本期，随着史地学系改设地理学系，史地研究所亦于 1949 年 8 月明确改为地理研究所且归属理学院。从现有材料来看（浙江大学档案馆所藏档案"1949 学年研究生入学名单"中无地理研究所学生），地理研究所 1949 年度未招生。见图 6-3-3。

1950 年度地理研究所正常招生，录取 3 人，均为之前的史地系（地理系）学生，即王懿贤（编号：地 1，原 1945.08—1950.07 学生）、黄盛璋（编号：地 2，原 1945.08—1949.07 学生）、吴国纯（编号：地 3，原 1945.08—1950.07 学生）。

从当时黄盛璋的成绩登记表来看，黄盛璋实际上于 1949 学年即考入中国文学研究所为硕士研究生（编号："国 4"，或"中 4"），后来也未入读地理研究所。估计可能是 1950 学年黄盛璋当时想重新就读地理学专业的研究生，故参加考试，但后来又放弃，仍然在中国文学研究所就读（并于 1951 年 7 月毕业）。因此，地理研究所的名册中随即注明"自动退学"、"取消"等字样。见图 6-3-4。

1951 年度则未见地理研究所招生的记载或材料（若招生，则也当随 1952 年院系调整而未在浙大毕业，但没有相关材料提及）。

从 1953 年 5 月填写的一份《国立浙江大学毕业学生名册》所登记的情形来看，1950 年度的王懿贤和吴国纯之后，就再没有看到地理研究所学生的记载了。王懿贤和吴国纯可能均未完成研究生阶段的学习。其中，王懿贤完成了两年的研究生课程，但可能未完成毕业论文即离校，所以没有在浙江大学毕业（至少至 1953 年 5 月该表登记之时，没有毕业）；吴国纯则因身体原因，仅在 1950 学年第一学期就读，后即休学，未完成学业。

在此阶段，地理研究所的毕业研究生，仅有一位，即 1948 学年入学、1950 年 7 月毕业的李治孝（就读期间：1948.08—1950.07），正好跨越史地研究所和地理研究所两个阶段。

据李治孝的研究生成绩登记表所载，其所修课程包括：

第一学年：地形研究，区域研究，历史地质学
第二学年：聚落地理，地质实测，构造地质研究，地质构造研究
新民主主义论，社会发展史，体育
平均成绩：84
毕业论文：《浙江余杭西南部之地质和矿产》

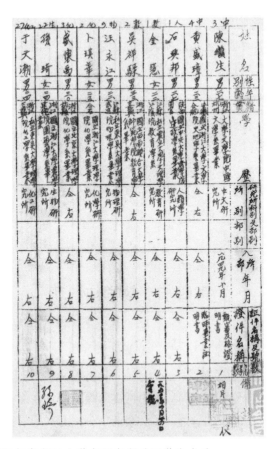

图6-3-3 1949年度浙江大学各研究所录取学生名录
说明：黄盛璋1949学年考取"中文研究所"（编号：中4），人类学研究所
该年度招生且录取新生石兴邦（编号：人1），但无地理研究所录取人员。

图6-3-4 中文研究所研究生黄盛璋【国4】的成绩登记表（部分）

723

在"发给证件"栏则注明："1952 年 6 月 20 日，修业期满证件"。

1949 年后，李治孝曾经担任浙大研究生会主席。李治孝在回忆导师叶良辅先生去世前后情况时，有这样的记述：

> ……1949 年 5 月 3 日杭州解放，他精神振奋，豪情溢于言表，不久受聘为浙大地理系系主任。当时，新建地理系的工作甚为繁忙，同时政治学习安排的时间也较多，其他会议也很多，叶师是每会必到的。记得当时我任浙大研究生会主席，曾邀请学校研究生的导师参加一个座谈会，内容是反映研究生的共同要求，叶师不但按时前来参加会议，而且还作了充满热情的讲话。至今使我记忆犹新。可惜叶师以久病羸弱之躯，应付繁重的工作与学习，终于支持不住了……[1]

第四节　教学与科研

一、教学

（一）全国的课程改革 [2]

1950 年 6 月 1 日至 9 日，第一次全国高等教育会议在北京召开，课程改革问题是这次会议讨论的重要内容之一（其余两项分别为高等学校的组织问题、制定高校相关规章制度）。在教育部发出的召开第一次全国高等教育会议的通知中指出，召开全国高等教育会议的主要任务之一是："高等学校课程的改革，主要是文、法学院七个系（文学、哲学、历史、教育、政治、经济、法律）的课程的修正，及理、工学院八个系（数学、物理、化学、地质、电机、机械、土木、化工）与农、医、财经学院若干系的课程草案。"（原注：《教育部召开第一次全国教育会议的通知》，《新华月报》第 2 卷第 1 期）

高等教育会议之后不久就颁布了《教育部关于实施高等学校课程改革的决定》（1950 年 7 月 28 日政务院第 43 次政务会议通过）。这个决定的核心内容包括：

---

① 李治孝：《叶良辅老师的生平和贡献》，载贵州省遵义地区地方志编纂委员会编：《浙江大学在遵义》，杭州：浙江大学出版社，1990 年，第 372—378 页（本处引文见第 373 页）。
② 说明：本节部分内容据刘颖著《除旧布新：新中国成立初期中共对高等教育的接管与改造》相关内容摘编（刘颖著：《除旧布新：新中国成立初期中共对高等教育的接管与改造》，北京：人民出版社，2010 年，第 46—48 页）。除了其他来源的材料单独注明出处外，不再另外注明。特此说明并致谢。具体表述中，编者略有补正。

课程改革要以《共同纲领》中关于教育问题的规定为宗旨；克服为学术而学术的教条主义倾向；废除政治上的反动课程，开设新民主主义课程；课程密切配合国家政治、经济、国防和文化建设当前与长期的需要等内容。

1951 年 6 月，教育部专门召开高等学校课程改革讨论会，会上提出了修订文、法、理、工各系及财经学院若干系的课程草案，并且提出各系科教学计划的原则；这几项原则是：各系科的教学计划及教学大纲，必须充分贯彻爱国主义的思想教育；编排课程时，应从培养一定专门人才所必需的课程着眼，业务课程应有重点，选修课应尽量减少；各种课程均须拟定教学大纲；政治课是各系科的基本课程，着重于系统的理论知识的讲授，时事学习着重于时事政策教育；将实习作为学习过程的一个重要组成部分；每周学习时数，包括上课、自习、实验、实习、讨论、时事学习等最多不得超过五十四小时（原注：中央教育科学研究所编：《中华人民共和国教育大事记》（1949—1982），教育科学出版社 1983 年版，第 43 页）。在当时的认识中，原有旧教育中的课程存在很多弊端。比如，原有的政治课不能反映新社会的内容并且与新生政权的指导思想是格格不入的，而有些业务课又过于繁重，并且不能服务于国家的经济建设。为此，教育部提出要进行课程改革，课程改革的内容包括政治课和业务课两个方面。

1. 政治课改革

政治课改革方面，主要是将原有的课程全部取消，改设新的政治课。

1949 年 8 月 10 日，华北高等教育委员会召开常委会第三次会议，在这次会议上就决定："关于各大学课程改革方面，决定各大学院校全校共同必修课为辩证唯物论与历史唯物论（包括社会发展简史）、新民主主义论（包括中国近代革命运动简史）两种。"（原注：《华北高教会常委会第三次会议讨论改革大学课程，订定辩证唯物论与历史唯物论、新民主主义论为各大学必修课》，《人民日报》1949 年 8 月 12 日，第 2 版）1949 年 10 月 8 日，华北人民政府高等教育委员会颁布了《华北专科以上学校一九四九年度公共必修课过渡时期实施暂行办法》，其中规定：

（一）本年度一、二、三、四各年级必修：

一、辩证唯物论与历史唯物论（包括社会发展史），第一学期学完，每周三小时，共三学分。

二、新民主主义论（包括近代中国革命运动史），第二学期学完，每周三小时，共三学分。

（二）本年度文、法、教育（或师范）学院毕业班学生必修政治经济学，每周三小时，一年学完，共六学分，二、三年级学生除特殊情况外，暂不修习。
（原注：全国普通高校"两课"教育教学调研工作领导小组编：《普
通高校思想政治教育课程文献选编》（1949—2003），中国人民大学出版社
2003年版，第2页）

2. 业务课程改革

业务课程改革的着眼点是提出理论与实际相结合的原则，并要求精简原有过
于繁重的课程。

1949年11月17日，教育部在北京召开华北地区及京津十九所高等院校负责
人会议，在这次会议上提出："业务课程必须切合建设的需要，反对好高骛远、
教条主义，但同时要注意科学理论的系统学习，必须做到理论与实际结合。业务
课要实行必要的精简。"（原注：《教育部召开华北京津十九院校负责人会议，
讨论高等教育改造方针》，《人民日报》1949年11月22日，第4版）。根据
《教育部关于第一次全国教育工作会议的报告》，其中指出："不分老区新区，
大学与中等学校，现行课程、教材都过于繁重，并脱离实际。上课时间多，自习
时间少，有的学校社会活动仍过多，弄得学生忙，先生忙，影响学生健康，但成
绩并不好。课程与教材均须进行合理精简，并充实切合实际的内容。"（原注：
何东昌主编：《中华人民共和国重要教育文献（1949—1975）》，海南出版社
2003年版，第10页）

（二）浙江大学和地理学系的课程安排情况

浙江大学按照中央这些方针，开展了课程调整工作。

政治课等公共课与全国性课程改革的要求一致，即"关于各大学课程改革方
面，决定各大学院校全校共同必修课为辩证唯物论与历史唯物论（包括社会发展
简史）、新民主主义论（包括中国近代革命运动简史）两种"，浙江大学亦然。
例如，1949学年入学的工学院学生，在其回忆中，曾经记述有学校"讲大课、做
形势报告"的情景：

> 我于新中国成立初期就读于母校，当时母校校址在大学路。校舍虽不如
> 现在玉泉的新校舍富丽堂皇有气魄，但宁静的慈湖、新开河旁的音乐教室、
> 阳明馆前的子三广场、古朴陈旧的教室和宿舍均给我留下深刻的印象。当时
> 全校院系很多，除我们工学院外，还有文、理、医、农等学院，各院系都聘
> 有知名度很高的名教授，尤以理学院为最多，这给我们基本课程的学习带来
> 很有利的条件。我们常常争着选他们的课，以听到名教授的讲课而自豪。母

校在重视提高学习质量外，也很注重政治思想教育，经常请省市各部门的负责同志来学校讲大课、做形势报告等。当时全校开大会、听报告有时在阳明馆前的子三广场，有时在健身房内的篮球场，尽管会场小而简陋，但大家挤在一起感到十分热闹……①

1950 学年入学的一位农学院牧医系学生，也曾经回忆起入学第一年全校新生共同上"社会发展史"课程的情景：

> 我们新生被爱称为 fresh men，有一门课叫"社会发展史"，也叫"马列主义哲学"，我们全校新生一起在校本部体育馆听课。主要由俞名璜先生担任教授，俞当时是杭州市宣传部副部长，他讲课非常生动幽默，不少同学是他的崇拜者，拿现在时髦话来说，就是俞教授的"粉丝"。上课时他发讲义，不要求做课堂笔记。他说讲"社会发展史"、"新民主主义论"最主要的是要把半封建半殖民地的形态讲清楚，什么是半封建半殖民地呢？他自答道："要从形态上去看它，去剖析它的病态。裹脚老太婆把丝袜前面剪掉一段缝起来，再套在脚上，就是半封建半殖民地嘛；穿西装坐在测字摊子旁算命，也是半封建半殖民地呀！"这一比喻形象而生动，让人终生难忘。他又说"雷峰塔为什么会倒"？就是迷信的人相信塔砖里藏的佛经拿回家可以消灾降福，这就是塔以迷信而建，也以迷信而倒。量变引起质变，这就是大众哲学。俞教授不愧是宣传部部长，他把逻辑思维变成了形象思维。
>
> 在体育馆为全校新生讲课的还有当时浙大的校长马寅初教授，他还兼任上海华东军政委员会副主席，讲课时有勤务兵为他斟饮料，他自己说是可口可乐，是战利品。给我们讲课时他已经 68 岁高龄，身材矮矮的，蛮健壮的，声音洪亮，讲课内容通俗易懂。我们能亲耳聆听他的讲课，也是一种幸运。他说生产的增长是数学级数，人口的增长是几何级数。到时人口膨胀起来，就会拖经济的后腿。所以兄弟（马老自称）主张"控制人口"。
>
> 马老还通俗地讲了"团团转经济"这个命题。他说张买李一只鸡，李买王一段布，王买赵一双鞋，这样经济就转起来（大意是这么说的），这就叫"团团转经济"，不要像我们的老祖宗一样把金子、银子埋在床底下，那样经济

---

① 李云发：《新中国成立初期的母校生活》，载《求是儿女怀念文集》编辑组编：《寄情求是魂——求是儿女怀念文集》，杭州：浙江大学出版社，2015 年，第 153 页。

就死掉了……①

前引李治孝的研究生成绩登记表中，其第二学年（即 1949.08—1950.07）的课程中，也增加了"新民主主义论"和"社会发展史"的课程，亦是当时课程调整的写照。

专业课也在逐步调整。就地理学系而言，若干具有较强政治倾向性的课程，如"政治地理学"等，直接被取消；其他偏重于自然科学的课程，因政治性色彩不浓，还未做多的调整，仍继续按照 1949 年前的体系开设，如"聚落地理（城乡地理）"等；同时增开如"苏联地理"等课程（1952 年后，在进一步学习苏联课程设置的背景下，调整力度更大，人文地理的内容更进一步减少）。现能查到一份浙江大学 1949 学年第一学期教师任课情况一览表，其中，地理学系专业课情况如下，见表 6-4-1、图 6-4-1：

表6-4-1 浙江大学理学院地理学系1949学年第一学期教员任课一览表②

院别：理学院 系别：地理学系

姓名	担任学科	每周上课时数		学生人数	总时数	备注
		演讲	实习			
李春芬	地学通论	3		16		
	聚落地理（城乡地理）	3		10		
	专题研究（甲）	1		6	7	
孙　鼐	地质学（甲）	3	4	21		
	地质学（乙）	2	4	3		
	野外实察			10		时间另定
	矿物岩石学	3	3	9	8	实习 11
朱庭祜	工程地质	3	3	21		
	地质测量	1	4	11		

---

① 蓝之中：《母校回眸——1950 年 9 月—1952 年 9 月》，载《求是儿女怀念文集》编辑组编：《寄情求是魂——求是儿女怀念文集》，杭州：浙江大学出版社，2015 年，第 286—287 页。
② 资料来源：浙江省档案馆所藏档案。

姓名	担任学科	每周上课时数		学生人数	总时数	备注
		演讲	实习			
	矿物岩石学	3	3	9		
	地质构造研究			1		
么枕生	农业气象学	3		24		
	气候学	3	2	11	6	实习2
陈述彭	本国地理总论	2		6	2	
石延汉	气象学			24		
	理论气象学	3		15		
	大气物理学	3		8	9	
严钦尚	地形学	3		7		
	苏联地理	3		7		
	野外实察			10	6	实习时间另定
严德一	经济地理	3		6		
	世界地理	3		8		
	专题研究（乙）	1		5	7	

此外，1949学年地理学系该年度的专业课课程安排情况，也可从"国立浙江大学理学院地理学系1949学年度拟开学程一览表"中，大致了解当时的状况，见表6-4-2、图6-4-2：

表6-4-2 浙江大学理学院地理学系1949学年拟开学程一览表[1]

学程名称	学分数		每周上课时数				修习年级	必修或选修	半年或全年	担任教员
	上学期	下学期	（上）演讲	（上）实习	（下）演讲	（下）实习				
地质测量	3		2	4			三	必	半	朱庭祜
工程地质	3		3	3			土二	必	半	朱庭祜

续表

学程名称	学分数		每周上课时数				修习年级	必修或选修	半年或全年	担任教员
	上学期	下学期	（上）演讲	（上）实习	（下）演讲	（下）实习				
矿石岩石学	3	3	3	3	3	3	本系三四，化学系，物理系，农化系	选	半	朱庭祜，孙鼐
地质学（甲）	3	3	3	3	3	3	一	必	全	孙鼐
地质学（乙）	3	3	3	3	3	3	文理各系，各年级	选	全	孙鼐
气象学	3	3	3	3	3	3	二	必	全	么枕生
气候学	3		3				三	必	半	么枕生
农业气象学	3		3	2		2	农院二	必	半	么枕生
地学通论	3		3				一	必	全	李春芬
聚落地理（城乡地理）	2		2	2			三、四	选	半	李春芬
专题研究（甲）	2	2	1	4	1	4	四	必	全	李春芬
专题研究（乙）	2	2	1	4	1	4	四	必	全	严德一
经济地理	3		3	1			三	必	半	严德一
世界地理	3	3	3		3		三、四	必	全	严德一
地形学	3	3	3	3	3	3	三	必	全	严钦尚
地图读法	2	2	2	2	2	2	四	必	半	严钦尚
苏联地理	3		3				三四及他系	选	半	严钦尚
野外实察	2			3		3	四	必	半	孙鼐，严钦尚，陈吉余
本国地理总论	2	2	2	2	2	2	二	必	全	陈述彭

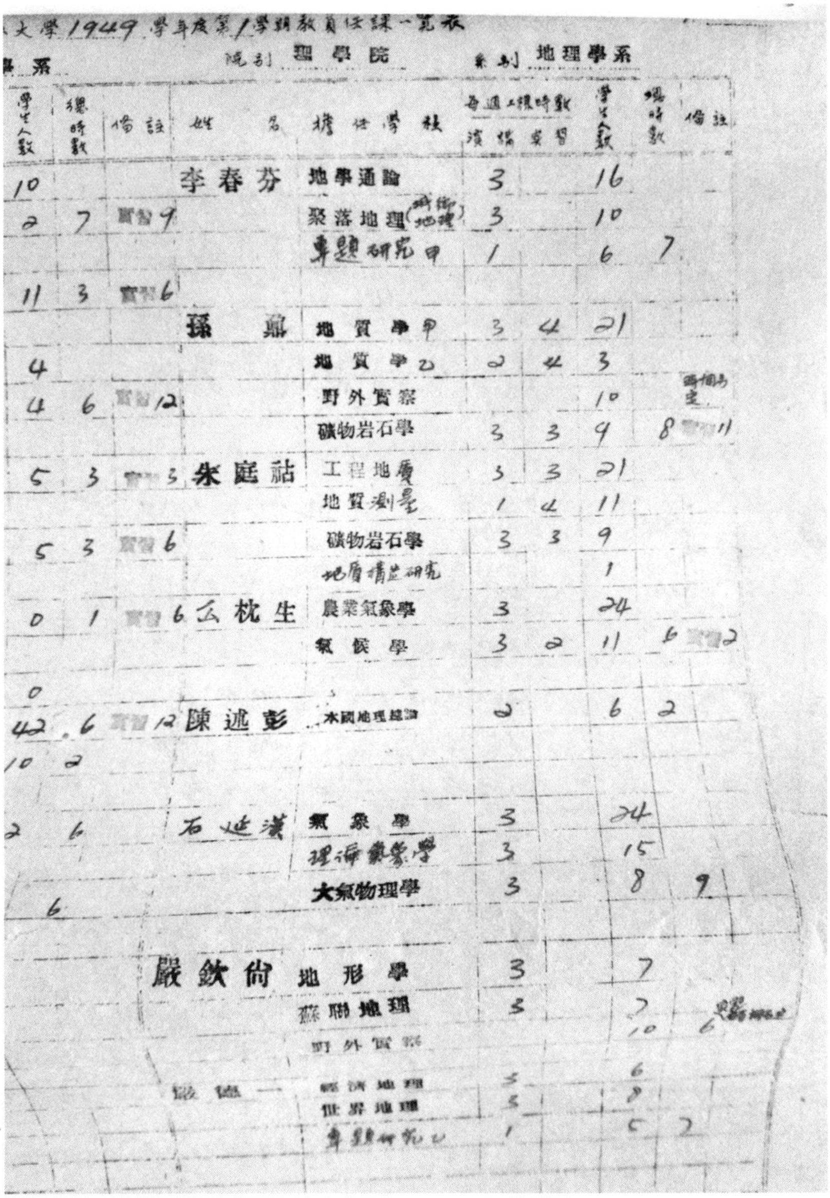

大学1949学年度第1学期教員任課一覧表

院別 理學院　　系別 地理學系

學生人數	總時數	備註	姓名	擔任學程	每週上課時數 講授	實習	學生人數	總時數	備註
10			李春芬	地學通論	3		16		
2	7	實習9		聚落地理（城市地理）	3		10		
				專題研究甲	1		6	7	
11	3	實習6							
			孫鼐	地質學甲	3	4	21		
4				地質學乙	2	4	3		時間另定
4	6	實習12		野外實察			10		
				礦物岩石學	3	3	9	8	實習11
5	3	實習3	朱庭祜	工程地質	3	3	21		
				地質測量	1	4	11		
5	3	實習6		礦物岩石學	3	3	9		
				地層構造研究			1		
0	1	實習6	么枕生	農業氣象學	3		24		
				氣候學	3	2	11	6	實習2
0									
42	6	實習12	陳述彭	本國地理總論	2		6	2	
10	2								
2	6		石延漢	氣象學	3		24		
				理論氣象學	3		15		
				大氣物理學	3		8	9	
	6								
			嚴欽尚	地形學	3		7		
				蘇聯地理	3		7		
				野外實察			10	6	
			嚴德一	經濟地理	3		6		
				世界地理	3		8		
				專題研究乙	1		5	2	

图6-4-1　浙江大学1949学年第一学期教员任课一览表（地理学系）。引自浙江省档案馆所藏档案。

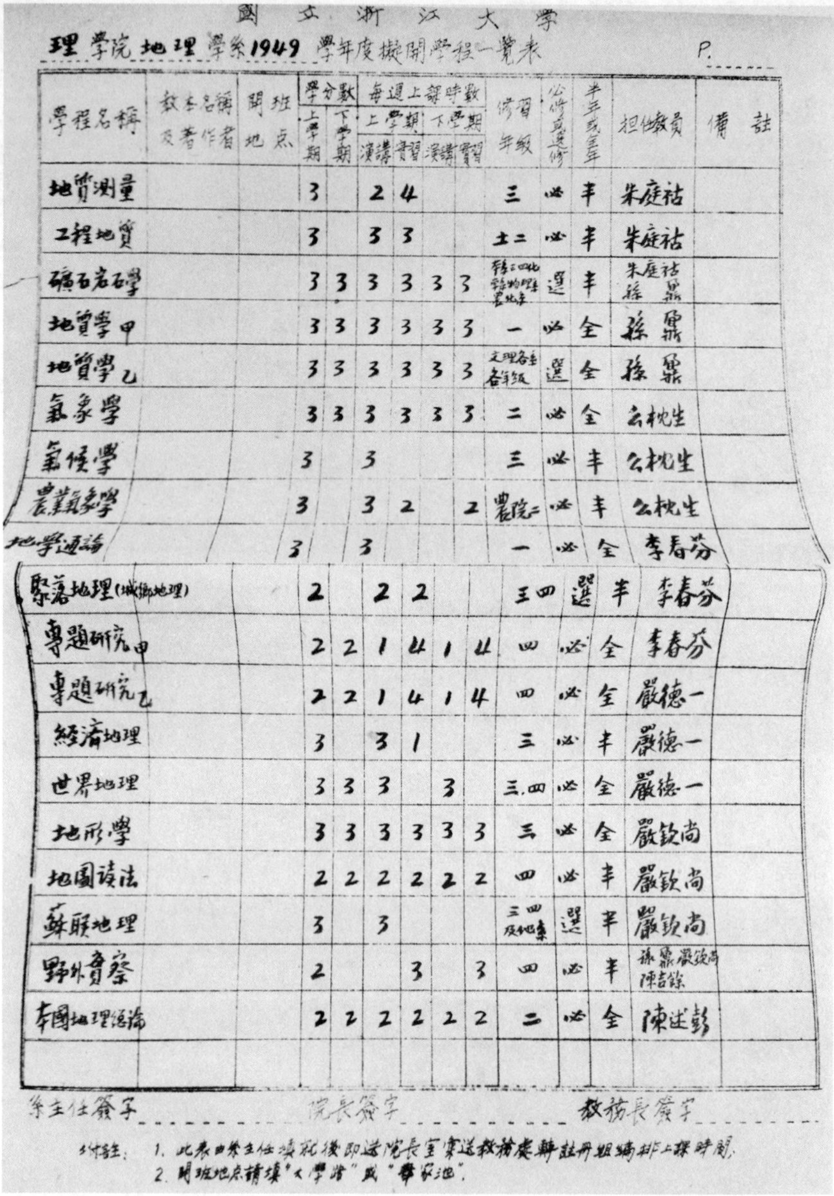

國立浙江大學

理學院地理學系1949學年度擬開學程一覽表　　P.

學程名稱	教本名稱及著作者	開班地點	學分數 上學期	學分數 下學期	每週上課時數 上學期 演講	上學期 實習	下學期 演講	下學期 實習	修習年級	必修或選修	半年或全年	担任教員	備註
地質測量			3		2	4			三	必	半	朱庭祜	
工程地質			3		3	3			土二	必	半	朱庭祜	
礦石岩石學			3	3	3	3	3	3	[illegible]	選	半	朱庭祜 孫鼐	
地質學甲			3	3	3	3	3	3	一	必	全	孫鼐	
地質學乙			3	3	3	3	3	3	文理各系各年級	選	全	孫鼐	
氣象學			3	3	3	3	3	3	二	必	全	么枕生	
氣候學			3		3				三	必	半	么枕生	
農業氣象學			3		3	2		2	農院二	必	半	么枕生	
地學通論			3		3				一	必	全	李春芬	
聚落地理（城鄉地理）			2		2	2			三四	選	半	李春芬	
專題研究甲			2	2	1	4	1	4	四	必	全	李春芬	
專題研究乙			2	2	1	4	1	4	四	必	全	嚴德一	
經濟地理			3		3	1			三	必	半	嚴德一	
世界地理			3	3	3		3		三、四	必	全	嚴德一	
地形學			3	3	3	3	3	3	三	必	全	嚴欽尚	
地圖讀法			2	2	2	2	2	2	四	必	半	嚴欽尚	
蘇聯地理			3		3				三四及他系	選	半	嚴欽尚	
野外實察			2			3		3	四	必	半	孫鼐 嚴欽尚 陳吉餘	
本國地理總論			2	2	2	2	2	2	二	必	全	陳述彭	

系主任簽字＿＿＿＿　院長簽字＿＿＿＿　教務長簽字＿＿＿＿

附註：1. 此表由系主任填就後即送院長室彙送教務處轉註冊組編排上課時間。
2. 開班地點請填"大學路"或"華家池"。

图 6-4-2　浙江大学理学院地理学系 1949 学年拟开学程一览表。引自浙江省档案馆所藏档案。

一些回忆材料中，也有对该时期上课及教学情况的记载。1949学年开始不久，叶良辅于1949年9月14日逝世。10月李春芬继任系主任后，对陈吉余等所承担的课程做过安排和调整：

> 解放的脚步越来越近，陈吉余和陈述彭将史地系的图书和地图整理好。1949年5月3日，杭州解放。陈吉余夫妻带着孩子站在吴衙巷口，看着解放军迈着整齐的步伐走过。杭州军管会接管了浙大，这对浙江大学产生了深远影响，史地终于分家了，叶良辅任地理系系主任。
>
> 没过多久，让陈吉余感到最为伤心的一件事情发生了，那就是导师叶良辅积劳成疾，不幸离世，这让本来因为分系而欢呼雀跃的地理系蒙上了一层悲伤。陈吉余和陈述彭料理了恩师丧事。"八年授业，承恩泽，继地貌研究遗志。努力终身，以慰老师悉心的教诲"，陈吉余是这样回忆导师的。叶先生的离世，给地理系的地貌学研究和教学带来很大的损失。当时，只有陈吉余、陈述彭和严钦尚可承担这些工作。继任系主任李春芬安排陈吉余承担起"课外实习"的课程，而且让陈吉余选择水文地理作为今后研究的主要方向。[①]

1951年9月入学的地理学系学生过鉴懋曾经撰文回忆了1951学年在校一年的学习生活；关于教学方面，他在"打下了扎实的基础知识"这样的小标题下，有这样的记述：

> 这一年开设的课程中，属于公共必修课的有"社会发展史"、"英语"、"体育"等，属于专业基础课有"地学通论"（李春芬教授开的）、"普通地质学"（孙霭教授开的）、"普通气象学"（石延汉教授开的）和"野外实察"（陈吉余讲师开的）等。专业课都是有经验的老师讲课，为今后学习打下了入门的基础。"野外实察"课是我系叶良辅教授倡导开设的理论与实践相结合的课程，在教室内上理论课，利用星期日到野外去考察，遇到考察时大家心中感到无比的高兴，既学会了罗盘仪的使用方法和用步测绘制平面地图，又实地考察了杭州附近的地质地貌情况，探讨了南高峰、北高峰的成因，龙井和九溪十八涧是否存在冰川地貌等，至今记忆犹新。选修课有"数学"、"物理"、"水文地理"、"土壤地理"等。因为"土壤地理"是由农学院开设的，所以每当上"土壤地理"时，都由校车接送去华家池农学院，来去路上比较匆促。

① 戴勇、王平、金文华著：《探究河口，巡研海岸——陈吉余传》，上海：上海交通大学出版社，2015年，第68—69页。

第一学年的生动丰富的教学，为我们继续深造打下了扎实的基础。[①]

（三）地理学系学生的分组情况

地理系本科生在二年级后，亦仿照史地学系时期的作法，分为三组，即地理组、气象组和地质组，即相当于3个专业。当然，具体到本期的6届在读学生（即1946级、1947级、1948级、1949级、1950级、1951级），情况又略有不同。

1946学年入学的学生，因1949学年开始已经为四年级，故仍按照地组修习课程，1950年7月毕业时统一表述为"理学院地理学系"，应该是仍归属"地组"，没有再细分。

1947学年入学的学生，1949学年开始时为三年级，即从三年级开始分组，至1951年7月毕业时，登记表中即把组别亦表述出来，例如，何文池为"理学院地理系气象组"，郑家祥为"理学院地理系地理组"等。

1948学年及之后入学的学生（即1948级、1949级、1950级、1951级），当从二年级起开始分组，即处于正常状态。例如，1948级和1949级（该级提前毕业）学生，至1952年7月毕业时，登记表中亦把组别表述出来，例如，张兰生为"理学院地理系地理组"，姚启润为"理学院地理系气象组"，董名山为"理学院地理系地质组"。见图6-4-3。

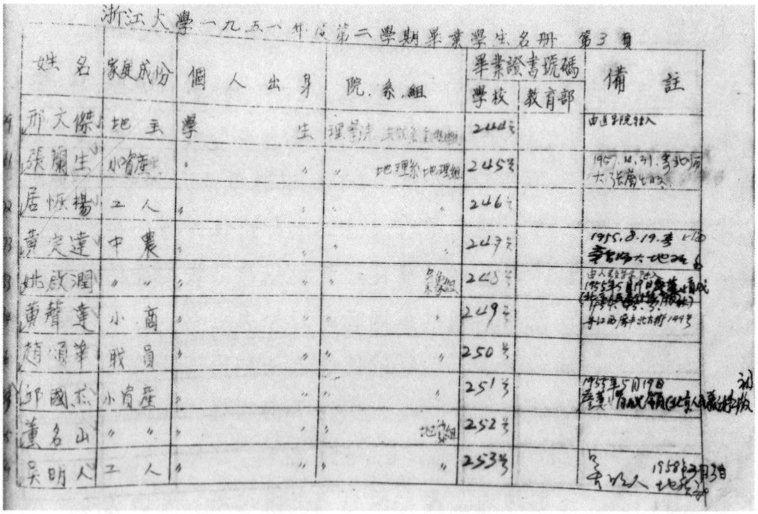

图6-4-3 1952年7月地理学系毕业生名册

---

① 过鉴懋：《珍贵的忆念，难忘的感情——记浙江大学地理学系学习的一年》，载胡建雄主编：《浙大校友（1997下）》（内部印行），1997年，第273—277页。

1952 年院系调整所转出的 1950 级和 1951 级，即按照分组情况或学生意愿，而分别转至南京大学的地质系、地理系和气象系。

（四）地理学系具体教学情况

现存材料中，当时在地理系任教的教师和就读的学生，均有一些涉及当时教学情况的回忆文字，对该阶段专业课的课堂教学和野外实习情况有所记述。

1. 专业课的安排和课堂教学

陈吉余从 1950 学年起（1950 年 8 月）被聘为讲师。此前半年，他已经开始独立授课；1950 年初，他为农学院开设有"地质课"。1951 学年起，他又为新成立的浙江师范专科学校开设"地质地貌课"：

> 1950 初……除了调查，陈吉余还要承担大量的教学工作。浙大农学院开地质课，系里让陈吉余去上，浙江省成立了师范专科学校，需要开一门地质地貌课，也由他上。整个上半年，在忙忙碌碌度过，而新中国带给他的主人翁感，让所有疲惫都化为乌有。[1]

曾尊固（1950 级地理学系地理组）曾经回忆了李春芬上课、辅导的情景：

> 在我的一生中，李春芬先生对我影响最大，使我最受教益。1950 年我被浙江大学地理系录取时，还是一名无知的青年，对未来生活充满不切实际的幻想，专业思想很不稳固，是李先生的"地学通论"课将我引进地理学的殿堂，促使我选择地理学作为自己的终生事业。李先生以他精湛的学识、丰富的阅历、生动的语言，把地理学的基础理论讲得非常深刻、透彻，尤其他善于运用各种比喻通俗易懂地讲解复杂的客观事物，将多姿多彩的地理景象及其成因，一一展现在学生眼前，引起听课者的浓厚兴趣，留下极为牢固的记忆。四十年过去了，可是当年李先生讲课时场景至今历历在目，是这门课使我领受地理学的丰富内容，也使我下决心作一名地理工作者。1952 年院系调整，我们转学到南京大学，当面临进地质系、气象系或地理系三种选择时，我毫不犹豫地进了地理系。[2]

陈丙咸（1950 级地理学系地理组）则记述了地理学系师生对他的关心和帮助，

---

[1] 戴勇、王平、金文华著：《探究河口，巡研海岸——陈吉余传》，上海：上海交通大学出版社，2015 年，第 69 页。

[2] 曾尊固：《精湛的学识，诲人不倦的精神》，载李春芬编：《李春芬生平和学术思想》（内部印行），1990 年，第 51 页。

以及系主任李春芬"不顾自己得失"为学生着想的勇气：

> 我读过三个大学，但在浙江大学地理系两年的学习给我的印象最为深刻，一是因为浙大的"求是"学风给我留下了很深的印象，还因为浙大地理系的老师亲切感人，师生关系特别融洽，尊师爱生蔚然成风的缘故。
>
> 1950年秋我进浙大地理系学习，一年后因患肺结核住进了"报国厅"（原注：报国厅是当时浙大肺病休养室），和老师、同学接触不多，活动也参加得少了，但在这样一个温暖的大家庭里，有老师的关怀，同学们的照顾，我很快地恢复了健康，为了巩固休养的成果，直到1952年全国高校院系调整时，我才离开了"报国厅"，告别了浙大和地理系的老师，和同学们一起到南京大学学习。
>
> 在浙大地理系，李春芬老师是我们的系主任，他爱系如家，爱学生甚于子女，深受同学们的爱戴，李老师对学生重于言教身教，深情厚谊，令人难以忘怀。
>
> 在一年级李老师为了提高学生们阅读英语专业书刊的能力，主动提出每周义务为我们授一小时课程，讲解芬奇等著的《地理学原理》一书中干燥区气候一章。李老师授课时不采用传统的逐句讲解的方式，而是要求学生课前认真阅读，在课堂上先让学生们分析，然后相互补充、纠正，最后由李老师逐句分析、讲述，并指出学生们理解中存在的问题，这样就充分调动了同学们的学习主动性和积极性，从而也更好地了解学生学习中的问题。如今，同学们谈起这件事，都认为今天能较熟练地阅读英语专业书刊，多得益于当年李老师的教导。
>
> ……院系调整时，浙大理学院撤销了，调到其他院校中去，师生们都不理解。浙大地理系的主体是调整到上海华东师范大学，同学们由于对师范教育的认识不足，想去南大继续学习，李老师对学生是十分理解的，他不是迁就学生，而是从人才培养全局的角度出发，向上级反映学生们的意见，在当时情况下，不顾自己得失，敢于提出自己的看法。现在这批同学中出了不少的地学人才。[1]

现存材料中，地质组学生有一批记述孙鼐教学、科研状况的回忆文章，也包含了1949—1952年浙江大学地理学系教学情况的记述。

---

[1] 陈丙咸：《言传身教的好师长》，载李春芬编：《李春芬生平和学术思想》（内部刊印），1990年，第40—41页。

1949 级学生胡受奚回忆：

1949 年，新中国成立，绵延百余年积贫积弱，受尽列强凌辱的苦难中国人民从此站起来了。就在那年，我考入浙江大学地理学系，孙鼐教授便是我们"普通地质学"、"岩石学"和"构造地质学"的老师。他那和蔼可亲、平易近人的作风，孜孜不倦勤于教学事业的精神，给我们同学留下深刻的印象。他不仅教课，还亲自带实验课和野外实习，使我至今难忘的是他带领我们到西湖宝石山观察燕山期酸性火山岩及穿插在其中的后期由热液形成的许多似碧玉岩组成的矿脉，以及西湖南岸二叠纪地层中结核状磷灰石矿。他同时给我们讲地质事业在建设国家中的重要性，促使大多数同学热爱地质学专业和选修地质学课程。

1952 年，我国开始社会主义第一个经济建设五年计划，由于国家急需地质人才，我在那年提前毕业，在全国进行院系大调整中，与孙老师和浙大地质专业同学兴高采烈地并入南京大学地质学系。从 1953 年起，由于师生队伍迅速扩大到近千人，成为南京大学第一大系。孙老师主讲"普通地质学"和"岩石学"，我则是他的助教，他除了教课外，还参加室内实验备课和野外实习指导工作，教学任务十分繁重。孙老师重视野外实习，亲自带领学生在南京附近，如南京太平门外蒋王庙铁矿等进行野外实习工作，对这些繁重的教学任务，从未有过一点怨言，总是努力去完成，因此总能取得优良的教学效果。[1]

周志炎（1950 级）回忆：

孙老师和我有着不浅的渊源。他是我就读的两个大学的老师，更是我学习地质学的启蒙老师。我 1950 年进入浙江大学后上的第一堂地质学课就是孙老师为我们新生开的"普通地质学"。读的教科书就是孙老师所著、商务印书馆 1945 年出版的《普通地质学》。此书被誉为由国人自编的第一本《普通地质学》教材，在国内影响很大。当时除了讲课外，孙老师还亲自带领我们野外实习。当时野外工作的条件比较差，许多地方都是不通汽车需要长途步行，山路更是难走。尽管他那时已经是教授了，在艰苦的野外工作中，他毫不特殊，不只和我们同甘共苦，还要同时负担起照料和教育我们的职责。印象比较深的一次是到浙东某矿区看萤石矿，归途遇到瓢泼大雨，大家都淋得湿透，加

---

[1] 胡受奚：《回忆五十年代的孙鼐老师》，载《孙鼐纪念文集》编辑委员会编：《孙鼐纪念文集》，南京：南京大学出版社，2010 年，第 29 页。

上山路很滑，十分狼狈。但是孙老师仍精神很好，一路给我们解释地质现象。记得那次我们的实习还为系里采集到一些有价值的岩、矿标本。在浙大的两年，我就是在孙老师辛勤的教导下开始跨进了地质学科的门槛。

1952 年全国高校院系调整。在国庆节后，浙江大学地理系集体转往南京大学。地质、地理和气象系的同学随同孙鼐和么枕生等老师一起乘坐"金陵号"杭宁直达快车离开杭州，来到南京。在南京大学，我们得以继续在孙老师等教师的培育下在南大地质系进行学习。当时，我们主要补上"古生物学"、"地史学"、"中国地质学"、"光性矿物学"和"矿床学"等在浙大期间所缺的课程。虽然在同一个系里时常见面，一般就没有机会去听孙老师的课了。只是到了 1953 年毕业前我被抽调临时协助孙老师"岩石学"的实习课，才又跟班去听了他的课。

1954 年初，我被分配到了中科院南京地质古生物研究所……[1]

夏树芳（1950 级）回忆：

时光倒流，回想起 1950 年，我考入浙江大学地理系时，第一门基础课"普通地质学"就是由孙鼐老师教授的。我第一次从浙东滨海的县城来到省城杭州，处处感到新奇。现在又进入本省的最高学府，由教授来授课，脑子里不免出现种种猜想：这位老师肯定与中学的老师大不一样，至少是派头十足，昂首挺胸的模样。但当他踏进教室，我们站立起来致礼迎接时，他满脸微笑，目光柔和，不停点头示意我们坐下，使我们顿时感到和蔼可亲，情绪就放松了下来。他稍高的个头，长脸，皮肤略显蜡黄，眼窝深凹，眉骨有些凸出，目光炯炯有神。穿一身半旧的灰蓝色西装，系一条湖蓝丝光领带，显得严肃而活泼，也许是新学年开始的装束，但全找不到阔绰奢华的气派，还算是平民化的教授吧！

1952 年，全国高等学校进行院系大调整，浙江大学地理系的学生分为地理、地质、气象三个组，分别转到南京大学对应的三个系，地质与气象的教师也到南大，地理教师则去上海华东师范大学。这样，孙老师和李行健老师及我们地质组两个年级共 27 名同学就一同来到南大地质系。

当时，为了适应第一个五年计划的急需，教育部对南大地质系作出两项

---

[1] 周志炎：《深切怀念孙鼐老师》，载《孙鼐纪念文集》编辑委员会编：《孙鼐纪念文集》，南京：南京大学出版社，2010 年，第 17—18 页。

决定，一是从1952年开始，本科班暂停招生，全部招收两年制的专科，因而新生猛增到近400人；二是从1953年开始，将四年制的1950级本科生提前毕业，所有待遇与四年制的标准相同。当我读到四年级上学期（1953年秋季开始）时，由于专科同学的人数猛增，十几个小班的实习课教学，使既有的助教无法应付，人员缺额很大。于是系里面决定在我们班上抽调四人兼任助教工作，我就属于其中之一，一面读书（主要是突击学习俄文），一面做代理助教的工作。[1]

罗谷风（1951级）回忆：

1951年，我从杭州高级中学毕业，并参加华东—东北两大区高校的联合招考，结果被录取入浙江大学地理系。这一纸录取通知，遂演绎出了我与孙𫖮老师间56载的师生情与忘年交。

地理系在浙大是个小系，我们一年级新生只有22人，却是全系第一大户。当时全系设有地理学、地质学、气象学三个专业，但一年级不分专业，必修课全都一样。其中本系开设的三门必修基础课是"地学通论"、"普通地质学"和"普通气象学"，都是修读一年，三位任课教师则清一色地全是教授。由于当时尚是解放初期，据说全国地学专门人才不过千余人而已，其中教授更是凤毛麟角……因此，在当时能由三位教授给我们新生上课，同学们自然都深感荣幸和鼓舞，并为之自豪！其中为我们讲授"普通地质学"的便是孙𫖮（字调之）教授，至今我还记得他给我们上第一堂课时的情景。

那是我们第一次与孙𫖮老师面对面接触，他给我的感受概而言之就是：朴实无华，平易近人，没有半点我想象中那样的教授架子。他首先阐述了什么是地质学，它研究些什么，并结合具体实例说明地质事业对国计民生的重大作用和意义，勉励大家勤奋学习，毕业后能为国多作贡献。然后他拿起一本书举在手中说，这是他自编的《普通地质学》教材，图书馆里和书店里都有，我们的课就按这本书来讲。听到孙老师的这番话，同学们个个都面露喜色。这是因为当时大学里的一般课程既无课本，亦无讲义，全靠记笔记，可公用教室里根本就没有课桌，只能趴在一块连于扶手椅旁的小木板上写字（记得那年高考，我的考场就是浙大体育馆，用的全是这种椅子，几百人挤在一起，再加天气炎热，可苦了！），其辛苦姑且不说，而所记内容的滴、漏、

---

[1] 夏树芳：《我学地质的启蒙老师孙𫖮教授》，载《孙𫖮纪念文集》编辑委员会编：《孙𫖮纪念文集》，南京：南京大学出版社，2010年，第58—60页。

落、跑却是无可避免，如今有了课本，这就太好了！同时，能由亲自编著此书的教授本人来为我们上这门课，更是我们的双倍幸运！于是，课后大家都是或借或买，急于得到一本，竟导致当地书店脱销；个别同学则从旧书铺中淘得二手货，成为幸运儿。我也有幸买到了一本，这样，我就可以在课后参照书本对课上草记的笔记进行整理和誊清，这对我学习这门课有很大的帮助。至今我还保存着当年"普通地质学"课的两本笔记，是它，见证了我怎样在孙鼐老师的教育和引领下，向着地质学殿堂迈出的第一步，尽管在当时自己根本没有意识到这一点。

关于孙老师的讲课，其受广大同学的普遍欢迎和赞誉，早就有口皆碑……我想补充以下两点：

其一，孙老师不仅课讲得好，野外实习也带得棒！想当初孙老师带我们在杭州西湖附近第一次野外地质实习时，虽然其内容在课堂上都已讲过，自认为也已经懂了，可一到实地，别说根本看不到什么背斜、向斜，连层面和节理也分不清，不知如何着手。孙老师因地制宜，结合眼前实际一一讲解，并亲自示范，让大家明白应该怎么做和为什么要这么做，令人有醍醐灌顶之感！同时也让我明白了诸如背斜、向斜等许多地质现象一般并不能凭双眼直接看出来，而是主要靠地质填图"画出来"的。一路上孙老师还给大家讲西湖的一些风景与地质现象间的科学关系，以及相关的典故或传说，使大家更提高了对地质学的兴趣。

其二，孙老师的教学很注意各环节间的协调和配合。一个例子是孙老师给我们讲课时，遇到专业术语总是辅以对应的英语单词，又讲又写，让大家熟悉；最近我还从老同学过鉴懋处看到了他当年的全套普通地质学实习报告，其中有半数以上的题目都是以英文给出的。这在现在来讲是与国际接轨，且只是初步而已，但在那时就不一样了。事实上在后来不久的"思想改造"中，这就成了崇洋媚外了。还有一个例子，孙老师虽有自编的《普通地质学》出版教材，但他并不认为这就能完全满足教学的要求，所以讲课中经常会补充一些新内容，并且还发补充讲义。……1952年夏课程快结束时发的一份补充讲义，由孙老师编写，我自告奋勇刻写蜡纸（因我在高中时常刻钢板），然后由系里油印发给的。现在回想起来，这可以算是我与孙鼐老师间平生的首

次合作了。……①

2. 实习课与野外考察

地理学系在教学活动中，仍一以贯之，重视实习课环节，结合各专业课的教学，安排、组织实习和野外考察，尤其是地质组，野外考察活动较多。前述在记述孙鼐的几篇回忆文章中，周志炎曾提及"孙老师还亲自带领我们野外实习"并记述了大雨中在浙东某矿区看萤石矿的经历，罗谷风也曾提及杭州西湖附近第一次野外地质实习的情况。1950年入学的夏树芳亦曾撰文，细致描述了严钦尚、李治孝在1952年春季，结合当时的治淮工程分配浙大承担的任务，带领同学们进行野外地质实习的情景：

> 1952年元旦刚过，我们浙大二年级第一学期的寒假时节，我们班上家庭经济比较困难的十来个同学，都没有回家（虽然近在省内或上海地区），决定留校，享受全额免费的假期伙食。当时，解放初期，国家经济困难，专门拨款给学生离校实习的费用无法着落，但作为地质专业的野外实习是不能省略的。正当系主任面临为难之际，传来好消息，可以纾解这一难题了。
>
> 1950年，淮河流域发生大洪灾，灾区老百姓的生产和生活发生严重影响，损失巨大。党和政府下决心要治理淮河。毛主席发出"一定要把淮河修好"的号召，于是有了专项拨款。那时，原中央大学（南京大学前身）教务长、著名地理学家胡焕庸调到治淮委员会工作，我们的系主任李春芬（后任华东师大副校长）是他的学生，师生关系很好。由于抓住这个机会，我们就参加治淮有关的地质、地理调查工作，顺便也可以作为教学实习与生产实际相结合的尝试。
>
> 我们的队伍由副教授严钦尚（后任华东师大地理系、同济大学海洋地质系教授）、助教李治孝（我国第一代地质学家叶良辅的研究生，后任浙江省地质局总工程师）率领，各人自带行李和野外实习用具，从杭州出发，先到蚌埠治淮委员会报到，拜会了胡焕庸教授。他先给我们上了一堂有关治淮的课，谈笑风生，非常热情，使我们了解淮河流域的地理特点，治淮方针。在大别山区修建多座水库，淮河中游平原地带进行疏浚、修筑水闸调剂水位，到苏北洪泽湖以下，开通灌溉总渠，扩大水流入海通道。我们则分派到大别山区准备修建水库的地方调查与坝址有关的地质与地貌情况，作为设计和施工的

---

① 罗谷风：《足迹闪光，魅力永恒——追思孙鼐教授，缅怀调之吾师》，载《孙鼐纪念文集》编辑委员会编：《孙鼐纪念文集》，南京：南京大学出版社，2010年，第11—16页。

参考。……具体分配到的工作地点有两处，一处是安徽霍山境内的佛子岭水库，一处是河南商城境内的鲇鱼山水库，两处均位于大别山北麓。

先往佛子岭。从蚌埠经合肥、六安、霍山到达目的地，需坐火车、汽车前往，约3天。到佛子岭后，先拜会水库总指挥部汪胡桢教授，他本是浙江大学水利系系主任（编者注：此处表述不确，汪胡桢在1950年3月之前为浙江大学工学院土木工程学系教授），调到华东军政委员会水利部任部长，负责修筑大坝。他见到我们是浙江大学的师生倍感亲切，先向我们作报告，介绍佛子岭概貌。……他交待给我们的任务是考察坝址周围的地质环境，包括岩层的性质、地层的产状、构造裂隙系统之类，防止渗漏水，给工程施工作参考。

我们早出晚归，翻山越岭，由老师讲解，我们作笔记，手持罗盘，走几十步路就得停下来测量地层的产状，并在地形图上相应位置标记出来。这里是元古代的变质岩系，片岩、千枚岩间有板岩，其间还穿插岩脉，节理特别发育，就工程地质的角度来讲，并非理想的地方，但从地貌和基本上无居民分布来说，建水库还是合适的。

开头几天，风和日丽，由于群山环抱，冬日的阳光照到谷底，小气候环境十分宜人，感觉不到是严冬季节，我们的工作也颇为顺利。但是，天有不测风云，一夜北风起，白雪铺满地，早上起来开门一看，雪厚盈尺，在杭州从来没有见到如此景象。昨天还是晴岚翠谷，顿时却变成银装世界，寒气扑面而来，手足都冻得有些麻木，野外工作只好暂时停止了。

再加上我们的宿舍是临时搭起来的工棚，用竹竿支撑起来的梁柱，竹片和茅草编结的四壁挡风墙。无风的时候倒也感觉空气清新，但风雪天气突然袭击，只觉得四面透风。坐在床头，穿上棉袄也顶不住这冰天雪地的气温，时不时打冷颤。

更难熬的是，由于宿舍与厨房的距离较远，而且路面高低不平，约有百米之遥，而且没有集中用餐的餐厅，每顿饭菜都要搬回宿舍完成。餐后洗刷没有自来水供应，到棚舍附近的水沟里洗涤。晴天倒也颇有野趣，而遇到大雪纷飞，溪沟流水也寒冷冻结成冰，冲洗碗盆遂成大难题。好在舍前屋后的积雪颇厚，表面没有污染，洁白无尘，于是随手捧把积雪，放在盛器内干擦，倒也清爽。有几位同学感到这样做，似乎多此一举，干脆一天擦洗一次，好不省事。因为严冬也不用担心细菌繁殖，况且各人的餐具是分开使用与保管的，不会相互干扰……

虽然野外工作因天气影响暂时停止，但室内工作还是照常进行，大家坐在床头开展教学活动，老师为我们开设讨论课。大家把几天来所见的地质现象根据记录做小结，踊跃发言，各抒己见。有时因观点不同还争论不休。然后由严老师总结，李老师补充。如此的现场教学，效果非常好，收益颇丰，比在教室里填鸭式灌输要强多了……

好在风雪天的时间不长，不久天放晴了，继续野外调查工作。在佛子岭呆了两个星期，每人各写一篇心得报告，最后由严老师综合成一篇正式的调查报告，准备上交给治淮委员会，当众宣读，征求同学们的意见。此时，我突然听到有若干句子是引用了我写的，严老师还特别转述了我的文字，同学们的目光一时向我聚集过来。我内心感到格外自豪，这又是野外实习的一大收获。

随后，我们离开了佛子岭，向河南商城鲇鱼山进发。两地相距大约100多公里，计划3天赶到。旅途没有汽车可乘，一般只能步行前行，但我们都自带行李，这就困难了。好在可雇用马拉大车代步，于是找来两匹马同时拉大车，这一下一行10来人和行李可以全部安顿上车了。

开头雪后放晴，霁色可赏，能见度特别好。层峦耸翠，钟灵毓秀，峰回路转，移步换景。一路行来，有同学随口唱起《武家坡》京调："青的山，绿的水，花花世界"！冬日的阳光晒到身上，感到格外和煦，大家的心情也特别欢畅。一路欢歌笑语，真是乐在旅途，好像以后再也没有享受到如此意外的野外乐趣。

由于我们沿途还要做些地质考察工作，碰到好的地层露头，还要停下来观察和测量，所以前进速度较慢，直到傍晚，才走了六十里路，于是找到乡间客栈打开行李住下了。

风云突变，第二天一早又下起雪来了。但行程不能中止，而雪越下越大，风越刮越紧，很快泥泞的道路积下厚厚的一层雪，而且泥路坑坑洼洼，很不平坦，行走也就越来越费劲了。驮车的马匹也感到吃力难支，赶马的师傅只得招呼我们下车步行，留行李在车上。这样，行进的速度提高了不少。但我们弯着腰撑着伞，顶着大风大雪行进，在乡间道上缓步而行，口喘着白气，从来没有走过如此艰难的路，但精神尚佳，说说笑笑，也就淡化了风雪挣扎。

风从裤脚管进来，一直吹到肚皮上，寒气袭人，有的吃不消了。李老师有经验，叫大家把裤脚管扎起来，果然有效。当时我想如果我们有一副像当兵那样的绑腿有多好呀！但是，新的问题又来了，鞋绑和裤脚之间被雪花冻结在一起了，到傍晚在客栈停下来时，发现鞋袜脱不下来，在炉火上烤，融化后才伸出两足。当时，我们没有温度计，估计室温也在零度以下呢！第二天清晨，屋外的大雪仍在飘舞，出门张伞时，突然发现昨晚收伞时没有及时把伞张开，因寒冷又冻上了，无法打开伞。于是又求于炉火，没想到，烤化了一半，转过来烤另一半时，刚才已化冻的一面又冻上，转动好久，才挣开伞，继续上路。如此寒冷的天气，大家从来没经历过……

大雪飘，扑人面，行程仍未结束，好在到中午时分，风轻雪停。阳光从云隙间洒了下来，渐渐地天空更开朗了，行旅又活跃起来，谈笑声与马蹄声相互掺杂，告诉静寂的时空，还有一支坚定的、富有韧性的"野人地质队"正在奋斗着。接连两天天气晴朗，我们终于赶到鲇鱼山水库附近的盛家店小镇。说是小镇，确实小得可怜，一条高低不平的碎石板路约百米长，左右两排旧屋，有的是住家，有的是店铺，卖些杂货或小吃。我们顺街而走，找到一家小饭店，可以做饭，也可以住宿，倒可以满足我们的歇脚要求。老板看到我们一群十来个人，忙说没有那么多铺。我们解释说，自带行李，只要有个木头地板就可以了。老板这才收留了我们。从梯子爬上二楼，果然有 20 平方米的空余木板地，于是找开行李打地铺，很快就安顿好了。当然，饭菜也很简单，萝卜、青菜、豆腐之类可日常供应。好在每逢农历三、六、九，有一家宰猪卖肉，可以打一下牙祭。对门的豆腐店每天都开门，掌柜的是一位眉清目秀的姑娘，秀色可餐。同学们打趣地说，真幸运！碰上豆腐西施哟！

号称鲇鱼山水库，实际上还没有开建，离盛家店小镇约有 5 里之遥，工作倒是十分方便。第二天早饭后，我们就背上地质包到水库周围查勘。这里与佛子岭大不相同，地处大别山东北麓的丘岗地带，没有高山深谷。站在鲇鱼山顶上，游目骋怀，十公里方圆内的山川容貌尽收眼底。脚下的岩石也不是元古代变质岩系，而是花岗岩侵入体的中生代晚期至新生代早期的红色岩层，总的地势谷地向北倾斜。据说此处建的坝基可能采用土坝再加上钢筋水泥闸门，就能蓄水成库了。我们的任务就是在可能修坝的地方勘查其岩性及裂隙分布，为今后的工程作参考。但工作范围比佛子岭扩大很多，由于地势较平坦，工作进度自然就较快些。

住在盛家店，值得一提的是每天夜晚爬着梯子上楼后，必须将梯子抽上。据店主告诉我们，此间经常有豺狼虎豹之类出没，房屋的门户不大坚固，野兽容易闯入。闻到人气，或许会爬梯上楼伤人。我们想，连房门都挡不住野兽侵犯，那么小偷进屋岂不是轻而易举。但是此间乡民诚实，民风淳朴，绝无偷盗之心，能够做到夜不闭户。多么难得啊！

大约十来天的鲇鱼山调查工作结束了，时间已经临近除夕和大年初一。

必须找一处过个好年，一方面休整一下，整理野外调查记录；另一方面庆祝野外实习大功告成。严老师和我们商量以后，决定赶到商城县城里过年，到那里，可以坐汽车经六安去合肥，返回杭州就方便了。

终于在除夕的前一天到达县城，在县招待所住下了。当时，政府机关也准备过年，工作呈半休状态。按照北方的习惯，休息时间，每天只吃两顿饭，上午九时一顿，下午四时一顿，中午基本上没有休息。我们的工作总结和写报告，也随着这样的规定进行。

第二天是除夕，夜晚有丰盛的聚餐，我们正好凑成一桌。按当地的风俗，是九大碗的宴会，红烧肉、红烧鸡块、红烧鱼块、粉皮、老豆腐等九样菜肴。有意思的是，这九只大碗，不是瓷做的，而是陶做的碗，表面涂上一层釉，碗形颇像和尚用的钵，真有古朴的风味。菜肴的份量很大，虽然我们都是青年人，但没有一碗是吃完的，有不少菜剩余。

第二天一早，被迎春的爆竹声惊醒，向窗外一看，已是日上三竿，"千门万户曈曈日"了。我们正琢磨不知道大年初一的早餐又是怎样的，厨师上门来了，叫我们到食堂去包饺子。大家一哄而上，围着长桌，全体同学都是南方人，没有一人会包水饺的，于是全凭各人的感觉或想象进行。当然，包出来的饺子形状奇奇怪怪，大大小小，但气氛却十分欢乐，毕竟都是自己的处女作。更有趣的还在后面，在滚开的大锅热水里下饺子，奇迹出现了，有不少散馅，有的饺皮浮上来了，但都是自己杰作，只得捞起来吃。有几位同学开玩笑地对老陈说，这些散饺子应该让你吃，因为你最不会包。而老陈则辩解说，饺子上面又没有名字，怎么能说是我呢，别冤枉我了，我看你们的手艺也不见得好到哪里去。几乎要争吵起来。厨师跑过来，于是手把手地教我们包，终于吃到像样的饺子了。

决定初三离开商城。先到合肥，停留两天，游览包公祠和逍遥津，温习包拯和三国演义的故事，还采购了当地的土特产烘糕，准备带回杭州分赠给同学们品尝。过蚌埠治淮委员会，访胡焕庸教授，向他汇报了野外调查及教学情况，胡教授十分满意，并夸奖浙大师生对治淮工作的支持和贡献。大家心怀欣喜回到杭州。

回到学校后，大家总结收获，除业务大有长进外，更值得一提的是，通过一个月的野外实习，师生情谊进一步融洽，因为共同生活在一起，同吃、同住、同劳动，相互之间随便什么话都可以谈，开开玩笑也是常事，甚至个人隐私公开出来也无妨。例如严老师谈到自己毕业实习是在四川西部地带进行冰川地貌考察，在野外捡到一块珍贵的实物证据——证明当地发生过冰川的"灯石盏"（由于冰层的压力使扁平的石块出现凹陷，状若灯盏），作为求爱的礼品赠送给女同学杨玉廉（后来成为严老师的夫人，华东师大地理系教授、胡焕庸的学生，前些日子《文汇报》记者到校采访胡焕庸的学术研究过程时还提到她，今年98岁，尚健在），成为中央大学地理系的一段风流佳话。[1]

3. 毕业分配

1949年之前，大学毕业生均以自己找工作的方式就业。1950年开始，国家逐步根据建设需要，部分予以统一安排；1951年后，则均按照国家计划，进行统一的毕业分配。[2]

1949届史地学系毕业生，除了少数直接由国家安排在党政机构工作外，多数仍以自己找工作为主，所以有许多学生最初就业时，专业并不对口；以后部分人员陆续调入专业的地学研究机构。如施雅风在回忆李春芬支持新组建的地理研究所时提及："李先生还精心挑选推荐一批毕业生到地理所工作，其中有已毕业离校而专业不对口的左大康、丘宝剑、黄盛璋、王明业等，应届毕业生汪安球（已故）、郑威、刘华训等。"[3]其中，1949年7月毕业的左大康分配至浙江省农林厅、财政委员会工作，1953年调入中国科学院地理研究所[4]，丘宝剑则先在北京的某外国语学校工作，后于1953年调入中国科学院地理研究所。[5]

1950届地理学系毕业生，则部分开始由国家予以统一安排，分配进一些党政机关和专业研究机构，但仍有一定的自我选择的余地。

1950届毕业生中，李行健留校担任地质学助教，王懿贤、吴国纯考取本校地

[1] 夏树芳：《风雪大别山——回忆浙大野外地质实习》，载江苏省浙江大学校友会编，王定吾主编：《我和浙大的故事》（内部印行），2017年，第44—48页。

[2] 说明：《国立浙江大学物理系老三届毕业六十年纪念册》载："……是指新中国成立后真正服从'全国统一分配'的47/48/49级（51/52/53届）的毕业生们。从理论上讲，1950届毕业生就已经应该服从统一分配了，但在实际上却未能实现。因此从1951届起，专门举办'学习班'，强调要求必须无条件地服从全国统一分配；如果拒不服从，将来很可能就是无业游民。我们这三届毕业生是百分之百服从全国统一分配的……"（2011年12月编印，第1页）据此，当时包括地理学系在内的各系情况亦当如是。

[3] 施雅风：《敬祝李春芬教授八十大庆》，载李春芬编：《李春芬生平和学术思想》（内部印行），1990年，第21—22页。

[4] 《左大康地理研究论文选》编辑组编，郑度主编：《左大康地理研究论文选》，北京：科学出版社，1993年，第vii页。

[5] 丘宝剑：《记春芬老师对我的教益与关怀》，载李春芬编：《李春芬生平和学术思想》（内部印行），1990年，第47—48页。

理研究所研究生，郑威、汪安球至当时正在筹建的中国科学院地理研究所（时在南京），林晔至中央气象局，顾全甫后在浙江农学院农业气象教研组，卢云谷、方孔裕至浙江地质调查所，傅君亮后在天津师范学院。1950年7月，按照当时的毕业安排，王懿贤是与林晔一起分配至当时的人民革命军事委员会气象局工作，因考取本校地理研究所研究生，故后仅林晔去军委气象局报到，王懿贤入本校地理研究所，进入硕士研究生阶段学习。同届的丁浩然，起初是和卢云谷一起，分配至新设的浙江地质调查所工作，后接受一个东北来的招聘团的招聘，选择去东北参加工作：

> 1946年丁浩然中学毕业，考入浙江大学师范学院史地系地理专业，一是因为当时师范学院是公费，二是因为他在中学时期与自然的亲密接触，产生了广览山河的想法。浙大师范学院停办后，史地系并入文学院；新中国成立后，地理专业又并入理学院。丁浩然于1950年在浙大理学院地理系毕业。
>
> 浙大的"求是"精神，勤奋朴实的学风，自由民主的校风，对他的思想塑造有重要影响。在浙大，丁浩然开阔了视野，通过民主墙，他了解到旧社会制度的不合理与统治集团的贪腐和反动。受进步同学特别是张学理的影响，他参加了史地系的历史研究会与进步社团乌鸦歌咏队，参与反饥饿、反内战运动和应变迎解放，初步树立了较为正确的人生观与世界观。1949年杭州解放，他被调去参加军管会接管工作，后复学。
>
> 浙大地理专业是师资力量较强的专业，著名地理学家竺可桢校长对地理专业的建设多有指导，另有地理专家、系主任张其昀，有地质界的老前辈叶良辅、朱庭祜，还有李春芬、孙鼐、谭其骧、严钦尚、么枕生、石延汉、赵松乔、严德一等名教授。当时浙大地理专业学生只数十人，师生之间，亲如家人。丁浩然回忆这一段学习生活，总感到温暖亲切，如沐春风。
>
> 丁浩然在史地系本以自然地理为专修目标。新中国成立后，他感到国家必将迎来一个国民经济大恢复、大建设时期，就考虑加修与此更加密切的专业，他根据自己的兴趣，选择向地质学转移。
>
> 他的这一选择，得到了恩师朱庭祜先生的支持。他抓紧大学的最后一年，补修了矿物学、岩石学、经济地质学（矿床学）、无机化学、分析化学等课程。与丁浩然同一想法的还有卢云谷同学。鉴于上述情况，朱庭祜先生便安排丁、卢二人毕业后到浙江地质调查所去工作（朱庭祜先生兼任该所所长），在那里一面工作，一面进修，以达到正规地质专业的水平。可事有凑巧，在1950年暑期，从东北来了一个招聘团，一到浙大便招揽各专业毕业生，也向地理

系招聘5名，而该系的应届毕业生仅有11人，而且都已安排好了工作。于是招聘团的人员便挨个来劝说，但无一人应聘。这时，丁浩然考虑到东北更急需人才，最后他选择了去东北。他的这一想法得到了朱庭祜先生的认可。这样，他便与一大批浙大毕业生乘车北上。他爱好大自然，志在地质工作，于是向招聘团提出的唯一条件是希望安排做地质工作，得到该团领导的批准。

到沈阳后，他有两个选择：一是去东北工学院地质系当助教，二是去哈尔滨工业大学采矿系做研究生。丁浩然考虑到自身地质基础薄弱，便选择去做研究生。来到哈工大，开始是一年的俄语学习，然后是一年结合俄语的地质专业学习。1952年丁浩然在研究班学习结束，恰逢全国高等院校院系大调整，哈工大的采矿系并入东北工学院，他被分配到刚刚成立的长春地质学院（当时称东北地质学院），从此开始他正式的地质工作生涯。[1]

1951届毕业生，则均为国家统一分配。例如，何越教（1947.08—1951.04，史地学系和地理学系在读）未参与毕业分配，直接在1951年5月，由组织安排，至当时的嘉兴担任共青团嘉兴市委员会副书记（1951.05—1952.11，主持工作）和书记（1952.11—1953.04）[2]；1953年4月后，"技术归队参加地质工作，历任中央地质部241地质队工程师，233地质大队、山东地质研究所、华东地质研究所第一研究室技术负责人等。1980年调华东师范大学地理系任副教授、教授、研究室副主任等。1991年离休"。[3]同届毕业生郑家祥留校担任地理学助教，刘华训则直接分配至时在南京的中国科学院地理研究所工作。

二、科研

（一）教师自身的专业研究

这里将地学领域复员回杭后至1952年院系调整之前在史地学系（地学组）、地理学系任教的教师（1946.08—1952.07，时任讲师以上者）的学术成就予以介绍（与第五章所介绍者有重复的本处省略，如叶良辅、赵松乔等，可参见第五章）。

1. 李春芬（1912.10.10—1996.03.03）

李春芬，华东师范大学地理学教授，博士生导师。江苏大丰人。1951年加入

① 杨达寿著：《启尔求真——核研试浙大人》，杭州：浙江大学出版社，2022年，第190—192页。
② 中共嘉兴市委组织部、中共嘉兴市委党史研究室、嘉兴市档案馆编：《中国共产党浙江省嘉兴市组织史资料》，北京：新华出版社，1992年，第536—537页。
③ 义乌名人丛书编纂委员会编：《义乌名人录（第1辑）》，北京：中国文史出版社，2001年，第279—280页。

中国民主同盟。1979年加入中国共产党。1933年入中央大学地理系学习,1937年毕业,之后留该校任助教。1939年考取中英庚款公费留英,1940年转加拿大多伦多大学地理系为研究生,1943年获加拿大多伦多大学地理学博士学位(为加拿大在地理学科中授予的第一个哲学博士学位)。此后到美国哈佛大学地质地理系进修一年,1944年为美国内政部地名局专业第四级区域地理学家。1946年任浙江大学史地系地理组教授,1949年浙江大学地理系成立,任该系教授兼系主任。1950年参加中国民主同盟。1952年院系调整,调任华东师范大学地理系教授兼系主任,历任河口海岸研究室主任、西欧北美研究室主任、副校长。他先后领导筹建了3个地理系(科),并长期担任华东师大地理系主任。他是第四、第五、第六届全国政协委员。1963年和1978年,他两度出任华东师范大学副校长,1980年改任校务委员会副主任,还担任过校学术委员会副主任(1978—1984)和校学位委员会副主任(1981—1984)。他历任上海市地理学会理事长(1965—1985)、中国地理学会副理事长(1980—1985)及世界地理专业委员会主任(1965—1996)、地理教育工作委员会主任(1978—1985)、自然地理专业委员会副主任(1978—1985),教育部中学地理教材顾问(1978),高等学校理工科教材地理组编审委员会副主任,国务院学位委员会第一届学科评议组理学组成员(1981—1985),《中国大百科全书》总编委会委员兼《世界地理卷》主编,《辞海》编委会委员兼《世界地理分科》主编,中华人民共和国地名辞典学术顾问,《上海地名辞典》主编,《世界农业地理》丛书主编,《世界地理研究》主编,*The Journal of Chinese Geography*副主编等职。见图6-4-4。

图6-4-4 《地理学报》第15卷第1期(1948年)封面及所载李春芬论文《现代地理学与其展望》。引自《地理学报》第15卷第1期(1948年),封面,第21页。

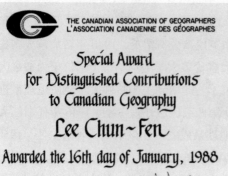

图 6-4-5 李春芬 1988 年 8 月荣获加拿大地理学家协会颁发的特别荣誉奖状。引自李春芬编：《李春芬生平和学术思想》（内部印行），1990 年。

李春芬长期从事区域地理、区域自然地理及美洲地理环境结构的研究。著有《格兰德河中游河谷的区域地理研究》（"The Middle Grand River Valley of Western Ontario, Canada: A Study in Regional Geography"，1943，博士论文）、《西安大略格兰德河中游河谷的土地利用》（"Land Utilizaton in Middle Grand River Valley of Western Ontario"，载美国的 *Economic Geography*，April，1944，pp.130—151）、《滑铁卢和基钦纳双连市》（Twin Cities of Waterloo and Kitchener，载美国

的 *Economic Geography*，April，1946，pp.142—147）等英文论文多篇。1949 年后，著有《南美洲地理环境的结构》（北京：科学出版社，1962）、《北美洲地理环境的结构》（北京：高等教育出版社，1990 年）、《秘鲁 200 海里海洋权的地理分析》、《地理学的传统和近今发展》等。[1] 见图 6-4-5。

2. 严德一（1908—1991.03.15）

严德一，江苏泰兴人，1908 年生于江苏泰兴。少年时期就读于南洋公学。1929 年考入中央大学地理系，1933 年毕业。此后，相继在中央大学地理系、交通部公路处、浙江大学史地系、浙江师范学院地理系、杭州大学地理系供职、任教。1946 年至 1948 年，经竺可桢校长的推荐，赴美国麦迪逊威斯康星大学进修，开展合作研究。1948 年回国后，继续在浙江大学史地系、地理系任教。1952 年全国高校院系调整，受命创建浙江师范学院地理系，并兼教学工作。1958 年，浙江师范学院并入杭州大学，继续担任杭州大学地理系主任。曾兼任中国地理学会理事、浙江省地理学会理事长、浙江省科协委员，九三学社浙江省工作委员会组织部长、顾问等职。主要著作有《云南边疆地理》、《边疆地理调查实录》等。他在 50 多年的学术生涯中，为地理科学事业辛勤耕耘，尤其在边疆地理考察和地理教育工

① 张德龙主编：《上海高等教育系统教授录》，上海：华东师范大学出版社，1988 年，第 228 页。中国科学家辞典编委会：《中国科学家传略辞典（现代第 3 辑）》（内部印行），1982 年，第 994—995 页。本刊编辑部：《春风化雨 桃李芬芳——纪念李春芬先生百年诞辰》，载《世界地理研究》2012 年第 3 期，第 1—7 页。

作中,作出了突出贡献,是我国最早从事边疆考察的地理学家。曾到过华北、华东、华南、西北和西南等地区考察自然与人文景观,大半个中国留下过他的足迹。[①] 见图 6-4-6。

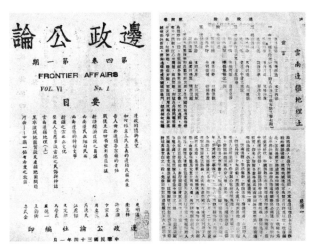

图 6-4-6 《边政公论》第 4 卷第 1 期(1945 年)封面及所载严德一论文《云南边疆地理(上)》。引自《边政公论》第 4 卷第 1 期(1945 年),封面,第 38 页。

严德一在半个多世纪的学术生涯中,在边疆地理考察和地理教育等方面,为国家作出了突出贡献。其主要考察经历如下:1934 年的云南西双版纳考察,这是他边疆考察历程的开始,历时 9 个月。之后,发表了国内第一篇详细介绍西双版纳历史、地理及社会经济状况的论著,为云南省选定新垦区和开发西双版纳热带资源提供了极为珍贵的科学依据。1938 年,抗战爆发后,我国亟须开辟西南出海的国际交通线,严德一经过实地考察,提出了将滇缅边境公路、铁路、航运和驮运路线衔接起来,先转运抗战外援物资至昆明,再转运前线的可行方案。

在 1940 年的青海资源利用、澜沧江航运与滇缅公路水陆衔接联运调查中,严德一独自穿越青海高原和横断山地,历尽艰难险阻,历时 10 个月,总计行程 5000多千米。他利用丰富珍贵的第一手材料,发表了多篇重要论著,翔实记载了考察地区的地貌、气候、植被及民情习俗等,对开拓我国边疆的交通事业和边疆地理研究具有重要的参考价值。1941 年东南亚沦陷后,我国亟须开辟新的国际运输线,

① 杨展览、李希圣、黄伟雄主编:《地理学大辞典》,合肥:安徽人民出版社,1992 年,第 952 页。毛必林:《足迹留边陲,桃李遍四方——忆严德一教授》,载《地理学与国土研究》1994 年第 2期,第 61—64 页。

严德一经过对康、滇、藏一带的实地考察和深入研究，提出了自西南经西藏东南隅，连接印度东北角铁路的方案。该建议被采纳后，他出任中印公路勘测队地理专员，负责研究线路所经地区的山川形势和民俗经济等项目。

严德一的重要论著主要发表于 1934—1946 年，多已收录于其专集《边疆地理调查实录》（商务印书馆，1950 年 12 月）一书中。[1] 见图 6-4-7。

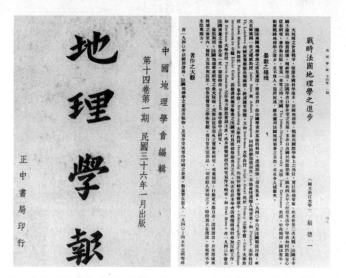

图 6-4-7 《地理学报》第 14 卷第 1 期（1947 年）封面及所载严德一论文《战时法国地理学之进步》。引自《地理学报》第 14 卷第 1 期（1947 年），封面，第 42 页。

（3）朱庭祜（1895.12.17—1984.05.04）

朱庭祜，江苏川沙（今上海市浦东新区）人，字仲翔。中国地质学会创立会员。1916 年毕业于工商部地质研究所，入地质调查所工作。1916—1920 年为建设石景山钢铁厂寻找铁、煤、冶金材料作地质调查。1920 年被选派出国，在美国威斯康星大学学习，获硕士学位。接着在明尼苏达大学进修矿物学，从艾孟斯教授作研究生，中途奉调回国。1923 年创办云南地质讲习班，发现昆阳磷矿。曾任两广地质调查所副所长兼中山大学教授，贵州地质调查所所长。1932 年任南京中央大学、浙江大学教授，中央地质研究所研究员。1946—1949 年任浙江大学教授、一年级主任、总务长。1949 年后，兼任浙江地质调查所所长，主要从事水文工程地质工作。1953 年任地质部水文工程地质局总工程师。1957—1982 年任浙江省地质局总工程

---

① 郑小明、郑造桓主编：《杭州大学教授志》，杭州：杭州大学出版社，1997 年，第 237 页。

师。从事矿床地质和水文地质工作。在地质教育上也卓有成效。1919年发现河北
井陉宣龙式铁矿，1926年发现云南昆阳磷矿。主要论著有：《井陉煤矿调查报告》
（1919）、《云南昆明附近八县地质调查报告》（1926）、《浙江西部地质》（1930，
合著）、《浙江建德、淳安二县间之铁矿》（1930，合著）、《浙江之铁矿》（1937）、《新
安江、黄坛口地质调查报告》（1949）、《钱塘江流域水力发电计划坝址地质报告》
（1952，合著）、《浙江之矿产资源》（1953）、《中国地质工作的回顾》（1979）
及《川滇黔三省含盐地层之研究》、《福建福清水坝地质》、《广东河源县水坝
地质》、《四川省自贡市盐井地区的构造》、《自贡市盐层构造》、《南昌地下水》
等论著。① 见图6-4-8。

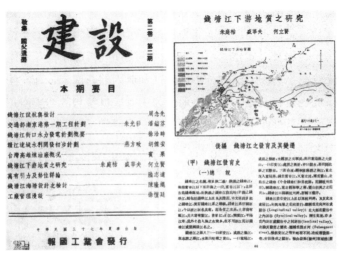

图6-4-8 《建设》第2卷第2期（1948年）封面及所载朱庭祜、盛莘夫、
何立贤论文《钱塘江下游地质之研究(后编)》。引自《建设》第2卷第2期(1948
年)，封面，第88页。

4. 孙鼐（1910.09.11—2007.08.28）

孙鼐，字调之，江苏南京人。1933年毕业于中央大学地质系。历任中央大学
地质系助教、讲师，重庆大学地质系副教授，浙江大学地理系教授；1952年全国
高等学校院系调整时转入南京大学地质系任教授。1958年调入地质部，筹建南京
地质学院，任教授和找矿勘探系主任。翌年因该院停办，仍回南京大学地质系执教。
长期担任该系矿物岩石教研室主任暨南京大学工会主席。曾任中国地质学会岩石
学专业委员会副主任，《辞海》编辑委员会委员兼地质学分科主编。1957年加入

---

① 王恒礼等编著：《中国地质人名录》，北京：中国地质大学出版社，1989年，第58—59页。
吴成平主编：《上海名人辞典（1840—1998）》，上海：上海辞书出版社，2001年，第100页。

中国共产党。长期主讲"普通地质学、"岩石学"及"工程地质学"等课程及相
应的野外实习，教学效果甚佳，深受学生的普遍欢迎；并编著出版了《普通地质学》
（1945）、《工程地质学》（1946）、《岩浆岩岩石学》（1961）、《火成岩岩石学》
（1980）和《火成岩石学》（1985）。其中《普通地质学》是国内学者编著出版
的第一本中文地质学教材，《火成岩石学》获1987年第一届全国高校教材优秀奖。
他长期致力于岩石学研究，特别是对华南花岗岩和闽浙沿海火成岩的研究卓有开
创性之建树，被认为是我国火成岩石学研究的奠基人之一。他率先提出华南燕山
期花岗岩是多期、多阶段侵入的，且在晚期侵入花岗岩中常发生自变质作用的观点。
他首次确认闽南沿海地区中生代变质火山岩带的存在，并提出其火山岩的变质作
用、混合岩化作用和断裂构造三者在空间呈"三位一体"的模式。他还确证闽浙
沿海火山侵入杂岩是由近时同源岩浆形成的，可将它视为统一的整体。查明并阐
释了安徽太平—黄山复式岩体，系由太平的印支期同熔型系列花岗闪长岩与黄山
的燕山期陆壳改造型花岗岩这两种不同时期和成因的花岗岩，在空间上叠加在一
起所形成的多成因复合岩基，等等。他作为主要成员参与的"华南花岗岩地质地
球化学及其成矿规律的研究"获1982年国家自然科学二等奖。[①]见图6-4-9。

图6-4-9　孙鼐所著《普通地质学》封面和版权页

5. 么枕生（1910.10.20—2005.03.07）

　　么枕生，河北省丰润县人。1936年毕业于清华大学地学系，同年就职于中央

---

① 《孙鼐纪念文集》编辑委员会编:《孙鼐纪念文集》,南京:南京大学出版社,2010年,插页"孙
鼐教授简介"。

研究院气象研究所，任助理研究员；1941 年至 1943 年任西北农学院气象学副教授；1943 年至 1945 年任东北大学地理学教授；1945 至 1946 年任浙江大学史地系副教授；1946 年至 1948 年任东北大学地理学教授，其间曾兼任国民政府教育部东北地区院校接收委员；1948 年至 1952 年任浙江大学史地学系副教授、地理系教授；1952 年至 1990 年任南京大学气象系（大气科学系）教授、博士生导师。么枕生是著名的气候学家，中国统计气候学的奠基人。早年研究天气学，后专攻气候学，研究内容涉及气候学各个领域，成就突出，论著颇丰，研究成果多次获奖；尤其在统计气候学方面造诣深厚，贡献卓著，他将统计学理论与气候学理论结合起来，建立了统计气候学，为我国的统计气候学事业奠定了坚实的基础。他是我国第一个气候学本科专业的首创者，自 1952 年任教于南京大学气象系以来，一直主持气候学原理和统计气候学的教学和科学研究。么枕生曾担任中国气象学会理事，并在 2004 年 10 月中国气象学会成立八十周年大会上被授予"气象科技贡献奖"。著有《农业气象学原理》、《气候统计》、《气候学原理》、《气候统计学基础》等。见图 6-4-10。

图 6-4-10 《地理学报》第 16 卷第 2 期（1950 年）所载么枕生论文《论杭州气候》。引自《地理学报》第 16 卷第 2 期（1950 年），封面，第 83 页。

6. 石延汉（？—1975？）

石延汉的经历较为特殊，由于其在 1945 年抗战胜利之后，担任过台湾省气象局局长和基隆市市长，并经历过"二二八事件"，所以在 1955 年后在南京被逮捕并判处徒刑，故其生平方面现有材料较少。陈学溶对石延汉的材料做过整理，兹引录如下（见图 6-4-11）：

石延汉先生是皖南绩溪人。在杭州蕙兰学校毕业后去日本游学 7 年，在日本的第一高等学校和东京帝国大学毕业后，留在东京帝大物理系研究理论物理。因为受了日本著名的气象学者藤原咲平（Fujiwhara Sakuhei）的熏陶，他对气象学也很留意。1937 年春，他回到杭州后，已在笕桥航空学校担任气象台台长兼气象教官的刘衍淮先生，曾邀请他到航校工作。4 月 23 日石延汉先生到浙江大学拜访了竺可桢校长，并递交了一封藤原咲平给竺校长的信。竺校长和他交谈以后，劝他到气象研究所任职，当时他可能希望能在浙江大学任教。三天以后，他又访问了竺校长。竺校长仍劝他去南京气象研究所，如果今年在航校，明年去气象研究所亦可，但浙江大学没有机会可以安插。5 月 12 日竺校长与他见面后，认为他可以去气象研究所代替张宝堃先生的整理统计事务。石先生 5 月 20 日决定去气象研究所任副研究员之职。

我是 1937 年 4 月从泰山日观峰气象台调回南京气象研究所的，因此能和石先生曾有过一面之缘。所中的一些同事对新来的石先生印象蛮好，感到他颇有朝气，办事利落。遗憾的是，不久，由于"七七"卢沟桥事变和"八一三"淞沪事变相继发生，气象研究所奉令紧缩，不得不精减部分员工。8 月 20 日气象研究所公布了留职停薪的办法，并公布了职工名单。石先生到所任职三个月就离所了。石先生的大作《交替事业的持续性理论及其对天气晴雨的应用》一文后来发表在《气象杂志》第 13 卷第 12 期上。1941 年 12 月《气象学报》第 15 卷 3—4 合期上又刊登了石氏的《交替事业的持续性理论及其对天气晴雨的应用（第 2 报）》。它们对统计预报中开展概率研究在国内有一定开创性意义。

抗战期间，1938 年福建省政府在永安县成立了测候总所，次年升格为福建省气象局，这是我国成立最早的省级气象局，比中央气象局的成立还早了两年多。石延汉先生从 1939 年开始荣任该局局长。其时陈仪是福建省政府主席。听说陈、石有姻亲关系。1940 年石延汉偕其妹由福建西行，在金华、桂林、贵阳等地皆停留，11 月 30 日路过遵义时拜访了已内迁的浙江大学，并与校长竺可桢先生谈到福建省气象局的近况：该局隶属建设厅，现有职员 50 余人，机构相当庞大，经费本年 10 万，下年可达 18 万（次年，行政院中央气象局初成立时，编制才只有 45 人，经费为年 30 余万元），欲物色气象人才。竺校长当即向他介绍了杨昌业、蒋丙然、马名海等。

当时的福建省气象局还设有天文课，所以石延汉还向竺校长谈到闽省政府为明年观测日全食筹款 2 万元为招待费的事。

1941 年 9 月 21 日的日全食路径将要斜穿过我国的许多省份（新疆、甘肃、陕西、湖北、江西、浙江、福建）的部分地区，全长七千余里。这是明朝嘉靖二十一年七月己西（公元 1542 年 8 月 11 日）以后 400 年来，在我国人口密集地区难得一遇的盛事，弥足珍贵。

每逢一次日全食，世界各地天文学家、物理学家都会不辞千万里长途跋涉的辛劳，奔赴预定的地点，去做短短的数分钟的观测。在这样的战争年代，国民政府仍派出两支日食观测队，一支奔赴福建霞浦，一支奔赴甘肃临洮。

那时我还在西安头等测候所代理，当我得知在西安只能看到日偏食，而在宝鸡可以看到日全食时，便毫不犹豫买了票，乘火车赶赴宝鸡。遗憾的是宝鸡当天是阴天，日全食发生时天暗下来，"食甚"时天漆黑如夜，只有六七分钟就结束了。

这次福建省东北各县都能见到日全食，福建省政府建设厅气象局局长石延汉先生认为这是毕生难遇的机会，必须抓住。他组织了气象局"日食观测委员会"，自任会长，局内各组主任担任委员，为研究、观测日全食各种景象做了周密的部署。要观测日全食轨迹是要经过沦陷区的，在那种情况下，要组织这么大型的一次科考活动是很不容易啊。

石先生当时亲赴重庆，向各国立大学及中央研究院接洽来闽观测日全食的各项事宜；他向省政府财政部门申请专项经费支持；他指令有关人员从速调查日全食经过地带的气候、交通、设备、名胜地等，以接待各方来客。

他领导的"日食观测委员会"经调查，对全省日全食带内各县衣、食、住、行的情况了解得非常详尽，在后勤上给观测活动提供切实的保障。他们又编印了《福建日全食》小册子分发各方面。石延汉还派出本局天文课的沈文侯和林龚梅到武夷山参与了这次日全食的观测。

石延汉认为："科学的基础要建立在广泛的人群之中，科学的工作要整个人群来合作、来推动。很幸运在我们生存的时代中，在我们所居息的土地上，能躬逢这难得的日全食机会。虽然没有良好的仪器，充实的准备，但至少要用尽可能的方法去使观测工作顺利进行。这不仅是对学术上有所贡献，更重要的是把科学普及到群众中去。希望这次日全食时不再听到撞钟伐鼓或放鞭炮的声音。"（原注：沈文侯：《福建日全食》，福建省气象局日食观测委员会出版，1941 年 9 月 21 日，第 31 页）

1945 年 8 月抗日战争胜利结束，石延汉先生随同台湾省行政长官陈仪到台湾接收，并专任了基隆市市长和台湾省光复后的第一任台湾气象局局长。1947 年 8 月 30—31 日他参加了在上海召开的中国科学社、自然科学社、天文学会、气象学会、动物学会、解剖学会、地理学会 7 学术团体的联合年会。8

月 30 日下午他在气象学会事务会上介绍了当时台湾省的气象事业概况：有气象台站 26 所；在海拔 3950 米的新高山上建有高山测候所；有无线电气象广播电台 3 座，其中两座 2kw，一座 1kw；在爱子山上有可容 100 人办公的气象台，高度 2000 米有风洞；全台湾省共有 400 名职工，在台北总台有 200 人；经费月 2000 万台币，约合 22 亿法币等等。

8 月 31 日，年会在上海医学院楼上宣读天文、气象组的论文，其中气象论文有 16 篇，石延汉宣读了一篇《地候学》。

抗日战争胜利后，美国在华海军返国前赠予台湾省气象局的部分气象仪器留在浙江。浙江省建设厅气象所的刘仁厚主任得知这一消息后，想得到它们，专程到浙江大学请竺校长于石延汉先生来杭州时代为说项。1947 年 9 月 22 日石局长慷慨地答应了。那时他曾有赴美进修之拟议，曾探询了美国对中国派遣进修教授的办法是否继续办理。

石延汉先生脱离基隆市市长和台湾省气象局局长职位是在魏道明到台湾接替了陈仪的台湾行政长官职务之后的事。[1] 大约是在 1948 年初，报上曾载有石延汉被魏道明所捕，台湾气象局局长继任者为蒋丙然的消息。此消息不尽确切。其时蒋老年事已高，因此推荐他的学生薛钟彝继任了台湾省气象局局长的职务。另据熟悉台湾官场的汤元吉说，石延汉之所以被免去台湾省气象局局长的职务，是由于与后任的基隆市市长有误会，而魏道明突然命令二十名警察子夜前往拘禁了石延汉，实属非法云云。台湾教育厅厅长许恪士则对于石延汉何以被捕，不甚愿多讲。

石延汉先生回到大陆以后，曾卜居在杭州东平巷 8 号。1948 年 9 月 2 日他和竺可桢先生同时参加了杭州扶轮社，为该社的新社员。10 月 10 日他在南京参加了"十学术团体联合年会"的活动。这十个学术团体包括了中国气象学会。

石延汉何时开始到浙江大学史地系执教，我尚未能找到有关资料，估计是在 1948。1952 年，中国高等学校院系调整，新中国成立后一直在浙江大学教书的石延汉、么枕生，和当时所有在浙江大学攻读气象专业的学生（其中有朱乾根、王得民等）一同来到南京大学气象系。直到 1955 年，石先生皆在那里任教。

---

[1]　说明：据《学艺》第 17 卷第 8 期（1947 年 8 月）封底"编辑后记"载："《五十一年来在中国登陆之台风》，作者石延汉为台湾省基隆市长并兼气象局局长，现已将市长辞去。"可知石延汉于 1947 年 8 月之前已经辞去基隆市市长。1948 年 2 月 2 日《大公报》报道："气象局长石延汉在深夜被逮，三要员以去留向魏道明力争，现在虽获保释但已奉令免职"，可知石延汉于 1948 年 2 月后被免除台湾省气象局局长职务。

1955 年由于"胡风事件"引发了"肃清反革命"运动。国民政府时代，国民党的党、政、军、特人员是"肃反"的重点对象。按当时的规定，保长以上的政府官吏就是"历史反革命"分子。石延汉曾为基隆市市长，在劫难逃，当即被逮捕，后被送到青海诺木洪农场劳改。他在劳动改造期间还写了几篇论文，自学了俄文，曾写信给顾钧禧，希望顾能寄一些俄文气象书刊给他。他愿意加以翻译，以利于我国的气象事业。

这些"历史反革命"分子经过若干时期的改造，后来陆续释放了若干批。到了 1975 年 3 月，当局认为全国各地所有尚在关押的"历史反革命"分子经过 20 年的思想改造，业已认清了自己过去的罪恶并且业已改过自新，能重新做人了，于是作为最后一批"历史反革命"分子全部释放。石延汉就是这个最后一批中的一个。

后来赵恕先生在 2006 年 4 月 8 日写给我的信中谈到：石延汉在被释放之前，劳改当局组织他们（共有 6 人）去西宁参观后返回兰州，在被遣返回家途中遭遇车祸，死于非命。

熟悉石延汉的人士多认为他是一个人才。开释以后，他本来可以继续为我国气象事业做一些事。想不到遭此横祸，惜哉！[①]

图 6-4-11　《学艺》第 17 卷第 8 期（1947 年）封面及所石延汉论文《五十一年来在中国登陆之台风》。引自《学艺》第 17 卷第 8 期（1947 年），封面，第 3 页。

[①]　陈学溶自述，樊洪业、陈德红、陈德东整理：《我的气象生涯——陈学溶百岁自述》，北京：中国科学技术出版社，上海：上海交通大学出版社，2015 年，第 300—305 页。

7. 严钦尚（1917.01.13—1992.08.22）

严钦尚，江苏无锡人。自然地理学家，海洋地质学家，比较沉积学开拓者与倡导者。华东师范大学地貌学教授，博士生导师。1940 年毕业于中央大学地理系，1942 年浙江大学史地系研究生毕业，1948 年获澳大利亚悉尼大学自然地理学硕士学位。曾任浙江大学教授。1952 年后曾任同济大学教授、海洋地质系主任和华东师范大学沉积研究室主任等职，并曾出任国际沉积学会委员、中国第四纪研究委员会海岸线分委员会副主任等。先后参加过东北土壤资源调查、治淮、陕北治沙、地貌区划、新疆综合考察、水库与铁路工程地质、石油地质等科研项目。对我国大兴安岭第四纪古冰川、新疆额尔齐斯河改道及铁路滑坡整治、长江三角洲近代沉积等提出了有创见性的研究成果。其主持的“现代河流与海岸沉积研究”获 1985 年国家教委科技进步二等奖。主要论文有《大兴安岭附近冰川地形》、《苏北金湖凹陷阜宁群海浸及沉积环境》等。主编《海洋地质学》、《地貌学》等。① 见图 6-4-12。

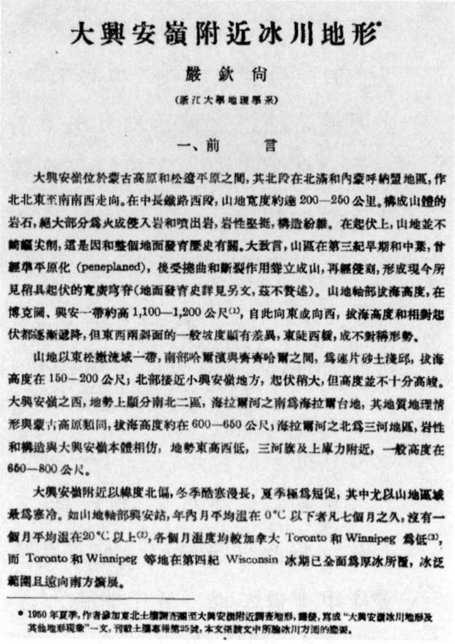

大興安嶺附近冰川地形*

嚴 欽 尚

（浙江大學地理學系）

一、前　　言

大興安嶺位於蒙古高原和松遼平原之間，其北段在北滿和內蒙呼納盟地區，作北北東至南南西走向。在中長鐵路西段，山地寬度約達 200—250 公里。構成山體的岩石，絕大部分為火成侵入岩和噴出岩，岩性堅挺，構造紛雜。在起伏上，山地並不崎嶇尖削，這是因和整個地面發育歷史有關。大致言，山區在第三紀早期和中葉，曾經準平原化（peneplaned），後受撓曲和斷裂作用聳立成山，再經侵刻，形成現今所見稍具起伏的寬廣穹脊（地面發育史詳見另文，茲不贅述）。山地軸部拔海高度，在博克圖、興安一帶約高 1,100—1,200 公尺[1]，自此向東或向西，拔海高度和相對起伏都逐漸遞降，但東西兩斜面的一般坡度顯有差異，東陡西緩，成不對稱形勢。

山地以東松嫩流域一帶，南部哈爾濱與齊齊哈爾之間，為連片砂土淺邱，拔海高度在 150—200 公尺；北部接近小興安嶺地方，起伏稍大，但高度並不十分高峻。大興安嶺之西，地勢上顯分南北二區，海拉爾河之南為海拉爾台地，其地質地理情形與蒙古高原頗同，拔海高度約在 600—650 公尺；海拉爾河之北為三河地區，岩性和構造與大興安嶺本體相仿，地勢東高西低，三河旗及上庫力附近，一般高度在 650—800 公尺。

大興安嶺附近以緯度北偏，冬季酷寒漫長，夏季極為短促，其中尤以山地區域最為寒冷。如山地軸部興安站，年內月平均温在 0°C 以下者凡七個月之久，沒有一個月平均温在20°C 以上[2]，各個月温度均較加拿大 Toronto 和 Winnipeg 為低[3]，而 Toronto 和 Winnipeg 等地在第四紀 Wisconsin 冰期已全面為厚冰所覆，冰泛範圍且遠向南方擴展。

* 1950 年夏季，作者參加東北土壤調查團至大興安嶺附近調查地形，歸後，寫成“大興安嶺冰川地形及其他地形現象”一文，刊載土壤專報第25號，本文係該文中所論冰川方面的節要。

图 6-4-12　《地质学报》第 32 卷第 1—2 期合刊（1952 年）所载严钦尚论文《大兴安岭附近冰川地形》。引自《地质学报》第 32 卷第 1-2 期合刊（1952 年），第 1 页。

8. 陈述彭（1920.02.28—2008.11.25）

陈述彭，地理学家，地图学家。历任中科院地理研究所研究员，中科院遥感研究所研究员、所长等职。1985 年后担任中科院遥感研究所名誉所长，1998 年后担任资源与环境信息系统国家重点实验室名誉主任。1980 年当选为中国科学院学部委员（现院士），1992 年当选为第三世界科学院院士，1995 年当选为国际欧亚科学院院士和主席团成员。见图 6-4-13。

陈述彭长期从事地学研究，倡导和促进我国地球信息科学的建立和发展。中华人民共和国成立初期，他参加筹建中科院地理研究所，率先收藏太平洋、印度洋航海图。70 年代，他主持编制《中国地理基础地图》，比例尺为 1：500，000，全国

① 陈世明主编：《中国当代教育名人大辞典》，西安：陕西师范大学出版社，1994 年，第 538 页。

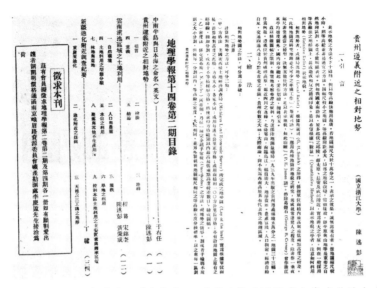

图 6-4-13　陈述彭在《地理学报》第 14 卷第 2 期（1947 年）发表的论文《贵州遵义附近之相对地形》。引自《地理学报》第 14 卷第 2 期（1947 年），目录页，第 1 页。

64 幅。他强调海陆并重，全中国海域统一分幅，大陆架、海山、溺谷地形均以等深线表示。他在担任国家大地图集编委会学术秘书兼编辑部主任时，竭力支持专列海域图组，首次对我国海域地质、地貌、潮汐和海洋生物等的分布规律作了较系统的描述。80 年代，他主编了《陆地卫星影像中国地学分析图集》、《气象卫星环境遥感与动态分析图集》和《京津渤生态环境图集》，积极探索海洋领域的遥感应用，推动我国海洋卫星规划的制订与实施。1988 年，陈述彭应邀赴伦敦出席全球数据库设计会议，他以"海岸线为基线的全球数据库"为题，作了大会主题报告。嗣后，他发表多篇论文，呼吁加强海岸带信息系统建设，促进地球系统科学的全面发展与信息化。1999 年，陈述彭荣获国际欧亚科学院一级勋章，[①] 被誉为"中国遥感地学之父"。

需要特别指出的是，陈述彭于 1954 年编绘出版了题为《中国地形鸟瞰图》的地图集（新中国地图社编校，中华书局出版，1954）。见图 6-4-14。1998 年，美国地理学会因此项成果，授予陈述彭奥·米纳地图学金奖。见图 6-4-15。该图的编绘工作，主要完成于陈述彭在浙江大学任教期间。对此，陈述彭在回忆中有如下记述：

_____

① 据《中国海洋志》之"陈述彭"词条，有补充及修正（《中国海洋志》编纂委员会编著、曾呈奎等主编：《中国海洋志》，河南：大象出版社，2003 年，第 1231 页）。

　　《中国地形鸟瞰图集》的彩绘手稿，也是我在浙大史地系工作时期完成的。它的地球三维立体显示的设计，也是从制作全国立体模型得到的启发。1998年，美国地理学会颁发了奥·米纳地图学金奖，Robinson与我并列。就是由于我们各自代表东西半球，先于Apollo遥感图像而鸟瞰地球这一比较新颖的构思。①

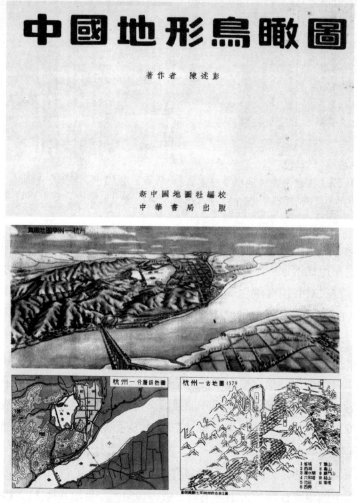

图6-4-14　陈述彭于1954年编绘出版的《中国地形鸟瞰图》地图集。引自陈述彭：《中国地形鸟瞰图》，新中国地图社编校，上海：中华书局，1954年。

---

① 陈述彭：《怀念浙大史地系——12年生活、学习与工作的回忆》，载《浙大校友》2005（上），见：http://zuaa2011.zju.edu.cn/publication/article?id=7161，[2024-05-26]。又以《浙江大学史地系十二年》为题，载陈述彭著：《石坚文存——陈述彭院士地学生涯（1999-2006）》，北京：人民教育出版社，2007年，第694—701页（本处引文见第700页）。

图 6-4-15　1998 年 6 月美国地理学会授予陈述彭院士 O. M. Miller 地图科学金奖。左图引自《陈述彭编年纪事》编委会编：《陈述彭编年纪事》，北京：科学出版社，2021 年，第 141 页。右图引自陈述彭著，陈子南编：《石坚文存——陈述彭院士科学小品选集》，北京：中国环境科学出版社，1999 年，书末插页。

当时，陈述彭并撰文总结和介绍了该图集的绘制方法，发表于 1955 年的《地理学报》。见图 6-4-16。

地 理 學 報

第 21 卷　第 1 期　1955 年 3 月

中國地形鳥瞰圖集的編製工作

陳 述 彭

（中國科學院地理研究所）

一. 編圖目標

　　解放後不久，讀到毛主席在延安文藝座談會上的講話，作者當時雖不能完全理解，但却得到一些啓發：應該爲勞動人民大衆而工作，爲工農兵服務。因而，就聯想到地圖大衆化的問題。

　　早年坊間出版的小比例尺中國地圖集，主要有兩種形式：守舊的是用毛蟲法來表示山脈；比較新頴的便用等高線和分層設色表示地勢。毛蟲式山脈用不着設了，就是分層設色的等高線圖，儘管是比較科學的，但在普及的用途上，也還存有一定的缺點。一個缺乏相當科學基礎的讀者，要通過那些抽象化的敎學符號，去獲得各個區域具體而明確的地形概念，並不是一件十分容易的事[1]，甚至具有較高文化水平的人，也會產生某種錯誤的觀念。例如有人想把青藏高原東部所有的長江大河，引往靠新高原去灌溉廣大的沙漠，也許就是由於藉小比例尺分層設色地圖所發生的錯覺。因爲在一般小比例尺的地圖集上，這一帶只採用了海拔 1,000, 3,000, 5,000 米的分級，比我國東部要簡化得多，以致抹煞了 1,000 米以內的高低起伏。從圖上看來，青藏高原好像是一片很容易通過的坦蕩大高原的地形。

图 6-4-16　陈述彭在《地理学报》第 21 卷第 1 期（1955 年）发表的论文《中国地形鸟瞰图集的编制工作》。引自《地理学报》第 21 卷第 1 期（1955 年），第 71 页。

9. 陈吉余（1921.09.17—2017.11.28）

陈吉余，河口海岸学家。江苏省灌云县人。1941 年入浙江大学史地学系就读，1945 年毕业，获学士学位。1947 年在浙江大学史地研究所研究生毕业。1996 年当选为国际欧亚科学院院士。1999 年当选为中国工程院院士。历任浙江大学讲师、华东师范大学教授、华东师范大学河口海岸研究所所长、中国海洋湖沼学会副理事长、中国海洋学会副理事长、交通部上海航道局设计研究所所长等职，并曾担任华东师范大学河口海岸研究所名誉所长，中国海洋湖沼学会名誉理事长等。

陈吉余是我国河口海岸理论与应用研究的主要开拓者。他创建了我国第一个河口海岸研究机构——华东师范大学河口海岸研究所，发展了以动力、沉积与地貌相结合的我国河口海岸学科体系，组建了河口海岸动力沉积与动力地貌国家综合重点实验室。他积极倡导全国海岸带调查，并在调查中负责技术指导，为沿海经济建设提供了系统的基础资料。他提出长江河口发育模式及自适应和人工控制理论，为长江口深水航道选槽和河口治理提供了科学依据。他建议利用潮滩建设上海浦东国际机场，被采纳后，在建设中他主持九段沙生态工程建设，取得了巨大的社会、经济效益，该工程成为大型工程建设与生态环境同步协调发展的范例。他提出的陈山原油码头选址和丹东大东港建港方案被采纳，在经济建设中发挥了重要作用。他主持了三峡工程对长江河口生态影响的研究，并在水资源开发利用、护岸工程建设、滩涂围垦等方面，为我国海岸带开发利用和工程建设做出了突出贡献。他主持多项国家重大科研任务，其科研成果获国家科技进步一等奖 1 项，省（部）级科技进步奖一、二等奖 16 项。1985 年获国家“五一劳动奖章”，同年被评选为全国先进教育工作者。[①] 见图 6-4-17。

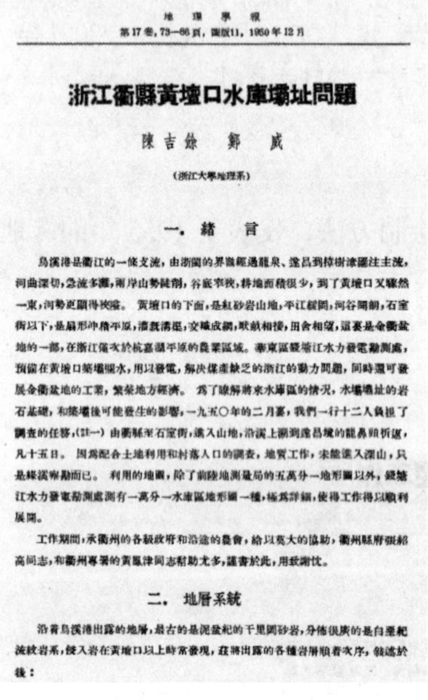
地 理 學 報
第17卷，73—86頁，圖版11，1950年12月

浙江衢縣黃壇口水庫壩址問題

陳吉餘　鄭威

（浙江大學地理系）

一. 緒言

烏溪港是衢江的一條支流，由浙閩的界嶺經過龍泉、遂昌到樟樹潭匯注主流，河曲深切，急流多灘，兩岸山勢陡削，谷底窄狹，耕地面積很少，到了黃壇口又驟然一束，河勢更顯得狹隘。黃壇口的下面，是紅砂岩山地，平江緩闊，河谷開朗，石室街以下，是扇形沖積平原，灌溉溝渠，交織成網，畎畝相接，田舍相望，這裏是金衢盆地的一部，在浙江僅次於杭嘉湖平原的農業區域。華東區錢塘江水力發電勘測處，預備在黃壇口築壩攔水，用以發電，解決煤產缺乏的浙江的動力問題，同時還可發展金衢盆地的工業，繁榮地方經濟。為了瞭解將來水庫區的情況，水壩壩址的岩石基礎，和築壩後可能發生的影響，一九五〇年的二月裏，我們一行十二人負担了調查的任務，(註一) 由衢縣至石室街，進入山地，沿溪上溯到遂昌境的龍鼻頭折返，凡十五日。因為配合土地利用和村落人口的調查，地質工作，未能深入深山，只是緣溪察勘而已。利用的地圖，除了前陸地測量局的五萬分一地形圖以外，錢塘江水力發電勘測處測有一萬分一水庫區地形圖一種，極為詳細，使得工作得以順利展開。

工作期間，承衢州的各級政府和沿途的農會，給以莫大的協助，衢州縣府張紹高同志，和衢州專署的黃鳳津同志幫助尤多，謹書於此，用致謝忱。

二. 地層系統

沿着烏溪港出露的地層，最古的是泥盆紀的千里岡砂岩，分佈很廣的是白堊紀流紋岩系，侵入岩在黃壇口以上時常發現，茲將出露的各種岩層順着次序，敘述於後：

图 6-4-17　《地理学报》第 17 卷第 2 期（1950 年）所载陈吉余、郑威论文《浙江衢县黄坛口水库坝址问题》。引自《地理学报》第 17 卷第 2 期（1950 年），第 73 页。

---

① 据《中国海洋志》之“陈吉余”词条，有补充及修正（《中国海洋志》编纂委员会编著、曾呈奎等主编：《中国海洋志》，河南：大象出版社，2003 年，第 1231 页）。

10. 李治孝（1921.06—2013.06.08）

李治孝，教授级高级工程师，民盟盟员、中共党员。1921 年 6 月出生于安徽合肥，1942 年就读国立浙江大学史地系，1948 年考入国立浙江大学史地研究所，师从著名地质学家叶良辅，1950 年研究生毕业后长期从事地质学教学、地质勘探和科技工作。原浙江省地矿厅副总工程师，曾任浙江大学地质系副系主任、党总支委员，浙江省地质职工大学校长，浙江省地质学会理事长。1984 年 7 月至 2007 年 5 月，担任民盟浙江省第五届、第六届、第七届委员会副主任委员，第八届、第九届名誉副主任委员。1987 年至 1998 年，担任政协浙江省第五届、第六届、第七届委员会委员。

1955 年至 1970 年，历任浙江省工业厅地质勘探队工程师、浙江省地质局工程师、副总工程师兼资料处负责人。1980 年 10 月至 1983 年出任浙江省地质局副总工程师兼地质职工大学校长、地质研究所所长。1984 年至 1993 年为浙江省地质局（地矿厅）顾问、教授级高级工程师。1979 年至 1985 年担任浙江省地质学会第二届理事会理事长、第三届理事会副理事长。

他参加了浙江省许多重大地质勘探工程设计工作，如新安江水库的选址、浙江铀矿储量勘察及多种矿产的评价等。1953 年发表《新安江调查建设历史》，1956 年发表《杭州地下水勘探意见》等研究报告，著有《叶良辅老师的生平和贡献》（浙江大学出版社 1990 年版）、《浙江大学地质系的建立——纪念叶良辅教授逝世四十周年》（浙江大学出版社 1990 年版）等，参与编写《中国现代地质学家传（第一卷）》（湖南科学技术出版社 1990 年版）。2005 年，他以 85 岁高龄，将从事工作 50 余年的经验和思考写成《地质学的教学方法》一文发表在《中国大学教学》杂志上，引起中国地质学教育领域的关注和良好反响。2010 年，他已 90 岁高龄，还为《20 世纪中国知名科学家学术成就概览·地学卷》（科学出版社 2013 年版）撰写"叶良辅"一章。2002 年由中国地质学会授予其"从事地质工作 50 年以上老会员荣誉证书"。①

（二）实地考察和课题研究

就浙江大学而言，"在 1949 年 9 月至 1952 年上半年这段时间里，学校注重教学与国家经济建设紧密相结合，积极组织师生参加有关社会实践活动。如……土木工程学系师生两次参加治理淮河工程……为了帮助参加治淮工程的同学了解

---

① 据《李治孝先生入盟六十周年纪念册》整理（《李治孝先生入盟六十周年纪念册》，内部印行，2013 年，第 2、26 页）。

淮河流域地形情况，地理系师生赶制了淮河流域地理图表四幅供参加治淮同学使用……通过以上这些活动，不仅使学生在理论与实际相结合的能力上得到锻炼、提高，而且通过接触工人、农民，了解他们的生活情况和劳动情况，增强工农感情，使学生关心国家建设，培养爱国主义思想和为国家、社会服务的思想"①。

《浙江大学简史》还具体就本期学校承担的"结合国家经济建设的研究课题"，对地理学系的情况作了介绍："理学院地理学系与中国科学院地理研究所合作，调查全国7条铁路干线的地质水分情况，担任黔滇线勘测工作和天成线地理调查工作，到淮河参加佛子岭水坝、灌河水坝、梅山水坝等坝址的地质研究，并三次到浙江省黄坛口水坝坝址作地质调研；此外还进行洪泽湖土地利用的研究，完成了浙江省乌溪江经济地理的调查报告及它的百万分之一的地形图，完成了浙江省65万分之一的地形图模型。"②

兹就本期地理学系及相关教师所承担的主要课题和研究情况分述如下。

1. 地理学系组织钱塘江支流乌溪港黄坛口水电站建坝地理调查（1950年2月）

1950年2月，地理学系接到"钱塘江支流乌溪港黄坛口水电站建坝地理调查"的任务，由严德一负责，陈吉余等教师和地理系、农经系的10名学生参加。据相关记述：

> 1950年初，浙江衢州乌溪港水电建设负责人来到浙江大学地理系，想请人调查一下黄坛口水库。李春芬派严德一教授和陈吉余带领学生去考察。考察小组围绕着坝址地质、土地利用、聚落分布、农业经济、坝下灌溉等10项内容展开了1个月的考察。考察结束后，调查小组连夜在驻地将调查报告一一完成。10个分报告，陈吉余写了6个。其中有关坝下灌溉的报告十分实用，当地部门根据调查结果立刻去落实了。③

全程参加并负责起草报告的陈吉余，对此有详细的回忆：

> 1949年全国解放，我感到地理学迎来了春天。过去，作为地理教师，一

---

① 浙江大学校史编写组编著：《浙江大学简史（第一、二卷）》，杭州：浙江大学出版社，1996年，第307—308页。
② 浙江大学校史编写组编著：《浙江大学简史（第一、二卷）》，杭州：浙江大学出版社，1996年，第314页。
③ 戴勇、王平、金文华著：《探究河口，巡研海岸——陈吉余传》，上海：上海交通大学出版社，2015年，第69页。

般就在书斋里与图书为伴,上课下课,上班回家。但是地理学要活学活用,要和地理实际相接触。浙大史地系,很重视实际,气象要观测,看云识天气;地貌要到河流、沙漠、冰川、海岸去调查。地理要收集资料,现场调查解决问题。建设新中国,给地理学带来了大量调查研究机会。

1950年2月,浙大地理系接到钱塘江支流乌溪港黄坛口水电站建坝地理调查的任务。系里安排严德一教授负责此项工作。严教授组织地理系和农经系十名学生担任调查任务。系里安排我一起参加调查。一天晚上,我们搭乘浙赣线夜车离开杭州,第二天清晨,看到以红砂岩石块为城墙的衢州城。专署派了两名干部陪同调查。其时,浙江解放未久,土改正在开始。

水库调查从黄坛口的石室堰开始,我们沿乌溪港而上,从地质、地貌、经济、淹没损失做全方位的调查研究。从专业来说,社会经济方面是严德一先生负责,自然方面由我担当,但是社会经济、淹没损失方面我也全面收集资料。早春二月,山溪水冷,沿乌溪港上行,为测地质要素,要穿越河流两岸,在没膝水深中来往穿越。随行学生有些一向城居,有点娇惯,穿越溪水之时要敢于踏进冰冷的溪水之中,在杂乱石头之上穿过,少数同学要帮助挽扶才能在水中行走,作为老师,要悉心照顾,卷起的衣裤有时被水浸湿,还得把娇弱的同学挽扶过河。在冰冷的水里要经受得住,我这个正当三十岁的老师就得更多担当一些。这一带都是300m以上的峰岭,虽然都是流纹岩、凝灰岩等中生代的火山岩,但是产状各异,沿岸要详记岩石的类型、产状。金衢盆地春来早,早春二月,桃花吐蕊,逐渐盛开,做地质地貌的野外工作者,他的目光是岩石,是阶地,没有留意欣赏风景。就这样,沿着乌溪港向上游行进,通过湖南镇第二级库址,再到洋口第三级坝址,我们完成了水库的调查。

再回到石室堰,在金衢盆地中做坝下的调查。石室堰有古代的灌溉渠脊。乌溪港从山地流出,向衢江汇合,出了山口,便形成范围相当广阔的冲积扇平原。石室堰下的冲积扇平原建了一个渠首,按着不同的高程,形成支渠的灌溉系统,支渠再到分渠,再分出一层层灌溉渠道,系统分明。在覆盖于乌溪港出口进入衢江的冲积扇平原,我们做了详细的堰下灌溉系统调查,就在当地编写调查报告,领队严德一先生和大家讨论,分为十个分报告,其中有六个由我执笔完成。后来,李春芬先生告诉我,业务单位最欣赏灌溉系统的报告,他们的坝下灌溉就根据这份报告进行设计。[1]

---

[1] 陈吉余:《浙江大学史地系的十三年异彩纷呈》,载陈吉余著:《奋力长江河口——记陈吉余先生近期的河口海岸研究实践》,上海:华东师范大学出版社,2017年,第222页。

工作结束后，严德一、陈吉余还撰写文章，对工作予以总结，后以《衢州乌溪港黄坛口水库区的地理调查工作——国立浙江大学地理学系接受钱塘江水力发电勘测处的委托任务》为题，发表在《科学通报》第 1 卷第 3 期（1950 年 7 月）。见图 6-4-18。

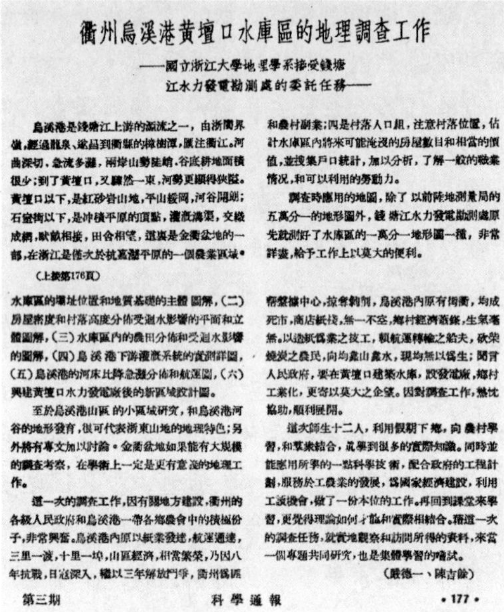

衢州烏溪港黃壇口水庫區的地理調查工作

——國立浙江大學地理學系接受錢塘江水力發電勘測處的委託任務——

烏溪港是錢塘江上游的源流之一，由浙閩界嶺，經過龍泉、遂昌到衢縣的樟樹潭，匯注衢江。河曲深切，急流多灘，兩岸山勢陡峭，谷底耕地面積很少；到了黃壇口，又驟然一束，河勢更顯得狹隘。黃壇口以下，是紅砂岩山地，平山緩岡，河谷開朗；石室街以下，是冲積平原的頂點，灌溉溝渠，交織成網，畎畝相接，田舍相望，這裏是金衢盆地的一部，在浙江是僅次於杭嘉湖平原的一個農業區域。

和農村副業；四是村落人口組，注意村落位置，估計水庫區內將來可能淹沒的房屋數目和相當的價值，並搜集戶口統計，加以分析，了解一般的職業情況，和可以利用的勞動力。

調查時應用的地圖，除了以前陸地測量局的五萬分一的地形圖外，錢塘江水力發電勘測處原先就測好了水庫區的一萬分一地形圖一種，非常詳盡，給予工作上以莫大的便利。

（上接第176頁）

水庫區的壩址位置和地質基礎的主體圖解，（二）房屋密度和村落高度分佈受迴水影響的平面和立體圖解，（三）水庫區內的農田分佈和受迴水影響的圖解，（四）烏溪港下游灌溉系統的實測詳圖，（五）烏溪港的河床比降急灘分佈和航運圖，（六）興建黃壇口水力發電廠後的新區域設計圖。

至於烏溪港山區的小區域研究，和烏溪港河谷的地形發育，很可代表浙東山地的地理特色；另外將有專文加以討論。金衢盆地如果能有大規模的調查考察，在學術上一定是更有意義的地理工作。

這一次的調查工作，因有關地方建設，衢州的各級人民政府和烏溪港一帶各鄉農會中的積極份子，非常興奮。烏溪港內原以紙業發達，航運通達，三里一渡，十里一埠，山區經濟，相當繁榮，乃因八年抗戰，日寇深入，繼以三年解放鬥爭，衢州偽匪

幫盤據中心，掠奪鈎削，烏溪港內原有街衢，均成死市，商店紙棧，無一不空，鄉村經濟蕭條，生氣毫無。以造紙爲業之技工，賴航運轉輸之船夫，砍柴燒炭之農民，向均靠山靠水，現均無以爲生；聞貫人民政府，要在黃壇口建築水庫，設發電廠，鄉村工業化，更寄以莫大之企望。因對調查工作，熱忱協助，順利展開。

這次師生十二人，利用假期下鄉，向農村學習，和羣衆結合，就學到很多的實際知識。同時並能應用所學的一點科學技術，配合政府的工程計劃，服務於工農業的發展，爲國家經濟建設，利用工讀機會，做了一份本位的工作。再回到課堂來學習，更覺得理論如何才能和實際相結合。藉這一次的調查任務，就實地觀察和訪問所得的資料，來當一個專題共同研究，也是集體學習的嘗試。

（嚴德一、陳吉餘）

第三期　科學通報　·177·

图 6-4-18 《科学通报》第 1 卷第 3 期（1950 年）所载严德一、陈吉余文章《衢州乌溪港黄坛口水库区的地理调查工作——国立浙江大学地理学系接受钱塘江水力发电勘测处的委托任务》。引自《科学通报》第 1 卷第 3 期（1950 年），第 176—177 页。

2. 陈吉余参加铁道部组织的铁路湘黔西线调查（1950.08—1951.06）

1950 年 8 月，地理学系接到时在南京的地理研究所函件，借用陈吉余参加铁道部路线调查任务。陈吉余回忆：

国家甫立，一项项建设相继开展，地理系接到中国科学院地理研究所的函件，借用陈吉余参加铁道部路线调查的任务。1950 年 8 月我到南京地理所等候安排，10 月地理所的孙承烈、沈玉昌、邓静中和我乘上行驶川江的荆门轮，离开南京，开向重庆。这时候正是流急天高的三秋天气，我们于宜昌以上再一次欣赏三峡风光，湍急翻滚的江水成为风景，虽然不闻哀鸣的猿猴，却可见山高月小，水落石出，江流湍急，奇峰插天，实乃世间少见的美景。

在秋雨连绵的天气中，到了重庆，到西南铁路局进行联系，等候消息的几天，我到重庆图书馆收集西南地质，特别是贵州高原的资料。这时，距离

解放不是很久，川黔公路还有群匪出没，到贵阳的公路有一段时间不通，汽车出行需要结队，等了一段时间，贵州省交通厅长来访，决定通行车辆和具体时间，我们每人跟着一辆汽车的司机，坐在驾驶边上，开往贵阳。在一隐一现的阳光中到了川黔交界的松坎镇，一盘又一盘，通过七十二盘的花楸坪，经过桐梓县，翻越天险娄山关，在遵义住了一夜，第二天到了贵阳，沿南明河，过甲秀楼到一座高山的山口前停下，这里是西南铁路局贵州分局所在。我们就住在招待所的一幢小楼里，等候铁道部指令。等了个把月，川黔铁路来人联系，孙承烈、沈玉昌先行。邓静中和我准备做滇黔铁路调查工作，那时候，贵州还有19个县没解放，路线所经的威宁还在土匪手里，等到11月底湘黔西线总工程师到贵阳，安排我们进行湘黔西线调查任务。

邓静中负责经济地理，线路所经，都到城市进行资料收集，我则沿途考察，都是深山野岭。测量队从湘西向贵州前进工作，已经在湘西和土匪打了一仗。我做地质工作，需要部队掩护。贵州军区已有话说，如果不行，我们派部队打过去，一个连不行，就派一个营打过去，决心很大。军区给我派两班人，两挺机枪掩护，给我领了全套的1：50000贵州全省地形图，以军区司令员杨勇的名义给我开了通行证。于是，当即从贵阳启程，第一站到二戈寨，以后逐日部队派四人带枪作掩护随我沿程工作。他们两班由一位副连长率领，先头到预定的驻地驻扎。我们每天8点钟吃早饭，中午时分适当休息。我当时没有手表，掩护部队只有副连长有个计时的钟表。冬天天短，又兼之贵州与北京时差一个小时，所以我们常常摸黑赶到驻地。在龙里，我们登上了长江、珠江分水岭的苗岭（石英岩水平地层）叫做麻若的苗族村寨。寒冬腊月，田中糯稻尚未收割，地势高寒，当地人食用高热量的糯米。房屋破旧，生活水平很差，邻里纠纷不断，我们初到，就要我们帮着评理。看到高山苗寨，一览高寒苗寨风光，下得山来，继续调查工作。过贵定转向东南方向的河谷，看不尽的石炭二叠纪石灰岩山地。到谷硐镇转折，进入都匀坝子，十几千米长的平坝展现。都匀是贵州东南的一个军分区，贵阳来的部队，完成了掩护任务，交接完毕。之后的保卫部队就由都匀派遣，因为地方情势较好，用一个班进行保卫即可。向着麻江方向调查，此时，春节已近，部队准备春节的伙食。这里肉食品价钱低廉，我用野外补贴，以2角4分到2角6分一斤的价钱买了30斤猪肉，作为过节加餐，在麻江过了春节。这里是短裙苗，妇女的裙子到膝盖，她们穿的衣服，都是青兰色，通过蜡染，带一些紫光。春节也是苗族的节日，多个村寨，齐集跳跃庆贺，晚上围做一圈，女孩都穿戴上翘的银饰，男人们吹着芦笙，围着木柴烧的火光左步右步地蹒跚起舞。我跟战士们都拍着节奏，或者参加到跳舞圈子去。

我们休整了三天，就又进行查勘。春节，这里也有走亲戚的习俗，有时路上撞到走亲戚的老太，她们三俩人一群，手里拎着酒壶，边走边喝，碰着了我，端了一杯向我敬酒，为了民族政策，必须爽快地接下来一干为敬。在年后早春，走在一碧清澄的清水江边上，学了几句问路的苗语，到了凯里，凯里是清水江一个较大的镇子。从这里，我们登上清水江和舞阳江分水的翁谷陇高平台。正是三九、四九天气，非常寒冷，下了一场冻雨，路面好像铺了一层冰壳。两旁都是麦田，我们走在路上时不时摔跤，我都摔了两跤。在谷陇镇歇了脚，继续向前勘测，就到了镇远。镇远是黔东的重镇，新街濒江建立，江北就是拔起的陡崖，壁立数百米的石灰岩壁，半山有洞，供着菩萨，也多烟火。从都匀到镇远走了将近两月，大家休整，我也感到累了。

镇远三天休整，掩护部队换班。我们再上征途。黔东地势起伏不大，溪谷深切，玉屏、清溪向东，深切愈来愈明，往往有明显裂点，河流宽谷之下出现峡谷，裂点均出现宽谷之处，随后峡谷渐显，地层出现震旦纪的灯影灰岩，继之以南沱冰碛层，此乃三峡地层层序，地表平缓，抑或是鄂西准平原向南延续，没有细究。

在路上，渐渐听到战士议论，部队抽兵，继而听到在朝鲜和美国打仗的说法，又听到"雄赳赳、气昂昂，跨过鸭绿江"的志愿军战歌。我们一路查勘，都是在消息十分闭塞的情况下进行的，消息都是从掩护部队战士们议论中听到的。跟着部队中传唱的志愿军战歌，我也学会了这一时代的歌声。天气渐渐转暖，溪边偶见桃花开放。春天到了，我还是一路上观察灯影灰岩、南沱冰碛层、宜昌灰岩，记录着它们的产状，填绘着沿途地质图，绘制路线地质剖面图，渐渐地到了高原边缘，河流深切，呈现上面是宽谷，中间是窄谷，下面是嶂谷的特别地貌境况，不远的地方就是湖南界了，山高谷深，比较荒凉。到了新晃城，市况繁华，人声嘈嚷。找了个旅馆住下，部队完成掩护任务，返回镇远。我回到单身旅行状态，一件行李，两箱标本，跟着班车，辗转几地，第三天到了株洲，买了浙赣线车票，又经两天回到杭州。

回到吴衙巷的家中，见到一别十个月的永瑜和孩子三人都围坐在床上，原来两个孩子都在出疹子，不能出门，真正辛苦了永瑜。[1]

---

[1] 陈吉余：《浙江大学史地系的十三年异彩纷呈》，载陈吉余著：《奋力长江河口——记陈吉余先生近期的河口海岸研究实践》，上海：华东师范大学出版社，2017年，第222—224页。

关于这一段长达 10 个月的铁路沿线考察，相关材料也有记述：

> 1950 年暑假，陈吉余又接到了中国科学院和铁道部的通知，要他下半年去湘黔滇和川黔铁路沿线进行地质经济勘查，参加此次调查的还有中国科学院地理研究所的邓静中、沈玉昌和孙承烈 3 人……
>
> 1950 年 10 月，调查人员到位。11 月中旬，接到铁道部命令，4 人分成 2 个小组，孙、沈两人负责川黔铁路段，陈、邓负责滇黔铁路段。但是，当时贵州还有 19 个县被土匪控制，没有解放。于是他们的任务又改为湘黔铁路的贵阳至晃县段。虽然这段铁路的沿线地区已经解放，但是仍有国民党部队和土匪残余存在，于是贵州军区派 2 个班的战士掩护部队随行。
>
> 他们从贵阳出发，经过龙里、贵定、麻江、凯里、镇远、玉屏，目的地为湖南怀化新晃侗族自治县。沿途陈吉余不仅要警惕土匪的骚扰，还要小心悬崖峭壁。工作更是辛苦，每天只能吃 2 顿饭，勘测一般要从早上 8 点持续到天黑 6 点多。经过贵定之后，陈吉余就进入了苗区。为了顺利开展勘测工作，陈吉余还向苗区人民学习苗语。没过多久，他已经能和他们进行日常交流了。在麻江，勘测队住进了县城过春节。陈吉余买了 20 斤猪肉犒劳解放军战士，大家过了一个快乐的春节。在去凯里的路上，勘测队遇上了探亲的苗民。热情的苗民向他们敬酒，还邀请他们跳苗舞。这算是艰苦的勘测生活中的最值得回忆的温馨时刻了。1951 年 4 月中旬，长达 6 个多月的勘测任务顺利完成。算上等待任务的时间和回家的时间，足足有 10 个月。……
>
> 回到地理系，马不停蹄地撰写调查报告，报告还没写一半，任务又来了，是参加新中国成立后的一项重大水利工程治理淮河。[①]

3. 地理学系师生参加治淮工作（1950 年 8 月，1951 年 8 月）

治理淮河是新中国成立初期国家非常重视的一件大事，浙江大学相关系科广泛参与了相关工作。地理学系相关专业教师，如朱庭祜等多次就梅山水库的工程地质勘测工作进行调研，并提交报告。据朱庭祜回忆：

> 毛主席发出"一定要把淮河治好"的指示后，我于 1950 年、1951 年间应水电部水电局长汪胡桢的邀请，利用暑假与盛莘夫参加了淮河流域史河梅山

---

① 戴勇、王平、金文华著：《探究河口，巡研海岸——陈吉余传》，上海：上海交通大学出版社，2015 年，第 70—71 页。

水库的工程地质勘测工作，并写了坝址工程地质报告，供设计部门使用。[①]

陈吉余则回忆了 1951 年暑假参与梅山水库调查的情景：

> ……回到地理系，向系主任李春芬先生报到。李师让我多休息两天，并安排去南京的中科院南京地理所销差。再返回学校，李师为我安排"野外实习"课程，时间不长，暑假又至，我的铁路地质报告正在编写之中，系里接到治淮工作的任务：梅山水库调查。李春芬主任安排朱庭祜教授和我接受任务。于是 1951 年暑假，我们和地理系的一班学生到了蚌埠。
>
> 在淮委总工室接受任务，淮委总工汪胡桢先生，曾是浙大教授，安排我们调查梅山水库的地质和淹没损失。为着收集淮河流域资料和治淮任务的要求，我到淮委资料室，负责人竟然是我意想不到的胡焕庸教授。想当年，1941 年四校招生时，我到中大应试，胡先生是教务长，校长是蒋介石兼任。胡先生是一位很难见到的名人，地理界南方的代表人物。现在竟然在这里见面，我表达了敬慕之意，说明了任务要求，胡先生为我们准备好必备的各项资料。
>
> 工作准备好后，我们便向梅山出发，先在六安住下，遇到黄万里教授带领天津大学水利系学生到佛子岭水库工作。治淮是国家大业，各路人马齐聚于淮河。再向前行，到了史河的谷口，我们循着河岸进入山区，过了杨家岭，山势起伏渐大，走到金寨县，却是一片平缓起伏的丘陵，县里安排一间民房让我们住下，二十多人挤在一起，很是闷热。第二天，我们就开始工作，炎热的太阳，直晒头顶，我们没戴帽子，索性连上衣也脱掉，赤膊沿史河填绘土地利用图，嫌热就跳进清澄的河里泡水，上得岸来继续填图。遇到村落，就进村找干部，进行社会经济调查。我每天晚上安排一起工作的同学召集村庄里的干部和群众进行社会调查。在调查中深感人类活动对大别山区水土流失产生很大的影响，影响河流航运和社会经济。过去航船可沿史河上溯到胡家集，甚至还要上游，可是现在进不了史河的山口，过去繁华的码头，现在也已是往事如烟。我们收集了将来修水库可能淹没范围内的田地、村庄、坟墓和其他建筑物，群众自建的一些设施。对人民负责，必须细致，淹没损失涉及群众的利益。白天外业，晚上内业。坝址地质由朱庭祜教授带学生兼做。

[①] 朱庭祜口述、周世林记录整理：《我的地质生涯》，载《中国科技史杂志》第 33 卷第 4 期（2012 年），第 397—432 页（本处引文见第 429 页）。

我也顺带做一些坝址工作。坝址工作几天功夫就可完成，完成后，朱教授即离开了史河回校去了。我则和学生继续做下去，一直到杨家岭坝址。而坝下的受灌溉问题还得做平原工作，一直到霍邱城西湖，到淮河干流为止，结束后带了学生回校。[①]

关于这一段参与治淮的工作经历，相关材料也有记述：

> 1951年7月中旬，朱庭祐和陈吉余带领浙大地理系二年级的学生赶赴蚌埠治淮委员会。时任治淮委员会委员、总工程师的汪胡桢接待了他们，并交代了任务。陈吉余顺道去治淮委员会图书资料室借阅资料，见到了大名鼎鼎的地理学家胡焕庸先生。胡焕庸先生把梅山水库的相关材料交他。全国各地的科技人才为了治理好淮河，汇聚在一起，这让陈吉余兴奋不已。来到库区现场后，陈、朱二人分了工，朱庭祐负责水库地质调查，陈吉余负责经济地理方面的工作。

> 调查工作很辛苦，陈吉余回忆说：

> 我分配了学生去调查沿河水碓、水磨、房屋、坟墓等建筑物，收集该村落户数、人数、田亩等有关的淹没损失；我则带领几个同学沿程填土地利用图。三伏的太阳，确是骄阳似火。我打着赤膊，热得无可奈何了，跳进史河泡一泡；口干了，捧着水喝上几口。皮肤脱了一层又一层，直到第三层皮脱了，黝黑的皮肤与当地老农相似，就不脱皮了。杨家岑是梅山坝址，我们再做坝下灌溉的调查，到了叶家集，一天赶一百里路到霍邱，了解城东湖、城西湖的来水情况。看到大别山，山清水秀，植被覆盖，但并非林森叶密了，一些山地开空，发生水土流失。胡家集这个地方三十年代还可通船，如今则数十千米以下才能通航。

> 1951年下半年，陈吉余是在赶写调查报告和繁重的教学工作中度过的。[②]

4. 其他

地质专业方面的教师，如朱庭祐、孙鼏、严钦尚、李治孝等，在此阶段，参与了新安江和黄坛口两处发电站的坝址勘测工作。据朱庭祐回忆：

---

① 陈吉余：《浙江大学史地系的十三年异彩纷呈》，载陈吉余著：《奋力长江河口——记陈吉余先生近期的河口海岸研究实践》，上海：华东师范大学出版社，2017年，第224—225页。
② 戴勇、王平、金文华著：《探究河口，巡研海岸——陈吉余传》，上海：上海交通大学出版社，2015年，第72—73页。

　　与此同时，还与浙江省水力发电勘测处合作，进行了新安江和黄坛口两处发电站的坝址勘测工作。

　　新安江水电工程于1950年开始筹建，为解决建设新安江水电站用电问题，需先建一中型水电站。由省水力发电勘测处负责人徐洽时来浙大找我，要我同去钱塘江上游罗桐埠、常山江的灰埠、开化马金及乌溪江的黄坛口、妥桥（小金山）、街口等6个水坝区进行地质调查，我就同盛莘夫等人前往。回来后研究坝址情况时，认为黄坛口坝址的地质条件较好，写了一份关于6个坝址的地质报告。但到1951年黄坛口坝址未做地质勘探工作就破土动工。1952年初发现西山坝头岩石破碎，不易施工。省水电工程局曾请了浙江大学地理系孙鼐、严钦尚、李治孝以及盛莘夫等前往察看。当时产生了两种看法，浙大地理系的三人认为破碎较严重，坝址不理想，主张向下移200米，而盛莘夫则认为可以筑坝。

　　由于意见不一，无法解决。嗣后，徐洽时又找我赴现场研究。我觉得这种破碎可能是滑坡现象，对筑坝不利。我提出可先开挖破碎处，视深部情况，再行研究处理工作方案，但该局未接受我的建议，仍全面动工。后来请北京地质学院张咸恭教授、水电总局的苏联专家来浙检查，认为必须先做地质勘探工作，开挖工作暂停进行。该局局长王醒再次找我，要我去负责坝址地质勘探工作。于是成立了地质队，我任队长，汪龙文为副队长，还有张学顼等。工程局派了黄文理及几位练习员毛作炯、马新法、陈××等一起工作。测制了坝区地质图，做了槽、硐、钻探，勘测工作约进行了两个月多，确认西山坝头碎石由滑坡造成。

　　对坝址下面200米处也作了勘探，亦发现岩层裂隙甚大，并不理想。由于我的专长是矿产地质，对工程地质不熟悉，更未搞过较大的工程，故不敢轻易地下结论。此时，地质部水文工程地质处和水电总局召去汇报，由我和汪龙文前往。汇报后，水电总局又派了一位苏联专家和我们及王醒、徐洽时再赴现场。这位专家认为，如果能在上游找一个好的坝址，则比较好。但省水电局负责人王醒认为，这是浙江第一个水电站工程，既然动工了，必须在原来地方开挖筑成，以树立威信。于是这位专家建议，在正坝上面岩石破碎一侧，添筑一个侧坝，以防岩层下滑时压坏正坝。将此方案向水电部长钱正英作了汇报，钱部长同意了这个方案，就依此办理了。这种方法对保护水坝果然有益，但增加了不少建设投资。该坝至今虽未发生什么问题，但对滑坡区仍需加强观测，以防万一。

新安江电站的选址,当时水电设计部门提出在罗桐埠建高坝,作一级开发。也是由徐洽时约请我和汪龙文同去踏勘。新安江两岸虽峡谷较多,但地质构造情况甚为复杂。从罗桐埠向上经铜官、小金山、云头、黄江潭至街口等数处,从地形上看均有建坝之条件,但地质构造均较复杂。从水库蓄水量要求,当以罗桐埠为首选。但经钻探结果证明有斜切河床之断层,不易处理。在铜官镇南面亦发现有斜切河床之断层,经开挖隧道检查,坝基与断层相距在百米以上,尚可建坝。但在铜官以北方村、下湾一带是石灰岩,且有地下水冒出,经多处钻探,证明其水与库水不相连,始决定在铜官建坝。便于1952年正式开始动工建坝,我和许多技术人员、工人一起投入了紧张的施工。[1]

在有关记述孙鼐活动的材料里,也简单述及该期的科研情况:

1948年暑假孙鼐受钱塘江水利工程局委托,赴浙江中部调查萤石矿。1951年夏,孙鼐等应浙江省工业厅之邀调查了黄坛口水电站坝址地质问题,并提出了后被证实为极其重要的正确意见。同年秋,孙鼐又受国家治淮委员会的邀请,作为专家参加了对于解放后我国建设的第一座大型水库——佛子岭水库大坝坝址的复勘工作和专家讨论会议。[2]

第五节 师生课余活动与若干特殊事件

一、师生课余活动

(一)总体情况

1949学年开始时,中国大陆因尚未完全解放,故对师生课余活动等方面的安排,全国尚无统一规定,基本延续之前的日程安排,只是将不适应新时期的节假日取消。1950年6月,教育部发布全国统一的"高等学校校历",其基本安排如下:

---

[1] 朱庭祜口述、周世林记录整理:《我的地质生涯》,载《中国科技史杂志》第33卷第4期(2012年),第397—432页(本处引文见第427—429页)。

[2] 《孙鼐纪念文集》编辑委员会编:《孙鼐纪念文集》,南京:南京大学出版社,2010年,第3—4页。

高等学校校历

（1950年6月24日教育部发布）

（一）学期

一学年分两学期，第一学期自8月1日至1月末，第二学期自2月1日至7月末。

1. 第一学期上课145天，自9月1日至1月23日，计20周零5天。

2. 第二学期上课144天，自2月7日至6月30日，计20周零4天。

（二）假期

1. 暑假62天，自7月1日至8月31日，计8周零6天。

2. 寒假14天，自1月24日至2月6日，计两周。

（三）假日

1. 新年放假1日　　1月1日

2. 春节放假3日　　夏历正月初一日、初二日、初三日

3. 春假3日　　4月3日、4日、5日

4. 劳动节放假日　　5月1日

5. 国庆纪念日放假2日　　10月1日、2日

6. 妇女节放假半日　　3月8日

7. 青年节放假半日　　5月4日

（四）附则

1. （一）项学期的规定，包括开学后上课前之注册、补考等时间在内，但注册、补考时间应尽量缩短，至多不得超过一星期。

2. 在假期内可组织参观、实习及旅行等。

3. 假日除妇女节、青年节外，如适逢星期日应补假。

4. 春节之三天假日如在寒假期内，开学后不再补假。

5. 各大行政区教育主管机关得依各地区及各种学校性质之不同（如农业大学），在不影响规定上课时间的原则下，适当调整学期和假期；此项措施须呈报中央人民政府教育部备案。[①]

此外，这段时期，在正常的教学活动之外，浙大师生结合国家统一安排和自

---

① 《高等学校校历》，载何东昌主编：《中华人民共和国重要教育文献（1949—1997）》，海口：海南出版社，1998年，第33页。

身情况，也进行了各种政治性的学习和运动。《浙江大学简史》记述：

> 解放初，浙大师生员工以极大的政治热情迎来了解放、军管，他们向往新中国，但对新中国不甚了解，为此组织教职员工学习革命理论和党的方针、政策，进行思想与政治教育是学校的一项重要工作。

> 一、组织教职工学习革命理论

> 1949 年解放后的第一个暑期，由教授会、讲师助教会、职员会和杭州市新教育研究会等联合发起举办暑期学习会，有 500 多位教职员报名参加。陈立、孟宪承、任铭善（中国文学系副教授）、陈建耕（外国语文学系助教）、章定安（职员会）、王承绪（教育学系教授）等为暑期学习会干事，主持学习事宜。学习内容为"社会发展史"、"中国革命问题"、"革命人生观"和"新民主主义教育"。在学习过程中，邀请省市领导沙文汉、林乎加、陈冰、俞仲武等作报告。这是浙大教职员第一次比较系统地学习革命理论，接受新思想教育，大家态度积极、认真。1950 年暑假，浙大教职员工参加杭州市大专院校暑期学习会，学习"土改政策"、"文教政策"等内容，历时 17 天，收获甚大。

> 二、开展勤工俭读

> 解放后，由于社会的大变革，引起一部分学生经济发生困难。1950 年上半年就有 100 多位同学失学。在已注册的 1389 名学生中，学杂费找教职工担保缓缴的或分期交纳者竟占学生总数的 63%。勤工俭读（简称工读）就是解决他们的经济困难以免失学的一项重要措施。1950 年 1 月 12 日，校工读委员会成立，王国松任主席，各院设立分会。工读有两种形式，一种是规模较大的，如承包碎石工程，开设碾米厂，参加农业生产……工读的另一种形式是各院系利用各自的条件开展的，如化工系做粉笔，土木系修理课桌椅，农学院捕鱼，机械系开设自行车修理摊，农艺学系制造酱油，医学院制造疫苗等……

> 三、参加抗美援朝运动

> ……［1950 年］11 月 16 日，学校成立了抗美援朝保家卫国委员会，领导这个运动的开展。学校前后停课 5 天，开展声势浩大的学习、集会和宣传活动。全校师生员工人人订立爱国公约，踊跃捐献"飞机大炮"（捐款用于国家制造或购买武器），努力搞好教学、科研工作，以实际行动支援抗美援朝的斗争。同时响应中央军委和政务院的号召，我校师生踊跃报名参加军事干部学校……

1951年4月，学校开展了镇压反革命运动，校肃清反革命委员会收到群众检举信达数百封之多，运动中先后有17人被公安部门逮捕。

四、开展"三反"和思想改造运动

在全国开展"三反运动"的形势推动下，1952年2月，浙大开展了反对贪污、反对浪费和反对官僚主义的"三反运动"。1952年2月17日到3月24日，省人民政府副主席沙文汉两次来校向全校师生员工进行动员，王国松副校长还带头在全校大会上作了有关官僚主义和学校浪费、贪污现象的检讨，全校师生员工纷纷表决心，以实际行动参加运动。通过学校领导表决心，组织师生员工学习文件，小组讨论，个人交代，开展批评和自我批评，揭发学校中各种贪污、浪费、官僚主义现象，使广大师生员工的认识有了提高。接着学校建立和健全了各项规章制度，堵塞贪污浪费的漏洞，树立起廉洁奉公、公私分明的新风尚。但运动中也出现一些过火的做法，把许多接触财务和保管物资的人员当作怀疑对象，对被检举的人，在事实未查清之前，不管真假，不论贪污多少都当作"老虎"（指大贪污犯）来审查，甚至有的采用了"逼、供、信"的错误做法，使不少好人受到伤害，虽然在运动后期作出了实是求是的结论或处理，但仍然带来一些消极的影响。

1951年11月30日，中共中央发出《关于在学校中进行思想改造和组织清理工作的指示》。学校在"三反运动"的基础上，于1952年5月底开始进行思想改造运动，到7月底结束。这次思想改造运动的主要内容和目的是：学习马列主义、毛泽东思想，肃清封建的、买办的、法西斯主义的思想，划清敌我界线，批判资产阶级思想，划清工人阶级与资产阶级思想的界线，自觉改造世界观，树立为人民服务的思想，从而在学校中确立马列主义、毛泽东思想的领导地位，以实现中国人民政治协商会议共同纲领所提出的文化教育政策的要求。广大教职员通过学习文件、回忆对比的方式，运用批评和自我批评的方法，进行自我教育和自我改造，分清了革命和反革命的界线，提高了对共产党、新中国的认识，进一步树立了为人民服务思想。但在开展批评与自我批评过程中对个别教师采取了公开批判、无限上纲的方式……[①]

（二）地理学系情况

目前该期地理学系师生课余活动的情况，相关材料较为缺乏，故暂时无法完

---

① 浙江大学校史编写组编著：《浙江大学简史（第一、二卷）》，杭州：浙江大学出版社，1996年，第315—320页。

整描述详细情况。《校刊》中，有一则杭州解放初期（1949 年 5 月）涉及史地学系的报道，兹引录如下：

> 史地系欢送该系毕业同学暨参加受训同学大会，已于二十二日晚在第一教室举行。应届毕业同学及教授等，对该系过去系务有极恳切之检讨，对今后改进之方针及办法亦多所讨论云。（羽）

> 又，史地系一、二、三年级混合的学习小组在本星期一晚上讨论了"思想方法"，每个人至少准备一个纲目，提出报告，这样大家可以普遍地发言。因为时间的不够，故定本星期四晚上六时起继续讨论其中最重要部门"唯物辩证法诸法则"，并且欢迎师长、同学莅临指导。地点在第三教室。（祥）[1]

1951 年 9 月入学的地理学系学生过鉴懋，在其回忆当时在浙大院系调整前一年的学习生活时，有这样的记述：

> 高中读书的时候，同学们经常议论考大学的事，那时在国内负有盛名的大学，南有交大（上海交通大学）、浙大；北有清华、北大。这四所高校是我们所向往的。高中毕业后，我终于如愿以偿地考取了浙江大学理学院的地理学系。

> 1951 年 8 月 20 日上午，绿衣信使送来了我的录取通知书。于是我天天盼望 9 月 25 日，母校新生开学的那天早日到来。开学那天，我告别了双亲，带着入学通知书和行李，趁班船到了无锡城里，然后转乘宁杭快客来浙大报到。在无锡火车站候车室，我遇到了同被录取在地理学系的施林道同学，我真庆幸有了一位同伴。路上他详细地向我介绍了从 1950 年创刊以来《地理知识》登载的许多文章，使我对地理学科有了进一步的认识。傍晚，火车到杭州站，许多高年级同学前来欢迎新生，帮助搬行李，由校车接我们到大学路的校本部，并帮助我们安排好食宿。次日，经系主任李春芬教授口试合格，办理了入学手续。上课后，全班共到 22 位同学（录取 30 人），来自苏、浙、沪、闽四省市的新同学，组成了一个团结友爱的大家庭。在竺可桢校长倡导和培育的"求是"校风指引下，全班同学刻苦学习，奋发图强，天天向上。

> 由于 1952 年的院系调整，我们在母校仅学习一年时间。我在这一年里感受最深的有以下几件事——

---

[1] 《国立浙江大学日刊》复刊新 149 号（1949 年 5 月 27 日）。

师生之间的团结情

　　我离开家乡来到了一个陌生的地方，生活习惯和学习环境都改变了，我老是想着：大学老师究竟是怎样的，高年级同学会怎样来对待我们，不同地方来的同学之间的情感又会如何？心中不免有些忐忑不安，因为我生长在农村里，在农村中学高中毕业，没有城市里学生那样见过大世面、交际广、适应能力强。1951年8月28日，接读母校系会的来信，使我心中踏实些，今摘录部分内容如下："首先让我们在这里衷心地祝贺你们考试的胜利，你们光荣地被录取了——浙大地理系。从今以后，你们是我们当中的一员了，我们将快乐地生活在一起，让我们高呼：'新旧同学团结万岁'。""本系先生与同学之间的情感，是可以拿一个大家庭来形容的，遇到任何困难与问题，总是在团结互助之下来解决的，所以我们很快乐地生活在我们自己的园地里。"这些情辞恳切的话，解除了积在我心头的疑云。从我们入学之日起，高年级同学就一直关心着我们。进校的第一个星期日下午，老同学就带领我们去西湖的苏堤、白堤和保俶塔一带游玩，让我们领略了杭州旅游风光，一路谈笑风生，一点也不受拘束。同班同学相处也很好，由于我平时不爱体育活动，课外活动时，俞时青同学（校篮球队员）总是带我去打篮球，使我课外活动时也能出现在球场上，逐步培养我的体育兴趣。

　　1952年春天，学校领导请上海肺结核防治所为全校师生进行了X光检查，结果我肺部发现有纤维化斑点，属轻度肺结核病转好阶段，为此住进了学校的休养所。休养所所长由苏步青教务长兼任，苏教务长鼓励休养同学好好地与病魔作斗争，增添了大家战胜疾病的勇气。我一面休养，一面学习。本系主任平时很关心我，课前、课后遇见时总是问我身体的恢复情况。院系调整后的1958年暑假我去华东师范大学拜访李春芬教授，李主任竟还能叫出我的名字，并详细地询问我身体的健康情况和工作情况。我向李主任汇报已从中国科学院地理研究所下放到武进县一所农村中学当地理教师的情况，李主任鼓励我为党的教育事业贡献自己的才华。1990年暑假我再次去拜访时，时隔30多年了，李主任居然还能喊出我的名字，第一句话就问我身体好不好，还热情地询问我和同学们的近况。……

爱国主义和国际主义教育

　　曾记得1951年秋冬时的一天下午，我们在操场上听了以马寅初校长为首的中央赴朝慰问团慰问中国人民志愿军抗美援朝的英雄事迹报告会，马校长以生动的实例介绍了中国人民志愿军为保家卫国，团结一致，不怕困难，冒着严寒顽强战斗，英勇杀敌动人事迹，特别是我军严格的纪律，舍生忘死，无私帮助朝鲜人民和与朝鲜人民军并肩作战的国际主义精神，深深地感动了我们，激发了全体师生的强烈的爱国主义精神，调动了师生为祖国和平昌盛而学习的积极性。

清明节，全校师生去西湖旁的凤凰山祭扫于子三烈士墓。于子三烈士是农学院的学生，1947年担任浙大学生自治会主席，浙大的一个进步学生社团"新潮社"的成员，被国民党反动派逮捕后秘密杀害的。母校在50年代，对学生的爱国主义教育和政治思想工作，抓得细而实，而且卓有成效。[①]

二、若干特殊事件

（一）叶良辅先生病逝

1949学年刚刚开始，地理学系正式设立未久，系主任叶良辅即因病逝世。当时，浙江大学同人以及地理学系师生均深感痛惜，以多种形式表达哀悼之意，并协助家属办理后事。关于叶良辅生平及当时去世时的情况，叶先生最后一位研究生李治孝亲历了这一过程，撰文有详细的记述。兹引录如下：

> 叶良辅老师字左之，原籍浙江杭县，1894年8月1日，出生于杭州佑圣观巷。六岁丧母，十岁丧父，赖祖母抚育成人。他平时体质较弱，形貌清癯，但读书十分勤奋，成绩优异。于杭州盐务小学毕业后，考进上海南洋中学，在校读书期间，深为任教的丁文江先生所器重。以后丁文江先生于1913年6月主办工商部地质研究所，暑期招生，9月授课。同年，叶师毕业于南洋中学，考进地质研究所学习。该所相当于地质专科训练班，课程皆按大学标准，教师均为当代名流，学制三年，教学水平很高。叶师于1916年6月毕业，学习成绩居全班之冠。据朱庭祐先生追述：叶师"科学基础已优厚，又加勤勉，每试必冠军，同学无不倾服"。叶师平时对人诚恳，不苟言笑，每发议论，深彻有理。解放前夕，同班谢家荣来到杭州，二位知交促膝谈心，一致认为应留大陆，不必迁徙，可见他们同学道义之交感情深厚。他们当年毕业后，同去农商部地质调查所工作，任职为调查员。

---

① 过鉴懋：《珍贵的忆念，难忘的感情——记浙江大学地理学系学习的一年》，载胡建雄主编：《浙大校友（1997下）》（内部印行），1997年，第273—277页。

　　1920 年 1 月，叶师被派往美国哥伦比亚大学地质系进修，他除学习地质学方面的课程外，还随约翰逊（D. W. Johnson）教授学习地形学。1922 年叶师获得了理学硕士学位，于当年 7 月返国，仍留地质调查所工作。其中一度曾兼任北京大学地质学教授。1927 年至 1928 年受聘担任中山大学教授兼地质学系主任，并由朱庭祜老师邀请协助创建两广地质调查所。1928 年到 1937 年受聘为地质研究所研究员。在此期间，曾被选为研究院第一届评议员，并曾在李四光先生去北平大学讲学时，代理过所长职务。

　　叶师平时既善于在野外作地质矿产的调查，又精于在室内作矿物岩石的鉴定。他足迹遍及河北、山东、辽宁、山西、湖南、湖北、安徽、江苏、浙江等省。工作辛劳而生活又十分艰苦，不幸在 1936 年染患了肺病，不得已在杭州养病。后值抗战爆发，淞沪沦陷，叶师举家避居诸暨乡间。1938 年初应聘担任浙大史地系教授，于当年 4 月携眷随校西迁，先迁至江西泰和，再迁到广西宜山，最后到达贵州遵义。沿途风霜劳累，备尝艰苦，以致叶师的肺病又加剧了。但他一直是带病工作的。

　　1943 年暑期后，史地系主任张其昀先生赴美讲学，浙大校长竺可桢先生改聘叶师为史地系主任并负责史地研究所工作，叶师平时主持系务会议和所务会议，处理重大问题，而将历史和地理两方面的具体系务工作分别请李絜非先生和严德一先生帮助办理。1945 年底张其昀先生返校后，叶师才得卸去重任。1946 年暑期，浙大迁回杭州，叶师又随校东迁。到杭州后，按学校规定休假一年，但其研究工作并未间断。1947 年暑期后又带病上课。

　　1949 年 5 月 3 日杭州解放，他精神振奋，豪情溢于言表，不久受聘为浙大地理系系主任。当时，新建地理系的工作甚为繁忙，同时政治学习安排的时间也较多，其他会议也很多，叶师是每会必到的。记得当时我任浙大研究生会主席，曾邀请学校研究生的导师参加一个座谈会，内容是反映研究生的共同要求，叶师不但按时前来参加会议，而且还作了充满热情的讲话，至今使我记忆犹新。

　　可惜叶师以久病羸弱之躯，应付繁重的工作与学习，终于支持不住了。他于 1949 年 8 月 17 日召开地理系系务会议时就感到身体发热，回家后一直高烧不退，历时 3 周。当时还没有治疗肺病的特效药物，医生们也束手无策。自 1949 年 9 月 9 日起叶师开始咯血，终于 1949 年 9 月 14 日下午 2 时，溘然长逝，享年 56 岁。浙大师生前往吊唁者，络绎不绝，莫不流泪痛惜一代哲人的早逝！

1949 年 9 月 28 日下葬于杭州灵隐西首石人山老虎洞之侧。这块坟地是朱庭祐先生竭力奔走选定的。……

叶师以病弱之躯，处战乱之年，而能专心教育与学术工作 10 余年，实赖师母汪华尘女士之助力。叶师母极为和蔼，贤慧勤劳，善理家务，以叶师一人薪俸，供全家生活及医药费，时感不足，但逢年过节，却常约学生至家中盛情款待，父母般的关怀态度，使受业者长期铭感而难以忘怀。[1]

2010 年，王仁东之子王宽福撰文回忆了与叶良辅一家的交往（见图 6-5-1），对其逝世过程也有记述（见图 6-5-2），兹引述如下：

笔者可能是见过叶先生的年龄最小者之一，缘自父母与叶先生一家在广西宜山的巧遇。父亲（王仁东）带着年青的妻子和不满周岁的儿子（我哥哥）从上海投奔竺校长而来……不久日寇飞机又来轰炸，学校只得迁往贵州遵义，正巧这次两家被学校安排在同一辆内迁的车上……两家也从此结为好友，多有来往。先生年长许多、待人真诚，叶伯母也好客热情、乐于助人，沿途和遵义 7 年一直对我家多有照顾。到遵义后，我家住在水井湾，隔壁是束星北教授一家，叶先生家里人多，找了郊外石家堡带二楼晒台的一个独家小院。我 1942 年出生在遵义，就在母亲手里抱着成为他家的常客，他家三哥（彦弧）、四哥（彦疆）常带我哥和我玩，更为亲切。那时生活艰难，叶先生弄到什么好东西总不忘叫上我们全家一起享用。1943 年我因出血性麻疹差一点见了阎王，身体也十分瘦弱，叶伯伯每次见到我总要抱一抱，显得特别怜爱，说："又长高了"，我会连声亲切地叫他："叶伯伯、叶伯伯好"，殊不知在抗战初期这"可怕的麻疹"就让他失去了唯一的爱女，只剩下四个儿子。老大（彦洪）是复旦大学学生，当时在重庆念书，老二（彦涛）小时候不幸被楼上竹竿落下击中头部脑子受损，时要发病，也是他们二老的一块心病。但叶伯伯总是乐观面对，显得十分从容，从不对人发脾气，而对人更多的是关怀、帮助，让人更有信心。

抗战胜利，1946 年浙大返回杭州，叶伯伯又住回他的祖屋佑圣观巷，我们则住在刀茅巷浙大建德村宿舍，当时父亲去美国考察进修，我们在杭州也无亲戚，小时候最希望就是让母亲带我们去佑圣观巷叶伯伯家去玩，叶伯伯

---

① 贵州省遵义地区地方志编纂委员会编：《浙江大学在遵义》，杭州：浙江大学出版社，1990年，第 372—378 页（本处引文见第 372—374 页）。

有长者的风度、学者的气度，又显得十分儒雅，没有架子，对人和善、真诚，让人感到亲切、放松。他们家是一座有三进的老房，有二个大天井，三哥、四哥会带着我们在那里疯玩，叶伯母又会给我们许多零食和小点心，这是我们最开心的一天。三哥后来学了农，从师陈鸿逵教授，一直在浙江省农业厅工作，四哥受我父亲影响较大学了机械，1952年浙大毕业后支援东北建设，去了最北的齐齐哈尔，改革开放后又到了最南的广州佛山，至今尚健在。

抗战八年的内地艰苦生活让叶伯伯的身体变得更虚弱，旧病时有复发，他辞去了史地系系主任和史地研究所主任的职务，以求更好静养恢复。凡去他家探病时我们就不敢大声戏闹，叶伯伯常讲话不能出声，见我们来了就轻轻点头示意，但始终面带微笑。

图6-5-1　叶良辅先生和家人在杭州家中。引自《浙江大学馆藏档案2010》，第54页。

1949年5月杭州解放，叶伯伯异常兴奋，身体又略好，学校实行史地分家，委托他担任地理系主任和地理研究所主任，新系建设工作繁重，他办事又异常认真、负责，加以当时政治学习和会议很多，他均尽力参加，终于支持不了，8月17日召开地理系系务会议时感到身体发烧，回家后一直高烧不退，长达三周，肺病加重又无特效药物，医生也束手无策，一代良师终于在9月14日下午二点长逝。

噩耗传来，母亲带我们匆匆赶去，叶伯伯静静地躺着，显得十分安详。

灵堂设在家中，上面挂着地理系全体师生敬献的"痛失良师"的巨大横幅，吊唁的师生、亲朋好友络绎不绝，都十分悲伤，他过早地离开了需要他的学校、学生、亲人和朋友。七天后的大殓我们又去了一次，给他送行。在遵义叶伯伯见证了我的生，我却在他家里送他去了天国，这也算是一种缘分，但他是一个极好的人，已经深深地留在我幼小的心灵中。六十余年过去了，他的敬业、学问和为人还不时地震撼着我。先生治学严谨、学理精深，待人谦和、处世坦荡，其操守、仁心为世人所共举……①

图 6-5-2　叶良辅先生逝世后家中所设灵堂。引自《浙江大学馆藏档案2010》，第 54 页。

叶良辅逝世后，地理学系师生痛惜、哀悼，在《科学》《地质论评》等学术刊物刊登讣告和生平。《地质论评》还刊发了施雅风所写的纪念文章《悼叶良辅先生》。见图 6-5-3 至图 6-5-5。

竺可桢在北京听闻叶良辅逝世的消息，也痛惜不已。在"日记"中多次记及对叶良辅逝世的惋惜之情，并致函家属予以慰问，尤其特意与时任浙大校长的马寅初联系，希望从优抚慰家属：

---

① 王宽福：《我心中的伯伯——地质学家叶良辅》，载《浙江大学馆藏档案 2010》，第 52—54 页。

傳記　　葉良輔先生事略

朱庭祜

葉良輔先生字左之，浙江杭州人。1894年8月1日生。在杭州鹽務小學畢業後，就考進了上海南洋中學。他最喜歡數、理、化等學科，這就奠定了終身從事地質學研究的基礎。丁文江先生當時任南洋中學教員，很看重他的優異成績。丁先生創辦了北京地質研究所，他就繼續在所裏攻讀。畢業後留地質調查所服務十年，選派到美國哥倫比亞大學進修。1921年得理學碩士學位。回國以後仍在地質調查所工作，中間一度兼任過北京大學地質學教授。1927擔任廣州中山大學教授兼地質學系主任。1928年，中央研究院成立，受聘爲地質研究所研究員。在院十年，工作異常辛勤緊張，他不但在室內精密的鑑定礦物和岩石，並且時常從事野外調查，足跡遍沿江各省，從不曾顧慮酷熱的太陽或嚴冷的冰雪。所著北平西山地質誌，寧鎭山脈火成岩的研究，可算是研究蘇北和江南地層和岩石的代表作品。又如鄂西地質，浙江平陽礬石礦考察，也是非常精細而極有價值的報告。其他的著作，還很豐富。他在地質學上的造詣與貢獻，是國內外所共知的。

從事地質工作和地學教育的葉先生，因工作過度，生活艱苦，不知不覺地身體便漸漸衰弱下去了。1936年，他發覺已染了肺病，只好請假回杭州休養。經過一年，體力還沒有完全恢復。適逢抗戰軍興淞滬告急，浙江大學西遷，葉先生應竺可楨校長的邀聘，擔任質學教授，於是帶着家眷，隨着學校，經江西泰和，廣西宜山輾轉到了貴州遵義，才稍有養息的機會。但因連年播遷，他的舊病又復發了。他仍舊不斷的寫作，教課和指導研究。

1946年夏天，浙江大學遷回杭州，先生也回到了家園。因爲他在浙大服務已滿八年，得到休假一年的機會。在這一年中，他雖不上課，但研究工作是仍舊繼續的。着手編著地質學的教本，已成稿十多萬字，又地史學一書也完成了一部分。1949年5月杭州解放後，掀起了浙江大學同仁們的學習風氣，先生不顧病老，冒着炎暑，熱烈地參加小組討論，很虛心的同大衆學習。學習還沒有結束，又受命擔任理學院地理學系主任，責任與工作就更加重了。但是，他並不因此放鬆地理系的系務。在8月

17日那一天，召開系務座談會的時候，就覺得身體疲憊，會後延醫診治。高熱歷久不退，醫師和葉夫人竭盡了最大的心力，終於無法挽救。不幸於9月14日下午2時3分，就遽然長逝——享年五十六。

先生有一個弟弟，名良弼。他們很小的時候，就失去了父母，全靠祖母撫養成人，而弟弟早年夭世，不但給先生又一個很大的打擊，而且也不得不擔負起姪輩的教養責任。夫人汪華廉女士，性情和藹，善理家務，三十多年來先生能夠專心從事於科學和教育工作，得力於夫人極大。他們有子四人。長子彥弘出嗣良弼；次子彥發，患痀病；三子彥弧，現在浙江大學農學院植物病蟲害系肄業；四子彥疆，曾在浙大電機系就學，現在休學。

先生家境蕭條，逝世後遽喪葬的費用都很難籌劃，雖然學校當軸和生前親友都慷慨援助，但終感困難。社會上對於這樣德養的學者，似亦有未了的責任。

國立浙江大學地理學系全體同人謹啓

敬啓者：葉良輔先生不幸於九月十四日下午二時在杭州佑聖觀路一五一號本宅病逝，殊深悼惜。葉先生於一九三六年任職中央研究院時染有肺病，得給病假一年，在杭州休養，病已漸愈。迨抗戰軍興，舉家避地。一九三八年任浙大教授，復輾轉湘桂，及至貴州遵義始稍安定。但在他勞辛苦之餘，雖加意調護，而物價高昂，所入微薄，營養不足，終不能恢復健康。本年夏季杭州解放後，葉先生任浙大地理系主任，以貴病之身，座座系務，又熱心參加暑期學習，體益不支。八月十七日系務座談會時，頓感精神不濟，氣喘頻促，歸家將息而體溫驟高，延醫診治，歷時四週，終以久病彌損，無法挽救，遽然長逝。身後家室蕭條，病中醫藥之費因債累累；棺殮壙窀，自極籌難。經校務會議決議給予治喪費三十萬元及醫藥費二十萬元，僅能償還一部份。現定二十八日移柩至靈隱四首音地安葬。此項費用，力倍簡約，但非一百萬元（做填穀貸米三十餘担云）不辦。先生長子彥弘尚在遠地工業界服務，夫人汪華廉飢以久侍疾病，非常勞苦，喪葬大事，將伯誰呼。今後一家之生活以及幼子二人之教育等費尤感困難。先生生平致力地質學，其成就爲全國所推崇；且品性純潔，誠懇負責，對同學循循善誘，足爲當代學者楷模。敬請台端惠予援助，不勝感盼之至。

338

图6-5-3　《科学》第31卷第11期（1949年）所载朱庭祜所撰《叶良辅先生事略》和《国立浙江大学地理学系全体同人谨启》。引自《科学》第31卷第11期（1949年），第338页。

葉良輔先生事略

葉良輔先生字左之浙江杭州人。一八九四年八月一日生。在杭州監務小學畢業後，就考進了上海南洋中學。他最喜歡數、理、化等學科，這就奠定了終身從事地質學研究的基礎。丁文江先生當時任南洋中學教員，很賞識他的優異成就。丁先生創辦了北京地質研究所，他就繼續在所裏攻讀。畢業後，留地質調查所服務十年，還派到美國哥倫比亞大學進修。一九二一年得理學碩士學位。回國以後仍在地質調查所工作，中間一度兼任過北京大學地質學教授。一九二七年擔任廣州中山大學教授兼地質學系主任。一九二八年，中央研究院立立，受聘為地質研究所研究員。在院十年，工作異常辛勤緊張，他不但在室內清密的鑑定礦物和岩石，並且時常至事野外調查，足跡遍遊江省各省，從不曾辜負辛苦為以太陽波餐含的冰霜。所着北京西山地質誌，寧鎮山脈火成岩研究，可算墨研究華北和江南地層泡岩石時代的代表性的報告，其他的著述，還很豐富。他在地質學上的造詣與貢獻，是國內外所共知的。

從事地質工作和地學教育的葉先生，因工作過度，生活艱苦，不知不覺地身體漸漸衰弱下去了。一九三六年，他發覺已染了肺病，只好請假回杭州休養。調養一年，體力還沒有完全恢復。遭逢沈戰軍

興淞滬告急，浙江大學西遷，葉先生應竺可楨校長的邀聘，擔任地質學教授，於是離鄉背奔，隨着學校，經江西泰和，廣西宜山，輾轉到了貴州遵義，才稍有憩息的機會。但因連年播遷，他的舊病又復發了。他仍舊不斷的寫作，教課和指導研究。

一九四六年夏天，浙江大學遷回杭州，先生也回到了家園。因為他在浙大服務已滿八年，得到休假一年的機會。在這一年中，他還不上課，把研究工作是仍葺葺編着新編地質學的教本了，已成稿十多萬字，又地史學一書也完成了一部分。一九四八年五月杭州剛解放後，掀起了浙大學同仁們的學習風氣。先生不顧病老，冒着炎暑，熱烈地參加小組討論。很虛心的向大衆學習。學習還沒有結束，又受命擔任理學院地礦學系主任，責任更加重了。但是，他還不斷地放鬆地礦系的系訓。在八月十七日那一天，召開系務應談會的時候，就感冒身體發燒，會後還延請分往，高燒數天不退，醫師和葉夫人設法救治。不幸延至九月十四日下午二時三分，就遠然長逝——享年五十六。

先生有一個弟弟，名良駒，他們很小的時候，就失去了父母，全靠祖母撫養成人，而弟弟早年上進，不但給先生以一個很大的打擊，而且也不得不担負起繁重的教養責任。夫人汪春卿女士，性情和靄，善理家務，三十多年來，先生能夠專心從事於科學和教育工作，得力於夫人極大。他們有子女四人。長子彦弘出國未歸，次子彦俊，患癲病，三子彦茹，四子彦筠，曾在浙江大學農學院攻植物病蟲害系畢業。

先生素體虛貧，逝世後連喪葬的費用都很艱難籌測，雖然學校當局和生前親友，都傾懷援助，但終感困難。照會了生前這樣有德有養的學者，似亦有未了的責任。　　朱庭祜敬誌

葉良輔先生著作目錄

1. Coal fields of Chang-hsing, northern Chekiang. Bull. Geol. Surv. China, No. 1, English pp. 12-13, Chinese pp. 75-88.

图 6-5-4　《地质论评》第 14 卷第 3—4 期合刊（1949 年）所载朱庭祜所撰《叶良辅先生事略》和《叶良辅先生著作目录》。引自《地质论评》第 14 卷第 3—4 期合刊（1949 年），第 101—102 页。

悼葉良輔先生

葉良輔先生，中國地質學會的發起人和前任理事長，浙大地質系主任，忠貞的科學工作者，偉大的教師，來不及看到中國人民科學的繁榮發達，於九月十四日離開我們長逝了。

葉先生在民國初年，進震旦部地質研究所學習地質，同學十多人中，成杭最第一。後留學美國哥倫比亞大學，對岩石學和地形學研究最精。回國後先在地質調查所，後在中央研究院地質研究所工作，在浙江、安徽、山東等省做過廣泛的地質調查。他的工作力精能深入精細。論文數量不多，但每篇都很精彩。如「北京西山地質誌」是中國最早的一篇詳盡的小區域地質報告。「長江巫山以下地構造與地文史」首先討論了長江成因和長江流域地形變化的歷史。「寧鎮山脈火成岩發育史」是中區最好的火成岩論文之一。關於浙江平陽明礬礦的研究，提示了浙江最豐鋁工業的可能。由於工作的辛勤，種下了肺病的病根，不得不放棄野外調查。抗戰發生後，轉任浙江大學教授，教地質學和地形學，並指導研究生工作。這期間他寫了「科學方法與地學研究」。解釋了「湘南盆地」「礦物與世界和平」等書。感到中文地質學教本的缺乏，他懷着精遍之的想起一本完美的教科書，一次二次又三次的易稿重寫，聽說已寫了廿多萬，但沒有等得及全書問世，竟撒這目，實在是中國地質界無可補價的損失。

葉先生誨人不倦的精神，沒有一個學生不欽佩他不敬愛他的。在指導學生研究的過程中，他不放鬆每個細節，同又遠抓住全局，他善於揭露矛盾，提出問題，但又不卽作正面解答，而是啟發學生的思想。遵循一條正常的途徑，去探求真理。他以父母般的心情關懷學生，愛護學生。他的房間中，時常開聚着一大羣人，他話語不多，但慈祥的目光總如個人有春風化雨的感受。筆者是葉先生教導出來的學生之一，覺得道點是葉先生最偉大的地方。浙大解放後，他出任地理系主任，全體師生方為地理系前途奮鬥，不料他還沒有等得及展開工作，

图 6-5-5　《地质论评》第 14 卷第 3—4 期合刊（1949 年）所载施雅风所撰《悼叶良辅先生》。引自《地质论评》第 14 卷第 3—4 期合刊（1949 年），第 103 页。

9月21日：中膳后邦华来谈，知叶左之已于本月十四号在杭去世。此次浙大改组，变动颇大。左之向来身体瘦弱，不能胜繁剧，而这次竟被聘为地系主任，每日须到校办公。这真不啻代他掘了坟墓，所谓爱之即所以害之也。渠大儿已在重庆税务任事，次儿患羊颠疯，馀息均尚在学校。一旦去世，如何得了。余与季骅谈，拟于今晚与马寅初谈，由浙大拨给一笔抚恤费（后以晚间未晤到，于廿二晨打电话给北京饭店马寅初，告以过去久年教授死后有给薪一年之办法）。

9月22日：晨六点三刻起。作函唁叶左之太太，并告允敏以左之去世消息。……据乔年云，左之之死由于解放后大热天中天天须到校学习，而左之体弱，不惯跋涉，遂致不起云。

9月24日：……据谢季骅接得京中函，知左之死后浙省方面给予一年薪水外，又丧葬费卅万元、医药费二十万元。左之尚有未完成地质学稿，正在觅人完成之云云。①

1951年，在叶良辅逝世两周年之际，《地质论评》第16卷第2期出版"纪念叶良辅、南延宗专号"，发表朱庭祜撰《叶良辅先生传》，以及任美锷文《叶良辅先生在地形学上的贡献》，并将叶良辅主要学术著述予以介绍和评述。②

叶良辅逝世40年后，1989年11月11日，浙江大学在浙大邵逸夫科学馆隆重举行了"叶良辅教授逝世四十周年纪念会"：

> ……浙江省人大副主任朱祖祥、王启东，浙大校友总会会长，前浙大校长韩桢祥，副校长胡建雄同志在纪念会上讲了话。浙江省地矿厅副厅长、省地质学会理事长汤文权同志宣读了浙江省副省长李德葆的书面发言，在会上发言的还有叶良辅先生的研究生，现任中科院地学部委员施雅风、陈述彭教授，叶先生当年的助教、南京大学孙鼐教授和叶先生长子叶彦弧高级工程师，叶先生的研究生、现任浙江省政协委员、省地矿厅顾问、高级工程师李治孝介绍了叶良辅先生的生平，参加会议的还有杭州大学、浙江教育学院、浙大地科系的领导及师生员工。

> 下午叶良辅先生的研究生，中国科学院地理研究所所长陈述彭教授，兰州冰川研究所名誉所长施雅风教授，上海华东师范大学河口海岸研究所所长

---

① 竺可桢著：《竺可桢全集（第11卷）》，上海：上海科技教育出版社，2006年，第530—532页。
② 任美锷：《叶良辅先生在地形学上的贡献》，载《地质论评》第16卷第3—4期合刊（1951年），第101—104页。

陈吉余教授和南京大学孙鼐教授，东北工学院关广岳教授等进行学术报告和学术交流。

纪念会期间，叶先生的学生和浙大地科系、杭大地理系部分教师和叶先生的长子、孙子参加了叶良辅先生的扫墓活动。[1]

会前，以叶良辅的研究生为主，编纂了一本纪念文集《叶良辅与中国地貌学》（浙江大学出版社1989年版），由杨怀仁主编，李治孝担任责任编辑，撰文者有施雅风、沈玉昌、杨怀仁、陈述彭、严钦尚、丁锡祉、蔡锺瑞、陈吉余和李治孝等研究生和朱庭祜、丁骕、谢觉民、任美锷、黄秉维、赵松乔等同事和本科学生。见图6-5-6。

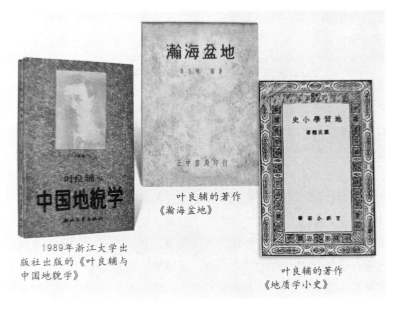

图6-5-6 叶良辅著作和1989年浙江大学出版社出版的《叶良辅与中国地貌学》封面。引自《浙江大学馆藏档案2010》，第54页。

在纪念文集《叶良辅与中国地貌学》的首篇《叶良辅教授的生平与贡献》（该文由叶良辅的学生杨怀仁、施雅风、陈述彭、陈吉余、李治孝集体讨论，李治孝执笔、施雅风补充）一文中，学生们深情地记述了叶良辅先生倾心教育、关爱学生的感人场景：

---

[1] 《母校举行纪念叶良辅先生逝世四十周年大会》，载《浙大校友（1990上）》，杭州：浙江大学出版社，1990年，第99页。

叶师在教育界的贡献也是十分重要的……自 1938 年起就一直在浙江大学任教，除担任研究生指导工作外，曾开设"自然地理学"、"普通地质学"、"历史地质学"、"经济地质学"、"构造地质学"，以及"高等地形学"、"地形学"等课程，还为土木系开设"工程地质学"。叶师在日，一直是带病上课的，声音甚为低弱，但同学们专心听课，安静无声，都以能听到叶师授课为快。在杭州开课时，叶师体质更弱，声音嘶哑，日益严重，同学们不忍心他走到学校上课，劝他在家里讲课，他执意不肯，同学们只得请他在课堂里坐着讲课，但经常咳不成声，有时要连续咳喘几分钟，才稍平静，但又接着上课。大家既为叶师的严重病情担忧，又为叶师的崇高的工作态度所感动。

叶师对学生的要求是很严格的，但又十分爱护和关心我们，我们都把他当作是严父和慈母。我们读研究生时，他指定我们读高水平的参考书，有些书是他亲自为我们找出的，多数是英文地形学原著，他根据参考书的多寡，限定每半月或一个月上交一份读书报告，我们每次上交读书报告时，他总要问我们理解如何，收获如何。我们的读书报告都是送到他家中的，如果不能按期上交，是不好意思到他家里去的。我们在读书或野外观察中有问题提出请教时，他总是静心听着而不急于回答，他反过来从侧面一步一步启发思考，最后让我们顺理成章地去得出结论，由此培养了我们独立思考的能力。

叶师对同学们的学习，要求非常严格，却又非常热情，同学们最乐于到他家去拜访请教。话题可以从具体学习上的问题到研究方法，从国家大事到史地系分家意见，从个人思想到个人前途。范围广泛，无所不谈，而每次谈话以后，总使同学们有所启发，有所收益。久而久之，大家更感到叶师的可亲可敬。记得在"反内战，反饥饿，反迫害"的学生运动中，反动派在浙大校园内散布了黑名单，笔者也名列在内，笔者曾向叶师倾诉胸中的愤慨，叶师既热情地表达了对学生运动的同情和对反动派的厌恶，又叮咛嘱咐我行动小心，免遭祸害。他的慈母般温暖情意，深深地印在我的脑海中，永不忘怀！1942 年浙大学生倒孔运动后，国民党特务将逮捕王天心学长，他由湄潭逃到遵义，由施雅风学长带他到叶师家中，叶师招待他晚饭，安排他住宿，为他愁虑，彻夜不眠，次日王天心学长脱险离开遵义，叶师才露出了笑容。另外杨怀仁学长追述，抗战之初，浙大西迁时，学长母亲病逝，他向叶师哭诉哀思，叶师也陪着流泪。叶师对我们学生真挚同情，悉心爱护，很多事例是感人肺腑的！

叶师对学生的要求主张德才兼备，他身教更重于言教。他曾向同学们介绍原农商部地质调查所老一辈人的为人之道："他们自有其特点，奉公守法，忠于职务，虚心忍耐，与人无争，无嗜好，不贪污，重事业，轻权利，所以地质调查所内部颇富于雍雍和睦与实事求是的风气，从未有恭维迎合、明争暗斗、偏护猜忌的那些衙门恶习，后进人才，也跟了同化，这是大有助于事业进步的一个因素。"……叶师为人，高尚正直，表现在各个方面，难于详述。谨举个小的例证：记得他在上"历史地质学"第一堂课时，首先开列一些参考书后，特别说明自己对古生物学没有很好研究，希望同学着重参考葛利普(A. W. Grabau)所著 *Stratigraphy of China* 中的古生物部分。他公开承认自己的弱点，虚怀若谷，实事求是。我们不仅敬重叶师的学术，更敬重叶师的品格和道德。地学组的同学们，大多受到了叶师潜移默化的影响。

当时地理学研究，一般以搜集现成文字资料、整理加工为主。叶师坚持从事地质、地貌研究的学生必须进行实地考察，观察收集第一手资料，他说："专心一致，吃苦耐劳，观察精细，记载翔实，为科学工作的第一步。"当时学校经费困难，他为助手和学生的野外工作，张罗费用，除取得学校支持外，并向中央研究院地质研究所、资源委员会矿产勘测处等单位申请部分资助。在他指导下，研究生沈玉昌赴湖南、广西考察湘江河流地貌，陈述彭去云南昆明附近螳螂川流域考察，蔡锺瑞去湖北西部恩施附近考察，杨怀仁对贵州中北部地形研究，陈吉余对杭州附近地貌研究，而在遵义期间，以遵义附近地质、地貌现象为题材，做论文者尤多，其中刘之远先生于地层层序、地质构造和新发现的团溪锰矿研究，用力最深，其他有丁锡祉、杨怀仁、施雅风、蔡锺瑞、毛汉礼等的区域地貌、陈述彭的相对地势。以后浙江大学史地研究所汇总地质地形、气候、土壤、土地利用、产业村落、区域地理和历史地理各项研究成果，汇编《遵义新志》一书，张其昀教授于引言中表彰"叶良辅教授指导研究，斧正文稿，用力独多"……

叶师为避免学生在研究中走弯路，经常强调方法论的重要性，专撰《地形研究指要》和《科学方法与地学研究》二文发表于浙大史地教育研究室丛刊第一辑。

前文为初学者指明地貌研究的主要问题，首先指出："地形研究除基本学识之外，有二个必要条件：1.头脑清楚，思虑周密；2.身体强健。更有一附带条件：地形测量准确，地图精良。以后就决定地形之因素，成因的地形分类，地形发育阶段与侵蚀论、地文史，准平面之比较，河成阶地之比较与地文区等七方面，略述研究内容、问题和国内外国际研究水平"，言简意赅，发人深思。

后者是我国地学研究论文中罕见的专讲科学方法论的著作，主要讲述地质界大师吉尔勃特（G. K. Gilber）、台维斯（W. M. Davis）与蒋森（D. W. Johnson）等提倡应用，最有成效的多种应用假说或复臆说（Multiple working hypothesis），以海岸岩阶现象研究为例，按观察、分类、概括、创说、证明与废置、证实与修正、解释七个阶段，勤奋、严谨、有效的应用智能，深入浅出，防止可能出现的误解，对所观察的事实，给予比较妥善周到的成因说明。他强调，观察的周详确实，是理智作用的起点；启发根本的异同，作为分类依据；概括产生于许多事实，不宜过早；创立解释，多多益善，并剖析比较各种解释的可能性，这里就进入各种应用假说的证明与废置，证实与修正二阶段的分析研究，所谓证明，只是证明真实，并非证明假说为事实的唯一解释，经过严密比较，多种假说，一再淘汰。保留下一种或二种最合理，切合所有观察事实的假说，这时研究者的洞察力已比前提高而敏锐，要再赴现场，发现和寻求新的事实，寻求不一致事实的所以然，在预期之事实发现甚多，假说有很高的证实性，可上升为确切证明的学说（Theory），如出现若干不一致性，则需修正假说。

在这篇论文中，叶师最后指出，"求真为科学之精神，科学方法乃求真的途径"；"臆说与精细之分析，合而为用，为科学研究成功最善之保障"；"科学家应用的科学精神，养成之习惯，为公正、谨慎、坦白、温柔、诚实诸美德"；"研究地学，其目的为真理，其副产品为道德之修养"。叶师本人的科学与教育精神，正是上述科学方法求真理的典范。[1]

（二）中国地质学会杭州区分会的成立与有关活动

中国地质学会成立于1922年。1922年学会成立之初，会员仅70余人，绝大部分集中在北京，因此会章中无设立地方分会的规定。在1929年的会章第十二条中，才开始规定："在中国国内无论何处有常驻会员五人以上者，均得组织分委员会及举行分会，以办理地方会务或宣读讨论学术论文。"但事实上，自1929年至1935年的七年间并无分会之设立。1935年学会总部迁南京，第一个分会——北平分会——才于1936年3月27日在北平宣告成立。1950年新会章规定："各地区常驻会员在十人以上者得组织分会"，"各分会业务及工作方针受总会领导"。至1952年，全国有北京、南京、重庆、长春、西安、广州、昆明等七个分会。[2]

前述材料中所提分会没有包括杭州分会。实际上，浙江省的地质专业人士，

---

[1] 杨怀仁主编：《叶良辅与中国地貌学》，杭州：浙江大学出版社，1989年，第9—14页。

[2] 夏湘蓉、王根元著：《中国地质学会史》，北京：地质出版社，1982年，第16页。

在 1950 年 9 月至 1952 年 8 月期间，以浙江大学地理学系地质组教师为核心，亦组织成立了中国地质学会杭州区分会，且创办了会刊，并定期组织学术年会，开展了各种活动。只是由于 1952 年 8 月后院系调整展开，随着浙江大学地质专业教师和省内主要地质专业人员调离杭州，故该分会不再存在。

据《浙江省科学技术协会大事记 1949—1991》载：1950 年 "9 月 8 日，中国地质学会杭州区分会在杭州龙兴路公益里 1 号召开成立会议，到会会员 12 人。推选理事长朱庭祜，理事孙萧、汪龙文"；"10 月中旬，中国地质学会杭州区分会会刊《浙江矿声》创刊"。[①] 同年 12 月 24—25 日，该分会组织召开了第一届学术年会：

> 12 月 24—25 日，中国地质学会杭州区分会第一届年会在北山路 91 号省地质调研所（编者注：应为"地质调查所"）召开。当选理事有章人俊（编者注：一般多写作"章人骏"）、汪龙文、南延宗、孙萧、朱庭祜。朱庭祜为理事长。陈立代表科联、科普杭州地区临时工作委员会出席。中国科联代表王季梁出席并讲话。吴本忠、谷超豪、苏步青、徐治时等也参加会议。[②]

中国地质学会杭州区分会的第一届年会很可能也是同时作为中国地质学会第 26 届年会的杭州分会场举办的。据相关材料记载，中国地质学会第 26 届年会于 1950 年 12 月 24 日至 26 日在北京、南京、广州、杭州等地同时举行；其中，中国地质学会第 26 届年会杭州区年会于 12 月 24—25 日在杭州的浙江省地质调查所举行，到会会员及来宾共四十余人，见图 6-5-7：

> 大会首由朱庭祜致开会词，报告中国地质学会历史及杭州区分会成立经过和未来之展望，继由科联代表王琎、工业厅代表张耀曾、浙江大学代表苏步青先后致词，会员严钦尚、南延宗相继发言。
>
> 24 日下午和 25 日上午为论文会，共宣读论文 14 篇。
>
> 25 日下午举行事务会，据总会新会章精神讨论修改分会会章。原由分会主编之《浙江矿声》议决扩大篇幅，内容力求通俗，并更名为《大众地质》继续出版。最后选举朱庭祜（理事长），孙萧（书记），朱夏（会计），南

---

① 《浙江省科协志》编辑室编：《浙江省科学技术协会大事记（1949—1991 年）》（内部印行），1996 年 10 月，第 20 页。
② 《浙江省科协志》编辑室编：《浙江省科学技术协会大事记（1949—1991 年）》（内部印行），1996 年 10 月，第 21 页。

延宗、汪龙文为理事。①

图 6-5-7 1950 年 12 月 24 日，中国地质学会杭州区分会第一届年会参会人员合影。引自朱庭祐口述、周世林记录整理：《我的地质生涯》，载《中国科技史杂志》第 33 卷第 4 期（2012 年），本图见封三。

2002 年出版的《中国地质学会八十周年记事》则记载更为详细，引录如下：

12 月 24 日上午，中国地质学会杭州分会在浙江省地质调查所举行年会开幕式，到会会员 19 人，团体会员 8 人，来宾有工业厅、杭州科联、浙江大学、浙江矿业公司、西湖博物馆、浙江省立图书馆、钱塘江水力发电勘测处等单位的代表，共 40 余人。由理事长朱庭祐致开幕词，报告中国地质学会历史及杭州分会成立经过和未来的展望，继由各首长和来宾致词，会员严钦尚、南延宗相继发言。

下午举行第一次论文会，由章人骏主持，宣读论文 7 篇，多为浙江的铅锌矿，其中以南延宗的"义乌铈钇矿之发现"属我国稀有矿床的新发现。

12 月 25 日上午，第二次论文会，由南延宗主持，宣读论文 7 篇，内容为第四纪冰川及人类学，以及有关矿床问题。

下午举行会务讨论，由理事孙鼐主持，报告会务和账目后，根据科联和总会新会章修改分会会章，决定原由分会主编的《浙江矿声》更名为《大众地质》并扩大篇幅，内容力求通俗。章人骏编制《西湖地质指南》，讨论后推孙鼐理事负责组织，会员朱夏、严钦尚、盛莘夫、南延宗、仝子鱼共同参加。后改选理事，朱庭祐、南延宗、孙鼐、朱夏、汪龙文当选，推举朱庭祐为理事长、孙鼐为书记、朱夏为会计、南延宗、汪龙文为编辑。②

① 夏湘蓉、王根元著：《中国地质学会史》，北京：地质出版社，1982 年，第 104 页。
② 王弭力主编：《中国地质学会八十周年记事》，北京：地质出版社，2002 年，第 35 页。

1951年，中国地质学会杭州区分会正常活动，并于12月30日举办了第二届年会：

> 12月30日，中国地质学会杭州区分会第二届年会，在浙江地质调研所（编者注：应为"地质调查所"）召开，出席17人。孙鼐当选为理事长，章人俊（编者注：一般多写作"章人骏"）、朱庭祜、汪龙文（编者注：原文为"王文龙"，可能有误，应为"汪龙文"）、严钦尚、仝子鱼（编者注：原文为"仝子涣"，恐误）当选为理事。[①]

但到了1952年，未见该分会举办活动的记载。1953年，当时的杭州科联（筹）所属学会共计26个，其中已经没有中国地质学会杭州区分会[②]，推测应该是随着1952年8月后院系调整、浙江大学地理学系相关教师的调出，以及9月浙江省地质调查所撤销（归并设在上海的华东工业部地质处）[③]和地质专业人员的调离，该分会遂停止活动。

（三）浙江师范专科学校地理科的设立

新中国成立初期，百废待兴。随着经济和文化教育事业的迅速恢复与发展，培养各类合格的师资显得异常迫切。1951年，浙江省人民政府决定由浙江省文教厅和浙江大学联合创办"师范专科学校"（正式名称为"浙江省文教厅、浙江大学合办师范专科学校"，一般称为"浙江师范专科学校"，也称为"浙江大学师范专科学校"）。该校于1951年春筹建，7月招生，9月初开学。校址设在华家池（即浙大农学院所在地）。

浙江师范专科学校受省文教厅和浙江大学双重领导，实行校长负责制。校长由省文教厅副厅长俞子夷兼任，下设秘书室、教务处、总务处、图书室和生活指导组。教职员均由校长聘请，任期一年。教务处主任王绮，实际上代行校长职权管理校务，总务处主任缺，处务工作由总务科长负责。

全校行政人员总共不到20人，各办、室、组下面不设科，机构比较精干，遇到问题，易于解决。教职工全部参加教育工会，政治生活健康，团结互助风气好。从建校开始就形成一个良好的校风和学风，师生员工之间关系密切，大家艰苦创业，刻苦攻读。经费很少，但都乐于承担困难，多数职工和同学一起吃食堂饭，一部

---

① 《浙江省科协志》编辑室编：《浙江省科学技术协会大事记（1949—1991年）》（内部印行），1996年10月，第23页。
② 《浙江省科协志》编辑室编：《浙江省科学技术协会大事记（1949—1991年）》（内部印行），1996年10月，第29—30页。
③ 《浙江通志》编纂委员会编：《浙江通志·地质勘查志》，杭州：浙江人民出版社，2019年，第464页。

分教职工住在城内，当时从华家池到城内还没有公共汽车，来回上下班都是徒步，不论炎夏寒冬，从未有人叫苦。全校勤俭节约成风。

浙江师范专科学校设数学、物理、化学、生物、历史、地理等6个专修科，学制2年。各招新生40名，首届学生合计240人。学生来源为两部分，一部分由各地教育主管部门在应届高中毕业生中选择品学兼优、体格健全的学生保送入学；另一部分是从杭州和地县市的小学教师和校长、教导主任中，选送具有一定的文化水平，又有培养前途的人员，经省文教厅审查批准后录取。

各科主任全由浙大调配，具体为：

历史科：陈乐素，

数学科：毛路真（编者注：即毛信桂），

物理科：王谟显，

化学科：王承基，

地理科：李春芬，

生物科：江希明。

各科教学也大部分由浙大相关院系教研组的教师兼任，也有从中央教育部、省文教厅分配来的一些老教授，还有从新中国成立初建立的华东人民革命大学、浙江省干部学校等单位调派来的。总之师资阵容和教学力量比较强。

各科的教学任务、教学计划、教学大纲等都根据中央人民政府教育部1950年颁布的《专科学校暂行规程》，经各教研组全体教师讨论制订。

地理科主任即由浙江大学地理学系主任李春芬兼任，严德一具体负责教学工作的组织安排。李春芬在回忆中曾简略提及办学情况：

> 1951年浙江文教厅与浙江大学合办浙江师范专科学校，设有地理科（即今杭州大学地理系前身），我除兼科主任外，每周并兼课3小时，虽两面奔跑，但心情舒畅，忙而不累，全凭热情担当。[1]

教师则除了由浙大地理学系教师兼任外，还另外聘请专职教员（编制上属于"浙江师范专科学校"），如冯怀珍，即是1950学年第二学期（即1951年2月后）成为浙江师范专科学校地理科教员的，冯铁凝，则是1951学年第一学期（即1951年9月后）成为浙江师范专科学校地理科教员的。

---

[1] 李春芬：《我的生平和学术思想》，载李春芬编：《李春芬生平和学术思想》（内部印行），1990年，第11页。

1952年2月院系调整时，浙江师范专科学校并入新建的浙江师范学院，全体同学和教职工自觉参加把校产、校具从华家池搬运到六和塔秦望山上的劳动。浙师专培养了200多名德智体都取得优良成绩的学生，他们大都成为本省教育战线上的骨干力量。[①]

严格说来，浙江大学附设的浙江师范专科学校地理科仅存在半年，至1952年2月起，即并入新设的浙江师范学院，成为该校的地理科。但李春芬在1952年8月之前，即院系调整之前，仍兼任浙江师范学院地理科的主任；8月后，随着院系调整的进行，原地理学系的教职员工中，仅严德一教授和李治孝讲师（李治孝于1952学年起聘为讲师[②]），吴贤祚、周丙潮作为绘图员调整至新设立的浙江师范学院地理科，严德一于1952年10月被正式任命为科主任。原由浙江师范专科学校聘任的教员，如冯怀珍、冯铁凝等，则一并转入浙江师范学院。

严德一在祝贺李春芬先生八十华诞的文章中回忆了两人共同参与筹建浙江师专地理科的情况：

> 抗战胜利后，应竺可桢校长之聘，李先生回国任浙江大学文学院史地系教授。他的学识和为人深得竺校长和张其昀系主任的赏识。1949年春，张先生离杭去台，经竺校长面准，李先生暂代系务。

> 解放后，成立地理系，隶属理学院，初聘叶良辅先生任系主任。不久叶先生因病去世，改聘李先生继任系主任。李先生身为行政领导，不但希望我专事中国地理的教学和研究，深入实际，加强小区域调查，而且还直率地向我提出交流思想，相互帮助，提高认识。我们曾同心协力，共同参与中学地理教师进修班（我兼班主任）和浙江师专地理科的筹建工作，他担任地理科主任，我带领学生野外实习，配合十分默契。[③]

冯怀珍也有记述：

> 1951年暑后，浙江省文教厅与浙江大学合办浙江师范专科学校，李先生兼任该校地理科主任，并兼课3小时，完全是义务，凭热情工作。我任助教兼科秘书。李先生每周来3个上午，上课以外并商量一些科务工作，从未间断，

① 杭州大学校史编辑委员会：《杭州大学校史（1897—1997）》（内部印行），1997年3月，第54—55页。
② 《李治孝先生入盟六十周年纪念册》（内部印行），2013年6月，第3页。
③ 严德一：《李春芬教授八秩寿言》，载李春芬编：《李春芬生平和学术思想》（内部印行），1990年，第32页。

甚至母病重也未请过假。1952年春的一天上午他刚上完课，家里来电话说他母亲逝世，他这才乘公共汽车回去。这说明他的责任心是很强的。我的工作与学习都曾受到李先生的指点与帮助，不仅在李先生身旁的数年如此，离开以后也还不断得到他的关照。[①]

浙江师范专科学校地理科第一届学生，同时也是半年后新设立的浙江师范学院地理科的第一届学生王嗣均，在其回忆录《淡淡的脚印——我的一生》中，对在师范学校这半年的学习历程，留下了非常深刻的印象：

> 1951年春节过后……在学期快要结束的时候，县文教科给各校下发了通知，内容大致是：浙江省人民政府为了发展中等教育事业的需要，急需培养合格的中学师资，决定由省文教厅与浙江大学联合创办浙江师范专科学校，要求全省各县、市教育主管部门从应届高中毕业生以及小学的校长、教导主任中择优选送，经省文教厅审查批准后录取。《通知》附有浙江师范专科学校招生简章。该校暂设6个学科，秋季入学，学制两年，目标是对口培养中学师资。对招生对象的要求是高中毕业或具有同等学力，品学兼优，身体健康，年龄在30岁以内，有志于从事教育事业。

> 我在两年前高中毕业时很希望能上大学，但当时没有条件，自己也不够坚决，失去了时机，不经意间当起了教员。不过，经过两年小学教师的实践，凭着我对事业的真诚和执着，觉得自己应该能够造就一名好教师，只是不能停留在现有水平上，要不断学习，不断上进，才有发展的后劲。可惜当时乡村环境过于闭塞，要创造学习条件实在很不容易。现在，看到这份通知，对照了招生条件，在我眼前似乎出现了一线亮光，又像一阵春风，吹动了我的心潮，我没有再多想什么，就决定向文教科报了名。

> 到报名截止的时候，据说全县各校教师中向文教科报名的共有10人左右。文教科给报名者发了履历表，还要求附上一份自传，以及对修习学科的认识（这是因为招生计划指定奉化选送一名小学教师专修地理，两名应届高中毕业生专修数学）。我很快上交了填写的全部材料，静候审查和筛选的结果。大约在7月末8月初，结果出来了，我有幸被选中，随后收到了浙江师范专科学校的录取通知书。

[①] 冯怀珍：《身教言教育才育德——祝贺李春芬老师八秩大寿》，载李春芬编：《李春芬生平和学术思想》（内部印行），1990年，第49—50页。

能被录取，当然高兴，因为实现了继续求学的愿望。但兴奋之余内心又十分困惑，因为上学的食宿和学杂费用虽然都由国家包了下来，但是我暂时离开了教师岗位，失去了一份工资，家里三口人——母亲、妻子和已经降生的女儿的生活就将难以为继，要弟弟（王嗣锤，时在奉化中粮公司工作，后与奉化县粮食局合并）替我全力挑起养家的担子，不但非常困难，而且也不忍心。带着这个难题，我分别向弟弟、母亲和妻子摊了底，想最后听听家人的意见再作决断。他（她）们意识到这将面临非常严峻的生活困难，但也不希望我放弃难得的求学机会，相信两年时间总有期，全家咬紧牙关也要苦度过去。亲人们的坚定支持，帮助我下定了决心。

接下来的时间，我得做好上学前的准备。我把最后一个月工资米票交给母亲作为仅有的一点安家费，自己差不多已是身无分文了。浙江师专录取通知书规定的报到时间是9月8—10日，我得在此之前赶紧凑足从奉化到杭州的盘缠，只好求助于梧山小学和江口区校两位老同事赵慈赓和鲍茂林，承他们厚意，借给我人民币18万元（旧币。1955年3月1日币制改革发行新币，旧币1万元兑换新币1元），这个数目已经相当于二人月工资（米折价）的60%，足见他们对我的帮助是多么真诚！有了这18万元，我才得以成行⋯⋯

1951年的9月8日中午，我离开奉化启程去浙江师范专科学校上学。因为交通不便，当天借宿宁波老同学吴义玲家，9日清晨乘甬杭班车赴杭，汽车跑了一天，下午三四点钟才到杭州长途汽车总站（湖滨慈幼路），赶紧雇了一辆黄包车拉着铺盖行李去学校报到。

浙江师专设在杭州庆春门外华家池的浙江大学农学院，那里是郊外，四周都是星星点点的农舍，一派农村景象。因为是农学院，有供实习实验用的农田、桑园、园艺作物场地、林地和小牧场，放眼望去校园比较开阔。"华家池"是已被包围在校区内的一片池塘，名为池，倒也称得上是个小湖，波光潋滟，岸柳成荫，不失为校内闲步的去处。整个校园环境清幽，是个可以专心读书的好地方。

师专受省文教厅和浙江大学双重领导，校长由文教厅副厅长俞子夷兼任，校舍、设备和教学业务都有赖于浙江大学。办公用房以及学生和员工的宿舍借用农学院最东面的两座两层的学生宿舍楼（华一斋和华二斋），教学楼、膳厅、礼堂、体育活动场地与农学院学生共用。全校六个专修学科——数学、物理、化学、生物、地理、历史的专业课程几乎全部由浙大理学院和文学院相关学系承担。学校自设图书室，但书刊不多。实验设备主要依托浙大校本部（在大学路）理学院各系的实验室。

学校校务由教务主任王绮替校长代行管理。政治思想抓得很紧，全校党团组织和学生会组织很快就建立了起来，干部起着骨干作用，整个学校有一种革命化的气氛。因为学生多数是从应届高中毕业生和小学教师中择优选送上来的，有较强的自律能力，专业思想也稳定，所以校风校纪都很正。理论教育也很重视，一学期开了两门政治理论课，一门是"社会发展史"，由王绮授课；另一门是"新民主主义论"，由省委宣传部理论教育处处长刘亦夫讲授。有时还请有关领导（如新华社浙江分社社长包少白）来校作形势报告。

在生活安排上，学生睡双层铺，两开间无隔墙的房间住16个人，铺位之间有限的空间摆放供自修用的桌子和凳子，我们地理科32名男生，两个房间就都容纳了下来。因为学校阅览室很小，容不下几个人，教室又没有课桌，只有靠手椅，而且晚上还要上锁，所以自修时间同学们差不多都在寝室里，满满当当，济济一堂。伙食标准每人每月7万8千元（旧币），按当时杭州的物价水平，满足基本营养需要不成问题。同学们浣洗被服一般都由自己解决，很少依赖别人。

解放初期，百废待兴，学校在草创时期能有这样的条件应该说是不错的了。更值得欣喜的是，因为学校由文教厅与浙大合办，业务上背靠浙大，专业课程的开设由浙大包了下来。浙大是国内名校，集中了一大批著名教授，特别是理科，更是出类拔萃，这在很大程度上弥补了物质条件的欠缺。以我所在的地理学科来说，浙大地理学系就拥有一批名师，是全国培养地理学人才的重要阵地之一。姑且不说浙江大学前校长竺可桢教授……就是当时在职的教授和副教授，如自然地理学家李春芬（系主任，兼师专地理科主任）、地质学家孙鼐、区域地理学家严德一、气候学家么枕生、地貌学家严钦尚等，也都是地理学界的著名学者；相对年轻的陈述彭和陈吉余两位讲师，后来还成了国内地图学与遥感技术、河口地貌学两个领域的学术带头人，分别被评为中国科学院和中国工程院的院士。师资力量的强弱，决定着学校的学术地位和教学品位，有这样一支教授队伍当我们老师，应当说是我们的幸运。

当然，我国一百多年来饱受内忧外患，国家积弱不振，解放初期，国内的科学技术水平总体上还是落后的。就地理学而论，当时还很少有中国学者在系统研究基础上形成的科学著作问世，图书室里专业书刊不多，老师们传授给我们的主要是从欧美引进的概念、理论和方法，无严格的教学大纲，也没有专用教材或讲义，全凭口授，带点自由讲学的风格。同学们都靠专心听讲做笔记，才得到一些比较系统的专业知识。同时，因为我们是速成培养中学师资的二年制专科生，课程设置做了压缩和合并，例如"普通地质学"和"地形（地貌）学"合并为"地质地形学"，"气象学"和"气候学"合并为"气象气候学"。公共必修课中除了两门政治课和体育课由学校直接安排外，浙大理科生必修的高等数学和大学英语也只能被舍弃。另外，由于经费不足和学制的限制，野外实习的时间也很有限。我们的科主任李春芬教授（兼）有心帮助全班同学提高专业英语阅读能力，每周主动抽出两小时，以 *The Elements of Geography* 一书为读本加以讲解，辅导阅读，可惜因原版读本不足及其他原因不得不中断。这些都是美中不足，多少留下一点遗憾……

浙江师范专科学校的历史只有半年，而我在师专经历的时间比这还要短，只有四个月。结束师专历史的是1952年的全国高等学校院系调整，提前结束我在师专生活经历的是1952年初掀起的"五反运动"。

1951年末，中共中央发动了反贪污、反浪费、反官僚主义的"三反运动"，在这场运动中揭发出来的干部中的重大贪污案件，存在着蜕化变质分子与私商勾结共同作案的特点，这就使中央下决心要打退不法资本家的进攻。针对这个问题，中央于1952年初发动了在大中城市开展以反对资产阶级行贿、偷税漏税、盗骗国家财产、偷工减料、盗窃经济情报为内容的"五反运动"。

紧跟中央的部署，杭州市立即组织力量，开展"五反"。省市领导要求浙江大学和浙江师专两校在学生中选派100名团员参加，学校接受这项任务后迅速确定了选派名单，我是其中之一。那时，学期考试刚刚结束，因上面要得急，我们顾不上休息，就被集体送到青年团杭州市委，听取团市委领导乔石（20世纪末曾任中共中央政治局常委、全国人大常委会委员长）关于这场运动的性质、意义的介绍和对大家的要求。然后让我们回到学校准备行装，向中共杭州市委、市政府设立的"五反"领导机构报到。报到后安排了短暂的集中培训，包括聆听市长吴宪的报告，传达有关政策文件，分组学习讨论等，使大家对运动有个初步认识，然后分派工作。根据运动的任务和特点，从各方面抽调上来的人员，大部分分发到分行业的"五反"检查队工作，我也是其中之一。

由于在"五反运动"发动之前，"三反运动"已经开展了起来，市区的一部分机关干部正忙于"三反"，所以参加"五反运动"的干部来自市区机关的并不多，大部分是从党校、干校、大学抽调来的人员。其中从正在省委党校学习的学员中抽调来的一大批县（团）级、区（科）级干部，是参加这场运动的中坚力量，他们多数有农村工作经验或军队工作经验，但基本上没有城市工作经验，对这场运动性质、特点也不怎么了解。不过，他们与我们这些学生干部和来自其他系统的年轻干部、年轻职工不同，他们有丰富的斗争经历，只要认知这是一场城市里的阶级斗争，就能够独当一面，去组织战斗。

我被分派到检查队后，开始安排在皂烛碱业，随后调整到酱酒业，编号为第9检查队。第9检查队配备了十来位干部，队长是县级干部，队员大都是区级的，只有我一个是学生。我们的驻地在杭州酱酒业同业公会的小院里，地址是佑圣观路梅花碑。因为队员多是工农干部，我是文化程度最高的一个，就自然而然地承担了检查队的文秘工作。

检查队主要是做两种人的工作：一种是资本家和资方代理人。检查队组织他们学习，让他们认识自己在经营中的违法行为，责成他们主动交代违法事实和非法所得。另一种是职工群众，特别是他们中的积极分子。主要是启发他们的阶级觉悟，发动他们揭发资本家的违法行为。在这个过程中，通过面对面和背对背的揭发检举，结合调查取证，分清守法的和违法的，把斗争重点放到少数不法资本家身上。队员们通常是白天做调查和发动工作，晚上召集资方人员、企业职工分别开会或面对面斗争，每晚9时左右归队汇报战果，再决定第二天的行动。我因为以文秘工作为主，一般是留在队部，做点联络工作或接待来访者等事情，有时也与其他队员一起参加一些活动，不过次数不多。我必做的工作主要在晚上，每当队员们回来汇报战况时我要做好纪录，然后按规定整理成简短的战报，经队长过目签章后，连夜骑车送到位于圣塘路的市政府（六公园北面），亲手交给几乎每晚都在值守的市府办公室主任邓鄂。这是我每天的"必修课"。

经过两三个月的工作，到了四月中下旬，对不法资本家的揭发检举、责令其交代的群众性斗争高潮已经过去，接下来要做的是，进一步查证核实群众揭发检举和资方自我交代的违法事实与违法所得，然后逐一定案。到了这一步，大兵团作战已经没有必要，上级决定把从党校、干校、大学抽调来参加运动的人员分批撤出"五反"检查队，回到原来学习或工作的岗位上去。

五月初，我离开检查队回到了学校。不过那已经不是师专，也不在华家池，而是六和塔西面秦望山上的浙江师范学院。[①]

---

① 王嗣均：《淡淡的脚印——我的一生》，载王嗣均著：《王嗣均地缘人口学术与人生》，杭州：浙江大学出版社，2021年，第22—27页。

第七章　依依离杭别亦难

——院系调整与浙江大学地学系科的调出（1952）

1949 年 5 月后，中国的高等教育进入一个新的时代，对大学开始了一系列的改造和调整。这一改造和调整过程，以 1952 年全国范围内展开的院系调整为标志而达至高潮，并对中国现当代高等教育格局产生深远影响。

浙江大学在 1949 年 5 月 3 日杭州解放尤其是 6 月 6 日杭州市军管会正式接管学校后，就进入调整期。1949 年 5 月至 1951 年 12 月之前，主要调整包括两类：一是浙江大学自身院、系、所的设置多次进行了调整，如 1949 年 6 月，师范学院撤销，8 月，设立地理学系和地理研究所，暂停法学院和文学院的历史学系、哲学系招生（并正式于 1950 学年停办）等；二是省内其他大学撤销后部分系科并入，如 1949 年 8 月，国立英士大学撤销，部分系科调整入浙江大学。1952 年 1 月后，随着全国高等院校开始进行大规模的院系调整，浙江省内包括浙江大学在内的高等学校调整力度加大；1952 年 2 月，已经于 1951 年初被浙江省接收的之江大学（原属教会大学性质）被撤销，在原之江大学工学院的土木、机械等系并入浙江大学的同时，将浙江大学文学院调出，以浙江大学文学院（人类学系除外）与原之江大学文理学院为基础，成立"浙江师范学院"；同期，将浙江大学医学院及附属医院调出，与浙江省立医学院合并成立"浙江医学院"；同年 8 月后，浙江大学理学院、农学院的所属系科，亦被调整出去，或调至其他大学，或在省内新设浙江农学院等；而浙江大学自身，仅余原属工学院的机械工程、电气工程、化学工程和土木工程 4 个系，成为一所纯粹的工业大学。

原属浙江大学理学院的地理学系，在此调整过程中，并未随理学院的数学系、物理学系、化学系、生物学系以及原属文学院的人类学系等一并调整至复旦大学，而是调整到华东师范大学，与该校地理系合并，并由李春芬出任重组后的华东师范大学地理系系主任。同时考虑到原浙江大学地理学系师生的实际情况以及浙江省需要，对在校师生进行了不同的安排：将地理组教师和图书、设备整体调整至华东师范大学地理系；地质组和气象组教师则调整至南京大学地质系或气象系；随院系调整而转学的1950级、1951级学生，亦根据其自身意愿，分别转至南京大学的地理学系、地质学系和气象学系就读；此外，另留个别教师至浙江师范学院地理科。

1952年10月，原浙江大学地理学系绝大多数师生依依惜别杭州，分赴上海、南京。至此，1936—1952年存续16年的浙江大学"史地学系—地理学系"的历史遂告终结。

第一节　全国院系调整的展开与浙江大学的调整情况

1952年，国家开始实施第一个五年计划。为了纠正当时高等教育中普遍存在的布局不合理、办学小而全、系科庞杂、师资不足等弊端，使高等教育能够适应蓬勃发展的社会主义革命和建设事业的需要，为即将开展的大规模经济建设提供合格人才，从1951年下半年起到1953年底，中央人民政府教育部统一部署，参照苏联高校设置的模式，对全国高等学校进行了有计划、大规模的院系调整。调整的办法是全国一盘棋，由中央和各大区统一考虑高等学校的布局与系科设置；调整的方针是：以培养工业建设人才和师资为重点，发展专门学院；整顿和加强综合性大学。这次大规模的院系调整，给浙江大学带来很大影响。

一、全国院系调整的展开

新中国成立后，国民经济得到迅速恢复。1951年2月中旬，中国共产党中央委员会召开政治局扩大会议讨论"三年准备，十年计划经济建设"的问题。党重视经济建设，对教育事业提出了迫切的要求；不仅要求扫除文盲，普及初等教育，而且急需大量培养各类高级专门人才。然而旧中国遗留下来的高等院校，不但数量少（全国公私立高等院校总共只有205所）、规模小（全国高等学校在校学生11.7万人，平均每校不足520人；专任教师1.6万人，平均每校不到80人），系科设置的比例也不能适应国民经济发展的需要，特别是急需的工程类、师范类的系科相对来说显得更缺。如当时全国高等学校工程技术院系，每年仅能招收新生1.6万人，1952—1957年充其量只能向国家输送4—5万名毕业生，与工业建设需要的17—18万名相差甚远；加上高等院校布局上多数集中在沿海城市，内地及边远地区的青年上学甚为不便；此外，由于缺乏统筹规划，师资力量和办学设施比较分散，不利于大量招生。在这种情况下，参照苏联的经验，政务院决定对全国高等学校进行全面的调整。

1951 年 8 月，在北京召开全国师范教育会议，提出"以大学文理学院为基础，改组成立独立的师范学院"的原则。

1951 年 11 月 3 日到 9 日，在北京召开了全国工学院院长会议，拟定工学院的调整方案，经政务院第 113 次政务会议批准。其中，有关浙江的方案是："将浙江大学改成多科性的工业高等学校，校名不变；将之江大学的土木、机械两系并入浙江大学，将浙江大学的文学院并入之江大学。"

1951 年 11 月初步提出了全国工学院的调整方案，以后进一步扩展为全国性的高等学校院系调整。自 1952 年 5 月起，以华北、东北、华东三大区为重点的高等学校院系调整便全面展开。

教育部在 1952 年 5 月公布的《一九五二年全国高等学校院系调整计划》中，系统地提出了全国院系调整的原则：

> 根据国家建设的整个计划和各地各校的主观力量，分别轻重缓急，有步骤、有重点地分期进行；预计在二年内，全国完成初步的全面调整工作。高等学校的内容和形式，均按政务院"关于学制改革的决定"及"高等学校暂行规程"办理，即按大学、专门学院及专科学校三类分别调整充实。
>
> 综合性大学是培养科学研究人才及培养师资的大学，全国各大行政区最少一所；最多目前不得超过四所；大学行政组织取消院一级，以系为教学行政单位。
>
> 工学院是这次调整的重点，调整时应适应全国和各地、现在和今后工业发展的特点，以少办或不办多科性的工学院、多办专业性的工学院为原则。
>
> 农学院目前应采取集中合并的方针，每一大行政区必须办好一所至三所农学院，各省可办专科。
>
> 每一大行政区必须办好一所至三所师范学院，培养高中师资；各省可办专科，培养初中师资。
>
> 财经学院以培养各种高级财经技术干部为任务，目前以附设在大学内为主，个别可以单独成立。
>
> 政法学院以培养各种政法干部为任务，目前以附设在大学内、不单独设立为原则，但每大行政区如条件具备时得单独设立一所，由中央或大行政区政法委员会直接领导。

语文学院一般设在大学内，原有俄文专科学校应继续办，并力谋改进。[①]

1952年5月，教育部制定并公布《关于全国高等学校1952年的调整设置方案》。1952年7月28日，华东军政委员会教育部确定《华东区高等学校院系调整设置方案》，并分别向各校下达了具体调整的指示。

就总体而言，院系调整改变了原来高等学校地区布局极不合理的状况，并初步纠正了高校规模过小、系科庞杂等弊端，加强了工程、师范和农林等方面的专业人才的培养，使专门学院尤其是工科类专门学院有了相当可观的发展，为我国培养了一大批经济建设所急需的专门人才，改变了旧中国工程技术教育过于薄弱的状况。

但是，院系调整指导方针的后一部分，即"整顿和加强综合性大学"却没有真正得到落实。由于照搬苏联高校系科设置模式，使原有的一些素负盛名的综合性大学程度不等地有所削弱。此外，院系调整后形成的"综合大学（文理学科型）—多科性工科大学—单科性专门学校"的高校设置模式，往往由于社会科学与自然科学、基础学科与应用学科的相互脱节和分离，影响了学科的交叉与渗透，影响了学科的更新发展与人才培养的质量；同时，还妨碍了以后高等学校基础研究和应用研究、开发研究的结合。

1953年9月，高教部长马叙伦在《关于综合大学的方针和任务的报告》中，既充分肯定了院系调整的成绩，也指出了存在的缺点和问题。他说："首先，有过急的毛病，例如在某些地方一下子摆出的摊子过多，而事前准备不足，以致某些独立出来或新设立的院校，内容并不充实，同时却使调整后的个别综合大学的力量被削弱，被分散"；"第二，在某些地方调整时未能照顾到某些大学的原有的优点与系科特长，以及其本身的实际需要，或者移重就轻，使其多年积累起来的能代表该校特点的教学基础失掉应有的作用，或者把某些重要科系连根拔掉，使该校其他相关科系的教学和研究工作受到影响"。马叙伦还指出："在处理文、法等系科的做法上，有些是更不妥当的"，如"只看到其课程内容陈腐又非目前急需的一面，有时就采取绝对办法，单纯地调出、合并或取消，而不是有区别有步骤地加以合理取舍，逐渐改造，以适应将来的需要和发展"。

---

① 《一九五二年全国高等学校院系调整计划》，教育部档案，1952年永久卷，卷33。转引自王红岩著：《20世纪50年代中国高等学校院系调整的历史考察》，北京：高等教育出版社，2004年，第184页。

二、浙江大学的调整

全国院系调整的方针是：以培养工业建设人才和师资为重点，发展专门学院，整顿和加强综合大学，以华北、华东、中南为重点，实行全国一盘棋；基本按照苏联高等教育的模式，通过调整使大多数省都有一所综合大学（仅包含文科和理科）和工、农、医、师等专门学院，并将学科比较齐全的清华大学、浙江大学等校改变成多科性工业大学。通过调整使我国高等工业教育基本建成具备机械、电机、土木、化工、矿业、冶金、地质等主要工科专业比较齐全、布局相对合理的体系。[①]

1952 年初，教育部根据政务院提出的院系调整方针，在全国范围内进行了规模较大的院系调整。浙大院系调整分做两步进行：第一步在 1952 年初，第二步在同年 8 月。

（一）1952 年 2 月起，文学院和浙江师专调出新设浙江师范学院，医学院调出另设浙江医学院

1951 年 12 月，浙江省高等学校院系调整委员会成立。1952 年 1 月 2 日，决定撤销之江大学；以浙江大学文学院（人类学系除外）与之江大学文理学院为基础，成立"浙江师范学院"，院址设在杭州市六和塔西秦望山上的原之江大学校址；1951 年秋开办的"浙江师范专科学校"，以及在同期开办的"浙江俄文专科学校"（全称为"中苏友好协会浙江分会俄文专科学校"）并入浙江师范学院，作为专修科；之江大学工学院的土木、机械等系并入浙江大学，财经学院改建为"浙江财政经济学院"（同年 8 月并入"上海财政经济学院"）。1952 年 2 月 5 日，"浙江师范学院"正式成立。

1952 年 2 月，浙江大学医学院及附属医院调出，与浙江省立医学院合并成立"浙江医学院"（后于 1960 年 4 月发展为"浙江医科大学"）。

（二）1952 年 8 月起，浙江大学理科各系调入其他高校，农学院调出另设浙江农学院

1952 年 5 月，教育部公布《关于全国高等学校 1952 年的调整设置方案》，根据该方案，浙江省高校再作相应调整。8 月，确定具体调整方案；10 月，浙江大学理学院的数学、物理、化学、生物、药学、地理和原属文学院的人类学等学系及研究所调出，各系、所大部分并入复旦大学（数学系、物理学系、化学系、生物学系、人类学系）、华东师范大学（地理学系）和上海第一医学院（药学系）等。见图 7-1-1。

---

① 浙江大学校史编写组编著：《浙江大学简史（第一、二卷）》，杭州：浙江大学出版社，1996 年，第 320—321 页。

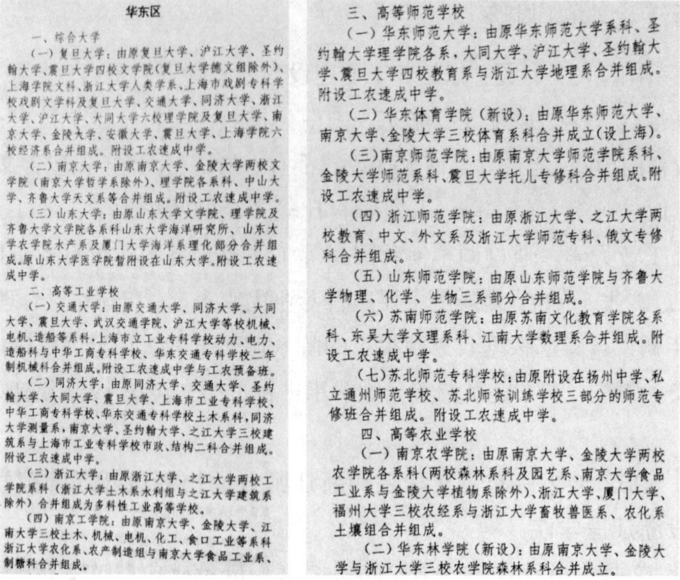

华东区

一、综合大学

（一）复旦大学：由原复旦大学、沪江大学、圣约翰大学、震旦大学四校文学院（复旦大学德文组除外）、上海学院文科、浙江大学人类学系、上海市戏剧专科学校戏剧文学科及复旦大学、交通大学、同济大学、浙江大学、沪江大学、大同大学六校理学院及复旦大学、南京大学、金陵大学、安徽大学、震旦大学、上海学院六校经济系合并组成。附设工农速成中学。

（二）南京大学：由原南京大学、金陵大学两校文学院（南京大学哲学系除外）、理学院各系科、中山大学、齐鲁大学天文系等合并组成。附设工农速成中学。

（三）山东大学：由原山东大学文学院、理学院及齐鲁大学文学院各系科山东大学海洋研究所、山东大学农学院水产系及厦门大学海洋系理化部分合并组成。原山东大学医学院暂附设在山东大学。附设工农速成中学。

二、高等工业学校

（一）交通大学：由原交通大学、同济大学、大同大学、震旦大学、武汉交通学院、沪江大学等校机械、电机、造船等系科，上海市立工业专科学校动力、电力、造船科与中华工商专科学校、华东交通专科学校二年制机械科合并组成。附设工农速成中学与工农预备班。

（二）同济大学：由原同济大学、交通大学、圣约翰大学、大同大学、震旦大学、上海市工业专科学校、中华工商专科学校、华东交通专科学校土木系科，同济大学测量系，南京大学、圣约翰大学、之江大学三校建筑系与上海市工业专科学校市政、结构二科合并组成。附设工农速成中学。

（三）浙江大学：由原浙江大学、之江大学两校工学院系科（浙江大学土木系水利组与之江大学建筑系除外）合并组成为多科性工业高等学校。

（四）南京工学院：由原南京大学、金陵大学、江南大学三校土木、机械、电机、化工、食口工业等系科浙江大学农化系、农产制造组与南京大学食品工业系、制糖科合并组成。

三、高等师范学校

（一）华东师范大学：由原华东师范大学系科、圣约翰大学理学院各系，大同大学、沪江大学、圣约翰大学、震旦大学四校教育系与浙江大学地理系合并组成。附设工农速成中学。

（二）华东体育学院（新设）：由原华东师范大学、南京大学、金陵大学三校体育系科合并成立（设上海）。

（三）南京师范学院：由原南京大学师范学院系科、金陵大学师范系科、震旦大学托儿专修科合并组成。附设工农速成中学。

（四）浙江师范学院：由原浙江大学、之江大学两校教育、中文、外文系及浙江大学师范专科、俄文专修科合并组成。

（五）山东师范学院：由原山东师范学院与齐鲁大学物理、化学、生物三系部分合并组成。

（六）苏南师范学院：由原苏南文化教育学院各系科、东吴大学文理系科、江南大学数理系合并组成。附设工农速成中学。

（七）苏北师范专科学校：由原附设在扬州中学、私立通州师范学校、苏北师资训练学校三部分的师范专修班合并组成。附设工农速成中学。

四、高等农业学校

（一）南京农学院：由原南京大学、金陵大学两校农学院各系科（两校森林系科及园艺系、南京大学食品工业系与金陵大学植物系除外）、浙江大学、厦门大学、福州大学三校农经系与浙江大学畜牧兽医系、农化系土壤组合并组成。

（二）华东林学院（新设）：由原南京大学、金陵大学与浙江大学三校农学院森林系科合并成立。

图 7-1-1　1952 年 5 月，教育部关于全国高等学校 1952 年的调整设置方案（华东区部分）。引自何东昌主编：《中华人民共和国重要教育文献（1949—1997）》，海口：海南出版社，1998 年，第 152 页。

现根据 1952 年调整方案，将华东区调整要点摘录如下：

华东区：

以南京大学为基础，将金陵大学的文理等系科合并进去，成立综合性大学（仍名南京大学）。

南京大学的工学院与金陵大学的工程系科合并，并将之江大学建筑系并入，设立独立的南京工学院。

浙江大学、交通大学、南京大学三校航空系合并，成立航空学院（校址南京）。

南京大学的农学院与金陵大学的农学院合并，设立独立的南京农学院。

南京大学的师范学院独立出来，成立南京师范学院。

在南京，除医学院外另设立华东药学院。

以复旦大学为基础，将沪江、圣约翰、震旦、大同及其他各校有关文、理、法等系科并入，设立一所大学。

浙江大学工学院、之江大学工科各系（建筑系除外）合并成立一所多科性的工业高等学校，校名仍叫浙江大学。

浙江大学文学院并入之江大学，改为师范学院。

浙江大学理学院除留必要的师资、设备给工学院外，其余并入上海复旦大学。

浙江大学医学院与浙江省医学院合并，成立独立医学院。

浙江大学农学院独立出来。

山东工学院与山东大学工学院联合调整为两个独立的工学院。

山东农学院与山东大学农学院合并成立独立的农学院，设于济南。

山东大学发展为综合性大学。

齐鲁大学文、理教育部分并入山东师范学院。

将东吴大学文理系科、江南大学数理系及苏南文教学院合并，成立苏南师范学院（校址苏州）。

东吴大学取消，除文、理照上项办理外，其化工系并入化工学院，药学系并入华东药学院，经济系并上海财经学院。①

1952年7月28日，华东军政委员会教育部确定《华东区高等学校院系调整设置方案》，并分别向各校下达了具体调整的指示。这一方案对华东地区所有高等院校的合并、调整都作了具体、详细的规定，调整后华东区高等院校共有50所。上海区共设17所，南京区共设8院校，山东区共设7院校，浙江区共设5院校，福建区共设5院校，安徽区共设3院校，苏南区共设5院校。②

在1952年的院系调整中，浙江大学经历了较大的变动。华东区调整委员会公布的关于浙江大学的具体调整方案如下：

1.调整后各类系科的设置

（1）电机类：即原浙江大学电机系及电机科。

（2）机械类：由浙江大学、前之江大学二校的机械系及浙江大学机械科合组而成。

（3）化工类：即原浙江大学化工系及化工科。

（4）土木类：由浙江大学、前之江大学二校的土木系及浙江大学土木科合组而成。

① 《一九五二年全国高等学校院系调整计划》，教育部档案，1952年永久卷，卷33。转引自王红岩著：《20世纪50年代中国高等学校院系调整的历史考察》，北京：高等教育出版社，2004年，第185—186页。

② 王红岩著：《20世纪50年代中国高等学校院系调整的历史考察》，北京：高等教育出版社，2004年，第223页。

2. 调整系科：

（1）原浙江大学数学、物理、化学、生物、人类学五系（理科各系留工学院所需师资外）调整至复旦大学。

（2）原浙江大学地理系调整至华东师范大学。

（3）原浙江大学药学系调整至上海第一医学院。

（4）原浙江大学农学院独立，调整情况见浙江农学院。

（5）原浙江大学土木系水利组调整至华东水利学院。

（6）原浙江大学航空系调整至华东航空学院。

3. 附设工农速成中学。[①]

调整方案确定后，1952年8月22日，浙江省文教厅召开院系调整传达动员大会，文教厅副厅长俞仲武作动员报告，浙江大学全体职工参加会议。会后，经过两个多星期的详细讨论，转入具体的调整实施阶段，在浙江省调整分会的直接领导和全校教职工的努力下，到国庆节前基本完成。10月初，按照调整方案，各调出学系陆续离开杭州（或离开浙江大学至市内的其他高校）。

1952年10月，浙大的数学、物理、化学、生物、人类学系调整至复旦大学；地理学系调至华东师范大学；理学院的药学系并入上海医学院；农学院单独成立浙江农学院，其中畜牧兽医学系调入南京农学院，森林学系调至哈尔滨的东北林学院；工学院土木工程学系的水利组调至在南京的华东水利学院，航空工程学系调至南京航空学院。此外，浙大的数学、物理、化学、生物、地理等学系的少数教师调到华东师范大学、厦门大学、山东大学和南京大学。浙大调整出去的相关各系，其原各相应系科的研究所亦不再设立。

按照调整方案规定，浙大地理学系的主体调整至华东师范大学。由于地理学系学生认为最好是去文理较好的综合性大学，遂向学校提出了不调整至师范类院校的申请，学校同意将学生要求向上级报告。后经华东军政委员会教育部同意，地理系1950、1951两级的学生按照原地理学系分组情况和个人意愿，未执行调整至华东师范大学的原方案，而是转学至南京大学的地理学系、地质学系和气象学系。

1952年8月，浙江大学农学院分出，设立"浙江农学院"（后于1960年发展为"浙江农业大学"）。

至1952年10月，院系调整后的浙江大学成为多科性的工业大学，设机械工程、

---

① 《华东区高等学校院系调整设置方案》，教育部档案，1952年长期卷，卷14。转引自王红岩著：《20世纪50年代中国高等学校院系调整的历史考察》，北京：高等教育出版社，2004年，第235页。

电机工程、化学工程、土木工程等 4 个系，下设 10 个四年制本科专业、10 个二年制专修科专业。

第二节　地学系科调离浙江大学的过程

一、原浙江大学地理学系的调整与原浙江师范学院地理科的设立

1951 年 12 月，浙江省高等学校院系调整委员会成立。1952 年 1 月 2 日，决定撤销之江大学，以浙江大学文学院与之江大学文理学院为基础，成立"浙江师范学院"；1951 年秋开办的"浙江师范专科学校"（全称为"浙江省文教厅、浙江大学合办师范专科学校"），以及在同期开办的"浙江俄文专科学校"（全称为"中苏友好协会浙江分会俄文专科学校"）并入浙江师范学院，作为专修科。1952 年 2 月 5 日，"浙江师范学院"正式成立，设地理专修科（二年制），当时由李春芬兼任科主任（1952.02—1952.10）；1952 年 10 月院系调整之后，由严德一担任科主任。浙江师院院址设在杭州市六和塔西秦望山上的原之江大学校址，地理专修科的办公地点为原之江大学的"材料试验所"所在的二层楼房（今之江校区 5 号楼）。

1952 年 5 月，教育部公布《关于全国高等学校 1952 年的调整设置方案》，其中，在对"华东区"的调整方案中确定"浙江大学"的性质为"高等工业学校"，"浙江师范学院"的性质为"高等师范学校"：

> 浙江大学：由原浙江大学、之江大学两校工学院系科（浙江大学土木系水利组与之江大学建筑系除外）合并组成为多科性工业高等学校。
> 浙江师范学院：由原浙江大学、之江大学两校教育、中文、外文系及浙江大学师范专科、俄文专修科合并组成。[①]

根据该方案，8 月，浙江大学理学院的数学、物理、化学、生物、药学、地理和文学院的人类学等学系及研究所调出，各系、所大部分并入复旦大学（数学系、物理学系、化学系、生物学系、人类学系）、华东师范大学（地理学系）和上海第一医学院（药学系）等。

1952 年上半年开始院系调整的动员和准备，10 月，地理系正式成建制转至华

---

① 《关于全国高等学校 1952 年的调整设置方案》，载何东昌主编：《中华人民共和国重要教育文献（1949—1997）》，海口：海南出版社，1998 年，第 152 页。

东师范大学；教师和学生则根据情况分别处理：地理组教师至华师大地理系（李春芬、严钦尚、陈吉余、郑家祥），地质组和气象组教师至南京大学地质系（朱庭祜、孙鼐、李行健，但朱庭祜随后因华东地质局筹备处需要，至该局任总工程师，未至南京大学。另外，1949级提前毕业的地理学系本科生胡受奚也分配至南京大学地质系）、气象系（石延汉、么枕生），1950、1951两级在读学生则尊重学生意愿，分别选择南京大学的地理系、地质系和气象系就读（1948级正常于1952年7月毕业，1949级在1952年7月提前毕业）。在杭的原浙江大学地理学系教师，仅留严德一和李治孝，至新成立的浙江师范学院地理专修科，严德一为教授，任科主任（任期：1952.08—1954.07），李治孝为讲师。

1954年8月，浙江师范学院地理专修科扩建为地理系，严德一任系主任。1955年起，浙江师院在杭州市松木场另辟校址建造新校舍，1957年后各系、科逐渐迁至松木场新校址。至1958年11月，浙江师范学院与新成立的杭州大学合并，遂成为杭州大学地理系。

二、地理学系调出与师生离开杭州的具体过程

院系调整的一个关键环节便是师资的调配，妥善地调配师资可以使调整目的顺利达到。1952年院系调整时，华东地区高等学校的教师总数是6193人，为了顺利地进行大学之间、系科之间的师资调配工作，为统一掌握院系调整时师资的调配，华东区院系调整委员会根据当时的师资情况及工作需要，首先制定了《关于华东区高等学校院系调整师资调配的几项规定（草案）》，提出了师资调配的原则和具体内容，核心内容即院系调整时师资的调配，原则上均随院系科调整之，如有变动，须报经华东调委会批准。[①]

当然，具体调整中，也考虑了各种实际情况。同时，"在上述原则的规定基础之上，华东地区调整委员会又制定了工科、物理、化学、数学、生物、地理、地质、气象、中文、教育、经济、政治、体育等各科教师的具体调配方法。现将《师资调整的几项具体原则的初步意见》中关于地理、地质、气象师资调整的规定摘录出来，从中我们可以看到这些规定有多么细致"：

1.华东的地理、地质、气象三个方面的师资数量很少，现将其集中在华东师范大学与南京大学二校，以便能更好地发挥其教学效能。

---

① 王红岩著：《20世纪50年代中国高等学校院系调整的历史考察》，北京：高等教育出版社，2004年，第226页。

2. 华东师范大学的地理系，南京大学的地理、地质、气象三系原有师资，一般均不动，其中只华东师范大学有一试用讲师不称职，调任中学教员。

3. 浙江大学地理系师资（包括地质、地理、气象三组）调整原则：

（1）地理组师资除严德一教授外，全部调整至华东师范大学地理系（教授一人，副教授一人，讲师一人，助教一人）。（编者注：即李春芬、严钦尚、陈吉余、郑家祥）

（2）地质组师资调整至南京大学地质系（教授二人，助教一人）。（编者注：即朱庭祜、孙鼐、李行健）

（3）气象组师资调整至南京大学气象系（教授二人）。（编者注：即石延汉、么枕生）

（4）为照顾浙江师范学院的需要，留严德一教授任该院地理专修科主任，并留一地质组助教（可兼开浙大土木系的课）。（编者注：地质组助教即李治孝，李治孝于调整后该年度在浙江师范学院被聘为讲师）①

1952年8月暑假期间，华东军政委员会教育部正式发文，通告浙大地理系调整至华东师范大学。随后华师大派出以副校长廖世承为首的三人代表团赴浙江大学表示欢迎。时隔不久，系主任李春芬先往上海了解师大和地理系情况。回浙大后，成立浙大地理系物资分配小组，按华东教育部调令精神进行分配，主要图书设备调配华东师大。

调整方案和具体安排出台后，除了教师调整规定了有关要求外（即"原则上均随院系科调整之，如有变动，须报经华东调委会批准"），学生的调整也有相应规定和具体安排，同时也考虑了一些特殊需要或听取了学生的呼声。以地理系为典型，在学生的意见上来后，李春芬冒着一定的风险，以地理学系的名义向上级反映了学生的诉求，并获得上级的同意，最终没有随地理学系调整至华东师范大学，而是根据地理学系分为三组（即3个专业）的实际情况，调整至专业对口的南京大学地质系、地理系和气象系。

1951年9月入学的地理学系学生过鉴懋，即亲历了此次调整过程，后来对此过程有如下的回忆：

① 《师资调整的几项具体原则的初步意见》，教育部档案，1952年长期卷，卷14。转引自王红岩著：《20世纪50年代中国高等学校院系调整的历史考察》，北京：高等教育出版社，2004年，第228页。

1952年……暑期临近，上级宣布母校要办成工科大学，只保留工学院的机械、电机、化工、土木四个系，至于文学院、理学院、农学院、医学院、师范学院和工学院的其它系科，独立的独立，调出并入其他学校的到其他学校去，并宣布我们理学院的数学、物理、化学、生物四系调入复旦大学，药学系调入上海第一医学院，而把地理学系调入华东师范大学。听到这个消息，同学们的情绪波动很大，对母校和教师有一种依依不舍的感情，大家都想不通。因此，校方为调校而经常组织我们开会讨论，要我们服从领导的安排。理学院院长谈家桢教授也来作思想工作，他说他是复旦大学毕业的，复旦的名气没有浙大那样大，也得服从领导的安排，调至复旦。我们的意见是要求进综合性的北京大学地理系，因为我们考的不是师范大学，师范大学培养的是中学教师，综合性大学培养的是科研人员和高校教师，培养目标完全不同，在大家再三的要求下，母校领导把我们的意见反映给上级，请求上级重新考虑，最后决定把我系同学调入南京大学。从此，自1936年起由竺可桢校长亲自创建的母校史地系后改为地理学系就停办了，我们成了该系的最后一代人。……我们的大部分老师去了华东师范大学和浙江师范学院（后改为杭州大学）地理系，个别的老师调入南京大学的地质系和气象系。

调入南京大学的同学于1952年10月7日乘金陵号宁杭快客离杭去宁报到，我班22位同学中，我与阮宝同（2人）入地理学系学习，施林道、沈修志、罗谷风、方大卫、张受生、卢端淑、张才仙、方少木、陈兰生、张遵信、童航寿、吴毓晖、翟人杰、王文斌（14人）入地质系学习，陈隆勋、王得民、龚月琳、许小金、朱乾根（5人）入气象系学习，另有俞时青（1人）因已被录取为留苏预备生而未去南大，直接进入北京外国语学院学习俄语。[1]

现从浙江省档案馆中，还可以查到若干当时调整中有关的材料，包括以"浙大院系调整委员会地理调整小组"的名义上报给"院系调整委员会浙江区调整分会"的书面报告以及浙江大学领导同意上转该报告的批示及正式报告。浙大院系调整委员会地理调整小组（即地理学系）的书面报告，内容如下：

我们浙江大学地理学系地理、地质、气象三组全体同学为协助目前院系调整工作完美、合理起见，谨述下列补充意见供组织上考虑时之参考。

我系地理、地质、气象三组在课程内容上，一年级基本上已趋向分组（如

---

[1] 过鉴懋：《珍贵的忆念，难忘的感情——记浙江大学地理学系学习的一年》，载胡建雄主编：《浙大校友（1997下）》（内部印行），1997年12月，第273—277页。

自然科学的修习是），二年级分组更为明确、具体，凡必修和选修各课都是完全修读适合各组之本科课程，所以实际上，各组所习课程内容已经截然划分（见前次由浙大副教务长胡济民先生带附呈华东教育部之课程表），因此，际此院系调整之时，希望组织上考虑实际情况，如将各组同学全部调整到师范学校去，则对同学的学习，会遭受一定程度的损失，同样在教学上也会产生新的困难。而且我系分组已有三年历史，凡前届及本届毕业同学均分组分配工作，教育部先后二次选拔留苏同学，都有分组的定额参加，由此亦证明我们分组的实际效果，分组成绩，三年来有一定的收获。目前祖国对地理、地质、气象三组人员需求孔亟，我们愿意贡献最大的努力，所以，希望此次院系调整时，适当照顾我们三组同学的具体情况，在学习上，在人才的培养上，能发挥最大效果，以符合国家的整体利益。

希望组织上予以适当的考虑和照顾，分组调整。

此呈
院系调整委员会浙江区调整分会

浙大院系调整委员会地理调整小组
（印：国立浙江大学地理学系）
八月廿二日 ①

浙江大学领导同意上转该报告的批示及正式报告，内容如下：

文件阅办卡片

何地（部）发来：浙大学委会　收到日期：8.25

内容：

浙大地理系三年来一直分地理、地质、气象三组，如全部调去师范学院，对同学的学业遭一定程度影响和损失，要求把地质组调去南京大学或其他大学

请林部长阅后，并决定是否上转

8 月 25 日

同意上转。林（红色）

已转

8 月 27 日

---

① 浙江省档案馆档案（档号：J039-004-113-007）。

（后附报告）

报告（1952年8月23日）

本校地理系早年分地理、地质、气象三组。据该系称：如将各组同学全部调整到师范学院去，则对同学的学习会遭受一定程度的损失；同时在教学上也会产生新的困难（详见该系报告）。为目前院系调整工作更完美、合理起见，我们意见，地质组调整到南京大学或其他大学为适宜。所请可否，请予指示。

此致

院系调整委员会浙江区分会　转

华东区高等学校院系调整委员会

浙江大学院系调整委员会（印：浙江大学学习委员会）

八、廿三 [①]

9月底，华东师大派人事处处长和一位地理教授到浙大地理系联系。10月1日，浙江大学总务长严文兴在杭州饭店举办盛大欢送会，送别将要离开的教职员工。10月7日，调整至南京大学的孙鼐、么枕生等教师与地质组、气象组转往南京大学的同学一起乘火车离开杭州，奔赴南京。10月8日，调整至华东师范大学的李春芬、严钦尚、陈吉余等教师亦与家属一起，乘火车奔赴上海。见图7-2-1。

关于当时调整的具体细节，直接的亲历者李春芬、陈吉余和若干学生，事后均有回忆。李春芬记述：

1952年院系调整，浙江大学地理系调进华东师大。近半数教职工随系迁往。在离杭的前夕，浙大一位负责院系调整具体工作的干部，来同我商量关于在学学生的去留问题，华东师大希望学生同去，而同学对毕业后担任教师缺乏思想准备，特别对半途改向（当时学生在二年级时已分成地理、地质和气象三组），一时思想难以扭转。问题迫在眉睫，需要立即作出决定。最后我打消了可能会受批评的顾虑（过去曾因事先为应届毕业同学向科研单位、业务部门接洽工作而在思想改造中受到批评），作出让在学学生转入南京大学有关各系的建议。其中部分同学在浙大已读完二年级，转至南大后只读了一年即提前毕业。这批转学的学生中出了不少优秀人才，很多成为有关单位的骨干、学科带头人、博士生导师、研究所所长或某一方面的专家。这当然与南大对

---

① 浙江省档案馆档案（档号：J039-004-113-005）。

他们后期的培养有关,与浙大对他们前期打下的扎实基础也是分不开的。而在这关键时刻及时作出转学决定,使其能得以保持学习的连续性和奋进势头,也是至关重要的。

1952年暑假华东教育部以红榜正式发表浙大地理系调进华东师范大学。随后师大派出以副校长廖世承先生为首的三人代表团赴浙江大学表示欢迎。时隔不久,我先往上海了解师大和地理系情况,并乘时将下学期教学计划商订下来,以便教师利用暑假备课。看了情况后,心想要把它办成一个像样的地理系要花很大力气,当时房子只有一间,局促一个角上,书只有半个书架,裱好的挂图没有一幅。看了这个情况,颇为失望,无可奈何,只能服从组织安排。回浙大后,成立浙大地理系物资分配小组,按华东教育部调令精神进行分配,主要图书设备调配华东师大。但后来按清册提取分配物资时曾有些周折,最后总算顺利解决了。自浙大地理系调入后,华东师大地理系在人力和图书设备方面大大增强。[①]

图7-2-1 1955年华东师范大学地理系第一届普通自然地理研究生班(1953—1955)师生合影(教师中有刚调整至华东师范大学的李春芬、严钦尚、陈吉余)
说明:
中排为教师,自左起为:郝克琦、周淑贞、叶栗如、祖波夫(苏联专家)、李春芬、严钦尚、陈吉余
引自华东师范大学"名师库"网,https://lib.ecnu.edu.cn/msk/79/24/c39322a489764/page.htm,[2024-05-26]。

[①] 李春芬:《我的生平和学术思想》,载李春芬编:《李春芬生平和学术思想》(内部印行),1990年,第11页。

陈吉余则有更为细致的回忆：

在完成思想检查报告之后，领导我们学习的人员宣布全国高校要进行院系调整，对地理系教师宣布调整的纪律，不能私自联系单位，一切听组织调配。然后正式宣布地理系的教师，地质：朱庭祜、孙鼐；气象石延汉、幺枕生调整到南京大学；地理：李春芬、严钦尚、陈吉余、郑家祥调整到上海新成立的华东师范大学地理系；严德一、李治孝留浙江。在院系调整期间，中国科学院《中华地理志》编辑部寄来一份空白表格，说是填好寄出，即可调到该单位工作，根据纪律，我只字未填。

9月底，10月初，华东师大派了人事处处长和一位地理教授到浙大地理系联系，李春芬教授接待，没有和老师们见面。地理系的学生调整到南京大学地质系，个别到气象系，这是根据学生们的要求而定。

浙大本身虽在杭州，但也要调整拆分。浙大文学院、理学院、师范学院调整为杭州大学；农学院、医学院成为浙江农学院、浙江医学院；浙大成为只有工学院的工科大学，一个浙江大学成为浙江的四个大学。

浙大被拆散了，许多教师和学生要离开杭州到南京和上海等其他学校去，留在杭州的浙大也要一分为四，变成四个大学了。仅留的工学院，要成为工科性的浙大了，怎么尽地主之谊，怎么做好欢送工作，让到其他大学的教师、学生顺利地离开？这个担子落在时任总务长的严文兴教授身上，他在十月初的一个晚上，在杭州饭店举办盛大的欢送会，送别将要离开的教职员工。我在这个晚上，独自一人信步走到杭州饭店，大家在一起，不知是什么滋味。严文兴总务长讲了几句送别的话，大家吃着一盘盘菜，是什么滋味，说不出来，话也不多，吃完，各自道别，闷闷地走在冷落的街道上，回到各自的住所去。

10月8日，学校将我家行李搬到车站去，中午只有我带了一个儿子回到吴衙巷，家里行李和家具都已被搬走了，只留下一只单人竹床。我带儿子到了家门口，只见一条约三尺长的青蛇横盘在门槛上，我们从窗户跳到屋子里，在竹床上休息了一会儿，到两点多钟，这条青蛇还横在门楣上，我只得带着儿子又跳出窗口，在门前看看青蛇，也算是道别吧！

到了火车站，学校有人把我和家属带到软席车上，这节车上就是李春芬、严钦尚两位先生两家，加上我们，三家人一节车厢，没有他人。汽笛一鸣，火车开动，浙大、杭州，我们告别了。下午五时，车到上海西站，华东师范大学来人把我们接到学校，安顿住下，从此我就是华东师范大学的教师了。

可是浙江大学的校徽，我久久不肯从衣服上解下来。①

陈吉余在另外一篇题为《1952年浙江大学地理系院系调整》的文章中，也记述了当时的情况，并提供了更多的细节：

1952年的春天，明媚的西子湖畔，浙江大学和往常一样弦歌不绝，但是教师们除了正常的教学以外，还增加了新的内容：接受思想教育，进行思想改造，批评腐朽的资产阶级思想，脱胎换骨，以工人阶级思想改造自己。差不多每天下午进行学习，先是自我分析，然后相互帮助批评旧思想，树立新的世界观。浙大思想改造全校由浙江省教育部门领导负责，理学院负责思想改造的领导组由嘉兴来的干部金孟加负责，带了几个年轻干部参加工作，联系地理系思想改造的是一位年轻的女同志，姓什么忘记了，负责地理系思想改造的宁奇生，是地理系将要毕业的学生。

思想改造快要结束的时候，负责主持浙大地理系思想改造者宁奇生在地理系办公室宣布全国要进行院系调整，还宣布了几条纪律，不能私自联系工作，一切听从组织安排。

解放了两三年，我作为从旧社会过来的知识分子，经过一些运动，批判过去的旧思想，如个人奋斗，为着名利争取机会向上爬，成名成家等；只有跟着共产党，一切为着人民，要跟共产党走，要走社会主义道路，只有社会主义能够救中国。这在当时的知识分子中已经成为主流的思想，从这几年我个人的感受，除了课堂讲授之外，我做了一些社会主义建设需要的工作：解放后的第二年早春，我就被安排去担任浙江黄坛口水库的地质地理的调查工作，写了黄坛口水库坝址地质、水库淹没损失和坝下灌溉系统的报告；接着被中国科学院地理研究所借用，参加铁道部西南铁路查勘工作，负责湘黔西线道路地质的调查任务，出差8个月，回到杭州，上了一个多月的课，又接受治淮任务，参加梅山水库地貌及淹没损失调查，在野外工作中，看到新中国一项项工程在建设，更感到地理工作者有了报效祖国的机会，学有所用了。因而，只有共产党，才能救中国，要听党的话，所以在思想改造过程中，在北京的中国科学院《中国自然》编辑部寄给我一份履历表格，要我填写，寄回即可调到北京工作。我却没有填写，也没汇报，只是感到离开浙大很可惜，浙大是我的母校。

① 陈吉余：《浙江大学史地系的十三年异彩纷呈》，载陈吉余著：《奋力长江河口——记陈吉余先生近期的河口海岸研究实践》，上海：华东师范大学出版社，2017年，第225—227页。

　　记不清是什么具体日期，在地理系教师思想改造会上，宁奇生宣布了院系调整的具体内容。浙大理学院大多调整到复旦，地理系的地质、气象老师调到南京大学，地理学的多数老师和全部图书设备都调到华东师大，只留少数老师留在浙江师范学院；浙大的农学院、医学院单独成为专科学院。而一个全国著名的一所综合性大学，被誉为"东方剑桥"的浙江大学被调整为一个工科大学了！

　　宣布方案后，一天下午，华东师大派了人事处的张波和地理系的王文瀚到浙大地理系，我看到他们两人到办公室，没有和我们一一介绍，只是和李春芬先生，可能与宁奇生有谈话，谈什么不知道……但又听说学生不愿去师范学校。

　　某一天晚上，浙大在杭州饭店办了离别的酒宴为老师道别，大家虽然是相互敬酒，然而这是什么样的心情呢？真是别有一番滋味在心头！参加宴会时，我是由所住的吴衙巷宿舍单独一个人去的，记不起和谁一桌，是走着去的。参加宴会的学校领导是总务长严文兴教授，吃完了，自己一个人就回宿舍了。

　　到临离开的那一天，也就是10月8日，行李打好后，家具有些是借学校的，大床和一张竹床是自己的。这天上午，学校来人搬运空了，空空房内只有一张单人竹床。运到上海的行李和一张大床，学校派人去火车站托运了。

　　就这样离开浙大了吗？多年的培养之情，多年的师友，天堂杭州的山水草木，就这样离别了吗？说真的，就是我住的吴衙巷的宿舍，相处多年的老蛇都不愿我离开，物件搬运了，它一早上就吊在我的门楣上，中午又横躺在门坎上，我只能跳窗离开了一住数年的古老房子的宿舍。

　　1952年10月8日，我们上午离开了吴衙巷，到大学路、地理系，家属去了一个同事的家里。中午，我带了长子回吴衙巷，在我的空房竹床上睡了午觉，然后，就带着孩子，走到火车站（杭州的城站），家属与同事直接走到城站。

　　我们在火车站会合，李春芬、严钦尚和我三家从软席候车室进入软席车厢，是浙大职员送上去的，职员我不认识。

　　在软席车厢，人很少，也就是李、严、陈三家，我们泡了茶，聊聊天。下午2时开车，大概4点半到5点到上海西站，华东师大张波通知到西站来接。下车后，步行到华东师大现在的一村，我们被分别带到安排好的宿舍。严钦尚一家住东西大楼，我住在一排平房中的一间房子里，床铺都安排好了，打开行李就可休息了。房间对面有一间厨房，可以做饭。

　　10月的一天，严钦尚和我到学校拜会孙陶林副校长，严钦尚把浙大委托他接收我们的档案交给学校，我们算是报到了。

虽然到了一所新的大学，可是我衣服上的浙大校徽久久不肯拿下，而华东师范大学的校徽久久不肯戴上。……

浙大是名师荟萃的学校，竺可桢校长延聘名师，每个系都有全国著名的学者，他们不仅是学术上，而且在学风上身传言教，学生们接受他们的熏陶，培养出浙大之风，浙大之人。就以我所在的史地系来讲，史学有张荫麟、谭其骧；地学，竺可桢校长就是地学泰斗，系主任张其昀学贯古今，地质有叶良辅，气象有涂长望等教授，皆国内之大师，国际之闻人。在院系调整时，浙江大学地理系，教师仅10人，地理学：李春芬、严德一、严钦尚、陈吉余、郑家祥；地质学：朱庭祜、孙鼐、李治孝；气象学：石延汉、么枕生，另有教辅及工友五人：其中绘图员王心安、工友汤孝初调整到华东师大，绘图员吴贤祚和录事、文字抄写周丙潮调整到浙江师范学院，工友周雨伢留在浙大。这样一个地理系，在国内地理界熠熠生辉，十名教师三个专业方向。院系调整后，学生均进入南京大学地质系和气象系，以后他们中许多都在学术上很有成就。只是浙江大学史地系从1936年建系，13年分系，又经过3年，仅16年时间，却留下了光辉的史迹和深刻的回忆……[1]

调整至南京大学的罗谷风（1951级），在回忆孙鼐的文章里，也记述了调整的过程和后来即将从南京大学毕业时原浙大地理系师生相聚的情景（见图7-2-2）：

1952年暑期，在全面学苏联的政策指导下，全国高校进行了举世无双、空前绝后的院系大调整。根据国家政务院的决定，浙江大学将从综合性大学转变为多科性工业大学，而地理系按原方案大部分教师和全部学生都将调至华东师范大学地理系。后因不少师生强烈提出不同意见，最终华东军政委员会教育部决定，地理系全部在校学生转入南京大学的相应专业学习（除一人因已被录取为留苏预备生而未转入南大外），地质、气象专业的教师原则上亦调入南大。就这样，包括孙老师与我在内的总共4位老师和40位同学一起，在10月7日同乘金陵号杭宁直达快车来到了南京。由于在浙大地理系一年级是不分专业的，所以我们班在来南大前先按本人的志愿分好专业，通报南大。结果21人中有14人报了地质学专业，我也在这2/3的人之中，从而进了南大

---

[1]　陈吉余：《1952年浙江大学地理系院系调整》，载《民间影像》编委会编：《民间影像（第2辑）》，上海：同济大学出版社，2013年，第151—153页。

图 7-2-2　1955 年 5 月 29 日，浙江大学地理系原四位教授及 1951 级原浙江
大学地理学系学生在南京平仓巷 4 号孙鼐住所门前合影
说明（名单据罗谷风先生提供）：
前排左起：孙复生（孙鼐子），童航寿，卢端淑，方大卫，陈兰生，沈修志
中排左起：孙鼐，石延汉，李春芬，么枕生
后排左起：翟人杰，吴毓晖，王文斌，施林道，方少木，许小金，张受生，
张遴信，罗谷风
引自《孙鼐纪念文集》编辑委员会编：《孙鼐纪念文集》，南京：南京大学
出版社，2010 年，彩插部分，第 25 页。

地质系，就此与地质学结下了终身不解之缘。……

　　在南大念书的三年间，我们未有机缘能再聆听孙老师的精彩讲课，但孙
老师对大家始终很关心，见面时经常问这问那，非常亲切，并多次邀请同学
们去他家作客。而业已调到上海华东师范大学任重组后之地理系主任的老主
任李春芬教授也是一直在挂念着大家。我班张遴信同学家住上海，李老师便
借寒暑假上门去看望。特别是在我们 1951 级将届毕业之际那次，李先生途经
南京，特意中途下车，专程到南大看望我们从老浙大地理系转过来的师生，
包括气象系的石延汉、么枕生两位老师，而其中的李、孙、石三位教授正是
当年为我们新生入学时分别讲授"地学通论"、"普通地质学"、"普通气
象学"三门必修课的老师。师生欢聚一堂，共忆往事，并合影留念，亲如一家，
其乐融融！后来直到 1990 年李老师八十大寿时，他也没有忘记我们，还赠送
给我一本他亲笔签名的本人著作《李春芬生平和学术思想》。

　　到 1955 年夏，我们在南大地质系继续学习三年期满，毕业后我被留系任

教，并有幸分到孙鼐老师所在的矿物岩石教研室工作，成为孙老师麾下的一名新兵。由于同在一个教研室，彼此几乎天天见面，学习、开会也在一起；而且后来在 80 和 90 年代期间，我们两家还住在同一个大院，我常去孙老师家，因而能够经常得到孙老师的指导和教诲，受益匪浅。[1]

前述教师的调整安排中，如陈吉余所述，按照最初的方案，朱庭祜应调南京大学地质学系任教；但随即情况发生变化，朱庭祜"由华东地质局筹备处挽留而任该局总工程师"，未至南京大学：

> 1952 年华东工业部在上海成立华东地质局筹备处，地址在上海市福州路汉弥登大楼。苏、浙、皖、闽、赣、鲁六省的原地质机构合并，人员大部分集中该局。我原定分配南京大学任教，后由华东地质局筹备处挽留而任该局总工程师。当时该局共有近百人，主要科技人员有汪龙文、沈伯平、朱夏、章人俊等，主要是开展华东六省的矿产普查勘探和水文工程地质工作。[2]

就连当时刚刚离开浙大华家池校园、划属新成立的浙江师范学院的原浙江师范专科学校地理科的一年级学生王嗣均（1951 年 9 月入学），也感受到院系调整对他们学习的影响：

> 1952 年的 5 月 3 日，学校派车把年初应调参加"五反"运动的几十位同学接回学校，踏进了钱江之滨、秦望山上的浙江师范学院。
>
> 这里原来是之江大学的校址，怎么就成了浙江师范学院了呢？因为我参加了一百多天的"五反"工作，只知道学校接我们到新校址是因为院系调整，对调整的过程则一无所知。当时电话远远没有普及，虽然参加"五反"的同学和在校学习的同学同在杭州，但彼此联络都靠信函，疏于通信，信息就很闭塞，所以我连师专是哪一天合并到浙江师院的都不清楚……
>
> 我从"五反"检查队回到学校时，新学期已经整整过去了两个月，一学期的功课脱了一半多。早在开学之初，当年级团支部和学生会得知我们参加"五反"运动的 5 位同学不能如期回校，耽误学业时间将比较长的消息之后，

---

[1] 罗谷风：《足迹闪光，魅力永恒——追思孙鼐教授，缅怀调之吾师》，载《孙鼐纪念文集》编辑委员会编：《孙鼐纪念文集》，南京：南京大学出版社，2010 年，第 11—16 页。说明：本处引文另据撰写者罗谷风先生修改、补充，故与原书略有差异。
[2] 朱庭祜口述，周世林记录整理：《我的地质生涯》，载《中国科技史杂志》第 33 卷第 4 期（2012 年），第 397—432 页。

就发动同学们发扬互助精神，分头把他们每堂课的听课笔记替我们誊抄了下来。这样，我回校后除了技能训练课程和某些教学环节（如测绘、野外实习）无法补上外，理论性课程只要翻阅一遍已经誊抄好的笔记，就能大致衔接得上，接下来应该可以安心学习了。

事实并不是我所想象的那样，在接下来的两个多月中，学校的教学秩序并不稳定，原因有二：

其一，整个学期两场政治运动席卷校园。一场是"三反"运动。我回浙师院时，运动虽然已经进入尾声，但没有结束，墙上的标语口号与"打老虎"的大字报随处可见（"三反"是反贪污、反浪费、反官僚主义，群众把揭发检举贪污分子称为"打老虎"），少数受"三反"冲击的对象惊魂未定，而一些被抽去参加查证和处理"三反"高潮中揭发出来有问题的人员，仍需把精力放在运动的扫尾工作之中，师生的情绪也还没有完全从这场运动的声势中摆脱出来。另一场是知识分子的思想改造运动。那时候，从旧社会过来的知识分子在思想意识上都被归属于资产阶级的范畴，不做脱胎换骨的改造，就不能全心全意为人民服务，要集中一段时间，以政治运动的形式，通过学习和批判来推动他们的改造。在高等学校里，师生都要投入思想改造，但重点是教师。所以，在思想改造运动中，学生有双重任务：一方面自己要认真学习，做思想检查，提高觉悟；另一方面，还要帮助教师进行改造。所谓帮助教师改造，就是安排一定时间参与老师们的学习批判活动，学生把老师在教学中存在的资产阶级思想和某些错误观点提出来，一起进行分析批判。我是班级团支部宣教委员，又是班委会的学习委员，当然在改造自己和帮助教师思想改造的双重任务中责任更重一些，专业学习的注意力相当分散。而老师们呢，尽管在思想认识上都有不同程度的提高，但毕竟是运动，内心有顾虑，教学上难免缩手缩脚。

其二，院系调整进入第二阶段，任课教师心神不定。按照政务院和教育部院系调整的既定方针，浙江大学只留下工学院，改为多科性工业大学。继文学院年初被调整到浙江师院（原之江大学）之后，浙大原来最负盛名的理学院也将在暑期被拆分到省外院校，1952年上半年是敲定拆分方案的关键时间。在此期间，理学院人心动荡。以地理系来说，教师的主力将被分配去华东师范大学和南京大学，个别去中国科学院地理研究所，少数留给浙江师范学院。在个人去向未落实之前，教师对日常工作无心恋战。我们从师专调整到师院的地理科学生，专业课教学全由浙大地理系老师担任，自从我们被调整到秦望山上原之江大学校园之后，家住在城东的浙大宿舍区的老师们，远道上课已经够他们奔忙，现在理学院要拆分，个人去向未定，心神不宁，山上山下奔波上课，对他们来说更成了累赘。在这种情况下，这个学期的课堂教学无形中陷入虎头蛇尾的状态。[1]

另一方面，接受调整的一方，则对浙江大学调整而来的师生，表示了热烈的欢迎；南京大学、华东师范大学都派出专人热情接待并予以了妥善安排，并由此增强了教学和科研力量，对其后两校地学相关专业的发展，起到了非常重要的作用。

南京大学地质系接受了地质组教授孙鼐和助教李行健，以及分配来的1949级提前毕业的学生胡受奚，还有转学而来的1950级和1951级的本科生，使得教学和科研力量得到加强。《南京大学地球科学与工程学院简史》特辟专节，对此过程予以记述，并有这样的评价："浙大地质组的并入，使南京大学地质系的师资力量得到加强。"见图7-2-3。兹将该节引述如下：

浙大地质组并入，师资阵容增强

1952年春，中央人民政府作出决定，按照苏联的办学模式对我国高等院校进行全面的院系调整，其范围几乎涉及当时全国所有的高校。

根据院系调整方案，浙江大学这所被誉为"东方剑桥"的多科性综合大学将改为多科性的工科院校，原有的其他院系或独立成校，或与别的院校合并。浙江大学地理系，其前身是由蜚声中外的地学大师、刚刚就任浙大校长的竺可桢先生于1936年亲手创建的史地系，1949年更名为地理系，下分地理、地质、气象三个组；[1949年起设立的地理学系]首任系主任为著名的老一辈地质学家叶良辅，他去世后由李春芬继任。1952年暑假前，华东军政委员会教育部以红榜正式公布，浙大地理系调入华东师范大学。全系教职工中约有半数（主要是地理组教师）随系前往上海；地质组朱庭祜教授（时兼任浙江省地质调查所所长和浙大总务长）（编者注：朱庭祜1949年后不再兼任浙大总务长）和教师李治孝分别调往中央地质部和浙江师院；孙鼐教授和助教李行健以及气象组的么枕生和石延汉两位教授则分别调至南京大学地质系和气象系任教。方案中学生除1949级同学因国家建设需要提前一年于当年暑假毕业外（其中胡受奚即是作为应届毕业生从浙大分配到南京大学地质系任教的），

① 王嗣均：《淡淡的脚印——我的一生》，载王嗣均著：《王嗣均地缘人口学术与人生》，杭州：浙江大学出版社，2021年，第27—29页。

还有 1950 级和 1951 级两个年级的在读学生，原定让他们随系转往华东师大，师大也曾派专人赴杭欢迎学生同去。但当时大多数同学对于要从浙大转到师范院校去就读，特别是对于半途改变专业方向思想不通，强烈要求转往专业对口的综合性大学。几经周折，最后决定让在读学生转入南京大学各有关系科继续学习，受到同学们的热烈拥护。

在浙大度过了 1952 年的国庆节，第二天一早（编者注：10 月 7 日），浙大地质组、地理组和气象组转往南京大学的同学便随同孙羲等老师一起乘"金陵号"杭宁直达快车离开杭州，途经上海奔赴南京。那天早晨，杭州雾霭低沉，正似大家对浙大依依惜别的眷恋之情！而当想到马上就可以进入几个月来心中一直向往的南京大学时，他们又抑制不住内心的兴奋和激动！

经过约 10 个小时的旅程，列车于华灯初上时分顺利抵达南京下关车站。在国庆五光十色彩灯的照耀下，他们一走出站台，便受到了前来欢迎的南京大学地理、地质、气象三系师生们的热情接待。大家相互簇拥着一起登上接站的汽车，直开鼓楼汉口路南京大学新校址（南京大学原校址在四牌楼，即今东南大学。编者注：院系调整后，南京大学校园自四牌楼迁至天津路原金陵大学校址，原四牌楼校园作为新设立的南京工学院校址，1988 年 5 月，南京工学院改名为东南大学）。

1952 年院系调整时，由浙大地理系转来南京大学的学生有两个年级共 40 人。其中除分别有 8 人和 5 人转入地理系和气象系外，其余 27 人都转入了地质系，他们是 1950 级（转入三年级）的叶尚夫、朱锡涛、吴望始（女）、吴敦敖、应思淮、陈以洛、陈树盛、罗正华、周志炎、项礼文、施央申、夏树芳、柴本源和 1951 级（转入二年级）的王文斌、方大卫、方少木、卢端淑（女）、张才仙（女）、张受生、张遵信、吴毓晖、沈修志、陈兰生、罗谷风、施林道、童航寿、翟人杰。

浙大地质组的并入，使南京大学地质系的师资力量得到加强……[1]

---

[1] 王德滋主编：《南京大学地球科学与工程学院简史》，南京：南京大学出版社，2011 年，第 30—32 页。

南京大学地球科学与工程学院简史

课和实习也大多由地质系教师来指导，因此地质系主任又是"矿专"负责人之一的徐克勤认为，"矿专"的学生实际上也都是地质系的学生，并要求教师对两校学生要一样地对待。

1952年6月6日，南京地质探矿专科学校学生毕业，同学们陆续离校奔赴新的工作岗位。根据上级指示，该校在第一届，也是惟一一届学生全部离校之后，便告停办。

综观南京地质探矿专科学校的办学实践，由于执行了"适应国家建设需要、课程精简而实用、理论与实际相结合"的正确办学方针，有众多的高水平教师授课，课程设置合理，时间安排紧凑，重视地质基础理论，尤重实际应用，在较短的时间里为国家培养了一批实用的地质探矿人才，极大地缓解了建国初期地质人才严重不足的局面，谱写了新中国地质教育的光辉篇章。数十年来，南京矿专的100多名毕业生，在科研、教学、生产、行政管理的不同岗位上辛勤工作，成绩卓著。其中，袁道先当选为中国科学院院士，刘广润当选为中国工程院院士，多人成为部级领导，有15人担任了司、厅、局级领导职务。他们以自己的实际行动，为母系、母校增添了光彩，为国家建设作出了应有的贡献。

浙大地质组并入　师资阵容增强

1952年春，中央人民政府作出决定，按照苏联的办学模式对我国高等院校进行全面的院系调整，其范围几乎涉及到当时全国所有的高校。

根据院系调整方案，浙江大学这所被誉为"东方剑桥"的多科性综合大学将改为多科性的工科院校，原有的其他院系或独立成校，或与别的院校合并。浙江大学地理系，其前身是由竺可桢先生为主的地学大师，刚刚就任浙大校长的竺可桢先生于1936年亲手创建的史地系，1949年更名为地理系，下分地理、地质、气象三个组，首任系主任为著名的老一辈地质学家叶良辅，他去世后由李春芬继任。1952年暑

30

图7-2-3　《南京大学地球科学与工程学院简史》封面及所载"浙大地质组并入"部分章节。引自王德滋主编：《南京大学地球科学与工程学院简史》，南京：南京大学出版社，2011年，封面和第30页。

第八章　教泽绵延垂久远

——史地学系时期浙江大学地学系科的办学成就与影响

从 1936 年设立史地学系至 1952 年院系调整时地理学系调出，在这 16 年的办学时间里，浙江大学史地学系及相关地学机构在竺可桢、张其昀、叶良辅、李春芬等的擘画经营之下，广揽英才，教学相长，在培养高层次地学人才、进行高水平科学研究和提供高质量、多样化的社会服务等诸多方面，都取得很大成就。就对地学学术方面的贡献而言，在当时艰难的条件下，史地学系先贤在大气科学、地貌学、历史地理学、政治地理学、区域地理学等地学分支学科，取得国内领先的研究成果，诸多学者成为相关领域的奠基者、创始人或重要推动者。成立于1939 年的文科研究所史地学部（1947 年后称"史地研究所"，1949 年后称"地理研究所"），实质上培养了中国本土最早的自然地理学、人文地理学、历史地理学和大气科学等专业的硕士研究生。

1952 年院系调整之后，浙大调整至其他院校的师生，以及 1936—1952 年曾经于本系任教、就学的师生，分散至全国乃至世界各地，继续在地学各相关领域从事科研、教育等工作，亦取得丰硕成果，并对 1949 年后海峡两岸诸多地学研究机构的形成、发展，发挥了重要作用。就大陆地区而言，如中国科学院系统的地理科学与资源研究所以及大气物理研究所、地质与地球物理研究所等，华东师范大学地理系及后续地学学部的各院、系、所等，南京大学的地学系科（初称地质学系、地理学系、气象学系，现分别为地球科学与工程学院、地理科学与海洋学院、大气科学学院）等，均有诸多史地学系校友担任重要职务及取得显著成就；就台湾地区而言，由于张其昀赴台后，担任教育行政主管部门负责人，曾经着力推动地学各分支学科在台湾高校的发展，其中，史地学系校友亦发挥了重要作用。

正是基于这种紧密的学缘关系，在其后的岁月中，史地学系师生、系友一直关心、感念母校，热心支持学校地学相关学科发展，并在海内外学术交流过程中，发挥了重要作用。1977 年后，身居海外的姚宜民、谢觉民等系友率先推动了中外包括气象学、地理学等领域的学术交流。1989 年 6 月，在时任中国文化大学董事长张镜湖的联络和促成下，赵松乔到访台湾，突破了海峡两岸 40 余年学术界相互隔绝、没有交流的局面，成为海峡两岸学术交流第一人。

史地学系独特的办学模式，丰硕的学术成果，众多学养深厚的学术大师，以及与之有关的学术活动、人事浮沉乃至政治参与等，引起学术界及社会各方面的极大兴趣，堪称研究热点，相关研究成果亦较为丰富。可以说，国立浙江大学时期的史地学系（以及 1952 年前的地理学系，以下均统称"史地学系"）在中国近代学术史上，尤其是在地学发展史上，产生了多方面的巨大影响，在历史的长河中熠熠生辉，亮丽辉煌。

第一节　人才培养

1936 年浙江大学史地学系正式设立，在中国地学界并不是最早的一批。此前，北京大学地质学系、北京师范大学地理系、清华大学地理学系（后为地学系）、中央大学地学系（后分为地质学系和地理学系）和中山大学地理学系等，已经设立了地学方面的系科，开展了本科生层面的高等地学教育。但浙大史地学系成立以来，在竺可桢、张其昀、叶良辅、涂长望等杰出学者的引领下，学术成果丰硕，学术地位迅速上升，在中国地学界很快就具备较显著的影响力。这些学术成果和学术影响力的取得，首先与在校任教的一批学者有直接关系；反过来，在浙大史地学系这种良好的学术环境和较高的学术平台的影响和帮助下，诸多学者（尤其是年轻学者）也有机会充分发挥学术潜力，在学术上获得了更好、更快的发展，取得了更多、更大的成就。

除了教师自身学术水平的提升以外，就作为高等教育机构的史地学系而言，人才培养是其核心职能；而史地学系在人才培养方面的成就，也即在研究生和本科生教育方面的成就，更为突出，也最为显著。特别是研究生层面的地学高等教育，就国内该时期各高校而言，浙江大学文科研究所史地学部（于 1939 年设立、1940 年初第一批学生入学、1942 年 7 月第一届研究生毕业）在地理科学、大气科学方面的研究生培养（即地形学组、人文地理组和气象学组），是国内实质意义上最早开展该两大领域研究生培养的机构。

一、史地学系及相关地学机构教师任职及学生培养的总体情况

兹将 1936 年至 1952 年，在浙大史地学系及相关地学机构担任正式教职的地

学类教师总体情况，以及史地研究所和地理研究所、史地学系和地理学系所培养的研究生、本科生总体情况，分别汇总如下。

（一）地学类教师的任职情况

1936—1952年，在浙大史地学系及相关地学机构从事各类工作的人员，为数众多，据不完全统计，有100余位（参见附录三之附表3-1）。其中，包括大量担任辅助性的编辑工作人员等，或以研究生等身份兼任助教者，这一类人员往往在校时间较短，流动性较大，性质上也与正式担任教职者（指正式以教授、副教授、讲师和助教受聘者）有显著差别。因此，这里将该类非教师系列的人员除外，仅将担任正式教职的史地学系的地学类（即"地组"）教师和地理学系教师汇总如下。见表8-1-1。

表8-1-1　1936—1952年在浙大史地学系及相关地学机构担任正式教职的地学类教师一览表

组别	姓名	专业	职位
史地学系时期（1936.08—1949.07）（仅录"地组"）			
地组	张其昀	地理学	副教授（1936.08—1937.07） 教授（1937.08—1949.04）
	朱庭祜	地质学	副教授（1936.08—1937.07） 教授（1937.08—1938.01；1946.08—1949.07）
	叶良辅	地质学	教授（1938.04—1949.07）
	黄秉维	地理学	讲师（1938.11—1939.11） 副教授（1939.12—1942.07）
	刘之远	地质学	助教（1939.02—1939.07） 讲师（1939.08—1942.07） 副教授（1942.08—1946.07）
	涂长望	气象学	教授（1939.05—1942.07）
	任美锷	地理学	副教授（1939.10—1940.07） 教授（1940.08—1942.01）
	沙学浚	地理学	教授（1941.08—1942.07）
	严德一	地理学	副教授（1944.02—1948.07） 教授（1948.08—1949.07）

组别	姓名	专业	职位
地组	卢鋈	气象学	讲师（1940.06—1941.07，湄潭分校，兼任；1943.08—1944.07） 副教授（1944.08—1946.07）
	王维屏	地理学	副教授（1944.08—1947.07）
	么枕生	气象学	副教授（1945.08—1946.07；1948.03—1949.07）
	沈思玙	气象学	副教授（1938.08—1939.07，兼任） 教授（1945.08—1946.07，龙泉分校；1946.08—1949.07）
	诸葛麒	气象学	教授（1936.05-1949.07，兼任。说明：诸葛麒主要担任校长办公室主任秘书，若干年份曾经兼任史地学系气象学或史学教授；在1945学年、1946学年和1948学年，诸葛麒被聘为史地学系教授，1947学年则被中国文学系聘为教授，均同时兼任主任秘书）
	吕炯（兼任）	气象学	教授（1947.02—1947.07，兼任）
	李玉林（李海晨）	地理学	助教（1936.08—1937.07） 教授（1947.08—1948.07，兼任）
	郭晓岚	气象学	助教（1940.02—1942.07） 讲师（1942.08—1943.07）
	赵松乔	地理学	助教（1942.08—1945.07） 讲师（1945.08—1946.07） 副教授（1948.08—1949.07）
	李春芬	地理学	教授（1946.08—1949.07）
	孙鼐	地质学	教授（1946.08—1949.07）
	严钦尚	地理学	副教授（1948.02—1949.07）
	石延汉（兼任）	气象学	教授（1948.09—1949.07，兼任）
	陈述彭	地理学	助教（1943.02—1944.07；1947.08—1948.07） 讲师（1948.08—1949.07）
	郝颐寿	地理学	助教（1936.08—1938.07）
	沈汝生	地理学	助教（1937.08—1938.07）
	王德昌	地理学	助教（1940.08—1943.07）
	杨怀仁	地质学	助教（1941.08—1944.07）

续表

组别	姓名	专业	职位
地组	谢文治	地理学	助教（1944.08—1947.07）
	束家鑫	地理学	助教（1945.08—1946.07）
	郑士俊	地理学	助教（1946.08—1949.07）
合计	30人（若加上校长竺可桢，则共计31人）		
地理学系时期（1949.08—1952.07）			
地理组	李春芬	地理学	教授（1949.08—1952.07）
	严德一	地理学	教授（1949.08—1952.07）
	严钦尚	地理学	副教授（1949.08—1952.07）
	陈述彭	地理学	讲师（1949.08—1950.01）
	陈吉余	地理学	助教（1949.08—1950.07） 讲师（1950.08—1952.07）
	郑家祥	地理学	助教（1951.08—1952.07）
地质组	朱庭祜	地质学	教授（1949.08—1952.07）
	孙鼐	地质学	教授（1949.08—1952.07）
	李治孝	地质学	助教（1950.08—1952.07）
	李行健	地质学	助教（1950.08—1952.07）
气象组	石延汉	气象学	教授（1949.08—1952.07）
	么枕生	气象学	教授（1949.08—1952.07）
合计	12人（叶良辅因于1949年9月去世，未计入本期统计）		

在史地学系及相关地学机构任教的教师中，1949年之前，竺可桢、吴定良、张其昀、叶良辅4位曾经担任第一届中央研究院评议员；1948年第一届中央研究院院士中，竺可桢、吴定良入选。1949年后，成为中国科学院和中国工程院院士的人员，教师中共计8人，即竺可桢、涂长望、黄秉维、向达、任美锷、谭其骧、陈述彭、陈吉余；其中，地组教师计6人（向达、谭其骧为史组教师）。另外，郭晓岚1988年获选台湾地区的"中央研究院"院士。

担任全国性学会领导情况：

——中国气象学会：竺可桢担任第六届至第十六届理事会（1929年至1948年）

和中华人民共和国成立后的中国气象学会第一届、第二届理事会（1951—1958 年）的理事长，第十八届理事会的名誉理事长。[①]

——中国地理学会：竺可桢担任中华人民共和国成立后的中国地理学会第一届、第二届、第三届理事长（1953—1974）；黄秉维担任第三届（续任）、第四届、第五届（1978—1991）理事长；陈述彭担任第六届（1991—1995）理事长。[②]

——中国地质学会：叶良辅担任第十二届（1935—1936）理事长。[③]

（二）研究生培养情况

1939 年至 1952 年，史地研究所和地理研究所共计招收研究生 42 名（参见附录三之附表 3-2），其中：1939—1949 年的史地研究所时期，计 39 名；1949—1952 年的地理研究所时期，计 3 名。正式入学且毕业者，共计 30 名，均为 1939—1949 的史地研究所时期；获得硕士学位者共计 20 名，亦均在 1949 年之前。

以正式毕业的 30 名研究生而言，分属地学和史学两大学科。其中，属于地学的共计 17 人，包括：

——大气科学类（当时称"气象学组"）3 人：郭晓岚、叶笃正、谢义炳；

——自然地理类（当时称"地形学组"，约可等同于现代的"地貌学专业"）9 人：丁锡祉、沈玉昌、严钦尚、杨怀仁、施雅风、蔡锺瑞、陈述彭、陈吉余、李治孝；

——人文地理类（当时称"人文地理组"）5 人：胡善恩、周恩济、余泽忠、赵松乔、梁蕲善。

其他为史学类（当时称"历史学组"，或简称"史组"），共计 12 人：王爱云、刘熊祥、胡玉堂、余文豪、袁希文、徐规、孙守仁、文焕然、倪士毅、程光裕、宋晞、黄怀仁。其中，属于历史地理学专业的包括：王爱云、文焕然。以后从事历史地理学研究的，还有吴应寿（未毕业）、黄盛璋（未就读）。

此外，郑能瑞于 1947 年 8 月入校时为"人类学组"学生，1949 年 1 月人类学研究所设立，郑能瑞于 1949 年 7 月在人类学研究所毕业。

1939—1952 年的史地研究所、地理研究所录取和毕业的研究生中，1949 年后成为中国科学院和中国工程院院士的人员，共计 6 人，即叶笃正、谢义炳、毛汉礼、施雅风、陈述彭、陈吉余；另外，郭晓岚 1988 年获选台湾地区的"中央研究院"院士。

[①] 参见中国气象学会网站：http://www.cms1924.org/WebPage/WebPage2_74_83_150.aspx，[2024-05-26]。

[②] 参见中国地理学会网站：http://www.gsc.org.cn/gsc/xuehuigk-lijie.html，[2024-05-26]。

[③] 参见中国地质学会网站：http://www.geosociety.org.cn/?category=Z2VvZGlyZWN0b3I=，[2024-05-26]。

叶笃正获得 2005 年度国家最高科学技术奖；于 1978—1986 年，任中国气象学会理事长（第十八届至二十届理事会）。此外，叶笃正、谢义炳担任过第二十一届理事会（1986—1990）的名誉理事长，叶笃正担任过第二十五、二十六、二十七届理事会（2002—2014）的名誉理事长。[①]

施雅风、陈述彭于 1991—1995 年，任中国地理学会理事长（第六届）。[②]

（三）本科生培养情况

1936 年至 1952 年，文理学院、文学院的史地学系（1949 年 7 月之前）和师范学院的史地学系（1947 年 7 月之前），以及 1949 年后的地理学系，据不完全统计，共计招收本科生 452 人（参见附录三之附表 3-3），其中：史地学系时期（至 1949 年 7 月）为 401 人；共计毕业 241 人，其中：史地学系时期（至 1949 年 7 月）为 204 人。

1936—1952 年的史地学系、地理学系所录取和毕业的本科生中，1949 年后成为中国科学院和中国工程院院士的人员，共计 5 人，即毛汉礼、施雅风、陈述彭、陈吉余、周志炎。

施雅风、陈述彭、张兰生 3 人均于 1991—1995 年，任中国地理学会理事长（第六届）。[③]

二、文科研究所史地学部是中国近现代最早的地理学、气象学领域的研究生培养机构

如前所述，1936 年浙江大学史地学系正式设立，在中国地学界并不是最早的一批；此前，北京大学地质学系、北京师范大学地理系、清华大学地理学系（后为地学系）、中央大学地学系（后分为地质学系和地理学系）和中山大学地理学系等，已经设立地学方面的系科，开展了本科生层面的高等地学教育。但就研究生层面的高等教育而言，浙大史地学系则抓住因抗战军兴、国家鼓励和扶植研究生层面教育开展的机会，于 1939 年获得教育部批准，设立了文科研究所史地学部，并稳定地、持续地开展了研究生的培养（于 1939 年设立、1940 年初第一批学生入学、1942 年 7 月第一届研究生毕业，至 1952 年结束）；其中，在地理学、气象学方面的研究生培养（即地学的 3 个"学组"：地形学组、人文地理组和气象学组），

---

① 参见中国气象学会网站：http://www.cms1924.org/WebPage/WebPage2_74_83_150.aspx，[2024-05-26]。

② 参见中国地理学会网站：http://www.gsc.org.cn/gsc/xuehuigk-lijie.html，[2024-05-26]。

③ 参见中国地理学会网站：http://www.gsc.org.cn/gsc/xuehuigk-lijie.html，[2024-05-26]。

早于当时国内的其他高校（中央大学于 1941 年度起设立理科研究所地理学部，清华大学于 1947 年度起设立气象研究所）。因此，浙江大学的文科研究所史地学部是国内实质上最早开展地理学、大气科学这两大领域研究生培养的机构。

20 世纪 30 年代以来，地学领域的研究生教育在中国正式出现，至 1949 年，当时的地学研究生培养机构主要有 4 家，涉及地质学、地理学和气象学等：

（1）国内最早的地质学专业研究生培养机构——国立北京大学理科研究所地质学部：设立于 1936 年 8 月。其后可能有中断，1938 年 4 月后为西南联合大学理科研究所地质学部。1947 年 1 月后改为国立北京大学地质研究所。

（2）国内最早的、实质意义上的地理学专业、大气科学专业的研究生培养机构——国立浙江大学文科研究所史地学部：1947 年初改为"史地研究所"，1949 年 8 月改为"地理研究所"，设立于 1939 年 8 月；内分"地形学组"、"气象学组"和"人文地理组"等；就其实质意义而言，是中国最早的地理学、气象学专业的研究生培养机构。

（3）国内最早的明确以"地理学"为正式名称的研究生培养机构——国立中央大学理科研究所地理学部和国立西南联合大学理科研究所地理学部：均正式设立于 1941 年 8 月，内分"地理组"与"气象组"。1947 年 1 月后，中央大学理科研究所地理学部改称"地理研究所"。

（4）国内最早的明确以"气象学"为正式名称的研究生培养机构——国立清华大学气象研究所：原为国立西南联合大学理科研究所地理学部，设立于 1941 年 8 月（以原清华大学地学系为基础），内分"地理组"与"气象组"。1947 年 1 月后，分设"地学研究所"和"气象学研究所"。其中，清华大学的"气象研究所"，即为最早直接冠以"气象学"之名的研究生培养机构。

因此，就实质意义上的地理学和气象学的研究生培养而言，浙江大学是国内最早开展的。虽然至 1949 年之前，研究生的培养规模小，人数有限，但史地研究所所培养的学生，对其后中国地学相关分支学科的发展，起到了重要作用。

目前，关于近代国内地理学培养研究生机构的有关论述中，还存在一些不甚准确的说法，如有的文献称："1941 年国立中央大学地理学系成立了国立中央大学地理研究部，这是民国时期成立的第一个培养硕士研究生的地理研究机构。"[①]如上所述，这是不够准确的。就实质意义而言，近代以来，中国本土的最早培养地理学、气象学专业硕士研究生的机构，应该是浙江大学文科研究所史地学部。

---

① 尚红玉：《国立中央大学地理学系历史发展研究》（哈尔滨师范大学硕士学位论文），2015 年，第 35 页。

三、史地学系及相关地学机构师生获得的学术荣誉和担任的学术职务等情况

（一）学术荣衔

1. 国内院士（及相同层级荣衔）

中央研究院（1949年之前）和中国科学院、中国工程院的院士（包括评议员、学部委员等）是中国最高学术荣衔，其数量多少可以代表一个机构的学术水平和人才培养水平。1936—1952年，浙江大学史地学系及相关地学机构的师生，在中央研究院（1949年前）及中国科学院、中国工程院（1949年后）中，获选情况如下：

——中央研究院评议员，共计4人：竺可桢、吴定良、张其昀、叶良辅；

——中央研究院院士，共计2人：竺可桢、吴定良；

——中国科学院院士（学部委员），共计12人：竺可桢、涂长望、黄秉维、向达、毛汉礼、叶笃正、任美锷、陈述彭、施雅风、谢义炳、谭其骧、周志炎；

——中国工程院院士，计1人：陈吉余。

此外，1949年后，钱穆、方豪和郭晓岚获选台湾地区的"中央研究院"院士。

兹将浙江大学史地学系及相关地学机构师生获得的学术荣衔情况汇总如下。见表8-1-2至表8-1-4。

表8-1-2　1936—1949年的浙江大学史地学系校友获选"中央研究院"评议员一览表

姓名	届别	说明
竺可桢	第一届（1935.09—1940.07），当然评议员	1936.04—1949.05，任浙江大学校长
吴定良	第一届（1935.09—1940.07），聘任评议员	1946.08—1949.01，史地研究所人类学组导师
张其昀	第一届（1935.09—1940.07），聘任评议员	1936.08—1949.04，史地学系教授
叶良辅	第一届（1935.09—1940.07），聘任评议员（1936.04.27起接替去世的丁文江）	1938.02—1949.09，史地学系、地理学系教授
竺可桢	第二届（1940.08—1948.09），当然评议员	1936.04—1949.05，任浙江大学校长
吴定良	第二届（1940.08—1948.09），聘任评议员	1946.08—1949.01，史地研究所人类学组导师

姓名	届别	说明
竺可桢	第三届（1948.10—1949.09），聘任评议员	1936.04—1949.05，任浙江大学校长
附："中央研究院"迁台后浙大校友担任"评议员"的情况		
张其昀	第三届（续，1957.04—1960.04）	1936.08—1949.04，史地学系教授
钱 穆	第八届（1972.05—1975.04）	1943.02—1943.03，史地学系教授（短期讲学）
钱 穆	第九届（1975.05—1978.04）	1943.02—1943.03，史地学系教授（短期讲学）
方 豪	第九届（1975.05—1978.04）	1941.08—1943.07，史地学系教授
钱 穆	第十届（1978.05—1981.04）	1943.02—1943.03，史地学系教授（短期讲学）
方 豪	第十届（1978.05—1981.04）	1941.08—1943.07，史地学系教授

表8-1-3 1936—1949年的浙江大学史地学系校友获选"中央研究院"院士一览表

姓名	届别	说明
竺可桢	第一届（数理科学组）1948	1936.04—1949.05，任浙江大学校长
吴定良	第一届（生命科学组）1948	1946.08—1949.01，史地研究所人类学组导师
附："中央研究院"迁台后浙大校友获选"院士"的情况		
钱 穆	第七届（人文及社会科学组）1968	1943.02—1943.03，史地学系教授（短期讲学）
方 豪	第十届（人文及社会科学组）1974	1941.08—1943.07，史地学系教授
郭晓岚	第十七届（数理科学组）1988	1939.08—1943.07，文科研究所史地学部研究生，助教，讲师

图 8-1-1　1948 年 9 月 23 日，中央研究院第一次院士会议合影（南京）
说明：当时在浙江大学任教者包括竺可桢（前排左 4）、苏步青（第四排右 1）、
贝时璋（第五排右 1）、吴定良（第五排左 2）

表8-1-4　1936—1952年的史地学系校友获选中国科学院院士（学部委员）、中国工程院院士一览表

姓名	届别	说明
中国科学院		
竺可桢	1955 地学部学部委员	1936.04—1949.05，浙江大学校长
涂长望	1955 地学部学部委员	1939.05—1942.06，浙江大学史地学系教授
黄秉维	1955 地学部学部委员	1938.11—1943.07，浙江大学史地学系讲师、副教授
向　达	1955 哲学社会科学部学部委员	1938.08—1939.07，浙江大学史地学系教授（史组）
毛汉礼	1980 地学部学部委员	1939.08—1943.07，浙江大学文学院史地学系，本科毕业；1943.08—1945.07，助教、观测员（1943 年秋，竺可桢介绍他到四川北碚中央研究院气象研究所任助理员）

姓名	届别	说明
叶笃正	1980 地学部学部委员	1940.08—1943.07，浙江大学文科研究所史地学部，研究生毕业
任美锷	1980 地学部学部委员	1939.10—1942.02，浙江大学史地学系副教授、教授
陈述彭	1980 地学部学部委员	1938.08—1943.07，浙江大学师范学院史地学系，本科毕业；1944.08—1947.07，浙江大学文科研究所史地学部，研究生毕业。1943.02—1948.07，助教；1948.08—1950.01，讲师
施雅风	1980 地学部学部委员	1937.08—1942.07，浙江大学文理学院、文学院史地学系，本科毕业；1942.08—1944.07，浙江大学文科研究所史地学部，研究生毕业
谢义炳	1980 地学部学部委员	1941.08—1943.07，浙江大学文科研究所史地学部，研究生毕业
谭其骧	1980 地学部学部委员	1940.03—1950.08，浙江大学史地学系副教授、教授（史组）
周志炎	1995 地学部院士	1950.09—1952.08，浙江大学地理学系（1952.09 后转至南京大学地质系，1954 年毕业）
中国工程院		
陈吉余	1999 土木、水利与建筑工程学部院士	1941.08—1945.07，国立浙江大学文学院史地学系，本科毕业；1945.08—1947.07，国立浙江大学史地研究所，硕士研究生毕业；1947.08—1952.08，浙江大学史地学系、地理学系助教，讲师

2. 其他国家院士

此外，还有一些学者获得其他国家的学术荣衔，即获选其他国家院士、会士的称号等。兹将不完全统计情况汇总如下：

——竺可桢：1966 年，被授予罗马尼亚科学院名誉院士。

——涂长望：1932 年，英国皇家气象学会外籍会员。

——叶笃正：芬兰科学院外籍院士，美国气象学会和英国皇家气象学会荣誉会员。

——谢义炳：1982 年当选为英国皇家气象学会荣誉会员。

——黄秉维：1964 年被罗马尼亚科学院授予通讯院士（后改为名誉院士）。1979 年被选为美国地理学会会员。1980 年被英国皇家地理学会授予英国皇家地理学会名誉通讯会员。

——陈述彭：1992年，获选第三世界科学院（现称"发展中国家科学院"）院士。1995年，当选国际欧亚科学院院士。

——陈吉余：1996年当选国际欧亚科学院院士。

——张镜湖：1999年当选国际欧亚科学院院士。

（二）学术职务

1. 担任全国性学会主要负责人的情况

史地学系师生担任地学领域全国性学会的主要负责人情况，兹以1949年为界，分为两个时期（1949年之前，为在职教师任职情况；1949年之后，为系友在其他单位任职情况），将不完全统计情况汇总如下。见表8-1-5。

表8-1-5 浙江大学史地学系校友担任地学领域全国性学术团体负责人一览表（不完全统计）

姓名	学会	职务
1949年之前（在职教师任职情况）		
竺可桢	中国气象学会（1924）	会长 （每年一届，第六届至第十六届，1929年至1948年；其中，1937年第十三届，至1943年改选十四届，1947年为第十五届，1948年为第十六届，后暂停） 另外，诸葛麒曾任总干事，吕炯曾任总干事，涂长望曾任总编辑
张其昀	中国地理学会（1934）	干事：张其昀（第一届至第三届，1934—1936） 出版委员会主任：张其昀（1934—1948）
附：任美锷	中国地理学会	干事（非在本系任教时期）
附：叶良辅	中国地质学会（1922）	理事长 （叶良辅担任第十二届理事长，1935—1936；非在本系任教时期）
附：吴定良	中国人类学会（1950—1952）	理事长（非在本系任教时期）
1949年之后（系友在离开浙大后的任职情况）		
竺可桢	中国气象学会	理事长 担任中华人民共和国成立后的中国气象学会第一届、第二届理事会（1951—1958年）的理事长
	中国地理学会	理事长 担任中华人民共和国成立后的中国地理学会第一届、第二届、第三届理事长（1953—1974）

姓名	学会	职务
黄秉维	中国地理学会	理事长 担任第三届（续任）、第四届、第五届（1978—1991）理事长
叶笃正	中国气象学会	理事长 担任第十八届至二十届理事会（1978—1986年）理事长
陈述彭	中国地理学会	理事长 担任第六届（1991—1995）理事长
施雅风	中国地理学会	理事长 担任第六届（1991—1995）理事长
张兰生	中国地理学会	理事长 担任第六届（1991—1995）理事长
此外，还有诸多校友担任副理事长等，如： ——陈吉余担任中国海洋湖沼学会副理事长、中国海洋学会副理事长等； ——任美锷担任中国地理学会副理事长、中国海洋学会副理事长等。		

2. 担任其他研究机构主要负责人的情况

史地学系师生在1952年院系调整之后，担任地学领域其他研究机构主要负责人的情况，兹将不完全统计情况汇总如下。见表8-1-6。

表8-1-6　浙江大学史地学系校友1952年后担任国内地学领域教学与研究机构主要负责人一览表（不完全统计）

姓名	教学与研究机构	职务
中国科学院		
竺可桢	中国科学院（1949年11月成立）	副院长（1949—1974）
叶笃正	中国科学院（1949年11月成立）	副院长（1981—1985）
中国科学院所属研究所		
黄秉维	中国科学院地理研究所（1953年1月成立，1999年为中国科学院地理科学与资源研究所）	代所长（1953—1959）、所长（1960—1966，1978—1983）、名誉所长（1983—2000）
左大康	中国科学院地理研究所（1953年1月成立，1999年为中国科学院地理科学与资源研究所）	所长（1984—1991）
竺可桢	中国科学院自然资源综合考察委员会（1955年成立，1999年并入中国科学院地理科学与资源研究所）	主任（兼，1955—1970）

续表

姓名	教学与研究机构	职务
叶笃正	中国科学院大气物理研究所（1950年成立中国科学院地球物理研究所，1966年成立中国科学院大气物理研究所）	所长（1978—1981）
陈述彭	中国科学院地理研究所二部	主任（1978—1979）
陈述彭	中国科学院遥感应用研究所（1979年成立，2012年为中国科学院遥感与数字地球研究所，2017年为中国科学院空天信息创新研究院）	副所长（1979—1981）、名誉所长（1988—2008）
陈述彭	资源与环境信息系统国家重点实验室（1985年组建）	主任(1987—1992)、名誉主任(1993—2008)学术委员会主任(1987—2006)
陈述彭	云南地理研究所	所长（1979—1987？，兼任）
丁锡祉	中国科学院吉林分院地理研究所（1958年成立，1978年为中国科学院长春地理研究所，2002年为中国科学院东北地理与农业生态研究所）	所长（1958—1967）
丁锡祉	中国科学院成都地理研究所（1965年中国科学院西南地理研究所成立，1978年为中国科学院成都地理研究所，1987年为中国科学院成都山地灾害与环境研究所，1989年为中国科学院·水利部成都山地灾害与环境研究所）	所长（1978—1982）
施雅风	中国科学院兰州冰川冻土研究所（1965年成立中国科学院冰川冻土沙漠研究所，1978年为中国科学院兰州冰川冻土研究所，1999年为中国科学院寒区旱区环境与工程研究所，2016年为中国科学院西北生态环境资源研究院）	所长（1978—1984）、名誉所长（1984—2011）
任美锷	中国科学院南京地理研究所（1959年成立，现中国科学院南京地理与湖泊研究所）	所长（兼，1959—1962）
吴望始（女）	中国科学院南京地质古生物研究所（1951年中国科学院古生物研究所成立，1959年为中国科学院地质古生物研究所，1971年为中国科学院南京地质生物研究所）	所长（1984—1991）

姓名	教学与研究机构	职务
高等学校		
任美锷	南京大学地理系	系主任（1952—？）
李春芬	华东师范大学地理系	系主任（1952—？）
陈吉余	华东师范大学河口海岸研究所	所长（1978—？）
丁锡祉	东北师范大学地理系	系主任（1953—1955）
谢义炳	北京大学地球物理系	系主任（1978—？）
谭其骧	复旦大学历史系	系主任（1957—1982）
	复旦大学中国历史地理研究所	所长（1982—1986）

（三）学术奖励

史地学系师生在校期间和1952年院系调整之后在其他教学科研机构所获得的学术奖励情况，前文已有说明，这里也分两个时期作一汇总。

1.1952年之前在校师生获奖情况

民国时期，全国性学术奖励，主要是当时的教育部组织的"著作、发明及美术奖励"，可以认为是民国时期的国家最高学术奖励，于1942年开始颁发。此外，针对在校学生，则有"全国专科以上学校学生学业竞试"，于1940年举办。史地学系师生获奖情况汇总如下。见表8-1-7、表8-1-8。

表8-1-7　1949年前教育部"著作、发明及美术奖励"浙江大学史地学系教师获奖情况一览表

届次	获奖者	获奖内容
第一届（1942年3月）	涂长望	《中国气候之研究》，二等奖
第四届（1945年3月）	刘之远	《遵义县团溪之锰矿》，三等奖
附：史地学系曾经任职但获奖时未在浙大任职者 ——吴定良：第三届（1944年3月）一等奖； ——卢鋈：第六届（1948年4月）二等奖（说明：其获奖成果《中国气候图集》，也包含了其在浙江大学史地学系任教时的工作成果）。		

表8-1-8　1949年前浙江大学史地学系学生参加全国学业竞试获奖情况一览表

届次	甲类	乙类	丙类
第一届 1940.05	——	文学院史地学系：周恩济（第一名） （编者注：以地理学系名义参赛） 师范学院史地学系：王树椒（第一名）	沈玉昌：嘉奖
第二届 1941.05	——	文学院史地学系：毛汉礼（第一名） （编者注：以地理学系名义参赛）	——
第三届 1942.06	——	——	施雅风：毕业论文特优（编者注：即施雅风的本科毕业论文《遵义附近之地形》）
第四届 1943	——	——	毛汉礼：毕业论文特优 徐规：毕业论文次优（编者注：即徐规的本科毕业论文《李焘年表》）

2.1952年之后本系校友获奖情况

史地学系师生在1952年院系调整之后，在其他研究机构从事科研工作，取得很多成就。兹将重要的获奖情况汇总如下。见表8-1-9、表8-1-10。

表8-1-9　1952年后浙江大学史地学系校友国际性奖项获奖情况一览表
（不完全统计）

学者	年份	奖项
郭晓岚	1970	荣获美国气象协会(American Meteorological Society,简称AMS）最高荣誉奖之Carl—Gustaf Rossby 研究奖章（美国气象学会罗斯比研究奖章）
任美锷	1986	英国皇家地理学会授予维多利亚奖章
谢义炳	1988	获芬兰帕尔门（E.Palmen）国际奖
周志炎	1995	获印度萨尼基金会百年纪念奖
陈述彭	1998	美国地理学会奥·米纳地图科学金奖
	1999	泰国邦英德拉巴亚洲遥感贡献金奖
	2001	国际岩溶学会首届荣誉金奖
叶笃正	2003	被世界气象组织授予第48届国际气象组织奖（IMO）

表8-1-10　1952年后浙江大学史地学系校友国家级重要奖项获奖情况一览表（不完全统计）

学者	年度	奖项
国家最高科学技术奖		
叶笃正	2005	国家最高科学技术奖
国家级科技奖		
叶笃正	1956	"西藏高原对东亚大气环流及中国天气的影响"获得中国科学院自然科学奖三等奖
	1978	"旋转大气中运动的适应过程问题研究"获得国家自然科学奖二等奖
	1980	"青藏高原气象学"获得中国科学院重大科研成果二等奖
	1987	"东亚大气环流"获得国家自然科学奖一等奖
	2005	"院士科普书系"（叶笃正等撰写的《需要精心呵护的气候》属于该项目之一）获得国家科技进步奖二等奖
陈述彭	1978	《中华人民共和国自然地图集》获得全国科学大会重大科技成果奖
	1985	"腾冲区域航空遥感应用技术"获得国家科技进步奖二等奖
	1985	"京津渤区域环境综合研究"获得国家科技进步奖二等奖
	1987	"中国自然环境及其地域分异的综合研究"获得国家自然科学奖二等奖
	1995	"国土卫片在黄河三角洲地区国土资源与环境调查的应用"获得国家科技进步奖二等奖
	2005	"中国海岸带环境遥感监测与信息系统技术集成及应用"获得国家科技进步奖二等奖
施雅风	1987	参与的集体研究成果《青藏高原隆起及其对自然环境与人类活动的影响》，获1987年国家自然科学奖一等奖（排名第二）
陈吉余	1992	"中国海岸带和海涂资源综合调查研究"获得国家科技进步奖一等奖（排名第二）

第二节　学术成就

一、总体情况

从院士群体的专业来看，史地学系及相关地学机构师生的学术成就主要集中在地理学和大气科学领域。其中，地理学（主要是地貌领域）有6位：黄秉维、任美锷、陈述彭、施雅风、谭其骧和陈吉余，大气科学有4位：竺可桢、涂长望、叶笃正、谢义炳（另有1位属于海洋科学：毛汉礼，与大气科学亦有关系）。这与史地学系和史地研究所培养学生的重点是相一致的，而院士在这两个领域的集中，也说明史地学系的学术成就以此两个领域为显著。

除了院士群体之外，被《中国大百科全书》作为相关领域代表性学者收录的史地学系校友共计18位（重复收录者计1位），其中，"地理学卷"9位（竺可桢、王庸、张其昀、谭其骧、李春芬、黄秉维、任美锷、施雅风、陈述彭）[1]，"大气科学、海洋科学、水文科学卷"6位（大气科学5位：竺可桢、涂长望、叶笃正、谢义炳、郭晓岚；海洋科学1位：毛汉礼）[2]，"地质学卷"2位（叶良辅、朱庭祜）[3]，"中国历史卷"3位（钱穆、向达、谭其骧）[4]。

图 8-2-1 《中国知名科学家学术成就概览·地学卷·大气科学与海洋科学分册》封面

由于院士人数相对较少，我们还可以选择通过《20世纪中国知名科学家学术成就概览·地学卷》中所收录人员的专业情况来分析。《20世纪中国知名科学家学术成就概览·地学卷》，包括"地质学"、"地理学"、"古生物学"、"地球物理学"、"大气科学和海洋科学"5个分册，收录人员均为20世纪"对地学某一学科领域有开创性突出贡献"的科学家。其人选是在"征求地学界有关单位、学会、专家学者意见，并参考已出版传记类文献资料和人物的基础上"确定的，"在320名传主中，地质学142名、地理学58名、古生物学38名、地球物理学39名、大气科学30名，海洋科学13名……"因此，其所收录的人员，可以认为是地学各分支学科公认的有卓越学术成就的学者。见图8-2-1。

该书收录人员中，浙大史地学系校友情况如下：

---

① 中国大百科全书总编辑委员会《地理学》编辑委员会、中国大百科全书出版社编辑部编：《中国大百科全书·地理学》，北京：中国大百科全书出版社，1990年。

② 中国大百科全书总编辑委员会本卷编辑委员会编：《中国大百科全书·大气科学·海洋科学·水文科学》，北京：中国大百科全书出版社，1987年。

③ 中国大百科全书总编辑委员会《地质学》编辑委员会、中国大百科全书出版社编辑部编：《中国大百科全书·地质学》，北京：中国大百科全书出版社，1993年。

④ 中国大百科全书总编辑委员会《中国历史》编辑委员会、中国大百科全书出版社编辑部编：《中国大百科全书·中国历史》，北京：中国大百科全书出版社，1992年。

《地质学》分册，收录 3 人：叶良辅（1894—1949）；朱庭祜（1895—1984）；孙鼐（1910—2007）。[①]

《地理学》分册，收录 15 人：竺可桢（1890—1974）；张其昀（1901—1985）；吕炯（1902—1985）；谭其骧（1911—1992）；李春芬（1912—1996）；黄秉维（1913—2000）；任美锷（1913—2008）；丁锡祉（1916—2008）；沈玉昌（1916—1996）；严钦尚（1917—1992）；杨怀仁（1917—2009）；施雅风（1919—2011）；赵松乔（1919—1995）；陈述彭（1920—2008）；左大康（1925—1992）。[②]

《大气科学和海洋科学》分册，共收录 7 人，其中：

——大气科学，6 人：涂长望（1906—1962）；么枕生（1910—2005）；卢鋈（1911—1994）；郭晓岚（1915—2006）；叶笃正（1916—2013）；谢义炳（1917—1995）。

——海洋科学，1 人：毛汉礼（1919—1988）。[③]

《古生物学》分册，收录 1 人：周志炎（1933—）。[④]

《地球物理学》分册：无本时期史地学系校友。[⑤]

此外，陈吉余（1921—2017）收入《中国知名科学家学术成就概览·土木水利与建筑工程卷》[⑥]，可归入地理学。

二、主要领域

从《20 世纪中国知名科学家学术成就概览·地学卷》所收录人员及其学术贡献，可以基本代表史地学系学者的主要学术贡献。

史地学系存续期间，就其在地学学术方面的贡献而言，在当时艰难的条件下，史地学系师生在地貌学、气候学、历史地理学、政治地理学、区域地理学、地图学等地学分支学科，取得了若干国内领先的研究成果，诸多学者成为相关领域的

[①] 钱伟长总主编，孙鸿烈本卷主编：《20 世纪中国知名科学家学术成就概览·地学卷·地质学分册》，北京：科学出版社，2013 年。

[②] 钱伟长总主编，孙鸿烈本卷主编：《20 世纪中国知名科学家学术成就概览·地学卷·地理学分册》，北京：科学出版社，2010 年。

[③] 钱伟长总主编，孙鸿烈本卷主编：《20 世纪中国知名科学家学术成就概览·地学卷·大气科学与海洋科学分册》，北京：科学出版社，2010 年。

[④] 钱伟长总主编，孙鸿烈本卷主编：《20 世纪中国知名科学家学术成就概览·地学卷·古生物学分册》，北京：科学出版社，2010 年。

[⑤] 钱伟长总主编，孙鸿烈本卷主编：《20 世纪中国知名科学家学术成就概览·地学卷·地球物理学分册》，北京：科学出版社，2010 年。

[⑥] 钱伟长总主编，周干峙本卷主编：《20 世纪中国知名科学家学术成就概览·土木水利与建筑工程卷》，北京：科学出版社，2015 年。

奠基者、创始人或重要推动者，尤其是竺可桢、涂长望之于大气科学，叶良辅、任美锷之于地貌学，张其昀、谭其骧之于历史地理学，张其昀、沙学浚之于政治地理学，张其昀、李春芬、严德一之于区域地理学（包括中国地理、世界地理、边疆地理等），沙学浚、陈述彭之于地图学等，其学术成果均具有开创性意义，在国内地学界亦具有重要的学术影响力。

1952年院系调整后，分散至各地的师生亦继续在各自相关专业取得丰硕成果，推动了诸多地学新的分支学科的创立，如任美锷之于喀斯特地貌和海洋研究，黄秉维之于植物地理学和综合自然地理学，陈述彭之于地图学和遥感与GIS，施雅风之于冰川、冻土，陈吉余之于河口、海岸，郭晓岚、叶笃正、毛汉礼等之于气象气候、地球物理等。

结合1936—1952年办学期间的学术成就和1952年院系调整之后对中国地学各分支学科的持续影响，史地学系师生在学术研究方面，其成就突出表现在以下3个领域，即：地貌学、气象气候学、历史地理学；涌现出一大批原创性成果和一大批开创性人才，且引领了该领域的发展方向；此外，在地图学、区域地理学、综合自然地理学等领域，亦做出诸多开创性贡献。兹就这几个方面，略作总结。

（一）地貌学

叶良辅是中国地貌学的先驱。1938年初来浙大任教后，叶良辅将主要精力放在教学方面，培养了一大批地貌学研究者，被誉为"中国近代地貌学的一代宗师"[①]。

叶良辅早期主要从事地质学方面的研究，"在地质矿产研究中有多方面贡献，自1919年起至1947年，发表地质论著20余种，既具理论价值，又有经济意义，深受国内外地质学家的赞赏"。地貌学研究方面，叶良辅的相关研究，亦具有重要的开创性意义。更具意义的是，叶良辅培养了中国第一代地貌学研究人才，在其后的工作中，开创了诸多地貌学新的领域的研究。其学生中，如"严钦尚的第四纪沉积研究与地貌教育，沈玉昌的河流地貌学，杨怀仁的第四纪地质、环境变化研究与地貌教育，陈述彭的遥感应用、地理信息的地貌制图，施雅风的冰川研究，陈吉余的河口与海岸研究与教育，丁锡祉的区域地貌研究与教育，蔡锺瑞的水利水电工程地质研究和应用，李治孝的浙江地质矿产的研究应用和教育"[②]等。

《中国地学大事典》中，在地理学的主要理论贡献一部分中，涉及史地学系

① 《叶良辅教授的生平与贡献》，载杨怀仁主编：《叶良辅与中国地貌学》，杭州：浙江大学出版社，1989年，第1页。
② 浙江大学校史编写组编著：《浙江大学简史（第一、二卷）》，杭州：浙江大学出版社，1996年，第87—88页。

师生的地貌学方面的贡献，即有 9 项，包括：黄秉维等的黄土地貌研究，任美锷中国地貌研究，沈玉昌中国地貌区划研究，严钦尚中国地貌研究，施雅风开拓中国现代冰川研究，赵松乔开拓中国干旱区研究，陈吉余开拓中国河口海岸研究，杨利普干旱区水资源研究，黄锡畴长白山高山苔原的发现和研究等。

黄秉维、罗来兴黄土地貌研究

1953 年，中国科学院黄河中游水土保持综合考察队成立。黄秉维根据实地考察、分析水文资料和地貌、土壤、植被、土地类型分布情况，发表《陕甘黄土区域土壤侵蚀的因素和方式》及《编制黄河中游流域土壤侵蚀分区图的经验教训》等论文，第一次对黄土沟谷侵蚀进行了形态成因分类，阐述了黄土地面侵蚀状况和沟壑发育过程，指出沟状侵蚀占主导地位，沟脑进展破坏性最大，提出防止水土流失必先控制沟脑。……[1]

任美锷中国地貌研究

任美锷为发展中国地理科学做出了多方面的贡献，尤以地貌学研究更为突出。其中，喀斯特地貌和海岸地貌与沉积两方面的研究造诣很深，于 1986 年荣获英国皇家地理学会委员会颁发的维多利亚奖章。在喀斯特地貌方面，主要阐明了中国喀斯特的气候分带图式，提出了深部喀斯特概念，并按其形成机制对深部溶洞进行了系统的成因分类，论证了喀斯特过程的基面主要是碳酸盐岩体底部，并不是海平面；综合应用喀斯特地貌、第四纪地质、沉积学和古人类学的现代分析方法，从溶洞发育过程恢复了北京猿人的生活历史与古环境变化，此项研究曾获 1987 年国家自然科学三等奖。在海岸地貌与沉积研究方面，首先应用潮汐汊道理论解决了海南岛港口建设问题，详细阐明了海岸带异常事件——风暴在海岸带沉积过程中的作用，系统地研究了台风对淤泥质海岸地貌与沉积的影响。在黄河三角洲沉积规律研究中，从沉积动力学观点探讨了三角洲沿岸泥沙运动的变化，特别重视人类活动在海岸带地貌演变及沉积过程中的巨大作用，阐明了黄河流域人类活动对华北海岸带地貌与沉积作用的影响，为选择海港港址提供了理论基础。任美锷主持并亲自参加的江苏海岸带和海涂资源综合调查，历时 5 年（1979—1984），摸清了江苏海岸带资源数量、质量、分布及组合规律，制定了海岸带中、长期科技发

[1]　郭扬：《黄秉维、罗来兴黄土地貌研究》，载陈国达、陈述彭、李希圣等主编：《中国地学大事典》，济南：山东科学技术出版社，1992 年，第 93 页。

展规划，并公布了中国第一个管理条例《江苏省海岸带管理条例》，在理论上也有许多新的见解，于1985年获江苏省"开发苏北优秀科技项目"特等奖。[①]

沈玉昌中国地貌区划研究

1956年，中国自然区划工作委员会成立后，沈玉昌和施雅风等主持中国地貌区划工作，在前人工作基础上，补充调查，收集资料，提出地貌区划原则，根据形态、成因和综合标志，对中国复杂的地貌类型进行详细分类。1958年，沈氏发表《中国地貌的类型与区划问题商榷》一文，提出中国地貌分区草案、地貌类型图，广泛征求意见，再按区划体系辑理说明，于1959年出版《中国地貌区划》一书。该书将全国划分为18个一级区，44个二级区，114个三级区。高级区划单元主要根据非地带性标志划分，较低级分区则以外营力为主要标志，是中国第一部比较详细的区域地貌专著。[②]

严钦尚中国地貌研究

严钦尚在研究中国地貌数十年生涯中，一贯注重地质与地貌的结合，内、外营力作用与沉积物性质的相关分析。其主要贡献是：①在生产实践中，对块体运动、河流、冰川、风沙、海岸及地貌制图等方面作过一些创见性的研究。如发现了大兴安岭第四纪冰川遗迹；调查了黄坛口和淮河五个水库的工程地质、地貌条件，审慎地选定坝址的位置；提出了陕北沙区的就地起沙，沙丘发展规律和固沙措施；拟订了新疆额尔齐斯河、乌伦古河和开都河流域的开发利用方案；研究了宝成线、鹰厦线铁路路基病害和滑坡的整治途径；编制了浙江省地貌类型图、区划图和上海幅地貌图。②开创了中国比较沉积学的研究。如研究了上海潮坪沉积，提示风暴沉积的重要性；建立了舟山海滩现代沉积模式；探讨了苏北金湖凹陷下第三系河口湾沉积体系；采用地面水系分析和沉积相结合的方法，论证了杭州湾北岸7000年来的岸线变化。他编著的《长江三角洲现代沉积研究》获国家科学技术进步奖，《地貌学》获国家教委高校教材等奖。[③]

---

① 包浩生：《任美锷中国地貌研究》，载陈国达、陈述彭、李希圣等主编：《中国地学大事典》，济南：山东科学技术出版社，1992年，第96页。
② 郭扬：《沈玉昌中国地貌区划研究》，载陈国达、陈述彭、李希圣等主编：《中国地学大事典》，济南：山东科学技术出版社，1992年，第96页。
③ 许世远：《严钦尚中国地貌研究》，载陈国达、陈述彭、李希圣等主编：《中国地学大事典》，济南：山东科学技术出版社，1992年，第96页。

施雅风开拓中国现代冰川研究

施雅风是中国现代冰川研究的主要开创者。从 1958 年起，他组织领导并参加了对祁连山、天山、喜马拉雅山和喀喇昆仑山冰川的科学考察；创建中国科学院高山冰雪利用研究队及以后成立的兰州冰川冻土研究所，主持工作近 30 年，培养了一批冰川、冻土研究人员；与他人合作，首次提出亚州中部山区存在大陆型、海洋型和复合型冰川，并对喜马拉雅山冰川上的冰塔林成因，作了较为正确的解释；首次提出并应用"波动冰量平衡"概念和"冰川—气候变化相关法"，预报喀喇昆仑山巴托拉冰川在 20 世纪内的前进值，在此基础上主持拟定了中巴公路通过该冰川末端的方案；指出中国西部山区末次冰期和小冰期的冰川末端及其特征；认为中国东部第四纪时除极个别 2000 米以上的山顶外，一般没有冰川的发育条件。他主编或合编有《中国冰川概论》（1988）、《中国东部第四纪冰川与环境问题》（1989）等著作。[1]

赵松乔开拓中国干旱区研究

中国干旱、半干旱地区约占国土总面积的 1/3。干旱区研究在理论和实践上都有重大意义。赵松乔在 20 世纪 50 年代中后期，曾先后在内蒙古及甘肃、青海半干旱的农牧交错地区开展研究工作。50 年代末至 60 年代初，他作为中国科学院治沙队重要成员，先后在乌兰布和、河西走廊等地进行考察、研究。他在负责甘肃民勤综合治沙试验站工作期间，组织领导了有关水分平衡、防风固沙林网建设等基础性和应用基础性的观测试验工作。60 年代初，他承担文化部的任务率队考察敦煌鸣沙山附近的风沙运动特点，为莫高窟文物保护及敦煌地区防风固沙提供科学依据，避免了不必要的经济损失。他担负了治沙队历年的学术总结工作，发表了《河西走廊西北部戈壁类型及其改造利用的初步探讨》等多部论著。1978 年以来，他先后组织开展了干旱区的一系列研究工作和学术活动；编著了《中国干旱区自然地理》、《中国的沙漠地区》、《中国的西北干旱区》；创办了综合性英文期刊《中国干旱区研究》（*Chinese Journal of Arid Land Research*）；创建了兰州大学干旱区研究中心。[2]

---

① 孙关龙：《施雅风开拓中国现代冰川研究》，载陈国达、陈述彭、李希圣等主编：《中国地学大事典》，济南：山东科学技术出版社，1992 年，第 95 页。
② 郑度：《赵松乔开拓中国干旱区研究》，载陈国达、陈述彭、李希圣等主编：《中国地学大事典》，济南：山东科学技术出版社，1992 年，第 95 页。

陈吉余开拓中国河口海岸研究

1947年，陈吉余首次在《浙江学报》上发表《杭州湾地形述要》，开了中国河口海岸地貌研究之先河。1957年，他和中国科学院地理研究所合作在华东师范大学创立了中国第一个从事河口海岸研究的机构——河口研究室。在他的倡导下，该室（所）率先成功地把水动力学、沉积学和地貌学结合起来，创立了河口海岸动力地貌学，并应用于生产实践。30多年来，他先后在长江河口航道整治、钱塘江河口整治、杭州湾沙坝成因的探索、陈山码头的修建、丹东大东港选址，以及全国海岸带和海涂资源综合调查中做出了显著贡献，多次获得国家部委和上海市重大科学技术进步奖。先后发表论著百余篇（本），如《长江河口动力过程和地貌演变》、《中国海岸发育过程和演变规律》、《世界海岸线：中国》（英文）、《长江口及其水下三角洲的发育》（英文）等。[1]

杨利普干旱区水资源研究

中国科学院新疆地理所研究员杨利普，长期从事自然资源及其评价、水利经济等工作，在干旱区水资源研究领域造诣较深，发表了《新疆综合自然区划概要》、《新疆水资源及其利用》和《新疆维吾尔自治区地理》等专著和大量论文。1978年提出的"新疆河流年径流量的最近计算"，有力推动了有关部门对全疆水资源的全面调查和计算。1981年编著出版的《新疆水资源及其利用》是新疆第一部全面系统分析评价水资源及其利用的专著。80年代以来，在《地理学报》、《自然资源》及有关国际刊物上发表的《自然资源的评价和合理利用》、《塔里木盆地水资源与环境保护》和《干旱地区水资源评价和认识的若干问题》等论文，引起了国内外地理界的关注和反响。他在这些论文中阐述的干旱区水资源的评价原则、评价方法和对干旱区水资源合理开发利用及自然环境保护等方面的观点和思想，具有重大学术意义和应用价值。[2]

长白山高山苔原的发现

1959年，黄锡畴根据长白山高山带冰缘生态环境及其植被由灌木、小灌木、多年生草本植物、地衣、苔藓组成的特点，把长白山高山带自然景观类型确

① 杨世伦：《陈吉余开拓中国河口海岸研究》，载陈国达、陈述彭、李希圣等主编：《中国地学大事典》，济南：山东科学技术出版社，1992年，第95页。
② 韩德林：《杨利普干旱区水资源研究》，载陈国达、陈述彭、李希圣等主编：《中国地学大事典》，济南：山东科学技术出版社，1992年，第95页。

定为高山苔原，纠正了在此以前文献中称为高山草原、高山草甸、高山带等不确切的命名。20 多年来为国内外公认，《中国植被》一书指出高山苔原为中国绚丽多彩的自然景色增添了极地景观。同时，他提出长白山、朝鲜北部和北海道山地是欧亚大陆东部高山苔原分布南界的新概念。70 年代，黄锡畴与课题组人员从物理和化学因素方面系统地研究了长白山高山苔原的存在条件、发生原因和生态环境；研究了高山苔原植被的组成、结构、植物群落、植物生态特征；阐述了苔原土的成因、性质、类型；分析揭示了高山苔原岩石、土壤、植物、水、土壤动物的化学元素含量、迁移和循环，采集分析了各种样品，取得数万个数据，发表论文 20 多篇。该项研究成果获 1988 年中国科学院科技进步二等奖。[①]

（二）大气科学（气象学、气候学及相关分支学科）

大气科学在浙江大学的发展，与竺可桢的引领有很大关系。由于当时竺可桢一直兼任中央研究院气象研究所所长，所以，在竺可桢的协调和安排下，在师资、设备等多方面得到气象研究所人力、物力的直接帮助，如聘请涂长望、卢鋈、么枕生等（均曾经是气象研究所的研究人员）来校任教，建立史地学系测候所为学生提供实习机会等；这些相对优质的教学和科研环境，使得史地学系在大气科学领域的学术水平一直保持在较高的层面。特别是在 1939—1942 年，由于涂长望来到浙大，在研究生培养上此期取得丰硕成果，培养了郭晓岚、叶笃正、谢义炳等一批杰出的人才。虽然 1942 年下半年起涂长望离开浙大，自此气象专业的研究生培养暂时中辍（毛汉礼、方正三等考上研究生者也未能在浙大就读），但本科生中，仍然有许多学生从事气象专业的学习和研究，出现了如张镜湖、姚宜民、束家鑫、熊弟恕、欧阳海、顾全甫等一大批国内外知名的气象气候学家。这些学者，在其学术研究中均取得诸多开创性成果，同时，对海峡两岸诸多气象领域机构的发展也发挥了重要作用。

就大气科学领域的学术成就而言，竺可桢、涂长望、卢鋈、郭晓岚、叶笃正、谢义炳等在许多方面做了开创性研究。

竺可桢是中国近代地理学和气象学奠基人，在气候变迁、物候、农业气候、自然区划和科学史等领域均有开创性贡献。

涂长望是中国近代气象科学的奠基人之一，新中国气象事业的主要创建人、

---

① 黄锡畴：《长白山高山苔原的发现》，载陈国达、陈述彭、李希圣等主编：《中国地学大事典》，济南：山东科学技术出版社，1992 年，第 97 页。

杰出领导人和中国近代长期天气预报的开拓者。在长期预报、农业气候、霜冻预测、长江水文预测、气候与人体健康、气候与河川水文关系等研究领域均有杰出成果。

卢鋈曾经担任中央气象总台台长，新中国成立后任北京师范大学气象教授、中央军委气象局副局长、国家气象局副局长、中央气象科学研究所所长等，对我国的天气和气候有较深的研究，为早期对我国气候进行分类的学者之一。著有《中国气候概论》、《中国气候总论》、《天气预告学》等。

卢鋈著的《中国气候总论》出版

该书最早由正中书局于 1946 年 12 月（民国 35 年 12 月）出版发行；1952 年 1 月由商务印书馆出版，中国图书发行公司发行；1953 年 4 月再版；1954 年 3 月出版校正本。该书是中国第一部全面、系统论述中国气候的专著，约 19 万字。文字优美，分析深入，对中国气候的研究达到了一个高峰。全书分 9 章，第一章中国气候与地理环境；第二章大气之运行；第三章季风之性质及锋之活动；第四章大气骚动；第五章温度；第六章湿度、雾、霾及云量与日照；第七章雨量；第八章气候之变迁与长期预告；第九章中国气候区域。[1]

么枕生在农业气象、气候统计学等领域，有突出贡献。

《农业气象学原理》出版

该书由么枕生编著，科学出版社 1954 年出版，19 万字。该书用气候学与小气候学来解释农业问题，所以称之为《农业气象学原理》，也可命名为"农业应用气候学与小气候学"。是根据编著者在西北农学院（1941—1943）和浙江大学（1948—1952）讲授农业气象学的教材以及以后几年在南京大学累积的材料和研究心得编写而成的。全书共 10 章，内容有两部分。第一部分讲述农业气象学与农业气候学的基本原理，第二部分根据小气候学原理讲述农业技术。[2]

《气候学原理》出版

该书由么枕生编著，科学出版社于 1959 年 8 月出版，80 万字。它是么枕生积 20 余年教学与研究的资料，历经十载而写成的，是中国第一部大篇幅的

---

[1] 林之光：《卢鋈著的〈中国气候总论〉出版》，载陈国达、陈述彭、李希圣等主编：《中国地学大事典》，济南：山东科学技术出版社，1992 年，第 523 页。
[2] 陆巍：《〈农业气象学原理〉出版》，载陈国达、陈述彭、李希圣等主编：《中国地学大事典》，济南：山东科学技术出版社，1992 年，第 523 页。

气候学原理方面的专著。书中内容丰富全面，在中国气候研究和教学工作中起到了重要作用。全书除序言、结论外，共分 6 篇 23 章。第一篇影响大气候的辐射因素，包括太阳辐射气候、物理辐射气候、地球的辐射平衡与热量平衡等 3 章；第二篇影响气候的大气环流因素，分一般大气环流概论、气团、锋面与气候、气旋反气旋与气候、大气环流与气候的非周期变化等 4 章；第三篇影响气候的地理因素，包括纬度与气候、水陆分布与气候、洋流与气候、地形与气候等 4 章；第四篇气候的综合，分气候要素的综合法和气候类型、气候分类法、气候分布与自然现象等 4 章；第五篇气候变迁，包括地质时代气候、历史时代气候；第六篇微气候与局地气候，包括湍流交换输热、蒸发、热量在土壤与水体中的传导及其热量转换、地被物与微气候、局地气候、地形与局地气候、微气候与微气候控制、特殊局地气候等 7 章。[1]

《气候统计》出版

该书由么枕生著，科学出版社 1963 年出版，37 万字。它是根据作者1952 年以来，在南京大学气象系气候专业讲授"气候统计"的讲稿，经逐年修改而成的。其中资料和一些数理统计应用与推导方法都是作者多年来的研究成果。该书内容包括数理统计学在气候中的应用与气候资料的整理方法两个方面，是中国第一部气候统计专著。该书的修订本由气象出版社于 1990 年5 月出版，75 万字，全书共分 11 章。第一章气候统计基础知识，第二章至第五章为各气候要素的统计方法，第六章为多个气候要素的联合统计，第七章为气候分类与区划的统计方法，第八章为气候要素的时域和频率统计，第九章是气候要素的马尔可夫链统计，第十章为气候记录的审查与订正，第十一章是若干理论和应用问题探讨。修订本的作者是：么枕生、丁裕国。[2]

叶笃正中国现代气象学主要奠基人之一、中国大气物理学创始人、全球气候变化研究的开拓者。叶笃正早期从事大气环流和长波动力学研究，提出长波能量频散理论；20 世纪 50 年代，提出青藏高原在夏季是热源的见解，由此开拓了大地形热力作用研究和青藏高原气象学；提出北半球大气环流季节性突变并引发一系列研究；60 年代对大气风场和气压场的适应理论作出重要贡献；70 年代后期，从

---

[1] 林之光：《〈气候学原理〉出版》，载陈国达、陈述彭、李希圣等主编：《中国地学大事典》，济南：山东科学技术出版社，1992 年，第 523 页。
[2] 陆巍、林之光：《〈气候统计〉出版》，载陈国达、陈述彭、李希圣等主编：《中国地学大事典》，济南：山东科学技术出版社，1992 年，第 524 页。

事地—气关系和倡导全球变化研究，并在国际上占有一席之地。

《动力气象学》（叶笃正等编著）出版

该书由叶笃正、李崇银、王必魁编著，科学出版社 1988 年出版，50 万字。该书是在中国科学技术大学 60 年代的"天气动力学"讲义的基础上，大量引入近 20 年来动力气象学新发展的内容而逐步改写成的。共 18 章，全面而系统地论述了动力气象学的基本内容，对地球大气的基本性质、大气运动方程组、大气波动、不稳定理论、适应理论和大气环流及其理论等都作了深入的讨论。同时在热带大气动力学、平流层动力学和大气边界层方面也作了专门论述，尤其是突出了近些年来动力气象学的新理论和新进展。[1]

《青藏高原气象学》出版

该书由叶笃正、高由禧等著，科学出版社 1979 年出版，37 万字。该书总结了中国气象工作者多年来在高原气象学领域中的主要研究工作，是对青藏高原及其邻近地区气象学的系统论述。全书共 19 章。研究表明，青藏高原具有独特的环流和天气气候特征。它是中国一些天气系统产生的源地。进一步确定了冬季高原机械动力作用对环流的影响。夏季，高原是一个热源；冬季，高原的东南角也是一个热源。由于热源的作用，牵引了南亚高压移上高原，形成强大稳定的夏季青藏高压，使中国成为对流最旺盛的地区之一。青藏高压的活动与华东雨量多寡有关。此外，书中还介绍了高原数值模拟试验。[2]

郭晓岚是世界著名气象学家，大气动力学的一代宗师。他是地球物理学、大气及海洋动力学的权威，其率先研发的数学工具可以描述大气的复合环流型（complex circulation patterns）和飓风的威力。1970 年更荣获美国气象协会（American Meteorological Society，简称 AMS）最高荣誉奖之 Carl—Gustaf Rossby 研究奖章，并获选为 AMS 会士，1988 年获选为台湾地区的"中研院"数理科学组院士。

谢义炳 20 世纪 50 年代初期首先发现东亚上空多层锋区、急流分支和副热带高空急流。60 年代初期首先发现西太平洋大多数台风发生在赤道辐合带上并有中期过程，提出"台风群"的概念和切变不稳定理论。70 年代末提出中低纬度天气

---

[1] 陆巍：《〈动力气象学〉（叶笃正等编著）出版》，载陈国达、陈述彭、李希圣等主编：《中国地学大事典》，济南：山东科学技术出版社，1992 年，第 521 页。

[2] 陆巍：《〈青藏高原气象学〉出版》，载陈国达、陈述彭、李希圣等主编：《中国地学大事典》，济南：山东科学技术出版社，1992 年，第 522 页。

图 8-2-2　1949 年谢义炳（左 3）与郭晓岚（左 1）、叶笃正（左 2）在谢义炳获得芝加哥大学博士学位后于校园合影。引自北京大学物理学院大气科学系编：《江河万古流——谢义炳院士纪念文集》，北京：北京大学出版社，2007 年，插页。

系统相互作用的概念模式，以及湿斜压大气的概念和系统理论。80 年代以后从事大气环流基础理论的研究，提出了空间不稳定性概念，鉴定了传统的斜压行星波不稳定性理论和判据。90 年代从事大气大型涡旋与基本气流的关系的研究，提出指数循环的动力学理论。科研成果曾多次在国内外获奖，对中国天气分析和预报实践起了指导作用，丰富和发展了大气环流基础理论。见图 8-2-2、图 8-2-3。

图 8-2-3　1979 年 9 月谢义炳（左 1）、叶笃正（右 1）、郭晓岚（右 2）在美国芝加哥大学

此外，如周恩济、吕东明、束家鑫、欧阳海和姚宜民、张镜湖等，对大气科学和天气预报工作等不同领域，也有很大贡献。

除了直接的大气科学之外，与此相关的领域，如毛汉礼在地球物理学和海洋学领域的贡献，黄秉维、左大康等提倡和开展的热量水分平衡研究和综合自然地理学研究，丘宝剑等的农业气候区划等，亦具有重要意义。

黄秉维、左大康等热量水分平衡研究

地表热量水分平衡是近代综合自然地理研究的重要方面之一。20 世纪 50 年代，黄秉维等在进行综合自然地理区划时，已开始把热量水分状况的地域差异列为区划原则之一。60 年代起，他们围绕这一基础理论课题，针对北方农田缺水问题，一方面组织编译《热量、水分平衡及其在地理环境中的作用》文集，介绍国外经验，另一方面带领年青学者在石家庄、德州、衡水等地进行调查，开展土壤、植物、农田蒸发及需水试验研究。同时，左大康等开展辐射平衡研究，发表《中国地区太阳总辐射的时空分布特征》等论文，确定了中国总辐射、地表辐射平衡的计算公式，并绘制了中国第一幅年、月总辐射的全国分布图。近十年来山东禹城、北京大屯试验工作都是上述工作的继续和发展。[1]

《中国气候区划（初稿）》出版

中华人民共和国成立后，在有计划、大规模的工农业建设过程中，遇到不少需要解决的与自然区划有关的问题。例如，农牧业分布界线、热带经济作物栽培区域等。1956 年中国科学院成立自然区划工作委员会（竺可桢任主任），《中国气候区划》是中国自然区划 8 个子区划之一。本区划是第一次由国家组织进行的。它是由朱岗昆、张宝堃、高由禧、陶诗言具体组织研究，于 1958 年 2 月完成。全书分为总论和分论两部分。总论部分，主要介绍区划方法、标准和区划结果。分论部分主要介绍 8 个气候地区、32 个气候省等具体气候特征。该书主要执笔人是张宝堃（总论）、段月薇（华北、华南）、耿宽宏（东北、内蒙）、丘宝剑（甘、新）、许孟英（华中）、王德辉（康、滇）、沈建柱（青藏）。竺可桢为该书写了序言。该书由科学出版社于 1959

---

[1] 郭扬：《黄秉维、左大康等热量水分平研究》，载陈国达、陈述彭、李希圣等主编：《中国地学大事典》，济南：山东科学技术出版社，1992 年，第 94 页。

年 12 月出版。①

中国农业气候区划研究

中国的气候区划研究始于竺可桢的《中国气候区域论》（1930）。以后，在竺可桢领导下，张宝堃等完成《中国气候区划（初稿）》（1959）。这些早期的气候区划都采用了某些农业气候指标，主要为农业生产服务。专门的农业气候区划研究始于 50 年代中期。1961 年，丘宝剑、卢其尧发表《我国热带—南亚热带的农业气候区划》。此后，丘宝剑、范治源等完成了新疆的综合农业气候区划以及小麦、玉米、水稻、高粱、棉花、油料、甜菜和果树的单项作物气候区划（《新疆气候及其和农业的关系》，1963）。丘宝剑、张谊光等完成了云南省的综合农业气候区划（《云南省农业气候条件及其分区评价》，1964）。

1978 年，农业自然资源调查和农业区划研究被列为国家重点科技研究项目，农业气候区划是其中的重要内容。国家气象局等单位组成"全国农业气候资源和农业气候区划研究"课题协作组，从中央到省、地、县各级气象单位都组织专门机构和人员从事农业气候区划工作。至 80 年代中期，先后完成了中国农业气候区划、中国农林作物气候区划、中国牧区畜牧气候区划和中国农作物种植制度气候区划，以及许多省、地、县级的农业气候区划和专项农业气候区划等论著。与此同时，丘宝剑、卢其尧发表多篇关于全国农业气候区划的论文，出版了《农业气候区划及其方法》一书（1988），对国内外的农业气候区划及其方法，作了系统的介绍和评论。②

（三）历史地理学

史地学系独特的史地结合的办学理念，培养了一大批具备史学和地学修养的学者。此外，由于张其昀、谭其骧为中国近现代历史地理学的创建人，其在历史地理研究以及历史地图集的编绘方面，均取得杰出的成就。其中，张其昀、谭其骧、黄盛璋、文焕然、吴应寿、刘宗弼、程光裕、宋晞等，在 1952 年后，均直接从事历史地理学研究，引领了中国历史地理学的发展。

---

① 林之光：《〈中国气候区划（初稿）〉出版》，载陈国达、陈述彭、李希圣等主编：《中国地学大事典》，济南：山东科学技术出版社，1992 年，第 524 页。
② 吕建华：《中国农业气候区划研究》，载陈国达、陈述彭、李希圣等主编：《中国地学大事典》，济南：山东科学技术出版社，1992 年，第 98 页。

关于张其昀在历史地理学领域的贡献，学术界逐渐予以认识并给予较高的评价。

1993 年，刘盛佳对张其昀的包括历史地理学在内的人文地理学贡献曾予以阐发：

> 张其昀在学生时代，便写作了"历史地理学"。历史地理学这一术语，自他首先使用。此前，中国有史地的研究，而无历史地理之名……张氏 1923 年发表在《史地学报》上的学术论文，开了科学历史地理学的先河。不仅如此，他还认为历史地理学在我国前途广阔，他在总结《近二十年来中国地理学之进步》一文中，曾这样说："当兹新旧学术交融之会，纵目观之，俨然有塞草怒长、波涛腾迅之势，预料新潮流之所趋，其成就当不可限量"，与后来的事实相对照，这一说法可以称之为科学的预见。[1]

1997 年，韩光辉更专门就张其昀在历史地理学领域的贡献，展开论述：

> 总之，早在二十世纪二十年代，张其昀已拥有较为成熟的历史地理学思想及历史地理工作的思路与方法……张其昀不仅总结了三四十年代中国历史地理研究在上述 6 个领域中取得的重要进展，而且还涉及了学科性质、研究对象和内容等理论问题及研究方法，代表了当时我国历史地理学的发展水平，值得总结探讨，并且应该给予充分肯定。[2]

阙维民于 2000 年曾撰文，勾勒出浙江大学史地学系的学术群体在历史地理学领域的突出贡献：

> 1936 至 1949 年的 13 年间，竺可桢、张其昀延揽专家学者来校任教者，史学组与史学研究所有陈训慈、张荫麟、顾毂宜、陈乐素、谭其骧、李絜非、钱穆、向达、俞大纲、王庸、贺昌群、刘节、方豪、李源澄、黎子耀、陶元珍等，地学组与地学研究所有叶良辅、涂长望、朱庭祜、任美锷、沙学浚、么枕生、卢鋆、李春芬、黄秉维、严德一、王维屏、李海晨、刘之远、孙鼐等。史地所毕业任讲师者有赵松乔、徐规等，任助教者有管佩韦、陈述彭、谢文治、宋晞等。到 1948 年，史地研究所毕业者有 27 人，史地学系毕业生有 100 多人。史地学系历届毕业生亦人才辈出，产生出许多知名学者，如谢觉民、陈述彭、施雅风、王省吾、黄盛璋、文焕然、徐规、程光裕、徐圣谟、宋晞、张镜湖、

---

[1] 刘盛佳：《张其昀的地理思想和学术成就》，载《地理学报》第 48 卷第 4 期（1993 年），第 377—384 页。

[2] 韩光辉：《张其昀及其历史地理学贡献》，载《中国科技史料》1997 年第 1 期，第 38—48 页。

陈吉余、严钦尚、毛昭晰等，在他们以后各自的学术研究领域中，均与历史地理学科有着或多或少的联系。他们为现代历史地理学科在中国大陆及台湾地区的创立与发展，做出了不可磨灭的贡献。[①]

范今朝于 2016 年亦撰文，进一步将张其昀开创和为首的学术群体，概括为"史地学派"：

> ……在近代这一中国历史地理学发展的转换、过渡阶段，除了北方的以北京为核心的"禹贡学会"及其"禹贡学派"之外，还存有其他"学派"；其中，最主要的，在南方，另有一支历史地理学发展的脉络，即为 1920—1926 年的南京高等师范学校的"史地研究会"及其相关学人和学术刊物，以及直接相承的 1926—1936 年（乃至延至 1949 年）的东南大学—中央大学的"地学系—地理学系"，和 1936—1949 年的以南高—东大—中央大学学者为主所构成的浙江大学"史地学系"（及其相关研究所）的学人、学会、大学系科和学术刊物，笔者将之概括为历史地理学的"史地学派"。该派虽各时段学术建制不同，学术活动有别，但其最早将西方的历史地理学观念引入中国，并将之纳入现代地理学的研究视野，对历史地理学的提倡最为明确，研究持续时间最长（1920 至 1949 年），研究旨趣相对一致，有相对完整的学术建制（学会、大学系科、刊物），人才培养亦卓有成效，且其人员相对固定，核心人物一脉相承（竺可桢与张其昀，尤其是张其昀），并对其后大陆和台湾地区的历史地理学的发展，均有重大之影响。因此，堪为一个重要的、独立的"学派"。因该派的学会、刊物和大学的系科建制均以"史地"为名，且强调"史地合一"、"自然与人文并重"和"科学时代的人文主义"的研究宗旨，故笔者称之为"史地学派"。
>
> 可以说，"史地学派"与"禹贡学派"在 1949 年后的汇流（竺可桢与侯仁之、谭其骧为核心，以及其所影响到的学者），直接引致了中国（大陆地区）历史地理学的转型和重构以及现代历史地理学的形成、发展；同时，随着张其昀等辗转赴台，也把"史地学派"的思想带至台湾，并影响了台湾地区的历史地理学的发展，使得"史地学派"的思想、理论和实践在台湾地区继续延续，并成为其主流。[②]

① 阙维民：《史地新论——浙江大学（国际）历史地理学术研讨会论文集》，杭州：浙江大学出版社，2002 年，第 2 页。
② 范今朝：《"史地学派"在中国近现代历史地理学发展中的地位与影响》，载《中国历史地理论丛》2016 年第 1 期，第 5—22 页。

关于 1949 年前后谭其骧在历史地理学领域的贡献，学术界均有定评：

谭其骧对中国历史地理学贡献

谭其骧现任中国科学院学部委员、复旦大学教授，是中国历史地理学的开创人之一。他的主要贡献有：① 1934 年初协助顾颉刚发起成立禹贡学会，主编《禹贡》半月刊，为历史地理学的建立创造了条件，造就了一批专门人才。②在历史人文地理研究中突破了传统的沿革地理，尤其是在秦汉政区、民族迁移、历史疆域等方面提出了不少新见解，填补了空白。③在深入考证文献资料，充分运用当代科研成果的基础上，提出了黄河中游的不合理开垦是历史上下游河患的主要原因、海河水系形成于曹操开白沟之后、历史上不存在跨长江南北的大云梦泽、洞庭湖在以往数千年间经历了扩展收缩的过程等新结论。④主编了国内外迄今最完备的《中国历史地图集》（1982—1988）、《中国自然地理·历史自然地理》（1982）、《辞海·历史地理分册》（1978）等。⑤创办并主持了复旦大学历史地理研究室（所）。从事专业教学数十年，培养了大批专业人才。其 1982 年前的主要论著已编入《长水集》（上、下集，1987）。①

而 1949 年之前谭其骧在史地学系和史地研究所所培养的学生，如文焕然、吴应寿、黄盛璋等，均在其后的学术生涯中以历史地理学为主要研究领域，并取得诸多成果。

文焕然研究中国历史生物地理

历史生物地理领域，是由中国历史地理学家文焕然（1918—1986）开辟的。20 世纪 40 年代，他开始了这一方面的研究。当时把气候变迁作为主要研究方向，着眼于对气候变化有指示意义的竹子和柑桔变迁的研究。70 年代初，他承担了《中国自然地理·历史自然地理》一书中历史时期中国植被变迁的撰写任务（该部分后来由他和陈桥驿合作完成），同时还承担了国家的有关历史时期森林变迁和濒危、灭绝的动物变迁的研究任务。他与合作者进行了三北防护林地区、湘江下游地区、内蒙古宁夏以及新疆等地区历史时期森林变迁的研究，以及历史时期中国野象、犀牛、大熊猫、猕猴、孔雀、马来鳄、

---

① 葛剑雄：《谭其骧对中国历史地理学贡献》，载陈国达、陈述彭、李希圣等主编：《中国地学大事典》，济南：山东科学技术出版社，1992 年，第 102 页。

扬子鳄、长臂猿、鹦鹉等近 10 种在中国濒危灭绝的野生动物的变迁研究。他单独或与人合作发表近 30 篇文章。[①]

张其昀和谭其骧等为代表的史地学系师生群体在历史地理学领域所取得的诸多成就中，以历史地图的绘制和历史地图集的编绘、出版，最具标志性和代表性意义。20 世纪 70 年代和 80 年代，海峡两岸分别正式出版了有关成果：大陆地区的，称《中国历史地图集》（共 8 册），由谭其骧主编（史地学系校友黄盛璋、吴应寿、文焕然、刘宗弼等参与）；台湾地区的，称《中国历史地图》（共 2 册），由张其昀监修，程光裕、徐圣谟主编（宋晞等参与，3 人亦均为史地学系校友）。见图 8-2-4、图 8-2-5。

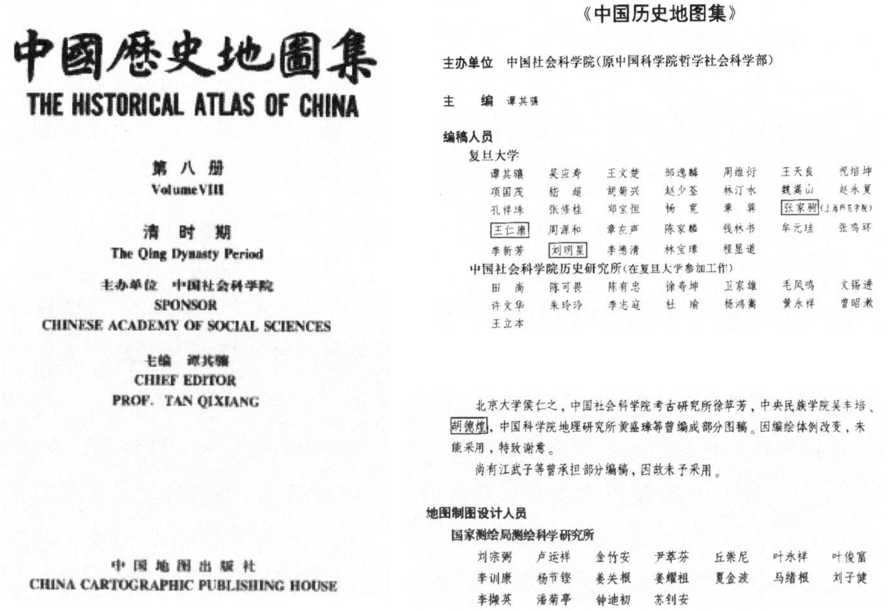

中國歷史地圖集
THE HISTORICAL ATLAS OF CHINA
第八册
Volume VIII
清时期
The Qing Dynasty Period
主办单位　中国社会科学院
SPONSOR
CHINESE ACADEMY OF SOCIAL SCIENCES
主编　谭其骧
CHIEF EDITOR
PROF. TAN QIXIANG
中国地图出版社
CHINA CARTOGRAPHIC PUBLISHING HOUSE

《中国历史地图集》

主办单位　中国社会科学院（原中国科学院哲学社会科学部）

主　　编　谭其骧

编稿人员

复旦大学

谭其骧　吴应寿　王文楚　邹逸麟　周维衍　王天良　祝培坤
项国茂　嵇　超　胡菊兴　赵少荃　林汀水　魏嵩山　赵永复
孔祥珠　张修桂　郑宝恒　杨　宽　章　巽　张家驹（上海师范学院）
王仁康　周源和　章左声　陈家麟　钱林书　牟元珪　张鸿环
李新芳　刘明星　李德清　林宝璋　程显道

中国社会科学院历史研究所（在复旦大学参加工作）

田　尚　陈可畏　陈有忠　徐寿坤　卫家雄　毛凤鸣　文锡进
许文华　朱玲玲　李志庭　杜　瑜　杨鸿斋　黄永祥　曹昭濂
王立本

北京大学侯仁之，中国社会科学院考古研究所徐苹芳，中央民族学院吴丰培、胡德煌，中国科学院地理研究所黄盛璋等曾编成部分图稿。因编绘体例改变，未能采用，特致谢意。

尚有江武子等曾承担部分编稿，因故未予采用。

地图制图设计人员

国家测绘局测绘科学研究所

刘宗弼　卢运祥　金竹安　尹萃芬　丘崇尼　叶永祥　叶俊富
李训康　杨节铿　姜关根　姜耀祖　夏金波　马绪根　刘子健
李撷英　潘菊亭　钟迪初　苏钊安

图 8-2-4　中国地图出版社 1987 年出版的《中国历史地图集（第 8 册）》扉页和所附参加编绘人员名单（部分）

说明：参加者中，主编：谭其骧，编稿人员：谭其骧、吴应寿，地图制图设计人员：刘宗弼，以及参与编稿的黄盛璋等，为史地学系师生。

引自谭其骧主编：《中国历史地图集（第 8 册）》，北京：中国地图出版社，1987 年，扉页，署名页。

① 王守春：《文焕然研究中国历史生物地理》，载陈国达、陈述彭、李希圣等主编：《中国地学大事典》，济南：山东科学技术出版社，1992 年，第 103 页。

8册《中国历史地图集》的编制出版

1954 年 9 月，毛泽东在全国人民代表大会第一届第一次会议期间，与吴晗谈及杨守敬的《历代舆地图》（以下简称杨图），提出应组织人力，用现代科学方法重编改绘这本地图。1954 年冬，以范文澜、吴晗为首，组成重编改绘杨守敬《历代舆地图》委员会。1955 年初开始在北京展开编绘工作。原拟以杨图为基础，稍加改绘、修整，在较短时间内出版。后发现该图地理精度差，内容有许多遗漏和谬误，难以符合现代地图制图的要求。1959 年召开工作委员会，通过了新的设计方案，决定编制出版 8 开本《中国历史地图集》。1965 年完成地理底图的编绘和大部分图幅编稿。1969 年周恩来总理指示恢复编制工作，同年 11 月重建工作班子，1973 年完成编稿交付中国地图出版社制印，1974 年开始由地图出版社用"中华地图学社"名义以内部试行本陆续出版。1979 年以 8 开和 16 开两种版本全部出齐，共 8 册。内部本发行后，受到国内有关学术界欢迎，同时读者和编者也发现了它还存在不少缺点和错误，有些是必须予以改正和增补的。因此，1980 年中国社会科学院决定在该院主持下，由复旦大学历史地理研究所、中国社会科学院民族研究所、南京大学历史研究所、中央民族学院的有关同志从 1981 年起，在内部本的基础上进行修改增补定稿，由中国地图出版社就原版修补陆续公开出版。至 1987 年 4 月已全部出齐。各分册是按历史时期顺序划分的：依次为原始社会、夏、商、西周、春秋、战国时期；秦、西汉、东汉时期；三国、西晋时期；东晋十六国、南北朝时期；隋、唐、五代十国时期；宋、辽、金时期；元、明时期；清时期。共 20 个图组 304 幅图（不另占篇幅的图不计在内），549 页，全图集所收地名约计 70000。这套图集从开始编绘到公开出版，前后历时 30 余年。参与编绘的单位有十几个，人员逾百。这套图集是中国历史地图史上的空前巨著，它把中国从石器时代以来祖先们生息活动的地区变化，力所能及地反映出来，从而看到一个统一的多民族的伟大国家的缔造和发展过程。[①]

---

① 喻沧、方炳炎：《8 册〈中国历史地图集〉的编制出版》，载陈国达、陈述彭、李希圣等主编：《中国地学大事典》，济南：山东科学技术出版社，1992 年，第 815—816 页。

图 8-2-5　台湾的中国文化大学出版部 1980 年出版的《中国历史地图》扉页
说明：参加者中，监修：张其昀，主编：程光裕、徐圣谟，编纂委员：宋晞等，
为浙江大学史地学系师生。
引自程光裕、徐圣谟主编：《中国历史地图》，台北：中国文化大学出版部，
1980 年，扉页。

《中国历史地图》序

张其昀

　　史、地二学为兄弟之邦。史学以研究时间为主，而空间辅之；地学以研究空间为主，而时间辅之。历史事实，如无地理为其背景，则悬空而无着落。地理事实，如无历史为其溯源，则亦玄虚而无基础。时不离空，空不离时，任何事实之发生，必待时空交织相遇而后成，此现代哲学上唯事论之主张，诚为不磨之真理。学问本一整体，大厦非赖一木。其由时间着眼者为历史学，由空间着眼为地理学，其所从入之途径虽有不同，但携手偕行，共同探索人间之真相，发明人事之真理，分工合作，为整体之学问而各有所贡献，精神上则完全一致。

　　中国历史地图之制作，必须由史学、地学两方学者，相辅相成，联合努力，方能底于成功。本图集即由华冈教授、史学家程光裕先生与地学家徐圣谟先生共同主编，专家多人助编，历时数年，方克完成，分为两册，由华冈出版部印行公世。此为从事史学与地学者教科适用之基本图籍，亦为一般国

865

民了解国史国情之参考用书。本图集每一图幅之事实，均系采用当代学者慎密之研究，精详之考订，荟萃群材，以地图表示其分布之状况。再则运用地图学之新方法，印刷学之新技术，以期制成尽善尽美之新图幅、新作品，使览之者有灿然在目、赏心悦意之快感，殊足表示新时代学术研究之圆满成果。兹当刊行伊始，爰贡数言，以为之介。[①]

海峡两岸历史地图的绘制和历史地图集的编制出版，均由浙江大学史地学系师生主持及推动，追根溯源，不能不说与史地学系的研究基础和办学模式有密切关系。

（四）其他领域

此外，在区域地理学（张其昀的中国地理教科书编纂、方志学，李春芬的世界地理，严德一的边疆地理等）、地图学和遥感与 GIS（沙学浚、李海晨、陈述彭的地图学，陈述彭在遥感和 GIS 领域的开拓性贡献等）、综合自然地理学（黄秉维等的中国自然区划等），均取得诸多原创性成果，具有开创性意义。

1. 区域地理学

（1）张其昀的中国地理研究

张其昀是中国著名的史地学家、教育家，对文学和哲学皆有精深的造诣，是"中国近代科学地理学的开拓者和创建人之一"，被誉为"中国近代地理学的第二代宗师"。他在南京高等师范学校读书时师从竺可桢、柳诒徵、刘经庶等学术大师，被胡适称为"受过近代训练的地理学者"。1923 年，张其昀大学毕业后任商务印书馆中学地理教科书编辑，他以人文地理学视野，打破人为省界的政治区域，以天然区域进行地理知识的全新编排，"此种编制，实为我国地理教学开一新纪元，近来各书坊所出课本，亦相习成风。据实际教学经验，已公认良法美意，非此莫属"。《本国地理》在全国影响极大，"在中国地理教育史上有里程碑的地位"。施雅风回忆指出这套教科书提出的中国自然区划"是中国最早的国土区划方案之一"，且"以科学、生动、优美的文字扼要叙述"。中科院资深院士、知名地理学家任美锷在谈到他为何求读地理专业的原因时曾说，是由于张其昀的《本国地理》一书深深地吸引了他，所以在宁波中学高中毕业时报考了当时的中央大学地理系。张其昀编撰的地理教科书与林语堂编辑的英文教材及戴运轨编辑的物理教材，在

---

① 张其昀：《〈中国历史地图〉序》，载程光裕、徐圣谟主编：《中国历史地图》，台北：中国文化大学出版部，1980 年。

当时被誉为中国三大中学教材。[①] 对此，刘盛佳亦有评述：

> 区域地理学（含方志学）是张其昀研究的另一重点。他历来主张部门地理学与区域地理学实为经纬，不可偏废。认为今后地理学家，"一面须就通论地理中至少专精一类，一面须就方志地理中至少专精一区，则端绪虽繁，而经纬已举，庶几人有专学，学有专人"。仅著作便有《中国区域志》甲篇 2 册、乙篇 2 册（1958），《中国经济地理》（1959）、《中国地理大纲》（1963），《方志》四册（1957），以及《本国地理》四册（1933）、《中国民族志》（1947）、《遵义新志》（1948）和《夏河县志》（1935）等；他的其他著作如《人地学论丛》（1932）和《人生地理学教科书》（1946）等，也有颇多的区域地理学内容。尤具科学意义的是其区划研究，包括综合地理区划（1946）和农业区划。前者在其《人生地理教科书》中提出，依据人文因素和自然因素的综合，将全国分成 23 个区，由于资料丰富，使用了要素叠置分布的方法，因此成为当时与葛德石（G. B. Cressey）在《中国地理基础》一书中的区划齐名之作。[②]

（2）李春芬的世界地理研究及地理教育成就

李春芬先后发表 40 余篇学术论著（含 11 篇英文），内容涉及自然地理、理论地理、城市地理、土地利用、地理教育等诸多方面，但 2/3 属区域地理研究成果，尤以世界区域地理的成果最为卓著。

> 他与区域地理结下了不解之缘，其研究成果始于区域地理，终于区域地理。他的博士论文《加拿大安大略省西部格兰德中游河谷的区域地理研究》就是一部经典的区域地理著作，这是中国留学生第一次以外国地区为内容的区域地理研究成果，也是该地区第一部系统的区域地理著作，后被制成缩微胶卷，藏于多伦多大学图书馆。其发表在《地理学报》1995 年第 6 期上的学术论文《区际联系——区域地理学的近期前沿》，则为其毕生致力的区域地理研究画上一个圆满的句号。在李春芬先生的区域地理论著中，最具代表性和学术价值的，当推《南美洲地理环境的结构》（科学出版社，1962 年）和《北美洲地理环境的结构》（高等教育出版社，1990 年）两部倾注作者毕生

---

① 吴小鸥著：《启蒙之光——浙江知识分子与中国近现代教科书发展》，杭州：浙江工商大学出版社，2016 年，第 132 页。
② 刘盛佳：《张其昀的地理思想和学术成就》，载《地理学报》第 48 卷第 4 期（1993 年），第 377—384 页。

精力的姐妹篇。论著中提出的"地理环境结构的整体性和差异性"的学术思想，体现了地球表层地理环境是多样性的统一体，各组成要素和各组成部分相互影响、相互制约同处于统一体中，一个要素变化会引起其他要素的相应变化，甚至导致地理环境总体特征的变化。李先生在书中精辟地指出："一个洲的独特性，一方面体现着该洲的整体性，同时也是有别于其他各洲的特殊性；这有别于其他各洲的特殊性，又体现着整个地理环境的差异性。"同时又认为："各个自然地理区域的综合特性，从全局观点来看，是全洲差异性在不同部分的具体体现；但从各个区域本身来看，又是它们各自的相对一致性。"总之，这两部以对立统一学说为指导的世界区域地理专著，形成了与传统区域地理著作明显不同的学术风格。著作问世后，在地理界引起巨大反响。《地理学报》编委会曾对南美洲一书组织专文评介。鉴于两部著作在学术上的巨大成就，1991年荣获国家教委科技进步一等奖，1994年获全国首届优秀地理图书著作类一等奖。……

由于李春芬先生在世界区域地理方面的崇高威望和学术造诣，多年来一直是我国世界地理学科的学术带头人，长期来一直担任中国地理学会世界地理专业委员会主任，多次领导了世界地理全国性学术会议，主编并组织全国世界地理工作者参与的《中国大百科全书·世界地理卷》、《辞海·世界地理分册》、《世界农业地理丛书》的编写工作。在1978年的上海衡山饭店会议上创导出版世界地理学术期刊《世界地理集刊》，后更名为《世界地理研究》，并长期担任杂志主编。①

此外，李春芬还以对中国高等地理教育的贡献著称于世。《中国地学大事典》中亦专门以《李春芬对中国高等地理教育贡献》作为条目收录。

李春芬对中国高等地理教育贡献

李春芬自1937年中央大学地理系毕业后，从事地理教育工作50余年。历任浙江大学理学院地理系主任，浙江师范专科学校地理科（今杭州大学地理系前身）主任，华东师范大学地理系主任、副校长，现为华东师范大学地理系教授兼名誉系主任，国际地理学联合会地理教育委员等。李氏任地理系（科）主任前后27年，参加创建两系一科，特别对华东师范大学地理系的建

---

① 本刊编辑部：《春风化雨，桃李芬芳——纪念李春芬先生百年诞辰》，载《世界地理研究》第21卷第3期（2012年），第1—7页。

设关心备至。从引进人才、课程设置、科研方向，到扩充规模，充实图书资料和仪器设备，无不亲身参与，并在全国率先开办高校地理教师进修班和研究生班。该校地学口现有2系5所的规模，这与李氏的参与和领导密不可分。李氏亲自教学，勇于改革，在地理界颇有影响的《南美洲地理环境的结构》专著，即是他边教边改、教学与科研长期结合的成果。李氏还积极参与全国性地理教学和教材编写的组织领导工作。①

（3）严德一的边疆地理研究

严德一于1929年考入中央大学地理系，1933年毕业，担任助教。不久，即参加了中央大学组织的云南地理考察团，从此踏上边疆考察之路。在其后10余年的时间里，"曾到过华北、华东、华南、西北和西南等地区考察自然与人文景观，大半个中国留下过他的足迹。这中间，最富成就而又有重要影响的是他对祖国西南边疆所进行的地理考察"②。

严德一边疆地理研究

严德一是中国现代最早从事边疆考察和研究的地理学家之一。1934—1943年，他先后参加和组织云南西双版纳、滇缅公路、青海高原、中印公路调查勘测和川滇藏毗连地区——横断山脉的野外考察工作，特别是在横断山区——一个地球上独特的地理区域的考察中，他不顾艰难险阻，翻山涉水，先后7次深入该地区，行踪路线有东西横越，有南北纵贯，足迹所到北起青藏高原东北缘（西宁），南迄云贵高原西半部，时间之长，范围之大，收获之丰，在中国地理学界是少见的。在整整10年的野外考察中，他对所到地区的历史、地理和社会经济等方面都作了广泛的调查，并收集到大量的第一手资料，经研究整理发表多篇考察论文，后来又编辑成《边疆地理调查实录》（商务印书馆出版）。这些成果翔实记载了有关青、川、藏、滇交接地带和西双版纳等边陲区域地貌、气候、植被和民情习俗情况，为当时和以后选定热带作物新垦区、修筑滇缅公路和中印公路，发展边疆生产与交通提供了珍贵的

---

① 汤建中：《李春芬对中国高等地理教育贡献》，载陈国达、陈述彭、李希圣等主编：《中国地学大事典》，济南：山东科学技术出版社，1992年，第105页。
② 毛必林：《足迹留边陲，桃李遍四方——忆严德一教授》，载《地理学与国土研究》第10卷第2期（1994年），第61—64页。

科学依据，同时对研究中国边疆地理也具有重要的参考价值。[①]

2. 地图学、遥感应用与地理信息科学

史地学系任教的教师中，沙学浚、李海晨都是中国地图学的重要开创者；学生中，也出现了许多从事地图研究和编绘的学者，如陈述彭、谢觉民、贺忠儒、黄盛璋、刘宗弼等。

1957 年，由陈述彭发起，著名地理学和地图学家李海晨教授在南京大学地理系创办了我国最早的理学"地图学"本科专业点。60—70 年代根据国家建设的需要又最早创办了"海图"和"计算机地图制图"专门化方向。[②]李海晨被誉为"南京大学地图学与 GIS 学科创办人"，"李海晨教授长期致力于地理学和地图学的教学与研究。1957 年创办南京大学地图学专业，使其成为国内综合性大学中第一所培养地图编制和地图学研究人才的专业。李教授学术成果颇丰，发表过多篇论文，出版学术专著、教材、译著 20 多部，带领地学系的教师们绘制了全国第一幅全要素机助地图。1985 年 4 月，在中国地理学会第五届理事会上，作为全国 33 位从事地理工作 50 年的老科学家之一，受到表彰"。[③]见图 8-2-6、图 8-2-7。

陈述彭对中国现当代地图学、遥感应用和地理信息科学的发展，起到了重要的奠基、开创与引领作用，被誉为中国遥感应用和地理信息系统科学的创建者和奠基人，"中国遥感地学之父"。有学者评述：

> 由于陈述彭先生在浙江大学史地系本科与研究生学习期间及担任助教与讲师工作中，获得了极其广博的地学与历史学基础知识和专深的地理学及地图学专业的理论与综合分析方法，所以，陈述彭先生如他编绘的《中国地形鸟瞰图》，站得高、看得远，对学科发展趋势与研究前沿看得准，对社会需求的观察非常敏锐，善于发现和抓住机遇，不断开拓创新。例如，20 世纪 50 年代国际上出现景观地图这种综合制图形式，陈述彭先生就率先开展太湖洞庭山景观制图实验，编制了我国第一套大比例尺景观地图；国际上开始出现编制国家与区域地图集的趋势，他就积极倡导和推动我国国家地图集的编制，

---

① 毛必林：《严德一边疆地理研究》，载陈国达、陈述彭、李希圣等主编：《中国地学大事典》，济南：山东科学技术出版社，1992 年，第 99 页。
② 黄杏元：《"地图学与 GIS"专业建设现状及发展前景》，载《南京大学地理学系建系八十周年纪念》（内部印行），2002 年 5 月，第 60 页。
③ 《我校召开纪念李海晨教授百年诞辰座谈会》，载《南京大学报》2009 年 5 月 30 日。见：https://xgc.nju.edu.cn/5b/42/c1521a23362/page.htm，[2024-05-26]。

其中他主持编制的国家自然地图集达到国际先进水平；当国外航空像片分析利用开始受到重视，他就在地图室建立航空像片判读组及综合分析实验室，开展多项航空像片综合判读试验；当国外出现制图自动化实验的苗头，他就建立了制图自动化组，开展自动化制图实验。又如 60 年代，中国科学院竺可桢副院长提出地理学必须为农业服务时，他就倡导编制省、县农业区划地图和农业规划地图。1964 年年初，《人民日报》发表"建设高产稳产基本农田"的社论，提出要在全国建设 5 亿亩高产稳产基本农田。陈述彭先生认为，这是地图为农业服务的很好机遇，提出为了配合全国稳产高产基本农田建设，在全国各地编制一种综合性的农田样板地图。在陈述彭先生指导下，由我和郑威分别进行辽河流域和北京地区农田样板地图编制试验，并在此基础上总结制定了《农田样板地图编制的原则与方法》。中国科学院地学部根据陈述彭先生的建议，召开了全国农田样板地图学术会议，此后在全国进行推广。1965 年全国各地理研究所和高等院校地理系就编制出 20 多个地区的农田样板地图，为各地稳产高产基本农田的选址、选片作出了贡献。为了推动航空像片的综合利用，陈先生亲自带领一个小组赴海南岛开展航空像片热带农业资源综合调查与制图试验，编制了儋县 1∶5 万地貌、土壤、植被、土地利用等系列地图，为航空像片的综合利用积累了丰富经验。

陈述彭先生没有局限于地理学与地图学领域，而是不断开拓遥感应用、地理信息系统、地球信息科学、数字地球等新的领域，不断攀登新的高峰。20 世纪 70 年代，他重点开创遥感应用研究，创建遥感应用研究所，开展各种遥感应用实验，推动了我国遥感应用的发展，成为我国遥感应用的奠基人。80 年代，他重点开创地理信息系统的研究与应用，创建资源与环境信息系统国家重点实验室，推动了我国地理信息系统的发展。90 年代，他重点创建地球信息科学及地学信息图谱，使地球科学与信息科学相结合，实现地球科学的信息化和现代化，使地球信息科学成为国家经济与社会发展的科技支撑体系。90 年代后期，陈述彭先生又抓住"数字地球"机遇，推动"数字中国"战略的发展。[1]

---

① 廖克：《回顾陈述彭院士的宏伟业绩与学术思想》，载《陈述彭编年纪事》编委会编：《陈述彭编年纪事》，北京：科学出版社，2021 年，第 245—246 页。

图 8-2-6　竺可桢于 1963 年 6 月 26 日陪同古巴科学院院长西门尼斯参观中国科学院地理研究所地图室（1）

说明：左起：1 郑威，2 西门尼斯（按：原注明为卡斯特罗，据《竺可桢全集（第 16 卷）》插页所附图中标注文字，应为古巴科学院院长西门尼斯），3 竺可桢，5 陈述彭

引自《陈述彭编年纪事》编委会编：《陈述彭编年纪事》，北京：科学出版社，2021 年，第 75 页。

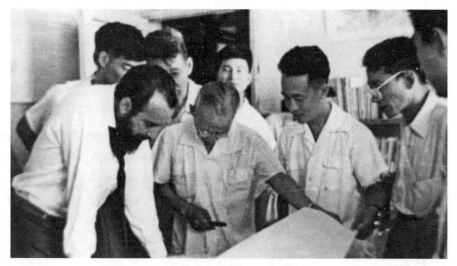

图 8-2-7　竺可桢于 1963 年 6 月 26 日陪同古巴科学院院长西门尼斯参观中国科学院地理研究所地图室（2）

说明：前排左起：1 西门尼斯，2 竺可桢，3 陈述彭，4 黄秉维

引自《黄秉维百年诞辰纪念文集》编辑组编：《黄秉维先生百年诞辰纪念文集》，北京：科学出版社，2013 年，插页。

第三节　对海峡两岸相关地学研究机构发展的影响

如前所述，在1936—1952年史地学系、地理学系16年的办学历史中，地学领域的任教教师（指担任正式教职）约计30人，录取及就读的研究生共计42名（其中毕业计30名），录取及就读的本科生约计452人（其中在本校毕业计241名）；随着教师离职、学生毕业，特别是1952年院系调整之后，绝大多数师生离开浙江大学，分散至全国各地乃至世界各地，继续在各个领域作出自己的贡献。其中，由于特殊的师承关系和调整过程，在大陆地区，史地学系师生主要集中在中国科学院地理研究所及相关地理研究机构（以下简称"中科院系统"）和华东师范大学、南京大学的地学相关院系，且对其发展产生过重要影响，起到了重要作用。在台湾地区，则在张其昀的影响和推动下，诸多史地系师生在台湾的若干高等教育机构任教，对地理学、大气科学等地学的一些主要分支学科的发展，亦做出很大贡献。

一、中国大陆地区

1949年5月竺可桢离开浙江大学，10月中华人民共和国成立后参与组建中国科学院及各研究所。在此过程中，大批史地学系师生进入诸如地理研究所、地球物理研究所（后分出另设大气物理研究所）等中科院系统的机构。1952年院系调整，则将原浙江大学理学院地理学系成建制调整至华东师范大学地理系（实际主要是地理组教师调入），同时，将地质组、气象组教师调整至南京大学地质系、气象系，所有在读学生亦一并调整至南京大学地质系、地理系和气象系。

（一）中科院系统

中科院系统以中国科学院地理科学与资源研究所（原地理研究所和自然资源综合考察委员会）为主，还包括其他研究所及相关一些地方性的研究所。见表8-3-1。

表8-3-1　1949年后在中国科学院系统各研究所任职的史地学系师生一览表（不完全统计）

机构	姓名	说明
中国科学院	竺可桢	1890年生，1936—1949年任浙江大学校长。中研院院士、科学院院士，中国科学院副院长、中央研究院气象所所长。

续表

机构	姓名	说明
地理科学与资源研究所	黄秉维	1913 年 2 月生，1938—1942 年在浙江大学史地系任讲师、副教授。中国科学院院士，中国科学院地理研究所所长、名誉所长。
	陈述彭	1920 年生，1937—1950 年在浙江大学史地系（获学士、硕士学位，后留校任教）。科学院院士，中国科学院地理研究所研究员。曾任地图研究室副主任、地理研究所二部主任、云南地理研究所所长、遥感应用研究所（现为空天信息创新研究院）副所长和名誉所长、资源与环境信息系统国家重点实验室主任和名誉主任等。
	施雅风	1919 年生，1937—1944 年在浙江大学史地系获学士、硕士学位。1980年当选为中国科学院学部委员（院士）。曾任中国科学院兰州冰川冻土研究所研究员、名誉所长，南京地理与湖泊研究所研究员，中国地理学会名誉理事长。
	赵松乔	1919 年生，1938—1949 年在浙江大学史地系（获学士、硕士学位，后留校任教）。历任中国科学院地理研究所副研究员、研究员、研究室副主任、主任。
	沈玉昌	1916 年生，1942 年浙大研究生毕业，获硕士学位。中国科学院地理研究所研究员。负责创建了中国科学院地理研究所的地貌研究室。
	熊怡	1924 年 4 月生，1949 年浙大史地系毕业。中国科学院地理研究所研究员。
	左大康	1925 年生，1949 年毕业于浙大史地系。中国科学院地理研究所所长。
	刘华训	1925 年生，1951 年浙大地理系毕业。中国科学院地理研究所研究员。
	丘宝剑	1925 年生，1949 年毕业于浙大史地系。中国科学院地理研究所研究员。
	黄盛璋	1925 年生，1949 年毕业于浙大史地系，1951 年毕业于浙大中国语文研究所。中国科学院地理研究所研究员。
	文焕然	1919 年生，1939—1946 年在浙江大学史地系获学士、硕士学位。1962年进入中国科学院地理研究所，历任副研究员、研究员。
	郑威	1925 年生，1950 年毕业于浙江大学地理学系。1950—1978 年为助理研究员，从事沙漠、黄土、黄淮海、西藏、海南地理考察，1978—1984 年任副研、室主任，1984 年晋升研究员。
	汪安球	1928 年生，1950 年毕业于浙江大学地理学系。1957 年留苏，获莫斯科大学土壤地理候补博士学位，曾任中科院地理所自然地理研究室主任，中国地理学会化学地理专业委员会负责人。
	孙盘寿	1916 年生，1951 年 2 月，调到中国科学院地理研究所工作，历任助理研究员、副研究员、研究员。
	段月薇	1950 年毕业于浙江大学，先后在中国科学院地球物理研究所、地理研究所工作。
地质与地球物理研究所	吕炯	1902 年生，1947.02—1947.07 在浙江大学任教（兼职）。1949 年之前曾任中央研究院气象研究所所长；1949 年后曾任中国科学院地球物理研究所气象研究室主任。

续表

机构	姓名	说明
大气物理研究所	叶笃正	1916年生，1943年毕业于浙江大学研究院文科研究所史地学部。科学院院士，中国科学院副院长、大气物理研究所所长。
东北地理与农业生态研究所	丁锡祉	1916年生，1942年浙江大学地貌专业研究生毕业。中国科学院长春地理研究所所长。
	黄锡畴	1924年8月，1949年毕业于浙江大学史地系，1958年留学苏联获地理科学副博士学位。曾任中国科学院长春地理研究所副所长、学术委员会主任。
南京地理与湖泊研究所	任美锷	1913年生，1939—1942年在浙江大学史地系任教。科学院院士，中国科学院南京地理研究所所长。
	施雅风	1919年生，1944年获浙江大学研究院硕士学位。科学院院士，中国科学院兰州冰川冻土研究所所长、名誉所长。中国科学院南京地理与湖泊研究所研究员。
成都山地灾害与环境研究所	丁锡祉	1916年生，1942年浙江大学地貌专业研究生毕业。中国科学院成都地理研究所所长。
	王明业	1923年11月生，1949年毕业于浙大史地系。中国科学院成都山地灾害与环境研究所研究员。
西北生态环境资源研究院	施雅风	1919年生，1942年毕业于浙江大学史地系，1944年获浙江大学研究院硕士学位。科学院院士，中国科学院兰州冰川冻土研究所（后为寒区旱区环境与工程研究所）所长、名誉所长。中国科学院兰州分院副院长。
新疆生态与地理研究所	杨利普	1916年生，1942年浙大史地系地理专业毕业，中国科学院新疆地理研究所研究员。
海洋研究所	毛汉礼	1919年生，1943年毕业于浙江大学史地系。科学院院士，中国科学院海洋研究所研究员，副所长。
南京地质古生物研究所	周志炎	1933年生，1950年考入浙江大学地理系就读。科学院院士，中国科学院南京地质古生物研究所研究员。
	吴望始	1951年考入浙江大学地理系就读。中国科学院南京地质古生物研究所研究员，所长。

说明："机构"一栏所列为现名称，"说明"栏中按照任职时机构名称予以说明。

（二）华东师范大学地球科学学部及相关学院、研究院[①]

1952年院系调整，按照最初的调整方案，浙江大学理学院地理学系的师生、设备均调整至新设立的华东师范大学；后考虑到学生培养和专业差别，将在读学

[①] 说明：本节内容主要据华东师范大学及相关院系官网整理，https://www.ecnu.edu.cn/，[2024-05-26]。

生转学至南京大学，地质、气象组教师也调入南京大学；但整体而言，浙江大学地理学系多数教师调入华东师范大学地理系，并成为地理系初期主要的教学力量（李春芬、严钦尚、陈吉余、郑家祥等），李春芬出任地理系主任，严钦尚、陈吉余等也对地学相关专业的发展发挥了重要作用。以地理系为基础，华东师范大学的地学系科逐渐发展、壮大，2014 年 3 月后华东师范大学成立地球科学学部，包括地理科学学院、城市与区域科学学院、生态与环境科学学院和河口海岸科学研究院、河口海岸学国家重点实验室等。

在华东师范大学地球科学学部官网的介绍中，对此亦有明确说明：

> 华东师范大学地球科学历史悠久，底蕴深厚。1951 年，华东师范大学建校伊始就组建了新中国成立后的第一个高校地理系。1952 年，在全国院系调整中，浙江大学地理系并入华东师大，时任浙江大学地理系主任的李春芬教授成为华东师大地理系的系主任。华东师大地理系秉承了竺可桢先生的学术思想及办学理念，汇集了李春芬、胡焕庸等一批著名的地理学家和地理教育工作者，奠定了华东师大地理系在全国地理学科中的重要地位。
>
> 1957 年，教育部批准在华东师大地理学系设立人口地理研究室和河口研究室，分别由胡焕庸和陈吉余担任室主任。1964 年，成立西欧北美经济地理研究室，李春芬担任室主任。1978 年，河口研究室扩建为河口海岸研究所。经教育部批准，1980 年成立西欧北美地理研究所，严重敏教授任所长。1983 年，人口地理研究室扩建为人口研究所。
>
> ……1993 年，地理学系、环境科学系、河口海岸研究所、西欧北美地理研究所、人口研究所和长江流域发展研究院合并组建资源与环境科学学院。……2005 年，西欧北美地理研究所、中国行政区划研究中心、长江流域发展研究院及地理学系的部分教师合并组建城市与区域经济系。同年，河口海岸研究所发展成为河口海岸科学研究院。……2014 年，学校决定撤销资源与环境科学学院建制，联合河口海岸科学研究院建立地球科学学部。下设地理科学学院，城市与区域科学学院，生态与环境科学学院和河口海岸科学研究院。[①]

（三）南京大学地学系科[②]

南京大学（包括其前身的东南大学、第四中山大学、中央大学）的地学系科

---

① 华东师范大学地球科学学部官网，http://dxb.ecnu.edu.cn/18239/list.htm，[2024-05-26]。
② 说明：本节内容主要据南京大学及相关院系官网整理，https://www.nju.edu.cn/，[2024-05-26]。

和教师对浙江大学地学系科最初的建立、发展起到了至关重要的作用，两校的地学具有很深的渊源。1952 年院系调整，虽然主体上浙江大学理学院地理学系调整至新设立的华东师范大学，但后考虑到学生培养和专业差别，遂有所变通，将地质、气象组教师调入南京大学地质系、气象系，并尊重学生意愿，将在读学生全部转学至南京大学的地质系、地理系和气象系。因此，浙大地理系师生，亦对南京大学地学系科的发展作出了显著贡献。

《南京大学地球科学与工程学院院史》对浙大地质组并入所发挥的作用，有明确记述：

> 浙大地质组的并入，使南京大学地质系的师资力量得到加强。首先是岩石学家孙鼐的加盟，使得李学清的沉积岩与孙鼐的火成岩相得益彰，进一步强化了"南矿"特色。其次是浙大地质组应届毕业生胡受奚成为南京大学地质系青年教师，后来成为著名的矿床学家。第三，当原浙大地质组的学生在南京大学毕业时，他们当中不少人由于工作需要而留校执教，如施央申、夏树芳、叶尚夫、陈树盛、陈以洛、罗谷风、沈修志等，后都成为教师中的骨干力量。[①]

2010 年南京大学地球科学系主持编纂的《孙鼐纪念文集》，也有如下的评价：

> 1952 年春，我国高等院校进行全面院系调整，浙江大学地理系的孙鼐教授和助教李行健调至南京大学地质系任教；同时，浙江大学地理系 1950 级和 1951 级两个年级的学生则分别转入南京大学地质、地理、气象系继续学习。其中孙鼐教授的加盟，使南京大学地质系的师资力量得到加强，使得李学清教授的沉积岩岩石学与他的火成岩岩石学相得益彰，进一步突显和强化了"南矿"（南京大学地质系以矿床、岩矿著称）特色。[②]

此外，现南京大学地理与海洋科学学院、大气科学学院，亦在其介绍中提及浙大师生调整入校的情况。

大气科学学院官网的介绍中，提及了竺可桢、涂长望、么枕生等的贡献，这显示出浙大、南大两校该专业在不同历史时期的深厚渊源：

> 南京大学是我国现代气象教育的发祥地。1920 年，竺可桢应郭秉文校长之邀受聘于南京大学前身南京高等师范学校；1921 年，南京高等师范学校改建为国立东南大学，成立地学系，竺可桢任系主任并开始讲授近代气象学课

---

① 王德滋主编：《南京大学地球科学与工程学院简史》，南京：南京大学出版社，2011 年，第 32 页。
② 《孙鼐纪念文集》编辑委员会编：《孙鼐纪念文集》，南京：南京大学出版社，2010 年，第 4 页。

程；1924 年，国立东南大学地学系设立地质、气象、地理三个组，其中气象组成为我国最早的气象学专业；1928 年，国立中央大学成立，地学系内改设为地质矿物门、地理气象门，中央研究院气象研究所在南京北极阁成立，竺可桢兼任所长；1930 年，地学系分为地质学系、地理学系，胡焕庸任地理学系主任，地理学系分设地理、气象两个组；1944 年，气象组从地理学系分出，成立国立中央大学气象系，是我国第一个气象学系，黄厦千任首任系主任。

1949 年国立中央大学更名为国立南京大学，涂长望任气象学系主任。1952 年全国高等学校院系调整，浙江大学和齐鲁大学的气象专业师生并入南京大学气象学系；除气象学专业外，首次在国内高校设立气候学专业。1958 年成立了国内首个大气物理专业。1978 年招收了恢复高考后的第一届本科生和硕士研究生……①

1950 年国立南京大学更名为南京大学。1952 年院系调整，下设 13 个系，气象学系是其中之一，朱炳海任系主任。浙江大学么枕生教授、石延汉教授，齐鲁大学吴伯雄教授等气象方面的教师和学生并入南京大学气象系。除气象学专业外，设立我国最早的气候学专业。气象学专业由徐尔灏教授为主任、黄士松教授为副主任，气候学专业由么枕生教授主持……②

二、中国台湾地区

在中国台湾地区的原浙江大学史地学系师生，1949 年后继续在各自的领域从事学术研究，取得诸多学术成果，并在海峡两岸学术交流过程中，发挥了重要作用。

（一）在台系友的学术成就及在台湾地区学术机构中的任职情况

如前所述，曾经在史地学系任教、就学的系友中，钱穆（1968 年，第七届，人文及社会科学组）、方豪（1974 年，第十届，人文及社会科学组）和郭晓岚（1988年，第十七届，数理科学组）3 人陆续获选为"中央研究院"院士。

1949 年后，台湾地区的地学相关系科在台湾大学、台湾师范大学、中国文化大学等陆续设立；其中，史地学系师生主要在台湾师范大学、中国文化大学等地理学和大气科学相关的机构中担任教职，有些并担任过主要的学术领导职务。张其昀为推动台湾地区包括地学在内的高等教育发展，起到了重要作用。

台湾师范大学的地学系科初设于 1946 年，原称史地学系（1962 年分设历史系与地理系），由史学家李季谷出任第一任系主任（1948 年离任，出任浙江省

---

① 南京大学大气科学学院官网，https://as.nju.edu.cn/xyjj/list.htm，[2024-05-26]。
② 南京大学大气科学学院官网，https://as.nju.edu.cn/lsyg/list.htm，[2024-05-26]。

教育厅厅长，并于 1948.08 被史地学系聘为兼任教授），1949 年沙学浚（第三任，1949.08—1971.07 在任）、1971 年贺忠儒（第四任。原为史地学系本科生，1941.08—1946.07 在读）等先后出任系主任。此外，姚国水（原为史地学系本科生，1940.08–1944.07 在读）曾在该系任教。

本校前身台湾省立师范学院于 1946 年 6 月 5 日成立时，即设置史地学系。首任系主任由院长李季谷先生兼任，1948 年由谌亚达先生承接为第二任，1949 年由沙学浚先生继为第三任。1962 年史地学系扩成历史与地理两学系，1967 年 7 月 1 日本校改制为台湾师范大学，地理学系仍隶属文学院，仍由文学院院长沙学浚先生兼任系主任。1970 年 8 月本系成立地理研究所，由刘衍淮先生出任所长。1971 年 8 月沙院长为专心推展院务，系主任一职由贺忠儒先生承接，1973 年 8 月刘鸿喜先生接任研究所所长。[①]

关于沙学浚 1949 年后的学术经历，有关材料这样记述：

1938 年 8 月，[沙学浚]学成归国，由邹鲁推荐到中山大学地理系任教，不久回故乡任江苏省地政局副局长，并在中央大学兼课。1937 年抗战爆发，沙学浚携眷直达重庆，应聘于北碚复旦大学任史地系教授兼系主任。战争期间，经常在《大公报》撰写星期论文，1938 年曾发表《论大学教育之改造》，有识之士多有同感。1939 年，二次大战爆发，苏俄入侵芬兰，12 月 4 至 6 日，沙学浚于《大公报》发文《苏芬关系之地理背景》，详细剖析了战争之地理因素。1940 年，沙学浚以国人不重视中学地理此一大隐忧，撰文《中学地理的教材、教具与教法》发表于《教育心理研究》月刊，大声疾呼中学地理的重要性。1941 年，应恩师张其昀之邀，转赴贵州遵义之浙江大学史地系任教，讲授"中国区域地理"、"政治地理"、"地图学"等课程。1942 年秋，沙学浚就任重庆国防研究院研究委员，兼任中央大学史地系教授。抗战胜利后，沙学浚随中大复员南京，专任地理系教授，先后同事有缪凤林、胡焕庸、沈刚伯、李旭旦、李海晨、涂长望等。1947 年，沙学浚兼任中央大学训导长。

1949 年沙学浚任台湾师范大学地理学系教授兼系主任，沙学浚主持系务期间，聘请大陆来台著名史地学者，师资阵容坚强，使师大地理学系成为当时台湾首屈一指的系所。1961—1962 年应聘到香港联合书院史地学系任客座教授，1964—1965 年，任新加坡南洋大学地理学系教授。1966 年去巴西里约

---

① 台湾师范大学地理学系官网, https://www.geo.ntnu.edu.tw/index.php/about/, [2024-05-26]。

热内卢参加国际地理学会第十八届大会，宣读论文《中国历史上的三个中极区域》，颇获好评。

1963—1972年在台湾师大期间，沙学浚曾先后担任教务长及文学院院长，也曾在台湾大学地理学系、革命实践研究院、中国文化大学地学研究所兼任教授、国防研究院讲座……[1]

中国文化大学由张其昀创建。1963年8月设中国文化学院大学部地学系（分地理组与大气组），1970年8月地学系分为地理学系与气象学系；1980年8月中国文化学院改制为中国文化大学，仍设地理学系、气象学系等。研究生教育则开始稍早，于1962年设中国文化研究所地学门硕士班，1963年8月设中国文化学院地学研究所硕士班，1967年设博士班；1980年8月设中国文化大学地学研究所硕士班、博士班。张镜湖（1927.03.18—2019.11.25）于1985年在张其昀逝世后回到中国台湾，担任中国文化大学董事长（张镜湖为张其昀之子，史地学系本科生，1944.08—1948.07在读，学号33061），宋晞、程光裕、姚国水等史地学系校友多人在中国文化大学任职，沙学浚等也曾经担任过兼职教授（1965—1966）。[2]见图8-3-1。

图8-3-1　1965年张其昀（右）与谢觉民（左）在中国文化大学（时称中国文化学院）

① 台湾师范大学地理学系官网，http://www1.geo.ntnu.edu.tw/retired—professors/01—1974—Prof—Sha/01—1974—Sha—Hsueh—chuen.htm，[2024-05-26]。

② 中国文化大学地理学系官网，https://geography.pccu.edu.tw/p/412-1124-83.php?Lang=zh-tw，[2024-05-26]。

　　1963 年 3 月，部分原浙江大学史地学系校友在台北聚会，会后编辑出版了谢觉民等主编的《国立浙江大学史地系成立二十五周年纪念集》。在该纪念集的最后，收录了一份当时在中国大陆以外地区的史地系毕业同学通讯录，兹转录如下，见表 8-3-2：

表8-3-2　《国立浙江大学史地系成立二十五周年纪念集》所载在中国大陆以外地区的史地学系校友的通讯地址[①]

姓名	通讯地址
谢觉民【26045】1937.08 后入学	Mr. Chaio—min Hsieh, 9819 Arbor Hill Drive, Silver Spring, Md., U.S.A.
张效乾【28062】1939.08 后入学	台北市泉州街九巷六号
蒋以明【28086】1939.08 后入学	Mr. I—min Chiang, 508 W., Green Street, Urbana, Ill., U.S.A.
李敦仁【28736】1939.08 后入学	Dr. Dun—Jen Li, c/o Dr. Chaio—min Hsieh
王省吾【29003】1940.08 后入学	台北市浦城街十六巷四号
沈雅利【29032】1940.08 后入学	彰化省立彰化女子中学
程光裕【29065】1940.08 后入学	Mr. K. Y. Cheng, 4A Lorong 104 Chomgi Road, Singapore 15.
姚宜民（又名姚懿明）【29055】1940.08 后入学	Mr. Augustine Y. M. Yao, c/o Dr. Chaio—min Hsieh
姚国水【29056】1940.08 后入学	Mr. K. S. Yao, P. O. Box 2149, Stanford, Calif., U.S.A.
程蕴良【29648】1940.08 后入学	台北市新生南路二段十六巷十三号
戴贞元【29052】1940.08 后入学	台南市省立第一中学
徐圣谟【29651】1940.08 后入学	阳明山国防研究院
谢文治【29063】1940.08 后入学	阳明山国防研究院
阚家蓂【29046】1940.08 后入学	Mrs. C. K. Hsieh, 9819 Arbor Hill Drive, Silver Spring, Md., U.S.A.
石剑生【30072】1941.08 后入学	台北市建国北路九十四巷三十六号

[①]　资料来源：谢觉民等撰：《国立浙江大学史地系成立二十五周年纪念集》，台北：私立中国文化研究所出版部，1963 年，第 79—81 页。

续表

姓名	通讯地址
宋晞【30013】1941.08 后入学	台北市信义路四段二巷 49 弄 13 号之二
司徒钜勋【31074】1942.08 后入学	Mr. Paul Szto, 82—35 Main Street, Jamaica 35, N.Y., U.S.A.
贺忠儒【30110】1941.08 后入学	Mr. Ho Chung—ru, Department of Geography, Nanyang University, Jurong Road, Singapore, 22.
阚纫琼【31126】1942.08 后入学	Mrs. Yenking Wang, 4 Sedgmick Road, Cambridge 35, Mass, U.S.A.
桂永杰【31064】1942.08 后入学	Mr. Y. C. Kwei, 1410 Brooklyn Ave., Brooklyn 10, N.Y., U.S.A.
许道慧【32067】1943.08 后入学	Mrs. Doo I—Chen, Dabbous Building, Sidani Street, Ras Beirut, Lebanon
杨予六【32066】1943.08 后入学	台北县木栅礼贤路六十六号
夏穑滋【33068】1944.08 后入学	台北大直安路 501 巷 11 弄 15 号
张镜湖【33061】1944.08 后入学	Dr. Jen—hu Chang, 1750 Young Street, Honolulu 15, Hawaii
屈彦远【33069】1944.08 后入学	Mr. Richard Y. Chu, 600 W. 113th Street, Apt. 11—C, New York 25, N.Y., U.S.A.
李桂珍【34632】1945.08 后入学	台北市新生南路一段九十七巷六号

说明：此表中的通讯地址为 1963 年前后情况，人名后的学号和入学时间为编者所加。

（二）在台系友积极参加海内外的学术交流活动

姚宜民、谢觉民、张镜湖等史地学系校友，不仅自身在学术上取得突出成就，亦在中国与西方国家的学术交流过程中，曾经做出过重要贡献。

姚宜民（原名姚懿明），是世界著名的农业气象学家，并致力于推进中美两国文化教育交流。1985 年 12 月不幸逝世后，夫人范令云女士及子女等遵照姚宜民的遗愿，慨然将纪念基金移赠母校浙江大学，设立"姚宜民奖学金"。姚宜民生平如下：

> 世界著名的农业气象学家姚宜民博士（原名姚懿明），于 1985 年 12 月 28 日晨突患心脏病，急救无效，不幸逝世，享寿 66 岁。由黄云潮教授为主席的姚宜民博士治丧委员会，于 1986 年 1 月 4 日在华盛顿举行追悼会，参加者二百余人。中国驻美大使韩叙代表祖国政府致恳切追悼词。吴京生教授述其生平，任之恭等多位教授致哀词。还收到来自世界各地的唁电多份，其中包

括国家气象局邹竞蒙局长、中国科学院叶笃正教授发来的唁电，均向姚宜民夫人范令云女士和他们的子女及亲属致诚挚的慰问。在庄严的葬礼中，宜民安息于华盛顿郊外宁静的墓园中，与我们永别了。

宜民 1918 年出生于安徽省含山县，1944 年在国立浙江大学史地学系毕业，获学士学位；1944—1946 年间，在印度和缅甸担任盟军气象工作；1948 年在上海龙华机场任气象预报主任；1949 年在广州中国航空公司任气象工作；1951 年任台北中山机场气象台台长。1956 年获美国衣俄华州立大学农业气象硕士学位，之后，任台湾气象局研究所主任。1958 年，在美国与范令云女士结婚，开始美满家庭生活。1963 年在美国衣俄华州立大学获农业气象学博士学位，之后，加入美国商业部环境科学服务总署 (ESSA) 作气象学研究；相继在美国海洋大气管理局 (NOAA) 任高级科学家，研究气候在经济上的价值问题，有卓越的贡献。1978 年荣获美国商业部金奖章，称道一时。

中美邦交正常化之后，在 1979—1980 年间，中美政府数次气象技术合作谈判中，宜民任美方代表成员之一；他对双方友好协商、迅速达成协议，起了良好的桥梁作用。功绩甚伟，引起中美气象界的敬佩。宜民发表农业气象论文多篇，为有名的世界气候学丛书 (World Survey of Climatology) 中贡献了中国气候学一章，颇受国际重视。宜民是美国气象学会 (AMS)、美国农艺学会 (ASA) 以及华盛顿京城科学院 (WAS) 等的会员。

宜民的贡献不限于科学事业。他热爱祖国，为祖国四化出力的事迹，在华人和华侨中广为传颂。正如韩叙大使在悼词中所称：

"宜民先生努力推进中美两国文化教育交流。他不辞辛劳，热情接待祖国派遣来美的学者、留学生，在学业上谆谆教导，在生活上无微不至地照顾，使这些学者、留学生很快适应环境，专心致志于学习。宜民先生为祖国培养四化建设人才作出了宝贵的贡献。"

"宜民先生为人正直，待人诚恳，热心于华人社团事业的发展，他曾代表美京华人各界联合会，参加筹备迎接几位中国领导人的访美事宜。他脚踏实地，细致周到，为中美两国人民的友谊，为沟通华人与祖国亲人的关系，发挥了重大的作用，赢得了华人、华侨的尊敬。"①

与姚宜民同为史地学系 1940 级同学的杨竹亭【29696】，于 1996 年撰文，对

① 张捷迁：《深切怀念姚懿明博士》，载《气象》1986 年第 6 期，第 23 页。

姚宜民的生平和贡献有较为细致的介绍（见图 8-3-2）：

我和姚宜民相识于 1940 年，共同经历抗日战争的艰苦岁月。那时他刚从为流亡学生设立的国立八中毕业，考入浙大史地系，靠国家的贷金和在校工读维持生活。我和他先在离遵义 72 公里的永兴场分校就读一年级，后来又同在遵义读史地系直到毕业……

浙大毕业后，他由竺可桢校长介绍去重庆中国航空公司珊瑚坝机场气象台任预报员，后来为了适应抗日战争需要，去印缅边境盟军联合司令部一个临时机场任气象员，直到战争结束……

1948 年调回国内，先担任上海龙华机场气象台预报室主任，不久调台湾中航公司气象台工作。解放以后，我和他失去了联系，中断往来达 30 年之久。

我重新获得姚宜民的信息是在中美建交以后，浙大校友谢觉民夫妇回国探亲讲学的那年。从他们口中，我得知姚宜民已在美国荣获气象学博士学位。于是设法联系，终于在 1984 年与他建立了通讯关系……

第二年国庆过后，他如约来沪。……他回忆在台湾中航时的工作情况。那时浙大地下党负责人吕东明学长正在台湾负责党的工作。他说许多秘密文件和宣传品都是通过香港航空公司工作的另一同系同学陈耀寰兄由飞机送给他，再由他送给东明。他成了实际的地下交通员。后来吕东明在紧急关头撤离台湾，也是在他的精心掩护下安全返回大陆的。那位与他联系的陈耀寰学长，后来在香港发动了历史上著名的两航起义后，也返回大陆。从此新中国创建了自己的民航。谈到这些，姚宜民悠然神往，颇为自得。

两航起义以后，姚宜民也离开了中航，进台湾气象局任预报科长。1954年初以优异成绩考取联合国主持的农业气象留美硕士研究生奖学金，进入美国衣阿华州立大学气象研究所。两年后获农业气象硕士，回台任台湾气象局研究所主任。1958 年接受美国导师的一笔奖学金，又去美国攻读博士。……1963 年他荣获农业气象学博士学位。

从此他进入美国科学社会，并成为美籍华人。他先在美国商务部环境科学服务总署（ESSA）担任气象科学研究工作，后来又在国家海洋大气局（NOAA）担任研究工作。他在一项"气候的经济价值问题"的研究工作中因成绩卓著，于 1978 年荣获美国联邦政府商业部金质奖章。并因此升任国家海洋大气局的高级农业气象专家。

姚宜民在美国农业气象科学方面有崇高的声望，著名的《世界气象学丛书》

(World Survey of Climatology)一书中"中国气候学"一章就是他撰写的，并得到国际学术界的重视。他是美国著名学术团体美国气象学会(AMS)、美国农业学会(ASA)和首都科学院(WAS)等组织的会员。他的许多论文，大多发表在这些团体的年会或会刊上。

　　姚宜民又是一个爱国的美籍气象学家，他心中一直系念着祖国。中美邦交正常化以后，为开展两国在气象科学方面的合作，他作为美国方面代表团的成员，参加了多次谈判和磋商。由于他的特殊影响力，中美双方达成了多项协议。……他多次返回祖国，为促进中美两国气象学家之间的友谊和合作而奔波，并将他的专长无私地传授给同行，为祖国气象事业作出了积极的贡献。①

图 8-3-2　1984 年 10 月，姚宜民（中）与郑士俊（左）、杨竹亭（右）在上海人民公园合影。引自郑士俊：《为祖国奉献出一颗赤子之心的姚宜民》，载浙江大学校友总会编：《浙大校友（89 下）》，杭州：浙江大学出版社，1989 年，第 219—224 页。

----

① 杨竹亭：《华裔赤子，情系神州——美籍华人姚宜民博士》，载杨竹亭编著：《求是先哲群英传》，杭州：浙江大学出版社，1996 年，第 169—174 页。

谢觉民是浙江上虞人，生于 1918 年 7 月。1938—1942 年就读于浙江大学史地学系（学号：26045），1942 年 6 月毕业后，"因学习成绩优异，承张其昀先生的正式函介绍，又承叶良辅先生郑重推荐给李承三先生，同时地理研究所所长黄国璋先生与谢觉民的胞兄在北京师范大学有同事之谊，所以谢觉民得以入地理研究所工作"[1]。1946 年任台湾师范学院地理系讲师；1948 年获得当时教育部公费留学资格，至美国雪城大学地理系留学，并于 1953 年获得博士学位（同年，同为史地学系校友的谢觉民夫人阚家蓂女士（学号：29046）亦毕业于同校同系，获得硕士学位）。谢觉民获博士学位后，曾任教于美国哥伦比亚大学、天主教大学、匹兹堡大学及英国里治大学等，后为匹兹堡大学终身教授。谢氏亦为北京大学客座教授、香港大学名誉教授。北大设立了"谢觉民人文地理学基金"，以奖励后进，推动人文地理学的发展。其著作极为宏富，在英国出版之《宝岛台湾》英文版，被美国图书季刊评为年度最佳科学丛书。另出版有大学教科书及地图集等，《纽约时报》曾数度评其为佳作。

1979 年后，谢觉民和夫人阚家蓂多次到访大陆，与中科院地理研究所及北京大学、浙江大学等建立了密切的学术联系，为改革开放初期中国人文地理学的恢复和发展作出了重要贡献。

> 1979 年 11 月，谢觉民和夫人有了返回祖国的机会。……此次行程遍布北京及上海、杭州、绍兴、上虞等地，与胞兄好友、上虞同乡胡愈之先生及胞妹同学胡子婴女士晤面，亦得识荣毅仁、卢绪章等，史学家顾颉刚率女儿前来旅舍相见，亦与前同事、今在北大工作的林超及地理所所长黄秉维会面。在上海还见到了复旦大学的谭其骧教授及浙大的谈家祯教授等。[2]
>
> ……谢觉民首创中美暑假地理讲习学校，由美国教育基金会资助，先后在延边大学、北京大学、河北师范大学举行暑期讲座班。各有讲演论文集出版。
>
> 1980 年，谢觉民计划利用暑假组织美国学生来华学习一周。事尚属初创，而且长途跋涉，费用甚高，颇费周折。后承祖国教育部、旅游局的帮助，首先在一南一北两间学校联系成功。南为浙江的杭州大学，北为河北石家庄的河北师范大学。学习期为四周，上午习汉语，下午习社会科目，如中国历史、

---

[1] 于希贤、于洪、于涌著：《走进地理生涯——旅美地理学家谢觉民传》，太原：山西人民出版社，2010 年，第 40 页。

[2] 于希贤、于洪、于涌著：《走进地理生涯——旅美地理学家谢觉民传》，太原：山西人民出版社，2010 年，第 100 页。

地理、绘画等，周末访问农村及工厂，最后一周作邻近地区旅游。此计划对中美文化交流影响深远。①

……美国的富布赖特有国际学者交换计划，赴中国的名额不足5名，而申请者竟达数百人，谢觉民幸运入选，为美国国务院所派前往中国讲学的第一人，为期1年，妻子阚家蓂同行。首先在北京大学讲人文地理10讲，由该校林超教授主持，以后以此讲演稿为蓝本，写成《人文地理学》，由北京友谊出版社于1992年出版。之后又访问了上海华东师范大学、广州中山大学，亦去过昆明、成都等地。

1993年，北京大学向谢觉民颁赠"荣誉客座教授"称号，并成立了"谢觉民人文地理学基金会"。1994年谢觉民又飞北京、云南、四川，赴重庆大学、西南师范学院、南充师范学院及四川大学讲授人文地理。1995年与阚家蓂合著《中国分省地图集》，在美国出版。②

谢觉民亦多次访问浙江大学，并受聘为原浙江大学地质学系、地球科学系的兼职教授。

张镜湖为国际知名的气象学家。1948年获浙江大学史地系地理组学士，1954年获美国克拉克大学地理学博士。1953年担任约翰霍普金斯大学微气候研究所研究员，1954年转赴美国哈佛大学蓝山气象研究所，负责全球土壤温度变化与分布之收集研究计划，完成 Ground Temperature 报告，由哈佛出版社出版。1958年参加威斯康辛大学所作美国最早太空气象观察仪器之研究。1959年获聘为夏威夷大学副教授，同年获美国地理学会期刊之聘，担任八位编辑委员之一。1968年出版 Climate and Agriculture 一书，Science 杂志刊登书评，颇获好评。1973年出版 Atmospheric Circulation Systems and Climates 一书，成为美加多所大学研究所教材。1972年，加拿大维多利亚大学聘为特约讲座；1973年，世界银行聘请担任巴西贝伦研究所顾问，协助该国政府规划亚马逊河开发计划；1978年荣获美国主要地理杂志10年内发表论文篇数第二名殊荣。1981年，获联合国教科文组织聘为"热带水文与气候委员会"召集人，于巴黎召开会议，共同编撰出版 Hydrology and Water Management in the Humid Tropics 一书。另曾担任夏威夷糖业研究所农业气候

① 于希贤、于洪、于涌著：《走进地理生涯——旅美地理学家谢觉民传》，太原：山西人民出版社，2010年，第106页。
② 于希贤、于洪、于涌著：《走进地理生涯——旅美地理学家谢觉民传》，太原：山西人民出版社，2010年，第105—106页。

所主任、夏威夷大学教授、香港中文大学及新加坡南洋大学校外考试委员、台湾大学及师范大学客座教授等职。

张镜湖在海峡两岸学术交流过程中，曾经发挥过重要作用。由于史地学系师生 1949 年后分处海峡两岸的特殊学缘，1989 年 6 月 10 日，在时任中国文化大学董事长张镜湖的推动和促成之下，赵松乔突破了海峡两岸 40 余年学术界相互隔绝、没有交流的局面，到访台湾，成为两岸学术交流第一人。见图 8-3-3。对此，赵松乔的女儿在其《质朴坚毅——地理学家赵松乔》一书中，有专节作了详细记述：

> 目前在以"台湾海峡两岸大事记"为题材的文献资料或访谈中，1989 年的大事之一，就是"6 月 10 日，中科院地理所赵松乔教授抵台，成为大陆杰出人士访台第一人"之类的记载。这件事对赵松乔而言，使他能再次与恩师进行精神、思想交流，因为恩师此时已辞世 4 年了；也是与师弟张镜湖携手共同促进海峡两岸文化交流的开端。对中国现代史来说，此事记载国共两党自 1949 年后重启文化交流的开始，而开启契机的人就是台湾文化大学董事长张镜湖。张董事长认为，"海峡两岸关系之改善，有赖于文化之交流与坚凝，而非政治意识之对立，此亦为本校追求重要目标"（原注：张镜湖：《中国文化大学办学理念与特色》，载《中国文化大学发展史》，台北：中国文化大学华冈出版部，2002 年，第 4 页）……
>
> ……1979 年大陆对外开放，赵松乔重又赴美，他们曾先后在华府和夏威夷大学相逢。1988 年底，张董事长将赵松乔的资历报台湾教育事务主管部门审查，经核准后，于次年 4 月发出正式邀请函。
>
> 赵松乔在收到邀请函后，即向中国科学院地理研究所提出申请。赵松乔在申请书中提到他访台的三个目的：（1）希望参观几所台湾的大学，以了解台湾地学教育的情况；（2）为将要着手撰写的《中国农业》，收集台湾"精致农业"的资料；（3）参观台湾生态环境，以为开发海南岛的参考。申请书经层层审核后得到批准……
>
> 1989 年 6 月 10 日下午 4 时 06 分，赵松乔乘坐国泰 406 班机从香港飞抵台北桃园机场。台湾文化大学张镜湖董事长亲自到机场迎接，并安排下榻于家中。台湾主要媒体以"第一位大陆杰出人士来了！地理学者赵松乔今抵台"为题报道。6 月 17 日，《人民日报》也以"大陆学者赵松乔赴台访问"为标题报道了此消息。
>
> 赵松乔抵台第二天就在张董事长的陪同下，到文大"晓园"——恩师张

其昀墓地祭拜，之后参加文大 1989 年度毕业典礼。午宴后随张董事长同去问候龚师母柏英，叙谈旧事。

图 8-3-3　1989 年 6 月 11 日，赵松乔在张镜湖的陪同下，在台北中国文化大学校园内的晓园拜谒张其昀先生墓地。引自赵旭沄著：《质朴坚毅——地理学家赵松乔》，北京：商务印书馆，2016 年，插页。

6 月 12 日起，赵松乔开始参观访问台湾文化大学、台湾大学和台湾师范大学 3 所学校，并各为 3 校的地理系做专业的学术讲演，内容以中国的资源环境、干旱区的自然特点和经济开发为主题。师生们踊跃参加并热烈地提出问题讨论，这使得赵松乔情绪非常高昂。在文大演讲时，一位教授打趣说道："本以为赵松乔是个翩翩少年，没想到今日一见，竟已老当益壮。"引起会场一片笑声，由此可见，讲者和听者之间的互动是多么的和谐和活络……

赵松乔为期 15 天的访台之旅，不仅是在学术研究方面，而且在民间交流方面，对促进海峡两岸情感交融与相互了解，都有很大的贡献。……[1]

---

[1]　赵旭沄：《质朴坚毅——地理学家赵松乔》，北京：商务印书馆，2016 年，第 197—201 页。

赵松乔的访台，打破了两岸学术交流的坚冰，对两岸关系的进展具有重大意义。2013 年秋季，中国地理学会在北京举办了纪念赵松乔访台 25 周年讨论会；2014 年夏天，台湾文化大学理学院地学研究所又在台北阳明山上举办了"赵松乔博士访台文化交流 25 周年纪念学术研讨会"。[①]

21 世纪以来，张镜湖也曾经多次以中国文化大学董事长的身份来浙江大学交流或在台湾接待浙大方面的参访。2006 年"5 月 20 日下午，浙江大学与中国文化大学校际合作签约仪式在黄龙饭店世贸丽晶城欧美中心举行，浙江大学常务副校长倪明江与中国文化大学董事长张镜湖共同签署了两校校际合作协议，中国文化大学是继成功大学之后与浙大签订校际协议的台湾地区高校"[②]。2012 年"11 月 19 日，由浙江大学出版社出版的《孔学今义》英文版新书首发式在浙大紫金港校区西部院综合楼举行。《孔学今义》作者张其昀之子、中国文化大学董事长张镜湖先生一行 30 余人出席首发式，浙大副校长罗卫东代表学校与中国文化大学互赠纪念品"[③]。

"2016 年 6 月 28 日，浙江大学副校长、校友总会常务副会长罗卫东访问台湾之际，看望中国文化大学董事长张镜湖先生，与先生就书稿出版的事宜进行详细的交流和探讨。先生见到母校校长如见亲人一般，非常激动"：

> 1985 年，张其昀去世后，他接任中国文化大学董事长一职至今，年近九旬，仍亲理校务。他对母校浙江大学的感情至深至诚，时刻关注动向，为她的每一个进步而激动。毕业近七十年的老人，居然能一口气把校歌唱下来。说到当年教他国文的郭斌龢、王驾吾等老师的轶事，如数家珍。[④]

令人遗憾和感喟的是，当时的报道中，还提及"目前，在台北还有几位亲历过西迁的老校友，而九十岁的张镜湖算是最年轻的了！"但 3 年之后，2019 年 11 月 25 日，张镜湖先生亦在台北告别人世。至此，在海峡两岸及世界各地仍健在于世的亲历过西迁的浙江大学老校友，包括史地学系系友，可能大多数都已经离开了人世。

---

① 赵旭沄：《质朴坚毅——地理学家赵松乔》，北京：商务印书馆，2016 年，第 200 页。
② 《浙江大学与中国文化大学签署校际合作协议》。见：http://zuaa2011.zju.edu.cn/news/view?id=867，[2024-05-26]。
③ 《〈孔学今义〉英文版在浙大首发》。见：http://zuaa2011.zju.edu.cn/news/view?id=3849，[2024-05-26]。
④ 《浙大副校长罗卫东看望台湾张镜湖先生》。见：http://zuaa2011.zju.edu.cn/news/view?id=6311，[2024-05-26]。

第四节　先生之风，山高水长——永远的史地学系，永恒的"求是精神"

1949 年和 1952 年，在时代变革的影响之下，老浙江大学的史地学系和地理学系先后撤销，淡出人们的视野。师生或由于各自信念、理想而主动选择，或由于身不由己而被动接受，或去或留，各有所归，各自之后的人生际遇也都有了很大的不同。但无论时代如何变迁，也不论其各自所选择的人生道路怎样，绝大多数史地学系的师生，都能够谨守母校"求是精神"和母系"只问耕耘，不计收获"的教诲，坚持操守、努力向学、恪尽职责、奉献国家，投身于探求未知和文化传承，服务于民族复兴和社会进步，在各个方面都做出了自己的贡献，也在历史的长河中留下了老浙大史地学系群体独特而厚重的印记。他们的理想和实践，追求和精神，都值得后来者思慕、怀想、感念、铭记。

最后，在本章的结尾，让我们再次重温老浙大史地学系的创立者竺可桢、叶良辅、张其昀等先生在不同时期对浙江大学及其史地学系学子的谆谆教诲，至今仍不失其启发意义。这些，亦是对浙江大学和史地学系的精神、追求和使命的概括，是对后辈学人治学和为人的要求，值得一代代后学铭记和践行。

1939 年 2 月 4 日，竺可桢在广西宜山，对一年级新生的讲话中，把浙大精神，概括为"求是"与"牺牲"，见图 8-4-1、图 8-4-2：

图 8-4-1　竺可桢先生像及"求是精神"题字

图 8-4-2 《国立浙江大学校刊》复刊第 12 期（1939 年 2 月 20 日）所载竺
可桢《求是精神与牺牲精神》（部分）。引自《国立浙江大学校刊》复刊第
12 期（1939 年 2 月 20 日）。

求是精神与牺牲精神（摘录）

所谓求是，不仅限为埋头读书或是实验室做实验。求是的路径，《中庸》
说得最好，就是"博学之，审问之，慎思之，明辨之，笃行之"。单是博学、
审问还不够，必须审思熟虑，自出心裁，独著只眼，来研辨是非得失。既能
把是非得失了然于心，然后尽吾力以行之，诸葛武侯所谓"鞠躬尽瘁，死而
后已"，成败利钝，非所逆睹。

你们要做将来的领袖，不仅求得了一点专门的知识就足够，必须具有清
醒而富有理智的头脑，明辨是非而不徇利害的气概，深思远虑，不肯盲从
的习惯，而同时还要有健全的体格，肯吃苦耐劳，牺牲自己，努力为公的
精神。[1]

---

[1] 竺可桢：《求是精神与牺牲精神》，原载《国立浙江大学校刊》复刊第 12 期（1939 年 2 月
20 日）；又载李絜非编纂：《浙江大学西迁纪实》，宜山：国立浙江大学，1939 年，附录部分，
第 16—23 页。

　　1947 年，叶良辅在其为祝贺自己的老师章鸿钊先生七十寿辰而写的《老师作育的成功》一文中，将地质调查所时期章鸿钊、丁文江、翁文灏三位先生的风范以及对后学的影响做了总结，这些，既是叶良辅本人在自己的工作中所遵循的为人、治学的准则，亦为其在史地学系 11 年的教学科研实践中所身体力行，实际上是叶良辅先生对史地学系学生的治学与为人之道的要求和期望（见图 8-4-3）：

图 8-4-3　叶良辅先生像及所撰《老师作育的成功》（部分）

老师作育的成功（摘录）

　　某次，在浙大史地学系毕业生欢送会上，我对学生说：我们教导诸君，有否成功，要看诸君毕业之后，做人做事的成绩如何。诸位的成绩，远在若干年之后才可明白，所以我们是否成功，亦须等到若干年之后，才见分晓。现在试回看我们的老师，和做学生的我们自己如何。……

　　毕业以来，已经卅余年，年纪又多是五十左右了，我们做事做人的情形，理应有些可说，从而可以判明老师作育的成功。

　　就学术成绩言，这班人是调查本国地质矿产的先锋队。带了极简单的设备，遍地满山跑，真是筚路蓝缕，以启山林。惟其是冲锋创业，所做工作，不免多而欠精；走了许多冤枉路，徒耗精神体力。幸而积年累月的结果，斐然可观，精粗咸备，确为地质矿产事业，奠定了基础。有几位曾获得出国进修的机会，回国后贡献尤多，至今还领导着后起之秀，不断地在奔走研究，也有不辞清苦，为教育青年而努力的。合起来看，大家对诸位老师，总算有交待。

　　再讲到为人之道，这些人自有其特征：奉公守法，忠于职务，虚心容忍，与人无争，无嗜好，不贪污，重事业，轻权利。所以地质调查所内部，颇富于雍雍和睦与实事求是的风气，从未有恭维迎合、明争暗斗、偏护猜忌的那些衙门恶习。后进人才，也跟了同化。其后我们分散到其他机关，这些习尚，也带了过去。这是大有助于事业进步的一因素。我并非说，个个人具有这些特性，但合起来看，这些特征，极其显著。

领导我们的老师是章、丁、翁三先生。他们极少用言辞来训导，但凭以身作则来潜移默化……[①]

1963年，张其昀在其为《国立浙江大学史地系成立二十五周年纪念集》所写的"序言"中，对史地学系的传统、追求，亦有概括和说明（编者将下文摘引的部分另加标题为"知行合一，服务、贡献"），见图8-4-4：

图8-4-4　张其昀先生像及所撰《求是精神》（部分）。引自《读书通讯》创刊号（1940年），第3页。

知行合一，服务、贡献（摘录）

法国地理学家白吕纳（Jean Brunhes）曾说："二十世纪学术上最大的贡献，是史学精神与地学精神的综合。"盖一为时间的演变原则，一为空间的分布原则，两者相合，方足以明时空之真谛，识造化之本原。史地学系创立的宗旨在此。综合是我们目的，分工是我们的方法。本系不但史、地分为两组，与他校独立成系者课程相仿；到了研究所则分析更细，例如地学门，又分为地形、气候和人文地理三组。但是我们认为史学组的学生能够练习野外习察的方法，地学组的学生能够练习整理文献的方法，都是终身受用不尽的。当然，

[①]　叶良辅：《老师作育的成功》，载《地质论评》第12卷第1—2期合刊（1947年），第71—72页。

史学精神与地学精神，演变原则与分布原则，也是任何其他学问所不容忽视的。大学之所以为大，就在于网罗百家，囊括大典，发生了交光互影、沾溉无穷的作用；又从不同学术的边际上，发生了异军突起、创造发明的功效。……

每一学校都有其学风，每一学系都有其传统，浙大史地系历史虽短，未尝不有其理想。在胜利复员时，我校为文理学院添建两所大楼，连原有校本部大楼，分别称为阳明馆、梨洲馆、舜水馆，以纪念明代浙东王阳明、黄梨洲、朱舜水三大哲人，这显然含有鼓励后进的意义。阳明学说，注重笃行。他以为博学审问，慎思明辨，应以笃行贯通之，是即知行合一之学说。凡此心信其为是为善者，不问如何困难，当断断乎行之，勇往直前，百折不回，精神何等痛快！……

浙大并非一地方性的学府，它的师生来自全中国各省市。浙东学术的影响所及，亦不仅限于全民族，而且具有世界的意义。浙东学者"言性命者必衷于史"，其意以为科学与哲学必须互为表里。我们要有极笃实的科学功夫，日新又新；又要有极超旷的哲学修养，深根固蒂，以为安心立命之地。古人所谓"学者必先识仁"，又曰："先立乎其大者"，即是此意。我们之胸襟，要坦坦荡荡，上下与天地同流；判然于生死之分，泊然于生死之外；更有何于小利小害，患得患失之见。必如是，方能鼓励我们这一代青年顶天立地，继往开来，毕生勤勤恳恳，[保持]为着工作、服务、贡献而努力不懈的勇气。①

---

① 张其昀：《〈国立浙江大学史地系成立二十五周年纪念集〉序》，载谢觉民等撰：《国立浙江大学史地系成立二十五周年纪念集》，台北：私立中国文化研究所出版部，1963年，第1—6页。

附　录

附录一　浙江大学地学发展大事记
（1897—1952）

说明：

（1）本"大事记"除按年选录浙江大学不同时期地学系科有关事项外，也择要选录学校层面若干事项，以明影响地学系科发展的相关背景或因由。为示区别，学校层面事项以宋体字排印，地学系科事项以仿宋体排印。

（2）所记事项均按照时间先后排列。若干具体时间模糊的，分为下列几种情况处理：若是该学年第一学期起发生的，排在当年8月后；若是该学年第二学期起发生的，排在下一年2月后；若干无明确学期的，排在当年6月后（可确定发生于上半年）或12月后（可确定发生于下半年或无法确定年内何时发生的）。

（3）以下各条事项依据，因资料来源较为庞杂，且多数在正文中相关部分有所说明，故本处不再列出。

一、地学系科设立之前（1897—1935）

1897 年（清光绪二十三年，农历丁酉年）

5月，求是书院创办。5月21日（农历四月二十日），求是书院正式开学。开设必修课与选修课两种，必修课有"国文"、"英文"、"算学"、"历史"、"舆地"、"格致"、"化学"、"生物"等。

　　求是书院开办初期，即开设有地学门类的课程。根据《求是书院章程》中所定课表，"格致课"类中有"天文启蒙"、"地理启蒙"、"地质学"、"天学"等，"英文课"类中有"舆地初集"、"舆地二集"、"地势学"等。

1901 年（清光绪二十七年，农历辛丑年）

11 月，求是书院改称"求是大学堂"。

1902 年（清光绪二十八年，农历壬寅年）

2 月，求是大学堂改称"浙江大学堂"。

根据《浙江大学堂试办章程》中对于课程的规定，地学类课程主要有："舆地"（先中国，次外国）、"算学"（包括"天文"）、"格致"等。

1904 年（清光绪三十年，农历甲辰年）

1 月，浙江大学堂遵《奏定学堂章程》，改名为"浙江高等学堂"。筹设高等学堂预备科，定期三年毕业。

1905 年（清光绪三十一年，农历己巳年）

2 月，浙江高等学堂正式设立预科，"三年毕业，升入正科"。

1908 年（清光绪三十四年，农历戊申年）

本年夏，浙江高等学堂预科第一班毕业。始设正科，分第一类、第二类两类。第一类为文科（即"第一类学科为预备入经学科、政法科、文学科、商科等大学者治之"），第二类为理科（即"第二类学科为预备入格致科大学、工科大学、农科大学者治之"）。

根据《奏定学堂章程》（1904 年 1 月颁布）规定，文科（即正科第一类）的课程中，地学类课程主要有"地理"；理科（即正科第二类）的课程中，地学类课程主要有"地质"及"矿物"。浙江高等学堂开设的"地质及矿物"课安排在第三学年，内容主要包括"地质学大意、矿物种类形状及化验"等，每周"2 钟点"。据相关材料，张宗祥曾讲授"本国地理"，日籍教员铃木龟寿曾讲授"外国地理"，叶谦曾讲授"地质"和"矿物"。

1910 年（清宣统二年，农历庚戌年）

2 月，浙江巡抚增韫奏报清廷请求设立高等农业学堂及农业教员养成所。因筹办高等农业学堂需款较多，一时难以实现，乃于同年 9 月成立官立浙江农业教员养成所（后改称"浙江农业教员讲习所"）。

11 月，浙江巡抚增韫上奏清廷获准，聘请许炳堃为监督（校长），在原铜元局旧址，筹办浙江中等工业学堂。

1911 年（清宣统三年，农历辛亥年）

3 月 27 日，浙江中等工业学堂正式开学。设机械、染织二科，修业期限为三年。校址设在杭州蒲场巷报国寺铜元局内，聘请许炳堃为监督。

10 月，浙江农业教员讲习所改名为"浙江中等农业学堂"，设农学科，修业年限为三年。

> 在"浙江中等农业学堂"阶段，开设的地学类课程有"地理"、"博物"、"气候"等。

1912 年（中华民国元年，农历壬子年）

1 月 1 日，中华民国宣告成立。1 月后，浙江高等学堂改称"浙江高等学校"，浙江中等工业学堂改称"浙江中等工业学校"，浙江中等农业学堂改称"浙江中等农业学校"。

浙江高等学校本年起不再招收新生，原有学生培养至 1914 年毕业。

1913 年（中华民国二年，农历癸丑年）

1 月 12 日，中华民国教育部公布《大学规程令》28 条，对大学分科、学习科目、修业年限及入学资格等均作出具体规定。"大学"分设文科、理科、法科、商科、医科、农科、工科等七科；各科分"学门"，其中"文科"分为哲学、文学、历史学、地理学 4 个学门，"理科"分为数学、星学、理论物理学、实验物理学、化学、动物学、植物学、地质学、矿物学 9 个学门。

本年起，浙江中等工业学校改称"浙江省立甲种工业学校"，浙江中等农业学校改称"浙江省立甲种农业学校"。

> 在"浙江省立甲种农业学校"阶段，开设的地学类课程有"地理"、"博物"、"气象学"以及"气象学及海洋学"等。

1914 年（中华民国三年，农历甲寅年）

因学制改革，浙江高等学校至 6 月最后一批学生毕业后完全停办。自创办求是书院至此，计办学 17 年。

1919 年（中华民国八年，农历己未年）

本年，浙江省立甲种农业学校在笕桥设二等测候所。每天分别于 6、9、12、15、18、21 时进行 6 次定时观测。

1920 年（中华民国九年，农历庚申年）

本年秋，浙江省立甲种工业学校升格为"浙江公立工业专门学校"（简称"工专"）。

1924 年（中华民国十三年，农历甲子年）

本年秋，浙江省立甲种农业学校升格为"浙江公立农业专门学校"（简称"农专"）。

1927 年（中华民国十六年，农历丁卯年）

7 月，按照"大学区组织条例"，浙江试行大学区制。第三中山大学成立，并行使浙江省教育行政职权。7 月 15 日，任命蒋梦麟为第三中山大学校长。8 月初改称"国立第三中山大学"。改组浙江公立工业专门学校为第三中山大学工学院，浙江公立农业专门学校为第三中山大学劳农学院，聘任李熙谋为工学院院长，谭熙鸿为劳农学院院长。同时筹建文理学院。校本部及文理学院设在杭州老城庆春门内的求是书院旧址。

工学院开设有"矿物学"、"工程地质"等地学类课程，劳农学院（和其后的农学院）开设有"地质学"、"气象学"和"土壤学"等地学类课程。劳农学院（和其后的农学院）所设二等测候所继续进行气象观测。

1928 年（中华民国十七年，农历戊辰年）

4 月 1 日，"国立第三中山大学"改称"中华民国大学院浙江大学"，简称"浙江大学"。7 月 1 日，定名为"国立浙江大学"。

8 月，浙江大学正式成立文理学院。邵裴子任文理学院院长。该年度，文理学院设立 6 个主科"学门"（相当于后来的"学系"）中国语文学门、外国文学门（英文）、史学与政治学门、数学门、物理学门、化学门；4 个副科"学门"（仅开设课程，类似于公共课）：心理学门、哲学门、体育学门、军事学门，并设有医药预备科。

10 月，文理学院第一批新生入学。

10月，南京国民政府成立，改大学院为教育部，蒋梦麟就任教育部长，仍兼浙江大学校长。11月，蒋梦麟因校务繁忙，一人不及兼顾，聘邵裴子为浙江大学副校长、代理校长（邵裴子仍兼文理学院院长）。

4月，浙江大学上报教育部《浙江大学筹设文理学院计划》。其中，有作为"副科"设立"地质学"的设想，下分"地质"、"地文"、"矿物"3个分科。但此期"地质学"仅作为"副科"提出，即暂不开设。此外，在作为"主科"设立的"历史学与政治学"之下，有"地理"分科。

1929年（中华民国十八年，农历己巳年）

1月，原为扩充教育性质的劳农学院改为大学本科性质的农学院。

8月起，文理学院的中文、外文、史政、数学、物理、化学6主科"学门"改称"学系"，并增设心理、经济、教育3学系。

1930年（中华民国十九年，农历庚午年）

7月，蒋梦麟因为教育部部务繁忙，辞去浙江大学校长职务。国民政府任命邵裴子副校长继任。8月1日，邵裴子正式就任浙江大学校长（仍兼文理学院院长）。

8月，文理学院正式设立生物学系。

1932年（中华民国二十一年，农历壬申年）

3月，邵裴子请辞校长获准（仍担任文理学院院长）。3月18日，国民政府任命程天放为国立浙江大学校长。4月21日，程天放正式就任。

7月，文理学院首届学生毕业。毕业生中，史学与政治学系学生宋锺岳（史学主系，毕业号：996B，1928.10—1932.07在读）以地理为副系。其所修习的地理学类的课程有："人文地理"（二上）、"东北地理"（四上）、"本国地理总论"（四上）、"人生地理"（四下）、"气候学"（四下）、"南大陆地理"（四下）；除了"人文地理"于大二上学期在本校就读之外，其他几门地学方面的课程均是四年级在中央大学借读时所修。

1933年（中华民国二十二年，农历癸酉年）

3月，程天放校长调离浙大，出任湖北省教育厅厅长。3月8日，国民政府任命郭任远为校长，于3月16日到校。

1934 年（中华民国二十三年，农历甲戌年）

2 月，邵裴子请辞文理学院院长职务，由郭任远校长兼任文理学院院长一职（任期：1934.02—1936.01）。

11 月，由于校长郭任远布告开除学生而引发第一次"驱郭风潮"。

1935 年（中华民国二十四年，农历乙亥年）

12 月，浙江大学爆发学潮和第二次"驱郭风潮"（即一般所谓的"驱郭运动"），直至次年 1 月结束。12 月 21 日，郭任远布告全校："本人业经呈请教育部辞职，即日离校，在继任校长未到校以前，所有校务暂请农学院院长李德毅先生代理。"

12 月 28 日，相关院系负责人和教授代表等，接教育部令组成新的"校务会"，集体负责学校管理（1935.12.28—1936.01.29），郑晓沧主持。

二、史地学系时期（1936—1948）

1936 年（中华民国二十五年，农历丙子年）

【学校】

1 月 25 日，校长郭任远销假复职。1 月 27 日，郭任远校长正式聘请郑晓沧为教务处教务长、蔡堡为文理学院院长。

4 月 25 日，竺可桢就任浙江大学校长。5 月 18 日，竺可桢补行就职宣誓仪式。

5 月，校长竺可桢聘请物理学家胡刚复为文理学院院长。

10 月，校长竺可桢聘请语言学家梅光迪任文理学院副院长。

【地学系科】

5 月 9 日，竺可桢长校后的第一次校务会议议决，拟在文理学院设立史地学系。

5 月 29 日，教育部批复，同意设立史地学系。

8 月，1936 学年开始（当时称"民廿五年"）。史地学系正式成立（包括"历史组"和"地理组"，一般简称"史组"和"地组"），张其昀任史地学系主任。朱庭祜本学年起来本系任教。

9 月，史地学系第一届新生入学（1936 级）。1936 年度第一学期浙江大学开学日期为 9 月 1 日，新生于 7 日、8 日注册，11 日正式上课。沈玉昌【25001】、王德昌【25023】等本年度入学。

9 月 26 日，下午，召开史地学系第一次系务会议，"出席教授、助教有：

景昌极、顾毂宜、苏毓棻、陈训慈、费巩、朱庭祐、张其昀、李玉林、柳定生等九人，由该系主任张其昀主席"，"对该系拟开学程详加讨论，第一学年至第四学年历史组与地理组必修及选修学程俱有规定"。

10月12日，张其昀在"总理纪念周"上演讲，讲题为《南宋杭州之国立大学》。

10月15日，蒋介石视察浙大；后在其接到校长竺可桢汇报相关事项的电报后，于10月28日特复一电，对浙江大学予以肯定和勖勉，并在该电文中，特别提及史地学系建立的意义："史地学系之添设，于我浙学术之继承与发扬，实为必要。"

11月2日，史地学系与浙江省立图书馆合办"浙江学术讲座"开始，至1937年7月全面抗日战争爆发止。

11月1日至18日，浙江省立图书馆举办"浙江文献展览会"，邀请社会各界参加，史地系亦在被邀请之列，曾经贡献地图四十幅，并展出张其昀所摄浙江省名胜古迹照片几十帧。

11月30日至12月3日，史地学系举办绥远省图籍展览会。

1937年（中华民国二十六年，农历丁丑年）

【学校】

7月7日，日军进袭卢沟桥，抗日战争全面爆发。8月13日，日本调集海陆空军进攻上海。

11月5日，敌寇在浙江、江苏二省间的金山卫全公亭登陆，浙大决定迁校至建德县。

11月11日开始，浙大教师学生分三批出发，在江干码头乘船，于15日全部到达建德。11月下旬，浙西形势危急，天目山中的一年级新生自11月底起，师生分批行动，乘车、步行、换船，经五天奔波，也全部到达建德。全校稍事休整，立即复课，一学期的课业，并无大的影响。

12月24日，即杭州沦陷之日，浙大开始撤离建德，迁往江西吉安。

【地学系科】

3月起，史地学系师生开始举行读书会。第一次于3月11日举行，请顾毂宜讲演，题目为《留学苏俄时之见闻》。

5月，在张其昀的主持下，正式创办《史地杂志》。《史地杂志》第一卷第一期于 1937 年 5 月出版，第一卷第二期于 1937 年 7 月出版。后因全面抗战爆发而暂时停刊。

8 月，1937 学年开始（当时称"民廿六年"）。张荫麟于 1937 年 7 月卢沟桥事变后，暂时离开清华大学，南下浙江大学作短期讲学（1937.09—1937.10，1937 年 11 月后离开）。

9 月 21 日，1937 级新生开始迁至天目山禅源寺，27 日起上课。其余年级仍在杭州校本部上课。施雅风【26058】、周恩济【26042】、杨怀仁【26043】、谢觉民【26045】等本年度入学。

11 月后，史地学系师生随校开始西迁。

1938 年（中华民国二十七年，农历戊寅年）

【学校】

1 月，学生陆续到达吉安，借用白鹭洲中学进行期末考试。

2 月 18 日，浙大师生由水路（赣江）和陆路（赣粤国道）迁移到泰和。

8 月，经教育部批准，浙大增设师范学院，设教育、国文、英语、史地、数学、理化 6 个学系，师范学院院长郑晓沧（任期：1938.08—1939.10）。

8 月 3 日，竺可桢妻子张侠魂不幸逝世。8 月 10 日，浙大师生员工为张侠魂举行悼念仪式。9 月 15 日，葬张侠魂和竺衡母子于泰和松山。

9 月，日军侵占九江，浙大被迫三迁广西宜山，迁移过程历时近一个月。

11 月 19 日，在广西宜山，竺可桢校长主持校务会议，会议决定以"求是"为浙江大学校训，并请马一浮先生撰写校歌歌词。

【地学系科】

2 月起（即 1937 学年第二学期开始），叶良辅受聘为史地学系地质学教授。4 月至校，从此直至 1949 年 9 月逝世，未离开浙大。

4 月，史地学系师生成立"国立浙江大学史地学会"。

8 月，师范学院史地学系正式成立，张其昀任主任。

8 月，本学年起，黄秉维、刘之远等来本系任教。

11 月 1 日，在广西宜山，1938 年度新生入学并开始上课。文理学院史地学系赵松乔【27064】和师范学院史地学系陈述彭【27618】（初为教育学系，1940 学年转入史地学系）、孙盘寿【27613】、蔡锺瑞【27701】、杨利普【27706】、刘宗弼【27711】等本年度入学。

1939 年（中华民国二十八年，农历己卯年）

【学校】

2 月 5 日，日寇以浙大为目标，进行猛烈轰炸，炸毁浙大标营东宿舍 8 间。此次敌机轰炸浙大，未死伤一人。

4 月，筹设浙东分校。10 月 1 日开学，11 日正式上课（1940 年 4 月正式称为"国立浙江大学龙泉分校"）。

7 月 24 日，教育部确定浙江大学设立文科研究所史地部、理科研究所数学部（训令第 17330 号）。

8 月，文理学院正式分设为文学院和理学院。文学院设中文、外文、史地等学系；理学院设数学、物理、化学、生物等学系。文学院院长梅光迪（任期：1939.10—1945.12），理学院院长胡刚复（任期：1939.10—1949.06）。

11 月，王琎正式担任师范学院院长（任期：1939.11—1946.07）。

12 月，南宁失陷，浙大被迫再次迁移至贵州。

【地学系科】

3 月，第三届全国教育会议在重庆举行，张其昀应邀参加，会议以史地教育于发扬民族精神关系重大，故经大会全体一致通过促进史地教育、奖励史地研究的提案，会后张其昀受教育部之托起草史地教育研究计划。

4 月 10 日，该学期第三次总理纪念周，张其昀演讲，题为《建水之地理与人文》。

5 月 8 日，该学期第七次总理纪念周，叶良辅演讲，题为《宜山附近地形之由来》。

5 月 21 日，史地系师生参观宜山城外石达开题诗石刻。

5 月起，涂长望受聘为史地学系气象学教授，至 1942 年 6 月离开浙大。

7 月，设立文科研究所史地学部。主任：张其昀；副主任：涂长望。初分 4 组：（1）历史组：由向达领导；（2）地形组：由叶良辅领导；（3）气象组：由涂长望领导；（4）人文地理组：由张其昀领导。

8 月，文理学院分设为文学院和理学院。史地学系隶属文学院，系主任仍为张其昀。

8 月，设立史地教育研究室。张其昀兼任主任，任美锷（1940 年 2 月后）兼副主任，另聘李絜非为专任副研究员。

9 月 1 日，在广西宜山，1939 年度新生入学并开始上课。文理学院史地学系毛汉礼【28071】、徐规【28085】和师范学院史地学系李敦仁【28736】

等本年度入学。

11月14日，竺可桢"日记"载"女生王爱云得第一届侠魂女士奖学金"。

1940年（中华民国二十九年，农历庚辰年）
【学校】

2月9日，青岩分校一年级和先修班学生361人开始上课。

2月22日，二、三、四年级学生在遵义开始上课。

9月，《国立浙江大学师范学院院刊》创刊，张其昀为编辑委员会委员。

【地学系科】

本年初，文科研究所史地学部第一批研究生入学，包括郭晓岚（气象组，【史1】）、丁锡祉（地形组，【史2】）、胡善恩（人文地理组，【史3】）等。

本年初，任美锷、谭其骧来系任教。

4月，教育部举行第一届全国专科以上学校学业竞试。

8月，添设师范学院史地学系第二部（学制1年），供有志史地教育者之进修。该年度招生1人。

8月，叶良辅等著《地理学研究法（第一辑）》作为"史地教育丛刊"之一，由中国文化服务社出版。

8月16日，浙江大学在遵义举行第十三届毕业典礼。本届史地学系有第一届毕业生，即沈玉昌【25001】、戎文言【25002】、雷功俊【25003】、王德昌【25023】、王爱云【27061】。

9月，《史地杂志》复刊，《史地杂志》第一卷第三期在遵义出版。

1941年（中华民国三十年，农历辛巳年）
【学校】

1月，张其昀出任浙江大学训导长。

6月，《国立浙江大学文学院集刊》创刊，张其昀、谭其骧等为编辑委员会委员。

8月，《思想与时代》杂志创刊。

【地学系科】

3月，史地系在遵义主办史地教材展览会。

3月，龙泉分校史地学会成立。

4月，张荫麟《中国史纲》出版。

4月，1940年举行的第一届全国专科以上学校学业竞试结果揭晓，史地学系学生周恩济、王树椒、沈玉昌获奖。周恩济获乙类之"理学院地理学系"第一名，王树椒获乙类之"师范（教育）学院史地学系"第一名，沈玉昌获丙类（毕业论文类）嘉奖。

5月，第二届全国专科以上学校学业竞试举行。

7月，史地学系测候所正式设立。7月1日开始观测。

7月13日，浙江大学在遵义举行第十四届毕业典礼。本届史地学系有第二届毕业生，即沈自敏【26007】、周恩济【26042】、杨怀仁【26043】、谢觉民【26045】、胡玉堂【26055】、邓永璋【27062】。

7月，竺可桢出席文科研究所史地学部茶话会，希望史地系能为遵义、湄潭作一地方志。其后，张其昀组织史地学系师生进行相关专题研究，并于1946年离开遵义及复校回杭前后开始编纂（后编成《遵义新志》，于1948年印行）。

8月起，沙学浚本年度赴遵义浙江大学史地系任教一年（1941.08—1942.07），为地理学教授。

8月起，1941年度文科研究所史地学部设4组：（1）史学组：由张荫麟、顾毂宜、谭其骧指导。（2）人文地理组：由张其昀、黄秉维、沙学浚指导。（3）地形学组：由叶良辅、任美锷指导。（4）气象学组：由竺可桢、涂长望指导。

9月，《史地杂志》第一卷第四期在遵义出版。

10月，史地系刘之远带领学生在遵义团溪发现锰矿。

12月20日，文科研究所史地学部主持召开"徐霞客先生逝世三百周年纪念会"，竺可桢及史地学系多位教师出席并提交论文。后相关论文由张其昀汇编为《徐霞客先生逝世三百周年纪念刊》，于1942年12月印行（作为《国立浙江大学文科研究所史地学部丛刊》之"第四号"），并于1947年以《地理学家徐霞客》为题由商务印书馆正式出版。

1942年（中华民国三十一年，农历壬午年）

【学校】

7月，浙江大学于1942学年起正式设立浙江大学研究院，下设4个研究所（其下各有1个学部，共计4个学部）。研究院院长初由竺可桢兼任（任期：1942.08—1943.07），第二年改聘郑晓沧担任（任期：1943.08—1947.01）。

【地学系科】

1月，《史地杂志》第二卷第一期在遵义出版。

2月，史地系学生王蕙（女）【26052】因"倒孔（祥熙）"事件被捕。经竺可桢多方奔走营救，王蕙于1943年8月12日得以保释出狱。

3月，史地系召开太平洋战争座谈会。

3月，《史地杂志》第二卷第二期（注明"太平洋战争讨论集"）在遵义出版。其后，《史地杂志》停刊。

3月，第一届教育部"著作、发明及美术奖励"颁发，涂长望的《中国气候之研究》获得二等奖。

4月，《国立浙江大学文科研究所史地学部丛刊》出刊，第一号：主题为地质地形学，叶良辅主编，1942年4月印行；第二号：主题为气象气候学，涂长望主编，1942年5月印行。

5月，1941年举行的第二届全国专科以上学校学业竞试结果揭晓，史地学系毛汉礼获乙类之"理学院地理学系"第一名。

6月，第三届全国专科以上学校学业竞试举行。

7月2日，浙江大学在遵义举行第十五届毕业典礼。本届史地学系有第三届毕业生，即施雅风【26058】（编者注：为1937学年入学，1938学年休学一年）、赵松乔【27064】、于震天【27068】、张效乾【28062】和卢湛高【29050】（1943年1月毕业）。

本年度文科研究所史地学部有第一届研究生毕业，即郭晓岚【史1】、丁锡祉【史2】、胡善恩【史3】、沈玉昌【史5】、严钦尚【史6】和刘熊祥【史10】。

8月，郭晓岚研究生毕业后，本学年起任史地学系讲师。

8月，本学年起，文科研究所史地学部仍分四组，导师有较大变化：（1）史学组：由陈乐素（张荫麟于1942年10月逝世，陈乐素于1942年12月后担任）、顾毂宜、谭其骧指导。（2）人文地理组：由张其昀指导。（3）地形学组：由叶良辅指导。（4）气象学组：由竺可桢指导。

10月24日，史地系教师张荫麟去世。

12月，史地学部丛刊第四号《徐霞客逝世三百周年纪念刊》印行。

1943 年（中华民国三十二年，农历癸未年）
【学校】
1月，《思想与时代》出版"张荫麟先生纪念号"。

【地学系科】

2月，钱穆来史地系讲学。

5月，第四届全国专科以上学校学业竞试举行。

5月起，张其昀赴美访问讲学（至1945年11月返校）。

7月，第三届全国专科以上学校学业竞试结果揭晓，施雅风获得丙类特优奖（即毕业论文类评比，施雅风以本科毕业论文《遵义附近之地形》获奖）。

7月8日，浙江大学在遵义举行第十六届毕业典礼。文学院史地学系本届毕业生有毛汉礼【28071】、徐规【28085】、管佩韦【28089】等。师范学院史地学系有第一届师范毕业生，包括孙盘寿【27613】、陈述彭【27618】、蔡锺瑞【27701】、杨利普【27706】、刘宗弼【27711】等。

8月，竺可桢聘请叶良辅为文学院和师范学院的史地学系系主任（聘期为1943.08—1944.07）、钱穆为文科研究所史地学部主任（聘期为1943.08—1944.07，但钱穆未就职）。后叶良辅亦实际负责文科研究所史地学部工作（张其昀仍兼文科研究所史地学部、史地教育研究室主任等职务）。

8月，本学年起，严德一、卢鋈来史地学系任教。

1944年（中华民国三十三年，农历甲申年）

【学校】

7月1日，浙江大学在遵义举行第十七届毕业典礼。

【地学系科】

7月，第四届全国专科以上学校学业竞试结果揭晓，史地学系的毛汉礼、徐规以毕业论文获奖（丙类）。

8月起，仍聘请张其昀为文学院和师范学院的史地学系系主任。张其昀出国请假期间，由李絜非代理系主任一职（任期：1944.08—1945.11）。

10月28日，下午，李约瑟参观史地系。据竺可桢"日记"记载："因李约瑟欲参观史地［系］，故余至校后即嘱温甫通知李絜非与左之"；晚上与李约瑟共进晚餐时，"知李约瑟视察史地系尚满意，渠对地图及徐霞客三百周年纪念事甚注意"。

1945年（中华民国三十四年，农历乙酉年）

【学校】

6月2日，校务会议决定将浙江大学校庆纪念日从每年8月1日改为4月1日。

7月1日，浙江大学在遵义举行第十八届毕业典礼。

8月，日本投降，抗战结束。

10月，龙泉分校师生启程回杭。11月在杭复课，师范学院在罗苑，其余均在大学路校本部。

12月27日，文学院院长梅光迪在贵阳逝世。

【地学系科】

3月，第四届教育部"著作、发明及美术奖励"颁发，刘之远的《遵义县团溪之锰矿》获得三等奖。

8月，本年度么枕生来系任教。

11月，张其昀回国，竺可桢赞其"为浙大拉教员不少"。张其昀仍任文学院和师范学院的史地学系主任和文科研究所史地学部、史地教育研究室主任等职。

1946年（中华民国三十五年，农历丙戌年）

【学校】

1月，张其昀出任文学院院长（仍兼史地学系主任等职）。

5月6日，浙江大学在遵义举行第十九届毕业典礼。

5月7日起，在遵义的师生分批返杭。

8月，1946学年开始。9月，浙江大学在杭州的大学路校本部开学。

10月，史地系教授顾毂宜出任浙大训导长。

【地学系科】

1月，史地教育研究室应黔、桂、滇、川等省之邀，编制史地挂图；张其昀与台湾行政长官公署签订台湾史地考察团合作办法，为期一年（后未实施）。

2月，竺可桢致函威斯康辛大学地理系Trewartha教授，提出订立浙大地理系与威斯康辛大学地理系合作办法，包括交换图书、教授、讲师等。

4月，竺可桢偕李絜非、张其昀、黄尊生为张荫麟扫墓，并决定出资修墓。

4月，《史地通讯》第二期出刊。

5月，史地系讲师赵松乔被选拔赴美留学。

8月起，李絜非任师范学院史地学系系主任（任期：1946.08—1947.07）。

1947 年（中华民国三十六年，农历丁亥年）

【学校】

1 月，浙江大学研究院撤销，原各科研究所某某学部均直接称为"某某研究所"，如"文科研究所史地学部"改称"史地研究所"。

1 月，《思想与时代》复刊。

7 月，师范学院改制，仅保留教育学系；原师范学院各文科系、理科系与文学院、理学院相应系合并。

8 月，文学院增设哲学系与人类学系。

9 月，由文学院、师范学院、法学院联合编辑的《浙江学报》创刊，张其昀为编辑委员会主席，陈乐素等为委员。

10 月 26 日，浙大农经系学生、校学生自治会主席于子三与另外三名同学被国民党特务秘密逮捕，29 日于子三遇害。于子三遇害后，浙大师生义愤填膺，学生罢课，教师罢教，以表达对反动当局的抗议，史称"于子三运动"。

【地学系科】

1 月，"文科研究所史地学部"改称"史地研究所"，张其昀仍任主任。

5 月，中央大学地质学系教授丁骕应史地学会之邀，演讲《塔里木盆地之地形》。

7 月，师范学院史地学系撤销，归入文学院史地学系。1947 学年起，师范学院不再设立史地学系，不再招收新生；原有学生培养至 1948 年 7 月毕业止（即 1943 级继续作为师范学院学生培养至 1948 年 7 月；其他 1944 级、1945 级和 1946 级均归入相应文学院史地学系各级，4 年毕业，分别于 1948 年、1949 年和 1950 年毕业）。

8 月，本学年起，史地研究所设 4 组，即分设史学组、人文地理组、地形学组和人类学组。（1）史学组：由陈乐素、顾毂宜、谭其骧指导。（2）人文地理组：由张其昀指导。（3）地形学组：由叶良辅指导。（4）人类学组：由吴定良指导。

10 月 10 日，史地系于当时的国庆日前后举办史地教材展览会。

11 月，教育部边疆司凌纯声司长由张其昀陪同参观文学院各系；史地系得到美国国会图书馆所赠地图两批（第一批六月间已到），共计 626 幅，又得英国文化委员会及澳洲驻华使馆所赠地图、照片及图书。

12 月 7 日，竺可桢陪同李四光率领浙大史地系三、四年级地组学生 40 余人，至杭州近郊九溪十八涧考察地形。

1948 年（中华民国三十七年，农历戊子年）

【学校】

8 月 22 日，凌晨，国民党军警进入浙大捕去吴大信（史地学系学生）等 3 位学生；后吴大信于 9 月 18 日被判刑 10 年。9 月 29 日，当局又捕去教育系女生李雅卿，李于 10 月 23 日被判刑 2 年半。1949 年 1 月 26 日，被判刑的学生由校方保释出狱。

【地学系科】

1 月，史地教育研究室在浙大举行新疆史地书籍图片展览会。

5 月，《遵义新志》印行。

6 月，史地教育研究室监制各种地理模型，供应全国学术机关研究教学之用。

8 月后，1948 学年第一学期（1948.08—1949.01），史地研究所仍设 4 组，即分设史学组、人文地理组、地形学组和人类学组。（1）史学组：由陈乐素、顾毅宜、谭其骧指导。（2）人文地理组：由张其昀指导。（3）地形学组：由叶良辅指导。（4）人类学组：由吴定良指导。

8 月，史地研究所与浙赣铁路局签订合作研究史地办法，暂以一年为期。

10 月，史地系与浙江省政府合作举办杭州市土地利用调查。

12 月，浙江大学以史地学系为主，联合农学院等多个院系，开始参与杭州市城市规划工作（至 1949 年 3 月）。竺可桢、张其昀等被聘为"杭州都市计划委员会"成员。

三、地理学系时期（1949—1952）

1949 年（农历己丑年）

【学校】

2 月，设立人类学研究所，吴定良任所长。

4 月 24 日，成立"浙大应变执行会"，由严仁赓、苏步青、谭天锡、包洪枢、竺可桢、陆子桐、周世俊 7 人组成主席团；严仁赓为主席，苏步青为副主席。

4 月 27 日，竺可桢离杭至上海，宣布辞去浙江大学校长职务。

5 月 3 日，杭州解放。

5 月 4 日，由蔡邦华等 14 人发起成立"临时校务会"，并召开了第一次会议，推举蔡邦华、王国松、谭天锡为常务委员，确定蔡邦华为主任委员。

5 月 19 日，在临时校务委员会主持下，成立了学校的"改制委员会"。

6 月 6 日，杭州市军管会决定对浙大实行军事接管，并派出军代表林乎加、副军代表刘亦夫到校进行接管。

6月，师范学院撤销，教育学系划属文学院。

7月26日，杭州市军管会发布命令，正式公布学校新的校、院、处领导人员名单。以刘潇然、孟宪承、王国松、蔡邦华、贝时璋、李浩培、王季午、严仁赓、范绪箕、程孝刚、苏步青、陈立、黄焕焜、任雨吉、陆缵何、刘景善、包洪枢、周世俊等十八人为校务委员会委员（暂缺一人）。并以刘潇然、孟宪承、王国松、严仁赓、范绪箕、任雨吉、包洪枢等七人为常务委员。以刘潇然任副主任委员，在主任委员未决定前，由副主任委员暂代主任委员职务。以孟宪承为文学院院长，王国松为工学院院长，贝时璋为理学院院长，蔡邦华为农学院院长，李浩培为法学院院长，王季午为医学院代院长。以严仁赓为教务长，范绪箕为总务长。

8月初，杭州市军事管制委员会文教部决定浙大法学院司法组、文学院哲学系、史地系史学组在新学年"暂行"停止招生，原有各该系、组学生则全部转系、转院或转学，教师留校学习；至1950学年，法学院和文学院的哲学系、历史系正式停办。

8月26日，任命马寅初为浙江大学校长兼校务委员会主任委员。

【地学系科】

2月后，随着人类学组分出设立人类学研究所，史地研究所仅剩3组：（1）史学组：由陈乐素、顾穀宜、谭其骧指导。（2）人文地理组：由张其昀指导。（3）地形学组：由叶良辅指导。

4月1日，浙江大学校庆纪念日。史地系为庆祝校庆，举办国际时事图景展览会。

4月24日，上午，张其昀至竺可桢住处，商量去留问题，竺可桢意见："为校着想，渠去系一巨大损失；为渠个人着想，则或以离去为是。"当晚，张其昀一家离开杭州，至上海，后辗转至台湾。临行前，将系务交由李春芬等负责。

6月1日，史地学系召开改制问题座谈会，会后拟定"史地学系改制师生意见书"（后又有若干补充），通过了史地分系的决议，即"历史与地理分为两系，让地理系属于理学院，史地研究所也跟了分开"。

7月，学校决定原史地学系分设，确定史组、地组分别独立设系，以"史组"为基础设立"历史学系"，仍留文学院（但其后1949学年停止招生，原有学生转系或转学，至1950年7月底正式停办）；以"地组"为基础设立"地理学系"，归属理学院，并正式招生，其下分为地理组、地质组和气象组。原史地研究所改设地理研究所，亦归属理学院。任命叶良辅为地理学系系主任。

8月8日，校务委员会明确"地理研究所设于理学院"。

9月14日，叶良辅先生逝世。

10月17日，杭州市军事管制委员会文教部批复，"电准李春芬先生继任地理学系主任"。

1950年（农历庚寅年）

【学校】

2月，浙江大学暂由华东军政委员会教育部代表中央教育部领导。

8月14日，《高等学校暂行规程》颁布。

9月12日，教育部正式下发通知，各级学校校名概不加"国立"等字样。此后，学校正式名称即为"浙江大学"，"国立浙江大学"之名至此成为历史。

10月14日，根据中央人民政府教育部颁布的《高等学校暂行规程》第26条的规定（高等学校校务委员会由校长、副校长、教务长、副教务长、总务长、图书馆馆长、各院院长、各系系主任、工会代表4—6人、学生代表2人所组成），浙江大学产生第二届校务委员会，由45人组成。马寅初为主任委员，王国松为副主任委员，并由马寅初、王国松等12人组成常务委员会。

【地学系科】

2月，陈述彭调离浙大，至时在南京的地理研究所任职。

2月，地理学系接到"钱塘江支流乌溪港黄坛口水电站建坝地理调查"的任务，由严德一负责，陈吉余等教师和地理系、农经系的10名学生参加。

7—8月，应水电部水电局长汪胡桢的邀请，朱庭祜利用暑假与盛莘夫参加了淮河流域史河梅山水库的工程地质勘测。

8月，地理学系接到时在南京的地理研究所函件，借用陈吉余参加铁道部路线调查任务，至1951年4月中旬完成。

9月，1950年度地理研究所正常招生，录取3人，均为之前的史地系（地理系）学生，即王懿贤【地1】（为1945.08—1950.07本科生，【34266】）、黄盛璋【地2】（为1945.08—1949.07本科生，【34070】）、吴国纯【地3】（为1945.08—1950.07本科生，【34092】）。黄盛璋未在本所就读。

9月8日，中国地质学会杭州区分会在杭州龙兴路公益里1号召开成立会议，到会会员12人。推选理事长朱庭祜，理事孙翦、汪龙文；10月中旬，中国地质学会杭州区分会会刊《浙江矿声》创刊。

12月24—25日，中国地质学会杭州区分会第一届年会（同时作为中国地质学会第二十六届年会杭州分会场）在北山路91号浙江省地质调查所举行。24日上午，举行年会开幕式，到会会员19人，团体会员8人，来宾有工业厅、杭州科联、浙江大学、浙江矿业公司、西湖博物馆、浙江省立图书馆、钱塘江水力发电勘测处等单位的代表，共40余人。由理事长朱庭祜致开幕词。24日下午和25日上午举行论文报告会。25日下午举行会务讨论，由理事孙鼐主持，报告会务和账目后，根据科联和总会新会章修改分会会章，决定原由分会主编的《浙江矿声》更名为《大众地质》并扩大篇幅，内容力求通俗。后改选理事，朱庭祜、南延宗、孙鼐、朱夏、汪龙文当选，推举朱庭祜为理事长，孙鼐为书记，朱夏为会计，南延宗、汪龙文为编辑。

1951年（农历辛卯年）

【学校】

5月，校长马寅初奉令调任北京大学校长。第二届校务委员会决定，由王国松副校长暂代校长职务。

9月，浙江师范专科学校开学。1951年春，由浙江省文教厅和浙江大学联合创办"浙江省文教厅、浙江大学合办师范专科学校"（简称"浙江师范专科学校"）。该校当年暑期招生，9月初开学。校址设在今浙江大学华家池校区。设数学、物理、化学、生物、历史、地理等6个专修科，学制2年。各科主任均由浙大调配，数学科为毛路真、物理科为王谟显、化学科为王承基、生物科为江希明、历史科为陈乐素、地理科为李春芬等。浙江师专校长由省文教厅副厅长俞子夷兼任，学校受省文教厅和浙江大学双重领导。

11月3日至9日，在北京召开了全国工学院院长会议，拟定工学院的调整方案，并经政务院第113次政务会议批准。其中，有关浙江的方案是："将浙江大学改成多科性的工业高等学校，校名不变；将之江大学的土木、机械两系并入浙江大学，将浙江大学的文学院并入之江大学。"

【地学系科】

7—8月，地理学系师生继续参加淮河流域史河梅山水库的工程地质勘测。朱庭祜负责水库地质调查，陈吉余负责经济地理方面的工作。

12月30日，中国地质学会杭州区分会第二届年会，在浙江省地质调查所召开，出席17人。孙鼐当选为理事长，章人俊（编者注：一般多写作"章人骏"）、朱庭祜、汪龙文、严钦尚、仝子鱼当选为理事。

1952 年（农历壬辰年）

【学校】

1月2日，撤销之江大学。之江大学工学院的土木、机械两系并入浙江大学。浙江大学文学院（不含人类学系）调出，以浙江大学文学院与之江大学文理学院为基础，成立"浙江师范学院"；1951年秋开办的"浙江师范专科学校"，以及在同期开办的"浙江俄文专科学校"（全称为"中苏友好协会浙江分会俄文专科学校"）并入浙江师范学院，作为专修科。2月5日，"浙江师范学院"正式成立。

2月，浙江大学医学院及附属医院调出，与浙江省立医学院合并成立"浙江医学院"（后于1960年发展为"浙江医科大学"）。

5月，教育部公布《关于全国高等学校1952年的调整设置方案》，其中，在对"华东区"的调整方案中确定"浙江大学"的性质为"高等工业学校"，"浙江师范学院"的性质为"高等师范学校"。

7月28日，华东军政委员会教育部确定《华东区高等学校院系调整设置方案》，并分别向各校下达了具体调整的指示。

8月，浙江大学农学院分出，设立"浙江农学院"（后于1960年发展为"浙江农业大学"）。

8月后，浙江大学理学院的数学、物理、化学、生物、药学、地理以及原属文学院的人类学系，工学院土木系的水利组和航空工程学系等按照调整方案陆续调出。10月初，浙江大学调出系、组的师生离校、离杭。院系调整后，浙江大学成为一所多科性工业大学，设机械工程学系、电机工程学系、化学工程学系、土木工程学系等4个系。

【地学系科】

2月，浙江师范学院设地理专修科（二年制），由李春芬兼任科主任（任期：1952.02—1952.10）。浙江师院院址设在杭州市六和塔西秦望山上的原之江大学校址，地理专修科的办公地点为原之江大学的"材料试验所"所在的二层楼房（今之江校区5号楼）。

8月，暑假期间，浙江大学红榜公布调整方案，浙江大学地理学系调整至华东师范大学。教师和学生根据情况分别处理：地理组教师至华师大地理系（李春芬、严钦尚、陈吉余、郑家祥），地质组和气象组教师至南京大学地质系（朱庭祜、孙鼐、李行健；但朱庭祜随后因华东地质局筹备处需要，至该局任总工程师，未至南京大学）、气象系（石延汉、么枕生），1950、1951两级在读学生则尊重学生意愿，分别选择南京大学的地理系、地质系和气象系就读（1948级正常于1952年7月毕业，1949级在1952年7月提前毕业）。在杭的原浙江大学地理学系教师，仅留严德一和李治孝（另有绘图人员等2人），至新成立的浙江师范学院地理专修科，严德一为科主任，李治孝为讲师。

10月7日，调整至南京大学的师生（孙鼐、么枕生、石延汉、胡受奚等）乘宁杭快客离杭去南京大学报到。8日，李春芬、严钦尚、陈吉余等离校，乘火车至上海，来到院系调整后的任教学校——华东师范大学。

10月7日，浙江师范学院正式发文，由严德一任地理科科主任。其时，地理科下设区域地理教学小组和自然地理教学小组。本学年，地理科教职员工，除了老浙大地理学系留杭的严德一（教授）、李治孝（讲师）、吴贤祚（绘图员）、周丙潮（绘图员）外，陆续聘请冯铁凝（副教授）、袁寿椿（教授）和原史地学系毕业生居恢扬、毕敖洪、冯怀珍等来此任教。

12月，中国地理学会杭州分会成立，严德一任理事长。

附录二 浙江大学史地学系、地理学系时期（1936—1952）地学主要机构沿革及负责人一览表

说明：

以下各表依据，因资料来源较为庞杂，且均在正文中相关部分有说明，故本处不再列出。

一、文理学院史地学系（1936.08—1939.07）—文学院史地学系（1939.08—1949.07）—理学院地理学系（1949.08—1952.10）

附表2-1 文理学院史地学系、文学院史地学系沿革及系主任任职表（1936.08—1949.07）

时间	建制	系主任
1936.08—1939.07	文理学院史地学系	张其昀
1939.08—1943.07	文学院史地学系	张其昀
（其间：1943.05—1943.07）	文学院史地学系	叶良辅（代理系主任）
1943.08—1944.07	文学院史地学系	叶良辅
1944.08—1949.04	文学院史地学系	张其昀（其间，1943.05—1945.11，张其昀赴美访问讲学；1945年11月，张其昀回国返回浙大。赴美期间请假）
（其间：1944.08—1945.11）	文学院史地学系	李絜非（代理系主任）
1949.05—1949.07	文学院史地学系	李春芬（张其昀离职，李春芬代理系主任）

附表2-2 理学院地理学系沿革及系主任任职表（1949.08—1952.10）

时间	建制	系主任
1949.08—1949.09	理学院地理学系	叶良辅（1949.09.14病逝）
1949.10—1952.10	理学院地理学系	李春芬

附：文学院人类学系（1947.08—1952.10）

附表2-3 文学院人类学系沿革及系主任任职表（1947.08—1952.10）

时间	建制	系主任
1947.08—1952.10	文学院人类学系	吴定良

二、师范学院史地学系（1938.08—1947.07）

附表2-4 师范学院史地学系沿革及系主任任职表（1938.08—1947.07）

时间	建制	系主任
1938.08—1943.07	师范学院史地学系	张其昀
（其间：1943.05—1943.07）	师范学院史地学系	叶良辅（代理系主任）
1943.08—1944.07	师范学院史地学系	叶良辅
1944.08—1946.07	师范学院史地学系	张其昀 （其间，1943.05—1945.11，张其昀赴美访问讲学；1945年11月，张其昀回国返回浙大。赴美期间请假）
（其间：1944.08—1945.11）	师范学院史地学系	李絜非（代理系主任）
1946.08—1947.07	师范学院史地学系	李絜非 （1947年8月后，师范学院不再设立史地学系）

三、文科研究所史地学部（1939.08—1947.01）—史地研究所（1947.01—1949.07）—地理研究所（1949.01—1952.10）

附表2-5　文科研究所史地学部、史地研究所沿革及主任任职表（1939.08—1949.07）

时间	建制	主任
1939.08—1942.07	文科研究所史地学部	主任：张其昀 副主任：涂长望（1939.08—1942.06）
1942.08—1943.07	研究院文科研究所史地学部	张其昀
（其间：1943.05—1943.07）	研究院文科研究所史地学部	钱穆（代理主任）
1943.08—1944.07	研究院文科研究所史地学部	钱穆（未就职，叶良辅实际负责）
1944.08—1947.01	研究院文科研究所史地学部	张其昀 （其间，1943.05—1945.11，张其昀赴美访问讲学；1945年11月，张其昀回国返回浙大。赴美期间请假）
（其间：1944.08—1945.11）	研究院文科研究所史地学部	叶良辅（代理主任）
1947.01—1949.04	史地研究所	张其昀
1949.05—1949.07	史地研究所	（缺。张其昀离职，请赵松乔负责）

说明：据有关材料，在张其昀离开浙大前夕，张其昀委托赵松乔代管史地研究所。但因当时特殊情况，且赵松乔1949年7月后为浙大解聘，所以恐未能实际负责（据《质朴坚毅——地理学家赵松乔》一书载："……在张其昀决定离开杭州时，他把史地系教授李春芬和赵松乔找来，给他们一人一把办公室的钥匙，交代请李春芬代管史地系工作,请赵松乔代管史地研究所工作……"载赵旭沄著《质朴坚毅——地理学家赵松乔》，北京：商务印书馆，2016年，第81页）。

附表2-6　理学院地理研究所沿革及主任任职表（1949.08—1952.10）

时间	建制	主任
1949.08—1949.09	地理研究所	叶良辅（1949.09.14病逝）
1949.10—1952.10	地理研究所	李春芬

附：人类学研究所（1949.01—1952.10）

附表2-7　文学院人类学研究所沿革及主任任职表（1949.01—1952.10）

时间	建制	主任
1949.01—1952.10	人类学研究所	吴定良

四、史地教育研究室（1939.08—1949.04）

附表2-8　史地教育研究室沿革及主任任职表（1939.08—1949.04）

时间	建制	主任
1939.08—1943.07	史地教育研究室	主任：张其昀 副主任：任美锷（1939.08—1942.01）
（其间，1943.05—1943.07）	史地教育研究室	钱穆（代理主任）
1943.08—1949.04	史地教育研究室	张其昀 （其间，1943.05—1945.11，张其昀赴美访问讲学；1945年11月，张其昀回国返回浙大。赴美期间请假）
（其间，1943.08—1945.11）	史地教育研究室	叶良辅、李絜非先后实际负责

五、史地学系测候所（1941.07—1946.05）

附表2-9　史地学系测候所沿革及观测员任职表（1941.07—1946.05）

时间	建制	观测员
1941.07—1943.06	史地学系测候所	谢义炳、周恩济等
1943.07—1944.06	史地学系测候所	毛汉礼
1944.07—1944.12	史地学系测候所	欧阳海
1945.01—1945.06	史地学系测候所	毛汉礼
1945.07—1946.06	史地学系测候所	束家鑫

说明：为不完全统计，恐有遗漏。

六、浙江大学、浙江省文教厅合办师范专科学校（也称"浙江师范专科学校"，简称"浙江师专"）地理科（1951.08—1952.01）

附表2-10　浙江大学、浙江省文教厅合办师范专科学校地理科沿革及主任任职表（1951.08—1952.01）

时间	建制	主任
1951.08—1952.01	浙江大学、浙江省文教厅合办师范专科学校（也称"浙江师范专科学校"）地理科	李春芬

七、史地学会（1938.04—1949.06）

附表2-11　国立浙江大学史地学会届次与历届干事会组成人员任职表（1938.04—1949.06）

学年	学期	期间	常务干事	干事会成员
1937	第二学期	1938.02—1938.07	（不详）	（不详） 说明：1938年4月史地学会成立。
1938	第一学期	1938.08—1939.01	王德昌（编者注：推测）	（不详）
	第二学期	1939.02—1939.07	王德昌（编者注：推测）	（不详）
1939	第一学期	1939.08—1940.01	王德昌（兼调查）	干事：赵松乔（会计），蔡锺瑞（事务），刘宗弼（文书），施雅风（康乐），沈玉昌（研究），王蕙（编辑） 候补干事：（不详）
	第二学期	1940.02—1940.07	沈自敏（兼康乐）	干事：施雅风（研究），王天心（会计），胡玉堂（编辑），王蕙（调查），王树椒（文书），周恩济（事务） 候补干事：（不详）

学年	学期	期间	常务干事	干事会成员
1940	第一学期	1940.08—1941.01	赵松乔（兼调查）	干事：施雅风（研究），刘宗弼（文书），谢觉民（会计），王天心（出版），游天池（康乐），刘纫兰（事务） 候补干事：（不详）
	第二学期	1941.02—1941.07	陈述彭（兼事务）	干事：张效乾（文书），毛汉礼（研究，或学术），李敦仁（会计），祝修麟（调查），范易君（康乐），王树椒（出版） 候补干事：（不详）
1941	第一学期	1941.08—1942.01	李敦仁（兼事务）	干事：管佩韦（文书），毛汉礼（研究），徐规（出版），范易君（调查），楼韵午（康乐），鲁毓秀（会计） 候补干事：（不详）
	第二学期	1942.02—1942.07	管佩韦	干事：徐规（文书），毛汉礼（研究），游天池（康乐），范易君（调查），鲁毓秀（会计） 另外有材料表述为：干事会主席：管佩韦，干事：杨利普、许蔚文、许福绵、游天池 候补干事：（不详）
1942	第一学期	1942.08—1943.01	谢文治	干事：程蕴良（文书），赵廷杰（研究），许蔚文（会计），黄化（调查），倪士毅（出版），沈雅利（康乐） 候补干事：（不详）
	第二学期	1943.02—1943.07	郑士俊	干事：倪士毅（文书），谢文治（研究），王省吾（事务），沈雅利（会计），周忠玉（康乐） 候补干事：（不详）
1943	第一学期	1943.08—1944.01	胡汉生	干事：阚家蓂（会计），谢文治（事务），倪士毅（文书），江乃萼（康乐），郑士俊（交际），程蕴良（学术） 候补干事：（不详）
	第二学期	1944.02—1944.07	王省吾	干事：程光裕（会计），谢文治（事务），倪士毅（文书），周忠玉（康乐），郑士俊（交际或联络），程蕴良（学术或编辑） 候补干事：（不详）
1944	第一学期	1944.08—1945.01	石剑生	（不详）
	第二学期	1945.02—1945.07	陈仲子	（不详）

续表

学年	学期	期间	常务干事	干事会成员
1945	第一学期	1945.08—1946.01	杨予六	干事：杨予六，桂永杰，游振泰，徐先，程融钜，蒲德华，祝耀楣 候补干事：李赓序，司徒钜勋
	第二学期	1946.02—1946.07	夏积滋	文书：鞠逢九；事务：游振泰；会计：陈凤珍；康乐：李赓序；研究：舒兴汉；出版：祝耀楣；调查：夏积滋（兼） 候补干事：（不详）
1946	（本学年可能未分学期）	1946.08—1947.07	胡玉堂	干事：文书：管佩韦；总务：谢文治；调查：宋晞(1946.12.05之前为赵松乔)；康乐：陈吉余；出版：徐规、倪士毅 候补干事：陈述彭、程光裕、文焕然、郑士俊
1947	（本学年可能未分学期）	1947.08—1948.07	胡玉堂	干事：文书：范易君；总务：徐规；调查：陈述彭；编辑：管佩韦；出版：赵昭晒；康乐：郑士俊 候补干事：（不详）
1948	第一学期	1948.08—1949.01	（不详）	干事：曹颂淑、卢婉清、方友敦、周克惠、王明业、毛保安、林晔、张飞鹏、莫续刚、张学理、曹毓麟 候补干事：（不详，可能前述后3人或4人）
	第二学期	1949.02—1949.06	（不详）	干事：曹颂淑、龚云伦、丁浩然、方友敦、郑威、张学理、林晔、吴甫、许启章 候补干事：宁奇生、汪安球、施泰榜

附录三 浙江大学史地学系、地理学系时期（1936—1952）师生员工名录

一、史地学系、地理学系（及相关地学机构）工作过的教职员工

说明：

（1）本表将 1936—1952 年在浙江大学史地学系、地理学系（及相关地学机构）工作过的教职员工名单汇总如下。限于资料的欠缺，可能会有遗漏。

（2）表中列出各人逐年任职情况。其中，时间以年度表示，如"1936 年度"指"1936.08—1937.07"时间段，其他年度同此；"——"表示本年度该人未在本系正式任教、任职。

（3）"入系时间"为进入浙江大学及史地学系任教的年月（其中，若入校和入系为不同时间，酌予分别注出并说明），一般均为新学年起点的当年 8 月开始，有材料说明具体入职时间的，括注具体时间。

（4）为完整体现任职情况，表中所收为各类任职人员名单。其中，有正式担任教职的教师系列人员（包括教授、副教授、讲师、助教）和正式获聘的工勤、绘图等辅助系列人员，也有以各类助理、编辑、书记等名目聘用的临时性人员（多数为研究生、本科生兼任），亦有兼职教授、兼职讲师等人员。表中予以适当区分，均注出所担任职位。其中，正式人员，直接注出职位；非正式人员，先以"——"表示，其下括注其担任的临时性职位情况。

（5）"说明"栏注明组别，即"史组"或"地组"，以及其他需要说明的问题。

（6）表中各位人物任职时段及相关信息，因资料来源较为庞杂，且多数在正文中相关部分有所说明，故本处不再列出。

附表3-1　1936—1952年史地学系、地理学系（及相关地学机构）教职员工一览表

姓名	入系时间	1936年度	1937年度	1938年度	1939年度	1940年度	1941年度	1942年度	1943年度	1944年度	1945年度	1946年度	1947年度	1948年度	1949年度	1950年度	1951年度	说明
苏鋺来（字叔岳）（公共课教师）	1931.08（浙大公共课教师）1936.08	讲师	讲师	讲师	分校讲师，先修班主任	分校讲师，先修班主任	分校讲师（1941.11去世）	—	—	—	—	—	—	—	—	—	—	史组
费巩（字香曾）（公共课）1936.08	1933.08	副教授	教授	教授	教授	（文学院公共课教授，兼训导长）	（文学院公共课教授）	（文学院公共课教授）	（文学院公共课教授）	（文学院公共课教授，1945.03遇害）								史组
顾彀宜（字徽南）（浙大公共课教师）1936.08	1935.08	副教授	教授	教授	教授	教授	教授	教授	教授	教授	教授	教授，兼训导长（1946.10起）	教授，兼训导长（1948.03止）	教授	—	—	—	史组（1949.07，未聘）
沈思玙（字鲁珍）（来校，代理总务长）1938.08 1945.08	1936.04	—	—	副教授（兼任）	—	—	—	—	—	—	分校教授（龙泉分校迁杭）	教授	教授	教授	—	—	—	地组

续表

姓名	入系时间	1936年度	1937年度	1938年度	1939年度	1940年度	1941年度	1942年度	1943年度	1944年度	1945年度	1946年度	1947年度	1948年度	1949年度	1950年度	1951年度	说明
诸葛麒（字振公）	1936.04（校长长秘书）1940.08（专任，兼校长长秘书）	—	—			教授	教授	教授	教授	教授	教授（兼职）	—（聘中文系为教授，系主任兼秘书）	—（聘中文为系教授，系主任兼秘书）	教授、兼主任、秘书				地组（1949.08，未聘）
张其昀（字晓峰）	1936.08	副教授，兼系主任	教授，系主任	教授，系主任	授，所、系主任、室主任	教授、所、室主任	教授、系、所、室主任、兼训导长	教授、系、所、室主任、兼训导长（1943.05赴美止）	教授、室主任（在美国讲学）	教授、所、室主任（在美国讲学）	教授、所、室主任（1945.11起），文学院院长（1946.01起）	教授、所、室主任，文学院院长	授、所、室主任，文学院院长	教授、所、室主任，文学院院长（至1949.04）				地组（1949.04后，离校）
王庸（字以中）	1936.08（兼任）1938.02	副教授（兼图书课主任）	副教授（1938.02起）	副教授	—	—	—	—	—	—	—	—	—					史组
朱庭祜（字仲翔）	1936.08　1946.08	副教授，一年级主任	教授，一年级主任（至1938.01）	—	—	—	—	—	—	—	—	教授，兼一年级主任	教授，兼一年级主任	教授、兼总务	教授	教授	教授	地组、地理学系

续表

姓名	入系时间	1936年度	1937年度	1938年度	1939年度	1940年度	1941年度	1942年度	1943年度	1944年度	1945年度	1946年度	1947年度	1948年度	1949年度	1950年度	1951年度	说明
景旻桢（字幼南）	1936.08	副教授	教授（1937.11后离校）															支组
李玉林（字海晨）	1936.08 / 1947.08	助教											教授（兼任）					地组（1947学年时为中央大学地理系地质教授，休假，未任教）
柳定生（女）（字静明）	1936.08	助教	助教	助教	助教													支组
郝颐寿	1936.09	助教	助教															地组
何克明	1936.08	绘图员	绘图员	绘图员	助教													
李絜非	1936.09（未浙大）1940.09					讲师	讲师	副教授	副教授	副教授，代系主任	副教授，代系主任（至1945.11）	副教授，师范学院史地学系主任	副教授	教授				支组
陈训慈（字叔谅）	1936.09（兼任）1938.08正式	副教授（兼任）	教授（兼任）	教授（兼任），浙大图书馆主任	——（教授，浙东分校主任）	——（教授，龙泉分校主任）												支组
贺昌群（字藏云）	1937.08		教授	教授	教授							教授						支组

928

续表

姓名	入系时间	1936年度	1937年度	1938年度	1939年度	1940年度	1941年度	1942年度	1943年度	1944年度	1945年度	1946年度	1947年度	1948年度	1949年度	1950年度	1951年度	说明
张荫麟（号素痴）	1937.08	—	教授（短期讲学）	—	—	教授	教授	教授（1942 10.24 逝世）	—									史组
齐学启（号梦养，字裘庸）	1940.08	—	副教授															史组
俞大纲	1937.08	—	讲师	—														史组
沈汝生（号树声）	1937.08	—	助教	—														地组
叶良辅（字左之）	1938.04	—	教授（1938.04起）	教授	教授	教授	教授	教授	教授，系主任，史地学部代理主任	教授，史地学部代理主任	教授，史地学部代理主任至1945.11	教授（休假一年）	教授	教授	教授，系主任（1949.09.14去世）			地组、地理学系
黄秉维	1938.11	—	—	讲师（1938.11起）	副教授（1939年底起）	副教授	副教授	副教授	—									地组
梁嘉彬	1939.01	—	—	讲师（1939.01起）	讲师	讲师	讲师											史组
向达（字觉明）	1939.03	—	—	教授（1939.03起）	—													史组
刘之远（也做"刘志远"）	1939.03	—	—	助教（1939.03起）					副教授	副教授	副教授							地组

续表

姓名	入系时间	1936年度	1937年度	1938年度	1939年度	1940年度	1941年度	1942年度	1943年度	1944年度	1945年度	1946年度	1947年度	1948年度	1949年度	1950年度	1951年度	说明
涂长望	1939.05	—	—	教授（1939.05起）	教授	教授	教授（1942.05后离开）											地组
刘节（字子植）	1939.09	—	—	—	教授（1940.02后离职）	—												史组
任美锷	1939.10	—	—	—	副教授	教授	教授（1942.02后离职）	—										地组
周丙湖	1939.10	—	—	—	绘图员，书记	绘图员，书记	绘图员，书记	绘图员，书记	绘图员，书记	书记	书记	书记	书记	书记	书记	书记	书记	
李源澄（字俊卿）	1940.01	—	—	—	副教授（1940.01起）	副教授（至1941.02）	—											史组
郭晓岚	1940.02	—	—	—	研究生（兼助教，1940.02起）	研究生（兼助）	研究生（兼助教）	讲师										地组
谭其骧（字季龙）	1940.03	—	—	—	副教授（1940.03）	副教授	副教授	教授	教授	教授	教授	教授	教授	教授	教授（历史学系）	—	—	史组，历史学系（1950.08，应聘复旦大学）

续表

姓名	入系时间	1936年度	1937年度	1938年度	1939年度	1940年度	1941年度	1942年度	1943年度	1944年度	1945年度	1946年度	1947年度	1948年度	1949年度	1950年度	1951年度	说明
叶文玮	1940.05	—	—	—	（书记，1940.05起）	（书记）	（书记）	—	—	—	—	—	—	—	—	—	—	
卢奎（字温甫）	1940.08	—	—	—	—	讲师（湄潭分校，兼任）	讲师（湄潭分校，兼任）	讲师	—	—	—	—	—	—	—	—	—	地组
麦金托士（加）	1940.08	—	—	—	—	龙泉分校讲师	—	—	副教授	副教授	副教授（1946.02后离开）	—	—	—	—	—	—	地组
王德昌	1940.08	—	—	—	—	助教	助教	助教	—	—	—	—	—	—	—	—	—	地组
袁皓如	1940.08	—	—	—	—	（助理员）	—	—	—	—	—	—	—	—	—	—	—	
王心安	1936.06（未校），1940.08	—	—	—	—	练习生	绘图员	绘图员	绘图员	绘图员	绘图员	绘图员	绘图员	绘图员	绘图员	—	—	
张华生	1937.08（未校），1940.08	—	—	—	—	（书记）	（书记）	—	—	—	—	—	—	—	—	—	—	
徐义明	1938.12（未校），1940.08	—	—	—	—	（练习生）	（练习生）	（练习生）	—	—	—	—	—	—	—	—	—	
叶彦孤	1940.08	—	—	—	—	（练习生）	（练习生）	—	—	—	—	—	—	绘图员	绘图员	绘图员	绘图员	

续表

姓名	入系时间	1936年度	1937年度	1938年度	1939年度	1940年度	1941年度	1942年度	1943年度	1944年度	1945年度	1946年度	1947年度	1948年度	1949年度	1950年度	1951年度	说明
陈楚淮	1940.08	—	—	—	—	分技讲师	分技讲师（1941.08去世）	—	—	—	—	—	—	—	—	—	—	1941.08暑期去世，张奎接史组
陶樾	1940.09	—	—	—	—	教授	教授	—	—	—	—	—	—	—	—	—	—	
吴贤祥	1941.02	—	—	—	—	绘图员（1941.02起）	绘图员	绘图员	绘图员	绘图员	绘图员	绘图员	绘图员	绘图员	绘图员	绘图员	绘图员	
孙国运	1941.05	—	—	—	—	（助理员）（1941.05起）	（助理员）	—	—	—	—	—	—	—	—	—	—	
沙学浚	1941.08	—	—	—	—	—	教授	—	—	—	—	—	—	—	—	—	—	地组
方豪（字杰人）	1941.08	—	—	—	—	—	教授	教授	—	—	—	—	—	—	—	—	—	史组
张奎（字慕寿）	1941.08	—	—	—	—	—	龙泉分校讲师	龙泉分校讲师	龙泉分校讲师	龙泉分校副教授	龙泉分校副教授	副教授	副教授	副教授	—	—	—	史组
沈鉴	1941.08	—	—	—	—	—	讲师	—	—	—	—	—	—	—	—	—	—	支组
范云龙	1941.08	—	—	—	—	—	讲师	—	—	—	—	—	—	—	—	—	—	支组
黎子耀	1941.08	—	—	—	—	—	讲师	讲师	讲师	讲师	副教授	副教授	副教授	副教授	副教授（历史学系）	副教授（公共课）共课	教授（公共课）共课	支组
杨怀仁	1941.08	—	—	—	—	—	—	（研究生兼助教）	助教	—	—	—	—	—	—	—	—	地组
曹梦贤	1941.08	—	—	—	—	—	（书记）	—	—	—	—	—	—	—	—	—	—	
袁希文	1941.08	—	—	—	—	—	（书记）	—	—	—	—	—	—	—	—	—	—	

续表

姓名	入系时间	1936年度	1937年度	1938年度	1939年度	1940年度	1941年度	1942年度	1943年度	1944年度	1945年度	1946年度	1947年度	1948年度	1949年度	1950年度	1951年度	说明
席世镗	1941.08	—	—	—	—	—	（书记）	—	—	—	—	—	—	—	—	—	—	
陈柏绿	1941.10	—	—	—	—	—	（书记）	—	—	—	—	—	—	—	—	—	—	
吕东明（又名吕欣良）	1941.11	—	—	—	—	—	（练习生）	—	—	—	—	—	—	—	—	—	—	
谢义炳	1942.01	—	—	—	—	—	观测员（1942.01起）	观测员	—	—	—	—	—	—	—	—	—	测候所
周恩济	1942.01	—	—	—	—	—	观测员（1942.01起）	观测员	—	—	—	—	—	—	—	—	—	测候所
季平（字平子）	1942.04	—	—	—	—	—	分校助教（1942.04起）	分校助教	分校助教	分校讲师	分校讲师	—	—	—	—	—	—	史组
熊玉书	1942.04	—	—	—	—	—	（书记）（1942.04起）	（书记）	（书记）	—	—	—	—	—	—	—	—	
黎正甫	1942.04	—	—	—	—	—	（助教）（1942.04起）	（助教）	—	—	—	—	—	—	—	—	—	
阚家蓂（女）	1942.04	—	—	—	—	—	（书记）（1942.04起）	—	—	—	—	—	—	（助教，1949.03离开）	—	—	—	

933

续表

姓名	入系时间	1936年度	1937年度	1938年度	1939年度	1940年度	1941年度	1942年度	1943年度	1944年度	1945年度	1946年度	1947年度	1948年度	1949年度	1950年度	1951年度	说明
卜国钧	1942.08	—	—	—	—	—	—	—（书记）	—	—（书记）								
陈柜孙	1942.08	—	—	—	—	—	—	讲师										史组
李珽	1942.08	—	—	—	—	—	—	讲师，编辑										史组
刘熊祥	1942.08	—	—	—	—	—	—	—（编辑）										
胡昌恩	1942.08	—	—	—	—	—	—	—（编辑）										
王爱云（女）	1942.08	—	—	—	—	—	—	—（编辑）										
赵松乔	1942.08	—	—	—	—	—	—	助教	助教	助教	讲师	（出国）	（出国）	副教授	—			地组（1949.08，未聘）
	1948.08																	
陈乐素	1942.11	—	—	—	—	—	—	教授（1942.11起）	教授	教授	教授	教授	教授	教授	教授（历史学系）	教授（公共课）	教授（公共课）	史组，历史学系
陈述彭	1943.02	—	—	—	—	—	—	助教（1943.02起）	助教	（研究生兼助教）	（研究生兼助教）	（研究生兼助教）	助教	讲师	讲师（至1950.01）			地组，地理学系
	1947.08																	
钱穆（字宾四）	1943.02	—	—	—	—	—	—	教授（1943.02短期讲学）										史组
徐乐源	1943.02	—	—	—	—	—	—	副教授（1943.02起）										史组

934

续表

姓名	入系时间	1936年度	1937年度	1938年度	1939年度	1940年度	1941年度	1942年度	1943年度	1944年度	1945年度	1946年度	1947年度	1948年度	1949年度	1950年度	1951年度	说明
李鼎芳	1943.02	——	——	——	——	——	——	副教授（1943.02起）										史组
管佩韦	1943.08	——	——	——	——	——	——	——	助教	助教	助教	助教	助教	助教	助教（历史学系）	讲师（公共课）	讲师（公共课）	史组，历史学系
毛汉礼	1943.08	——	——	——	——	——	——	——	观测员									地组
陶元珍（字云孙）	1943.09	——	——	——	——	——	——	——	教授									史组
王镇坤	1943.09	——	——	——	——	——	——	——	（编辑）	（编辑）	（编辑）	（编辑）	（编辑）	（编辑）				
严德一	1944.02	——	——	——	——	——	——	——	副教授（1944.02起）	副教授	副教授	副教授（美国进修）	副教授（美国进修）	教授	教授	教授	教授	地组，地理学系
王维屏	1944.08	——	——	——	——	——	——	——	——	副教授	副教授	副教授	副教授					地组
谢文洽	1944.08	——	——	——	——	——	——	——	——	助教	助教	助教						地组
欧阳海	1944.08	——	——	——	——	——	——	——	——	观测员								测候所
胡玉堂	1944.08	——	——	——	——	——	——	——	——	湄潭分校教员，编辑	湄潭分校教员，编辑	讲师	讲师	讲师				史组
王道腴	1945.02	——	——	——	——	——	——	——	——	副教授（1945.02起兼任）	副教授							地组
么枕生	1945.08	——	——	——	——	——	——	——	——	——	助教	副教授（1948.03起）	副教授	副教授	教授	教授		地组，地理学系
徐规	1945.08											助教	助教	讲师				史组

续表

姓名	入系时间	1936年度	1937年度	1938年度	1939年度	1940年度	1941年度	1942年度	1943年度	1944年度	1945年度	1946年度	1947年度	1948年度	1949年度	1950年度	1951年度	说明
求家銮	1945.08	—	—	—	—	—	—	—	—	—	助教，兼观测员	—	—	—	—	—	—	地组
李春芬	1946.08	—	—	—	—	—	—	—	—	—	—	教授	教授	教授	教授、系主任	教授、系主任	教授、系主任	地组，地理学系
孙鼐（字乃鼎）	1946.08	—	—	—	—	—	—	—	—	—	—	教授	教授	教授	教授	教授	教授	地组，地理学系
吴定良（字均一）	1946.08	—	—	—	—	—	—	—	—	—	—	（文学院教授）	（史地研究所教授）	（史地研究所教授）	（史地研究所教授，至1949.01）	—	—	1946.08后受聘于文学院，1947.08后属人类学系，同时兼史地研究所导师；1949.02后为人类学研究所导师
郑士俊	1946.08	—	—	—	—	—	—	—	—	—	—	助教	助教	助教	—	—	—	地组

续表

姓名	入系时间	1936年度	1937年度	1938年度	1939年度	1940年度	1941年度	1942年度	1943年度	1944年度	1945年度	1946年度	1947年度	1948年度	1949年度	1950年度	1951年度	说明
李思纯（字哲生）	1946.08	—	—	—	—	—	—	—	—	—	—	教授（1947.01止）	—	—	—	—	—	史地组，受聘于师范学院史地学系
吕䶮（字蔚光）	1947.02	—	—	—	—	—	—	—	—	—	—	教授（1947.02起，兼任）	—	—	—	—	—	史地组
赵昭昫	1947.02	—	—	—	—	—	—	—	—	—	—	编辑（1947.02起）	（编辑）	—	—	—	—	
陈吉余	1947.08 1949.08	—	—	—	—	—	—	—	—	—	—	（编辑）	（编辑）	（编辑）	助教	讲师	讲师	地组，地理学系
倪士毅	1947.08	—	—	—	—	—	—	—	—	—	—	—	助教	助教	助教（历史学系）	助教（公共课）	助教（公共课）	史组，历史学系
宋晞	1947.08	—	—	—	—	—	—	—	—	—	—	—	助教	—	—	—	—	
严钦尚	1948.04	—	—	—	—	—	—	—	—	—	—	—	副教授（1948.04起）	副教授	副教授	副教授	副教授	史组，历史学系
舒兴汉	1948.09	—	—	—	—	—	—	—	—	—	—	—	—	（编辑）	—	—	—	地组，地理学系
丁名楠	1948.09	—	—	—	—	—	—	—	—	—	—	—	—	（编辑）	—	—	—	
谢耀德	1948.09	—	—	—	—	—	—	—	—	—	—	—	—	（编辑）	—	—	—	

续表

姓名	入系时间	1936年度	1937年度	1938年度	1939年度	1940年度	1941年度	1942年度	1943年度	1944年度	1945年度	1946年度	1947年度	1948年度	1949年度	1950年度	1951年度	说明
李季谷	1948.09（兼任）	—	—	—	—	—	—	—	—	—	—	—	—	兼任教授	—	—	—	支组（时为浙江省教育厅厅长）
石延汉	1948.09（兼任）1949.08	—	—	—	—	—	—	—	—	—	—	—	—	兼任教授	教授	教授	教授	地组，地理学系
汤李初	1949.08	—	—	—	—	—	—	—	—	—	—	—	—	—	工友	工友	工友	
周雨侪	1949.08	—	—	—	—	—	—	—	—	—	—	—	—	工友	工友	工友	工友	地理学系
李冶孝	1950.08	—	—	—	—	—	—	—	—	—	—	—	—	—	助教	助教	助教	地理学系
李行健	1950.08	—	—	—	—	—	—	—	—	—	—	—	—	—	—	助教	助教	地理学系
靳家祥	1951.08	—	—	—	—	—	—	—	—	—	—	—	—	—	—	—	助教	地理学系

二、文科研究所史地学部、史地研究所、地理研究所就读和毕业的研究生

说明：

（1）关于研究生的材料较为丰富，故本表将入学就读和完成学业的学生（即有正式学号的学生）以及导师、论文和入学、毕业时间及获得学位与否等相关情况均列表说明。

（2）关于毕业学生的名单及相关信息，1947届及之前主要据1947年9月所编《国立浙江大学文学院概况》所载"研究生名录及其论文目录表"整理，并根据其他来源材料补充，较为确定；其他未毕业学生和1948—1952年学生情况，主要据浙江大学档案馆有关材料和有关回忆材料等整理，故可能会有不甚准确等情况。

（3）表中人物的相关信息，因资料来源较为庞杂，且多数在正文中相关部分有所说明，故本处不再列出。

附表3-2　1939—1952年文科研究所史地学部、史地研究所和地理研究所就读和毕业的研究生一览表

姓名	组别	入学时间	论文题目	导师	毕业时间	原读大学	学位
郭晓岚【史1】	气象	1940.02（实际入学：1940.03）	大气中之长波辐射	涂长望	1942.07	西南联大（清华大学地学系）	硕士
丁锡祉【史2】	地形	1940.02（实际入学：1940.03）	遵义地面的发育	叶良辅	1942.07	西南联大（清华大学地学系）	硕士
胡善恩【史3】	人文地理	1940.02（实际入学：1940.03）	遵义附近之地理环境与人生之关系	张其昀	1942.07	西南联大（清华大学地学系）	硕士
洪诚【史4】	史学	（1940.08；未入学）	——	——	——	中央大学中文系	——
沈玉昌【史5】	地形	1940.08	湘江附近地形初步研究	叶良辅	1942.07	浙江大学史地学系	硕士
严钦尚【史6】	地形	1940.08（实际入学：1940.09）	贵阳附近地面及水系之发育	叶良辅	1942.07	中央大学地理学系	硕士

续表

姓名	组别	入学时间	论文题目	导师	毕业时间	原读大学	学位
王爱云（女）【史7】	史学	1940.08（实际入学：1940.10）	贵州开发史	谭其骧	1943.07	浙江大学史地学系	硕士
叶笃正【史8】	气象	1940.08（实际入学：1940.12）	湄潭之大气电位	涂长望，王淦昌	1943.07	西南联大（清华大学地学系）	硕士
陈树仁（女）【史9】	气象	1940.08（实际入学：1941.01；1941.10起休学，后未复学）	——	——		西南联大（清华大学地学系）	—
刘熊祥【史10】	史学	1940.08（实际入学：1941.02）	清季联俄政策之始末	张荫麟	1942.07	西南联大（北京大学历史学系）	硕士
周恩济【史11】	人文地理	1941.08	西北之垦殖	张其昀	1943.07（说明：入学时为"气象学组"，导师为涂长望；1942年7月后转为"人文地理学组"，导师为张其昀）	浙江大学史地学系	硕士
胡玉堂【史12】	史学	1941.08	古代雅典民主政治与雅典帝国	顾毂宜	1944.07	浙江大学史地学系	硕士
谢义炳【史13】	气象	1941.08	贵州之天气与气候	涂长望	1943.07	西南联大（清华大学地学系）	硕士
杨怀仁【史14】	地形	1941.08	贵州中北部地形发育史	叶良辅	1944.07	浙江大学史地学系	硕士
余泽忠【史15】	人文地理	1941.08	中国棉作与气候	张其昀、黄秉维	1943.07	中山大学地理学系	硕士
余文豪（也作余行迈）【史16】	史学	1941.08	元初汉军考	张荫麟、陈乐素	1943.07	西南联大（北京大学历史学系）	硕士

姓名	组别	入学时间	论文题目	导师	毕业时间	原读大学	学位
施雅风 【史17】	地形	1942.08	华中区水理初步研究	叶良辅	1944.07	浙江大学史地学系	硕士
赵松乔 【史18】	人文地理	1942.08	中缅政治地理上几个问题	张其昀	1945.07	浙江大学史地学系	硕士
方正三 【史19】	气象	1942.08 （1943.02退学）	——	——	——	浙江大学农艺学系	——
梁蒨善 【史20】	人文地理	1942.08	贵州之经济地理	张其昀	1944.07	中山大学地理学系	硕士
毛汉礼 【史21】	气象	1943.08	华中之工业气候（？）	竺可桢、涂长望、卢鋆	—— （1944.08-1945.08休学；1945.09复学，但可能未毕业）	浙江大学史地学系	——
袁希文 【史22】	史学	1943.08	唐代税法之嬗变及其因果	陈乐素	1945.07	光华大学历史学系	硕士
徐规 【史23】	史学	1943.08	宋代妇女的地位	陈乐素	1945.07	浙江大学史地学系	硕士
许福绵 【史24】	史学	（1943.08；未入学或未完成学业）				浙江大学史地学系	——
孙守仁（也作孙守任） 【史25】	史学	1943.08	后金汗国社会经济与政治	陶元珍	1945.07	东北大学历史学系	硕士
文焕然 【史26】	史学	1944.08 （实际入学：1944.10）	秦汉时代黄河中下游气候之蠡测	谭其骧	1947.07	浙江大学史地学系	——
倪士毅 【史27】	史学	1944.08 （实际入学：1944.10）	赵宋宗室中之士大夫	陈乐素	1947.07	浙江大学史地学系	——
蔡锺瑞 【史28】	地形	1944.08 （实际入学：1944.10）	恩施地形研究	叶良辅	1946.07	浙江大学史地学系	——

续表

姓名	组别	入学时间	论文题目	导师	毕业时间	原读大学	学位
戎文言【史29】	史学	1944.08（实际入学：1944.10）	——（有材料记及题为《十九世纪英国宪政发展》，未知确否，姑存疑）	顾毂宜	——（可能未毕业）	浙江大学史地学系	—
王连瑞【史30】	地形	1944.08（实际入学：1944.10）	——（有材料记及题为《恩施地形研究》，未知确否，姑存疑）	叶良辅	——（可能未毕业）	浙江大学史地学系	—
陈述彭【史31】	地形	1944.08（实际入学：1944.10）	螳螂川流域之地文与人生	叶良辅	1947.07（说明：入学时为"人文地理学组"；1946年7月后转为"地形学组"，导师均为叶良辅）	浙江大学史地学系	—
程光裕【史32】	史学	1944.08（实际入学：1944.10）	茶风与唐宋思想界	陈乐素	1947.07	浙江大学史地学系	—
宋晞【史33】	史学	1945.08	士大夫势力下宋代商人的活动	陈乐素	1947.07	浙江大学史地学系	—
陈吉余【史34】	地形	1945.08	杭州湾地形之演化	叶良辅	1947.07	浙江大学史地学系	—
郑能瑞（也作郑公盾）【史35】	人类	1947.08	（不详）	吴定良	1949.07	协和大学历史学系	—
黄怀仁【史36】	史学	1947.08	（不详）	顾毂宜	1949.07	暨南大学外文系	—
李治孝【史37】	地形	1948.08	浙江余杭西南部之地质和矿产	叶良辅	1950.07	浙江大学史地学系	—

姓名	组别	入学时间	论文题目	导师	毕业时间	原读大学	学位
吴应寿【史38】	史学	1948.08	——	谭其骧	——（1949.08转入北京大学）	浙江大学史地学系	——
谭惠中（女）【史39】	史学	1949.02	——	（不详）	——（1949.08转入北京大学）	中央大学历史学系	——
王懿贤（地1）	地理	1950.08	（不详）	（不详）	——（1950.08—1952.07，修完两学年课程，以气象学类课程为主，是否完成学业不详）	浙江大学史地学系（地理学系）	——
黄盛璋（地2）	地理	（1950.08；未就读本所）	——	——	——（1949.08—1952.07，浙江大学中文研究所毕业，学号为【国4】或【中4】）	浙江大学史地学系	——
吴国纯（女）（地3）	地理	1950.08	——	（不详）	——（1951.02后休学至1952.07，恐未完成学业）	浙江大学史地学系（地理学系）	——

合计：

1.共招生42名（含未入学者）。其中：（1）1939—1949的文科研究所史地学部（1939.08—1947.01）、史地研究所（1947.01—1949.07）时期：39名；1949—1952的地理研究所（1949.07—1952.07）时期：3名。（2）地学专业：24名，占57%。

2.正式入学且毕业者共计30名。其中：（1）毕业生均为1939—1949的文科研究所史地学部（1939.08—1947.01）、史地研究所（1947.01—1949.07）时期；1949—1952的地理研究所（1949.07—1952.07）时期，无毕业生。（2）地学专业：17名，占57%。

3.获得硕士学位者共计20名。其中：（1）均为1939—1949的文科研究所史地学部（1939.08—1947.01）、史地研究所（1947.01—1949.07）时期。（2）地学专业：13名，占65%。

三、文理学院、文学院史地学系和师范学院史地学系、理学院地理学系毕业的本科生

说明：

（1）入学学生人数为不完全统计，仅据相关材料列出，供参考。

（2）关于毕业学生的人数和具体名单，1947届及之前主要据当时所编同学录汇总，故较为确定；1948—1952届据浙江大学档案馆有关材料整理，1950级和1951级学生转学后在南京大学毕业情况主要据有关回忆材料，故这两个时期的名单可能会有不太完整或不甚准确等情况。

（3）表中，【文理】指"文理学院史地学系"，【文】指"文学院史地学系"，【师】指"师范学院史地学系"，【师二】指"师范学院第二部史地学系"，【地】指"理学院地理学系"。姓名后附学号（个别缺）。

（4）表中人物的相关信息，因资料来源较为庞杂，且多数在正文中相关部分有所说明，故本处不再列出。

附表3-3　1936—1952年文理学院、文学院史地学系和师范学院史地学系、理学院地理学系毕业学生一览表

届别（及毕业时间和地点）	毕业生人数及名单	入学时间及入学时人数（为不完全统计）
1940届（民廿九级）1940.07毕业（遵义）	【文】5 沈玉昌【25001】，戎文言【25002】，雷功俊【25003】，王德昌【25023】，王爱云（女）【27061】	（1936级）【文理】12
1941届（民三十级）1941.07毕业（遵义）	【文】6 沈自敏【26007】，周恩济【26042】，杨怀仁【26043】，谢觉民【26045】，胡玉堂【26055】，邓永璋【27062】 【师】师范学院第二部史地学系(1940.08—1941.07)：1 黄光京【291001】	（1937级）【文理】22 （1940级）【师二】1

届别（及毕业时间和地点）	毕业生人数及名单	入学时间及入学时人数（为不完全统计）
1942届（民三一级） 1942.07 毕业（遵义）	【文】5 施雅风【26058】，赵松乔【27064】，于震天【27068】，张效乾【28062】，卢湛高【29050】 【师】师范学院第二部史地学系(1941.08—1942.07)：4 戎涓之（女）【301001】，何慧研【301002】，陈济沧【301003】，晏一清【301004】	（1938级）【文理】9 （1938级）【师】19 （1941级）【师二】4
1943届（民三二级） 1943.07 毕业（遵义）	【文】15 周家乾【28067】，庄严【28068】，毛汉礼【28071】，邹含芬（女）【28072】，祝修麇（编者注：也作"祝修麟"）【28074】，沈健【28076】，范易君（女）【28082】，何重恒【28083】，许蔚文【28084】，徐规【28085】，蒋以明【28086】，余守清【28087】，唐义澯【28088】，管佩韦【28089】，许福绵【28090】 【师】10 宋铭奎【27609】，张汉松【27612】，孙盘寿【27613】，陈述彭【27618】，吴华耀【27661】，蔡锺瑞【27701】，钱炜（女）【27702】，詹溶庆【27703】，杨利普【27706】，刘宗弼【27711】	（1939级）【文】41 （1939级）【师】12
1944届（民三三级） 1944.07 毕业（遵义）	【文】21 王蕙（女）【26052】，沈能枋【28008】，王省吾【29003】，沈雅利（女）【29032】，赵廷杰【29041】，阚家蓂（女）【29046】，刘尚经【29047】，王连瑞【29048】，郑士俊【29049】，戴贞元【29052】，江乃萼（女）【29053】，张幼勤【29054】，姚懿明(姚宜民)【29055】，姚国水【29056】，文焕然【29058】，欧阳海（女）【29059】，谢文治【29063】，倪士毅【29064】，程光裕【29065】，胡汉生【30061】，傅文琳【31061】 【师】7 黄化【27712】，何春华【28731】，张世烈【28732】，李敦仁【28736】，李青贵【28738】，游天池【28740】，黄子才【28764】	（1940级）【文】33 （1940级）【师】17

续表

届别（及毕业时间和地点）	毕业生人数及名单	入学时间及入学时人数（为不完全统计）
1945届（民三四级） 1945.07毕业（遵义）	【文】14 王度【29023】，王嘉福【29246】，叶文培【29371】，赵昭昀【30012】，宋晞【30013】，严刘祜【30014】、厉良敏【30051】，李孝祖【30064】，束家鑫【30066】，陈耀寰【30067】，陈吉余【30068】，史以恒【30069】，夏源【30071】，石剑生【30072】 【师】11 陈光崇【29627】，陈平章【29629】，殷汝庄（女）【29643】，阮文华【29645】，罗昭彰【29646】，蒋铨元【29647】，程蕴良【29648】，周忠玉【29649】，吴章斌【29652】，李昌文【29654】，彭桃龄【29655】	（1941级）【文】19 （1941级）【师】6
1946届（民三五级） 1946.05毕业（遵义）	【文】18 满时彬【29062】，马光煌【29121】，徐先【30009】，张元明【30063】，曹梦贤【30065】，贺忠儒【30110】，胡金麟【31034】，申勉【31038】，桂永杰【31064】，王鹤年【31067】，蔡崇廉【31068】，杜学书【31069】，吕欣良（编者注：即吕东明）【31071】，张韵秋（女）【31072】，叶华勋【31073】，司徒钜勋【31074】，张则恒【31206】，李景霞【31710】 【师】7 刘应中【29030】，李传贵【29650】，杨竹亭【29696】，龙秉衡【30661】，杨培源【30662】，萧俊云【30664】，阚纫琼（女）【31126】	（1942级）【文】22 （1942级）【师】16
1947届（民三六级） 1947.07毕业（杭州）	【文】12 冯坚【31051】，李赓序【31062】，刘克恭【31063】，李治孝【31065】、卢祥生【31076】，杨予六【32066】，许道慧（女）【32067】，陈凤珍（女）【32068】，孙济平（女）【32073】，游振泰【32075】，熊第恕【32079】，薛兴儒【32843】 【师】5 黄博施【28737】，董德桓【30721】，蒲德华（女）【31751】，刘德荣【31753】，桂柏林（女）【31761】	（1943级）【文】18 （1943级）【师】13

届别（及毕业时间和地点）	毕业生人数及名单	入学时间及入学时人数（为不完全统计）
1948届（民三七级） 1948.07毕业（杭州）	【文】6 田代沂【32262】，吴应寿【33003】，倪宝元【33006】，张镜湖【33061】，屈彦远【33069】，冯怀珍【33824】 【师】2 祝耀楣【32069】，黄有种【？】	（1944级）【文】19 （1944级）【师】15
1949届（民三八级） 1949.07毕业（杭州）	【文】20 葛师竹【31065】，丘宝剑【32076】，蒋天佑【33059】，陈汉耀【33144】，左大康【33333】，翁景田【34008】，黄小箴【34009】，毛昭晰【34011】，王来棣（女）【34021】，陈晞仑（女）【34023】，鲍映澜【34046】，叶宗琮【34059】，杨琨【34065】，吴清融【34072】，胡福畴【34074】，周克惠【34075】，黄锡畴【34077】，孟钧照【34078】，王从廉【34083】，周峻壁【34317】 【师】41 程金玉【31759】，梁赞英【31764】，陆希舜【32072】，王宣【32831】，张飞鹏【33063】，宋玉【332058？】，周品英（女）【33793】，季松培【33830】，黄安华【33831】，周甫保【33898】，徐学恩【33892】，陈正元【？】，张永世【34035】，刘柏华【34036】，范运钧【？】，王传琛【？】，陆倩（女）【34066】，张治俊【34067】，黄盛璋【34070】，熊美华【34151】，许孟英（女）【34805】，江继荣【34808】，金钦贵【34825】，曹毓麟【34831】，陈龙水【34832】，洪昌文【34834】，毕敖洪【34835】，孙祖琛【34836】，金陈莲（又作金陈廉、金陈连）（女）【34838】，王明业【34839】，郑邦贤【34841】，何容【34842】，郑人慈【34843】，陈大钧【34844】，吴汝祚【34845】，阮国卿【34846】，张德新（女）【34864】，卢婉清（女）【34867】，潘明友【34896】，邬正明【34897】，毛保安【35836】	（1945级）【文】38 （1945级）【师】22

续表

届别（及毕业时间和地点）	毕业生人数及名单	入学时间及入学时人数（为不完全统计）
1950届（地理学系第一届毕业生）1950.07毕业（杭州）	【地】12 郑威【34013】，林晔【34097】，吴国纯（女）【34092】，王懿贤【34266】，顾全甫【34833】，汪安球【35061】，李行健【35064】，王品章【35071】，丁浩然【35838】，傅君亮【35840】，卢云谷【35854】，方孔裕【寄60】 【师】4 李传祚【32832】，段月薇（女）【32833】，宋炎【32844】，李发祥【33829】	（1946级）【文】21 （1946级）【师】11
1951届（地理学系第二届毕业生）1951.07毕业（杭州）	【地】7 郑家祥【34172】，何越教【？】，何文池【？】，柯保悟【35075】，邵维中【35078】，叶学齐【36078】，刘华训【36772】	（1947级）【文】10
1952届（地理学系第三届毕业生）1952.07毕业（杭州）	（1948级）【地】5，（1949级）【地】9（1949级提前于1952年7月、与1948级同时毕业）： 地理组：张兰生【37061】，居恢扬【49172】，黄定达【49173】，蒋传一【？】 气象组：邱国杰【37063】，姚启润【49053】，黄声达【49164】，赵颂华【49166】 地质组：董名山【49165】，吴明人【49169】，胡受奚【49174】，胡高虹【49175】 此外，宁奇生【37069】，张鉴模【37504】可能属于地质组	（1948级）【文】6 （1949级）【地】10（1949级提前1年毕业）
附：院系调整至南京大学就读及毕业的学生		
1953届 1954.01毕业（南京）	1950级提前于1954年1月毕业： ——转入地质系者（13人）：叶尚夫【50305】，朱锡涛，吴望始（女），吴敦敖，应思淮，陈以洛，陈树盛，罗正华，周志炎，项礼文，施央申，夏树芳，柴本源 ——转入地理系者（6人）陈丙咸，曾尊固，吕人伟，高文治，王超然，方永	（1950级）【地】19（1950级提前半年毕业）

届别（及毕业时间和地点）	毕业生人数及名单	入学时间及入学时人数（为不完全统计）
1955 届 1955.07 毕业（南京）	1951 级正常于 1955 年 7 月毕业： ——转入地质系者（14 人）：施林道，沈修忐，罗谷风，方大卫，张受生，卢端淑（女），张才仙（女），方少木，陈兰生，张遵信，童航寿，吴毓晖，翟人杰，王文斌 ——转入地理系者（2 人）：过鉴懋，阮宝同 ——转入气象系者（5 人）：陈隆勋，龚月琳，许小金，朱乾根，王得民 另外，俞时青（1 人）因被录取为留苏预备生入北京外国语学院学习俄语，未转入南大	（1951 级）【地】22

合计（不完全统计）：

史地学系和地理学系毕业 241 人，其中：史地学系时期（至 1949 年 7 月），204 人。

史地学系和地理学系入学学生共计 452 人，其中：史地学系时期（至 1949 年 7 月），401 人

附录四　图表索引

一、彩插索引

第六章

二、正文图片索引

第四章

跋涉西东，求索时空——浙江大学地球科学学院院史（1897—1952）

三、表格索引

参考文献和资料来源

著作

[美]陈润成、李欣荣编：《天才的史学家——追忆张荫麟》，北京：清华大学出版社，2009年

[美]普雷斯顿·詹姆斯、[美]杰弗雷·马丁著，李旭旦译：《地理学思想史（增订本）》，北京：商务印书馆，1989年

《陈述彭编年纪事》编委会编：《陈述彭编年纪事》，北京：科学出版社，2021年

《黄秉维百年诞辰纪念文集》编辑组编：《黄秉维先生百年诞辰纪念文集》，北京：科学出版社，2013年

《纪念何友谅烈士暨浙大黑白文艺社文集》编辑组：《校史一叶——纪念何友谅烈士暨浙大黑白文艺社文集》（内部印行），1995年

《黎明前的求是儿女》编辑组编：《黎明前的求是儿女——解放战争时期浙江大学的学生运动和进步社团》，北京：中国青年出版社，2008年

《求是儿女怀念文集》编辑组编：《寄情求是魂——求是儿女怀念文集》，杭州：浙江大学出版社，2015年

《孙蕭纪念文集》编辑委员会编：《孙蕭纪念文集》，南京：南京大学出版社，2010年

《杨怀仁论文选集》编辑组编：《环境变迁研究——杨怀仁教授论文选集》，南京：河海大学出版社，1996年

《浙江省科协志》编辑室编：《浙江省科学技术协会大事记（1949—1991年）》（内部印行），1996年

《浙江通志》编纂委员会编：《浙江通志·地质勘查志》，杭州：浙江人民出版社，2019年

《中国海洋志》编纂委员会编著，曾呈奎等主编：《中国海洋志》，郑州：大象出版社，2003 年

《左大康地理研究论文选》编辑组编，郑度主编：《左大康地理研究论文选》，北京：科学出版社，1993 年

北京大学物理学院大气科学系编：《江河万古流——谢义炳院士纪念文集》，北京：北京大学出版社，2007 年

本书编写组编：《叶茂根深，学笃风正——纪念叶笃正先生诞辰一百周年》，北京：气象出版社，2016 年

陈国达、陈述彭、李希圣等主编：《中国地学大事典》，济南：山东科学技术出版社，1992 年

陈谷嘉、邓洪波主编：《中国书院史资料》，杭州：浙江教育出版社，1998 年

陈吉余著：《奋力长江河口——记陈吉余先生近期的河口海岸研究实践》，上海：华东师范大学出版社，2017 年

陈述彭著，陈子南编：《石坚文存——陈述彭院士科学小品选集》，北京：中国环境科学出版社，1999 年

陈述彭著：《石坚文存——陈述彭院士地学生涯（1999—2006）》，北京：人民教育出版社，2007 年

陈学恂主编：《中国近代教育大事记》，上海：上海教育出版社，1981 年

陈志明编著：《诗词浙大》，杭州：浙江大学出版社，2007 年

程光裕、徐圣谟主编：《中国历史地图》，台北：中国文化大学出版部，1980 年

戴勇、王平、金文华著：《探究河口，巡研海岸——陈吉余传》，上海：上海交通大学出版社，2015 年

邓洪波主编：《中国书院学规集成》，上海：中西书局，2011 年

樊洪业、李玉海编著：《竺可桢的抗战年代——竺藏照片考述》，北京：中国科学技术出版社，2015 年

范今朝编著：《国庠浙江，理学之光——浙江大学理科发展史（1897—1936）》，杭州：浙江大学出版社，2019 年

葛剑雄著：《葛剑雄文集 3·悠悠长水：谭其骧传》，广州：广东人民出版社，2014 年

贵州省遵义地区地方志编纂委员会主编：《浙江大学在遵义》，杭州：浙江大学出版社，1990 年

国立浙江大学史地研究所编辑，竺可桢等著：《地理学家徐霞客》，上海：商务印书馆，1948 年

杭州大学校史编辑委员会编：《杭州大学校史：1897—1997（修改本）》（内部印行），1997 年

杭州市教育委员会编纂：《杭州教育志（1028—1949）》，杭州：浙江教育出版社，1994 年

何东昌主编：《中华人民共和国重要教育文献（1949—1997）》，海口：海南出版社，1998 年

何琦主编：《问天人生》，北京：中国文史出版社，2019 年

何亚平、郭汾阳、王诗宗编：《学术浙大》，杭州：浙江大学出版社，2007 年

何亚平、朱惠珏、胡岚编：《惊鸿浙大》，杭州：浙江大学出版社，2007 年

何增光著：《浙江高等师范教育史》，杭州：杭州出版社，2008 年

洪世年、陈文言著：《中国气象史》，北京：农业出版社，1983 年

胡发群：《近代杭州教会学校研究》（浙江大学硕士学位论文），2008 年

黄继武、张哲民编：《求是精神与浙江大学"一二九运动"——参加"一二九"运动的老校友回忆文章及有关史料集》（内部印行），1997 年

江苏省浙江大学校友会编，王定吾主编：《我和浙大的故事》（内部印行），2017 年

教育部高校学生司编：《中国高等教育学生管理规章大全(1950—2006)》，北京：首都师范大学出版社，2007 年

教育部教育年鉴编纂委员会编：《第二次中国教育年鉴》，上海：商务印书馆，1948 年

金德水、吴朝晖主编：《浙江大学图史》，杭州：浙江大学出版社，2017 年

来新夏主编：《中国地方志综览（1949—1987）》，合肥：黄山书社，1988 年

李春芬编：《李春芬生平和学术思想》（内部印行），1990 年

李凡：《国立浙江大学史地系史述论（1936—1949）》（浙江大学硕士学位论文），2015 年

李杭春著：《竺可桢国立浙江大学年谱（1936—1949）》，杭州：浙江大学出版社，2017 年

李絜非编纂：《浙江大学西迁纪实》，宜山：国立浙江大学，1939 年

李曙白、李燕南等编著：《西迁浙大》，杭州：浙江大学出版社，2007 年

李玉海编：《竺可桢年谱简编》，北京：气象出版社，2010 年

林吕建主编：《浙江民国人物大辞典》，杭州：浙江大学出版社，2013 年

刘强主编：《百年地学路，几代开山人——中国地学先驱者之精神及贡献》，北京：科学出版社，2015 年

马勇著：《蒋梦麟传》，北京：红旗出版社，2009 年

南京大学地理与海洋科学学院编：《纪念杨怀仁教授》，南京：南京大学出版社，2010 年

倪士毅著：《史地论稿》，杭州：浙江大学出版社，2019 年

钱穆著：《八十忆双亲·师友杂忆》，北京：九州出版社，2017 年

钱伟长总主编，孙鸿烈本卷主编：《20 世纪中国知名科学家学术成就概览·地学卷·大气科学与海洋科学分册》，北京：科学出版社，2010 年

钱伟长总主编，孙鸿烈本卷主编：《20 世纪中国知名科学家学术成就概览·地学卷·地理学分册》，北京：科学出版社，2010 年

钱伟长总主编，孙鸿烈本卷主编：《20 世纪中国知名科学家学术成就概览·地学卷·地球物理学分册》，北京：科学出版社，2010 年

钱伟长总主编，孙鸿烈本卷主编：《20 世纪中国知名科学家学术成就概览·地学卷·地质学分册》，北京：科学出版社，2013 年

钱伟长总主编，孙鸿烈本卷主编：《20 世纪中国知名科学家学术成就概览·地学卷·古生物学分册》，北京：科学出版社，2010 年

钱伟长总主编，周干峙本卷主编：《20 世纪中国知名科学家学术成就概览·土木水利与建筑工程卷》，北京：科学出版社，2015 年

阙维民主编：《史地新论——浙江大学（国际）历史地理学术研讨会论文集》，杭州：浙江大学出版社，2002 年

尚红玉：《国立中央大学地理学系历史发展研究》（哈尔滨师范大学硕士学位论文），2015 年

施雅风口述，张九辰访问整理：《施雅风口述自传》，长沙：湖南教育出版社，2009 年

宋恩荣、章咸编：《中华民国教育法规选编（修订版）》，南京：江苏教育出版社，2005 年

苏珍、施建平、顾人和主编：《施雅风年谱》，北京：科学出版社，2019 年

谭其骧主编：《中国历史地图集（第 8 册）》，北京：中国地图出版社，1987 年

王承绪、赵端瑛编：《郑晓沧教育论著选》，北京：人民教育出版社，1993 年

王德滋主编：《南京大学地球科学与工程学院简史》，南京：南京大学出版社，2011 年

王淦昌著：《王淦昌全集·第 5 卷·无尽的追问、论述文章》，石家庄：河北教育出版社，2004 年

王红岩著：《20 世纪 50 年代中国高等学校院系调整的历史考察》，北京：高等教育出版社，2004 年

王弭力主编：《中国地质学会八十周年记事》，北京：地质出版社，2002 年

王舒著：《风云人生——叶笃正传》，南京：江苏人民出版社，2008 年

王嗣均著：《王嗣均地缘人口学术与人生》，杭州：浙江大学出版社，2021 年

吴小鸥著：《启蒙之光——浙江知识分子与中国近现代教科书发展》，杭州：浙江工商大学出版社，2016 年

吴忠良著：《经世一书生——陈训慈传》，杭州：杭州出版社，2009 年

夏湘蓉、王根元著：《中国地质学会史》，北京：地质出版社，1982 年

谢恩光主编：《浙江教育名人》，杭州：浙江教育出版社，1994 年

谢觉民等撰：《国立浙江大学史地系成立二十五周年纪念集》，台北：私立中国文化研究所出版部，1963 年

谢觉民主编：《史地文集——纪念浙江大学史地成立 70 周年》，杭州：浙江大学出版社，2007 年

徐规著：《仰素集》，杭州：杭州大学出版社，1999 年

许高渝编：《从求是书院到新浙大——记述和回忆》，杭州：西泠印社出版社，2017 年

许高渝、傅天珍主编：《国立浙江大学龙泉分校史料》，杭州：浙江大学出版社，2019 年

许高渝、徐有智、马景娣等编著：《遗珍逸文——老浙大期刊集萃》，杭州：浙江大学出版社，2017 年

杨达寿著：《启尔求真——核研试浙大人》，杭州：浙江大学出版社，2022 年

杨达寿著：《施雅风》，北京：中国农业科学技术出版社，2014 年

杨达寿著：《竺可桢》，杭州：浙江科学技术出版社，2009 年

杨怀仁主编：《叶良辅与中国地貌学》，杭州：浙江大学出版社，1989 年

杨勤业、张九辰、浦庆余、鲁奇著：《中国地学史·近现代卷》，南宁：广西教育出版社，2015 年

杨竹亭编著：《求是先哲群英传》，杭州：浙江大学出版社，1996 年

应向伟、郭汾阳编著：《名流浙大》，杭州：浙江大学出版社，2007 年

于希贤、于洪、于涌著：《走进地理生涯——旅美地理学家谢觉民传》，太原：山西人民出版社，2010 年

张立程、汪林茂著：《之江大学史》，杭州：杭州出版社，2015 年

张建中、罗玲、吴波主编：《中国战时首都档案文献·战时教育》，重庆：西南师范大学出版社，2017 年

张其昀主编：《遵义新志》，杭州：国立浙江大学，1948 年

张淑锵、蓝蕾主编：《浙大史料：选编一（1897—1949）》，杭州：浙江大学出版社，2017 年

张研、孙燕京主编：《民国史料丛刊》（第 1087 册），郑州：大象出版社，2009 年

赵旭沄著：《质朴坚毅——地理学家赵松乔》，北京：商务印书馆，2016 年

赵松乔先生百年诞辰纪念文集编辑组编：《赵松乔先生百年诞辰纪念文集》，北京：商务印书馆，2019 年

浙江大学校庆文集编辑组编：《校庆文集（浙江大学创建八十五周年）》（内部印行），1982 年

浙江大学校史编辑室编：《费巩烈士纪念文集》（内部印行），1980 年

浙江大学校史编写组编著：《浙江大学简史（第一、二卷）》，杭州：浙江大学出版社，1996 年

浙江省地质矿产局、浙江省地质学会合编：《朱庭祜先生纪念册》（内部印行），1985 年

浙江图书馆编：《陈训慈百年诞辰纪念文集》，北京：北京图书馆出版社，2006 年

郑小明、郑造桓主编：《杭州大学教授志》，杭州：杭州大学出版社，1997 年

政协遵义市红花岗区委员会编：《遵义——浙大西迁大本营》，杭州：浙江大学出版社，2012 年

中国大百科全书总编辑委员会本卷编辑委员会编：《中国大百科全书·大气科学·海洋科学·水文科学》，北京：中国大百科全书出版社，1987 年

中国大百科全书总编辑委员会《地理学》编辑委员会、中国大百科全书出版社编辑部编：《中国大百科全书·地理学》，北京：中国大百科全书出版社，1990 年

中国大百科全书总编辑委员会《地质学》编辑委员会、中国大百科全书出版

社编辑部编：《中国大百科全书·地质学》，北京：中国大百科全书出版社，1993年

中国大百科全书总编辑委员会《中国历史》编辑委员会、中国大百科全书出版社编辑部编：《中国大百科全书·中国历史》，北京：中国大百科全书出版社，1992年

中国第二历史档案馆编：《中华民国史档案资料汇编》第三辑《教育》，南京：江苏古籍出版社，1991年

中国第二历史档案馆编：《中华民国史档案资料汇编》第五辑第一编《教育（二）》，南京：江苏古籍出版社，1994年

中国科学院寒区旱区环境与工程研究所编：《施雅风90华诞照片集》（内部印行），2008年

中国科学院遥感应用研究所编：《同心谱——我与陈述彭院士》，北京：中国科学技术出版社，1999年

中国人民政治协商会议湄潭县委员会、贵州省遵义市气象局、贵州省湄潭县气象局编：《问天之路——中国气象史从遵义、湄潭走过》，北京：气象出版社，2017年

中国人民政治协商会议浙江省委员会文史资料研究委员会编：《天涯赤子情——港台和海外学人忆浙大（浙江文史资料选辑第34辑）》，杭州：浙江人民出版社，1987年

周毓方主编：《群星璀璨——我们心目中的东师名人》，长春：东北师范大学出版社，2008年

竺可桢著：《竺可桢全集（第2卷）》，上海：上海科技教育出版社，2004年
竺可桢著：《竺可桢全集（第6卷）》，上海：上海科技教育出版社，2005年
竺可桢著：《竺可桢全集（第7卷）》，上海：上海科技教育出版社，2005年
竺可桢著：《竺可桢全集（第8卷）》，上海：上海科技教育出版社，2006年
竺可桢著：《竺可桢全集（第9卷）》，上海：上海科技教育出版社，2006年
竺可桢著：《竺可桢全集（第10卷）》，上海：上海科技教育出版社，2006年

竺可桢著：《竺可桢全集（第11卷）》，上海：上海科技教育出版社，2006年

竺可桢著：《竺可桢全集（第15卷）》，上海：上海科技教育出版社，2008年
竺可桢著：《竺可桢全集（第16卷）》，上海：上海科技教育出版社，2009年

竺可桢著：《竺可桢全集（第24卷）》，上海：上海科技教育出版社，2013年

邹振环著：《晚清西方地理学在中国》，上海：上海古籍出版社，2000年

左玉河著：《移植与转化——中国现代学术机构的建立》，郑州：大象出版社，2008年

论文及析出文献

本刊编辑部：《春风化雨，桃李芬芳——纪念李春芬先生百年诞辰》，载《世界地理研究》第21卷第3期（2012年），第1—7页

陈桥驿：《扩大徐霞客研究》，载徐霞客逝世350周年国际纪念活动筹备委员会编辑：《千古奇人徐霞客——徐霞客逝世350周年国际纪念活动文集》，北京：科学出版社，1991年，第6—11页

陈桥驿：《学习前辈学者的徐学研究》，载石在、徐建春、陈良富主编：《徐霞客在浙江·续集（从海天佛国到四省通衢）》，北京：中国大地出版社，2002年，第338—341页

陈述彭：《〈徐霞客游记〉的科学性和时代性——怒江、腾冲地区的实地验证》，载《地理研究》第5卷第4期（1986年），第1—11页。

陈述彭：《开拓者的胸怀——纪念竺可桢先生逝世十周年》，载《地理研究》第3卷第1期（1984年），第26—29页

范今朝：《"史地学派"在中国近现代历史地理学发展中的地位与影响》，载《中国历史地理论丛》2016年第1期，第5—22页

过鉴懋：《珍贵的忆念，难忘的感情——记浙江大学地理学系学习的一年》，载《浙大校友》1997年（下），第273—277页

韩光辉：《张其昀及其历史地理学贡献》，载《中国科技史料》1997年第1期，第38—48页

何方昱：《知识、权力与学科的合分——以浙大史地学系为中心（1936—1949）》，载《学术月刊》2012年第5期，第145—154页

何方昱：《知识、人脉与时局——张其昀学术生涯的政治转型》，载《近代史研究》2015年第4期，第90—105页

洪光华：《从新发现材料推测刘节离开浙大时间》，载《中华读书报》2017年6月7日

华薇娜：《20世纪上半叶走向世界的中国科学研究实况》，载《科学学研究》第24卷第3期（2006年），第332—341页

黄寿波：《浙江省最早建立的自办测候所》，载《浙江大学报》2010年1月8日

李国志：《竺可桢与贵州》，载《贵州文史丛刊》2001年第3期，第72—77页

刘良：《我的爷爷刘之远》，载《浙大校友》2007年（下），第114—116页

刘盛佳：《张其昀的地理思想和学术成就》，载《地理学报》第48卷第4期（1993年），第377—384页

楼子芳：《民国时期杭州的学术团体》，载杭州市政协文史委编：《杭州文史丛编5（文化艺术卷）》，杭州：杭州出版社，第536—546页

毛必林：《足迹留边陲，桃李遍四方——忆严德一教授》，载《地理学与国土研究》第10卷第2期（1994年），第61—64页

任杭璐、刘剑虹：《立案前之江大学的课程设置及其特点》，载《宁波大学学报（教育科学版）》第3卷第6期（2011年），第27—31页

任美锷：《徐霞客对世界岩溶学的贡献》，载《地理学报》第9卷第3期（1984年），第252—258页

任美锷选释：《徐霞客游记》，载侯仁之主编：《中国古代地理名著选读（第一辑）》，北京：科学出版社，1959年，第123—138页

宋晞：《陈训慈与浙江省立图书馆》，载浙江省政协文史资料委员会编：《史海钩沉（浙江文史资料第64辑）》，杭州：浙江人民出版社，1999年，第42—62页

王永太：《张其昀与〈遵义新志〉》，载《中国地方志》2005年第2期，第54—59页

颜士之、许为民：《张其昀史地结合思想与浙江大学史地系办学特色》，载《浙江大学学报（社会科学版）》第12卷第3期（1998年），第55—60页

杨达寿：《竺可桢与李约瑟的交谊》，载《浙大校友》2019年第2期，第56—60页

叶笃正：《我的论文启蒙老师王淦昌先生》，载杜祥琬主编：《纪念核物理学家王淦昌文集》，北京：中国科学技术出版社，2010年，第26页

张凯：《沟通文质——国难之际浙江大学学术转型》，载《中山大学学报（社会科学版）》2012年第1期，第88—97页

张捷迁：《深切怀念姚懿明博士》，载《气象》1986年第6期，第23页

张九辰：《竺可桢与东南大学地学系——兼论竺可桢地学思想的形成》，载《中国科技史料》第24卷第2期（2003年），第112—122页

张雷:《再造徐霞客——民国科学地理学》,载《地理学报》第 72 卷第 9 期（2017年）, 第 1695—1701 页

张淑锵、金灿灿、朱之平：《在曲折中发展的浙江大学——浙江大学的探求（1927—1936）》, 载《浙江档案》2011 年第 2 期, 第 46—49 页

郑士俊：《为祖国奉献出一颗赤子之心的姚宜民》, 载浙江大学校友总会编：《浙大校友（89下）》, 杭州：浙江大学出版社, 1989 年, 第 219—224 页

朱庭祐口述, 周世林记录整理：《我的地质生涯》, 载《中国科技史杂志》第 33 卷第 4 期（2012 年）, 第 397—432 页

朱鲜峰：《民国时期浙江大学通才教育研究》, 载《浙江大学校史通讯》第 1期（2014 年）, 第 50—61 页

浙江大学若干连续出版物

1949 年之前

《国立浙江大学校刊》、《国立浙江大学日刊》、《浙大校刊》等

（说明：《国立浙江大学校刊》于 1930 年 2 月 22 日创刊, 每周 1 期, 周日、假日和寒暑假休刊, 至 1936 年 6 月 20 日第 254 期止。1936 年 9 月 1 日起更名为《国立浙江大学日刊》, 周一至周六每日 1 期, 周日、假日和寒暑假休刊, 至 1937 年 11 月 6 日第 272 期止；后因全面抗战爆发及学校西迁, 校刊中断出版。1938 年 12 月 5 日以《国立浙江大学校刊》名义复刊, 仍为周刊, 以 "复刊第 1 期" 重新编号；后因印刷困难, 未严格按周出版, 有时半月甚至一个月才出版一期；其间, 1943 年 8 月 10 日的 "复刊第 122 期" 后停刊, 至 1945 年 5 月 16 日恢复出刊, 编号续编为 "复刊第 123 期"；1946 年 4 月 1 日 "复刊第 142 期" 出刊后, 因学校复校回杭再次停刊, 至 1947 年 3 月 3 日恢复出刊, 编号续编为 "复刊第 143 期"；至 1948 年 5 月 17 日 "复刊第 182 期" 止（推测后可能还有出刊, 至 6 月初止；因编者未见, 不能确定）。1948 年 6 月 7 日, 校刊再度改为《国立浙江大学日刊》, 以 "复刊新 1 号" 重新编号, 初仍为周一至周六每日 1 期, 周日、假日和寒暑假休刊, 后各期的间隔有所延长；至 1949 年 11 月 14 日 "复刊新 202 号" 止。1949 年 11 月 16 日后改称《浙大校刊》, 编号则接前《国立浙江大学日刊》续编, 但不加 "复刊新" 等字样, 直接称 "《浙大校刊》第 203 号", 其后编号类推, 如 1949 年 12 月 9 日出刊的《浙大校刊》第 213 号, 12 月 30 日出刊的《浙大校刊》第 222 号。另:《国立浙江大学校刊》和《国立浙江大学日刊》均发行过特刊, 如 1948 年 4 月 1 日的 "国立浙江大学成立廿一周年、求是书院创立五十一周年纪念日校庆特刊" 等）

《国立浙江大学一览（二十一年度）》（1932 年 12 月编印）

《国立浙江大学要览（二十四年度）》（1935 年 8 月编印）

《国立浙江大学要览》（1943 年 5 月编印）

《国立浙江大学要览（三十七年度）》（1948 年 8 月编印）

《国立浙江大学文理学院第一届毕业纪念刊》（1932 年 7 月编印）

《国立浙江大学文理学院概况》（1937 年 9 月编印）

《国立浙江大学文学院概况》（1947 年 9 月编印）

《国立浙江大学教职员一览（二十七年度上学期）》（1939 年 1 月编印）

《国立浙江大学黔校师生通讯录（卅四年度第二学期）》（1946 年 2 月编印）

《国立浙江大学教职员通讯录（三十六年六月）》（1947 年 6 月编印）

《国立浙江大学教职员录（一九五〇年六月）》（1950 年 6 月编印）

《国立浙江大学同学会第二次会员通讯录》（1948 年 6 月编印）

《国立浙江大学文学院集刊》

（说明：国立浙江大学文学院集刊编辑委员会编，1941 年出刊。共计出刊 4 集：第一集，1941 年 6 月；第二集，1942 年 6 月；第三集，1943 年 8 月；第四集，1944 年 8 月）

《国立浙江大学师范学院院刊》

（说明：国立浙江大学师范学院院刊编辑委员会编，1941 年出刊。共计出刊 2 集：第一集第一册，1940 年 9 月；第一集第二册，1941 年 6 月）

《浙江学报》

（说明：国立浙江大学浙江学报编辑委员会编，1947 年出刊。共计出刊 4 期：第 1 卷第 1 期，1947 年 9 月；第 1 卷第 2 期，1947 年 12 月；第 2 卷第 1 期，1948 年 3 月；第 2 卷第 2 期，1948 年 6 月）

《史地杂志》

（说明：国立浙江大学史地学系编辑，1937 年出刊。共计出刊 6 期：第 1 卷第 1 期，1937 年 5 月；第 1 卷第 2 期，1937 年 7 月；第 1 卷第 3 期，1940 年 9 月；第 1 卷第 4 期，1941 年 9 月；第 2 卷第 1 期，1942 年 1 月；第 2 卷第 2 期（太平洋战争讨论集），1942 年 3 月）

《史地通讯》第 2 期（国立浙江大学史地学会编，1946 年 4 月）

《时与空》

（说明：国立浙江大学史地学友会编，1947 年出刊。共计出刊 5 期：第 1 卷第 1 期，1947 年 2 月；第 1 卷第 2 期，1947 年 5 月；第 1 卷第 3 期，1947 年 9 月；

第 1 卷第 4 期，1947 年 12 月；第 2 卷第 1 期，1948 年 4 月）

1949 年之后

《浙大校友》

（说明：浙江大学校友总会主办，1986 年出刊。1986—1988 年曾称《浙大校友通讯》，为 1 年 2 期；1989 年后称《浙大校友》，1989—2008 年为 1 年 2 期，2009 年后改为 1 年 4 期）

《浙江大学馆藏档案》

（说明：浙江大学档案馆主办，2006 年出刊。每年 1 期）

《浙江大学校史研究》

（说明：浙江大学档案馆校史研究室编，2014 年出刊。每年 1 期）

档案

浙江大学档案馆、浙江省档案馆有关档案。

后　记

　　2016 年 5 月，浙江大学地球科学学院举办了八十华诞庆典，在此前后，学院即开始了初步的院史资料整理工作。其后，学院启动了院史编研工程，委托我负责具体的研究和编写事宜。我个人虽然因当时正好协助理学部整理编纂浙江大学理科发展史的工作，初步接触到校史研究这一领域，并在编写"理科发展史"的过程中逐渐获得一些经验，但因为"理科发展史"的写作以及仍要承担的教学、科研等工作，同时学院此前也没有现成的较为系统的成果可资利用，所以，本书的具体写作、修改和成稿，还是经历了较长的时间。在经过三年多时间的收集资料与阅读、整理之后，于 2020 年后集中精力于地科学院院史的研究和写作，在 2021 年 8 月初步编写出来这部稿子。再经两年多的修改、补充和完善，形成这部书稿。但由于个人能力有限，其中肯定会有许多错误和疏漏之处，相关表述和论断也可能会有诸多不准确、不允妥的地方。这里谨请各界指正。

　　考虑到写作和行文的便利等因素，本书（即院史的 1952 年前的部分）主要由我执笔。在编写过程中，得到地球科学学院领导和编写组成员的大力支持和协助，也得到了学校有关方面的热情指导和帮助。因此，在"院史"第一部分的编写告一段落的此刻，当然要对各有关方面及相关人士表达诚挚的谢意。

　　地球科学学院领导一直重视和支持编纂工作，2016 年启动阶段，承蒙当时学院主要领导闻继威书记、陈汉林院长等的信任、支持和鼓励，本人勉力承担编研职责；2017 年和 2022 年学院两次换届，学院主要领导王苑书记和夏群科院长、杜震洪院长等亦一以贯之，支持院史编纂工作，并提供多方面的便利条件，多次关心、指导编纂事宜。特别是党委书记王苑直接领导、统筹编纂工作，在相关资料的收集和整理、若干表述的确定，以及具体事务方面付出极大心力。编写组各位成员也在资料收集和文字处理等方面协助我做了大量烦琐的事情。值此"院史"第一部分成稿之际，谨对地球科学学院各位领导及编委会和编写组全体成员表示衷心的感谢。

浙江大学档案馆及校史研究会对地科学院院史的研究一直予以关心和帮助，在课题立项、资料提供和咨询研讨等各个方面给予了支持、便利和指导。张淑锵、张卓群等老师多次对编写组的编写工作提出诸多宝贵的建议并参加有关的论证、咨询和评议等会议，不辞辛苦，不厌其烦。学校档案馆查档服务处的各位老师，在档案查询和使用方面，亦给予很大的便利和帮助。谨此也对校档案馆和校史研究会的领导、工作人员和相关人士等深致谢忱。

此外，还有很多校史研究方面的专家、地科学院的老领导、老教师和各届校友等对编写工作给予了指导，让我们深受感动和鼓舞。地科学院的方大钧、柳志青、戎秋涛、沈忠悦和马裕祥、王嗣均、顾嗣亮、何绍箕、姚棣荣、孙英、侯慧粦、洪紫萍等前辈教师接受编写组访谈并提供若干材料；杨树锋院士和陈汉林、翟国庆等老师也在稿件审阅、文字表述和资料提供方面给予指导和帮助，并数次参加有关的讨论和评议，对我们的工作给予肯定和鼓励；各届校友也多方面提供意见、信息和资料，特别是罗谷风等先生，多次提供宝贵资料并对书稿有关表述提出重要修改意见。对他们的大力支持和无私帮助，我们也在此致以深切的谢意。

浙江大学出版社也为本书的出版给予了很大支持。由于本书篇幅较长，图、表及相关史料等较多，在文字整理、内容取舍和版面编排等方面，校稿过程中多有修改、调整和反复，给编辑人员增加了很大的麻烦；责任编辑胡畔女士和其他编校人员耐心细致，认真严谨，为本书的面世付出大量心血。对此，我们亦深表感谢。

当然，地科学院院史的研究和撰写的工作还没有结束，现有的成果也还很不成熟，还有很多可以补充、修正、深化和完善的地方。同时，限于时间和条件，目前所呈现的本稿仅是一家之言，相关论述多为个人见解；其中所存在的问题，也应由我个人负责。我们会继续努力，争取将完整的"院史"早日编成，并不断深化和推进地学系科发展史的研究。

范今朝　谨记

2021 年 8 月 28 日，初稿

2023 年 3 月 18 日，二稿

2024 年 5 月 31 日，三稿